KÖNIGS FURT

Über dieses Buch

In Werbung, Film, Traum, Literatur und Mode, beim Flirt oder bei Verhandlungen – überall begegnen wir Symbolen. Der Autor hat aus dem unendlichen Fundus der Themen diejenigen aufgenommen, die ihm persönlich wichtig erscheinen und denen er in seiner Arbeit als Berater ständig begegnet. Dabei spannt er einen Bogen von antiken Symbolen bis hin zu Zeichen und Bildern des 21. Jahrhunderts.

Über den Autor

Klausbernd Vollmar, Diplompsychologe und Autor, wurde 1946 im Rheinland geboren. Abgeschlossenes Studium der Germanistik, Linguistik, Philosophie und Geologie. Lektor des Goethe-Instituts in Finnland, Forschungsstipendiat des Canada Council und Lehrauftrag an der McGill University, Montreal. Zweitstudium der Psychologie mit Ausbildung in tiefenpsychologischen Techniken nach C. G. Jung. Leiter eines Therapiezentrums in Amsterdam, längere Aufenthalte in Findhorn und Nepal. Schüler von Freifrau Dr. Olga von Ungern-Sternberg und dem Schamanen Black Horse Chavers, langjähriges Mitglied einer englischen Gurdjieff-Gruppe. Mitbegründer des Internetforums TraumOnline (www.traumonline.de), das umfangreich über die Themen Traum und Symbolik informiert und Beratungen und Seminare in diesem Bereich anbietet.
Klausbernd Vollmar lebt in England und hält seit Jahren Seminare und Vorträge. Er führt Einzel- und Firmenberatungen sowie Teamcoachings durch.
Seine Bücher sind in mehr als zehn Sprachen übersetzt, er ist häufig zu Gast in Radio- und Fernsehsendungen.

Weitere Informationen zum Autor finden Sie unter www.kbvollmar.de.

Klausbernd Vollmar

Vollmars
Welt der Symbole

Lexikon

KÖNIGS FURT

Bibliografische Information der Deutschen Bibliothek

Die Deutsche Bibliothek verzeichnet diese Publikation in der Deutschen Nationalbibliografie; detaillierte bibliografische Daten sind im Internet über http://dnb.ddb.de abrufbar.

Originalausgabe
Krummwisch bei Kiel 2003

D-24796 Krummwisch
www.koenigsfurt.com

Umschlag: Werkstatt München, Zembsch und Weiss
Titelbild: Ausschnitt aus „Land der Betrachtungen" (1992)
von Carl-W. Röhrig, Hamburg
Satz: Satzbüro Noch, Balve
Druck und Bindung: Clausen & Bosse, Leck

ISBN 3-89875-087-6

Vorwort

Das Symbol ist ein Sinnbild – ein Bild, das für einen Sinn steht. Das Unsichtbare und Unsagbare des Sinnes bekommt einen Ausdruck im Bild.

Hans Egli

Wir sind umgeben von Symbolen, Zeichen und Bildern. In Werbung, Film, Traum, Literatur und Mode, beim Flirt und bei Verhandlungen – kurzum in jedem Bereich unseres Lebens springen sie uns ins Auge. Sie schleichen sich ein in unser Bewusstsein und unser Unbewusstes. Das symbolische Denken beherrscht uns und wirkt aus unseren Tiefen. Wie eine Pflanze ihre Blüte hervorbringt, so erschafft die Psyche ihre Symbole – so sah es C. G. Jung.

In diesem Buch habe ich aus dem unendlichen Fundus der Symbole, Begriffe und Bilder das aufgenommen, was mir wichtig erscheint und was in meiner Arbeit als Berater ständig auftritt. Wie es das Universalgenie Georg Christoph Lichtenberg in seinen Sudelbüchern so treffend ausdrückt: „Die Wörter-Ökonomie ist dem Verstand ebenso einträglich als die Geldökonomie dem Beutel."

Manche, wie zum Beispiel der Schweizer Psychiater Jean Piaget, haben genau zwischen Symbol und Zeichen unterschieden: Während die Bedeutung eines Zeichens festgelegt ist, ist diejenige eines Symbols viel freier, aber keinesfalls beliebig. Doch Symbole, Bilder, Zeichen, Begriffe und Metaphern gehen ineinander über und sind im Alltagsleben nicht scharf voneinander zu trennen. Alles kann als ein Symbol betrachtet werden, und alle Stichworte, die Sie hier finden, besitzen Symbolcharakter und bestimmte Bedeutungsfelder. Sehen Sie dieses Lexikon als Landkarte für Reisen in das Reich der Bedeutungen an.

Die Stichworte werden so dargestellt, dass es für jeden nachvollziehbar ist, warum dieses Stichwort diese oder jene Bedeutung trägt, denn unverstandene Bedeutungszusammenhänge belasten eher, als dass sie befreien. Da ich mit meinem *Handbuch der Traumsymbole* einer breiten Leserschaft bekannt wurde, möchte ich ausdrücklich betonen, dass dieses Buch kein Traumsymbollexikon ist. Der Rahmen ist weiter gespannt: Es geht hier um die allgemeine und aktuelle Symbolik, wie sie sich in unserem Alltagsleben, in Kunst, Philosophie, Werbung und der Geschichte zeigt. Der psychologische Blickwinkel, der die Betrachtung der Traumsymbolik prägt, ist hier nur einer unter vielen.

Das symbolische Objekt steht für etwas Abstraktes: Ein Kuss ist symbolisch, die Farbe unserer Jacke, der Held im Film und unser Auto. Das Symbol ist also eine Abkürzung zur Vermittlung einer emotionalen Botschaft. Es spricht ein oft unbewusstes Bedeutungsspektrum an, da man über die wirklichen Dinge oder Situationen nicht reden kann oder will, womit nicht nur die Werbung zum Teil virtuos spielt. Das Symbol- und Zeichenhafte eines Produkts ist heute wichtiger als seine Funktion, da die Waren und Dienstleistungen sich tatsächlich kaum mehr unterscheiden. So bekommen die Symbole eine stärkere Überzeugungskraft als die Realität. Wer wissen möchte, was kommen wird, sollte sich im herrschenden Symbolsystem auskennen – dort lebt der Zeit- und Zukunftsgeist. Aus diesem Grunde liegt der Schwerpunkt der Stichworte und deren Bedeutung im Gegensatz zu den meisten anderen Symbollexika auf der heutigen Zeit.

Da der Mensch zu Sinn und Bedeutung verurteilt ist, muss er Symbole bilden. Alles, was wir wahrnehmen, ist bedeutungshaft – selbst wenn wir es bewusst zunächst nicht verstehen. Dieses Lexikon möchte Ihnen dazu verhelfen, das Muster von Bedeutungen zu begreifen und Wissen zu verknüpfen. Es zeigt Ihnen, wie die Welt zusammenhängt. Insuläres Wissen verbindet sich zu einem Kontinent des Verstehens.

Der Mensch benötigt Symbole, um Unverstandenes einzuordnen und verstehen zu können. C. G. Jung ging davon aus, dass jeder Mensch in seinem Unbewussten einen Speicher besitzt, in dem die Grammatik der Bilder, Symbole und Zeichen abgespeichert sind. Das sind unsere Wahrnehmungsmöglichkeiten, die eine Möglichkeit und zugleich auch eine Begrenzung darstellen. Diese Wahrnehmungsmöglichkeiten bringen sowohl bestimmte Symbole hervor als auch deren Bedeutung.

Aber diese Bedeutungen sind keineswegs eindeutig, denn das Symbol spricht mit gespaltener Zunge. Es ist mehrdeutig. Ich habe in diesem Lexikon versucht, diese Mehrdeutigkeit aufzuzeigen, die jedoch nicht mit Beliebigkeit zu verwechseln ist. Wer von eindeutigen Bedeutungen eines Symbols ausgeht, hat die innere Dynamik dieser Sprache nicht verstanden. Symbole bilden ein Muster von Bedeutungen, welches zeigt, wie wir die Welt zu verstehen suchen – und wie wir einen Sinn auf das Chaos projizieren. Die Bedeutungen der Symbole sind das, was uns die äußere und innere Welt erklärt.

Ein Symbol ist ein Stellvertreter, ein Kennzeichen und bleibt ohne Verstehen leer. Goethe ging davon aus, dass wir die wahre Symbolik dort finden, wo das Besondere (das Symbol) das Allgemeine (die Bedeutung) repräsentiert und es im Verständnis zu einer lebendigen Offenbarung kommt. Die Freude am Verstehen möchte ich mit diesem Buch bei Ihnen wecken. Um die Entdeckungsreise in die Welt der Symbole unterhaltsam zu gestalten, habe ich bei vielen Stichworten interessante und zugleich typische Kuriositäten, Anekdoten und Geschichten eingeflochten, die das Typische in witziger und pointierter Weise erhellen.

Doch das richtige Verstehen gibt es nicht: Symbole und Bilder werden nicht objektiv, sondern durch eine Interpretation wahrgenommen. Es charakterisiert die Postmoderne, dass sie die Interpretation nicht nur entscheidend für das Verstehen unserer Welt ansieht, sondern dass sie davon ausgeht, dass die Interpretation ein Muster unseres Universums darstellt. Diese Betonung der Interpretation beginnt mit Nietzsche, de Saussure und Heidegger. Symbol, Zeichen und Bild fordern eine Interpretation heraus, die eine Bedeutung schafft. Diese Bedeutung wiederum ist kontextabhängig. Das heißt, sie wird von der Beziehung zwischen den Symbolen und vom kulturellen Kontext bestimmt. Der kulturelle Kontext ist in diesem Lexikon das 21. Jahrhundert, die wichtigsten Kontexte zu den Symbolen finden Sie stets im Haupttext angeführt. Aus der Betonung der Interpretation folgt meinem Verständnis nach eine multiperspektivische Betrachtung der Symbole und Bilder. Ich benutze den analytischen Blick genauso wie die ästhetische, die gesellschaftliche, die linguistisch-sprachwissenschaftliche, die historische und die spirituelle Perspektive.

Vielleicht hat mancher, wenn er etwas in diesem Buch herumblättert, den Eindruck, dass jedes Symbol alles bedeuten kann, besonders wenn man einen Blick in die nicht-europäischen Kulturen wirft. Doch trotz aller Multiperspektivität - die Welt der Symbole ist nicht die Welt des „Anything goes". Sie ist viel eher eine konservative Welt, die sich nur sehr langsam wandelt. Und wenn neue Symbole auftauchen, dann schimmern doch immer wieder die gleichen alten, teilweise uralten Grundmuster durch. Hier zeigt sich keine Beliebigkeit, sondern die Kulturgebundenheit, die sich als zweite, dünnere Schicht über die (Ur-)Symbole legt, welche die Grunderfahrungen des Menschen widerspiegeln.

Die frühen Enzyklopädien der Aufklärer des 18. Jahrhunderts waren Vorgänger unserer heutigen Lexika. Aber im Gegensatz zu diesen waren sie skandalöse Werke. Sie wurden teilweise verboten, da sie als Dokumente der aufklärerischen Freidenkerbewegung galten, die eine kritische Geisteshaltung förderten. Der Charme dieser frühen Enzyklopädien liegt in der atemberaubend subjektiven Sicht auf das Wissen der damaligen Zeit. Ihre Autoren wollten allgemeine Denkweisen bewusst verändern.

Auch mir geht es in diesem Buch darum, das Unbewusste bewusst zu machen und damit aufklärerisch in einer Zeit der manipulativen Herrschaft der Bilder zu wirken. Der Zauber eines solchen Lexikons liegt eben in seiner subjektiven Darstellung, die um die Begrenzung und Augenwischerei des vorgeblich Objektiven weiß und zum Blättern in ihr verführt wie in einem Roman.

Jedes Lexikon ist immer auch eine Bestandsaufnahme, und solche Bestandsaufnahmen werden unternommen, wenn etwas abgeschlossen ist und ein Neuanfang gewagt werden soll. Man hört ein modisches Lamentieren, dass die Bildung verkommt, und in der den Buchmarkt beherrschenden Esoterik wird oft der Einsatz des Verstands peinlich vermieden. In dialektischer Weise waren diese Ausflüge in die Welt des Irrationalen notwendig. Aber nun, wo man sich in diesem Territorium genug getummelt hat, bedarf es der Landkarte, um sich nicht im Belanglosen zu verlieren. Dieses Buch möchte Ihnen in diesem Sinn eine Landkarte sein, die Sie - zumindest bisweilen - zu erstaunlichen und Ihnen vormals unbekannten Orten führt.

Dieses Symbollexikon geht auf Vorarbeiten der letzten 15 Jahre zurück, in denen ich mich in Vorträgen, Aufsätzen, Büchern und der Erstellung einer Online-Datenbank (www.traumonline.de) mit Symbolen, deren Hierarchien und Auftreten beschäftigte. Sie finden in diesem Lexikon die grundlegenden Symbole aufgeführt. Sollten Sie einen Begriff nicht finden, schlagen Sie ihn unter seiner abstrakteren Bezeichnung nach. Sie werden hier beispielsweise nicht „Laserprinter" oder „Tintenstrahldrucker" finden, aber das Stichwort „Drucker" ist aufgeführt. Die Anzahl der Symbole geht wahrscheinlich gegen unendlich, aber alle Symbole lassen sich auf bestimmte Grundsymbole zurückführen. Wenn diese Grundsymbole vielschichtig erklärt werden, kann sich der Leser die anderen Symbole ableiten.

Die Deutungen der Stichwörter sind darauf angelegt, dem Leser und Suchenden möglichst viele Inspirationen zu geben. Benutzen Sie dieses Lexikon als Muse, als etwas, das Ihnen zu denken gibt und

Sie anregt, weiter und kritisch zu denken. Das Buch möchte Sie inspirieren, wieder selbst zu denken, anstatt für sich denken zu lassen. Ich möchte informieren, aufklären, unterhalten und auch provozieren. Es ist mir wichtig, durch die unterschiedlichen Deutungsmöglichkeiten Ihre Kreativität anzusprechen.
Der Gebrauchswert dieses Lexikons zeigt sich gerade in den vielen Deutungsmöglichkeiten und den Verweisen auf alle möglichen Gebiete unseres Alltagslebens, auf die Kunst, auf Literatur und Film und auf andere Kulturen. Diese Hinweise können nicht systematisch und vollständig sein, dazu müsste man die gesamte Kunst- und Literaturgeschichte aller Zeiten und Kulturen auswerten, was den Rahmen eines jeden Lexikons sprengen würde. Hier geht es immer nur um Anstöße zum Weiterdenken und Anregungen zum Weiterlesen. Lexika, in denen man sich weiter und genauer informieren kann, finden sich in einer breiten Auswahl im Literaturverzeichnis am Endes des Buches.
Ich wünsche Ihnen erhellende und spannende Ausflüge in die Welt der Symbole, Zeichen und Bilder.

Cley, im Herbst 2003

Klausbernd Vollmar

A

Aal Der Aal verkörpert meist das Glatte, Feuchte, Glitschige. Deswegen und wegen seiner Gestalt kann dieser ↗Fisch (wie die ↗Schlange und der ↗Wurm) für das männliche Glied oder sexuelle Triebhaftigkeit stehen. Um das Symbol genauer verstehen zu können, muss man die Beschaffenheit des ↗Wassers, in dem sich der Aal aufhält, betrachten und besonders die Einstellung, die der Betrachtende zu diesem Tier hat. Der Aal tritt als Symbol oft auf, wenn jemand sich erstarrt und unlebendig fühlt. Er symbolisiert das Lebendige und drückt die Sehnsucht aus, sich wie ein Fisch im Wasser bewegen oder sich durchs Leben schlängeln zu können („aalglatt sein"). Da der Aal im Wasser lebt, kann darin auch ein Hinweis auf eine Vergeistigung der Gefühlswelt stecken. Aale werden auch mit Kälte und Distanz verbunden.

Psychoanalyse: Fühlt man ↗Ekel vor dem Aal, liegt oft eine kindliche Ablehnung der Sexualität vor, ebenso bei Flucht vor dem Aal. Er kann ein Sexualsymbol sein, das bei Frauen auf sexuelle Bedürfnisse oder eher Frustrationen hindeutet. Der Ekel vor einem Aal lässt sich oft bei Mann und Frau auf unbewältigte kindliche Vorstellung von der Männlichkeit zurückführen.

Literatur: Schon bei dem antiken Dichter Plautus wird ein Mensch als „aalglatt" bezeichnet.

In dem Roman „Die Blechtrommel" (1959) von Günter Grass wird der Aal als sexuelles und Ekelsymbol eingeführt.

Aaronsstab ↗Aron(s)stab

Aas Aas, also faulendes, stinkendes Fleisch, deutet oft auf ein psychologisches Problem, das viel zu lange nicht berührt wurde und dringend bewältigt werden muss. Das kann unangenehm sein, denn man macht lieber einen Bogen um das Aas. Deshalb wird Aas schon seit der Lutherzeit als Schimpfwort benutzt: „Du faules Aas!"

Mit dem Aas wird auch auf das aufmerksam gemacht, was abgestorben ist. Es ist ein Symbol, das in der Kunst zur Erzeugung einer gruseligen und ekligen Atmosphäre eingesetzt wird, häufig in Verbindung mit dem ↗Geier.

Literatur: E. W. Heine benutzt das Symbol Aas in seinem Roman „Brüsseler Spitzen", um eine unselige Verbindung in Szene zu setzen.

Abbruch Abbruch bedeutet ein Beenden, ein abruptes Loslassen von Altem, oft von etwas, das nicht mehr zeitgemäß, der Situation nicht mehr angepasst ist. Hier kommt es darauf an, ob jemand das Ende (zum Beispiel einer Situation oder einer Beziehung) herbeisehnt oder befürchtet.

Abbruch im Sinne von Zerstörung oder Demontage enthält immer eine aggressive Komponente. Ist aggressives Handeln notwendig oder angebracht? Oder scheint eine gewisse Angst vor Aggressionen durch? Wer war oder ist der Abbrechende? Gibt es Leidtragende, Opfer?

Meistens ist dieses Symbol ein Ausdruck eines destruktiven Gefühls oder einer Enttäuschung. Der Abbruch steht auch für die Auseinandersetzung mit dem Tod, wenn ein ↗Haus abgebrochen wird (ähnlich wie bei ↗Beerdigung und ↗Grab). Mit dem Abbruch eines Hauses wird ferner auf eine grundlegende Persönlichkeitsveränderung verwiesen, die notwendig ist, gegen die sich der Held oder die Heldin noch sträubt. Es kann sich um berufliche Veränderungen handeln. Auf jeden Fall wird auf das Ende des Gewohnten aufmerksam gemacht und damit zugleich auf neue Chancen.

Psychoanalyse: Es liegt ein Triebstau vor, der aber nicht so sexuell geprägt ist wie zum Beispiel bei ↗Elektrizität, ↗Flamme und ↗Gier.

Abend Der Abend ist eine Zeit der Besinnung, eine angenehme und ruhige Zeit. Oft ist dieses Symbol der Ausdruck einer Sehnsucht nach Ausruhen – besonders wenn jemandem alles zu viel ist. Der Abend ist ein häufiges Symbol, wenn jemand sich gestresst fühlt. Vielleicht ist andererseits auch eine hektische Zeit vorbei. Der Abend als Lebensabend (↗Alter) oder Ausruhen nach einem Arbeitstag verweist häufig auf die Fruchtbarkeit des gelebten Lebens, auf das, was jemand bisher geschafft hat (man darf sich auf seinen Lorbeeren ausruhen).

Der Abend in Traum und Fantasie ist auch ein Zeichen dafür, dass man sich tieferen Schichten seines Unbewussten nähert. Er kann in seltenen Fällen als ↗Ende des Tages einen bedauerlichen Verlust widerspiegeln. Besonders wenn der Aspekt der Dunkelheit eine Rolle spielt, kann der Abend also auch ein angstbesetztes Symbol sein.

Abendessen Ein ↗Essen am Abend mit Freunden oder im Kreise der ↗Familie: Hier geht es um Begegnung, um eine Stimmung, die entweder genossen oder herbeigesehnt oder auch gefürchtet wird.

Das Abendessen kann auch den Genuss am Lebensabend (↗Abend) meinen und allgemein den Lebensgenuss und unsere Sinnlichkeit.

Abendkleid(ung) Wenn jemand ein Abendkleid trägt oder tragen will, dann distanziert er sich vom Alltag, bereitet sich auf ein besonderes Ereignis vor, will sich schön machen, sich präsentieren. Gerade bei kühnen Abendkleidern wird der Aspekt der ↗Verführung angesprochen, der stets bei diesem Symbol mitschwingt. Im Bild des Abendkleides verbinden sich Lust und Kultur zur kultivierten Leidenschaft, die man entweder ausleben kann oder ausleben will. Die Abendkleidung drückt auch aus, dass etwas Wichtiges, Feierliches anliegt. Deshalb ist für die Deutung der Anlass, zu dem die Abendkleidung getragen wird, wichtig. Sie gilt auch als „die Kleidung der Dunkelheit"; von hohem Symbolwert ist die Farbe des Abendkleides.

Abendmahl Im Mittelpunkt des christlichen Gottesdienstes steht das Abendmahl. Im Gegensatz zum profanen ↗Abendessen steht hier der religiöse Aspekt im Vordergrund. Im Mittelpunkt steht das Bedürfnis nach religiösen Ritualen oder deren Abwehr, genauer um das Einswerden mit dem Höheren, dem Göttlichen. Oft aber dominiert der soziale Aspekt, die religiöse Handlung in der Gruppe, dann geht es um Teilen und Teilhabe.

Ferner ist hier die Doppelnatur von ↗Wein und ↗Brot wichtig, welche die Doppelnatur des Menschen widerspiegelt, der sowohl konkret in dieser Welt als auch in der geistigen der Symbole und Wandlungen lebt.

Man darf auch nicht übersehen, dass heute für viele Menschen das Abendmahl nur eine Erinnerung an ein fremd gewordenes Ritual der Kindheit bedeutet. In dem Fall kommt es besonders darauf an, wie die Gefühlslage ist – überwiegt das Nostalgisch-Sentimentale oder das Befremdliche?

Kunst: Berühmt ist Leonardo da Vincis Gemälde „Das Abendmahl", das von der zeitgenössischen Werbung gern genutzt wird.

Abendrot Symbol der vollbrachten Arbeit und der Ruhe wie ↗Abend und ↗Dämmerung. In der Kunst ist das Abendrot beliebt, um eine besinnliche Stimmung zu schaffen. Weitere Aspekte bei ↗Sonnenuntergang.

Abenteuer Wem sein Leben zu langweilig scheint, der schaut aus nach einem Abenteuer. Meist spielt eine Sehnsucht nach dem Außerordentlichen, dem Kühnen eine Rolle, ein Ausbruch aus der Welt, die als sinnentleert empfunden wird. Das Abenteuer ist somit das Gegenbild zur ↗Arbeitsroutine (↗Automat).
„Abenteuer" (adventure) und „Ankunft" (adventus) leiten sich vom gleichen Wort ab: So bietet das Abenteuer die große Chance, am gewünschten Ziel oder sogar bei sich selbst anzukommen. Dieses Symbol hängt stets mit Lebenslust zusammen und einer Sehnsucht, die die vielen Abenteuerromane wie Grimmelshausens „Die Abenteuer des Simplicissimus" und der ironische Roman „Don Quijote" von Miguel de Cervantes befriedigten.
Das Abenteuer ist ein Symbol, das auf ↗Männlichkeit verweist und somit auf den ↗Helden. Im Frauentraum ist die Heldin oder Femme fatale angesprochen, denn zunehmend empfinden Frauen das Bedürfnis, abenteuerlich zu leben.
Bei allen Abenteuern, besonders in der Literatur und im Film, ist immer zu bedenken, inwieweit sich das Abenteuer tatsächlich eher im Inneren als im Äußeren abspielt. Oft spiegeln sich in den Stationen des Abenteuers Entwicklungsstufen der inneren Welt wider.
Literatur: Die Abenteurer- und Entdecker-Literatur drückt die Sehnsucht nach Neuem und den Freiheitstrieb aus und ist eine typische Ausprägung dieses Symbols.
Es gibt einen Club der großen Seereisenden und Abenteurer in der Weltliteratur. Das älteste Mitglied ist der listenreiche Odysseus, dem der schlaue Seefahrer Sindbad folgt, dessen Urenkel Robinson Crusoe ist, der viele zur Nachahmung anregte. Odysseus, Sindbad und Robinson sind echte ↗Helden. Sie bestehen ihre Abenteuer allein. Sie brauchen keine Hilfe – außer die der Götter. Zugleich sind sie erstaunlich menschlich: Sie zweifeln an ihrem Handeln, an ihrer Abenteuersucht – lernen aber nichts dabei, denn sie begeben sich immer wieder in Gefahr. Bei Odysseus liegt die Schuld der Abenteuerfahrt bei Poseidon – dem Gott –, bei unseren anderen beiden Helden ist es die Gier, seinen Reichtum zu vermehren, die wie eine klassische Sucht dargestellt wird. Auch Sindbad und Robinson unterscheiden sich erheblich, wenn sie auch beide immer wieder lamentierend bedauern, nicht daheim geblieben zu sein. Sindbad ist der Kluge, der schlau den haarsträubendsten Situationen entkommt, Robinson ist der Fleißige und Introvertiertere von beiden. Robinson ist ein Puritaner, der uns zeigt, dass emsige Arbeit gepaart mit christlichen Tugenden Erfolg bringt. Das sieht der Islam anders: „Ich kann nicht arbeiten, ich bin Kaufmann", sagt Sindbad und kann sicher sein, dass seine Schläue, sein scharfes Auge für eine Chance ihm den Erfolg bringen. Für Sindbad ist es Allah, der ihm Chancen und Möglichkeiten bietet. Allah macht ihn zum „Surviver".
Trotz aller erlebten Abenteuer, gezeigten Cleverness und Willensausrichtung enden unsere drei Seefahrer erstaunlicherweise glücklich im Schoß der Familie. Sollte das das Ziel aller männlichen Abenteuer sein –

zu Hause anzukommen und zu erkennen, dass es Torheit ist, die gemütlichen Segnungen des Mittelstandes zu verlassen, wie es Robinson und Sindbad offen sagen?

Abfahrtslauf Der Abfahrtslauf, wie wir ihn vom ↗Skifahren her kennen, ist eine Form des ↗Abenteuers. Es geht um Mut, Gefahr, Rausch der Geschwindigkeit, Wettkampf. Eine Situation, die man genießen, die aber auch zum Alptraum geraten kann.

Abfall Der Abfall landet auf dem Müllhaufen. Häufig ist innerer ↗Müll gemeint, der jemanden belastet und von dem man sich befreien will – ähnlich wie bei ↗Abwässer. Es hat sich viel angesammelt, das entsorgt werden muss: zum Beispiel emotionaler Müll, realer Alltagsmüll und vergiftende Gedanken. Dieses Symbol verweist dann darauf, dass etwas losgelassen werden muss, das jetzt nicht mehr nötig ist. Oft handelt es sich dabei um überholte Verhaltens- und Sichtweisen. Es können andererseits auch alte Gefühle, alte Beziehungen – wie die Beziehung zu den Eltern – gemeint sein.
Abfallhaufen und Müllberge symbolisieren heutzutage aber auch häufig den unbedachten Umgang mit Ressourcen, die Wegwerfgesellschaft mit ihrem Hang zur Verschwendung. Weggeworfene Konsumartikel büßen ihren Glanz vollständig ein – jetzt überwiegt der Ekel, die Angst, sich schmutzig zu machen, wenn man im Abfall wühlt.
Der Psychologe vermag dem etwas Positives abzugewinnen. Denn wenn man im seelischen Müll wühlt, dann kann man wertvolle Entdeckungen machen: Gerade dort findet man das Seelengold, das heißt im Unscheinbaren und Abgelehnten liegt die Chance zur Selbsterkenntnis – oder wie C. G. Jung es ausdrückt: In der Annahme des abgelehnten Schattens liegt der erste Schritt zur Individuation.
Literatur: Der Mensch im Müll tritt im absurden Theater Becketts auf, er hält seine Monologe aus der Mülltonne.

Abführmittel Siehe unter ↗Arznei und ↗Tablette. Das Abführmittel symbolisiert oft das Bestreben, Konflikte zu überwinden und sich von unangenehmen Erinnerungen und von allen belastenden Gedanken und Gefühlen zu befreien.

Abgrund Der Abgrund ist schroff, tief, ganz anders als der sanfte ↗Abhang. Dieses Symbol ist typisch für eine Krise und die Angst, der man in einer Krise ausgesetzt ist: die Angst vor dem ↗Absturz. Oftmals strengt jemand sich zu sehr an, um einen Abwärtstrend umzukehren, und verstärkt ihn damit. Der Abgrund kann die Frage stellen, ob es nicht besser wäre, sich weniger anzustrengen und sich fallen zu lassen. In Krisen geht es zwar meist darum, aktiv zu werden, um die Krise zu beenden, manchmal aber ist es notwendig, die Dinge geschehen zu lassen und darauf zu vertrauen, dass alles wieder gut wird.
Abgrund deutet oft auf seelischen Kummer hin, auf das Abgründige. Abwärtsbewegungen hängen mit dem Unbewussten und den inneren Welten zusammen. Der Abstieg in den Abgrund heißt, sich mit seinem Unbewussten zu beschäftigen, zumindest sich ihm zuzuwenden. Fällt man in den Abgrund hinein, steigen oft Bilder depressiver Verstimmung auf (wie auch bei ↗Asche, ↗Falle und ↗Mord). Muss man am Abgrund umdrehen, sind neue Wege zu gehen. Beim Abwenden vom Abgrund werden vor Tatsachen die Augen verschlossen.

Abhang Der ↗Abgrund gähnt immer in der Tiefe, beim eher sanften Abhang hingegen kann es bergauf oder bergab gehen, siehe auch ↗Abschuss, ↗Absturz, ↗Bach, ↗Fahrstuhl, ↗Fallen und ↗Schlitten.
Es geht bergauf: Das zeigt, dass man mit Mühe etwas erreichen kann. Wenn man sich anstrengt, wird sich die Situation bessern. Oder ist der Abhang doch so steil, dass man ihn nicht bewältigen kann? Scheitert das Streben nach dem Höheren und warum ist das so schwer oder scheitert gar immer wieder (↗Berg)?

Abkürzung Abkürzung bedeutet Ungeduld und Schnelligkeit. Eine Abkürzung zu finden, kann auch auf ein besonderes Geschick verweisen.
Die Abkürzung macht zwar einen Weg kürzer, doch ihr wohnt stets die Gefahr inne, ein falscher Weg zu sein; wer auf dem Lebensweg nach einer Abkürzung sucht, gerät in die Gefahr, sich zu verlieren. Sprachliche Abkürzungen ↗Akronyme.

Ablehnung Die Ablehnung drückt die Sehnsucht nach Nähe oder nach Distanz aus. Jemand fühlt sich in sozialen Situationen unsicher, er verschließt oder verweigert sich gegenüber etwas oder sollte es tun. Ablehnung ruft nach Offenheit.
Bisweilen kann Ablehnung aber auch eine gegenteilige Bedeutung einnehmen: Ablehnung heißt dann Annahme. Man wird angenommen – trotz der Befürchtung der Ablehnung.

Abmagerung Abmagerung heißt, jemand verliert an Substanz und nimmt nicht mehr so viel Raum ein, er wird ↗dünn – vielleicht will er dem Schönheitsideal entsprechen.
Abmagern ist in der Regel kein lustvoller Prozess, sondern hängt mit Bescheidung, mit Askese zusammen. Wie ↗Dürre, ↗Wüste und andere karge Landschaften verweist dieses Symbol oft darauf, dass jemand entweder zu asketisch und zu weit entfernt von seinen Gefühlen und Bedürfnissen lebt oder dass er sich mehr bescheiden sollte.
Bei Krisen im emotionalen Bereich wird mit diesen Symbolen darauf verwiesen, dass ein Grund für die Krise darin zu suchen ist, dass man nicht genügend Emotionen wie Zuwendung oder Liebe bekommt oder gibt.

Abort ↗Toilette

Abrechnung Im Traum wie im Leben schließt jemand mit der Abrechnung etwas ab – symbolisch heißt das: Er lässt etwas hinter sich. Eine Abrechnung kann auch, wie in Abenteuerfilmen, ein brutaler Akt sein. Siehe auch ↗Geld und ↗Rechnung.

Abreise Man will weg. Ein häufiges Symbol, das oft im Zusammenhang mit Stress, Überarbeitung oder Beziehungskrach auftritt. Mit einer Abreise schließt man immer mit etwas ab, das kann auch auf eine Flucht aus der Verantwortung deuten. Aber man hat auf jeden Fall seine Kräfte gesammelt, um sich aus einer Situation herauszubewegen, man befreit sich – auch wenn manchmal die Abreise nur ein Vorhaben bleibt, ein Wunsch, der durch irgendetwas vereitelt wird.
Wie bei allen Symbolen der Fortbewegung ist es für die weitere Deutung wesentlich, wohin die Reise gehen soll.

Absatz Der Schuhabsatz verbindet den Menschen wie der ganze ↗Schuh mit dem Boden, auf dem er steht. Er deutet auf Erdung. Zugleich lässt er den Menschen größer erscheinen, besonders als Stiefelab-

satz (↗Stiefel) hat er mit Machtausübung und Machtmissbrauch zu tun. Der hohe Absatz eines Frauenschuhs ist bekanntlich ein häufiges erotisches Symbol.
Der Verlust des Absatzes: Verlust der Erdung, was negativ sein kann, wenn man zu „abgehoben" lebt, oder positiv, wenn man leichter und lässiger leben möchte.
Treppenabsatz: Eine Etappe auf der ↗Treppe des (sozialen oder bewusstseinsmäßigen) Aufstiegs ist erreicht. Hier hält man oft inne, um sich einen Überblick zu verschaffen, oder man ist froh, ihn erreicht zu haben, weil man neue Kräfte für den weiteren Aufstieg sammeln muss. So gilt der Absatz als Zwischenbereich zwischen oben und unten, positiv und negativ. In manchen Filmen erhält der Treppenabsatz eine andere Funktion: Hier wird er zum Podium, auf dem der Star innehält, um sich von den unten Stehenden bewundern zu lassen. Auch hier geht es also um das Oben und das Unten.

Abschied Der Abschied bedeutet wie die ↗Abreise ein Ende und damit eine Änderung, zum Beispiel in der Lebensführung. Abschiede bedeuten meistens Trauer, seltener ein Aufatmen, doch bei jedem Abschied stellt sich Frage nach dem, was danach kommt, nach der Aufgabe und dem Weg, siehe auch ↗Beerdigung, ↗Leiche, ↗Scheidung und ↗Tod.

Abschuss Ganz gleich, was da abgeschossen wird – eine Rakete oder ein Gewehr: Der Abschuss hat immer etwas Plötzliches, Gewaltsames. Dabei werden zwei Bereiche angesprochen: Etwas wird mit einer radikalen Schnelligkeit auf den Weg gebracht, gewaltsam, brutal. Dem Start entspricht meist auch die Ankunft – am Ende wird etwas zerstört. Hier spielt immer Aggression eine Rolle, Lust an oder Angst vor Gewalt, Triebexplosion, Hass, Zerstörung.
Psychoanalyse: Tiefenpsychologisch gesehen ist der Abschuss ein sexuelles Bild: Pollutionstraum, sexuelle Aggression, Ausdruck eines Triebstaus. Der Abschuss kann sowohl den Aggressor als auch das Opfer symbolisieren. Diese Aggression braucht keineswegs nur negativ gesehen zu werden. In ihr steckt eine sexuelle Befreiung, man hat sein Ziel (Lustbefriedigung, Orgasmus) erreicht.

Absinth Grüner Branntwein aus Wermut. Seit der Antike gilt der Absinth als Aphrodisiakum, aber er ist giftig. Er wurde 1915 in Frankreich und später in ganz Europa verboten. Zuvor galt er als das Modegetränk der Künstler und Intellektuellen speziell in Paris, die behaupteten, dass der Absinth den Kuss der Muse fördert. Heute ist ein entschärfter Absinth wieder in Mode gekommen.

Absperrung Absperrung ist Begrenzung und Einengung – oder: Jemand sollte sich besser abgrenzen. Die Absperrung ist ein häufiges Symbol, wenn jemand sich beengt fühlt (siehe ↗Amputation, ↗Käfig) und nicht mehr weiterkommt. Man sperrt sich gegen etwas, hält sich zurück. Sie kann ein Zeichen gesellschaftlicher Gewalt sein – besonders bei Absperrungen auf Demonstrationen oder anderen von der Polizei vorgenommenen Absperrungen.

Absprung Wie bei ↗Abgrund und ↗Absturz wird das Loslassen angesprochen, das immer auch Ängste hervorruft. Es stellt sich die Frage, ob man sich fallen lassen kann oder sollte und was dieses Fallenlassen konkret bedeutet in der jeweiligen Situation.

Abstammung ↗Zeugung

Abstieg In der Tiefenpsychologie geht man davon aus, dass mit dem Abstieg die Welt der Instinkte und der körperlichen Gefühle angesprochen wird, da es wie bei ↗Abgrund und ↗Tauchen um das Eintauchen in das Unbewusste geht. Oftmals wird mit diesem Symbol auf die Welt der Frauen verwiesen, so steigt Faust im zweiten Teil des Dramas hinab in das Reich der Mütter. Ein solcher Abstieg bewahrt den Helden vor einer zu einseitigen Betonung des männlichen Archetyps. In zahlreichen Mythen finden besonders Frauen, aber auch Männer ihren Kraftort und ihre eigene Identität in der Tiefe, in die sie absteigen müssen.
Abstieg bedeutet aber auch gesellschaftlichen und ökonomischen Abstieg und die Angst vor dem Niedergang – oder das Ankommen auf dem Boden der Tatsachen. Siehe auch ↗Leiter und ↗Treppe.

Abstimmung Die Abstimmung besitzt zwei unterschiedliche Bedeutungen. Zum einen verweist sie auf die Meinungsäußerung und Ansicht einer jeden Person einer Gruppe, zum anderen drückt sie die Bemühung aus, einen Konsens zu finden. Im zweiten Fall ist sie dem Symbol ↗Stimmgabel vergleichbar. Im ersten Fall verweist sie auf die Demokratie, die im Ideal auf die Meinung eines jeden Rücksicht nimmt.

Abstrakte Symbole Kommen abstrakte Symbole wie ↗Zahlen und geometrische Formen (↗Geometrie) in Traum, Fantasie und Kunst vor, so sind diese nach C. G. Jung stets Symbole des Selbst. Sie treten hauptsächlich während eines wichtigen Schrittes auf dem Individuationsweg auf.
Kunst: In der bildenden Kunst verweisen abstrakte Symbole oft auf den geistigen Gehalt der Kunst oder auf eine abstrakte Idee, was deutlich bei den Bildern W. Kandinskys zu sehen ist.

Absturz Der Absturz gleicht dem ↗Abstieg, doch er ist ungleich schneller und gewaltsamer. Wer zu ehrgeizig war und sich selbst überschätzt hat, für den ist der Absturz die rechte Strafe. Wer sich ängstlich an etwas klammert, für den kann der Absturz die Befreiung sein, ein radikales Sich-Fallen-Lassen (ähnlich wie ↗Abgrund, ↗Absprung und ↗Fallschirm), ein Sturz ins Neue.
Der Absturz eines Flugzeuges enthält eine ähnliche Symbolik: Niedergang, extreme Unsicherheit, Katastrophe, Todesangst – bis endlich der feste Boden unter den Füßen wieder erreicht ist.

Abszess Der Abszess steht psychologisch gesehen für ein Reinigungsbedürfnis (ähnlich wie bei ↗Abfall, ↗Abwässer und ↗Waschen) und für Fehlhaltungen, die es zu überwinden gilt. Er gibt Anlass zur Hoffnung, dass das innere ↗Gift herauskommt. Er ist auch ein Ausdruck des ↗Ekels gegenüber dem Körper oder seltener ein Symbol der Selbstreinigung des Körpers.
Böse Personen werden häufig in Film und Literatur mit Abszessen möglichst hässlich gezeichnet (↗Hautausschlag). Er kann auch ein Zeichen von Armut sein.

Abt In diesem früher beliebten Symbol wird der Archetyp des Seelenführers heraufbeschworen: Eine Autoritätsperson – männlich oder weiblich –, die Askese und Würde ausstrahlt. Abt und Äbtissin sind romantisierte ↗Vater- oder ↗Mutterfiguren, besonders bei religiösen Menschen. Angesichts dieses Symbols sehnt man sich

meistens nach einem Seelenführer beziehungsweise einer Seelenführerin oder sieht sich selbst in dieser Rolle. Siehe auch ↗Bischof und ↗Mönch.
Literatur: In der pornografischen Literatur des Marquis de Sade spielen Äbte und Äbtissinnen eine herausragende Rolle. Hier wird die Symbolbedeutung auf den Kopf gestellt, und aus dem Symbol des Keuschen wird eins der Ausschweifung.

Abtei ↗Kloster

Abtreibung Wer abtreibt, will etwas loswerden, eine Entwicklung beenden, die er für allzu belastend oder unerträglich für sich hält. Im übertragenen Sinne kann eine Abtreibung auf innere Konflikte deuten, die jemand loswerden will. Die Abtreibung kann jede körperliche Veränderung symbolisieren, ebenso wie die Trennung von geliebten Personen oder geliebten – jedoch ungünstigen oder neurotischen – Eigenschaften (ähnlich wie ↗Leiche, ↗Tod oder ↗Scheidung).
Im Traum kann das Symbol Abtreibung bei Frauen und bei Männern auch auf Angst vor ungewollter Schwangerschaft hinweisen.

Abwässer Mit den Abwässern wird oft assoziiert, „alles fließen zu lassen". Im Gegensatz zum Symbol ↗Bach und ↗Fluss schwingt hier die Unreinheit mit, deswegen sind Abwässer ein Symbol des Dunklen, Schmutzigen, dessen, was man nicht haben, was man entsorgen will.
Dieses Sinnbild kann heute auch auf eine Sorge für die Umwelt deuten. Es geht also um die innere und äußere ↗Umweltverschmutzung.
Die Abwässer sind der klassische Lebensort der ↗Ratten.

Abzeichen Das Abzeichen ist ein Zugehörigkeitssymbol, das häufig dann auftritt, wenn jemand sich ausgestoßen fühlt. Abzeichen bedeuten Stärke durch Zugehörigkeit.

Achat Der Achat gilt wie alle ↗Edelsteine als Heilmittel. Man verwandte ihn gegen zahlreiche Krankheiten, zum Beispiel bei Kopfschmerzen, Hautleiden, Insektenstichen – und auch zur Stärkung der Fortpflanzungsorgane. Als Symbol deutet er auf die Eitelkeit hin – zumindest wenn es sich um einen Schmuckstein handelt (↗Edelstein, ↗Schmuck). In der Astrologie wird der Achat den Sternzeichen Stier und Skorpion zugeordnet.

Achse Die Achse steht im Mittelpunkt, um sie herum dreht sich alles. In der Bewegung des Lebens, im Rotieren des Lebensrades (Rad der Fortuna) bildet sie den ruhenden Pol, kann auch für die eigene Mitte stehen.
Wenn man unterwegs ist („auf Achse sein"), dann darf die Achse natürlich nicht brechen.

Achsel Die Achsel verbindet den ↗Arm mit dem Körper. Somit symbolisiert sie jegliche Verbindung. In der Achselhöhle befinden sich viele Drüsen, die Schweiß mit einem bestimmten Geruch erzeugen, der in vielen Kulturen erotisiert wurde. In unserer heutigen Kultur bekämpft man jedoch diesen Geruch mit Deodorants. Vielfach werden auch die Haare in der Achselhöhle rasiert, da dies sexualisiert wird und den Schweißgeruch verringert.

Acht Die Acht ist ein Ganzheitssymbol. Sie steht für Vollständigkeit (Oktave in der ↗Musik) und Erdung, da der Würfel als Symbol der ↗Erde acht Ecken besitzt. So

symbolisiert sie auch die Unendlichkeit – das Unendlichkeitszeichen ist die liegende Acht.
Asien: Der achtfache Weg des Buddha führt zur Befreiung. Die Acht ist in diesem Sinn ein Symbol der Perfektion, Klarheit und Freiheit.
In der taoistischen Malerei waren die acht Unsterblichen ein beliebtes Thema. Sie wohnen auf den Inseln der Seligen und stellen das menschliche Leben in allen seinen Aspekten dar.
Antike: Hermopolis war die heilige Stadt der Acht. Die Zahl Acht symbolisiert in diesem Fall die Schöpfung aus dem Chaos. In der Acht wurde gleichzeitig die Zweiheit von Männlichem und Weiblichem gesehen.

Acker Der Acker symbolisiert Fruchtbarkeit, besonders wenn man die ↗Furchen gut sieht. Er ist ein Symbol der fruchtbaren Frau beziehungsweise der Mutter (Gaia, die Erdmutter, aber auch Demeter). Er verweist auf die Arbeit (man muss „etwas beackern“).
Harte und verkrustete Schollen bedeuten Probleme, Unfruchtbarkeit oder Erstarrung.
Der Acker ist heute weniger ein Symbol für die Arbeit und Mühe des Ackerns, sondern ein Symbol der Landromantik bei Städtern (ähnlich wie ↗Bauer und ↗Feld). Man will der ↗Stadt entfliehen. Man interessiert sich aus ökologischen Gründen für das Land und sieht im fruchtbaren Acker das Gegenbild zur toten und lebensfeindlichen Stadtlandschaft.
Mit dem Symbol Acker ist auch häufig eine wehmütige Stimmung oder eine konservative Haltung verbunden.

Adam Adam ist in der Bibel (Gen 1–3, der Name Adam wird übrigens erst nach der Vertreibung aus dem Paradies erwähnt) der erste Mensch und der erste ↗Mann und symbolisiert daher den Rückbezug auf den Menschen oder den Mann an sich.
Heute ist Adam – wie alle biblischen Symbole – ein eher seltenes Symbol.
Adam wird in der Malerei viel seltener als ↗Eva dargestellt, und wenn, dann als Schönling. Da gemäß dem Volksglauben Schönheit und Intelligenz nicht zusammenpassen, hatten die Enzyklopädisten und Aufklärer von Adam eine schlechte Meinung.
Mittelalter: In Alchemie und Kabbala hat Adam eine große, heute fast vergessene Rolle gespielt. Adam ist aller Anfang, der die Qualität Gottes, der Engel und nach gnostischer Auffassung auch der Dämonen in sich trägt.

Adel ↗Titel

Ader Die Adern als Transportsystem für unser ↗Blut sind für die Verteilung unsere Lebensenergie verantwortlich. Sie verkörpern ein Netzwerk, in dem vitale Energien ausgetauscht werden. Wenn man für etwas keine Ader hat, dann besitzt man dafür kein Gefühl oder Interesse. Offene Adern bedeuten einen Verlust an Lebensenergie, verhärtete Adern verweisen auf Erstarrungen.
Das Symbol Ader bedeutet heutzutage häufig Kommunikation, so gibt es Verkehrsadern – und dementsprechend auch einen Verkehrsinfarkt.

Adler Adler bedeutet Herrschaft und Kraft, er ist ein bekanntes Symbol von Macht und Führertum, Stolz und Würde, weswegen er uns als Reichsadler und Bundesadler entgegentritt. Deutschland, Polen, Österreich, Spanien, Albanien und die USA besitzen einen Adler als nationales Symbol. Zumindest in Europa lässt

sich dieses Wappentier auf das Adler-Emblem des römischen Reiches zurückführen, das Karl der Große dann als Symbol seines Reiches übernahm.
Der Adler kann sich selbst wie der ↗Phönix verjüngen und ist so unsterblich. Er besitzt den Überblick – und dennoch liegt in diesem Symbol eine Warnung, dass kühne Pläne und Taten gefährliche Wendungen nehmen können. Immerhin wird der (Bundes-)Adler volkstümlich „Pleitegeier" genannt.
Der weiße Adler gilt als Glücks- und Vergeistigungssymbol. Ein fluglahmer Adler verweist auf Einengung und Einschränkung (ähnlich wie das Symbol der ↗Amputation und des ↗Käfigs).
Was uns am Adler fasziniert, ist sein sprichwörtlich scharfes ↗Auge. Er sieht alles. Sein Auge ist sonnenhaft. Er besitzt Gottes Auge.
Ob man sich indianische (besonders aztekische), australische, buddhistische, hinduistische, chinesische, ägyptische oder die europäische römische, alchemistische und keltische Symbolik anschaut, immer drückt der Adler den Aufstieg des Geistes in die Bereiche des Lichts und des Göttlichen aus. Er gilt als eines der verbreitetsten Bilder des Selbst. Bei Homer symbolisiert er den vollendeten Sieg, was man ohne weiteres im Sinne der Bildung des Selbst auffassen kann, für die der Mensch mit sich selbst kämpfen muss. Im frühen Christentum wurde dieser Kampf als Überwindung der ↗Sünde interpretiert.
Der Adler hat viele Verwandte im Bereich der sagenhaften Vögel wie den sich selbst verbrennenden Phönix der Ägypter oder den mächtigen Garuda, der als Reittier Vishnus dient (und zugleich als Symboltier Indras gilt).
Auch in der heutigen Symbolik spielt der Adler eine wesentliche Rolle: Die aggressive und Freiheit symbolisierende Seite des Adlers wird betont. Motorrad fahrende Rocker tragen den Adler genauso auf dem Rücken ihrer Jacken wie amerikanische Football-Mannschaften.
Antike: Die Etrusker waren die Ersten, die den Adler als Symbol königlicher Macht benutzten.
Bei den Römern wurde dann der Adler dem Jupiter geweiht. Das geht auf die Zeit des Kampfes der Olympier gegen die Titanen zurück. Als Jupiter nach dem Ausgang fragte, erschien ihm ein Adler als glückliches Vorzeichen. Ferner soll der Adler Jupiter genährt haben, weswegen er auch als Attribut des höchsten Gottes oft mit ihm zusammen abgebildet wird. In seinen Krallen trägt er auf diesen Bildern einen Blitzstrahl.
Psychoanalyse: S. Freud sah im Adler ein ausgeprägtes, mächtiges Sexualsymbol.
Analytische Psychologie: Der Adler ist nach C. G. Jung die Transformierung zum Geistigen. Er stellt ein archetypisches Bild des Selbst dar, weswegen er als Wappentier so beliebt ist. Wer einen Adler im Traum sieht, der kann sicher sein, dass sich in ihm das Selbst meldet, meint C. G. Jung. Er hat das Ziel des Individuationswegs erreicht. Deswegen sind Adlerträume (zumindest heutzutage) so selten – selbst im Traum stirbt der Adler aus. Das mag daran liegen, dass es in unserer heutigen Gesellschaft äußerst schwierig ist, sein Selbst zu entwickeln.
Der Adler stellt eines der großen Wandlungssymbole dar. Esoterischen Lehren zufolge wandelt sich der ↗Skorpion zur ↗Schlange, um dann im Adler seine Vollendung zu finden. Der Adler ist seit ewigen Zeiten das Symbol der himmlischen Mächte des Guten, die ursprünglich aus der dämonisierten Schlange entstanden sind. Adler und Schlange stehen sich des-

wegen in der klassischen Alchemie wie in der germanischen Mythologie als Manifestation von Licht und Finsternis gegenüber. Bei den Mithras-Anhängern symbolisiert der Adler die Sonne.
Christentum: Christlichen Vorstellungen – vom Mithras-Kult beeinflusst – zufolge kann der Adler als Wesen des Lichts in die Sonne blicken, ohne geblendet zu werden – so erblickt Christus die Herrlichkeit Gottes, weswegen er bisweilen als Adler bezeichnet wird.
Literatur: Seit Äsop wird der Adler als Treuebrüchiger beschrieben. Er frisst aus Gier die Kinder seines Freundes, des Fuchses. Der Adler als ein Symbol des Treue- und Vertragsbrüchigen ist seitdem ein festes Bild in der Fabelliteratur Europas. Selbst noch der sozialistische jüdische Autor Friedrich Wolf (Gründer des Bundes Proletarisch-Revolutionärer Schriftsteller) übernimmt dieses Bild und münzt es auf die politische Situation seiner Zeit.
In William Blakes Werk „Hochzeit von Himmel und Hölle" hingegen wird der Adler als Symbol des (hochfliegenden) Genius gesehen.
Nietzsche bezeichnet in „Also sprach Zarathustra" den Adler als das stolzeste Tier und die Schlange als das klügste. Der Adler, der mit der Schlange durch die Lüfte fliegt, gilt Nietzsche als Symbol der Harmonie.

Admiral Der Admiral ist ein klassisches Männlichkeitssymbol (wie auch ↗Abt, ↗Athlet, ↗Kaiser, ↗Kapitän und ↗König). Als Autoritätsperson besitzt er die Autorität über das ↗Wasser, also das Gefühl. Das verweist auf eine Tendenz zum Zwangscharakter oder seltener auf besondere Sensibilität. Er ist Leitfigur und Vorbild, andererseits auch das abgelehnte kriegerische Männliche.
Das Symbol Admiral besitzt sexuelle Anklänge (Nelson-Säule), da das ↗Schiff weiblich ist: Er möchte Frauen beherrschen und besitzen, denn immerhin ist der Admiral ein ↗Seemann – und der gilt als Symbol ungezügelter Sexualität.

Adoption Jemand nimmt etwas Fremdes an, er gibt Hilfe. Vielleicht ist das fremde Kind, das adoptiert wird, das fremd gewordene Kind im eigenen Inneren, etwas, das zum eigenen Glück fehlt und das jemand annehmen möchte und sollte.

Adresse Die Adresse gibt den Ort an, zu dem jemand etwas senden möchte. Dabei ist es wichtig, ob es die eigene oder eine fremde Adresse ist: Ist die eigene Adresse das Ziel, dann handelt es sich um etwas Selbstbezogenes, vielleicht eine (zu?) große Selbstbezogenheit, vielleicht die richtige Erkenntnis, dass man selbst im Zentrum des Sache steht oder stehen sollte. Bei fremden Adressen kommt es auf die Familien-, Straßen-, Orts- und Hausnamen an, die darin vorkommen; diese können meist selbst symbolisch gedeutet werden. Hat jemand die Adresse verloren oder kann sie nicht lesen, dann fehlt die Orientierung auf das Ziel.

Advent Advent ist Ankunft, die Adventszeit die Zeit der Vorbereitung auf ↗Weihnachten, das Fest der Menschwerdung Gottes.
Ursprünglich war der Advent die Vorbereitungszeit auf die Taufe. Ende des 4. Jahrhunderts wurde er in Gallien und Spanien zur Vorbereitungszeit auf das Weihnachtsfest. Der Geschichtsschreiber und Bischof Gregor von Tours führte im 6. Jahrhundert nach dem Vorbild der österlichen Fastenzeit eine vierwöchige Adventsfastenzeit ein. Damit wurde der Ad-

vent zur asketischen Zeit der Buße und der Wendung nach innen.

Adventskalender Erst in der Mitte des 19. Jahrhunderts wurden die ersten Adventskalender in evangelischen Kreisen entwickelt. Die Gliederung des Advents in 24 Tage, die jedem Adventskalender zugrunde liegt, tritt erstmalig in einem Gemälde des Malers Petrus Christus (der höchst realistisch in Anlehnung an Jan van Eyck malte) auf. Adventskränze mit Klapptüren hat 1908 der Münchner Verleger Gerhard Lang erfunden, der sie erfolgreich produzierte. Zur Zeit des Nationalsozialismus wurden die Adventskalender weltlich. In ihnen dominieren Märchendarstellungen oder Abbildungen von Geschenken.

Adventskranz Der Adventskranz ist ein Symbol des Wartens auf ↗Weihnachten, vielleicht erinnert er auch an die freudige Erwartung in der Kindheit, an Gemütlichkeit mit einem Hang zu einer gewissen Kleinbürgerlichkeit.
Seit dem 19. Jahrhundert ist es Brauch, Adventskränze aufzuhängen oder aufzustellen. Diese Sitte geht auf die Hamburger Adventsandachten des evangelischen Pfarrers Johann Hinrich Wichern zurück. Wichern hatte im „Rauhen Haus", einer Anstalt für gefährdete Jugendliche, in der Adventszeit Adventskränze, wie wir sie heute kennen, erstmalig aufgestellt. Die Kerzen symbolisierten für ihn das Licht, das in die Finsternis leuchtet. Allerdings zündete Wichern vom 1. Dezember bis zum Heiligen Abend 24 Kerzen an, eben jeden Tag eine Kerze mehr. Der Kreis des Adventskranzes sollte das Bild des Laufs der Sonne verdeutlichen, der geholfen wird, am 24.12. wieder zu erstarken. Ferner symbolisierte der Adventskranz den Lauf der Zeit.
Erst nach dem Ersten Weltkrieg setzte sich der Adventskranz auch überkonfessionell durch. Er war inzwischen kleiner geworden und trug nur noch vier Kerzen, für jede Woche vor Weihnachten eine.
Neben der christlichen Tradition scheint es noch eine viel ältere Tradition zu geben: Seit dem frühen Mittelalter bis in die Zeit der Aufklärung hinein durften Knechte und Mägde in der Vorweihnachtszeit nicht zur Arbeit im Freien angehalten werden. Vom Arbeitswagen wurde zum Zeichen der Ruhe das vierte Rad gelöst und ins Haus gehängt, wo es oft mit Kerzen geschmückt wurde. Später wurde das Wagenrad mit Tannengrün, Misteln und Ilex umflochten. Die Kirche hat vergeblich versucht, diesen heidnischen Brauch zu unterdrücken, und ihn letztlich aufgegriffen und assimiliert.

Äbtissin ↗Abt

Äffchen ↗Zirkusäffchen, ↗Affe

Ägypten Ägypten bedeutet Mysterium und Weisheit. Mit Ägypten assoziieren wir meistens die alten ägyptischen Kulturen der Pharaonenzeit. Da wir relativ wenig gesichertes Wissen über diese Kulturen besitzen, projizieren wir viele moderne spirituelle Ideen auf sie. Diese spirituellen Projektionen prägen unser Ägyptenbild, das das tatsächliche heutige Ägypten stark in den Hintergrund treten lässt. Da die ägyptische Kultur die klassische griechische Kultur stark beeinflusste, symbolisiert dieses Land am Nil auch den Anfang unserer Kultur.
Literatur: Der Ägyptologe Christian Jacq schaffte mit seinen Ramses-Romanen 1996 den Sprung in die Bestsellerlisten und schuf damit eine Sicht von Ägypten als

das Land, in dem sich Diesseitiges und Jenseitiges eng verwoben.
In Simone de Beauvoirs Roman „Alle Menschen sind sterblich" bekam Fosca, der unsterbliche Held, einen Zaubertrank von einem Ägypter, der ihm Unsterblichkeit verleiht.

Ähre Altes Symbol der Fruchtbarkeit und des Wohlstands; die Ähre steht für das fruchtbare Leben, das Abschneiden der Ähren entsprechend für den Tod, ein Symbol, das in der Literatur und darstellenden Kunst immer wieder auftritt. Der Tod wird „der Schnitter" genannt, und die ↗Sense ist sein Attribut.
Manchmal taucht die Ähre auch als Bildsymbol für den Ackerbau auf, auch für den Sommer und die Zeit der Ernte.
Die Ähre wird immer wieder als Symbol des natürlichen Lebens, aber auch als ein Symbol für die „gute, alte Zeit" benutzt.
Antike: Die Ähre als Symbol der Fruchtbarkeit und Wiedergeburt spielte besonders in dem Kult der eleusinischen Mysterien eine Rolle. Die Hauptgöttin dieses einflussreichen Kults ist Demeter, die Kornmutter, deren Attribut die Ähre ist.
Christentum: Auf mittelalterlichen und teilweise auch auf späteren Abbildungen Mariens, besonders in Wallfahrtskirchen, wurden auf dem Mantel der Jungfrau Ähren abgebildet und damit Maria in die Ahnenreihe der Kornmütter wie Demeter und Ceres gestellt; offiziell wurde die Zuordnung der Ähre zu Maria damit begründet, dass aus der Ähre der Weizen stammt, aus dem die Hostie gebacken wird.
Literatur: Die Ähre wird in „Max und Moritz" von Wilhelm Busch mit dem „dünnen Pack", also dem armen Volk verglichen.

Ärmel Der Ärmel ist die Bekleidung des ↗Arms und wird somit symbolisch mit der Tatkraft verbunden. Wenn man die Ärmel hochkrempelt, bedeutet das Arbeit und Aktionen. Zeigt man die Ärmel seines Hemds, signalisiert dies eine unkonventionelle Art, die vom guten Ton oder der Höflichkeit abweicht („hemdsärmelig").

Äskulapstab Attribut des Asklepios, des antiken Gottes der Heilkunst und der Symbolik. Der Äskulapstab ist ein Symbol des Arztberufes und – verbunden mit einer ↗Schale – Zeichen der ↗Apotheken.
Heute symbolisiert der Äskulapstab die Zugehörigkeit zu den heilenden Berufen. Er verweist auf die Ehre der Ärzte und ist deswegen als Symbol der Güte – im Unterschied zur Quacksalberei – in der Werbung für Heilprodukte beliebt.

Affe Der Affe ist das Tier, das dem Menschen am ähnlichsten ist, aber er bleibt doch ein Tier. So kann er Symbol für Entwicklungsschwierigkeiten und für Regression sein, für das Steckenbleiben auf einer niedrigeren Entwicklungsstufe. Daneben gilt der Affe als beschränktes, aber lustiges Tier, dessen Beweglichkeit wir bewundern. „Den Affen machen" heißt, sich lächerlich machen.
Im Traum kann der Affe als komplementäres Symbol auch auf das hinweisen, was wir nicht haben, nämlich Natürlichkeit und Beweglichkeit. Dann sollte man spielerischer und lustiger sein, mehr die tierische Seite in sich ausleben – der Affe gilt ja auch als geiles Tier. Er ist der tierische Schatten des menschlichen Egos.
„Affe" wird heutzutage oft als Schimpfwort gebraucht, dann liegt der Schwerpunkt auf dem „dummen Affen", der mangels eigener Geistestätigkeit nur alles nachahmt, eben „nachäfft". Mit einem Affen verglichen zu werden, gilt als Beleidigung; Charles Darwin hat viele Menschen

beleidigt, da er die Abstammung des Menschen vom Affen vertrat, wogegen sich besonders die römische Kirche wehrte.
Man sollte stets die Art des Affen beachten, denn schließlich symbolisiert das lustige ↗Zirkusäffchen etwas anderes als der bedrohliche ↗Gorilla oder der Schimpanse.
Literatur: In der Fabelliteratur speziell des Orients ist der Affe ein Bild für denjenigen, der durch seinen Leichtsinn umkommt. So tritt er uns schon in den fünf Büchern des Pantscha Tantra (ca. 200–600 n. Chr.) entgegen. Immer ist er etwas dümmlich, und als Symbol der Dummheit wird er in den französischen Fabeln des 17. und 18. Jahrhunderts oft bemüht (vgl. dazu Fabeln des Jean-Pierre Claris de Florian, welche die Bildersprache der deutschen Aufklärer prägten). Auch in Spanien wurde durch die Fabelsammlung von Félix María de Samaniego dieses Bild geläufig. Immer ist es der Affe, der mit dem Tiger oder Leoparden ein Spiel betreibt, bei dem man sich gegenseitig auf die Hände schlägt. Der Affe wundert sich stets über die Krallen seines Gegners, die seine Hände blutig schlagen. Diese Symbolik wurde auch dazu verwendet, um die Mitmenschen davor zu warnen, sich mit Stärkeren auch nur freundschaftlich einzulassen. In der Aufklärung wird dann nicht zuletzt durch die Fabelsammlung des deutschen Dichters und Pädagogen Gottfried Konrad Pfeffel der Affe zum Bild des Gecken.
Im Traum des Renaissance-Gelehrten Gerolamo Cardano ist der Affe die Instinktseele, das urälteste Menschliche (in „Des Gerolamo Cardano von Mailand eigene Lebensbeschreibung“ finden sich einige Träume dieses Gelehrten).
Ein Symbol der Lebendigkeit ist „Fipps, der Affe“ von Wilhelm Busch. In dem Bestseller von Peter Høeg, „Die Frau und der Affe“, verkörpert der Affe unsere Verantwortung der Natur gegenüber.
Kunst: In der Kunst des Mittelalters wird der Affe oft im Zusammenhang mit dem Orient gebracht, aber auch mit Spielleuten und Gauklern. Er verkörpert den Menschen, der sich durch mangelnde Tugend in ein Tier verwandelt hat: den geizigen, verschlagenen, neugierigen oder lüsternen Menschen.

Afrika Afrika symbolisiert den dunklen Kontinent, den eigenen Schatten, die eigene verborgene Seite und den Trieb (↗Dschungel, ↗Urwald). Es ist der Kontinent des ↗Abenteuers, aber auch des Hungers und der chaotischen politischen Verhältnisse. Europäer sehen in Afrika gerne das Entlegene, Unbekannte, das ↗Schwarze und Dunkle. Dann aber sind wir schnell im Bereich des dunklen Urgrundes, aus dem alles hervorgeht, dem Bereich der weiblichen Schöpferkraft (vgl. Vollmar, Klausbernd: Das Geheimnis der Farbe Schwarz. Psychologie, Mythos, Symbolik. Fischer Media Verlag, Bern 1999).
Literatur: In Coragessan Doyles Bestseller „Die Wassermusik“ wird wie in so vielen zeitgenössischen Romanen das Geheimnis Afrikas angesprochen. Der schwarze Kontinent ist voller Geheimnisse, was schon Stanley in seinem Buch „Wie ich Livingstone fand“ fasziniert hat.
Eine besondere Liebesaffäre mit und in Afrika beschreibt Karen Blixens Roman „Jenseits von Afrika“, der von Sidney Pollack 1986 erfolgreich verfilmt wurde. Der 1937 unter dem Pseudonym Isak Dinesen veröffentlichte autobiografische Roman beschreibt die fremde Kultur Kenias und die Verwirrung einer Europäerin angesichts der afrikanischen Kultur, die letztendlich unverständlich bleibt. Auch hier

symbolisiert Afrika ein Geheimnis, das von Fremden nicht zu lüften ist. Als einen der hervorstechenden fremdartigen Züge Afrikas beschreibt Karen Blixen, dass bei Katastrophen und Unglücken nicht nach Schuld und Motivation gesucht wird, sondern dass Afrikaner jenseits solcher Überlegungen ein Gegengewicht durch eine Ausgleichszahlung zu bilden suchen.
Der dänische Bestsellerautor Peter Høeg beschreibt in seiner Geschichtensammlung „Von der Liebe“ das europäische Bild von Afrika als den „dunklen Waldrand, aus der plötzlich der Tod als wildes Tier oder vergifteter Pfeil herauskommt“. Auch hier ist der Traum von Afrika dunkel, fremd und bedrohlich.

Agave Diese exotische Kakteenart steht bei uns für den Süden und das Mittelmeer. Charakteristisch ist der hohe, baumartige Blütenschaft, der nur einmal austreibt, um dann sofort zu verdorren.

Agent Der Agent verweist oft auf ungeerdete Fantasie, Abenteuerlust oder Unaufrichtigkeit. Man sollte erst den Bereich ausspionieren, in dem man handeln möchte, und nach der echten Wahrheit suchen. Der Agent ist im Film meist der Supermann und ↗Held, allen voran der Agent 007. Gerade letzterer verkörpert ein Gegenbild zum als langweilig empfundenen Alltagstrott, die Suche nach etwas Neuem, Aufregendem (↗Abenteuer). Der Agent spürt nach geheimen Informationen, kann also auch ganz allgemein ein Ausdruck der ↗Suche sein, wobei man sich fragen muss, was da gesucht wird.
Es wird ein intensives Leben in Gefahr angesprochen, das Bild des männlichen Helden heraufbeschworen, entweder um die Männlichkeit zu preisen oder um sie in Frage zu stellen. Gerade bei den neuerdings häufiger auftretenden Agentinnen ist es wichtig, darauf zu achten, wie sie die Frauen- und/oder Männerrolle erfüllen.
Auf der anderen Seite ist der Agent auch der, der im Geheimen arbeitet, in Bereichen, die normalerweise unzugänglich sind oder im Dunkeln (des Unbewussten) liegen. Handelt es sich um einen „guten“ Agenten, der unzugängliche Räume erschließt, um zu helfen? Oder um den „bösen“ Agenten einer fremden Macht, der frevelhaft in geschützte Bezirke eindringt?
Wer einen Agenten ausschickt, der will möglichst alles kontrollieren oder sich stets kontrolliert fühlen.
Das Bild des Agenten beinhaltet immer die Frage des Verheimlichens – man kann zu viel und zu wenig verheimlichen, vor anderen und auch vor sich.

Aggression Aggressionen erlebt man häufig in Traum und Fantasie. Sie verweisen stets auf die eigenen unterdrückten Aggressionen oder auf widerstreitende Tendenzen im Menschen.
Film: Aggression ist ein Symbol mit magischer Faszinationskraft, was unter anderem die Beliebtheit von Western und Actionfilmen aller Art zeigt.

Ahorn Der Ahorn versinnbildlicht – wie jeder ↗Baum – die Entwicklung der Persönlichkeit. Ähnlich wird in der Mythologie der Alpen der Ahorn als ein lebendiges Wesen angesehen, bei dessen Verletzung ↗Blut aus der Rinde fließt. Hier spielt ein zweiter Aspekt hinein: Jeder Baum zeigt, dass die Natur lebendig ist und darum wie alles Lebendige einen besonderen Respekt verlangt. Von hier ist dann der Weg nicht mehr weit zum Baum als Symbol für den Schutz und die Bewahrung von Natur und Umwelt.

Ahorn ist das Wahrzeichen des Schweizers Kantons Graubünden, da unter dem Ahorn von Truns sich 1424 die Abgeordneten der Bündner Täler zusammenfanden und den Grauen Bund gründeten, aus dem das heutige Graubünden hervorging. Ein Ableger dieses Ahorns wurde 1870 wieder neu eingepflanzt als Symbol der Stärke und Unabhängigkeit des größten Schweizer Kantons.
Das Blatt des Ahorns ist ferner seit dem 19. Jahrhundert das Wahrzeichen ↗Kanadas. Es symbolisiert dessen Identität, mit der es sich von den USA absetzt. Das rote kanadische Ahornblatt im Staatswappen und in der Nationalfahne ist das Blatt des Zuckerahorns, aus dem der Ahornsirup gewonnen wird.

Aids Aids (Acquired Immune Deficiency Syndrome) symbolisiert wie jede ↗Krankheit die Angst davor, schwach und unattraktiv zu werden. Da Aids als unheilbar gilt, ist der Aspekt der Schwäche, ja der Ohnmacht besonders ausgeprägt. Aids ist eine sexuell übertragbare Krankheit und zieht somit speziell die Projektionen von Menschen an, die Probleme mit ihrer Sexualität haben oder Sexualität mit Schuldgefühlen verbinden. So kommt es, dass Aids als Metapher besonders bei denen beliebt ist, die ein moralisches Chaos befürchten. Hier wird Aids mit Promiskuität in Verbindung gebracht, und der Verweis auf die Aids-Gefahr gerät dann zum Aufruf zur Zügelung der Sexualität.
Bei diesem Symbol schwingt ferner stets eine Assoziation an die Homosexualität mit. Aids wurde ja auch „die schwule Pest" genannt.

Akademiker Der Akademiker als Symbol trägt ein Doppelgesicht. Da ist zum einen der hochgestellte, vorbildhafte Held und zum anderen der „verrückte Professor", der entweder völlig vertrottelt und lebensfremd oder Träger und Opfer paranoider Wahnvorstellungen ist. Im Kriminalfilm oder in Science-Fiction-Romanen wird so der Akademiker zum Bösen. Der wegen seiner Klugheit und seines Wissens Angesehene wandelt sich zum Dämonischen hin, was ebenso romantisch wie schaurig zum Beispiel in Mary Shelleys Dr. ↗Frankenstein ausgemalt wird. Siehe auch ↗Intellekt.
Literatur: Der klassische Intellektuelle in der Literatur ist Shakespeares Dänenprinz Hamlet. Das gleichnamige Drama zeigt die typische Situation des Intellektuellen: Seiner Umgebung ist er überlegen, und zugleich ist er ihr nicht gewachsen.

Akademischer Titel ↗Titel

Akazie Die Akazie gilt als ein Symbol der Verzweiflung, da sie wegen ihrer Dornen so schwer zu erklettern ist.

Akkordeon Das Akkordeon ist ein volkstümliches Instrument, das gesellige Fröhlichkeit und Ausgelassenheit oder das Verlangen danach symbolisiert. Es kann auch eine Warnung vor Oberflächlichkeit, Übermut und Leichtsinn sein. Die genauere Bedeutung ergibt sich aus dem Symbolzusammenhang und daraus, was auf dem Akkordeon gespielt wird, wie die Anwesenden reagieren und ob der Betrachter oder die Betrachterin das Geschehen als angenehm oder unangenehm empfindet.
Das Akkordeon ist in Europa ein Symbol des „gesunden Volksgeistes", spielt aber im argentinischen „Tango nuevo" eine erheblich modernere Rolle.

Akrobat Ein Akrobat verkörpert die Lust zu oder die Angst vor riskanten Unterneh-

mungen. Er ist ein Bild für den modernen Lebenskampf. Man sucht das Risiko und die Bestätigung (wie bei ↗Applaus).
Körper und Körperlichkeit sind deutlich angesprochen. Der Akrobat hat seinen Körper im Griff, er ist durchtrainiert und stark. Ja nach Kontext kann Akrobatik aber auch für Vergewaltigung und Verbiegung des Körpers stehen.
Psychoanalyse: Nach S. Freud geht dieses Symbol auf von Kindern beobachteten Geschlechtsverkehr bei Erwachsenen zurück.
Literatur: In M. Zimmer-Bradleys Roman „Trapez" wird der Lebenskampf der Akrobaten geschildert, bekannt ist auch F. Kafkas Erzählung „Auf der Galerie".
Kunst: Wenn an manchen mittelalterlichen Kirchen Akrobaten dargestellt sind, dann ist damit keineswegs das lustige fahrende Volk gemeint. Die Akrobaten hatten im Mittelalter einen schlechten Ruf, und ihre Bilder sollten Dämonen und Laster fern halten, vor allem das Laster der Sinnlichkeit, das man ihnen zugeschrieben hat.

Akronyme Akronyme sind Abkürzungen, um schneller kommunizieren zu können. In der modernen computergestützten ↗Kommunikation werden Akronyme meist benutzt, um allgemein bekannte Redewendungen abzukürzen, wie MfG für „mit freundlichen Grüßen". Meistens setzt man in der E-Mail-Kommunikation die Akronyme in spitze Klammern, wie zum Beispiel die bekannten Akronyme ‹g› für „da grinse ich" (vom englischen „grin" für grinsen) und ‹jk› für „das ist scherzhaft gemeint" (vom englischen „just kidding"). Aber auch RADAR und USA sind Akronyme, die derart gebräuchlich sind, dass sie als solche gar nicht empfunden werden. Entsprechend steht ein Akronym für Kürze, Schnelligkeit und den Versuch, etwas auf den Kern (allzu stark?) zu reduzieren.

Akt Der nackte menschliche Körper ist ohne ↗Fassade und ↗Maske (Persona). Er verzichtet auf Beschönigungen und zeigt den Menschen, wie er wirklich ist. Das symbolisiert Wahrheitsliebe Vorurteilslosigkeit, Offenheit, Ehrlichkeit und Hingabe – oder das starke Verlangen danach. Die Darstellung kann schwanken zwischen (gespielter?) Unschuld und bewusster Verführung. Die ↗Nacktheit kann andererseits auch Angst vor Entlarvung des wahren Ichs und vor Enthüllung des innersten Wesens ausdrücken oder gar eine Warnung vor Vertrauensseligkeit und Hemmungslosigkeit sein.
Kunst: Die Aktdarstellung ist eins der beliebtesten Genres in der darstellenden Kunst. Hier wird die Erotik der Schönheit zur Schau gestellt – einen eitlen Narzissmus würde der analytische Geist vermuten.

Akte Hier sind wir im Bereich der Verwaltungen und der Büros. Sie verkörpern oft den Wunsch nach oder die Angst vor befriedigender Ordnung und Regulierung. In den Akten kann sich (zu?) viel angesammelt haben, oft handelt sich um verstaubte Akten, unerledigte Vorgänge (schlechtes Gewissen? Stillstand wegen zu großer Starrheit?) oder Vorgänge, die mit dem wirklichen Leben wenig zu tun haben. So kann die Akte geradezu als Symbol für Bürokratie stehen, der Aktenberg als Symbol für Unordnung, mangelnde Organisation oder auch Überarbeitung.
Psychoanalyse: Eine Akte weist oft auf ene Tendenz zum Zwangscharakter hin. Hier meldet sich entweder das Über-Ich (das Gewissen) zu Wort, oder es drückt sich in diesem Symbol ein (berechtigtes) Gefühl

der Einengung durch Institutionen oder den Staat (als Vatersymbol) aus.

Aktie Aktie bedeutet Teilhabe, und zwar an der Macht und am Reichtum, aber auch am ↗Risiko. Siehe auch ↗Bank und ↗Geld. Tatsächlich ist aber meist der Aspekt der Spekulation angesprochen, die Sucht nach Reichtum und leicht verdientem Geld.

Aktivität Aktivität ist Tat, Bewegung, Überwindung des Stillstandes. Man muss sich genau ansehen, ob es sich um eine zielgerichtete und sinnvolle oder um eine hektische Aktivität handelt, um Beschäftigt-Sein als Selbstzweck oder Ablenkung.

Alarm Hier geht es um Warnung vor etwas, oft im Zusammenhang mit ↗Feuer und ↗Krieg. Harmloser hingegen ist der Alarm des ↗Weckers. Es muss etwas aktiviert werden. Es sollte unbedingt sofort etwas geschehen.

Alaska Alaska ist ein Symbol der Wildnis. Es ist eine der letzten ursprünglichen Gegenden der Erde neben den Polgebieten. Ferner wird die Ferne zu gesellschaftlichen Normen und der Zivilisation angesprochen, so dass Alaska mehr noch als ↗Kanada als Symbol des Unkonventionellen und der Abenteuerlust gilt.
Literatur: Deutlich wird in Jon Krakauers Buch „In die Wildnis" die romantische Aussteigeridee an einem dramatischen Schicksal in Alaska betrachtet. Auch „Wolfshund" von Jack London und viele Abenteuergeschichten spielen in Alaska, das nicht zuletzt eine Männergesellschaft symbolisiert. Das Raue übertönt jedoch das Schwule in dieser Symbolik. In dem Buch „Hanna Breece. Expedition im Rock" (1999) von Jane Jacobs wird Alaska mehr naturromantisch gesehen.

Albatros Der überwiegend weiße Albatros mit seiner enormen Flügelspannbreite verkörpert Eleganz, Leichtigkeit, guten Überblick und nicht zuletzt Freiheit, zudem immer auch das Fremde, das Exotische, da dieser ↗Vogel auf der südlichen Halbkugel häufiger, bei uns aber nur äußerst selten anzutreffen ist.

Albino Da Albinos ungewöhnlich sind, wird mit diesem Symbol in eindrücklicher Weise auf die Symbolik von ↗Weiß verwiesen. Weiß ist eine äußerst zwiespältige Farbe zwischen Aggressivität und Heiligkeit.
Albinos gelten als besonders, teilweise sogar als heilig und werden häufig mit einer gewissen Scheu vor dem Unbekannten gemieden.
Es ist zu beachten, um welches Tier – oder um welchen Menschen – es sich handelt.

Alchemie ↗Chemie

Alibi Die Suche nach einem Alibi ist die Suche nach einem Ausweg, nach einer Ausrede. Letzteres deutet darauf, dass jemand die Verantwortung für seine Taten nicht übernehmen will. Psychologisch kann das auf Hemmungen, Minderwertigkeitsgefühle und Schuldgefühle hindeuten. Ist ein echtes Alibi vorhanden oder wird es gefunden, ein Beweis für die „weiße Weste", dann ist man ein großes Stück vorangekommen auf dem Weg zu seinem Ziel, das spricht dafür, dass starke seelische Widerstandskräfte vorhanden sind. Häufig aber wird das echte Alibi von den anderen nicht anerkannt, so dass die Aufgabe darin besteht, sich selbst im richtigen Licht erscheinen zu lassen.

Alkohol Alle alkoholischen Getränke stehen einerseits für Vernebelung im Sinne der Bewusstseinseinschränkung, für fehlende Klarsicht und Hemmungslosigkeit. Das Symbol kann eine konkrete Warnung vor zu großem Alkoholkonsum sein oder größere Klarheit und mehr Bewusstsein fordern. Andererseits werden soziale Fähigkeiten und Kommunikation, der heilsame Abbau von Hemmungen angesprochen, besonders dann, wenn es um eine soziale Situation geht, in welcher der Alkohol eine Rolle spielt: das „rauschende Fest". Trinken Menschen alleine, so assoziieren wir dabei – besonders bei Frauen – immer sofort Ausweglosigkeit, Verzweiflung.
Die Sage berichtet, dass der Hunnenkönig Attila in seiner Hochzeitsnacht an Alkoholvergiftung starb. Dass er so viel trinken konnte, galt als Zeichen seiner Männlichkeit. Der „Kampftrinker" bezieht genau aus diesem Aspekt noch heute sein Ansehen in der Gruppe.
Literatur: Einer ganzen Generation von Literaten galt der Alkohol als Inspirator. Joseph Roth, Edgar Allan Poe, Ernest Hemingway, Jack London und Dylan Thomas ließen sich „vom klaren weißen Licht des Alkohols ihr Hirn erleuchten", wie Jack London es ausdrückte.

All All bedeutet alles. Es spricht die unendlichen Möglichkeiten an; es kann – besonders im Umkreis von Naturmystik und Pantheismus – immer auch etwas Religiöses mitschwingen. Man fühlt sich geborgen im wohlgeordneten All oder spürt seine eigene Winzigkeit, seine Rolle als (allzu?) winziges Rädchen in der allumfassenden Maschine. Im eher nihilistisch geprägten Kontext überwiegt der Aspekt der ungeheuren, unergründlichen und erschreckend endlosen chaotischen Weite. Siehe auch ↗Universum.
Im Zeitalter der Raumfahrt hat sich ein neuer Aspekt ergeben: siehe ↗Astronaut.

Alligator Der Alligator als gefährliches, großes, altertümliches Tier steht immer für Gefahr und Bedrohung, verbunden mit einem guten Schuss Exotik, da er ja in Europa nicht heimisch ist. So ist der Alligator eng mit dem ↗Abenteuer verbunden. Siehe auch ↗Krokodil. Psychologisch gesehen kann es auch darum gehen, dass jemand befürchtet, von Aufgaben, Ansprüchen und Arbeit gefressen zu werden. Manchmal ist der böse Alligator auch ein Aspekt des eigenen Ichs, das innere Raubtier.
Film: In dem Film „Crocodile Dundee" wird der clevere Naturbursche als Alligator gesehen.

Alltag Der Alltag ist das Gegenteil des ↗Abenteuers. Er wird meist mit Langeweile und Alltagstrott assoziiert, seltener geht es um den Aspekt der Erdung, den notwendigen Rückbezug zum einfachen, normalen Leben.

Alm Die Alm symbolisiert heute Ruhe, Entspannung, Stärkung und Erholung. Sie ist der reine Ort, an dem es einer volkstümlichen Redewendung zufolge keine ↗Sünde gibt, was meist ironisch gemeint ist, denn sie ist auch der Ort, an dem die normalen Regeln nicht gelten, somit ein Gegenbild zum eingeschränkten Dorf- oder Stadtleben. So kann sie zum Ort der Flucht aus der Gesellschaft werden. Jenseits moderner Naturromantik steht das Leben auf der Alm auch für Askese und Kargheit, für Isolation und Verzicht auf die Annehmlichkeiten des Lebens in einer Gemeinschaft.

Almosen Wer Almosen gibt, der hat selbst genug oder zu viel und zeigt das auch. Dies schwankt zwischen echter Großherzigkeit und dem pharisäerhaften Schielen auf die anderen. Somit kann auch immer eine gewisse Überheblichkeit mitschwingen. Wer Almosen erhält, der ist ein ↗Bettler in einer völlig erniedrigten und erniedrigenden Position; anders bei ↗Geschenk.

Alpenveilchen ↗Veilchen

Alphabet Jedes Alphabet symbolisiert Kultur, Ganzheit und Ordnung. Wie bei den ↗Zahlen geht es um eine abstrakte Sicht der Welt, in der alles symbolisch erfasst wird. Das Geistige und das Allgemeine werden angesprochen, das „An-sich" statt das „Für-sich". Das Alphabet symbolisiert immer auch Kulturleistung, Ausdruck und ↗Kommunikation, eventuell auch das Scheitern der Kommunikation.
Das älteste Alphabet, das bis jetzt gefunden wurde, ist das ugaritische Alphabet, es stammt aus dem 3. Jahrtausend v. Chr. und bildet die Grundlage des griechischen und römischen Alphabets.
Literatur: In seinem Roman „Joseph und seine Brüder" sieht Thomas Mann das Alphabet als Gottes Werk an, mit dem die Welt geordnet wird.

Alptraum Schon bei den Chaldäern wurde der Alptraum stets besonders ausführlich betrachtet. Der Alptraum ist ein Traum, der so viel Angst im Träumenden erzeugt, dass dieser aufwacht, bevor es zu einer Lösung des Problems gekommen ist. Bei Erwachsenen deuten Alpträume auf lang übersehene Probleme hin, wohingegen Alpträume bei Kindern in gewissen Phasen normal sind. Erwachsene sollten sich mit dem Inhalt ihrer Alpträume auseinander setzen, denn Alpträume verweisen auf ungelöste Konflikte und Krisensituationen, die nicht gemeistert werden. Oftmals wollen sich in diesen Träumen Gut und Böse vermählen, aber das Bewusstsein des Träumers oder der Träumerin wendet sich dagegen. Ferner behandeln Alpträume oftmals seelische Wunden, die teilweise lange zurückliegen können, jedoch in dieser Situation aktualisiert werden.
Psychoanalyse: Der Alptraum kommt durch die Verdrängung sexueller Wünsche zustande. Indem der Träumer oder die Träumerin sich mit dem Inhalt dieser Träume beschäftigt, wird die Verdrängung aufgehoben, und man wird damit sogleich von weiteren Alpträumen befreit.
Analytische Psychologie: C. G. Jung fasst den Alptraum als Ausdruck des Schattens auf, der sich bemerkbar macht, um integriert zu werden. Damit unterscheidet sich C. G. Jungs Ansicht wenig von derjenigen Freuds.
Literatur: Alpträume werden in der Romanliteratur häufig eingesetzt, um die Spannung zu erhöhen und ein schreckliches Ereignis vorzubereiten. Im Roman sind Alpträume meist vorausweisende Träume. Unter anderem hat Bram Stoker in seinem „Graf Dracula" den Alptraum derart eingesetzt.
Karen Blixen charakterisiert in „Jenseits von Afrika" (1937) den Alptraum als „die ärmste und vulgärste Klasse der Träume".

Altar Der Altar ist ein heiliger Ort, ein Ort der Kraft, Geistlichkeit und Persönlichkeitsentwicklung. Die eigenen Ideale werden angesprochen, die man hochhalten oder opfern sollte. Denn der Altar ist der Ort der Verwandlung und der Erhöhung – andererseits aber auch der klassische Ort des Opfers.

Alt(er) Das Alter ist ein archetypisches Symbol für Weisheit, traditionellerweise be-

tont es die positive Kraft der Erfahrung. Glück und Zufriedenheit werden erreicht. Der oder die Alte ist hier auch immer ein Seelenführer. Der Alte und die Alte sind der weise und ruhige (Groß-)Vater oder die (Groß-)Mutter. Sie symbolisieren eine Sehnsucht nach Ruhe und den Ursprung. Sie stehen abseits vom Treiben der Welt, im Ruhestand. Man gewinnt mit dem Alter an Freiheit, da man selbst nichts mehr zu verlieren hat. Die alte Frau wird häufig mit der ↗Hexe assoziiert, die wissende Alte, die ihre Kenntnisse in den Dienst des Bösen stellt.
Auf der einen Seite fasziniert ein reiferes Alter, das Lebenserfahrung und Urteilskraft ausdrückt, auf der anderen Seite befürchtet man das Älterwerden.
In einer Zeit, die so auf Jugendlichkeit fixiert ist wie die unsere, verliert das traditionell positive Bild des Alters an Bedeutung. Die Angst vor dem Alter, vor dem Nachlassen der Attraktivität und Vitalität gewinnt die Oberhand. So wird der oder die Alte zum Schreckgespenst, wie es früher nur der Tod war.
Analytische Psychologie: Mit diesem Symbol wird das archetypische Bild der weisen Frau oder des weisen Mannes angesprochen. Der Greis oder die Greisin können als Traumführer dienen, da sie als Personifikationen unseres Höheren Selbst erscheinen. Der alte Mann wie die alte Frau stellen nach C. G. Jung stets ein Mana-Symbol dar – ein Symbol der Kraft. Traumsituationen, die sich mit den Themen Alter und Tod auseinander setzen, sind in allen Kulturen sehr häufig. Das fand der amerikanische Anthropologe Schneider heraus, als er über zweitausend Träume aus siebzig unterschiedlichen Kulturen erforschte. Das liegt wohl daran, dass die Angst vor dem Alter zu den verbreitetsten Ängsten zumindest in unserer Kultur gehört, welche die Jugend verehrt.
Literatur: Der Begriff „alter Mann“ lässt sogleich an Ernest Hemingways Roman „Der alte Mann und das Meer“ denken, in dem der Alte mit der Natur in Gestalt des Fisches kämpft.

Altersheim Ein Symbol, das die gleichen Ängste und Hoffnungen evoziert wie das ↗Alter allgemein. Hier spielt jedoch zusätzlich das Aspekt ↗Heim eine Rolle. Im Altersheim wird man versorgt und verwaltet, und so entspricht diese Situation tendenziell einer Regression. Andere als man selbst übernehmen Verantwortung für das eigene Leben. Das Symbol Altersheim spielt oft auf diese Regression an, denn obwohl gerade der alte Mensch aufgrund seiner Lebenserfahrung sein Alter sinnvoll gestalten kann, verbindet der junge Mensch heute mit dem Altersheim Schwäche und ein Abgeschobenwerden auf einen nutzlosen Posten und in eine Art Vorraum zur Leichenhalle.

Altstadt Über die generelle Symbolik der ↗Stadt hinaus verweist die Altstadt auf die prägende Kraft der Geschichte. Sie spricht das Vergangene an, den alten Kern, wird aber heute häufig romantisiert. Dann wird die Altstadt trotz ihrer baulichen Enge zum Symbol für die gute alte harmonische (vormoderne) Zeit.

Amazone Die Amazonen waren Kriegerinnen. Heute wird diese Bezeichnung auf alle streitbaren Frauen angewandt. Dieses Symbol ist selten positiv gemeint, meist drückt sich hierin ein gespanntes Verhältnis zu Frauen oder zur (eigenen) Weiblichkeit aus.
Das Symbol betont einerseits Stärke und Unabhängigkeit dem Männlichen gegenüber, was oft mit einem Verlust an Weiblichkeit einhergeht und wohl der Sinn des

Mythos ist, die Amazonen hätten sich eine ↗Brust amputiert, um besser mit dem Bogen schießen zu können. Erstaunlich ist, dass heute gerade Comics und Actionfilme voll von Amazonen sind, besonders im Comic ist die streitbare, gewalttätige Frau oft auch eine positive Heldin. Beim Mann löst aggressive Weiblichkeit in der Regel Ängste aus: Deshalb kämpft, siegt und bleibt die Amazone im Comic meist allein. Im traditionellen Symbol der Amazone schwingt auch immer das ↗Pferd mit, denn die Amazonen galten als die wilden Reiterinnen. Hier ist die Einheit von Ross und Reiterin angesprochen, die auf die Einheit von Weiblichem und Tierischem verweist. Es ist der feine Ausgleich von Beherrschung der eigenen Wildheit und einem Ausleben und der Freude an dieser Wildheit und Triebhaftigkeit angesprochen.
Die heutige Geschichtswissenschaft übrigens bezweifelt, dass es jemals Amazonen gegeben hat.
Literatur: Robert Musil beschreibt in seiner „Geschichte aus drei Jahrhunderten", dass die Amazonen nicht etwa ein gewalttätiger Frauenrechtsverein waren, denn dann wären sie ein Beispiel unweiblicher Komik geblieben. Vielmehr sei anzunehmen, dass sie in beachtenswerter Weise gebrannt, gemordet und geraubt hätten und die vor ihnen fliehenden Helden sie erhöhten, um ihre Ehre zu behalten.

Amboss Amboss bedeutet Widerstand, metallisch-harter Widerstand. Der Amboss wird nicht geformt, sondern er bleibt hart, während auf ihm und dank seiner Härte andere Gegenstände geformt werden.
Dabei hat der Amboss auch selbst zahlreiche harte Schläge einzustecken, das deutet auf Passivität und Duldung.
Für den Psychologen kann der Amboss auf nicht ausgelebte sadomasochistische Anteile verweisen. Der Amboss wird als Gegenbild zum aktiv und männlich empfundenen ↗Hammer angesehen und symbolisiert so auch die bloße Duldung, den negativen Aspekt der Hingabe.
Ferner mag der Amboss auch einen romantischen Blick zurück auf die Zeiten des blühenden Handwerks darstellen.
Mittelalter: Der Amboss, der trotz heftigster Schläge hart bleibt, dient als Symbol für Stärke und unbeugsame Tugend.

Ambulanz Symbol der Angst vor einem ↗Unfall und Symbol der Rettung, der raschen und unkomplizierten Hilfe, die man braucht (oder anbietet). In viele Filme bringt die in rasender Fahrt durch den Ort brausende Ambulanz Dramatik herein, die plötzlich vor dem Haus stehende Ambulanz hingegen schockiert als Ausdruck einer unerwarteten Gefahrensituation.

Ameise Die kleine Ameise vereint Geduld und zähes Arbeiten, was letztlich zum Erfolg führt. Fleißig ist die Ameise, unermüdlich, und dabei immer im Dienst der Gesellschaft. Sie ordnet sich völlig unter und verzichtet auf jegliche Individualität. So wurde der Ameisenstaat häufig zum Symbol einer faschistoiden Gesellschaftsordnung, in der der Einzelne nichts zählt.
Asien: Im alten China verkörperte die Ameise Tugend und Vaterlandsliebe.
Mittelalter: Die Ameise gilt als ein Symbol der Klugheit (zum Beispiel im „Physiologus"), was schon auf die Bibel zurückgeht (Spr 6.6–8 und 30.24–25), wo die Ameise auch wegen ihres Fleißes als Vorbild dargestellt wird.
Literatur: In der gesamten Fabelliteratur seit griechisch-römischer Zeit verkörpert

die Ameise den voraussehenden Menschen. In der Fabel „Der Hamster und die Ameise“ von Gotthold Ephraim Lessing kommt noch hinzu, dass die Ameise ein realistisches Bild für das rechte Maß besitzt.

Amerika Amerika ist in der Symbolik immer noch das Land der unbegrenzten Möglichkeiten. Es ist das Land der kühnen Unternehmungen, der Freiheit. Amerika ist Neuland und Unkultur zugleich. Es gilt vom alten Europa aus gesehen einerseits als der Inbegriff des Anderen, Fremden und der Anderswelt schlechthin), andererseits auch als der des Fortschrittlichen. Es ist die Welt, in der man sich bewähren will, in der der Starke sich bewähren wird. Denn Amerika bedeutet Reichtum und Macht, kritisch gewendet aggressiver Materialismus, Ausnutzung der eigenen Stärke, Kapitalismus in Reinkultur. Für den in dieser Hinsicht zur Überheblichkeit neigenden Europäer schwingt leicht auch immer das Vorurteil mit, Amerika sei der Hort der flachen Massenkultur. Aber auch die indische Bestsellerautorin Arundhati Roy bezeichnete die heutige amerikanische Kultur als Micky-Maus-Kultur.
Literatur: Um die Dynamik Amerikas auszudrücken, sagte Ralph Waldo Emerson: „Amerika ist das Land junger Männer.“ Henry James wählte als Thema seiner Romane den Gegensatz zwischen der Gesellschaftsordnung Nordamerikas und Europas. Von Goethe stammt der berühmte Satz „Amerika, du hast es besser“, während H. Heine spottet: „Manchmal kommt mir in den Sinn, / nach Amerika zu segeln, / nach dem großen Freiheitsstall, / der bewohnt von Gleichheitsflegeln.“

Amethyst Der Name Amethyst stammt vom griechischen „amethysios“, d. h. nicht trunken. Dieser Stein symbolisiert den klaren Kopf und die Heilkraft.
Christentum: Sowohl Sinnbild der Demut, da er die Farbe des (bescheidenen) Veilchens trägt, als auch Hinweis auf die Passion Christi wegen seiner violetten Farbe. Der Amethyst ist einer der Grundsteine des himmlischen Jerusalem.
Der Amethyst gehört für den Astrologen zu den Sternzeichen Fische und Widder, außerdem zu Schütze, Jungfrau und Skorpion.

Amme Eine Amme steht als stillende Frau für Nahrung, Behaglichkeit und Nähe. Man assoziiert ↗Befruchtung, ↗Schwangerschaft und ↗Kinder. Beim Mann schwingt hier oft Angst vor der Weiblichkeit und speziell der Mütterlichkeit mit. Die säugende Frau wird aus Furcht vor deren Fruchtbarkeit als „Milchkuh“ diskriminiert. Dennoch ist mit diesem Symbol stets die Sehnsucht nach Schutz und Ernährung (auf allen Ebenen) untrennbar verbunden.
Das Bild der Amme kann heute auch romantisierend auf die guten, alten Zeiten verweisen.

Amoklauf Amoklauf bedeutet Raserei. Das Wort Amok stammt vom malaiischen „amuk“ ab, das ↗Wut bedeutet. Matrosen waren die Ersten, die von der Südsee und vor allem von den malaiischen Inseln vom Phänomen des Amoklaufens berichteten. Der Amoklauf symbolisiert einen aggressiven Ausbruch und eine Persönlichkeitsveränderung. Er ist Ausdruck höchster Wut, bei der man nicht mehr Herr seiner selbst ist. Damit rückt er in der Nähe der Besessenheit.
Literatur: Der deutsche Autor Karl-Heinz Jaeger veröffentlichte 1982 seinen gesellschaftskritischen Roman „Amoklauf“. Jac-

ger war Anführer einer Gangsterbande in Frankfurt, wurde inhaftiert und später entlassen. Seine Romane – wie auch „Amoklauf" – weisen viele biografische Elemente auf.

Amor ↗Liebe

Ampel Symbol für Straßenverkehr und die Ordnung desselben, aber auch für Stress. Die Ampel ist ein Ausdruck des Bedürfnisses, die Zeichen der Zeit zu verstehen oder gar selbst Zeichen zu setzen. Die drei Ampelphasen drücken im übertragenen Sinne den Fluss der Energie und Aktivität aus. Grün: Energien können frei fließen. Ideen und Einsichten kommen. Gelb: Vorsicht! Rot: Die Energie kommt zum Stillstand. Blockade, Aufforderung, innezuhalten.

Amphibien Amphibien (Lurche) sind keine Kuscheltiere, sie werden meist als abstoßend, ja eklig empfunden wie alles Glitschige, Feuchte. Sie treten oft als Personifizierung beängstigender Triebe auf, symbolisieren unsere verdrängten animalischen Anteile, unsere Schatten.
Dass sie auf den Anfang unseres Lebens verweisen, da sich aus ihnen letztlich auch der Mensch entwickelt hat, ist ein Aspekt, der nur selten eine Rolle spielen dürfte.

Amphitheater Amphitheater heißt Show. Obwohl das historisch nicht ganz korrekt ist, verbindet man damit heute meist nur noch spektakuläre Gladiatorenkämpfe. So steht das Amphitheater für Kampf und riskante Selbstdarstellung (wie bei ↗Abenteuer, ↗Athlet, ↗Arena und ↗Zirkus). Das Amphitheater verweist auf die Wichtigkeit der Präsentation (die Show). Es können mit diesem Symbol auch Gesellschaftskritik („Zustände wie im alten Rom") oder Touristenattraktion und Ferien angesprochen sein.

Amputation Man verliert etwas von sich, wird eingeengt und beschnitten in seinen Interessen (siehe ↗Abtreibung, ↗Beerdigung, ↗Scheidung, ↗Tod und ↗Trennung). Die Amputation ist ein Ausdruck von Verlustangst und ein Hinweis darauf, sich von Überflüssigem zu trennen. Wichtig ist, welches Glied amputiert wird.
Amputation kann oft als Symbol der Armut gedeutet werden. Die Beinamputation ist typisch für unser Bild des ↗Bettlers.

Amt Man will etwas erreichen, wenn man ein Amt (im Sinne von öffentlicher Aufgabe) anstrebt. Der eigene Ehrgeiz ist angesprochen. Das Amt symbolisiert andererseits auch Erstarrung, Sturheit und Konvention: in „Amt und Würden sein".

Amulett Amulett heißt Schutz. Wer ein Amulett trägt, wünscht sich magische Macht, was auf eine Regression verweist (↗Magie). Unbewusst sucht man hier meist nach einer stärkeren Persönlichkeit und Individualität. Der Talisman drückt eine Hoffnung auf Glück aus, was meist auf Sorgen deutet. Wichtig ist, wie das Amulett aussieht und wovor es schützen soll.

Analverkehr Analverkehr symbolisiert eine Form der ↗Sexualität, welche die Möglichkeit einer Schwangerschaft ausschließt. Für viele Menschen ist der Analverkehr mit Ekel besetzt.

Ananas Biologisch gesehen ist die Ananas eine große ↗Beere, keine einheimische, sondern eine, die an Exotik und Sonne denken lässt. Als süße, saftige Frucht verweist sie auf Selbstbewusstsein, Lebensgenuss und Freude an der Sexualität. Sie ist ein weibliches Sexualsymbol (wie alle Früchte außer der Banane).

Anarchie Anarchie spricht in der Symbolik den Ausbruch aus der Starrheit und die Notwendigkeit der Veränderung an. Der Anarchist ist ein ganz besonderer ↗Abenteurer und ↗Held, der mit der sozialen Situation unzufrieden ist, oder ein sozial Ausgestoßener.
Als Individuum, das gegen Konventionen und Ordnungen ankämpft, ist er eine beliebte Romanperson, meist ist aber mehr der Rebell gemeint als ein Bomben werfender Anarchist.
Das Bild des Anarchisten wurde in Deutschland und teilweise in ganz Mitteleuropa durch die Berichterstattung über A. Baader und U. Meinhof grundlegend verändert. Beide wurden als gemeingefährliche „Bandenführer" geschildert, die über Leichen gehen. Zuvor gab es auch den eher sympathischen Anarchisten: ethisch motivierte Anarchisten wie Bakunin und Kropotkin und auch volkstümliche Helden wie B. Durruti oder Machno, den die Frauen anhimmelten.
Philosophie: Der Aufklärer Diderot sieht in der Anarchie einen Zustand, bei dem der Staat nicht genügend Autorität besitzt. Ironisierend setzt er hinzu, dass jede Regierung entweder dem Despotismus oder der Anarchie zustrebt.

Anatomie Die Beschäftigung mit Anatomie ist immer ein genaues Studieren, die Anatomie will es genau wissen, das Innere wie das Äußere des Körpers erkunden und darstellen. Ärzte und Künstler waren deshalb stets an der Anatomie interessiert. So war es im 15. Jahrhundert üblich, dass die berühmten Maler der Renaissance wie Leonardo da Vinci, Michelangelo, Dürer und Raffael Anatomiestudien an Leichen vornahmen.
Die Einstellung zur Anatomie wird bei der Betrachtung der Abbildungen des menschlichen Körpers in Anatomiebüchern deutlich. In dem einflussreichen Anatomiebuch „De Humani Corporis Fabricia" von Andreas Vaselius wird der tote Körper in Pose und vor einem Hintergrund wie ein lebendiger Körper abgebildet. Das Lebendige und das Tote waren noch untrennbar miteinander verbunden. 1852 hatte sich die Betrachtung der Anatomie und des toten Körper verändert. Robert Knox greift in seinem verbreiteten Buch „Great Artist and Great Anatomists" die lebendige Darstellung des Toten an und fordert wie schon zu seiner Zeit Leonardo da Vinci, dass das Tote als Totes dargestellt werden sollte. Damit wird eine klare Trennung zwischen dem Toten und dem Lebendigen postuliert. Die Anatomie wird zum Bereich und Ausdruck des Toten. Im Grunde ist die Pornografie auch eine anatomische Studie, in der Geschlechtsorgane zum Foto- und Filmstar werden – getrennt vom lebenden Ganzen. Die Anatomie wird in Pornografie und Medizin zum Kult der Teile.

Andacht Die Andacht ist wie das ↗Gebet eine Zeit des Zentrierens, der Versunkenheit. Die Andacht steht häufig als Symbol im Gegensatz zu einer einseitig materialistischen Haltung (komplementäre Funktion des Symbols).

Andenken Andenken sind Gegenstände, die man aufbewahrt, weil sie einen an ferne Orte oder Zeiten, an Menschen oder Situationen erinnern sollen. Meist sind solche Erinnerungen positiver Art. Es kann darum gehen, dass man sich in der Vergangenheit verliert, das Hier und Jetzt aus dem

Blick verliert. Andenken können aber auch ein positives Zeichen dafür sein, dass man das Entfernte nicht verdrängt, sondern im Bewusstsein behält.

Andere(r) Die Begegnung mit dem Anderen (dem Fremden oder dem Du) ist der Ausgangspunkt für jede Bewusstseinsbildung und Selbsterkenntnis. Als Aufgabe liegt es meist an, sich seiner persönlichen Situation bewusster zu werden. Häufig tritt das Symbol des Ausländers und des Fremden auf, der einerseits einen unbewussten Teil von einem selbst darstellt und andererseits das Normale (des eigenen Lebens) in Frage stellt und so zur Selbsterkenntnis und Hinterfragung seines Lebensstils herausfordert. Der Psychologe prüft stets, ob sich hinter einer Fixierung auf den Anderen nicht ein zu großer Egoismus tarnt; dann geht es tatsächlich um Egoüberwindung.

Anemone Symbol für das Vergängliche, da sie so schnell verblüht („anemos" ist griechisch und bedeutet „Wind").
Antike: Blume des Adonis, der von Venus in eine rote Anemone verwandelt wurde.
Christentum: Das vergossene Blut der Heiligen und Märtyrer, ähnlich wie bei der ↗Margerite.

Anerkennung ↗Ehrung

Anfall Ein Anfall steht für einen Ausbruch aus der Normalität, bei uns meist mit Verrücktheit assoziiert. Der Anfall kann einen Triebstau symbolisieren (wie u. a. ↗Angriff und ↗Gewalt). Als Zeichen der ↗Ekstase besitzt er eine sexuelle Bedeutung.
Anfälle wurden in anderen Kulturen als Zeichen der Heiligkeit betrachtet: Durch den Anfall spricht Gott zum Menschen, ein Bild, das noch in der Bekehrung des Saulus zu Paulus erscheint.

Anfang Wie klein er auch sein mag, ein Anfang verweist immer auf einen Neuanfang, der ansteht (wie ↗Ankunft, ↗Baby und ↗Kind), und damit auf Chancen, denn in jedem Anfang zeigt sich unser kreatives Potenzial und unsere Tatkraft.

Angel Man kann die Angel nach etwas oder jemandem auswerfen, um sich es oder ihn zu angeln. Dann will man jemanden einfangen, mit der Angelleine an sich binden und von sich abhängig machen. Oft hat das eine sexuelle Note (engisch „the happy hooker"). Wenn man selbst an der Angel hängt, dann hat man sich abhängig gemacht (↗Angelhaken). Da das Angeln mit dem ↗Wasser zu tun hat, das oft für die Welt der Gefühle steht, kann es auch sein, dass man etwas aus der Gefühlstiefe (↗Wasser) hervorholen will oder soll.
Angel und Angler symbolisieren ferner Ruhe, Beschaulichkeit und eine leicht skurrile Naturnähe, denn der Angler ist eine beliebte Witzfigur, nicht nur deswegen, weil er für seine Übertreibungen bekannt ist.
Literatur: Aus Goethes Gedicht „Der Fischer" stammen die berühmten Zeilen: „Halb zog sie ihn / halb sank er hin / da war's um ihn geschehn." Hier wird die Gefahr des Anglers deutlich beschrieben. Er versinkt im weiblichen Element des Wassers, im Unbewussten – wenn sein Bewusstsein sich nicht wehrt.

Angelhaken Für den, der gefangen wird oder werden soll, ist der Angelhaken gefährlich, das Reinbeißen in den Köder eine Versuchung. Der Angelhaken hat Widerhaken, aus eigener Kraft kann man ihn – hat man denn einmal zugebissen – kaum entfernen. Man wird hilflos, zappelt an der Angelleine. Es fragt sich, auf was man da reingefallen ist und warum man nicht widerstehen konnte.

Angelleine Über das hinaus, was bei ↗Angelhaken gesagt worden ist, kann die Angelleine auch in verknoteter Form auftreten. Dann spricht sie die Geduld an, die zum Entwirren nötig ist, falls die Probleme überhaupt noch entwirrbar sind.

Angriff Zum Angriff gehört eine gute Portion Aggression. Man kann hierbei Opfer oder Täter sein. Wer Aggression ausübt, muss sich immer fragen, worauf die Hinwendung zur Gewalt beruht. Geht es um aufgestaute Aggression, um zu viel Aggression (wie bei ↗Brand(ung), ↗Gewalt und ↗Gier)? Oder um Minderwertigkeitsgefühle, Verdrängung und Triebstau (wie bei ↗Abbruch, ↗Anfall, ↗Entjungferung, ↗Harem, ↗Hautausschlag)? Oft macht sich auch eine innere Disharmonie in einem aggressiven Verhalten Luft. Das Symbol verweist also darauf, dass man sich Gedanken über die zugrunde liegende Problematik machen soll.
Der Angriff kann ferner für ein verzweifeltes Suchen nach körperlicher Nähe stehen, gerade auch beim Angegriffenen.
Er symbolisiert bisweilen auch die Auseinandersetzung mit ↗Krieg und Kriegserlebnissen.

Angst Angst ist Spannung angesichts einer (realen oder eingebildeten) Gefahr. Die Angst ist mit Enge verbunden, sie lässt den Atem stocken und schnürt ein. So verweist sie auf die Suche nach Gelöstheit, Weite, Befreiung.
Literatur: Angst schafft Trugschlüsse, meint Ernst Jünger.

Anhalter Per Anhalter fahren meist Jugendliche, allenfalls noch Menschen, die in eine Notsituation geraten sind, oder Outlaws. Vom gutbürgerlichen Erwachsenen aus gesehen wird hier oft die Erinnerung an mehr Freiheit und Unabhängigkeit angesprochen, ein romantisierender Blick zurück, vielleicht auch eine Wehmut angesichts verpasster Chancen.
Literatur: Zum Kultbuch wurde der Science-Fiction-Roman „Per Anhalter durch die Galaxis“ von Douglas Adams. In diesem Buch ist es die unkonventionelle Sicht des Anhalters, die alle Science-Fiction-Klischees ironisiert.

Anima Die Anima scheint durch jede weibliche Person hindurch. In reiner Form tritt sie uns in der furchtbaren oder fruchtbaren Mutter, der Prinzessin, der (heiligen) Hure und dem weiblichen Dämon (Nymphe, Elfe und Wasserwesen wie Meerjungfrauen und Undinen) entgegen. Auch die weiblichen Göttinnen der Griechen und Römer sind als archetypische Bilder der Frau zu sehen, die in den Himmel beziehungsweise auf den Olymp projiziert werden. Der klassische Archetyp der Frau ist Venus (Aphrodite), die als die unwiderstehliche Schönheit auftritt und der die Männerwelt zu Füßen liegt.
Die Anima ist im männlichen Traum häufig ↗weiß gekleidet und möchte den Mann zu tieferen Einsichten verführen. Wer dieser Verführung widersteht, der wird in seiner Männlichkeit erstarren und auf die Dauer zu keinem kreativen Handeln mehr in der Lage sein.
Was ist nun dieses Weibliche?
Auf der archetypischen Ebene ist es die Fähigkeit zur Wandlung und die Nähe zum kreativen ↗Chaos, aus dem alles entsteht. Das Weibliche läuft immer Gefahr, sich zu verströmen.

Die Anima verweist sowohl auf die Vor- als auch auf die Nachteile dieses Verströmens. Da wir jedoch in einer von männlichen Werten geprägten Gesellschaft leben, tritt die Anima häufiger in ihrem positiven Aspekt auf. Die Anima ist dem flexiblen „Sowohl-als-auch-Denken“ verpflichtet.
Analytische Psychologie: Über die Anima informiert man sich am besten bei Emma Jung: Animus und Anima, Fellbach 1983.
Literatur: Der englische Bestsellerautor Henry Rider Haggard wollte mit seinem Roman „She“ einen neuen Anima-Mythos begründen. C. G. Jung nahm diesen Roman als Beispiel dafür, dass man keinen Mythos künstlich schaffen kann.

Animus Der Animus scheint durch jede männliche Person hindurch. In reiner Form tritt er oft als Mann ohne Gesicht auf. Das erinnert daran, der männlichen Seite mehr Aufmerksamkeit zu schenken. Weitere typische Erscheinungsformen des Animus sind unter anderem der ↗Held, der ↗Vater und ↗Großvater (Jupiter / Zeus), der ↗Magier oder der ↗Narr (Merkur / Hermes) und der ↗Krieger (Mars / Ares). Auch die männlichen Götter der Griechen und Römer sind als archetypische Bilder des Mannes zu sehen, die in den Himmel beziehungsweise auf den Olymp projiziert wurden. Der klassische Archetyp des Mannes ist Mars (Ares), der als perfekter Liebhaber und kühner Krieger gilt.
Was ist nun dieses Männliche?
Auf der archetypischen Ebene ist es die Fähigkeit, zielgerichtet zu handeln, relativ objektiv wahrzunehmen und Abstraktionen zu bilden. Deswegen muss der Animus immer darauf achten, nicht an seiner eigenen Starrheit zugrunde zu gehen. Der Animus verweist sowohl auf die Vor- als auch auf die Nachteile dieser Starrheit. Er ist dem starren „Entweder-oder-Denken“ verpflichtet.
Analytische Psychologie: Über den Animus informiert man sich am besten bei Emma Jung, da C. G. Jung den Animus nur gelegentlich gestreift und dann weitgehend nur die Schattenseite des Animus dargestellt hat. Siehe Emma Jung: Animus und Anima, Fellbach 1983.

Anker Seit jeher gilt der Anker als das Attribut der Seeleute. Der Anker ist ein klassisches Symbol der Sicherheit, des Vertrauens und des Halts. Wer vor Anker liegt, der ist in Sicherheit und hat die Gefahren des offenen Meeres hinter sich. Wenn man das Meer mit dem ↗Meer der Gefühle verbindet, dann drückt der Anker die Sehnsucht nach Erdung trotz aller schwankenden Gefühle aus.
Der Anker symbolisiert also ↗Seefahrt und ↗Abenteuer, andererseits aber auch das Festhalten und den Stillstand: Wer nicht einrosten will als Seefahrer, muss immer mal wieder die Anker lichten.
Christentum: Paulus schrieb, in der Hoffnung auf Christus und die Erlösung „haben wir einen festen und sicheren Anker unserer Seelen“ (Hebr 6.18–19). So sahen die frühen Christen den Anker als ein getarntes ↗Kreuz an und benutzten ihn als geheimes Erkennungszeichen. Später wurde der heilige Nikolaus – der Schutzpatron der Seefahrer – mit einem Anker dargestellt, was er mit seinem „Vorgänger“, dem römischen Meeresgott Neptun, gemeinsam hat.

Anklage Anklage ist Bedrohung. Für die konkrete Deutung ist der Grund der Anklage wichtig und die Situation, in der man angeklagt wird. Anklage ist meist mit einem schlechten Gewissen assoziiert, es sei denn, man sieht sich in der Rolle der ver-

folgten Unschuld, als Opfer einer Verschwörung (↗Gericht und ↗Prozess).
Literatur: Frank Kafka hat in seinem Roman „Der Prozess“ das Bedrohliche der Anklage betont.

Ankunft Ankunft verheißt Erleichterung. Denn nahe liegt die Bedeutung: Man ist am Ziel angelangt, ein Lebensabschnitt ist vorbei, etwas Neues kündigt sich an (↗Anfang).

Anruf Ein Anruf hat etwas mit Nähe zu tun. Jemand versucht, Kontakt aufzunehmen, Nähe herzustellen, doch wie immer bei der Telekommunikation bleibt eine gewisse Distanz. Wirkliche Nähe kann sich nicht herstellen. Für die genauere Deutung ist es wesentlich, wer wen anruft und worüber gesprochen wird, ob sich jemand danach sehnt oder davor fürchtet.
Literatur: Einen viel beachteten Roman über einen Anruf veröffentlichte der Amerikaner Nicholson Baker 1992. „Vox“ ist der erste Roman, der Telefon-Sex nicht nur zum Thema macht, sondern dessen Form auch stilistisch übernimmt.

Anschlag Der Anschlag ist ein Aggressions- und Hindernissymbol, ein Akt der Gewalt wie der ↗Angriff.

Ansprache Man will etwas mitteilen, überzeugen und sich Gehör verschaffen. Der Redende beansprucht Aufmerksamkeit und Anerkennung(↗Applaus). Bei Ansprachen spielt häufig die Angst vor öffentlichen Auftritten beziehungsweise öffentlicher Rede eine Rolle, darum ist es für eine Deutung wichtig, welche Gefühle mit der Ansprache verbunden sind. Ansprachen können ja auch Peinlichkeiten symbolisieren und Langeweile oder – besonders bei Politikern – Eitelkeit, Drumherum-Reden, leere Worte mit großer Geste.

Ansteckung Ansteckung bedeutet fehlende Distanz. Symbolisch gibt es eine positive und eine negative Ansteckung. Sind Lachen und Freude ansteckend, oder wird eine Krankheit übertragen? Die Bedeutung des Symbols ist davon abhängig, von wem und mit was man angesteckt wird. Oft handelt es sich um die Sehnsucht nach einem Vorbild oder um eine Warnung, sich nicht zu sehr von anderen beeinflussen zu lassen – möglich ist aber auch eine krankhafte Angst vor Nähe, besonders wenn die Angst vor Ansteckung ständig im Vordergrund steht.

Anstreicher Wird etwas angestrichen, soll es verschönert werden. Oft ist das Anstreichen mit einem neuen Heim verbunden, das man sich gemütlich einrichten möchte. Anstriche überdecken Altes. Sie sind der Schein, die ↗Fassade. Wichtig für die genauere Deutung ist das, was angestrichen wird, und die Symbolik der Farbe, die gestrichen wird. Der Anstreicher selbst genießt kein großes Prestige. Gegenüber der Berufsbezeichnung „Maler“ schwingt bei „Anstreicher” oft etwas Abwertendes mit.

Antarktis Vor allem symbolisiert die Antarktis Terra incognita – das unbekannte kalte Land.
Vor etwa 200 Mio. Jahren bildete die Antarktis zusammen mit Süd-Amerika, Afrika, Indien und Australien einen Superkontinent. Zu der Zeit und auch zu anderen geologischen Zeiten gab es in der Antarktis Leben. Fossilien von Wäldern und Landtieren sind gefunden worden. So kann die Antarktis auch auf ein Leben verweisen, das allmählich erstarrt ist.

Der Begriff Antarktis ist immer mit Kälte verbunden, die den Grund für die Erstarrung bietet. Die Antarktis ist ein Kontinent, auf dem seit 15 Mio. Jahren eine Eiszeit herrscht. Durch ihre Kälte (die niedrigste dort gemessene Temperatur lag bei minus 90 Grad Celsius), ihre häufigen Stürme und ihre Eisdecke, die um 2 km dick ist, ist die Antarktis ein Symbol der Lebensfeindlichkeit, andererseits auch der unberührten Natur wie auch ↗Alaska. Im Inneren des Kontinents gibt es kein Leben, an seinen Rändern sind Moose, Mücken, Läuse und Milben die einzigen Lebewesen. Dennoch fasziniert dieser Kontinent alljährlich viel zu viele Touristen, die eine erhebliche Umweltbelastung darstellen, denn in der Antarktis wird alles konserviert. Man kann sie deshalb das Gedächtnis der Erde nennen.
Wenn auch die Antarktis hauptsächlich mit Erstarrung assoziiert wird, ist sie dennoch in ständiger Bewegung: Der Eisgürtel um den Kontinent nimmt ab und breitet sich aus mit den Jahreszeiten, die Gletscher fließen ständig von dem hohen Landesinneren zur Küste ab, wo sie kalben.
Die Antarktis lässt sogleich die großen Entdecker assoziieren, denn Antarktis bedeutete vor allem zu Beginn des 20. Jahrhunderts Herausforderung. Es war eine gefährliche Herausforderung, wovon die vielen Expeditionstoten zeugen, deren berühmtester Robert Falcon Scott ist. Die erste belegte Sichtung dieses toten Kontinents fand 1820 durch F. G. von Bellingshausen während seiner Umsegelung von Antarktika statt. Amundsen betrat am 4.12.1911 als erster Mensch den Südpol, etwa einen Monat später am 17.1.1912 erreichte Scott ihn. Er und sein gesamtes Team fanden enttäuscht auf ihrem Rückweg den Tod.
In esoterischen Kreisen war um 1900 die Hohlweltlehre weit verbreitet. Man nahm an, dass es unter der Antarktis (teilweise auch unter der arktischen Polkappe) Hohlräume gäbe, in denen Ufos stationiert seien, die man dort ein- und ausfliegen sehen kann. Die Antarktis wurde zum reinen Raum und zur reinen Natur hochstilisiert, von der die Rettung vor der bösen Zivilisation erhofft wurde. Mit zunehmender Erforschung der Antarktis wurde diese regressive Vorstellung auf die peruanischen Anden verlegt.
Literatur: Die Klassiker der Antarktika-Literatur sind die Expeditionsberichte der großen Seefahrer und Forscher, die als Helden verehrt wurden. Zu ihnen gehört das Werk des Kapitäns Weddell „Reise in das südliche Eismeer“ (1822/23), der als Robbenfänger genaueste Kenntnisse des Meeres östlich der Antarktischen Halbinsel hatte, das nach ihm benannt und Shackleton zum Verhängnis wurde.
James Cook: „Voyage Towards the South Pole“ (1777), F. G. von Bellingshausen: „Reise des Kapitäns Bellingshausen in die Antarktischen Meere 1819–1821“ (1831), Roald Amundsen: „Die Eroberung des Südpols“ (1912), Ernest Shackleton: „Südpole“ (1919). Diese Expeditionsberichte waren sehr beliebt, da sich an den Heldenfiguren auch nationaler Stolz festmachte.
Film: Shackletons Expeditionsfotograf Frank Hurley hatte mit seinem auf Originalaufnahmen beruhenden Expeditionsfilm „Im Griff des polaren Packeises“ (1919) einen riesigen Erfolg in die Kinos gebracht, der maßgeblich dazu beitrug, dass sich Shackletons Buch schnell verkaufte.

Antenne Symbol der Kommunikation. Unsere Antennen sind unsere Sinne, mit denen wir unsere Umwelt wahrnehmen.

So spricht auch der Volksmund vom Ausfahren der Antennen, wenn man viel mitbekommen möchte. Die Antenne steht also für Verbundenheit, Offenheit.

Antibiotika Im dem Wort „Antibiotikum" steckt die Grundbedeutung Lebensfeindlichkeit. Trotzdem symbolisieren Antibiotika eine Hilfe für Kranke und drücken so eine lebensfreundliche Einstellung aus. Sie bekämpfen Bakterien, indem sie deren Zellwände zerstören, und werden für ihre hohe Wirksamkeit bei geringer Toxizität gepriesen. Dennoch produzieren Antibiotika Vergiftungen und teilweise Nebenwirkungen. Für die Deutung ist es wichtig, welche Einstellung derjenige, dem die Antibiotika begegnen, zu dem Medikament hat. Siehe auch ↗Arznei und ↗Tablette.

Antilope Symbol der Eleganz. Die Antilope ist ein bekanntes Frauensymbol. Sie steht für eine rassige Frau, Begehrtwerden und Erotik.
Das Bild der Antilope steht heute auch für Safari, abenteuerliches Urlaubsvergnügen und Tierschutz.

Antiquar Der Antiquar handelt mit alten Büchern und symbolisiert damit das alte Wissen und Weisheit. Er tritt häufig als der ↗Weise auf, der die Rätsel der Welt zu lösen versucht. Doch seine Weisheit ist oft rückwärts gerichtet, verstaubt und skurril. Romantische Bilder alter Läden beschwört er herauf.
Literatur: Michael Ende lässt zu Beginn seines Welterfolges „Die unendliche Geschichte" einen Antiquar auftreten, der somit zugleich mit dem Land der Fantasie verbunden wird.

Antiquität Antike ↗Möbel stehen für konservativen Reichtum. Bei diesem häufigen Symbol ist es bedeutsam, um welchen Gegenstand es sich handelt und aus welcher Zeit er stammt. Diese Zeit ist wiederum symbolisch zu deuten.

Antrag Dem Antrag wohnt das Formelle inne. Der Antrag symbolisiert den Wunsch oder die Angst, seine Bedürfnisse anzumelden oder diese zu organisieren. Er verweist auch auf Bürokratie und Aktenstapel, es sei denn, es handelt sich um einen Heiratsantrag, hinter dem der Wunsch nach (oder im Traum auch die Angst vor) einer langfristigen Verbindung steht.

Anwalt Ein Helfer ist der Anwalt, ein Ratgeber, der jemanden vertritt, für ihn kämpft. Oft als „Ausreden-Erfinder" auch eine schillernde Figur, im US-Film aber meist der positive Held. Die Gerechtigkeit oder deren Gegenteil ist angesprochen. Der Anwalt verweist auf die eigene Machtlosigkeit oder ungenutzte Einflussmöglichkeiten.
Literatur: In John Grishams Romanen spielen Anwälte jeder Schattierung stets eine wesentliche Rolle. Grisham ist selbst Anwalt gewesen.

Anzug Die Symbolik des Anzugs richtet sich danach, wie elegant der Anzug ist und welche Farbe er hat. Das Symbol Anzug verweist außer in ganz besonderen Fällen immer auf eine konventionelle Einstellung, meistens sogar auf Starrheit und fehlende Beweglichkeit. Der Anzug hängt auch zusammen mit einer Initiation in die Männlichkeit, nicht umsonst bekam früher der Junge seinen ersten Anzug oft zur Konfirmation. Im Anzug will der Mann etwas im Leben darstellen, und somit ist er ein Symbol der „Persona" im Sinne C. G. Jungs (das, was man nach außen hin darstellt, im Gegensatz zur Nacktheit).

Die amerikanische Kunstwissenschaftlerin Anne Hollander („Anzug und Eros") schreibt, dass Anzüge immer noch sexy seien, da sie beruflichen Erfolg symbolisieren.
Literatur: Michael Ende charakterisierte in seinem Buch „Momo" die starre, lebensfeindliche und konservative Tendenz in unserer Gesellschaft mit Männern in grauen Anzügen.

Aperitif Gleiche Bedeutung wie ↗Alkohol, nur etwas abgeschwächter.
Aperitif lässt Lebensstil vermuten, Kultur.

Apfel Der Apfel symbolisiert Gesundheit und Natürlichkeit. Das sieht man noch heute an dem englischen Sprichwort „an apple a day keeps the doctor away" (ein Apfel täglich hält den Doktor fern). Äpfel sind unter anderem deswegen so gesund, da sie viele Antioxidantien besitzen, welche die krankheitserregenden freien Radikale einfangen.
Er spricht aber auch die Erneuerung des Lebens an. Er ist ein verbreitetes Symbol der Unsterblichkeit – zum Beispiel bei den Druiden, hierhin gehören aber auch die goldenen Äpfel, die die Hesperiden im Göttergarten hüten.
Der Apfel steht für die Verführung, er lockte mit seiner Farbe und seinem Geschmack nicht nur Adam, er ist wegen seiner Form auch ein Sexualsymbol für die weiblichen Brüste. Zum antiken und mittelalterlichen Frauenideal gehörten „Brüste wie Äpfelchen". Der babylonisch-assyrischen Hauptgöttin Ischtar, die zugleich Göttin der Liebe und des Kriegs war, war der Apfel geweiht. Ihre Symbolpflanze war der Apfelbaum.
Der Apfel zeigt, dass sich etwas verdientermaßen zum Guten wendet, wie zum Beispiel bei Wilhelm Tell, oder auch – seltener – zum Schlechten. Letzteres zeigt sich am Apfel des Paris, der den Kampf um Troja auslöste. Mit dem Apfel wird etwas gewählt: bei Adam und Eva die Erkenntnis, bei Paris die schönste Frau.
Psychoanalyse: Nach S. Freud ist der Apfel wie fast alles ↗Obst ein Symbol für weibliche Brüste, speziell wenn zwei Äpfel im Traum auftreten. Allgemein gilt der Apfel in der Psychoanalyse als typisches Sexualsymbol.
Analytische Psychologie: Für C. G. Jung ist der Apfel das Sinnbild des Lebens, ein uraltes Fruchtbarkeitssymbol (wie Granatapfel, ↗Feige und Quitte).
Christentum: Ausgangspunkt war die Geschichte von dem Apfel, mit dem die Schlange Adam und Eva verlockte (Gen 3). Danben stand eine andere Tradition: Von den früheren Mythen übernahm das Hohelied des Salomo die Metapher Apfelbaum für den Geliebten: „Wie ein Apfelbaum unter den wilden Bäumen, so ist mein Freund unter den Jünglingen. Unter seinem Schatten zu sitzen, begehre ich, und seine Frucht ist meinem Gaumen süß" (Hoheslied 2.3).

Apfelbaum Symbol der Fruchtbarkeit, der Schönheit, der Freude und der Gesundheit. Der Apfelbaum ist das Sinnbild der lebensspendenden Kraft der Erde.
Antike: Der Apfelbaum wurde Gaia, der Erdmutter, von der Göttin Hera geschenkt. Sie pflanzte ihn in ihren göttlichen Garten und ließ ihn von Atlas bewachen. Die Hesperiden, die Töchter des Atlas, stahlen jedoch die goldenen Äpfel. So beschloss Hera, diesen Baum von der Schlange Ladon bewachen zu lassen. Sie nahm diese Aufgabe wahr, indem sie sich um den Baum schlängelte und somit zum Vorbild des christlichen Paradiesmythos und des ↗Äskulapstabs wurde.

Apfelsine Eine Apfelsine gilt als vitaminreich, also gesund; die kräftige Farbe trägt dazu bei, dass sie voll saftigem Leben zu sein scheint, vollgesogen mit der Energie der Sonne. Wie der ↗Apfel kann sie als erotisches Symbol für die Brüste der Frau angesehen werden. Allerdings kann sie auch in einer negativen Bedeutung auftreten, wenn Sie auf die Apfelsinenhaut verweist. Siehe auch die Farbe ↗Orange.

Apokalypse Apokalypse ist Untergang, finale Zerstörung, auf die nicht nur in der Johannesapokalypse der Bibel ein Neuanfang folgt. Deshalb gibt es nicht nur die Angst vor den Schrecken der Apokalypse, sondern auch eine Sehnsucht nach dem endgültig reinigenden Gewitter. Im Rausch der Gewalt und der Lust am Untergang taucht oft auch so etwas wie Hoffnung auf einen neuen Morgen auf.
Film: Francis Ford Coppola versuchte 1979 mit seinem Film „Apocalypse now" Ideen aus Josefs Conrads Roman „Heart of the Darkness" umzusetzen – allerdings nach Vietnam versetzt.

Apotheke Die Apotheke ist ein häufiges Symbol für eine Notsituation und das Verlangen nach Hilfe von außen (↗Arznei). Die Apotheke verweist darauf, dass ein Heilmittel zu finden ist.
Falls die Apotheke einen Namen wie beispielsweise ↗Einhorn oder ↗Löwe besitzt, ist dieser Name symbolisch zu deuten und als Hinweis darauf zu sehen, woher Kraft und Heilung kommen.
Der Volksmund verbindet mit der Apotheke nicht Gesundheit, sondern Geld: „Das ist eine Apotheke", sagt man zu einem Geschäft, das als besonders teuer gilt.

Appetit Der Volksmund verbindet Appetit mit Gesundheit. Das war bereits im Mittelalter der Fall. Damals gehörte es zum Bild des Herrschenden, dass er großen Appetit zeigte. Heute wird der Appetit sowohl als ein Merkmal der Gesundheit als auch als eine Art Feind angesehen, den man mit Appetitzüglern zu bekämpfen sucht. Siehe auch ↗Hunger und ↗Essen.

Applaus Applaus oder Beifall hat immer mit Aufmerksamkeit zu tun. Es kann sich um eine Anspielung auf Eitelkeit handeln, auf Angst vor ↗Ablehnung oder vor ↗Erfolg. Der Applaus weist oft auf die Vermeidung von Kritik hin.

Aprikose Die Aprikose ist wie die ↗Pflaume und zahlreiche andere ↗Früchte und ↗Beeren ein weibliches Sexualsymbol. Sie symbolisiert Wohlergehen, Zärtlichkeit und stellt eines der häufigsten Symbole der erotischen Haut dar. Deswegen tritt die Aprikose oft als Metapher in der erotischen Literatur auf.

April April ist der Monat der Narren (daher auch der Brauch, jemanden „in den April zu schicken") und der Venus, nach deren griechischem Namen Aphrodite er benannt ist. Andererseits wird der Monatsname April auch auf das lateinische Wort „aperire" bezogen, was „sich öffnen" bedeutet. Der April wurde als der „Öffner des Jahres" nach der Saat im März gesehen.
Der April gilt als launisch wegen seines wechselhaften Wetters: „Der April macht, was er will."

Aquamarin Wegen seiner meerblauen Farbe symbolisiert der Aquamarin Reinheit. Nach der klassischen Edelsteinkunde soll er den Ausdruck reiner und edler Gefühle bei seinem Träger oder seiner Trägerin fördern. Ferner gilt er als Symbol der

Heilung der Gefühle und der Förderung höherer Geistigkeit.
Als Schmuckstein (↗Edelstein, ↗Schmuck) verweist er auch auf Eitelkeit und auf die Persona im Sinne C. G. Jungs (auf das Bild von uns, das wir der Außenwelt präsentieren möchten).
Der Aquamarin wird astrologisch den Sternzeichen Wassermann, Zwillinge, Fische und Waage zugeordnet.

Aquarell Die Aquarellfarbe kann als die Königin der ↗Wasserfarben angesehen werden. Neben den Bedeutungen der Wasserfarben drückt sie in besonderer Weise den künstlerischen Charakter aus.
Kunst: Aquarellfarben waren bereits den alten Ägyptern bekannt. Im 19. Jahrhundert war die Aquarellmalerei in England bei den bedeutenden Kunstmalern äußerst beliebt. Sie malten meist Landschaften mit feinen Lichteffekten (zum Beispiel die Norwich School of Art). In Deutschland aquarellierten die Romantiker märchenhafte Zeichnungen, und die Expressionisten – zum Beispiel Nolde und Macke – bildeten zusammen mit Paul Klee einen eigenen Stil der Aquarellmalerei heraus.

Aquarium Das Aquarium ist ein künstlicher Lebensraum. Es steht für künstlich geschaffene, regulierte und kontrollierte Natürlichkeit. Der Bedeutungsakzent liegt auf der Oberflächlichkeit, Geziertheit und Unnatürlichkeit, außerdem spielt das Eingesperrtsein eine Rolle. Die Gefühle und Empfindungen gehen nicht tief, sie sind eher gespielt und berechnend (auf Wirkung bedacht). Ein tiefes (verdrängtes) Verlangen nach natürlichem Leben und echten Gefühlen drückt sich in diesem Symbol aus.
Die genauere Bedeutung ergibt sich aus dem Zustand des Aquariums und seiner Bewohner.

Araber Der Araber symbolisiert oft etwas Wildes, nach dem man sich sehnt, vor dem man sich fürchtet. Auf die Männerwelt – seltener auch auf die abgeschlossene Frauenwelt – und Frauenfeindlichkeit wird ebenfalls verwiesen. Er ist ein Symbol der Romantik und Freiheit. Im Zeitalter der Ölscheichs steht der Araber auch für großen Reichtum, für Verschwendung und Protzerei.
Literatur: Der britische Autor und Abenteurer Thomas Edward Lawrence, der als Lawrence von Arabien bekannt wurde, verkörperte in seinem Leben (das auch 1962 von David Lean verfilmt wurde) all das, wofür noch heute der Araber steht: Romantik, Fanatismus und eine kriegerische Einstellung. T. E. Lawrence versuchte in seinem Leben, der perfekte Araber zu werden, was ihm weitgehend gelang.

Arabien Arabien ist Reichtum und Verführung, Geheimnis und Handel.
Literatur: Arabien wird in der Literatur zur Erzeugung einer erotisch geheimnisvollen Stimmung gebraucht. In Anlehnung an „Tausendundeine Nacht“ spielen Märchen wie zum Beispiel das vom fliegenden Koffer in Arabien – nicht zuletzt, weil dort die Frauen so schön sind.

Arbeit Arbeit ist Mühe: Der Zwang zur Arbeit wurde bei der Vertreibung aus dem Paradies als Strafe über den Menschen verhängt (Gen 3.19) und wird oft auch so empfunden. Aber ein Leben ohne Arbeit ist unmenschlich. Arbeit bedeutet, etwas zu schaffen, und somit steht Arbeit für Aktivität und Wille, für Kreativität. Mit der Arbeit hängt häufig ein besonderer Stolz zusammen: Man ist auf das Produkt „seiner Hände Arbeit" stolz.

Arbeiter Nur im so genannten „sozialistischen Realismus" war der Arbeiter immer der Held. Sonst symbolisiert er die harte Arbeit, die Plackerei – im Gegensatz zum Büroangestellten oder zum Beamten. Mit dem Arbeiter verbinden wir meist einfache, ehrliche Tätigkeiten, praktische Intelligenz, aber auch Armut.
Literatur: 1863 dichtete Georg Herwegh für den gerade gegründeten Allgemeinen Deutschen Arbeiterverein: „Mann der Arbeit aufgewacht! / Und erkenne deine Macht! / Alle Räder stehen still, / Wenn dein starker Arm es will."

Arbeitskleidung Arbeitskleidung deutet auf eine bestimmte Rolle hin und auf Zwang, auf anstehende Arbeit und eventuell auf zu erwartende Mühen. Für welche Arbeit ist die Arbeitskleidung gedacht? Wichtig ist der Aspekt, dass man sich mit der Arbeitskleidung dreckig machen darf. Wenn man etwas tut, beschmutzt man sich meistens – wer handelt, macht Fehler und wird schuldig. Aber man kann sich vor diesem „Schmutz" schützen.

Arbeitsspeicher Der Arbeitsspeicher behält über einige Zeit die Informationen, die man zu der Arbeit am ↗Computer benötigt. Je größer der Arbeitsspeicher, desto schneller die Informationsverarbeitung. Der Arbeitsspeicher bedeutet also Geschwindigkeit und Erinnerung; er ist ein Kurzzeit-Gedächtnis im Gegensatz zur ↗Festplatte, die dauerhaft speichert.

Archäologe Ein Archäologe verkörpert die Suche nach dem Wissen um die ferne Vergangenheit. Er ist wie ein ↗Detektiv, der aus kleinen Hinweisen ein großes Bild zusammensetzt, aber auch wie ein ↗Schatzsucher, der der Erde wertvolle Gegenstände und geheime Informationen entlocken will.
Psychoanalyse: S. Freud vergleicht die Psychoanalyse mit der Archäologie. Er wollte als junger Mann zunächst selbst Archäologe werden.

Arche Die Arche ist einerseits ein bekanntes Symbol für Rettung, Sicherheit, Schutz und Heim (wie bei ↗Familie und ↗Anker), andererseits bedeutet sie Enge und Eingeschlossensein (wie bei ↗Gefängnis und ↗Käfig), denn die Arche ist nur ein kleines Schiff, umgeben von einem riesigen, todbringenden Ozean.
Von der Mythologie her kennen wir das Aussetzen im Körbchen, einer Art Mini-Arche: Es handelt sich hierbei um das besondere, aber abgelehnte Kind, das trotz der feindlichen Umwelt überlebt und meist seinen Weg erfolgreich geht – das bekannteste Beispiel ist wohl Moses. Hierin ist ein deutlicher Hinweis enthalten, dass man frühkindliche Verletzungen ohne weiteres überwinden kann.
Analytische Psychologie: C. G. Jung sieht die Arche als ein Symbol des mütterlichen Schoßes an.
Christentum: Die Arche des Noah ist das ↗Schiff, mit dem Noah mit seiner Familie und ausgewählten Tieren der Sintflut entgeht (Gen 6–8). Die Arche wird als Vorbild der Errettung durch die Taufe gesehen. Auch die Gottesmutter wird als Arche bezeichnet (da sie als Vermittlerin des Heils gesehen wird). „Arche des Bundes" heißt die Bundeslade der Israeliten im Alten Testament.

Architekt „Wenn große Architekten die Zukunft entwerfen, wie Le Corbusier oder Niemeyer, zeigt sich gleich die antizipierte

Hölle", so drückte der deutsche Publizist Johannes Gross seine Vorbehalte gegenüber (moderner) Architektur aus. Architektur bedeutet in diesem Sinn Verschandelung. Auf der anderen Seite kann Architektur auch Geschmack und Stilgefühl ausdrücken, denn der Architekt ist eigentlich einer, der Bauten, ganze Städte oder Landschaften gestaltet. Das ist eine Tätigkeit, die Kreativität und Technik in Einklang bringen muss. Der Architekt gilt deshalb auch immer als eine Mischung aus Techniker und Künstler.

Literatur: Der österreichische Schriftsteller Karl Kraus meinte einmal bissig, dass moderne Architektur das aus der richtigen Erkenntnis einer fehlenden Notwendigkeit erschaffene Überflüssige ist.

Arena Arena ist Kampf, ist Aufregung. Die Arena ist der Raum, in dem das eigene Ich im Mittelpunkt steht, Aktivität, Selbstdarstellung und Kühnheit (wie bei ↗Amphitheater und ↗Aufführung) – falls man nicht nur Zuschauer ist.

Aristokrat Ein Aristokrat hat Stil, er ist oder fühlt sich als „etwas Besseres". Deshalb gerät der Aristokrat häufig zum Symbol eines Minderwertigkeitsgefühls. Der Aristokrat ist (bei Nicht-Aristokraten) ein Selbstwertsymbol: Man will aufsteigen und fühlt sich zu kurz gekommen. Er ist ein Zeichen von Sozialromantik, indem man überholten gesellschaftlichen Vorstellungen und Werten kritiklos anhängt.

Arktis Beide Polgebiete (↗Antarktis) symbolisieren Kälte und Abenteuer.

Arm Der Arm ist die Grundlage des Handelns. Er ist ein Symbol der Kraft, der Macht. Und wem die nötigen Kräfte fehlen, dem muss man „unter die Arme greifen". Man ergreift beziehungsweise bekommt etwas. Mit dem Arm will und kann man etwas bewirken, manche haben sogar einen besonders „langen Arm", auch spricht man vom „Arm des Gesetzes".

Beim Bodybuilding werden die Armmuskeln künstlich vergrößert. Das soll Männlichkeit symbolisieren. Allerdings gaben bei Umfragen über neunzig Prozent der Frauen an, dass sie solche vergrößerten Armmuskeln nicht erotisch finden. Wahrscheinlich handelt es sich hierbei um eine Form des Narzissmus, bei der es nicht um die Wirkung auf das weibliche Geschlecht geht, sondern um das eigene Spiegelbild.

Die Arme hochzuhalten, wie bei der „Hände hoch"-Geste, gilt als Zeichen für eine Niederlage. Allerdings gibt es das Hochrecken der Arme auch bei Politikern und Sportlern als Geste des Triumphs, da man mit hochgereckten Armen größer erscheint. Dahinter steht wahrscheinlich die Angst, übersehen zu werden.

Asien: Verschiedene buddhistische und hinduistische Gottheiten besitzen mehr als zwei Arme zum Ausdruck ihrer Allmacht

Christentum: Erhobene Arme bedeuten auch hier Bitte um Gnade, einen Versuch, Kontakt mit dem Höheren herzustellen. Der Arm hingegen, der aus dem Himmel ins Bild greift, ist in der christlichen Malerei eines der ältesten Symbole Gottes.

Armband Bindungssymbol wie ↗Band. Es kann auf eine Einengung deuten, dann ist das Armband die hübschere Form der ↗Fessel (siehe auch ↗Käfig). Allerdings verweist das Armband als ↗Schmuck auf Eitelkeit, wobei dies positiv als Freude an der eigenen Schönheit gesehen werden kann.

Armbanduhr Armbanduhr bedeutet Stress. Sie ist die Zeit, die man immer dabei hat,

die einen bindet. Sie symbolisiert die Ordnung im alltäglichen Leben. Der (ständige) Blick auf die Armbanduhr steht für Hetze und Termindruck. Neben diesen bekannten, mehr an der Oberfläche liegenden Bedeutungen wird mit der Armbanduhr auch die eigene Lebenszeit angesprochen.
Die Armbanduhr ist der ständige Begleiter des modernen Menschen. Sie ist notwendig, um die Menschen- und Warenströme zu synchronisieren. Sie kann einer der tyrannischsten Gegenstände sein, die wir besitzen.
Kamen gegen das Ende des 14. Jahrhunderts die ersten persönlichen Uhren auf, die mehr als Spielzeug und Statussymbol denn als Zeitgeber betrachtet wurden, so wurden erst ab der Mitte des 19. Jahrhunderts Armbanduhren produziert, die sich jeder leisten konnte. Trotzdem ist – wenn die Marke stimmt – die Armbanduhr häufig auch heute noch ein Statussymbol. Allgemeines und Verweise bei ↗Uhr.

Armee ↗Militär

Armsessel Armsessel steht für Ruhe und Gemütlichkeit. Er ist ein Symbol des Ausruhens und des Friedens – wie ↗Andacht und ↗Gebet, nur weniger religiös besetzt. Der Armsessel kann auf träge Langeweile und manchmal, wenn er einem Thron gleicht, auf Herrscher-Allüren deuten.

Armut Armut ist Mangel. Armut ist unbequem. Sie ist wie ↗Hunger und Krankheit als Symbol stark angstbesetzt. In spirituellen Zusammenhängen kann die äußere Armut als Symbol für großes geistiges Glück und innere Zufriedenheit dienen, meist jedoch stehen Verarmungsängste im Vordergrund (ähnlich wie bei ↗Almosen, ↗Asyl, ↗Bettler, ↗Lumpen und ↗Falschgeld). Bisweilen wird auch die Armut romantisiert: Die Einfachheit und Natürlichkeit des Armen wird dann mit dem „falschen Luxus" kontrastiert.

Aron(s)stab Eine einheimische Giftpflanze mit roten Beeren und einem von einem Hüllblatt umgebenen kolbenförmigem Blütenstand (Stab), die etwas exotisch-geheimnisvoll Erotisches hat.
Christentum: Benannt wurde diese Pflanze nach dem Stab des Aaron, des Bruders des Moses. Aarons Stab verwandelt sich vor den Augen des Pharao in eine Schlange, die die Schlangen, die sich aus den Stäben der ägyptischen Priester entwickelt hatten, allesamt verschlingt (Ex 7.8–13).

Arrest ↗Gefängnis

Arsch Der Ausdruck Arsch besitzt stets eine negative Bedeutung. Charakterisiert man eine Person als „Arsch" oder „Arschloch", drückt man seine Ablehnung ihr gegenüber aus. Der Arsch ist auch das Letzte, dasjenige, das fern liegt, weswegen man vom „Arsch der Welt" spricht, wenn etwas fern und abseits liegt.
Der Arsch ist nicht nur der Körperteil, der bei Mann und Frau Sexappeal besitzt, sondern auch der Körperteil der Bestrafung.
Mittelalter: Der Teufel, so wurde angenommen, besitzt keinen Arsch. Wenn man seinen Arsch entblößte, war das eine Geste, den Teufel abzuhalten, da dieser eifersüchtig auf den menschlichen Arsch ist. Selbst Martin Luther benutzte die Geste, als er Visionen vom Teufel hatte.

Artischocke Ein Symbol des Luxus und des Wohlergehens, hat wie viele ↗Früchte und ↗Beeren auch eine sexuelle Komponente. Die Artischocke soll üble Laune und Dämonen vertreiben, sagt man in

Südeuropa, wo die Artischocken ihren Ursprung haben.
Das Bild der Artischocke bringt häufig Urlaubserinnerungen zurück, so liebte vielleicht schon Goethe Artischocken deshalb, weil sie ihn an seine Italienische Reise erinnerten.

Arznei Die Arznei verweist ähnlich wie die ↗Apotheke auf eine Krankheit oder auf eine Krankheitsangst. Sie symbolisiert Hilfe, Bitterkeit, seelische oder körperliche Not. Sie drückt eine Angst aus vor Enttäuschungen, Schmerzen, Not oder dem ↗Alter. Die Arznei verweist oft darauf, wie man sich selbst heilen kann. Man muss etwas schlucken (↗Pille und ↗Tablette).
Auf der anderen Seite fördert die Arznei häufig eine Leidensverlängerung. Hypochonder werden deshalb immer mit einem Berg von Arzneien dargestellt.

Arzt Der Arzt hat Macht über die Gesundheit, er symbolisiert Trost, Hilfe, Anteilnahme, Angst vor Schmerzen (wie auch bei ↗Krankheit und ↗Tod). Man sucht einen Ausweg, Rat und Hilfe. Der Arzt kann auch für allgemeine Besserung und Stabilisierung stehen.
Er ist ein beliebtes Männlichkeitssymbol, ein weiser Mann wie der ↗(Groß-)Vater. Der „Halbgott in Weiß" ist auch deswegen eine Autorität, da er es gesellschaftlich zu etwas gebracht hat.
Praktizierende Ärzte und Heiler sehen sich als Verbündete der Selbstheilungskräfte der Natur. Sie verkörpern psychologisch gesehen die Kräfte in uns, die uns stabilisieren und in Harmonie bringen. Besonders die legendären Heiler und Ärzte wie Hippokrates, Galen, Maimonides und Paracelsus betonten, dass sie sich mit den heilenden Kräfte der Natur verbündet haben.
Psychoanalyse: Im Freudschen Sinne sind Arzt und Ärztin ein erotisches Symbol. Sie sind die Personen, vor denen man nackt dastehen darf.
Literatur: Der Arzt ist nicht nur in den Arztromanen, sondern auch in der anspruchsvolleren Romanliteratur eine beliebte Gestalt, die häufig von inneren Konflikten gezeichnet ist.

Arztpraxis Mit der Arztpraxis wird ein Ort der Heilung angesprochen (↗Arzt). Dabei sind zwei unterschiedliche Situationen zu unterscheiden: Jemand kommt als Patient, oder er arbeitet dort. Der Patient sucht in der Arztpraxis nach Heilung, und deswegen verweist dieses Symbol auf Heilung und Hilfe. Es ist wichtig, darauf zu achten, wie und was geheilt wird. Handelt es sich um einen Facharzt, der hier praktiziert und auf bestimmte Krankheiten spezialisiert ist? Ist in dieser Praxis ein Mann oder eine Frau heilerisch tätig? Das mag darauf deuten, ob eine Heilung vom Weiblichen (dem Gefühl) oder Männlichen (dem Intellekt im Sinne der Einsicht) her anzustreben ist. Lange auf den Arzt oder die Ärztin zu warten, ist oftmals ein Hinweis darauf, mehr Geduld zu üben. Zu achten ist auch auf die Einrichtung der Praxis und darauf, wie der Patient sich dort fühlt.
Wer in der Arztpraxis arbeitet, besitzt einen engen Kontakt zur Quelle der Heilung. Auf der anderen Seite kann das aber auch anzeigen, dass das Bemühen um die Gesundheit einem nicht zufällt, sondern Arbeit bedeutet. Verhält sich der Patient in der Arztpraxis eher passiv, so erfordert die Heilung für den Arbeitenden in dieser Praxis eine aktive Tätigkeit. Welche Funktion dort ausgeführt wird, ist von großer symbolischer Bedeutung. Ferner ist darauf zu achten, mit welchen Krankheiten man konfrontiert wird.

Asche Die Bedeutung der Asche hängt mit ihrer Staubähnlichkeit und mit der Tatsache zusammen, dass sie der Verbrennungsrückstand nach Erlöschen des Feuers ist. Sie steht für Verwandlung oder Vernichtung. Es ist etwas vorbei, vollständig aufgelöst, übrig bleibt „nichts als Asche". Die Asche verkörpert oft eine Schwächung, den Abschied von der eigenen Lebendigkeit, und verweist darauf, dass man sich wieder der Lebenslust und Freude zuwenden sollte. In der Magie wird in der Asche auch die Essenz des Verbrannten gesehen. Als Konzentrat von Kräften besitzt sie hier eine positive Bedeutung.

Die Asche gehört in der Mythologie zum ↗Phönix, dem ↗Vogel, der sich nach seiner Selbstzerfleischung in ↗Brand setzt, um sich aus seiner Asche neu zu gebären. Sie ist somit Zeichen der Wiederauferstehung und Umwandlung und letztendlich auch von ↗Geburt und ↗Tod. In diesem Sinne tritt die Asche bei vielen Initiationsriten auf, die eine Wandlung des Individuums unterstützen.

Weitere mögliche Deutungen des Symbols Asche: Man fühlt sich ausgebrannt, interesselos (depressive Verstimmung wie auch bei ↗Abgrund und ↗Mord); Kränkung, Enttäuschung.

Asche kann auch für Schuld und Sühne nach Ausschweifungen stehen, wie das reinigende Aschenkreuz am ↗Aschermittwoch zeigt. Asche verweist auf Demut, dann geht man „in Sack und Asche" (als Brauch in der Bibel erwähnt, vgl. Esther 4.1).

Analytische Psychologie: Nach C. G. Jung ist die Asche ein alter Schutz gegen Dämonen, besonders gegen die Totengeister, außerdem ein Produkt der Leichenverbrennung. Erst muss die leibliche Hülle vollständig zerstört werden, ehe die Seele entweichen kann.

Mittelalter: Zur Zeit der Hexenverbrennungen war es Brauch, die Asche der verbrannten Hexen von fließendem Wasser wegspülen zu lassen, so dass sich die hexische Essenz nicht in der Erde festsetzen konnte.

Aschermittwoch „Am Aschermittwoch ist alles vorbei", singt man zu Karneval, denn der Aschermittwoch bedeutet das Ende der ausgelassenen Zeit und den Beginn der Fasten- und Bußzeit, die dann bis Ostern dauert. Der Aschermittwoch symbolisiert also allgemein das auf die Freude folgende Leiden.

Er steht für Reue und (Rück-) Besinnung und stellt einen Hinweis dar, dass nach der Lust wieder die Mühen des Alltags kommen.

Asien Asien symbolisiert für viele spirituelle Menschen den Ort der Weisheit nach dem lateinischen Spruch „ex oriente lux" (aus dem Osten kommt das Licht). Ferner steht Asien für Exotik und Geheimnis.

Dem Europäer scheint es oft so, als ob alle Asiaten gleich aussähen. So kommt es dazu, dass die Asiaten die Angst vor Menschenmassen symbolisieren können und die Angst, erdrückt zu werden.

Asphalt Asphalt bedeutet Großstadt, auch wenn heute auch auf dem Lande die Wege asphaltiert sind.

Der Asphalt versiegelt den Boden und begräbt die Natur unter sich. Die Nationalsozialisten, die dem Blut-und-Boden-Kult huldigten, benutzten das Symbol Asphalt, um die dekadente Großstadtkultur zu kennzeichnen. Sie prägten diskriminierend gebrauchte Begriffe wie „Asphaltpresse", „Asphaltkultur" und „Asphaltliteraten". Auf der anderen Seite verbanden sich kritische Kulturschaffende dieser Zeit unter dem Begriff „Asphalt".

Ass Als höchste ↗Karte im Kartenspiel symbolisiert das Ass Kraft und Macht. Der britische Magier Aleister Crowley sah in den vier Assen des Kartenspiels die Urkraft der vier Elemente symbolisiert.

Asseln Die Asseln gehören zu den Krebstieren. Als Symbol werden sie jedoch den ↗Käfern gleichgesetzt. Sie sind meistens ein Sinnbild des Ekels und der Unreinheit.

Ast Der Ast ist ein Symbol der Hilfe und der Unterstützung. Man soll nicht den Ast absägen, auf dem man sitzt. Der Ast kann für den Rücken oder zumindest für die Schultern stehen (wenn einer einen krummen Rücken hat, sagt man in manchen Gegenden Deutschlands: „Er hat einen Ast."). Der begrünte Ast ist wie der ↗Zweig ein Symbol der Naturverbundenheit und des Friedens, der verdorrte Ast gilt schon im Mittelalter als Symbol abgestorbener Lebensfreude.

Aster ↗Blumen

Asteroid Ein Asteroid ist ein Kleinplanet, ein Himmelskörper von einem Durchmesser von einigen hundert Metern bis zu Hunderten von Kilometern. Oft symbolisieren Asteroiden Gefahr. Sie ziehen zwar meist auf für die Erde ungefährlicher Bahn zwischen Mars und Jupiter dahin, können aber durch Bahnablenkungen den Weg der Erde kreuzen. Erdnahe Asteroiden sind das Sinnbild einer riesigen Katastrophe, was nicht nur eine Fantasievorstellung ist. Denn vor 65 Millionen Jahren hat ein Asteroid etwa achtzig Prozent allen Lebens auf der Erde vernichtet und die Saurier aussterben lassen, als er bei der Halbinsel Yucatan in den Golf von Mexiko einschlug. Die letzte große erdnahe Explosion eines Asteroiden fand 1908 über Sibirien statt und knickte dabei 2200 Quadratkilometer Wald am Oberlauf des Steinigen Tunguska um. Im Juni 2000 verfehlte der Asteroid LG3 nur knapp die Erde, was schon zuvor 1994 geschah, als der XM1 die Erde in einem Viertel der Mondentfernung passierte.
Ferner sprechen Asteroiden den Beginn unser Zeit und Schöpfung an. Sie sind ein Überbleibsel aus der Zeit der Entstehung unseres Sonnensystems vor 4,6 Milliarden Jahren. Die heißen wirbelnden Gase ballten sich erkaltend zu Asteroiden zusammen.
Film: In „Armageddon" – einem Leinwandspektakel von 1998 – ist es ein Asteroid, der den Weltuntergang heraufbeschwört und gerade noch abgewendet werden kann. Allerdings hat diese Rettung der Erde nichts mit der Wirklichkeit und unseren Möglichkeiten zu tun.

Astrologie Symbol der kosmischen Verbundenheit, des alten esoterischen Wissens oder des Aberglaubens und der Abgabe der Selbstverantwortung.
Es kann sich bei diesem Symbol um eine Warnung vor Abgehobenheit handeln.
Zu den einzelnen Bedeutungen der ↗Planeten und ↗Sternzeichen siehe dort.

Astronaut Der Astronaut ist ein moderner Abenteurer und Held, einer, der in neue Bereiche vorstößt. Deshalb kann er als Symbol für Fortschritt dienen (wie in der Propaganda der ehemaligen UdSSR), aber auch auf Bewusstseinserweiterung hindeuten. Jemand will nach den ↗Sternen greifen und sich einen guten Überblick verschaffen – oder will er aus der Welt flüchten?

Astronomie Astronomische Phänomene und Astronomen treten im Traum erstaunlich häufig auf. Sie verweisen darauf, dass der Horizont des Träumers oder Träumerin erweitert werden sollte. Die Astronomie ist oft ein Hinweis auf größere Tiefe oder Weitsicht.

Asyl Ein Asyl bedeutet Armut. Sinnbild der Angst vor Schwierigkeiten und von Verarmungsängsten (siehe auch ↗Bettler, ↗Almosen, ↗Armut, ↗Lumpen). Das Asyl ist ferner der Ausdruck des Andersartigen, Fremden.

@ Dieses Symbol @ (sprich „ät“) ist ein Bestandteil von E-Mail-Adressen. Umgangssprachlich wird es oft „Klammeraffe“ oder „Affenschaukel“ genannt. Es ist zu einer Chiffre der modernen Kommunikation geworden.
@ wurde zuerst von iberischen Kaufleuten als Gewichtseinheit benutzt. @ war die Abkürzung der Gewichtseinheit Arroba (etwa 12 kg), in der Stiere und Wein gemessen wurden. In der Renaissance bedeutete @ so viel wie „zu“, und zwar zwei Brote @ 6 Mark. Im englischsprachigen Bereich wurde @ bei Adressen benutzt, so wie es auch heute in den E-Mail-Adressen auftritt, und war eine Abkürzung für „an“. Der Internetentwickler Ray Tomlinson führte das @ ins Internet ein, um bei E-Mail-Adressen die Person und den für sie zuständigen Internet-Computer (Server) zu unterscheiden. @ als altes kaufmännisches Symbol war nicht mehr gebräuchlich und eignete sich deswegen als Standardsymbol für E-Mail-Adressen. Allerdings gab es anfangs Schwierigkeiten mit diesem Zeichen, da in einigen alten Computersystemen @ benutzt wurde, um die zuletzt geschriebene Zeile zu löschen.

Atem Atem bedeutet Leben. Der Mensch wurde geschaffen, indem Gott einem Lehmklumpen Atem einhauchte (Gen 2.7). Symbol der Lebenskraft (Prana) und des Austausches mit der Umwelt.
Außer Atem zu sein, bedeutet Erschöpfung, ein langer Atem Geduld.
Menschen und Tiere haben durch den Atem gemeinsam Anteil an unserem Universum. Deswegen werden in vielen esoterischen Traditionen Atem und Lebensenergie gleichgesetzt. Atemtechniken führen zum bewussten Austausch mit dem Kosmos.

Athlet Der Athlet ist ein klassisches männliches Sexualsymbol (wie der ↗Held). Er verkörpert männliche Kraft (wie auch der ↗Bär) und Kampfgeist. Beim Bild des Athleten ist das Körperliche sehr betont, das kann so weit gehen, dass eine Anspielung auf Dummheit vorliegt.

Atlantis Atlantis ist ein Symbol für eine untergegangene Welt und Kultur. Dabei fällt auf, dass Atlantis immer für eine bessere, wenn nicht gar ideale Welt steht.
Atlantis wurde mit der frühminoischen Kultur am Ionischen Meer in Verbindung gebracht, aber auch mit den Inseln der mittelatlantischen Schwelle wie Island und mit dem berüchtigten Bermuda-Dreieck. Der schlafende Prophet Edgar Cayce siedelt Atlantis dort an, wo heute Florida und Kuba liegen. Auf jeden Fall ist es auffallend, dass jede Kultur ihre Atlantis-Vorstellung von einem versunkenen Kontinent besitzt. Wahrscheinlich ist damit aus psychologischer Sicht unser Verdrängungsmechanismus gemeint, der ins Außen verlagert wird.
Philosophie: Die erste Erwähnung von Atlantis geht auf Platon zurück, der einen untergegangenen Kontinent Atlantis erwähnt hat.

Atlas Symbol der Orientierung in der Welt. Der Atlas symbolisiert eine Reise und somit die Sehnsucht nach neuen Erfahrungen und Veränderungen, siehe auch ↗Landkarte.
Die Bezeichnung „Atlas" für eine Kartensammlung geht auf Mercators Weltkarten zurück, die er 1595 unter dem Titel „Atlas" veröffentlichte.
Antike: Atlas trägt in der griechischen Mythologie die Welt und personifiziert somit Mühe und Beladenheit.

Atmosphäre Die Atmosphäre prägt die Stimmungen und Gefühle. Die Atmosphäre, die bei einem Ereignis herrscht, ist immer äußerst wichtig für die Deutung, denn sie spiegelt die Stimmung und Einstellung zum Geschehen wider.

Atom Atom heißt unteilbarer Ursprung. Das, aus dem sich alles aufbaut. Es ist die Essenz. Meist assoziiert man allerdings sofort die ↗Atombombe.
Literatur: Bohr, Heisenberg und die gesamte Kopenhagener Schule der Physiker pochten stets darauf, dass man sich das Atom keineswegs materiell vorstellen kann. Sie betonten, dass man sich das Atom nicht einmal optisch verdeutlichen könne. Der britische Schriftsteller Arthur Koestler vergleicht diese Auffassung mit dem ersten Gebot, dass man sich kein Bild von Gott machen soll. Das Atom wird damit zum Unfassbaren und zum reinen „mind", wie es der Schweizer Physiker Wolfgang Pauli ausdrückte.

Atombombe Die Atombombe ist viel mehr als alle anderen ↗Bomben und ↗Waffen zum Symbol der apokalyptischen Zerstörung und damit der Sorge um die Menschheit geworden. Die Atombombe hängt als Sinnbild der Zerstörung sehr stark mit Todes- und Kriegsangst zusammen.

Atomkraftwerk Das Symbol des Atomkraftwerks ist eng mit dem der Strahlung und der Entsorgung radioaktiven Mülls verbunden. Das Atomkraftwerk steht nicht – wie die Industrie das gerne will – für saubere Energieproduktion und Energie im Überfluss, sondern für Gefahr und Krankheit. Das Atomkraftwerk gilt inzwischen als das Symbol einer fehlgeleiteten High-Tech-Gesellschaft.
Das Atomkraftwerk besitzt eine ähnliche Bedeutung wie die ↗Atombombe. Allerdings wird die Bedrohung nicht als dermaßen aggressiv und vernichtend angesehen wie bei der ↗Bombe, sondern eher als schleichend.
In manchen Ländern symbolisiert allerdings auch noch heute das Atomkraftwerk Teilhabe am Fortschritt, Wichtigkeit und Einfluss, zumal Wiederaufbereitungsanlagen die Möglichkeit bieten, ↗Atombomben zu bauen.

Attentat Symbol einer als aussichtslos empfundenen Situation. Es muss unbedingt etwas sterben. Das Attentat hat immer eine politische Dimension; ansonsten zeigt es ähnliche Bedeutungen wie ↗Anschlag, ↗Gewalt und ↗Mord.

Aubergine Die Aubergine tritt bei dem persischen Dichter Attar in seinem Roman „Vogelgespräche" als Todessymbol auf. Da der Scheich von der Aubergine isst, stirbt sein Sohn, wie es ihm vorhergesagt worden war. Die dunkle Farbe prädestiniert die Aubergine als Todessymbol.
Sie kann andererseits als nahrhafte und schmackhafte Frucht auch ein gesundes Leben symbolisieren.

Auferstehung Auferstehung bedeutet Sieg über oder Verdrängung von ↗Tod.
Die Auferstehung ist ein Symbol eines Entwicklungsprozesses. Etwas muss absterben oder abgelegt werden (wie bei ↗Asche, ↗Beerdigung und ↗Phönix). Die Auferstehung symbolisiert einen Neuanfang oder ein zähes Weitermachen.
Auferstehungsmythen sind in der gesamten Welt verbreitet und bilden archetypische Bilder. Der Auferstehungsmythos von Isis und Osiris gibt eine sehr frühe Stufe wieder, wie der verbreitete vorderasiatische Auferstehungsmythos von Adonis, dem Liebhaber der Aphrodite, dem später ↗Gärten gewidmet wurden und eine spezielle ↗Rose.
Christentum: Das Fest der Auferstehung ist das Osterfest, bei dem der Auferstehung von Christus gedacht wird, das aber gleichzeitig als Frühlingsfest auch Reste heidnischer Naturreligion bewahrt hat.

Aufführung Symbol der Öffentlichkeit. Eine Aufführung verweist auf das Ende einer Heimlichkeit, auf Eitelkeit und Oberflächlichkeit. Es muss etwas gezeigt werden oder man setzt sich zu sehr in Szene, macht zu sehr auf „Show" (siehe auch ↗Arena und ↗Amphitheater).

Aufgebot Wenn das Aufgebot öffentlich aushängt, dann wird es ernst mit der ↗Heirat. Das Aufgebot erfordert also ein Stück Preisgabe und den Mut, sich einzulassen. Das Aufgebot ist ferner ein Sinnbild für Konvention und die Suche nach Sicherheit wie ↗Anker, ↗Arche und ↗Familie.

Aufhängen Wird die Wäsche aufgehängt, dann deutet das auf die Reinigung, ein Vorzeigen einer erfolgreichen Reinigung. Meist ist aber nicht diese typisch hausfrauliche Tätigkeit gemeint, sondern das Erhängen: „Hängt ihn auf!", rufen die aufgebrachten Massen und fordern damit eine Hinrichtungsart, die als besonders entehrend gilt (↗Galgen und ↗Henker).

Aufrechter Gang Der aufrechte Gang des Menschen ist ein Symbol seiner Souveränität und seiner Herrschaft. Eine aufrechte Haltung drückt Würde aus, wer sich nicht aufrecht hält, der lebt geduckt, er „buckelt". Durch seinen aufrechten Gang hat der Mensch seine Hände frei, was ihm ermöglicht, ↗Werkzeuge zu benutzen, etwas zu tragen und Objekte zu manipulieren.

Aufregung Aufregung symbolisiert die Spannung zwischen Angst und Lust. Der Gegensatz dazu ist die Langeweile.

Aufruhr Aufruhr bedeutet Widerstand, Veränderung und Dynamik. Der Aufruhr drückt wie das ↗Attentat die Angst vor oder die Erwartung von politischen Wirren aus. Siehe auch ↗Revolution und ↗Terror.

Aufseher Symbol der Ordnung und Disziplin (wie bei ↗Amt). Der Aufseher verkörpert Einschränkung und männliche Autorität, er kann andererseits auch negative Männlichkeit bedeuten. Er drückt Arbeitsdruck und Überwachung aus, hat andererseits auch den Überblick. Eine wichtige Rolle spielt der Aufseher im ↗Gefängnis. Ähnlich auch ↗Wachmann.

Aufstand ↗Aufruhr und ↗Revolution

Aufstieg Aufstieg bedeutet Erfolg durch Mühe. Im übertragenen Sinne gemeint ist oft ein Weiterkommen im Bereich von Geistigkeit oder Spiritualität, siehe auch ↗Leiter und ↗Treppe.

Auftritt Wer auf einer ↗Bühne auftritt, zum Beispiel als ↗Schauspieler, muss sich zeigen. Zum Auftritt gehört Publikum und Öffentlichkeit, womit man sich auseinander setzen muss. Der Auftritt meint oft Erfolgsangst oder eine generelle Angst vor Misserfolg (besonders bei Lampenfieber im Traum).

Aufzug ↗Fahrstuhl

Auge Das Auge ist das hoch entwickelte Organ des Gesichtssinns bei Mensch und Tier. Es ermöglicht durch die Linsen ein Bildsehen und damit die optische Wahrnehmung der Umwelt. Mit dem Ausdruck ihrer Augen übermitteln Menschen Gefühle. Deswegen wurden früher die Augen als ↗Spiegel der Seele bezeichnet. Unsere Augen drücken weitgehend unbewusst unsere Gefühle aus. Angst, Freude und sexuelle Erregung sind an den Augen ablesbar. Die schreckgeweitete Pupille ist ein wohl bekanntes Symbol der Angst, mit dem frühe Kriminalfilme gerne spielten.
Sich länger in die Augen zu sehen, symbolisiert Hass oder Liebe. Die Augen zu senken, wird in allen bekannten Kulturen als Demutsgeste angesehen. Personen – häufig Kinder – kurz anzustarren, soll sie zum Schweigen bringen, und glitzernde Augen bedeuten Verliebtheit und Verehrung. Das Augenzwinkern drückt meist eine geheime Übereinstimmung aus. Es ist ein Zeichen der Zugehörigkeit und kann auch sexuellen Aufforderungscharakter besitzen.
Das Auge wurde seit Urzeiten mit der ↗Sonne verbunden, und so wundert es nicht, wenn Goethe in seiner Farbenlehre vom sonnenhaften Auge ausgeht. Damit steht er in der Tradition der klassisch-griechischen Philosophen, die den Sehvorgang als einen aktiven Vorgang betrachteten, bei dem vom Auge „Lichtmaterie" ausgesandt und wieder empfangen wird. Wenn wir auch keine Lichtpartikel aussenden, so war doch die Vorstellung weit verbreitet, dass die Augen Kraftstrahlen aussenden können. Besonders böse Wesen können mit ihren Augen versteinern oder töten: Hierhin gehört der „böse Blick". Zur Zeit der Inquisition wurde häufig der Angeklagte rückwärts ins Gericht geführt, damit er keinen mit seinem bösen Blick schaden kann. Gegen den bösen Blick halfen auch (zum Teil obszöne) ↗Talismane, da diese den Blick von den Augen des Trägers ablenken und diesem so nicht geschadet werden kann.
Heute stehen die Augen für Wahrnehmung und Wachheit: Man kann die Augen vor etwas verschießen oder die Augen offen halten. Unstete Augen gelten als ein Zeichen innerer Unruhe und Unsicherheit, wenn nicht gar Verschlagenheit: Der kann mir nicht in die Augen blicken.
Die Symbolik der ↗Farben der Augen ist auch für die Deutung wichtig:
„Blaue Augen Himmelsstern, / lieben und poussieren gern. / Braune Augen sind gefährlich, aber in der Liebe ehrlich./ Grüne Augen Froschnatur, / von der Liebe keine Spur."
Psychoanalyse: Das Auge wird von S. Freud und C. G. Jung wegen seiner Form als weibliches Sexualsymbol gedeutet (die Selbstblendung des Ödipus deutet S. Freud als Kastrationssymbol).
So eng mit dem Bewusstsein verbunden, sieht C. G. Jung das Auge als archetypisches Symbol des Selbst. Das kommt dadurch zum Ausdruck, dass beim Sehen bewusste und unbewusste Vorgänge eng miteinander verbunden sind – wie das eben bei allen archetypischen Symbolen der Fall ist.
Christentum: Das Auge Gottes nimmt alles wahr, es wird im Dreieck dargestellt, um auf die Lehre von der Dreieinigkeit Gottes zu verweisen.

Islam: Obwohl man sich im islamischen Bereich vor dem bösen Blick schützt, gilt angestarrt zu werden in der islamischen Symbolik als günstiges Zeichen: Man wird für wichtig gehalten, man ist interessant.

In der arabischen Welt gelten blaue Augen als teuflisch und hässlich.

Literatur: Die Augen der Geliebten leuchten leitmotivisch durch das Werk von Baudelaire. Jean Cocteau betont in einem Gedicht, dass man die Augen der Lebenden so behutsam öffnen muss, wie man die der Toten schließt.

Kunst: In der religiösen und magischen Kunst finden sich oftmals Wesen, die viele Augen besitzen. Dahinter steht die Idee, dass höhere Wesen über uns wachen. Da sie alles sehen müssen, besitzen sie viele Augen. Leonardo da Vinci vertrat die These, dass beim Sehen ein Lichtstrahl ausgesandt wird, der auf das Objekt der Betrachtung fällt. So war für ihn Sehen ein äußerst aktiver Vorgang, bei dem es leicht zu Beeinflussungen des Gesehenen durch den Sehenden kommen konnte.

Film: Der Surrealismus prägte eines der eindringlichsten Bilder des Auges in dem Film „Der andalusische Hund“ (1928), dem einflussreichen Erstlingswerk von Luis Buñuel. In diesem mit Salvador Dalí produzierten Film wird der Schnitt einer Rasierklinge durch ein lebendes Auge gezeigt, was bis heute Kinobesucher tief erregt. Das ist der Schnitt durch das Selbst. Wird das Augc verletzt, ist diese Verletzung des Selbst gemeint. Der Mensch ist aus der Ganzheit gefallen.

Augenarzt Ein Augenarzt befasst sich mit Störungen der Wahrnehmung (↗Arzt).

Wem ein Augenarzt begegnet, der sollte wohl genauer hinschauen und braucht Hilfe bei der objektiven Wahrnehmung.

Augenbinde Seeräubersymbol (↗Pirat) und Symbol für das Nichtsehen.

Antike: Die Augenbinde der Justitia, die ohne Ansehen der Person richtet. Fortuna trägt auch eine Augenbinde, das zeigt, dass sie wahllos ihre Gaben verteilt.

Christentum: Auf manchen Bildern sind dem gemarterten und verspotteten Jesus die Augen verbunden; trotzdem wird auch das Judentum mit verbundenen Augen dargestellt: Weil Juden den Messias nicht sehen wollen.

Augenbrauen Augenbrauen drücken unsere Gefühle aus. Die Augenbrauen hochzuziehen, bedeutet Erstaunen oder auch Skepsis. Wenn man die Augenbrauen nur kurz hochzieht, ist das oft eine Begrüßungsgeste, die häufig mit einem Kopfnicken verbunden wird. Die Augenbrauen schnell und mehrmals hintereinander hoch- und runterzuziehen, ist eine Geste des Scherzes, die Groucho Marx ausgiebig anwandte.

In den zwanziger und dreißiger Jahren des vorigen Jahrhunderts pflegten Frauen ihre Augenbrauen ausgiebig zu zupfen oder ganz zu rasieren. Haarige Augenbrauen galten als männlich und bei Frauen äußerst unerotisch. Die natürlichen Augenbrauen wurden meistens durch einen geschminkten Strich ersetzt. Beim Mann dagegen gelten buschige Augenbrauen oder lange ↗Haare in den Brauen als Zeichen der Weisheit und Würde. Das kann man besonders an chinesischen Darstellungen von Weisen sehen.

Augenoptiker ↗Optiker

Augentropfen Augentropfen gehören zum ↗Augenarzt und verweisen wie dieser auf Wahrnehmungsstörungen, darauf, dass man genauer hinschauen und etwas erkennen soll. Dieses Symbol kann auftreten, wenn jemand in Gefahr gerät, weil er etwas übersieht; siehe auch ↗Tropfen.

August Der August, der nach dem römischen Kaiser Augustus benannt ist, fällt in die Ferienzeit, die Zeit des Ausspannens, der Wärme und Erotik. Ferner tritt der August als ein Symbol der Reife auf, da in diesen Monat auch die Ernte fällt.

Auktion Wer etwas auf einer Auktion ersteigert, möchte etwas von Wert besitzen (meist Kunst oder Antiquitäten). Es handelt sich um eine Art Wettbewerb, einen ↗Kampf um Gegenstände, wie auch der Ausdruck „Bietgefecht" zeigt. Wie bei jedem Kampf muss man geschäftlich aufmerksam und schnell, überlegen sein. Bei der Auktion dreht sich alles um das Haben-Wollen wie auch bei ↗Beute und ↗Brieftasche.
Bedeutsam ist auch, was ersteigert oder versteigert wird und ob jemand den Zuschlag bekommt oder unterliegt.

Aula Als Festsaal der Schule oder anderer Bildungsinstitutionen ist die Aula ein Ort der (beschränkten) Öffentlichkeit und deshalb oft mit Angst vor ↗Auftritten und Bewertet-Werden verbunden. Die Deutung hängt wie bei jedem Auftritt davon ab, wie man sich in der Aula fühlt: Sie kann der Ort einer glänzenden Selbstpräsentation sein, ein Ort der Angst oder der Langeweile.
Literatur: Hermann Kant schrieb seinen hochgelobten Roman „Die Aula", der als Paradebeispiel der Romane des „Bitterfelder Weges" betrachtet wurde (moderner sozialistischer Realismus).

Ausbruch ↗Eruption und ↗Explosion

Auseinandernehmen Auseinandernehmen heißt weniger, kaputt machen, zerstören, sondern sezieren, der Sache auf den Grund gehen. Oft wird ein Schauen nach innen angesprochen, ein Analysieren und Bemühen um Verstehen. Das Auseinandernehmen tritt auch als Symbol auf, wenn jemand zu unreflektiert lebt.

Auseinandersetzung ↗Streit

Ausflug Ausflug bedeutet Freizeit, Erholung, Freude und Ortsveränderung. Der Ausflug ist ein beliebtes Symbol in Zeiten von Krisen oder Stress-Situationen. Dabei bringt der Ausflug selten eine tatsächliche Lösung. Denn das Wichtigste (und manchmal Tragische) bei einem Ausflug ist, dass man wieder heimkehrt. Das Andere, das man bei einem Ausflug erlebt, ist eben immer nur kurzfristig.
Literatur: Thomas Mann schildert in seinem Familienepos „Die Buddenbrooks" einen Ausflug nach Travemünde, der von dem zärtlichen und träumerischen Spielen mit dem weißen Sand geprägt ist. Beim Ausflug ist alles einfach, das Auge verliert sich, man ruht.

Ausgrabung Ausgrabung ist Suche nach Vergangenem, nach dem, was unter der (Erd-)Oberfläche liegt. Im übertragenen Sinne geht es oft um Emotionen (Verschüttetes, Verdrängtes), das wieder bewusst gemacht werden soll. Wichtig ist, was man bei der Ausgrabung entdeckt oder entdecken will, aber nicht finden kann: Das ist häufig ein Symbol für das verschüttete Potenzial. Siehe auch ↗Archäologe und ↗Schatzsucher.
Psychoanalyse: S. Freud sah den Prozess der Psychoanalyse wie eine Ausgrabung an.

Ausland Symbol des Anderen und Fremden, der Konfrontation mit Neuem, auch der Heimatlosigkeit. Heute steht aber meist ganz einfach Reise und Urlaub im Vordergrund, eine Auszeit in einer anderen Welt. Das kann mit einer Flucht aus dem Üblichen oder mit einer Suche nach Neuem zusammenhängen. Psychologisch gesehen steht das Ausland oft für das fremde Land im eigenen Inneren.

Ausländer Wenn es nicht um politische Zusammenhänge geht, vertritt der Ausländer oft das „Alter Ego", die Anteile, die jemandem selbst fremd sind.

Auspuff Auspuff des ↗Autos bedeutet Verschmutzung und Entsorgung zugleich. Der Auspuff lässt den Motor leiser klingen und heißt deswegen im Englischen „Silencer". Doch meist geht es eben um das Geräusch. Spezielle Auspuffanlagen verheißen einen lauten, sportlichen Klang, symbolisieren weniger Sportlichkeit als männliche Kraft und Stärke, ein Aspekt, der durch die phallische Form des Auspuffrohrs noch verstärkt wird.
Mit diesem Symbol wird psychologisch gesehen auch die Entsorgung negativer und giftiger Gedanken angesprochen. Der Auspuff ist dann ein Hinweis darauf, sich mehr um eine positive Geisteshaltung zu bemühen.

Ausrutschen Ausrutschen ist der Ausdruck der Angst, (durch Unaufmerksamkeit) zu Fall zu kommen, oder des Bedürfnisses danach, sich unangepasst zu benehmen, denn man sagt auch, jemand rutscht auf dem glatten Parkett aus. Unfreiwilliges Ausrutschen wirkt auf den Betrachter in der Regel komisch, weshalb es in zahlreichen Slapstick-Einlagen vorkommt.

Aussaat ↗Saat

Aussatz ↗Geschwür, ↗Hautausschlag

Ausschlag ↗Geschwür, ↗Hautausschlag

Aussicht Aussicht symbolisiert Überblick und Bewusstsein. Die Aussicht deutet fast immer auf die Zukunft hin. Die Aussicht tritt oft als ↗Spiegel der persönlichen Identität auf. Das, was jemand sieht, symbolisiert seinen momentanen Zustand.

Aussteigen Aussteigen ist Verlassen des Gewohnten. Man will nicht mehr mitmachen oder etwas nicht mehr in dieser Art machen. Die Symbolik gleicht der ↗Ausfahrt und der ↗Auswanderung. Wichtig ist, woraus man aussteigt und mit welchem Gefühl.

Ausstellung Ausstellung bedeutet Öffentlichkeit, Kultur und Künstlichkeit. Zu Ausstellungen geht der kultivierte Mensch oder der, der als kultivierter Mensch erscheinen will. Wer Werke von sich der Öffentlichkeit präsentiert, will etwas von sich zeigen, er hängt sozusagen ein Stück von sich an die Wand. Die Ausstellung ist dann also ein Sinnbild der Selbstdarstellung wie die ↗Arena und der ↗Auftritt.

Auster Symbol des Luxus und sozialen Aufstiegs. Die Austern drücken den Wunsch nach materiellem Überfluss aus, stellen andererseits auch ein Bild dar der Abkapselung und Isolierung. Die Auster gilt in allen Kulturen als potenzsteigernde Speise. Siehe auch ↗Muschel.
Antike: Die frühen Ägypter verglichen das Universum mit einer Auster.
Die Griechen und Römer sahen Aphrodite/Venus als die Frau schlechthin an, und diese wurde aus der Auster geboren. Die Auster wurde seit dieser Zeit auch stets mit der Fruchtbarkeit verbunden.

Psychoanalyse: Weibliches Sexualsymbol gemäß der klassischen Tiefenpsychologie.

Australien Australien wandelte seine Bedeutung von der Strafkolonie hin zur ↗Wildnis, in der der Mensch sich jenseits von einengenden Konventionen bewähren kann. 1606 wurde wahrscheinlich durch den spanischen Seefahrer Luis Vaez de Torres zum ersten Mal Australien bewusst von einem europäischen Seefahrer wahrgenommen. Aber erst 1642/43 gelang es dem niederländischen Seefahrer Abel J. Tasman, Australien zu umsegeln. Australien bedeutet auch heute noch Pioniergeist und Abenteuer.
Literatur: D. H. Lawrence widmet seinen Roman „Kangaroo" (1923) Australien. Angesichts der Wildnis, die ihn in Australien anzog und beängstigte, träumt er von englischer Idylle. Lawrence charakterisiert in diesem Roman Australien als das Land, das nicht von seinen Siedlern geliebt wird. An anderer Stelle meint er, die australische Wildnis müsse erst mit dem Blut der Menschen fruchtbar gemacht werden.

Auswanderung Auswanderung bedeutet Abbruch und Neuanfang, bei dem meist die Hoffnung überwiegt. Aber auch Angst vor anstehender Neuorientierung kann sich dahinter verbergen oder ein Weglaufen vor einer Krisensituation.

Ausweichen Ausweichen bedeutet Vermeidung von Kontakt – mit einem Menschen oder einer Situation. Mit dem Ausweichen geht man etwas aus dem Weg, man konfrontiert sich nicht. Die Bandbreite geht von feiger Flucht bis zur Klugheit und weisen Vorsicht.

Ausweis Symbol der Persönlichkeit und Identität, ähnlich wie ↗Pass.
Literatur: Bert Brecht vertritt in den „Flüchtlingsgesprächen" die provokante Ansicht, dass der Ausweis mehr als der Mensch wert ist.

Ausziehen Das Ausziehen von Kleidung bedeutet Offenheit, Verletzlichkeit, Ehrlichkeit, Erotik, siehe auch ↗Blöße und ↗Nacktheit.
Das Ausziehen aus einer Wohnung bedeutet Ende und Anfang zugleich. Es weist in der Symbolsprache und im Traum die gleiche Bedeutung auf wie ↗Auswandern, ↗Aussteigen und ↗Ausland.
Analytische Psychologie: Das Ausziehen eines Kleidungsstückes ist nach C. G. Jung immer das Ablegen eines Teiles von sich selbst (siehe ↗Amputation).

Auto Auto ist Freiheit. Auto bedeutet Autonomie, wer ein Auto steuert, bestimmt selbst, wo es langgeht, ganz anders als der Insasse eines Zuges oder eines Flugzeugs – es sei denn, er ist Lokführer oder Flugkapitän. Das Auto ist eines der häufigsten Symbole des modernen Menschen, es wird allmählich zum archetypischen Bild des individuellen Fortkommens, der modernen Mobilität, aber auch der Umweltproblematik.
Das Auto symbolisiert unsere motorische Energie, die auch sexuelle Symbolik besitzen kann. Allerdings ist es nicht die eigene Kraft, die das Auto vorwärtstreibt. Es ist ein Hilfsmittel, also mit einer ↗Krücke zu vergleichen, die die Kraft, die jemandem tatsächlich fehlt, ersetzen oder gar überkompensieren soll. Dann täuscht es (männliche) Kraft und Energie lediglich vor.
Als individuelles Transportmittel ist es heute vielleicht das gängigste Statussymbol. Im modernen Sinne ist es meist ein Symbol des Unterwegsseins und des Unterwegssein-Könnens. Von Bedeutung ist

bei Autos (wie bei allen ↗Verkehrsmitteln) häufig auch die Farbe. Ferner ist darauf zu achten, wer das Auto fährt, wie es gefahren wird und um welche Art von Auto (↗Cabriolet, ↗Geländewagen, ↗Lastwagen, ↗Sportwagen, ↗Bus oder ↗Wohnmobil) es sich handelt.
Psychoanalyse: Nach S. Freud ist während der Analyse das Auto oft Symbol für die Behandlung. Ein schnelles Auto ironisiert nach S. Freud die langsame Analyse.
Analytische Psychologie: Nach C. G. Jung Symbol der Ortsveränderung und des Fortkommens auf dem Individuationsweg.

Autobahn Autobahn heißt Schnelligkeit, Gradlinigkeit, ungestörtes Weiterkommen – manchmal aber auch Umweltzerstörung. Die Autobahn verbildlicht den Weg (Lebensweg?), auf dem man schnell vorankommt. Es stellt sich die Frage, ob man hetzt oder entspannt reist. Allgemeines bei ↗Straße und ↗Weg.

Autofahren Autofahren bedeutet, sich fortzubewegen. Es kommt auf die Art der Fortbewegung an und mit welchem Gefühl man diese Fortbewegung erlebt. Wird die Fahrt als hektische oder als beschauliche Reise empfunden? Kommt man schnell vorwärts, oder hat man gar einen Unfall? Es ist wichtig, ob es sich um Starten, Überholen oder Überholt-Werden handelt. Alles das ist symbolisch auf die Fortbewegung zu beziehen.

Automat Der Automat ist ein klassisches Symbol der langweiligen Alltagsroutine, Unselbständigkeit und Unmenschlichkeit. G. I. Gurdjieff prägte den Begriff des Automatenmenschen (siehe auch ↗Roboter, ↗künstliche Menschen). Dieses Symbol sagt häufig, dass man beseelter und bewusster handeln sollte. In Stress-Situationen tritt der Automat oft als irrealer Traum vom Leben ohne Arbeit auf. Dieses Symbol verweist auf die Erleichterung der Arbeitsroutine, die eine Voraussetzung zur kreativen Arbeit und Selbstständigkeit darstellt. Nimmt man sich selbst als Automat wahr, wird man womöglich auf unbewusst gebliebene Selbstverständlichkeiten und Gewohnheiten aufmerksam gemacht. Man sollte genau beobachten, was im Detail im Symbol gezeigt wird.
Die ersten Automaten wurden in Europa im 18. Jahrhundert hergestellt, ganz zu Beginn der industriellen Revolution. Der Philosoph Jean-Jacques Rousseau war der Erste, der den Begriff des Automaten prägte. Allerdings beschrieb er damit die zunehmenden automatischen Verhaltensweisen von Menschen. Gleich darauf wurde jedoch diese Bedeutung verkehrt und für kleine Maschinen benutzt, die Menschen darstellten. Die ersten Automaten waren Spieluhren, doch bald darauf schuf der Franzose Jacques de Vaucanson einen Flötisten, der zwölf verschiedene Stücke spielen konnte, einen mechanischen Mandolinenspieler und ein Mädchen, das ein Tamburin schlug. Pierre Jacquet-Droz und sein Sohn Henri-Louis schufen derart ausgefeilte Automaten, dass sie auf den ersten Blick fast nicht mehr von wirklichen Menschen zu unterscheiden waren. Diese Automaten werden heute im Museum von Neuchâtel aufbewahrt, das Mary Shelley zwei Jahre, bevor sie ihren Frankenstein-Roman schrieb, besuchte.
Philosophie: In ihrem bahnbrechenden Werk „Anti-Ödipus" beschreiben Deleuze und Guattari den Menschen wie Gurdjieff als Automaten. Er ist eine Organmaschine, ein Automat mit einer Brust-, Mund- und Analmaschine, die alle miteinander verkoppelt sind. Da wir solche Automaten sind, verkommt jeder zum Bastler an sich selbst.

Autor Autor bedeutet Kreativität. Er ist selbstständig, eine Person, die ihr Leben selbst gestaltet. Es ist der kluge Mann oder die kluge Frau – nicht unbedingt der weise Mann oder die weise Frau! Ein guter Autor ist produktiv, jemand, der geistige Werte schafft – aber wegen seiner Beschränkung auf das Geistige gilt er oft auch als lebensfremd: der Autor in seiner verstaubten Studierstube.

Autoreifen Ein Autoreifen stellt den Kontakt zwischen dem ↗Auto und der Fahrbahn, der Erde her. Dieser Kontakt kann bei zu schneller Fahrt verloren gehen, dann fehlt die Erdung, die dann, wenn der Reifen platzt, wieder gewaltsam hergestellt wird. Allgemein steht der Reifen aber wie das Auto für Fortbewegung, Vorankommen.
Breitere Reifen und andere Spezialreifen sollen das Image des Fahrzeugs erhöhen.

Autorenlesung ↗Lesung

Autoritätspersonen Autoritätspersonen verkörpern Macht – und Probleme mit der Macht. Autoritäten drücken verinnerlichte Ansprüche, Erwartungen und Normen der ↗Eltern aus. Autoritätspersonen sind fast immer auf Erfahrungen mit dem ↗Vater zurückzuführen.

Autoschlüssel Der Autoschlüssel ist der Schlüssel zur Bewegung. Seine Bedeutung hängt weitgehend davon ab, welche Bedeutung man dem Symbol ↗Auto gibt.

Autoteile Autoteile kann man nur deuten, wenn man sich klar geworden ist, welche Bedeutung das ↗Auto besitzt. Für eine genauere Deutung ist speziell die Funktion des Zubehörs symbolisch zu betrachten, denn ein ↗Auspuff symbolisiert etwas ganz anderes als eine ↗Antenne (↗Autoreifen, ↗Felge, ↗Spoiler, ↗Steuerrad).

Axt Axt ist Aggression. Seit ihrer Erfindung in der Jungsteinzeit steht sie in der Spannung zwischen nützlichem Arbeitsgerät und furchtbarer Waffe, die den Schädel spalten kann. Die Axt steht für Durchsetzungsvermögen und Machtstreben, wobei man hier oft zu weit geht und sich daneben benimmt („er benimmt sich wie die Axt im Walde“). Das Bild der Axt verweist auch auf das Holzhacken als rhythmische Bewegung des Eindringens und kann so auf eine sexuelle Handlung deuten, die mit Aggression verbunden ist. Es geht hier oft um Grobschlächtigkeit. Ferner hängt die Axt mit dem Fällen der Bäume und der Urbarmachung des Landes zusammen. Es wird der Boden für etwas Neues, Kultiviertes bereitet. Im übertragenen Sinne kann das auch der Intellekt sein, der scharfe Verstand, der analysiert, also zerteilt (ähnlich auch ↗Schwert). Meist aber dürfte der Aspekt der Gewalt im Vordergrund stehen, das rücksichtslose Abhacken.
Die Axt trat früher häufig im Zusammenhang mit Gerechtigkeit und Gerichtsbarkeit auf. Damit wurde auf die Axt des Scharfrichters verwiesen, die schon in den altrömischen Liktorenbündeln dargestellt wird. Die Götter strafen häufig mit dem Blitz, der mit einer Axt verbunden wird, da man mit der Axt Funken schlagen kann.
Psychoanalyse: Wie alle ↗Werkzeuge besitzt die Axt nach S. Freud eine sexuelle Bedeutung, was leicht nachzuvollziehen ist, denn sie dringt phallisch in die Spalte ein, die sie mit rhythmischer Bewegung vergrößert.
Christentum: Berühmt ist der Traum Nebukadnezars in der Bibel, bei dem der König von Babylon sich als Baum sieht, der

dann abgehackt wird und als Baumstumpf jedem Wetter schutzlos ausgesetzt stehen bleibt (Dan 4.7). Hier wird das Gegenbild zum Hochmut des Königs aufgezeigt. Er wird darauf verwiesen, seine Überheblichkeit abzulegen.
In der christlichen Ikonografie ist die Axt das Symbol Josephs, des Mannes von Maria, da dieser ein Zimmermann war.

B

Baby Ein Baby bedeutet zunächst einmal etwas Neues, Unschuldiges. Es weist auf Entwicklung und eventuell auch Erfolg hin. Das Baby kann allerdings wie das ↗Kind auch Kindlichkeit und Unreife verkörpern, die eigene Hilflosigkeit, den Wunsch, mehr umsorgt zu werden. Von hier ist es nur noch ein kleiner Schritt zu dem unter Verliebten üblichen Koseworten wie „my baby, my sugar-baby".

Bach Der Bach symbolisiert das Fließen, das Fließen der Zeit oder der Gefühle. Dabei kommt es darauf an, wie stark die Strömung ist: Der reißende Wildbach ist anders zu deuten als das sanft sich durch Wiesen schlängelnde Flüsschen. Im übertragenen Sinne geht es oft darum, Starrheit zu überwinden und sich vom Strom mittragen zu lassen – wie auch bei ↗Abhang (ähnliche Symbolstruktur bei ↗Fliegen, ↗Schlitten und ↗Fallschirm).
Andererseits gehört der (sanfte) Bach zu unserem Idealbild einer harmonischen Landschaft und verkörpert als solcher die Sehnsucht nach Ruhe und Natur. Bei den hier angesprochenen Bewegungen handelt es sich hauptsächlich um ein Bild für innere Gemütsbewegungen, siehe auch ↗Fluss und ↗Wasser.

Bachstelze ↗Vogel

Backe ↗Wange

Backen Backen ist wie ↗Kochen mit einer Umwandlung verbunden (siehe auch ↗Alchemie und ↗Apotheke). Backen drückt die Sehnsucht nach Häuslichkeit, Gemütlichkeit und Geselligkeit aus (wie auch ↗Abendessen).

Backofen Symbol für Hitze und Triebe. Man brütet etwas aus. Es entwickelt sich etwas. Der Backofen mag auch auf eine romantische Flucht in die so genannte gute alte Zeit hinweisen.
Psychoanalyse: Nach S. Freud weibliches Sexualsymbol, Gebärmutter.
Literatur: Im Märchen von „Hänsel und Gretel" und in der biblischen Erzählung von den Männern im Feuerofen (Dan 3) tritt der Backofen als Folter- und Tötungsinstrument auf.

Backstein ↗Stein

Bad Bad bedeutet Entspannung, Genuss, Pflege. Die nahe liegende Bedeutung von Bad ist Reinigung, im übertragenen Sinne die Reinigung von Verfehlungen und negativen Gedanken, Verhaltensweisen und Taten. Diese Reinigung hängt mit der „Seelenpflege" zusammen. Entspannung und Erholung sind angesprochen, und gleichzeitig ist das Bild des Bades auch mit der Vorstellung des Jungbrunnens verbunden, also mit Erneuerung. Ähnliche Symbolstruktur wie bei Bad finden wir bei ↗Dusche, ↗Sauna und ↗Seife.
Noch bis zur Zeit Ludwig XIV. galt es als unschicklich, sich zu baden. Am Hof des

Sonnenkönigs gab es keine Badevorrichtungen. Seit dem Mittelalter hatte schon die Kirche das Baden verurteilt, da es dem vergänglichen Körper zu viel Aufmerksamkeit schenkt und die öffentlichen Badehäuser als Stätten der Sünde galten. Da Baden mit ↗Nacktheit verbunden ist, schwingt auch heute oft etwas Erotisches mit. Der Mann, der die Frau im Bad beobachtet, ist eine beliebte voyeuristische Fantasie (↗Badezimmer).

Christentum: In vielen Kulten des Orients gab es kultische Reinigungsbäder, auch bei des Essenern, woher vielleicht die Taufhandlungen Johannes des Täufers stammen (Matth 3). Bei den ersten Christen war entsprechend die Taufe auch eher ein Reinigungsbad. Daneben aber gibt es eine Tradition, die das Bad verteufelt. Das beginnt mit dem Bad der Bathseba, durch das sich König David zum Ehebruch und zum Mord verführen ließ (2 Sam 11), und geht über in die Ablehnung der römischen Badesitten und Badehäuser als Stätten der Unzucht.

Badeanzug ↗Badehose

Badehose Allgemein verkörpert die Badehose die Sehnsucht nach Ausspannen, Sommer und Urlaub. Darüber hinaus ist beim Badeanzug und der Badehose besonders auf deren Schnitt zu achten. Er drückt aus, mit welcher erotischen Kraft ihre Trägerin oder ihr Träger charakterisiert ist. Achten Sie darauf, was der Badeanzug und die Badehose verhüllt und was sie nicht verhüllen. Wichtig ist ferner die Farbsymbolik.

Bademantel Der Bademantel verweist auf die Reinigung, ferner ist er so ungefähr das genaue Gegenteil eines korrekten Anzuges, verweist also auf Freizeit, manchmal auch auf Häuslichkeit. Wie bei dem ↗Badeanzug und der ↗Badehose schwingt bei ihm oft etwas Erotisches mit, deshalb ist auch beim Bademantel zu beachten, was er verhüllt und was er enthüllt, welche Farbe er hat und aus welchem Material er besteht.

Badewanne Die Badewanne verweist (wie ↗Dusche, ↗Bad und ↗Sauna) auf eine anstehende Reinigung und Entspannung (↗Wanne, ↗Badezimmer). Psychologisch gesehen muss man sich bei dieser Reinigung in sein Gefühl begeben (↗Wasser).

Kunst: Jean Paul Marat wurde 1793 von Charlotte Corday in der Badewanne ermordet. Diese Szene wurde von dem französischen Maler Jacques-Louis David gleich nach der Ermordung festgehalten. Der deutsche Dramatiker Peter Weiss schrieb sein bekanntestes Drama über diese Ermordung.

Badezimmer Das Badezimmer ist ein intimer Ort der Reinigung. Ferner ist das Badezimmer der erotische Ort, an dem man sich nackt (↗Nacktheit) auszieht – wie im Konsultationszimmer eines ↗Arztes. Weitere Aspekte bei ↗Badewanne.

Bäcker Der Bäcker ist der praktische und schöpferische Mann, der all die schmackhaften und appetitlichen Backwaren schafft, also eine durchweg positive Gestalt. Dazu passt die weiße Kleidung, denn der Bäcker ist der weiße Mann, also der gute und lichte Mann im Gegensatz zum gefürchteten schwarzen Mann. Siehe auch ↗Backen und ↗Kochen.

Bär Im Gegensatz zum ↗Teddybär stellt der Bär in manchen Gegenden noch heute eine reale Gefahr und Bedrohung dar.

Wer sich früher das Bärenfell überzog, der wurde zum Berserker. Er erlebte eine ungeheure Kraftsteigerung und wurde unbändig wild; der Bärentöter, der mit dem Bärenfell seine Wohnung dekorierte, wollte seine Heldentat sichtbar präsentieren.
Mit einem Bären vergleicht man allerdings auch einen starken, dümmlichen, aber gutmütigen Mann (↗Athlet).
Heute ist er häufig ein Symbol des vernachlässigten (aussterbenden) Tierischen. In der modernen Symbolik ist deshalb der Koala-Bär das beliebte Symbol des World Wildlife Funds (WWF). Ganz anders die Symbolik in der Sprache der Börsianer: Hier steht der Bär für fallende, der Bulle hingegen für steigende Aktienkurse.
Die alten subarktischen Völker (zum Beispiel in Sibirien) sehen im Bär den Vorfahren. So wird der Bär respektvoll als „Großvater" oder „guter, alter Mann" bezeichnet. In unserem Kulturbereich wurde er „Meister Petz" genannt, was auch einer Ehrung gleichkam.
Die Werbung, die Comics und die Zeichentrickfilme haben wie die Spielzeugindustrie den gutmütigen, braven und kuschelweichen Bären entdeckt. Der wird verniedlicht und vermenschlicht und so vom gefährlichen Tier zur kultigen Kuschelfigur (↗Teddybär).
Analytische Psychologie: Nach C. G. Jung Symbol des negativen Aspektes der männlichen Stärke.
Antike: Die Anhänger der Artemis nannten sich „arktoi" (Bären). So gilt der Bär seit dem Altertum als mütterliches, erdhaftes Tier, das die weibliche Triebwelt darstellt. Ursula (das bedeutet „Bärlein") ist auch ein schon lange beliebter Frauenname. Auch in der nordischen Mythologie symbolisiert der Bär oft weibliche Eigenschaften.
Literatur: In Heinrich Heines „Atta Troll" ist der Bär eine beleidigte und geschundene Kreatur, die jedoch ihren Stolz bewahrt hat. Der englische romantische Dichter Lord Byron hielt sich einen Bären als Haustier, während er in Camebridge wohnte.

Bagger Der Bagger ist ein Bild der Stärke oder der zerstörerischen Kraft. Man muss etwas aus der Tiefe hervorholen, Fundamente freilegen und nach dem Schatz in der Tiefe graben. Gelegentlich ist der Bagger ein Symbol des Monströsen (wie bei ↗Monster).

Bahn ↗Eisenbahn

Bahndamm ↗Damm

Bahngleis ↗Gleis, ↗Bahnhof

Bahnhof Der Bahnhof ist ein häufiges Symbol. Der Bahnhof steht im Zusammenhang mit Reisen, oft ist hier die Lebensreise angesprochen (siehe ↗Eisenbahn und ↗Zug). Der Bahnhof verweist auf Veränderungen, die auf dem Lebensweg anstehen. Man kommt an oder ist zu einem wichtigen Ziel unterwegs. Der Bahnhof ist also ein geläufiges Symbol für eine Station auf der Lebensreise. Ob der Zug kommt, ob jemand im richtigen Zug ist, ob er umsteigen kann, der Wartesaal: Alle diese Symbole können leicht auf die seelische Befindlichkeit bezogen werden.
Analytische Psychologie: Der Zug ist in der Tiefenpsychologie das Unbewusste, das uns auf den rechten Weg bringen möchte. S. Freud hatte Angst vor Bahnhöfen und Zügen und träumte öfter von ihnen.

Bahnsteig Wie ↗Bahnhof Symbol für Verreisen und Warten.

Bahre Eine Bahre ist weder eine Trage noch eine Liege. Wer auf der Bahre liegt, ist tot – oder doch wenigstens schwer verletzt, hinfällig. Manchmal ist die Bahre Symbol des Ausruhens, besonders häufig in allgemeinen Stress-Situationen. Ferner symbolisiert die Bahre Unterstützung und Hilfe; andererseits auch Angst vor Unfall und Tod.

Bajonett Das Bajonett ist eine dolchartige ↗Waffe für den Nahkampf. Mit dem Bajonett sticht man zu, ähnlich wie mit ↗Degen, ↗Dolch, ↗Säbel, ↗Schwert.
Psychologisch gesehen ist es deshalb ein bekanntes phallisches Symbol und drückt entsprechend aggressive Sexualität oder die Angst davor aus (siehe auch ↗Helm und ↗Abschuss). Beim Mann besteht die Angst meist im Zweifel an seiner Potenz. Bei der Frau drückt das Bajonett ihre Angst vor sexuellen Verletzungen (emotionaler Art) oder die Sehnsucht nach wilder Sexualität und Hingabe aus. In seltenen Fällen ist es ein Entjungferungssymbol.

Bakterien ↗Keim

Balance ↗Gleichgewicht

Baldachin Symbol der Sehnsucht nach großer Würde. Außerdem ist der Baldachin ein verbreitetes Schutzsymbol.

Baldrian Baldrian bedeutet Beruhigung. Der Baldrian ist wohl eines der bekanntesten Hausmittel zur Beruhigung, das speziell bei Schlafstörungen angewandt wird. Er symbolisiert stellvertretend für andere Kräuter die Naturmedizin und insgesamt die Einstellung „zurück zur Natur".

Balken Ein guter Balken ist kräftig genug, etwas zu tragen oder abzustützen. Es ist darauf zu achten, wie stark er ist und was er trägt – oder ist er morsch, kracht es im Gebälk? Immer ist jedenfalls der Bereich Stärke und Unterstützung angesprochen.
Literatur: Nietzsches Schwester berichtet von einem vorausweisenden Traum Nietzsches über den Tod seines geliebten Großvaters. In diesem Traum spielen die zerbrochenen Balken des Hauses seines Großvaters eine zentrale Rolle.

Balkon Wer sich auf den Balkon begibt, bezieht einen höheren Standpunkt. Symbol der Übersicht, des Bewusstseins und der Planung. Es ist bedeutsam, was auf dem Balkon geschieht beziehungsweise wie der Balkon aussieht.
Heute verkörpert für den Städter der Balkon aber auch einfach Freizeit und Ausspannen, den kleinen Urlaub „in Balkonien"; ähnlich auch ↗Terrasse und ↗Veranda.
Psychoanalyse: In der klassischen Psychoanalyse wird der Balkon als Symbol der weiblichen Brust betrachtet (wie auch alles ↗Obst, besonders ↗Apfel und ↗Pfirsich).

Ball Der runde Ball ist ein Symbol des Spiels und der kindlichen Leichtigkeit. Er ist unstet und liegt nie fest auf dem Boden. Deshalb kann man sich als „Spielball des Schicksals" empfinden oder gar als bloßes Objekt, als Opfer derer, die mit jemandem Ball spielen. Weiteres bei ↗Fuß- und ↗Handball.
Der Tanz-Ball heißt Aufregung, Bewährung, gesellschaftliche Anerkennung. Der Ball galt als Ort der Einweihung in die kultivierte Leidenschaft, heute hält man derartige Bälle oft für altmodisch, für ein Zeichen von Steifheit und Rückständigkeit.

Analytische Psychologie: Der runde Ball ist nach C. G. Jung und Erich Neumann ein Ganzheitssymbol und ein Symbol konzentrierter psychischer Energie.
Psychoanalyse: Wird tiefenpsychologisch auf das Erleben der eigenen Sexualität bezogen.

Ballon:
Der kleine Luft-Ballon bedeutet mehr noch als der ↗Ball kindliches Spiel und Leichtigkeit. Er kann wie die ↗Seifenblase allerdings auch leicht platzen.
In der Gondel unter einem großen Ballon kann man sich ganz sanft und leicht in die Luft erheben, schweben (↗Fliegen) und sich einen Überblick verschaffen. Damit hebt sich eine Fahrt mit dem Ballon deutlich vom Flug in einem ↗Flugzeug ab. Der Abenteuer-Charakter, den eine solche Ballonfahrt in der Anfangszeit hatte – der erste bemannte Ballonflug fand am 21.11.1783 in Paris statt und galt als ein ungeheures Ereignis wie später die erste Weltraumfahrt – ist heute weitgehend abhanden gekommen. Heute ist eine Fahrt mit dem Ballon bei schönem Wetter ein Freizeitvergnügen unter anderen.
Trotzdem darf man nicht den Aspekt übersehen, dass bei der Fahrt im Ballon die Erdung verloren geht. Es ist ein Sich-Erheben, ein Abheben – vielleicht ein Symbol für (zu) hochfliegende Ideen oder den Wunsch aufzusteigen (ähnlich wie bei ↗Aristokrat).
Psychoanalyse: Penissymbol nach S. Freud (besonders der Fesselballon: der eingeschränkte Lustausdruck, sexuelle Unterdrückung).

Bambus Bambus bedeutet Exotik, Leichtigkeit, Eleganz.

Banane Die Banane mit ihrer gelben (Sonnen-)Farbe verkörpert die tropische Frucht schlechthin. Daneben ist sie ein allgemein bekanntes Penissymbol, das vor allem die orale Lust symbolisiert.
Als „Affennahrung" verweist sie auf den Mut zum lustvollen Quatsch und ausgelassenen Blödsinn: „alles Banane" (↗Affe).
Nach dem Ersten Weltkrieg war in Deutschland ein amerikanischer Schlager beliebt, in dem es hieß: „Ausgerechnet Bananen / Bananen verlangt sie von mir!"
Banane heißt auch Dritte Welt, Armut und Ausbeutung: Eine „Bananenrepublik" ist ein kleines Land, das vom Bananenexport abhängig und fremden Kapital-Interessen unterworfen ist.

Band Symbol der (Ver-)Bindung und Einengung, wenn mehr der Aspekt „Schnur" im Vordergrund steht, um sich davon zu befreien, muss man „außer Rand und Band geraten". Wer allerdings die Bindung sucht, der versucht, mit jemandem „anzubandeln". Das Band kann auf den roten Faden durchs Leben verweisen wie auch auf die Entwirrung der Lebenssituation (↗Knäuel). Es gibt aber auch Bänder an Fahnen, am Hut oder Kleidern. Gerade das vom Wind bewegte, flatternde Band ist ein Symbol für Leichtigkeit und Lebensfreude.
Ganz anders ist die Symbolik, wenn das Fließband gemeint ist: ein zentrales Symbol für moderne Produktion und gleichförmige, entfremdete Arbeit.
Kleider mit Bändern, die der Modemacher Gucci Ende der 1990er Jahre in der Männermode einführen wollte, zeigen den Mann als einen moderne Version des Kavaliers des 17. Jahrhunderts. Damit wird das kokett Verführerische des Mannes wieder entdeckt, das der bürgerliche Mann seit der französischen Revolution verschmähte. Seit der französischen Revolution symbolisieren nämlich Bänder an der

Kleidung stets die Weiblichkeit – wie auch weitgehend noch heute.
Siehe auch ↗Seil, ↗Strick und ↗Tau mit ähnlicher Bedeutung.

Bandage Symbol der Unterstützung, Hilfe und Sicherheit (wie ↗Apotheke und ↗Arznei). Die Bandage weist auch auf einen Kampf („mit harten Bandagen"), auf Fesselung und auf ein Handicap.

Bandit ↗Räuber

Bandwurm Symbol des Schmarotzens, mitunter auch der Länge.

Banjo Das Banjo lässt Amerika und Cowboy-Romantik assoziieren: Symbol für Fröhlichkeit, Ausgelassenheit und (meist männliche) Freuden jenseits der traditionellen (musikalischen) Kultur.

Bank Die Sitzbank ist ein Symbol des Ausruhens, der Rast und der Beschaulichkeit. Im Gegensatz zum ↗Armsessel oder zur ↗Couch ist die Bank aber hart und einfach. Sie verweist eher auf das einfache, bäuerliche Leben. Wie das bäuerliche Leben überhaupt wird auch das Sitzen auf der harten Bank oft romantisiert – besonders wenn die Bank im Freien steht (Naturromantik) oder es sich um eine Ofenbank handelt (Gemütlichkeit).
Die Farbe und bisweilen auch die Form und das Material der Bank sind von symbolischer Bedeutung. Die „lange Bank", auf die man etwas schiebt, verweist auf Verzögerung.
Kreditinstitut: Bankhallen und Bankgebäude symbolisieren ↗Reichtum und Sicherheit. Geld, das man auf die Bank getragen hat, ist sicher, auch vor Verschwendung. Eine Bank symbolisiert fast immer auch Ansehen, Macht und Energie. Für eine weitere Deutung ist immer auch das Verhältnis zum ↗Geld zu bedenken.

Banker Der Banker und die Bankerin verwalten das ↗Geld der Anleger. Sie genießen ein recht hohes Ansehen. Da nun Geld ein Energiesymbol ist, symbolisieren sie diejenigen Kräfte, die unsere Energien beherrschen.

Bankett Symbol der Nahrung, der Freude und eines gesellschaftlichen Ereignisses. Oft steht das Bankett für den Wunsch nach gesellschaftlichem Aufstieg (ähnlich wie ↗Aristokrat und ↗Ball).

Bankrott Bankrott bedeutet Zahlungsunfähigkeit; wer bankrott ist, hat Schiffbruch erlitten und muss aufgeben. Seine Energie (↗Geld) ist ihm ausgegangen. Der Bankrott zeigt ferner einen Wunsch an nach Offenbarung („Offenbarungseid"); der Aspekt eines Neuanfangs, der auf den Bankrott folgen kann, steht in der Regel nicht im Vordergrund – wer bankrott ist, der liegt am Boden.

Bar Anders als in vielen Ländern denkt man in Deutschland bei dem Begriff Bar nicht einfach an eine Art ↗Café. In Deutschland ist eine Bar entweder ein gehobener Treffpunkt, zum Beispiel im Hotel – oder eine so genannte Nachtbar. Bei Letzterer steht der erotische Aspekt im Vordergrund, ja sogar das Verruchte. Neuerdings entwickelt sich aber auch hier die Bar zum Symbol für Entspannung in gehobener Atmosphäre – wobei das Erotische nie ganz fehlt, es sei denn, die Bar ist leer oder der Besucher bleibt isoliert; dann symbolisiert sie Verlassenheit, Einsamkeit, vergebliche Suche nach Trost.
Literatur: Für Ernest Hemingway war die Bar der Ort der Stimulation.

Kunst: Edward Hopper malte die Bar als einen trostlosen Ort, wohingegen sie bei van Gogh noch einladend wirkt.

Baracke Die symbolische Bedeutung ist weitgehend abhängig von der Nutzung der Baracke. Ferner ist es wichtig, welchen Eindruck die Baracke macht. Immer haftet jedoch der Baracke etwas Ärmliches an. Dient sie als Unterkunft, dann symbolisiert sie in der Regel einen Zustand der Not, auch des Zwangs.

Barett ↗Baskenmütze

Barfuß Wer barfuß geht, ist entweder bettelarm oder naturverbunden. Es handelt sich um ein Symbol der Erdung, der Askese und der Gesundheit. Häufig drückt dieses Symbol auch eine Sehnsucht nach Urlaub aus: „Barfuß am Strand" – Urlaub, nicht eingeschnürt von Konventionen.
Literatur: In der pornographischen Literatur – besonders dem sadomasochistischen Zweig – drücken die barfuß gehenden Mädchen Demut aus; generell hat der nackte (Frauen-)Fuß eine erotische Komponente.

Barhocker ↗Hocker

Barke ↗Schiff

Barometer Das Barometer gibt Auskunft über das Wetter, den Luftdruck. Das ist im übertragenen Sinne oft auf seelische Höhen und Tiefen zu beziehen.

Barriere Barriere bedeutet Widerstand, Absperrung und Aussperrung. Im übertragenen Sinne oft Symbol der Schwierigkeiten im sozialen Kontakt (Gegensatz zum Symbol ↗Gast) oder im Handeln.

Barrikade Wer „auf die Barrikaden geht", der engagiert sich, ereifert sich und leistet Widerstand.
Siehe auch ↗Barriere.

Bart Der Bart ist ein bekanntes Symbol männlicher Kraft und Potenz. Er ist ein Herrschaftssymbol, deutet auf männliche Überlegenheit und Autorität („beim Bart des Propheten"). Manchmal symbolisiert er den weisen Mann und die Weisheit des Alters (Saturn-Symbol), aber auch, dass etwas veraltet ist: „Der Witz hat ja einen Bart", sagt man.
Das Abschneiden des Bartes bedeutet fast immer einen Kraftverlust und (Angst vor) Impotenz. Allerdings gibt es auch eine andere Seite der Bedeutung des Bartabschneidens: Man legt durch das Abschneiden seines Bartes sein Gesicht frei, zeigt sich offen der Umwelt.
In früheren Zeiten galt der Bart geradezu als heilig. Man schwor auf seinen Bart. Auch heute ist noch vielen Bartträgern ihr Bart heilig, gilt als wichtiges Zeichen der Individualität.
Der Boheme stand man einen Bart zu und natürlich den Hippies und all jenen Männern, die Naturverbundenheit plakativ ausdrücken mussten. Rasieren ist ein Zugeständnis an die Weiblichkeit im Mann und eine Absage an aggressives Dominanzverhalten. Rasiert zu sein, ist Ausdruck einer demokratischen, kooperativen Haltung, betonen zeitgenössische Anthropologen. Außerdem wirkt ein rasierter Mann jünger, was in Zeiten des Jugendkults als positiv bewertet wird.
Literatur: Goethe konnte Bärte nicht leiden. Arthur Schopenhauer: „Der Bart sollte, als halbe Maske, polizeilich verboten seyn." Damit stehen Goethe und Schopenhauer in der Tradition des heiligen Wulfstan, der bei seinen Bekehrungen und der

Taufe jedem Mann den Bart abschnitt und ihn aufforderte, sich fürderhin regelmäßig zu rasieren, andernfalls würde er zur Hölle fahren. Der Bart wurde also schon seit etwa 1500 Jahren als Versteck und somit als Ausdruck der Persona betrachtet.

Base ↗Cousine

Baskenmütze Die Baskenmütze entwickelte sich in der Mitte des sechzehnten Jahrhunderts aus dem Barett und wurde ursprünglich hauptsächlich von Fischern der französischen Küste getragen. Außerhalb dieses Gebietes stellt die Baskenmütze in der Mode wie im Traum das Symbol des Bohemiens und Künstlers dar, salonfähig gemacht von Richard Wagner. Sie symbolisiert den – oft frankophilen – Exzentriker. Weiteres bei ↗Kopfbedeckung.

Basketball Für viele Jugendliche mit ihrer Amerikabegeisterung gilt Basketball als der Sport schlechthin. In Europa wird Basketball stets mit den USA verbunden. Es ist Ausdruck der Lebensfreude und der typische Sport der Schwarzen, die heute weitgehend dieses Spiel beherrschen.
Basketball geht auf zwei Wurzeln zurück: Zum einen auf ein kultisches Spiel der Azteken und Mayas und zum anderen auf ein bei den Normannen beliebtes Spiel. Allerdings schuf erst der Kanadier James Naismith 1891 die heutige Form des Basketball, die dann in den USA zu einem großen Geschäft gemacht wurde.

Basketballmütze Sie ist ein Symbol des Jugendlichen und des Sportlichen, der Ausrichtung an amerikanischen Vorbildern. Weiteres bei ↗Kopfbedeckung.

Bass Der Bass – als Bezeichnung der menschlichen Stimme oder als ↗Kontrabass – drückt stets wegen seiner niedrigen Tonlage Männlichkeit aus – und fast immer eine angenehme Männlichkeit. Ferner ist er als ein Ausdruck der ↗Musik mit Harmonie verbunden.

Batterie Batterien sind im Traum wie im Leben Energiespender. Sie stehen für die Quellen unserer Lebenskraft, Inspiration und Freude.

Bau(en) Der Tierbau wie die Gebäude der Menschen sind Orte, die Rückzug ermöglichen, Schutz bieten (↗Höhle). Im übertragenen Sinne symbolisiert der Bau wie das ↗Haus oft den menschlichen Körper oder die persönliche Identität, der Vorgang des Bauens die Entwicklung. Es ist wichtig, auf die Art des Baus zu achten. Siehe auch ↗Maurer.

Bauch Der Bauch ist die ↗Küche des Leibes, der Ort der Umwandlung (siehe ↗Alchemist), aber auch der Lust und des Triebes (Bauchtanz). Der Bauch zeigt oft die Verbindung von Willen und Gefühl an, von unbewussten und bewussten Bedürfnissen.
Wenn man etwas „aus dem Bauch heraus" macht, dann steht man gefühlsmäßig dahinter. Es kommt aus der eigenen Mitte. Der Bauch symbolisiert stets das Zentrum der Persönlichkeit und einer Person. Im Bauch ruht man.
Heute ist der Bauch wichtig für die Attraktivität einer Person: Die vom Jugendkult geprägte gesellschaftliche Norm sieht den Waschbrettbauch als schön an und einen dicken oder schlaffen Bauch meist als hässlich. Ein dicker Bauch verweist traditionell auf Wohlleben, wenn nicht gar Ausschweifung, ein dünner Bauch auf Askese, manchmal auch sexuelle Askese.

Literatur: Paracelsus sagt, jeder hat einen Alchemisten im Bauch, nämlich seinen Magen.

Bauchnabel ↗Nabel

Bauer Der Bauer wird heute meist romantisch idealisiert gesehen und verweist dann auf den Wunsch nach einem natürlichen und einfachen Leben (ähnlich wie bei ↗Acker, ↗Ähre und ↗Bauernhof). Traditionell aber gilt der Bauer als einfacher Mensch, als grob und ungebildet. Er verkörpert dann das, was Karl Marx mit der Arroganz des städtischen Intellektuellen die „Idiotie des Landlebens" genannt hat. Und wenn der Bauer einmal schlau ist, dann ist er eben „bauernschlau", also pfiffig und gewitzt. Im übertragenen Sinne ist bei diesem Symbol oft die persönliche Fruchtbarkeit - in welcher Hinsicht auch immer - angesprochen, denn der Bauer will etwas pflanzen, um es zu ernten.
Literatur: Der adelige russische Autor Leo N. Tolstoj pflegte sich als Bauer zu kleiden, um seine Naturverbundenheit auszudrücken.
Kunst: Die Romantisierung bäuerlichen Lebens zeigt sich in der Beliebtheit der detaillierten Bilder bäuerlichen Lebens des 16. Jahrhunderts von Pieter Breughel dem Älteren, der auch „Bauern-Breughel" genannt wird.

Bauernhof Bauernhof bedeutet Romantik oder harte Arbeit; Symbol einer Wendung zur Natur hin (wie bei ↗Acker, ↗Ähre und ↗Bauer).

Bauhandwerk Über die bei ↗Bau erwähnten Aspekte hinaus symbolisiert das Bauhandwerk letztlich die Arbeit an der Persönlichkeit. Für eine genauere Deutung muss symbolisch betrachtet werden, um welches Handwerk es sich handelt und was dieser ↗Handwerker unternimmt oder unternehmen soll.

Baum Baum bedeutet Erdung. Er ist das geheime Zentrum der ↗Erde und somit des Urgartens. Unter seiner Krone finden nicht nur die Liebenden Erfüllung. Der Baum weist auf unsere Verwurzelung, andererseits auch auf das Wachstum in den geistigen Bereich hinein. Er ist ein verbreitetes Symbol des Schutzes und ein archetypisches Symbol des Lebens (Lebens-, Welten- und Stammbaum) und des Menschseins. In der Erde verwurzelt, reicht die Krone des Baumes wie der menschliche Kopf in den Himmel. Er hat an zwei Welten Anteil: an der alltäglichen Arbeit und Mühe (Erde) und am Geist (Luft, Himmel). Die persönliche Entwicklung und das Wachstum werden angesprochen.
Wegen seiner Langlebigkeit kann der Baum auch auf Beständigkeit hinweisen, Ausprägungen, die viele Generationen übergreifen können.
Er steht außerdem für Naturverbundenheit (wie ↗Acker, ↗Ähre, ↗Bauer), für Freude an und Sorge um die Umwelt.
Zu Bäumen haben wir Menschen häufig eine sehr innige Beziehung. Sie waren nie nur Holzlieferanten, sondern - insbesondere wenn sie in unserer Nähe oder gar im eigenen Garten wachsen - eng mit unseren Gefühlen verbunden.
Die weibliche Natur des Baumes finden wir nicht nur in der Verwurzelung in der Erde und dass der Baum aus der Erde heraus entsteht, sondern auch darin, dass er aus seinem Stamm immer weitere Äste gebiert. Auch das schützende Blätterdach ist eng mit der mütterlich-weiblichen Symbolik verbunden. In diesem können Vögel und andere Lebewesen geschützt und geborgen aufwachsen.

Der männliche Aspekt ist eher mit dem aus der Erde herausragenden Stamm verbunden. Dies trifft vor allem auf Bäume zu, die von ihrer Form her, wie Zypressen oder Pappeln, auf den phallischen Aspekt hinweisen. Die männliche Symbolik wird durch Wörter wie Stammhalter und Stammbaum deutlich.

Wichtig ist, dass man sich den Baum genau ansieht: Trägt der Baum ↗Früchte? In welcher ↗Jahreszeit sieht man ihn? Wie ist der Zustand von ↗Wurzel (Symbol des Wurzelgrundes der Seele), ↗Baumstamm und ↗Krone? Wo steht der Baum und wie steht er dort (allein, kleine Gruppe, im Wald oder Park)? Drohen Bäume umzufallen, könnte dies bedeuten, dass Vorstellungen ins Wanken geraten.

Der Jahreszyklus des Baumes symbolisiert Leben, Tod und Auferstehung.

Weitere Einzelheiten bei ↗Ast, ↗Blatt, ↗Urwald, ↗Wald, ↗Wurzel, ↗Zweig sowie den einzelnen Baumarten von Ahorn bis Zypresse.

Psychoanalyse: Der Baum symbolisiert nach S. Freud das männliche Glied, besonders wenn der ↗Baumstamm im Vordergrund steht.

Antike: Herausragend schöne Bäume oder Bäume mit besonders schönen Früchten wurden mit bunten Bändern geschmückt. Das begann etwa um 500 v. Chr. mit der Unterwerfung Griechenlands durch Dareios I. Ob dieser Brauch ursprünglich aus Persien stammt, ist nicht bekannt. Es ist jedoch wahrscheinlich, dass der Perserkönig diesen Brauch in Griechenland einführte. Der mystische Baum, wie er unter anderem als beherrschendes Symbol der Kabbala dargestellt wird (Sephirot), hat seine Wurzeln im Himmel. Er steht sozusagen Kopf. Das drückt symbolisch aus, dass er seine Nahrung aus dem Himmel, also dem Geistigen bekommt. Im amerikanischen Feminismus wurde der Kopf stehende Baum Sephirot als Symbol männlichen Denkens angesehen, das die Natur vergewaltigt (mit seinem Primat des Geistes).

Christentum: Ein wichtiger Baum in der christlichen Religion ist der Baum der Erkenntnis, von dem Adam und Eva aßen (Gen 3). Sie brachten damit die Erkenntnis in die Welt. Der Baum des Lebens im ↗Paradies ist ein Sinnbild der Auferstehung, und seine Früchte symbolisieren das ewige Heil.

Das ↗Kreuz wird häufig in der christlichen Literatur als (Lebens-)Baum betrachtet, wie auch Bäume als Kreuz betrachtet werden.

Mittelalter: Die Merowinger bestatteten ihre Toten in einem ausgehöhlten Baum. Es war häufig derselbe Baum, der bei ihrer Geburt gepflanzt worden war.

Der Baum wurde in fast allen heidnischen Kulturen verehrt. Er galt als Wohnsitz von Elfen und anderen Geistern. Bekannt ist der Weltenbaum Yggdrasil, den die Nordgermanen verehrten.

Literatur: Thomas Mann sprach vom Baum der Erkenntnis als dem „unkeuschen Baum des Todes".

Baumblüte Baumblüte bedeutet Schönheit. Sie kann ein schönes Mädchen symbolisieren. Sie ist ein Symbol für Glück und Fülle.

Baumstamm Symbol für Sicherheit, Stabilität und Leistungsvermögen (ähnlich wie ↗Familie und ↗Aufgebot). Der Baumstamm besitzt meistens eine negative Bedeutung, wenn der Stamm durch- oder abgesägt wird. Allerdings kann der Aspekt des Holzmachens auch auf Wärme (Nahrung für das eigene innere Feuer) und die eigenen Energien verweisen. Zum phallischen Aspekt siehe ↗Baum.

Baumwolle Baumwolle war lange Zeit das Symbol für die amerikanischen Südstaaten, den so genannten „cotton belt". In diesem Zusammenhang ist Baumwolle mit Sklaverei, aber auch mit großem Reichtum verbunden.
Heute wird die Baumwolle meistens zunächst mit der Wäsche assoziiert. Baumwolle ist ein leicht zu reinigendes, nicht teures Gewebe, das sich gut trägt. In diesem Zusammenhang wird es als Persona-Symbol angesehen. Es ist die Wäsche, die den Menschen macht.
Da Baumwolle eine harte Schale besitzt, die etwas sehr Weiches – die eigentliche Baumwolle – schützt, kann sie in selteneren Fällen den weichen Kern unter einer harten Schale auch im Charakter eines Menschen symbolisieren.

Baustelle Da es um das Errichten eines Gebäudes geht, ist das unter ↗Bau Gesagte zu beachten. Etwas ist im Entstehen, aber es ist noch unfertig. Die Baustelle ist oft Symbol der Lebensplanung, des Existenzaufbaus und der Persönlichkeitsentwicklung.
Eine ganz andere Symbolik hat die Baustelle auf der Autobahn: Hier steht wohl kaum einmal das Unfertige, sich Entwickelnde im Vordergrund, sondern – aus der Perspektive des Autofahrers gesehen – das Hindernis, die Engstelle, das Unterbrechende (↗Stau).

Beamter Symbol des gediegenen, sicheren Mannes, der dem Staat (der Allgemeinheit) dient, wobei besonders auf die Art des Dienens zu achten ist. Ferner steht der Beamte für Erstarrung, Konvention und Sicherheit (wie ↗Anker, ↗Bürgersteig, ↗Elternhaus). Nicht nur in zahlreichen Witzen verkörpert er Langeweile, Faulheit und ein hohes Sicherheitsbedürfnis.

Becher Der Becher symbolisiert das Spendende und das Mysterium (wie auch der ↗Gral), andererseits auch die Lebenslust: Nicht nur, weil Trinken zum Leben gehört, sondern weil er oft alkoholische Getränke enthält („bechern"), nicht so an Luxus und Verfeinerung erinnernd wie ein ↗Glas mit ↗Champagner.
Ein Becher ist ein einfaches Trinkgefäß, besonders wenn er aus Metall besteht, dann deutet er auf Armut. Je nach Zusammenhang kann er auch eine Warnung vor Alkoholismus darstellen.
Auf den Kopf gestellt werden die bis jetzt angeführten Bedeutungen, wenn der Becher ↗Gift enthält.
Analytische Psychologie: Weibliches Sexualsymbol.
Literatur: In Goethes Gedicht „Es war ein König in Thule" steht der Becher für Lebensenergie.

Beelzebub G. I. Gurdjieff breitet seine Lehre in dem Roman „Beelzebubs Erzählungen für seinen Enkel" aus. Beelzebub ist in diesem Fall der kluge Ratgeber.
Siehe auch ↗Teufel.

Beerdigung Beerdigung ist wie das Begräbnis ein häufiges Symbol. Bei der Beerdigung wird von etwas ↗Abschied genommen, meist stehen Trauer und die Erinnerung an den ↗Tod im Vordergrund. Andererseits ist die Beerdigung eine Feier, die zeigt, dass das Leben weitergeht. Dann liegt der Akzent darauf, dass etwas abgeschlossen werden soll, absterben muss, um Neuem Platz zu machen (wie bei ↗Baby und ↗Geburt – dort allerdings mehr die Betonung auf das Neue, das kommt). Ähnliche Symbolstruktur finden wir bei ↗Abtreibung und ↗Amputation.

Beeren Beeren bedeuten frische, natürliche Nahrung. Symbol für Freuden und Genüsse. Der Appetit auf Beeren steht oft für sexuellen Appetit, da viele Beeren und ↗Früchte als Sexualsymbole gedeutet werden können. Einzelheiten bei ↗Blaubeere, ↗Brombeere, ↗Erdbeere, ↗Himbeere, ↗Johannisbeere, ↗Wacholder.
Beeren drücken aber auch ganz einfach eine Sehnsucht nach Gesundheit und Natürlichkeit aus (wie zum Beispiel ↗Bauer und ↗Garten).
Literatur: Auch bei Friedrich Rückert ist die Beere ein Ausdruck sexueller Bedürfnisse und der Sinneslust (zum Beispiel in seinem bekannten Gedicht „Fabel").

Beet ↗Garten

Begräbnis ↗Beerdigung, ↗Leiche

Behälter Wie bei ↗Büchse oder ↗Dose ist der Zustand und der Inhalt des Behälters wichtig. Allgemeines bei ↗Gefäß.
Psychoanalyse: Nach S. Freud ein weibliches Sexualsymbol.
Analytische Psychologie: Bei C. G. Jung das Mysterium.
Antike: Die Büchse der Pandora, die den Menschen geschickt wurde, um alle Übel auf der Welt zu verbreiten, falls sie diese öffnen – und sie wurde natürlich geöffnet.

Behandlungsraum Der Behandlungsraum eines ↗Arztes kann Hoffnung auf Heilung, aber auch Angst vor ↗Krankheit oder Operationen andeuten. Letzteres wird durch die Kälte, die solche Räume oft ausströmen, verstärkt. Andererseits steht das Behandelt-Werden auch für Zuwendung (↗Patient).

Behinderte Menschen Behinderung bedeutet in der Symbolsprache traditionell (und gar nicht politisch korrekt) Minderwertigkeit oder doch wenigstens Eingeschränktheit.
Im Traum ein häufiges Symbol der depressiven Persönlichkeitsanteile des Träumers.

Behörde ↗Amt, ↗Beamter

Beichte Symbol der Entlastung durch Kommunikation und Ehrlichkeit. Man will seine Schuld und seine Schuldgefühle loswerden. Ähnliche Symbolstruktur wie bei ↗Bestrafung, bei der Beichte ist aber stets zu fragen, inwieweit der religiöse Aspekt eine Rolle spielt – das kann so weit gehen, dass die Beichte zum Symbol der Ablehnung der Religion und ihrer Moralvorschriften wird. Außerdem gibt es bei der Beichte immer ein Gegenüber, dem man beichtet: Wer dieser Beichtvater ist und wie verständnisvoll oder verständnislos er sich zeigt, ist auch zu beachten.
Christentum: Die Beichte ist im Katholizismus neben Reue und Buße der entscheidende Schritt zur Sündenvergebung. Ursprünglich fand die Beichte öffentlich statt, erst seit dem 5. Jahrhundert nur vor dem Priester.

Beifall Beifall unterscheidet sich nicht wesentlich vom ↗Applaus.

Beil ↗Axt

Bein Das Bein verweist wie der ↗Fuß auf die Erdung, andererseits auch auf die Fortbewegung aus eigener Kraft (im Gegensatz zu ↗Auto). Aus dem Aspekt der Erdung folgen Redensarten wie „mit beiden Beinen auf der Erde bleiben" ebenso wie „kein Bein auf die Erde kriegen". Heute verblasst ist die Bedeutung, die nur noch in

dem Wort „Gebeine“ enthalten ist, also ↗Knochen oder Skelett. Von da erklären sich Ausdrücke wie „beinhart“ oder „das geht mir durch Mark und Bein“.
Noch nicht verblasst aber ist der erotische Aspekt – „viel Bein zeigen“ ist eine erotisierende Enthüllung. Das weibliche Bein war stets ein Sexualsymbol. Es wurde zeitweise derart sexualisiert, dass selbst der Ausdruck „Bein“ als obszön galt und vermieden wurde. In den zwanziger Jahren des vorigen Jahrhunderts gab es allerdings eine Gegenbewegung, bei der Frauen stolz ihre Beine zeigten.
Die Position der Beine, besonders im Sitzen, kann geradezu als unbewusste Zeichensprache gewertet werden. Offene Beine symbolisieren sexuelle Präsens, geschlossene Beine kommunizieren eine distanzierte, formale Haltung und übereinander geschlagene Beine – eine moderne Körpergeste – charakterisieren eine informelle Situation. Die Etikette verbietet noch heute einer Frau in der Öffentlichkeit, ihre Beine übereinander zu legen, da dies angeblich eine männliche Geste ist. Das geht zurück auf die Zeiten, als Frauen noch ↗Röcke trugen. Verhaltensforscher wie Desmond Morris machen darauf aufmerksam, dass die Art des Überschlagens der Beine äußerst bedeutungsvoll ist, wenn sie auch weitgehend unbewusst eingesetzt wird. In freundschaftlicher Kommunikation (wenn man nebeneinander sitzt) weist das ↗Knie des übergeschlagenen Beins auf den Gesprächspartner, in Konkurrenz- und aggressiven Situationen weist das Knie von ihm weg. Außerdem bedeutet ein enges Übereinanderschlagen der Beine Angst.

Beischlaf Beischlaf ist Verbindung von Gegensätzlichem. Symbol eines Höhepunkts und der Entspannung. Der Beischlaf ist ein Bild der körperlichen ↗Sexualität, das oft auf den Selbstzweck der Sexualität verweist. Es werden sexuelle Lust, Kraft und Stärke angesprochen und zugleich die Herausbildung des Selbst, die nur in der intensivsten Kommunikation mit dem anderen erfolgen kann. Der sexuelle ↗Höhepunkt (↗Gipfel) zeigt uns, wie wir unsere persönliche Kraft und Lust zentrieren und einsetzen.
Siehe auch ↗Analverkehr, ↗Cunnilingus, ↗Fellatio, ↗Fessel, ↗Küssen, ↗Masochismus, ↗Oralverkehr, ↗Sadismus.
Analytische Psychologie: Nach alchemistischer Symbolik und der analytischen Psychologie werden innere Gegensätze hier verbunden und gelöst (Mysterium coniunctionis), weitere Aspekte bei ↗Sexualität.

Beißen Beißen ist ein aggressiver Akt des Eindringens. Beißt ein Tier, durchdringt es die Körpergrenzen eines anderen Tiers. Symbolisch gesehen will es in das Innere des anderen Lebewesens. Das Bild der Öffnung ist hier wichtig. Mit dem Blut, das aus der Bisswunde fließt, kommt das Innere nach außen. Beißt der Mensch in die Speise, ist dies ebenso ein aggressiver Akt, der zeigt, dass Zerstörung notwendig ist, um sich zu ernähren. Die besonders aggressive Form des Beißens finden wir beim Biss des ↗Vampirs, durch den das Opfer ausgesaugt wird.

Bekannte(r) Der Bekannte verkörpert einen sozialen Kontakt, ähnlich wie der ↗Gast und der ↗Begleiter. Dabei fehlt dem Kontakt zu einem Bekannten der Aspekt des Neuen, er ist tendenziell rückwärts gewandt. Wichtig ist das Gefühl, das man dieser Person entgegenbringt: Angst vor Kontakt? Sehnsucht nach Kontakt? Steckenbleiben bei dem Immergleichen, dem schon Bekannten? Freude am Wiederfinden des Bekannten?

Belagerung Symbol der Enge und des Eingeschlossenseins (wie ↗Falle und ↗Käfig), Ausdruck der Kriegsangst (wie zum Beispiel ↗Helm und ↗Panzer), Sinnbild der Unfreiheit, der aufgezwungenen Passivität.

Beleidigung Eine Beleidigung hängt stets mit verletzter Ehre zusammen und führte deswegen in früheren Zeiten zum ↗Duell. Hier spielen Überheblichkeit und Herabsetzung, Angriff und Verachtung eine Rolle.

Bellen Warnung vor Gefahr. Symbol der Aggression. Manchmal spielt der Aspekt hinein, dass der bellende ↗Hund nur lautstark seine Schwäche übertönt: „Hunde, die bellen, beißen nicht."

Benzin Ohne Benzin bleibt der ↗Motor stehen, es handelt sich um ein Symbol für Antrieb und Energie – mag diese nun körperlich oder seelisch sein. Freilich ist Benzin auch leicht entzündlich, explosiv und giftig. Verkörpert deshalb auch etwas Gefährliches, Unnatürliches.

Beobachter Der Beobachter zentriert seine Aufmerksamkeit auf etwas und bleibt selbst dabei passiv. Häufig aber liegt der Schwerpunkt gar nicht auf dieser Passivität, sondern darauf, dass das Beobachten der Tat vorausgeht, es inspiriert zur Tat.
Das Paradox der Beobachtung liegt darin, dass man immer nur das beobachten kann, was man sieht. Man sieht jedoch nur das, was man beobachtet. Weitere Aspekte bei ↗Zuschauer, siehe auch ↗Voyeur.

Berg Der Berg zeigt das Statische und Feste. Er stellt ein Symbol der Erdenergie dar und drückt Schutz und Bewusstsein aus (siehe aber ↗Abhang). Er symbolisiert die Möglichkeit, sich einen Überblick zu verschaffen (wie bei den ↗Vogelsymbolen). Der unten stehende Betrachter kann auch befürchten, dass der mühsame Teil des (Lebens-)Weges ihm bevorsteht (↗Bergbesteigung, ↗Gipfel).
Der Berg ist ferner ein Symbol der Naturromantik und Einsamkeit, der Stadt- und Kulturflucht.
Häufig wird speziell in den Alpen, aber auch im Himalaja angenommen, dass der Berg über das Schicksal der Menschen wacht, die zu seinen Füßen wohnen. So gilt er seit frühesten Zeiten als Wohnsitz der Götter.
Ein besonderer Berg ist der Mount Everest, dessen Gipfel mit seinen 8848 Metern den höchsten Punkt der Erdoberfläche darstellt. Dieser für lange Zeit unbezwingbare Berg gilt heute als Symbol für Kälte und Extrembedingungen, und sein charakteristisches Bild wird deswegen von der Werbung immer dann benutzt, wenn das Thema Kälte angesprochen wird (Doppelfenster und Wärme-Isolation werden besonders im englischsprachigen Bereich unter dem Symbol und Firmennamen Everest vermarktet, wie auch Maschinenöle für besondere Kältesituationen).
Psychoanalyse: Nach S. Freud ist der Berg wie der ↗Fels oft Symbol des männlichen Gliedes.
Christentum: Viele zentrale biblische Ereignisse finden auf einem Berg statt, wo man Gott näher ist. Moses bekommt die Zehn Gebote auf dem Berg überreicht, und Jesus legt einen wichtigen Teil seiner Lehre in der Bergpredigt dar, deren Gedanken viele Literaten wie zum Beispiel Leo N. Tolstoj beeinflussten.
Islam: Zur Pilgerschaft eines Moslems nach Mekka gehört es, dass er dreieinhalb-

mal den Weg vom Berg Safa zum Berg Marwa zu gehen hat. Diese beiden Berge befinden sich in der Umgebung von Mekka.
Mittelalter: Ein wichtiger symbolischer Berg war der Blocksberg, der meist mit dem Brocken (mit 1142 Metern der höchste Berg im Harz) gleichgesetzt wurde. Er bot sich wegen seiner Sümpfe und seines unwirtlichen Klimas als der klassische Hexenberg an. Hier soll es Hexenbrunnen, die Teufelskanzel und gar Gespenster geben. Er wird bis heute als Treffpunkt deutschsprachiger Hexen genutzt. Goethe und Heine bestiegen ihn.
Literatur: Der kaiserliche Hofprediger und Augustinermönch Abraham a Sancta Clara benutzt um 1700 die Besteigung eines Berges als Bild der Ehrsucht seiner Zeitgenossen, die zum Absturz führt. Auch schon der römische Fabeldichter Phädrus verwendet das Bild des Berges, um das Angeben anzuprangern. Bei ihm finden wir den gebärenden Berg, der unter großem Aufwand eine ↗Maus gebiert. Dieses Bild wird zur Zeit der Reformation von dem Ulmer Arzt und damaligen Bestsellerautor Heinrich Steinhöwel aufgenommen und populär gemacht. Seitdem taucht der Berg als Symbol des Hochmuts speziell in der Fabelliteratur immer wieder auf (zum Beispiel bei dem Aufklärer Daniel Stoppe, der die Bildersprache im Kinderbuch sehr beeinflusste, und bei dem berühmten deutschen Fabeldichter Friedrich von Hagedorn).

Bergab Ähnlich wie ↗Abstieg; häufig Ausdruck der Angst davor, nach „unten“ (in das Gefühl, die Sexualität) zu gehen. Wenn es „mit jemandem bergab geht“, dann ist sein Sozialprestige oder seine Kraft gemeint.

Bergauf Im Gegensatz zu ↗bergab assoziieren wir bei bergauf ↗Aufstieg, eine Wendung zum Besseren: „Es geht bergauf.“ Bergauf deutet auf die Mühen des ↗Aufstieges, aber auch das Gelingen einer Sache. Bergauf geht es häufig auch ins Geistige, oder man erhebt sich über die Mühen der Ebene.

Bergbahn ↗Gondel

Bergbesteigung Eine Bergbesteigung ist – je nach Schwierigkeitsgrad – ein Freizeitvergnügen oder eine Extremsportart. Psychologisch gesehen geht es meist um ↗Aufstieg in jeder Hinsicht. So kann die Bergbesteigung für die Annäherung an ein Problem oder das Bezwingen eines Problems stehen. Hindernisse und Mühen auf dem Aufstieg zeigen Schwierigkeiten an.
Literatur: Zur Psychologie der Bergbesteigung findet man detaillierte Ausführungen in Jon Krakauers Roman „In eisige Höhen“.

Bergführer Symbol der Autorität, des Sachverstands und der Umsicht. Der Bergführer steht (wie ein Mentor) für einen Helfer oder Betreuer auf dem Weg zum ↗Gipfel.

Bergkristall Der Bergkristall symbolisiert den Schatz, der im Inneren wächst. Findet man diesen Schatz, bekommt man höchste Klarheit geschenkt, die Reinheit der Seele. Der Bergkristall warnt vor Undurchsichtigkeit, Unzulänglichkeit und Faszination (besonders als ↗Schmuck, siehe ↗Edelstein).
Der Bergkristall kann auch falschen Schein und romantische Verwirrung bedeuten.
Der Bergkristall wird von der Astrologie den Sternzeichen Steinbock und Löwe, auch den Zwillingen zugeordnet. Er gilt seit alters her als ein Stein, der Energien

bündeln kann. So wird er zur Wundheilung eingesetzt, aber auch, um die Qualität des Trinkwassers zu verbessern.

Bergwerk Bergwerk bedeutet schwere Arbeit, Gefahr und – besonders wenn es um Edelsteine oder Edelmetalle geht – auch ↗Schatzsuche, Reichtum. Da es darum geht, ins Innere der Erde einzudringen, steht das Bergwerk auch für die Tiefe der Seele oder des Körpers.
Literatur: In der Literatur der deutschen Romantiker sind Bergwerke ein beliebtes Symbol für die Schätze des Inneren der Erde und des Menschen. E. T. A. Hoffmann nutzte diese Symbolik zum Beispiel in seiner Erzählung „Das Bergwerk zu Falun", auch Novalis studierte unter anderem Bergwissenschaften und setzte sich mit Bergwerken in seinem Entwicklungsroman „Heinrich von Ofterdingen" auseinander.

Bernhardiner Mit diesem Symbol wird über das bei ↗Hund Gesagte hinaus Hilfsbereitschaft und Gutmütigkeit angesprochen.

Bernstein Ein Bernstein weist oft Einschlüsse von Insekten oder anderen Tieren und Pflanzen auf. Deshalb steht er für Versteinerung und Enge und symbolisiert ein eingeschlossenes Leben (wie ↗Belagerung, ↗Falle und ↗Käfig).
Er ist auch ein Symbol der Eitelkeit wie aller ↗Schmuck (zum Beispiel ↗Bergkristall). Für die Astrologie gehört er zu den Sternzeichen Zwilling, Löwe und Jungfrau.
Im Orient glaubt man, der Bernstein könne das innere Wachstum vorantreiben und bei der Meditation helfen. Im Mittelalter benutzte man ihn zur Austreibung von bösen Geistern, und auch heute preist die Edelsteinheilkunde seine positiven Auswirkungen auf das Gemüt („Sonnenstein").

Berührung Berührung bedeutet Nähe. Selbst eine aggressive Berührung bedeutet Nähe, und zwar häufig eine Nähe, die nicht zugelassen wird. Meistens drückt eine Berührung jedoch die Sehnsucht nach einer liebevollen Nähe und Verständnis aus.

Beruf Berufe symbolisieren unsere Fähigkeiten und Fertigkeiten. Für eine genauere Deutung kommt es auf den speziellen Beruf (siehe jeweils dort) an und was seine gesellschaftliche Funktion ist. Der Beruf macht häufig die Identität des Menschen aus.

Beruhigungsmittel Beruhigungsmittel deuten auf (unnötige) Aufregung.

Beschimpfung ↗Streit

Beschneidung Die chirurgische Entfernung der Vorhaut des Mannes ist ein weit verbreitetes, meist religiös motiviertes Ritual, das bei Juden und Muslimen, aber auch von den Völkern Afrikas, des Malaiischen Archipels, Neuguineas, Australiens und der Inseln des Pazifik als Initiationsritual praktiziert wird. Die Beschneidung ist ein bekanntes Kastrationssymbol. Es kann auch mit einem Hinweis auf Überheblichkeit und Selbstüberschätzung verbunden sein.
Antike: Die frühesten Hinweise auf eine Beschneidung stammen aus dem alten Ägypten (2300 v. Chr.), wo die Beschneidung ursprünglich der Kennzeichnung von männlichen Sklaven diente. Zur Zeit der Machtübernahme der Römer in Ägypten (30 v. Chr.) besaß die Beschneidung

eine rituelle Bedeutung, und nur beschnittene Priester durften bestimmte religiöse Ämter ausüben.

Besen Der Besen bedeutet Reinigung, was sich in allen Kehrausbräuchen zeigt, in denen rituell gefegt wird; wer „mit eisernem Besen fegt", greift besonders rücksichtslos durch.
Der Besen ist ferner ein bekanntes Hexensymbol. Er verweist auf den Hexenflug und damit auf die Fähigkeit der Hexen, sich in andere Welten begeben zu können. Damit steht der Besen auch für die Emanzipation der Frau von Heim und Herd. Auf der anderen Seite kann „ein Besen" eine streitsüchtige Frau bedeuten.
Nicht nur für den Psychoanalytiker ist er außerdem ein bekanntes Penissymbol.
Asien: In China herrschte bis ins 19. Jahrhundert der Brauch, keinen Besen im Zimmer eines Sterbenden stehen zu lassen, da sich dieser sonst als langhaariges Gespenst in den Zwischenwelten verirren wird.
Literatur: In Joanne K. Rowlings Harry-Potter-Büchern spielt der Flugbesen eine wesentliche Rolle. Er symbolisiert eine zu meisternde magische Technik.

Besitz Besitz bedeutet Reichtum, der durchaus geistiger Natur sein kann: Dann wird auf Fähigkeiten hingewiesen. Großer Besitz kann jedoch auch vor Gier warnen und Sehnsüchte ausdrücken.

Besteck Das (Ess-)Besteck (↗Gabel, ↗Löffel, ↗Messer) richtet unseren Blick auf das ↗Essen und die Ernährung. Essen hängt mit Aggression zusammen, da bei ihm die Speisen zerkleinert werden. Das Besteck hilft, diesen Zerkleinerungsprozess durchzuführen. Dazu kommt noch die Bedeutung der Zerlegung und damit der Analyse. Besteck bedeutet ferner Kultur, denn ohne Besteck zu essen, ist unkultiviert.
Psychologisch gesehen verweist Silberbesteck auf die Gefühlsqualität, da das Metall ↗Silber dem ↗Mond zugeordnet wird, der als Herrscher unserer Gefühle gilt. Stahlbesteck deutet auf Härte hin, Plastikbesteck auf Vergänglichkeit.

Bestie Die Bestie ist das Furcht erregende, wilde Tier. Psychologisch gesehen symbolisiert sie die tierische Seite unseres Schattens, die – da sie nicht angenommen wird – sich uns gegenüber zerstörerisch verhält. Mit diesem Symbol wird der Blick auf den Umgang mit unseren Trieben gelenkt.
Literatur: Die Schöne und die Bestie ist ein nicht endendes Thema speziell in der Horrorliteratur, das von Victor Hugos „Der Glöckner von Notre Dame" inspiriert ist.

Bestrafung Dieses Symbol weist häufig auf moralische Probleme (ähnliche wie bei ↗Beichte). Hier kann die Aufgabe angesprochen sein, jemanden zur Rechenschaft zu ziehen oder verzeihen zu können.

Besuch Besuch bedeutet Kontakt, Kommunikation und Nähe. Ein Besuch verweist auf Veränderung, Entwicklung, Übergangsstadium oder Einsamkeit. Meistens drückt sich in diesem Symbol Sehnsucht nach oder ein Überfluss an sozialem Kontakt aus (wie bei ↗Bekannte).

Betäubung Betäubung bedeutet Bewusstseinsschwäche. Diese Bewusstseinsschwäche wird oft durch äußerliche Mittel erzeugt, wie zum Beispiel bei der Anästhesie und beim Drogengebrauch. Symbolisch weist die Betäubung immer auf eine Verminderung des Bewusstseins hin, sei es nun auf eine Unaufmerksamkeit oder auf fehlende Konzentration. Oft ist damit eine Aufforderung verbunden, wacher und aufmerksamer durchs Leben zu gehen.

Beten Beten ist das Sprechen mit einer Gottheit. Es wird unsere Verbindung mit etwas Höherem angesprochen. Da sich eine solche Verbindung aber oft nicht ergibt, ist Beten (vor allem im Traum) auch ein Symbol der Vereinsamung und eines Schutzbedürfnisses; siehe auch ↗Gebet.

Beton Beton ist Härte; Symbol der Unnachgiebigkeit und Gefühllosigkeit („ein Betonkopf sein"). Beton deutet auf Verhärtungen hin, wobei besonders zu beachten ist, wie diese Verhärtungen genauer beschrieben werden. Wo etwas verhärtet ist, da ist es höchste Zeit, etwas zu ändern. Auch werden mit diesem Symbol Hässlichkeit und Abschirmung angesprochen, denn Beton gilt als hässlicher moderner Baustoff (↗Zement).

Betrug Beim Betrug wird etwas Falsches vermittelt. Das ist zentral für die Symbolik, denn der Betrug setzt stets einen Unwissenden oder Getäuschten und einen Wissenden und bewusst Täuschenden voraus. So verweist der Betrug darauf, zwischen Sein und Schein genauer zu unterscheiden. Ferner verweist das Symbol Betrug auch oft auf sexuelle Hemmungen. Es kann Ausdruck einer allgemeinen Lebensangst sein, bei der man seiner Umwelt nicht traut und unberechtigterweise allerorten Betrügereien vermutet.

Bett Das Bett ist Symbol der Regeneration und Ruhe (↗Schlaf), der Sexualität, aber auch der Krankheit und des Todes.
Das Bett zeigt manchmal die Sehnsucht nach (häuslichem) Glück und Ruhe.
Analytische Psychologie: Nach C. G. Jung ist das Bett immer ein Ort des Schutzes und der Pflege. Es ist auch ein Symbol für den Schlaf und die Unbewusstheit. C. G. Jung betont, dass das Bett der Entstehungsort der Kinder und die Stätte des Sterbens ist – somit Sinnbild des ewigen Kreislaufes.
Asien: Im „I Ging" steht das Bett für die intime Situation (siehe dort das Zeichen 23).
Literatur: Für Marcel Proust galt das Bett als Ort der Inspiration. Er schrieb im Bett und in einem schalldichten Zimmer, worauf auch der kluge Proust-Film „Die wiedergefundene Zeit" (2001) von Raúl Ruiz anspielt.

Bettdecke Schutz vor Kälte (des Lebens, des Gefühls) wie ↗Decke. Es ist wichtig, mit wer mit wem „unter einer Decke steckt".

Bettlaken ↗Laken

Bettler Bettler bedeutet die unterste Stufe der gesellschaftlichen Hierarchie. Er ist ein Symbol der Härte des Existenzkampfes, des Minderwertigkeitsgefühls und der Verarmung(sangst). Er bettelt um etwas, muss sich also erniedrigen. Bettler steht auch für Loslassen, Selbstgenügsamkeit und Weltverachtung, ein Aspekt, der bei den Bettelmönchen eine große Rolle spielte.
Literatur: In dem Gedicht „Der Bettler" von Christian Fürchtegott Gellert wird der Bettler als Bild für die „lobgierigen" Schmeichler benutzt, die um unseren Beifall flehen.

Beule Eine Beule weist auf einen Schlag hin. Sie ist meistens dessen Auswirkung und stellt eine Beschädigung oder Verletzung dar. Sie ist ein Symbol eines kleineren

Unfalls oder Missgeschicks. In seltenen Fällen ist sie der Ausdruck einer Krankheit.

Beute Beute ist etwas Geraubtes, ein gestohlenes Gut, das einem nicht gehört. Man erlangt etwas durch eigene Mühe und Anstrengung, wenn auch mit negativem Einschlag. Verweist auf das unbedingte Haben-Wollen (wie auch ↗Auktion, ↗Börse und ↗Brieftasche), außerdem auf den ↗Raub.

Beutel Wichtig ist, was sich in dem Beutel befindet. Ein praller Beutel bedeutet Reichtum, Haben-Wollen und Egozentrik, ein leerer Beutel auch innere Leere (siehe aber auch ↗Bettler). Die Farbe und das Material des Beutels sind wichtig.
Christentum: Hier steht auch das Haben-Wollen im Vordergrund, denn der Beutel ist das Attribut des Judas Ischariot, des Schatzmeisters der zwölf Apostel, der Jesus gegen Geld verraten hat (Matth 26.14-16) und des Simon Magus, der dem Petrus die göttlichen (Heil-)Kräfte abkaufen wollte (Apg 8.18–25)

Bewerbung Mit der Bewerbung bemüht man sich um etwas, das man nicht so leicht bekommt.

Bewusstlosigkeit ↗Betäubung

Bezahlen ↗Zahlung, ↗Geld

Beziehung Beziehung bedeutet Nähe. Beziehungen weisen oft auf innerpsychische Zusammenhänge hin, die man als Verhältnis einzelner Persönlichkeitsteile untereinander ansehen kann.
Literatur: Der israelische Autor Yoram Kaniuk beschreibt in „Der letzte Jude“ Beziehungen äußerst kritisch als „separates Zusammenleben“ und als ein Leben „in geregelter Feindschaft“.

Bibel Die Bibel bedeutet das Wort Gottes, also höhere Einsichten. Kann auch symbolisch für die ganze Religion stehen.

Biber Als Nagetier symbolisiert der Biber alle die Sorgen, die an uns nagen. Außerdem ist er für seinen Dammbau berühmt. Damit wird auf einen Energiestau verwiesen.

Bibliothek Bibliothek steht für die Welt des ↗Buches und damit des (alten) Wissens. Wie ein Museum versammelt die Bibliothek das Vergangene. Ihr haftet deshalb oft etwas Verstaubtes und Unlebendiges an, sie ist der Ort, wo man sich in Büchern vergraben kann. Dieses Symbol fordert oft zur ganzheitlichen Bildung und der Entwicklung der Persönlichkeit auf, als Statussymbol soll die eigene Bibliothek Wissen und Bildung verdeutlichen.
Islam: In der blumigen Sprache des Islam wurden die Bibliotheken als Obsthaine bezeichnet. Das Wissen der Bücher ist das Obst.
In Kairo gab es im Mittelalter die wichtigsten Buchhandlungen und Bibliotheken der damaligen Welt. Die Bibliothek in der Al-Aziz-Moschee umfasste über 1,5 Millionen Werke im 10. Jahrhundert. Am Ende des 10. Jahrhunderts wurde in Kairo eine zweite Bibliothek von Al-Hakim gestiftet, die etwa 60 000 Werke besaß und zwei Globen.
Literatur: In Umberto Ecos „Der Name der Rose“ spielt die Bibliothek die Rolle des gefährlichen ↗Labyrinths und des zu unterdrückenden Wissens. Ähnlich wie Eco sieht Borges die Bibliothek („Die Bibliothek von Babel“) als ein labyrinthisches ↗Universum an. Für ihn existiert dieses Universum seit Ewigkeiten, und der Mensch ist nur ein unvollkommener Bibliothekar, dem sich die Rätsel dieser Bibliothek nie vollständig lösen. Bei Tho-

mas Bernhard („Der Stimmenimitator") erhängt sich der Bibliothekar der Universitätsbibliothek Salzburg nach 22 Dienstjahren, da er es nicht mehr ertragen kann, Bücher zu ordnen und auszuleihen, die Unheil anrichten.

Biene Die Biene ist ein Symbol für einen emsigen und arbeitsamen Menschen. Wie oft bei ↗Insekten steht die Biene für positive soziale Eigenschaften und den Wunsch nach Persönlichkeitsentfaltung. Mit der Biene ist auch der ↗Honig angesprochen, die süße Nahrung. Sie hat aber auch einen gefährlichen ↗Stachel, gilt also trotz ihrer Kleinheit als bedrohlich. Der Stachel ist sicherlich auch der Grund dafür, dass in manchen Blues-Songs die (weibliche) Biene zum Symbol männlicher Sexualität wird (↗Bienenstich).
Islam: Die Biene wird in der 16. Sure des Korans gelobt, denn sie nahm die Inspiration Gottes zum Bau der Waben und Produktion des Honigs auf. Wer von einer Biene träumt, den macht diese auf seine positiven Eigenschaften aufmerksam. Er wird darauf verwiesen, wie man durch Gottes Inspiration seinen Naturzustand veredelt. Ferner verkörpert die Biene das Heer im Islam (da sie nach islamischer Überlieferung Ali im Kampf geholfen haben soll).
Die Bienenkönigin galt bis ins 17. Jahrhundert hinein als erfolgreiche Heerführerin.
Literatur: In Homers „Ilias" wird der Schwarm der Bienen als Bild für anrückende Heere benutzt. Der Bienenstaat steht in der Parabel „Die Ordnungsbiene" des sozialistischen Dichters Friedrich Wolf für eine absurd überinstitutionalisierte Gesellschaft.
Zu Beginn von E. W. Heines historischem Roman „Der Flug des Feuervogels" werden (wie oft im Mittelalter) die Bienen als Waffe eingesetzt.
Bei Kindern ist die Comic-Figur der Biene Maja beliebt. Sie wurde vom ZDF Waldemar Bonsels Roman „Die Biene Maja und ihre Abenteuer" (1912) nachempfunden und seit 1976 massenhaft vermarktet (erste massive Merchandising-Kampagne in Deutschland). Eine große Zahl von Produkten warb während des „Biene-Maja-Fiebers" der 1970er Jahre in Deutschland mit dieser Comic-Figur. Die Biene Maja ist die abgefallene Biene, die nicht mehr im Bienenstaat arbeiten möchte, sondern in die Welt hinauszieht. Somit stellt sie ein Symbol der Befreiung dar.

Bienenkorb Im christlichen Mittelalter war der Bienenkorb ein Symbol des rechten Lebens in einer perfekten Gemeinschaft, von daher auch Symbol für die wahre christliche Gemeinde. Diese Bedeutung ist aber heute völlig verblasst. Wenn wir heute sagen, „es geht zu wie im Bienenkorb", dann meinen wir die (eher chaotische) Geschäftigkeit und Emsigkeit.

Bienenstich Sinnbild des Sexualverkehrs. Aggressions- und Todessymbol. Siehe auch ↗Stachel.
Schon die Griechen und Römer deuteten den Stich einer Biene im Traum eines Mädchens als Verliebtheit und Sehnsucht nach Entjungferung.

Bier Fröhlichkeit, Geselligkeit und Vernebelung, ein eher betäubender Rausch, der auch zu dumpfer Aggressivität führen kann. Bier wird häufig mit Bayern verbunden. Gilt unter den verschiedenen Arten von ↗Alkohol als eher proletarisches Getränk.

Bild Ein Bild, das an der Wand hängt, bedeutet Kunst und Kultur, Bildung und Besitz, besonders wenn es sich um großfor-

matige ↗Gemälde handelt. Natürlich ist das Motiv der Bilder wichtig und sollte selbst symbolisch gedeutet werden. Eigentlich verweist das Bild auf Unterschiede zur Realität: Es kann beschönigen, einen Traum verkörpern oder verzerren. In der Mediengesellschaft aber erzeugt das Bild zunehmend selbst Wirklichkeit. Man sucht und findet in den Medien die Bilder, an denen man sich ausrichtet. Bilder sind Ideologieträger und tückische Gebilde hinterhältiger Täuschung.
Die ältesten Bilder stellen Jagdwild oder in erotischer Weise Frauen dar. Das Bild wurde als Beschwörungsobjekt für die Manipulation der abgebildeten Wirklichkeit verwendet – ein Aspekt, der im Bereich der Magie noch eine Rolle spielt.

Bildhauer Symbol der Kreativität und der Gestaltung des Harten trotz großer Widerstände. Die Bildhauerei bedeutet Kunst und somit Schönheit, andererseits auch Künstlichkeit.
Der Bildhauer arbeitet daran, zum Kern einer Sache (psychologisch gesehen: zum Selbst) vorzustoßen und das Wesentliche herauszuarbeiten, siehe auch ↗Denkmal, ↗Skulptur und ↗Statue.

Bildschirm Der Bildschirm spielt beim ↗Fernsehen und der Arbeit mit dem ↗Computer eine Rolle. Gerade der Computerbildschirm ist zum Sinnbild der modernen (Büro-)Arbeitswelt geworden. Er wird mit Ausstrahlung verbunden und mit einer Abwendung von der lebendigen Realität, die der, der immer „vor dem Bildschirm hockt“, nicht mehr wahrnimmt.

Billard Billard symbolisiert den Weg zum Erfolg, allerdings nicht den geradlinigen, sondern den um mehrere Ecken herum. Billard steht für Spiel und Erholung (siehe auch ↗Ball). Das Vermögen, etwas anzustoßen (in Gang zu bringen) und Impulse zu geben, also die Zeugungskraft, wird angesprochen.
Billard gilt auch als inspirierendes Spiel. Mozart komponierte beim Billardspielen.
Literatur: Berühmt wurde Heinrich Bölls Nachkriegsroman „Billard um halbzehn“ (1959), der die Geschichte dreier Generationen einer rheinischen Architektenfamilie beschreibt. Er umfasst den Zeitraum von 1907 bis 1958.

Binse Symbol der Ausdauer und der Widerstandskraft. Tritt auch als Symbol vergeblicher Bemühungen auf („in die Binsen gehen“ – Binsen wachsen im Wasser, was ins Wasser geht, ist verloren). Bekannt ist die Wendung „Binsenwahrheit“ für eine Wahrheit, die jedem geläufig ist, weil Binsen ein billiges und überall anzutreffendes Material waren.

Birke Symbol eines jungen, schlanken Mädchens. Die Birke bedeutet ferner Genügsamkeit, da sie teilweise die Baumgrenze bildet. Sie verbindet ↗Schwarz und ↗Weiß in der Färbung von Borke und Rinde, somit wird auf die Verbindung der Gegensätze verwiesen.
Mittelalter: Zauberschutz gegen Hexen und böse Geister.

Birnbaum Der Birnbaum ist schon seit der Jungsteinzeit bekannt. Er gilt als ein Symbol des langen Lebens, da ein Birnbaum sehr alt werden kann. Siehe auch ↗Baum und ↗Birne.
Christentum: Der Birnbaum ist ein Mariensymbol wegen seiner makellos weißen Blüte. In der im Hochmittelalter verbreiteten Allegorie von Hugo von Trimberg symbolisiert der Birnbaum die Urmutter und somit Maria.

Literatur: Berühmt ist der Birnbaum des Herrn Ribbeck zu Ribbeck (bei Berlin), in dessen Garten ein Birnbaum stand. Dieser Baum symbolisiert in dem Gedicht von Theodor Fontane Kinderfreundlichkeit und Freigiebigkeit. Der Herr Ribbeck ist übrigens eine historische Person.

Birne Die Birne ist ein weibliches Sexualsymbol, da ihre Form dem früheren Ideal einer fruchtbaren Frau entspricht. Es gibt alte Kupferstiche, auf denen ein Paar dargestellt ist, das Birnen pflückt: Das ist eine erotische Anspielung ähnlich wie bei ↗Apfel. Umgangssprachlich bezeichnet die Birne auch den menschlichen Kopf: „Eine weiche Birne haben" heißt dann, dumm, beschränkt sein.
Antike: Die Birne ist eine Frucht, die schon seit der Jungsteinzeit bekannt ist und bei Homer erwähnt wird. Sie gilt als Attribut der Göttinnen Hera und Aphrodite und symbolisiert deren weibliche Kraft und Schönheit.

Birne (Glühbirne) ↗Glühbirne

Bischof Der Bischof ist ein religiöser Führer und deshalb ein Männlichkeits- und Autoritätssymbol wie ↗Papst, ↗Vater und Weiser (↗Weise), allerdings wird speziell die vergeistigte Form der Männlichkeit angesprochen. Für die Deutung ist die jeweilige Stellung zu Religion und Kirche mit in Betracht zu ziehen.

Biss ↗Beißen

Biss(en) Der Biss symbolisiert stets eine aggressive Handlung. Wenn ein Redner Biss hat, geht er scharf und angriffslustig sein Thema an. Ein Biss eines Tieres verweist auf ein gewaltsames Eindringen. Das Symbol Biss kann auch darauf zu beziehen sein, dass man seine Abkapselung aufgeben und sich öffnen sollte. Etwas Äußeres will aufgenommen werden, das kann eine Einsicht oder eine Situation sein, die man akzeptieren sollte.
Mittelalter: Im Mittelalter gab es den uns heute sehr fraglich erscheinenden Brauch des „Probebissens": Um die Wahrheit einer Aussage zu prüfen, steckte man dem Angeklagten ein großes Stück hartes Brot oder Käse in den Mund. Konnte er den Bissen runterschlucken, dann galt er als unschuldig.
Literatur: In Friedrich Nietzsches „Also sprach Zarathustra" ist es der Biss der Schlange, der den Weisen aus seinem Schlaf weckt, wofür dieser ihr dankbar ist. Er ist also das Ereignis, das uns vom Unbewussten ins Bewusste führt. Der Schlangenbiss hilft Zarathustra, seinen Weg weiterzugehen.

Bitter Der bittere Geschmack gilt als abscheulich. Er wird am meisten von allen Geschmacksrichtungen abgelehnt. Das liegt daran, dass sich giftige Pflanzen oft mit bitterem Geschmack schützen.

Blässe Symbol für Angst, Krankheit oder Blasiertheit. Bis weit ins 19. Jahrhundert hinein drückte die Blässe Vornehmheit aus. Sie zeigte, dass man nicht im Freien arbeiten musste.

Blase Eine Blase auf der Haut ist die Reaktion auf eine Verbrennung. Das bedeutet symbolisch, dass etwas „zu heiß" geworden ist. Das heißt auch, dass man zu wenig Sensibilität oder Aufmerksamkeit besessen hat, um sich zu schützen. Da die ↗Haut mit der Abgrenzung von der Außenwelt verbunden ist, zeigt die Blase in der Symbolwelt, dass man sich auf etwas zu sehr eingelassen hat. Außerdem ist die Blase ein Makel der Schönheit.

Ferner weist die Blase auf eine Einengung, da man Blasen zum Beispiel am Fuß durch zu enge Schuhe bekommt.

Blasebalg Der Blasebalg, mit dem man das Feuer anfacht, steht für die Anfeuerung der Triebkraft und der Energien. Man braucht mehr „Feuer“. Bilder des Blasebalgs, mit dem man ein Boot oder eine Luftmatratze aufpumpt, sollen zum Beispiel in der Werbung Camping-Atmosphäre evozieren und an Urlaub erinnern.

Blasen Meist geht es darum, etwas wegzublasen; Kindern sagt man, man brauche nur auf eine schmerzende Stelle zu blasen, und schon sei der Schmerz „wie weggeblasen“.
Blasen besitzt auch eine sexuelle Bedeutung. Es verweist auf ↗orale Sexualität, auf die ↗Fellatio, was damit zusammenhängt, dass der Penis mit einer ↗Flöte gleichgesetzt wird.
Christentum: Nach jüdisch-christlicher Auffassung schuf Gott den ersten Menschen aus einem Klumpen ↗Lehm und blies ihn dann den Lebenshauch ein (Gen 2.7), eine ähnliche Vorstellung taucht auch im Johannes-Evangelium auf (Joh 20.22). Dieses Einblasen des Geistes geht dann in der Spätantike auch in den christlichen Taufritus über. Dahinter steht die überall anzutreffende Vorstellung, Götter oder Dämonen könnten durch Einblasen ihren Geist oder Willen auf Menschen übertragen. Ins Negative gewendet heißt das, dass es auch Menschen gibt, die anderen Menschen Krankheiten oder Ähnliches „anblasen“ können.

Blasinstrument Alle Blasinstrumente sind ein Symbol für ↗Musik, Entspannung und Kunstgenuss. Meist findet man hier eine große Kraft ausgedrückt. Produziert das Instrument einen überlauten oder schiefen Ton, dann kann das Instrument auch schon einmal einen inneren Aufschrei symbolisieren. Außerdem kann jedes Blasinstrument auch als Sexualsymbol auftreten.
Psychoanalyse: Penissymbol.
Weitere Aspekte siehe bei den einzelnen Blasinstrumenten

Blatt Ein welkes Pflanzen-Blatt steht immer für Absterben, Sorgen, ein grünes Blatt für Lebensenergie, natürliche Energie und Wachstum, herabfallende, braune Blätter für ↗Herbst und alles, was damit verbunden ist. Wankelmütigkeit und fehlender Wille werden durch das treibende Blatt im Wind ausgedrückt. Man ist einem Wandel unterworfen oder kann sich ↗fallen lassen wie das Blatt (ähnlich wie ↗Abhang und teilweise ↗Fallschirm, nur spielerischer).
Das leere Blatt ↗Papier kann Angst auslösen, wenn man vor dem Zwang steht, es füllen zu müssen, oder wenn man darauf eine Nachricht erwartet, es aber unbeschrieben vorfindet. Wer „ein unbeschriebenes Blatt“ ist, ist unerfahren, über den weiß man noch nichts, und wer „kein Blatt vor den Mund nimmt“, der redet frei heraus. Oft steht das Blatt für einen Wissensspeicher wie das ↗Buch. Im Ausdruck „das Blatt wendet sich“ wird die unvorhersehbare Veränderung einer Situation angesprochen.

Blau Blau bedeutet Höhe und Tiefe zugleich. Blau ist die beliebteste Farbe der Mitteleuropäer. Jeder Vierte bezeichnet sie als seine Lieblingsfarbe. Blau verkleinert optisch und war dennoch am Ende der 1990er Jahre die beliebteste Autofarbe.
Blau weist auf Treue und tiefe Gefühle hin, andererseits auch auf den Wunsch nach Entspannung. Es gilt als die Symbolfarbe

der Seele, da Blau die Tiefe des ↗Meeres und die Höhe des ↗Himmels ausdrückt. Es steht für das Unbewusste. Es drückt Ferne, Weite und Unendlichkeit aus. Das reine, klare ↗Wasser, die fernen ↗Berge und der ↗Himmel sind blau. Blau symbolisiert also die erlöste Natur. Die Helligkeitsstufungen des Blaus sind zu beachten! Blau – besonders als Dunkelblau – ist ein Symbol der Niedergeschlagenheit („I feel blue") und nicht zuletzt ein Symbol der Kälte (besonders metallisches Blau).

Blau kann auch wie in dem Begriff „blaue Berge" die Verbindung zwischen Himmel und Erde symbolisieren: Die Farbe des Himmels kommt auf die Erde, und so verbinden sich Geist und Natur oder – wie C. G. Jung es ausdrücken würde – es findet die Hochzeit zwischen Himmel und Erde statt.

Blaue Mäntel tragen weise Frauen, die als Schwanenjungfrauen Bezug zum Wasser, Nebel und Himmel aufweisen. Blau ist die Farbe des Himmelsmantels von Maria (schön auf Murillos Gemälde „Die unbefleckte Empfängnis" ausgedrückt): Der Schoß, in dem Christus geboren wurde, ist ein Symbol des „geistigen Gefäßes". Blau ist in der Alchemie die Farbe des ↗Mondes, Stellvertreter des ↗Silbers und die Farbe der Seele. In der Alchemie steht Blau im Gegensatz zu ↗Rot und bezeichnet einen kühlen, beruhigenden Zustand (Blau wirkt im Farbheilen beruhigend).

Blau ist die Farbe des Unerwarteten, auch die Farbe des Unbewussten, eben des Geheimnisses: Wir fahren „ins Blaue hinein", also in die unbestimmte Ferne – ins Geheimnisvolle. Das Englische sagt es noch deutlicher: „Out of the blue" geschieht das Unerwartete. Alfred Hitchcock dokumentierte einmal drastisch das Unerwartete, indem er ein Dinner nur mit blauen Speisen gab.

Die Farbbezeichnung Blau bezeichnet ein erstaunliches Farbspektrum. Es ist größer als bei jeder anderen Farbe: Vom hellsten Blau als Farbe von Eis und Wasser bis zum dunkelsten Blau der Nacht und zum ↗Schwarz der Finsternis; es umfasst dazu noch Grün- und Violetttöne.

Fische und Schütze werden in der Astrologie blau wie das Element Wasser dargestellt. Blau kann auch ein Neptun-Symbol sein. Es spricht die Vernebelung an – „blau sein" heißt ja betrunken sein (siehe auch ↗Alkohol).

Das Blaue scheint zumeist das Unzerstörbare zu sein. Schon in den alchemistischen Vorstellungen des 14. Jahrhunderts tritt eine blaue Flüssigkeit, die „tinctura" oder das „aqua permanens" auf, die wie die Seele und der Himmel unzerstörbar ist. Es handelt sich hierbei um das heilige Wasser, ich würde sagen, um das geläuterte Gefühl. In der Terminologie C. G. Jungs ist damit die Anima bezeichnet. Es gelang augenscheinlich den Mayas, dieses unzerstörbare Blau technisch herzustellen. Bei ihren Wandmalereien, die von Blautönen dominiert werden, konnte kein Verfall der blauen Farbe festgestellt werden (das lag an einer Pigmentmischung aus ↗Indigo und feinem Ton, die erhitzt wurde).

Im Osten steht Blau stellvertretend für Schwarz als Unterweltsfarbe. In Ägypten wird der unterweltliche Osiris schwarz oder blau dargestellt. Die Sufis (eine mystische Gruppe der Mohammedaner) beziehen das Blau auf das Innerste der Flamme. Für sie drückt diese Farbe die höchste Leidenschaft aus. In unserem Kulturbereich tritt auch ein Abglanz dieses leidenschaftlichen Blaus in den Begriffen wie „blaue Stunde" und „blue movies" auf (vgl. auch „Blues"-Musik).

Der Ausdruck „blaues Blut" ist eine Übersetzung des spanischen „sangre azul". Die

Spanier bezeichneten damit ursprünglich die Nachkommen der Westgoten, die die vornehme Oberschicht und den Adel in Spanien bildeten. Da sie helle Haut hatten, schimmerte das Blut in den Venen bläulich durch die Haut durch. Bei den dunkelhäutigen Iberern tritt dieses Phänomen nicht auf. Blaues Blut symbolisiert noch heute die Blutlinie des Adels – und das nicht nur in Spanien.

Die Ausdrücke „blaumachen“ und „blauer Montag“ haben sich aus dem Mittelalter in die Neuzeit eingeschlichen. Da am Sonntag nicht gearbeitet wurde, hängten die Färber ihre Wolle bis zum Montagmorgen ins Färbebad. Am Montag wurde die gefärbte Wolle um die mittelalterlichen Städte aufgehängt, wo sie sich durch die Oxidation blau färbte. War das der Fall, hatte der Färber frei.

Asien: In Indien ist Blau die Glücksfarbe. Sie symbolisiert das schöpferische Prinzip, Reinheit und den Zustand am Anfang der Welt. Dic höchsten Götter im Hinduismus sind blau. Ein Name Shivas lautet: Blaukehliger (Nilakantha), denn als die Götter und Dämonen das kosmische Urmeer aufwühlten auf der Suche nach dem Lebenselixier, stieg ein schreckliches Gift aus der Tiefe empor. Shiva trank dieses Gift, hielt es in seiner Kehle fest, die dadurch blau gefärbt wurde, und er rettete so die Welt.

Krishna ist ganz blau, allerdings mit gelbem Lendenschurz verführt er gerne Frauen (er nutzt die polaren Farben als Lockmittel).

Indras Regenmantel ist auch blau, da er den Himmel symbolisiert.

Dunkelblau wird in Indien dem Samstag zugeordnet, da Dunkelblau den Saturn symbolisiert.

Blau und Weiß tragen die Brahmanen. Diese Farbkombination, die wir aus Bayern kennen, scheint wieder auf die Aufgabe zu verweisen, Licht und Finsternis in einen harmonischen Ausgleich zu bringen.

Bei Buddha-Darstellungen ist der blaue Hintergrund für Vairocana, „den Sonnengleichen“ (einer der fünf transzendenten Buddhas) verbindlich. Wir finden hiermit unter anderem die Dualität von Licht und Finsternis symbolisiert: Der Sonnengleiche tritt aus dem dunklen Hintergrund heraus, denn selbst noch ein helles Blau kann im Sinne Goethes als farbiger Stellvertreter der Finsternis angesehen werden, da Blau durch den Blick auf die Finsternis entsteht wie Gelb durch den Blick aufs Licht.

Blau ist das erste Licht, das nach dem Totenbuch der Tibeter dem Verstorbenen begegnet. Das mag farbsymbolisch darauf hinweisen, dass die Finsternis der Ursprung von allem ist, hier beginnt die Reise in die höheren Bewusstseinswelten.

Im Buddhismus symbolisiert Blau auch den Leitspruch Buddhas: Binde dich nicht, suche den Weg der Befreiung.

Antike: Blau ist die Farbe von Zeus/Jupiter, Hera/Juno und Venus/Aphrodite. Nach Oswald Spengler benutzten die Griechen selten Blau, da es für sie die raumschaffende Farbe des Äthers war.

Bei den Kelten wurde die Farbe Blau den Barden und Dichtern zugeordnet.

Hebräische Priester mussten ein vollkommen blaues Gewand tragen (Ex 28.5–35), der Saum war traditionell mit einem Granatapfelmuster bestickt. Das blaue Gewand des Priesters sollte an seinen Verkehr mit dem Himmel, also an seine Himmelsnähe erinnern.

Eine alte jüdische Vorschrift besagte, dass der Gebetsschal blaue Troddeln aufweisen sollte.

Literatur: Blau ist die klassische Farbe der romantischen Sehnsucht, wie an der „blau-

en Blume“ deutlich wird. Im „Heinrich von Ofterdingen“ von Novalis kommen nicht nur die blaue Blume, sondern auch erstaunlich viele Blauabstufungen vor.
Der persische Dichter Nizami fragt: „Gibt es eine bessere Farbe als Blau? Wählte nicht das Himmelsgewölbe die blaue Seide als ihr Kleid? Wer blau ist wie der Himmel, sitzt bei der Sonne zu Gast.“
Kunst: Um 1400 setzte die Pariser Malschule ein spezielles Himmelblau ein, das sich für Jahrhunderte größter Beliebtheit erfreute. Poussin, Nattier, Perronneau und Quentin de la Tour benutzten diese Farbe, selbst Cézanne nutzte sie in seinen Aquarellen.
Blau bei Pieter Breughel dem Älteren bezeichnet oft Betrug und Torheit, und es ist besonders mit der närrisch verdrehten Anderswelt verbunden.
Thomas Gainsborough malte 1770 das Gemälde „Blauer Knabe“. Es wurde mit der Absicht gemalt, um Sir Joshua Reynolds These zu widerlegen, dass man kalte Farben und speziell Blau nicht in der Porträtmalerei einsetzen könne.
Picassos blaue Periode (1901–1904) ist die Zeit seiner traurigen Bilder: Mit blauen Farbtönen brachte er Verzweiflung, Hunger und Kälte zum Ausdruck. C. G. Jung meinte, Picassos blaue Periode entspreche dem Abstieg in die Unterwelt.
Picasso malte in monochromen zarten Blautönen, als er sich vom Jüngling zum Mann entwickelte. Er lässt die Enge Spaniens hinter sich und kommt nach Paris. Dort herrscht Armut unter dem Proletariat und den Künstlern, die Picasso in seinen blauen Bilder dokumentiert.
Marc Chagall liebte die Farbe Blau, und Franz Marc, der 1911 zusammen mit Kandinsky die einflussreiche Künstlergemeinschaft „Der blaue Reiter“ gründete, schrieb: „Blau ist das männliche Prinzip, herb und geistig.“ Das ist der Gegensatz zu der späteren Ansicht der Bauhaus-Künstler, für die Blau das Gefühl und Gelb das Geistige ausdrückte.
Kurz zuvor hatte sich 1907 in Russland die Künstlergemeinschaft „Blaue Rose“ gebildet, die die Bewegung der künstlerischen Avantgarde in Russland anführen sollte.
Neben Picasso ist Yves Klein der Farbe Blau besonders verbunden. IKB (International Klein Blue) ist ein mattes und dennoch leuchtendes Blau, ein intensiver Ultramarin-Ton, den Yves Klein nach langem Suchen 1955 zusammen mit dem Chemiker Eduard Adam entwickelte. Pulverisierte Farbpigmente wurden statt mit gängigem Bindemittel mit verdünntem Rhodopas (Petroleumsubstanz) gemischt. 1957 wurde IKB patentiert.
Klein war der Pionier der reinen Farbe. Er war stets am Ausdruck spiritueller Energie interessiert. Blau war für ihn eine der wichtigsten Ausdrucksformen dieser Energie. Die Idee zu seinen monochromen blauen Bildern, für die Klein berühmt wurde, geht auf einen Tagtraum zurück, in dem Klein die andere Seite des Himmelsgewölbes sah.
1958 hatte Klein seine erste „blaue“ Ausstellung in der Galerie Clert in Paris. Er hing einen blauen Vorgang vor den Galerieeingang, räumte den gesamten Innenraum der Galerie aus und strich die Wände weiß. „Dieser freie Raum“, so kommentierte er seine „Ausstellung“, „erhöht die Sensibilität für ein entmaterialisiertes Blau.“ „Blau ist die Farbe des Nichts“, fuhr er fort, und Albert Camus, der sich unter den Gästen befand, bedanke sich bei Klein, indem er ihm schrieb, durch diese Ausstellung habe er die volle Kraft der Leere und des Nichts gespürt.
Film: Für Walt Disney war Blau der Standardhintergrund für Zeichentrickfilme. In

seinen Produktionen sind die Bösen immer mit blauen Bartstoppeln dargestellt.
Die berühmteste blaue Comic-Figur ist Käpt'n Blaubär. Er trat zum ersten Mal 1991 in der „Sendung mit der Maus" auf und hatte einen derartigen Erfolg, dass er 1992 auch im ARD-Morgenmagazin erschien und im Herbst 1993 seine eigene Show „Käpt'n Blaubär Club" bekam. Käpt'n Blaubär hat einen blauen Pelz, trägt einen roten Pullover und spinnt Seemannsgarn im ausgeprägten Norddeutsch. Käpt'n Blaubär lügt das Blaue vom Himmel herunter. Er ist der schielende Inhaber diverser Kapitänspatente, Piratenscheine und weltweit der einzig geprüfte Bärenaufbinder.

Blaubeere Die Blaubeere ist ein klassisches Attribut des romantischen Waldes. Dort, wo die Blaubeeren wachsen, leben die Elfen, die auf ihnen tanzen, sagt eine volkstümliche Überlieferung. Siehe aber auch ↗Beeren.
Kunst: Der Comic-Künstler Moebius wurde durch seinen Comic „Blueberry" bekannt, der als ein klassischer Western-Comic angesehen wird.

Blech Blech ist billig, kein Edelmetall, nicht so hart wie ↗Stahl, nicht so beständig wie ↗Eisen. Weil also bei Blech immer etwas Abwertendes mitschwingt, kann man sagen, jemand „redet Blech" (wertloses Zeugs, Quatsch). Daneben spielt der Aspekt der Formbarkeit, Härte und Kühle oft eine Rolle. „Heilig's Blechle", sagt der Schwabe als Ausruf des Erstaunens, zum Beispiel wenn er sich an etwas Vergessenes erinnert – und wertet damit das Blech in erstaunlicher Weise auf.
Erst im Zeitalter der Massenmotorisierung kann man von einer „Blechlawine" sprechen, die sich durch die Straßen wälzt.

Blei Blei bedeutet Schwere und symbolisiert das Element Erde. Blei spricht Körperlichkeit, Gewicht und Schwerfälligkeit an, aber auch leichte Formbarkeit (wie bei ↗Blech). Blei ist giftig und wurde seit der Antike mit Fluch und Zauber assoziiert. Zum giftigen Blei passt gut, dass man bleifreies Benzin für umweltfreundliches Benzin hält.
Heutzutage schützt man sich mit Blei vor schädlicher Strahlung, beispielsweise vor Röntgenstrahlen.
Antike: Während der gesamten Antike galt Blei als ein zauberkräftiges Metall. So trug man Bleiplatten auf der Brust, um sich vor boshaftem Zauber – speziell Liebeszauber – zu schützen. Flüche ritzte man in Blei.
Mittelalter: Die Alchemisten sahen das Blei als ein Vorprodukt bei der Herstellung von Gold. Das Blei galt ihnen als dem ↗Gold verwandt, und einige Alchemisten behaupteten, mit Hilfe des ↗Steins („lapis" oder „Stein der Weisen") aus Blei Gold hergestellt zu haben. Das Blei entspricht in den alchemistischen Zuordnungen dem ↗Salz und somit dem Körper.
In der ägyptischen Alchemie wurde das Blei als der Ursprung aller Metalle angesehen.
Blei ist in der Astrologie ein Symbol des Saturn, also auch hier dem Finsteren, Bösen zugeordnet.

Bleistift Bleistift und ↗Füller bedeuten Schreiben. Sie verweisen auf eine Nachricht, eine Notiz oder eine Zeichnung. Diese ↗Schreibgeräte können auch die Theorie im Gegensatz zur Praxis ansprechen. Der Füller wird dabei eher dem Autor zugeordnet, der Bleistift dem Künstler; der Füller gilt im Zeitalter der Kugelschreiber als gehobenes, formelles Schreibgerät, der Bleistift als wertlos.

Bleistift und Füller tauchen als Symbol oft auf, wenn man etwas zu vergessen droht, was man besser behalten sollte. Sie zeigen, dass man etwas aufschreiben sollte.
Psychoanalyse: Penissymbol nach S. Freud (besonders der gefüllte Füllfederhalter). Im Englischen gibt es den Ausdruck „lead in the pencil“ für Potenz, und der deutsche Autor Arno Schmidt hat einmal den Ausdruck „Bleistift spitzen“ als Metapher für Masturbation vorgeschlagen.

Blendung Blendung verweist auf eine Täuschung, eine Verblendung, zum Beispiel durch Großartigkeit. Es ist zu viel Sonne oder zu wenig Schatten vorhanden: Dahinter steht die Aufforderung, seine eigene dunkle Seite zu integrieren.
Literatur: Elias Canetti veröffentlichte 1936 einen viel beachteten Roman mit dem Titel „Die Blendung“. Der überaus intellektuelle Privatgelehrte Dr. Kein hat den Kontakt mit der Wirklichkeit verloren und wird von seiner Haushälterin Therese, die er heiratet, zugrunde gerichtet. Blendung wird hier im Sinne von Verblendung genutzt. Der Held ist von seinem eigenen Geist so geblendet, dass er nichts mehr in der Außenwelt erkennen kann.

Blick Mit dem Blick wird die Wahrnehmung durch das ↗Auge angesprochen und speziell deren Genauigkeit. Das Anblicken kann durchaus eine aggressive Komponente haben, nicht nur wenn man jemanden „mit seinen Blicken verschlingen“ will. Denn dem „bösen Blick“ liegt die uralte, schon bei den alten Ägyptern nachzuweisende Vorstellung von der magischen Kraft des Blickes zugrunde. Ein Rest davon hat sich allen Rationalisierungen zum Trotz gehalten, positiv gewendet bei der „Liebe auf den ersten Blick“, oder wenn man jemanden „mit Blicken verzaubert“.

Blindheit Blindheit kann traditionell Weisheit bedeuten, weswegen die Seher in der Antike als blind bezeichnet wurden, wie beispielsweise Teiresias. Der blinde weise ↗Alte, der seinen Blick nach innen gewendet hat, ist eine in vielen Mythen anzutreffende Gestalt.
Aber natürlich bedeutet die Blindheit in erster Linie einen Verlust an Wahrnehmung. Der Realitätsblinde sieht etwas nicht oder will sich der Selbstverantwortung beziehungsweise -reflexion entziehen. Er ist unbewusst wie der blinde Zufall, ja dumm wie das sprichwörtliche blinde Huhn, das nur durch Zufall ein Korn findet. Ebenso blind sind aber auch die Göttinnen Fortuna und Justitia: Glück und Gesetz sollen unparteiisch sein.
Christentum: Die Bibel berichtet, dass Jesus mehrmals Blinde geheilt hat (Mark 10.46–52 und Joh 9); dies wurde oft so gedeutet, dass er den Menschen das Licht, die Erleuchtung gebracht habe; deswegen werden diese Szenen auch recht häufig in der christlichen Kunst dargestellt.
Literatur: Gustave Flaubert wundert sich in „Ägypten“, dass es in Kairo so viele Blinde gibt, die sich aber besonders zu Festen anmutig kleiden.
Kunst: Rembrandt war Zeit seines Lebens von der Angst vor Erblindung geplagt. Deswegen tritt in seinen Bildern immer wieder der Blinde auf, der beispielsweise segnet oder dem wie Samson die Augen ausgestochen worden sind.

Blindschleiche Obwohl die Blindschleiche eine Eidechse ist, wird sie im Traum als ↗Schlange betrachtet – allerdings mit dem Schwerpunkt auf den positiven Aspekten der Schlange (weil sie nicht giftig ist).

Blitz Wenn der Blitz nur leuchtet, heißt das plötzliche Eingabe (Gedankenblitz,

Geistesblitz). Wichtig ist immer auch der Aspekt der Schnelligkeit („blitzschnell" oder „wie ein geölter Blitz").
Als gewaltsames Naturereignis bedeutet der Blitz unkontrollierte Entladung großer Energien, was man psychologisch als Zeichen für Affektstau und Verdrängung, die durch plötzliches aggressives Handeln abreagiert und ausagiert werden möchten, interpretieren kann. Blitz kann ferner Streit bedeuten oder „jemanden abblitzen lassen".
Blitz wird in der Mythologie auch als Befruchtung der Erde gesehen und als spaltendes Feuer, das Leben vom Himmel auf die Erde schleudert.
Psychoanalyse: Nach S. Freud phallisches Symbol.
Analytische Psychologie: C. G. Jung meint ebenfalls, dass alles, was einschlägt, als phallisches Symbol zu deuten sei.
Christentum: Wie in sehr vielen Religionen sind auch im Christentum Gotteserscheinungen und Offenbarungen mit Blitzen verbunden. In der Kunst fehlen besonders bei der Verkündigung der Gebote an Moses auf dem Berg Sinai oder bei dem Endgericht selten die Blitze.
Philosophie: R. Descartes sah in seinen Träumen am 10.11.1619 einen Blitzstrahl, der ihm zeigte, dass er nun seine eigene Methode des Verstehens gefunden habe (siehe hierzu ↗Engel).

Blitzableiter Die Sehnsucht danach, alle Spannungen durch gute Erdung leicht abführen zu können.

Blockflöte Die Blockflöte kann wie alle ↗Blasinstrumente auch als Sexualsymbol auftreten. Da dieses Instrument aber meist von Kindern gespielt wird, ist der Aspekt der Kindlichkeit zu beachten, vielleicht eine Reminiszenz an die Kindheit.

Blocksberg ↗Berg

Blöße Die Symbolik gleicht der von ↗Nacktheit oder auch ↗Ausziehen. Die Blöße ist ein häufiges Symbol, wenn man etwas verstecken will, sich aber „eine Blöße gibt". Oder die Suche nach den „nackten Tatsachen" ist angesprochen.

Blond Diese Haarfarbe wird mit ↗Gold in Verbindung gebracht. Sie ist ein Symbol vor allem der weiblichen Schönheit. Das Blonde ist meist das Gute. Im Gegensatz zum Witz ist in Kunst und Traum eine blonde Person selten dumm.
Blondes Haar ist überall in der Welt erotisiert und begehrt. Schon in der Renaissance hat Simona Vespucci – die als eine der schönsten Frauen ihrer Zeit galt – ihr Haar hellblond aufgehellt. Sie hatte Erfolg und saß Modell für das berühmte Bild Botticellis „Die Geburt der Venus" und für das nicht minder schöne Bild des gleichen Künstlers „Der Frühling". Weitere hochbegehrte und erotisierte Frauen der Renaissance wie Isabella d'Este und Guilia Farnese waren ebenfalls hellblond, genauso wie die Lucrezia Borgia, die von Pinturicchio so eindrucksvoll schön gemalt wurde. Lucrezia Borgia soll sich Goldstaub in ihr Haar gewaschen haben.
In der Renaissance schrieb Caterina Sforza eines der ersten Modehandbücher mit dem Titel „Esperimenti", in dem sich einige Rezepturen finden, um sein Haar unwiderstehlich blond zu färben. Vor der Renaissance haben schon die mittelalterlichen Ritter Frauen und Männer mit hellblondem Haar verehrt. Helden wie Achilles und Pelides stellte man sich blond vor. Als Perücken aufkamen, waren diese zunächst nur flachsfarben. Im 19. Jahrhundert wurde in Venedig unter den Frauen ein schwunghafter Handel mit Rezepten

zur künstlichen Blondfärbung selbst schwarzer Haare betrieben.
Bei Männern wurde blondes Haar oft als negativ betrachtet: Eugène Sue beschreibt das Haar des ewigen Juden, des Tierbändigers Morok, als gelb und stumpf, und schon bei Chaucer heißt es von dem Söldner Pardoner, dass er Haare gelb wie Wachs und glatt wie Flachs habe. Es ist besonders das glatte blonde Haar bei Männern, das (aus rassistischen Gründen) negativ bewertet worden ist. Krauses blondes Haar wird dagegen mit Engelsqualität verbunden. Bis in die Neuzeit hinein wurden Engel prinzipiell blond dargestellt im Gegensatz zum schwarzen Teufel. Für Rudolf Steiner galt das blonde Haar als Zeichen der Gescheiten – ganz im Gegensatz zu den heutigen Blondinen-Witzen.
In arabischen Staaten werden Blondinen als Huren behandelt, die bei Männern allerdings hoch im Kurs stehen. Schwarzhaarigen Frauen traut man zwar Hysterie, aber keinen freudvollen oder gekonnt kultivierten Sex zu.
Literatur: In seinem historischen Roman „Sarum" beschreibt Edward Rutherfurd eindrücklich, wie zur Zeit des Baus von Stonehenge zum ersten Mal eine blonde Frau als Sklavin nach England gebracht wurde. Die blonden Haare zusammen mit den blauen Augen lassen diese Frau als wunderschöne Engelsgestalt erscheinen. Natürlich wird sie als eine weitere Frau des Königs eingekauft.
Der Ausdruck „die blonde Bestie" dagegen stammt von Friedrich Nietzsche. Er bezeichnet damit den „nach Beute und Sieg lüstern schweifenden" germanischen „Herrenmenschen" der Völkerwanderungszeit, der vornehm und verweichlicht geworden sei. Obwohl Nietzsche diese blonden Abkömmlinge der Germanen kritisierte, übernahm der Nationalsozialismus das Bild von Nietzsche und wendete es ins Positive: Die „blonde Herrenrasse".
Theodor Storm verliebte sich, als er mit einer anderen Frau verlobt war, die er später heiratete, in eine dreizehnjährige Blondine, deren Blondheit ihn faszinierte. Nach dem Tod seiner Frau heiratete er diese Blondine.
Film: „Blondinen bevorzugt" war der deutsche Titel einer amerikanischen Filmkomödie mit Marilyn Monroe („Gentlemen Prefer Blondes", 1953). Nach diesem Film verlieben sich Männer leicht in Blondinen. Rita Hayworth ließ sich auf Bitten ihres Mannes Orson Welles für den Film „Die Lady von Schanghai" ihre Haare hellblond färben.
„Der große Blonde mit dem schwarzen Schuh": deutsche Version des französischen Films „Le grand blond avec une chaussure noire" (1972), eine Parodie auf die Arbeit der Geheimdienste im Stil einer Verwicklungskomödie. Der große Blonde ist dabei ein etwas vertrottelter Musiker, der sehr auffällt. So wird noch heute besonders in Frankreich von auffälligen blonden Menschen als „der große Blonde" gesprochen.

Blüte Die Blüte gehört zum ↗Frühling und bedeutet häufig Erwachen (vgl. F. Wedekinds Theaterstück „Frühlingserwachen"), es sei denn, es handelt sich um eine verwelkende oder verwelkte Blüte, die auf Absterben und Tod verweist.
Psychoanalyse: Nach S. Freud besitzt die Blüte einen Bezug zur weiblichen Sexualität. Sie symbolisiert das weibliche Geschlechtsorgan (so auch bei Anaïs Nin: „Das Delta der Venus", siehe auch ↗Blume). Besonders die Farbe der Blüten ist wichtig: Weiße Blüten bedeuten sexuelle Unschuld, rote dagegen sexuelle Reife.

Blume Die Blume ist ein traditionelles Symbol für Gefühle – speziell als ↗Blumenstrauß. Damit drückt man indirekt („sage es durch die Blume") etwas aus, so dass sich eine ↗Blumensprache entwickeln konnte. Jede lebendige, kräftige Blume steht für Schönheit und Fruchtbarkeit. Das Werden und Vergehen einer Blume ist parallel zum Lebenslauf des Betrachters zu sehen. Blumen symbolisieren Erwartung und Hoffnung in Liebes- und Beziehungsdingen. Wichtig sind die Farben und die Art der Blumen. Rote ↗Rosen verweisen auf (sexuelle) Liebe, weiße Rosen und auch andere Blumen auf Unschuld, blaue Blumen auf die Kraft der Seele und des Gefühls, ↗Schneeglöckchen auf die Überwindung der Kälte, Astern auf den Herbst und den Tod.
Blumen zu pflücken, gilt als Symbol sexueller Erfahrung (vgl. die Doppeldeutigkeit des lateinischen Wortes „deflorare", auf das die mittelalterlichen ↗Narren oft anspielten, später auch William Blake in „Visionen der Töchter Albions"), gebrochene Blumen bedeuteten im Mittelalter Sexualverkehr (vgl. Lieder der niederen Minne von Walter von der Vogelweide), ein Bild, das noch bei Goethe vorkommt. Welkende Blumen werden mit dem Tod verbunden.
Zur Bedeutung einzelner Blumen und Pflanzenteile siehe jeweils dort.
Psychoanalyse: S. Freud beschäftigt sich ausführlich mit der Bedeutung der Blume im Traum. Er hält die Blume für ein Symbol für die Frau, Zärtlichkeit und das weibliche Genital (wie auch die ↗Blüte).
Analytische Psychologie: Nach C. G. Jung bedeuten Blumen Gefühle.
Literatur: In George Bernhard Shaws „Pygmalion" symbolisieren die Blumen das Natürliche als Gegensatz zur Kultur, dargestellt im Blumenmädchen und im Intellektuellen. „Pygmalion" wurde als Musical „My Fair Lady" ein Riesenerfolg, wobei die Sympathien des Publikums eindeutig beim Blumenmädchen – also dem Natürlichen – lagen.
Charles Baudelaire verkehrt die übliche Symbolik in „Die Blumen des Bösen" ins Gegenteil.

Blumenkohl Jeder ↗Kohl bedeutet Gesundheit, andererseits auch Einfachheit oder gar Armut, da lange Zeit der Kohl das preiswerteste und oft das einzige ↗Gemüse war, besonders im Winter.
Von der Form und der Struktur her erinnert der Blumenkohl an das Gehirn. Das spielt manchmal in Kriegsberichten eine Rolle, wenn der Blumenkohl bei gespaltenen Schädeln als Metapher für das Gehirn dient. Er steht auch für ein behagliches Zuhause und wie alle Gemüsesorten für eine gute Gesundheit.

Blumensprache Im Biedermeier kam die Sitte auf, dass sich meist wohlhabende Bürger durch Blumensträuße Botschaften zukommen ließen. Es entwickelte sich eine Blumensprache, bei der jede Blume ihre besondere Bedeutung zugesprochen bekam. Es wurden ganze Arrangements ausgetauscht, in denen neben Blumen auch Blätter und andere Pflanzenteile benutzt wurden.

Blumenstrauß ↗Strauß, ↗Blume

Blumentopf Symbol der Häuslichkeit und der Kultivierung der Natur. Die Eigenschaft des Hegens und Pflegens wird hier angesprochen. Allerdings kann dieses Symbol auch auf den Ersatz des Echten verweisen: Die Blume im Topf ist die beherrschte und im Grunde die unechte Natur.
Der Blumentopf kann auch mit Aggression verbunden sein: Von der Bevölkerung

besetzter Gebiete wurde häufig ein passiver Widerstand geübt, indem Blumentöpfe auf die Besatzer geworfen wurden. Der Maurenherrscher Abbad al Mutadid ließ die Schädel seiner besiegten Feinde als Blumentöpfe benutzen.
Der Blumentopf gilt ferner wie die Blume allgemein als typisches Geschenk, auch als Gewinn auf Jahrmärkten. So kommt es zu der Redensart „Da kannst du keinen Blumentopf gewinnen“, was nichts anderes als Ablehnung bedeutet.
Psychoanalyse: Nach S. Freud weibliches Symbol (wie ↗Blüte und ↗Vase).

Bluse Als Kleidungsstück symbolisiert sie die Art, wie wir uns der Außenwelt zeigen. Genauere Deutungen ergeben sich aus der Farbe und der Art der Bluse. Hat oft als typisch weibliches Kleidungsstück, das die Brust verhüllt, eine sexuelle Konnotation.
Analytische Psychologie: Symbol der Persona (unseres Rollenbildes).

Blut Das ↗rote Blut ist ein uraltes Symbol für das Lebendige, die Lebensessenz. Es drückt Feuer und Passion aus (darin sind sich S. Freud und C. G. Jung einig). Blut heißt Leben, Liebe und Leidenschaft („heißes Blut“ – „böses Blut“), andererseits auch Verletzung (↗Blutung) und Enttäuschung. Wo die „Stimme des Blutes“ spricht, ist zunächst das Blut als Träger der Vererbung angesprochen (↗“blaues Blut“, „der hat Schauspielerblut in den Adern“), dann auch eine besondere Empfindsamkeit oder auch Triebhaftigkeit; von hier ist aber nur noch ein kleiner Schritt bis zur „Blut-und-Boden“-Ideologie der Nazis, bei denen das Blut die Vererbung, letztlich die Rasse symbolisiert.
„Blut ist ein ganz besonderer Saft“, sagt Mephisto in Goethes „Faust“, als es um die Besiegelung des Teufelspaktes geht, denn Blut spielt seit jeher in magischen Riten eine herausragende Rolle. Der Austausch von Blut stellt so eine Verbindung der Lebenskraft (Blutsbrüderschaft) dar. Das Blut Christi wird beim ↗Abendmahl getrunken, es symbolisiert hier das Einverleiben der göttlichen Lebenskraft. Umgekehrt symbolisiert Blutverlust Verlust der Lebendigkeit, oft im übertragenen Sinne auch Liebesverlust. Eine Bluttransfusion ist entsprechend eine Bereicherung der Lebenskraft.
Das Blut der ↗Menstruation wurde im Patriarchat dämonisiert und als Furcht einflößend und unrein angesehen. Von daher stammen viele Menstruationstabus, die sich auf das weibliche Blut beziehen.

Blutegel Der Blutegel ist als medizinisches Mittel fast ausgestorben. Heute verkörpert er ein Ekel- und Angstgefühl. Er gibt die Angst davor wieder, ausgesaugt zu werden (wie bei ↗Vampir), vor Schmarotzertum; das kann mit Ekel vor dem eigenen Körper oder mit sexuellen Schwierigkeiten zusammenhängen, auch mit dem Aussaugen der Lebenskraft (↗Blut).

Blutung Eine Blutung beruht (falls nicht ↗Menstruation gemeint ist) auf einer Verletzung der schützenden ↗Haut. Ausgehend von der Grundsymbolik von ↗Blut geht es also um die Verletzung der Lebenskraft oder der Leidenschaft; das Innere dringt nach außen. Ferner mag der Aspekt des Fließens eine Rolle spielen, der ja immer auf Bewegung und Loslassen verweist.

Bock Besonders der ↗Ziegenbock ist ein bekanntes Symbol männlicher Urkraft und Geilheit. Bock und ↗Hahn gelten schon in mittelalterlichen Allegorien als Bild der Geilheit und Fleischlichkeit, wes-

halb auch der Teufel als Bock dargestellt wird. Wer „Null Bock hat", dem fehlt eben die männliche Tatkraft und die Lust auf Aktivitäten. Der (stinkende) Bock ist ein Ausdruck des Tierischen und des Wilden – deshalb ist es völlig falsch, den „Bock zum Gärtner zu machen". Der Bock kann aber auch die Dummheit und Sturheit symbolisieren („bocken", der „sture Bock").
Antike: Im griechischen Mythos war der Bock das Reittier der Aphrodite, des Dionysos und des Pan – alle drei Götter haben einen direkten Bezug zur Sexualität.
Christentum: Im Christentum bietet sich der Bock aus mehreren Gründen als eine Verkörperung des Negativen an: Es gab schon im Judentum die Tradition des Sündenbocks, der geschlachtet wurde, um die Schlechtigkeit des Volkes auf sich zu nehmen (3 Moses 16.15–16), Jesus sagt in seiner großen Rede über das Endgericht, die (guten) Schafe werden von den (schlechten) Böcken geschieden werden (Matth 25.31–33), und die antike Tradition verband den Bock mit Wollust und Sex.

Boden Symbol der Erdung und Erdverbundenheit. Der Boden ist die Basis und Grundlage einer Angelegenheit, weshalb es wichtig ist, dass man „den festen Boden unter den Füßen" nicht verliert. Boden bedeutet Standpunkt, Heimat und Grundlage, siehe aber auch ↗Acker.

Börse Die Börse, an der mit ↗Aktien gehandelt wird, steht für riskante Geschäfte, manchmal verkörpert sie Marktwirtschaft und Kapitalismus. Psychologisch gesehen geht es darum, dass man auf etwas spekuliert, dessen Ausgang (höchst) ungewiss ist, also um Risiko. Das Ziel ist der (materielle) Gewinn, also das Haben-Wollen (↗Auktion, ↗Beute).
Das Wort bezeichnet auch die ↗Brieftasche.

Bogen Der Bogen bei einem ↗Tor oder einer ↗Brücke verkörpert Spannung und Überbrückung von Gegensätzen, Harmonie.
Der Geigenbogen ist ein Symbol der Harmonie und des Gleichklangs. Er bedeutet Zärtlichkeit und Kultur, siehe auch ↗Geige.
Islam: Nach dem arabischen Sprichwort „Der Bogen einer Brücke schläft nie" wird der Bogen als Dynamik im Stillstand angesehen. Er symbolisiert die Spannung, die in der Ruhe zu verharren scheint.

Bogen(schütze) Altes Symbol des Krieges und der Macht. Der Aspekt, dass es sich um eine wirksame und lautlose Waffe handelt, ist heute in der Regel verblasst. Heute stehen meist Zielgerichtetheit, Konzentration auf ein Ziel, Disziplin im Vordergrund. Der Bogen ist ferner stets das, das man nicht überspannen darf. Damit wird vor Übertreibungen gewarnt.
Literatur: Den Bogen spannen zu können, weist den Helden aus und dessen Kraft. In Homers „Odyssee" ist der unerkannte Odysseus der Einzige, der bei seiner Rückkehr seinen Bogen spannen kann.

Boheme Die Boheme verkörpert das Künstlerleben, gemeint ist der ↗Künstler als der freie, aber oft auch skurrile Mensch. Ihm wird Kreativität und Geschmack zugesprochen und vor allem aber ein „liederliches Leben". Der Bohemien ist die Gegenfigur zum ↗Bürger.
Literatur: Der Ausdruck ist bekannt geworden durch Giacomo Puccinis Oper „La Boheme" (1896). Thomas Mann sah in der Boheme eine drohende „Entbürgerlichung", bei der man sich in die Gefahr

begibt, seine bürgerlichen Wurzeln zu verlieren.

Bohne „Nicht die Bohne", sagt man und spielt mit dieser Redensart seit dem Mittelalter darauf an, dass die Bohne eine besonders billiges, ja fast wertloses Nahrungsmittel war. Der Verweis auf den geringen Wert der Bohne ist ansonsten heute untergegangen.
Für den Psychoanalytiker symbolisiert die Bohne wie alles Keimende das weibliche Geschlechtsorgan, andererseits auch die männliche Sexualität.
Es gab die volkstümliche Tradition des Bohnenkönigs, bei der in einem Kuchen oder Pudding eine Bohne versteckt wurde. Wer sie in seiner Portion fand, der durfte für eine bestimmte Zeit herrschen und bekam so viele Privilegien. Später wurde das Finden der Bohne im Nachtisch oder Kuchen zum Zeichen dafür, ob man im laufenden Jahr noch schwanger werden beziehungsweise ein Kind zeugen würde.
Etwas ganz anderes ist die „blaue Bohne", die (wegen ihrer leicht bläulichen Farbe so genannte) Gewehrkugel aus Blei; schon in Grimms Märchen kann es solche „blaue Bohnen regnen".

Bohrer ↗Bohrmaschine

Bohrmaschine Die Bohrmaschine ist das typische Werkzeug des Heimwerkers. Der Psychologe sieht überall da, wo es um das Eindringen mit einem phallisch geformten Gegenstand geht, ein Symbol für Geschlechtsverkehr. Dabei ist die Bohrmaschine ein deutlich aggressives Penissymbol.
Bohren und Bohrmaschine treten außer als sexuelle Symbole heute häufig als Symbole des Zweifels auf, des Eindringens in geistige Tiefen (↗Brett).

Boje Symbol für Orientierungshilfe, Hoffnung und Sicherheit (wie auch ↗Anker, ↗Arche und ↗Leuchtturm). Bedeutsam sind Farbe und Form der Boje. Außerdem zeigt die Boje dem ↗Seefahrer an, dass er sich der Küste oder dem ↗Hafen nähert.

Bombe Symbol der Aggression, Zerstörung und Kriegsangst (wie ↗Helm, ↗Bajonett und ↗Belagerung, siehe auch ↗Atombombe und generell ↗Waffen). Nur in dem Ausdruck ein „bombiger Abend" ist das Negative verblasst; hier steht im Vordergrund das Energiegeladene, Unterhaltsame, Überraschende.
Psychologisch gesehen weist das Bild der Bombenexplosion immer auf Befreiung hin und auf eine (meist notwendige) Entladung. Es werden Enthemmungen und das Sprengen von Grenzen angesprochen. Die Bombe ist ein häufiges (Traum-)Symbol, wenn man zu dominierend und aggressiv ist oder es mehr sein sollte.
Am 1.11.1911 wurde die erste Bombe von einem Flugzeug aus abgeworfen (das war bereits acht Jahre, nachdem ein Flugzeug sich in die Lüfte erhob). Die in Dänemark hergestellte Bombe wurde von dem italienischen Leutnant Giulio Cavotti nahe Tripolis auf rebellierende Araber geworfen. In den folgenden Jahren versuchten die Kolonialmächte Frankreich, Spanien und England, ihre Besitzungen aus der Luft durch Bomben zu beherrschen. Dabei waren es US-Piloten, die im französischen Dienst standen, die 1925 zum ersten Mal in der Geschichte eine ganze Stadt – Chechaouen in Marokko – vernichteten. Arthur Harris, der spätere Chef der britischen Bombereinheiten, die deutsche Städte im Zweiten Weltkrieg vernichteten, übte an arabischen und kurdischen Dörfern, wie in kurzer Zeit Siedlungen einzuebnen seien.

Harris betonte stets, dass Bombenangriffe die kostengünstigste Methode darstellen, ein Gebiet in seine Macht zu bekommen – eine Logik, die auch noch heute beispielsweise US-amerikanische Luftangriffe prägt. Der Bombenkrieg wurde seit dem Zweiten Weltkrieg zu einer Industrie, die massenhaft Tod produzierte. Die ↗Atombombe ist die logische Entwicklung dieser ökonomischen Tötungsweise.
Psychoanalyse: Das Einschlagen der Bombe symbolisiert den Orgasmus.

Bonbon ↗Süßigkeit

Boot Das Boot hat als kleines ↗Schiff immer etwas Unsicheres, Labiles an sich; man ist den Gewalten des Wassers ausgeliefert, besonders wenn das Boot auf dem Meer schwimmt. Psychologisch symbolisiert das Wasser immer das Gefühl. So gesehen ist es wichtig, dass man bei der Fortbewegung im Boot im Gegensatz zum ↗Schwimmen den direkten Kontakt mit der Tiefe seiner Gefühle vermeidet. Man bleibt an der Oberfläche und hofft, nicht unterzugehen.
Mit dem Boot kann auch angesprochen sein, dass man auf andere angewiesen ist, dass man mit ihnen „in einem Boot sitzt". Heute symbolisiert ein (Sport-)Boot, besonders wenn es ein größeres ist, auch Sportlichkeit, Freizeit und Wohlstand.

Bordell Das Bordell ist an anrüchiger Ort, ein Ort der (sexuellen) Lust, der den anständigen (männlichen) Bürger gleichzeitig anzieht, eben weil er im Verbotenen ungeahnte Lüste wittert. Es fragt sich, ob die Sehnsucht nach oder die Angst vor geiler Sexualität überwiegt. So kann das Bordell neue und meist aufregende Erfahrungen verheißen, Spielarten der Sexualität. Da es im Bordell aber immer um Geld geht, ist es oft ein Ausdruck der Berechnung in der Sexualität, Symbol von Verelendung und Ausbeutung, besonders von den Frauen aus gesehen, die dort arbeiten (müssen). Eine Frau, die „im Bordell landet", ist nicht nur von den Moralvorstellungen des Bürgertums aus gesehen auf einer sehr tiefen Stufe gelandet; hier geht es um die Preisgabe des eigenen Körpers (↗Dirne).
Der Mann, der ein Bordell besucht, kann einerseits für den furchtlosen Mann stehen, der sich Lust jenseits üblicher Klischees zu verschaffen weiß, andererseits kann aber auch die mangelnde sexuelle Attraktivität angesprochen sein: Der muss sich Sexualität kaufen, weil er sie sonst nicht bekommt.
Literatur: Ein früher Klassiker der im Bordell spielenden Literatur ist John Cl lands (1709–1786) „Fanny Hill". Hier ist das Bordell ein Haus der Freude. Anders jedoch beim Marquis de Sade, dessen Romane ebenfalls in einer bordellartigen Atmosphäre spielen. Hier bedeutet Bordell sexueller Lustgewinn ohne jegliche Rücksicht auf Moral, bis hin zu Tod und Folter.

Borsten Borsten stehen für Widerstand und Unfreundlichkeit.
Man ist widerspenstig, oder das eigene Durchsetzungsvermögen ist angesprochen. Borsten bedeuten auch, sich einzuigeln und abzuschotten.

Boss ↗Chef

Bote Ein Bote bedeutet Kontakt, Kommunikation. Kommt ein Bote, empfängt man wichtige Nachrichten. In jedem Fall ist die Art der Nachricht wichtig (↗Postbote).

Bowle Symbol für fröhliches Zusammensein in geselliger Runde, meist spielt ein Hauch von Biederkeit mit (↗Alkohol).

Literatur: Als liebenswürdige Satire auf die Schule schrieb Heinrich Spoerl seinen Roman „Die Feuerzangenbowle" (1935), in dem die Bowle Ort des gemütlichen Zusammenseins ist.
Film: Spoerls Roman wurde oft verfilmt. Berühmt ist die Verfilmung unter der Regie von Heinz Rühmann und Helmut Weiß von 1944, die ein Loblied auf die Schule darstellt.

Boxen Boxen bedeutet Kampf (↗Boxkampf), Durchsetzung, Aggression und Mut: Man muss „sich durchboxen". Das Boxen hat als Sportart keinen besonders guten Ruf, nicht nur, weil es als eine rohe, typisch männliche Sportart gilt, sondern auch deswegen, weil Boxer meist als dumme Schlägertypen dargestellt werden. Außerdem ist zu beachten, dass das Boxmilieu immer als etwas anrüchig gilt.
Literatur: Der frühe Bert Brecht war ein Anhänger des Boxens. Er sah in den Boxkämpfern interessante Außenseiter der Gesellschaft. Das Boxen entsprach für Brecht dem Prinzip, nach dem unsere Gesellschaft funktioniert. Auch schon der englische Romantiker Lord Byron interessierte sich fürs Boxen. Er nahm sogar für einige Zeit Boxunterricht bei einem Mr. Jackson, der als einer der stärksten Männer seiner Zeit galt.
Film: Der Boxsport ist oft als Filmthema genommen worden. All diesen Filmen ist zu eigen, dass das Boxen mit kriminellen Aktivitäten in Zusammenhang gebracht wird. Das ist sowohl der Fall bei „Der Boxer und die Lady" (1933, W. S. van Dyke) als auch bei dem berühmteren Film „Der Boxer" (1984, Gérard Mordillat).

Boxkampf Der Boxkampf steht für Durchsetzungsvermögen und Aggression. Er stellt ein häufiges Symbol für die Berufs- oder Beziehungssituation dar. Er kann aber auch auf positives Kämpfen verweisen.

Bräutigam ↗Braut

Brand Der Brand als das unerwünschte, zerstörerische ↗Feuer ist psychologisch gesehen ein häufiges Symbol bei Angst vor oder Sehnsucht nach dem eigenen Feuer, also der Leidenschaft. Hier ist immer das Lebensfeuer angesprochen.
Der Brand ist das Bild eines Triebstaus (wie unter anderem ↗Abbruch, ↗Anfall, ↗Elektrizität, ↗Gewalt, ↗Gier), die Brandstiftung kann also darauf deuten, dass der Wunsch besteht, einen solchen Triebstau zu überwinden oder Aggressionen auszuleben, möglicherweise will man auch ein Zeichen setzen (Fanal).
Der Brand hat immer auch eine destruktive Komponente, oft mit dem Beigeschmack, dass er sich ausweitet und schwer zu stoppen ist („Flächenbrand").
Literatur: Der historische Roman „Der Flug des Feuervogels" von E. W. Heine dreht sich um Brände, die die jüdische Heldin des Romans in raffinierter Weise legt. Sie rächt damit die Tötung ihrer Verwandten während der Judenpogrome des ausgehenden Mittelalters.
Kunst: Der große Brand von London im 19. Jahrhundert ist wahrscheinlich das meistdargestellte Feuer in der Kunstgeschichte. Dieser Brand zog Zeichner, Aquarelllisten, berühmte und unbekannte Maler an, unter ihnen Constable und Turner. In manchen Gemälden Monets liegt über London ein Feuerschein.

Brandung Im Gegensatz zu den eher sanften ↗Wellen ist mit der Brandung ein Moment der Wildheit und der Gefahr verbunden. Wer sich in die Brandung stürzt,

zeigt Mut, der Seemann braucht höchstes Geschick, um sein ↗Boot heil durch die Brandung zu bringen. Wo der Aspekt der Gefährdung verblasst ist, kann die Brandung für Ferienerlebnisse am Meer stehen. Aus der Perspektive des Badenden hat die Brandung etwas Erfrischendes, Belebendes.
Psychologisch gesehen ist die Brandung Symbol eines Triebstaus wie ↗Brand und ↗Feuer, aber von größerer Gefühlstiefe (↗Wasser). Die Brandung steht für Gefühlswallungen und drückt meist die Wogen der Seele aus, die als Naturkraft erfahren werden. Es können auch ozeanische Gefühle angesprochen sein, vor denen man Angst hat oder nach denen man sich sehnt.

Braten Der Braten ist ein (früher seltener, deshalb besonders geschätzter) kulinarischer Genuss. Der Braten spricht also wie das ↗Essen generell die Sehnsucht nach Häuslichkeit an, nach Lebensart und (Ess-)Lust (wie ↗Abendessen, ↗Backen und ↗Festmahl).
Im Ausdruck „den Braten riechen" zeigt sich eine Vorahnung des Unangenehmen; deshalb sollte man auch vorsichtshalber „dem Braten nicht trauen".

Braun Symbol für Naturverbundenheit und die Fruchtbarkeit der Erde, Vitalität, Erdung. Braun symbolisiert aber auch den negativen Aspekt der materiellen Welt. Im Deutschen ist die Farbe eng mit dem Nationalsozialismus verbunden: die „braunen Horden", die „braune Gefahr".
Für weißhäutige Menschen hat braune Haut immer auch etwas Erotisches an sich. Wer gebräunt ist, hat Zeit und Geld für Urlaub, gilt als lebensfroh und vital im Gegensatz zu Menschen mit (Leichen-) Blässe.
Psychoanalyse: Für S. Freud ist Braun ein Symbol analer Fixierung.
Asien: Braun symbolisiert den Norden. Ferner ist es in Indien die Farbe der Unberührbaren.
Christentum: Braun steht für die Absage an die Welt und für Buße, deswegen tragen Mönche und Büßer braune Kutten – sie wollen sich nicht mit bunten Farben für andere Menschen attraktiv machen.

Braut Die Braut und der Bräutigam sind Symbole der freudigen Erwartung und der Bereitschaft zu Verbindung und Hingabe, siehe ↗Heirat, ↗Hochzeit und ↗Ehe.
Analytische Psychologie: Alchemistisches Symbol für die Verbindung der Gegensätze, die Verbindung männlicher und weiblicher Seelenanteile nach C. G. Jung.

Brautschleier ↗Schleier

Brei Brei lässt meistens Kindheit assoziieren. Er steht für alles Nahrhafte. Dem Brei sagt man nach, dass er ↗dick macht.
Nahrung von breiiger Konsistenz bekommen aber auch alte und kranke Menschen, von hier ergibt sich ein Zusammenhang zur Schwäche, auch zur Armut.
Sprichwörtlich ist der heiße Brei, um den die Katze herumschleicht.

Bremsen Die Bremsen symbolisieren ein Hindernis, fehlende Beweglichkeit, Hemmung und Verlangsamung. Der Bremser sperrt sich gegen Veränderungen, wer sich nicht bremsen kann, hat die Beherrschung verloren. Oft drückt sich in diesem Symbol der Anreiz oder der Zwang zur Mäßigung oder Ordnung aus.
Wichtig ist zu betrachten, wer oder was bremst und was gebremst wird. In seltenen Fällen bedeutet Bremsen Sicherheit. Im Alptraum versagen oft die Bremsen, was

anzeigt, dass man seiner eigenen Dynamik ausgeliefert ist.

Brennen ↗Brand und ↗Verbrennen

Brennholz ↗Holz und ↗Brand

Brennnessel ↗Nessel

Brett Ein Brett taucht als Symbol selten in seiner Eigenschaft als Baumaterial auf. Man kann ein „Brett vor dem Kopf haben", die Welt kann „mit Brettern vernagelt sein" – hier geht es darum, dass man aus Brettern eine undurchdringliche Wand herstellen kann.

Bretter ↗Ski

Brief Ein Brief symbolisiert Kommunikation, Nähe und Austausch. Symbol der Verbindung (zur geliebten Person oder mit seinem eigenen Inneren), Nachricht, Kommunikation mit der Außenwelt. Im Traum sind Briefe oftmals Botschaften, die noch nicht ins Bewusstsein gedrungen sind.
In Zeiten der computergestützten Kommunikation werden Briefe, besonders handgeschriebene, zu etwas ganz Persönlichem, Exklusivem (↗E-Mail).
Literatur: Nach eigenen Aussagen betrieb Gottfried Keller das Briefeschreiben mit großer Liebe. Er schrieb leidenschaftlich viel und gern. Seine Briefe an Richard Wagner, Friedrich Nietzsche und Arthur Schopenhauer lesen sich wie ein Roman voller Witz und intellektueller Leidenschaft.

Briefmarke Die Briefmarke stellt einen Wert dar, sie ist im Grunde ein ↗Geldschein für den speziellen Zweck der postalischen Kommunikation. Wichtig für eine genauere Deutung ist der Wert der Marke wie auch ihre ↗Farbe und ihr Bild. Briefmarken zu sammeln, ist das verbreitetste Hobby auf der Welt. Das liegt wahrscheinlich daran, dass man hofft, dass der Wert der Marken steige. Es gilt als ein trockenes und recht kleinkariertes Hobby. Ein erhebliches Einkommen aus Briefmarken bezog Adolf Hitler, der zwischen 1933 und 1945 Lizenzgebühren von jeder verkauften Briefmarke bezog, die sein Bild trug.

Brieftasche Die Brieftasche ist das Sinnbild des Eigenen, sie enthält unser ↗Geld, unseren ↗Reichtum, unsere Personalpapiere, und wir tragen sie immer bei uns. Deshalb symbolisiert der Verlust der Brieftasche (gerade im Ausland) den Verlust der Sicherheit, ja der eigenen Identität.

Brieftaube Symbol der (zärtlichen und leichten, aber veralteten) Kommunikation. Bei der ↗Taube schwingt auch stets die Bedeutung Frieden und Sanftheit mit. Auf vielen alten Kupferstichen überbringt die Brieftaube eine Liebesbotschaft. Heute fast nur noch in nostalgischen Zusammenhängen gebräuchlich.

Briefträger Der Überbringer von Nachrichten wie der ↗Bote, siehe ↗Postbote.

Brillant Der geschliffene ↗Diamant steht für Klarheit, Reinheit, Eleganz und – Reichtum. Als Schmuckstein symbolisiert er Anerkennung und Schönheit (↗Edelstein, ↗Schmuck).

Brille Die Brille ist ein optisches Hilfsmittel, man kann damit etwas genauer erkennen. Der Aspekt des Schärfer-Sehens spielt in der Symbolik kaum eine Rolle.
Die erste Herstellung von Brillen und deren Vorläufern fällt in das späte 13. Jahr-

hundert. Sie wird nicht nur begeistert als wichtige Lesehilfe begrüßt, sondern steht zunächst im Geruch, etwas mit den „verbotenen Künsten“ zu tun zu haben. Schon bald aber symbolisiert sie Einsicht, Weitsicht und Überblick – aber auch Weltfremdheit des Buchgelehrten (↗Buch)
Auch heute gilt die Brille wieder als Symbol der Intellektualität und zugleich der Weltfremdheit. Von Dorothy Parker stammt der berühmte Ausspruch: „Men seldom make passes / At girls who wear glasses“ – eben weil sie zu klug wirken, was unsexy bedeutet. In vielen Filmen tragen unattraktive Frauen und Männer Brillen, die sie in dem Moment abnehmen, als sich ihr wahres Ich zeigt.
Die Brille symbolisiert auch die Sichtweise, die Subjektivität der Wahrnehmung, da sie ja die optische Wahrnehmung verändert. Man sieht etwas „durch eine andere Brille“ oder gar durch die „rosarote“ Brille.
Eine Sonderrolle spielt die ↗Sonnenbrille.
Antike: Lucius Annaeus Seneca, der berühmte römische Redner und Dichter, war äußerst schwachsichtig. Weit vor der Erfindung der Brille behalf er sich damit, dass er ein Gefäß mit Wasser benutzte, um die Schrift zu vergrößern und so besser lesen zu können.
Christentum: Schutzpatron der kurzsichtigen Gelehrten ist der heilige Hieronymus, obwohl zu dessen Lebzeiten die Brille noch nicht erfunden war.
Mittelalter: Der englische Philosoph Roger Bacon, der durch den Roman „Der Name der Rose“ von Umberto Eco wieder berühmt wurde, schlug 1280 als einer der Ersten vor, durch Glas vor den Augen die Sicht zu verbessern. Wahrscheinlich inspirierte er damit die Venezianer, die ersten Brillen herzustellen.
Literatur: In Sebastian Brants „Narrenschiff“, einem Bestseller des 15. und 16. Jahrhunderts, wird der bebrillte Esel dargestellt. Damit drückte Brant seine negative Einstellung den Intellektuellen gegenüber aus.
Der stark kurzsichtige Leo N. Tolstoj, der Weltfremdheit und einseitiges Gelehrtentum verachtete, trug keine Brille. Er konstruierte für seinen Schreibtisch einen äußerst niedrigen Stuhl, so dass sich seine Augen nur einige Zentimeter über der Schreibplatte befanden. Eine Brille zu tragen, galt ihm als unnatürlich.

Brötchen Gleicht in seiner Symbolik dem ↗Brot. Wegen seiner Form ist das Brötchen aber häufig ein Symbol für das weibliche Genital. Manchmal kann darüber hinaus wichtig sein, ob entsprechend der bekannten Redensart große oder kleine Brötchen gebacken werden.

Brokkoli In Deutschland ist der Brokkoli eine relativ neue ↗Kohlsorte und wird deshalb mit dem Süden, speziell mit Italien assoziiert, wo er schon länger geschätzt und kultiviert wird. In vielen anderen Gegenden Europas ist er hingegen das ↗Gemüse armer Menschen, denn er ist eine Kohlsorte, die wenig Ansprüche stellt.

Brombeere Brombeere ist Natur, ist Genuss, verweist auf Natürlichkeit, wegen ihrer schwarzen Farbe und der Dornen allerdings eignet sie sich nicht für Idyllik oder als Sinnbild der Vitalität. Es handelt sich um eine Beere, die nicht im Garten, sondern meist gebüschartig wild wächst. Damit hängt dann zusammen, dass man im Englischen „in die Brombeeren gehen“ sagt, wenn man ein (unerlaubtes, „schwarzes“) Liebesabenteuer meint. Außerdem werden alle ↗Beeren als weibliches Sexualsymbol betrachtet.

Psychoanalyse: Wie alle Beeren eine sexuelle Anspielung auf den Kitzler oder die Brustwarzen.

Brosche Wie alle ↗Schmucksymbole verweist die Brosche auf Schönheit und Eitelkeit. Sie kann andererseits auch eine Bereicherung des Lebens bedeuten. Man steckt sich die Brosche an wie einen Orden – das deutet auf eine Suche nach Anerkennung, Repräsentation.

Brot Das Brot ist in Europa die lebenserhaltende Speise schlechthin, Stärkung und nährende Substanz. Da das Brot unsere Alltagsspeise ist („das tägliche Brot"), bedeutet das Vorhandensein von Brot das Vorhandensein von Nahrung; wer sich „das Brot vom Munde absparen" muss, der verzichtet wirklich auf das Nötigste. Da es sich um ein preiswertes und unspektakuläres Lebensmittel handelt, gilt es als niedrigste Stufe des Essensgenusses: „Brot und Wasser" gibt es als Strafe im Gefängnis.
Analytische Psychologie: Nach C. G. Jung der Leib (Brotlaib), vgl. auch Schaubrote im Tempel Davids oder das christliche ↗Abendmahl. Brot ist laut C. G. Jung ein häufiges Symbol, wenn die Triebenergie auf die vorsexuelle Stufe der oralen Befriedigung zurückfällt.
Psychoanalyse: Auch S. Freud sieht in diesem Symbol eine Tendenz zur Regression in die orale Phase angedeutet.
Christentum: Das Brot und das Brotbrechen sind ein zentrales Element beim ↗Abendmahl. Daneben wird in der christlichen Kunst häufig das Wunder der Brotvermehrung dargestellt (Matth 14.15–21).

Browser Der Browser ist ein notwendiges Hilfsmittel zum Betrachten von ↗Internet-Seiten (vom englischen „browse", blättern). Er macht die Seite im Internet sichtbar, die man besuchen möchte, ist also sozusagen das Surfbrett des Internet-Surfers. Er steht für moderne Kommunikation, in gewissem Sinne der moderne ↗Postbote.
Browser als grafische Oberflächen, mit denen der Nutzer von Seite zu Seite surfen kann, wurden seit 1991 entwickelt, als Berners-Lee seine WWW-Software (↗World Wide Web) veröffentlichte. Der Amerikaner Marc Andreesen entwickelte 1993 einen der ersten Browser mit dem Namen Mosaik, den er weiterentwickelte und 1994 als Netscape Navigator kostenlos anbot. Als Netscape 1995 an die Börse geht, ist die Firma innerhalb von acht Stunden 4,4 Milliarden Dollar wert, 6 Jahre später kämpft sie ums Überleben.

Bruder Der Bruder steht oft allgemein für den Mitmenschen. Er personifiziert Nähe aufgrund des gleichen Ursprungs („alle Menschen werden Brüder"). Psychologisch gesehen ist der Bruder das „Alter Ego" (bei Frauen ist der eigene männliche Anteil gemeint). Vielleicht gibt es deshalb in Märchen und Mythen so überaus viele Gestaltungen des Konfliktes zwischen Brüdern, angefangen bei Kain und Abel.
Literatur: Thomas Mann nimmt in „Joseph und seine Brüder" sprachgewaltig das biblische Thema auf und schildert mit psychologischem Feingefühl die Eifersucht der Brüder auf Joseph, den Besonderen. Der Bruderstreit ist ein häufiges Motiv in der Literatur.

Brücke Ein häufiges Symbol ist die Brücke über einen Fluss oder einen Abgrund. Sie ist ein Ort der Gefahr, weshalb man vor allem im ganzen Gebiet der alten österreichischen Monarchie überall Statuen

des heiligen Johannes von Nepomuk auf Brücken findet, die vor dem Herabstürzen und Einstürzen schützen sollen.
Wer eine „Brücke baut“, dem geht es um eine Neu- oder Wiederaufnahme einer wie auch immer gearteten Beziehung. Die Gegensätze werden überbrückt. Auf den Banknoten der Europäischen Union treten häufig Brücken auf. Die Europäische Zentralbank wählte dieses Symbol, da die Brücken die Kooperation und Kommunikation zwischen Europa und dem Rest der Welt symbolisieren.
Das Überschreiten einer Brücke zeigt an, dass man eine Grenze überschreitet und zu neuen Ufern aufbricht. Die Brücke stellt deshalb in Märchen, Mythen und Träumen ein gebräuchliches Bild dar, wenn es um die innere Veränderung des Helden geht.
Es gibt auch schwankende Brücken, wichtig ist also auch der Zustand der Brücke und ihr Material. Siehe auch ↗Bogen.
Zum tieferen Verständnis sollte man beachten, was sich unter der Brücke befindet. Ist es das ↗Wasser, steht man oberhalb der Welt der Gefühle. Ist es die ↗Erde, geht es um Verhaftungen, möglicherweise auch um Trägheit im (Alltags-) Leben.
Islam: Im Koran gibt es die Brücke über die Hölle, die dünn wie ein Faden ist und die nur der Gerechte überschreiten kann.
Antike: Auch bei den Kelten gibt es die Brücke der Schrecken, die nicht breiter als ein Faden ist. Die Brücke leitet über einen Abgrund, in dem sich ein Geist, Teufel oder Gott befindet. Oft muss man ihm im Traum ein Opfer bringen, um über die Brücke zu gelangen. Auf der Brücke stehen deswegen manchmal Kapellen, wo solche Opfer dargebracht wurden (Paris und Leeds).
Analytische Psychologie: C. G. Jung bezieht die Brücke immer auf eine unsichere Stelle des Bewusstseins. Psychologisch repräsentiert sie nach C. G. Jung das dünne, unsichere Bewusstsein, das immer wieder vom Unbewussten bedroht wird. Die verbindende Brücke zeigt aber auch die Bewusstseinskontinuität, denn sie verbindet die einzelnen Bewusstseinsinseln.
Literatur: William Gaddis charakterisiert in seinem Roman „Die Fälschung der Welt“ Brücken als Bauwerke, die sich in der Mitte selbst die Hand reichen. Sie sind die vollkommene Stille in der Bewegung. Genau in dieser Bedeutung treten sie auch im Traum auf.
Film: In vielen Filmen wird das Symbol der Brücke beschworen, und zwar auffallend häufig in Kriegsfilmen. Der berühmteste ist „Die Brücke am Kwai“ (1957), David Leans Verfilmung des gleichnamigen Romans von Carl Foreman.

Brückenbogen ↗Bogen

Brüllen ↗Gebrüll

Brunnen Brunnen bedeutet Tiefe, ↗Wasser, Leben. Der Brunnen ist ein klassischer Versammlungsort der Frauen; Brunnen und ↗Baum sind die Urzellen eines idealen ↗Gartens, speziell im Orient.
Wegen ihrer Tiefe bergen die Brunnen aber auch eine Gefahr, es kann etwas oder gar das sprichwörtliche Kind in den Brunnen fallen.
Im Märchen bedeutet ein Verschwinden in der dunklen Tiefe des Brunnens interessanterweise kein Verlorensein: So bekommt die Prinzessin im „Froschkönig“ nicht nur ihren goldenen Ball wieder, sondern erwirbt mehr, als ihr zunächst lieb ist. Wenn allerdings der letzte verbliebene Besitz des Hans im Glück in den Brunnen fällt, dann ist das endgültig: Er erwirbt wahre Heiterkeit, weil er sich von den letzten Resten des Materiellen getrennt hat.

Brunnen treten häufig in Träumen von Schwangeren auf als Ursymbol des Lebendigen (zum Beispiel Jungbrunnen). Sie symbolisieren das Kapital des Menschen, aus dem er schöpft. Brunnen stehen für die Tiefe (der Seele), sie sind auch ein weibliches Sexualsymbol (wie auch die ↗Quelle).

Christentum: In der ganzen Bibel finden sich viele Hinweise auf den Brunnen als Quell des Lebens, Gott ist der „Brunnen lebendigen Wassers" (Jer 2.13 u. 17.13). Andererseits gibt es in der christlichen Kunst Darstellungen von Brunnen, aus denen dämonische Heuschrecken mit Menschenköpfen und Skorpionschwänzen herausquellen: der Brunnen des Abgrunds.

Literatur: Der Brunnen wird auch mit der Zeit in Verbindung gebracht. So beginnt Thomas Manns Josephsroman mit: „Tief ist der Brunnen der Vergangenheit."

Brust Die Brust ist der Sitz der Gefühle, dort schlägt das ↗Herz des Menschen. Aus der Beobachtung der Körperhaltung folgen Redensarten wie „mit geschwellter Brust" und „sich brüsten". Wer sich „an die Brust schlägt", der bereut, und zwar in seinem Inneren.

Die weiblichen Brüste gehören zu den stärksten erotischen Signalen. Sie reagieren auch äußerst sensibel auf sexuelle Reize, indem sich die Brustwarzen bei Erregung aufstellen und bis zu einen Zentimeter länger werden und die Brüste bis zu 25 Prozent größer werden. Kurz vor dem Orgasmus sind die Veränderungen noch größer.

Beim ↗Piercing der Brüste handelt es sich um eine moderne Symbolik. In früheren Zeiten trat Piercing zwar an allen Körperteilen auf, aber nie an den Brüsten wegen des Stillens.

Psychologisch verweist die weibliche Brust auf Mutterbindung, Nahrung und Regression. Die weibliche Brust hängt oftmals mit den regressiven Wünschen nach Verschmelzung zusammen. Auf der Oberfläche mag sich dieser Wunsch besonders im Männertraum sexuell geben. Frauen, die öfter von Brüsten träumen, hegen oft einen unbewussten Wunsch nach einem Kind. Die männliche Brust hängt mit Stärke zusammen. Wir sprechen von der „Heldenbrust". Männer träumen von der Brust, wenn sie mehr Stärke zeigen sollten. Frauen träumen von der Männerbrust bei einem großen Anlehnungsbedürfnis.

Psychoanalyse: Frühkindliches Sexualsymbol.

Literatur: In dem einflussreichen Roman von William Gaddis „Die Fälschung der Welt" werden die weiblichen Brüste als „antennae" – also als Empfangsorgane – bezeichnet.

Die weißen Brüste der Geliebten ziehen sich durch die Literatur seit dem Mittelalter als Symbol der Sehnsucht und reinen Liebe.

Kunst: Berühmt ist die Vielbrüstigkeit der Venus von Milo im Louvre, die drei Brüste zeigt. Dies kommt nicht nur in der Kunst vor, sondern auch im Leben. Anne Boleyn, die zweite Frau von Heinrich VIII., soll auch drei Brüste gehabt haben (wobei allerdings die dritte Brust nur angedeutet war). Bekannt ist die Vielbrüstigkeit der Skulptur der Diana von Ephesus, die mit über zwanzig Brüsten dargestellt wird, womit ihre Weiblichkeit hervorgehoben wurde. Allerdings ist die Kunstgeschichte heute eher der Ansicht, dass es sich hierbei gar nicht um Brüste, sondern um Hoden von den kastrierten Diana-Priestern handelt.

Die viel zitierte Einbrüstigkeit der ↗Amazonen scheint ein Mythos zu sein, denn auf Abbildungen werden die Amazonen stets wie normale Frauen zweibrüstig dargestellt.

Brustschild ↗Rüstung

BSE BSE, der „Rinderwahn", ist zum Symbol für eine lebensbedrohende industrialisierte Landwirtschaft geworden, die naturfremd produziert.

Buch Buch bedeutet ↗Lesen, Belesenheit und Klugheit. Bücher als Wissensspeicher lassen einen teilhaben an der Welt, sie geben die Möglichkeit zu einer Reise in die Welt der Gedanken und der Fantasien.
Vor der Erfindung des Buchdrucks hatten alle Bücher etwas Magisches an sich, für die überwiegende Mehrheit der Menschen, die nicht lesen konnte, waren auch die Bibel oder die Messbücher, die sie im Gottesdienst sah, magische Gegenstände. Das galt erst recht für die Zauberbücher, in denen man von allerlei verbotenen Künsten lesen konnte, die „schwarzen Bücher".
Seit der Erfindung des Buchdrucks durch Johann Gutenberg um 1450 verbreitete sich der Buchdruck erstaunlich schnell. Um 1475 gab es bereits in ganz Europa, in Amerika und Mexiko Druckerpressen, die so genannte Wiegendrucke herstellten. Betrugen damals die Auflagen der Bücher meist weniger als 250 Exemplare, so änderte sich das schnell, und bereits im 16. Jahrhundert waren über acht Millionen Bücher im Umlauf, jetzt werden sie zu einer Handelsware neben anderen.
Freilich gehört das Buch immer zum (Bildungs-)Bürgertum. Das Buch war ein derartig wichtiges Symbol der Bildung, dass noch im 19. Jahrhundert fast kein gebildeter Reisender das Haus ohne zumindest eine Tasche mit Büchern verließ. Selbst Amundsen wollte seine Bücher mit an den Südpol nehmen, allerdings versank seine Büchertasche im Eiswasser.
Wie alles, was mit Intellektualität zu tun hat (siehe zum Beispiel ↗Brille, ↗Bibliothek), hat auch das Buch ein Doppelgesicht: Bildung und weltfremde, trockene Gelehrsamkeit. So ist der „Bücherwurm" ebenso wie der „Büchernarr" bestenfalls eine skurrile Gestalt, meist aber eine Witzfigur.
Für eine detaillierte Deutung sind der Inhalt des Buches, sein Titel und die Farbe des Einbandes wichtig.
Christentum: Der Kirchenlehrer Augustinus sah die gesamte Welt als ein Buch an. Er folgerte daraus, dass derjenige, der nicht reist, nur eine Seite des Buches sieht. Daran knüpft der große Ordensgründer Benedikt von Nursia an. Er ging davon aus, dass Gott uns die Welt in zwei Erscheinungsweisen darbietet, als Natur und als Buch.
Literatur: Das Ende des Buchs ist ein Thema, das den gesellschaftskritischen amerikanischen Science-Fiction-Autor Ray Bradbury sowohl in seinen „Mars-Chroniken" als auch in seinem Roman „Fahrenheit 451" beschäftigte. Bücher werden in den hier geschilderten Gesellschaften vernichtet, da sie als subversiv gelten. Dieses Thema der subversiven Wirkung der Bücher und der Bücherverbrennung besitzt eine lange Tradition. In dem parodistischen Ritterroman „Don Quijote" beschreibt Cervantes, wie Bücher einem Landbesitzer den Verstand rauben und ihn jede Beziehung zur Realität verlieren lassen. Die Freunde dieses im Wahn lebenden Don Quijote verbrennen Teile von dessen Bibliothek und hoffen vergeblich, ihn somit in die Realität zurückzubringen.
Der britische Kunstkritiker und Philosoph John Ruskin war der Meinung, dass ohne eigene Bücher zu leben der Abgrund der

Armut ist – der geistigen Armut wohlgemerkt.
Der australische Romancier Richard Flanagan schreibt in „Goulds Buch der Fische“ (2002), „dass alle Bücher grandiose Torheiten sind, dazu verdammt, ewig missverstanden zu werden“. Viele Seiten später beklagt der Autor den Umstand, dass Bücher folgerichtig sind, die Menschen aber nicht. Daraus folgert er, dass nichts so ist, wie es in den Büchern steht, denn es gebe Wörter und Dinge und beide werden nie zusammenfinden.

Buche ↗Baum

Buchhandlung Die Symbolik der Buchhandlung ist nicht wesentlich verschieden von der der ↗Bibliothek.

Buchsbaum Seit dem klassischen Altertum symbolisiert dieser der Kybele heilige strauchartige Baum den Tod, andererseits auch die Ausdauer. Buchsbäume sind noch heute beliebte Friedhofspflanzen. Als ↗Hecke drücken sie Abgrenzung und Begrenzung aus.
Antike: Seit der Römerzeit wird in der Gartenkunst der Buchsbaum als ornamentale Begrenzung eingesetzt. Die Römer begannen auch, den Buchsbaum in geometrische Formen zu schneiden. Der geschnittene Buchsbaum symbolisiert so auch in den Barockgärten die kulturprägende Macht des Menschen über die Natur.

Buchstabe Aus Buchstaben setzen sich die Wörter zusammen, ein Buchstabe allein hat keinen Sinn.
Im Orient wird seit den ältesten Zeiten den Buchstaben eine magische Wirkung zugesprochen. Speziell das Judentum übernahm diese Auffassung und erweiterte sie dahingehend, dass über die Kenntnis der Bedeutung der Buchstaben die Welt zu verstehen ist. Dergleichen spielt in der Kabbala eine große Rolle.
Weitere Hinweise zur Symbolik von Buchstaben finden sich bei ↗Alphabet.
Literatur: In der arabischen und persischen Literatur sind die Buchstaben entsprechend ihrer Gestalt Attribute weiblicher Schönheit. Der Buchstabe „Mim“ steht beispielsweise wegen seiner runden Form für ein schönes Muttermal oder für eine Haarlocke.

Buckel Der Buckel deutet auf (zu viele) Belastungen hin, man „arbeitet sich krumm“, hat „viele Jahre auf dem Buckel“. Psychologisch gesehen kann das heißen, dass jemand Ballast abwerfen muss oder Rückgrat gefordert ist, dass das „Buckeln“ ein Ende haben soll.
Hexen und andere dämonische Wesen stellt man sich gerne bucklig vor. Schon im Altertum ging man dem Buckligen aus dem Weg, weil man ihm Bosheiten und Zauberkraft zutraute.
Literatur: Victor Hugo schuf in seinem Roman „Der Glöckner von Notre Dame“ den buckligen Außenseiter, der in Liebe zu der Schönen entbrennt.

Bücherverbrennung Bücherverbrennung bedeutet Barbarei, Unterdrückung und Gewalt, und das nicht erst seit der besonders berüchtigten Bücherverbrennung durch die Nazis im Jahre 1933, die dem Volk als Reinigung verkauft wurde. Siehe auch ↗Brand und ↗Feuer.

Büchse ↗Behälter

Bückling (Verbeugung) Der Bückling ist eine Demutshaltung, mit der man sein eigenes Ego zurückstellt. Der Bückling ist eng mit dem ↗Diener verbunden.

Büffel Der Büffel ist ein bekanntes männliches Sexualsymbol. Er steht für männliche Triebkraft (wie ↗Bulle und ↗Bock).
In den USA spielt der Büffel eine wichtige Rolle als nationales Symbol.
Der Büffel lässt die Prärien Amerikas assoziieren und die Tötung der Büffel durch die weißen Einwanderer.
Berühmt wurde die reisende Wild-West-Show von Buffalo Bill, in welcher der Büffel die Herausforderung für den „echten Mann" darstellte. Buffalo Bill gründete 1883 seine berühmte Show, die bis nach Europa auf Tournee ging.

Bügeleisen Das Bügeleisen symbolisiert häusliche, eher niedere Arbeit (passend zur ↗Wäscherin). Da die Wäsche, die gebügelt wird, geglättet wird, spricht man auch davon, etwas auszubügeln. Ist auch ein Symbol für bürgerliche Wohlanständigkeit, in der die korrekte Bügelfalte wichtig ist.

Bühne Bühne bedeutet Öffentlichkeit, im Rampenlicht stehen, die Möglichkeit für einen ↗Auftritt.

Bürger Das Symbol des Bürgers (als soziologischer Begriff) ist zwiespältig: Auf der einen Seite verkörpert der Bürger Macht und Bildung im Gegensatz zum Proletarier, auf der anderen Seite steht er (in marxistischer Tradition) für die konservativen, ja reaktionären Kräfte.
Literatur: Das klassische Bild des verwirrten Bürgers schuf Thomas Mann mit Tonio Kröger, der ständig zwischen Anständigkeit und Abenteuerlust hin- und hergerissen wird. Thomas Mann selbst wurde öfter mit Tonio Kröger verglichen.

Bürgersteig Der Bürgersteig ist der Ort des Flanierens. Wo nachts „die Bürgersteige hochgeklappt werden", da ist alles wie ausgestorben. Psychologisch gesehen ist wichtig, dass man als Fußgänger auf dem Bürgersteig Schutz vor den vorbeifahrenden Autos hat: So verweist der Bürgersteig auf die Sicherheit, nach der man sich sehnt, um weiterzukommen.

Büro Symbol der beruflichen Tätigkeit, der nicht-körperlichen (Verwaltungs-)Arbeit.
Das Büro wie jeder Arbeitsraum im ↗Haus verweist psychologisch gesehen auf den Beruf beziehungsweise die Erwerbstätigkeit. Es ist wichtig zu beachten, wie die Stimmung in dem Büro ist und wer anwesend ist, was sich diesem Büro abspielt und ob es voll oder eher leer ist.

Bürste Eine Bürste deutet auf die Entfernung von Schmutz oder – wenn es sich um eine Haarbürste (↗Haar) handelt – auf die Ordnung. Mit der Bürste wird Schönheit und Ordnung wieder hergestellt, die zuvor verloren gegangen war. Daneben spielt oft auch eine Rolle, dass eine Bürste stachlig ist, also für etwas Abweisendes, Widerspenstiges stehen kann (↗Igel).

Büstenhalter Der BH symbolisiert (nicht nur für den Mann) Weiblichkeit, Erotik und Verführung. Er hat einen Bezug zum weiblichen Rollenverhalten. Die Zeit, in der er von Frauen als Symbol weiblicher Einengung und traditioneller Weiblichkeit abgelehnt worden ist, scheint heute vorbei zu sein. Der Psychologe erkennt in ihm ein klassisches Persona-Symbol, da er auf die weibliche Attraktivität verweist.

Bulldogge Die Bulldogge gilt, wie schon der Name nahe legt, als betont kämpferischer ↗Hund, ein Hund, den die meisten Menschen außerdem für ausgesprochen hässlich und deswegen abschreckend halten. Er kann deswegen auch das Böse verkörpern oder die eigenen bösen Anteile.

Bulldozer Der Bulldozer symbolisiert die Kraft, etwas beiseite (beziehungsweise aus dem Weg) zu räumen, stark wie ein ↗Bulle.

Bulle Der Bulle – rein biologisch das Gleiche wie ein ↗Stier – ist ein bekanntes männliches Sexualsymbol, ähnlich wie der ↗Büffel und der ↗Bock. Die männlich-tierische Seite wird mit ihm angesprochen und die Potenz. Ein wütender Bulle ist enorm gefährlich und kann ungeheure Kräfte entfalten. Wer den Bullen reiten kann (Sport in den USA), hat seine männliche Überlegenheit gezeigt.
Dass man in der Umgangssprache einen Polizisten als Bullen bezeichnet, enthält angesichts dieser Symbollage eigentlich ein Kompliment, die Amerikaner werten mit ihrer Bezeichnung „pig“ viel eindeutiger ab.

Bumerang Bumerang bedeutet Rückkehr. Im übertragenen Sinne ist das oft das Eigene, was auf einen selbst zurückfällt: „Diese Aktion erwies sich für ihn als Bumerang.“ Er lässt ↗Australien assoziieren. Eigentlich ist dieses leicht gekrümmte Wurfholz mit seinem flachen Querschnitt ein Jagdinstrument und gehört zu den ältesten von Menschen entwickelten ↗Waffen. Wie alle Waffen ist es ein Aggressionssymbol. Der Jagdbumerang war allerdings nicht immer ein zurückkehrendes Wurfholz. Der eigentliche, stets zurückkehrende Bumerang wurde neben der Jagd hauptsächlich von Schamanen und Medizinmännern als rituelles Gerät genutzt, das die Wiederkehr aus dem Jenseits symbolisiert oder die Geistreise des Schamanen. Die geheimnisvolle Wiederkehr des Bumerangs ist ein Bild dafür, dass alles, was wir aussenden, auf uns zurückfällt.
Da eine gewisse Wurftechnik erforderlich ist, um das Wurfholz zurückkommen zu lassen, spricht es auch unsere Geschicklichkeit an.

Burg Burg bedeutet Herrschaft und Isolation, Macht und Abkapselung. Als ↗Muttersymbol ist die Burg wie das ↗Schloss oder die ↗Stadt das Bergende und Schützende. Sie hat stärker als Schloss oder Stadt etwas Raues, Archaisch-Kriegerisches an sich.
Burgen verweisen auf das Mittelalter und die Ritterzeit. Heutzutage sind sie Touristenattraktionen.
Psychoanalyse: Nach S. Freud sind Burg, Schloss, Festung wie auch Stadt immer ein Symbol für die Frau.

Bus Der Bus stellt wie die ↗Straßenbahn ein volkstümliches Verkehrsmittel dar. Weil die Strecke festgelegt ist, bringt er einen sicher – selbst im unbekannten Gebiet – zum Ziel. Der Bus steht für eine Art der Fortbewegung, bei der das Normale und Einsichtige betont wird. Im übertragenen Sinne symbolisiert er ferner ein schnelles Vorwärtskommen auf der Lebensstraße, aber im Gegensatz zum ↗Auto ist dieses Fortkommen mit Gemeinschaft verbunden.
Im Volksmund wird der Bus auch „Rentnerschaukel“ genannt, daran zeigt sich, dass der Bus als (Urlaubs-)Transportmittel kein hohes Prestige besitzt.

Busch Busch und Gebüsch sind Symbole der Heimlichkeit („hinterm Busch halten“). Sie symbolisieren Verstecke und einen Schutz vor unangemessener Öffentlichkeit oder Angst vor Offenheit. Ferner sprechen Busch und Gebüsch weibliche Gefühle, Neigungen und Wünsche an. Der

Zauberer Merlin wird von Viviane hinter einem Weißdornbusch verführt.
Christentum: Gott erscheint dem Moses in einem brennenden Dornbusch (Ex 3.2); da dieser Busch brennt, aber nicht verbrennt, wurde er vielfach als Symbol verwendet, zum Beispiel für die Unsterblichkeit, aber auch für Maria, die Mutter wird, aber Jungfrau bleibt.

Busen Traditionell Symbol der Sehnsucht nach Verbundenheit, Zärtlichkeit und Ruhe („am Busen der Natur ruhen"). Wen man an seinen Busen nimmt, der ist verwandt. Nach altgermanischem Recht wurden Verwandtschaftsgrade durch Körperteile bezeichnet. „Busen" gehört zu den nahen Blutsverwandten. Das überlebt noch heute in Begriffen wie „Busenfreundin".
Früher konnte das Wort Busen auch für die männliche Brust gebraucht werden. Heute ist aber ausschließlich die weibliche Brust gemeint, und damit steht der sexuelle Aspekt im Vordergrund, denn der Busen ist bekanntlich eines der wichtigsten und für Männer anziehendsten weiblichen Geschlechtsmerkmale. Weitere Aspekte bei ↗Brust.

Bushaltestelle ↗Haltestelle

Bussard Das Räuberische und Aggressive steht bei diesem ↗Vogel im Vordergrund, weniger das Majestätische wie beim ↗Adler.

Butter Die Butter ist ein durchweg positives Symbol. Alles ist in Ordnung („in Butter"). Sie ist ein Symbol des Nahrhaften und im Gegensatz zu ↗Brot oder ↗Kohl ein Symbol der Verfeinerung. Siehe auch ↗Milch und ↗Sahne.
Film: Nach seinem gleichnamigen Theaterstück drehte Gabriel Barylli 1990 den Film „Butterbrot", in dem das Alltagsleben feinsinnig analysiert wird. Butter und Butterbrot treten häufig als Symbole des Alltagslebens und des Normalen auf.

C

Cabriolet Das Cabriolet steht für Spaß, Exklusivität und Luxus. Als offenes ↗Auto symbolisiert es die Verbindung mit der Natur beziehungsweise der Landschaft; Fahren und Lebensfreude bei gutem Wetter, genauer die Sehnsucht danach, denn interessanterweise werden in den europäischen Ländern, in den am wenigsten die Sonne scheint, am meisten Cabrios verkauft.

Café Das Café ist ein Ort der Muße und Erholung. Es ist ein Treffpunkt und ein Ort intellektueller Anregung und steht für Genuss. Bis ins 20. Jahrhundert hinein waren bestimmte Cafés auch Treffpunkt der Intelligenz und der politischen Dissidenten.
In Deutschland gelten Straßencafés als modern, südländisch, das traditionelle Café eher als die Domäne älterer konservativer Damen.
Literatur: Wie viele Schriftsteller seiner Zeit schrieb G. I. Gurdjieff seinen Roman „Beelzebubs Erzählungen für seinen Enkel" im Pariser Café de la Paix. Das Café war ein Ort der Inspiration. Auch der einflussreiche Psychoanalytiker Otto Gross, den S. Freud neben C. G. Jung für seinen begabtesten Schüler hielt, arbeitete im Café. Er ging sogar so weit, im Café seine Analyse-Sitzungen durchzuführen.

Caharbagh Caharbagh wird der viergeteilte ↗Garten genannt, der besonders im Orient beliebt war, da der Prophet Mohammed die ↗vier Gärten des Paradieses erwähnt, unter denen ↗Wasser fließt. Der Caharbagh gilt als die Urform eines gegliederten Gartens. Er symbolisiert die Ordnung der Natur.

Camping Camping steht für Erholung und Urlaub, für ein gewisses Gemeinschaftsgefühl und Sehnsucht nach dem einfachen Leben; Camping ist als Urlaubsart nicht besonders prestigeträchtig. Siehe auch ↗Wohnwagen, ↗Zelt.

Caravan ↗Wohnwagen

Cello Symbol der Harmonie (wie ↗Chor) und Sinnbild der Tiefe, Erdung und Führung ins Unbewusste und somit ins Gefühl. Das Cello ist eher selten ein Solo-Instrument, meist eingeordnet ins Orchester-Team, kann daher auf die Stellung in der Gruppe verweisen.
Psychoanalyse: Wegen seiner Form Symbol des weiblichen Körpers.
Kunst: Der surrealistische Maler René Magritte malte die Frau als Cello.

Cent Der Cent hängt für uns traditionell mit dem ↗Dollar zusammen. Jetzt aber ist er die kleinste Einheit der neuen europäischen Währung und wird auf Dauer die Bedeutung annehmen, die früher der ↗Pfennig besaß.

Chamäleon Dieses Tier symbolisiert in ganz Europa seit der Antike einen Menschen, der sich an alles anpasst. Im psychologischen Sinne wird mit diesem Bild die Ichlosigkeit angesprochen, das hohe Ideal des Buddhismus. Diese Ichlosigkeit besitzt als Schatten die fehlende Eigenständigkeit.
Literatur: Der deutsche Dichter Wolfdietrich Schnurre wendet diese Symbolik in ironischer Weise um: In seiner Parabel „Ein folgenschwerer Unglücksfall" kann sich das Chamäleon nicht mehr anpassen.

Champagner Champagner bedeutet mehr noch als ↗Sekt Reichtum, Lust und Dekadenz. Symbol des sozialen Aufstiegs und der Ausgelassenheit. Man gönnt sich etwas, zeigt Luxus und Verschwendung.
In Champagner zu baden, gilt als Symbol prickelnder Sexualität und des dekadenten Luxus.

Champignon Der Champignon symbolisiert wie alle ↗Pilze Erdverbundenheit.
Psychoanalyse: Penissymbol.

Chaos Chaos ist die Abwesenheit von Ordnung. Chaos ist gefürchtet, da man in chaotischen Situationen nicht planen und kontrollieren kann. Es wird mit dem weiblichen Archetyp und dem Unbewussten assoziiert.
Literatur: In Goethes „Faust" bezeichnet sich Mephisto, also der Teufel, als „des Chaos wunderlicher Sohn", seine Mutter sei die schwarze (weiblich-chaotische) Urnacht.

Charakter Charakter ist Individualität – Charakter ist Starrheit (Wilhelm Reich). Der Charakter einer Traumperson symbolisiert auf der Subjektstufe die Eigenschaften und Fähigkeiten, mit denen der Träumende sich beschäftigen sollte.

Charme Charme bedeutet psychologisch gesehen die elegante Verbindung des Männlichen mit dem Weiblichen. Charme ist meistens zielgerichtet und zugleich erotisch verführerisch.

Chat Chat ist ein Begriff aus der Sprache des ↗Internets und bedeutet „plaudern".

Der Chat findet am ↗Computer statt, indem man sich per Schreiben mit denen unterhält, die gerade online sind. Chatten symbolisiert die moderne Kommunikation. Es ist spontan, scheinbar sehr persönlich, aber wie jede Form der Telekommunikation tatsächlich sehr beschränkt persönlich, da man das Gegenüber nicht mit allen Sinnen erfassen kann, weniger noch als beim ↗Telefon, bei dem man die Stimme hört.
In den Chat-Gruppen wird häufig geflirtet, und es entstehen auch engere Beziehungen. Insofern steht das Chatten auch für den Versuch einer Überwindung der Einsamkeit.

Chauffeur Einen Chauffeur zu haben, bedeutet Reichtum, Ansehen, Macht. Man kann es sich erlauben, sich fahren zu lassen, passiv zu bleiben. Er ist auch ein Symbol des Dienens.
Man bewegt sich nicht aus eigenem Antrieb, man wird bewegt. Das kann auf die Seele, unser Gefühl oder das Unbewusste verweisen, die uns vorwärts treiben.

Checken Ein moderner Ausdruck, der im Sinne von „etwas verstehen" gebraucht wird. Wenn man etwas checkt, wird einem etwas klar. Somit steht Checken für Durchblick und Verständnis.

Chef Der Chef ist, wie allgemein bekannt, ein Symbol der männlichen Autorität wie der ↗Vater. Der Chef wird oft als Machtfigur sexualisiert.
Im Traum ist mit dem Chef der reale eigene Chef (Objektstufe) oder der Chef als Sinnbild der eigenen obersten Instanz in uns (Subjektstufe) angesprochen. Wird der Chef im Traum positiv gesehen, symbolisiert er die positive Männlichkeit. Sich selbst als Chef zu sehen, ist meist ein Wunsch- oder kompensatorischer Traum: Man fühlt sich unterlegen und minderwertig und wäre gerne selbst der Chef.
Analytische Psychologie: Nach C. G. Jung spricht hier meist die herrschsüchtige männliche Seite in uns.

Chemie Im 19. Jahrhundert war die Chemie ein zentrales Symbol des wissenschaftlichen Fortschritts und der Modernität. Dies hat sich nicht geändert, nur die Bewertung hat sich heute oft umgekehrt: Gerade die Chemie verkörpert heute die Entfernung von der Natur, die uns der technisch-wissenschaftliche Fortschritt gebracht hat. „Ohne chemische Zusätze" ist heute ein wichtiges Verkaufsargument.
Im übertragenen Sinne verweisen alle Begriffe der Chemie und alle Hinweise auf die Chemie auf Kräfte der Bindung und der Abstoßung. Es geht also um soziale Reaktionen, um Beziehungen oder um die innere Chemie (die Verhältnisse unterschiedlicher Ichs zueinander): Wenn wir sagen, dass die Chemie zwischen zwei Personen stimmt, dann wollen wir damit ausdrücken, dass sie eine gute Beziehung miteinander haben.
Der Chemiker ist wie der ↗Arzt und der ↗Apotheker der intellektuelle Mann im weißen Kittel, Autoritätsperson, ein (weltfremder) Gelehrter, wobei die Assoziation mit dem ↗Alchemisten kaum jemals völlig fehlt. Psychologisch gesehen verweist die weiße Farbe des Kittels auf Reinheit und Geistigkeit.

Chimäre ↗Schimäre

China Eine der ersten Assoziationen des Europäers zu China ist ↗gelb. Wie kein anderes Land ist China mit einer Farbe verbunden: Gelb ist die Symbolfarbe Chinas.

China bezeichnete sich selbst als das Reich der Mitte, in dem die Sonne nicht untergeht. Oft symbolisiert China alte Weisheit. Es wird aber auch mit Gleichmacherei, Autorität und Massen verbunden – das ist sein Schatten.

Chip ↗Mikrochip

Chirurg Ursprünglich eher ein heilender Handwerker, der im Geruch der Brutalität stand, hat sich im Laufe der Zeit das Bild des Chirurgen dem des ↗Arztes allgemein angeglichen. Es ist aber zu beachten, dass in der Fantasie nicht nur des Träumenden die Haupttätigkeit des Chirurgen das Abschneiden von Körperteilen ist. Das mag dafür stehen, dass man sich radikal und brutal von etwas, einem Teil von sich selbst, trennen muss, um geheilt werden zu können.
Literatur und Film: Der Chirurg tritt oft in der populären Literatur und in zweitrangigen Filmen auf. Er ist der umschwärmte Mann der Arztromane und Krankenhaus-Fernsehserien.

Chor Symbol der Verschmelzung, Harmonie und des (himmlischen) Wohlklangs. Der Chor ist ein Team, man muss sich unterordnen, ist nur eine Stimme neben anderen – es sei denn, man leitet den Chor (↗Dirigent). Manchmal ist man derjenige, der falsch singt. Das deutet auf mangelnde Teamarbeitsfähigkeit, zu große Ego-Stärke.

Christbaum ↗Weihnachtsbaum

Christkind ↗Weihnachtsmann

Christus Christus ist der Beiname, den man dem Menschen ↗Jesus gegeben hat, um seine Auserwähltheit zu betonen. „Christus" heißt „der Gesalbte" und ist eine Übersetzung des hebräischen Wortes „Messias" ins Griechische. Nennt man Jesus mit diesem Namen, so will man eben die Auserwähltheit, das Göttliche und Hervorgehobene betonen, auch die (väterliche) Autorität: „Christus-König".
Literatur: Tom Robbins sieht in seinem Kultroman „Pan Aroma" (1984) Jesus als denjenigen an, der aus Priesterinnen Mägde, aus Königinnen Konkubinen und aus Göttinnen Musen machte. Mit ihm wird die Welt körper- und lustfeindlich.

City-Roller City-Roller ist ein modisches Image-Symbol. Man möchte „in" sein, Beweglichkeit, Dynamik und Jugendlichkeit demonstrieren. Häufig steht er auch für Spaß und Leichtigkeit. Immer schwingt bei ihm auch etwas Kindliches mit.

Clown Der Clown verkörpert Spiel, Leichtigkeit und Tiefsinn – das Leben sollte nicht so ernst genommen werden. Ferner symbolisiert er die Angst, sich lächerlich zu machen (aus einem Minderwertigkeitsgefühl heraus), oder man hat zu große Ansprüche an sich und andere. Wichtig sind die Handlungen und Stimmungen des Clowns. Weiteres bei ↗Narr.
Psychoanalyse: Der weiße Clown ist die Über-Ich-Figur unter den Clowns.
Literatur: In Heinrich Bölls Roman „Ansichten eines Clowns", der 1976 verfilmt wurde, steht der Clown für den Menschen, der aus den Normen ausbricht.

Club ↗Klub

Coca-Cola Coca-Cola ist ein modernes ↗Getränk, man könnte sagen, ein Kult-Getränk, das – unterstützt von unermüdlicher Werbung – mit Frische, Energie und Jugendlichkeit verbunden wird. Es ist auch

ein Symbol des „American Way Of Life" und des (aggressiven) amerikanischen Kapitalismus.
In Kreisen gesundheitsbewusster Menschen ist Coca-Cola zu einem Symbol eines falschen Lebensstils geworden.
Film: In Jean-Luc Godards Film „Die Kinder von Marx und Coca-Cola" symbolisiert das Coca-Cola die amerikanische Kultur.

Cocktail Cocktail bedeutet Entspannung, es schwingt auch die Bedeutung von Verruchtheit mit.
Der Cocktail ist ein animierendes Mixgetränk, das oft mit Nachtbars assoziiert wird. Es symbolisiert häufig eine erotische und gehobene Stimmung. In den letzten Jahren in gewissen Kreisen zur Mode geworden, da das Trinken von Cocktails (etwa im Vergleich zum ↗Bier) einen gehobenen Lebensstil demonstrieren soll. Siehe auch ↗Alkohol, ↗Getränk.
Für die genauere Deutung ist wichtig, mit wem jemand den Cocktail zusammen trinkt. Wie ist die Situation? Welche Farbe hat der Cocktail? Springen bestimmte Inhaltstoffe besonders ins Auge?

Cognac Cognac gilt als ein edles ↗Getränk, das den besonderen Anlass krönt. Bei der Jugend scheint derzeit der Ruf des Cognacs zu verblassen, er wird eher mit alten Menschen und Stillstand assoziiert.

Coitus ↗Beischlaf

Comic Comic bedeutet eigentlich nur Kommunikation mit Hilfe von Bildern. Dem Comic haftet immer ein Bezug zur Kindlichkeit an, er wird als Kunstform kaum ernst genommen und in den Bereich der populären Kultur verwiesen.
Der heutige Comic, der seit etwa hundert Jahren meistens karikaturhaft Geschichten erzählt, stammt aus den USA. Für Einwanderer, die des Englischen unkundig waren, schuf man Bildergeschichten, mit denen sie sich über Land und Leute informieren konnten. Der gebildete Leser wertet den Comic deshalb auch heute noch als das Medium des Ungebildeten ab. Mit Walt Disneys Comic-Produktionen werden dann unterhaltsame und pädagogisch ausgerichtete Geschichten erzählt. Comics werden von da ab mehr von Kindern gelesen und geliebt.
Christentum: Schon im Jahr 1025 verfügte die Synode von Arras, dass die Inhalte der heiligen Schrift für das gemeine ↗Volk in Bildern dargestellt werden sollten. Hierin sind die Anfänge der Kirchenmalerei zu sehen.

Computer Der Computer ist der Hermes des Informationszeitalters. Wie alle Symbole der neuen Technologien weist auch der Computer eine widersprüchliche Bedeutung auf: Er wird entweder als Befreiung gesehen oder als unmenschlich verteufelt, selten einmal ganz neutral als Hilfsmittel angesehen.
Stets ist der Computer ein Symbol der modernen Zeit und des Fortschritts – wobei die ganze Ambivalenz des technischen Fortschritts sich in diesem Symbol widerspiegelt.
Der Computer gleicht zwar (noch) nicht dem menschlichen Gehirn, trotzdem ist er ihm in manchen Dingen überlegen – und das nicht nur bei einfachen Operationen: Neueste Schachcomputer können von keiner menschlichen Klugheit mehr geschlagen werden. Von daher stammt die Angst, das Computergehirn könnte dem menschlichen Gehirn überlegen sein oder werden (↗Roboter). Das Symbol Computer rüttelt damit am Selbstwertgefühl des Menschen.

Außerdem steht der Computer für Rationalisierung, für das Ersetzen von menschlicher Arbeitskraft und von Arbeitsplätzen durch Maschinen. Auch hier überwiegt die Angst vor dem automatisierten ↗Doppelgänger des Menschen.
Seit 1978 sind die ersten Personalcomputer im Gebrauch und machen den Nutzer unabhängig von den Rechnern der Universitäten und Großkonzerne.

Container Der Container stellt ein genormtes ↗Gefäß für Waren dar, die versendet werden. Meistens hängt seine symbolische Bedeutung von seinem Inhalt ab. Große Mengen von bunten Containern gehören zum modernen Bild eines Hafens oder eines sonstigen Umschlagplatzes von Waren. Der Container steht auch für den Handel mit Massenprodukten, die riesigen Containerschiffe für das Ende der romantischen Seefahrt.
Das Bild des Containers inspirierte die frühen Entwickler von Computernetzwerken, Nachrichten in genormten „packets" zu versenden.

Couch Symbol der Ruhe und Rast (wie auch ↗Armsessel). Die Couch hat fast immer sexuelle Anklänge. Sie deutet ferner auf das Ausruhen und den Feierabend hin, es sei denn, man legt sich im Sprechzimmer eines Psychotherapeuten auf die Couch.
Bedeutsam sind Material und ↗Farbe der Couch. Mit wem sitzt man dort? Alle diese Details sind bei der Deutung zu beachten.

Cousin(e) Symbol des Verwandten. Häufig schwingt eine (tendenziell inzestuöse) erotische Bedeutung mit.

Cowboy Verbreitetes Symbol der Freiheit, der Abenteuerlust und des Selbständigkeitsdrangs. Der Cowboy ist das Symbol für den modernen männlichen (amerikanischen) ↗Helden, wie wir ihn beispielsweise aus der Zigaretten-Reklame kennen. Kann auch abwertend gemeint sein, dann meist mit amerika-kritischem Unterton: „Cowboy-Manieren" hat der ungehobelte Amerikaner.
Im Traum weist das Bild des Cowboys meistens auf übertriebene Geltungssucht des Träumers hin. Es mag auch den Wunsch nach Unmittelbarkeit und Nähe zu sich selbst ausdrücken. Wer vom Cowboy träumt, sehnt sich häufig nach mehr Freiheit und mehr Männlichkeit.
Literatur: In der Literatur tritt uns der moderne Cowboy als ↗Reisender durch das Universum entgegen. In der Science-Fiction-Literatur kann man den Menschen als Cowboy und die Bewohner anderer Planeten – wie zum Beispiel die Marsianer – als Indianer ansehen.
Film: Der Cowboy ist der Mann, der alleine bleibt. Er entspricht dem Bild des „lonesome Cowboys". Denn im Kreis der harten Männer hat die Frau keinen Platz; so bleibt dem Cowboy die Sehnsucht, was ihn auch zu einem romantischen Helden macht.

Coyote ↗Kojote

Creme Die Creme hängt eng mit der ↗Haut zusammen, mit dem Körpergefühl, und zwar meist mit dem Versuch, das Körpergefühl zu verbessern. Ähnlich, aber mehr als Medizin angesehen, die ↗Salbe.
Jede Creme verweist psychologisch gesehen auf die Charaktermaske im alltäglichen Leben. Man möchte schöner sein, als man ist. Allerdings stellt die Creme auch den „Seelenbalsam" dar. Im tieferen Sinne ist hier die Schönheit der Seele angesprochen, und die schöne Seele ist im übertragenen Sinne die wahre Seele.

Cunnilingus Beim Cunnilingus wird das weibliche Geschlechtsorgan (lateinisch: cunnus) mit der Zunge (lateinisch: lingua) liebkost. Der Cunnilingus symbolisiert ein Lob des weiblichen Geschlechts. Er entspricht dem Küssen, indem der Mund des Mannes die Lippen der Frau küsst. Die Schamlippen der Frau werden hier stellvertretend für die Lippen des Munds gesehen. Damit wird der sexuelle Akt zum symbolischen Kuss verharmlost (siehe ↗Fellatio).

D

Dach Das Dach kann als Pars pro Toto auch für das ganze ↗Haus stehen. Wir sprechen vom „Dach über dem Kopf“, wenn wir ein Heim gefunden haben. Das Dach ist ein Symbol der Geborgenheit und des Schutzes: Was man „unter Dach und Fach“ gebracht hat, das ist in Sicherheit. Somit kann das Dach erstaunlicherweise auch für unsere Erdung und Mitte stehen: Wir haben unseren Platz im Leben gefunden. Das Dach schirmt uns gegen die Außenwelt ab. Es kann deswegen auf Abschluss und Rückzug deuten. Dach bedeutet auch „dicht machen“.
Tibet als hochgelegenes Gebiet und Ort hoher Geistigkeit wird das „Dach der Welt“ genannt, denn Dach bedeutet auch Verbindung mit dem Himmel. Wenn man den ganzen Menschen mit einem Haus gleichsetzt, dann ist das Dach ein Sinnbild für den ↗Kopf und damit für den Intellekt – wer einen „Dachschaden“ hat, der hat Schwierigkeiten mit seinem Verstand.

Dachboden Dort liegen in Märchen und Mythen oft vergessene Ideen und Erkenntnisse. Auf dem Dachboden finden wir die Gedanken, die wir uns nicht zu denken trauen, und Einstellungen, die wir nicht zu äußern wagen. Der Dachboden ist dann der Eingang in die Welt der Fantasie, der Ort des Übergangs zur Anderswelt. Daneben spielt für die Symbolik eine Rolle, dass der Dachboden als Aufbewahrungsort für überflüssige Dinge dient. Hier findet man verstaubte, längst vergessene Gegenstände, Abgelegtes oder Verdrängtes.
Analytische Psychologie: Nach C. G. Jung Ort erster sexueller Erfahrungen, wie auch im Märchen „Dornröschen“, wo der Spindelstich in der Turmkammer, also im „Oberstübchen“ geschieht. Auf dem Dachboden und im Oberstübchen sind auch die Tabus im geistigen Bereich angesprochen. Neben der Sexualität ist das selbständige Bewusstsein eines dieser Tabus.

Dachdecker Der Dachdecker schafft den Schutz, der beim ↗Dach angesprochen wird, und auch die Abgrenzung gegenüber Klimaeinflüssen. Im übertragenen Sinne kann er den Überblick und den Intellekt verkörpern. Wie jeder ↗Handwerker gilt er als ein geschickter Mensch. Die Arbeit auf dem Dach ist auch gefährlich: Immer droht der ↗Absturz.

Dachkammer In den (häufig ungeheizten) Dachkammern schliefen die Dienstmädchen. Wer in der Dachkammer untergebracht wird, steht also ganz unten auf der sozialen Leiter. Traditionell drücken sich in diesem Symbol oft Ängste vor Verarmung aus. Beengt ist die Dachkammer, aber zugleich das eigene Reich, abgetrennt von der Familie und ihren Zwängen. Deshalb ist sie auch der Ort aufregender Erfahrungen jenseits bürgerlicher Wohlanständigkeit (↗Dach).

Heute sind die Dachkammern meist zu Dachwohnungen um- und ausgebaut worden; die alte Symbolik verliert sich damit allmählich.
Kunst: In dem berühmten Bild „Der arme Poet“ von Carl Spitzweg wird die Dachkammer als Symbol der Armut gestaltet.
Literatur: T. E. Lawrence verließ den Luxus seines Oxforder Colleges, um bei einem Freund in dessen Dachkammer zu schreiben. Dachkammern haben eine Tradition, Dichter zu inspirieren.

Dachs Den Dachs kennt heute kaum noch jemand aus eigener Anschauung, weswegen er auch nicht mehr so häufig als Symbol auftritt. Als man noch wusste, dass der Dachs Winterschlaf hält und dabei von seinem eigenen Fett zehrt, war klar, was es bedeutet, wenn man sagte, jemand „ist faul wie ein Dachs“ oder er „schläft wie ein Dachs“. Daneben symbolisiert der Dachs, der vorwitzig aus seinem Bau herauszukommen pflegt, Schnelligkeit und Unbekümmertheit. Diese Symbolik hat sich noch in dem Ausdruck „Frechdachs“ erhalten, der nach und nach veraltet.
Psychoanalyse: Der Dachs wird als weibliche Triebkraft gedeutet – ein seltenes Sexualsymbol.
Christentum: Hier symbolisiert der Dachs (wie der ↗Maulwurf und die ↗Kröte) eine der sieben Todsünden, nämlich den Geiz.

Dachziegel Dachziegel symbolisieren Schutz und Sicherheit wie ↗Dach und ↗Arche. Bei Sturm fallen sie schon einmal herab und treffen auf der Straße Passanten: eine plötzliche, unvorhersehbare Bedrohung.

Dackel Dass der Dackel eigentlich ein Jagdhund ist, spielt bei der Symbolik allenfalls auf alten Jagd-Gemälden eine Rolle. Heute gilt der Dackel wie viele ↗Hunde als guter Kamerad des Menschen. Wegen seiner Kleinheit und seines seltsamen Körperbaus vielfach auch Witzfigur. Wer sich einen Dackel hält, genießt entsprechend kein großes Prestige.

Dämmerung Die Dämmerung symbolisiert den Zwischenbereich, den die Romantik liebte: Man steht zwischen zwei Welten und sieht nicht klar. Sie bezeichnet den Moment des Übergangs, in dem die Dinge ungeschieden und ungeformt wirken. Dabei ist die Morgendämmerung naheliegenderweise mit einem Neuanfang oder Neugier, die Abenddämmerung mit dem Absterben verbunden. Zu beachten ist, falls vorhanden, die rote Färbung des Himmels. Sie kann einerseits auf Lust deuten (↗Rot), andererseits auch Angst und Bedrohung evozieren, was damit zusammenhängen mag, dass Rot auch die Farbe des Feuers und des Verderbens ist. Ähnlich auch ↗Sonnenuntergang.
Die Götterdämmerung, die Wagner sehr faszinierte, stellt den Untergang der Götter im letzten Kampf dar.

Dämonen Dämonen sind gefährliche, unberechenbare Kräfte, dem Menschen überlegen; in unserer Kultur bezeichnet man mit diesem Begriff eigentlich nie gute Geister – außer in der Computersoftware Linux, wo Dienstprogramme so genannt werden.
Antike: Im spätklassischen Rom wurde jedes Unglück Dämonen zugeschrieben, die als übermenschliche, unsichtbare Kräfte verstanden wurden. In Rom und Byzanz stellte man sich vor, dass ↗Zauberer Dämonen manipulierten, um ihre Wirkung zu erzeugen.
Christentum: Das Christentum rückte die Dämonen in die Nähe des ↗Teufels. Sie

gelten als gefallene, also sozusagen böse Engel. Um das Teuflische an ihnen zu betonen, werden sie in der Kunst oft als Tiere oder als Mischwesen aus Mensch und Tier dargestellt; interessanterweise sehen sie manchmal aber auch den Engeln sehr ähnlich, denn sie tarnen sich ja, um die Menschen zu verführen.

Däumling Der Däumling, den H.C. Andersen mit seinem gleichnamigen Märchen weltbekannt machte, personifiziert das (zu) Kleine. Oftmals wird dieses Symbol benutzt, um eine Minderwertigkeit auszudrücken. Siehe auch ↗Daumen.
Analytische Psychologie und Psychoanalyse: Alle kleinen Wesen aus Märchen, Sagen und Mythos werden als Penissymbole angesehen.

Dahlie Die blühende Dahlie verkörpert wie alle ↗Blumen natürliche Schönheit. Sie symbolisiert Buntheit und Offenheit. Sie kann andererseits auch für den Tod stehen und somit an die Vergänglichkeit erinnern. Bedeutsam ist die ↗Farbe der Dahlie.

Dalmatiner ↗Hund

Damm Ein Staudamm oder ein Wall ist ein häufiges Symbol der Einengung. Psychologisch gesehen zeigt er einen Aggressionsstau an (ähnlich wie bei ↗Dampf), er verweist auf beherrschte Gefühle und unterdrückte Wünsche. Ein Dammbruch verweist stets auf eine aggressive oder triebhafte Entladung. In ihm drückt sich die Macht der Natur aus, die über die Kultur siegt. Solange er nicht bricht oder zu brechen droht, steht der Damm für Sicherheit (wie ↗Anker, ↗Hafen und ↗Leuchtturm), er schützt wie ein Deich vor Überflutung und der Gewalt des Wassers; es geht also darum, eine Gefahr „einzudämmen". Wer „wieder auf dem Damm ist", der hat es (meist gesundheitlich) geschafft, er hat die gefährliche Uferzone verlassen und ist in Sicherheit.
Beim Bahndamm spielt eine andere Komponente eine Rolle. Dieses Symbol weist immer auf einen vorgegebenen Weg hin, der sich geradlinig (und scheinbar endlos) vor einem erstreckt.
Literatur: In Theodor Storms „Der Schimmelreiter" zeigt der Dammbruch, wie vergeblich es ist, wenn der Mensch versucht, mit seiner Rationalität die Naturkräfte beherrschen zu wollen.

Damm (anatomisch, Perineum) Der Damm trennt die Darm- von der Geschlechtsöffnung. Er symbolisiert den Zwischenbereich zwischen analer und genitaler Sexualität.

Dammbruch ↗Damm

Dampf Dampf – zu Beginn der industriellen Revolution ein Symbol für Fortschritt und Reichtum – steht für gestaute (seelische) Energien (wie ↗Damm), die sich entladen möchten. Wir sprechen vom „Dampfablassen", man steht „unter Dampf" – es ist klar, dass diese Symbolik auf die Dampfmaschine beziehungsweise Dampflokomotive zurückgeht.
Steht der Dampf nicht unter Druck, sind eher Auflösungserscheinungen gemeint, etwas Nicht-Greifbares, das ausströmt und sich verbreitet; im übertragenen Sinne zum Beispiel die Lust oder die Angst davor, sich zu verströmen. Der „Hansdampf in allen Gassen" ist einer, der seine Energien überall ohne großen Effekt verströmt. Für den Tiefenpsychologen weist der Dampf als Mischung von heißem Wasser (heiße Gefühle) und Luft (Intellekt) auf

bewusste Leidenschaften hin, die einen verändern.

Dampfer Der Dampfer ist ein veraltetes ↗Schiff, deshalb oft mit nostalgischen Gefühlen verbunden, mit der Ruhe der guten, alten Zeit – falls dieser Dampfer nicht gerade ↗Titanic heißt. „Auf dem falschen Dampfer sein" heißt, dass man auf dem falschen Weg ist. Denn eigentlich ist der Dampfer eine Maschine, die Druck und Spannung in zielgerichtete Energie umwandelt, also durchaus hilfreich auf dem Weg durch den Ozean der Gefühle ist.

Dampfkessel ↗Dampf

Dampfmaschine ↗Dampf

Darm Darm bedeutet Reinigung und Loslassen. Der Darm ist in unserer Kultur wie alle Ausscheidungsorgane häufig mit Ekel besetzt. Die Engländer bezichtigen den Darm, dass er für alle Krankheiten verantwortlich sei. Im Volk weiß man, dass der Darm recht sensibel auf Gefühlsschwankungen reagiert. Man bringt ihn vor allem mit (fehlendem) Mut in Verbindung.

Dattel Nach allen Schulen der Symbolik ist die Dattel ein Symbol des weiblichen Geschlechts. Sie steht für das Nahrhafte und Süße, ein Hauch von Exotik spielt auch eine Rolle.
Islam: Nach orientalischer Auffassung ist die Dattel eine sinnliche Frucht. Sie verweist auf eine sich anbahnende leidenschaftliche Beziehung. Im islamischen Bereich gilt ein Traum von einer Dattel als Glück verheißend.

Daumen Der Daumen steht oft stellvertretend für die ganze Hand. Als der kräftigste der Finger verweist er auf Macht („den Daumen auf etwas halten"), wenn man nichts tut, als „Daumen zu drehen", dann setzt man die Hand nicht richtig ein, es fehlt die Produktivität.
Schon lange vor S. Freud sah man im Daumen ein Penissymbol. Dass es ursprünglich eine obszöne Geste war, wenn man jemandem „den Daumen drückt", ist heute völlig in Vergessenheit geraten. Die Geste wird aber schon von Plinius erwähnt und bezeichnet bei den Römern die Verbundenheit zwischen Liebespartnern – die Römer waren da gar nicht prüde.
Im 16. Jahrhundert galt das Beißen in den Daumen als Symbol der Aggression. Den Daumen zur Nasenspitze zu führen, drückte Verachtung aus.
Psychoanalyse: Nach S. Freud Symbol für sexuelle Triebhaftigkeit.

Daumenlutschen Daumenlutschen ist ein Regressionssymbol. Man flieht in seine Kindlichkeit oder fühlt sich klein und schutzbedürftig.
Psychoanalyse: Ein klassisches Onaniesymbol.
Literatur: Heinrich Hoffmann (1809–1894) hat in seinem „Struwwelpeter" das Daumenlutschen als böse Tat dargestellt, die durch Abschneiden der Daumen bestraft wurde. Hierin wurde häufig ein Kastrationssymbol gesehen.

Debatte ↗Diskussion

Deck Das Deck steht, wie manchmal das ganze ↗Schiff, für Reise und Erholung – falls man an das Oberdeck oder gar an das Sonnendeck denkt. Unter Deck ist man geborgen und in Sicherheit, andererseits auch im dunklen Bauch des Schiffes, also von der Außenwelt abgeschnitten und eingeengt, dort, wo sich auch allerlei geheime oder dunkle Vorgänge abspielen.

Decke Decken schützen und wärmen, verbergen und verheimlichen. Mit anderen „unter einer Decke zu stecken“, zeigt gemeinsame heimliche oder dunkle Geschäfte an, selten eine positiv gemeinte Vertrautheit.
Für eine genauere Deutung sind die Farbe und das Material der Decke zu betrachten. Die Zimmerdecke verweist wie das ↗Dach auf Begrenzung, Schutz und Geborgenheit. Da mit dem ↗Haus oder Zimmer immer auch der ganze Mensch gemeint sein kann, kann die (zu niedrige) Decke Enge des Fühlens oder Begrenztheit unseres Horizonts andeuten. Ist es draußen unwirtlich oder gefährlich, dann wird der gleiche Aspekt positiv gewertet. Ist hingegen die Decke unendlich hoch, muss man sich nach ihr strecken, um sie zu erreichen. Das kann sowohl auf angenehme Weite als auch auf Anstrengung verweisen, die nötig ist.

Deckel Man sagt im Volksmund: „Für jeden Topf gibt es den passenden Deckel.“ Der Deckel spricht stets sein passendes Gegenstück an. Bei diesem Symbol stellt sich die Frage: Was passt zusammen? Was wird zugedeckt oder soll zugedeckt werden?

Defekt Defekte und defekte Gegenstände weisen stets auf Störungen hin, die beseitigt werden müssen und in der Regel auch beseitigt werden können. Darin unterscheidet sich der Defekt vom Desaster. Es liegt nahe, dass solche Defekte auch auf psychische Störungen übertragen werden können.
Psychologisch gesehen können reparaturbedürftige Gegenstände wie beispielsweise Häuser, Autos oder Haushaltsgegenstände immer auf persönliche Eigenschaften hindeuten. Das Reparaturbedürftige und Defekte symbolisiert dann das Kranke, das geheilt werden muss, damit Körper, Bewusstsein oder Gefühl wieder funktionieren können.

Defektes Auto ↗Panne

Defloration ↗Entjungferung

Deformation Deformationen werden meistens als negativ betrachtet. Sie können allerdings auch als Beweglichkeit und Plastizität angesehen werden.
Psychoanalyse: Die deformierten Gegenstände symbolisieren neurotische Tendenzen, siehe auch ↗Defekt.

Degen Der Degen ist traditionell eine vornehme, ja zum Adel gehörige ↗Waffe mit gerader, langer Klinge (anders der ↗Säbel). Heute eigentlich nur noch im Fechtsport präsent. Er bedeutet Schutz und Besonderheit. Der Degen steht für Machtstreben (wie ↗Denkmal). Mit dem Degen hält man sich einen anderen vom Leib, so ist er ein Bild für Distanz und Individualität. Im übertragenen Sinne kann er ein Symbol geistiger Arbeit sein, da der Degen trennt und so zu Unterscheidungen führt.
Psychoanalyse: Nach S. Freud ist der Degen ein Penissymbol (wie auch der ↗Dolch). In der heutigen Psychoanalyse wird er als Symbol der Trennung beziehungsweise der Angst vor Trennung gedeutet (wie ↗Abtreibung, ↗Leiche, ↗Scheidung).

Deich ↗Damm

Dekoration Dekoration bedeutet Hervorhebung und Ästhetik. Oft mit negativem Beigeschmack, da man der Dekoration unterstellt, sie wolle etwas verdecken oder vom wesentlichen Kern ablenken. Die Dekoration gibt oft einen Hinweis auf das jeweilige Stilgefühl oder auf das Bild, das jemand seiner Außenwelt von sich vermitteln will.

Delphin Der Delphin ist symbolisch der kluge ↗Fisch, obwohl fast alle Delphine Fisch fressende Zahnwale sind. Er verkörpert das hoch entwickelte Tierische und die intelligenten Emotionen. Er ist ein Symbol des Naturschutzes und der Verbundenheit zwischen Mensch und Natur.
Der Delphin wird häufig als Bild dafür gebraucht, wie man sich als Nichtfisch elegant und spielerisch im ↗Wasser – also im Reich der Gefühle – bewegen kann.
Der Delphin erreicht in der New-Age-Literatur seit Ende der 1960er Jahre einen Kultstatus. Er steht für die „gute Natur", den tierischen ↗Helden, der Schiffbrüchigen und autistischen Kindern hilft. Deshalb findet sich der Delphin auf zahlreichen Postern, als Comicfigur verkitscht zum niedlichen und fröhlichen Tier. Delphinshows sind beliebte Touristenattraktionen.
Die Realität gerät beim Delphin-Kult aus dem Blick: Meeresbiologen wissen, dass der Delphin seine Artgenossen quält, seine Jungen bisweilen tötet und Massenvergewaltigungen bei Delphinen vorkommen.
Antike: Schon in der Antike kursieren Sagen, dass der menschenfreundliche Delphin ins Wasser gefallene Menschen auf seinen Rücken nimmt und ans rettende Ufer bringt. Diese Sagen wurden im Mittelalter dann auch von verschiedenen Heiligen erzählt. Daneben steht auch schon eine spirituelle Symbolik: Der Delphin findet sich auf zahlreichen Grabsteinen und soll symbolisieren, dass er die Seele des Menschen auf seinem Rücken vom Diesseits ins Reich der Toten transportiert.
Film: Prägend für die Figur des Delphins ist „Flipper" geworden, der Held der gleichnamigen Fernsehserie, nach dem auch eine Comicfigur entwickelt worden ist.

Demonstration Demonstration bedeutet Widerstand, Öffentlichkeit und Einstehen für Ideale.
Für die Deutung ist es wichtig, ob jemand beteiligt ist oder nur Zuschauer: Wie sind die Empfindungen? Was ist das Ziel der Demonstration?

Denken Denken wurde für lange Zeit als männlich angesehen und dem weiblichen Fühlen entgegengestellt (siehe auch ↗Intellekt). Daher bedeutet strukturiertes Denken Beherrschung des (Gefühls-) Chaos. Das Bild des Denkers schwankt zwischen Bewunderung für den, der die Welt strukturiert, und Verachtung für den, der das Fühlen oder die Praxis hintanstellt.
Philosophie: Der idealistische Philosoph Hegel war der Ansicht, dass „sich das Denken nur im Denken denkt". Das Denken kann also nur in sich selbst begriffen werden.

Denkmal Jedes Denkmal verbildlicht Erfolg, Belohnung für Mühen und Machtstreben. Aber ein Denkmal drückt auch Erstarrung und einen rückwärts gewandten Blick aus.

Depression Depression bedeutet selbstaggressiver Rückzug und Passivität.
Als Alexis de Tocqueville 1830 die Vereinigten Staaten von Amerika besuchte, wunderte er sich, dass er viele Menschen in einer melancholischen Stimmung sah, die wir heute Depression nennen würden. Tocqueville vermutete, dass die Ursache dieser Erkrankung der Wohlstand sei. Er scheint damit etwas erahnt zu haben, was die moderne Forschung heute bestätigt: Die Depression steht in den wohlhabenden Ländern, wo sie sich geradezu epide-

misch ausbreitet, auf der Liste der zehn bedeutendsten Volkskrankheiten.
Die Depression ist als ein verinnerlichter Protest gegen die Spaßgesellschaft zu sehen, in der Aktivität und dynamische Lebensfreude zum Zwang geworden sind. Heute bekämpft die Pharmaindustrie die Depression mit Antidepressiva, denn die Depression passt nicht in eine hochaktive Gesellschaft.
Literatur: Das langsame, aber unaufhaltsame Abgleiten von der Euphorie in die Depression hat Goethe in „Die Leiden des jungen Werther“ gestaltet. Die Schriftstellerin Anne Sexton, die für ihre Lyrik den Pulitzerpreis erhielt, war schwer depressiv. Sie stellte ihre Depression öffentlich dar und starb 1974 durch ↗Selbstmord.

Dessous Dessous symbolisieren Kultur, Erotik, Selbstbewusstsein und Schönheit. Sie spielen mit Verdecken und Enthüllen. Bei Dessous ist die Farbsymbolik zur genaueren Deutung wichtig. Siehe auch ↗Unterwäsche.

Detektiv Der Detektiv will etwas aufdecken, entdecken. Er versucht, geheimnisvollen Zusammenhängen auf die Spur zu kommen, ähnlich wie der ↗Agent, der aber ein anderes Aufgabengebiet hat. Der Detektiv ist meist eine positive Gestalt, macht sich aber als „Schnüffler“ oft unbeliebt.
Überträgt man dies auf die Psyche, dann geht es um die Suche nach versteckten, unbekannten Möglichkeiten, um ein geduldiges Aufspüren von Lösungen verwickelter psychischer Probleme.
Literatur: Miss Marple und Hercule Poirot von Agatha Christie sind genauso wie Sherlock Holmes von Sir Arthur Conan Doyle zunächst ein Symbol des forschenden Geistes, der auch unkonventionelle Bahnen einschlägt.

Dezember Der Name hängt mit dem lateinischen Wort „decem“ (zehn) zusammen, denn im alten römischen Kalender war der Dezember der zehnte Monat. Er ist mit dem Winter, mit ↗Weihnachten und dem ↗Abschied vom alten Jahr verbunden und gilt neben dem ↗November als der melancholischste Monat.

Diadem Das Diadem ist ein Schmuckstück, das man nicht im Verborgenen trägt, sondern im Gegenteil für jeden sichtbar auf der Stirn. Beim Diadem steht also der Aspekt der Präsentation im Vordergrund, des Wirken-Wollens, der Eitelkeit oder der Freude an der eigenen Ausstrahlung. Da ein Diadem immer mit Edelsteinen besetzt ist, mag es auch Reichtum und Würde symbolisieren. Siehe auch ↗Edelstein und ↗Schmuck.

Diagnose Die Diagnose ist ein analytischer Vorgang, der vom strukturierenden (männlichen) Geist geprägt ist.
Das Ziel der Diagnose ist das Aufspüren von Fehlfunktionen, nicht nur im medizinischen Bereich. Heute hat jede größere Autowerkstatt ein Diagnose-Zentrum. Zu beachten ist, ob die Diagnose Selbstzweck bleibt, eine intellektuelle Spielerei, eine Suche nach Metaphern für real vorliegende Störungen, oder ob darauf eine wirkungsvolle Therapie aufbaut, also eine praxisgerechte Lösung erfolgt.

Dialekt ↗Mundart

Diamant Der Diamant spricht die Ewigkeit an, da er als unzerstörbar gilt. Deswegen gilt das Geschenk von Schmuckstücken mit Diamanten als Symbol ewiger Zuneigung. Außerdem steht der Diamant für außerordentliche Härte und als wertvoller und seltener Edelstein für Reichtum.

Bis zum 15. Jahrhundert wurden Diamanten weitgehend nur von Männern getragen. Sie symbolisierten die männliche Macht und Klarheit und galten als „unweiblich“.
Der Diamant ist psychologisch gesehen ein archetypisches Bild für das Selbst des Menschen und sein durchsichtiges, unveränderliches, hartes Wesen. Er steht für das reinste ↗Wasser und die gereinigte ↗Erde. Er ist ein Symbol seelischer Ganzheit, Klarheit und des besonders Wertvollen. Wer den Diamanten besitzt, der kann nicht nur nach buddhistischer Auffassung allen Anfechtungen trotzen. Auf der anderen Seite kann dieses Symbol auf Eitelkeit (wie jeder ↗Schmuck) und auf unnötige Härte und kühle Distanz verweisen. Siehe auch ↗Brillant.
Analytische Psychologie: Der Diamant symbolisiert nach C. G. Jung die höchste Vollendung des irdischen Körpers (den Auferstehungsleib). Mit dem Diamanten ist der Stein der Weisen (der „lapis“ der Alchemisten) angesprochen, dessen Suche C. G. Jung als die Suche nach dem Selbst interpretierte. Alle kristallinen Steine symbolisieren die formbildenden Kräfte des Selbst, eben die Strukturmuster, nach denen alles wächst. Es heißt, dass der Stein der Weisen überall liegt. Der Wanderer braucht sich nur zu bücken. Um das Selbst zu finden, muss er Demut zeigen. Er muss sich beugen. Der Weg zum Selbst ist kein „Ego-Trip“.
Asien: Im „Mahabarata“ wird der Koh-i-noor wegen seiner Kraft gepriesen. Koh-i-noor bedeutet „Berg des Lichts“. Er ist ein Diamant, der Glück bringt. Diese Kraft des Diamanten wurde später auf alle Diamanten übertragen, die fortan als Glücksbringer betrachtet wurden.
Mittelalter: Nach dem „Physiologus“ ist der Diamant der Sonnenstein, der nur nachts gefunden werden kann und nicht im Feuer schmilzt. Von hier aus liegt es nahe, ihn als Sinnbild von Christus zu betrachten, „weil er in der Finsternis scheint und unüberwindbar alle Stoffe bezwingt“.

Diana (Lady Di) Lady Diana Spencer verkörperte nicht nur einen glänzenden Medienstar, sondern auch nach ihrem Tod eine weltliche Form der Madonna. Sie war in den letzten Jahren ihres Lebens zugleich eine unglückliche Person, die sich humanitären Zielen zuwandte. Dass Lady Di an Bulimie litt, minderte ihre Beliebtheit nicht.
Musik: Die seit ihrem Unfalltod im Tunnel unsterbliche Lady Di wurde 2001 durch das Musical „Lady Diana – Ein Lächeln verzaubert die Welt“ gewürdigt (mit der Musik von Peter Thomas).

Dichter Das Wort „Dichter“ (und nicht „Autor“ oder „Schriftsteller“) benutzt man, wenn man das Künstlerische, Poetische an seinem Schaffen betonen will. Man neigt dazu, den Dichter oder die Dichterin zu idealisieren, mit einer romantischen Aura zu umgeben. Sie symbolisieren Intuition, Auserwähltheit und große Sensibilität. Häufig ist mit diesem Symbol auch die Einsamkeit des künstlerisch Schaffenden angesprochen, die Vorstellung, nur ein unglücklicher Dichter sei ein guter Dichter. Der übersensible Dichter in seinem Elfenbeinturm bietet sich außerdem als komische Figur an.

Dick In früheren Zeiten in Europa und noch heute im Orient galt dick zu sein als Zeichen des Reichtums. Heute hat sich diese Bedeutung, zumindest in der westlichen Welt, grundlegend gewandelt. Dick zu sein, wird als Zeichen schlechter Essgewohnheiten und fehlender Disziplin gewertet. Viele Menschen – besonders Frauen – kämpfen gegen ihre Pfunde, da dicke Menschen nicht unserem heutigen Schönheitsideal entsprechen. Dicke Menschen gelten als unattraktiv, aber auch als gemütlich.

Psychoanalyse: Im Hause S. Freuds machte man sich oft bei Tisch über dicke Menschen lustig. Die Psychoanalyse sieht in dem großen Körperumfang eine Abwehr gegen äußere Einflüsse.

Dickicht ↗Dschungel

Dieb Der Dieb lebt von anderen. Er ist ein Parasit und Außenseiter der Gesellschaft. Das ist jedoch nur eine Seite dieses Symbols, auf der anderen Seite steht er auch für den schlauen und (moral-) freien Menschen, der sich nimmt, was er braucht. Schon in Schillers „Die Räuber" ist der Räuber der Rebell gegen die Zwänge der Gesellschaft. Dieb und Diebstahl sprechen also immer die Einstellung zum Geben und Nehmen an. Im übertragenen Sinne kann der Dieb auch für die Angst vor Verlust, besonders den Verlust eines Partners stehen. Vielleicht möchte man sich auch aus einer Beziehung wegstehlen. Siehe auch ↗Einbruch, ↗Raub und ↗Räuber.

Diele Die Diele ist als Eingangsraum ein Zwischending: schon nicht mehr draußen, aber auch noch nicht ganz drinnen. Der Aufenthalt in diesem Vorraum kann von freudiger bis zu ängstlicher Erwartung die unterschiedlichsten Gefühle auslösen; immer aber bleibt die Diele die Schleuse, die Durchgangsstation.

Diener Der Diener muss sich von einer Autorität leiten lassen. Zwar hat er eine angenehmere Tätigkeit und bessere Umgangsformen als der rohe ↗Knecht, aber er bleibt ein Befehlsempfänger. Der Diener hat etwas Glattes, Unterwürfiges an sich. Psychologisch gesehen geht es bei diesem Symbol um das richtige Maß von Unterordnung und Demut. Siehe auch ↗Chauffeur.

Dienstag ↗Wochentage

Dienstleistungsberufe Das Dienstmädchen, das im Hause der Herrschaften wohnt, ist fast ganz ausgestorben, spielt aber in vielen alten Romanen und Fantasien eine große Rolle, oft als Objekt sexueller Begierde. Dienstleistungsberufe gelten zwar als die Berufe der Zukunft, als modern und relativ angenehm, da man nicht produziert und sich heutzutage auch meist nicht die Finger schmutzig macht, bedeuten aber nichtsdestotrotz immer Dienen, Zurückstellen des eigenen Egos.

Digitaluhr Im Gegensatz zur herkömmlichen ↗Uhr symbolisiert die Digitaluhr eine Entfremdung, da sie nicht mehr den Ablauf der Zeit als Bewegung anzeigt. Als solche Uhren neu waren, repräsentierten sie moderne, zukunftsorientierte Technik. Seitdem sie massenhaft zu Spottpreisen auf den Markt geworfen werden, stehen sie für billige Technik, modernen Plastik-Schrott.

Diktator Ein Diktator ist ähnlich wie das Symbol ↗Chef zu deuten – allerdings werden der aggressive Aspekt und die Herrschsucht betont. In unserer Gesellschaft ist das Bild des Diktators – der bei den Römern ein legitimer Herrscher in Notzeiten war – negativ besetzt, man sieht ihn als ein ↗Monster an, das ein krankes Gehirn besitzt und aus kalter Logik handelt.

Film: 1940 veröffentlichte Charlie Chaplin seinen Hitler-Film, die Tragikomödie „Der große Diktator", die treffend und ironisierend die Eigenschaften eines Diktators ins Bild setzt.

Dinosaurier Das Bild verweist auf frühe Phasen der Evolution. Da Dinosaurier ausgestorben sind, weil sie sich der Evolution nicht anpassen konnten, wurden sie auch zum Sinnbild für seit ewigen Zeiten überholte Fehlentwicklungen. Es geht beim Dinosaurier auch um die Faszination des Großen und Monumentalen, das man entweder als abschreckend und das Kleine zermalmend erlebt oder als Vorbild an Kraft und Macht.
Film: Seit den 1980er Jahren ist das Interesse an den Dinosauriern gestiegen. Sie sind die Stars von „Jurassic Parc" und der Disneyproduktion „Dinosaurier" (2000). Im Film ist der Dinosaurier häufig das bedrohende und Horror verbreitende Wesen. Es kann als ein Symbol einer als übermächtig erlebten Gesellschaft angesehen werden.
Die Comic-Serie „Die Dinos" (1991), die zusammen mit den Disneystudios produziert wurde, gehört zu den erfolgreichsten Fernsehprogrammen, die je produziert wurden. In dieser Comic-Serie sehen sich die Dinosaurier als Krone der Schöpfung an. Auffallend ist, wie rücksichtslos sie mit ihrer Umwelt umgehen.
Literatur: Der englische Reiseschriftsteller Bruce Chatwin beschreibt in seinem Reiseroman „In Patagonien", wie Martin Sheffield in Patagonien eine Dinosaurierjagd anzettelt. Er meint, dort den letzten Dinosaurier gesehen haben, der dem ähnelt, den Sir Arthur Conan Doyle in „The Lost World" beschrieb. Allerdings wurde dieser Dinosaurier nie gefunden, wenn auch die Jagd auf ihn Geschichte machte.

Diplom Es kommt darauf an, ob man eine Auszeichnung verliehen bekommt oder das Diplom, also einen Studien-Abschluss erreichen will. Im letzteren Falle gleicht die Symbolik der der ↗Prüfung, bei der Auszeichnung dem ↗Orden. Dann wird man aus der Masse hervorgehoben, öffentlich anerkannt. Für die genauere Deutung ist es wesentlich zu betrachten, wofür man dieses Diplom verliehen bekommt.
Häufig überwiegt die Angst vor der Diplomprüfung, zum Beispiel in Prüfungsträumen. Dies verweist auf eine Unsicherheit angesichts der Leistungsanforderungen unserer Gesellschaft.

Diplomat Der Diplomat ist der geschickte und kultivierte und weltläufige Mensch, der seine Worte und Taten sorgfältig abwägt und vermittelt. Oftmals symbolisiert er aber auch jemanden, der allzu diplomatisch ist, der keine eigene Meinung hat, sondern die seiner Vorgesetzten oder irgendwelcher Autoritätspersonen vertritt.

Dirigent Der Dirigent führt das Orchester oder leitet einen Chor. Damit liegt auf der Hand, dass er eine Autoritätsfigur ist ähnlich wie ↗Chef und ↗Admiral – nur dass es hier um die Harmonie geht. Wie viele Künstlerfiguren (siehe zum Beispiel ↗Dichter) neigt auch der Dirigent dazu, karikiert zu werden: Dann symbolisiert er übertriebenes künstlerisches Gehabe, hektische Expressivität, Geltungsstreben.
Film: In dem Film „Der Dirigent" (1979) des polnischen Regisseurs Andrzej Wajda wird der Dirigent als der weise Mann betrachtet. Dieser Film geht auf Gespräche des Regisseurs mit dem polnischen Dirigenten Andrzej Makowski zurück.

Dirne Die Dirne und das ↗Bordell bieten ideale Projektionsflächen für die sexuellen

Wünsche und Fantasien von Mann und Frau. Der Kern der Prostitution ist ein hartes Geschäft: Die angebotene Ware ist der eigene Körper, Verkaufsargument das Versprechen einer für den Kunden problemlosen Lustbefriedigung. Die Hure symbolisiert Sex aus (finanzieller) Berechnung. Sie bietet dem Mann die Möglichkeit, seine finanzielle Potenz in Verfügungsgewalt über einen weiblichen Körper umzusetzen. Der Freier kauft die Illusion, begehrt zu werden. In der Regel spielt auch der Aspekt eine Rolle, dass es beim gekauften Sex um Sex ohne Liebe geht.

In der Fantasie von (männlichen) Künstlern wird die Gestalt der Dirne als Außenseiterin der Gesellschaft idealisiert. Dort verkörpert sie die Abwendung vom Bürgerlichen und personifiziert Freiheit von einer als einengend empfundenen Moral. Sie ist die faszinierende Frau, deren Verkommenheit die Fantasie anregt. Allerdings bringen auch die heutigen Huren durch ihr psychologisches Einfühlungsvermögen oft einen Funken Kultur in die dumpfen Männerwelten ihrer Kunden.

Auf der anderen Seite wird die Dirne als Kurtisane oder in Japan eine Geisha als Kulturbringerin angesehen. Sokrates soll von der Kurtisane Aspasia in Politik und Redekunst unterrichtet worden sein, und die berühmte griechische Kurtisane Phryne ließ mit eigenem Geld das von Alexander zerstörte Theben wieder aufbauen.

Symbole aus dem Bereich der Prostitution treten häufig bei zu starren Lebensprinzipien auf. Sie drücken eine Sehnsucht nach wilder Sexualität in Zeiten unfreiwilliger Enthaltsamkeit aus, verweisen auf die Schwierigkeit, Liebe und Sexualität zu verbinden. Diese Symbolik ist häufig beim Typ des ewigen Junggesellen und bei Männern mit Mutterbindung anzutreffen, auch bei besonders behüteten Mädchen.

Psychoanalyse: Man sieht in diesem Symbol seit S. Freud verdrängte Wünsche in Bezug auf das Ausleben des eigenen Trieblebens.

Analytische Psychologie: C. G. Jung deutet diese Symbolik als Schattenproblematik.

Christentum: Die „große Hure Babylon" in der Johannes-Apokalypse (Apk 14.8) symbolisiert eine moralisch vollkommen verderbte, dem Weltlichen ergebene Gesellschaft oder Stadt. Man nimmt heute an, dass der Verfasser dieser Apokalypse das antike Rom damit gemeint hat.

Film: Es gab in Deutschland die Welle von St. Pauli-Filmen, bei denen die Prostituierten allerdings nicht romantisiert und idealisiert gesehen wurden. Diese Filme befriedigten den Voyeurismus des Publikums.

Literatur: T. S. Eliot, William Butler Yeats und George Bernard Shaw sahen es in ihrer Jugend als unehrenhaft an, Dirnen zu besuchen, was sie in Briefen und ihren frühen Schriften sehr bedauern. Ganz anders jedoch der Dichter Anton Tschechow, der den lasterhaften Genuss als Zeichen der Feinschmecker und raffinierten Kenner ansah.

Henry Miller beschreibt in seinem bis 1961 verbotenen Roman (Zensur in USA) „Der Wendekreis des Krebses" die Huren als gutherzige Frauen, deren ↗Herz aber zugleich faul und indifferent ist und die sich im entscheidenden Moment von ihrem Zentrum abkoppeln können.

Diskette Die Diskette ist ein Speichermedium. Hier werden Daten aus dem ↗Computer abgelegt und gesichert. Sie ist damit so etwas wie die moderne Form der Akte oder des Schreibheftes. Sie symbolisiert Austausch und Sicherung von Daten im Zeitalter der Informationstechnologien.

Diskothek Die Diskothek verkörpert für die Jugend bunte Lebensintensität fernab von Schule, Beruf und Familie. Sie lockt mit einer Vielzahl von Reizen: Mit Musik und Lichteffekten werden die Sinne überflutet, die körperliche Nähe zu vielen Menschen schafft Kontakte (oder jedenfalls die Möglichkeit dazu), beim ↗Tanz kann man seinen Körper sprechen lassen. Zu beachten ist hierbei aber wie bei allen Produkten der Unterhaltungsindustrie, ob die Steigerung des Lebensgefühls in dieser farbigen Kunstwelt nur ein Versprechen bleibt oder ob sie auch subjektiv erlebt wird. Die Diskothek kann so auch die unerfüllte Sehnsucht nach Intensität und Begegnung symbolisieren.

Diskussion Diskussion bedeutet Auseinandersetzung mit fremden und Einstehen für eigene Ansichten. Eine Diskussion im Traum steht oft für die Bearbeitung von ungelösten inneren Spannungen. Es handelt sich um eine unbewusste Problemlösungsstrategie. Ferner ist die Diskussion ein Hinweis, dass ein bestimmtes Problem nur kollektiv gelöst werden kann.

Distel Die Distel ist ein verbreitetes Symbol der Arbeit und der Abwehr, der Mühsal und des Streits, sie ist eine widerspenstige, völlig unpoetische Pflanze.
Eine Distel kann auch einen widerspenstigen und zähen Menschen verkörpern, weshalb sich ein politisches Kabarett in Berlin „Die Distel" genannt hat.
Die Distel ist das nationale Symbol Schottlands. Das geht auf eine Legende zurück, die im achten Jahrhundert spielt, als die Dänen Schottland erobern wollten. Bei der Eroberung von Stirling Castle, dem Sitz der schottischen Könige, soll einer der barfüßigen dänischen Angreifer auf eine Distel getreten sein und vor Schmerz aufgeschrien haben. Das weckte die Verteidiger auf, die sich erfolgreich zur Wehr setzten. So symbolisiert die Distel für die Schotten Schutz, und 1687 wurde der „Orden der Distel" gegründet, um Schottland vor Überfremdung und Einnahme durch andere Kulturen zu schützen.
Christentum: Hier wird die Distel ähnlich eingesetzt wie die ↗Dornenkrone. Sie ist auf Christus- und Märtyrerbildern ein Symbol freiwillig getragener Schmerzen, die Gutes zur Folge haben.

Disziplin ↗Gehorsam

Diwan Der Diwan ist wie das ↗Bett zu deuten – allerdings wird die Erotik und Exotik mehr betont.

Dobermann Bei diesem ↗Hund spielt die Größe und die (aggressive) Kraft eine Rolle. Psychologisch gesehen spricht der Dobermann wie alle Haus- und Gebrauchshunde eine Zähmung unseres Trieblebens an.

Dohle Die Dohle wird wegen ihrer schwarzen Farbe und ihrer Größe oft mit dem ↗Raben verwechselt (↗Vogel).

Doktor Der Doktor ist der Träger eines akademischen Titels; landläufig bezeichnet er einfach den ↗Arzt. Wie bei allen Intellektuellen schwingt beim Doktor immer die Ambivalenz zwischen Bewunderung der geistigen Fähigkeiten und Verspottung als weltfremder Trottel mit (↗Professor).
Psychoanalyse: Wunschtraum, denn man möchte selbst gern etwas intellektueller oder zumindest angesehener sein.

Dokument Dokumente verkörpern etwas Wichtiges, Verbindliches; siehe auch

↗Urkunde und ↗Vertrag. Es ist wichtig, darauf zu achten, was dokumentiert wird (oder werden sollte) und wie man dazu steht, dass dieses schriftlich niedergelegt und festgehalten wird.

Dolch Symbol des Machtstrebens und der Aggression, traditionell eine beliebte Mordwaffe. Er wird häufig mit einem hinterhältigen Mord in Zusammenhang gebracht; der Dolchstoß in den Rücken war ein beliebtes Motiv, bekannt ist die „Dolchstoßlegende" nach dem Ersten Weltkrieg, die behauptet, die deutsche Armee habe den Krieg nur verloren, weil ihr Revolutionäre im eigenen Land in den Rücken gefallen seien.
Der Dolch ist schon wegen seiner Form auch ein Männlichkeitssymbol; er spielte auch in der SS Himmlers eine Rolle als Zeichen männlicher Macht. In anderen Zusammenhängen kann er aber auch auf Schutz und Sicherheit verweisen.
Psychologisch hat der Dolch oft einen Bezug zu inneren Verletzungen, zu Leiden und Leidenschaften. Weitere Aspekte bei ↗Degen und ↗Säbel.
Der Dolch war eine häufige Grabbeilage keltischer Gräber, um die hohe gesellschaftliche Stellung des Begrabenen auszuweisen.
Christentum: Kommt öfter auf Bildern von Märtyrern vor, so sind zum Beispiel die Heiligen Aquilinus und Lucia daran zu erkennen, dass ihre Kehle von einem Dolch durchbohrt ist.

Dollar Dollar ist eine Bezeichnung, die auf das deutsche Wort „Taler" zurückgeht. Er symbolisiert Reichtum, ökonomische Macht, Unterdrückung und Ausbeutung, wobei der Akzent auf dem amerikanischen Kapitalismus liegt. Man könnte sagen, dass der Dollar das amerikanische Wirtschaftssystem symbolisiert.
Das Dollarzeichen $ ist eine Abwandlung der 8, die auf alten spanischen Goldmünzen eingeprägt war. Somit möchte der Dollar an das ↗Gold erinnern und sich als wertvoll präsentieren.

Dolly Das britische ↗Schaf Dolly gehört zu den Medienstars unserer Zeit. Es symbolisiert das Klonen und damit die Herrschaft des Menschen über die Natur. Dolly steht als ↗Klon letztlich für die Auflösung der Identität des Individuums.

Dom Der Dom ist als große Bischofskirche ein heiliger Ort. Er repräsentiert Macht und Autorität der Kirche, in früherer Zeit auch den Wohlstand und das Prestige der Städte, die sich solch ein Bauwerk leisten konnten. Im Dom findet man Besinnung und Ruhe in Zeiten der Unrast (wie ↗Kapelle und ↗Kirche). Da Dome in Europa fast ausnahmslos sehr alt sind, schwingt dabei auch Nostalgie und Erinnerung an alte Zeiten mit.

Dompteur Dompteure haben es geschafft, ↗wilde Tiere zu zähmen und sie sich gefügig zu machen. Sie verkörpern die Macht über das Wilde, das Rebellische. Dabei kann Freude über den Erfolg der Zähmung eine Rolle spielen oder Trauer über den Niedergang von Wildheit und Ursprünglichkeit.
Dompteure gehören zum ↗Zirkus und sind deshalb auch Außenseiter der Gesellschaft. Das fahrende Volk fasziniert die Sesshaften – und schreckt sie gleichzeitig ab.
Psychologisch gesehen geht es um das Wilde im Menschen, um den Umgang mit den Trieben.

Donner Im Donner spricht eine höhere Macht, eine Naturmacht zu uns. Der Don-

ner hat wie der ↗Blitz immer etwas Bedrohliches, wenn er auch selbst keine Gefahr darstellt, sondern auf eine unmittelbar bevorstehende Gefahr hinweist. Er symbolisiert die Wut, den Groll (Donner grollt), der sich im Blitz entladen wird.
Asien: Im „I Ging" bezeichnet der Donner das Erregende und somit den ersten Sohn.
Antike: Bei den Ägyptern symbolisiert der Donner schlechte Nachricht, Zorn, Wut, aggressive Gefühle. In verschiedenen antiken Mythologien wird die Macht des Donnerns kräftigen, herrischen Göttergestalten zugesprochen. Zeus beispielsweise wird bei Homer als der joviale Donnerer beschrieben. Das Donnern ist Ausdruck seiner männlichen Macht – und Schwäche.

Donnerstag ↗Wochentage

Doppelaxt Die Doppelaxt ist das verbreitete Symbol der Lesbierinnen in Erinnerung an den Frauenstaat von Lesbos. Allgemeines bei ↗Axt.
Antike: Die Doppelaxt wurde von der Amazonengöttin als Zepter geschwungen. Sie war eine zeremonielle Waffe.

Doppeldecker Der Doppeldecker als ↗Bus verweist stets auf England und eine gewisse exzentrische Ausrichtung.
Das Doppeldecker-Flugzeug symbolisiert eine zwar kühne, andererseits altertümliche Art des Fliegens, wird heute oft mit Nostalgie in Zusammenhang gebracht. Die ↗Piloten der Doppeldecker erscheinen uns als Pioniere, als Helden, zum Beispiel der berühmte „rote Baron" von Richthofen, ein Jagdflieger des Ersten Weltkrieges, der es bis zum Helden eines Comics gebracht hat.

Doppelgänger Der Doppelgänger ist das „Alter Ego". Er stellt die Individualität und Einmaligkeit des Menschen in Frage, siehe auch ↗Zwilling.
Es ist eine alte magische Ansicht, dass jeder Mensch einen Doppelgänger besitzt. Dieses zweite Selbst kann nicht nur in menschlicher, sondern auch in tierischer Form auftreten. Wichtig ist, was der Doppelgänger tut und welche Eigenschaften er besitzt. Denn der kann auf Möglichkeiten deuten, die ungenutzt im Innern schlummern oder abgespaltene Persönlichkeitsanteile verkörpern. Die alten Völker Skandinaviens nannten den Doppelgänger „fylgja", denjenigen, der folgt. Er verhält sich genauso wie sein Original und sieht auch so aus. Der Doppelgänger kann eingesetzt werden, um Magie zu betreiben.
Film: Der Doppelgänger ist ein beliebtes Filmthema. In diesen Filmen – meist Kriminalfilme – geht es um die Identität, das heißt um die Frage: Wer ist wer?

Dorf Das Dorf kann wegen seiner Kleinheit im Gegensatz zur Stadt für Ursprünglichkeit, Naturverbundenheit stehen. Für den (hochmütigen) Städter ist es Sinnbild der (geistigen) Enge, der Dörfler nicht weit entfernt vom Tölpel.
Literatur: In Johannas Spyris Roman „Heidis Lehr- und Wanderjahre" (1880) wird das Dorf schon als ein naturferner Ort gesehen, als Ort der Zivilisation im Gegensatz zur wild-natürlichen Alm. Dieser Roman hatte allerdings schon Vorgänger, speziell in der englischen Literatur, welche die Dorfidylle oft skeptisch betrachtet. Besonders William Wordsworth, Jane Austen und Thomas Hardy sprachen sich gegen die einseitige Romantisierung des Dorfes aus. Austen war der Ansicht, dass man als Dorfbewohner mindestens genauso beweglich und klug sein müsste wie in der Stadt. Wenn auch in der volkstümlichen Symbolik das Dorf stets als Ort

der Konstanz und Unbeweglichkeit gesehen wurde, so betonen diese Autoren auch, dass die Dorfgesellschaft keineswegs als statisch anzusehen ist.

Dornbusch Dornbusch bedeutet Unzugänglichkeit. Er ist häufig eine Abgrenzung.
Christentum: Aus dem brennenden Dornbusch spricht Gott Moses an (Ex 3.2).

Dornen Im übertragenen Sinne stehen die Dornen oft für etwas Schwieriges, Unangenehmes wie in der Redewendung „ein dornenvoller Weg“. Sie sind im Gegensatz zur Rose hässlich und abweisend, besonders wenn es sich um ein Dornengestrüpp handelt. So kann jemandem auch etwas „ein Dorn im Auge sein“ - unerträglich und schmerzhaft. Dornen drücken wegen ihrer ↗Stachel die weibliche wie auch die männliche sexuelle Aggressivität aus. Meist besitzen sie einen sexuellen Anklang, siehe auch ↗Distel und ↗Rose.
Antike: Nach Artemidor symbolisieren Dornen Hindernisse oder Schwierigkeiten mit einer Frau.
Christentum: Der Ausgangspunkt ist hier die Dornenkrone, die Jesus bei seinem Tod getragen hat. Als „Krone“ ist sie Zeichen der Erniedrigung und der Verspottung, die Dornen symbolisieren Schmerzen und Leiden. Im übertragenen Sinne können die Dornen die Sünden symbolisieren, die Jesus auf sich genommen hat, und die Erlösung von den Sünden.
Literatur: Sehr schön wird die Macht der Dornen in Goethes Gedicht „Sah ein Knab' ein Röslein stehn“ geschildert. Der sexuelle Aspekt taucht schon 1623 bei J. Fischart auf: „Sie ist in den Dorn getreten, wie die Magd, der der Bauch davon geschwoll.“
Bekannt ist das Märchen vom „Dornröschen“. Hier schützt die Dornenhecke das Mädchen vor verfrühten sexuellen Annäherungsversuchen ihrer Verehrer.

Dose Die Dose ist ein ↗Behälter. Wie die Büchse nimmt sie etwas auf, das man aufbewahren oder konservieren will.
Jede Dose kann die weibliche Sexualität symbolisieren, in der derben Sprache kann die Dose auch direkt für das weibliche Geschlechtsteil stehen.
Für die weitere Deutung ist es wichtig, was sich in der Dose befindet und wozu sie dient. Zu beachten ist auch die ↗Farbe der Dose.
Psychoanalyse: Dosen, Schachteln, Behälter, Büchsen symbolisieren nach S. Freud den Körper der Frau.

Dotter Der Dotter ist das Gelbe vom ↗Ei, und das bedeutet sprichwörtlich dic Essenz einer Sache.

Drache Der Drache ist ein gefährlicher Gegner, der seine Schätze bewacht. Drachen lieben es, Jungfrauen zu verspeisen, und symbolisieren damit die Triebkraft. Männliche Drachen sollen groß, stark, unverletzlich und mutig sein und in den Bergen wohnen wie der deutsche Drache Fafnir, der von Siegfried erschlagen wird. Weibliche Drachen dagegen lieben die Niederungen der Sümpfe. Umgangssprachlich bezeichnet man auch die Partnerin oder Mutter als „Hausdrachen“, wobei der Aspekt der Aggressivität im Vordergrund steht.
Die Angst erregende Kraft des Drachens wurde in Spanien zur Kindererziehung eingesetzt. Der offizielle englische Seeräuber Sir Francis Drake wurde dort „der Drache“ genannt. Man bedrohte die Kinder bei Ungehorsam damit, dass der Dra-

che sie holen und aufs Meer verschleppen würde.
Im Ostasiatischen Raum symbolisiert der Drache auch Glück. Das Land Bhutan heißt mit altem Namen „Druk Yul", was „Reich des Drachen" bedeutet. Der Drache ist das positive Schutztier Bhutans. Über 2000 Jahre lang beherrschte China das Drachensymbol (von der Han-Dynastie bis zum Ende der Revolution 1911).
Analytische Psychologie: C. G. Jung sah im Drachenkampf die Auseinandersetzung des Ichs mit seinem Schatten.
Antike: In der Antike ging man davon aus, dass Drachen im oder zumindest am Wasser leben und als Wasserwesen zu betrachten sind.
Nach Artemidor symbolisiert der Drache Reichtum und Schätze, in einer Fabel des Phädrus sitzt der Drache auf seinen Schätzen.
Christentum: Oft ist er Symbol des Triebs – wie in den allegorischen Darstellungen des Erzengels Michael oder des heiligen Georg mit einem Drachen –, den es um der geistigen Entwicklung willen zu bekämpfen gilt. Er bedeutet immer das Böse, da schon in der Apokalypse des Johannes (Apk 12.3) der Teufel als Drache auftritt.
Mittelalter: Fafnir ist der Drache, der den großen Nibelungen-Schatz auf der Gnitaheide bewacht, bis er dort von Siegfried erschlagen wird. Auf dem Schatz liegt ein Fluch, der auch Siegfried ereilt. Fafnir war schon zuvor an den Schatz gekommen, indem er seinen Vater tötete. Fafnir bekämpft, aber warnt Siegfried auch vor dem Schatz. Die Wikinger setzten Drachenköpfe auf die Steven ihrer Schiffe, wenn sie in See stachen, um die Meerungeheuer zu vertreiben. Allerdings verkehrte sich dieser Abwehrzauber, wenn sie heimischen Boden betraten. Dort brachten die Drachenköpfe Verderben und wurden so vom Steven entfernt.
Literatur: Der Drache ist ein weltweit verbreitetes Märchen- und Fabeltier. Die erstaunliche Popularität des Drachens geht weitgehend auf Jacobus de Voragine (1230–1298) zurück, der in seiner Legendensammlung „Legenda aurea" zum ersten Mal das Drachenopfer (siehe auch ↗Opfer) beschreibt und den heiligen Georg als Drachentöter. Seit der „Legenda aurea" gibt es unzählige Geschichten, Gemälde und Statuen, die den heiligen Georg als Drachentöter darstellen.
Meist ist der Atem des Drachens giftig, und er besitzt einen undurchdringlichen Schuppenpanzer, ähnlich wie die ↗Dinosaurier. Kaum ein Held mittelalterlicher Sagen muss nicht gegen den Drachen kämpfen, ob er nun Artus, Tristan oder Wigalois heißt.
In Friedrich Rückerts bekanntem Gedicht „Es ging ein Mann im Syrerland" dient der Drache als das Bild des Todes, der einen bedroht.
In heutigen Kinderbüchern werden die Drachen oft als lustig dargestellt. Auch Nepomuk, der Drache aus Michael Endes Geschichte „Jim Knopf und Lukas, der Lokomotivführer" ist kein gefährlicher, sondern eher ein melancholischer Drache.
Zu den lustigen, niedlichen Drachen gehört auch Elliot, das Schmunzelmonster aus dem Comic.

Dracula ↗Vampir

Draht Der Draht steht für eine gute Verbindung – zu einer Person oder zu einem Ort. Informiert („einen heißen Draht haben") und clever zu sein („auf Draht sein"), wird häufig mit dem Bild des Drahts ausgedrückt. Er kann auch ein Symbol der

Nerven („wie Drahtseile") und der geistigen Verbindungen („ich habe einen guten Draht zu ihm") sein.

Drahtseilakt ↗Seiltanz

Drama ↗Schauspiel, ↗Theater

Dreck Dreck ist ein Ekelsymbol, er ist das, was man ablehnt, und somit ein Schattensymbol. Das Symbol Schmutz spiegelt oft eine Sehnsucht nach Reinheit – zum Beispiel aus einem schlechten Gewissen heraus. Oder es ist Ausdruck des Bedürfnisses, „sich im Dreck zu suhlen".
Die Ethnologin Mary Douglas bezeichnete den Dreck als „Materie am falschen Platz". Er bezeichnet alles, was als wertlos oder nichtig gilt: „der letzte Dreck". Dreckig steht aber auch für moralisch verwerflich, „schmutzige Witze" sind Sex-Witze. Der Pop-Star Madonna antwortete auf die Interviewfrage, ob Sex dreckig sei: „Nur wenn man sich nicht wäscht."
Psychoanalyse: Der Schmutz verweist nach S. Freud auf die Sexualität. Das ist eine Assoziation, die besonders für die viktorianische Zeit am Anfang des vorigen Jahrhunderts zutraf, als man Sexualität grundsätzlich für etwas Schmutziges hielt.

Drehorgel Die „gute, alte" Drehorgel, die auf Jahrmärkten eine Rolle spielt, hängt häufig mit einem Wunsch zusammen, aus dieser Gesellschaft auszusteigen, mit der Hoffnung, dass es dafür eine romantische Lösung gibt.

Drei Drei ist Spannung, Dynamik, Rhythmus (vgl. Hegels Dialektik) und Vollständigkeit (Dreieinigkeit). Sie ist ein Symbol des Geistes, da sie der dritten menschlichen Bewusstseinsstufe (nach dem körperlichen und dem emotionalen Bewusstsein) zugeordnet wird. Die Drei steht oft mit der Zeit in Verbindung: Vergangenheit – Gegenwart – Zukunft. Schicksalsgöttinnen treten fast durchgehend als drei Göttinnen auf, zum Beispiel die drei Parzen. Die Weiblichkeit stellt man sich seit alten Zeiten unter drei Aspekten vor: die Jungfrau (Artemis), die mütterliche Frau (Hera) und die alte Frau (Hekate). Dahinter verbergen sich die drei Mondphasen: Vollmond, Neumond und Halbmond.
Dreimal darf man raten, und drei Wünsche stehen einem frei, da „aller guten Dinge drei" sind. Die Drei spricht unsere Entwicklung an. Denn wir benötigen Körper, Seele und Geist, um wirklich umfassend erkennen und leben zu können und eine tragende Stabilität in uns zu verspüren. Diese stützende Stabilität zeigt sich auch in der Einheit von Vater, Mutter und Kind.
Drei kann aber auch negativ mit dem Teufel verbunden sein, der parallel zur Dreieinigkeit auch dreieinig gedacht wird, weswegen man „in drei Teufels Namen" sagt.
Die Drei als dritte Dimension lässt uns an den Raum denken, mit ihr können wir uns ausweiten.
Faust muss dreimal rufen, ehe Mephisto eintritt, die Bibel führt die dreimalige Verleugnung Christi durch Petrus an: Dreimaliges Tun des Gleichen ist ein Wirksamkeitszauber. Er stellt die Verbindung mit der Wirklichkeit her.
Psychoanalyse: Die Drei verweist nach S. Freud auf männliche Genitalität.
Analytische Psychologie: Nach C. G. Jung ist die Drei eine numinose (geheimnisvolle) Zahl. Das zeigt sich deutlich in den drei Dienerinnen der Königin der Nacht in der Zauberflöte, die drei Hexen in Macbeth, die drei Wünsche, die man frei hat, und die drei goldenen Haare des Teufels im

gleichnamigen Märchen. Dies alles geht wie die vielen Göttertrinitäten auf eine ursprüngliche Dreiheit zurück: Vater-Mutter-Sohn. Es ist hier ausdrücklich das männliche Kind gemeint, da die Drei nach westlicher Tradition (zum Beispiel in der Kabbala) als ungerade und dazu noch als Primzahl eine genuin männliche Zahl ist. Außerdem wird in dieser Tradition im Kind vor allem die männliche Zeugungskraft gesehen.

Die Drei als weibliche Zahl andererseits gehört eher in den Mittelmeerbereich, woher wir die dreifaltige Göttin kennen, die über die christlich-katholische Marienverehrung und die Wiederentdeckung der Matriarchate auch in heutiger Zeit von Bedeutung ist.

Nach C. G. Jung hängt die Drei hauptsächlich mit dem Teuflischen zusammen: Die Triebhölle in der Alchemie wird als dreiköpfige ↗Schlange dargestellt („serpens mercurii"). Die dreiköpfige Schlange ist in der Mythologie immer der Satan, im Inferno hat der Satan drei Köpfe als Gegenbild zur christlichen Trinität.

Antike: Die Drei gilt als heilige Zahl. Das geht letztlich auf die ägyptische Auffassung der Dreieinigkeit zurück, nach der Amun der Geist, Re der Schöpfer und Ptah der Leib ist. Auch die christliche Auffassung von der Dreieinigkeit geht auf diese Vorstellung zurück.

Der altpersische Religionsstifter Zoroaster soll gesagt haben, dass sich alles in drei Teile teile. Damit meinte er die Unterteilung der Natur in ↗Feuer, ↗Wasser und ↗Luft. Die ↗Erde betrachtete er als eine Mischung dieser drei Grundelemente.

Literatur: Goethes „Faust II" endet mit den Worten: „Das Ewig-Weibliche / Zieht uns hinan" sowie mit der Anrufung der großen Göttin in ihrer dreifachen Gestalt als „Jungfrau, Mutter, Königin".

Dreieck Das Dreieck ist das klassische Symbol des Geistes. Es ist zugleich ein weibliches Sexualsymbol, wenn die Spitze nach unten deutet. Es ist ein männliches Symbol, wenn die Spitze nach oben deutet (siehe heilige geometrische Abbildungen im Tantrismus und die Form der Schambehaarung bei Mann und Frau). Siehe auch ↗Geometrie.

Antike: Im klassischen Griechenland symbolisierte das Dreieck ein glückliche Vermählung.

Christentum: Wegen der Dreifaltigkeit ein altes Gottessymbol. Das Dreieckszeichen mit dem Auge Gottes darin taucht aber erst im 17. Jahrhundert auf; wird dann von Freimaurerkreisen übernommen.

Dreispitz Der Dreispitz war der ↗Hut der Männer im achtzehnten Jahrhundert. Es ist der im Volkslied besungene Hut mit den drei Ecken, der meistens gar nicht auf dem Kopf getragen wurde, sondern unter dem Arm (wegen der gepuderten Perücken). Der Dreispitz gehörte auch zur ↗Uniform und wurde deswegen von Napoleon und Wellington getragen.

Dreizehn Die 13 war die heilige Zahl der Frauen, da in einem Jahr dreizehnmal der Vollmond erscheint und die Frau dreizehnmal menstruiert. Mit zunehmenden Einfluss patriarchalen Denkens wurde die 13 als Frauenzahl dämonisiert, ja mit dem Teufel in Zusammenhang gebracht: „Die 13 ist des Teufels Dutzend", sagte man früher.

Dass die Zahl 13 Unglück bringt, ist auch heute noch eine geläufige Vorstellung – und ausgerechnet das Raumschiff Apollo 13 ist 1970 explodiert.

Antike: Das babylonische Zahlensystem baute auf der Zwölf auf, die als vollkommene Zahl verehrt wurde. Die 13 wurde

als Zahl der Zerstörung des Vollkommenen und als Zahl der Unterwelt angesehen. Entsprechend kennt auch die jüdische Kabbala 13 böse Geister. Der Hauch dieser Einstellung zeigt sich noch heute darin, dass es in Hotels selten nur ein Zimmer mit der Zahl 13 gibt, und in Flugzeugen findet man ebenfalls keine Sitzreihe mit der Zahl 13.
Christentum: Das 13. Kapitel der Apokalypse des Johannes handelt vom besonders Bösen: dem Antichristen und dem Tier. Im Alten Testament dagegen wird die 13 auch als Glückszahl angeführt, da die Juden am 13. Tag des zwölften. Monats von Esther gerettet worden sind (Esther 9.1–2)

Drogen Jede Droge ist ein Symbol der Vernebelung oder der Inspiration und Einsicht in andere Welten. Sie bedeutet Verringerung der Bewusstseinskräfte, aber auch Abenteuer. Mit der Droge geht man auf die Reise – den „trip" – in seine Innenwelten, und somit steht sie für Weltflucht. Mit Drogen wurde oft Politik gemacht. Nicht nur, dass Geld aus Drogengeschäften die Politik finanzierte, sondern es wurden auch mit der Waffe der Droge Völker besiegt. So wurden die Indianer durch den Alkohol, das Feuerwasser, von den Weißen ausgeschaltet und ihrer Kultur entfremdet.
Literatur: Gottfried Benn schreibt in „Genie und Gesundheit": „Opium: De Quincey, Coleridge, Poe. Absinth: Musset, Wilde. Äther: Maupassant (außer Alkohol und Opium), Claude Lorrain. Haschisch: Baudelaire, Gautier." Danach führt er die lange Reihe der Alkoholiker an.

Dromedar ↗Kamel

Drossel Die Drossel ist mit ihrem vorwiegend bräunlichen Gefieder kein besonders auffälliger Vogel, wie jeder ↗Vogel aber ein Vermittler zwischen Himmel und Erde. Sie symbolisiert Überblick und als Singvogel auch Freude und Harmonie.
Mittelalter: Die Drossel vermittelt Frauen im Traum eine neue Bekanntschaft und Männern unerwartete Zuneigung.
Literatur: In dem Märchen vom „König Drosselbart" wird die Königstochter für ihren Hochmut bestraft, aber glücklicherweise gibt es ein Happy End.

Drucker Der Drucker, der an einen ↗Computer angeschlossen ist, wirft bedrucktes Papier aus: ein Endprodukt, das Resultat der Arbeit. Bei einer psychologischen Deutung ist auch zu beachten, dass im Wort „Drucker" auch der Druck im Sinne von Belastung steckt.

Dschungel Dschungel ist Gefahr und Verlust des Überblicks, ähnlich wie das ↗Labyrinth. Kann auch auf unberührte, wilde Natur verweisen, der Ort, der von keiner Zivilisation berührt worden ist. Tarzan, der „Herr des Dschungels", verkörpert diese Wildheit. Die „Gesetze des Dschungels" sind die Gesetze, die im Reich des Animalischen gelten.
Der Dschungel weist oft auf Schwierigkeiten hin, besonders wenn jemand sich einen Weg durch den Dschungel bahnen muss. Er ist auch ein Symbol des Erwerbs- und Alltagslebens und steht für alle beängstigenden und undurchschaubaren Situationen (meist emotionaler Art). Wir sprechen auch vom „Dschungel der Gefühle".
Literatur: Rudyard Kipling veröffentlichte 1894 und 1895 seine „Dschungelbücher", die ihm Weltruhm brachten. Der Dschungel ist für ihn der von der Zivilisation unberührte Ort.

Dudelsack Der Dudelsack symbolisiert Schottland, obwohl der Dudelsack ursprünglich aus Deutschland stammen soll und in ganz Europa verbreitet war.

Duell Eigentlich bedeutet Duell nur Zweikampf, meist ist aber die Auseinandersetzung mit tödlichen Waffen gemeint, bei der Männer um ihre „Ehre" kämpfen. Dieses wird schon im 19. Jahrhundert fraglich und als ein sinnloses, brutales und veraltetes Ritual angesehen. Dieser kritische Aspekt überwiegt heute meistens, wenn es um das historische Männerritual des Duells geht. Von anderen Duellen – oft nicht minder ritualisiert und nicht minder gefährlich – ist allerdings heute ständig die Rede: Nicht nur im Sport (zum Beispiel Autorennsport) symbolisiert das Duell auch heute Kampf, Spannung, Bewährungsprobe (für harte Männer), es kann auch auf widersprüchliche Gefühle hindeuten: Man steht mit sich selbst im Kampf („zwei Seelen wohnen, ach, in meiner Brust", sagt Faust).
Literatur: Der russische Dichter Alexander Sergejewitsch Puschkin starb im Alter von 38 Jahren an den Folgen eines Duells (27.1.1837), was 1943 von Adolf Gendelstein verfilmt wurde. Besonders in der russischen Literatur ist das Duell ein beliebter Stoff. Außerhalb von St. Petersburg duellierte sich Puschkin mit einem Franzosen wegen dessen Flirts mit seiner Frau Natalya, die als schönste Frau Russlands ihrer Zeit angesehen wurde. Dieses Duell war keineswegs das erste, an dem Puschkin beteiligt war. Es wird vermutet, dass Puschkin sich mindestens sechsmal duellierte. In seinem Roman „Eugen Onegin" spielt ein Duell eine wichtige Rolle. Es lässt den Helden mit Schuldgefühlen umherirren.
Film: Duelle sind beliebte Filmthemen. Interessant ist der Film „Das Duell" von Steven Spielberg (1971). Ungewöhnlicherweise geht es dort um ein Duell zwischen einem PKW- und einem LKW-Fahrer. Das Duell dient als Mittel, die anonyme Bedrohung in der modernen Gesellschaft zu gestalten.

Düne Die Düne ist Symbol der Vergänglichkeit. Etwas versandet und läuft somit aus. Dünen verweisen auf Reisen und Erholung. Sie werden auch mit den ↗Wüsten assoziiert. Die Düne wird häufig als Ort der Sexualität gesehen.

Dünger Symbol für Fruchtbarkeit, Kreativität und Potenzial. Der Kunstdünger genannte Mineraldünger hat wie viele Produkte der ↗Chemie einen starken Ansehensverlust erfahren: Vom Symbol des Fortschritts und des Sieges über den Hunger zum Symbol der Produktion von ungesunden Lebensmitteln.

Dürre Die Dürre veranschaulicht ökonomische Verluste und Leiden. Sie bedeutet Askese und Armut.
Heutzutage wird die Dürre mit Drittweltländern und Hunger assoziiert, bei uns oder in Urlaubsgebieten wird sie nicht wahrgenommen und als Schönwetterperiode begrüßt.
Christentum: Bekannt ist der biblische Traum des Pharao, in dem sieben magere und sieben fette Kühe vorkommen. Die mageren Kühe werden von Joseph als Dürrejahre, also als Jahre der Armut gedeutet.

Düsenjäger Moderne Kampfflugzeuge symbolisieren laute, sehr schnell herannahende Bedrohung, Angriff und Zerstörungswillen. Der ↗Pilot eines modernen Düsenjägers ist ein moderner, aggressiver Held, der die Technik beherrscht; er liegt auf einer Ebene mit einem Rennfahrer, nur dass hier das Kriegerische viel deutlicher wird. Wenn nicht – wie etwa in der Werbung für Luftstreitkräfte oder in Actionfilmen – die Technik positiv-heroisch gesehen wird, sondern der Aspekt der Bedrohung im Vordergrund steht, dann ist der Düsenjäger Ausdruck von Kriegsangst (wie zum Beispiel ↗Helm und ↗Bajonett, allerdings unpersönlicher und technischer). Da diese Flugzeuge sehr teuer sind, symbolisieren sie in antimilitaristischen Zusammenhängen auch die Verschwendung von Geld für Rüstungsausgaben.

Duett Symbol widersprüchlicher Gedanken und Gefühle wie bei ↗Duell, nur dass beim Duett die harmonische Auflösung der Gegensätze im Vordergrund steht. Das Duett ist ein Ausdruck der Sehnsucht nach Harmonie, besonders in Beziehungen.

Duft Tiere geben mit Düften ganz entscheidende Informationen, sie setzen Duftmarken, um ihre Reviere abzustecken. Davon ist auch beim Menschen etwas übrig geblieben, was die Redensart „den kann ich nicht riechen" zeigt. Nicht nur nach S. Freud können gerade Gerüche sehr gut Erinnerungen an bestimmte Orte und Personen wachrufen. Der Geruchssinn ist von allen unseren Sinnen am stärksten mit der Erinnerung verknüpft. Für die Deutung kommt es darauf an, ob der Duft als positiv-anziehend oder als negativ-abstoßend empfunden wird.
Die Symbolik der Düfte macht sich eine ganze Industrie zu Nutze. Duftnoten von ↗Parfüms sind heutzutage gestylt und unterliegen Moden.
Literatur: Dass Duftstoffe auch für Menschen stehen können, hat Patrick Süßkind in seinem Erfolgsroman „Das Parfüm" (1985) deutlich gemacht.

Dunkelheit Dunkelheit herrscht bei Abwesenheit von ↗Licht. Hier spielt also die ganze Symbolik von Licht (Tag, Geistigkeit, Aufklärung, Sicherheit, Leben) und der schwarzen Nacht eine Rolle. Die Dunkelheit kann sich auf mangelnde geistige Klarheit beziehen, die „dark ages", das dunkle Mittelalter, das das Licht der Aufklärung noch nicht erreicht hat. Sie kann auch die Abwesenheit des lebensspendenden Lichts symbolisieren; Tod, Nacht und Dunkelheit gehören für uns zusammen, im dunklen Kerker kann man nur dahinvegetieren. Dunkelheit ist außerdem (nicht nur bei Kindern) angstbesetzt. Wenn wir etwas nicht richtig erkennen können, dann fehlt uns die Sicherheit des Einordnens und Verstehens, mag es sich dabei um Menschen, Situationen oder Gefühle handeln: Im Dunkeln ist alles potenziell gefährlich. Damit hängt ein weiterer Punkt zusammen: Im Schutz der Dunkelheit werden dunkle Geschäfte gemacht. Die Dunkelheit ist also auch die Zeit des Illegalen und derer, die das Licht des Tages scheuen müssen.
Weniger häufig löst Dunkelheit positive Empfindungen aus; dann fühlt man sich in der Dunkelheit der Nacht geborgen, dem anstrengenden Treiben des Tages entzogen. Viele zeitgenössische Physiker nehmen eine „dunkle Energie" an, die in unserem ↗Universum gegen die Schwerkraft wirkt und für die Expansion des Universums verantwortlich ist.
Literatur: Joseph Conrad sah wie Charles Dickens die Dunkelheit als das Charakteristikum großer Städte an.
Philosophie: Der dunklen Energie entspricht die Quintessenz, die Aristoteles als ätherhaftes fünftes Element annahm. Aus ihr gehen alle ↗Elemente hervor.

Dunst Dunst bedeutet unklare Sicht, Verlust des Überblicks (wie ↗Nebel, nur nicht so stark). Die klare sinnliche Wahrnehmung wird getrübt. Das kann darauf hindeuten, dass man unbewusst handelt und die Orientierung zu verlieren droht.

Durchfall Mit Durchfall reinigt sich der ↗Darm schnell und gründlich. Der Körper möchte einigermaßen gewaltsam etwas loswerden. Das kann auf die Psyche bezogen werden, die sich eines Problems entledigen will, das sie auf dem Wege der normalen „Verdauung“ nicht bewältigen kann.
Die spanischen Conquistadores bezeichneten den Durchfall als Montezumas Rache (Montezuma war der Herrscher der Azteken), da sie in Mexiko im Gegensatz zu den Einheimischen häufig unter Durchfall litten – wie heute noch die Touristen.

Durst Der Durst symbolisiert das Verlangen, etwas zu bekommen, etwas, das so lebenswichtig ist wie das Wasser. Wichtig ist, wonach jemand dürstet (siehe auch ↗Hunger).

Dusche Dusche bedeutet Reinigung und Körperkultur. Sie kann auch auf unsere Gefühle verweisen. Besonders die (sprichwörtliche) kalte Dusche zeigt die Konfrontation mit negativen Gefühlen an. Die warme Dusche bedeutet häufig, dass jemandem etwas Positives zufließt.
Die Dusche symbolisiert oft den Wunsch nach Reinigung von ↗Dreck (wie ↗Bad, ↗Seife und ↗Sauna). Die Verschmutzung wird andererseits nicht so negativ erlebt wie bei ↗Abort und ↗Abwässer. Damit ist häufig die Hoffnung verbunden, wieder neue Kraft und positive Lebensgeister zu bekommen (seelische Erneuerung) und sich zu entspannen und Vergangenes abzuwaschen.

Duschvorhang ↗Vorhang

Dynamit Dynamit bedeutet Energie, Zerstörung, Ausbruch. Dynamit tritt ferner als Bild für eine sehr energiegeladene und oft auch cholerische Person auf, es ist ein bekanntes Symbol für aufgestaute Aggressionen. In diesem Symbol ist aber zugleich die entspannende Entladung angesprochen. Die Triebenergien möchten freigesetzt werden wie bei ↗Sprengung.

Dynamo Der Dynamo erzeugt elektrische Energie, es handelt sich also um ein Symbol für Technik und Energie. Deshalb haben einige deutsche Sportvereine den Begriff „Dynamo“ im Namen.

E

Ebbe Ebbe bedeutet einen Tiefstand; die Energien haben sich zurückgezogen – aber sie werden auch wiederkommen. Die Ebbe drückt eine seelische Entspannung aus oder aber eine Spannungslosigkeit und eine Beruhigung des Gefühlslebens. Man hat zur Zeit wenig Energien zur Verfügung – aber die nächste ↗Flut kommt bestimmt. Vielleicht geht es jemandem auch ökonomisch schlecht, wie der Ausdruck „Ebbe im Portemonnaie“ zeigt.

Ebenbild Das Ebenbild ist wie der ↗Doppelgänger das „Alter Ego“. Es relativiert die Einzigartigkeit des Individuums, was durchaus auch Angst auslösen kann.

Ebene Ebenen bedeuten oft problemlose, andererseits auch langweilige Bereiche, es sei denn, man kommt auf eine „schiefe

Ebene". Die Ebene kann Weitblick und Unendlichkeit bedeuten.
Bisweilen kommen endlose Ebenen vor. Sie verweisen auf Langeweile, aber auch auf Ausgeglichenheit. Gleichzeitig sind sie ein Bild weiter Voraussicht und Übersicht ähnlich wie bei der ↗Vogelsymbolik. Vielleicht sollen sie auch darauf hinweisen, dass der Weg geebnet wurde.

Ebenholz Das ↗schwarze Ebenholz symbolisiert Schönheit und Exotik, auch eine edle Haltung.
Antike: Der Thron des Gottes der Unterwelt – Pluto – besteht aus Ebenholz.
Literatur: Das Ebenholz spielt zu Beginn von „Schneewittchen" eine Rolle. In diesem Märchen tritt es als Schönheitssymbol auf.

Eber Der Eber verkörpert die animalischen männlichen Triebkräfte (wie ↗Bock und ↗Bulle, siehe auch ↗Wildschwein) und Aggression; oft auch sexuelle Sehnsüchte und gefährliche Situationen, die vielleicht mit eben diesen Sehnsüchten zusammenhängen. Obwohl der Eber bekanntlich ein männliches ↗Schwein ist, so ist die Symbolik doch meist recht unterschiedlich.
Antike: Römische Bauern opferten der Göttin Venus zu Beginn des Frühlings einen Eber, um die Fruchtbarkeit der Äcker zu fördern. Dieses Opfer des Ebers fiel in den Monat ↗April. Das lateinische Wort „Aper" heißt übersetzt „Eber", so ist der April der Ebermonat.
Der Eber wurde auch für einen Respekt einflößenden Gegner gehalten. So wurde der Sieg des Herkules über den thrakischen Eber als größere Heldentat als sein Löwenkampf angesehen. In Rom gab es deswegen einige Familien wie die Porcier und Sulier, die ihren Namen vom Schwein her ableiteten.
Antike: Plinius behauptet bewundernd, dass bei der Befruchtung ein Eber so viel Eiweiß abgibt, wie in zwanzig Enteneiern enthalten ist.
Mittelalter: Die Germanen verehrten als Gottheit der Fruchtbarkeit Freyja (Freia). Sie wurde durch den Himmel reitend auf einem Eber mit goldenen Borsten dargestellt. Nach ihr ist unser Freitag benannt.

Eberesche Die Eberesche (Vogelbeere) wurde als magischer Baum mit giftigen Früchten betrachtet. Stöcke der Hexen wurden häufig aus Ebereschenholz geschnitzt.

Echo Ein Echo ist das, was zurückkehrt. Es drückt häufig die Reaktion auf ein Verhalten aus, so sprechen wir vom positiven und negativen Echo zum Beispiel auf einen Film oder ein Buch.
Das Echo tritt auch als ein Symbol der Seele auf, in der alles wiederschwingt. Man hofft auf Reaktionen der Umwelt, Erinnerungen an etwas längst Gesagtes, das sich womöglich in einem neuen Sinn darstellt.

Ecken Ecken und Winkel bilden Verstecke. Außerdem werden Ecken und Winkel häufig als tückisch und gefährlich angesehen. Nach einem alten Volksglauben versteckt sich der ↗Teufel in Ecken und Winkeln: Auch hier geht es im übertragenen Sinne um das Tückische und Gefährliche, wie auch beim „Winkeladvokaten".
Die Ecke (Straßenecke) hingegen ist der Ort der Entscheidung, der Ort, an dem sich die Fluchtlinien und die Wege ändern.
Literatur: In seinem Gedicht von der Hausecke sieht Heinrich Heine die Ecke als den Ort der Gelegenheiten.

Edelstein Edelsteine bedeuten Beständigkeit, Treue und Zuverlässigkeit, andererseits auch Stolz. Je glänzender der Stein, umso mehr wird der Stolz und die Eitelkeit betont (↗Schmuck). Ferner können Edelsteine begehrenswerte Frauen oder seltener auch Männer symbolisieren.
Die ↗Farbe und die Art des Steines sind zu beachten. Seit jeher werden Edelsteinen magische Kräfte und Heilkräfte zugesprochen. Angestoßene Steine haben einen negativen Symbolwert.
Einzelheiten siehe bei den einzelnen Edelsteinen von Achat bis Türkis.
Analytische Psychologie: Der Edelstein ist der Schatz des eigenen Inneren, das Höhere Selbst. Er verweist darauf, dass im eigenen Inneren etwas sehr Wertvolles gereift ist.
Christentum: Als Symbole von Schönheit, Autorität und Vollkommenheit werden in der Bibel Edelsteine mit Gott (zum Beispiel Ex 24.10), den Engeln (Dan 10.6) und dem himmlischen Jerusalem in Verbindung gebracht. Als Grundsteine des neuen Jerusalems werden nämlich zwölf Edelsteine genannt (Apk 21.19–20).
Mittelalter: Es wurden sieben magische Edelsteine unterschieden, die zur Herstellung von Talismanen genutzt wurden: der Karfunkel, womit jeder rote Stein gemeint sein kann, das Kristall (Bergkristall), der Diamant, der Smaragd, der Achat, der Saphir und der Onyx; diese Steine werden dann jeweils einem der Planeten zugeordnet.
Literatur: Für die einflussreiche viktorianische Romanschriftstellerin George Eliot repräsentieren Schmucksteine ein Fragment des Himmels.

Edelweiß Das Edelweiß ist eine geschützte, seltene ↗Pflanze, die in den Hochgebirgen Europas an steilem ↗Fels wächst. Sie verbildlicht ↗Askese, Achtung und Zuneigung.
Das Edelweiß gibt einen Hinweis darauf, dass selbst unter schwierigsten Bedingungen etwas Reines entstehen kann. Diese Reinheit wird beim Symbol Edelweiß noch durch dessen weiße Farbe betont.
Ferner ist das Edelweiß das Symbol der Alpen und der Bergromantik.

Efeu Der Efeu ist eine immergrüne Kletterpflanze: Er steht für Treue, Lebenswillen und Aufstieg. Im nordeuropäischen Bereich wird der Efeu mit der Weihnachtszeit verbunden. Eines der bekanntesten englischen Weihnachtslieder heißt „Die Stechpalme und der Efeu“.
Efeu rankt und schmiegt sich an; das kann auf Treue, aber auch auf zu enge Partnerschaft deuten. Man kann erdrückt werden, denn der Efeu ist ein Parasit an Bäumen.
Antike: Immer schon Sinnbild der Treue und des ewigen Lebens. Man trug aber auch bei festlichen Gelagen Efeukränze, und Efeu wird dem Dionysos geweiht.

Egoismus Egoismus symbolisiert Unsicherheit und Schwäche. Er kann in einigen Fällen auch Notwendigkeit bedeuten.

Ehe Die Ehe ist ein Symbol der Bindung und der Gemeinsamkeit. Sie kann Himmel oder Hölle bedeuten. Mit diesem Symbol werden stets Gebundenheit und Freiheit angesprochen. Heute hat der Begriff oft einen Beigeschmack von bürgerlicher Langeweile, vor der auch die „wilde Ehe“ nicht verschont bleibt.
Die Ehe steht für Ausgleich und Versöhnung von Gegensätzen. Sie ist die Verschmelzung männlicher und weiblicher Kräfte, womit auch Anteile ein und derselben Persönlichkeit gemeint sein können.
Ferner kann sich im Symbol Ehe nahelie-

genderweise der Wunsch nach einer Partnerschaft ausdrücken – besonders häufig in Scheidungs- und Trennungssituationen – oder die Angst vor der Ehe und einer Bindung.
Mit dem Bild der Ehe hängt auch die Entdeckung des Anderen zusammen, das Annehmen des Fremden und Anderen und gleichzeitig das Wahren des nötigen Abstandes.
Literatur: In der Literatur wird und wurde die Ehe stets als etwas Schwieriges angesehen. Von Flauberts „Madame Bovary" bis hin zu den Romanen von D. H. Lawrence wird die Ehe eher als ein Gefängnis als eine Befreiung geschildert. Im Gegensatz dazu finden in der Trivialliteratur die Paare in der Ehe ihre Erfüllung und ihr Glück. In ihrem Weltbestseller „Rebecca" (1938) schreibt die englische Romanschriftstellerin Daphne du Maurier, dass ein Ehemann sich nur wenig von einem Vater unterscheidet. Die Beziehung zwischen der Heldin und ihrem Ehemann Maxim de Winter wird im größten Teil des Romans mehr als Vater-Tochter-Beziehung denn als Mann-Frau-Beziehung beschrieben.
Film: Psychologisch einfühlsam schildert Ingmar Bergman in seinem Film „Szenen einer Ehe" (1973) die Ehesituation. Die schmerzhafte Aufarbeitung des Verhaltens in der Ehe und die Selbstreflexion der Partner steht in diesem Film im Vordergrund, der die Ehe als etwas ansieht, das nur schwierig zu leben ist.

Ehebruch Ehebruch bedeutet Freiheit, Ausbruch aus einer Bindung, häufig aber auch Desaster und gefährliche Verwicklungen. Wichtig für die Deutung ist, ob der Ehebruch erwünscht oder befürchtet wird.
Antike: In der patriarchalischen Gesellschaft des alten Israel war Ehebruch anders definiert als heute: Geschlechtsverkehr mit einer anderen Frau war dem verheirateten Mann nicht verboten, nur Geschlechtsverkehr mit einer anderen verlobten oder verheirateten Frau.
Literatur: Der Ehebruch ist ein beliebtes Thema der Weltliteratur. Er spielt im 14. Jahrhundert in den Geschichten von Giovanni Boccaccios „Decamerone" und bei Geoffrey Chaucers „The Canterbury Tales" (1387) eine eher lustige Rolle. In Goethes Roman „Die Wahlverwandtschaften" wird er thematisiert. Dort wird er als natürliche Anziehung gesehen. Im modernen Roman dagegen wird der Ehebruch dramatisch. So beispielsweise bei Gustave Flauberts „Madame Bovary", Leo N. Tolstojs „Anna Karenina" und D. H. Lawrence „Lady Chatterley". Wie bei Tolstojs „Anna Karenina" führt im Roman um 1900 der Ehebruch und der Versuch, die neue Verbindung zu leben, meist in die Zerrüttung und oft in den Tod.
In der englischen Literatur sahen fast alle große Autoren von Thomas Malory bis Harold Pinter den Ehebruch als Betrug an. Der Münchner Komiker Karl Valentin macht sich allerdings über den Ehebruch lustig, indem er ein absurdes Verfahren vorschlägt, Ehebrecher zu entlarven.
Film: „Anna Karenina" wurde einfühlsam 1935 von Clarence Brown verfilmt, mit Greta Garbo als Anna Karenina.

Ehering Der Ring symbolisierte schon im alten Ägypten ewige Dauer, als Zeichen der ↗Ehe steht er für Bindung und dauernde Verpflichtung, auch für die Höhen und Tiefen einer solchen Verbindung. Weitere Aspekte bei ↗Ring.

Ehescheidung Ehescheidung bedeutet ein Ausbrechen aus der Bindung. Allerdings nicht vorübergehend wie beim ↗Ehebruch, sondern endgültig. Das mag als Er-

lösung und Befreiung empfunden werden – oder als Desaster und Ruin.
Analytische Psychologie: Man sollte darauf achten, dass man seinem gegengeschlechtlichen Anteil auch genügend Raum gibt.
Literatur und Film: In Leo Tolstojs Roman „Anna Karenina", der 1935 von Clarence Brown mit Greta Garbo verfilmt wurde, kommt es zur tödlich endenden Tragödie, da Annas Ehemann nicht in die Scheidung einwilligt.

Eheschließung Wie ↗Ehe, aber durch den Wortbestandteil „Schließung" wird die Angst vor Freiheitsverlust mehr betont als bei Ehe oder ↗Heirat.

Ehre Dieses Symbol spielte bis zum Zweiten Weltkrieg eine wichtige Rolle; der Begriff wird heute aber wegen seiner Verwendung in der Nazizeit nicht mehr so viel benutzt, die Welt des „ehrbaren Bürgers", der peinlich darauf achtete, dass durch nichts seine Ehre befleckt wird, scheint vorbei.
Heute geht es meist darum, jemanden zu ehren oder zu verehren. Da stehen Ansehen und Ruhm im Vordergrund.
Film: Volker Schlöndorff verfilmte 1975 Heinrich Bölls Roman „Die verlorene Ehre der Katharina Blum". Dort wird die Ehre einer jungen Frau durch die Gesellschaft zerstört, da Katharina Blum eine kurze Affäre mit einem Terroristen hatte. Der Begriff der Ehre wird hier im Sinne der Menschenrechte politisch gesehen.

Ehrenwort Ehrenwort bedeutet Verpflichtung; hat mit der Abschwächung des Begriffs „Ehre" viel von seiner Schärfe verloren (siehe auch ↗Eid).

Ehrung Die Ehrung ist ein Symbol der Anerkennung (wie auch ↗Applaus).

Ei Das Ei symbolisiert den Anfang. Es ist ein Wiedergeburtssymbol (vgl. Ostereier). Abgesehen von den großen mythologischen Themen symbolisiert das Ei aber auch das Zerbrechliche, Gefährdete („wie ein rohes Ei") und die Gleichheit, denn zwei Objekte können sich gleichen „wie ein Ei dem anderen".
Möglich ist aber auch ein Zusammenhang mit ↗Baby und ↗Geburt.
Psychoanalyse: Verweist bei S. Freud auf weibliche Sexualität und Mütterlichkeit.
Analytische Psychologie: Das kosmische Ei, aus dem alles hervorgeht, tritt häufig in kollektiven Träumen auf. Es steht für den Ursprung der Welt, so wie das Selbst den Ursprung des menschlichen Kosmos darstellt. Wie im Kristallgitter sind auch im Ei alle Prägekräfte für die spätere Gestalt vorhanden. Was das Kristall auf der mineralischen Ebene symbolisiert, das verbildlicht das Ei auf der tierischen Ebene. Beide symbolisieren die Kraft des Selbst, das uns gemäß den Gesetzen der Natur prägen möchte. Sehen wir dieses Selbst kristallisiert, müssen wir uns mit unserer Starrheit – häufig mit intellektuellen Widerständen – beschäftigen. Im Ei zeigt es sich uns in seiner natürlichen Form, die dem Menschlichen näher steht. Deswegen bevorzugen die Weltentstehungsmythen unterschiedlicher Kulturen das kosmische Ei, das dem Selbst der Welt entspricht.
Islam: Eier symbolisieren im Koran unberührte Frauen, die wie wohl bewahrte Eier sind.
Christentum: Altes Symbol für die Auferstehung von Jesus, der am Ostermorgen wie ein Küken aus dem Ei aus dem Grab herauskam. Das Ei spielte allerdings auch schon bei heidnischen Frühlingsfesten eine Rolle.
Mittelalter: Nach Paracelsus gleicht der Himmel einer Eierschale. Der Dotter wur-

de als die unterste Sphäre der Welt gesehen, die klare Flüssigkeit des Eis als die ↗Elemente.
Der englische Mathematiker und Alchemist John Dee benutzt das Ei als Bild für die Himmelssphären. Der Umlauf der Planeten entspricht nach ihm einer eiförmigen Bahn.
Literatur: Gabriele d'Annunzio schrieb 1936 einen „Brief an die Köchin", in dem er sie für ein gelungenes hart gekochtes Ei lobt, für das er sein Erstgeburtsrecht verkaufen und sie in die Sternenkonstellation des Eis erheben wird.
Film: In Ingmar Bergmans Film „Das Schlangenei" (1977) – der erste Film, den Bergman außerhalb Schwedens drehte – wird das Schlangenei mit einer düsteren Weltuntergangsstimmung verbunden.

Eibe Die Eibe ist ein immergrüner ↗Baum, der auffallend häufig von Mystikern beschrieben wurde. Aus der sehr langsam wachsenden Eibe wurden die besten Langbögen gefertigt, da ihr Holz enge Jahresringe aufweist und so äußerst stabil ist. So ist die Eibe symbolisch eng dem ↗Bogen verwandt, der auf Krieg und Jagd verweist. Sie scheint auf vielen Ebenen auch dem Tod verbunden zu sein, was mit ihrer Langlebigkeit und damit zusammenhängen mag, dass ihre Nadeln hochgiftig sind.
Mittelalter: Wohl wegen ihrer Giftigkeit wurden die Eiben im christlichen Mittelalter dem Teufel zugeordnet, die Eiben, so sagte man, wachsen in der Küche des Teufels, und wenn die Hexen sie mit dem Messer anschneiden, sprühen sie Funken.

Eiche Die Eiche verdeutlicht Kraft, Stärke, Unverwüstlichkeit. Auch als Möbelholz wird sie mit Solidität und Dauerhaftigkeit in Verbindung gebracht, in neuerer Zeit aber auch mit (bürgerlicher) Unbeweglichkeit.
Das Symbol der „deutschen Eiche" wurde von den Romantikern und von Bismarck als Bild eines gesunden, starken, unverdorbenen deutschen Volkes belebt. Bismarck soll sich zur Entspannung regelmäßig unter die Eichen seines Gutes bei Hamburg gesetzt haben. So wurde die Eiche und das Eichenlaub zum Symbol für Tugend und Sittsamkeit, für „reines, naturverbundenes Deutschtum" hochstilisiert.
Psychoanalyse: Die Eiche deutet im Frauentraum auf fehlende sexuelle Befriedigung hin.
Antike: Den Druiden galten die Eichen deswegen als die Könige der Bäume, weil in sie häufig der Blitz einschlägt. Sie sahen dies als Zeichen der Gottesgnade.
Mittelalter: An der Eiche hing Donar (Thor), um Wissen zu erlangen (die Runen); die Eiche symbolisiert Donar und galt als heiliger Baum.
Literatur: Gottfried Keller aquarellierte die Tambouren-Eiche bei Zürich, da sie ihm als ein Symbol von Idylle und Stärke erschien. Der deutsche Minister und Schriftsteller Hans Wilhelm von Thümmel (1774–1824) ließ sich in einem Eichenstamm begraben.

Eichel Die Eichel steht für Vorsorge. Sie ist andererseits ein bekanntes Phallussymbol.
Wie das Eichenblatt wird auch die Eichel als deutsches Symbol angesehen, das bis heute gern von eher reaktionären Verbänden benutzt wird.

Eichhörnchen Eichhörnchen bedeutet Ansammeln. Es lässt Vorrat assoziieren.
Das Eichhörnchen ist ein flinkes, scheues und zugleich neugieriges Tier, das Ideen, Pläne und Hoffnungen symbolisiert. Als

„niedliches“ Tier häufig auch in Kinderbüchern anzutreffen.
Mittelalter: Im Mittelalter wegen seiner rötlichen (↗Feuer) Farbe dem Teufel zugeordnet, was damit zusammenhängt, dass schon die Germanen das Eichhörnchen Loki zugeordnet haben, dem Gott des Feuers.

Eid Symbol der Wahrhaftigkeit und der Zuverlässigkeit. Der Eid verweist auf eine enge Bindung. Der Meineid gilt als besonders verwerfliche Form der Falschaussage und spielt in zahlreichen Sagen und Erzählungen eine Hauptrolle.

Eidechse Eidechsen symbolisieren Schnelligkeit und Klugheit. Da Eidechsen sich nur bei Wärme und Sonne hervorwagen, werden sie auch mit Süden und Sonne assoziiert.
Sie sind oft die harmlose Miniaturausgabe eines ↗Drachen.
Mittelalter: In Hexentränken wurden häufig Eidechsen oder Eidechsenteile aufgekocht. Das kann damit zusammenhängen, dass nach einer uralten Tradition die Eidechse wegen ihrer regelmäßigen Häutung und ihres Erwachens aus dem Winterschlaf als Symbol für Regeneration galt. Im „Physiologus“ konnte man lesen, eine erblindende alte Eidechse brauche nur lange genug in die Sonne zu starren, um wieder sehend zu werden.

Eifersucht Eifersucht bedeutet Unruhe der Seele.
Diese Leidenschaft ist dem Neid verwandt und erzeugt meistens Unglück und das Gegenteil dessen, was man sich wünscht, nämlich die Trennung. Eifersucht ist ein Angriff auf die Freiheit.
Literatur: Eifersucht ist ein beliebtes Thema, das die Literaten zu allen Zeiten zu Höchstleistungen trieb. Bekannt ist der Ausspruch „Eifersucht ist eine Leidenschaft, die mit Eifer sucht, was Leiden schafft“, der F. Schleiermacher zugesprochen wird, aber auf ein spanisches Wortspiel zurückgeht, das bei Cervantes vorkommt.

Eigenheim Eigenheim bedeutet Sicherheit, Glück oder Belastung. Das Eigenheim drückt Heimat und Geborgenheit aus. Es steht andererseits auch für Abnabelung und seelische Eigenständigkeit.
Nicht zu übersehen ist, dass der Begriff „Eigenheim“ (ganz anders als etwa „Haus“) einen kleinbürgerlichen, auch altmodischen Klang hat.
Wichtig ist die Art des ↗Hauses, das oft ein Bild für die Identität seiner Bewohner darstellt – speziell für deren Individualität und deren Eigenschaften.

Eigentum Das Eigentum symbolisiert alles, was wir besitzen. Damit können Eigenschaften, Fähigkeiten, Wissen, Gut und Immobilien gemeint sein. Es heißt, dass Eigentum verpflichtet. Man kann sich an ihm erfreuen, es kann aber auch eine Bürde sein, es zu erhalten und zu pflegen.
Literatur: Da Eigentum mit Unannehmlichkeiten verbunden ist, muss man es im Interesse der Reichen abschaffen, fordert in ironischer Weise Oscar Wilde in seiner Schrift „Die Seele des Menschen unter dem Sozialismus“.

Eile Eile bedeutet Stress und Dringlichkeit. Bei allen Symbolen, die mit der Zeit zusammenhängen, ist immer zu bedenken, dass Zeit oftmals nur anderes Wort für Persönlichkeit darstellt.

Eimer Der Eimer ist ein ↗Gefäß, das gefüllt werden möchte oder gefüllt ist. Im übertragenen Sinne zeigt das volle Gefäß

an, dass man viel zu geben hat. Der Eimer kann allerdings auch mit Abfall gefüllt werden; deshalb kann man sagen, „alles im Eimer“, wenn etwas kaputt oder zunichte gemacht worden ist.
Psychoanalyse: Weibliches Sexualsymbol wie jedes ↗Gefäß.

Einbahnstraße Die Einbahnstraße verweist auf einseitige Ausrichtung (oft im Sinne von Gefangensein), aber auch auf Zielgerichtetheit.
Film: Der vor der ↗Kulisse des Karnevals von New Orleans spielende Gangsterfilm „Einbahnstraße in den Tod“ von Don Siegel (1964) zeigt deutlich, dass gewisse Handlungen notwendige und fatale Konsequenzen zeigen, die nicht rückgängig gemacht werden können. Die Unmöglichkeit der Umkehr ist konstitutiv für das Symbol Einbahnstraße (↗Sackgasse).

Einbeinig Der Einbeinige ist stets der Außenseiter. Der klassische Einbeinige ist der Pirat. Einbeinigkeit bedeutet auch häufig Armut, da früher Einbeinigen oft nichts anderes übrig blieb, als zu betteln.
Im übertragenen Sinne deutet dieses Symbol auf einen Verlust der Erdung hin. Man steht nicht mehr mit beiden Beinen im Leben.

Einbruch Der Einbrecher ist eine Schattenfigur, die gefürchtet wird. Er verkörpert die Gier und den Materialismus. Ein Einbruch bedeutet Unsicherheit und Gefahr, es wird eine Grenze verletzt, ein Bereich der Intimität mit Gewalt betreten. Weitere Aspekte bei ↗Dieb.

Einfahrt Symbol der Offenheit. Bei Einfahrt liegt eine sexuelle Bedeutung nahe, siehe ferner ↗Eingang, ↗Tür und ↗Tor.

Eingang Ein Eingang ermöglicht den Übergang in eine andere Welt, er ist das Bindeglied zwischen zwei Welten. Angesichts des Eingangs spürt man oft Angst oder Erwartungen. Die Welt hinter dem Eingang birgt ein Geheimnis oder eine Überraschungen (siehe auch ↗Tür und ↗Tor).
Speziell der Hauseingang ist ein beliebter Standort des Bösen.

Eingeweide Eingeweide sind das Innere, das nur bei starken Verletzungen sichtbar wird, bei geschlachteten Tieren oder getöteten Menschen. Immer rufen sichtbare Eingeweide Ekelgefühle in uns hervor, wenn nicht Entsetzen.
Antike: Aus den Eingeweiden der Vögel las man in Rom die Zukunft voraus. Die Naturgötter sprachen durch die Eingeweide der Vögel zu den Menschen.

Einhorn Das Einhorn ist ein uraltes Symbol der Unschuld und Reinheit. Es kann allen Giften ihre Wirkung nehmen, indem es sein Horn in die vergiftete Flüssigkeit eintaucht. Fangen kann man es nur, wenn es sein Horn in den Schoß der Jungfrau legt. Hier werden Unschuld und phallischer Drang in einem Bild verbunden.
Dem Horn des Einhorns sprach man magische Eigenschaften zu, zum Beispiel dass es vor Vergiftungen schützt und die Potenz steigert. Dies führte zur Jagd auf Narwale, riesige Meeressäugetiere, bei dem die Bullen ein gedrehtes Horn tragen. Bis 1983 die Einfuhr von Narwal-Horn nach Europa verboten wurde, lebten Inuit in Westgrönland und an der Ostküste von Baffin-Island vom Verkauf dieses Horns, was zeigt, dass der Glaube an die heilenden Eigenschaften des Horns des Einhorns sich bis in die Neuzeit gehalten hat. Deswe-

gen ist das Einhorn auch noch heute ein beliebter Apothekenname.
Einhorn-Darstellungen werden heute häufig verwendet, um auf eine fantastische Welt hinzudeuten, auf eine irreale (idealisierte) Märchenwelt.
Analytische Psychologie: Nach C. G. Jung Symbol des Selbst.
Mittelalter: Im Mittelalter konnte man die oben erwähnte Geschichte von der Jungfrau und dem Einhorn in zahlreichen Schriften lesen; da die Reinheit ein zentrales Attribut von Maria ist, wird das Einhorn Maria, aber auch Jesus selbst zugeordnet.
Literatur: In seinem viel beachteten Reiseroman „In Patagonien" beschreibt Bruce Chatwin, wie Pater Palacios daran glaubt, dass im 6. bis 5. Jahrtausend v. Chr. Einhörner in Patagonien lebten, die von den damaligen Menschen ausgerottet wurden.

Einladung Einladung bedeutet Geselligkeit, Freundschaft und Nähe. Die Einladung ist oft Ausdruck der Sehnsucht nach sozialem Kontakt (↗Einsamkeit), oder man lädt einen Teil von sich selbst ein, das heißt, man integriert ihn.

Eins Die Eins ist das Unteilbare, das Individuum und das Einmalige, das sich allerdings auch vereinsamt fühlen kann. Die Eins symbolisiert auch einen Neuanfang. Sie steht außerdem für das Erste und auch das Beste. Siehe auch bei ↗Zahl.

Einsamkeit In der Einsamkeit zu sein, bedeutet traditionell, dass man auf die Hilfe anderer verzichten muss, bedeutet Leiden und Not. Nur besonderen Menschen (↗Heiligen, ↗Hexen, ↗Weisen) scheint die Einsamkeit angemessen zu sein. Einsamkeit als eine Zeit, in der man zu sich selbst kommt, ist für alle wichtig.
Einsamkeit wird häufig mit Heiligkeit und dem Bild des ↗Einsiedlers verbunden.
Literatur: Ein Lob der Einsamkeit ist Henry Thoreaus Buch „Walden". Er beschreibt seinen jahrelangen Rückzug aus der lauten Welt in seine Waldhütte. In Johanna Spyris Jugendbuch „Heidi" vertritt der Alm-Öhi eine radikale Ideologie der Einsamkeit.

Einsiedler Einsiedler bedeutet Rückzug, Selbstbesinnung, aber auch Kontaktstörung (siehe auch ↗Eremit). Der Einsiedler ist ein Symbol, dessen Bedeutung zwischen Weltflucht und Autonomie schwankt.
Entscheidend ist, wie sich der Einsiedler fühlt: Hat er Angst davor, den Kontakt zu anderen Menschen zu verlieren? Will er (vorübergehend) auf Kontakte verzichten, um sich auf das Wesentliche zu besinnen, sich von der Welt abzukehren und den Weg nach innen zu finden? Oder flieht er in die Einsamkeit, weil er vor etwas weglaufen muss?
Analytische Psychologie: Archetypisch wird das Einsamkeitsgefühl durch das Bild des Einsiedlers wiedergegeben. Es ist die Aufgabe des Einsiedlers, mit sich selbst auszukommen und Frieden in sich zu finden. Der Einsiedler kennzeichnet eine Individuationsphase, durch die jeder von uns gehen muss, um beziehungsfähig zu werden. Sein Alleinsein ist das Einssein mit sich selbst. Alleinsein wird für ihn zu einem All-Einssein. Der Einsiedler blickt nach innen und ist damit dem ↗weisen Mann und auch der ↗weisen Frau verwandt. Nach C. G. Jung stellt der Einsiedler den Archetyp des Geistes dar. Das verweist uns auf die große Chance, die in der Einsamkeit liegt, nämlich das Leben geistig zu durchdringen und sich so nicht mehr unbewusst verwickeln zu lassen. Der Einsiedler hat den Sinn des Lebens gefunden

oder ist ihm zumindest auf der Spur. Tritt im Traum eines Einsamen dieses Bild auf, verweist es deutlich darauf, dass die Situation zu nutzen ist, wieder einen Sinn im Leben zu finden.
Mittelalter: Die Einsiedler waren oft die Hüter von Brunnen. In großen Städten wie London zogen sie die Zölle ein, und einige Quellen berichten davon, wie sie sich bereicherten. Es wird ihnen vorgeworfen, Einsiedler geworden zu sein, da sie ihr Geld nicht durch Arbeit verdienen wollten.
Literatur: In seinem Roman „Die vertauschten Köpfe“ ironisiert Thomas Mann die Einsiedler. Das Einsiedlerdasein wird als Show in Szene gesetzt.
Der englische Schriftsteller George Gissing (1857–1903) nannte die modernen Großstadtbewohner „Anachoreten des Alltags“.
Philosophie: Der französische Aufklärer Jaucourt drückt die politisch gefärbte Kritik seiner Epoche mit dem Einsiedler aus, wenn er ihn als lebloses Wesen charakterisiert, das keinen Einfluss auf die Gesellschaft hat. Tugendvorbilder, so meint er, gehören in die Gesellschaft und nicht in die Wälder.

Eintopf ↗Suppe

Einwanderung Einwanderung bedeutet Suche nach einem Neuanfang, nach neuen Horizonten und den Bruch mit dem bisherigen Leben. Es sind damit grundlegende Veränderungen der Lebensverhältnisse angesprochen. Wie wird die Ankunft im Neuland empfunden? Aufatmen, weil man dem Alten entkommen ist?
Film: Die Lage der polnischen Einwanderer ins Ruhrgebiet wird von Christoph Hübner und Gabriele Voss in ihrem Film „Die Einwanderer“ (1981) beschrieben. Wie in der frühen amerikanischen Literatur werden Armut und Schwierigkeiten der Anpassung bei den Einwanderern thematisiert.

Einzug Einzug bedeutet Neuanfang und Anpassung. Ähnlich wie bei ↗Einwanderung wird auch bei Einzug auf eine grundlegende Änderung verwiesen. Dabei sind besonders die sozialen Verhältnisse angesprochen.
Analytische Psychologie: Persönlichkeitswandel.

Eis Eis ist Kälte und Erstarrung, wo Eis ist, da stirbt das Leben ab. Höchstens bei Eiswürfeln in Getränken geht die Symbolik in eine ganz andere Richtung, ähnlich wie bei ↗Eiscreme.
Eis weist psychologisch gesehen oft auf das Einfrieren von Beziehungen, auf seelische Kälte und Vereinsamung. Man ist zu „cool“ und zu distanziert. Ein anderer Aspekt ist die Tragfähigkeit einer Eisdecke. Hier kann es um die Frage gehen, ob sich das Wasser (der Seele und Emotionen) als tragfähig erweist oder nicht. Einbruch ins Eis bedeutet dann eine Gefahr von Gefühlseinbrüchen oder ein Vordringen unter die Oberfläche der erstarrten Emotionen.
Literatur: Eis ist oft ein Symbol des Todes. Als H. C. Andersens Vater gestorben war, sagte die Mutter dem Elfjährigen: „Die Jungfer des Eises hat ihn geholt.“ Andersen widmet dieser Gestalt später sein Märchen „Die Eisjungfrau“, in dem die tödliche Macht des Eises beschworen wird.
In seinem teilweise poetischen Werk „In Nacht und Eis“, in dem Fridtjof Nansen seine Fahrt mit der Fram beschreibt, vergleicht der einflussreiche Polarforscher das Eis mit einem Riesen, der seine Glieder – die Gletscher – ausstreckt und einen Traum längst vergangener Zeiten

träumt. Zugleich erscheinen ihm die Eismassen der Polargebiete wie ein Tempel. Nansen sieht in den Polargebieten das mythische Land Niflheim, in dem die Frost-Riesen herrschen. Dieses Land zu erobern, hat sich der Mensch zur Aufgabe gemacht.
Hanns Hörbiger begründete mit seinen Schriften die so genannte Welteislehre, auf die Høegs Roman „Fräulein Smillas Gespür für Schnee" anspielt. Er behauptete in seiner pseudophysikalischen Lehre, dass die gesamte Welt aus Eis bestehe. Diese Lehre wurde von Adolf Hitler stark gefördert und von Hörbiger nach 1955 wieder aufgenommen.

Eisbär Dieser große weiße ↗Bär ist bei uns untrennbar mit den Eiswüsten der ↗Arktis und Antarktis verbunden: gefährlich, exotisch; starke, wilde Natur. Eine Herausforderung an die männliche Stärke (in uns), Kampf und Abenteuer. Es kommt nicht von ungefähr, dass Teddybären, die als Kuscheltiere dienen, selten weiß sind.

Eisberg Der Eisberg steht für große Stärke durch Disziplin. Er verweist auf Kälte und Distanz wie das Symbol ↗Eis. Da mit Eisberg oft auch der Untergang der ↗Titanic assoziiert wird, wird durch sein Auftreten auch das Gefühl von Angst und Gefahr beschworen.
Literatur: Der britische Erfolgsautor und Booker-Prize-Gewinner Ian McEwan beschreibt in seinem Roman „Amsterdam", wie ein Künstler die kompromittierenden Fotos eines englischen Spitzenpolitikers betrachtet, und meint, dass wir Menschen wenig voneinander wissen, da wir wie Eisberge sind. Zum größten Teil sind wir unsichtbar, und nur unser gesellschaftliches Ich ist kühl und weiß sichtbar.

Eiscreme Symbol für Genuss, Erfrischung bei Hitze und Sommerfreuden. Das Lutschen von Speiseeis wird von der Werbung häufig mit der Lust an oraler Sexualität in Zusammenhang gebracht. Daneben ist der (üppige) Eisbecher heutzutage zu einem Symbol für falsche, zu kalorienreiche Ernährung geworden.

Eisen Eisen bedeutet Stabilität, Willensstärke, Widerstandskraft, Härte und Kälte, allerdings weniger als bei ↗Stahl.
Eisen hat schon immer die Menschen fasziniert, so wurden ihm auch magische Kräfte zugesprochen. In der vorindustriellen Zeit war das bearbeitete Eisen etwas Besonderes, Wertvolles. Dieser Aspekt ist heute ganz geschwunden. Es gilt als wertloses Metall, als schwer und roh. Wenn noch Rost hinzukommt, dann ist der Schritt zum Schrott nicht mehr weit: Etwas (oder jemand), über das die Zeit hinweggegangen ist, gehört „zum alten Eisen". Modern hingegen sind Stahl und Aluminium. Man kann allerdings auch seine „Eisen im Feuer haben", was auf Lebenskraft und Verwandlung (Umschmieden, Formung) hinweist.

Eisenbahn Die Eisenbahn steht für Unterwegssein und Verreisen. Ganz gleich, ob es sich um eine Urlaubs- oder Geschäftsreise handelt oder um den täglichen Weg zur Arbeit: Immer geht es um Ortsveränderung und damit im übertragenen Sinne um das Weiterkommen, die Entwicklung der Persönlichkeit. Wie bei ↗Abreise kann das auch eine Flucht aus einer Situation sein.
Die Eisenbahn kann die Angst ausdrücken, nicht „zum Zuge zu kommen", man sagt ja auch: „Es ist höchste Eisenbahn" (↗Eile). Generell wurde früher mit der Eisenbahn häufig die Hetze der modernen

Zeit angesprochen. Sie wurde als negatives, unnatürliches Fortbewegungsmittel angeprangert. Leo N. Tolstoj, der Apologet des Natürlichen, erkrankte plötzlich in der Eisenbahn, wurde noch schnell in ein Bahnwärterhaus gebracht und starb dort.
Heute verbindet man mit der Eisenbahn mehr ein eher entspanntes Reisen gemeinsam mit anderen, anders als zum Beispiel bei ↗Flugzeug oder ↗Auto.
Psychoanalyse: Für S. Freud verweist das Abreisen mit der Eisenbahn und mit der Eisenbahn zu fahren auf den Tod. S. Freud litt allerdings an einer Eisenbahn-Phobie.

Eislauf Alle Arten von Schlittschuh- oder Eislaufen deuten auf Geschicklichkeit und Selbstbeherrschung hin. Beim Eisschnelllauf spielen wie bei jedem ↗Wettlauf auch Ehrgeiz und Kampf eine Rolle, beim Eiskunstlauf die Ästhetik, die (scheinbare!) Leichtigkeit der Bewegungen. Eine ganz andere Symbolik ergibt sich, wenn jemand Angst davor hat, er könne einbrechen, weil ihn die Eisdecke nicht trägt.
Stürzt man, oder kommt es zu einem Unfall, kann das eine Warnung vor Selbstüberschätzung und Leichtsinn sein („der Esel, dem es zu wohl wird, der geht aufs Eis"). Bereitet der Eislauf Freude, werden die Aufgaben spielerisch bewältigt.

Eiszapfen Eiszapfen bedeuten Erstarrung oder Gemütlichkeit und Winter-Romantik. Sie symbolisieren Glück und Zufriedenheit oder Gefühlskälte (wie ↗Eis), gerade beim letzteren Aspekt liegt wegen der phallischen Form auch ein sexueller Aspekt nahe: die eiskalte (männliche) Sexualität.

Eiter Eiter wird als sehr eklig empfunden. Er steht für eine schmerzende ↗Wunde, eine (vernachlässigte) Verletzung, die nicht heilen kann, bei der der Körper sich aber eben mit Hilfe des Eiters selbst zur Wehr setzt.
Im übertragenen Sinne können damit psychische Prozesse gemeint sein: Welche psychische Wunde wurde vernachlässigt, verdrängt?

Ekel Ekel bedeutet Distanz und Ablehnung. Wenn man sich vor etwas ekelt, dann fragt die Psychologie, ob damit nicht ein Teil von einem selbst gemeint sein kann. Meist sind bestimmte hinderliche Eigenschaften, störende Gefühle oder Gedanken angesprochen.
Film: In Roman Polanskis Film „Ekel" (1965) wird Ekel bis zum Horror gesteigert.

Ekstase Ekstase heißt, außer sich zu sein, man will also sein normales Ich hinter sich lassen und andere (psychische) Räume erleben. Meist weist das weniger auf einen Wunsch nach Bewusstseinserweiterung hin, sondern auf eine Sehnsucht nach dem ↗Ausbruch aus der als langweilig oder unbefriedigend empfundenen Alltagswelt.
Auch ohne ein Anhänger Freuds zu sein, kann man Ekstasen oft sexuell deuten. Sie sind meistens ein Ausdruck sexueller Sehnsüchte.

Ekzem ↗Geschwür, ↗Eiter

Elch Der Elch steht für Stärke und urtümliche, wilde Natur. Er symbolisiert den Norden, in Europa speziell Skandinavien. Deswegen ist er als Autoaufkleber bei Nordlandfahrern beliebt.
Der Elch verkörpert männliche Triebhaftigkeit, Umtriebigkeit und Umherziehen. Mit dem Bild des Elchs ist auch die Vorstellung großer Weite verbunden, die meist

die Sehnsucht nach geistiger Klarheit und Offenheit ausdrückt. Als mächtiges Tier ruft das Bild des Elchs ein Erstaunen über die Natur der Triebe hervor.

Elefant Der Elefant ist ein recht vielfältiges Symbol. Er steht erstens für Größe und Gewicht, da das größte aller Landtiere bis zu vier Meter hoch und siebentausend Kilogramm schwer werden kann. Er verkörpert Macht, Gutmütigkeit und die Eigenschaft, ein dickes Fell zu haben.

Elefanten werden zweitens wegen ihrer Stärke oft mit Macht und Potenz assoziiert (immerhin wiegt jeder ihrer Hoden auch bis über zwei Kilogramm). In diesen Zusammenhang gehört, dass der Elefant als starkes und unerschrockenes Tier in Kriegen eingesetzt wurde und das Reittier indischer Herrscher war.

Elefanten sind drittens äußerst soziale Tiere. Sie werden von der gesamten Sippe aufgezogen, die sich auch um kranke und verletzte Tiere kümmert. Der Elefant ist eines der wenigen Tiere, das wie der Mensch weinen kann. Das berichtete schon Charles Darwin von Elefanten auf Ceylon und wird von zeitgenössischen Biologen und Zoopflegern bestätigt. Diese Aspekte mögen bei uns weniger bekannt sein, aber seit langem gilt der Elefant als gutmütiges Tier, dessen „dickes Fell" sprichwörtlich ist. Deswegen eignet er sich auch gut als Figur in zahlreichen Kinderbüchern: groß, lustig, stark – der ideale Kumpel oder Vater-Ersatz.

Der Mensch hat den Elefanten seit Urzeiten gejagt. Schon in den Gräbern der Etrusker fand man Elfenbeinschnitzereien. Bei den Römern galt Elfenbein als größter Luxus, und Caligula schenkte seinem Pferd einen Stall aus Elfenbein. Die Armee und der Zirkus verbrauchten bei den Römern herdenweise Elefanten, so dass schon zur damaligen Zeit die Elefantenbestände drastisch reduziert wurden und zum Ende des römischen Reichs die Elefanten in Nordafrika und Syrien ausgerottet waren. Im 20. Jahrhundert wurden dann die Bestände durch die Verbreitung der automatischen Waffen auf unter die Hälfte reduziert. So wird der Elefant ferner auch zum Symbol wilder, aber bedrohter Natur.

Als Dickhäuter, der sich seiner zerstörerischen Kraft kaum bewusst ist („Elefant im Porzellanladen"), kann er die Kraft des Unbewussten verdeutlichen, die dem Bewusstsein nicht zugänglich ist oder nicht zugänglich sein soll. Ein kranker oder schwacher Elefant weist oft auf gefühlsmäßige Verletzungen. Ein friedfertiger Elefant zeigt, dass man mit seinem Unbewussten gut umgehen kann.

Dieses Symbol kann ferner auf (verdrängte) sexuelle Ängste oder Wünsche hinweisen, denn Stoßzähe und Rüssel sind männliche Sexualsymbole.

Antike: Plinius sah in seiner Naturgeschichte den Elefanten als kluges Tier an, das ein ausgeprägtes Schamgefühl besitzt und zu mächtiger Liebe fähig ist. Die Elefanten des Pompeius, die in der Gefangenschaft lebten, erflehten das Mitleid des Volkes durch eine derart beklagenswerte Haltung, dass jeder gerührt war und Verwünschungen gegen den Feldherren aussprach, und viele sich gegen Pompeius erhoben.

Islam: Der Koran sieht den Elefanten als aggressives Tier an, das Menschen angreift. Er steht allerdings auch zugleich für die Seele, die in einem dickhäutigen Körper eingeschlossen ist. Damit verweist er auf die Befreiung der Seele von ihrer Einschränkung durch die körperlichen Gelüste.

Mittelalter: Im „Physiologus" konnte man lesen, dass der Elefant keinen Geschlechtstrieb besitzt und ein mächtiger

Feind der ↗Schlangen ist. Elefantenhaare und -knochen sollen im Haus verbrannt vor bösen Geistern schützen.

Elektrizität Die Elektrizität ist ein Symbol für Energie und Spannung. Die elektrische Energie ist auch für den modernen Menschen immer noch eine unheimliche Energie, eine unsichtbare Gefahr, mit der in Kontakt zu kommen gefährlich ist, ja tödlich sein kann (↗Spannung, Hochspannung). Das Symbolzeichen, das vor Elektrizität warnen soll, ist entsprechend auch ein ↗Blitz.
Besonders in der Umweltbewegung wird in dem unsichtbaren, aber stetig wirkenden Elektrosmog eine krankmachende Bedrohung gesehen. Dass Elektrizität einmal Modernität und Fortschritt bedeutete, ist in unseren Breiten fast vergessen.
Literatur: Ernst Bloch erzählt die Geschichte, wie der deutsche „Elektriker Siemens“ bei einem Besuch der Cheops-Pyramide von Beduinen bedroht und ausgeraubt wurde. Siemens warf seinen Gummimantel auf den Boden, um sich auf ihn zu stellen. Er hob seinen nassen Finger in die Luft und richtete ihn auf die Nasenspitze seines Angreifers. Ein Funke sprang auf die Nase des Angreifers über. So kann die elektrische Ladung der Wüstenluft vom Wissenden in eine schützende Energie umgewandelt werden.

Elektrizitätswerk ↗Elektrizität

Elektronik Die Elektronik symbolisiert unsere moderne Welt und einen zeitgeistigen Lebensstil, sie ist sozusagen die Nachfolgerin der ↗Elektrizität. Wer sie ablehnt, für den steht sie für Übertechnisierung und Entfremdung, dies gilt besonders für die Computertechnik und Unterhaltungselektronik.

Elemente Die Elemente sind in der Mythologie die Bausteine der Welt und das Unteilbare, auf das alles zurückzuführen ist. Sie sind der Urgrund, aus dem sich unsere Welt aufbaut, der Stoff, aus dem die Große Mutter ist. Verschiedene Kulturen sahen die Welt aus unterschiedlichen Elementen aufgebaut. In allen Systemen kommen jedoch Erde und Wasser als Grundelemente vor.
Die vier Elemente ↗Wasser, ↗Erde, ↗Feuer und ↗Luft sind oft psychologisch zu deuten: Das Wasser symbolisiert das Gefühl, die Erde die Erdung (wie man sein Alltagsleben bewältigt), das Feuer die Leidenschaft und die Luft den Intellekt.
Asien: Im Hinduismus und speziell in der ayurvedischen Lehre nimmt man fünf Elemente an: Äther – der auch als Quintessenz oder Meta-Element im klassisch-griechischen System vorkommt –, Erde, Wind, Wasser und Feuer. Wenn wir Wind mit Luft ersetzen, stimmt dieses System mit dem griechischen weitgehend überein.
In China werden seit dem legendären Gelben Kaiser Huang Di grundsätzlich die zwei Elemente Yin und Yang unterschieden. Diese polare Einteilung wurde von der feineren Einteilung in fünf Elemente ergänzt.
Antike: Die Griechen gingen von den vier Elementen Erde, Wasser, Feuer und Luft aus und prägten damit weitgehend die christliche und alchemistische Tradition.
Ahura Mazda (der weise Herr), der Haupt- und Lichtgott der altpersischen Religion Zarathustras, zeigt sich im reinigenden Wasser, in der fruchtbaren Erde, in den Heilpflanzen, die der Luft zugeordnet werden, und im Feuer der Sonne und der Wahrheit. Als mächtige Gottheit vereint er alle Elemente harmonisch in sich im Gegensatz zu seinem Gegenspieler Ahriman.

Elf Nach christlicher Auffassung ist die Elf die Zahl der ↗Sünde, da die Zehn Gebote überschritten werden. Ansonsten besitzt die Elf die selbe Bedeutung wie die Eins. Die Verdoppelung der Eins zeigt eine Verstärkung an.
Außerdem ist Elf die Zeit des Karnevals, was sich unter anderem im Elferrat zeigt.

Elfen Elfen sind hilfreiche Naturgeister und Lichtgestalten. Ursprünglich wurden Elfen als Natur-Wesen gesehen, die dem Menschen gefährlich werden können. Heute symbolisieren Elfen häufig die leichte, kindliche Welt und jene der Märchen, eine Sehnsucht nach Leichtigkeit, Sorglosigkeit und Selbstlosigkeit, frei von den Unbilden der Körperlichkeit. So verweisen die luftigen Elfen tatsächlich oft auf innere Spannungen und Unausgeglichenheit, auch auf Probleme mit dem eigenen Körper.
Analytische Psychologie: Die Fee ist nach C. G. Jung die Seelenführerin.
Mittelalter: Die Elfen besitzen keine Seele. Der Tanz der Elfen wird als Verleitung zur „Unzucht" betrachtet.
Literatur: Obwohl Elfen gar nicht so häufig in Märchen auftreten, nennt man im englischsprachigen Bereich Märchen „fairy tales" – also Geschichten von den Elfen. In dem Kunstmärchen „Die Elfen" von Ludwig Tieck sind die Elfen die Hüter der Natur. Ihre Welt ist für die Menschen ein (gefährliches) Idealbild. Wer aus ihr zurückkehrt, kommt mit der realen Welt nicht mehr zurecht.

Elfenbein Das Elfenbein symbolisiert das Edle und Wertvolle, das gesucht und geraubt wird. Elfenbein ist das Begehrte und Schöne, woran schon sein Name erinnert. Es ist beliebt für exotische Souvenirs, für ↗Schmuck und Klaviertasten und – weil aus dem Horn starker und wilder ↗Elefanten gewonnen – nicht zuletzt für allerlei angeblich potenzfördernde Mittel, was fast zur Ausrottung der Elefanten geführt hat. In Indien gelten erotische Malereien auf Elfenbein als potenzsteigernd, außerdem sind in Asien Dildos aus Elfenbein beliebt. In Japan besitzt man noch heute den Hanko, das persönliche Handsiegel aus Elfenbein.

Elster Die Elster ist der ↗Vogel, der ↗Schwarz und ↗Weiß auf sich vereinigt. Die Elster gilt als diebisch, spöttisch, zänkisch und geschwätzig.
Antike: Schon in den „Metamorphosen" des Ovid wird eine geschwätzige Frau in eine Elster verwandelt.
Mittelalter: Man findet die Elster seltsamerweise auf vielen Krippendarstellugen. Zusammen mit der ↗Eule versinnbildlicht dieser Vogel das böse Prinzip, Unheil und Verfolgung der Seelen.

Eltern Eltern bedeuten Ursprung und Sicherheit. Sie sind auch mit Autorität und Unterdrückung verbunden, siehe ↗Vater, ↗Mutter, ↗Familie.

Elternhaus Wie die ↗Eltern bedeutet auch das Elternhaus Ursprung und Sicherheit. Es verweist ferner auf Tradition und auf die eigene Kindheit, auf Geborgenheit oder Einengung. Angesprochen ist also das Verhältnis zu ↗Vater und ↗Mutter.
Das Elternhaus ist oft auf die erfolgte oder nötige Ablösung von den ↗Eltern zu beziehen. Besonders wenn man aus dem Elternhaus auszieht, symbolisiert es einen Neuanfang. Ferner ist es ein Symbol (nostalgisch gefärbter) Sicherheit (wie ↗Familie). Wenn jemand sich in sein Elternhaus zurücksehnt, sollte er bedenken, was an dieser Kindheits-Situation so schön war,

was ihm also heute fehlt, wohin er sich entwickeln sollte.

E-Mail E-Mails sind die ↗Briefe des elektronischen Zeitalters. Sie symbolisieren moderne Kommunikation, Zeitgeist. Traditionalisten halten das Verschicken von E-Mails für eine schnelle, aber unpersönliche und unsinnliche Art der Kommunikation.
E-Mail wurde 1972 von Ray Tomlinson entwickelt, als er ein Programm zum Verschicken und Empfangen elektronischer Briefe schrieb. Tomlinson führte auch das Symbol ↗@ als notwendigen Bestandteil von E-Mail-Adressen ein.
E-Mails stellen die größte Datenmenge dar, die täglich über das ↗Internet versandt wird. 1975 wird bereits die erste Diskussionsgruppe auf der Grundlage von E-Mails in Amerika von Stephen Walker ins Leben gerufen, und zwar zum Thema E-Mail.
Mit E-Mail kann auch Krieg betrieben werden. 1999 gelang es den Serben, den Computer der NATO abstürzen zu lassen. Das geschah durch den Versand derart vieler E-Mails, dass der Rechner unter der Datenflut zusammenbrach.

Embryo Das Embryo symbolisiert Entwicklung und Reifung, den Anfang des (menschlichen) Lebens – und dessen Gefährdung und Schutzbedürftigkeit.
Es kann sich hierin ein Kinderwunsch ausdrücken oder die Angst vor einer Schwangerschaft. Mitunter zeigt sich in diesem Symbol auch eine Unselbstständigkeit und Undifferenziertheit: Dann wird Unreife angesprochen.

Emoticons Emoticons sind in der ↗E-Mail- und SMS-Kommunikation gebräuchliche Zeichen, die Emotionen wiedergeben, da diese in den getippten Texten der E-Mails und beim SMS leicht untergehen. So ist beispielsweise beim E-Mail-Kontakt die Ironie gefährlich, da diese oft als solche nicht verstanden wird. Um die Stimmungslage und seine Emotionen zum Geschriebenen zu verdeutlichen, werden Emoticons eingesetzt. Emoticons verweisen auf Gefühle und Subtilitäten, bei denen man sich unsicher ist, ob diese verstanden werden. Die bekanntesten Emoticons sind der Smily :-) für „lachen“, der Smily ;-) für „das ist ironisch gemeint“ und der Smily :-x für „ich kann schweigen“.

Endstation Die Endstation ist der Ort, an dem etwas abgeschlossen wird und an dem eventuell etwas Neues kommt. Hat meist einen negativen Beigeschmack: Selten ist damit das Ende einer gelungenen Entwicklung angesprochen, meist der Punkt, an dem es leider nicht mehr weiter geht (↗Sackgasse).

Enge Ist ein Raum zu eng, so bedeutet das Angst, Einschränkung und fehlende Entwicklungsmöglichkeiten (wie bei ↗Belagerung, ↗Falle und ↗Dorf). Andererseits bedeutet Enge auch Nähe: Eng aneinandergeschmiegt sitzen die Liebenden auf der Bank. Enge erzeugt so auch Wärme und Wohlbefinden.
Immer wenn sich jemand eingeengt fühlt (zum Beispiel durch ein zu kleines Zimmer), dann ist das für den Psychologen ein untrügliches Zeichen dafür, dass das Bewusstsein sich zusammengezogen und eingeschränkt hat, indem es nur noch die Schwierigkeiten des Lebens reflektiert.
Psychoanalyse: Weibliches Sexualsymbol nach allen tiefenpsychologischen Schulen.

Engel Engel sind gute ↗Geister, das lichte Gegenbild des ↗Teufels. Als Botschafter vermitteln sie zwischen Gott und Mensch. Im übertragenen Sinne sind sie Boten des eigenen Inneren beziehungsweise des Höheren Selbst, die uns führen. Engel sind auch die Geliebten, die man zu überhöhen neigt. Sie drücken einen Wunsch nach Harmonie und Reinheit aus, schon deswegen, weil sie keinen „unreinen" menschlichen Körper haben. Hier kommt leicht ein sexualfeindlicher Zug herein, denn das Engelhafte ist überirdisch und unkörperlich.

Im Gegensatz zur Bibel, wo die Engel kräftige, männliche Gestalten sind, die bei den Menschen Angst auslösen, zeigt sich seit langer Zeit schon eine Tendenz zur Verniedlichung. Viele Engeldarstellungen der neueren Zeit machen aus der Lichtgestalt eine Kitschgestalt, besonders zu Weihnachten ist diese Tendenz unübersehbar.

Analytische Psychologie: Engel sind oft ↗Animus-Gestalten im Sinne Jungs. Sie stellen häufig abgespaltene, noch unfertige, unverstandene, überraschend neue Geistesgaben, Gedankenkräfte oder Persönlichkeitsideale dar.

Christentum: In der Bibel werden nur die Engel Luzifer, Gabriel und Michael namentlich erwähnt. Die Engel sind dort wie im Islam und allen monotheistischen Religionen die Helfer Gottes und treten oft als Botschafter auf.

Literatur: In der Nacht zum 10. November 1619 hatte René Descartes drei aufeinander folgende Träume, in denen ihm der Engel der Wahrheit erschien. Aufgrund dieser Offenbarungen entwickelte der dreiundzwanzigjährige Descartes seine Philosophie. Engel traten in diesen Träumen als die inspirierende Muse auf.

Entdeckung Entdeckung bedeutet Neuland. Sie verweist auf Mut und ↗Risiko. Häufig ist das Symbol der Entdeckung mit Veränderungen und einem Neuanfang verbunden (siehe auch ↗Aufbruch, ↗Einwanderung). Oft kann man auch das, was da entdeckt wird, symbolisch deuten.

Ente Enten gelten als eher plumpe Vögel, besonders wenn sie sich an Land bewegen. Eine „lahme Ente" zu sein, ist in einer auf Geschwindigkeit fixierten Zeit eine Todsünde geworden. Schwimmt die Ente im Wasser, so ist sie in ihrem Element. Als solche bereichert sie zahlreiche bildliche Darstellungen, in denen sie die Ruhe der unverfälschten Natur symbolisiert. Früher gehörten sie wie selbstverständlich zum Dorfteich; dieses Bild tritt heute aber allenfalls noch nostalgisch verbrämt auf.

Enten treten auch als Symbol für Falschheit auf („Zeitungsente"). Klatsch wird oft als Schnattern der Enten bezeichnet.

Der kleine Citroën 2 CV, der heute zur Legende geworden ist, wurde liebevoll als Ente, mit dem Anklang an „lahme Ente", bezeichnet.

Kunst: Schon in der ägyptischen Kunst werden oft Enten dargestellt; die Kunsthistoriker gehen aber hier wie bei den Entendarstellungen in der römischen oder christlichen Kunst davon aus, dass die Ente immer nur als Schmuckelement verwendet wird, nie mit einer tieferen symbolischen Bedeutung.

Literatur: Spätestens seit H. C. Andersens Märchen „Das hässliche Entlein" wird die Ente mit der Bedeutung hässlich belegt.

Comic: Die berühmtesten Enten sind wohl die der Familie Duck aus Entenhausen, die Comicfiguren von Walt Disney, die schon Generationen von Kindern begleitet haben. Diese Enten sind so sehr vermenschlicht, dass sie als solche gar nicht mehr recht wahrgenommen werden.

Entführung Durch eine Entführung wird jemand gewaltsam aus seiner Umgebung gerissen. Sie ist also ein ↗Ausbruch wider Willen, verbunden mit Gefahr und Ängsten. Der oder die Entführte muss sich dem Willen des Entführers unterwerfen, ist Objekt des Vorgangs. Psychologisch gesehen steht das Motiv der radikalen, gewaltsamen Veränderung im Zentrum. Dabei ist es wichtig, ganz genau herauszuarbeiten, in welche Richtung diese Veränderung geht.
Eine Entführung kann psychologisch gesehen auf einen Triebstau hinweisen, auf Verdrängung und das Gefühl, es selbst nicht schaffen zu können. Dann sehnt man sich danach, aus seiner Situation gerissen zu werden – will dabei passiv bleiben.

Enthaltsamkeit Symbol der Selbstbeherrschung und des Verzichts. Enthaltsamkeit ist die Unterdrückung von Bedürfnissen, Neigungen und Wünschen.
Wie beim ↗Eremit ist wichtig, auf was verzichtet wird und was jemand dabei empfindet: Ein Gefühl der Leichtigkeit, des Losgelassen-Habens – oder der Trauer wegen des Verzichts auf Lustgefühle?

Enthauptung Die Enthauptung ist eine alte Form der Todesstrafe, eine schnelle und klare Art des Tötens. Im übertragenen Sinne steht die Enthauptung für den Verlust des Kopfes, also des Sitzes des Bewusstseins. Man wird kopflos, verliert sein Bewusstsein. Die Frage ist, ob das darauf hinweisen soll, dass jemand zu „verkopft" ist – oder ob ers im Gegenteil darauf hinweisen will, dass jemand „den Kopf verloren" hat und wieder vernünftig werden soll.
Literatur: In Thomas Manns Roman „Die vertauschten Köpfe" geschieht die Enthauptung aus religiöser Ergriffenheit. Sie wird dann ins Lustig-Ironische verkehrt.

Entjungferung Die Entjungferung ist ein Schritt über die Schwelle zu Reife und Offenheit. Ein nicht wiederholbarer Vorgang, der etwas mit dem Einlassen auf das Andere und Fremde zu tun hat. Man verliert seine Naivität und öffnet sich der Lust und den Lebensfreuden. Wichtig ist, was bei diesem Akt empfunden wird: Freude über das Neuland, das betreten wird, oder Abwehr gegen das Überschreiten einer (Körper-)Grenze.

Entkleiden Entkleiden heißt Offenheit. Man gibt sich preis und zeigt sich, wie man ist. Entkleiden ist ein Symbol der Hingabe und der Wahrheit. Siehe auch ↗nackt.

Entspannung Entspannung verweist auf Loslassen, Hingabe und Einlassen, indirekt auch auf ↗Stress.

Epidemie In früheren Zeiten wurden Epidemien als Gottes Strafe für moralische Vergehen angesehen. So konnten sich in diesem Symbol Schuldgefühle und tief verdrängte Ängste zu Wort melden.
Heute steht der Aspekt der Bedrohung im Vordergrund: Eine ernsthafte Bedrohung, die aber nicht recht fassbar ist und deshalb häufig mit einem Gefühl des Ausgeliefertseins an fremde Mächte und der Ohnmacht einhergeht.

Erbe ↗Erbschaft

Erbrechen Erbrechen bedeutet, dass man etwas Schädliches loswird, das sich (im Inneren) aufgestaut hat. Der Vorgang ist mit Ekel, aber auch Erleichterung verbunden; er symbolisiert häufig, dass jemand etwas so fürchterlich oder unerträglich findet, dass er den Körper das tun lässt, was die Psyche nicht tun kann: das Erlebte einfach ausspucken (ähnlich wie bei ↗Abwässer und ↗Toilette). Erbrechen ist dann ein Symbol der Entlastung von unangenehmen Gefühlen.

Erbschaft Erbschaft heißt Besitzvermehrung oder auch Wohlstand und ↗Geschenk. Sie steht für die positive Seite des Todes. Mit der Erbschaft ist stets die Verbindung mit der Vergangenheit angesprochen. Häufig steht dahinter der Traum, dass einem das Geld einfach so in den Schoß fällt. Manchmal ist eine Erbschaft auch nicht erwünscht, dann symbolisiert sie eine Erblast, die Familienangehörige aufzwingen.

Erbse Die Erbse bedeutet etwas Kleines und Unscheinbares. Von dem Märchen „Aschenputtel" kennen wir das geflügelte Wort von der „Erbsenzählerei", das entweder Kleinlichkeit, Kleinkariertheit oder auch Genauigkeit und Sorgfalt im Umgang mit dem Unscheinbaren bedeutet.
In dem Märchen „Die Prinzessin auf der Erbse" geht es auch um das Unscheinbare, das die Prinzessin bekanntlich zu einem Riesenproblem aufbläht.
Psychoanalyse: Weibliches Sexualsymbol (Kitzler), was weniger etwas mit der Form der Erbse als mit der Erbsenschote zu tun hat.
Literatur: In Georg Büchners „Woyzeck" wird die Hauptfigur dazu gezwungen, nichts als Erbsen zu essen, was ein medizinisches Experiment darstellt. Das mag auf einen Fall in Amerika zurückgehen, bei dem eine Scheidung ausgesprochen wurde, da eine Frau ihren Mann zwang, sich nur von Erbsensuppe zu ernähren.

Erdbeben Erdbeben ist tief greifende Erschütterung, unsichere Erdung und Gefahr. Ein Erdbeben bringt unsere Grundlagen ins Schwanken. Es zeigt auch, dass das vermeintlich Unbewegliche sich bewegt.
Das Erdbeben ist außerdem eine der unheimlichen Bedrohungen, eine Naturkraft, die der Mensch nicht im Griff hat. Psychologisch gesehen wird auf eine starke seelische Erschütterung hingewiesen, auch auf selbstzerstörerische Kräfte. Das Erdbeben ist auf jeden Fall ein Zeichen einer tiefen Verunsicherung, Ausdruck eines Verlustes der Erdung.
Analytische Psychologie: Das Symbol Erdbeben hat nach C. G. Jung immer die Bedeutung einer Erschütterung des Standpunktes. Es tritt etwas an einen heran, dem man nur gewachsen ist, wenn der alte Standpunkt gänzlich aufgegeben wird. So zeigt dieses Symbol immer eine Chance zu einem Neuanfang an.
Literatur: In seinem Roman „Die Kinder von Eden" schildert der Bestsellerautor Ken Follett, wie die Kinder von Eden mit der Auslösung eines Erdbebens drohen, wenn die Regierung nicht den Bau von Kraftwerken stoppt. Sie haben die Möglichkeit gefunden, die tektonischen Platten Kaliforniens ins Wanken zu bringen. In diesem Roman wird das Erdbeben als das Bedrohliche dargestellt, dem schwerlich einer entgegentreten kann.

Erdbeere Die Erdbeere ist ein Symbol der Sommerfreuden und der sinnlichen Genüsse. Erdbeeren werden häufig mit Erotik verbunden. Schon in der älteren Symbolik weist die reife Erdbeere auf Reife zu Ehe und Mutterschaft.
Wie das ↗Veilchen wird die Erdbeere oft als Symbol der Bescheidenheit gebraucht, sie wird aber auch zum Symbol des Luxus, besonders dann, wenn Erdbeeren außerhalb der Saison genossen werden können. Die römischen Kaiser protzten damit, dass

es auf ihrer Tafel auch Erdbeeren im Januar gab.
Psychoanalyse: Weibliches Sexualsymbol (Analogie zu Brustwarze).
Literatur: Die sexuelle Bedeutung der Erdbeere beschwört Francois Villon in seinem Ausdruck „Erdbeermund", der auf alle weiblichen Lippen zu beziehen ist, darauf spielt der Buchtitel „Ich bin so wild auf deinen Erdbeermund" von Klaus Kinski an.
Kunst: Die erotische Bedeutung der Erdbeere taucht schon auf dem Bild „Der Garten der Lüste" von Hieronymus Bosch auf. Hier ist sie Gegenstand der Begierde und der Verführung. Ganz im Gegenteil dazu wird sie auf einem Bild von Albrecht Dürer („Maria mit den vielen Tieren") dem Christuskind zugeordnet – als Sinnbild des Edlen und der Bescheidenheit.
Film: In Ingmar Bergmans Film „Wilde Erdbeeren" (1957) symbolisieren die Erdbeeren die Kindheitserinnerungen. Dieser Film wurde 1958 mit dem goldenen Bären ausgezeichnet.

Erde Das Symbol Erde hängt mit der Meisterung des alltäglichen Lebens, mit Halt, Dauer, Verlässlichkeit, Beständigkeit, Realismus und Verwurzelung zusammen. Bei der Erde geht es um die Tradition, die Sicherheit und den ruhenden Pol, von dem aus man seine Konzentration auf die Welt richten kann. Die Erde ist der mütterliche Urschoß, aus dem alles hervorgeht, wie auch der Schoß des Grabes, in den alles Lebende wieder zurücksinkt.
Erde ist der Grundstoff, aus dem wir gemacht sind. In vielen Weltentstehungsmythologien wird der Mensch aus Erde geformt.
Die Erde symbolisiert auch das Weiche, da sie den harten Fels überzieht, und sie ist das Nährende, da sie die Pflanzen ernährt. In der klassischen Astrologie werden die Sternzeichen ↗Stier, ↗Jungfrau und ↗Steinbock der Qualität Erde zugeordnet (↗Elemente).
Asien: Im „I Ging" bezeichnet die Erde das hingebend Empfangende, die Mutter.
Antike: Die Speise der Bewohner der babylonisch-sumerischen Unterwelt war Erde, auch diejenige der Toten im Gilgamesch-Epos.
Analytische Psychologie: Nach C. G. Jung sind Erde und Lehm Unterweltsnahrung, denn wie die Erde den Toten in sich aufnimmt, so frisst dieser die Erde. Ferner entspricht nach Jung die Erde der Funktion des Empfindens. Mit der Erde wird meistens unser Körper symbolisiert und dessen Wahrnehmung durch die fünf Sinne.
Literatur: Der englische Romancier William Golding prägte – angelehnt an die antike Mythologie – als Erster den Ausdruck „Gaia", den James Lovelock übernahm, um unsere Erde als Lebewesen darzustellen, statt sie als tote Materie zu betrachten. In dem Kultroman „Per Anhalter durch die Galaxis" (1978) von Douglas Adams wird die Erde als ein „harmloser" Planet bezeichnet.

Erektion Erektion bedeutet Kraft und Macht. Sie symbolisiert Kreativität, Freude und Lust. Im weiteren Sinne steht die Erektion für Zielgerichtetheit, aber auch für Jugend und frohe Geilheit. In prüder Atmosphäre kann eine Erektion Peinlichkeit auslösen.
In selteneren Fällen wird der Ausdruck Erektion auch für das Anschwellen der weiblichen Brustwarzen benutzt. Auch in diesem Fall drückt es Erregung und Lust aus.
Ob weibliche oder männliche Erektion, immer ist es die Einbildungskraft, die maßgeblich an ihr beteiligt ist und die Begierden produziert.

Psychoanalyse: Bei Frauen verweisen nach S. Freud Fantasien von Erektionen auf den (fragwürdigen) Penisneid.
Literatur: „Der früheren Zeiten gedenk' ich, / da alle Glieder noch gelenkig. / Bis auf eins. / Diese Zeiten kehren niemals wieder, / versteift sind alle Glieder. / Bis auf eins" – so sah Heinrich Heine die Vergänglichkeit der Erektion.

Eremit Der Eremit verkörpert Einsamkeit und Weltflucht (oft aus religiösen Gründen). Er kann andererseits wie ↗Einsiedler auch auf Weisheit und Erleuchtung deuten. Seit alters her gilt der Eremit, der fern von menschlicher Gemeinschaft lebende (heilige) Mann, als ein Wegweiser durch den oft grauen und herben Alltag. Häufig wird er mit Askese in Verbindung gebracht und mit Keuschheit.
Er ist ein Symbol der Einseitigkeit und des Kummers. Es wird die Sehnsucht nach sozialem Kontakt angesprochen. Der Einsiedler ist andererseits auch ein Bild des Wissens (so im Tarot die Karte „Der Eremit"). Er ist einsam oder aber alleine im Sinne von ganz eins mit sich und ganz sicher einer, auf den man sich verlassen und den man um Rat fragen kann. Der Eremit ist derjenige, der Wärme, Zuneigung, Brillanz und Weisheit bringen kann.

Erfolg Erfolg bedeutet Ansehen, Geld und Macht. Bei Träumen vom Erfolg handelt es sich in der Regel um Wunschträume. Gerade in erfolglosen Zeiten stellen sich häufig Träume vom großen Erfolg ein. Aber worin besteht der Erfolg und was sind seine Konsequenzen?
Literatur: Henry James bezeichnete den Erfolg als „bitch-goddess", was von vielen Autoren seiner Zeit (wie zum Beispiel D. H. Lawrence) übernommen wurde. James ist keineswegs eine Ausnahme, Erfolg wird in der Weltliteratur meist skeptisch betrachtet. Auch im Traum erleben erfolgreiche Menschen den Erfolg häufig als belastend.

Erfrieren ↗Eis

Erhängen ↗Galgen

Erkältung Erkältung bedeutet symbolisch häufig Erkaltung – man wird distanzierter, man erstarrt, lebendige Wärme fehlt. Erkältung verweist auf Schwäche und ↗Krankheit. Oft symbolisiert sie auch ein Bedürfnis nach Ruhe und Rückzug. Man sehnt sich nach Wärme, hat die Nase voll und möchte allen eins husten, siehe auch ↗Eis.

Erkennen Vom Erkennen und von der Wahrnehmung ist weitgehend unser Bewusstsein abhängig. Meist schwingt dabei viel mehr mit als ein (flüchtiges) Sehen, mehr als ein Zur-Kenntnis-Nehmen. Erkennen bedeutet verstehen und durchschauen.
Philosophie: Der chinesische Philosoph Konfuzius meinte, dass der Wissende nicht so weit sei wie der Lernende, der wiederum längst nicht so weit sei wie der Erkennende. Die Erkenntnis ist die Grundlage und das Ziel des Wissens.

Erker Der Erker ist ein kleiner Vorbau, ähnlich wie der ↗Balkon bedeutet er Aussicht und Überblick. Der maurische Harem besaß den Mirador, den Aussichtserker, von dem aus die Frauen verborgen in die Welt hinausblicken konnten.
Was im Erker geschieht, ist ein Stück weit herausgenommen aus dem sonstigen Geschehen im Haus.

Erlaubnis Erlaubnis bedeutet Freiheit, etwas zu tun, man braucht keine Angst vor Strafe zu haben.

Erlösung Die Sehnsucht nach Erlösung verweist auf eine Sehnsucht nach Freiheit von Spannungen, nach Loslassen. Auf einer tieferen Ebene hängt die Erlösung mit der Auflösung zusammen, dem vollständigen Zerfließen. Es ist bedeutsam, ob man erwartet, dass die Erlösung von außen kommt, oder ob man sieht, dass man selbst etwas zur (Er-)Lösung beitragen muss.

Ernährung ↗Essen

Ernte Ernte ist das Ergebnis einer Bemühung, das Ziel, auf das der Bauer hinarbeitet. Sie bedeutet Sicherung des Gewonnenen – weit über die ursprüngliche Bedeutung im Bereich der Landwirtschaft hinaus kann jedes materielle und geistige Gut geerntet werden. Es handelt sich dann um ein Symbol der Sehnsucht nach Anerkennung und ↗Erfolg.
Wie ↗Ähre, ↗Acker und ↗Bauernhof weist die Ernte beim Städter auf die romantische Sehnsucht nach dem Land und dem einfachen Leben. Dass die Zeit der Ernte eine Zeit der größten Arbeitsanstrengung ist, ist heute fast vergessen, auch der Aspekt, dass bei der Ernte die lebenden Pflanzen abgeschnitten werden („es ist ein Schnitter, der heißt Tod").

Eröffnung Die Eröffnung eines Geschäfts bedeutet Neuanfang und Hoffnung auf Erfolg. Die Art der Ware, die angeboten wird, verweist symbolisch auf den Bereich des Neuanfangs. Eine ↗Buchhandlung zum Beispiel deutet auf Bildung und Intellekt, eine ↗Kunstausstellung auf kreative (Selbst-)Entfaltung.

Eros ↗Liebe

Ersatz Ersatz ist eigentlich nur ein Austausch. Das Original (und somit das Originelle) ging verloren oder ist unerreichbar. Tatsächlich wird der Ersatz häufig aber als minderwertig, als billig empfunden. Andererseits zeigt die Tatsache, dass Ersatz gefunden wird, dass eine Lösung möglich ist.

Erschießen Erschießen bedeutet Tötung, Gewalt und Aggression. Erschießen heißt psychologisch gesehen, etwas in jemandem (gewaltsam) abzutöten. Das kann eine Beziehung, ein Gefühl, ein ungenutztes Talent oder was auch immer sein. Auf der anderen Seite ist genauso oft eine große Befreiungstat angesprochen, bei der sich seelische Energien lösen. Erschießen ist ein häufiges Symbol am Ende depressiver Phasen, da man nun beginnt, nach einer Lösung und Befreiung zu suchen.

Erschrecken ↗Schreck

Erspartes Was man sich zurückgelegt hat, soll Sicherheit bieten, die Möglichkeit, sich später etwas zu leisten. Sparen hat etwas mit ↗Askese zu tun, mit Vorsorge und damit oft auch mit Sorge um die Zukunft. Im übertragenen Sinne kann damit nicht nur Geld gemeint sein, sondern auch psychische Reserven, auf die man zurückgreifen will.
Es können auch zurückgehaltene Energien gemeint sein, die man besser ausdrücken würde. Erspartes hängt bisweilen mit Verarmungsängsten zusammen (↗Armut, ↗Bettler, ↗Besitz, ↗Sparen).

Erstarrung ↗Lähmung

Erstattung Erstattung ist Zufluss und Gewinn, oft mit der nachträglichen Anerkennung eines Anspruchs verbunden. Wenn man ↗Geld zurückbekommt, dann sind damit im übertragenen Sinne oft Energien gemeint, die einem zufließen (sollen).

Erstaunen ↗Staunen

Erstechen Erstechen ist Tötung mit einem spitzen Gegenstand wie einem ↗Dolch oder ↗Messer. Über das hinaus, was bei jedem gewaltsamen Tod zu beachten ist, spielt hier das aggressive Eindringen in den Körper eine Rolle, die Verletzung des Inneren (↗Stechen). Das Symbol Erstechen zeigt somit eine deutliche sexuelle Komponente. Der Stich geht unter die Haut und dringt in den Körper ein, durch die Öffnung tritt etwas ganz Eigenes (das Blut) heraus. Das weist häufig auf erlittene seelische Verwundungen hin.
Literatur: In den Märchen „Dornröschen" und „Schneewittchen" weist der Stich auf das erwachende Bewusstsein.

Ersticken Ersticken ist ein qualvoller Tod: Die zum Leben unbedingt nötige Luft wird jemandem genommen. Wem die Luft zum Atmen fehlt, der fühlt sich beengt, so stark durch Zwänge und Schranken eingeengt, dass er stirbt – oder doch zumindest Angst davor hat, innerlich abzusterben. So ist das Ersticken ein verbreitetes Symbol des Verlusts der Freiheit, auch des Verlangens nach mehr ↗Luft als symbolischer Ausdruck von mehr Intellekt und größerer geistiger Klarheit.

Ertrinken Ertrinken bedeutet Tod im Wasser, der Tod durch Ertrinken ist für uns verbunden mit Angst bis hin zur Panik. Ein Mensch, der ertrinkt, hat den festen Boden unter den Füßen gründlich und endgültig verloren, er hat das ihm zustehende Element, die Erde (und die Erdung), mit einem für ihn tödlichen Element vertauscht: Der Versuch, wie ein Fisch im Wasser (der Gefühle) zu schwimmen, scheitert.
Ertrinken symbolisiert somit ein Versinken im Unbewussten, Hilflosigkeit und mangelnde Lebensplanung. Man wird von seinem Gefühlsfluss weggerissen. Wie es beim ↗Ersticken um mehr Luft geht, so geht es hier um mehr Sicherheit im ↗Wasser: um Gefühle, welche mehr Kraft und inneren Halt verleihen.
Analytische Psychologie: Nach Erich Neumann Angst vor der Rückschlingung ins Unbewusste.

Eruption Eruption bedeutet Ausbruch. Das Innere kommt nach außen. Vulkanausbrüche sind stets ein Bild der Naturgewalten und der Zerstörung. Sie stehen deswegen für Bedrohung und Angst. Ähnlich auch ↗Explosion.

Erwachen Erwachen bedeutet Bewusstsein, Neuanfang und Kraft. Man wird sich seiner selbst oder bestimmter Eigenschaften bewusst. Es kann andererseits auch die Angst vor dem bösen Erwachen gemeint sein (böse Überraschungen). Meist drückt sich hier jedoch eine positive Bewusstseinsentwicklung aus, die neue Perspektiven bietet. Erwachen ist der Wunsch nach Neuem, das Bild eines neuen Anfangs (wie bei ↗Eröffnung und auch bei ↗Baby und ↗Geburt).
Literatur: Am 20.11.1906 wurde in Berlin Frank Wedekinds Tragödie „Frühlingserwachen" uraufgeführt. In diesem Theaterstück symbolisiert das Frühlingserwachen die beginnende Sexualität bei Jugendlichen.

Erwürgen Erwürgen ist verwandt mit ↗Ersticken, beim Erwürgen aber überwiegt der Aspekt der Aggression und Brutalität: Es wird jemandem die Luft zum Leben abgeschnürt. Was schnürt die Kehle zu? Was bedrängt, was nimmt den Freiraum?
Film und Literatur: Der Kriminalroman von Edgar Wallace „Die toten Augen von London" wurde 1939 unter dem Titel „Der Würger" verfilmt. Das Erwürgen der Be-

wohner eines Blindenheims wird als Horror beschrieben.

Erz Erz ist ein Bodenschatz, etwas, das seit langem in der Erde ruht und nun gefunden worden ist, ein Rohmaterial, aus dem nützliche Gegenstände geschaffen werden können. Erz muss geläutert werden, von der Schlacke befreit. Meist spielt aber auch der Aspekt der Härte und des Dauerhaften eine große Rolle.

Esel Die Bedeutung des Esels schwankt zwischen Trägheit, Dummheit, Widerspenstigkeit („der störrische Esel"), Klugheit und Ausdauer. Dass er im Vorderen Orient einmal als königliches Tier galt, ist vergessen. Heute spielt er mehr die Rolle als Pferd des armen Mannes.
Volkstümlich gilt der Esel heute einfach als dumm, der sprichwörtliche Eigensinn des Esels kann aber auch als seine Stärke angesehen werden: Er folgt seinem eigenen Sinn und besitzt einen Sinn für das Eigene (H. Hesse).
Außerdem kann heute der Esel in dem Maße, in dem der Kontakt zum Arbeitstier Esel verloren geht, als niedliches Tier angesehen werden, als Symbol für das „gute, alte Landleben".
Antike: Im Traum des Gudea von Lagasch (Sumer, 2144–2124 v. Chr.) wird der König selbst mit dem Esel verglichen. Esel zu sein, galt als Auszeichnung und Lob. Dieser Aspekt hat sich darin erhalten, dass es in der Bibel heißt, Jesus sei auf einem Esel in Jerusalem eingezogen: nicht etwa als Zeichen der Erniedrigung, sondern als Zeichen seines messianischen Anspruchs.
Literatur: Die positive Bedeutung des Esels zeigt sich deutlich im Märchen „Der Goldesel", wo der Esel Gewinn bringt. Spätestens seit Äsop aber wird der Esel in der Literatur stets als dumm dargestellt. Selbst wenn er sich verkleidet wie in der verbreiteten Fabel vom Esel, der ein Tigerfell umgelegt bekommt, verrät er sich durch seinen Schrei (zum Beispiel bei Christian Fürchtegott Gellert).

Essen Ohne Essen kein Leben. Das Essen ist ein irdischer Vorgang, der den Menschen mit der Erde und ihren Produkten verbindet. Essen heißt leben wollen und sich berühren lassen von sinnlichen Genüssen. Im psychologischen Sinne handelt es sich bei der Nahrung stets um seelische oder geistige Nahrung.
Oft deutet das Symbol Essen Gier an – Lebenshunger oder orale Gier. Das ist immer dann der Fall, wenn es um Berge von Essen und große Portionen geht.
Mit dem Essen wird auch häufig auf die Qualität unserer Ernährung verwiesen. Niemals zuvor gab es so viele gesunde Lebensmittel – zumindest in der westlichen Welt –, und selten zuvor ernährten sich die Menschen derart schlecht.
Essen ist zugleich ein soziales Ereignis voll offener und subtiler Botschaften. Bei den Römern und Germanen galt nur der als „echter Mann", der Unmengen verspeisen und trinken konnte. Die klösterliche Kultur setzte ihr Ideal der Mäßigkeit dagegen. Besonders frühmittelalterliche Herrscher wurde nur anerkannt, wenn sie viel aßen und tranken. Ein Anwärter auf den verwaisten Thron Karls des Großen wurde vom Erzbischof von Metz abgelehnt mit der Begründung, „es kann einer nicht herrschen, der sich mit einem bescheidenen Mahl begnügt". Essen (und Trinken) hingen stets auch mit Macht zusammen. Wenn das ↗Volk nichts zu essen und zu trinken hatte, drohte die Revolution. Wer die Mehrheit der Esser und Trinker befriedigte, brauchte sich um seine politische Karriere

nicht sorgen. Nicht nur Liebe, sondern auch Macht geht durch den Magen.
Verweise auf einzelne Nahrungsmittel bei ↗Lebensmittel.
Literatur: Georg Christoph Lichtenberg geht in seinen Aphorismen davon aus, dass der Mensch sich sichtbar dem annähert, was er isst. Außerdem meint er, dass unsere Ernährung auch unseren inneren Zustand maßgeblich beeinflusst.

Essig Essig ist ein Symbol, das weitgehend nur negativ auftritt. Meistens verdirbt der saure Essig den Geschmack. Klassisch ist der Wein, der sich in Essig verwandelt. Es handelt sich oft um ein Symbol der Kränkung und Enttäuschung. Man ist sauer, also schlecht gelaunt. Etwas geht zunichte („ist es Essig mit etwas“).

Esszimmer Das Esszimmer ist wie das ↗Wohnzimmer als Ort der entspannten Kommunikation zu sehen, allerdings steht hier die Nahrung im Vordergrund, und damit ist auch der Genuss und der Prozess der Verinnerlichung angesprochen.

Estrich Der Erstrich ist das, was unter dem Fußboden oder dem Teppichboden liegt: der (erdende) Grund, aber auch der rohe, nackte Untergrund.
Analytische Psychologie: Der Estrich drückt nach C. G. Jung wie der ↗Wald das Dunkle aus.

Etage ↗Stockwerk

Eucharistie ↗Abendmahl

Eule Symbol der Weisheit. Eulen können im Dunkeln sehen, man unterstellt ihnen deswegen ein tiefes Ahnungsvermögen und Einblicke ins Unsichtbare.
Mittelalter: Es gibt allerdings auch eine andere Symbolik: Als Nachtvogel, der einen klagenden Schrei ausstoßen kann, galt sie im Volk als Vorbotin des Todes und wurde als Vertreterin der (geistigen) Finsternis mit dem Teufel in Verbindung gebracht. Deshalb sind Eulen wie ↗Katzen beliebte Begleiter der Hexen. Hexen können sich auch selbst in Eulen verwandeln und nehmen dann meist vampireske Züge an. Auf der anderen Seite sollen aber die Eulen auch wieder vor Hexen schützen.

Eunuch Symbol der Unfruchtbarkeit, Macht und der verletzten Männlichkeit.

Euro Euro bedeutet Öffnung und Weite, Überwindung von traditioneller Enge und Nationalismen.
Der Euro als gemeinsame Währung europäischer Staaten wird in diesen Ländern sehr unterschiedlich angesehen. In Staaten wie Finnland wird er zum Beispiel als Fortschritt, als Offenheit und Stärke bewertet, in Staaten wie beispielsweise Großbritannien steht man ihm sehr skeptisch gegenüber. Man traut sich nicht, sich zu öffnen.
Das €-Zeichen ist von dem griechischen Buchstaben Epsilon inspiriert und verweist so auf die Wiege der europäischen Zivilisation und Kultur. Außerdem ist das E der Anfangsbuchstabe des Wortes „Europa“.
Vieles am Euro ist symbolisch angelegt: Angefangen vom €-Zeichen über die Motive der Geldscheine, die auf Offenheit und Verbindung weisen, bis zur Anzahl ↗Sieben der Geldscheine, was auf eine perfekte Einheit hindeutet.

Europa Europa steht im Gegensatz zu ↗Amerika, der neuen Welt, häufig für die alte Welt, für Kultur und Historie.

Mit dem Aufkommen des Europagedankens im vorigen Jahrhundert wird Europa auch zu einem Symbol der Hoffnung auf die Überwindung nationaler Beschränktheiten.
Durch die Praxis der Europa-Politik ist Europa aber auch fast zum Synonym für einen bürgerfernen bürokratischen Verwaltungsapparat geworden.
Literatur: Der deutsche Schriftsteller E. W. Heine entwarf in seinem Roman „Brüsseler Spitzen" ein kritisch-ironisches Bild von der Organisation des modernen Europa. Nicht gerade freundlich bezeichnete Gottfried Benn einmal Europa als einen Nasenpopel, dem er ↗Alaska als Land der Abenteuer entgegensetzte.
Philosophie: Montesquieu sah Europa als den kleinsten, aber mächtigsten Teil der Welt an, was damals nicht nur auf Prahlerei beruhte. Ferner sahen die Aufklärer trotz aller freigeistigen Kritik an Europa diesen Kontinent als denjenigen an, in dem die Vernunft zur Glückseligkeit führen könnte.

Eva Eva ist das Urweibliche, das Verführerische, sozusagen die Frau an sich, von der alle anderen Menschen abstammen. Mit Eva wurde ↗Adam zum Mann. Der alttestamentarische Name „Eva" stammt von „hawwa" ab, was oft als Mutter allen Lebens übersetzt wird, wörtlich aber ↗"Schlange" bedeutet.
Analytische Psychologie: Eva ist ein klassisches Anima-Symbol.
Literatur: Der Roman „Eva Luna" von Isabelle Allende beginnt mit dem Satz: „Ich heiße Eva, und das bedeutet Leben …"

Ewigkeit Ewigkeit bedeutet Zeitlosigkeit. Wird häufig abgeschwächt nur im Sinne von langer Dauer gebraucht, zum Beispiel wenn man von „ewigem Schnee" spricht oder genervt sagt: „Das dauert ja mal wieder eine Ewigkeit." In ihrem vollen Sinne ist die Ewigkeit ein göttliches Attribut, da sie das anspricht, was nicht der Zeit und dem Wechsel unterworfen ist. In anderen Zusammenhängen kann die Ewigkeit wie der unendliche Raum zum Symbol für die Kleinheit der menschlichen Existenz und die unendliche Leere werden, die den Menschen umgibt.

Examen ↗Prüfung

Exekution Exekution bedeutet ↗Strafe und ↗Tod; etwas wird gewaltsam zum Ende gebracht (siehe auch ↗Erschießen, ↗Erwürgen). Im übertragenen Sinne kann eine Exekution unter Umständen ein sehr positives Symbol sein, da endlich etwas (zum Beispiel Eigenschaften oder Verhaltensweisen) stirbt, das jemanden schon lange bedrängte.

Exil Das Exil verdeutlicht ein Gefühl des Fremdseins und des Vertriebenseins. Es drückt die Sehnsucht nach Zugehörigkeit aus.
Film: Der Film „Exil und Rückkehr" (1983) von Carlos Echeverria schildert die typische Situation des Exils. Der Journalist Oswaldo Bayer musste 1976 Argentinien verlassen und lebte unter schwierigen Bedingungen in Berlin im Exil. Besonders deutlich wird in diesem Film, dass Exil Einsamkeit bedeutet.

Exkremente Exkremente sind ein klassisches Ekelsymbol. Sie werden stark abgelehnt bis dämonisiert – und das in allen Kulturen. So ist „Scheiße" zum Beispiel nicht nur im Deutschen eines der gebräuchlichsten Schimpfworte, das stets dann benutzt wird, wenn etwas schief geht.

Exkremente bedeuten Schmutz und Krankheit, andererseits sind sie auch das Produkt einer Reinigung (↗Verdauung), auf das der Mensch allerdings meist nur in seiner analen Phase stolz ist.
Wenn sie auch in unserem Alltagsleben mit Ekel besetzt sind, symbolisieren Exkremente wie ↗Kot und ↗Urin im Traum häufig das Wertvolle. Das geht auf alte magische Ansichten der Naturvölker zurück, die davon ausgingen, dass unsere Exkremente einen Teil unserer Seele tragen. Diese Ansicht führte bei den Alchemisten zu der Bemühung, „Scheiße in Gold zu verwandeln".
Psychoanalyse: Das Symbol Exkremente verweist auf die frühkindliche Vorstellungswelt der analen Phase. Es ist ein Zeichen der Regression des Träumers oder der Träumerin.

Exmann / Exfrau Der oder die „Ex" bedeuten das Vergangene – und zwar meistens jenes Vergangene, das mit Verletzungen zu tun hat. Allerdings ist die Bedeutung dieser Symbolik stark davon abhängig, welche Beziehung zu dem Exmann oder der Exfrau bestanden hat und wie sich die Trennung gestaltete.

Explosion Explosion bedeutet Ausbruch, Befreiung, andererseits auch Zerstörung und Aggression. Psychologisch gesehen ist eine Explosion ein seelischer Ausbruch, Folge eines heftigsten (innerlichen) Streites. Sie deutet auf einen Triebstau hin.
Wichtig zur genaueren Deutung ist zu betrachten, was auf welche Weise explodiert.

Extremitäten Die Extremitäten sprechen unseren Handlungsspielraum an. Da dieses Wort auch den Stamm „extrem" enthält, können mit den Extremitäten auch extreme Einstellungen und Meinungen gemeint sein.

Exzentriker Exzentriker verkörpern die Ablehnung der Konventionen. Sie wagen, jenseits des Normalen und Gewohnten zu leben.
Gemäß einer wissenschaftlichen Untersuchung des Schotten Dr. David Weeks (2001) sind Exzentriker gesünder und intelligenter als die übrige Bevölkerung und leben auch länger. Es scheint für den Exzentriker typisch zu sein, dass er ungebunden ist und als Single lebt.

F

Fabeltier Eine Besonderheit stellen die Fabeltiere wie das ↗Einhorn, der ↗Drache und die Vögel ↗Phönix und Ruch dar. Sie sind ↗Tiere, die nur in Traum, Märchen und Sage leben und schon von daher ihr symbolisches Wesen offenbaren. Sie verweisen auf die Anderswelt, auf den Bereich der Fantasie und Kreativität.
Zu den Fabelwesen gehören neben den Fabeltieren auch ↗künstliche Menschen wie Frankenstein und der Golem; diese künstlichen Menschen bringen selten etwas Gutes. Siehe auch ↗Golem, ↗Frankenstein, ↗Nixe, ↗Sphinx, ↗Vampir, ↗Werwolf.
Antike und Mittelalter: In der Mythologie wimmelt es von Fabelwesen wie den ägyptischen Göttern mit Schakal- und Ibisköpfen, der Sphinx, die halb Mensch, halb Löwe ist, dem indischen Gott Ganesha mit seinem Elefantenkopf, Satyren, die der Ziege nahe stehen, die pferdhaften Zentauren, die schlangenköpfigen Gorgonen

und der menschliche Stier Minotauros. Auch Nixen und der bocksbeinige ↗Teufel gehören in diese Kategorie. Diese Fabelwesen sprechen die tierische Seite in jedem Menschen an und helfen dem Menschen, seine Natürlichkeit und seine Abstammung – ganz im Sinne, von Darwins Evolutionstheorie – nicht zu vergessen.
Literatur: Der Ort der Fabeltiere ist die fantastische Literatur, das Märchen und die Sagen.
Aber auch in Goethes „Faust“ wimmelt es von Fabelwesen aller Art: vom „Homunculus“ bis zum künstlichen Pudel. Der künstliche Mensch tritt in Mary Shelleys romantisch-schaurigem Roman „Frankenstein“ auf und in Gustav Meyrinks „Der Golem“ (1915). Ferner gehört Bram Stokers „Graf Dracula“ zu den bekannten Fabelwesen, die immer wieder in der Literatur und in Filmen auftauchen.
In „Tausendundeine Nacht“ begegnet uns neben anderen Fabelwesen immer wieder der Vogel Ruch, der dem Greif aus der europäischen Mythologie entspricht. Moby Dick, der weiße ↗Wal aus dem gleichnamigen Roman von Herman Melville ist ein Fabeltier, das die ungebändigten Naturkräfte verkörpert.

Fabrik Fabrik bedeutet Arbeit, Reichtum und Armut, Schmutz und auch Ausbeutung.
Die Fabrik steht einerseits für Gemeinschaftsgeist, Team und kollektives Handeln. Sie symbolisiert eine gute Einordnung und ist ein Symbol der Zusammenarbeit verschiedenster Persönlichkeiten oder Persönlichkeitsanteile. Allerdings bedeutet sie auch Schufterei, Arbeit und Ausnutzung (vgl. zum Beispiel Charlie Chaplins Film „Moderne Zeiten“) und tritt als häufiges Symbol auf für Verarmung, gesellschaftlichen Abstieg, Entfremdung und Entseelung. Die Fabrik zeigt so immer auch einen Verlust der Ganzheit und Zerstückelung an.
Philosophie: Fabrik bedeutet Entfremdung nach Karl Marx. Im Neo-Marxismus wurde der Begriff „Fabrikgesellschaft“ für die entfremdete – arbeitsteilige – Gesellschaft geprägt.

Fackel Die Symbolik der Fackel hängt eng mit dem ↗Licht zusammen. Sie kann somit für das Bewusstsein stehen, für den Intellekt, der in das Dunkle (das Unverstandene) eindringt.
Die Fackel ist auch ein Symbol der Ehrung (Fackelzug), das seit der häufigen Verwendung in der Nazizeit allerdings etwas in Verruf geraten ist.
Beim Olympischen Fackellauf werden Energien und Ideen symbolisch weitertransportiert. Siehe auch ↗Laterne, ↗Leuchter und ↗Lampe.

Faden Faden bedeutet Verbindung und Verknüpfung. Sprichwörtlich ist der „rote Faden“, und wer „alle Fäden in seiner Hand hat“, der kontrolliert die Zusammenhänge. Daneben spielt noch der Aspekt eine rolle, dass der Faden dünn ist: Er kann leicht reißen, symbolisiert deshalb das Flüchtige, Gefährdete, das, was „am seidenen Faden“ hängt.
Literatur: Die Redensart vom „roten Faden“ stammt aus Goethes Roman „Die Wahlverwandtschaften“, und Goethe erklärt in diesem Roman auch, dass er sich hier auf einen Brauch in der englischen Marine bezieht, alles Tauwerk mit einem eingewebten, dünnen roten Faden zu kennzeichnen.

Fächer Fächer bedeutet Vornehmheit, und zwar eine traditionelle, rückwärts gewandte Vornehmheit, die sich an Vorbil-

dern vergangener Jahrhunderte orientiert. Er verweist auf Hitze und auf frische Luft. Normalerweise ist der Gebrauch des Fächers in unserer Kultur den Frauen vorbehalten und steht mit allerlei Koketterien in Zusammenhang; dass ein Mann wie der Modeschöpfer Carl Lagerfeld den Fächer benutzt, ist eine Ausnahme.
Fächer: Der Fächer drückt meistens aus, dass man würdiger behandelt werden möchte. Er ist allerdings auch ein Zeichen des eitlen Narzissmus.

Fähre Die Fähre ist ein Zeichen des Übergangs, das in vielen Märchen, Mythen und Träumen eine große Rolle spielt. Man kommt mit ihr ans andere Ufer. Sie symbolisiert die Reise in eine andere Welt ähnlich wie die ↗Brücke, nur dass hier der emotionale Aspekt betont wird, da man das Wasser der Gefühle überquert.
Im Zeitalter der Massentouristik symboli siert die Fähre auch einen Weg in eine andere Welt, nämlich in die Welt des Urlaubs.

Fährmann Der Fährmann ist derjenige, der einen in die anderen Welten bringt.
Antike: In der griechischen Mythologie bringt der Fährmann Charon die Verstorbenen in den Hades, wenn man ihm den Obolus (Fährlohn) gibt.
Literatur: In Hermann Hesses Roman „Siddharta" verkörpert der Fährmann den erleuchteten Menschen. In „Tausendundeine Nacht" ist der Fährmann ein Geist, der die Menschen ins Land der Geister übersetzt. Er besitzt einen Elefantenkopf und ein Raubtierkörper.

Fährte Die Fährte leitet zu einem Ziel. Für die genaue Deutung ist zu beachten, wohin die Fährte führt und von welchem Tier sie stammt.

Färben Man verleiht etwas seinen Charakter. Man macht etwas schöner (vgl. den deutschen Ausdruck „Schönfärberei"). Welche ↗Farben werden benutzt? Was wird gefärbt? Wie sah es zuvor aus?

Fäulnis Fäulnis bedeutet Zersetzung und Auflösung, auch Krankheit. Das Faulende, besonders Lebensmittel, ruft ein Ekelgefühl hervor.
Häufiges Symbol in Alpträumen. Das, was verfault, weist häufig auf Eigenschaften des Träumers selbst, die wie abgestorben sind und unbedingt entweder endlich losgelassen oder wiederbelebt werden müssen. Sie ist eine Aufforderung zu mehr Selbstkritik, andererseits auch zum Selbstvertrauen.
Fäulnis kann sich auch auf Angst vor Krankheit beziehen.
Analytische Psychologie: Die Fäulnis gehört alchemistisch zur Schwärzung und ist ein Symbol der völligen Unbewusstheit und des Verfalls.
Literatur: Gregor Samsa, der Held von F. Kafkas Erzählung „Die Verwandlung", wird sich der Tatsache bewusst, dass er ein Tier geworden ist, als er merkt, dass er faule Lebensmittel bevorzugt.

Fahne Die Fahne gehört ursprünglich zum Krieg. Jedes Regiment hat seine Fahne, und wer im Krieg flieht, begeht „Fahnenflucht". In diesem Zusammenhang wird die Fahne mit Eroberung und Sieg assoziiert, denn das Hissen der eigenen Fahne war (und ist) ein Zeichen für den Anspruch auf Macht. In Deutschland ist als Folge der Nazizeit der politische Gebrauch von Fahnen etwas in den Geruch des Altertümlichen, Reaktionären gekommen. Davon unberührt blieb der Bereich des Sports: Hier symbolisiert die Fahne die Zugehörigkeit zu einem Verein oder

die Sympathie mit einem bestimmten Sportler.
Auf See stehen die Fahnen für Kommunikation. Die Fahne, die auf einem Schiff flattert, symbolisiert deshalb ganz unkriegerisch Freude an Wind und Wetter.

Fahnenmast ↗Mast

Fahren Fahren bedeutet generell Bewegung, Veränderung des Ortes und der Perspektive. Immer kann die Lebensreise gemeint sein. Einzelaspekte bei dem jeweiligen Verkehrsmittel.
Psychoanalyse: Jede Art des Fahrens symbolisiert nach S. Freud entweder den Geschlechtsverkehr oder bezeichnet oft bei Patienten der analytischen Behandlung den analytischen Prozess.

Fahrkarte Erlaubnis zu einer ↗Reise. Psychologisch gesehen verweist die Fahrkarte auf neue Lebenspläne und Veränderungen. Aber entscheidend ist, wohin die Fahrt gehen soll und welche Emotionen beim Gedanken an diese Fahrt auftauchen.

Fahrrad Das Fahrrad steht für den Einsatz der eigenen Kräfte, um vorwärts zu kommen. Die Bewertung des Einsatzes der eigenen Muskelkraft kann von Freude an der eigenen Bewegung bis zum Leiden an der (Selbst-)Quälerei reichen.
Heute zunehmend auch ein Symbol des Umweltbewusstseins und der Sportlichkeit.
Die Art des Fahrrads (Kinderrad, Rennrad, altes Rad, ...) weist auf die Persönlichkeit des Fahrenden. Müheloses Radfahren kann auf die Sehnsucht nach einem leichten Vorankommen auf dem Lebensweg deuten.

Fahrstuhl Der Fahrstuhl verspricht einen mühelosen Auf- und Abstieg. Psychologisch betrachtet deutet der Fahrstuhl seelische Wandlungsvorgänge an. Das Bewusstsein und das Niveau verändern sich, man verliert dabei allerdings den festen Boden unter den Füßen. Der Fahrstuhl verweist auf persönlichen Aufstieg, den Wunsch nach Erfolg und Selbstbestätigung – und das ganz mühelos. Möglicherweise ist auch eine seelische Wandlung angesprochen oder die Angst vor dem Steckenbleiben bei (psychischen) Entwicklungen.
Der Fahrstuhl kann andererseits auch Gefahr bedeuten, denn das Fahren im Fahrstuhl ist mit vielen Ängsten besetzt. So kann er auch die Angst vor dem Abstieg symbolisieren (siehe ↗Fallen, ↗Abgrund, ↗Absturz, ↗Falltüre und besonders ↗Abschuss). Im Fahrstuhl erlebt man häufig Beklemmung (wie auch bei ↗Belagerung und ↗Käfig).
Auch wegen der Enge, die dort herrscht, wird der Fahrstuhl in zahlreichen Filmen und Romanen zu einem Ort besonderer Begegnungen zwischen Menschen – das kann von einem ersten Kennenlernen eines Liebespaares bis zur Vergewaltigung reichen.
Asien: Symbol der Kundalini, der Lebensenergie im Yoga. Deswegen geht die amerikanische Autorin Patricia Garfield davon aus, dass besonders eine schnelle Fahrstuhlfahrt nach oben einen spontanen Aufstieg der Kundalini während des Schlafs anzeigt.
Film: In dem bekannten Film „Fahrstuhl zum Schafott" (1957) von Louis Malle wird die Angst vieler Fahrstuhlfahrer aufgegriffen, dass nämlich der Fahrstuhl stecken bleibt. In diesem Fall hat das Steckenbleiben des Fahrstuhls fatale Konsequenzen, da es sich nämlich um einen Mörder handelt, der so nicht verräterische Spuren seines Mordes beseitigen kann.

Louis Malle wurde zu diesem erfolgreichen Kriminalfilm durch den gleichnamigen Roman von Noel Calef inspiriert.

Fahrzeug Fahrzeuge symbolisieren Bewegungsfreiheit. Man möchte oder muss weg, in Bewegung sein, entkommen oder ankommen. Weitere Verweise bei ↗Verkehrsmittel.
Asien: Im Buddhismus spricht man vom großen und kleinen Fahrzeug (Mahayana und Hinayana). Damit ist die Methode auf dem Weg zur Erleuchtung angesprochen.

Fakir Der Fakir verkörpert übermenschliche Fähigkeiten, Überwindung des Körpers oder der Schmerzen, die Transformation ungünstiger Verhältnisse zur Fortentwicklung – verbunden mit einem guten Schuss Exotik.
Nach S. Freud symbolisiert der Fakir im Traum unseren irrationalen oder unseren sadomasochistischen Anteil.

Falke Wie der ↗Adler Symbol der Freiheit, des Überblicks und des Erfolgs. Bei diesem Raubvogel ist traditionell das aggressive Element sozusagen überhöht: Er symbolisiert die edle Aggressivität.
Im politischen Bereich nennt man Vertreter eines aggressiven, kriegerischen Kurses Falken.
Antike: Galt bei den Ägyptern als Symbol der Sonne, der Königsgott Horus wird als Falke dargestellt.
Mittelalter: Von Arabien ausgehend Symbol für den vornehmen, ritterlichen Geliebten. Das Jagen mit dem Falken gilt (zum Teil bis heute) als eine besonders königliche Art des Jagens.

Falle Falle bedeutet Gefahr, Hinterhalt und Verlust der Freiheit. Symbol einer schwierigen Situation. Die Falle drückt eine Gefangenschaft aus, und zwar meistens, dass man in sich selbst gefangen ist. Sie steht für die eigene Begrenztheit und verweist auf Umsicht und Vorsicht.

Fallen Wer fällt, hat den nötigen Halt verloren. Das Fallen symbolisiert deshalb Unsicherheit und Zweifel. Fallen bedeutet auch Niedergang und Abstieg, häufig in Bezug auf die soziale Stellung. So sprechen wir beispielsweise von den „gefallenen Mädchen".
Ein große Rolle spielt das Fallen in unseren Träumen: Fallträume gehören oft zur Kategorie der ↗Alpträume. Traumforscher sprechen bei diesen Träumen vom Inkubus-Anfall, der in den anfänglichen Non-Rem-Phasen des Tiefschlafs erfolgt. Zu diesen Inkubus-Anfällen wird auch der Pavor nocturnus (nächtliches Aufschrecken) gezählt. Die schreckliche Szene des Fallens erzeugt paradoxerweise einen hohen Muskeltonus, und der galvanische Hautwiderstand verändert sich stark. Man wacht aus Angst vor dem Aufprall aus diesen Träumen auf.
Die frühesten Träume, an die wir uns erinnern können, sind oftmals Fallträume. Das ist dadurch zu erklären, dass wir in den ersten Jahren unseres Lebens häufig hinfallen. Das erscheint uns als Entzug der Sicherheit. So bleibt es auch das gesamte Leben hindurch, dass Fallträume sich immer dann einstellen, wenn wir Angst vor dem Verlust der Sicherheit haben. Wir haben häufig das Gefühl, dass uns „der Boden unter den Füßen entzogen wird". Obwohl das Fallen uns auf die Erde zieht, ist es doch zugleich ein Ausdruck fehlender Erdung.
Fallträume hängen meistens mit einem Verlust zusammen. Fallträume treten ge-

häuft bei beruflichen Rückschlägen, persönlichen Enttäuschungen und starken Unsicherheiten auf. Man träumt oft vom Fallen, wenn man am Übergang zu einem neuen Lebensabschnitt steht. Besonders wenn man etwas Neues ausprobiert, fällt man zuerst einmal im Traum wie im Leben häufig auf die ↗Nase. Solche Träume verbildlichen die Angst, im Leben zu scheitern. Man kann nichts mehr tun, außer sich fallen zu lassen.
Psychoanalyse: S. Freud widmet sich dem Symbol des Fallens ausführlich in „Die Symbolik". Er ging davon aus, dass besonders bei Frauen Fallträume immer erotisch zu deuten seien. Er verweist in diesem Zusammenhang auf den volkstümlichen Begriff des gefallenen Mädchens. Heute scheinen Fallträume gerade bei Männern auf behinderte Hingabefähigkeit zu deuten.

Fallschirm Fallschirm bedeutet Sicherheit und Mut, er symbolisiert neben dem Fallen auch das Aussteigen. Wenn der Fallschirmspringer nicht in einen militärischen Zusammenhang gehört, dann verweist er auch auf Abenteuer, ein aufregendes Spiel mit dem Sich-Fallen-Lassen. Vielleicht geht es darum, in einem schwer zugänglichen Gebiet zu landen, Neuland zu entdecken.
Wer mit dem Fallschirm springt, hat den Absprung gewagt, er ist aus etwas ausgestiegen und hofft auf eine weiche Landung. Die Phase des weichen Falls kann wie das ↗Fliegen eine sexuelle Komponente haben.
Wenn sich der Fallschirm nicht öffnet, dann gleicht die Symbolik der von ↗Absturz.

Falltür Die Falltür verweist auf einen Hinterhalt oder ein Geheimnis. Sie bedeutet oft ↗Falle oder Gefahr. Sie symbolisiert im Gegensatz zu ↗Fallschirm einen ↗Absturz. Die Falltür kann auch zeigen, dass etwas im Unbewussten versteckt ist, zu dem man nun den Zugang findet. Falls es aber nicht nur eine harmlose Luke ist, dann ist der Zugang schwierig, mit Gefahr verbunden.

Falschgeld Falschgeld bedeutet Täuschung. Mit diesem Symbol klingt die Gier nach Reichtum an. Falschgeld deutet auf Unehrlichkeit und Verstellung, auf Betrügen oder Betrogenwerden. Da ↗Geld immer auch etwas mit Energie zu tun haben kann, ist auch zu fragen, ob die psychischen Energien richtig eingeschätzt werden.

Falte Die Bedeutung der Falte in der Kleidung ist von der Mode abhängig: Mal gelten Bügelfalte und Faltenrock als schick und modern, mal als langweilig und spießig. Störende Falten können auch ausdrücken, dass nicht alles so glatt ist, wie man es möchte. Es gibt Schwierigkeiten und Störungen, die man „ausbügeln" muss.
Psychoanalyse: In der Psychoanalyse wird die Falte wegen ihrer Form meist als weibliches Sexualsymbol angesehen.

Falter ↗Schmetterling und ↗Motte

Familie Familie heißt Zugehörigkeit, Sicherheit, andererseits auch Einengung. Die Familie erfüllt die Bedürfnisse nach Geborgenheit (siehe auch ↗Elternhaus, zu den einzelnen Familienmitgliedern siehe ↗Vater, ↗Mutter, ↗Geschwister, ↗Bruder, ↗Schwester).
Psychoanalyse: Die Familie als Symbol weist nach S. Freud auf ein Geheimnis hin.

Fanatismus Fanatismus, der blinde und leidenschaftliche Eifer, gründet sich auf

Beschränktheit und Unausgeglichenheit. Bildung ist der Feind des Fanatismus. Wahrheit und Informiertheit gebären keine Fanatiker. Fanatismus beruht immer auf einem Dogma.
Der Fanatismus tobt sich traditionell in den Gebieten Religion und Politik aus, heute aber zunehmend im Sport.

Fanfare Eine Fanfare kündigt ein besonderes Ereignis an, früher zum Beispiel eine Kavallerieattacke. Heute begegnen einem allenfalls noch Fanfarenzüge, ein wie die Schützenvereine zunehmend als konservativ und antiquiert geltendes Brauchtum.

Fantasie Fantasie bedeutet Vorstellungskraft. Die Fantasie kann positiv als kreative Energie und künstlerische Gestaltungskraft angesehen werden oder als Flucht aus der Realität. Fantasie kann Unsinn und Dummheit oder tiefste Einsicht bedeuten. Immer ist die Fantasie das Schillernde und jene Kraft, die Kunstwerke hervorbringt.
Philosophie: Voltaire betonte, dass die Fantasie durch den gesunden Menschenverstand in Zaum gehalten werden muss, um nicht zur weltfremden Wunderlichkeit zu entarten. J.-J. Rousseau sah die Fantasie als freie Äußerung von Ideen an.

Fantasietiere ↗Fabeltier, ↗Monster

Farben Farben sind ein Ausdruck von Gefühlen, das betont besonders Goethe in seiner Farbenlehre. Farben bedeuten Leben und Ausdruck, deshalb haben die Menschen schon immer den Farben besondere Symbolwerte zugeordnet, in der Kunst, in religiösen Systemen, in der Heilkunde. Einzelheiten siehe bei der jeweiligen Farbe.
Literatur: Goethe beschäftigt sich in dem sechsten Kapitel seiner „Farbenlehre" ausgiebig mit der Farbwirkung. Die Ideen von Goethe wurden von Rudolf Steiner in seinen Vorträgen über die Farben aufgenommen und erweitert.

Farbiger Bei diesem Symbol geht es oft um Kampf und Befreiung. Mit dem Schwarzen wird sowohl der Sklave als auch das trotzige „Black is beautiful" verbunden, entstanden im Zusammenhang mit der Befreiungsbewegung der Schwarzen.
Wie allgemein bekannt bildet der Farbige eine beliebte Projektionsfläche für die sexuelle Potenz. Außerdem ist die Symbolik der Farbe ↗Schwarz zu beachten. Hier kann es um die weibliche Lebenskraft auf der triebhaften Urebene gehen, dazu kommt oft noch das Dunkle als der Schatten oder das Chaos
Literatur: In ihren Tagebüchern beschreibt Anaïs Nin den Farbigen als Menschen, der ohne seelisch krank zu werden Erniedrigungen erlitten hat. Sie spricht ihm Feinfühligkeit, Gemütstiefe und Einfachheit zu. Besonders gefällt ihr seine Anmut und Natürlichkeit.
Philosophie: Immanuel Kant ging in seiner Abhandlung über die physische Geografie davon aus, dass Farbige weiß geboren werden, allerdings ihre Zeugungsglieder und ein Ring um den Nabel ↗schwarz seien. Von diesen Stellen breite sich im Laufe der Zeit das Schwarze über den ganzen Körper aus.

Farm ↗Bauernhof

Farn Die Farne gehören zu der niedersten Pflanzengruppe und damit auch zu einer der ältesten. Somit symbolisiert der Farn die Urwelt und damit auch das Paradies. Der Farn ist häufig auch ein Bestandteil romantischer Märchenwelten.

Kunst: Auf den Bildern von Henri Rousseau (1844–1910) ist immer wieder der große Farn zu sehen, wenn auf die ursprüngliche und in Rousseaus Sinn gesunde Gesellschaft und Lebensform verwiesen werden soll.
Mittelalter: Der Farn war eine der verbreitetsten Zauberpflanzen in Europa. Besonders der Farnsamen (den es nicht gibt, weil ein Farn sich durch Sporen vermehrt) galt als außerordentlich wertvoll. Bei Hexenprozessen wurde der (angebliche) Besitz von Farnsamen mancher Frau zum Verhängnis.

Fasan Der Fasan kam im Mittelalter von Asien nach Europa, wo er im Laufe der Zeit verwilderte. Er ist ein Symbol der Kraft der Natur und ihrer Schönheit (ähnlich wie der ↗Löwe).
Nach Brehms Tierleben ist der Fasan ein unentschlossener und ausgesprochen dummer Hühnervogel, was nur Jäger wissen.
Heutzutage wird der (männliche) Fasan auch als Symbol einer bunten oder vielschillernden Persönlichkeit gebraucht. In der orientalischen Literatur und Rede symbolisiert der Fasan einen schönen Menschen. Hermann Göring nannte man im Volksmund den „Goldfasan" – eine Anspielung auf seine Prunksucht und Eitelkeit.
Asien: In China Symbol des Wohlstandes. Der Fasan war das Wahrzeichen des Kaisers Yü.
In Japan Symbol der Mutterliebe und des Schutzes.
Antike: Dem Mythos nach stammt der Fasan aus dem Lande Kolchis. Er wurde von den Griechen unter Jason auf deren Argonautenfahrt von dort entführt und nach Griechenland gebracht.

Fasching ↗Karneval

Fass Ein volles Fass symbolisiert Fülle, ein leeres Fass schlechte Zeiten und Armut. Heute denkt man beim Fass nur noch an Alkohol: Bierfässer und Weinfässer. Wenn man „ein Fass aufmacht", dann will man ausgelassen feiern.

Fassade Die Fassade ist das Vordergründige. Wenn man von der Fassade spricht, dann will man oft betonen, dass nichts dahinter ist („das ist doch bloß Fassade") oder dass man den Schein durchschaut hat: „hinter die Fassade blicken".
Bei der Fassade geht es um den gesellschaftlichen Status und um die Selbstdarstellung nach außen. Die Fassade ist immer auch eine Festlegung wie die ↗Kulisse, hinter der sich immer auch etwas verbergen kann.
Psychoanalyse: Nach S. Freud der aufrechte menschliche Körper.
Analytische Psychologie: Bei C. G. Jung ist die Fassade das, was man zu sein vorgibt. Er nannte das die „Persona", die soziale Rolle oder gesellschaftliche ↗Maske, die wir der Außenwelt gegenüber repräsentieren.

Fasten Fasten bedeutet Verzicht, in erster Linie auf das lebensnotwendige ↗Essen; es gehört also in den Bereich der ↗Askese. In vielen Kulturen ist das Fasten religiös motiviert: Da man nichts Irdisches, keine Materie zu sich nimmt, soll das Fasten vom Materiellen reinigen und die Konzentration auf das Geistige fördern.
Im Zeitalter verbreiteter Überernährung bekommt das Fasten eine medizinische Funktion, eine (ungeliebte) Kalorienreduktion mit dem Ziel der Verbesserung der Figur oder der Gesundheit.
Christentum: Jesus hat vierzig Tage in der Wüste gefastet (Matth 4.2), hat sich aber auch negativ über das Fasten geäußert, wenn es um eine bloß äußerliche Übung

ging (Matth 6.16–18). Später sind viele Fastenzeiten oder Fastentage eingeführt worden, die meist der Vorbereitung auf ein großes Fest dienten. Das Fasten konnte sich auch auf sexuelle Enthaltsamkeit, auf Spiele, Tanzen, Gerichtsprozesse und Heirat beziehen.

Fast Food Als Fast Food wird das Essen bezeichnet, das industriell stark prozessiert wurde und dem die meisten natürlichen Nährstoffe ausgetrieben wurden. Fast Food wie ↗Hamburger und ↗Pommes frites symbolisiert einen modernen, schnellen und zugleich ungesunden Ernährungsstil.

Fastnacht ↗Karneval

Fata Morgana Die Fata Morgana ist eine Luftspiegelung in der Wüste, ein ↗Trugbild, das den Reisenden verwirrt und in den Tod leiten kann; sie steht für Trug und Illusion.
Verallgemeinert bezeichnet die Fata Morgana einen Wunschtraum, ein nicht zu erreichendes (persönliches oder politisches) Ziel.
Literatur: Die Fata Morgana bezieht sich semantisch auf die Morgana, die Fee, die in arabischen Märchen und der Artusdichtung vorkommt; die Schwester von König Artus, die das Wort der Macht sprechen und somit die Welt untergehen lassen kann. Im arabischen Raum galten diese Luftspiegelungen als ein Werk der Dschinns, der arabischen Dämonen, die den Reisenden in die Irre leiten, um ihn zu verderben.

Faultier Das Faultier ist Ausdruck der Sehnsucht nach Entspannung.

Faust Die Faust ist ein bekanntes Symbol (männlicher) Aggression und Durchsetzungskraft: Man schlägt mit der Faust auf den Tisch. Das Ballen der Faust deutet immer auf Ärger, Wut und Willen zur Macht. Die Arbeiterfaust taucht häufig in der sozialistischen Metaphorik auf.

Fax Das Fax symbolisiert effektive Kommunikation und Überwindung von Entfernungen, eine (kreative) Verbindung von Menschen, aber auch eine entfremdete (und schon wieder veraltende) Kommunikation. Auf jeden Fall wird mit diesem Symbol der soziale Kontakt angesprochen.

Februar Der Februar ist der Monat des Übergangs vom Winter zum Vorfrühling. Feste wie ↗Karneval, die mit dem Ende des Winters zusammenhängen, fallen in den Februar.
Antike: Julius Caesar bestimmte den Februar als den zweiten Monat des Julianischen ↗Kalenders. Der Februar hatte ursprünglich dreißig Tage. Caesar entfernte einen Tag, den er dem Juli zufügte, Augustus entfernte einen weiteren Tag, den er dem August zufügte. Sein Name stammt von „februarius", was „Reinigung" bedeutet; im alten Rom war der Februar der letzte Monat, an dem Reinigungsfeste gefeiert wurden, um sich für die Ankunft des neuen Jahres zu reinigen.
Literatur: Der amerikanische Schriftsteller Tom Robbins charakterisiert in seinem Roman „PanAroma" (1984) den Februar wie folgt: Seine Farbe entspricht Schweineschmalz auf Schwarzbrot, sein Geruch entspricht dem nasser Wollhosen, seine Melodie klingt jammernd, als ob sie auf einer quietschenden Geige gespielt wird. Robbins setzt hinzu, dass den Februar keiner überleben würde, wenn er nicht so kurz wäre.

Fechten Fechten heißt, einen Streit austragen; traditionell eine ritterliche, ja vornehme Art des Kampfes (↗Degen, ↗Säbel). Im übertragenen Sinne ist mit dem Fechten meistens ein innerer Kampf gemeint.

Feder Die Feder symbolisiert Leichtigkeit und Sanftheit und im übertragenen Sinne oft die Sehnsucht danach, die Sehnsucht, sich sanft fallen zu lassen (wie auch bei ↗Blatt).

Bunte, schöne große Federn schmücken den edlen Vogel. Wer sich „mit fremden Federn schmückt", prahlt mit den Verdiensten anderer.

Die Feder wird heute nur noch selten auf das Schreiben verweisen, da der Federkiel als Schreibinstrument fast ausgestorben ist.

Literatur: Eduard Mörike liebte es, mit natürlichen Federn zu schreiben. Er verdammte die Federn aus Stahl als Schreibinstrument. Sie galten ihm als fehlgeleiteter Fortschritt.

Die Redensart „sich mit fremden Federn schmücken" taucht zuerst bei Phädrus in der Fabel von der Krähe, die sich mit Pfauenfedern schmückt, auf; von dieser Fabel existieren zahlreiche Varianten.

Federball Das Federballspiel ist in der Werbung beliebt, wenn Naturnähe, Leichtigkeit und Unbeschwertheit symbolisiert werden soll. Ein volkstümliches Spiel, das im Gegensatz zum ↗Tennis mehr mit Spiel als mit Sport assoziiert wird. Federball zu spielen ist ein wenig so, als ob man sich Gedanken zuwirft und sich inspiriert.

Federvieh ↗Geflügel

Fee Die Fee, die heute am häufigsten auftaucht, ist die „Glücksfee", die ihren Weg bis in die Werbung gefunden hat. Tatsächlich stammt der Ausdruck „Fee" vom lateinischen „fata" ab, womit das Wirken der Schicksalsgöttinnen gemeint ist, die keine so niedlichen Wesen waren wie die heutigen Feen. Dass Feen, die wie die ↗Elfen keine Seele haben, dem Menschen auch gefährlich werden können – wovon zahlreiche Märchen und Sagen zu berichten wissen – ist heute meist vergessen.

Heute steht die Fee im Vordergrund, die Wünsche erfüllt, die Rat und Hilfe bringt, ohne dass der Mensch sich selbst anstrengen muss.

Analytische Psychologie: Die Fee verweist bei Mann und Frau auf die innere Weiblichkeit, die ↗Anima im Sinne C. G. Jungs. Die „gute Fee" ist die befreite Weiblichkeit, die fruchtbare Mutter im Sinne Erich Neumanns, die „böse Fee" ist die verzauberte Weiblichkeit, die befreit werden muss, die furchtbare Mutter im Sinne Neumanns.

Literatur: Feen waren in Märchen sehr beliebt. Das zeigt der englische Ausdruck „Fairy Tales" für Märchen, was Feen-Geschichten bedeutet. Seit dem Kunstmärchen der Romantik sind die Feen in die Kinderbücher abgewandert.

Fehler Fehler bedeutet sowohl Versagen als auch Lernmöglichkeit. Oft spielt die Angst, einen Fehler zu machen, eine größere Rolle als der Fehler selbst.

Fehlgeburt Fehlgeburt bedeutet einen missglückten Neuanfang, siehe auch ↗Abtreibung. Psychologisch gesehen kann es darum gehen, dass man hinderliche Eigenschaften loswird oder dass ein Neuanfang nicht gelingt.

Feige Die Feige ist ein in ganz Europa und im Orient verbreitetes Symbol für das weibliche Geschlecht. Das liegt nicht nur an ihrem Aussehen, sondern auch daran,

dass im Orient Feigen angeritzt werden, um ihre Reife zu beschleunigen. Diese Technik wurde seit Urzeiten mit dem Geschlechtsverkehr verglichen.
Der Feigenbaum ist der Baum, unter dem Buddha seine Erleuchtung fand, ein Ort der Befreiung.
Das Feigenblatt wiederum ist ein bekanntes Symbol des Schutzes und der Scham. Immerhin kann das Feigenblatt als erstes „Kleidungsstück" angesehen werden. In der bekannten Bibelstelle von der Vertreibung aus dem Paradies (Gen 3.7) wird die psychologische Funktion dieses Bekleidungsstückes betont. Aus Scham versteckten Adam und Eva ihr Geschlecht. In der arabischen Welt übrigens aß Eva nicht einen Apfel, sondern eine Feige vom Baum der Erkenntnis.
Literatur: In der biblischen Fabel Jothams (Richter 9.11) wird die Feige wegen ihrer süßen Frucht gelobt. Sie steht für Süße und Genuss.

Feile Die Feile bedeutet, das Harte und Raue zu glätten, Unebenheiten zu entfernen (siehe ↗Bügeleisen und ↗Falte). In einem allgemeineren Sinne ist das Feilen die Bearbeitung oder die Verfeinerung von etwas; so feilt man zum Beispiel an einem Text.

Feld Das Feld ist ein Ort der Weite und der Offenheit. Es symbolisiert den Raum, in dem etwas stattfindet, aber auch die Fläche, auf der etwas gesät und geerntet wird (siehe auch ↗Acker).
Felder, besonders Felder mit reifem ↗Getreide, symbolisieren heute Natur und gesunde Nahrung.
Jedes Feld kann auch für ein Betätigungsfeld stehen. Ein brachliegendes oder verwüstetes Feld bedeutet dann Stagnation, Trauer und Sorge, ein grünes Feld Arbeit und guter Verdienst, Wachstum, ein verwildertes Feld Unordnung im inneren und äußeren Leben.

Felge Auf der Felge sitzt der ↗Reifen, und somit symbolisiert sie die Fortbewegung.
Heute will man durch spezielle Felgen das Image des ↗Autos verbessern. Die Leichtmetallfelge symbolisiert das Exklusive und zugleich auch den sportlichen Charakter des Autos.

Fell Das Tierfell symbolisiert Natürlichkeit und Weiblichkeit (Anima), früher auch Schutz vor Kälte und damit Wärme. Die Schutzfunktion ist auch erhalten in der Redensart „ein dickes Fell haben", die darauf zurückgeht, dass Fell umgangssprachlich oft für ↗Haut steht. Deswegen gleicht die Symbolik auch der von Haut, wobei beim Tierfell eine animalische Komponente im Vordergrund steht. Wo Wärme und animalische Natürlichkeit aufeinander treffen, da ist oft auch eine erotische Komponente unübersehbar (↗Pelz, ↗Pelzmantel).
Bestimmte Fellarten haben eigene Aspekte, zum Beispiel der Nerz, der als wertvoll gilt, oder das Tigerfell, das das Wilde herausstellen soll.

Fellatio Die Fellatio symbolisiert ein Lob des Phallus. Dabei wird der Penis wie der Kopf mit seinem Mund gesehen, der hier geküsst wird. Andersherum verkörpert auch der Mund der Frau ihre Scheide bei dieser Sexualtechnik. Sie ist somit ein Beischlaf, der symbolisch, also stellvertretend ausgeführt wird. So gesehen bedeutet die Fellatio sexuelle Kultur im Gegensatz zur natürlichen Sexualität.
Im Sinne Freuds ist die Fellatio Ausdruck einer Perversität, wobei nach S. Freud Per-

versitäten Lust erzeugen, ohne Kinder zu zeugen.

Fellmütze Die Fellmütze lässt Winter und besonders die kalten Gegenden des Ostens und Russlands assoziieren. Siehe ↗Kopfbedeckung.

Fels Der Fels steht für Härte und Unbeweglichkeit, felsiges Land ist unfruchtbar, Felsbrocken stören beim Ackern oder liegen auf dem Weg. Im übertragenen Sinne kann die „felsenfeste" geistige, körperliche oder seelische Stärke gemeint sein oder die sichere Grundlage.
Christentum: Petrus ist der Fels, auf den sich die Kirche gründet (Matth 16.18). Damit verkörpert er das unbeweglich feste Fundament der christlichen Institutionen.
Psychoanalyse: Nach S. Freud ist der aufragende Fels Symbol des männlichen Gliedes.
Literatur: In Goethes „Tasso" wird der Felsen mit dem Mann verglichen, der dem Gefühlssturm standhält. Das wurde zu einem gängigen Bild in der Literatur bis ins 20. Jahrhundert hinein.

Fenchel Fenchel gilt als gesund. Er ist ein altes Hausmittel gegen Verdauungsbeschwerden. Ferner löst er den Schleim bei Erkältungen.
Antike: Plinius empfahl in seiner Naturgeschichte den Fenchel als Mittel gegen zweiundzwanzig Erkrankungen.

Fenster Hier ist fast immer der Innen-Außen-Bezug angesprochen. Deshalb ist es oft sehr symbolträchtig, ob das Fenster sauber und klar oder undurchsichtig ist. Wer „weg vom Fenster" ist, der hat den Kontakt nach draußen, also zur Öffentlichkeit verloren, was für Politiker und Showstars sehr negativ ist.
Auf den Banknoten des Euro treten als häufigste Symbole Fenster und Durchgänge auf. Die Europäische Zentralbank rechtfertigte diese Symbolik, indem sie sagte, dass Fenster und Durchgänge am besten den Geist Europas symbolisieren würden, der sich durch Offenheit und Zusammenarbeit auszeichnet.
Das Fenster gab auch dem Betriebsprogramm Windows von Microsoft den Namen, da es viele Fenster zugleich öffnen kann.
Psychoanalyse: Fenster verweisen auf unsere Körperöffnungen, speziell auf unsere Augen und damit auf unsere Wahrnehmung. Aber es können nach S. Freud mit dem Fenster prinzipiell alle Körperöffnungen gemeint sein.
Analytische Psychologie: Das Fenster verweist auf das Licht unseres Bewusstseins und auf unsere Wahrnehmung. Kann ich aus dem Fenster hinaussehen oder ist es durch Vorhänge oder Gardinen verhängt (Bewusstseinsschleier)?

Fensterbrett Die Deutung ist davon abhängig, was sich auf dem Fensterbrett befindet.
Psychoanalyse: Nach S. Freud Vorsprung im menschlichen Körper, zum Beispiel der Busen.

Ferien Ferien bedeutet Freiheit von Arbeit und Zwängen. Die Ferien symbolisieren die Zeit der Entspannung und häufig auch der Erotik, sie stehen für Ungebundenheit und Freiheit. Der Traum von den Ferien weist meistens darauf hin, dass man sich nach einer Aus-Zeit sehnt. Von Bedeutung ist, wo und wie jemand Ferien verbringt oder verbringen will.
Im englischsprachigen Bereich wird „Ferien" mit dem Namen Billy Butlin verbunden, der 1936 seinen Traum von den Ferien

im Zeitalter ihrer technischen Reproduzierbarkeit in seinen legendären Feriencamps umsetzte. Alles in diesen Feriencamps, die sich jeder leisten konnte, war genormt. Die Ferien dort entbehrten jeglicher Exklusivität. Hier wurden die modernen Ferien mit Animateuren geboren, die einem Spiegel glichen, in dem man überall das Gleiche sah. Butlins Feriencamps, die bis 1972 bestanden, zierte das Shakespeares Sommernachtstraum entlehnte Motto „our true intend is all for your delight".

Fernglas Das Fernglas bedeutet Vergrößerung. Es verweist darauf, dass man etwas näher heranholt, dass es jemandem sehr wichtig ist, etwas zu beobachten, Geheimnisse aufzudecken.
Wer hingegen mit dem Fernglas beobachtet wird, der hat Angst, dass man ihm zu genau auf die Finger guckt, weil er etwas verbergen will.

Fernsehen Das Fernsehen ist das moderne Unterhaltungsmedium schlechthin, für viele der Mittelpunkt der täglichen (Unterhaltungs-)Welt, die wichtigste Schnittstelle zum Geschehen draußen.
Intellektuelle sind traditionell fernsehkritisch. Deswegen steht das Fernsehen häufig als Symbol für Langeweile, Zeit totschlagen, für Flucht vor der Realität und Verzicht auf tatsächliche zwischenmenschliche Kommunikation. Das Paar, das gelangweilt gemeinsam in den Fernsehapparat schaut, ist zu einer Ikone für die moderne Beziehungslosigkeit und Entfremdung geworden.
Da Fernsehen immer ruhelos ist – es darf dort keine Pause oder ein Schweigen auftreten – bildet es auch perfekt eine Welt der Spannungen ab. Damit können auch innere Spannungen angesprochen sein.

Ferse Die Ferse ist der wunde Punkt und der Ort der Verletzung (Achilles-Ferse). Einem auf den Fersen zu sein, bedeutet, dicht hinter jemandem zu sein. In diesen und ähnlichen Zusammenhängen steht Ferse einfach für ↗Fuß und hat wie dieser oft etwas mit der Erdung zu tun.

Fesseln Die Fesseln verbildlichen all das, was festhält, mit Gewalt bindet. Sie bedeuten Unfreiheit. Die Fesseln verweisen oft auf die Arbeitssituation oder die Partnerschaft. Man fühlt sich unglücklich gebunden. Auf der anderen Seite hält die Fessel auch etwas zusammen und zwingt einen, nicht gleich wegzulaufen. Immer aber wird die eigene Freiheit drastisch beschnitten.
Das Fesseln besitzt auch eine sexuelle Bedeutung. Es drückt die Lust der erzwungenen Hingabe aus und den Genuss der absoluten Hingabe. Im Sadomasochismus spielt Fesseln, dort oft „Bondage" genannt, eine wichtige Rolle. Beim Fesseln ist man für die eigene Hingabe nicht verantwortlich und kann sich deswegen ohne moralischen Bedenken voll hingeben, siehe ↗Masochismus, ↗Sadismus.

Fest Fest bedeutet Freizeit und Freude, es symbolisiert den sozialen Austausch, jegliche Kommunikation, Wohlergehen, Genuss und Geselligkeit.
Ethnologen wie A. E. Jensen sehen die Ursprünge des Festes darin, eine Atmosphäre zu schaffen, in der mythische Wahrheiten vermittelt werden können.

Festessen ↗Festmahl

Festival ↗Fest

Festmahl Ein Festmahl steht für die Sehnsucht nach sozialem Kontakt (wie ↗Abendessen). Das Essen kann auf alle möglichen Bedürfnisse bezogen werden, die befriedigt werden wollen. Ferner steht das Festmahl für Erholung und Geselligkeit oder Langeweile in steifer Atmosphäre – je nachdem, welche Stimmung dort herrscht. ***Philosophie:*** Platons „Gastmahl" schildert das Festmahl als einen Treffpunkt zum Austausch philosophischer Ideen. Das ist eine Sitte, die bis heute im „gepflegten Tischgespräch" fortlebt.

Festnahme Festnahme bedeutet ähnlich wie ↗Verhaftung Freiheitsverlust und Strafe. Sie hat immer etwas mit Schuld (-gefühlen) zu tun.
In der Welt der Symbolik kann Festnahme auch bedeuten, dass man sich etwas nimmt oder vornimmt, oder man wünscht sich das eigene Leben aufregend wie einen Krimifilm, weil man es als zu langweilig erlebt. Man fühlt sich schuldig, das schlechte Gewissen meldet sich. Bestimmte Eigenschaften müssen abgelegt werden, da sie sonst zu unangenehmen Komplikationen führen. Man erfasst „den Täter" oder „die Täterin" in sich, das heißt, man begegnet sich selbst, seinen eigenen Motiven, Taten, Absichten und deren Auswirkungen.
Ferner schwingt bei der Festnahme stets die Angst vor einem Freiheitsverlust mit. Warum und unter welchen Umständen findet die Festnahme statt? Welches Delikt wird jemandem vorgeworfen?

Festplatte Die Festplatte ist das Gedächtnis des ↗Computers. Auf ihr werden alle Programme und Dateien abgelegt. Die Größe der Festplatte ist wie die Geschwindigkeit des Computers zu einem Imagesymbol geworden. Was früher bei den Autos die PS-Zahlen waren, sind heute die Gigabytes von Festplatte und ↗Arbeitsspeicher.

Festung Bei der Festung geht es um Schutz vor Angriffen: Für den Angreifer ist sie schwer oder gar nicht zu erobern, für den Angegriffenen bietet die Festung Geborgenheit und Sicherheit. Die dicken Mauern der Festung können auch Abwehr und Rückzug andeuten (siehe ↗Burg und ↗Schloss).
Dass eine Festung ein militärisches Bauwerk ist, kann heute vom touristischen Aspekt überlagert werden.
Psychoanalyse: Die Festung ist nach S. Freud ein Symbol der Frau und des Weiblichen allgemein.

Fete ↗Fest

Fett Der Körper speichert Nahrungsreserven in Form von Fett. Deswegen steht Fett für Überfluss an Nahrung und Wohlstand. Fett bringt auch Geschmack in die Nahrung und hilft bei der Aufnahme von Vitaminen. Heute leben wir in einer Zeit fettreduzierter Lebensmittel, und Fett steht als Synonym für Übergewicht.
Fett ist oft mit Ekel verbunden und somit auch ein Schattensymbol
Kunst: Im Werk von Josef Beuys spielt Fett eine besondere Rolle, was darauf zurückgeht, dass für Beuys im Krieg Fett lebensrettend war.

Feucht Das Feuchte ist das Fruchtbare, allerdings besitzt diese Fruchtbarkeit nicht nur eine positive Bedeutung, sondern sie ist auch häufig mit dem Verfall verbunden. Mit der Feuchtigkeit wird der ↗Schimmel assoziiert, der als klassisches Symbol des Ekels und des Niedergangs gilt.
Das Feuchte verweist auch auf die hingebungsvolle Weiblichkeit, das empfangsbereite weibliche Geschlecht.
„Feucht hinter den Ohren" zu sein, ist ein Ausdruck für Unerfahrenheit (genauso

wie der geläufigere Ausdruck „grün hinter der Ohren").
Literatur: In der pornografischen Literatur wird immer wieder die Feuchtigkeit der Schamlippen der Frauen beschrieben, die als ein Maßstab für deren Erregung gilt.

Feuer Das Feuer hat die Menschen schon immer fasziniert, entsprechend vielfältig ist die Symbolik.
Erstens kann das Feuer Wärme und Geborgenheit ausdrücken, besonders das ↗Herdfeuer, das Feuer im ↗Kamin oder das ↗Lagerfeuer.
Zweitens kann Feuer zerstören (siehe auch ↗Blitz und ↗Brand). Die Feuersbrunst stellt eine Gefahr dar, das Feuer lässt nur Asche zurück, es vernichtet und verzehrt. Bei allen Fantasien vom Weltuntergang, oft auch von der Hölle, spielt das Feuer eine Rolle. Deswegen wird das Feuer auch dem Teufel zugeordnet, denn Ziel des Teufels ist es, die Materie zu zerstören und den Zustand des schwarzen Urchaos wieder herzustellen.
Mit der Zerstörungskraft zusammen hängt ein dritter Aspekt: Das Feuer reinigt und läutert, zum Beispiel das Erz. Im Fegefeuer wird die Seele von den Sünden gereinigt, ein Aspekt, der von den Alchemisten betont und ins Psychologische übertragen worden ist. In diesem Sinne verbildlicht es unsere seelische Läuterung, die Reinigung von den psychischen Schlacken.
Viertens symbolisiert das Feuer Leidenschaft, vor allem die sexuelle Leidenschaft bis hin zur Verfallenheit („meine Flamme", „Feuer und Flamme sein").
Fünftens hat das Feuer einen weiblichen Aspekt: Feuer ist bei den Maya die Mutter der Götter im Inneren der Erde. Die Vorstellung der Feuermutter findet sich in vielen alten Kulturen. Nach C. G. Jung ist das Feuer immer das Lebenszentrum, der Ort, wo es warm und hell ist, wo sich die Menschen sammeln, man kann sich wärmen und etwas dort kochen. Es ist das, was Schutz gewährt, das Daheimsein.
Als männliches Symbol ist das Feuer sechstens der Helligkeit, dem ↗Licht, der ↗Sonne und besonders dem ↗Blitz verbunden wie die Götter Zeus und Wotan. Es symbolisiert die Trieb- und Tatkraft des männlichen Archetypen in Mann und Frau.
Antike: Das Feuer, das Prometheus als kreativer Akt des Menschen von den Göttern stiehlt, ist genauso wie die Flamme der Osterkerze Gotteskraft. Heraklit lässt die Welt aus dem Feuer entstehen und im Feuer vergehen. Bei Heraklit (und C. G. Jung) ist das Feuer das eigentliche Symbol des Lebens, deshalb wird dem Paten bei der Taufe eine brennende Kerze überreicht.
Christentum: Hier hat das Feuer ein Doppelgesicht. Es ist einerseits – wie erwähnt – dem Teufel und der Hölle zugeordnet, andererseits dem Göttlichen. Dem Moses erscheint zum Beispiel Gott im brennenden Dornbusch (Ex 3.2), auf die Apostel geht der Heilige Geist in Gestalt von Feuerzungen nieder (Apg 2).
Analytische Psychologie: Die Hölle besteht nach C. G. Jung aus Feuer, da dort alle Dinge vernichtet werden. Das Höllenfeuer ist ein Symbol der ewigen Pein, das Fegefeuer Symbol der Reinigung. Für die reinigende, licht- und fruchtbarkeitsfördernde Macht des Feuers finden sich viele Belege bei Sir James George Frazer in seinem Hauptwerk „Der goldene Zweig". Das Feuer symbolisiert nach C. G. Jung auch die menschliche Intuition.
Psychoanalyse: Das Feuer hängt nach S. Freud oft mit Bettnässen zusammen, das in Wien „zündeln" genannt wurde.

Feuerstelle Symbol der Häuslichkeit und Sicherheit – wie alle Symbole des ↗Kochens, ↗Backens und ↗Bratens.
Analytische Psychologie: Nach C. G. Jung symbolisiert die Feuerstelle die Umwandlung und den alchemistischen Prozess. Es möchte etwas transzendiert werden.

Feuerstein ↗Feuerzeug

Feuerwehr Die Feuerwehr ist der Retter in der Not, im übertragenen Sinne aber auch ein Symbol für die Zerstörung der Leidenschaft, da sie das ↗Feuer löscht. Ein wichtiger Aspekt ist außerdem die Schnelligkeit der Feuerwehr.
Seit den Anschlägen auf das New Yorker ↗World Trade Center sind die Feuerwehrleute zu den neuen Helden der amerikanischen Nation stilisiert worden, welche die Titelseiten der Magazine zieren.
Die Feuerwehr verweist gar nicht so selten auf eine uneingestandene Faszination des ↗Feuers. Möglicherweise geht es auch um (Angst vor) inneres Feuer, das heißt Leidenschaften.

Feuerwerk Das Feuerwerk ist ein Illusionsspiel. Es macht auf die Besonderheit eines Ereignisses aufmerksam. Es steht für blendende Leistungen, sprühende Lust und Begeisterung.

Feuerzeug Bei einem Gegenstand, der dazu dient, Feuer zu entzünden, ist die ganze Symbolik von ↗Feuer zu beachten. Im übertragenen Sinne kann hier die Fähigkeit angesprochen sein, kreative Ideen und Einsichten zu produzieren. Man kann etwas in Brand setzen, das heißt, man kann eine Wirkung ausüben, eine Entwicklung durch seine Ideen in Gang setzen (siehe auch ↗Blitz).

Fichte Als immergrüner Nadelbaum ist die Fichte ein Ausdruck der Beständigkeit, siehe auch ↗Baum, ↗Nadelbaum.

Fieber Fieber bedeutet Krankheit und Heilung zugleich.
Es kann auf verzehrende Leiden verweisen; meist sind aber Leidenschaften gemeint – häufig mit dem Hintersinn, dass diese nicht gut tun. Dann wird also die pathologische Leidenschaft angesprochen, womit entweder die übermäßige Leidenschaft gemeint ist oder die Leidenschaft auf das falsche Objekt.
Wer „wie im Fieber redet", ist seiner Sinne nicht mächtig – eine Anspielung auf Fieberträume und Fieberfantasien.

Fiedel Heute eigentlich nur noch abwertend für ↗Geige gebraucht. Fiedeln taucht in zahlreichen volkstümlichen Wendungen in einem erotischen Sinn auf.

Figur Die Figur einer Person wird mit ihrer Schönheit oder Sinnlichkeit verbunden. Heute wird der Figur eines Menschen eine geradezu zentrale Aufmerksamkeit zuteil: Die „richtige" Figur zu haben zeigt, dass man dem Ideal von Sportlichkeit und Jugendlichkeit entspricht, entsprechend hart wird der Kampf um die „gute Figur".

Figur (Plastik) ↗Statue

Film Film bedeutet Illusion oder Abbild des Lebens. Mit dem Film ist auch häufig Berühmtheit und Starkult verbunden (siehe auch ↗Kino und ↗Fernsehen), die Welt des Films ist das Ziel vieler Sehnsüchte.
Film: Die kleinen Filmemacher imitieren die Welt, die großen schaffen ihre eigene. Das meinte der russische Filmregisseur Tarkowskij, der 1973 „Solaris" von Stanislav Lem verfilmte.

Filmstar Der Filmstar ist eine Person des Begehrens und zugleich der Macht. Solche öffentlichen Personen bieten sich als Projektionsfläche an (siehe ↗Star). Ein Filmstar verkörpert dann meistens eine idealisierte oder illusionäre Selbstbetrachtung und verweist auf ein geschwächtes Ich und ein Minderwertigkeitsgefühl.

Finger Finger bedeuten Sinnlichkeit (Tastsinn), Geschick, Fertigkeiten und Tatkraft; der Finger auf dem Mund hingegen ist ein altes Sinnbild des Schweigens. Oft stehen die Finger einfach für die ↗Hand, zum Beispiel wenn man „die Finger von etwas lässt" oder „seine Finger überall drin hat". Mit den Fingern und der Hand greifen wir zu, packen wir etwas an. So deutet dieses Symbol auf anliegende Aktivitäten hin. Natürlich muss auch die Gestik der Finger berücksichtigt werden, ob der Finger beispielsweise auf etwas hindeutet oder die Finger zur ↗Faust geschlossen sind.
Nicht nur für den Psychoanalytiker, sondern auch in verschiedenen obszönen Gesten, die zum Teil weltweit verbreitet sind, symbolisiert der Finger den Penis.
Es gibt auch einige Sagen und Märchen, in denen ein Finger die Brustwarze der Frau ersetzen kann. Moses zum Beispiel soll aus seinem eigenen Daumen Milch gesogen haben, und eine arabische Quelle berichtet, dass Abraham, als er als Kleinkind von seinen Eltern ausgesetzt worden ist, nur deshalb überlebt hat, weil er aus seinen Fingern Milch saugen konnte.
Die Finger sind mit einem besonderem, individuellem Muster von Linien gezeichnet, das man den Fingerabdruck nennt. Der Fingerabdruck ist derart individuell, dass schon vor fast 2500 Jahren chinesische Kaufleute ihre Verträge mit ihrem Fingerabdruck unterzeichneten, da dieser im Gegensatz zur Unterschrift völlig fälschungssicher ist. Erst in der Neuzeit wurde von der Kriminalistik der Fingerabdruck als sicheres Identifizierungsmittel erkannt.
Siehe auch ↗Daumen, ↗Mittelfinger, ↗Ringfinger.
Psychoanalyse: Nach konventioneller Psychoanalyse kann jeder Finger ein Penissymbol sein.
Kunst: Man sagt, wenn in der früheren Malerei ein Mädchen als Modell für eine Heiligendarstellung diente, das sich einer freieren Sexualität erfreute, wurde ihr kleiner Finger etwas abgespreizt dargestellt.

Fingerhandschuh Der Fingerhandschuh zeigt Berührungsängste und einen Schutz vor (emotionaler) Kälte. Er drückt Distanz aus.
Psychoanalyse: Der Fingerhandschuh wird in der klassischen Psychoanalyse als Präservativ und damit als Angst vor einer Schwangerschaft gedeutet.

Fingerhut Die Pflanze Fingerhut wurde schon immer als Symbol für Tod und Wiedergeburt angesehen. Der Fingerhut ist sowohl ↗Medizin als auch ↗Gift für das ↗Herz. Damit ist er in besonderer Weise dem Liebesleiden verbunden.
Das Nähutensil Fingerhut symbolisiert Schutz vor Verletzungen. Geschützt wird der Finger, die Symbolik ist deshalb von der des ↗Fingers abhängig. Die vielfältigen Bedeutungen, die man ausgehend davon volkstümlich dem Fingerhut zugesprochen hat, sind heute vergessen, da der Fingerhut zusammen mit dem (Hand-)Nähen allmählich ausstirbt.

Fingernagel Den Fingernägeln wurden in alten Zeiten magische Kräfte zugesprochen. Wenn man ein Stück Fingernagel einer Person besitzt, so kann man sie ver-

zaubern. In der Literatur wurden die Fingernägel oft den Krallen der Katze gleichgesetzt, speziell die weiblichen Fingernägel werden als Instrument der Aggression betrachtet.
Die Pflege der Fingernägel sagt einiges über die Psyche der betreffenden Person aus. Besonders bei abgekauten Fingernägeln vermutet man eine schüchterne oder gar gehemmte Person mit inneren Problemen.
Bei lackierten Fingernägeln ist deren Farbton wesentlich.

Fingerring ↗Ring

Fink Als Singvogel drückt der bunte Vogel mit seinem schmetternden Gesang Fröhlichkeit aus, viel mehr dem allgemeinen Bewusstsein eingeprägt hat sich aber der „Schmutzfink"; weitere Aspekte bei ↗Vogel.

Finsternis Finsternis bedeutet fehlende Erkenntnis, Nichtwissen und geringer Bewusstseinsstand; weitere Aspekte ↗Dunkelheit.
Im Traum und in Fantasien heißt durch die Finsternis zu gehen, durch das eigene Dunkel zu gehen und sich um mehr Bewusstsein zu bemühen. Das ist die Aufgabe, die S. Freud mit seinem berühmten Zitat „Wo Es war, muss Ich werden" ausdrückte. Wenn man die Finsternis erlebt, dann bleiben die eigenen dunklen Seiten nicht mehr unsichtbar, was ein großer Fortschritt und eine Befreiung ist.
Man sagt während einer depressionsartigen Verstimmung, dass man dunkler Stimmung sei. Diese Dunkelheit drückt sich auch in den Träumen aus, die wir in solch einer Phase träumen. Sie spielen sich häufig in bedrohlicher Nacht ab oder in einem dunklen Milieu. Die eigenen dunklen Gefühle werden als zwielichtige Gestalten oder dunkle Orte personifiziert. Alles das, was in solch einen Traum Angst macht, kann als die eigenen, aus dem Unbewussten hochsteigenden Gefühle angesehen werden, die sich wie die Personen im Traum verselbständigt haben.
Befindet man sich allerdings am Ende einer depressionsartigen Verstimmung, kann es sein, dass sich die dunklen Welten plötzlich aufhellen oder dass sie durch helle und fröhliche Welten voller Aktivität ersetzt werden. Das ist der Ausblick auf das, was nach der Krise kommen wird. Es ist die Gegenwelt zu der Welt dunkler Gedanken und Gefühle, an die der Traum einen erinnern möchte und mit welcher der innere Regisseur die Macht der dunklen Bilder abzuschwächen versucht.
Analytische Psychologie: Symbol des Schattens.

Fisch Der Fisch ist in vielen Kulturen das Symbol für das ↗Wasser, außerdem für das Leben und die Fruchtbarkeit. Fische sind kalt und schwer zu fassen („aalglatt"), außerdem spielt häufig der Aspekt eine Rolle, dass dem Menschen die Fische stumm zu sein scheinen. Der Fisch kann ein Wohlgefühl verkörpern, deswegen sagt man, dass sich jemand „wie ein Fisch im Wasser" fühlt, wenn er sich in seinem Element befindet. Das Merkmal der Fische ist die Totalität, da sie gänzlich im Wasser (im Gefühlsbereich) leben. In der Magie werden die ↗sieben magischen Fischarten genutzt, um Kontakt zur wissenschaftlichen Welt oder der Welt des Wissens herzustellen. Die sieben magischen Fische (im biologischen Sinne handelt es sich nicht bei allen um Fische, sondern nur um Wassertiere) sind: die Äsche (Lachs), der Hecht, der Tintenfisch, der Delphin, die Robbe,

der Oelurus und der Thimallus. Die beiden letzten Fischarten dürften aus dem Reich der Fantasie stammen.
In der Astrologie geht es bei der Symbolik des Sternzeichens der Fische um ozeanische Gefühle, Vertrauen und das Ringen um die Selbstverteidigung. Daneben gehören das Chaos und das Absurde hier hin und der Glaube – auch der Aberglaube und der Unglaube.
Einzelheiten bei dem jeweiligen Fisch.
Christentum: Der Fisch ist ein Christussymbol und war in den ersten Jahrhunderten das (Geheim-)Zeichen der Christen. Die Abkürzung IXTS (für Iesus Xristos Theos (Gott) Sotär (Retter)) heißt auf Griechisch Fisch, darum wurde Jesus symbolisch als Fisch dargestellt.
Dass man nach dem alten katholischen Fastengebot freitags Fisch isst, geht letztendlich auf die babylonische Fischgöttin Ishtar zurück. Ishtar wird zur Venus, und der Freitag ist der Tag der Venus.
Psychoanalyse: In der Psychoanalyse ist der Fisch ein Symbol männlicher Sexualität.
Analytische Psychologie: Ist man selbst ein Fisch, kann man sich nach C. G. Jung im ↗Wasser (Gefühl) erneuern. In der analytischen Psychologie stellt der Fisch ein Ganzheitssymbol dar. Er symbolisiert die ganze Persönlichkeit des Träumenden und besonders den Gefühlsbereich der Sexualität. Fische sind nach C. G. Jung zugleich wie Gedanken und Ahnungen, die aus dem Unbewussten aufsteigen.
Literatur: Der große Fisch spielt eine wichtige Rolle in Ernest Hemingways Erzählung „Der alte Mann und das Meer" (1952). Er symbolisiert in diesem Text, für den Hemingway mit dem Nobelpreis für Literatur ausgezeichnet wurde, die Kraft der Natur, die der alte Mann zum letzten Mal (fast) besiegt.
Der Australier Richard Flannagan wurde mit seinem Roman „Goulds Buch der Fische" 2002 mit dem Commonwealth-Preis ausgezeichnet. Das „Buch der Fische", das sich als „Roman in zwölf Fischen" anpreist, ist ein Text über Fische, so wie Herman Melvilles „Moby Dick" ein Roman über Wale ist. Es beginnt mit einem Zitat von William Faulkner: „Meine Mutter ist ein Fisch."

Fischer Fischer heißt Armut, Naturverbundenheit und Gefahr; immer aber geht es um das Fangen.
Der Fischer ist ein rauer Kerl wie jeder ↗Seemann. In unseren Breiten ist der Beruf des Fischers ein aussterbender Beruf – sieht man einmal von dem hoch technisierten modernen Fischfang ab. Der Fischer wird deshalb zu einer nostalgischen Gestalt, der seiner naturverbundenen und nicht entfremdeten Tätigkeit nachging, als das Wasser noch nicht verschmutzt war.
Christentum: Jesus nennt seine Jünger einmal „Menschenfischer" (Matth 4.19), da sie Seelen fangen sollten.
Literatur: Den Inhalt unserer Seele fangen will auch Amfortas, der Fischerkönig im „Parzival". In dem Märchen „Von dem Fischer und seiner Frau" tritt der Wunschfisch auf.

Fitness Fitness symbolisiert Jugend und Lebenskraft. Heutzutage besitzt die Fitness fast Kultcharakter und ist Ausdruck eines postmodernen Lebensstils.
Literatur: Isabelle Allende bedauert, dass sich heute das Stöhnen von den Betten in die Fitnesssalons verlagert hat (in „Aphrodite").

Flach Flach wird oft mit „niveaulos" assoziiert. Man spricht vom Flachsinn im Gegensatz zum Tiefsinn. Wenn es um Gewässer geht, dann ist das Flache auch das Ungefährliche, das Harmlose – sowohl bei der Welle wie in Ufernähe.

Flagge ↗Fahne

Flamme Die Symbolik entspricht weitgehend der von ↗Feuer. Psychologisch gesehen gilt es als positives Zeichen der Lebensenergie, wenn die Flammen unter Kontrolle sind, sonst bedeuten sie Aggression und Triebentladung. Die Flammen können auch ein Symbol der Leidenschaft sein.
Psychoanalyse: Nach S. Freud bedeutet die Flamme stets das männlich Genital (da der ↗Ofen als Symbol des Frauenleibes gilt).

Flaneur Der Flaneur ist derjenige, der sich und seine Umwelt erkennt, da er sich Zeit für die Verarbeitung auch der flüchtigsten Einblicke nimmt. Er verkörpert das Gegenbild zum gehetzten postmodernen Menschen, der mit Tunnelblick durchs Leben rast. Der Flaneur sieht, er fühlt sich ein, er nimmt sich Zeit.
Literatur: Marcel Proust (1871–1922) hat in seinem einflussreichen Roman „Auf der Suche nach der verlorenen Zeit“ die Haltung des Flaneurs hypersensibel beschrieben.
Philosophie: Viele Philosophen lobten die Haltung des Flaneurs. In Deutschland war es Walter Benjamin, der dem Flaneur ein Denkmal setzte, da er die Kultur versteht und wahrnimmt. Er ist es – so heißt es bei Benjamin –, der das Flüchtige hält und wahrnimmt. In diesem Sinn ist der Flaneur auch der Träumer und Traumdeuter.

Flasche Männliches und weibliches Sexualsymbol. Nach S. Freud ist die Flasche wie jedes ↗Gefäß allerdings immer weiblich zu deuten.
Die Flasche kann auch als Kommunikationsmittel angesehen werden, wie bei der Flaschenpost, die häufig in Abenteuerromanen und bei der Schatzsuche eine wichtige Rolle spielt.
Für eine genauere Deutung ist der Inhalt der Flasche von Belang.

Flaschenpost ↗Flasche

Flechten Das Flechten weist stets auf das Verknüpfen, das heißt, verschiedene Lebenssituationen und Persönlichkeitsanteile werden verbunden wie ein ↗Faden mit dem anderen. Etwas wird in seinem inneren Zusammenhang verstanden.

Flecken Flecken sind dunkle Seelenstellen, Beschmutzung und Schuldgefühle. Sie sind oft mit dem Gefühl der Peinlichkeit verbunden, wenn es auch den „lustvollen Klecks“ gibt, der allerdings seltener in Traum und Fantasie auftritt. Mit den Flecken wird bisweilen auf die Erkenntnis eines „blinden Flecks“ verwiesen.

Fledermaus Die Fledermaus ist ein bekanntes Vampirsymbol. Sie steht für das Aussaugen: Man wird ausgesaugt oder saugt selbst aus. Ferner steht sie für dumpfe, triebhafte und bedrohliche Gefühle (vgl. F. Goyas Bild „Los Capichos“ (Fledermäuse) und Bram Stokers Klassiker „Graf Dracula“). Die Fledermaus als unheimliches Wesen gilt als eines der Begleittiere der Hexen. Sie zeigt Unglück an. Eine an die Tür genagelte tote Fledermaus soll jedoch Glück bringen.
Andererseits drückt dieses Symbol größte Sensibilität und Beweglichkeit, beste Orientierung und differenzierte Instinkte aus.

Die Fledermaus diente um die Jahrhundertwende als ein Symbol für die kapitalistische Ausbeutung.

Fleisch Die Werbung sucht uns zu suggerieren, dass Fleisch und auch ↗Wurst „ein Stück Lebenskraft" darstellen. Im übertragenen Sinne symbolisiert es körperliche, meist sexuelle Energien – eben die „fleischlichen Lüste".
Rohes Fleisch weist auf Körperkraft, Leidenschaft und Potenz. Zubereitetes Fleisch deutet auf Genuss oder Genusssucht. Die Ablehnung von Fleisch zeigt Keuschheit an.
Asien: Nach der indischen Tradition (Jagaddeva) steht Fleisch für Herrschaftsgelüste oder den Wunsch nach großer Nachkommenschaft.

Fleischer ↗Metzger

Flieder Der Flieder ist ein altbekanntes Symbol der Liebe. Er symbolisiert Zärtlichkeit und Romanze (vgl. das Lied der Comedian Harmonists „Wenn der weiße Flieder wieder blüht"). Er warnt vor Einbildung und Betörung.

Fliege Die Fliege ist ein verbreitetes Symbol für das Lästige, für überreizte Nerven. Sie symbolisiert Widerstände, Erregtheit und leichte Irritierbarkeit wie der ↗Floh. Die Fliege kann andererseits auch auf das ↗Fliegen verweisen, und nicht zuletzt ist sie das Kleine, das sehr stören kann.
Christentum: Die Fliege gilt als Symboltier des Teufels. Beelzebub wird manchmal der Herr der Fliegen genannt.

Fliegen Fliegen symbolisiert die Überwindung der Erdenschwere, also Leichtigkeit und Freiheit, wie es der Pilot und Autor Saint-Exupéry beschreibt. Beim Fliegen besitzt man einen größeren Überblick, der Horizont ist weit. Ferner warnt das Fliegen vor Selbstübersteigerung (wie in der volkstümlichen Geschichte des Schneiders von Ulm, die Brecht in einem Gedicht ironisiert), oder es drückt eine Sehnsucht nach Leichtigkeit in schwerer Situation aus. Fliegen gleicht einem Rauscherlebnis mit Abheben und Leichtigkeit wie beim Liebesrausch. Die meisten alten Mythen kennen den Zusammenhang zwischen dem Fliegen und der Sexualität. Heute, wo das Fliegen eher alltäglich geworden ist, bleibt zwar die alte Bedeutung noch bestehen („nur Fliegen ist schöner" als Werbespruch und „Angst vorm Fliegen" von Erica Jong), aber es findet eine Überlagerung durch die moderne Symbolik des Fliegens statt: Weltoffenheit, große Ideen und Kommunikation (häufig in der Werbung). Der Flug ist ferner ein Symbol kreativer Ideen (Gedankenflüge).
Manche Esoteriker bewerten das Fliegen in Traum, Meditation und Fantasie einseitig als positiv. Es wird als Vorstufe zu Jenseitserlebnissen und Astralreisen betrachtet. In ihm nähern wir uns der mystischen Erfahrung des Nichts an.
Hexen können im Gegensatz zu „normalen" Menschen fliegen, womit ihre übernatürlichen Fähigkeiten, aber auch ihr beweglicher Geist symbolisiert werden.
Wenn jemand im Traum fliegt, so kann das mehrere Ursachen haben. Der Flug im Traum deutet zum einen darauf hin, dass man durch ↗Abheben – also durch Verlust der Erdung – aus einer Situation flieht. Zum anderen mag dieses Fliegen aber auch anzeigen, dass man einen größeren Überblick benötigt, den man nur von oben besitzt. Von oben kann man die Situation im Zusammenhang überblicken.
Bei kranken und älteren Menschen mögen Flugträume ein Anzeichen dafür sein, dass

sie ihren Körper und damit die Erdenschwere überwinden möchten.
Fliegen und ↗Fallen treten (wie ↗Abgrund, ↗Absturz, ↗Fahrstuhl und ↗Falltüre) zumeist in angstbesetzten Zusammenhängen auf oder (wie ↗Bach, ↗Blatt und teilweise ↗Fallschirm) in ausgesprochen angenehmen Befreiungsfantasien. Flugträume sind besonders bei Jugendlichen ein Hinweis auf eine Überforderung durch übersteigerte Erwartungen und Erfolgsdruck der Umgebung.
Antike: Die Ägypter sahen in Flugträumen die Flucht aus Schwierigkeiten, während schon bei den Griechen und Römern das Fliegen als Liebesrausch interpretiert wurde.
Psychoanalyse: Nach S. Freud sind Flugträume sexuelle Wunsch- und Erektionsträume (sehr ausgiebig von S. Freud behandelt). S. Freud erklärte Flugträume durchweg als sexuelle Wunschvorstellungen. Auf der anderen Seite war S. Freud allerdings auch der Meinung, dass Flugträume das Hetzen in der Kindheit des Träumers aufarbeiten. Überhaupt neigte S. Freud der Ansicht zu, dass Flugträume, besonders wenn sie wiederholt auftreten, Bewegungsspiele der Kinderzeit ansprechen, die der Träumer oder die Träumerin mit Lust durchführten.
Literatur: Das Fliegen symbolisiert in Erica Jongs Bestseller „Angst vorm Fliegen“ die Angst vor der Freiheit.

Fliegenpilz Der Fliegenpilz gedeiht in Nadelwäldern speziell unter Fichten und trägt zur romantischen Stimmung des Waldes bei. Er wird als Stuhl der Elfen und anderer zauberischer Wesen angesehen. Seine rote Färbung macht ihn besonders attraktiv und auffällig. Im Volksglauben gilt er zugleich als giftige und als magische Pflanze, denn er ist wahrscheinlich das älteste Halluzinogen der Menschheit. Er wurde bei den Hexen, den euro-asiatischen und nordamerikanischen Schamanen, bei den Mayas und Indern benutzt, um sich in eine heilige Trance zu begeben, in der man die Weisung der ↗Götter erhält. Obwohl der Fliegenpilz ein derart verbreitetes Halluzinogen ist, konnte sein Wirkstoff Muscimol erst in neuerer Zeit isoliert werden.
Asien: Der vedischen Gottheit Indra soll ein aus Fliegenpilzen bereiteter Trank Kraft verliehen haben.
Literatur: Im deutschen Kinderlied „Ein Männlein steht im Walde“ wird der Fliegenpilz mit einem kleinen Mann verglichen. Man nahm auch an, dass er den Ruheplatz der Zwerge darstellt; im angelsächsischen Bereich wird der Fliegenpilz als Stuhl der Kröten angesehen.

Flieger ↗Flugzeug

Fliehen ↗Flucht

Fliese ↗Kachel

Fließband ↗Band

Fließen Fließen heißt, sich treiben zu lassen, nicht alles kontrollieren zu wollen, ähnlich wie ↗Fluss und ↗Wasser (vgl. auch „Die Zauberflöte“).

Flipper Der Flipper symbolisiert Entspannung, Geschicklichkeit und Erotik. Da seit den neunziger Jahren des 20. Jahrhunderts Flippern „out“ ist, kann es auch eine rückwärts gewandte Haltung ausdrücken oder einen Mangel an Entwicklung.
Literatur: Umberto Eco beschreibt in seinem Roman „Das Foucaultsche Pendel“ die erotische Dimension des Flipperns. Man spielt mehr mit dem Schambein als mit den Händen, schreibt er. Flippern ist der kalkulierte Einsatz der Hüften.

Philosophie: Roland Barthes sieht im Flippern „den symbolischen Akt des Eindringens".

Flitterwochen Das Wort stammt vom mittelhochdeutschen Verb „vlittern", das „flüstern", „kichern" und „zärtlich sein" bedeutet. Die Flitterwochen symbolisieren eine besonders schöne Zeit der Hochstimmung.

Flöte Eines der ältesten Musikinstrumente. Ihr Klang soll die Menschen und Götter verzaubern. Wie jedes ↗Musikinstrument symbolisiert die Flöte Harmonie, Gleichklang, Schönheit und Zärtlichkeit. Die Flötenmusik regt uns an, mehr Lebensfreude zuzulassen. Bekanntlich ist die Flöte ein Penissymbol (Pans Instrument) und gelegentlich ein Zeichen autoerotischer Selbstbezogenheit (vgl. die Märchen „Hans mein Igel" und „Der singende Knochen").

Floh Der Floh ist das Störende und Irritierende. Er verkörpert nervliche Überreizung und Stress wie auch die ↗Fliege. Er gibt einen Hinweis darauf, dass das Unscheinbare mehr beachtet werden möchte. Der Floh ist das, was man schwer nur loswird.
Königin Christine von Schweden soll im 17. Jahrhundert mit einer kleinen silbernen Kanone die Flöhe auf ihrer nackten Brust abgeschossen haben. Descartes, der ihr Lehrer war, musste beim Unterricht der Königin diese Flohjagd der nackten Königin ertragen, er starb im Alter von 54 Jahren am 11.2.1650, nur wenige Monate nach Beginn dieser seltsamen Unterrichtssituation.

Floß Ein sehr archaisch anmutendes ↗Wasserfahrzeug, das an Holzfäller gemahnt oder auch an Schiffbrüchige, die sich mit so einem Gefährt retten wollen. Für den Psychologen geht es darum, dass man auf dem ↗Wasser des Gefühls mit den einfachsten Mitteln vorankommt. Jemand soll sich nicht oder gerade treiben lassen. Aber das Dahintreiben ist gefährlich, da das Floß schwer steuerbar ist. Zum anderen liegt hier zugleich das Vertrauen vor, dass das Wasser einen trägt. Es kommt für die Deutung darauf an, wie die Floßfahrt verläuft.

Flotte Jede Flotte ist ein Symbol der Macht. Die Flotte symbolisiert emotionale Konfliktsituationen und eine Angst vor gefühlsmäßigen Auseinandersetzungen.
Kunst: In der klassischen Seemalerei Englands wurden gern Flotten auf dem Meer in Öl gebannt.

Fluch Der Fluch ist ein Symbol der Aggression. Ihm haftet etwas Magisches und Dämonisches an, dem der Verfluchte meist nicht entgehen kann. Fluch ist Schicksal. Zur weiteren Deutung ist der Inhalt des Fluchs wichtig, wer ihn ausspricht und weswegen er ausgesprochen wird.
In der Mythologie und Literatur erfüllen sich Flüche fast immer. Sie aufzuheben, bedarf es besonderer Macht.
Literatur: In Stephen Kings Erzählung „The Thinner" (deutscher Titel: „Der Fluch) geht es um die unabwendbare Wirkung eines Fluchs der Zigeuner. In dieser Erzählung wird die Wirkung des Fluchs als real dargestellt. Der Fluch ist eine gerechte Strafe.
Film: 1945 drehte Alfred Hitchcock den Film „Spellbound" (was wörtlich „verflucht" heißt) mit Ingrid Bergman und Gregory Peck. Es war der erste Film, in dem die Psychiatrie als Thema auf die Leinwand gebracht wird. Der Film bekam

1945 einen Oscar und war für fünf Oscars nominiert. Hier wird die psychologische Seite des Fluchs dargestellt.

Flucht Flucht ist eine Reaktion der Angst. Man scheut die Konfrontation.
In Träumen oder Fantasien bedeutet Flucht Verdrängung, besonders wenn jemand die Auseinandersetzung mit dem eigenem Schatten (unbekannte Gedanken und unbewusste Gefühle) scheut, wie es oft bei Träumen vom ↗Fliegen der Fall ist. Wer sich auf der Flucht befindet, der sucht auch immer etwas.

Flügel Flügel bedeuten Leichtigkeit und Freiheit, sie hängen eng mit dem ↗Fliegen zusammen. Psychologisch gesehen verweisen die Flügel darauf, dass man das Leben leichter nehmen, sich mehr den spielerischen Energien öffnen und mehr Intellektualität (mehr Höhenflüge) wagen sollte. Das ist die Situation, die im „I Ging" mit der Formel „förderlich ist es, das große Wasser zu überqueren" ausgedrückt wird.
Das Musikinstrument Flügel steht mehr als das ↗Klavier für Großzügigkeit und Luxus.
Antike: Nach Homer symbolisieren die Flügel den Gedanken.
Literatur: 1976 kam der essayhafte Roman „Schweine mit Flügeln" von Rocco und Antonia heraus, der eine Befreiungsschrift für Sex und Politik sein wollte.

Flugplatz Der Flugplatz ist der Ausgangspunkt des ↗Fliegens. Er symbolisiert Freiheit und Reise. Flughäfen zeigen Veränderungen an, wobei das ↗Flugzeug in den Himmel bringt und damit die geistige Dimension dieser Veränderung betont.
Flugplatz bedeutet Fernweh und Treffpunkt.
Literatur: Der amerikanische Autor Arthur Hailey schrieb in den 1960er Jahren „Airport". Dieses Buch war seinerzeit der in Amerika meistverkaufte Roman überhaupt. Der Flugplatz, der in allen seinen Aspekten beschrieben wird, bietet hier die Szene für Drama und Verbrechen.

Flugzeug Das Flugzeug bedeutet Freiheit und Reisen. Dem Psychologen gelten Flugzeug und ↗Fliegen als Symbole für weit reichende Gedanken, Ideen und neue Einsichten. Sie können allerdings auch vor dem Abheben warnen.
Mit dem Fliegen setzt man sich über die Einschränkungen unseres Erdendaseins hinweg und erhebt sich über die Welt. So bekommt man einen Überblick und sieht alles distanziert von oben, was in der Sprache der Fantasie heißt, dass man Verwicklungen distanziert betrachten sollte.
Das Flugzeug bringt einen weit weg. Man reist in der Luft, in der man die größte Freiheit des Weges hat. Die Luft symbolisiert den unfassbaren Geist, der überall präsent ist. Man bewegt sich jedoch nur in der Gemeinschaft mit den Mitreisenden fort.
Psychoanalyse: Nach S. Freud ist jedes Flugzeug ein Symbol des männlichen Gliedes, das sich entgegen der Schwerkraft emporrichten kann.

Flugzeugabsturz Der Flugzeugabsturz ist ein Symbol der Katastrophe. Wie Ikaros will man zu hoch hinaus und stürzt so ab. Psychologisch gesehen heißt das, dass Illusionen und überfällige Einstellungen abgelegt werden müssen. Man muss wieder auf die ↗Erde kommen.

Flunder Man ist „platt wie eine Flunder", das heißt, man wundert sich, was wiederum bedeutet, dass man mit etwas Ungewohntem konfrontiert wird.

Flur Der Flur symbolisiert den Weg aus der Enge heraus – seltener in die Enge hinein.
Der Flur verbindet unterschiedliche Räume und verbildlicht die Verbindung verschiedener Eigenschaften. Er markiert oft einen Übergang von einem Bewusstseinszustand zu einem anderen.
Flure sind oft mit einem Gefühl der Verlorenheit verbunden.

Fluss Der Fluss ist der Strom des Lebens und der Fluss der Zeit (↗Fließen). Eine Flussfahrt entspricht oft dem Lebensweg. Die Art der Wasserbewegung ist zu beachten. Reißende Ströme zum Beispiel treten oft als Hindernis auf und verweisen so auf Triebschwierigkeiten und störende Gefühle.
Asien: In der altchinesischen Philosophie wird das Tao dem Fluss verglichen (mit seinem Gefühl und dem Lebensstrom im Fluss sein), „weil das weiche Wasser in Bewegung mit der Zeit den harten Stein besiegt" (aus Brechts Gedicht über Lao tse), weil das Harte unterliegt.
Christentum: Alle Flüsse entspringen nach Ambrosius von Mailand den vier Flüssen des Paradieses. Diese symbolischen Flüsse sind die Klugheit, die Gerechtigkeit, der Mut und die Mäßigung. Nach Augustinus entsprechen die vier Flüsse den vier Evangelisten. Anderen Überlieferungen nach entspringt ein Fluss im Garten Eden zu dessen Bewässerung. Er teilt sich in vier Flüsse auf: den Pischon, der das Goldland umfließt, den Gichon, der Kusch begrenzt, den Tigris und den Euphrat.
Literatur: Der amerikanische Dichter und Reisende Henry Thoreau lobt den Fluss „als die bei weitem attraktivste Straße".
Philosophie: Die Evolutionstheorie wurde oft als ein Fluss bezeichnet. Deswegen nannte William H. Calvin sein Buch über die Evolution „Der Strom, der bergauf fließt". In ihm wird eine Flussfahrt auf dem Colorado beschrieben, die zu Reflexionen über die moderne Evolutionstheorie Anlass gibt.

Flusspferd Flusspferde verkörpern die Kraft der Natur. Sie symbolisieren Exotik und Natürlichkeit.
Die Besonderheit des Flusspferdes besteht darin, dass es ein Säugetier ist und Säugetiere auf dem Land vermutet werden, das Flusspferd jedoch ein Wassertier ist. Dieses vermitteln einige Mythen Afrikas, indem sie im Flusspferd ein Pferd sehen, dessen Fell in Brand geraten war und das sich deswegen ins Wasser geflüchtet hat und seitdem die Landtiere hasst. Weiteres bei ↗Nilpferd.

Flut Die Flut ist – falls nicht eine normale Flut im Gegensatz zur ↗Ebbe gemeint ist – eine ↗Naturkatastrophe. Sie bedeutet Bedrohung, Angst und Tod; siehe auch ↗Sintflut.
Die Flut symbolisiert die Überwältigung und die Angst vor dem Versinken in der Gefühlswelt. Man muss „schwimmen lernen", das heißt, bereit sein, sich wie ein ↗Fisch im Wasser zu bewegen. Dazu gehört, sich sowohl auf den Fluss des Lebens als auch auf die Beweglichkeit einzulassen.
Analytische Psychologie: Rückschlingung in die Triebwelt, in den weiblichen Archetypen (vgl. dazu genauer Erich Neumann: Ursprungsgeschichte des Bewusstseins. Es geht hier um die Angst des bewussten Menschen vor der verlockenden Triebwelt). Die Kräfte des Geistes und der Vernunft stehen einem Einbruch der Natur

ins bewusste und zivilisierte Leben nicht mehr entgegen.

Förster Der Förster ist ein naturverbundener Mann. Er verkörpert Natürlichkeit und Romantik.
Literatur: Aus der populären Literatur kennen wir den Försterroman, der alle Klischees der Romantik aufweist.

Fohlen Ein Fohlen verkörpert Lebensfreude, Jugend und Kraft.

Folter Folter bedeutet, einen Angeklagten durch Schmerzen so weit zu bringen, dass er das gesteht, wessen man ihn beschuldigt.
Die Folter verweist auf etwas Geheimnisvolles und Unergründbares. So spricht der Volksmund davon, jemanden auf die Folter zu spannen. Sie hängt meistens mit Angst- und Schmerzlust zusammen. Folter ist immer ein Symbol des Ausgeliefertseins an die Macht eines anderen.
Wird man in Fantasie oder Traum selbst gefoltert, dann tut man sich selbst etwas an: Der Hang zum ↗Masochismus wird angesprochen, der in jedem von uns lebt. Auf der anderen Seite scheint hier das Bedürfnis nach mehr Spannung im eigenen Leben durch. Oft steht hinter solchen Situationen eine unbewusste sadomasochistische Haltung, die nach Befreiung verlangt. Allerdings kann es auch ganz unsexuell um das Bild einer Spannung aus unterdrückten Rachegefühlen angesehen werden: Was ich mir aus moralischen Gründen nicht traue, anderen zuzufügen, das wird mir zugefügt.

Fontäne Die Fontäne ist nicht nur nach der Psychoanalyse ein Sinnbild der männlichen Zeugungskraft und Fruchtbarkeit, siehe ↗Springbrunnen.

Forelle Die Forelle verkörpert Lebensfreude und Beweglichkeit (vgl. das Forellenquintett von Franz Schubert, das diese Lebendigkeit musikalisch ausdrückt). Psychologisch gesehen bedeutet das: Man kann sich frei im ↗Wasser des Gefühls bewegen. Allgemeines bei ↗Fisch.
Literatur: Bei Christian Friedrich Daniel Schubart, einem bekannten Fabeldichter der Goethezeit, verkörpert die Forelle den launischen Charakter. Sie steht auch für „die frohe Eile“ (Schubart).

Formel Formel bedeutet Herrschaft.
Eine Formel drückt stets aus, dass man etwas wissenschaftlich oder pseudowissenschaftlich zu beherrschen sucht. Als am Ende des 18. Jahrhunderts der französische Mathematiker Pierre Simon Marquis de Laplace die Vision einer Weltformel entwickelte, aus der alle Erscheinungen mit beliebiger Genauigkeit vorausgesagt werden könnten, wirkte dieser aufklärerische Anspruch der Kontrolle bis ins 20. Jahrhundert hinein.

Formel 1 Die Formel 1 mit ihren Superrennwagen gilt als Publikumsmagnet. Sie steht für Nervenkitzel und Starkult.

Formen Form bedeutet Ausdruck, Gestaltung und Charakter.
Runde Formen werden eher als weiblich, eckige Formen werden als männlich wahrgenommen. Einstein und viele moderne Mathematiker gehen davon aus, dass die harmonische Form zum Beispiel einer Formel deren Richtigkeit anzeigt.
Die Grundformen ↗Kreis, ↗Dreieck und ↗Quadrat sind als Archetypen anzusehen, siehe auch ↗Geometrie.
Philosophie: Nach Aristoteles ist die Form an Materie gebunden. Die Form gibt der Materie Gestalt.

Fortschritt Fortschritt bedeutet eine Bewegung auf ein Ziel hin. Letztendlich symbolisiert der Fortschritt die Aufgabe eines erreichten Standpunkts. Fortschritt trennt, löst auf und schafft Neues. Fortschritt wird deswegen häufig sowohl als Hoffnung als auch als Bedrohung angesehen. Fortschritt schafft neue Kulturen.
Ethnologen wie A. E. Jensen schlagen vor, den Begriff Fortschritt nur für technische Errungenschaften und eindeutig zu Quantifizierendes anzuwenden. Kulturelle Werke, soziale Gestaltungen sollten nicht unter dem Aspekt des Fort- oder Rückschritts beschrieben werden.
Literatur: Egon Friedell sieht in „Ecce Poeta" den Fortschritt negativ als eine Kraft an, die unser Dasein irrationalisiert, bedenkliche Widersprüche aufkommen lässt und dem Menschen den Boden unter den Füßen wegzieht.
Philosophie: Der Physiker Max Planck sah im Fortschritt eine zunehmende Tendenz zur „Entanthropomorphisierung" – also zur Entmenschlichung. Dieser Entmenschlichung verdankt allerdings unsere Kultur ihr wissenschaftliches Weltbild und ihre technischen Errungenschaften und Fortschritte.

Foto Ein Foto verweist auf die Vergangenheit. Es erinnert an alte Erlebnisse, die wir oft festhalten wollen oder die wir idealisieren. Ferner steht das Foto für das Spiel mit dem ↗Licht und dem ↗Schatten – mit den so genannten hellen und dunklen Seiten. Ein Foto verweist auf unsere Projektionen und erinnert uns daran, dass es von uns abhängt, wie wir das Leben sehen. Es mag uns auch daran erinnern, unsere Optik scharf zu stellen: Wir sollen klarer sehen und erkennen. Mit dem Foto kann ein Hinweis verbunden sein, unsere inneren Bilder zu ordnen. Außerdem kommen Fotos durch ein Objektiv zustande: Wir werden aufgefordert, objektiv zu sein.
Die Fotografie vervielfältigt die Welt der Realität und macht sie dabei sogleich dramatischer, aber auch enger, da dem Foto eine Entwicklung fremd ist – es ist ein Zustand nach der Entwicklung, ein festgelegter Zustand.
Amundsen ließ sich als junger Bursche auf Langlaufskiern mit zwei seiner Freunde in voller Aktion fotografieren. In der späteren Veröffentlichung dieses Bildes sind die beiden Freunde verschwunden. Roald Amundsen strebt als einsamer Held einem fernen Ziel zu. Damals gab es schon retuschierfreudige Lithografen, die mit unserer Erwartung spielten, dass Fotografien Realitäten objektiv abbilden. Auch der geniale Frank Hurley, von dem die beeindruckendsten, Expeditionsbilder aus der Antarktis stammen, manipulierte eins seiner Fotos. Er ging brutaler vor und kratzte die „James Caird", durch deren kühne Seefahrt alle Teilnehmer der letzten Shackleton-Expedition gerettet wurden, energisch weg, um ein Foto mit den Titel „Die Rettung" zu haben, das den Höhepunkt seiner Lichtbildvorträge und Ausstellungen bot. Heutzutage symbolisieren Fotos deshalb auch eine subjektive Sicht auf die Wirklichkeit.

Fotokollage Die Fotokollage hat weitgehend die gleiche Bedeutung wie eine ↗Fotografie, allerdings wird hier der kreative Aspekt mehr betont. Es geht bei der ↗Kollage um die Teile der Realität, die wie ein Puzzle zusammengesetzt werden.
Wichtig ist, was in welcher Weise zusammengesetzt wird.

Frankenstein Die Romantik ließ das Interesse am künstlichen Menschen aufkommen, und der Zeitgeist inspirierte

Mary Shelley, 1818 ihren Frankenstein-Roman zu schreiben, der vielfach verfilmt wurde. Dr. Frankenstein erstand bis in die Neuzeit immer wieder auf – auf Film und Buchseiten. Dieser Stoff ist deswegen so aktuell, da er die diabolische Überheblichkeit des Menschen dokumentiert, der aus toten Fragmenten einen lebendigen Menschen erschaffen möchte. Frankensteins Monster stammt aus einer Gebärmutter von Metall und Glas und wird mit Elektrizität ins Leben gerufen. Dann hat man noch – aus Versehen – das Gehirn eines Kriminellen in seinen Schädel verpflanzt, und so nimmt es nicht Wunder, dass dieses Monster aggressiv und einfach gefährlich-dumm ist. Dr. Frankenstein verkörpert kalten Intellekt und brutale Kraft – genauso wie sein Monster. Diese Naturferne ist es, welche die Romantiker an Dr. Frankenstein kritisieren und somit die moderne Kritik an Wissenschaftlern vorwegnimmt. Frankenstein, der schon von Mary Shelley als moderner Prometheus gesehen wurde, stirbt wie dieser wegen seiner anmaßenden Provokation der Götter, die heutzutage in der Genetik wieder auflebt.
Der Mythos des verrückten Wissenschaftlers wird in Dr. Frankenstein beschworen, dessen Vorfahren es in der Literatur zu großer Bekanntheit brachten wie Dr. Xavier, der das Mond-Monster schafft, Dr. Cameron, der Werwölfe produziert, Dr. Strangelove, der die Atombombe über alles liebt, und nicht zu vergessen Dr. Caligari mit seinem erlesenen Gruselkabinett. Siehe auch ↗Monster und ↗künstliche Menschen.
Film: Die Frankenstein-Figur ist zum festen Repertoire des klassischen Schauerfilms geworden. Zum erstenMal wurde Mary Shelleys Roman 1910 als Stummfilm mit großem Erfolg gezeigt. 1931 produzierte Universal Pictures seinen berühmten Frankenstein-Film mit Boris Karloff als Monster. Seitdem geistert der Archetyp des verrückten Wissenschaftlers durch eine Vielzahl von mehr oder meist weniger geglückten Filmen. Mel Brooks parodierte das Frankenstein-Thema in seinem Film „Frankenstein Junior".

Fratze Eine Fratze bezeichnet ein verzerrtes Gesicht. Mit der Bezeichnung Fratze ist oft eine Ablehnung verbunden, was sich in geläufigen Ausdrücken wie „Fratze des Bösen" oder „Teufelsfratze" zeigt.
In der Fratze drückt sich der üble Charakter eines Menschen aus. Diese Ansicht geht auf die Physiognomen wie Johann Kaspar Lavater zurück, die unter anderem aus den Gesichtszügen den Charakter eines Menschen abzuleiten versuchten.

Frau Jede Frau verweist letztendlich auf den weiblichen Aspekt der Welt.
Im Patriarchat bedeutet das Weibliche eine Gefahr und wurde deswegen als ein verfehltes Männliches angesehen. Es wurde als schwächer in jeder Hinsicht und dem Männlichen unterlegen bewertet. Das ging so weit, dass man die Frau als Beschmutzerin der männlichen Ordnung ansah. In allen monotheistischen Religionen wie Judentum, Christentum und Islam werden die Frauen für zu minderwertig gehalten, um ein religiöses Amt auszuüben – was sich im Christentum allerdings teilweise ändert. Hinter dieser Diskriminierung steht die Ansicht, dass die Frau der Natur unterworfen und deswegen dem kulturschaffenden Mann gefährlich ist. Sie verführt ihn, seine naturferne Kultur aufzugeben. Diese Ansichten wurden von Charles Darwins Äußerung unterstützt, dass die Frau ein weniger entwickeltes Gehirn als der Mann aufweist

und deswegen einem niedrigeren Stand der Evolution angehört. Das findet auch seinen Ausdruck in Kosenamen für Frauen, die häufig dem Tierreich entstammen.

↗Haar, ↗Mond und ↗Blut sind die wesentlichen weiblichen Symbole, in denen die Frau ihre Identität findet.

Christentum: Lange Zeit waren für die Christen die Frauen seelenlose Wesen, die auf dem Stand des Tiers sich befinden. 1646 noch vertrat George Fox, der Gründer der Quäker-Bewegung, die Ansicht, dass die Frau als seelenloses Wesen sich auf dem Stand einer ↗Gans befindet.

Analytische Psychologie: Die unbekannte Frau zeigt nach C. G. Jung im Männertraum immer die weibliche Seite der Seele des Träumenden an, die so genannte ↗Anima. Jung meint außerdem, dass die Frau immer die Seelenführerin des Mannes im Traum darstellt (vgl. Beatrice in Dantes „Divina Comedia").

Die Frau als Anima tritt meist auf als alte (weise Frau oder Hexe, Hekate in der Antike), geile (bedrohliche, befreite Frau wie Lilith in der jüdischen Mythologie), gefangene (triebgehemmte wie Rapunzel), hässliche (oft die Hexe, vgl. Kundrie in „Parzival"), junge (die Verführerin, vgl. „Lolita"), mächtige (Mutterbild, letztendlich wie Morgana die Fee in der keltisch-walisischen Mythologie des „Mabinogi") und schöne Frau (die Geliebte, das Ideal, vgl. „Schneewittchen").

Literatur: Virginia Woolf schreibt in „Männer und Frauen", dass bekanntlich Frauen Kinder gebären, keine Bärte tragen, selten kahl werden und ansonsten weitgehend unbekannte Wesen seien.

Der britische Autor Lawrence Durrell, ein Meister der Personenbeschreibung, bemerkt in seinem Roman „Justine": „Es gibt nur drei Sachen, die man mit einer Frau machen kann. Man kann sie lieben, für sie leiden, oder sie zu einer literarischen Figur werden lassen."

Freak Freaks symbolisieren unangepasstes Verhalten. Sie verkörpern den Außenseiter wie den ↗Rebell und ein Gebrochensein (vgl. die Freak-Brother-Comics). Freaks sind ferner ein Symbol unzeitgemäßer Romantik und Starrheit.

Freaks sind „Looser" und Lebenskünstler zugleich.

Freibeuter ↗Pirat

Freiheit Freiheit bedeutet, unter wenig Einschränkungen zu leiden. Freiheit wird meist da beschworen, wo sie nicht anwesend ist. Während des kalten Krieges der 1950er Jahre wurde besonders in den USA das Wort der Freiheit überstrapaziert, um sich von der Unfreiheit im Kommunismus abzugrenzen. Aus dieser Zeit stammen die Ausdrücke wie „freie Welt", „freie Universität" und „freies Berlin".

Freiheit kann man auch negativ als Gleichgültigkeit sehen. Und es ist zu beachten, dass das Charakteristische und Gestaltete gebunden und nicht frei ist.

Literatur: D. H. Lawrence bezeichnet in seinem Roman „Lady Chatterley" die Freiheit als das höchste Gut des Mädchens, das durch die Sexualität aufgegeben wird. Das Vorbild für die Figur der Lady Chatterley bot Rosalind Thorncroft Baynes, die 1920 die Geliebte des Autors war.

Der deutsche Schriftsteller E. W. Heine schreibt in „Nur wer träumt, ist frei": „Ist Ihnen schon mal aufgefallen, dass es zu Freiheit, Gleichheit und Brüderlichkeit keine Verben gibt? (…) Freiheit, Gleichheit und Brüderlichkeit sind schöne Hauptworte, mit denen man nichts anfangen kann." Freiheit, so führt Heine weiter aus, ist das Lieblingswort der deutschen Sprache, die Freibier, das Freifräulein, die Freien Demokraten, Freikörperkultur im Freibad und die Freimaurer kennt.

Philosophie: Karl Jaspers schreibt: „Der Mensch findet in sich, was er nirgends in der Welt findet, etwas Unerkennbares, Unbeweisbares, niemals Gegenständliches, etwas, das sich aller forschenden Wissenschaft entzieht: die Freiheit!"

Jean-Paul Sartre sagt, dass wir Menschen zur Freiheit verdammt sind.

Max Planck, der Begründer der Quantentheorie, weist darauf hin, dass sich für das Bewusstsein des Handelnden die Zukunft als frei zeigt. Er hat die Wahl, was er tun kann. Für einen optimal informierten Beobachter zeige sich diese Freiheit jedoch gar nicht. Er würde das Handeln dieser Person als naturgesetzlich vorherbestimmt und somit unfrei betrachten.

Herbert Marcuse macht in seinem Hauptwerk „Der eindimensionale Mensch" darauf aufmerksam, dass die Freiheit stets dort im Namen von Institutionen und Begriffen beschworen wird, wo sie fehlt.

Freimaurer Freimaurer symbolisieren gute Verbindungen, Macht und Geheimnis. Die Angst vor ↗Geheimgesellschaften ist oft die projizierte Angst vor dem eigenen Unbewussten.

Freitag ↗Wochentage

Fremd Das Fremde ist die Herausforderung. Es ist das Gegenbild zu einem selbst. Oft zeigt man dem Fremden gegenüber eine ablehnende Haltung, der jedoch häufig eine Neugier entgegenwirkt. Diese Neugier hilft, vom Fremden zu lernen.

Der Psychologe geht davon aus, dass alles, was in Traum oder Fantasie als fremd gegenübertritt, entweder verdrängt ist oder dem eigenen Schatten angehört.

Der oder das Fremde symbolisiert also einen Persönlichkeitsanteil von uns, der uns fremd, das heißt unbewusst ist. Die Charakterisierung des Fremden gibt uns Hinweise, um welchen Anteil es sich handelt. Das sind die Anteile, die man bei sich entdecken und entwickeln sollte. Das Fremde macht uns Angst, aber wo die Angst ist, dort geht es lang. In der Annahme des Fremden liegt eine große Chance, davon berichten viele Mythen, in denen Götter als Fremde den Menschen besuchen.

Analytische Psychologie: Das Symbol des Fremden verweist auf die Schattensymbolik, eben auf das eigene innere Fremde. Der Fremde wird als abgelehnte Eigenschaft bei sich gedeutet, die man nicht sehen möchte.

Literatur: Albert Camus veröffentlichte 1942 seine Erzählung „Der Fremde". Der Fremde ist der Mensch, der sich selbst fremd ist (die Hauptperson). Es ist andererseits auch sein Gegenspieler, der Araber, den er erschießt.

Fremdsprache Die Fremdsprache ist die Sprache des Anderen, die unbekannte Stimme. Die Fremdsprache verweist auf alles, das man schwer versteht. Die Aufgabe liegt in der Übersetzung und somit im Verständnis des Unbekannten und Fremden.

Hatte man selbst Schwierigkeiten mit dem Erlernen einer Fremdsprache, symbolisiert sie häufig das Schwierige.

Freudenhaus Die Symbolik gleicht der von ↗Bordell. Der Begriff betont aber eine positive Einstellung sexuellen Freuden und Freiheiten gegenüber.

Freudenmädchen Gleiche Bedeutung wie bei ↗Freudenhaus, siehe auch ↗Dirne, ↗Bordell.

Freund Es drückt sich in diesem Symbol die Sehnsucht nach sozialen Kontakten und Hilfe aus. Freundin und Freund verkörpern das Positive in unserem Leben.
In Träumen symbolisieren Freund und Freundin Aspekte der eigenen Persönlichkeit, positive Persönlichkeitsanteile, die man mehr ausbilden und pflegen sollte. Auf der anderen Seite können sie auch einen realen Freund oder eine reale Freundin bezeichnen. Dann wird die Beziehung zu dieser Person abgebildet. Oft trifft beides zugleich zu.

Friedhof Der Friedhof symbolisiert Sehnsucht nach Ruhe. Er verweist darauf, dass etwas abgeschlossen wurde, siehe auch ↗Beerdigung.
Er ist ein klassischer Ort der ↗Gespenster.

Frieren Frieren bedeutet Kälte. Es wird auf jede Art der Kälte verwiesen, von der Gefühlskälte bis hin zur Kälte gruseliger Orte; siehe ↗Eis und ↗Frost.

Frisur Symbol der Eitelkeit und des Stylings. Gestaltung und Aussehen des ↗Haares sind wichtig für das jeweilige Image. Die Haarpflege bildet oft die Einstellung zur Sexualität ab. Der Frisör ist ein Symbol der Eitelkeit und wird auch häufig mit homosexuellen Tendenzen verbunden.
Analytische Psychologie: Die Frisur weist auf unsere Persona, das Bild, das wir der Außenwelt von uns präsentieren.

Frosch Der Frosch gilt als kalt, hässlich und dem Menschen sehr fremd. Die Redewendung „sei doch kein Frosch" verbindet den Frosch mit Feigheit; dazu passt, dass der Frosch für das Niedrige stehen kann: Wer etwas von unten betrachtet, der sieht es aus der „Froschperspektive".
Auf den Frosch wird allerdings auch ein glückliches Leben in der Natur projiziert. Da er so naturnah ist, kann er als Wetterfrosch das Wetter vorhersagen.
Der Frosch tritt häufig in Fantasien von Mädchen auf und verkörpert die Angst vor der Sexualität. Es geht um die seelische Beziehung zum sexuellen Partner (vgl. das Märchen „Froschkönig"). Der Frosch ist ein kollektives Schattensymbol. Dadurch, dass der Schatten als dasjenige, wovor man sich zutiefst ekelt, aufgelöst wird, verwandelt man sich. Dies ist teilweise als Aufforderung anzusehen, über seine Ekelschwelle hinauszugehen und zu schauen, was geschieht. Meist kommt es durch die Überwindung zu einer Selbstbefreiung – besonders im Bereich der Sexualität.
Literatur: Der Frosch dient in der Fabelliteratur als Bild desjenigen Menschen, der sich aufbläht. Verbreitet ist die Fabel vom Frosch und Ochsen, bei der sich der Frosch so groß wie ein Ochse aufblähen möchte, natürlich vergebens. Seit der griechisch-römischen Blütezeit der Fabeldichtung wurde der Frosch benutzt als Bild des Wichtigtuers, so zum Beispiel von dem einflussreichen römischen Fabeldichter Phädrus, von Burkhard Waldis in seiner umfangreichsten Fabelsammlung des 16. Jahrhunderts und von La Fontaine, einem der bekanntesten Fabeldichter.

Frost Frost bedeutet Kälte, Distanz und bisweilen Feindseligkeit. Frost ist immer unangenehm, siehe auch ↗Eis.
Literatur: Thomas Bernhard veröffentlichte 1963 seinen Roman „Frost". Er war das erste Prosawerk dieses Autors, das in der

Ich-Form geschrieben ist. Der Held dieses Romans ist ein verrückter Maler, der an dem „Frost“ leidet, das heißt, dem die Kälte der Welt in die Seele gedrungen ist. Dieser Frost erzeugt Bilder des Grauens und den Wahnsinn.

Frucht Die Früchte sind das, was man pflücken kann und muss. Es sind die Erfolge, die jemandem zufallen. Pflückt man die Früchte nicht, verpasst man Chancen. Reife Früchte sind das Saftige und Pralle; sie erinnern an die sinnlichen Freuden des Sommers und symbolisieren wie Obst oft das Erotische in der Natur, Erfolg und Glück. Ungenießbare oder verfaulte Früchte verweisen auf Probleme (oft auf Krankheiten) und Gefahren. Weitere Einzelheiten und Verweise bei ↗Beeren und ↗Obst, auch bei ↗Lebensmittel.
Psychoanalyse: Die Früchte werden bei S. Freud als Brüste gedeutet, wie auch zum Beispiel Goethe im „Faust“ die Brüste der Frau als Äpfel bezeichnet.
Asien: In Indien symbolisieren Früchte persönliches Glück, besonders wenn man Früchte pflückt oder sammelt.
Literatur: Einen „literarischen Früchtekorb“ mit zahlreichen Kurztexten und Gedichten aus der gesamten Weltliteratur, in welchen es um Obst und Beeren geht – auch mit erotischen Anklängen – hat H. U. Hirschfelder unter dem Titel „Frische Feigen“ zusammengestellt (Frankfurt 2000).

Fruchtsaft ↗Getränk

Frühgeburt Im übertragenen Sinne: Es ist noch zu früh für ein Projekt oder eine Idee. Die Zeit ist noch nicht reif dafür. Das Projekt ist nicht ausgereift.

Frühling Der Frühling ist ein allgemein bekanntes Symbol für Aufbruch, Fruchtbarkeit und Jugend (↗Ostern). Frühling bedeutet pralles Leben und Erotik.
Kunst: Eine der berühmtesten Darstellungen des Frühlings ist das Bild „Primavera“ (1477/78) von Sandro Botticelli. Er stellt auf diesem Bild seine Geliebte Simonetta als Verkörperung des Frühlings dar.

Frühstück Das Frühstück symbolisiert einen positiven (Neu-)Beginn, wird in der Werbung meist mit Frische in Verbindung gebracht. Es soll Energie für den Tag geben, spiegelt in der Literatur und in Filmen aber häufig auch die Schwierigkeiten nach einer Nacht: das böse Erwachen, die Wiederkehr des Alltags.

Fuchs Der Fuchs ist ein sehr scheues Tier, das kaum jemand mal in freier Wildbahn gesehen hat. Vielleicht deshalb gilt der Fuchs als Sinnbild der Klugheit. Der schlaue Fuchs verkörpert die Klugheit unserer Instinkte, List, Berechnung und Geschicklichkeit. Als unerwünschtes Raubtier ist er allenfalls noch im Kinderlied präsent: „Fuchs, du hast die Gans gestohlen.“
Ein tollwütiger Fuchs steht für unkontrollierbare Instinkte.
Analytische Psychologie: Der Fuchs ist nach C. G. Jung ein „ausgefuchster“, listiger, alter Mann.
Literatur: Nach Artemidor verweist der Fuchs auf üble Nachrede, im christlichen Mittelalter kommt er nicht viel besser weg: Im „Physiologus“ wird er mit dem Teufel verglichen. Nicht erst seit dem einflussreichen französischen Fabeldichter Jean de La Fontaine also wird der Fuchs mit List, Lüge und Pfiffigkeit verbunden. Der Fuchs gilt als eines der beliebtesten Fabeltiere, dem fast jeder Fabeldichter eine Fabel widmete.

1498 erschien „Reynke de Vos“ in Lübeck, wahrscheinlich von einem Geistlichen geschrieben. Reinecke Fuchs wurde schnell zu einem festen Bestandteil der Weltliteratur. In Deutschland veröffentlichte Goethe „Reinecke Fuchs“ als Hexameterepos, nachdem Gottsched es etwa hundert Jahre zuvor ins Neuhochdeutsche übersetzt hatte. Immer dient der Fuchs als Bild des raffinierten Lügners.
Zum Standard der europäischen Fabelliteratur gehört auch die Fabel vom Fuchs und dem Raben, in welcher der Fuchs einen Bissen aus dem Schnabel des Raben begehrt und ihn durch List zum Sprechen bringt, so dass der Bissen dem Fuchs zu Füßen fällt. Dies Bild wurde unter anderen von La Fontaine, Luther, Lessing und Grillparzer benutzt, um vor listigen Schmeichlern zu warnen.
In dem Grimmschen Märchen „Der goldene Vogel“ hingegen tritt der Fuchs als der Führer auf, der am Ende getötet werden muss, um ihn in das Menschsein integrieren zu können.

Führer Der Führer weiß, wo es langgeht. Wer die Führung hat, der hat Macht über das Ziel. Führung bedeutet Wissen, Macht und Verantwortung; siehe auch Autorität.
Seit Hitler hat der Begriff einen anderen Klang bekommen. Jetzt wird immer auch der Verführer mitgedacht, der die Massen verführt.
Der Führer tritt im Traum meist als Wagenführer oder ↗Bergführer auf. Er ist ein bekanntes Autoritätssymbol (wie der ↗Vater und der weise ↗Alte) und ein grundlegendes Männlichkeitssymbol (wie ↗Herrscher).
Wenn man selbst die Führung im Traum übernimmt, sollte man sie auch im Leben übernehmen. Wird dagegen geführt, kommt es bei der Deutung darauf an, wie das empfunden wird. Wem es unangenehm ist, der sollte sich mit seiner Einstellung zur Autorität auseinander setzen.

Führerschein Der Führerschein symbolisiert Identität. Man hat die Reife zugesprochen bekommen, ↗Führer sein zu dürfen. Man darf sich frei bewegen (Freiheitssymbol).
Der Verlust des Führerscheins bedeutet Verlust der Identität und Unreife. Die Suche nach dem Führerschein ist die Suche nach der Identität und der Mobilität.
Literatur: Umberto Eco sieht in seinem Aufsatz „Wie man einen verlorenen Führerschein ersetzt“ (1985) den Führerschein als ein Symbol für die kafkaeske Bürokratie. Der Führerschein wird zu einem Dokument, das der Verwaltung durch Tricks entlockt werden muss.

Füllfederhalter Der Füller ist Symbol der Kommunikation wie der ↗Bleistift – heute gilt er als traditionelles Schreibwerkzeug und verweist auf persönliche und stilvolle Kommunikation, es sei denn, er kommt im Zusammenhang mit Schule vor. Der Füller kann geradezu ein Ausdruck der Identität seines Besitzers werden.
Der Füller beziehungsweise der ↗Federkiel ist ferner das Symbol der Autoren.

Fünf In der Zahlensymbolik gilt die Fünf als Verbindung von männlich und weiblich (als 2 + 3). Die Fünf hat die Bedeutung von „Quintessenz“, das heißt, sie verweist auf den Wesenskern und das Wesentliche. Die Zahl Fünf kommt nicht als Ordnungszahl in ↗Kristallen vor, aber sie ist die häufigste Zahl der Blütenblätter. Fünf ist die Zahl des Lebendigen, deswegen symbolisiert sie den natürlichen Menschen. Es ist der Mensch in Harmonie, denn der

Mensch bildet ausgestreckt mit Armen, Beinen und Kopf ein Fünfeck wie in der Zeichnung „Der goldene Schnitt" von Leonardo da Vinci (vgl. auch die fünf Sinne des Menschen, seine je fünf Finger und Zehen).
Asien: In China gilt die Fünf als die Zahl der Mitte.

Fundament Fundament bedeutet Grundlage und Sicherheit. Es ist das, auf dem sich alles aufbaut. Das Fundament ist Erdung. Ein rissiges oder schwaches Fundament bedeutet unzureichende Erdung, Zusammenbruch eines Gebäudes (des Denkens, Fühlens oder Handelns, auch der Grundlagen des eigenen Lebens).

Funke Funke bedeutet Begeisterung und Einfall. Der Funke symbolisiert die Intuition und den ↗Kuss der Muse. Er ist der so genannte Seelenfunke, das Göttliche im Menschen (siehe auch ↗Feuer und ↗Flamme).

Furche Die Furche ist ein allseits bekanntes weibliches Sexualsymbol (Gegenbild zu ↗Pflug). Sie drückt auch die romantische Sehnsucht des Städters nach dem vermeintlich einfachen und natürlichen Landleben aus (wie zum Beispiel auch bei ↗Acker, ↗Ähre und ↗Bauernhof).
Christentum: Einer Legende nach wurde der heilige Georg, Drachentöter und Nationalheiliger von England, in einer Ackerfurche gefunden: Er wurde von der Erde geboren wie alle keltischen Heiligen.

Furt Furt bedeutet Übergang. Bei diesem Symbol schwingt immer auch die Bedeutung Unsicherheit mit. Mit der Furt ist das andere ↗Ufer assoziiert, dort wo alles besser, schöner oder zumindest anders ist.
Analytische Psychologie: Die Furt stellt nach C. G. Jung ein markantes Symbol des gefährlichen Übergangs dar. Man muss oder kann durchs ↗Wasser (durchs Gefühl) hindurch. Dort können einen die Wasser des Gefühls mitreißen. Über die ↗Brücke gelangt man leichter ans andere Ufer, das die neue Lebensweise und Erfahrung darstellt.

Furunkel ↗Geschwür, ↗Eiter

Furz Der Furz ist der Wind der Gedärme, der dem Anus entweicht und wegen seines üblen Geruchs ein Symbol des Ekels ist. Er gilt als ordinär und unanständig, die Antike hatte einen eigenen Gott für diesen Tatbestand: Peteos.

Fuß Der Fuß symbolisiert den Standpunkt. Will man diesen bekräftigen, stampft man mit dem Fuß auf. Er steht für Unabhängigkeit („auf eigenen Füßen stehen") und ist immer ein Erdungssymbol (wie auch ↗Fundament und ↗Fußboden). Der Fuß besitzt weitgehend die gleiche Bedeutung wie das ↗Bein. Allerdings scheint mir hier der Aspekt der Erdung noch betonter als beim Symbol „Bein".
Der Fuß verweist auf Verschwendungssucht, wenn man „auf großem Fuß lebt".
Füße werden oft als Symbol der Sinnlichkeit benutzt – insbesondere die Füße der Geliebten. Der weibliche Fuß wurde in vielen Gesellschaften, allen voran in China, sexualisiert. Das führte in einigen Kulturen zur künstlichen Verkleinerung des weiblichen Fußes, meist durch Abbindungstechniken. Die sexuelle Bedeutung des weiblichen Fußes zeigt sich in unserer Kultur darin, dass kleine Füße der Frau dem Volksglauben nach auf eine kleine Vagina schließen lassen, ein großer Männerfuß entsprechend auf einen großen Penis. Das

Saugen an den Zehen der oder des Geliebten gilt als sexuelles Vorspiel.
Die Füße eines anderen zu küssen, gilt als Unterwerfungsgeste, den Fuß auf einen anderen zu stellen, bedeutet Dominanz und Sieg.
Noch bis heute werden rechter und linker Fuß in ihrer Bedeutung unterschieden: Man nahm an, die guten Geister sitzen im rechten, die bösen im linken Fuß. Von daher war es wichtig, das Haus eines Gastgebers mit dem rechten Fuß zuerst zu betreten und auch morgens mit dem rechten Fuß aus dem Bett zu steigen. Auf diese volkstümliche Ansicht geht auch das Marschieren des Militärs zurück, bei dem stets der linke Fuß zuerst vorgesetzt wird. Das drückt symbolisch die aggressive Haltung der Soldaten aus.
Psychoanalyse: Der Fuß ist nach S. Freud ein Phallussymbol, und der ↗Schuh ist entsprechend die Scheide.
Literatur: Alexander S. Puschkin war von Frauenfüßen fasziniert. In seinem Roman „Eugene Onegin" widmete er 63 Zeilen, um diese Passion zu beschreiben.
Kunst: Leonardo da Vinci bezeichnete den menschlichen Fuß als Meisterstück der Ingenieurskunst.

Fußabdruck Der Fußabdruck ist die Spur, die ein Mensch hinterlässt. Er symbolisiert Erdung.
Eine der ältesten ↗Spuren eines menschlichen Fußabdrucks wurde Ende der 1970er Jahre in Ostafrika in grauer vertuffter Vulkanasche gefunden. Dieser Fußabdruck ist 3.6 Millionen Jahre alt. Er stammt also aus dem Pliozän und dokumentiert in erstaunlicher Weise, dass der Mensch stets ↗Spuren hinterlässt.

Fußball Fußball bedeutet eine spielerische Auseinandersetzung. Heutzutage wird Fußball zunehmend zum Symbol von Aggression und Kommerz im Sport. Wichtig ist, welche Rolle jemand im Spiel übernimmt: Stürmer, Verteidiger, Schiedsrichter oder Zuschauer. Da der ↗Ball fast immer geballte Lebensenergien oder die eigene Mitte ausdrückt, stellt sich aus psychologischer Sicht die Frage, ob man seine eigene Mitte mit den Füßen tritt oder ob man sich selbst ins Spiel bringt.

Fußboden Mit dem Boden sind wie beim ↗Fundament Grundlage und Prinzipien angesprochen. Es geht um die Erdung, das heißt um die Organisation des Alltagslebens, um äußeren und inneren Halt und den persönlichen Standpunkt.
Der Fußboden kann auch als dasjenige gesehen werden, das von Untergrund – dem Urgrund oder der Natur – trennt.
Für eine genauere Deutung ist die Art des Fußbodens wichtig.

Fußgänger Ein Fußgänger verkörpert denjenigen, der sich aus eigener Kraft fortbewegt. Der Fußgänger folgt seinem eigenen Rhythmus der Fortbewegung. Er symbolisiert Beweglichkeit und Unabhängigkeit.
Heute kann der Fußgänger auch auf eine ökologische Art der Fortbewegung verweisen.

Fußmatte Die Fußmatte verweist auf Sauberkeit und Reinigung. Wer sich mit der Fußmatte identifiziert, der fühlt sich als Opfer: Er wird getreten, jeder Schmutz wird bei ihm abgeladen.

Futter Die Symbolik gleicht der von ↗Essen, es ist aber die tierische Komponente zu beachten.

G

Gabel Die Gabel verweist auf das ↗Essen, besonders für den, der Hunger hat; Messer und Gabel sind ein international verbreitetes Symbol für ein Restaurant.
Die Gabel ist mit ihren spitzen Forken außerdem ein Aggressionssymbol. Das gilt vor allem für die Mistgabel, die Waffe des Bauern bei Bauernaufständen. Bei der Gabel steht im Gegensatz zum ↗Messer (siehe auch ↗Besteck) mehr das Festhalten und Eindringen im Sinne von Aufspießen im Vordergrund. Sexuelle Anklänge sind in diesem Sinne oft bei diesem Symbol zu beobachten. Früher galt die Gabel als ein vornehmes Essgerät, da sie vom Adel benutzt wurde – und das auch erst seit dem 17. Jahrhundert.
Der Teufel und Neptun tragen als Symbol eine Gabel, und zwar den Dreizack (als Zeichen der alten Dreiheit, die eine Einheit bildet, siehe ↗Drei), der hier als Waffe dient.

Gabelung Gabelung bedeutet Freiheit, Möglichkeit, Trennung. Als Weggabelung verweist dieses Symbol wie ↗Kreuzung auf die Fähigkeit zur Ent- und Unterscheidung.

Gähnen Im Leben wie im Traum zeigt Gähnen Langeweile an. Man ist von irgendetwas sehr ermüdet worden. Es ist Energie entzogen worden.

Gämse Symbol der Geschicklichkeit, Genügsamkeit und Scheu. Die Gämse verkörpert die Bergeinsamkeit und ungestörte Natur. Siehe auch ↗Steinbock.

Gänseblümchen Das Gänseblümchen symbolisiert Kindlichkeit, Natürlichkeit und wegen seiner Kleinwüchsigkeit und seiner kleinen Blüten auch Bescheidenheit. Es dient häufig als Symbol für ein Mädchen oder das Mädchenhafte.
In den verschiedenen Kulturen Europas wird das Gänseblümchen sehr unterschiedlich gesehen, was schon an seiner sprachlichen Bezeichnung abzulesen ist. Der englische Ausdruck „daisy“ sieht im Gänseblümchen das Auge des Tages („daisy“ ist eine Abkürzung von „day's eye“). Die Franzosen verbinden diese Wiesenblume mit Ostern: „Pâquerette“ bedeutet „kleine Osterblume“.

Gänsehaut Die Gänsehaut ist ein beliebtes Symbol für Frösteln – aus Angst oder wegen der Kälte.
Gänsehaut entsteht dadurch, dass sich die Haare aufrichten. Das finden wir auch bei vielen Tieren, die die Haare ihres Fell aufrichten, um in aggressiven Situationen größer zu erscheinen. Außerdem schafft das Aufstellen der Haare des Fells eine Isolierschicht gegen Kälte. Beim Menschen mit seiner geringen Körperbehaarung ist sie jedoch nur ein Relikt aus der Evolution.

Gärtner Für den, der den Beruf nicht selbst ausübt, ziehen Gärtner und Gärtnerin häufig romantische Projektionen an: Sie arbeiten in und mit der Natur, pflegen die Blumen und ernten.
Dieses Hegen und Pflegen kann auch in Verbindung gebracht werden mit einer partnerschaftlichen Beziehung. Interessanterweise ist in der Fantasie der Gärtner oft der natürliche Mann, der die Frau wie seine Pflanzen mit zärtlicher Hingabe pflegt. Das Gleiche gilt umgekehrt auch für die Gärtnerin.

Galgen Galgen bedeutet Strafe und Tod. Er ist ein drastisches, altertümliches Bestra-

fungssymbol, das auf eher archaische Vorstellungen von Recht und Gesetz verweist, zum Beispiel in Western-Filmen. Am Galgen aufgehängt zu werden, gilt als eine besonders schimpfliche Art der Todesstrafe, hier spielt immer auch der Aspekt hinein, dass der am Galgen hängende öffentlich (zur Abschreckung) präsentiert wird.
Film: In Sergio Leones Italowestern „Spiel mir das Lied vom Tod“ (1969) verbildlicht der Galgen den Tod des amerikanischen Mythos.

Gang Ein Gang bedeutet Verbindung, meist eine enge oder unterirdische. Vor allem im letzteren Fall werden Gänge – zum Beispiel in vielen im Horrorfilmen – mit Grauen und Gefahren verbunden; der Gang bietet manchmal aber auch die Chance zu entkommen, siehe auch ↗Tunnel.
Im Traum tritt ein Gang oft auf, wenn man von einer ↗Geburt träumt. Immer kommt es darauf an, wohin der Gang führt, wie eng oder weit er ist und inwieweit er beleuchtet ist. Besonders ein dunkler Gang kann auf Ratlosigkeit hinweisen.

Gangster Der Gangster ist die moderne Form des ↗Räubers. Für den Nicht-Gangster bedeutet er Bedrohung, ähnlich wie der Räuber kann er als der Unangepasste auch Protest gegen die Gesellschaft oder Freiheit von Normen symbolisieren.

Ganove Wie ↗Räuber und ↗Gangster, nur abwertender, verbunden mit Skrupellosigkeit, Besitzgier und Unehrlichkeit.

Gans Die Gans ist sprichwörtlich dumm, albern und eingebildet. Als solche wird sie traditionell mit jungen Mädchen („dumme Gans“) oder Frauen in Zusammenhang gebracht, was auch daran liegt, dass die Gänse ständig schnattern.
Völlig anders ist die Symbolik der Gans, die gebraten auf dem Esstisch liegt: Der Gänsebraten symbolisiert traditionelle, üppige Kost, häufig auch als Festtagsbraten.
1171 wurde die Martinsgans erstmalig urkundlich erwähnt: Ein gewisser Graf Ulrich von Schwalenberg schenkte zum Martinsfest der Abtei zu Corvey eine silberne Gans. Dieses Überreichen von Gänsen war eine gängige Praxis. Am 11.11. – einem wichtigen Steuertermin im Mittelalter – wurden Pfarrern und geistlichen Grundherren Gänse überreicht. Die Sitte, zu St. Martin eine Gans zu verspeisen, hält sich bis in die heutige Zeit hinein.
Antike: In den ägyptischen Schöpfungsmythen stellt die Gans in Verbindung mit dem Weltenei ein Symbol des Ursprungs dar. Der Urgott Amun wurde in Gestalt einer Gans dargestellt.
Bekannt ist die Geschichte von den kapitolinischen Gänsen, deren Wachsamkeit Rom rettete.
Bei den Griechen und Römern stand die Gans für Fruchtbarkeit und Lebendigkeit. Dazu passt, dass die Gans das heilige Tier der Aphrodite war und als Opfer dem Gott der Zeugungskraft (Priapus) dargebracht wurde.
Bei den Kelten wurde die Gans (wie der ↗Schwan) als Bote aus einer anderen Welt betrachtet. Bei den Bretonen durfte sie deswegen nicht gegessen werden.
Literatur: Die Gans wird in der deutschen Fabelliteratur seit der Aufklärung als Bild der Eitelkeit benutzt, zum Beispiel bei Friedrich Haug.
Im Märchen – zum Beispiel in „Die goldene Gans“ – ist sie das Wertvolle, das, woran wir mit ganzem Herzen hängen.
Im Comic tritt der Aspekt der Dummheit hervor: Der dicke Franz Gans erscheint erstmalig 1939 in der Micky-Maus-Welt.

Er ist Donalds Cousin, äußerst dumm und dazu noch gefräßig.

Garage Die Garage ist das Schlafzimmer des ↗Autos. Hier ruht die Bewegung, hier bringt mancher das Fahrzeug in Ordnung, hier werden Gegenstände gelagert. Dabei schwingt aber immer etwas Hobbymäßiges, Provisorisches mit. In der Garage bastelt der Laie, nicht der Profi.

Garderobe An der Garderobe gibt man seine Überkleidung ab. Sie spielt meist bei Besuchssituationen eine Rolle und steht für einen Zwischenzustand zwischen Ankommen und Angekommensein. Sie symbolisiert, dass etwas ablegt wird, eine Situation sich ändert. Welche ↗Kleidung hängt dort? Was wird dort abgelegt oder angezogen?

Gardine Die Gardine hat eine ähnliche Funktion wie der ↗Schleier. Sie schirmt ab, lässt aber Blicke nach draußen zu. Vielleicht will man auch etwas verbergen – zum Beispiel einen Streit, denn die „Gardinenpredigt" ist eigentlich die Predigt, die eine Frau ihrem Mann im Bett hält, abgeschirmt durch den früher üblichen Bettvorhang.
Als Wohnungsaccessoire drückt die Art der Gardinen den Stil der Hausbewohner aus.

Garn Wie der ↗Faden bedeutet Garn Verbindung. Heute eigentlich nur noch in der Wendung „Seemannsgarn" gebräuchlich.

Garten Garten bedeutet kultiviertes Land. Der häusliche, umfriedete Bereich des Gartens steht im Gegensatz zum wilden ↗Gebüsch oder ↗Wald. Der Garten ist geordnete Natur im Gegensatz zur Wildnis. Gerade heute ist der (eigene) Garten ein Ausdruck der Natursehnsucht und des Friedens abseits der Härten des alltäglichen Lebens, geschützt vor der Außenwelt durch eine ↗Hecke oder einen ↗Zaun.
Genau dieser Zaun macht den von der Öffentlichkeit abgeschiedenen Garten vielfach auch zum Ort erotischer Fantasien. Es ist kein Zufall, dass zum Beispiel Goethes Faust sein Gretchen mit Hilfe des Teufels in einem Garten verführte.
Antike: In Ägypten schon war der Garten ein Symbol für gehobene Lebensgestaltung, im übertragenen Sinne auch für schöne Frauen.
Zu den Weltwundern wurden die hängenden Gärten der Semiramis gezählt. Geschichtsschreiber wie Strabo, Diodor und Herodot beschrieben diese Gärten. Sie irrten allerdings, indem sie diese Gärten der Königin Semiramis zuschrieben. Diese Gärten ließ Nebukadnezar II. um 600 v. Chr. für seine geliebte Frau Amytis als Terrassengärten anlegen. Amytis litt unter Heimweh nach der grünen Landschaft Mediens, und so wurden diese künstlich bewässerten Gärten angelegt, die jedoch schon in spätrömischer Zeit verfallen waren.
Mittelalter: Der „hortus conclusus" ist der durch Mauern abgeschirmte Garten der mittelalterlichen Klöster, der heute noch in England als „walled garden" beliebt ist. Er entspricht der abgeschirmten Welt des ↗Paradieses, das man sich ja als Garten mit einer Mauer drum herum vorstellte. In der mittelalterlichen Kunst kann der umzäunte Garten auch die Jungfräulichkeit symbolisieren, zum Beispiel bei Mariendarstellungen.

Gartenzwerg Der Gartenzwerg ist eine eigenartig geschlechtslose Figur mit keramisch fixierter Wesensart. Der deutsche Komiker Harald Schmidt nennt die Gar-

tenzwerge Frustzwerge. Sie sind der Versuch, eine heile, kindlich-kitschige Welt zu beschwören. So wird der Gartenzwerg zum Symbol schlafmütziger kleinbürgerlicher Ästhetik. Wie sehr der harmlose Gartenzwerg in Verruf geraten ist, zeigt auch, dass die Betitelung als „Gartenzwerg“ als Beleidigung gilt und mit einer erheblichen Geldstrafe belegt werden kann.
Heute gibt es eine internationale Vereinigung zum Schutz von Gartenzwergen (IVZSG) und die „Gesellschaft zur Erhaltung der Gartenzwerge in ihrem natürlichen Lebensraum“. Das zeigt deutlich, dass der Gartenzwerg zu einer aussterbenden Gattung gehört.
Film: In dem Film „Caiperanho“ (1998) mit Rainer Basedow und Katharina Thalbach ging es um einen gemeuchelten Gartenzwerg.

Gas Gas weckt bei uns nie gute Gefühle. Es symbolisiert eine unsichtbare und ungreifbare Gefahr, besonders seit der Erfindung des Giftgases. Obwohl Chemiker dem entschieden widersprechen würden, so sehen wir doch in jedem Gas etwas Giftiges, im übertragenen Sinne etwas, das die Atmosphäre vergiftet.
Literatur: Günter Grass bezeichnet in seinem Roman „Die Blechtrommel“ Hitler als einen Gasmann. Dabei benutzt er den Ausdruck Gas metaphorisch für einen Gefühls- und Stimmungsmacher.

Gasse Die Gasse symbolisiert häufig in der Literatur, der bildenden Kunst und im Film den idyllischen Ort . Allerdings findet in der dunklen Gasse auch das Gefährliche statt, in ihr wird man verfolgt und überfallen. Typisch für die Gasse ist ihre Enge, man kann in ihr schlecht dem ausweichen, was einem dort begegnet.
Die Gasse wird auch oftmals als der Wohnort der armen Leute angesehen. Sie gilt nicht gerade als eine gute Adresse.
Literatur: Es ist schon fast ein geflügeltes Wort aus Friedrich Schillers „Wilhelm Tell“: „Durch diese hohle Gasse muss er kommen …“ In diesem Fall ist die Gasse der Hohlweg nach Küssnacht, auf dem der Schweizer Freiheitskämpfer Wilhelm Tell dem Landvogt Gessler auflauert. Auch hier ist die Gasse der Ort des Überfalls.

Gast Ein Gast kommt nur vorübergehend ins Haus, er ist eingeladen, ihm gebührt Achtung. Wer viele Gäste hat, hat viele soziale Kontakte. Doch der Gast ist kein Mitglied der Familie oder des Clubs; man erwartet von ihm, dass er sich anständig beträgt, und er hat nur eingeschränkte Rechte. Letzteres spielt auch bei modernen Computer-Betriebssystemen eine Rolle: Diese haben einen Gast-Zugang; dieser Zugang zu den Programmen ist der schlechteste überhaupt, derjenige, der so gut wie gar keine Rechte hat.

Gasthaus Das Gasthaus ist ein Symbol der Kontaktfreude, Kommunikation und Offenheit. Es ist eine Zwischenstation auf einer ↗Reise oder Wanderung. Dort erfrische ich mich und tanke Energie (↗Essen). Der Begriff ↗Restaurant klingt gehobener und wird heute meist bevorzugt, wenn es um das Speisen geht. Wichtig ist die Art des Gasthauses und wie es dort zugeht. Wie fühlt man sich in diesem Gasthaus?

Gastwirt Da der Gastwirt zu den dienenden Berufen gehört, wird mit ihm die Bereitschaft, zu dienen und anderen eine schöne Atmosphäre zu schaffen, angesprochen. Der Gastwirt verkörpert oft Kommunikation. Ansonsten trifft die gleiche Deutung wie beim Symbol ↗Wirt zu.

Gauner ↗Ganove

Gazelle Gazelle bedeutet natürliche Eleganz. Sie symbolisiert wegen ihrer anmutigen Bewegungen oft eine schöne schlanke Frau oder ein junges Mädchen.
Literatur: Der mittelalterliche persische Dichter Nizami nutzt in seinem Roman „Leila und Madschnun“ das Bild der Gazelle, um ein unwiderstehlich schönes Mädchen zu beschreiben.
Karen Blixen beschreibt in „Jenseits von Afrika“ (1937) das Verhalten einer halbwilden Gazelle als durch und durch weiblich. Sie ist stets darauf bedacht, ihre Integrität zu schützen.

Gebäck Gebäck bedeutet süßer Genuss. Es lässt Naschen oder Kaffeekränzchen assoziieren. Eigentlich liegt die Zeit des Naschens in der Kindheit, deshalb kann die Bedeutung in einem Sehnen nach der Kindheit oder nach mehr Geborgenheit liegen. Vielleicht geht es auch um das „süße Leben“?
Psychoanalyse: S. Freud zitiert hier Volkelt (J. Volkelt: Die Traumfantasie, Stuttgart 1875): Glattes Gebäck drückt Nacktheit aus.

Gebärmutter Die Gebärmutter ist ein Symbol der Fruchtbarkeit und des inneren Reichtums. Ferner verkörpert sie Schutz und Geborgenheit. Sie kann aber auch ↗Gefängnis und Einengung bedeuten.
In männlichen Gesellschaften gab es immer eine Eifersucht auf die Gebärmutter oder man fürchtete ihre Kraft sogar. So wurde die Gebärmutter als Quelle von Krankheiten wie der Hysterie angesehen. Außerdem ging man jahrhundertelang davon aus, dass die Gebärmutter keinen festen Platz im weiblichen Körper besitzt, sondern in ihm umherwandert. Die Gebärmutter wurde als ein Organ der Bewegung angesehen, das nach damaliger Auffassung die Ruhelosigkeit und Wankelmütigkeit der Frauen symbolisiert. Im 17. Jahrhundert wurde der französische Arzt Jean Libault dafür berühmt, dass er den Weg der Gebärmutter durch den weiblichen Körper beschrieb.

Gebäude Die Symbolik entspricht der von ↗Haus, falls nicht besondere Gebäude (↗Bahnhof, ↗Dom, ↗Hütte, ↗Kirche, ↗Schloss, ↗Schule o.ä.) gemeint sind.
Wichtig ist der Zustand des Gebäudes, dessen Atmosphäre und seine Lage.
Nach S. Freud, C. G. Jung und allen gängigen Schulen der Symbolik symbolisiert jedes Gebäude im Traum die Person des Träumenden.

Gebet Der Betende wendet sich an eine höhere Instanz, mit einer Bitte, mit einem Dank, in gläubiger Zufriedenheit oder in Verzweiflung. Da es sich um eine höhere Macht handelt, wohnt dem Gebet immer auch ein Stück Demut inne.
Ein Gebet verweist auf eine kindliche (regressive) Haltung, wenn er oder sie hofft, ↗Erfolg würde von einem „Obervater“ geschenkt. Wenn das so ist, dann will das Gebet sagen, dass man aktiv werden oder sich mehr nach innen wenden soll.
Islam: Omar, der spätere Kalif, träumte, dass man die Menschen am besten mit der menschlichen Stimme zum Gebet rufen könne. Diesen Traum sollen noch einige andere Muslime gehabt haben, worauf dann der Gebetsruf eingerichtet wurde. Im Islam sagt man, wer vom Gebet träumt, der betet auch im Traum und auf dem ruht Allahs Segen.

Gebirge Ein Gebirge bedeutet anders als der einzelne ↗Berg Einsamkeit, es kann auch ein Hindernis symbolisieren.
Früher war das Gebirge der fürchterliche, unzivilisierte und menschenfeindliche Ort, in den es allenfalls besonders hartgesottene Eremiten zog. Seit dem Aufkommen des Tourismus hat sich das geändert: Jetzt ist die Welt des Gebirges die noch natürliche Gegenwelt zur überzivilisierten Alltags- und Arbeitswelt, ein Ort des Ausspannens.
Oben auf dem Berggipfel hat man den Überblick, den der Intellekt gewährt. Steht jemand vor dem Gebirge und muss er die Berge besteigen, drückt sich darin die Befürchtung aus, dass der Weg zum Bewusstsein noch weit und mit Anstrengungen verbunden ist.
Literatur: In dem Kunstmärchen „Der blonde Eckbert" von Ludwig Tieck wird der Begriff „Bergeinsamkeit" benutzt, der zu einem Schlüsselwort für die deutsche Romantik wird.

Gebiss Gebiss bedeutet Durchsetzungskraft. Wer sein Gebiss zeigt, zeigt seine Zähne, eine uralte Drohgebärde. Insofern kann das Gebiss für Aggression stehen.
Umgekehrt zeigt das Gebiss aber auch die Angst an, seine Aggressionen und Durchsetzungskraft zu verlieren, was vor allem bei künstlichen Zähnen der Fall zu sein pflegt, siehe auch ↗Zahn.

Gebot Ein Gebot ist eine Vorschrift, meist zur Wahrung des Anstands, seltener sind damit Rechtsvorschriften gemeint.
Gebote werden auch häufig mit (zu enger) Moral und Freiheitseingrenzung verbunden. Wir begegnen hier der Welt der Autorität. Gebote markieren ↗Grenzen. Wenn Gebote positiv gesehen werden, dann verbirgt sich dahinter die Ansicht, dass der Mensch ohne Gebote böse und sozial unverantwortlich handele – andernfalls bedürfte es keiner Gebote.
Es gibt aber auch das „Gebot der Stunde", genau das Richtige, das man tun muss. Es ist das, was die Zeit fordert.
Christentum: Die Zehn Gebote, die Moses von Gott übergeben bekam, stellen die grundlegenden moralischen Werte dar, nach denen eine Gesellschaft funktionieren kann.

Gebrüll Gebrüll bedeutet Wut, eine uralte (animalische) Drohgebärde. Gebrüll weist im Traum wie im Alltag auf Verärgerung hin. Brüllen ist Ausdruck von Aggression und Schmerz. Es kann auch Ausdruck von Potenz und Kraft sein, denn es wird häufig mit der Stärke des ↗Stiers oder ↗Ochsen verbunden.

Gebühr Gebühr bedeutet Kosten. Sie ist ein Verlust, wenn man sie zahlen muss, ein Gewinn, wenn sie einem zufließt. Sie stellt den Preis dar, der für eine Leistung bezahlt werden muss.

Gebüsch Gebüsch bedeutet Geheimnis. Es ist ein wilder Ort, an dem sich häufig etwas verbirgt (↗Versteck). Die Symbolik ist ähnlich wie bei ↗Hecke.
Psychoanalyse: Nach S. Freud ist das Gebüsch der weibliche Körper (Schamhaare). Das ist eine Sichtweise, die sicherlich zu Freuds Zeit ihre Berechtigung hatte.

Geburt Im übertragenen Sinne bedeutet Geburt jeden Beginn, jeden Neuanfang. So können wir von „Geburtsfehlern" oder vom „Geburtshelfer" sprechen. Im wörtlichen Sinne kann die Geburt eines Kindes das freudige Ereignis sein, ein Gewinn für die Eltern, andererseits aber Schmerz und Mühe beinhalten; siehe auch ↗Fehlgeburt, ↗Frühgeburt, ↗Schwangerschaft.

Geburtstag Der Geburtstag ist ein Freudentag, besonders für Kinder. Im Märchen kann der Geburtstag eine magische Zeit sein, zu der Wünsche in Erfüllung gehen und zu der man verhext werden kann wie zum Beispiel Dornröschen.
Oft ist das Symbol Geburtstag mit (nostalgischen) Erinnerungen an Kindergeburtstage verbunden, mit Erinnerung an Leichtigkeit und unbeschwerte Freude. Besonders bei zunehmendem Alter, wenn der eigene Geburtstag an das Verfließen der Zeit und das eigene Altern erinnert.

Geburtsurkunde Die Geburtsurkunde drückt die Herkunft und die Identität aus, ähnlich wie der ↗Pass.

Gedränge Gedränge verweist auf Enge, Einschränkung und auf (unangenehme) Nähe zu anderen Menschen, die Bedeutung ähnelt der von ↗Gefängnis und ↗Käfig.

Gefängnis Gefängnis bedeutet Strafe. Das Gefängnis symbolisiert Einschränkungen und Abhängigkeiten jeglicher Art. Es ist der Ausdruck des Gefühls, eingesperrt zu sein. Man fühlt sich eingeengt – oft durch eine Beziehung oder Arbeitsverhältnisse – oder befangen. Diese Enge und Begrenzung ist oft selbstverschuldet. Es ist das Gefängnis im Kopf, das am meisten einschränkt. Siehe auch ↗Käfig, ↗Kerker, ↗Häftling.
Psychoanalyse: S. Freud träumte in seiner Jugend von einem Gefängnis in Form eines ↗Kastens, und für ihn bedeutete dieses Symbol die Gebärmutter.
Literatur: In „Nur wer träumt, ist frei“ wertet der zeitgenössische deutsche Autor E. W. Heine die Bedeutung des Gefängnisses um. Für den Gefangenen Tusnelda sind die Gefängnisse „die Brutmaschinen der Geschichte“, denn es gebe keinen bedeutenden Mann der Geschichte, den man nicht ins Gefängnis gesteckt habe. Vercingetorix, König der Gallier, Richard Löwenherz, Napoleon, Hitler, Paulus, Petrus und Gandhi, um nur einige Prominente zu nennen, waren eine Zeit lang in Gefängnissen. Die Neuzeit in Europa begann mit dem Sturm auf die Bastille – die Erstürmung des Gefängnisses steht am Beginn der Moderne. Das Gefängnis ist der einzige Ort auf der Erde, wo die Geschichte den Nachruhm niemals den Machthabern verleiht, sondern den Gefangenen – sinniert Tusnelda, der Häftling.

Gefängniswärter Der Gefängniswärter personifiziert Einschränkung und Freiheitsverlust. Er ist eine Autoritätsperson, die häufig mit Macht und Sadismus verbunden wird.

Gefäß Die Bedeutung eines Gefäßes hängt weitgehend von seiner Form und seinem Inhalt ab.
Alle Gefäße symbolisieren nach S. Freud den Leib der Frau und die weibliche Sexualität – zumindest im Traum des Mannes. Der männliche Körper und die männliche Sexualität stellt sich fast nie als Vase dar. Wenn er durch ein Gefäß symbolisiert wird, dann tritt zumeist das ↗Fass oder sehr häufig die ↗Flasche auf. Bei Mann und Frau kann allerdings die Vase das Innere im Sinne des Unbewussten andeuten, allerdings tritt auch hier eher die ↗Büchse (die Büchse der Pandora) oder das Kästchen beziehungsweise die Schatztruhe auf. Wichtig ist, was die Gefäße beinhalten (welcher Geist in der ↗Flasche wohnt).

Christentum: Im christlichen Mittelalter aber auch in antiken Mysterienreligionen symbolisiert das Gefäß oft den Leib, der die Hülle der Seele ist.
Psychoanalyse: Wie erwähnt sind nach S. Freud Gefäße immer sexuell. Leere Gefäße bedeuten Potenzschwierigkeiten. Ausgießen von Flüssigkeit aus einem Gefäß oder dessen Entkorken ist nach der klassischen Psychoanalyse meist ein Symbol für den Geschlechtsverkehr.

Gefangener ↗Gefängnis, ↗Häftling, ↗Sräfling

Gefecht Siehe unter ↗Kampf, ↗Krieg.

Geflügel Mit Geflügel sind eigentlich immer Tiere wie ↗Huhn, ↗Ente und ↗Gans gemeint, deren Fleisch als Nahrungsmittel dient.
Auf dem Bauernhof ist das Federvieh das niedere Vieh, um das sich Kinder und Frauen kümmern. Geflügel verkörpert deshalb auch das gewöhnliche Leben, das Kleinvieh, das nach der bekannten Redensart „auch Mist macht", also auch etwas fruchtbaren Dünger liefert.
Für den Psychologen verweist das Federvieh auf die Kultivierung des Triebes, denn es ist das Vieh, das sich in die ↗Luft erheben kann.

Gefrorenes ↗Eis

Gefühle Gefühle symbolisieren innere Bewegungen. Schlechte Gefühle werden häufig als von außen kommende Wesen angesehen. Früher wurden sie als Dämonen oder Geister bezeichnet, heute distanziert man sich von ihnen, so dass sie selten mit dem Possessivpronomen benutzt werden. Untersuchungen haben ergeben, dass man zum Beispiel weitaus häufiger sagt, „der Schmerz bringt mich um" als „mein Schmerz bringt mich um". Besonders die sozial unerwünschten Gefühle wie Aggression, Hass, Neid und Wut werden als abgespaltene Einheiten betrachtet, die einen von außen attackieren. S. Freud hat diesen Vorgang als Projektion bezeichnet.
Philosophie: Schopenhauer war der erste europäische Denker, welcher der Vernunft eine Absage erteilte. Das Sein ist umfassender als die vernünftige Erkenntnis, meinte er und propagierte als erster europäischer Philosoph das Mitgefühl zu einer Zeit, als Hegel die Vernunft auf den Sockel erhob. Thomas Mann nannte Schopenhauer (den er verehrte), „den rationalsten Philosoph des Irrationalen". Mit Schopenhauer fängt der westliche Mensch an, die Welt durch die psychologische Brille zu betrachten. Schopenhauer sieht alles als gefühlsmäßig gesteuert an und kann so als Vorläufer Freuds angesehen werden.

Gegenstände Gegenstände verweisen allgemein auf Entfremdung und Verdinglichung, im Einzelnen hängt ihre Bedeutung von der jeweiligen Form und Funktion ab. Die psychologische Traumdeutung geht davon aus, dass Gegenstände stets abgespaltene Gefühle symbolisieren. Sie stehen für das Verdrängte und das Entfremdete.

Gegner Gegner bedeutet Feind und Widerspruch. Psychologisch gesehen sind äußere Gegner oft sich widersprechende Ideen, Meinungen und Aspekte von einem selbst. Sie verkörpern dann das, was man bei sich nicht sehen möchte.

Gehalt ↗Verdienst

Gehaltsabrechnung Die Gehaltsabrechnung weist aus, wie viel ↗Lohn man für eine Arbeit bekommt. Die Mühen haben sich gelohnt. Oder bleibt eine Unzufriedenheit?

Geheimgesellschaft Geheimgesellschaften wie die ↗Freimaurer bedeuten unkontrollierte Macht. Um sie ranken sich mit Vorliebe die Verschwörungstheorien.
Literatur: Theodor Fontane bezeichnete in „Wanderungen durch die Mark Brandenburg" das 19. Jahrhundert als ein Jahrhundert der Geheimgesellschaften. Sie sind der gesellschaftliche Protest gegen die absolutistische Herrschaft.

Geheimnis Geheimnis bedeutet Gefahr und Spannung, oft geht es um absichtlich Vergessenes oder Verdrängtes. Geheimnisse schreien danach, gelüftet zu werden. Als geheimnisvoll werden oft faszinierende Frauen wie zum Beispiel Greta Garbo bezeichnet, die ihre Erscheinung in perfekter Weise verrätselte.
Literatur: Bertolt Brecht schrieb 1921 in sein Tagebuch: „Wo es kein Geheimnis gibt, gibt es keine Wahrheit."

Gehen Gehen ist die ursprünglich menschliche Fortbewegungsart. Es drückt einen angemessenen Fortschritt aus. Gehen verweist häufig auf Naturverbundenheit.
Wie einer geht, zeigt seinen Zustand oder seinen Charakter. Dass das Gehen ein sehr individueller Ausdruck ist, mit dem man einiges über seine Persönlichkeit verrät, wurde von Stars wie Charlie Chaplin, Groucho Marx, Mae West und John Wayne ausgenutzt, indem sie einen bestimmten „Gehstil" zu ihrem Markenzeichen machten.

Gehirn Das Gehirn ist mit unserem Denken assoziiert, oft steht das Gehirn einfach für Denkvermögen oder Vernunft. Deshalb kann man auch von einem Elektronen-Hirn sprechen.
Das Gehirn wird in heutiger Zeit als der Sitz unserer Individualität angesehen, eine Gehirntransplantation dient in manchen Science-Fiction-Werken als Horrorvorstellung. Ferner liegt nach heutiger Vorstellung in unserem Gehirn unsere Lebenskraft, denn der moderne Tod ist der Gehirn-Tod. Er wird in der Medizin als der eigentliche, irreversible Tod betrachtet.
In der Mitte des 18. Jahrhunderts sah der Anatom Tarin das Gehirn als eine Ellipse. Damit gab er eine ganzheitliche Sicht auf unser Gehirn wieder, die in der heutigen Betrachtung von linker und rechter Gehirnhemisphäre verloren ging. Um die Ganzheitlichkeit des Gehirns noch mehr hervorzustellen, sprach man gleich im Anschluss an Tarin von der Kugelgestalt des Gehirns, die in der Neuzeit den italienischen Maler Picabia zu der Aussage verleitete, dass der Kopf (und somit das Gehirn) rund sei, damit das Denken seine Richtung ändern kann.
Antike: In Anlehnung an Aristoteles war bis weit ins Mittelalter hinein die gängige Meinung, dass das Gehirn die Funktion habe, das ↗Herz mit seinem Phlegma zu kühlen und zu verlangsamen.

Gehorsam Gehorsam verweist auf notwendige (oder unnötige) Disziplin. Häufig stehen bei der Thematisierung von Gehorsam und Autorität letztendlich die eigene Kindheit und Konflikte mit den Eltern im Hintergrund.

Geier Geier, die sich vornehmlich von ↗Aas ernähren, symbolisieren den lauernden Tod, besonders in dem bekannten Bild, in dem über Menschen, die sich in der Wüste verirrt haben, schon die gierigen Geier kreisen. So verkörpert der Geier Gier und Geduld. Er wird als Todesvogel bezeichnet, oft dient er als Gegenbild zum idealisierten Raubvogel ↗Adler.

Antike und Christentum: In der Antike dachte man, der Geier würde ohne Befruchtung durch ein Männchen seine Jungen erbrüten. Daher hat schon der Kirchenvater Origenes den Geier als Symbol für die Jungfräulichkeit Marias bezeichnet; auf manchen mittelalterlichen Krippenbildern finden sich deshalb fliegende Geier. Andererseits brachte man den Geier aber im Mittelalter auch mit dem Teufel in Verbindung, da sich der Geier von Aas ernährt. In Redensarten wie „Hol's der Geier" ist Geier einfach ein Ersatzbegriff für Teufel.

Geige Wie bei allen Musikinstrumenten ist mit der Geige die Harmonie angesprochen. Früher war die Geige auch ein volkstümliches Instrument, der Geiger konnte lustige Tanzmelodien spielen. Heute gilt das Geigenspiel als anspruchsvolle Kunst; wer heutzutage Geige spielt, zeigt, dass er sich der gehobenen Welt der klassischen Musik zugehörig fühlt.

In dem Ausdruck „der Himmel hängt voller Geigen" wird auf die enge Verbindung von Geigenmusik und romantischen Gefühlen verwiesen – die in der Filmmusik hemmungslos ausgenutzt wird.

Psychologisch gesehen kann man die Saiten mit den Nerven und die Stimmungen mit Launen gleichsetzen. Der Resonanzkörper des Instrumentes verweist dann auf den Widerhall im Inneren.

Geisel Die Geisel ist ausgeliefert, gefangen und der aggressiven Macht des Geiselnehmers unterworfen. Siehe auch ↗Gefängnis und ↗Kerker.

Geist Im heutigen Sprachgebrauch wird der Begriff „Geist" meistens intellektuell gefasst. Er bedeutet Klugheit, Sinn oder auch die Gesinnung einer Person oder einer Zeit. Der Zeitgeist wirkt in der Geschichte der Menschheit und gibt ihr seine Gesetzmäßigkeit und seinen Charakter.

Ein geistvoller Mensch ist ein kluger und kultivierter Mensch. Er hat seinen Willen und seine Intellektualität bewusst organisiert. Geist ist in diesem Sinne untrennbar mit dem Bewusstsein verbunden.

Am Geist scheiden sich die Geister: Für die Materialisten und Behavioristen ist der Geist ein Mythos, ein irrealer Schein. Für die Idealisten bedeutet Geist das Höchste. Es ist die Organisationsform von Verstand und Bewusstsein, die das Selbstbewusstsein mit einschließt.

Umgangssprachlich bezeichnet „Geist" meist eine Grundstruktur, die etwas charakterisiert. So spricht man zum Beispiel vom „Geist der Goethezeit".

Christentum: Das Christentum kennt die Vorstellung des Heiligen Geistes, der ein Teil des dreifaltigen Gottes ist. Diese Vorstellung wurde oft mit Aristoteles begründet, für den Gott reiner Geist ist. Das Besondere an dieser Geistesvorstellung ist die Selbstreflektion des Geistes. Aristoteles nimmt einen Geist an, der selbst denken kann, das heißt, er kann vernünftig über sich selbst urteilen.

Literatur: Im zehnten Gesang von Homers „Odyssee" wird die ↗Seele als materiell gedacht, der Geist als Mischung von Verstand und Einsicht. Zwischen Seele und Geist bestehen schwer fassbare Wechselbeziehungen.

Philosophie: Heraklit stellt sich den Geist materiell als Feuer vor, mit Anaxagoras wird der Geist zu einem Phänomen des Willens und des Denkens und somit zum

Urgrund aller Bewegung. Aber erst mit Descartes wird der Geist als Gegensatz zur Materie und somit zum ↗Körper gefasst. Von nun ab wird die Natur als geistlos betrachtet, worauf sich Ernst Jünger bezieht, wenn er meint, der Mensch erholt sich in der Natur, weil diese keine Meinung über ihn besitzt.
Für den idealistischen Philosophen Hegel ist der Geist die Wirklichkeit, die der Natur ihre Gestalt gibt – eine Idee, die sich auch durch Goethes naturwissenschaftliche Schriften zieht. Hegel unterscheidet drei Erscheinungsformen des Geistes: den subjektiven Geist, der das menschliche Denkvermögen prägt, den objektiven Geist, der sich in Sprache, Wissenschaft und Gesellschaft zeigt, und den absoluten Geist, der Philosophie, Kunst und Religion beherrscht.
Schopenhauer und Nietzsche verwerfen diese Überbetonung des Geistes, und Ludwig Klages sieht im Geist gar ein lebensfeindliches Prinzip und somit den Gegensatz zur ↗Seele. Moderne philosophische Systeme vermeiden den Begriff des Geistes.

Geister Geister bedeuten Übernatürliches, das heißt, es werden Kräfte angesprochen, die über den alltäglichen Bewusstseinstand des Menschen hinausgehen. Im volkstümlichen Geisterglauben hat sich häufig eine Erinnerung an Götter früherer Religionen erhalten. Geister verkörpern das Unsichtbare und Unfassbare, dem man sich ausgeliefert fühlt. Psychologisch gesehen verweisen sie häufig auf abgespaltene Inhalte des Unbewussten, mehr bei ↗Gespenster.

Geistlicher Ein Geistlicher verkörpert mit seiner gehobenen Stellung entweder die Verbindung zu einer höheren Kraft – oder er besitzt eine negative Bedeutung wie Scheinheiligkeit, Falschheit und Neurose; weitere Aspekte bei ↗Priester.

Geiz Geiz bedeutet Enge. Der Geizhals ist der freudlose Mensch, der weder zu sich selbst noch zu anderen großzügig sein kann. Zu fragen ist, woher die Angst kommt, sein ↗Geld und damit seine Energien und Kräfte zu verschwenden.
Literatur: Einer der bekannten Geizhälse der Literatur ist Ebenezer Scrooge aus „Ein Weihnachtslied in Prosa“ (1843) von Charles Dickens. Hier treten die Geister auf, die dem Geizhals das Glück zeigen, das er durch seinen Geiz versäumt hat. Der Geizhals wird als herzloser Egoist gezeichnet, der sich jedoch wandelt.

Gejagter Der Gejagte als das klassische Bild für den gehetzten Großstadtmenschen. Gejagt zu sein ist ein verbreitetes Lebensgefühl der Moderne. Siehe auch ↗Stress und ↗Verfolgung.

Geländewagen Ein Geländewagen bedeutet Unabhängigkeit und Freiheit, sich auch jenseits der gewohnten Verkehrswege zu bewegen. Allerdings ist er heute zum modischen ↗Auto geworden, das kaum mehr Unkonventionalität ausdrückt; der nicht im Gelände eingesetzte Geländewagen hat immer etwas von Protzerei an sich, soll der Ego-Steigerung dienen, weil man aus einem solchen voluminösen, schweren Wagen von einer höheren Sitzposition aus auf die üblichen PKWs herunterblicken kann.

Gelb Gelb ist eine besonders intensive, ja brennende Farbe, sie entspricht den Strahlen der Sonne und dem Gold. Wie alle Farben hat diese Farbe die unterschiedlichsten Bedeutungen.

Bei der Ampel steht die gelbe Farbe zwischen Rot und Grün, sie bedeutet Vorsicht. Ähnlich die gelbe Karte, die der Schiedsrichter beim Fußballspiel zeigt: Sie dient als Verwarnung.
Diese Symbolik war früheren Zeiten nicht ganz fremd. Die Farbe Gelb wurde das ganze Mittelalter hindurch benutzt, um die Außenseiter der Gesellschaft zu kennzeichnen. Juden und säumige Schuldner, Aussätzige und teilweise auch Ketzer und Huren mussten gelbe Kleidung oder zumindest gelbe Hüte tragen. Zu den negativen Bedeutungen gehört Gelb als die Farbe des Neids und des Geizes, der Eifersucht und des Verrats, hier hat sicherlich überall die gelbe Farbe der Galle eine Rolle gespielt.
Zu ganz anderen Ergebnissen kommt man, wenn man Gelb als die Symbolfarbe der Sonne nimmt. Nicht nur, dass für uns die gelbe Zitrone Sonne und Süden symbolisieren kann und dass sich eine Energiefirma „Yello“ nennt (obwohl sie gar keinen aus Sonnenenergie gewonnenen Strom verkauft ...). Gelb verweist auf die Macht (der ↗Sonne), aber auch auf Intuition und Geistigkeit. Bei den Hindus symbolisiert Gelb das Licht des Lebens, bei den Chinesen die Farbe der (göttlichen) Kaiser. Im nahen und mittleren Osten findet man die Farbe Gelb vielfach als Farbe der Könige und Priester.
Im Mittelalter tritt daneben ein anderer positiver Aspekt auf: Gelb als Farbe erfüllter Liebe. Das findet sich noch in dem bekannten Song von Tony Orlando: „Tie a Yellow Ribbon Round the Old Oak Tree.“ Besonders in den USA knüpfen Verliebte gelbe Bänder um alles Mögliche, um der Liebe Dauer zu verleihen. Überhaupt gilt das sonnige Gelb als Farbe der Heiterkeit, was so gar nicht dazu zu passen scheint, dass psychisch Kranke in ihren Bildern die gelbe Farbe bevorzugen.
Erotisiert werden die gelben Augen, die den Frauen etwas Katzenhaftes verleihen. Allerdings werden gelbe Augen zugleich dämonisiert. Frankensteins Monster besitzt gelbe Augen. Das vom Teufel gezeugte Kind in „Rosemaries Baby“ hat gelbe Augen, allerdings vollständig gelb, ohne das Weiß und ohne Iris. Trotzki beschreibt Stalins gelbe, kalte Augen. Der unsympathische Detektiv Sam Spade bei Dashiell Hammett besitzt ebenfalls gelbe Augen und blondes Haar, was seine Gefährlichkeit unterstreicht.
Die gelbe Gefahr waren ursprünglich illegale chinesische Einwanderer, die an der Westküste der USA rassistisch als „yellowfish“ bezeichnet wurden. Dass Gelb als Hautfarbe dämonisiert wurde, geht auf Carl von Linné zurück, der in seiner „Systema naturae“ (1758) schreibt, dass die Asiaten gelb, melancholisch und unbeweglich seien. Sir Arthur Conan Doyle macht in seinen Kriminalgeschichten ausgiebig Gebrauch von den „Gelbgesichtern“. Auch Melville bezieht die tigergelbe Hautfarbe der Bewohner der Philippinen auf deren satanische Verschlagenheit.
Asien: Schirme aus gelber Seide gelten in den Ländern des Himalaja als Glückssymbol und Zeichen der Würde. Gelb bezeichnet die Vaisya, die Händlerkaste Indiens, und die safrangelben Kutten der Mönche symbolisieren Entsagung und Wunschlosigkeit.
In China ist Gelb das höchste Farbsymbol. Es steht für die Erde, für das Zentrum. Es ist ein Symbol des Glücks. China ist das Gelbe Land. Der Gelbe Fluss, der Huangho, nährt das Land mit seinem gelben Schlamm. Dieser Schlamm ist der fruchtbare Löß, der sich bis max. 200 m

hoch am Flussufer abgelagert hat und besten Boden für die Landwirtschaft bietet. Im Gelben Meer kann man deutlich sehen, wie der Flussschlamm des Jangtsekiang, des Huangpo und Huangho weit ins Meer hineingespült wird und dem Meer seine typisch gelbe Farbe verleiht.

Literatur: In Italien sind Kriminalromane traditionell gelb eingebunden gewesen. Sagt man dort: Ich lese Gelbes („un giallo"), heißt das, dass man von gefährlichen Abenteuern liest.

Die „Yellow Books" waren englische Publikationen mit gelben Rücken, in denen Ausschweifungen und Homosexualität beschrieben wurden. Vielleicht kam dieses Styling in Gelb daher, dass so der berüchtigte französische Roman „Aphrodite" von Pierre Louys gelb gebunden war, den Oscar Wilde las, als man ihm im Cadogan Hotel verhaftete. Die Berichterstattung sprach stets von „that yellow book".

Es gab in den USA frühe Cartoons, die sich an arme Neueinwanderer richteten. Darin trat ein Kind auf mit schreiend gelbem Hemd. Man nannte diese Comics wegen ihres gelbhemdigen Helden „yellow press". Später wurde das zum Ausdruck für die Sensationspresse. Um die Comicfigur des Kindes mit dem gelben Hemd entstand ein regelrechter Pressekrieg am Ende des 19. Jahrhunderts, da zwei New Yorker Zeitungen für sich beanspruchten, diese erfolgreiche Comicfigur als Erste gebracht haben. Da dabei besonders das gelbe Hemd hervorgehoben wurde, berichteten die anderen amerikanischen Zeitungen über diesen Kampf als „Kampf der gelben Presse". So war dieser heute geläufige Ausdruck geboren.

Die Literatur kennt Gelb auch als Symbol des Krankheitserregenden. In H. G. Wells Roman „Dr. Moreaus Insel" (1896) wird ein menschenfeindliches gelbes Sumpfgelände geschildert, dem giftige Dämpfe entsteigen. T. S. Eliot bezeichnete den Londoner Nebel als gelb und krankmachend. Was bis in die 1960er Jahre zutraf, da er vom Schwefel der Kohlefeuer gelb und krankmachend war.

Gelb wurde auch zur Farbe der Ekzentrik: Der Jugendstilmaler Aubrey Beardsley trug häufig zitronengelbe Handschuhe und ließ sein Atelier am Warwick Square in London mit einem satten Gelb streichen, das vom schwarzen Holz kontrastiert wurde. Und Alfred Jarry (Autor von „König Ubu") erschien auf Mallarmés Begräbnis mit leuchtend gelben Schuhen, während Truman Capote nur auf gelbem Papier schrieb.

Film: Bei Schaustellern, im Theater und auf der Bühne vermeidet man Gelb, das ein schlechtes Omen sei. So gibt es in ↗Kinos und im Theater keine gelben Vorhänge. Früher vermied man im Bühnenbild Gelb, um kein Unglück hervorzurufen. Deswegen war das monochrom gelbe Bühnenbild für die Aufführung von Arthur Millers „Tod eines Handlungsreisenden" eine Art Revolution.

Die ersten Filme wurden im „DeMille-Schuppen" gedreht, das Wahrzeichen von Hollywood. Ein zweistöckiger gelber Schuppen, der 1895 an der Kreuzung von Selma Avenue und Vine Street errichtet wurde. Cecil B. DeMille drehte hier Filme, bevor seine Firma in der Paramount Filmgesellschaft aufging, die diesen gelben Schuppen für Dreharbeiten zur Fernsehserie „Bonanza" nutzte. Heute befindet sich der gelbe DeMille-Schuppen gegenüber der Hollywood Bowl und beherbergt ein kleines Filmmuseum.

Gelb tritt im Film auch als Farbe der Ausschweifung auf. „Der letzte Tango in Paris" ist mit schwefelfarbenem Licht aufgenommen. Nancy Kwan – Hauptdarstellerin in dem Film „Die Welt der Suzie Wong" – erschien am 24.9.1960 auf dem Titelblatt von LIFE in einem obszön engen gelben Seidenkleid. Gelb symbolisiert exotische Erotik und Unsittlichkeit. So bedeutet „gelbe Branche" in China das Geschäft mit Pornografie und Prostitution.

Kunst: Van Gogh sagte, Gelb ist die Farbe, die selbst die Götter zu entzücken vermag. Nicht nur van Gogh liebte Gelb, auch psychisch stabilere Maler wandten sich der Gestaltung des Gelb zu wie Pieter Breughel („Kornernte", ein fast vollständig gelbes Bild), Degas („Die Toilette"), Gauguin („Gelber Christus") und Renoir („Weiblicher Torso im Sonnenlicht"). Marcel Proust besuchte im Mai 1921 eine Vermeer-Ausstellung in Paris. Das Gelb in Vermeers Bild „Ansicht von Delft" erregte ihn so, dass er beinahe am Schlaganfall starb. In „Auf der Suche nach der verlorenen Zeit" verarbeitet Proust diese Szene, als seine Romanfigur Bergotte gegen den Rat seiner Ärzte die Vermeer-Ausstellung besucht und seinen Blick nicht mehr von einer gemalten gelben Mauerecke abwenden kann, bis er stirbt.

Geld Geld wird vergöttlicht und verdammt, es symbolisiert Zwang, Gier und Besitz, Handlungsspielraum und Freiheit. Geld kann für Geiz und Habsucht, aber auch für Klugheit und Wohltätigkeit stehen.

Für den Psychologen verweist Geld selten auf ökonomische Probleme, sondern deutet eher auf den Umgang mit Energie, speziell auf unser Verhalten in der Liebe.

Psychoanalyse: Für S. Freud und C. G. Jung ist Geld ein Symbol der Libido: Silbermünzen Hinwendung zu Frauen, Goldmünzen zum Mann. Für einige moderne Psychoanalytiker ist Geld ein Potenzsymbol.

Literatur: Henry James bezeichnete das Geld als Siegel des Erfolgs, den er wiederum als „bitch-goddess" charakterisiert. Hier darf auch Dagobert Duck nicht fehlen, der es liebt, in Geld zu baden. Doch dieser ungeschützte Kontakt zum Geld erzeugt nach Otto J. Adler („Von der Lust, im Geld zu baden") eine Geldallergie (Rhinitis allergica pecuniae) und Porenverstopfung. Ferner zeigt sich der gesundheitsschädliche Einfluss des Geldes auch darin, dass bei der jährlichen Lüftung von Dagoberts Geldspeicher sensible Menschen in Entenhausen an Haarausfall leiden.

Geldschein Hier kommt es auf die Zahlensymbolik des Betrages an, den der Geldschein wert ist, und auf das dargestellte Motiv.

Geldschrank ↗Tresor

Geliebte(r) Analytische Psychologie: Der Geliebte ist stets eine ↗Animus-Figur, die Geliebte eine ↗Anima-Verkörperung. Mit dem oder der Geliebten werden also stets der innere Geliebte beziehungsweise die innere Geliebte angesprochen, siehe auch ↗Liebe und ↗Liebhaber.

Gelübde Gelübde bedeutet Bindung. Es symbolisiert eine selbst gewählte Verbindlichkeit.

Gemälde Ein Gemälde ist ein Abbild der Wirklichkeit, manchmal auch ein Ersatz für die Wirklichkeit, wie das Gemälde einer Geliebten oder einer idealisierten Landschaft. Echte Gemälde sind nie billig gewesen, und sie deuten deshalb auf Kultur und Wohlstand. Manchmal repräsentiert ein Gemälde auch das künstlerisches Sehen und Handeln im Gegensatz zur bloßen Verstandeslogik.

Für die genauere Deutung ist die symbolische Betrachtung des Bildmotivs wichtig. Für den Psychologen kann jedes Bild ein Selbstbildnis sein, das etwas über die eigene Persönlichkeitsstruktur beziehungsweise die persönliche Weltsicht aussagt.

Gemahl ↗Ehe

Gemse ↗Gämse

Gemüse Einzelheiten bei ↗Artischocke, ↗Blumenkohl, ↗Bohnen, ↗Broccoli, ↗Gurke, ↗Kartoffel, ↗Kohl, ↗Lauch, ↗Olive, ↗Möhre, ↗Paprika, ↗Radieschen, ↗Rettich, ↗Rote Beete, ↗Rotkohl, ↗Salat, ↗Sauerkraut, ↗Sellerie, ↗Tomate, ↗Wirsing, ↗Zwiebel.

Gendarm ↗Polizist

General Der General ist ein ↗Chef, ein aggressiver beziehungsweise autoritärer ↗Herrscher; im Krieg ist er der Herr über Leben und Tod, der verantwortlich ist für das Schicksal der ↗Soldaten. Letzterer Aspekt spielt besonders in militärkritischen Zusammenhängen oft die Hauptrolle. Heute ist es selten geworden, dass der General den wegen seiner Machtfülle erotischen Mann verkörpert.

Generator Ein Generator erzeugt Energie, vor allem dann, wenn die normale Energieversorgung ausfällt oder nicht zugänglich ist.

Genesung Genesung bedeutet, gesund zu werden, der Genesende gewinnt wieder Kraft und Stärke, er gesundet an Körper oder Seele, was psychologisch gesehen meistens bedeutet, dass er wird, was er ist.

Genick Das Genick symbolisiert die Verbindung zwischen ↗Kopf und ↗Körper. Damit ist die Erdung unseres Intellekts angesprochen. Das Genick ist auch der Ort größter Gefährdung, wie der Genickschuss und das Hängen zeigen. Siehe auch ↗Nacken.

Genie Das Genie entspringt einer romantischen Vorstellung vom geistig oder künstlerisch beseelten Menschen, der im Rausch große Werke schafft. Genie ist Schaffenslust und sprudelnde Kreativität. Allerdings wird das Genie häufig in die Nähe des Wahnsinns gerückt.
Literatur: Ezra Pound sagte, der Schöpferakt des Genies sei ein „jäher Erguss der Intelligenz, der die Form annimmt, die das Problem verlangt".

Genitalien ↗Geschlechtsorgane

Genuss Genuss bedeutet Freude. Ein Genuss verweist auf unsere Sinnlichkeit und auf die Bereitschaft, sich auf den Kitzel der Sinne einzulassen. Genuss ist eine Kunst, kann aber auch eine Sucht werden.
Literatur: Honoré de Balzac stellt zu Beginn seines Romans „Die Suche nach dem Absoluten" (1834) fest, dass der Genuss das Begehren erstickt, wenn er diesem zuvorkommt.

Geometrie Geometrie bedeutet Ordnung des Raums, eine Häufung von geometrischen Symbolen häufig einfach (Natur-) Wissenschaft oder Mathematik. Einzelheiten bei den verschiedenen geometrischen Formen.
Analytische Psychologie: Eingehend hat sich die analytische Psychologie mit den geometrischen Symbolen beschäftigt, die sie für archetypische Symbole des Selbst hält. Die geometrischen Formen erscheinen dann im Traum, wenn die Träumerin oder der Träumer einen wichtigen Schritt auf dem Individuationsweg tut.

Der Kreis ist das wohl ursprünglichste weibliche Symbol. Er ist ein bekanntes Seelensymbol, da die Seele weder Anfang noch Ende hat. Der Ball ist unter anderem immer ein Symbol der ↗Sonne, in selteneren Fällen der Erde (als Erdball, Globus).
Das Quadrat verweist auf Vollendung und Entwicklung (im Sinne der Jungschen Individuation), aber auch auf Statik und Sicherheit. Seit Platon wird das Quadrat wegen seiner die Statik ausdrückenden rechten Winkel als Erdsymbol angesehen.
Kreis und Quadrat verbinden sich zum Mandala. Ein Mandala wird ursprünglich als ein viergeteilter Kreis angesehen.
Die Linie oder der Strahl ist das ursprüngliche Symbol des männlichen Archetyps.
Die ↗Spirale stellt ein altes Symbol des Lebensweges dar. So steht auf dem Grabstein von Jacob Bernoulli, der als Erster in der Mathematik die Spirale untersuchte: „Eadem mutata resurgo" (Immer auf dieselbe Weise mich wandelnd steige ich an). Die Spirale ist das Symbol für den Lebensrhythmus.
Philosophie: Baruch Spinoza sieht in der Mitte des 17. Jahrhunderts Gott als eine unendliche Substanz an, die nach Gesetzen der Geometrie zu verstehen und zu beweisen ist. Diese geometrische Gotteserklärung wurde zu seiner Zeit als ketzerisch betrachtet.

Gepäck Gepäckstücke symbolisieren Belastungen („jeder hat sein Päckchen zu tragen") oder seltener Kraft, Pläne und Kraftreserven. Hier wird sowohl eine Belastung als auch eine Chance angesprochen. Einzelheiten bei ↗Koffer, ↗Paket, ↗Rucksack, ↗Tasche und ↗Schachtel.

Gepäckträger Der Gepäckträger ist derjenige, der die Last der anderen trägt. Dienen ist angesprochen.

Gericht Das Gericht ist die Autorität in Sachen Recht und Gerechtigkeit. Dabei geht es auch um ↗Strafe und, wenn man ein schlechtes Gewissen hat, um Angst vor Bestrafung. Letzterer Aspekt steht im Vordergrund beim „Jüngsten Gericht", dem Gericht Gottes am Ende der Welt.
Der ↗Richter spielt oft die Rolle des Gewissens oder inneren Führers, der ↗Staatsanwalt die des strafenden Vaters.
Bei allen Gerichtsszenen ist es wichtig, darauf zu achten, wie die ↗Anklage lautet und was der Richter sagt.

Gerichtsvollzieher Der Gerichtsvollzieher symbolisiert Hilflosigkeit und Bedrängnis. Man ist falsch mit seinen Energien umgegangen. Der Gerichtsvollzieher besucht die Versager, siehe auch ↗Pfändung.

Gerippe Das Gerippe symbolisiert in der Regel den Tod; oft geht es um das, was Bestand hat und somit wesentlich ist. Das Gerippe ist ein möglicher Hinweis auf mehr Struktur. Siehe auch ↗Knochen.

Gerste Wenn nicht allgemein ein ↗Getreide gemeint ist, dann ist mit Gerste häufig der Gedanke an ↗Bier, den Gerstensaft verbunden.

Geruch Schlechte Gerüche symbolisieren eine Abneigung (man kann jemanden nicht riechen), gute Gerüche eine Zuneigung. Außerdem schwingt beim Geruch die Bedeutung der „goldenen Nase" beziehungsweise des „richtigen Riechers" mit, die auf die Intuition verweist, auf die jemand sich entweder verlassen oder gerade nicht verlassen sollte; siehe auch ↗Duft und ↗Gestank.

Gerüst Das Gerüst wird gebaut, um etwas zu unterstützen, ja vor dem Zusammenbruch zu bewahren. In diesem Zusammenhang symbolisiert es also Kampf gegen den Verfall. Es kann auch zeigen, dass etwas renoviert wird, und ist dann ein Symbol des Neuanfangs.

Gesäß Wer sein Gesäß entblößt, der gibt sich eine Blöße wie der Narr im alten Tarot, es kann sich dabei allerdings auch um eine aggressive Geste handeln. Das Gesäß ist ferner ein Symbol der Ruhe und Trägheit, es kann allerdings auch ein Sexualsymbol sein.
Psychoanalyse: Infantiles Sexualsymbol, Regression in die anale Phase.

Gesang Gesang bedeutet Selbstausdruck und meistens Freude. Der Gesang steht für eine seelische Erleichterung, für friedliche Zeiten und Harmonie, vor allem wenn mehrere Menschen im ↗Chor singen. Bei Kriegsgesängen kann das Singen schon einmal etwas Bedrohliches annehmen. Siehe ferner ↗Singen und ↗Lied.
Die Aborigines Australiens nehmen an, dass die Welt ins Leben gesungen wurde. Für sie stellt der Gesang also Realität her.

Geschäft Geschäft bedeutet Einkommen und Beweglichkeit. Bedeutsam ist die Art des Geschäfts.
Das Geschäft in Traum und Fantasie hängt meistens mit Geschäftigkeit im alltäglichen Leben zusammen. Jemand ist entweder zu geschäftig oder zu wenig aktiv. Wie bei ↗Fabrik stellt auch das Geschäft ein Symbol des ökonomischen Austausches dar, das auf die Wechselbeziehung der einzelnen Persönlichkeitsanteile verweist. Ferner steht das Geschäft für alle Möglichkeiten, die uns das Leben bereitstellt.
Geschäfte und Ladenlokale verweisen auf das ↗Kaufen und häufig auf den Austausch von Energien. Es stellt sich die Frage, was genommen und was bekommen wird. Um welche Art des Geschäftes handelt es sich? Was wird dort verkauft?
Für den Psychologen hängt ein Geschäft häufig mit den Wechselbeziehungen der einzelnen Ichs untereinander zusammen.

Geschäftsmann Der Geschäftsmann ist der Mann des ↗Geldes. Der erfolgreiche, dynamische Geschäftsmann ist ein erträumtes Vorbild, der gescheiterte Geschäftsmann eine Warnung vor Risiko, der gerissene Geschäftsmann ein Symbol des bösen Kapitalismus. Fast immer aber spielt die Geschäftigkeit eine Rolle, die Nähe zu Hektik und Stress.

Geschenk Geschenkt bekommt man das, was man nicht zu kaufen braucht; Schenken sollte eigentlich ein Geben ohne Gegenleistung sein – obwohl nicht nur in unserer Kultur der Gedanke des nötigen Gegengeschenks immer eine große Rolle spielt. Es geht um das Geben(-Können) und Nehmen(-Können), das Teilen der Freude und die Freude am Geben.
Schenken und Beschenkt-Werden ist immer ein Akt des sozialen Austauschs; es stellt sich also die Frage nach der Beziehung zu den Mitmenschen. Vielleicht geht es auch darum, dass das Leben als ein Geschenk angenommen werden sollte.

Geschirr Das Geschirr gehört zur Esskultur: Die Art des Geschirrs (einfach, edel, modisch, ...), Verzierungen oder Farben und die Art seiner Verwendung deuten also immer darauf, wie jemand mit dem Vorgang des Essens umgeht.

Geschirrspülmaschine Die Geschirrmaschine verweist auf Sauberkeit und auf Ordnung im Alltagsleben, ferner auf Rationalisierung der Hausarbeit.

Die Geschirrspülmaschine besitzt von allen Haushaltsgegenständen die männlichste Ausprägung. Sie wurde in der Zeit erfunden, als Frauen begannen, von ihren Männern die Mitarbeit im Haushalt zu fordern. Sie symbolisiert die männliche Rationalität im Haushalt.

Geschlechtskrankheit Geschlechtskrankheiten sind fast immer ein Ausdruck der Sexualabwehr.

Geschlechtsorgane Die Geschlechtsorgane von Mann und Frau symbolisieren naheliegenderweise Sexualität. Sie bedeuten Leben und Lebensgenuss, und letztendlich sprechen sie unsere Schöpferkraft an. Oftmals drücken sich andere Energien wie Geltungsbedürfnis, Macht und Geld zum Beispiel in sexueller Symbolik aus.
Den Geschlechtsorganen kommt in der heutigen Zeit eine große Aufmerksamkeit zu. In der grundlegendsten aller Kunstformen, der Pornografie, sind sie zu viel fotografierten Stars geworden und leben dort ein von ihren Besitzern relativ unabhängiges Leben. Das früher Geheimnisvolle der Genitalien hat sich ins Offensichtliche gewandelt.
Siehe auch bei ↗Brust, ↗Penis, ↗Vagina.
Psychoanalyse: S. Freud unterschied ganz deutlich zwischen der genitalen und der allgemeinen Sexualität. Alle Funktionen, die uns Lust bringen, werden nach ihm unter dem Aspekt der allgemeinen Sexualität gefasst, und so kann ohne weiteres das Bild der Geschlechtsorgane über die genitale Sexualität auf die allgemeine zärtliche und freundschaftliche Begegnung bezogen werden. Letztendlich fällt unter die so verstandene Sexualität all das, was wir mit dem Begriff der Liebe bezeichnen. Man sollte gerade bei solch einem Symbol sich von Freuds Auffassung leiten lassen, dass die Sexualität von dem rein Genitalen zu befreien ist und zur Sinnlichkeit erweitert werden möchte. S. Freud geht es also um die Humanisierung der Sexualität, um die es auch immer bei einem direkt sexuellen Symbol geht.
Analytische Psychologie: Die Geschlechtsorgane des anderen Geschlechts verweisen nur oberflächlich auf die Sexualität. Dahinter verbirgt sich der Wunsch nach Vereinigung mit seiner gegengeschlechtlichen Seite. Auch ↗Beischlaf im Traum verdeutlicht meistens die Sehnsucht nach einer Öffnung zu seiner gegengeschlechtlichen Seite hin (der Mann verbindet sich mit seiner ↗Anima, die Frau mit ihrem ↗Animus).

Geschlechtsverkehr ↗Beischlaf und ↗Sexualität, Einzelheiten ferner bei ↗Analverkehr, ↗Cunnilingus, ↗Fellatio, ↗Fessel, ↗Küssen, ↗Masochismus, ↗Oralverkehr, ↗Sadismus

Geschmack Der „gute" Geschmack wird mit Kultur verbunden – es fragt sich, mit welcher Kultur. Einen bestimmten Geschmack zu haben, dient häufig der Selbstdarstellung, denn der Geschmack symbolisiert unsere Kultiviertheit und Differenzierung, auch noch in der bewussten Identifikation mit dem „schlechten" Geschmack. Als geschmackvoll wird häufig der Durchschnitt, die Einlösung des Erwartungshorizonts bezeichnet. Das Neue, die Abweichung von der Erwartung, wird oft zunächst als geschmacklos abgetan. In diesem Sinne hat der Geschmack etwas Konservatives.
Philosophie: Voltaire verbindet den Geschmack mit der Kunst. Seiner Ansicht nach haben nur wenig Völker Europas Geschmack, und den Asiaten spricht er fast jeden Geschmack ab. Sein Zeitge-

nosse Montesquieu sieht den Geschmack an das Vergnügen gebunden, wobei er einräumt, dass das Vergnügen auch von Vorurteilen und Gewohnheiten abhängt.

Geschoss ↗Schießen

Geschrei ↗Schrei

Geschütz Wie alle Kriegssymbole (↗Waffen) ist das Geschütz ein Symbol der Aggression und speziell des Angriffs, des Sich-Durchsetzens („schweres Geschütz auffahren").

Geschwindigkeit Geschwindigkeit ist ein positives Symbol, da sie auf Energie und Dynamik schließen lässt. Allerdings kann sie in Stress umschlagen. Beschleunigung zu immer höherer Geschwindigkeit hat der Philosoph P. Sloterdijk als das wichtigste Merkmal unserer Zeit bezeichnet. Im Gegensatz dazu sagte Mahatma Gandhi, als er zum westlichen Lebensstil befragt wurde, es gebe im Leben wichtigere Ziele, als immer schneller zu werden.
Negativ wird die Bedeutung, wenn es um das rasche Vergehen von etwas geht, die Geschwindigkeit, mit der ein Zeitraum seinem Ende zugeht.
Literatur: Mit dem Problem der Geschwindigkeit setzt sich der Roman von Stan Nadolny „Die Entdeckung der Langsamkeit" in unterhaltsamer Weise auseinander. Auch in der Science-Fiction-Literatur spielt die Geschwindigkeit eine große Rolle, da große Entfernungen zwischen den Sternen zurückzulegen sind. Die Lichtgeschwindigkeit, die Einstein als absolute Größe und Begrenzung der Geschwindigkeit ansah, wird hier überschritten, was zeigt, dass wir vom Wahn der Geschwindigkeit besessen sind.

Geschwister Siehe bei ↗Bruder und ↗Schwester. Für den Psychologen verkörpern Geschwister oft Anteile von einem selbst.
Psychoanalyse: Hiermit ist nach S. Freud oft das Genital gemeint.
Analytische Psychologie: Ältere Geschwister deuten nach C. G. Jung auf entwickeltere Fähigkeiten, das, wo man hin will, was man bewundert.

Geschworene Die Geschworenen entsprechen in ihrer Symbolik weitgehend dem ↗Richter. Psychologisch gesehen personifizieren sie unser Gewissen und die verschiedenen Stimmen in uns.
Psychoanalyse: Über-Ich-Figuren.

Geschwür Das Geschwür ist ein Ekelsymbol, siehe bei ↗Abszess, ↗Furunkel, ↗Hautausschlag und ↗Pickel, aber auch bei ↗Krebs.
Auch wenn es sich um ein Ekelsymbol handelt, so sollte man doch froh sein, wenn man von einem Geschwür träumt, denn dann verlässt das Gift den Körper, das Gift falscher Lebenseinstellungen und unterdrückter Gefühle. Was zum Ausdruck gelangt, das kann uns nicht mehr unkontrolliert bedrängen.

Gesetz Gesetz bedeutet Ordnung und Regelung, Autorität und Gehorsam. Das Gesetz ist meistens die Quintessenz des guten Anstandes. Es kann allerdings auch Einengung bedeuten. Es ist eine zusammengefasste Grundanweisung des konfliktfreien Lebens. Es symbolisiert auch gesellschaftliche Normen und ist ein häufiges Symbol, wenn man ein schlechtes Gewissen hat.
Literatur: Thomas Mann bezeichnete 1944 das Gesetz in seiner Studie über Moses und die monotheistische Religion als „das bündig Bindende".

Bekannt ist F. Kafkas Erzählung „Vor dem Gesetz", in der das Gesetz eine Ehrfurcht gebietende, für den Menschen letztlich unerreichbare Instanz darstellt.

Gesicht Der Gesichtsausdruck steht für die seelische Befindlichkeit des Menschen, für seine Selbstachtung und Selbsteinschätzung. Er ist ein Symbol der Identität („das wahre Gesicht zeigen") und der Willens- und Intuitionskraft.
Ein unbekanntes Gesicht verweist psychologisch gesehen oft auf verdrängte eigene Eigenschaften. Ein entstelltes Gesicht deutet auf Wut, Aggression und Angst. Ein verzerrtes Gesicht zeigt innere Unruhe, ein undeutliches oder schemenhaftes Gesicht ist ein Ausdruck der Identitätssuche.

Gespenst Ein Gespenst ist häufig die ↗Seele eines Verstorbenen, die vom Körper entbunden nun als selbstständiges Wesen umherirrt. Diese Geister oder Gespenster werden in der Regel gefürchtet, sie symbolisieren eine unheimliche Bedrohung. Wenn ein aufgeklärter Mensch von einem Gespenst redet, dann meint er genau das Gegenteil, nämlich eine Bedrohung, die bloß eingebildet ist, so zum Beispiel Karl Marx, der in „Das kommunistische Manifest" die Angst vor dem Kommunismus als Gespenst bezeichnet.
Seltener gibt es auch Hilfsgeister, die auf die bösen Gespenster Jagd machen.
Psychologen gehen davon aus, dass mit Gespenstern meistens die so genannten Lebensgeister gemeint sind. Sie sind das, was dem Leben die Energie gibt. Ferner wird auf den ungenutzten oder falsch benutzten geistigen Apparat verwiesen. Gespenster verkörpern unbewusste Gefühle und sind die im Außen erlebte eigene Innenwelt.
England ist das klassische Land der Gespenster. Es behauptet, die größte Gespensterdichte der Welt aufweisen zu können. So werden Geister auch von der Tourismusindustrie eingesetzt, indem man Übernachtungen mit garantierter Geistererscheinung vorzüglich in Schlössern buchen kann. Das Gespenst wird so zum Markenprodukt und Touristenmagnet.
Fantasien von Gespenstern sind oft Ausdruck von Schuldgefühlen und Gewissensängsten. Wenn solche Bilder zu oft mit Angst verbunden auftreten, dann sollte professionelle Hilfe zu Rat gezogen werden. Die Aufgabe bei diesem Symbol liegt oft im besseren Verständnis und in der klügeren Anwendung seiner Geistesgaben.
Psychoanalyse: Nach S. Freud meist weibliche Personen (im weißen Nachtgewand).
Analytische Psychologie: In Anlehnung an C. G. Jung schrieb Aniela Jaffé das Buch „Geistererscheinungen und Vorzeichen" (1957), in dem Geistererscheinung als „Exterritorialisierungen von Gefühlen" bezeichnet werden.
Literatur: Wohl bekannt ist Shakespeares Tragödie, in der Hamlet der Geist seines ermordeten Vaters erscheint. Auch für den norwegischen Dramatiker Henrik Ibsen waren die Gespenster die Schatten der Vergangenheit. Isabelle Allende verbindet in ihrem Roman „Das Geisterhaus" die Gespenster mit der Bedeutung des Geheimnisses und zugleich des Politischen.

Gespräch Gespräch bedeutet Austausch. Ruhige Gespräche symbolisieren Kontaktfreude und Aufgeschlossenheit. Diskussionsartige Gespräche bilden oft innere Konflikte ab.

Gestank Beim Gestank steht anders als beim ↗Duft oder beim ↗Geruch der Ekel im Vordergrund.

Er ist mit einer Abwehr verbunden.

Gesundheit Gesundheit bedeutet (Lebens-)Kraft und Attraktivität. Gesundheit als das höchste Gut des Menschen ist sprichwörtlich.

Getränk Getränke weisen auf jede Art des Durstes hin. Jedes Getränk ist mit einem bestimmten Lifestyle verbunden und hat seinen eigenen Symbolwert; Verweise auf einzelne alkoholische Getränke bei ↗Alkohol, weitere Getränke ↗Coca-Cola, ↗Kaffee, ↗Milch, ↗Saft, ↗Tee.

Getreide Traditionell symbolisiert das Getreide das, was uns nährt, das Hauptnahrungsmittel Brot. Reiche Ernten und volle Ähren bedeuten Reichtum, Selbstvertrauen und Gesundheit, schlecht gewachsenes Getreide das Gegenteil. Psychologisch gesehen zeigt ein Getreidefeld den „Acker des Lebens" und „das Feld der Erfahrungen" an.
Ist das Symbol vom Gefühl der Ruhe und des Friedens geprägt, dann spricht es (vor allem beim Städter) die Sehnsucht nach dem natürlichen Leben und der Entspannung an. Es ist ein Hinweis, dass das Leben zu Frucht und Reifung führt. Einzelheiten bei: ↗Ähre, ↗Feld, ↗Gerste, ↗Halm, ↗Korn, ↗Reis, ↗Roggen, ↗Saat, ↗Stroh, ↗Weizen.

Getriebe Das Getriebe ist die Schaltstelle zwischen Motor und Antrieb. Wenn „Sand im Getriebe" ist, dann stimmt mit dem Antrieb und der Beweglichkeit etwas nicht.

Gewächshaus Gewächshaus bedeutet künstlich regulierter und kontrollierter Lebensraum. Das Gewächshaus ist der Arbeitsplatz des ↗Gärtners. Es ist zum Symbol für ungesund produzierte Nahrungsmittel geworden.

Gewalt Gewalt ist ein bekanntes Aggressionssymbol. Sie ist ein Zeichen eines Triebstaus und die Steigerung von Macht. Gewalt macht dem Angst, gegen den sie ausgeübt wird, und kann dem Lust bereiten, der sie ausübt. Gewalt entspringt oft der Verzweiflung.
Wir sprechen von der Staatsgewalt. Das geht auf Ansichten unter anderem der Aufklärung zurück, dass die Grundlage des Staates die Gewalt sei. Was als Gewalt bezeichnet wird, hängt meistens davon ab, in welcher Position beziehungsweise gesellschaftlichen Stellung sich der Machtausübende befindet. Gewalt wurde oft als Schutz gerechtfertigt und bezeichnet. Allerdings ist zu bedenken, dass jede Tat die Tendenz besitzt, in Gewalt umzuschlagen. Wer handelt, ist im gewissen Sinne immer auch gewalttätig.

Gewand ↗Kleidung

Gewebe Das Gewebe zeigt, dass alles miteinander verbunden ist. Es ist ein Symbol des Lebensfadens, das darauf verweist, die vielen Fäden der Erfahrungen und der Persönlichkeit zu einem Ganzen zu verbinden. Die Art und die Farbe des Gewebes gibt häufig Gefühle wieder. Siehe auch bei ↗Faden und ↗Stoff.

Gewehr Gewehr bedeutet Abwehr und Aggression; mehr als bei vielen anderen ↗Waffen geht es um Töten auf Distanz.
Oft will jemand durch ein Gewehr seine Macht und Stärke imponieren, oder er wird im Gegenteil durch sie eingeschüchtert. Das Gewehr zeigt Allmachtsfantasien. Es ist ein Symbol für Aggressionen und ein Ausdruck der Kriegsangst (wie

zum Beispiel ↗Helm, ↗Bombe, ↗Bajonett und ↗Abschuss).
Psychoanalyse: Wohl das berühmteste Sexualsymbol der klassischen Psychoanalyse. Das Gewehr kommt in dieser Bedeutung noch heute häufig vor.
Wird das Gewehr zum Jagen benutzt, dann stellt sich deshalb die Frage nach dem Umgang mit Gefühlen und Trieben.

Geweih Das an der Wand hängende Geweih ist ein Symbol für Jagd(-Erfolg). Generell verbildlicht es ähnlich wie das ↗Horn aggressive, männliche Triebkraft, da es eine ↗Waffe des Tieres ist, und Untreue („jemandem Hörner aufsetzen").
Psychoanalyse: An den Wänden hängende Geweihe werden als Erinnerung an frühere Potenz gedeutet.

Gewicht Gewicht bedeutet erstens Wichtigkeit. Das Schwere ist wichtig, das Leichte unwichtig.
Zweitens steht Gewicht aber auch für Bedrückung und Belastung (wie auch ↗Gepäck). Weitere Aspekte bei ↗Waage.

Gewinn Gewinn ist ein Erfolgs- und Glückssymbol. Der Gewinn – besonders der große Gewinn im Lotto oder bei anderen Glücksspielen – ist ein beliebtes Thema von Wunschtraum und Fantasie. Dieses Symbol wird von dem alten Wunsch der Menschheit genährt, ohne Anstrengung einen Gewinn beziehungsweise ↗Erfolg zu haben. Der Gewinn gilt häufig als Maßstab des Erfolgs.
In erfolgsorientierten Gesellschaften spielt der Gewinn und das Gewinnen eine wesentliche Rolle. Man fühlt sich gut und bekommt seine Anerkennung, wenn man ein „winner" (Gewinner) ist. „Looser" (Verlierer) dagegen, die keine Gewinne erleben, werden als bemitleidenswerte Versager gemieden. Die heutige Begeisterung am Sport kann als eine Widerspiegelung des kollektiven Interesses am Gewinn und Gewinnen betrachtet werden.

Gewitter Ein Gewitter mit ↗Blitz und ↗Donner bedeutet Macht der Natur. Es ist ein bedrohlicher Ausbruch aufgestauter Kräfte, zugleich zerstörerisch und reinigend.
Das Gewitter steht oft für Aggressivität und den Zorn von Autoritätspersonen („Donnerwetter", „reinigendes Gewitter"). Siehe auch ↗Unwetter.

Gewölbe Das Gewölbe ist ein Mutter- und Schutzsymbol ähnlich wie die ↗Höhle. Es vermittelt Geborgenheit, ist aber abgeschlossen und dunkel. Deshalb spielen Gewölbe oft in Horrorszenarien eine wichtige Rolle. Psychologisch gesehen bedeutet ein Gewölbe oft das Unbewusste.

Gewürze Gewürze wie ↗Pfeffer, ↗Safran und ↗Salz bedeuteten früher Reichtum, heute stehen sie für schmackhaftes, pikantes Essen, weniger gebräuchliche Gewürze für Extravaganz und Raffinesse. Psychologisch kann Schärfe im Sinne von Intellekt und Klugheit angesprochen sein, aber auch psychische Reizbarkeit.
Weiteres bei ↗Ingwer, ↗Knoblauch, ↗Lorbeer, ↗Petersilie, ↗Salbei, ↗Senf und ↗Zwiebel.

Gezeiten Die Gezeiten symbolisieren das Auf und Ab, häufig den Wechsel der Gefühle und Stimmungen, siehe auch ↗Ebbe und ↗Flut.

Gicht Gicht symbolisiert eine eingeschränkte Bewegung (im Alter) und fehlende Bewegungsfreiheit (wie ↗Gefängnis und ↗Käfig).

Giebel ↗Dachgiebel

Gier Gier entspringt einer tiefen Unzufriedenheit. Es handelt sich nach der alten christlichen Lehre um eine der sieben Todsünden.
Für den Psychologen verweist die Gier oft auf einen Triebstau. Wie bei ↗Geiz wird hier auf die Unersättlichkeit verwiesen, die eine unangemessene Befriedigung der eigenen Triebe anzeigt.

Gießkanne Die Gießkanne ist heute ein Symbol für das Gärtnern, vor allem als Hobby.
Sie symbolisiert auch oft eine undifferenzierte Zuwendung wie im Ausdruck „Gießkannenprinzip".
Psychoanalyse: Die Gießkanne ist wie der ↗Wasserhahn nach S. Freud ein Symbol des männlichen Gliedes, da hier aus der phallischen Tülle etwas ausfließt, das Fruchtbarkeit bringt.

Gift Gift ist etwas, dass jemanden krank macht oder ihn tötet. Deshalb kann man alles Falsche als Gift bezeichnen, nicht jugendfreie Literatur zum Beispiel kommt in den „Giftschrank".
Oft werden mit diesem Symbol vergiftende Gedanken und Gefühle angesprochen.

Giftschlange Eine Giftschlange halten wir für sehr bedrohlich. Ihr Angriff ist (lebens-) gefährlich und hinterhältig. Wer mit der Giftschlange spielt, der spielt mit dem Tod und dem Bösen.
Wie die ↗Schlange ist auch die Giftschlange ein bekanntes Symbol für eine falsche Frau. Sie warnt vor Gefahren in Angelegenheiten des Herzens und der Erotik.

Gin ↗Alkohol

Gipfel Der Gipfel ist der höchste Punkt. Von hier ist keine Steigerung mehr möglich. Dieser Aspekt ist gemeint, egal ob sich Spitzenpolitiker zum „Gipfeltreffen" versammeln oder ob jemand ein „Gipfelerlebnis" hat.
Ausgehend von dieser Grundbedeutung gibt es sehr verschiedene Aspekte: Mit dem Gipfel wird oft auch ein höheres Bewusstsein und Vergeistigung angesprochen. Er kann in anderem Zusammenhang auf Überheblichkeit, Karriere und fehlende Demut verweisen. Ferner wird mit dem Gipfel die Verbindung zur eigenen Mitte im Alleinsein angesprochen. Es geht um das Ziel des Lebensweges, der Aufstieg zum Gipfel ist Entwicklung und Reifung. Umgekehrt geht es aber möglicherweise auch um die Angst vor Tiefe und die Angst vor Auseinandersetzungen.
Der Gipfel als Höhepunkt besitzt immer auch sexuelle Anklänge. Der Höhepunkt oder Orgasmus gilt als Ziel der Sexualität und wird zugleich von vielen problematisiert. Man könnte unsere heutige Gesellschaft als „höhepunktversessen" bezeichnen. Höhepunkte setzen Adrenalin und Endorphine frei, die eine euphorische Stimmung erzeugen.

Gips Gips steht oft für Unechtheit, da man mit Gips eine Kopie von einem Original macht, die relativ weich und nicht haltbar ist. Außerdem glättet man mit Gips etwas (wie beim Bügeln, siehe ↗Falte).

Giraffe Die Giraffe verkörpert das Besondere, Ferne und Exotische. Sie steht für den Wunsch, alle anderen zu überragen, den Überblick zu haben und nicht mehr das kleine Kind zu sein. Es ist allerdings zu beachten, dass Kopf und Körper hier weit voneinander entfernt sind.

Gitarre Gitarre ist ein volkstümliches Instrument, das in der klassischen Musik selten ist. Obwohl die Zeit der Wandervögel längst vorbei ist, deutet die Gitarre auch heute noch auf jugendliche Romantik und Ungebundenheit. Sie ist das Instrument der Pop- und Rockmusik schlechthin und wird von den Rock-Gitarristen vielfach als Mittel der Selbstdarstellung benutzt. Dabei wird in der Fantasie das Instrument einem weiblicher Körper gleichgestellt, wie das auch bei anderen Saiteninstrumenten wie dem ↗Cello der Fall sein kann.

Gitter Gitter verweisen auf Trennung und Beengung.

Gladiator Der Gladiator ist ein ↗Held, allerdings kein ritterlicher wie der ↗Ritter. Er siegt in erster Linie aufgrund seiner Brutalität und (Körper-)Kraft.
Ursprünglich nur in römischen Kampfarenen angesiedelt, bevölkern Gladiatoren heute zahlreiche Comics, Actionfilme und Wrestling-Shows.
Analytische Psychologie: Der Gladiator ist ein klassisches ↗Animussymbol. Er verkörpert Aggressionen und Minderwertigkeitsgefühle, die durch einen Heldentraum kompensiert werden.

Glätten Glätten bedeutet häufig Rationalisieren oder Gegensätze harmonisieren. Glätten im Traum ist oft ein Hinweis darauf, dass man seine Emotionen mehr „glätten" sollte (siehe ↗Falte). Also ist innere Ruhe angesagt.

Glanz Glanz bedeutet Schein. Der Glanz verweist auf eine glatte Oberfläche und auf die Reflexion des ↗Lichts. Er drückt das Besondere und teilweise das Vollkommene aus. Wir bezeichnen eine hervorragende Leistung als glänzend. Glanz symbolisiert andererseits auch eine Tendenz zur Oberflächlichkeit.

Glas Glas bedeutet erstens Zerbrechlichkeit, Überempfindlichkeit, mangelnde oder zu starke Abgrenzung. Zerbrochenes Glas bedeutet Verletzung, Zerstörung der Unschuld (auch im Sinne der ↗Entjungferung), aber im Volksmund auch Glück, wenn es kein ↗Spiegel ist. Gelegentlich tritt Glas als ein Symbol des Flüchtigen und Unfassbaren auf wie in dem Sprichwort „Glück und Glas, wie leicht bricht das".
Zweitens ist Glas eine Falle für den Blick, es spielt mit Reflexion, Brechung und Durchsichtigkeit. Transparenz und Klarheit werden dann mit dem Symbol Glas angesprochen („glasklar").
Analytische Psychologie: Das Glas hält Flüssigkeiten. Es ist durchsichtig. Das deutet meistens darauf hin, dass man seine Gefühlsinhalte durchsichtig machen sollte – in seltenen Fällen kann es auch das Gegenteil bedeuten, dass man nämlich seine Gefühlsinhalte zu deutlich zeigt. Denn das Glas ist ein Gefäß des Geistes, Durchsichtigkeit und Klarheit gelten als Zeichen von Vergeistigung.
In der Alchemie wird der Stein der Weisen (der „lapis") auch Glas („vitrum") genannt, weil er geistig ist. Glasgefäße, Glas- und Kristallkelche (siehe Gral) stellen von daher gesehen generell den Bewusstseinsprozess dar.
Psychoanalyse: Nach S. Freud symbolisieren Glasgefäße die weiblichen Genitalien (Lenins Glas-Wasser-Theorie über den Geschlechtsverkehr besagt, dass der Geschlechtsverkehr nicht mehr als das Trin-

ken eines Glases Wasser sei). Diese Deutung trifft heutzutage selten zu.

Glashaus Glashaus bedeutet Offenheit und Zerbrechlichkeit, Aggressionen sind dort problematisch („Wer im Glashaus sitzt, darf nicht mit Steinen werfen"). Siehe auch ↗Gewächshaus.
Das Glashaus symbolisiert (wie das ↗Gefäß und die ↗Retorte) auch den Ort, an dem die Wandlung und das Wachstum des Menschen stattfindet. Es verbildlicht auch den Uterus.
Analytische Psychologie: Das Glashaus ist oft ein Schwitzhaus, in dem die Verwandlung des Königssohns – also des Selbst – stattfindet.
Literatur: Der gläserne Sarg Schneewittchens symbolisiert die Offenheit, die sie ins Leben zurückführt.

Glasscheibe ↗Glas

Glaswand Eine Glaswand tritt als Symbol auf, wenn man gefühlsmäßig vom Anderen oder vom Objekt abgeschnitten ist. Sie drückt Isolation aus. Man sieht etwas, das man nicht erreichen kann.

Glatt Das Glatte symbolisiert das emotional Ausgeglichene, andererseits auch, „aalglatt" zu sein.
Das Glatte ist oft der Schein im Gegensatz zum Sein.

Glatteis Glatteis stellt eine Gefahr dar, zum Beispiel für den Verkehr. Im übertragenen Sinne warnt Glatteis vor jedem Ausrutschen: vor gefährlichen Unternehmungen und vor Übermut. Das Symbol Glatteis ist ein Ausdruck von Ängsten, dass man auf seinem Lebensweg mit einer gefährlichen Situation konfrontiert wird. Man hat Schwierigkeiten, seine Richtung einzuhalten.

Glatze Im Alter von fünfzig Jahren zeigt sich bei sechzig Prozent der Männer ein deutlicher Haarverlust. Der Haarverlust ist beim Mann abhängig von seinen Sexualhormonen, deren Überproduktion Haarausfall erzeugt. Deswegen werden Kastraten niemals glatzköpfig. Auf der anderen Seite ist die Glatze allerdings auch ein Signal für Alter und Verlust der Lebenskraft, weshalb Männer zunehmend ihre Glatze durch ein Toupet überdecken. Man will jugendlich aussehen und potent – obwohl Männer mit Glatze mancherorts auch als besonders potent gelten.
Wer sich freiwillig eine Glatze schneiden lässt, der will sich entweder von der natürlichen Schönheit der (erotischen) ↗Haare abwenden (besonders bei Frauen) und dem Zwang zur Schönheit, oder er will sich den Sträflingen gleichstellen, die häufig geschoren wurden und werden wie die Elitesoldaten. So soll die Glatze bei den Skinheads unbürgerliche Radikalität und brutale Durchsetzungskraft symbolisieren. Zar Paul I. von Russland war glatzköpfig. Da dieses seine Untertanen zu despektierlichen Witzen anregte, erließ er ein Gesetz, nach dem der mit dem Tod bestraft wurde, der seine Glatze erwähnte. Auch Gajus Julius Caesar soll derart unter seiner Glatze gelitten haben, dass er stets einen Lorbeerkranz trug, um diese zu verstecken. Ludwig XIV. begründete die Mode, eine Perücke zu tragen, da er eine Glatze bekam. Dreizehn Jahre später wurde die Perücke zur verbindlichen Hoftracht.

Glaube Glaube bedeutet, nicht zu wissen. Glaube heißt, von der Tatsache von etwas überzeugt zu sein, ohne es genau verstanden oder analysiert zu haben. Er ist ein Ausdruck einer bequemen Haltung. Der Glaube ist eine Vermutung, die ungeprüft ist, er ist unvernünftig.

Ideologische und irrationale Systeme betonen den Glauben.
Christentum: Das Christentum betont die Wichtigkeit des Glaubens, der angeblich Berge versetzen kann.
Literatur: Der österreichische Schriftsteller Arthur Schnitzler war der Ansicht, dass keiner mehr an irgendetwas glaubt, nicht einmal an sich selbst, und dass die Menschen damit Recht haben. Schnitzler war sehr von der Psychoanalyse und Traumdeutung fasziniert und versuchte, seine Personen als komplexes Zusammenspiel vieler Ichs zu gestalten.
Philosophie: Aufklärer wie Diderot gingen davon aus, dass etwas zu glauben verwerflich ist. Sie betonen die Wichtigkeit der klar bewiesenen Wahrheit und stehen somit auf der Seite der Wissenschaft.

Gleichgewicht Gleichgewicht bedeutet Ausgeglichenheit. Es verweist meistens auf einen idealen Zustand.
Gleichgewicht wird heute zunehmend mit der Ökologie verbunden. Man spricht vom „ökologischem Gleichgewicht".
Ist im Traum etwas im Gleichgewicht oder aus dem Gleichgewicht geraten, wird damit das seelische Gleichgewicht angesprochen.

Gleis Das Gleis steht für den vorgezeichneten Lebensweg. Es ist ein klassisches Symbol für Sicherheit und Starrheit: Es verläuft alles in fest gefügten Gleisen.
In der Besiedlung des Westens der heutigen USA symbolisierte der Gleisbau Abenteuer und die Erweiterung der Grenzen.

Gleiten Gleiten bedeutet Leichtigkeit. Es zeigt an, dass die Schwere aufgehoben ist. Wenn man in Traum oder Fantasie nur so dahingleitet, wird man an die Leichtigkeit des Lebens erinnert.

Gletscher Gletscher bedeutet Gefahr, Kälte und Distanz. Mit ihm wird eine lebensfeindliche Umgebung angesprochen, die in den vergletscherten Gebieten der Polarregionen und im Hochgebirge herrscht. Als besonders tückisch gelten die Gletscherspalten, die den verschlingen, der in sie hineinfällt.
Es kommt bei der Deutung darauf an, was auf oder angesichts des Gletschers geschieht. Ansonsten verkörpert ein Gletscher wie das ↗Eis auch Gefühlskälte und distanzierte Verhaltensweise.
Literatur: Bei der heutigen Faszination der Polargebiete und Bergabenteuer spielt der Gletscher eine wichtige Rolle in der Forscher- und Entdeckerliteratur. J. Krakauer beschreibt den Gletscher als tödliches Ungeheuer in seinem Bestseller „In eisige Höhen".

Glied Alle Glieder symbolisieren im übertragenen Sinne Aktivitäten, die wir in die Außenwelt richten. Der ↗Penis – als *das* Glied – steht für Schöpferkraft und Potenz.

Globus Der Globus ist meist Symbol für die Erde, auch das Globale. Oft taucht er als Requisit in älteren, bildungsbürgerlichen Haushalten auf. Daneben wird er von der Tourismus-Industrie weidlich als Symbol für Ferne und Reisen eingesetzt. Siehe auch ↗Atlas und ↗Kugel.

Glocke Die Glocke bedeutet Beständigkeit, Zuverlässigkeit, Freude und Harmonie. Mit der Glocke ist untrennbar das Zeitmaß verbunden. Es fragt sich bei diesem Symbol, was die Stunde geschlagen hat.
Man hört Glocken läuten: Man erwartet etwas Neues. Oft wird der Glockenton mit der „himmlischen Botschaft" verbunden.

Wenn man etwas „an die große Glocke hängt“, dann verweist dies darauf, dass man etwas entweder unangemessen groß macht (aus Geltungsdrang) oder dass man etwas öffentlich darstellen sollte, was man verbirgt.
Glocken bedeuten Vitalität, aber auch Macht und Tatkraft. Deswegen gaben sich manche Städte besonders im 17. Jahrhundert geradezu glockensüchtig. Der ständige Klang der Glocken sollte die Aktivitäten und die Macht der Stadt symbolisieren.
Seit Anfang des 15. Jahrhunderts gehören die Glocken und Schellen zum Kennzeichen der ↗Narren und gelten gleichzeitig als Symbol der Eitelkeit.
Literatur: Schillers „Lied von der Glocke“ ist ein Gedicht, in dem die Glocke die Bildung der Persönlichkeit durch Arbeit symbolisiert.

Glucke Die Glucke ist ein bekanntes Muttersymbol. Sie verkörpert Eintracht, Idylle und Gemütlichkeit.

Glück Wer Glück hat, besitzt eine positive Einstellung sich selbst und dem Leben gegenüber. Glück symbolisiert immer eine positive Lebenshaltung.

Glückskäfer ↗Marienkäfer

Glücksspiel ↗Spieler

Glühbirne Es ist das ↗Licht angesprochen, das wir benötigen, um uns in unserer Umwelt zurechtzufinden, wie auch das Licht der Erkenntnis, der Inspiration und neuer Ideen. Eine nackte Glühbirne, die ohne Lampe von der Decke hängt, deutet auf Armut.
Literatur: Wahrscheinlich kennt jeder Daniel Düsentrieb, jene Comicfigur der Micky-Maus-Hefte, die ein Helferlein hatte, das nur aus einer Glühbirne auf Beinen besteht. Dieses Helferlein war die moderne, männliche Version der Muse, die Ideen bringt und inspiriert. Wurde das Helferlein aktiv, ging dem verrückten Erfinder Daniel Düsentrieb ein Licht auf.

Glühwürmchen Glühwürmchen bedeutet Romantik, Freundlichkeit und Hilfe.
Wie bei ↗Funke und ↗Licht allgemein kann mit dem Glühwürmchen der Seelenfunke gemeint sein.
Film: In P. P. Pasolinis Film „Das Verschwinden der Glühwürmchen“ symbolisieren die Glühwürmchen die seelische Ausdrucksfähigkeit.

Glut Die Glut symbolisiert eine seelische Stabilisierung, innere Wärme oder intensive innere Kräfte. Sie ist auch ein Symbol der Lebensmitte und der inneren ↗Sonne als Lebensenergie, Willens- und Intuitionskraft.
In seltenen Fällen kann die Glut auf innere Spannungen deuten. Wichtig ist, ob die Glut erlöscht oder zum ↗Feuer wird.

Gold Gold, das königliche, ja göttliche Metall, bedeutet vor allem Reichtum, äußeren Reichtum, aber auch inneren. Es kann andererseits genauso gut auf Verblendung, ↗Gier, Angeberei und Materialismus verweisen.
Gold ist ein Symbol der Beständigkeit: Wir sagen „treu wie Gold“, denn Gold geht mit anderen Elementen keine Verbindung ein. Es oxidiert und rostet nicht, weshalb es auch das bevorzugte Material für den Ehering ist.
Ferner ist es eine relativ weiches und warmes Metall, das wegen seiner Farbe häufig mit der Sonne in Verbindung gebracht wird, weshalb stets die gesamte Symbolik von ↗Sonne mitzudenken ist.

Das Goldene Zeitalter stellt einen allgemeinen Traum der Menschheit dar, der in allen Kulturen und zu allen Zeiten geträumt wurde. Wie im Schlaraffenland – einem Bild, das seit der Antike auftaucht – tropft im Goldenen Zeitalter der goldene Honig von den Bäumen und in den Flüssen fließt Milch. Milch und der goldgelbe klare Honig sind verbreitete Symbole des Selbst und verweisen damit auf ein „Land" in uns, in dem (wie bei Heraklit) alles im Fluss ist. Uns stehen unbegrenzte Möglichkeiten zur Verfügung, ohne dass wir uns anstrengen müssen. So erfährt der Befreite die Welt. Wer sein Selbst entwickelt hat, der zieht das Glück an. Er lebt im Goldenen Zeitalter, ohne träge zu verfetten.

Mittelalter: Es war das Ziel der Alchemisten, aus der ↗Scheiße oder dem ↗Blei Gold zu machen. Es ging ihnen darum, das Niedere in das Hohe zu verwandeln. Mit Gold symbolisieren viele Alchemisten das Hervortreten des Sonnenprinzips im Menschen.

Mit dem „gemeinen Gold" wird ein klares Denkvermögen bezeichnet.

Die Kirchen des Mittelalters und des Barock lieben goldene Gegenstände. Monstranzen, Kelche, Bilder und deren Rahmen sind vorzugsweise aus Gold oder doch vergoldet, wobei wie in vielen Kulturen das Gold die Wertschätzung der heiligen Gegenstände anzeigen sollte. Eine extreme Ausprägung des christlichen Goldrausches war in Byzanz zu sehen.

Analytische Psychologie: Das Gold symbolisiert die Sonne in der Seele und die Unsterblichkeit. Es ist als edelstes Metall ein weit verbreitetes und wohl bekanntes Symbol für das Selbst. Viele Alchemisten waren wie von Sinnen hinter dem Gold her, das sie als das Seelengold verstanden, das ihrem Konzept vom Selbst entsprach. Jede Zeit hatte ihre Art des Goldrausches, der sich jedoch meistens rein materialistisch ausdrückte. Es ist zu vermuten, dass in der Gier nach dem Gold eine große Sehnsucht nach dem verlorenen Selbst wirkt.

Ideal stellt sich das Seelengold in der goldenen ↗Kugel dar. Die goldene Kugel wurde seit Urzeiten als Urbild des Selbst verstanden. In dem Märchen „Der Froschkönig" verliert die Königstochter ihr Selbst, das sie vom Tierischen wieder erhält. Dadurch wird die Königstochter zur Frau und der verzauberte Königssohn zum Mann. Anschaulich wird in diesem beliebten Märchen dargestellt, was die Bildung des Selbst ausmacht: In der Kindheit ist eine spielerische Ganzheit noch natürlich vorhanden. Das Weibliche neigt dazu, seine Natur, das Triebhafte und Unbewusste zu unterdrücken. Die feine Balance des Selbst zwischen Kultur und Natur, zwischen bewusst und unbewusst, ist zerstört. Aber auch dem Mann geht es nicht besser: Er wird vom Tierisch-Triebhaften besessen und verliert so das Selbst. Jeder bekommt vom anderen das Gegenstück: die Prinzessin das Tierische vom Mann und dieser das Geistige von der Prinzessin (als Anima-Symbol). Die Ganzheit ist wieder hergestellt, die goldene Kugel ist gerettet, das Selbst wirkt wieder.

Asien: Im Hinduismus symbolisiert Gold Licht und somit auch Wahrheit, Feuer und Leben.

Antike: Gold symbolisiert den Sonnengott Re (Ra). Die goldene Schnur des Zeus zieht alle Dinge zu ihm hin. Sie ist nach Homer das Bindeglied zwischen Himmel und Erde. Bei Platon symbolisiert das Gold die Vernunft. Von dem griechischen König Midas berichtet der Mythos, er wäre fast dadurch gestorben, dass alles zu

Gold wurde, was er berührte. Dieser aus der Gier entsprungene Wunsch wurde glücklicherweise von den Göttern zurückgenommen.
Literatur: In der Schatzgräber-Literatur spielt Gold eine wichtige Rolle, da es die Symbolfarbe des Geldes und des Reichtums ist. Manchmal sind es drei goldblühende Blumen, die dem wissenden Schatzsucher die Lage des Schatzes zeigen. Aber goldgelbe Blumen lassen nicht nur unterirdische Schätze finden, sondern sie öffnen die Türen zu verwunschenen Schlössern, in denen man ebenfalls Schätze findet. Diese Bedeutung der goldenen Pflanze als magische Pflanze, die zu Reichtum verhilft, geht zurück auf die im Altertum beliebte Sage von Äneas, der sich mit dem goldenen Zweig die Schätze der Unterwelt erschließt.
Kunst: In Rembrandts Gemälde „Mann mit dem Goldhelm" scheint das Gold auf die Geisteskraft zu verweisen.

Goldener Schnitt Der goldene Schnitt bedeutet Harmonie. Der goldene Schnitt ist die Teilung einer Strecke in zwei Teile, so dass sich der größere zum kleineren Teil genau so verhält wie die Gesamtstrecke zum größeren Teil. Diese Aufteilung einer Strecke wird seit der Antike als Sinnbild der Harmonie und Schönheit angesehen.

Goldfisch Der Goldfisch ist ein ↗Fisch, der häufig als Zierfisch gehalten wird. Der Goldfisch in seinem Glas als Dekorationsstück ist geradezu zu einem Sinnbild der spießigen Wohnkultur und auch der nicht artgerechten Haltung geworden.

Goldgräber Der Goldgräber verkörpert den Menschen, der Gewinn sucht. Im übertragenen Sinne sucht der Goldgräber sein eigenes Seelengold.
Goldgräber sind raue Burschen und auch ein Symbol „echter Männer".

Goldschmied Dieses Symbol verkörpert Kunstfertigkeit und Kultur. Es kann auch auf Eitelkeit verweisen.
Der Goldschmied ist auch noch in der heutigen Symbolik von der Aura der Alchemie umgeben.

Goldstück Ein Goldnugget oder Goldstück steht für etwas Wertvolles, bedeutet Gewinn und Wohlstand.
Dieses Symbol weist auf Erfolg und Hoffnung. Allerdings können die Goldnuggets auch zu Streit führen wie zur Zeit der Goldgräber.

Golem Der Golem ist nach einer rabbinischen Legende ein künstlicher Mensch, den der weise Rabbi Loew im 16. Jahrhundert in Prag wie Gott aus Erde erschuf, um die Juden vor Übergriffen zu schützen. Wie ↗Frankenstein läuft der Golem jedoch Amok und muss getötet werden.
Literatur: Der Golem taucht bei E. T. A. Hoffmann auf („Die Geheimnisse", 1822), bekannt geworden ist auch der Roman „Der Golem" (1915) von G. Meyrink.
Film: Paul Wegener und Carl Boese drehten 1920 den ersten Golemfilm, der einer der größten Erfolge der Stummfilmzeit wurde.

Golf Golf bedeutet Image, Reichtum und Wettbewerb. Obwohl Golf heute etwas von seiner Exklusivität eingebüßt hat, gilt er immer noch als der Sport der (älteren) reichen Männer. Ein Sport der Ruhe und der (Selbst-)Disziplin.

Gondel In der Gondel einer Bergbahn kann man mühelos Höhenunterschiede

überwinden. Sie entspricht dem Traum der Menschheit, leicht ↗Gipfel erreichen zu können. Somit steht sie für die bequeme Einstellung, aber auch für das Vorstoßen der Menschheit in die Natur.
Gondeln verweisen häufig auf Urlaubserinnerungen, allerdings ist das sanfte Schweben in die Höhe oft auch angstbesetzt.
Psychologisch gesehen kann die Gondel wie die ↗Schaukel spielerische Fantasien in der Liebe symbolisieren.
Das kleine Boot, das Gondel genannt wird, ist ein Wahrzeichen ↗Venedigs, das sich als Stadt der Verliebten bezeichnet. Sie deutet auf romantische Gefühle, in der heutigen Zeit hat die Gondel vor der Kulisse des altertümlichen Venedig immer etwas von einer Fahrt durch eine märchenhafte Anderswelt.
Film: Nach einer Kurzgeschichte von Daphne du Maurier drehte Nicolas Roeg 1973 den Horrorfilm „Wenn die Gondeln Trauer tragen". In diesem Film werden Venedig und die Gondeln benutzt, um eine bedrückende Katastrophenstimmung heraufzubeschwören.

Gorilla Der Gorilla ist ein Symbol der (männlichen) Gewalt und des undifferenzierten Seelenlebens, obwohl der Gorilla ein friedlicher Pflanzenfresser ist, der ein soziales Leben pflegt. Der Gorilla verkörpert den starken, animalischen Mann.
Film: Im Filmen ist der Gorilla der starke und brutale Bodyguard oder Killer.

Gott Alle Götter sind etwas Höheres, dem Menschen in irgendeiner Hinsicht oder wie der christliche Gott in jeder Hinsicht überlegen. Alle Götter sind Autoritätssymbole, in denen der Psychologe die Eltern wiedererkennt. Insofern sind Träume und Fantasien von einem Gott oder einer Göttin als Regression zu deuten. Daraus sollte man nicht den Schluss ziehen, dass man selbst göttergleich werden sollte. Denn Gott und Göttin sind Archetypen, mit denen man sich nicht identifizieren sollte, da das zur Inflation führt (Überheblichkeit).
Psychoanalyse: S. Freud ging in seiner Schrift „Das Unbehagen in der Kultur" davon aus, dass alle Götter Kulturideale sind. Seine Allmachts- und Allwissenheitsfantasien projiziert der Mensch auf seine Götter genauso wie seine Wünsche.
Antike: Der ursprüngliche Vater der Götter war Uranos (vom Griechischen „Ouranos", was „Himmel" bedeutet). Diese ursprünglichen Götter waren dem Menschen weit entrückt und wurden als schrecklich und unberechenbar betrachtet. Der spätere Jupiter oder Zeus war dagegen trotz seines Wohnsitzes auf dem Gipfel des Olymps den Menschen relativ nah. Er reagierte leidenschaftlich und menschengleich und wurde als väterlich angesehen. Allerdings war seine Macht und Autorität groß.
Philosophie: Der Rationalist Voltaire meinte, wenn es keinen Gott gäbe, müsse man ihn erfinden. Damit spricht er an, dass der Mensch eine höhere Instanz benötigt, die er meistens in bequemer Trägheit Gott nennt. Der britische Philosoph Herbert Spencer vertrat dagegen die Ansicht, dass es keine mögliche Theorie über Gott gibt, die unser Denken befriedigen kann.
John Lennon stellte fest, dass Gott das Konzept darstellt, an dem wir unsere Schmerzen messen („god is the concept by which we measure our pain").

Gottesdienst Gottesdienst bedeutet, in sich zu gehen (wie bei ↗Gebet), Abstand zu den üblichen weltlichen Verrichtungen zu finden, wobei der Aspekt des Dienens nicht übersehen werden darf. Die Deutung ist völlig vom (religiösen oder antireligiösen) Kontext abhängig.

Gotteshaus ↗Kirche, ↗Tempel

Grab Grab bedeutet Ende. Ein Grab symbolisiert den ↗Tod, andererseits auch Ruhe und Frieden.

Bilder von Gräbern haben immer etwas Trübes, Resignatives – außer in der christlichen Kunst, wo das geöffnete Grab auf die Auferstehung hinweisen soll.

Mit dem Grab kann auch auf die Ahnen und im Anklang daran auf die Ahnungen verwiesen werden.

Gräber eröffnen uns nicht nur einen Blick in die Vergangenheit, sondern sie bergen auch bisweilen große Schätze, die von archäologischem Interesse sind. Deswegen wurden auch viele Gräber geplündert. Der Grabräuber durchzieht als dunkle Schattenfigur die Abenteuerliteratur für Jugendliche. Es ist weitgehend unbekannt, dass nicht nur die Grabkammern der Pyramiden, sondern auch keltische Gräber der Hallstadt-Kultur (frühe Eisenzeit und Blüte der keltischen Kultur) ausgeraubt wurden.

Wenn man in Traum oder Fantasie sein eigenes Grab sieht, ist dies als ein Hinweis auf eine dringliche Veränderung zu sehen. Was hat man begraben oder sollte man besser begraben? Oder gibt es etwas auszugraben? Sieht man das Grab eines anderen, symbolisiert diese Person die Eigenschaften, die man ablegen sollte.

Literatur: Von Friedrich Nietzsche sind zwei vorausweisende Träume überliefert. Den ersten Traum hatte der vierzehnjährige Nietzsche (am 8.1.1850) vor dem frühen Tod seines jüngeren Bruders Joseph. In diesem Traum ist das zentrale Symbol das Grab, in das der Vater seinen toten Bruder legt.

Graben Graben bedeutet, in die Tiefe zu gehen. Beim Graben in der Erde kommt auch die Symbolik von ↗Erde zum Tragen; so kann das Graben auch auf Erdung verweisen.

Für den Psychologen ist unten stets das Unbewusste, dem man sich grabend annähern will, dann geht es darum, versteckte Motive von Handlungen und Gefühlen zu erspüren.

Ein Graben im Gelände ist ein Hindernis, eine Abgrenzung. Wenn das Trennende im Vordergrund steht, entspricht die Symbolik vielfach der von ↗Grenze oder ↗Hecke. Ganz anders ist die Symbolik, wenn der ↗Schützengraben gemeint ist.

Bis ins 18. Jahrhundert hinein galt der Wassergraben um Schlösser zunächst als Sicherheitssymbol, später dann als stilistisches Merkmal, das Wohlstand präsentierte.

Psychoanalyse: Der Graben gilt als weibliches Sexualsymbol. Oder: Man muss erst durch die eigene Tiefe gehen, um weiterzukommen.

Grabstein Grabstein bedeutet Tod. Er erinnert oft an die Vergangenheit. Bei diesem Symbol ist seine Inschrift zu deuten und eventuell die Symbole, die den Grabstein zieren.

Gräser Wenn es nicht gerade um Viehwirtschaft geht, symbolisieren die Gräser das Zarte und Weiche, die natürliche Wiese, die nicht zum Rasen gestutzt ist. Oft stehen die Gräser auch für das Unscheinbare, besonders wenn sie im Gegensatz zu bunten Blumen stehen. Siehe andererseits auch ↗Gras.

Psychoanalyse: Gräser verweisen auf unsere Schamhaare.

Literatur: In den Minneliedern der niederen Minne deuten zum Beispiel bei Walter von der Vogelweide die niedergedrückten Gräser an, dass sich an dieser Stelle ein Paar vereinigt hat.

Gräte Die Symbolik der Gräte entspricht der von ↗Knochen und Skelett. Gräten tauchen aber fast nur auf, wenn es um die Angst vor dem ↗Ersticken geht.

Graffiti Graffiti bedeutetn spontane künstlerische Äußerung. Graffiti sind Symbole der Straßenkunst und für die entsprechende (Jugend-)Szene Symbol des Protestes, der Freiheit und besonders der Kreativität, auch Zeichen des Widerstandes, zum Beispiel gegen den Kommunikationsterror der Werbung, obwohl sie heute auch schon in die Werbewelt integriert werden, wenn ein jugendliches Publikum angesprochen werden soll. Graffiti sollen das graue Einerlei von Wänden und anderen Flächen zu individuellen Kunstwerken veredeln. Wenn der Betrachter eine negative Einstellung Graffiti gegenüber besitzt, dann symbolisieren diese für ihn Zerstörung, Übermut und Schmiererei, ein öffentliches Ärgernis.

Die ersten Graffiti stammen bereits aus römischer Zeit und beinhalten Verunglimpfungen von Personen. Später verewigten sich Besucher bestimmter Orte mit einem Graffito, das ihren Namen stilisierte – häufig mit dem Zusatz „was here". Dies ist der Ausdruck der Individualität in einer anonymen Gesellschaft.

Die klassischen Orte der Graffiti waren stets die öffentlichen Toiletten und die Wände der Gefängnisse.

Literatur: Thomas Morus berichtet in seiner Prosa von folgendem Graffito aus dem 15. Jahrhundert: „D. C. hat kein P." Literaturwissenschaftler deuteten dies als „drunken cunt (besoffenes Luder) hat keinen Penis". Damit ist dies eines der ersten überlieferten Graffiti, das Aggression und Sexualität kryptisch miteinander verbindet.

Gral In der mittelalterlichen Symbolik tritt uns der Gral in zwei unterschiedlichen Formen entgegen: Zum einen wird der heilige Gral als Becher beschrieben, zum anderen als ein Stein. Er symbolisiert in seinen beiden Formen die Vergeistigung einer Ritterschaft, die vom Kulturverfall bedroht war. Symbolisch gesehen ist der Gral selbst nicht so wichtig wie die Suche nach ihm. Diese Suche nach dem Gral ist letztlich ein Bild für unsere Suche nach dem Sinn des Lebens. Der Gral wird immer als heilig angesehen und weist Anklänge an das christliche ↗Abendmahl auf.

Literatur: Chrétien de Troyes und Wolfram von Eschenbach beschreiben um 1200 n. Chr. als Erste das Phänomen der Gralssuche, das stets mit den Rittern der Tafelrunde und speziell mit Parzival verbunden ist.

Granat Dieser dunkelrote Schmuckstein verweist der Granat auf Eitelkeit, auf die „Persona" im Sinne Jungs (↗Edelstein, ↗Schmuck). Er symbolisiert wegen seiner roten Farbe die Leidenschaft, Antriebswillen und Erfolg und soll bei allen Krankheiten helfen, die mit dem Blut zu tun haben. Astrologen ordnen den Granat den Sternzeichen Widder, Skorpion und Löwe zu.

Asien: In Indien hat man ihn wegen seiner tiefroten Leuchtkraft mit dem Feuer der Kundalini, der Lebenskraft, verbunden.

Granate Granate bedeutet Zerstörung, kriegerische Bedrohung, Explosion. Es setzt sich etwas durch, es „schlägt ein wie

eine Granate". Wie bei allen ↗Waffen kann Vertrauen in die Stärke, Lust an Macht, Gewalt und Zerstörung oder Angst vor Bedrohung im Vordergrund stehen.
Analytische Psychologie: Träume von Granaten (und auch Bombenträume) stellen nach C. G. Jung die einzigen Träume (neben Träumen von traumatischen Unfallsituationen) dar, mit denen der Traum eine bloße Wiederholung eines vorhergehenden Erlebnisses darstellt. Es ist der Versuch des Unbewussten, den Schock psychisch zu integrieren.

Granit Granit ist ein klassisches Symbol für das Harte und Beständige. Da er durch große vulkanische Hitze geformt wurde, symbolisiert er auch das Geläuterte und große Stärke.

Gras Gras verkörpert Wachstum, Naturverbundenheit und Erdung. Gras ist ↗grün und wird deshalb vielfach mit dem Leben, dem Lebendigen in Verbindung gebracht. Es ist niedrig und in der Erde verwurzelt, wer das Gras von unten betrachtet, der ist tot, und Land, auf dem kein Gras mehr wächst, ist abgestorben.
Modernere Aspekte bei ↗Rasen.

Grau Grau steht an der Grenze von Tag und Nacht, Hell und Dunkel, (grünem und rotem) Leben und (schwarzem) Tod. Aus dem, was grau geworden ist, ist das Lebendige bereits gewichen. Als graue Schatten leben nach Ansicht der alten Griechen die Menschen im Jenseits weiter; die „graue Maus" und der „graue Alltag" zeichnen sich beide durch das Fehlen von Energie und Abwechslung aus, sie sind unscheinbar und langweilig.
Unscheinbarkeit kann aber auch gewollt sein: Als Farbe von Kleidung deutet das „edle" Grau auf ein vornehmes Understatement.
Graue Langeweile hingegen wird selten begrüßt. Grau wird so zur Farbe der depressiven Verstimmung, des unerträglichen Einerlei: Graue Wolken verdüstern den blauen Himmel und nehmen der lebensspendenden Sonne ihre Kraft.
Wenn die Farbigkeit der Jugend vorbei ist, kommt die Zeit der grauen Haare. Grau ist so auch ein Symbol des Alters – „graue Panther" nennt sich eine Partei, die die Interessen der älteren Bevölkerung vertreten will.
Analytische Psychologie: Grau ist die Farbe des noch Unbewussten und Undefinierten. Grau ist ein Symbol des Schattens. Es ist eine Mischfarbe, in der das Helle aus dem Dunkeln auftaucht. Grau entsteht, wenn man Komplementärfarben mischt. So kann Grau für die Verbindung der Gegensätze stehen.
Literatur: Goethe verbindet im „Faust" Grau mit der Theorie und ↗Grün mit dem Leben.

Grausamkeit Grausamkeit bedeutet fehlendes Mitleid. Grausamkeit ist eine zerstörerische Leidenschaft. Sie ist ein Ausdruck von Härte, der Schrecken verbreitet. Grausamkeit ist das Laster der Tyrannei.
Viele Grausamkeiten wurden entweder im Namen von Kirchen oder von Regierungen durchgeführt. Grausamkeit ist eine verzweifelte Tat, um die wankende Macht aufrechtzuerhalten.
Weitere Aspekte bei ↗Masochismus und ↗Sadismus.
Literatur: Michel Houellebecq beschreibt in seinem Roman „Elementarteilchen" (1998), wie sich die Jungen an grausamen Spielen mit Tieren ergötzen. Er schreibt den Hang zur Grausamkeit dem männlichen Geschlecht zu, weswegen er sich mehr zum Weiblichen hingezogen fühlt.

Greif Der Vogel Greif war stets das ↗Fabeltier, das Goldbergwerke und unter der Erde verborgene Schätze hütete.
Literatur: Nach dem zeitgenössischen englischen Autor Peter Ackroyd kann der Greif als das Totemtier der Stadt London angesehen werden, wo er an vielen Eingängen und Schwellen abgebildet wird, wie zum Beispiel an der London Bridge.

Greis ↗Alter

Grenze Grenze bedeutet Begrenzung und Einschränkung. Jenseits der Grenze ist die andere Welt, oft die Gegenwelt, in religiösen Zusammenhängen auch die göttliche Welt. Das Überschreiten von Grenzen spielt in zahllosen Märchen und Mythen eine Rolle. Es kann immer Ausdruck von richtigem Selbstbewusstsein oder von einem Tabubruch sein, der sogleich bestraft wird. Man muss die Widerstände des Lebens überwinden, und zugleich sollte man jedoch nicht vergessen, dass sich in der Begrenzung der Meister zeigt. Immer ist es wesentlich zu beachten, was diesseits und jenseits der Grenze zu finden ist, und dies symbolisch zu deuten.
Psychoanalyse: Zwischen dem Unbewussten und dem Bewussten gibt es eine Grenze, die verhindert, dass unbewusste Inhalte die reibungslose Funktion des Bewussten stören. S. Freud nannte diese Grenze das Vorbewusste.

Griff Ein Griff symbolisiert etwas, an das man sich halten kann und das Sicherheit gibt. Der Griff hat immer etwas mit „greifen" zu tun, man hat etwas „im Griff"; das kann sich auch auf die Tatkraft beziehen, mit der man ein Instrument oder Werkzeug bedient.

Grille Die Grille – eine kleine Heuschrecke – ist ein Symbol für den (südlichen) Sommer und damit ein Ausdruck der Sehnsucht nach Ferien und Naturerlebnissen. Dass das Zirpen der Grillen im Volk einmal als Unheilszeichen galt, ist heute vergessen. Zum anderen sind mit Grillen auch unausgegorene Gedanken gemeint, die im Kopf wie Insekten herumschwirren können, doch auch dieser Ausdruck ist heute veraltet.

Grob Das Grobe steht im Gegensatz zur Verfeinerung. Im weitesten Sinne ist es die Natur, die im Gegensatz zur Kultur steht. Grobheiten werden oft als beleidigend empfunden und in die Nähe der Aggressionen gerückt.

Grog Grog ist ein alkoholisches Getränk, das wir um des wärmenden Effekts willen trinken. Er gilt ein wenig als Getränk der harten Männer, wie denn auch Grog eng mit dem harten Leben auf See verbunden ist. Man sagt, er sei erfunden worden, um eine Meuterei zu verhindern, die wegen geringen Rumvorrats auszubrechen drohte. Der „Grog" genannte Kapitän ließ den Offizieren Rum verdünnt mit heißem Wasser servieren, worauf die Mannschaft ebenfalls dieses Getränk probieren wollte.

Groschen Als Groschen wird die alte deutsche Münze im Wert von zehn ↗Pfennig bezeichnet. Sprichwörtlich ist der Spargroschen – somit drückt der Groschen ähnlich wie der Pfennig den kleinen Betrag aus, der sich zum großen Betrag addiert.
Seit der Einführung des ↗Euro und somit des ↗Cents gehört der Groschen der Vergangenheit an. Mit ihm sind nostalgische Gefühle verbunden und häufig Erinnerungen an die Nachkriegszeit und das Wirtschaftswunder. In dieser Zeit sprach man vom Milchgroschen, da in den Schulen die

Milch in Groschen bezahlt wurde. Siehe auch ↗Geld

Groß Größe bedeutet Wichtigkeit. Die „großen Männer“ der Geschichte „halten große Reden“ und „tun groß“, während der „Gernegroß“ möchte, das ihm besondere Aufmerksamkeit geschenkt wird.
Kunst: In der mittelalterlichen Malerei nahm man das ganz wörtlich: Ohne Rücksicht auf die Perspektive wurden bedeutende Personen groß gemalt, unbedeutende mussten stets kleiner sein.

Großeltern Großmütter und Großväter gelten traditionell als weise Führer und Ratgeber. Für das Kind symbolisieren sie oft die besseren, gütigeren, verständnisvolleren Eltern, andererseits auch – je mehr Jugendlichkeit Trumpf wird – das Veraltete, die Generation, die nicht mehr auf der Höhe der Zeit ist. Dem widerspricht die heutige Neigung zur Nostalgie: Wenn zum Beispiel Marmelade mit dem Zusatz „nach Großmutters Art“ vermarkt wird, so ist das eine Spekulation darauf, dass die Zeit der Großmutter als die „gute, alte Zeit“ angesehen wird.
Psychologisch gesehen ist die Großmutter weitgehend wie die ↗Mutter zu deuten – allerdings sollte die Deutung besonders auf die Vergangenheit bezogen werden. Die Großmutter ist die übermächtige Mutter oder die archetypische Mutter als das Mutter-Prinzip in jedem von uns. Der Großvater andererseits ist der übermächtige Vater oder der archetypische Vater. Im Gegensatz zu dem persönlichen Vater wird hier noch bestimmter der Ursprung angesprochen.

Großmutter ↗Großeltern

Großstadt Die Großstadt ist häufig ein Symbol der Einsamkeit und Entfremdung. Sie kann andererseits auch für Kommunikation und Kultur stehen (↗Stadt).
Literatur: Für die meisten Dichter der Romantik und des Naturalismus galt die Großstadt als der üble Ort des Niedergangs der Menschheit und des Verlustes der Kultur – ähnlich wie dieser Begriff auch während des Dritten Reiches benutzt wurde. Auf der anderen Seite ist zu bedenken, dass große Literatur im 19. und 20. Jahrhundert weitgehend in den Großstädten entstand und dort auch zum Ruhm gelangte.
Der klassische deutsche Großstadtroman ist „Berlin Alexanderplatz“ (1929) von Alfred Döblin. Kurz vorher erschien in deutscher Sprache von John Roderigo Dos Passos „Manhattan Transfer“, einer der ersten amerikanischen Romane, die das Großstadtleben zum Thema der Literatur machten.
Auffällig ist die Gefängnismetaphorik in vielen Texten, die die Großstadt beschreiben. Daniel Defoe war einer ersten Literaten, die diese Metaphorik auf London anwandten.

Großvater ↗Großeltern

Grotte Feuchte, dunkle Grotten waren heilige Orte und hatten oft magische Bedeutung, meist im Zusammenhang mit weiblichen Quellnymphen, später auch weiblichen Heiligen, die Zuflucht und Heilung gewähren konnten.
Grotten sind heute wie die ↗Höhlen weitgehend zu Touristenattraktionen geworden, die man mit einem leichten Schaudern besichtigt.
Psychoanalyse: Häufig symbolisiert eine Grotte im Traum die ↗Gebärmutter.

Grube Die Grube ist ein ↗Hindernis, in das man leicht fällt: „Wer anderen eine

Grube gräbt, fällt selbst hinein." Im Kinderlied vom „Häschen in der Grube" ist die Grube ein Symbol der Sicherheit und Geborgenheit.
Grube wird auch ein Kohlebergwerk genannt. Dies symbolisiert Elend, Armut und Schmutz und ist durchgehend ein negatives Symbol, siehe auch ↗Kohle und ↗Zeche.
Psychoanalyse: Nach S. Freud Symbol des weiblichen Körpers. Vaginasymbol.
Analytische Psychologie: Mystischer Ort des Todes und der Wiedergeburt (Löwengrube, das ↗Grab als Grube).

Grün Grün ist die Farbe des naturhaften Lebens. Es symbolisiert das Frische, Wachsende im Gegensatz zum Abgestorbenen oder Trockenen. Von hier aus steht Grün für die gesunde Natur, was sich im Namen der Partei „Die Grünen" oder der Umweltorganisation „Greenpeace" spiegelt. Grün ist die Farbe der Jäger und der Landwirtschaft, deren jährliche Leistungsschau in Berlin „Grüne Woche" heißt. Hierhin gehört auch, dass das Wort „Paradies" aus dem Persischen stammt und „grüner Fleck" bedeutet.
Das Wachsende kann aber auch das Unreife sein: Der ist „noch grün hinter den Ohren" sagt man im Deutschen, und jeder Western-Fan kennt das „Greenhorn", das bei uns „Grünschnabel" heißt.
Seitdem massenhaft Ampeln den Autoverkehr regeln, ist Grün zur Farbe der freien Fahrt geworden, wohl dem Autofahrer, der die „grüne Welle" erwischt. Wenn jemand für eine Angelegenheit „grünes Licht gibt", dann bestehen keine Hindernisse mehr.
Grün ist die Hoffnung, sagt der Volksmund. Dazu passt die Anekdote, dass die Zahl der Selbstmörder, die von der Blackfriar-Brücke in London gesprungen sind, entscheidend zurückgegangen sein soll, nachdem die Brücke grün gestrichen worden ist.
Ein besonderes Grün ist das Grün der Dollarnoten, denn glaubt man einer Umfrage in den USA, dann wirkt kein Grün so sexy.
Asien: Die berühmte grüne Tara – wahrscheinlich Mitte des 13. Jahrhunderts – im Cleveland Museum ist ein Meisterwerk der Epoche der indo-nepalesischen Kultur. Der Körper dieser Tara ist hell olivgrün. Die grüne Tara ist der geheimnisvolle weibliche Bodhisattva, der reines Mitgefühl symbolisiert. Sie gilt als die Mutter aller Buddhas. Durch die klare Linienführung wirkt die Tara ausgesprochen realistisch. Der Betrachter meint, einer lebendigen Figur gegenüberzustehen. Die grüne Körperfarbe zeigt aber zugleich das Andersweltliche dieser Figur an. Grün symbolisiert die vollkommene Natur dieser Tara – sie wirkt transzendent und real zugleich.
Es gibt viele Abbildungen von grünen Taras, besonders aus dem 12. und 13. Jahrhundert. Die grünen Taras gehören zu dynamischen Darstellungen der Tara. Diese Götterbilder sind deswegen so beliebt, da sie alle Wesen von ihrem Leiden befreien.
Mittelalter: Man liebte Grün und ↗Rot, da beide Farben als Mitte der Farbskala galten. Schönheit und Harmonie lag nach mittelalterlicher Vorstellung im Mittelweg zwischen den Extremen. Als Extreme wurden die beiden polaren Farben ↗Gelb und ↗Blau angesehen. Die harmonische Mitte wurde Rot und Grün zugeordnet. Rot und Grün zu kombinieren, war in der Kleidung des Mittelalters äußerst beliebt. In der Alchemie stand der „grüne Löwe" oder der „grüne Drache" am Beginn des großen Werkes. Grün bedeutet also auch hier Anfang.

Daneben finden wir im Mittelalter aber auch eine negative Bedeutung der Farbe Grün, die sich aus dem Medizinischen herleitet, denn Grün galt als Farbe der Galle. Hiervon hat sich noch etwas in der Redensart „sich grün und gelb ärgern“ erhalten.
Literatur: Grün bildet in Goethes Farbenlehre die harmonische Verbindung des farbigen Repräsentanten der Finsternis (↗Blau) und desjenigen des Lichts (↗Gelb). Diese Harmonie von Licht und Finsternis ist im Giftgrün gestört.
Die Farbe Grün spielt in dem Roman „Barbar Rosa“ von Georg Klein (2001) eine hervorragende Rolle. Dieser Roman ist fast eine Studie der Farbe Grün, die sich als Spur fast durch das gesamte Buch zieht.
Und weil Grün Glück bedeutet, trägt Gustav Gans, das bekannte „Schoßkind des Glücks“ aus der „Micky-Maus“, eine grüne Weste, die sein Glück zu steigern vermag. Hier wäre noch der außerirdische Bekämpfer des Bösen, genannt „die grüne Laterne“, zu nennen, eine amerikanische Comicfigur, die wie Gustav Gans ursprünglich ein playboyartiges Kind des Glücks ist, das dann wie Robinson auf eine einsame Insel verschlagen wird und sich zum Kämpfer für das Gute wandelt.
Bei R. Flannagan, einem zeitgenössischen Bestsellerautor, finden wir in „Goulds Buch der Fische“ (2002) folgende Anmerkungen zu Grün: Grün ist „Fruchtbarkeit, Geburt, Unsterblichkeit, die Wiederauferstehung der Gerechten. In der Kunst bedeutet es Hoffnung und Freude. Sieg bei den Griechen und Mauren. In der Kirche Gottes Güte, Heiterkeit und Auferstehung“.

Grünpflanze Meist sind mit diesem Begriff ↗Zimmerpflanzen gemeint – Natur in ihrer domestizierten Form.
Der Zustand der Grünpflanze kann emotionale Zustände wiedergeben, siehe auch ↗Pflanze.

Grünstreifen Der Grünstreifen symbolisiert die Natur, aber die ins Abseits gedrängte Natur, der nur noch eine Randexistenz bleibt.

Gruft ↗Grab

Grundfarbe Grundfarbe bedeutet Ursprungsenergie. Die Grundfarben ↗Blau, ↗Gelb und ↗Rot versinnbildlichen die Grundkräfte in unserem Leben. Sie drücken ungebrochene Lebenskraft und Lebenswillen aus.

Gruppe Gruppe bedeutet wie ↗Klub Einheit und Zusammenhalt. Das Symbol Gruppe stellt stets die Frage nach der Rolle des Einzelnen. Es geht um Einordnung, Unterordnung und Durchsetzung. Häufig bietet die Gruppe Sicherheit und Identifikation. Für eine genauere Deutung ist es bedeutsam, um welche Art von Gruppe es sich handelt und welche Stellung jemand zu und in der Gruppe hat.

Guillotine Die Guillotine gilt als die traditionelle Hinrichtungsmaschine schlechthin. Sie ist ein Symbol der Willkürherrschaft während der Französischen Revolution, in der sie erstmals eingesetzt worden ist, obwohl sie eigentlich von einem Arzt namens Joseph-Ignace Guillotin erfunden wurde, um ein „humanes Töten“ zu ermöglichen.
Die Guillotine deutet auf Bestrafung, einen radikalen Schnitt und den Verlust der Vernunft, da sie den Kopf abtrennt. Eine Guillotine verweist so darauf, dass man entweder seinen ↗Kopf verlieren sollte oder zu leicht seinen Kopf verliert.

Literatur: Lichtenberg sah die Guillotine insofern als einen Fortschritt an, da sie das Köpfen vervollkommnet im Gegensatz zum unsicheren Schwert, das häufig den Kopf nicht beim ersten Streich rollen ließ.

Gummi Gummi bedeutet Dehnbarkeit, Geschmeidigkeit und Anpassungsfähigkeit. Dem Gummi haftet etwas Künstliches an, etwas Chemisches und damit Unnatürliches. Der Ausdruck Gummi wird auch für ↗Kondom benutzt.

Gurke Die Gurke ist ein bekanntes Penissymbol. Sie steht für Genesung und Gesundheit, da die Gurke als gesundes ↗Gemüse betrachtet wurde. Außerdem steht sie für Schönheit (Gurkenmaske).

Gürtel Der Gürtel ist ein altes Ursymbol für Macht, Stärke und den Einfluss, und zwar vor allem der Frau (im Nibelungenlied der Gürtel der Kriemhild; der Gürtel der Amazonenkönigin im Herakles-Mythos).
Psychologisch gesehen zeigt der Gürtel an, wo Liebe und Schönheit – beziehungsweise die Faszination – ihren Platz haben. Die Gürtellinie als körperlicher Ausdruck der Verbindung von Bewusstem und Unbewussten stellt vor die Entscheidung, ob man den Weg der Triebe oder den der Vergeistigung gehen will. Im Ideal verbinden sich beide Wege und führen zur einer Harmonisierung von Körper, Bewusstsein und Gefühl. Beim Symbol Gürtel stellt sich in diesem Sinne immer die Frage nach dem Umgang mit der Sinnlichkeit und Sinnenfreude.
Ein geöffneter Gürtel zeigt, dass man die Kleidung ablegen wird: Er verweist häufig auf Schamlosigkeit und sexuelle Lust. So kann der Gürtel auch auf die (unterdrückten) Gefühle – besonders sexuelle – bei Mann und Frau hinweisen.
Mittelalter: Im Pseudo-Dionysos Areopagita, der führenden früh-mittelalterlichen Quelle zur Engellehre, konnte man lesen, Engel tragen Gürtel als ein Symbol dafür, wie genau sie auf ihre Geschlechtskraft Acht geben. Deshalb trugen auch Eremiten und Mönche im Mittelalter Gürtel als Zeichen der Enthaltsamkeit und der Keuschheit.

H

Haar In der Mythologie der Völker spielen Haare und ↗Bart eine große Rolle. Die Häuptlinge der Massai fürchten, dass sie von ihren übernatürlichen Kräften verlassen werden, wenn sie sich Haare und Bart schneiden. So wird auch Simson in einer biblischen Erzählung seiner übernatürlichen Kräfte beraubt, nachdem seine Geliebte Delila ihm seine sieben Locken abgeschnitten hat (Richter 16.4–22). Bei vielen primitiven Völkern bilden Haare ein Tabu. Um vor Gefahren gefeit zu sein, dürfen sie nie geschnitten werden. Bei den fränkischen Königen hätte Haarschneiden Verzicht auf den Thron bedeutet. Haare bedeuten also Macht, Kraft und magische Potenz. Bei den Germanen schnitten die jungen Krieger sich erst dann Haare und Bart, nachdem sie ihren ersten Feind getötet hatten. Im Gilgamesch-Epos wird Enkidu, der Naturmensch, als vollständig behaart dargestellt, genauso wie Esau in der Bibel (Gen 25.25) – nach Robert Bly (Eisenhans. Ein Buch über Männer. München 1991, S. 72) sind der wilde Mann und die wilde Frau immer mit Haaren bedeckt.

Das Haar wurde seit alten Zeiten als zauberkräftig angesehen. Zur Zeit der Inquisition meinte man, in den Haaren der Hexen läge ihre Zauberkraft, weswegen man sie stets kahl schor. Außerdem sollten in Zeiten Cromwells und der Macht der Puritaner Frauen in der Kirche Kopftücher tragen, um die Engel nicht mit ihrem Haar zu verführen. Speziell das Frauenhaar zaubert durch Verführung.
Das Haar ist ein verbreitetes Symbol für Vermögen und Potenz. Im Mythos entspricht das Abschneiden der Haare der Kastrierung (siehe auch ↗Glatze). Haare sind beim Mann Zeichen der Freiheit, lange Haare bei der Frau Zeichen der Weiblichkeit. Besonders das lange Haar galt als ein Zeichen der Naturnähe, aber auch des Außenseiterdaseins, weswegen die Hippies der späten 1960er Jahre lange Haare trugen.
Die Haartracht drückt stets auch einen sozialen Status aus. Schnitt und Stil sind sozial gebunden und Signale für soziale Zugehörigkeit. Es gibt eine Sprache der Haare, die allerdings sehr von der jeweiligen Kultur oder von Moden abhängt. Bei den Rastafaris beispielsweise deuten die Dreadlocks auf ihren Glauben an den Löwen von Juda hin und signalisieren eine Abgrenzung von der konventionellen Gesellschaft. Oft drückt langes Haar auch Individualität und Sinnlichkeit aus, was im Mittelalter dazu führte, dass langes, offen getragenes Jahr bei Frauen grundsätzlich als bedenklich, ja unsittlich galt. Nonnen verdecken deshalb ihr Haar, Mönche lassen sich oft fast ganz scheren. Besonders in der englischen Sprache dient das Haar als beliebte sexuelle Metapher: Man spricht von einem „hairy girl“ (geile Frau), und „to feel hairy“ bedeutet, geil zu sein, „to get one's hair cut“ ist ein Ausdruck der 1970er Jahre für den Geschlechtsverkehr, und der Penis wird entsprechend als „hair-divider“ und das weibliche Geschlecht als „hairy ring“ bezeichnet.
Im Deutschen ist etwas haarig, wenn es riskant ist. Im Gegensatz dazu steht das Haar auch für etwas sehr Feines („haarfein“, „um ein Haar“); in diesen Zusammenhang gehört auch die „Haarspalterei“.
Psychoanalyse: Bei S. Freud besitzen die Haare als sekundäres Geschlechtsmerkmal phallische Bedeutung. Seine Haare zu schneiden, bedeutet nach S. Freud Kastration.
Analytische Psychologie: Wer von sehr behaarten Wesen träumt, ist auf dem Weg, seine eigene Natur zu befreien. Er sehnt sich nach seiner Vitalität und nach der Befreiung der eigenen „wilden Kräfte“. In Bezug auf die Haarfarbe arbeitet der Traum mit starken Kontrasten: Die blonden Menschen sind gut, die Schwarzhaarigen gefährlich. Locken können den Träumer zu einer Torheit verlocken und auf das Narrenhafte verweisen.
Islam: Das Haar kann binden. So warnen islamische Geschichten immer wieder vor dem Frauenhaar, das stärker bindet als tausend Verträge. Damit ist die Faszination und die Verführung angesprochen. Für die Sikhs, eine Religionsgemeinschaft in Nordindien, die sowohl vom Islam als auch vom Hinduismus beeinflusst ist, sind die Haare ein derartiger Machtträger, dass sie sich ihr Haupthaar niemals schneiden.

Haarnadel Die Haarnadel symbolisiert Ordnung und Eitelkeit wie alle Schmucksymbole (↗Schmuck). Sie kann allerdings auch auf Aggression verweisen. In manchen Fantasien ist sie die tödliche Waffe der Frau gegen den Mann im Bett.

Haarspray Haarspray gehört in den Zusammenhang weiblicher Attraktivität; vor allem übertriebener Gebrauch von Haarspray verweist auf Künstlichkeit und Affektiertheit.

Habicht Der Habicht als Raubvogel, der sich auf seine Beute stürzt, ist ein verbreitetes Symbol für Gier und Aggression, ganz anders als der ↗Adler (siehe auch ↗Vogel). Er kann darauf deuten, dass man sich etwas gewaltsam, unrechtmäßig oder zu gierig nehmen will.

Hacke Die Hacke besitzt eine aggressive und sexuelle Bedeutung, weil wir mit diesem Werkzeug mit Gewalt die harte Oberfläche auflockern, um in sie einzudringen. Hacken ist generell ein aggressiver Vorgang, man denke nur an die „Hackordnung", mit deren Hilfe die Hierarchie nicht nur auf dem Hühnerhof sichergestellt wird.

Hacker Der Computer-Hacker ist der Einbrecher (↗Einbruch) der digitalen Welt.
Hacker versuchen, in Computersysteme einzudringen, um dort Daten zu stehlen, zu manipulieren oder das System zu stören. 1998 drang zum Beispiel ein achtzehnjähriger Schüler aus Israel in den Computer des Pentagons ein.

Häftling Der Häftling muss auf seine Freiheit verzichten, er verbüßt eine Strafe. Wichtig für die Deutung ist, wofür die Strafe verhängt wurde. Weitere Aspekte bei ↗Gefängnis.

Hälfte Hälfte bedeutet häufig Kompromiss. Wenn eine Hälfte auftaucht, steht diese meistens für ein gerechtes Teilen. Möglicherweise aber weist die eine Hälfte darauf hin, dass die andere fehlt, dass Ganzheit vermisst wird.

Hängematte Hängematte bedeutet Müßiggang. Die Hängematte lässt uns an Urlaub und Freizeit denken, sie ist allerdings tatsächlich häufig ein Zeichen von Armut.
Das friedliche Volk der Arawaks, das einige Inseln der Karibik bewohnte, soll die Hängematte erfunden haben, die sie in ihrer Sprache „hamak" nannten. Von diesem Wort stammt der englische Begriff „hammock" ab.

Hängen Fast alles, was hängt, braucht Hilfe und Unterstützung. Hängen bedeutet auch immer, seine Erdung verloren zu haben. Wenn etwas hängt, symbolisiert es ferner Leichtigkeit. Siehe auch ↗Aufhängen und ↗Galgen.

Hässlichkeit Hässlichkeit ist das Gegenteil von Schönheit. Was als hässlich und was als schön angesehen wird, ist von Normen, Gewohnheiten und Regeln abhängig. Es gibt nichts Hässliches ohne das Schöne. Von der Hässlichkeit kann ohne weiteres eine Faszination ausgehen, wie in dem Mythos von der Schönen, die vom hässlichen Biest angezogen wird.
Hässlichkeit verkörpert nicht nur in schlechten Hollywood-Filmen, sondern auch in zahllosen Märchen und Mythen schlechte Charaktereigenschaften, das Böse oder Armut. Gerade unsere Gesellschaft dämonisiert das Hässliche. Warum sonst werden ↗Hexen immer als hässliche Frauen dargestellt?
Analytische Psychologie: Alle Menschen, die vom Träumer oder der Träumerin als hässlich und ekelhaft empfunden werden, stellen unsere Schattenseite dar. Eine besonders starke Verdrängung des Schattens liegt vor, wenn jemand sich selbst als hässlich und ekelhaft im Traum empfindet.

Literatur: Das Drama des hässlichen und somit ausgestoßenen Menschen gestaltete Victor Hugo in seinem Roman „Der Glöckner von Notre Dame“. Wie auch in diesem Fall gilt speziell der Buckel als Attribut großer Hässlichkeit.

Hafen Hafen bedeutet Schutz vor den (Lebens-)Stürmen. Der Hafen verweist stets auf eine Übergangssituation, die Grenze zwischen Meer und Land, zwischen Bewegung und Stillstand. So kann er die gelungene Lebensbewältigung in schwierigen Zeiten ebenso andeuten wie die Angst vor dem Leben. Denn der Hafen kann wie ↗Anker, ↗Boje, ↗Damm und ↗Leuchtturm auf ein Sicherheitsbedürfnis verweisen, ja auf Angst vor Freiheit und Gefahr.
Er ist häufig ein Symbol der Ehe – andererseits auch ein Ort des Abenteuers und der Verruchtheit; die Lokale im Hafenviertel haben in der Regel einen schlechten Ruf.

Hafer Hafer bedeutet Gesundheit, Natürlichkeit, Nahrung. Hafer ist ein allseits bekanntes Pferdefutter, die Haferflocke Hauptbestandteil des in ernährungsbewussten Kreisen so beliebten Müslis.
Ferner ist der Hafer ein bekanntes Symbol für Übermut. Wen »der Hafer sticht«, der sollte sich mäßigen. Mit dem, was da sticht, ist übrigens keineswegs das Haferstroh gemeint; die Redensart bezieht sich vielmehr darauf, dass Pferde, die mit zu viel Hafer gefüttert werden, übermütig werden.

Haft ↗Häftling, ↗Gefängnis

Haftung Haftung im Sinne von Gewährleistung bedeutet, Konsequenzen zu tragen. Man wird für etwas zur Rechenschaft gezogen oder gibt selbst ein Sicherheitsversprechen ab.
Haftung im Sinne von Kleben bedeutet Anhaftung. Im Buddhismus ist die Anhaftung der Grund, warum wir immer wieder Leiden erleben. Die Nicht-Anhaftung ist das Ziel, die Befreiung. Haftung ist Unfreiheit und Verwicklung.

Hagebutte Die Hagebutte bildet sich aus der verblühten Rose. Damit ist der Verfall der Schönheit angesprochen, aber auch, dass sich die Natur auf ihre Essenz zurückzieht.

Hagel Der Hagel ist ein bekanntes Symbol für Streit, Zerstörung und Schaden, oft spielt der Aspekt des Überraschenden eine Rolle, ähnlich wie beim ↗Gewitter.

Hahn Der Hahn bedeutet in vielen Kulturen (potente) Männlichkeit, oft gepaart mit einem guten Schuss Aggressivität. Hahnenkämpfe sind recht blutige Angelegenheiten, und der stolze Hahn mit seinem roten Kamm war in früheren Zeiten allgegenwärtig.
Er ist zugleich ein Symbol der Sehnsucht danach, umsorgt zu werden wie der „Hahn im Hühnerhof“.
Auf der anderen Seite ist der Hahn ein Symbol des Erwachens – auch im Sinne von Bewusstwerdung – und der Pünktlichkeit. Der Hahnenschrei am Morgen entspricht dem Wecker, der anzeigt, dass nun die Zeit des Tagesbewusstseins begonnen hat.
Der Hahn wird mit modebewusstem Auftreten und Einfältigkeit verbunden. Wir sprechen vom gockelhaften Auftreten. Völker in Ostindien, für die der Körperschmuck sehr wichtig ist, verehren den Hahn. Im Feder- und Kopfschmuck des Hahns erscheinen die Männer zum Hahnenfest.
Der gallische Hahn ist die Personifizierung Frankreichs. Er gilt neben der „Marianne“

als Frankreichs Nationalsymbol. Diese Bedeutung geht auf die Revolutionszeit zurück, wo der Hahn als antikönigliches Kampfzeichen galt. Heute noch wird in der Karikatur Frankreich häufig mit dem Hahn dargestellt.
Der rote Hahn bezeichnet den Brand. Brandstiftung wurde als den „roten Hahn setzen" bezeichnet.
Mittelalter: ↗Bock und Hahn gelten schon seit dem Mittelalter als Symbol der Geilheit. Ferner war im Mittelalter das Morgenlied beliebt, bei dem der Hahnenschrei die Trennung von der Geliebten anzeigt.

Hahnenkampf Hahnenkampf bedeutet männliche Aggression.
Es bezeichnet ein aggressives Imponiergehabe und verbildlicht häufig die Eifersucht. Psychologisch gesehen ist es auch möglich, dass zwei gegensätzliche Tendenzen in einer Person existieren, die miteinander um Anerkennung kämpfen.

Hai Der Hai symbolisiert Vitalität, Aggressivität und brutale Hemmungslosigkeit. Er stellt eine Projektionsfigur dar für emotionale Ängste aller Art.
Der berüchtigte große weiße Hai ist das einzige Wasserlebewesen, dass keine natürlichen Feinde besitzt.
Literatur: In Bert Brechts „Dreigroschenoper" dient der Haifisch als Symbol für Mecki Messer', der über seine Opfer herfällt.
Film: In Steven Spielbergs Katastrophenfilm „Der weiße Hai" (1974) dient der Hai als unberechenbarer Killer, der die Ostküste Amerikas unsicher macht. Er ist eine Bedrohung, die Horror erzeugt.

Haken Der Haken hält etwas fest, was im Falle von Haken und Ösen sicherlich erwünscht ist. Der Haken kann aber auch das störende Element sein, das, was etwas oder jemanden wider Willen festhält. Jemand bleibt an etwas hängen und kommt nicht mehr davon los. Er ist ein häufiges Symbol bei Sucht oder Partnerschaftsproblemen. Man fühlt sich emotional gefangen (wie auch bei ↗Käfig und ↗Gefängnis).
Ein besonderer Haken ist der ↗Angelhaken, auch der ↗Anker ist ein Haken.

Hakenkreuz Das Hakenkreuz – die Umkehrung des altindischen Sonnenzeichens – ist das Symbol des Nationalsozialismus.

Halbdunkel ↗Zwielicht

Halbmond Der ↗Mond verweist immer auf Weiblichkeit. Der Halbmond aber ist zum Symbol für den Islam geworden, was angeblich darauf zurückzuführen ist, dass die türkischen Truppen im ausgehenden Mittelalter oft in Form eines Halbmondes aufgestellt waren. Wie dem auch sei: Heute findet sich der Halbmond jedenfalls in zahlreichen Nationalfahnen von Ländern der islamischen Welt, und das „Rote Kreuz" heißt dort entsprechend „Roter Halbmond".

Halle Hallen bedeuten Kommunikation und Verbindung. Wegen ihrer Größe können sie ein Gefühl des Verlorenseins auslösen. Deshalb ist wichtig, was die Person, die sich in einer Halle befindet, empfindet und wer sich dort noch befindet.

Halm Ein Halm, der Früchte trägt, symbolisiert Fruchtbarkeit und Reichtum, ähnlich wie das ↗Getreide. Es kommt auf den Zustand an: Der grüne, wachsende Halm symbolisiert die lebendige Stärke der Natur, anders der vertrocknete, ausgedroschene Halm (↗Stroh; weitere Aspekte auch bei ↗Strohhalm).

Hals Der Hals stellt die Verbindung zwischen dem Rumpf und dem Kopf dar. Gefühl und Intellekt sollen verbunden werden, wenn das nicht so ist, dann handeln wir „Hals über Kopf". Durch seine wichtige Funktion, die er in Bezug auf die Atmung besitzt, deutet er auf unser Freiheitsbedürfnis; wird der Hals stark eingeengt, geraten wird in Panik: Beim Erhängen, beim Köpfen und beim Erwürgen ist der Hals die Stelle, an der angesetzt wird.
Der Hals ist auch der sprichwörtliche Ort, wo die Worte stecken bleiben. Er ist mit der Kommunikation verbunden.
Ferner steht der Hals für Gier, was sich in der Wendung „den Hals nicht voll genug bekommen" zeigt.
Es war Matthias Alexander, der als Erster eine Therapie des Halses für den modernen Menschen vorschlug. Da der heutige Mensch meistens sitzt, wird der Hals meist nach vorn gekrümmt gehalten. Wird der Hals wieder in eine gerade Position gebracht, fühlt sich der Mensch nicht nur körperlich, sondern auch psychisch besser (↗Nacken).

Halsband Ein Halsband kann bei Menschen reiner ↗Schmuck sein. Häufig aber deutet es auf eine Einschränkung der Freiheit, besonders bei Tieren. Es drückt Bindung aus und besitzt im ↗sadomasochistischen Umfeld die Bedeutung Sklave oder Sklavin.
Literatur: In E. W. Heines Roman „Das Halsband der Taube" wird das Halsband in Anlehnung an die arabische Symbolik als Bild für die sexuelle Liebesvereinigung gebraucht.

Halskette Wie bei ↗Halsband wird auch hier die Freiheit beschnitten. Die ↗Kette betont die Bindung noch stärker als das Band. Oder steht der Schmuckcharakter im Vordergrund (↗Schmuck)?

Halstuch ↗Schal

Haltestelle An der Haltestelle kommen Energien zum Stillstand, aber es bieten sich neue Chancen. Ferner ist die Haltestelle ein Ort der Kommunikation und kann wie der ↗Bahnhof mit der Lebensreise im Zusammenhang stehen.

Hamburger Der Hamburger gehört zu den modernen Nahrungsmitteln, denen es häufig zu eigen ist, dass sie mit den Fingern gegessen werden. Wie kaum ein anderes Lebensmittel verkörpert der Hamburger die neue, amerikanische Esskultur: „Junk food" und „Fast Food".

Hammel Das Hammel ist einerseits wie das ↗Schaf Symbol gutmütiger Dummheit, andererseits gilt er auch als grob und aggressiv („Streithammel") und als Führungsfigur („Leithammel"), der die Masse blindlings nachrennt.

Hammer Hammer bedeutet meist Gewalt, obwohl er als ↗Werkzeug auch auf eine konstruktive, praktische Betätigung verweisen kann. Er steht für Tatkraft und Durchsetzungsvermögen (ähnlich wie das Symbol ↗Hand).
Hammer und ↗Sichel symbolisierten den kommunistischen Arbeiter- und Bauernstaat.
Psychoanalyse: Nach S. Freud ist der Hammer wie alle ↗Werkzeuge ein männliches Sexualsymbol.

Hampelmann Es ist sprichwörtlich, dass der Hampelmann alles mit sich geschehen lässt. Der Hampelmann ist der willensschwache oder auch impotente Mann. Aber er ist zugleich wie der ↗Clown auch der lustige Mann, der spielerisch ist und die Kinder erfreut.

Hamster Dieses beliebte Haustier symbolisiert Sicherheitsdenken und den Blick in die Zukunft („hamstern"). Der Hamster wird als niedlich und häufig als eine Art lebendiges Spielzeug empfunden.

Hand Die Hand ist ein recht vielfältiges Symbol. Mit der Hand greifen wir auf die Welt zu. Sie steht für Tatkraft und menschliches Handeln; wem die Hände gebunden sind, der ist handlungsunfähig; Verlust oder Verletzung einer Hand stehen entsprechend für eine Einschränkung der Handlungsfähigkeit.
Sie verweist auch auf unsere Einstellung zum Geben und Nehmen, denn man kann „mit leeren Händen" kommen oder „von der Hand in den Mund leben".
Durch die Hände können ferner Energien wie beispielsweise Heilungsenergien übertragen werden. Hände sind Übertragungsorgane, es kann auch Schutz von ihnen ausgehen, wenn man etwa „in guten Händen" ist oder gar „in Gottes Hand". Hände halten, Hände geben, Hände schütteln: Immer geht es um Begrüßung und Kontakt.
Psychoanalyse: Nach der klassischen Psychoanalyse bedeutet die linke Hand die weibliche, die rechte Hand die männliche Energie. Sie kann nach S. Freud auch das männliche Glied symbolisieren (jedes Glied kann für S. Freud stellvertretend für das männliche Glied stehen).
Christentum: Ein besonderes Phänomen der Hand ist die Stigmatisierung. Die Hände des Stigmatisierten zeigen Wunden ähnlich wie die, die Jesus bei seiner Kreuzigung zugefügt worden sind. Von den immerhin 330 Menschen, bei denen die katholische Kirche die Stigmatisierung beglaubigte, handelt es sich weitgehend um Priester, Nonnen und Mönche, zum Beispiel Franz von Assisi und der 2002 heilig gesprochene italienische Pater Pio, der 1968 starb.
Philosophie: Für Immanuel Kant ist die Hand das äußere Gehirn des Menschen.
Literatur: Als Organe des Zupackens symbolisieren die Hände die Lebenseinstellung ihres Besitzers. Maxim Gorki beschrieb beispielsweise Tolstojs Hände als knotig, knorrig und expressiv, „vielleicht wie Leonardos Hände", setzte er spekulativ hinzu.

Handball Eine sportliche Betätigung wird angesprochen. Handball weist auf Schnelligkeit und Kampfgeist, auf Fairness und vielleicht auch Verletzungsgefahr.

Handeln Handeln bedeutet, Verantwortung zu übernehmen. Handeln symbolisiert meistens einen göttlichen Schöpfungsakt. Es kann auch negativ betrachtet werden, wenn – wie oft an der heutigen Zeit kritisiert wird – zu viel gehandelt wird und das Leben zum Actionfilm verkommt.
Phillip Pullman soll einmal gesagt haben: „Sich selbst kann man nicht ändern, aber was man tut" – Handeln steht also in einer engen Beziehung zur Verantwortung.
Philosophie: Der deutsche Philosoph G. Fichte meinte, dass Handeln eine Notwendigkeit ist, da wir uns nur so als Teil der Wirklichkeit erfahren. Das heißt mit anderen Worten: Wer nicht handelt, der kommt sich abhanden.

Handgelenk Das Handgelenk ist ein Symbol der Geschicklichkeit, Beweglichkeit und Anmut.

Es kommt häufig im Zusammenhang mit ↗Fesseln vor. Die Bewegungsfreiheit, die das freie Handgelenk symbolisiert, wird eingeschränkt.

Handgranate ↗Granate

Handkuss ↗Kuss
Der Handkuss ist eine altertümliche Form der Ehrerbietung, die der Mann der Frau erweist. Der Handkuss kam im 16. Jahrhundert vom spanischen Hof nach Deutschland. Zunächst ehrte man nur ältere und verheiratete Frauen mit dem Handkuss, der Anerkennung und Sympathie ausdrücken soll. Natürlich entbehrt er nicht einer verhaltenen erotischen Komponente. Was man „mit Handkuss" nimmt, das nimmt man gern an. Allerdings wird im österreichischen Sprachraum, wo der Handkuss noch üblich ist, dieser als negativ betrachtet. Wenn man hier etwas mit Handkuss nimmt, dann drückt man aus, dass man bei etwas draufzahlen muss.
Heutzutage stirbt der Handkuss als erotische Geste der Wertschätzung aus.

Handsäge ↗Säge

Handschellen Handschellen bedeuten Unfreiheit. Mit Handschellen wird man abgeführt für eine verbotene Tat. Bedeutsam ist die Symbolik der Tat. Im Bereich des ↗Masochismus gelten Handschellen als Symbol der körperlichen Auslieferung an einen anderen.
Handschellen verhindern sowohl das Handeln als auch die Flucht. Auf der psychologischen Ebene bedeuten sie, dass eine Flucht in Handlung unterbunden wird. Diese Kompensation wird unmöglich gemacht.

Handschrift Die Handschrift symbolisiert die persönliche Identität. Handschriftliche Schriftstücke besitzen oft intimen oder freundschaftlichen Charakter. Es kann aber auch der flüchtige, vorläufige Charakter der Aufzeichnung im Vordergrund stehen. Mit der Hand zu schreiben, gilt zunehmend als eine altertümliche Form der Kommunikation.
Für eine genauere Deutung sind auch der Schriftduktus und der geschriebene Text wichtig.

Handschuh Die Handschuhe verdecken die Hände. Man will mit etwas nicht direkt in Berührung kommen. Man wahrt Distanz. Die behandschuhte Hand deutet ein indirektes Zufassen an („jemanden mit Samthandschuhen anfassen"). Ferner kann der Handschuh auf Streit deuten, falls es sich um den Fehdehandschuh handelt, der jemandem vor die Füße geworfen wird.
Der Handschuh kann ferner als Modeattribut auf Eitelkeit und Extravaganz verweisen.
Literatur: In Goethes Drama „Götz von Berlichingen" (1773) spielt der eiserne Handschuh des fränkischen Reichsritters aus dem 15. Jahrhundert eine schicksalsträchtige Rolle.

Handtasche Die Handtasche, ein traditionell dem weiblichen Geschlecht vorbehaltenes Accessoire, ist ein recht persönliches Gepäckstück, der Inhalt gehört sozusagen zur Intimsphäre der Besitzerin. Als modisches Accessoire soll die Handtasche auch den Charakter ihrer Besitzerin ausdrücken. Dabei ist die Handtasche allerdings in letzter Zeit etwas aus der Mode gekommen: Bei manchen jüngeren Frauen gilt sie als Symbol veralteter Weiblichkeit.
Psychoanalyse: Die Handtasche ist ein weibliches Sexualsymbol.

Handtuch Das Handtuch dient zum Abtrocknen – entweder von Geschirr oder zum Abtrocknen des Körpers. Das Küchenhandtuch steht für die alltägliche Mühsal der Hausarbeit, das Körperhandtuch aber ist häufig auch ein erotisches Symbol, da es die nackte Haut (eher sanft) berührt oder bisweilen umgeschlungen die Scham verhüllt.
Generell hängt das Handtuch stets mit dem Gegensatz von feucht und trocken zusammen, wobei das Feuchte dem Emotionalen und Sexuellen nahe steht.
Das nasse Handtuch ist auch ein Sinnbild des Unpassenden und Unfunktionalen.
Für die weitere Deutung ist die Farbe und das Material des Handtuchs wesentlich.

Handwerker Handwerker personifizieren Tatkraft, praktische Intelligenz und Konstruktivität. Sie sind die geerdeten Männer. Der Handwerker ist derjenige, der zupackt, der „sein Handwerk versteht". Er ist aktiv, und man sagt ihm nach, dass sein Beruf einen goldenen Boden habe. Allerdings sind im Alltagsleben Handwerker häufig mit negativen Bewertungen verbunden. Sie gelten als unzuverlässig, worauf der ironische Spruch „pünktlich wie die Handwerker" anspielt.
Einzelheiten bei den verschiedenen Handwerksberufen.

Handy Das mobile ↗Telefon ist ein Symbol der Sehnsucht nach Kommunikation und Verbindung mit anderen. Es ist ein Attribut, mit dem man sich wichtig fühlt, das gilt besonders für die Jugendkultur. In letzter Zeit wird das Handy zunehmend auch zum Symbol für Stress, für das Erreichbar-Sein-Müssen.
Das Handy kommt heute häufig im Traum vor, wenn die Kommunikation angesprochen wird und eine Angst vor Vereinsamung herrscht. Es kann bisweilen auch ein Image-Symbol sein.

Harem Der Harem steht für die Sehnsucht nach exotischer Sexualität und sexueller Anerkennung, meist in Zeiten von Minderwertigkeitsgefühlen beim Mann. Bei der Frau steht der Harem ebenfalls oft für sexuelle Wünsche. Harem lässt sowohl Hingabe als auch Macht assoziieren.
Islam: Der Harem ist eine ökonomische und soziale Sicherheit für die Frau. Er bedeutet Wohlstand und das Reich der Frauen. Heutzutage stirbt die Haremskultur aus, da es zu teuer ist, einen Harem zu unterhalten. Wenn auch der Harem der abgeschlossene Teil der Frauenwelt ist, besitzt er doch den Aussichtserker, von dem aus die Frauen die Welt aus dem Verborgenen betrachten können.

Harfe Die Harfe ist ein Symbol der Feierlichkeit und Besinnlichkeit. Ferner symbolisiert sie den Himmel, weswegen die Harfe das beliebteste Musikinstrument der Engel darstellt. Man sagt auch, dass die Harfensaiten aus Engelshaar gedreht sind. Die Harfe kann auch für Kitsch stehen und für falsche Harmonie.

Harlekin ↗Clown

Harmonie Harmonie bezeichnet immer ein Ideal, das häufig nur punktuell erreicht wird. Harmonie, besonders wenn sie überzogen wird, kann auch für Kitsch stehen und für Unehrlichkeit.

Harn ↗Urin

Harnisch ↗Rüstung

Harpune Die Harpune ist ein Ausdruck aggressiver Männlichkeit. Sie steht für die

↗Jagd, aber auch für die „Harte-Männer-Romantik“ der Walfänger und Eskimos. Als Sportgerät lässt sie Freude und Freizeit assoziieren.
Literatur: In Melvilles „Moby Dick“ (1851) ist die Harpune ein Tötungsinstrument, das am Ende den tötet, der töten möchte.

Hase Der Hase braucht Schutz. Er ist schwach und ängstlich („Angsthase“, „Hasenfuß“), weil er sein Heil in der Flucht sucht. In arabischen Ländern aber gilt der Hase nicht nur als schutzlos, hier schenkt er auch Schutz, weswegen man dort Amulette aus Hasenknochen schnitzt.
In Kinderbüchern wird der Hase in der Regel verkitscht als niedliches Streicheltier dargestellt. Von hier ist der Weg nicht weit zu den bekannten „Playboy-Häschen“. Dabei mag auch eine Rolle spielen, dass die bekannt fruchtbaren Karnickel und Hasen auch für Promiskuität stehen: So wünscht sich mancher einen „Betthasen“, und Männer gelten schon mal als „Rammler“.
Der Hase war in früheren Zeiten das Symboltier Spaniens. „España“ geht auf die Sprache der Karthager zurück und bedeutet „Land der Hasen“.
Der Hase ist wegen seines Laufstils – nämlich Haken zu schlagen – ein schwer zu fangendes Tier. Man muss schnell reagieren, um ihn zu erwischen. Das Hakenschlagen verweist ferner auf plötzliche Richtungsänderungen.
Es gibt auch den „falschen Hasen“: eine Frikadelle. Ein anderer falscher Hase ist der „Dachhase“, eine Katze, die in Notzeiten wohl auch schon mal in den Kochtopf wanderte. Hierauf spielt ein rheinisches Spottlied an: „Bi Lehmanns han se 'ne Has im Pott, dem Hävelmann sin Katz is fott.“
Mittelalter: Trotz seiner Schwäche gilt der Hase als eins der Hexentiere. Somit wurde er als ein negatives Zeichen betrachtet. In Frankreich bekreuzigte man sich, wenn einem ein Hase über den Weg lief. In der Türkei ist man noch heute der Ansicht, dass ein an die Tür genagelter Hasenkopf den bösen Blick abwehre.
Literatur: „Die Häschenschule“ (1924) war ein verbreitetes Kinderbuch von Fritz Koch-Gotha (Zeichnung) und Albert Sixtus (Text), das heute als das Feindbild vieler Kinderbuchkritiker gilt. Die Hasen werden in diesem Bilderbuch völlig wie Menschen betrachtet.
Film: Die berühmteste Hasengestalt im Comic ist Bugs Bunny. Er verkörpert Selbstbewusstsein, Humor und Cleverness. Diese Figur wurde Ende der 1930er Jahre in den USA für Trickfilme entwickelt. Sie war eine Antwort auf Micky Maus und die Zeichentrickfilme von Walt Disney. Bugs-Bunny-Filme im amerikanischen Fernsehen hatten die höchsten Einschaltquoten, und Bugs Bunny trat in fünf Filmen auf, die mit dem Oscar ausgezeichnet wurden.

Haselnuss ↗Nuss

Hass Der Hass weist auf einen Aggressionsstau hin, der oft auf eine unterlassene Abgrenzung zurückzuführen ist. Er ist ein Zeichen eines unfertigen Selbstschutzes und einer schwachen Immunität.

Haube Herkömmlich sehnt man sich bei diesem Symbol nach einer festen Beziehung („unter die Haube kommen“). Es zeigt den Übergang vom Mädchen zur Frau (die eine Haube tragen durfte) an und deutet auf den ↗Kopf und auf das Bewusstsein hin. Weitere Aspekte bei ↗Helm.

Hauch Hauch bedeutet Berührung. Der Hauch kann oft als Lebenshauch gedeutet werden. Andererseits ist ein Hauch ein ganz schwacher, kaum merklicher Luftzug; Worte nur zu hauchen, ist ein Zeichen von Schwäche oder Nähe.

Haupt: ↗Kopf

Hauptstadt Hauptstadt ist weitgehend wie ↗Stadt zu deuten – nur mit einer Verschiebung der Betonung zur Macht hin. Hauptstädte symbolisieren häufig eine multikulturelle Atmosphäre.

Haus Haus bedeutet Schutz. Häufig ist das Haus die Heimat, der vertraute Ort und das, mit dem man sich identifiziert. Das Haus steht für Leistung und das Fundament des persönlichen Erfolgs und der Kraft. Es spricht ferner an, dass ein großes Werk Schritt für Schritt aufgebaut wird.
Analytische Psychologie: Das Haus gilt nach C. G. Jung als universales weibliches Ursymbol. Er träumte im Jahre 1909, dass er bei der Erforschung eines Hauses eine Treppe zum Keller findet, in dem Knochen und menschliche Schädel liegen. Dieser Traum war wichtig, um Jung zu der Idee des kollektiven Unbewussten zu bringen.
Das Haus generell symbolisiert die seelische und körperliche Verfassung des Träumers, die eigene Persönlichkeit und den eigenen Körper. Es ist ein Ort des Schutzes und der Geborgenheit.
Typisch für das Symbol Haus ist der dunkle ↗Keller für das Unbewusste des Träumers und das Dachstübchen für dessen Intellekt und Überblick. Das ↗Schlafzimmer ist der Ort der Zeugung und des Todes, die ↗Küche der Ort der Verwandlung. Das ↗Badezimmer ist wie das Schlafzimmer ein intimer Bereich, wobei beim Bad die Reinigung im Vordergrund steht. Das unbekannte Zimmer deutet auf neue Möglichkeiten des Träumers, die er gerade entdeckt.
Wichtig ist, darauf zu achten, ob ↗Türen und ↗Fenster offen stehen oder geschlossen sind und in welchem Zustand sich das Haus befindet.
Ein großes Haus mit vielen Räumen weist auf das Wachstum des Bewusstseins hin und auf eine Differenzierung der Persönlichkeit. Oftmals tritt solch ein Haus im Traum auf, wenn der Träumer oder die Träumerin automatisch nur eine Seite ihrer Persönlichkeit entwickeln oder leben.
Ein heruntergekommenes Haus deutet auf die Vernachlässigung der Persönlichkeit des Träumers. Was muss erneuert oder verstärkt werden?
Ein Haus, das umgebaut und vergrößert wird, zeigt einen Persönlichkeitswandel und eine Bewusstseinserweiterung an.
Außer auf Wohnhäuser treffen wir im Traum auch auf andere Gebäude. Diese Gebäude sind stets gemäß ihrer Funktion zu deuten. So symbolisieren Schulen und Universitäten das Lernen oder deuten auf eine Lernaufgabe. Krankenhäuser sind häufig ein Hinweis darauf, sich um seine Gesundheit zu kümmern, und Geschäftshäuser hängen mit unserer Arbeitswelt zusammen.
Literatur: „Das Haus hat schon immer unsere Vorstellung vom Glück verkörpert“, stellt Simone de Beauvoir treffend fest. Erica Jong schließt sich ihr an, wenn sie schreibt: „Das Haus eines Schriftstellers hat viele Räume. Seine Mauersteine bestehen nicht aus Lehm, sondern aus Fantasie. Seine Fenster sind die Augen des Autors“ (in „Der Buddha im Schoß“, Hamburg 2000, S. 273). Die psychologisch gebildete Erfolgsautorin macht deutlich,

dass wir uns stets das Haus erträumen, das uns schützt und inspiriert. Das Haus ist die Mutter, der „Mutterschoß mit Aussicht“ (ebenda, S. 275). Es ist das Geisterhaus, das unter anderem auch von Isabelle Allende in ihrem gleichnamigen Roman beschworen wird, ein Bild für die verstorbene Mutter und Großmutter, die uns durch solch ein Haus noch ansprechen.

Hausapotheke Das Bild der Hausapotheke wird von der Angst vor Krankheit und Verletzungen hervorgebracht. Man kann Hilfe im eigenen Heim – das heißt auch: bei sich selbst – finden.

Hausarbeit Hausarbeit kann Freude oder Belastung bedeuten, je nachdem wie der Betrachter sie erfährt. Hausarbeit symbolisiert oft minderwertige Arbeit, sehr zum Leidwesen der Frauen, die sie meist ausführen müssen. Psychologisch gesehen ist die Hausarbeit ein Symbol für Ordnung und Erdung.

Hausarrest Hausarrest ist eine Strafe, das Haus wird zum ↗Gefängnis. Es ist bedeutsam, welches Verhalten auf diese Weise bestraft wird. Häufig zeigt diese Symbolik an, dass man aus der Familie ausbrechen möchte oder dass man sich von den häuslichen Aufgaben gefangen genommen fühlt.

Hauseingang ↗Eingang

Hausflur ↗Flur

Hausfrau Das Bild der Hausfrau schwankt zwischen dem Biederen und Eingeschränkten und der tüchtigen Managerin von Haus und Hof.

Haushalt Früher galt der Haushalt als „das Königreich der Frau“, ein Gedanke, der heutzutage zunehmend obsolet geworden ist. Heute ist der Haushalt der Ort der ↗Hausarbeit, die weder geliebt noch geachtet wird, obwohl jeder die Folgen guten Haushaltens genießt.
Der Haushalt symbolisiert psychologisch gesehen unseren emotionalen Haushalt, unseren Seelenhaushalt. Dieses Symbol kann auf unser Haushalten mit unserer Kraft oder unseren Emotionen verweisen.

Hauskleidung Hauskleidung bedeutet Privatsphäre. Die Hauskleidung verweist auf den Feierabend und Bequemlichkeit. Es kann andererseits auch die Rolle angesprochen sein, die man zu Hause spielt. Die Hauskleidung symbolisiert stets eine informelle Atmosphäre.

Hausmeister Der Hausmeister ist ein ↗Handwerker, jemand, der sich um alles kümmert und der alles in Ordnung hält. Häufig aber übernimmt er die Rolle eines Aufpassers oder Spitzels. Die Hausmeisterin ist oft die klatschhafte Schlampe.

Hausschuh ↗Pantoffel

Haustier Haustiere bedeuten weniger „zurück zur Natur“ als gebrochene Natur. Es wird die Spannung zwischen ↗Tier und Kultur, zwischen dem Animalischen und dem Zivilisierten angesprochen. Verzagtere Menschen erleben ihre Triebe und Lebenskräfte im Traum oft domestiziert als Haustier.

Haut Die Haut steht für die Abgrenzung zur Außenwelt und den Schutz der Person. Ob etwas „unter die Haut geht“, ob man „aus der Haut fährt“ oder nicht „in jemandes Haut stecken will“ – immer ist die

Haut die Schnittstelle zwischen außen und innen.
Haut bedeutet aber auch Erotik; die glatte, jugendliche, schöne Haut ist zum Fetisch des modernen Körperkults geworden, worauf die Kosmetik-Industrie aufbaut.
Die Haut zeigt als Spiegel der Seele den nervlichen und seelischen Zustand an. Sie ist nicht nur das größte, sondern auch ein weitgehend autonomes Organ des Körpers. Jede Gefühlsregung bildet sich dem Willen entzogen auf der Haut ab. Sie ist der Projektionsschirm für unsere Gefühle: Wir erbleichen vor Angst, werden rot, schwitzen, oder uns stehen die Haare zu Berge. Die Haut symbolisiert so den Ausdruck von Gefühlszuständen und das Alter einer Person.

Hautausschlag Hautausschlag ist ein Ekel- und Abwehrsymbol. Mit ihm sind traditionell oft Armut und Ausgestoßen-Sein assoziiert.
Psychologisch gesehen symbolisiert der Hautausschlag seelische Spannungen, Triebstau und Aggressionen. Innen und Außen sind aus dem Gleichgewicht geraten. Die Grenze zur Außenwelt ist defekt.

Hebamme Die Hebamme ist die weise Frau, die bisweilen mit der ↗Hexe in Verbindung gebracht worden ist. Es ist die Frau, in deren Hand Leben und Tod liegen. Steht der Aspekt der Geburtshilfe im Vordergrund, dann ist psychologisch gesehen damit der Wunsch oder die Angst angesprochen, etwas ans Licht zu bringen.

Hebel Mit einem Hebel setzt man etwas in Bewegung. Er ist ein Symbol der Tatkraft und des klugen Einsatzes der Kräfte.

Hecht Der Hecht ist ein Raubfisch mit eindrucksvollen spitzen Zähnen, der als „Hecht im Karpfenteich" die anderen Fische stört und jagt. Er steht für männliche Aggressivität („toller Hecht") und Gefahr; allgemeinere Aspekte bei ↗Fisch.

Hecke Die Hecke ist eine Abgrenzung und ein ↗Hindernis, andererseits auch ein natürlicher Lebensraum. Sie ist die Grenze zwischen zwei Welten. Die Hecke bildet einen Sichtschutz, deswegen kann man dort etwas „aushecken".
Hecken sind heutzutage ein Symbol für naturnahe Landschaftsgestaltung.
Mittelalter: Die Hexen pflegten in der Literatur und persönlichen Fantasie auf den Hecken zu sitzen, mit dem einen Bein in dieser, mit dem anderen in der Anderswelt. Bei den Kelten ist es eine Weißdornhecke, hinter der Merlin von Viviane verführt wird und hinter der er ihr zum Dank seinen Zauber verrät. In diesem Mythos wird die Hecke auch als Ort betrachtet, hinter dem man Geheimnisse erfährt.

Heer Das Heer ist ein männliches Aggressionssymbol. Es steht für Kameradschaft und symbolisiert die Reduktion der Individualität.

Hefe Hefe bedeutet Mehrung. Die Hefe symbolisiert alles das, was uns treibt. Sie weist auf die wichtigen Kleinigkeiten des Lebens und symbolisiert Vermehrung und Zugewinn. In selteneren Fällen mag sie auch eine aufgeblasene Haltung ansprechen.

Heft In ein Heft schreibt man etwas hinein, das man nicht vergessen will. Man schreibt etwas mit, führt Buch über etwas, will seine Vergesslichkeit überlisten. So mag es auch für Ordnung und (schulisches) Lernen stehen. Hefte können auch Geheimnisse enthalten, intime Aufzeichnungen, Tagebücher. Für eine genauere

Deutung ist es deshalb wichtig, was in dem Heft niedergeschrieben wurde.

Heide Die Heide drückt Natürlichkeit und Askese aus, aber sie kann auch mit Freude assoziiert sein, wie besonders in der Schäferdichtung des Barock und den Träumereien der Romantiker. Als eher karge Landschaft Symbol spröder Zurückhaltung und Einsamkeit.

Heidekraut Das Heidekraut (Erika) symbolisiert die Fähigkeit, mit wenig auszukommen und doch schöne Blüten hervorzubringen.

Heidelbeere ↗Beere

Heilanstalt ↗Krankenhaus

Heilberufe Heilberufe verkörpern eine dienende Haltung. Sie verkörpern unser Wissen um Gesundheit und Krankheit.

Heiler ↗Arzt

Heilig Heilige sind Menschen, aber als Idealmenschen stehen sie den archetypischen Bildern der Götter nahe. Sie können nicht nur wie Halbgötter verehrt, sondern auch als weltfremd ironisiert werden: Ein „komischer Heiliger“ ist ein Sonderling.

Heilmittel Heilmittel bedeuten Heilung, und zwar meist im Sinne von Ganzwerdung.
Heilmittel symbolisieren aber heutzutage häufig Chemie und somit das Unnatürliche. Weitere Aspekte bei ↗Arznei und ↗Tablette.
Wie der Heiler treten auch bisweilen Heilmittel im Traum eines kranken Menschen auf. Die berühmten Ärzte früherer Zeiten behaupteten alle, dass sie im Traum das Heilmittel oder die Kur für ihre Patienten gezeigt bekamen.

Heilung Die Heilung wird in schamanistischen Traditionen wie auch von der heutigen Pharmaindustrie als ein ↗Kampf gegen krankmachende Kräfte angesehen. Im übertragenen Sinne weist eine Heilung stets auf den geeigneten Weg zum Richtigen, zur (verlorenen) Ganzheit.

Heim Die Institution Heim ist ein Ort, den man in unserer Gesellschaft möglichst vermeidet. Als Pflege- oder ↗Altersheim ist es ein Ort der Entmündigung und der Altersisolation, im Kinderheim fehlt die Geborgenheit der Familie.

Heimat Heimat bedeutet Sicherheit. Heimat ist der stimmige Platz in der Welt, den man sucht oder gefunden hat. Dieses Symbol hängt oft mit den ↗Eltern zusammen (ähnlich wie ↗Elternhaus). Die Heimat symbolisiert Sehnsucht nach Ruhe, Verwurzelung und Zugehörigkeit. Sie ist der Ort kultureller Identifikation und Geborgenheit.
Heimat kann auch reaktionäre Tendenzen symbolisieren, besonders wenn der Begriff der Heimat sich mit übertriebenem Nationalismus verbindet.
Die Heimat kann auch das Begrenzende sein, die Enge, aus der heraus man in die Welt strebt. Vielleicht deshalb wird Heimatverbundenheit, die nicht zur Forderung nach universeller Mobilität passen will, heute oft als rückständig belächelt.
Literatur: Die Dichterin Nelly Sachs schrieb: „An Stelle von Heimat / halten wir die Verwandlungen der Welt.“

Heimweh Heimweh zeigt, dass sich der Leidende am falschen Ort befindet. Psychologisch gesehen steht es für Regression

und eine rückwärts gerichtete Einstellung. Es drückt dann die Angst vor Neuem und Unsicherheit aus.
Literatur: Erich Kästner vermutet, dass der Sinn allen Reisens darin besteht, Heimweh zu haben.

Heinzelmännchen Symbol der Sehnsucht nach Hilfe (vor allem in dem Gedicht „Die Heinzelmännchen zu Köln“ von August Kopisch). Heinzelmännchen verkörpern das Kleine und Unscheinbare, das große Wirkung besitzt, siehe auch ↗Zwerg.

Heirat Heirat deutet auf die Verbindung der Gegensätze. Sie kann auch der Ausdruck eines Wunsches nach fester Bindung sein. Sie tritt als Sehnsuchts- und Angstsymbol auf.
Analytische Psychologie: Die Heirat entspricht der chymischen Hochzeit (vgl. die „Chymische Hochzeit Christiani Rosencreutz“ – 1616), dem „Mysterium Coniunctionis“, bei dem Widersprüche verschmolzen und aufgehoben werden. Wie in Hegels Dialektik entsteht dadurch eine neue Qualität.
Literatur: D. H. Lawrence verglich die Heirat mit einer Operation – notwendig, heilsam, aber nicht unbedingt angenehm. Für William Blake, Jane Austen und Charlotte Brontë galt die Heirat als ein Ideal, das die Größe der beiden Partner fördert.

Heiratsantrag ↗Antrag

Heiserkeit Die Kommunikation ist gehemmt und sollte verbessert werden. Es verschlägt einem die Sprache.

Heiß Heiß bedeutet gefährlich. Es kann auf Leidenschaften („heißblütig“) oder andere Gefahren („ein heißes Eisen“) deuten; siehe auch ↗Feuer.
Wenn etwas im Traum ungewöhnlich heiß ist, wird häufig der Träumer oder die Träumerin davor gewarnt, sich „die Finger zu verbrennen“.
Film: In „Manche mögen's heiß“ (1959) – Billy Wilders Persiflage auf den Gangsterfilm – ironisiert „heiß“ die gefährliche Spannung, die solche Filme trägt.

Heizen Heizen verweist darauf, dass man eine warme Atmosphäre schaffen möchte; siehe auch ↗Kamin und ↗Ofen. Negativ ist die Bedeutung, wenn es darum geht, dass jemandem „richtig eingeheizt“ wird.

Held Held und Heldin sind Archetypen. Sie sind Idealisierungen und Bilder von Prinzipien.
Held und Heldin verkörpern die Sehnsucht nach Anerkennung und Bestätigung – speziell wenn man selbst der Held oder die Heldin ist. Wenn man einen Helden sieht, symbolisiert er unsere Hoffnung auf Hilfe, andererseits auch Kindlichkeit. Heldin und Held stehen für Abenteuerlust und Geltungsstreben, für Tatkraft und Durchsetzungsvermögen. Wer das Heldenhafte betont, kann sich andererseits auch als Versager fühlen oder alles unter Kontrolle haben wollen.
Es ist schwierig, in Deutschland über das archetypische Bild des Helden nachzudenken, da die Kraft dieses Bildes im nationalsozialistischen Heldenkult ausgenutzt wurde. Damit steht der Nationalsozialismus nicht einzigartig dar. Jede kriegsführende Nation benutzte dieses mächtige Bild, um die Krieger zu höheren Leistungen anzustacheln. Dieser Kriegsheld ist hier jedoch nicht gemeint, da er die Weite des archetypischen Bildes eindimensional auf den äußeren Kampf begrenzt. Dem archetypischen Bild des Helden sind solche Begrenzungen fremd. Er ist dadurch

charakterisiert, dass er sich über solche ideologischen, moralischen und kulturellen Begrenzungen hinwegsetzt. Wenn Ödipus mit seiner Mutter schläft, Theseus Ariadne und Dionysos verkuppelt, ist das nicht als kulturell erwünschtes Verhalten anzusehen.

Nichts ist für den Helden wesentlicher als der Kampf. Aber dieser Kampf ist einer gegen die verschlingenden Kräfte des eigenen Unbewussten und nicht gegen äußerliche Feinde, die in der Kriegspropaganda wie Abkömmlinge des Unbewussten dargestellt werden: unkultiviert, wild und tierisch.

Eine moderne Erscheinungsform des Helden ist der Anti-Held. Er tritt uns in der Literatur zu Beginn des 17. Jahrhunderts im Don Quijote, dem Ritter von der traurigen Gestalt, entgegen, der bis in die heutige Zeit literarische Fantasien stark beeinflusst hat. Dieser Anti-Held, der dem archetypischen Bild des ↗Narren verwandt ist, wird heute von Schauspielern wie Woody Allen verkörpert. Er tritt als derjenige auf, dem alles schief läuft und der deswegen menschlich und liebenswert ist.

Analytische Psychologie: Der Held kann als das bekannteste archetypische Bild angesehen werden, das nach C. G. Jung die Sonne in ihrer Wandlung und damit Tod und Wiedergeburt wiedergibt. Deswegen spricht man in der analytischen Psychologie vom Sonnenhelden. Damit ist die größte Tat des Helden ausgedrückt: Er bringt das Licht und damit das Bewusstsein. Heldenträume gehören meist zu den großen Träumen, die man als Kind, kurz vor der Pubertät, in den Krisen des mittleren Alters oder kurz vor dem Tod träumt.

Im Held wirkt der Archetyp des ↗Animus. Dieses Bild ist im Laufe der Kulturgeschichte zum harten Westernhelden, zum pfiffigen Kommissar und zum opferbereiten Arzt verkommen.

Der Held ist wie der Narr ein ewig Wandernder. Aber statt der Leichtfüßigkeit des Narren besitzt er Entschlossenheit. Er handelt und steht für die Konsequenzen seines Handelns ein. Er verkörpert somit das selbstverantwortliche Individuum. Er fühlt sich nicht als Opfer, sondern als Täter, und deswegen bewirkt er etwas – in sich und in der Außenwelt.

Literatur: Wolfram von Eschenbach schuf mit seinem Parzival den Inbegriff des Helden, der als Suchender seinen eigenen Weg finden muss. Weder ritterliche Kampfkunst noch asketische Frömmigkeit, weder Minnedienst noch Mut genügen; das wahre Ziel des heldischen Lebens besteht darin, jenseits von Ideologien den eigenen Weg zu finden.

Helligkeit Helligkeitsverhältnisse spiegeln Stimmungen wider. Wo viel Licht ist, da gibt es viel zu erkennen. Wo es finster ist, da sind keine Unterscheidungen möglich. Ist die Helligkeit zu groß, dann wirkt sie aggressiv und schmerzt in den Augen. Weitere Aspekte bei ↗Licht.

Philosophie: Die Helligkeit ist wie das Licht ein Symbol des Bewusstseins. Gustav Theodor Fechner ging um 1870 davon aus, dass das Bewusstsein ein essenzielles Charakteristikum von allem ist, das existiert. Die Erde ist für Fechner ein helles und somit bewusstes Wesen, und alles, was es auf der Erde gibt, besitzt somit Bewusstsein.

Helm Helm bedeutet Schutz. Aus dem Schutz des Kopfes wird häufig der Kopf als Schutz. Der Helm ist auch der harte Kopf, also der Dickkopf. Der (Stahl-) Helm ist ferner ein Symbol für Krieg. Siehe auch ↗Motorradhelm und ↗Stahlhelm.

Hemd Das Hemd ist ein Zeichen des Bildes, das man der Außenwelt von sich präsentiert. Es verdeutlicht, wie man gerne gesehen werden möchte.
Die weitere symbolische Bedeutung des Hemdes hängt weitgehend von dessen Farbe, dessen Muster und dessen Zustand ab. Das „letzte Hemd" ist sprichwörtlich und deutet an, dass das Hemd auch für Besitz stehen kann. Das Leichenhemd soll die Blöße bedecken und damit das verstecken, was (ab)gestorben ist.
Ende der 1990er Jahre kamen durch die Designerfirmen Hermès, Matsushima und Yamamoto das durchsichtige Hemd für Männer auf. Damit wird symbolgeschichtlich an das 16. Jahrhundert angeknüpft, in dem sich streng blickende Kaufleute zwar meist in schwarzen ↗Anzügen porträtieren ließen, unter denen sie jedoch transparente weiße Hemden trugen. Der Mann symbolisiert damit sein Geheimnis und lässt seine erotische Haut durchschimmern.

Hengst Der Hengst symbolisiert einen Zuwachs an Kraft, andererseits auch die Zähmung der eigenen Kräfte. Er ist häufig ein männliches Potenzsymbol; siehe auch ↗Pferd.
Psychoanalyse: Nach S. Freud ist der Hengst stets ein sexuelles Symbol, besonders bei Triebunterdrückung bei Mann und Frau.

Henne Die Henne steht oft für die Mutter, für Glück, Biederkeit und Häuslichkeit. Sie symbolisiert die Fruchtbarkeit und die Angst vor ihr (wie bei ↗Ei).
Literatur: Aus dem Comic „Micky Maus" kennen wir die dem Menschen nachempfundene Klara Kluck, eine Operndiva mit erstaunlicher Oberweite. Obwohl Klara Kluck Operndiva gewesen ist, lebt sie nun bieder in ihrem Häuschen, in dem Kaffeekränzchen stattfinden.

Henker Der Henker verkörpert den Tod und die ↗Strafe. Im Mittelalter galt der Henker als Außenseiter, weil er einen „unehrlichen" Beruf hatte, der auch mit dem Teufel zusammenhing. Er ist ein Vollzugsorgan, das sehr gefürchtet ist. Siehe auch ↗Aufhängen und ↗Galgen.

Herberge Die Herberge ist ein Ort der Durchreise und somit des Übergangs.
Mehr als beim ↗Hotel schwingt das Beherbergen, die Geborgenheit mit.

Herbst Herbst bedeutet Ernte und Reife, Erfolg und Wohlstand.
Er ist die Zeit der Auswertung, also eine Zeit, in der man sich über sein Leben bewusst wird, so dass man zu neuen Zielen gelangen kann. Man reflektiert seine Situation.
Die Jahreszeit des Herbstes, in der bezeichnenderweise der Totensonntag liegt, weist auf das Vergehen in der Natur und im Menschenleben hin. Aber nach Herbst und ↗Winter kommen wieder ↗Frühling und ↗Sommer. Wie bei allen Todessymbolen wird der ewige Zyklus von Tod und Wiedergeburt angesprochen. Es müssen oft alte Gewohnheiten aufgegeben werden (sterben), um neuen fördernden Gewohnheiten Platz zu machen (Wiedergeburt).
Der Herbst ist die Zeit der Ernte und somit jene Zeit, in der man das genießen kann und sollte, was man in seinem Leben geschaffen hat. Man darf sich Erholung und Ruhe gönnen.

Herd Der Herd ist ein ganz wichtiges Symbol für Kultur, da er das Rohe in das Gekochte verwandelt und so mit Zivilisation assoziiert ist. Er ist untrennbar mit

dem Haus(stand) verbunden: „Eigener Herd ist Goldes Wert." Der Herd war früher der zentrale Ort des Familiengeschehens. Wo der Herd ist, konnte man sagen, ist unsere Heimat. Es bedeutete Gefahr, wenn das Feuer des Herds erlischt. Oft ist damit eine Gefühlskälte angesprochen. Selbst wenn es sich um einen Elektroherd handelt, schwingt beim Symbol Herd immer auch der Anklang an das ↗Feuer und den ↗Ofen mit.
Herd und ↗Küche sind häufige Wandlungssymbole.
Antike: Im klassischen Altertum verehrten die Griechen Hestia als die Göttin des Herdfeuers und des Herds. Man könnte sagen, dass bis heute der Herd im Gegensatz etwa zur ↗Geschirrspülmaschine einen weiblichen Haushaltsgegenstand darstellt.
Psychoanalyse: Nach S. Freud ist der Herd ein Symbol der Frau und des weiblichen Körpers.

Herde Die Herde, besonders die Schafherde, ist ein Symbol für Opportunismus und mangelnde Individualität („Herdentrieb"); manchmal vielleicht auch positiv für Gemeinschaftsgeist; siehe auch ↗Hirt.

Hering Früher war der Hering das Essen der Armen und stand deswegen für das Geringwertige, Billige. Aufgrund seiner starken Vermehrungsfähigkeit galt er auch als Fruchtbarkeitssymbol und Symbol der Fülle; allgemeine Aspekte bei ↗Fisch, siehe auch ↗Sardine.

Hermes ↗Merkur

Heroin Heroin symbolisiert unsere Süchte und (tödlichen) Bindungen und Abhängigkeiten.
1898 wurde Heroin entwickelt und besonders in Deutschland als Mittel gegen Husten und Durchfall gepriesen. Ärzte waren der Überzeugung, dass es im Gegensatz zum Morphium nicht abhängig macht. Das war eine fatale Fehleinschätzung, denn Heroin macht physisch und psychisch in einem vorher unbekannten Maße süchtig.
Im goldenen Dreieck, das von den Ländern Burma, Thailand und Laos gebildet wird, wird heutzutage der meiste ↗Mohn angebaut, ↗Opium und Heroin hergestellt und in alle Welt geschickt. Heroin ist oft zu einem Zahlungsmittel für Waffen geworden, der Heroinhandel dieser Gegend ist äußerst gewalttätig und schreckt vor Kriegen nicht zurück.
Analytische Psychologie: Heroin ist ein mächtiges Schattensymbol.
Literatur: Der amerikanische Schriftsteller William Burroughs, der selbst heroinsüchtig war, beschreibt die Macht seiner Abhängigkeit. Er nannte Heroin die ultimative Ware, da der Käufer alles tut, um an sie zu kommen.

Herz Herz bedeutet Liebe. Das Herz verdeutlicht unsere körperliche Lebensenergie, Erkenntnis und Mut. Es ist andererseits auch das Organ des Leidens – wir sprechen vom „gebrochenen Herzen".
In der Symbolik ist das Herz ein Barometer für Stimmungen und Gefühle, für Mut und Willen. Das Herz aus Stein oder das stählerne Herz bezeichnet einen gefühllosen Menschen, dessen Willen über die Herzkraft – also das Gefühl – herrscht. Nach der Ermordung des Gestapoführers Reinhard Heydrich 1942 in Prag lobte Adolf Hitler seinen Vertrauten als einen Mann mit „stählernem Herzen".
Wie sehr das Herz symbolisch besetzt ist, zeigen Kommentare anlässlich der ersten

Herztransplantationen und des Einsetzens künstlicher Herzen. Die Herztransplantation bekam eine Medienaufmerksamkeit, die sonst nur noch die moderne Genetik bekommt. In allen Kommentaren wurde das Herz mit Willen, Mut und Gefühl verbunden und die Frage gestellt, ob Willen, Mut und Gefühl des Spenders auf dem Empfänger übergehen. Als Jahre später zum ersten Mal ein künstliches Herz einem amerikanischen Patienten eingesetzt wurde, verwunderte sich die Ehefrau des Empfängers, dass er nach wie vor ein liebevoller Mensch war. Sie hatte vermutet, dass ohne natürliches Herz die Liebesfähigkeit verschwinde.

Im Herz entsteht Erkenntnis, deswegen muss man sich etwas zu Herzen nehmen (englisch „learning by heart" für „Auswendiglernen" oder italienisch „ricordare" für „erinnern"). Das Herz wurde als der Mittelpunkt des Menschen gesehen, als das Organ, aus dem er lebt. Wer ins Herz getroffen wird, ist deswegen tot.

Im Märchen wie im Traum kommt die Herzensprüfung vor, bei der durch die ↗weise Frau oder den ↗weisen Mann von einem Menschen in Not, einem bedrängten ↗Tier oder den Elementarwesen die Frage gestellt wird: „Hast du ein offenes Herz für mich?" Reagiert der ↗Held beziehungsweise das Ich mit Mitleid und Herzensgüte, dann wird die ↗Prüfung bestanden.

Asien: Das Herz ist der Ort des Kontaktes mit Brahman, der absoluten Schöpferkraft.

Antike: Schon im Traum des Gudea v. Lagasch (Sumer, 2144–2124 v. Chr.) wird das Herz als das Organ des Gefühls angesehen. Im klassischen Griechenland repräsentierte das Herz – wie im alten Ägypten – das Denken, Fühlen und Wollen des Menschen. Aristoteles ging davon aus, dass im Herzen der Sitz der Intelligenz sei. Das ↗Gehirn habe die Aufgabe, das Herz abzukühlen.

Christentum: Seit dem 12. Jahrhundert begann sich in Europa der christliche Kult der Anbetung des Herzens Jesu auszubreiten. Gebete, Gedichte und Lieder waren diesem Herz gewidmet. Bernhard von Clairvaux sah in der Anbetung des Herzens den Schlüssel zum Geheimnis des Christentums. Katharina von Siena sah 1370 in einer Vision ihr eigenes Herz, und zweieinhalb Jahrhunderte später bekam Theresia von Avila die gleiche Vision. Es ist auffallend, dass das christliche Herz stets das verletzte Herz ist. Es wird meistens durchbohrt und symbolisiert somit unsere emotionale Verletzlichkeit. 1765 wurde von Papst Klemens XIII. ein Fest des Heiligen Herzens Jesu vorschlagen, das dann von Papst Pius IX. eingeführt wurde.

Literatur: Die Metapher des Herzens erlebte in der Dichtung seit der Zeit des Sturm und Drangs eine steile Karriere. Dort leiden die Heldinnen und Helden seitenlang am gebrochenen, am sehnenden oder verletzten Herz.

In einer der Meistererzählungen der Schauerliteratur, „The Tell-Tale Heart" (1843) von Edgar Allen Poe, steht das Herz im Mittelpunkt. Es ist das Herz eines Ermordeten, das immer weiterschlägt und dee Mörder mit seinen Schlägen verfolgt. Dem Herz kommt eine selbstständige Existenz zu und es kann sich deswegen an dem Mörder seines Besitzers rächen.

Kunst: Sehr einflussreich war das gemalte Herz von Henri Matisse, das der Künstler 1949 malte und in der Reihe „Nouvelles Images" später erfolgreich als Postkarte veröffentlicht wurde.

Philosophie: In der deutschen Philosophie machte als Erster Arthur Schopenhauer darauf aufmerksam, dass das Geistige auch immer eine Sache des Herzens sei. Damit bildete er den Gegensatz zu Georg Wilhelm Friedrich Hegel, seinem Professorenkollegen in Berlin.

Hetze Hetze ist ein Symbol und Lebensgefühl der modernen Zeit. Wenn jemand gehetzt wird: ↗Verfolgung.
Film: In Charlie Chaplins Film „Moderne Zeiten“ (1936) wird die Hetze der modernen Zeit im Stil einer Komödie ironisiert.

Hetzjagd Die Hetzjagd symbolisiert den Lebensstil des (englischen) Landadels. Hetzjagd bedeutet Aggression, ↗Hetze und Stress. Eine radikale Missachtung des Tierischen wird mit diesem Symbol angesprochen.

Heu Im Heu machte man früher die ersten erotischen beziehungsweise sexuellen Erfahrungen. „Ins Heu fahren“ als Umschreibung für erotische Abenteuer taucht schon früh auf.
Heu kann auch eine große Menge bezeichnen („Geld wie Heu“). Weniger geläufig ist der Aspekt, dass es sich beim Heu ja um vertrocknetes Gras handelt, also um etwas, aus dem das Leben gewichen ist.
Kunst: Auf einem Bild von Hieronymos Bosch („Die Welt als Heuwagen“) ist das Bett der Liebenden auf einem Heuwagen dargestellt.

Heuschrecke Die Heuschrecke verkörpert stets eine große ↗Gier oder die Angst vor einem Verlust, da Heuschreckenschwärme in kurzer Zeit ganze Felder vernichten können. Heuschrecken sind ein Symbol für Plagen, Hunger und Armut, obwohl in Zentraleuropa die Heuschreckenplage heute nicht mehr vorkommt.
Christentum: Die Bibel kennt die Heuschrecken als die Plage über Ägypten (Ex 10.12–20) und als apokalyptische Strafe Gottes für die sündige Welt (Apk 9.3–11). Trotzdem taucht sie bei A. Dürer in dem Bild „Madonna mit der Heuschrecke“ als positives Symbol auf: Weil sie sich mehrfach häutet, gilt sie als Symbol der Verwandlung hin zur Erlösung.

Hexe Die Hexe ist ein altes Symbol für die magischen Kräfte der Frau, die in verschiedenen Zeiten und Kulturen positiv oder negativ angesehen wurden. Sie ist eine Nachfahrin der alten Göttinnen, die stets Schutz und Zerstörung, Geburt und Tod verkörperten. Und noch heute erinnert uns das Bild der Hexe an die dunkle Seite unseres Begehrens. Die Magie der Hexe kann Wünsche erfüllen, andererseits auch Glück zerstören. Dabei lässt sich die Magie der Hexe fast nicht von ihrer Sexualität trennen.
Die Hexe ist ein weit verbreitetes Symbol für den negativen Aspekt des Mütterlichen, der im Dominieren, Verzaubern, Verwünschen, Festhalten und dem Verschlingen besteht. Die Hexe ist auf der anderen Seite aber auch die weise Frau und weist auf das gleiche Bedeutungsfeld wie die alte Frau und Greisin hin.
Die Hexe ist fast immer ein Symbol für die Kraft des Unbewussten, speziell für den Schatten. Die Hexe als Schatten des Weiblichen tritt speziell in christlichen Kulturen in den Vordergrund, da diese sich die Natur untertan machen möchten und das Weibliche der Natur verbunden gedacht wird.
Christentum: Der Kirchenlehrer Augustinus zweifelte an der Wirksamkeit des Hexenzaubers. Er bekämpfte die Aussage der klassischen Mythologie, dass Apulejus von einer thessalischen Hexe in einen Esel

verwandelt werden konnte, wie überhaupt auch im christlichen Mittelalter die Existenz von Hexen nicht unbestritten gewesen ist.
Kunst: Hexen wurden vielfach dargestellt. Eine der schönsten Darstellungen ist A. Dürers Bild „Die vier Hexen", auf dem die Hexen gemäß dem Schönheitsideal der damaligen Zeit dargestellt werden – also nicht alt, gebeugt und mit Warze, sondern jugendlich anmutig.

Hieb- und Stichwaffe Hieb- und Stichwaffen bedeuten Aggression; bei Stichwaffen schwingt immer eine sexuelle Bedeutung mit. Allgemeines bei ↗Waffen.

Himbeere Die Himbeere ist – wie die meisten ↗Beeren – oft ein weibliches Sexualsymbol.

Himmel In den Himmel projizieren wir Wünsche, Ideale und die Götter, die oft nur allzu menschlich sind. Der Himmel ist auch das Entfernte, das Weite, und er ist unsagbar oben – nicht erreichbar. Alle Erlösungsvorstellungen neigen dazu, in den Himmel projiziert zu werden.
Der Himmel ist das Reich des Geistes, der Gedanken und Intuition. Hier wird der Mensch als Bürger zweier Welten gesehen, dessen Kopf in den Himmel ragt und dessen Füße auf der Erde ruhen. So weist das Symbol Himmel oft auf die Notwendigkeit der Erdung hin, andererseits auch auf gute Stimmung (himmlisch). Er ist das Luftschloss und das Fantasiereich der Wünsche. Das Himmelssymbol im Traum spricht meist den Konflikt Fantasiewelt oder Realität an.
Der Himmel ist ferner ein Stimmungsbarometer: Ein trüber, bewölkter Himmel symbolisiert depressive Verstimmung oder Unklarheit. Ein heiterer, heller, sonniger Himmel drückt gute Laune aus.

Himmelskörper ↗Mond, ↗Planet, ↗Sonne, ↗Stern

Himmelsrichtung Die Himmelsrichtungen geben die Grundlage der ↗Orientierung wieder. Näheres bei ↗Osten, ↗Norden, ↗Süden und ↗Westen.

Hindernis Hindernis bedeutet Einschränkung und Mühe. An einem Hindernis kommt oft die Bewegung zum Stillstand. Für den Psychologen weisen Hindernisse auf Hindernisse auf dem Lebensweg. Sie symbolisieren die Widerstände des Lebens, die es zu überwinden gilt. Die positive Seite dieses Symbols liegt darin, dass in ihm unbekannte Widerstände gesehen und so bewusst werden, was eine Voraussetzung dazu ist, sie aus dem Weg zu räumen. Wichtig für die genauere Deutung ist die Art des Hindernisses.
Literatur: In der Literatur hat der norwegische Schriftsteller Henrik Ibsen in seinem Drama „Peer Gynt" die Überwindung eines Hindernisses traumhaft gestaltet. Er führt die unsichtbare Person des Großen Krummen ein, mit der der Held Peer Gynt konfrontiert wird, um zu lernen, dass es nicht immer klug ist, den direkten Weg zu gehen. In manchen Situationen kann der Umweg sehr fruchtbar sein.

Hinken Hinken bedeutet Behinderung, oft auch im übertragenen Sinne („der Vergleich hinkt"). Mit dem Hinken werden oft Außenseiter, die Bösen und die Armen charakterisiert, siehe auch ↗Krücke.
Antike: Der griechische Gott Hephaistos ist der hinkende Gott, den seine Frau Aphrodite mit Ares betrügt. Hephaistos gilt als Personifikation des ↗Feuers.

Hinrichtung Hinrichtung bedeutet Tod und ↗Strafe. Siehe auch ↗Exekution, ↗Galgen und ↗Henker.

Hinten Hinten ist stets unbewusst. Es bedeutet das, was wir nicht sehen können. Von hinten kommt die Gefahr, was sich noch im Wort „Hinterhalt“ zeigt. Was sich im Hintergrund befindet, symbolisiert oft das Unbewusste.

Hinterhof Der Hinterhof ist der verborgene Ort, das Geheimnis. Er steht für die Armut und das Unbewusste, da er oftmals der dunkle Ort ist, in den kein oder nur wenig Licht fällt.
Kunst: Für den Berliner Karikaturisten Heinrich Zille steht der Hinterhof für die ärmliche Großstadtidylle.

Hinterteil Das Hinterteil ist ein Ausdruck der Erotik, andererseits auch der Ruhe und Bequemlichkeit. Das Hinterteil ist eng mit der ↗Strafe assoziiert. Viel negativer in seiner Bedeutung ist der ↗Arsch.

Hintertür Die Hintertür verdeutlicht einen indirekten Zugang, von dem Gefahr droht, der aber auch einen Ausweg aus einer Gefahr eröffnen kann. Durch die Hintertür werden auch illegale Geschäfte abgewickelt.

Hirsch Symbol der Entwicklung und der Erlösung (vgl. der „Hubertus-Hirsch“). Der Hirsch verkörpert männliche Potenz und Kraft („ein flotter Hirsch“), bei vielen Naturvölkern wird er mit der Sonne in Verbindung gebracht, weil sein Geweih den Sonnenstrahlen gleiche, weswegen er bei religiösen Festen ein beliebtes Opfertier war.
Der alte Carl Hagenbeck war der Ansicht, dass alle Hirscharten diejenigen ↗Tiere seien, auf die man sich am wenigsten verlassen kann. Man kann sich eher auf Fleisch fressende Raubtiere verlassen als auf Hirsche, meinte er.
Mittelalter: Im Mittelalter wurden nahezu alle Teile des Hirsches zu Heilzwecken verwendet, wohl deshalb gibt es so viele „Hirsch-Apotheken“. Beliebt waren Bilder, auf denen ein Hirsch dargestellt ist, der das Wasser des Lebens aus einer Quelle trinkt. Von da ist es nur noch ein kleiner Schritt zu der Vorstellung, der durch das Wasser des Lebens gestärkte Hirsch könne Giftschlangen überwinden.

Hirse ↗Getreide

Hirte Der Hirte verkörpert ein großes Vermögen. Er personifiziert den Schutz und die Ordnung in der Triebwelt. Der Hirte ist derjenige, der weiß, wo es langgeht, und dies auch bestimmt.
Je mehr der Hirte tatsächlich aus unserem Umfeld verschwindet, desto mehr wird er idealisiert und romantisiert. Gerade der Schafhirte ist zu einer Gestalt nostalgischer Naturbegeisterung geworden.
Analytische Psychologie: Der Hirte ist ein archetypisches Symbol des Seelenführers („Psychopompos“). Tatsächlich findet sich in fast allen alten europäischen Kulturen der Vergleich des Hirten mit einem Gott oder Göttern, wobei die Menschen die geführten Schafe sind. Wenn sich Jesus also als der „gute Hirte“ bezeichnet (Joh 10.11–16), dann stellt er sich damit in eine uralte Tradition.

Hirtenstab ↗Stab

Hitze Hitze bedeutet Leidenschaft, Aktivität und Triebe; wenn sie zu stark wird, dann wird sie als negativ empfunden: die drückende oder versengende Hitze; siehe auch ↗Feuer.

Hobel Ein Hobel weist auf ein zielstrebiges Ordnungsstreben. Er spricht womöglich an, dass etwas um jeden Preis geglättet werden soll – wo gehobelt wird, fallen auch Späne. Oft geht es bei diesem ↗Werkzeug um Ausleseprozesse.

Hoch Hoch bedeutet stets bedeutend.
Es ist auffällig, dass es in den meisten Kulturen eine Tendenz gibt, bedeutendere Ebenen der Realität als hoch zu bezeichnen. Bedeutendere Ebenen unserer Psyche dagegen bezeichnen wir als tief.

Hochebene ↗Hochplateau

Hochhaus Ein Hochhaus ist meistens wie ein großes ↗Haus zu sehen. Es steht für einen großen Überblick; jedes Hochhaus demonstriert auch Macht. Wie auf den alten Merian-Stichen prägen auch noch heute die hohen Gebäude nicht nur die Skyline und damit den Charakter einer Stadt, sondern sie demonstrieren auch, wer so mächtig ist, dass er das Erscheinungsbild der Stadt prägen kann.
Nicht erst seit dem 11. September 2001 spielen Hochhäuser in Träumen eine wichtige Rolle. Wiesen sie bisher auf intellektuelles Abgehobensein und Distanz zu den Gefühlen oder auf die Notwendigkeit hin, sich mit Hilfe des Verstandes einen besseren Überblick zu verschaffen, so stehen sie nach der Zerstörung der Twin Towers zusätzlich für eine völlig neuartige, nahezu unfassbare Bedrohung.
Das Hochhaus ist einer der wenigen Gebäudetypen, der den Sprung vom späten 19. ins 21. Jahrhundert geschafft hat. Heute versucht man zunehmend, mit der Höhe der Gebäude Macht auszudrücken, was an den Turmbau zu Babel erinnert. Der Brite Sir Norman Foster entwarf für Tokio ein 840 Meter hohes und der spanische Architekt Javier Pioz für Schanghai ein 1100 Meter hohes Gebäude, welches das World Financial Center in Schanghai mit 460 Metern als höchstes Gebäude der Welt noch deutlich überragen soll.
Daneben verkörpert das Hochhaus aber auch Verlust oder Einschränkung der Individualität, moderne Anonymisierung.

Hochplateau Das Hochplateau steht für eine gehobene Position (wie ↗Hochhaus, ↗Hochsitz und ↗Vogel). Wichtig aber ist, dass die Ebene gleichförmig ist, nicht von Gipfeln und Tälern, von Hochs und Tiefs durchzogen.
Entscheidend für die Deutung ist, was jemand dort sieht und erlebt.

Hochschule ↗Universität

Hochsitz Der Hochsitz symbolisiert den Wunsch nach Überblick, eventuell nach Selbstüberhöhung und Überheblichkeit, außerdem das Lauern auf das zu erjagende Objekt. Da er ein Symbol aus dem Bereich der ↗Jagd ist, drückt er auch Aggressivität und Unterdrückung des Tierischen aus.

Hochspannungsleitung Die Hochspannungsleitung ist zum Symbol für elektrische Energie geworden – in ökologischen Kreisen auch zum Sinnbild der Nachteile der großtechnischen Erzeugung von Energie.
Psychologisch gesehen geht es um die Übertragung von Energie im weiteren Sinne. Die (Trieb-)Energien werden geleitet und an ihr Ziel gelenkt. Daneben ist der Aspekt der Spannung zu beachten: Hochspannung ist auch hohe nervliche Anspannung, psychischer Stress; siehe ↗Elektrizität.

Hochwasser Hochwasser symbolisiert hochsteigende Gefühle. Es ist ein häufiges Symbol bei Ängsten vor den eigenen Gefühlen; siehe auch ↗Flut.

Hochzeit Die Symbolik entspricht der von ↗Heirat und ↗Ehe. Bei Hochzeit kann darüber hinaus auch die Grundbedeutung „hohe Zeit" mitschwingen: Eine Zeit, die man sich gönnen kann. Diese Zeit bildet den anderen, den schöneren Alltag.
Psychoanalyse: Ein Wunschtraum nach S. Freud: Der Träumer oder die Träumerin möchte heiraten.
Analytische Psychologie: Nach C. G. Jung ist mit der Hochzeit immer die alchemistische Verbindung angesprochen, die Verbindung von ↗Animus und ↗Anima (wie bei ↗Braut und Bräutigam).

Hochzeitskleid Das Hochzeitskleid symbolisiert die Haltung, mit der man eine enge Verbindung mit einem anderen eingehen möchte. Vielfach emotionsbeladenes Erinnerungsstück an die – meist als schön erinnerte – Zeit der Verliebtheit und des Hochzeitsfestes. Wer der traditionellen Ehe und traditionellen Bräuchen kritisch gegenübersteht, der erblickt im Hochzeitskleid auch das Symbol für veraltete Formen des Feierns und Lebens.

Hocker Der Hocker steht für eine Erhöhung, andererseits auch für einen unsicheren Sitz. Man braucht Sicherheit, Unterstützung (eine Lehne) und Erdung, was man nicht hat, wenn einen etwas „vom Hocker haut".

Hoden Etwa 90 Prozent des männlichen Hormons Testosteron wird im Hoden produziert, und somit steht der Hoden für männliche Kraft und Lebendigkeit. Unsere Vorfahren legten beim Schwören die Hände über die eigenen Hoden oder diejenigen eines Zeugen. Von daher stammen unsere Fremdwörter „Testifikation" und „Testament", denn „Testikel" ist die lateinische Bezeichnung für den Hoden.
Der Verzehr von Hoden wird als potenzsteigernd angesehen. Alljährlich wird im September in Montana ein „Testicle Festival" durchgeführt, bei dem frittierte Stierhoden massenweise verzehrt werden.
Am chinesischen Kaiserhof trugen die Eunuchen (angeblich voller Stolz) ihre abgeschnittenen Hoden eingelegt in Krügen an einer Halskette.

Höhe Von einer Höhe aus hat man einen höheren Standpunkt; man sehnt sich nach Großem, will „auf der Höhe sein" und muss doch vorsichtig sein, dass man nicht in Selbstüberschätzung verfällt.

Höhepunkt ↗Gipfel

Höhle Die Höhle ist ein Schutzsymbol. Es ist der ursprünglichste aller Wohnorte, wo der Mensch noch mit dem ↗Tier(ischen) lebt; das Dunkle und beengende einer Höhle kann auch Furcht auslösen, dann schlagen Schutz und Geborgenheit um in Einengung. Weitere Aspekte bei ↗Grotte.
Psychoanalyse: Die Höhle ist ein vaginales Symbol. Sie symbolisiert nach S. Freud Schutz und Weiblichkeit. Dieser Aspekt taucht übrigens nicht nur bei S. Freud auf, sondern ostkirchliche Darstellungen verlegen die Geburt von Jesus deshalb in eine Höhle oder deutlicher noch in eine Erdspalte, um klarzumachen, dass hier ein Kind geboren worden ist, dass aus der Befruchtung der Erde durch den Himmel entstanden ist.
Analytische Psychologie: Die Höhle erinnert als Symbol nach C. G. Jung daran,

dass der Mensch vom Tier her kommt und dass das (tierische) Unbewusste seinen Ursprung darstellt.

Hölle Die Hölle ist der Ort des ↗Teufels und der Qualen, die er dort den Sündern bereitet. Ein archetypische Symbol für Sünde, Gewissensqualen und Schuldgefühle, das auch beim modernen Menschen noch uneingeschränkt wirkt.
Jeder Ort, an dem Menschen gequält werden oder Extremsituationen ausgesetzt sind, kann als Hölle bezeichnet werden. Trotzdem hat die Hölle immer auch etwas Attraktives an sich: Im Gegensatz zum ↗Himmel scheint sie der interessantere Ort zu sein, und das Ausmalen der Höllenqualen bietet der Fantasie ein weites Feld. Psychologisch gesehen kann man die Hölle als eine Trennung von sich selbst ansehen, als eine Konfrontation mit seinem eigenen Schatten oder unaushaltbaren Lebensbedingungen. Der positive Aspekt der Hölle hängt mit dem Bild des ↗Feuers in der ↗Erde zusammen: Dieses Feuer ist das ↗Licht, das aus der ↗Finsternis entsteht. Wenn der Schatten in seiner vollen Kraft gespürt und erlitten wird, dann wird er zum Licht und zur wirklich reifen Erfahrung, die in das Leben integriert werden kann und zu einem ganzheitlichen Lebensgefühl führt.

Hören Hören bedeutet Kommunizieren. Mit dem Hören ist immer auch das ↗Ohr assoziiert, obwohl im Tierreich das Hörorgan auch der Magen (bei Zikaden), die Zunge (bei Schlangen) oder die Knie (bei Grillen) sein kann.
Mit dem Hören ist auch das Gehorchen und das Hörig-Sein sein verbunden.

Hörsaal Der Hörsaal verweist auf das Lernen: ↗Schule.

Hof Der Hof ist ein privater oder halböffentlicher ↗Raum in der Nähe des Hauses oder zwischen Häusern, der im Gegensatz zum Feld oder der Straße immer auch etwas Abgeschlossenes, Geborgenes hat. Der Hof verweist wie der ↗Hinterhof oft auf etwas Verborgenes oder symbolisiert den offenen Teil der Persönlichkeit, Letzteres besonders dann, wenn der Hof offen und einsichtig angelegt ist.
Falls ein landwirtschaftlicher Betrieb gemeint ist: ↗Bauernhof.
Psychoanalyse: Nach S. Freud symbolisiert der das ↗Haus umgebende Hof die weibliche Scheide, was heute wohl nur dann der Fall ist, wenn ein starker Sexualstau vorliegt. Allerdings schwingen solche Bedeutungen, die sich einmal im Kulturprozess herausgebildet haben, fast immer mit, da die menschliche Seele nichts zu vergessen scheint.

Hoffnung Hoffnung ist ein Ausdruck von Stärke in schwierigen Zeiten. Sie richtet sich auf die Zukunft aus und kann als eine Vision, aber auch als eine Flucht aus den gegenwärtigen Verhältnissen angesehen werden. Ein Verharren im bloßen Hoffen steht allerdings dem authentischen Leben im Hier und Jetzt im Weg.
Im Volksglauben ist die Hoffnung der Farbe Grün verbunden. Damit wird die Hoffnung auf den Zyklus der Natur gegründet, der immer wieder alles ergrünen lässt.
Philosophie: Das Zukünftige und die Utopie stehen im Mittelpunkt des Hauptwerks „Das Prinzip Hoffnung“ des deutschen Philosophen Ernst Bloch.

Hohe Absätze ↗Stöckelschuhe

Hohl Hohl bedeutet leer, oft auch im Sinne von dumm; siehe zudem ↗Grotte und ↗Höhle.

Hohlweg Der Hohlweg schafft gefährliche Situationen, denen man nicht ausweichen kann. Im Hohlweg trifft man unweigerlich aufeinander, und somit schafft er eine Konfrontation. Wilhelm Tell und der Landvogt Gessler treffen sich im Hohlweg, und viele einflussreiche Adelige wurden speziell im Mittelalter im Hohlweg erschlagen. Der Hohlweg war also der Ort der Gefahr; heute wandelt er sich zum romantischen Ort. Der Psychologe sieht im Hohlweg ein Bild des Geburtskanals.
Psychoanalyse: S. Freud bezeichnete zu Beginn seiner Traumforschungen in einem Brief an Fließ den Traum als einen verdeckten Hohlweg.

Holunder Der Holunder gilt seit der Antike als ein Abwehrmittel gegen Zauber aller Art. Er ist ein Heilmittel und markiert oft Grenzen.
Christentum: Judas, so erzählt die Sage, erhängt sich am Holunder.

Holz Das Holz ist ein Symbol für Beweglichkeit, Wärme und Natürlichkeit. Gerade als Baustoff und Möbelmaterial wird es mit Natur in Verbindung gebracht.
Andererseits gilt es auch als steif und unbeweglich, ja sogar gefühllos: ein „hölzerner Typ“.
Wichtig ist der Zustand und die Art des Holzes, siehe zum Beispiel ↗Ebenholz, auch ↗Wald.
Psychoanalyse: Auch nach S. Freud ist Holz ein Symbol der Weiblichkeit.
Asien: Im „I Ging“ bedeutet das Holz das Sanfte, das Eindringende wie der Wind. Es ist die erste Tochter, also weiblich.

Holzbein Das Holzbein ist ein klassisches Attribut des ↗Piraten und mag in diesem Zusammenhang auf Verwegenheit deuten. Meist ist es aber Zeichen einer (Kriegs-) Verletzung, einer körperlichen Behinderung. Psychologisch gesehen ist es ein Symbol fehlender Erdung.

Holzfäller Der Holzfäller verkörpert den starken Naturburschen. Da dieser Beruf gefährlich ist, bedeutet Holzfäller auch Gefahr. Der Holzfäller kann auch das Hölzerne und Ungehobelte verkörpern und somit ein Symbol für eine unkultivierte Haltung sein. Wie der ↗Bauer wird der Holzfäller heute von Städtern vielfach idealisiert, so wird er zum Symbol des guten, einfachen Lebens.
Da ursprünglich der ↗Wald ein Sinnbild des dunklen Ortes und somit des Unbewussten ist, schafft der Holzfäller eine Ordnung in diesem als chaotisch empfundenen Gebiet. Es wird die grobe Naturkraft in etwas Feineres verwandelt und als Brenn- oder Baustoff in den Dienst der menschlichen Kultur gestellt. Wird das Holz nicht zerstückelt, kann das Holzfällen auch eine Energielosigkeit andeuten. Auf der anderen Seite verweist das Holzfällen auch auf eine natürliche Haltung gegenüber der eigenen Lebendigkeit und Gesundheit.

Holzhammer Der Holzhammer ist ein bekanntes Symbol des Drastischen und Uneleganten, siehe auch ↗Hammer.

Homepage Homepage bedeutet Selbstdarstellung. Homepage werden die Seiten genannt, die eine Person, Firma oder Institution im ↗Internet unterhält. Diese Seiten sind die Visitenkarte ihres Besitzers. Sie symbolisieren dessen Charakter – oder wie er gesehen werden möchte. Homepage ist Auftritt, und wie alle Symbole des Internets steht sie für eine moderne Form der Kommunikation.

Homosexualität Homosexualität bedeutet oft Abweichung. Sie symbolisiert entweder die Identifikation mit unserer männlichen Seite oder auch den (verdrängten) Wunsch nach homosexuellen Kontakten. Psychologisch betrachtet stellt die Homosexualität die Frage nach der Selbstannahme.
Homosexualität weist stets auf die Identifikation mit dem eigenen Geschlecht hin. Sie kann als Symbol der Abwehr der „normalen" und somit leicht langweiligen Sexualität betrachtet werden. S. Freud zufolge ist jeder Mann auch latent homosexuell. In diesem Symbol werden diese Tendenzen angesprochen.

Honig Honig bedeutet süße Nahrung. Der Honig – das einzige Lebensmittel, das von Insekten produziert und vom Menschen genossen wird – ist ein Sinnbild für Nahrung und Reichtum. Er wird von der Antike bis in die heutige Zeit als Sexualsymbol betrachtet (vgl. Mick Jagger: „I am a honey bee", „Honey", englisch für Geliebte(r), „Honeymoon" für Flitterwochen).
Als göttliche Speise spielt der Honig in Paradiesvorstellungen der Menschheit eine wichtige Rolle. Bekanntlich tropft in den gelobten Ländern der Honig von den Bäumen. Damit wird ein Ideal ausgedrückt, dass nämlich kollektiv ein Selbst entstanden ist, das alle mühelos nährt. Der Honig ist ferner ein altes Wiedergeburtssymbol. Der Honig galt als Mittel gegen die Impotenz. Aus diesem Grunde soll Attila am Tage seiner Hochzeit so viel Honigmet getrunken haben, dass er an Herzstillstand starb.
Antike: Der Honig gilt als die magische Nahrung der Natur und wurde deswegen als Opfer für die höchsten Götter benutzt. Die Sumerer (4. Jahrtausend v. Chr.) bezeichneten ihn als die Speise der Götter. Der Honig wird auch als Nektar der Aphrodite bezeichnet.
Islam: Der Speichel der Huris im islamischen Paradies ist Honig.

Honorar Das Honorar ist – wie alle Symbole des ↗Geldes (↗Gehaltsabrechnung) – ein Energiesymbol. Es verweist auf den Ausgleich von Geben und Nehmen.
Für eine genauere Deutung ist die Höhe des Honorars und wofür es berechnet wird wichtig.

Hopfen Meist wird Hopfen mit ↗Bier assoziiert. Es steht für den Rausch.
Als Schlingpflanze kann der Hopfen auch auf die Gefahr symbiotischer Beziehungen hinweisen.

Horizont Der Horizont scheint manchmal unendlich weit entfernt zu sein – und doch symbolisiert die Begrenzung psychologisch gesehen die Begrenzung des Bewusstseins („das geht über seinen Horizont").

Horn Das Horn spielte früher eine große Rolle: als Posthorn, als Jagdhorn oder auch als Signalinstrument im Krieg. Heute als Instrument ganz auf die klassische Musik beschränkt und deshalb als verstaubt geltend. Möglich sind auch von Nostalgie geprägte Zusammenhänge.
Das tierische Horn, das früher des Öfteren mit dem ↗Teufel in Verbindung gebracht wurde, steht heute für (ein meist mehr oder weniger „gesundes") Durchsetzungsvermögen, für (animalische) Kraft, die ein Jugendlicher, der „sich erst die Hörner abstoßen" muss, wohl im Überfluss hat.
Eine Frau, die ihren Mann betrügt, setzt ihm „Hörner auf"; die Herkunft dieser in ganz Europa verbreiteten Redensart ist ungeklärt; bekannt war sie in ähnlicher Form schon bei den alten Römern.

Ferner gilt das Horn auch als Symbol des Überflusses („Füllhorn“) und der Freigebigkeit.
Christentum: Aufgrund eines Übersetzungsfehlers einer Bibelstelle (Ex 34.29) haben im Mittelalter viele Künstler bis hin zu Michelangelo Moses mit zwei Hörnern auf dem Kopf gemalt. Gemeint waren an der genannten Stelle eigentlich Lichtstrahlen, aber auch das Lamm in der Apokalypse trägt Hörner auf dem Kopf, und zwar gleich sieben, die die sieben Geister Gottes versinnbildlichen sollen (Apk 5.6).

Hornisse Hornisse - eine Wespenart, deren Stiche besonders schmerzhaft sind - bedeutet Gefahr. Die Hornissen symbolisieren besonders boshafte Widersacher und Gedanken.

Horoskop Horoskop heißt wörtlich Stundenschau. Es gibt die Einzigartigkeit des Augenblicks wieder. Der Charakter des unter diesem Horoskop geborenen Menschen oder Ereignisses wird vom Horoskop symbolisiert, und einige Astrologen nehmen an, dass aus der Konstellation der ↗Planeten und des ↗Monds die Zukunft vorherzusagen sei. So steht das Horoskop für die schicksalhafte Verstrickung und Vorbestimmtheit des Menschen. Andererseits kann das Horoskop jedoch auch Betrug, Unseriosität und Aberglauben bedeuten. Einzelverweise bei dem jeweiligen ↗Sternzeichen.
Die Bezeichnung Horoskop setzte sich ab dem Mittelalter durch, die Sache selbst aber ist viel älter. In der Antike nannte man es „Thema“, oder man sprach von „Genesis“. Die Betrachtung und Bedeutung der Aspekte (Winkel) geht auf die pythagoreische Harmonik zurück.

Hose Obwohl heute die meisten Frauen Hosen tragen, gilt die Hose immer noch als männliches Kleidungsstück. Wenn eine Frau „die Hosen anhat“, dann hat sie die männliche Rolle in der Partnerschaft übernommen.
Psychologisch gesehen verweist die Hose auf unsere Einstellung zu unserem Körper und unserer Sexualität. Enge Hosen symbolisieren eine Einengung im körperlichen Bereich, können aber auch im Gegenteil dazu als Symbol für Sexualbejahung und Freude am eigenen Körper angesehen werden.
Film: Einen riesigen Erfolg hatte 1927 Hans Behrendts Film „Die Hose“ nach Carl Sternheims Komödie „Skandal in der Residenz“. Die Hose hat hier eine sexuelle Bedeutung, indem sie auf den Seitensprung einer hübschen Beamtengattin aufmerksam macht.

Hospital ↗Krankenhaus

Hotel Hotel bedeutet Fremdheit und Unterwegssein. Hotels weisen immer auf einen vorübergehenden Zustand hin, auf eine Übergangssituation; das Zimmer im Hotel steht im Kontrast zur eigenen Wohnung oder zum eigenen Haus. Es ist nicht Ausdruck des individuellen Lebensstils, sondern immer einer gewissen Anonymität.
Für den Psychologen steht das Hotel für eine Station auf der Lebens- oder Seelenreise. Das Hotelpersonal symbolisiert innere Instanzen, Menschen im Hotel zeigen eigene unbewusste Seiten.
Literatur: Arthur Hailey veröffentlichte kurz vor seinem Bestseller „Airport“ den ebenfalls erfolgreichen Roman „Hotel“ (1965), in dem das Hotel die Abbildung der Welt im Kleinen ist.
Für viele Schriftsteller ist das Hotel der geeignete Ort des Schreibens. Man traf sich im New Yorker „Chelsea“, im „Tropicana“

in Hollywood oder im berühmten Beat-Hotel in der Pariser Rue Git-le-Coeur. Von Klaus Mann bis Zoe Jenny wurde das Hotel als Ort der Inspiration gelobt und als klassische Heimat der umherstreifenden Dichterseele angesehen, die sich auf ein Heim nicht einlassen mag oder kann.

Hubschrauber Es kommt sehr auf die Situation an, in welcher der Hubschrauber auftritt. Er symbolisiert oftmals einen guten Überblick und die Sehnsucht nach müheloser Fortbewegung. Vielleicht verweist der Hubschrauber auch darauf, dass jemand sich über den Alltag erheben will, indem er abhebt.

Hüfte Die Hüfte symbolisiert die Verbindung von Ober- und Unterkörper, von Bewusstem und Unbewusstem; ihre Bedeutung gleicht insofern der des ↗Gürtels. Das Bild der Hüfte hängt meist mit Erdung zusammen

Die breiten Hüften symbolisieren Weiblichkeit. Im 16. Jahrhundert wurden die Hüften durch reifenartige Konstruktionen um das Doppelte verbreitert. Vom 17. bis zum Ende des 18. Jahrhunderts wurde die Breite der weiblichen Hüften dadurch betont, dass die Taille stark eingeschnürt wurde (Wespentaille). Zur viktorianischen Zeit ließen einige Frauen sich die beiden untersten Rippen entfernen, um eine engere Taille und somit den Ausdruck breiterer Hüften zu bekommen. Breite Hüften bedeuten symbolisch nicht nur Weiblichkeit, sondern auch, dass man nicht schwanger ist, aber gern schwanger werden möchte.

Elvis Presley war der erste Mann, der seine Hüften durch den berühmten Hüftschwung betonte. Dieser Hüftschwung durfte lange Zeit im amerikanischen Fernsehen nicht gezeigt werden, da er als obszön galt.

Antike: Unter Berührung der Hüfte wurden nach altem hebräischem Brauch Schwüre geleistet. Das zeigt, dass die Hüfte als essenzieller Körperteil des Menschen angesehen wurde, der auch für den ganzen Menschen stehen konnte (Freuds Pars-pro-Toto-Symbolik).

Hügel Auf dem Hügel wird man herausgehoben aus den Niederungen, aber im Gegensatz zum ↗Berg bleibt man leichter erreichbar. Man selbst sieht alles von dort und wird gesehen, in Kriegen alter Art gab es deswegen den Feldherrenhügel.

Hügel gehören zu einer milden, weichen Ideallandschaft; sie bilden kein ernsthaftes Hindernis für den Wanderer.

Auch die weiblichen Brüste werden oftmals als Hügel bezeichnet.

Hütte Die Hütte vermittelt wenig Sicherheit, im Gegensatz zum ↗Haus verkörpert sie Beschränkung und Bescheidenheit, ja Armut – andererseits auch Gemütlichkeit.

Literatur: In der Literatur ist die Hütte häufig der Ort der verbotenen Sexualität, zum Beispiel in „Lady Chatterley“ von D. H. Lawrence. Im Märchen wohnt die ↗Hexe in der Hütte im Wald.

Huf Der Huf ist ein Erdungssymbol. Zum Huf passt das (Zer-)Trampeln eher als eine leichte Fortbewegungsart. Er bedeutet auch Aktivität, was der Ausdruck „in die Hufe kommen“ für aktiv werden dokumentiert.

Hufeisen Das Hufeisen ist ein allgemein bekanntes Glückssymbol. Es wurde auch über der Haustür angebracht, um den bösen Blick abzulenken und damit das Haus vor üblen Einflüssen zu schützen. Als Niels Bohr Einstein besuchte, bemerkte er an dessen Schuppen ein Hufeisen. Er fragte

Einstein, ob er daran glaube, dass das Hufeisen Glück bringe. Einstein meinte, dass er nicht so recht daran glaube, aber womöglich würde der Kosmos daran glauben. Es konnte früher auch auf eine Reise verweisen, aber seitdem man nicht mehr mit dem Pferd unterwegs ist, findet es sich öfter als Symbol von Reitervereinen und Pferdezüchtern.

Das Hufeisen wurde in früheren Zeiten als Symbol der Gebärmutter angesehen. Von daher leitet sich die Ansicht ab, dass ein Hufeisen, das nach oben offen ist, Glück anzeigt, denn das Kind bleibt in der Gebärmutter. Das nach unten geöffnete Hufeisen steht für Unglück, da das Kind verloren wird.

Psychoanalyse: Nach S. Freud wiederholt das Hufeisen den Umriss der weiblichen Geschlechtsöffnung.

Mittelalter: Im mittelalterlichen England wurden Gutsabgaben in Hufeisen geleistet. Dahinter wird ein heidnischer Ritus vermutet, dessen Bedeutung unklar ist. Noch heute besteht der Brauch, alljährlich sechs Hufeisen als Abgabe an die Krone in den Law Courts in London zu überreichen.

Huhn ↗Henne

Hummel Die Hummel drückt meistens Unruhe und Hektik aus, weswegen wir von der „wilden Hummel“ sprechen.

Hummer Der Hummer steht für Luxus und Sehnsucht nach gesellschaftlichem Aufstieg, siehe auch ↗Krebs.

Humor ↗Lachen

Hund Er symbolisiert einerseits einen treuen Freund. Der Hund ist der „Bruder Tier“ des Menschen. In diesen Zusammenhang gehört auch, dass er als Wächter des Besitzes und als Schutz vor Angriffen auftreten kann.

Andererseits verkörpert der Hund das Tierische, besonders der bissige, angriffslustige, aber auch der unterwürfige Hund. Er ist ein Symbol des niederen Instinkts, des unentwickelten Bewusstseins, worauf zahllose Schimpfwörter vom „blöden Hund“ bis zum „falschen Hund“ zurückgehen. Überhaupt verkörpert der Hund oft das Gemeine, die Niedertracht und das Elend: „Es möchte kein Hund so länger leben“, lässt Goethe den Faust sagen.

Der Hund ist auch der Schnüffler, der alles auskundschaften möchte, und wie die französische Sprache noch weiß, stellt „chien et loup“ das Zwielichtige dar. Es ist zu beachten, dass in der Bilderwelt des Tarot ↗Narr und Hund gemeinsam auftreten.

Im Traum stellt der Hund einen Teil des Träumers dar, wie zum Beispiel dessen Schatten. Der Haushund verweist fast immer auf einen Instinktrest oder den Instinktverfall, und besonders bei einem abgerichteten Hund wird seltener die Kultivierung, meistens jedoch die Vergewaltigung des Instinkts angesprochen. Will einen der Hund im Traum beißen, möchte das Tierische aufgenommen werden. Es möchte, dass man sich ihm öffnet.

Weitere Aspekte bei ↗Bellen, ↗Beißen, ↗Bernhardiner, ↗Dackel, ↗Dobermann, ↗Jagdhund, ↗Windhund.

Analytische Psychologie: Nach C. G. Jung ist der Hund der Totengräber, der die ↗Leichen beerdigt, wie es in der persischen Urzeit geschah. Der Hund als Instinktnatur ist der Mithelfer beim Sterben und bei der Auferstehung (vgl. auch den schakalköpfigen Anubis in der altägyptischen Mythologie).

Asien: Der chinesische Zen-Meister Joshu prägte den berühmten Koan, ob ein

Hund Buddha-Natur besäße. Er wählte den Hund aus, da dieser in China und Japan zu den niedrigsten Wesen gezählt wird.
Antike: In erstaunlich vielen Kulturen finden wir den Höllenhund, der an der Grenze zwischen Leben und Tod steht. Bekannt ist zum Beispiel aus der griechischen Mythologie Cerberus, der an die Tore der Unterwelt gefesselt und ein Hüter dieses Reichs ist. Vielleicht hängt es damit zusammen, dass der Hund bei den alten Israeliten, zum Teil aber auch im Islam als unreines Tier galt.
Christentum: Die Anhänger des Ordens der Dominikaner, der maßgeblich an der Inquisition beteiligt war, wurden im Volksmund abwertend „Hunde des Herrn" genannt (Wortspiel mit dem lateinischen „domini canes").
Literatur: In der Fabelsammlung von Äsop ist der Hund das Bild für die menschliche Gier. Diese Charakterisierung des Hundes findet sich in der Fabelliteratur bis heute.
In „Sons and Lovers" von D. H. Lawrence findet sich das berühmte Zitat: „Love's a dog in a manger." Erstaunlicherweise antwortet Paul, als Clara ihn fragt, wer von ihnen beiden der Hund sei: „Oh well, you, of course." Dass die Frau mit dem Hund verbunden wird, ist wohl nur verständlich, da in diesem Zusammenhang der Hund als Metapher für die wilde Liebe gilt. Denn der Hund, da er beim Beißen die Körpergrenzen durchbricht, dringt in den anderen gegen dessen Willen ein.

Hundehütte Die Hundehütte steht für den Rückzug, besonders für eine Beruhigung des Trieblebens.
Literatur: In dem bekannten Comic „Peanuts" (seit 1940) tritt Charly Browns Hund Snoopy auf, der oft auf seiner Hundehütte liegt, um zu träumen und zu philosophieren. Die Hundehütte gilt hier als Ort der Kontemplation, die allerdings stets durch die böse Nachbarskatze gefährdet wird. Diese Katze kann mit einem Prankenschlag Snoopys Hundehütte zerstören.

Hunger Hunger symbolisiert einen körperlichen, geistigen oder seelischen Mangel. Man benötigt irgendeine Form von ↗Nahrung – meistens emotionale Nahrung.
Gezieltes ↗Fasten soll das Leben verlängern, behaupten einige Ernährungswissenschaftler, meist hängt Hunger aber mit Armut und Elend zusammen.

Hure ↗Dirne

Hurrikan Der Hurrikan ist ein Angstsymbol, das auf Vernichtung und Zerstörung deutet (↗Sturm). Als Wirbelsturm spricht er im übertragenen Sinne auch psychische Veränderungen an: Ein Hurrikan zeigt, dass alle Konzepte, Ansichten und vorgeblichen Gewissheiten zerstört und neu geordnet werden müssen. Das Herumwirbeln deutet eine radikale Änderung der Perspektive an.

Husten Husten symbolisiert eine ablehnende Antwort in einer wichtigen Sache („jemandem etwas husten"), Zukunftsangst und Unzufriedenheit. Fast immer geht es beim Husten um (noch) unbewusste Distanzierungen und unausgesprochene Ablehnungen. Siehe auch ↗Erkältung und ↗Lunge.

Hut Der Hut ist heute kaum mehr ein Schutzsymbol („behütet"), sondern mehr ein modisches Accessoire, besonders bei der Frau. Wie bei aller Schmuck- und Modesymbolik werden hier Eitelkeit und Selbstdarstellung angesprochen, denn die Zeiten, als ein erwachsener Mann einen Hut tragen musste, sind vorbei.

Psychologisch gesehen stellt der Hut die Verlängerung des Kopfes und damit des Geistes dar. Das soll auch die Tiara (Bischofskrone) der geistlichen Würdenträger symbolisieren. Er verweist also auf Geistigkeit oder andererseits auch auf Überheblichkeit und Hochmut wie alle ↗Kopf-Symbole. Verweise auf einzelne Hutarten bei ↗Kopfbedeckung.

Psychoanalyse: Der Hut ist ein Penissymbol. Heutzutage wird man im Hut wohl eher das Kondom sehen.

Mittelalter: Der Hut war das Zeichen des freien Mannes, er war zunächst Königen, Adligen und Priestern vorbehalten, später wurde durch Kleiderordnungen genau geregelt, welcher Berufsgruppe welcher Hut vorbehalten war.

Hyäne Die Hyäne verkörpert den ungehemmten Trieb und Aggressionen, Besitzgier und Skrupellosigkeit. Sie verweist häufig auf die Ablehnung der Triebseite.

Die Hyäne tritt häufig als Symbol des Ekels auf.

Analytische Psychologie: Die Hyäne ist ein klassisches Schattensymbol.

Hyazinthe Die Hyazinthe symbolisiert unsere Ansprüche an Freude und Glück. Sie gilt als eine Botin des genussreichen Lebens.

In der ↗Blumensprache sagen weiße Hyazinthen: Ich fühle mich herzensinnig zu dir hingezogen, du reine Frau.

Antike: In dem Demeter-Kore-Mythos und den Eleusinischen Mysterien blüht die Hyazinthe am Tor zur Unterwelt.

Hyperlink ↗Links

I

ICE Beim ICE wird mehr als bei einem normalen ↗Zug die Geschwindigkeit betont. Er soll für moderne, schnelle und bequeme Fortbewegung stehen. Da besonders die schnellen Züge in Deutschland meistens Verspätung haben, symbolisiert der ICE für manche Reisende Unzuverlässigkeit und Schwierigkeiten.

Idiot Der Idiot verkörpert unsere Angst vor geistiger Überforderung. Er drückt die Sehnsucht nach dem einfachen, kindlichen Leben aus. Er warnt zugleich vor dem unbewussten Leben. Weitere Aspekte bei ↗Irrer.

Antike: Die „Idiotes“ stellten in Griechenland die (unpolitischen) Privatleute dar, eben Menschen, die negativ betrachtet wurden, da sie sich nicht um die Gemeinschaft kümmerten.

Igel Der Igel symbolisiert den Rückzug wegen zu großer Empfindsamkeit und Verletzlichkeit („sich einigeln“) bei gleichzeitiger „stacheliger“ oder listiger Angriffsbereitschaft. Zugleich wird mit dem Igel auch das Niedliche, Freundliche verbunden, Kinder finden Igel „süß“.

Asien: In China und Japan ist der Igel als Sinnbild des Reichtums göttlich verehrt worden.

Christentum: Im „Physiologus“ war zu lesen, der Igel sei liebevoll und kinderlieb. Er töte die ↗Schlangen. Als Feind der Schlangen konnte er dann auch als Feind des Bösen gelten, als Überwinder der teuflischen Schlange; andererseits wegen seiner Stacheln auch als Sinnbild des Zorns.

Iglu Beim Symbol Iglu verbindet sich das Gemütliche mit der Kälte: Er symbolisiert

den Schutz in einer „coolen", gefühlsarmen Umgebung.
Iglus lassen stets „Eskimo" assoziieren und verweisen auf das Überleben im ↗Eis.

Imker Der Imker ist das Symbol eines guten Auskommens mit der Natur; siehe auch ↗Honig und ↗Biene.

Immergrün (immergrüne Pflanzen) Die immergrüne Pflanze drückt häufig Beständigkeit im Gefühlsleben aus, volkstümlich auch Treue. Sie bedeutet Hoffnung und Naturnähe.

Impfung Eine Impfung verweist auf ↗Krankheiten. Natürlich ist die Impfung stets ein Symbol des Schutzes.
Mit dem Symbol Impfung ist häufig eine Abwehrhaltung angesprochen, da mit der Impfung Antikörper aufgenommen werden; auch deswegen, weil sie meist mit einer ↗Spritze geschieht. Das Eindringen der ↗Nadel kann (wie bei ↗Stechen und ↗Stachel) auch als Sexualsymbol aufgefasst werden.
Literatur: In den Werken des Marquis de Sade wird speziell der anale Verkehr als Impfung bezeichnet.

Implantation Bei einer Implantation werden Ersatzteile in den Körper eingebaut. Ist häufig mit Angstgefühlen vor dem Fremden im eigenen Körper verbunden. Andererseits gibt es auch verschiedene Beziehungen zum Vorgang des Zeugens und der Schwangerschaft.
Literatur: Implantationen spielen in zahlreichen Science-Fiction-Erzählungen und Filmen eine wichtige Rolle, zum Beispiel bei Alvin Tofflers, der die literarische Fiktion der Cyborgs schuf, eine enge Verbindung von Mensch und Maschine.

Impotenz Impotenz bedeutet Schwäche, psychologisch gesehen Schwäche des ↗Animus.
Sie verweist über den sexuellen Bereich hinaus oft auf eine gestörte Handlungsfähigkeit.
Impotenz deutet im männlichen Traum auf Gefühle der sexuellen Unzulänglichkeit. Es drückt sich in ihr oft eine Enttäuschung über die Sexualität mit dem Partner aus. Ferner symbolisiert die Impotenz allgemein fehlende Energie und Schwäche.

Indianer Die Indianer verweisen auf unsere Abenteuerlust, andererseits auch auf unreife Männlichkeit. Sie verkörpern eine Welt- beziehungsweise Realitätsflucht. Die Indianer sind in unserer Kultur stets ein Bild für Naturnähe und ein verantwortliches Verhalten der Natur gegenüber. Der Indianer zieht in der heutigen Welt viele romantische und zivilisationskritische Vorstellungen an. Oft hat er eine ähnliche Bedeutung wie der ↗Held.
Als 1492 Kolumbus San Salvador erreichte, traf er Indianer, die er als naiv, aber freundlich ansah. Dieses Bild der Indianer wandelte sich allerdings schnell. Besonders die Puritaner Neuenglands mordeten die Indianer und rechtfertigten dies damit, dass die Indianer eher den Tieren als den Menschen nahe stünden. Im 18. Jahrhundert wandelte sich das Indianerbild: Aufklärer wie Jean-Jacques Rousseau erfanden den edlen Wilden.
Literatur: James F. Cooper folgte in seinen Lederstrumpf-Erzählungen beiden Indianer-Bildern. Es gibt bei ihm stets die guten und die bösen Indianer. Dabei sind seine edlen Indianer meistens Mohikaner, die bösen meistens Irokesen. Diese Festlegung sollte einen Großteil der späteren Indianerliteratur prägen. Erst Karl May beendete diese erdachte Festlegung und schilder-

te Indianer wie Winnetou als anmutige Philosophen und Naturfreunde der Prärie. Eine der großen Fälschungen ist die angebliche Rede des Häuptling Seattle aus dem Jahr 1854. Hier wird der Indianer als früher Grüner vermarktet. Seattle hat so nie gesprochen. Nicht nur, dass diese angebliche Rede, die es bis zum Autoaufkleber gebracht hat, dreißig Jahre nach Seattles Tod von einem Briten im blumigsten viktorianischen Englisch erstmalig niedergeschrieben wurde, sondern sie wurde 1969 noch einmal überarbeitet und den Bedürfnissen der damaligen Hippiekultur angepasst.
Film: Als die Filme noch ↗schwarzweiß waren, sah man auch die Welt so: Der Indianer war der hinterhältige Killer, der arme Siedler erbarmungslos angreift. Der Wildwestfilm zeigte fast durchweg das Bild des angreifenden Indianers. Das ging auf den Western-Spezialisten John Ford zurück, der seinen Durchbruch 1939 mit dem Film „Stagecoach" hatte, in dem John Wayne die Hauptrolle des Guten spielte. In den klassischen Western sprachen die Indianer meist gar nicht; manche Regisseure ließen sie englisch sprechen und dann wurde die Tonspur rückwärts laufen gelassen. In den 1970er Jahren änderte sich dann das Indianerbild und der Western, weil sich Prominente wie Marlon Brando und Robert Redford für die Indianer einsetzten. Nun bildete der Indianer das positive Stereotyp, wie in den Filmen „Little Big Men" und „Wer mit dem Wolf tanzt".
In den Lucky-Luke-Comics ist der Indianer der Depp. Er tritt als bunt bemalter, ewig betrunkener Zwerg auf, der nichts anderes als Feuerwasser im Sinn hat.

Individualverkehr Für ökologisch bewusste Menschen bedeutet Individualverkehr ↗Umweltverschmutzung. Einzelheiten bei ↗Auto und ↗Fahrrad, weitere Verweise bei ↗Verkehrsmittel.
Im Traum verweist der Individualverkehr häufig auf den individuellen Geschlechtsverkehr.

Individuum Individuum bedeutet Einmaligkeit – im Gegensatz zur ↗Masse.

Industrie Industrie bedeutet Fortschritt und Reichtum. Heutzutage wird die Industrie auch mit Ausbeutung und Umweltzerstörung verbunden. Es ist wichtig, was diese Industrie herstellt.

Infanterie Wie bei allen Symbolen aus dem Bereich des ↗Militärs wird hier einmal die männliche Aggression angesprochen, zum anderen zugleich das Fortkommen aus eigener Kraft, da man sich dort zu Fuß fortbewegt. In Militärkreisen gilt der Infanterist nicht viel; früher stand die Kavallerie, heute die technisierten Truppenteile in einem höheren Ansehen.

Infektion Infektion verweist auf (Angst vor) Ansteckung und ↗Krankheit. Es kann auch darum gehen, dass sich jemand anstecken lässt – im Sinne von begeistern.

Inflation Inflation bedeutet Entwertung des Geldes, im weiteren Sinne auch Entwertung der Werte. Das Symbol Inflation ist meist angstbesetzt, weil es unser Sicherheitsbedürfnis angreift.
Analytische Psychologie: Die analytische Psychologie sieht in der Inflation die Folge der Identifizierung mit einem Archetypen. Der Mensch erhebt sich bis zur Überheblichkeit.

Information ↗Nachricht

Ingwer Ingwer gilt in Europa als exotisches Gewürz. Er ist eines der Lieblingsgewürze der asiatischen Küche, das Gingerol enthält, dessen chemische Struktur dem Wirkstoff des Aspirins verwandt ist. Ingwer gilt als gesund, da er die Verdauung fördert und gegen Übelkeit hilft.

Initiation Die Initiation ist eine Einweihung, ein Ritual, bei dem wichtiges Wissen für den kommenden Lebensabschnitt vermittelt wird. Initiation bedeutet Neuanfang und Zugehörigkeit.
Wird jemand im Traum oder der Fantasie in eine Gruppe rituell aufgenommen, drückt sich darin häufig das Bedürfnis nach Zugehörigkeit und Sicherheit aus. Jede Initiation zeigt an, dass etwas abgeschlossen wurde und etwas Neues beginnt.
Analytische Psychologie: Ein neuer Abschnitt des Individuationswegs wird erreicht.
Literatur: In seinem Bestseller „Eisenhans" sieht der amerikanische Autor Robert Bly in der fehlenden Initiation den Grund dafür, dass Männer sich ihrer Männlichkeit unsicher sind.

Injektion Die Injektion symbolisiert nicht nur für den Freudianer den Geschlechtsverkehr. Oft drückt sie auch unsere Ängste vor Veränderungen aus und ist somit als Symbol der Wandlung anzusehen. Ferner symbolisiert die Injektion auch Offenheit, da die Haut (des hautverkapselten Ichs) durchstochen und somit geöffnet wird. Weitere Aspekte bei ↗Spritze und ↗Impfung.
Psychoanalyse: Freuds ausführliche Analyse seines Traums „Irmas Injektion" steht am Beginn der psychoanalytischen Symbolbetrachtung.

Inlineskates Inliner bedeuten Körperbeherrschung, Leichtigkeit und Geschwindigkeit. Sie sind wie ↗Skateboards ein Symbol dafür, sich über die konventionellen Fortbewegungsbewegungsmittel hinwegzusetzen.

Innereien ↗Eingeweide

Innere Organe Die Symbolik der inneren Organe hängt weitgehend von deren Funktion ab.
Die inneren Organe stehen für die Weisheit der Natur, da sie ohne unser Zutun arbeiten.

Inschrift Inschriften sind als Erinnerungen zu deuten, meist an längst vergangene Zeiten. Sie geben sowohl den jeweiligen Zeitgeist als auch die Persönlichkeit dessen wieder, an den die Inschrift erinnert. Besondere Inschriften sind die auf ↗Grabsteinen oder auf ↗Denkmalen.
Für die weitere Deutung ist der Inhalt der Inschrift zu beachten.
Analytische Psychologie: C. G. Jung sagt, dass mittels einer Inschrift im Traum das Höhere Selbst spricht. Eine Inschrift im Traum stellt so meistens eine besonders wichtige Nachricht an den Träumer aus seinem Unbewussten dar.

Insekt Insekten scheinen sich uns wie Mini-Roboter zu verhalten. So kann dieses Symbol eine Warnung vor Bewusstlosigkeit im Alltag veranschaulichen. Häufig wird mit dem Bild der Insekten auf eine soziale Organisation verwiesen, die – zumindest aus menschlicher Sicht – das Individuelle zu Gunsten der Gruppe auflöst. Psychologisch gesehen sind Fantasien von Insekten fast immer sie ein Zeichen von Nervosität oder unbewussten Ängsten, vor allem ↗Spinnen und ↗Käfer.
Die Insekten machen etwa achtzig Prozent aller Tiere auf der Erde aus und gel-

ten als intelligent und besonders überlebensfähig.

Insel Die Insel verbildlicht Isolation und Einsamkeit, unter der man leidet oder die man sich wünscht. Sie ist ein häufiges Symbol bei Frustrationen im Berufsleben. Sie drückt Harmonie und Sehnsucht nach Ruhe, Weltflucht und Urlaub aus. Als „Insel der Träume“ stellt dieses Symbol ein Symbol des Selbst dar. Bei dem Werbeslogan „reif für die Insel“ wird die Insel als Bild für Ferien und Erholung angesprochen. Allerdings wird mit diesem Werbespruch ironischerweise auf Inseln wie Mallorca oder Ibiza angespielt, auf denen man eher selten Erholung und Isolation findet.
Analytische Psychologie: Die Insel ist ein Symbol des Unbewussten nach Erich Neumann. Nach C. G. Jung dagegen ist die Insel das Bewusste, das aus den großen Wassern des Unbewussten herausragt. Die Aufgabe der Individuation besteht darin, unsere Bewusstseinsinseln miteinander zu verbinden.
Literatur: In den Robinsonaden wie in Johann Gottfrieds Schnabels „Wunderliche Fata einiger Seefahrer“ (in vier Bänden 1731–1743, von Ludwig Tieck unter dem Titel „Die Insel Felsenburg“ 1828 neu herausgegeben) dient die Insel als isolierter Ort, um eine Gesellschaftsutopie zu entwickeln. Ähnlich wie in „Robinson Crusoe“ von Daniel Defoe wird auf der Insel das Ideal der bürgerlichen Gesellschaft entwickelt. Die Insel ist „das Asyl der Redlichen“.
Kunst: Der Schweizer Maler Arnold Böcklin, der als Symbolist als ein Vorläufer der Surrealisten gilt, liebte es, verlorene Inseln des Mittelmeeres zu malen.

Inserat Ein Inserat bedeutet Öffentlichkeit. Man legt offen seine Wünsche dar. Für die Deutung ist zu beachten, was und wo inseriert wird.

Installation Eine Installation, die den Abfluss und Zufluss des ↗Wasser im ↗Haus regelt, symbolisiert stets den Fluss unserer Energien.
Mit der künstlerischen Installation wird unsere Kreativität und Schöpferkraft angesprochen.

Instrument Ein Musikinstrument symbolisiert den Einklang und die Harmonie, andererseits auch die Mühen, diese zu erreichen. Da man häufig mit anderen zusammen spielt, steht das Instrument auch für unseren Gemeinschaftssinn. Verweise auf einzelne Instrumente bei ↗Musikinstrument.
Medizinische Instrumente symbolisieren die Möglichkeiten unserer Heilung.
Für die weitere Deutung ist es von Belang, welche Funktion das entsprechende Instrument hat.

Intellekt Der Intellekt wird gewöhnlich mit Kühle, Distanz und Objektivität assoziiert. Auf der anderen Seite sieht man im Intellekt die vorzügliche Eigenschaft des Menschen, planvoll zu handeln und Situationen zu analysieren. Der Intellekt ist ein Symbol dafür, dass man sich auf das eigene Denken besinnen und vernünftig sich und die Welt betrachten sollte. Der Intellekt verweist stets auf eine kritische und wissenschaftliche Kultur. Siehe auch ↗Akademiker.
Am Intellekt scheiden sich die Geister: Die einen dämonisieren ihn, die anderen loben ihn als brillante Eigenschaft des Menschen, die ihn vor Torheiten bewahrt.
Literatur: Die Verheerungen des Denkens und des Intellekts werden in eindrücklicher Weise in einigen Romanen von Hono-

ré de Balzac geschildert. Das Zerstörerische der großartigen schöpferischen Kraft beschreibt der Autor in den Romanen „Die Suche nach dem Absoluten“ (1834) und „Das Chagrinleder“ (1831), auch in der Novelle „Das unbekannte Meisterwerk“ (1831). Dieses Thema wird von Balzac derart ausführlich behandelt, da es seine eigenen Konflikte widerspiegelt.

Intendant Der Intendant ist wie der ↗Chef eine Autoritätsperson, die ↗Macht besitzt. Bei ihm spielt stets die Kultur eine wichtige Rolle.

Internat Internat bedeutet Trennung von den Eltern und der Familie. Bei der Deutung dieses Symbols ist es wesentlich, wie die Zeit dort empfunden wird. Auf jeden Fall schwingt hier die Bedeutung von Lernen und Jugend mit. Das Internat ist aber selten der Ort der glücklichen Kindheit, wo man zusammen mit Gleichaltrigen lebt und lernt. In der Regel geht es um Isolation und Unverstandensein; solche negativen Aspekte überwiegen in der Regel.

Internet Das Internet gilt als das ↗Netz der unbegrenzten Möglichkeiten. Dieses moderne Symbol drückt Information und Kommunikation aus, technisierte Kommunikation (↗Chat, ↗E-Mail, ↗World Wide Web). Das Internet ist die größte Informationsansammlung – oder die größte ↗Bibliothek – der Welt. Außerdem aktualisieren sich ständig die Informationen, so dass das Internet ein Symbol des permanenten Wandels ist. Erdacht und entwickelt wurde das Internet von anarchistischen Visionären, Militärs, verrückten Weltverbesserern und introvertierten Technikern. Es symbolisiert somit eine freie Kommunikation, kreatives Handeln und gegenseitige Inspiration. Der erste Internetversuch lief in den USA unter dem Namen ARPAnet ab 1966. Als Geburtsjahr des heutigen Internets kann 1974 angesehen werden, als das TCP/IP-Protokoll veröffentlicht wurde – die Sprache, mit der die vernetzten Computer kommunizieren.
Für die Symbolik ist es von Belang, welche Informationen aus dem Internet geholt werden.
Trojanische Pferde und Viren (↗Virus) lassen Sicherheit und Privatheit des Surfens im Internet fragwürdig erscheinen. Insofern kann das Internet auch als Symbol des Verlustes der Privatsphäre und der Unsicherheit angesehen werden.
Internet-Gegner führen an, dass das Internet süchtig mache. Für sie ist es ein Symbol der Sucht. Im Jahr 2002 war von den rund 25 Millionen Deutschen, die einen Internetzugang besitzen, jeder täglich für etwa eine Stunde im Netz. Frauen etwas weniger, Männer etwas mehr. Es ist auffallend, dass durchschnittlich mehr Zeit im Internet als für persönliche Gespräche aufgewandt wird.

Intim Das Intime verkörpert das Private, Geheimnisvolle. Es ist nur wenigen zugänglich.
Intimität gilt als höchstes Gut in der Verbindung zwischen zwei oder mehreren Menschen.
Literatur: Thomas Mann sieht in seinem Tagebuch das Intimste zugleich als das Allgemeinste und Menschlichste an.

Invalide Ein Invalide steht für den Verlust der Selbständigkeit. Sein Handlungsspielraum ist eingeschränkt, er braucht Unterstützung. Der gesunde Mensch, der sich selbst als Invaliden sieht oder fantasiert, hat Minderwertigkeitsgefühle, Selbstzweifel und Lebensangst, dabei kann der Inva-

lide auch Zeichen des Durchhaltens und der Stärke trotz erheblicher körperlicher Einschränkungen sein.
Oft wird mit dem Bild des Invaliden auf die Schrecken des Krieges hingewiesen.

Invasion Invasion ist kriegerische Aggression, ein Versuch der Überwältigung. Eine gelungene Invasion bedeutet Sieg und Herrschaft oder Niederlage und Fremdbestimmung – je nach Perspektive.
Literatur: In der Science-Fiction-Literatur ist die Invasion von Bewohnern anderer Sterne ein beliebtes Thema. Es wurde 1898 zum ersten Mal in H. G. Wells Roman „Der Krieg der Welten“ aufgegriffen und seitdem immer wieder variiert.

Inventur Die Inventur ist ein verbreitetes Symbol, das auf die Notwendigkeit verweist, ab und zu eine Lebensbilanz zu ziehen.

Inzest Inzest ist die verbotene Lust. Inzest hat auf der symbolischen Ebene stets mit Nähe und ↗Macht zu tun. Es waren gerade die herrschenden Geschlechter in der Geschichte wie die Pharaonen, die den Inzest pflegten, um ihre Macht in der Familie zu halten. Cleopatra war beispielsweise das Kind einer Geschwisterehe, und sie selbst heiratete zwei ihrer Brüder.
Wenn auch in der heutigen Diskussion der Inzest als medienwirksames Reizthema sicherlich zu recht verworfen wird, so muss man doch zugleich beachten, dass er als Symbol sowohl eine positive Seite als auch eine negative Seite besitzt. Einesteils drückt sich im (Fanatasie-)Inzest eine Sehnsucht nach tiefster Verbundenheit aus, die ganzheitlich auf allen Ebenen (Körper-Geist-Seele) in den Ausdruck drängt. Man sieht das Gleiche, das Verwandte im Liebespartner, und so kann die vollkommene Verschmelzung von Männlich und Weiblich (auch in der eigenen Seele) stattfinden. Andererseits kann es um die Verbindung von Liebe und Macht gehen. Es ist darauf zu achten, wer im Traum zusammen Liebe macht: Im Symbol des Schwester-Bruder-Inzestes tritt meist der Machtaspekt zugunsten des Verschmelzungsaspektes zurück. Gerade dieser Schwester-Bruder-Inzest drückt oftmals die Sehnsucht nach vollkommener Hingabe aus und zugleich den Reiz des Verbotenen, der in unserer Gesellschaft die Sexualität aufregend macht.
Psychoanalyse: Ausdruck des Ödipus- und Elektra-Komplexes, bei dem das Kind den gegengeschlechtlichen Elternteil begehrt. Im Sinne der Psychoanalyse sollte man dieses Stadium der sexuellen Entwicklung überwinden, um sich zur Fähigkeit zum gleichberechtigten sexuellen Austausch zu befreien.
Literatur: Anaïs Nin, die als Beispiel der psychisch und sexuell befreiten Frau gilt, beschreibt in ihren literarischen Tagebüchern, wie sie von ihrem Vater verführt wurde und wie sie dann später als Therapie sozusagen ihren Vater verführte. Hatte ihr Geliebter Henry Miller sich vorgenommen, alles literarisch zu beschreiben, was normalerweise vom Männerleben nicht beschrieben wurde, so gelang es Anaïs Nin, alles das differenziert zu beschreiben, was zuvor in Frauenbüchern ausgelassen wurde. Dazu gehörte auch die Beschreibung des „ultimativen Aktes“, nämlich des Inzests, der als die perfekte narzisstische Liebe beschrieben wird.
Der Bruder-Schwester-Inzest wurde einfühlsam von Thomas Mann in „Wälsungenblut“ beschrieben. Rolf Schneider behauptet in seinem Buch über die Art, wie Dichter lieben, dass Georg Trakl mit seiner Schwester die Sexualität genoss. Weil viele Literaten ihren Neigungen uneingeschränkt von biederer Moral nachgingen,

ist die heutige Freizügigkeit gewisser Kreise durch die Literatur vorgeprägt worden.

Irland Irland, die „grüne Insel", symbolisiert Romantik, einfaches Landleben, Aussteigen, Skurrilität und Humor. Unser Irlandbild ist oft auch mit irischer Musik und fröhlichen, alkoholisierten Menschen verbunden.
Literatur: Einer der ersten deutschen Irland-Aussteiger war H. Böll, der seine Erfahrungen in seinem „Irischen Tagebuch" (1962) festgehalten hat.

Ironie Ironie wird oft als die überhebliche, intellektuelle Form der Aggression gedeutet. Es gibt aber zweifellos auch eine liebevolle Ironie, wie man am Werk von Theodor Fontane und Thomas Mann sehen kann. Die Ironie drückt eine differenzierte Einstellung aus, die sich nicht zwischen zwei Gegensätzen entscheidet. Sie gilt als elegant und intellektuell und nicht so scharf und verletzend wie Sarkasmus und Zynismus.

Irre Tritt eine Irre oder ein Irrer in Traum oder Fantasie auf, weist das auf Verwirrungen oder den falschen Weg hin. In selteneren Fällen kann jedoch auch der Bruch mit den Konventionen und Kreativität angesprochen sein. Der Irre symbolisiert die andere, die unkonventionelle Sicht der Welt, ist deshalb immer auch der Ausgestoßene oder doch Außenseiter.
Charles Darwin war der Ansicht, dass man durch Angst und allgemein durch moralische Ursachen irre würde.

Irrenhaus Das Irrenhaus ist eigentlich ein bedrückender Ort. Oftmals aber von betont antibürgerlichen Künstlern oder Intellektuellen als der Platz hingestellt, an dem man seine Unangepasstheit ausleben könne.
Literatur: Marquis de Sade verbrachte den größten Teil seines Lebens im Irrenhaus, wo er die meisten seiner Romane schrieb. Diese sexuell aggressive Literatur erfreute sich großer Beliebtheit
Film: Milos Formans Film „Einer flog über das Kuckucksnest" (1975, fünf Oscars) zeigt die Relativierung dessen, was irre und normal zu nennen ist. Dieser Film spielt in einem Irrenhaus.

Irrfahrt Die Irrfahrten des Odysseus oder die Sindbads (Tausendundeine Nacht) geben ein Urbild des menschlichen Suchens, Lernens und Wachsens wieder. C. G. Jung spricht von der „Nachtmeerfahrt des Helden". Dabei löst das Herumirren meist Angst, ja Verzweiflung aus. Oft ist mit der Irrfahrt ein Hinweis darauf gegeben, dass eine klare Ausrichtung auf ein (konkretes) Ziel fehlt. Auf der anderen Seite ist zu beachten, dass durch Irrfahrten und ↗Umwege oft wesentliche Entdeckungen gemacht werden. Christoph Kolumbus zum Beispiel wollte nach Indien statt nach Amerika segeln.

Irrsinn ↗Irre

Irrtum Irrtümer werden häufig nur als Symbol des Versagens angesehen und negativ betrachtet. Sie bieten aber auch Möglichkeiten, bestehende Sicht- und Verhaltensweisen zu ändern. Der Irrtum wird so zur Lernchance
Literatur: Der Strom der Wahrheit fließt durch Kanäle von Irrtümern, schreibt der indisch-bengalische Dichter und Philosoph Rabindranath Tagore.

Irrweg ↗Umweg, ↗Irrfahrt

Isolation Isolation bedeutet Abgeschnittensein, Einsamkeit, Mangel an sozialen Kontakten.

Italien Italien symbolisiert häufig eine lockere Lebensart, Lebensfreude und Ferienstimmung. Für den Zentral- und Nordeuropäer ist Italien der Inbegriff des Südens.
Literatur: In Goethes „Wilhelm Meister" ist Italien das Land der Freiheit und Sehnsucht, in dem die Zitronen blühen.

J

Ja Ja bedeutet Hingabe und Offenheit, es symbolisiert das Positive in jedem Bereich.

Jacht ↗Yacht

Jacke Ähnlich wie der ↗Mantel verhüllt und schützt die Jacke. Allerdings ist die Verhüllung und der Schutz nicht so vollständig, da man mit ihr nur den Oberkörper schützt. Symbolisch bedeutet das, dass man sein Herz und somit seine Gefühle schützt oder versteckt.
Wichtig ist die Farbsymbolik und der Stil der Jacke.

Jackett Falls es sich nicht um ein ganz außergewöhnliches Modell handelt, dann ist das Jackett beim Mann ein konventionelle Kleidungsstück, eher geeignet für offizielle, steife Anlässe, ähnlich wie der ↗Anzug. Das Jackett steht so oft für eine konventionelle Einstellung und für die „Persona", die Haltung, die jemand der Außenwelt zeigen will. Wichtig für die weitere Deutung ist die symbolische Betrachtung der Farbe und des Stils des Jacketts.

Jade Die Jade kann wie alle Schmucksteine auf zu große Eitelkeit verweisen (↗Edelstein, ↗Schmuck), andererseits auch auf den Glanz der Persönlichkeit. Die Edelsteinkunde bezeichnet die Jade als den Stein der Harmonie und des Friedens.
Jade kam nach Europa über die Seidenstraße und wurde von Marco Polo als erstem Europäer 1272 als grüner Kalzedon beschrieben. Die spanischen Conquistadores stießen in Mittelamerika auf Jade. Sie benutzten es als ↗Talisman, beachteten aber angesichts des Goldes die Jade wenig. Montezuma, der Herrscher der Azteken, soll nach seinem ersten Treffen mit Cortés bemerkt haben: „Glücklichweise sind die Spanier hinter Gold und Silber her. Sie wissen nichts von der Jade."
Die Jade wird von den Astrologen den Fischen, der Waage und dem Krebs zugeordnet.
Asien: Die Jade ist ein Glücksstein, der die Gesundheit erhält. Chinesischen Mythen zufolge schuf Gott die Jade, indem er einen Regenbogen zu einer Jadesäule erstarren ließ, die er dann zerbrach und die Stücke über die Erde verteilte, so dass dem Menschen als Aufgabe gegeben war, diese Jade zu finden. In China und seinen Nachbarstaaten wurde die Jade als wertvoller als Gold angesehen. Konfuzius sprach der Jade zu, dass sie die Intelligenz ihres Trägers fördere, sein Mitgefühl, seine Ehrlichkeit und Klarheit, seine Treue und seine Intuition. Eine schöne Frau wird noch heute in China ein „Jade-Mensch" genannt.
Die Jade wird in China als „ausgeflossener Same des Drachens" bezeichnet und somit als wertvoll angesehen, da alles vom ↗Drachen Stammende hilfreich ist.
Runde Jadescheiben mit einem Loch in der Mitte symbolisieren den Himmel.

Jäger Der Jäger jagt hinter etwas her und symbolisiert somit unsere Zielrichtung. Zugleich steht er für männliche Aggressi-

vität. Mit zunehmendem Bewusstsein für Tierschutz wird der Jäger mehr und mehr zu einer negativen Figur.
Für die genauere Deutung muss das, was gejagt wird, symbolisch betrachtet werden.

Jäten Jäten von ↗Unkraut bedeutet eigentlich nur Entfernen, aber es hat eine aggressive Komponente im Sinne von Ausmerzen.
Das Unkraut, das gejätet wird, kann im übertragenen Sinne für negative Eigenschaften oder Geistesgifte stehen.

Jagd Die Jagd wird seit der germanischen Mythologie meist als etwas Wildes angesehen. Ihr Ziel ist die Tötung oder doch wenigstens das Fangen eines Tieres. Obwohl im griechisch-römischen Mythos die Jagdgöttin Artemis-Diana zugleich eine Mondgöttin ist, finden wir in ihr wie im Bild der Jagd einen männlichen Archetypen ausgedrückt.
Dieses Symbol verweist einerseits auf die Verfolgung von Zielen, denen man hinterherjagt; das können im übertragenen Sinne auch geistige Ziele sein. Andererseits ist aber der Aspekt des Tötens oder Fangens nicht zu vergessen, also die Vernichtung und Überwindung eines Gegners. Da es sich um ein Tier handelt, kann psychologisch gesehen die Überwindung des Tierischen in uns gemeint sein.

Jagdhorn Jagdhorn bedeutet Aufbruch. Das Jagdhorn zeigt, dass nun die Zeit reif ist, unsere Ziele erfolgreich zu verfolgen.

Jagdhund Außer dem bei ↗Hund Gesagten ist hier der Aspekt der ↗Jagd zu beachten, besonders wenn es sich um eine ↗Hetzjagd handelt. Der Jagdhund ist auf vielen Bildern Symbol romantischer Vorstellungen von Jagd, seltener der Aggressivität.

Jagdschloss ↗Schloss

Jaguar Ein Raubtier, dem Kraft und Eleganz nachgesagt werden. Deshalb eignet sich Jaguar so gut als Produktname eines Sportwagens. Der Jaguarpelz oder gar ein echter Jaguar als Begleiter gibt einer Frau etwas faszinierend Erotisches, gepaart mit Leidenschaft und Eleganz.
Psychologisch gesehen steht der Jaguar wie alle ↗wilden Tiere für unsere Triebwelt.

Jahreszeiten Die Jahreszeit ist oft auf den Bewusstseinsstand zu beziehen: Im Frühling beginnt sich das Bewusstsein erst zu bilden, um im Sommer auszustrahlen und im Herbst zu erlahmen, um sich dann im Winter auf sich selbst zurückzuziehen. Man kann die Jahreszeiten auch auf die verschiedenen Altersabschnitte des menschlichen Lebens beziehen, und sie geben auch Stimmungen wieder: ↗Frühling, ↗Sommer, ↗Herbst, ↗Winter.

Jahrmarkt Der Jahrmarkt war früher ein zentrales Ereignis im Leben der Dorf- oder Kleinstadtbewohner und bedeutet Geschäftigkeit und Freude, Kommunikation und Handel. Hat heute als ↗Fest an Bedeutung verloren und wird allenfalls als Touristenattraktion wiederbelebt.

Jammern Jammern bedeutet Verlust und Leiden. Wenn man im Traum jammert, dann beklagt man meistens einen Verlust, der im Wachbewusstsein verdrängt wurde.

Januar Der Januar steht für den Rückzug, für Ausruhen und als der Wintermonat schlechthin eventuell auch für Gefühlskälte.
Der erste Monat des Jahres symbolisiert den Neubeginn und den Blick in die Ver-

gangenheit und in die Zukunft. Er ist nach dem römischen Gott Janus benannt, dessen Gesicht sowohl in die Vergangenheit als auch in die Zukunft blickt.
Julius Caesar führte 46 v. Chr. den Januar als den ersten Monat des Julianischen ↗Kalenders ein.

Jasmin Jasmin bedeutet Unschuld, Zärtlichkeit und Liebe.
Der aus China und Ostindien stammende Jasmin stellt ein gebräuchliches Symbol des Rausches und der Betörung wegen seines Duftes dar. Jasmin ist eine beliebte ↗Parfümgrundlage, die allerdings keine Hitze verträgt und deswegen nicht destilliert werden kann.

Jaspis Der Jaspis ist ein Halbedelstein. Der grüne Jaspis, der rote Punkte hat, wird auch Blutjaspis oder Heliotrop genannt und soll entgiftend wirken, er wird auch bei allen möglichen Krankheiten eingesetzt, die etwas mit dem Blut zu tun haben, bis hin zur Behandlung blutender Wunden. Die häufiger vorkommenden rötlichen Varianten des Jaspis kräftigen und beleben; sie werden seit alters mit Schwangerschaft in Verbindung gebracht.
Der Blutjaspis gehört in der Astrologie zu den Sternzeichen Widder und Skorpion.

Jauche Die Jauche steht für Minderwertigkeit und Ekel, seltener für Fruchtbarkeit. Oft drückt sie depressionsartige Verstimmungen oder negative Gedanken aus, die als emotionale Verunreinigung erlebt werden.

Jazz Jazzmusik bedeutet die Verbindung von Intellektualität und Gefühl.
Besonders wird mit diesem Symbol die Improvisation und damit eine kontrollierte Spontaneität angesprochen. Die Zeiten, als die Jazzmusik als „Negermusik" verteufelt wurde, sind glücklicherweise vorbei.

Jeans Die Jeans als Freizeitkleidung symbolisiert eine unkonventionelle Einstellung. Von Ferne schwingt auch immer noch die Erinnerung an den Ursprung im Wilden Westen der USA mit. Anfangs wurden Jeans in Deutschland deshalb auch als „Texas-Hosen" bezeichnet. In der DDR war sie als „kapitalistische" Hose verpönt. In seltenen Fällen tritt sie auch heute noch als Protest-Symbol auf, da es sich um eine unkonventionelle ↗Hose handelt.

Jerusalem Jerusalem ist für das Judentum, für das Christentum und den Islam eine heilige, ja die ideale Stadt.
Christentum: In der christlichen Mythologie stellt das (himmlische) Jerusalem den Mittelpunkt der Welt und das Ziel der Geschichte dar (Apk 21). Das greift William Blake auf, für den Jerusalem die grenzenlose Freiheit des Goldenen Zeitalters bedeutet. Das himmlische Jerusalem ist als ein dreidimensionales ↗Mandala anzusehen. Es ist die Stadt, in der sich die Kräfte des Kosmos in idealer Weise ordnen. Es ist Utopia, der Ort, der nirgendwo liegt und den Thomas Morus als Ideal einer Gesellschaft darstellte (wofür er von Heinrich VIII. zum Tode verurteilt wurde).
Islam: Mohammed hatte einen großen Traum (die Lailatal-Miradsch), in dem er in die Mysterien des Kosmos eingeführt wurde. In diesem Traum wurde der Prophet vom Engel Gabriel nach Jerusalem geführt, dem Mittelpunkt der Welt. Dort bekommt er seine Einsichten durch Gespräche mit Abraham, Moses und Jesus. Alle Muslime verehren deswegen in Jerusalem die Stadt der Himmelfahrt ihres Propheten.

Jesus ↗Christus

Joch Das Joch symbolisiert Unterdrückung und Arbeit, möglicherweise auch Selbstdisziplin.

Joghurt Der Joghurt steht meistens für das gesunde Leben, für eine leichte und kalorienarme Kost.

Johannisbeere Johannisbeere bedeutet Gesundheit und Naturverbundenheit.
Wie alle ↗Beeren tritt auch die rote Johannisbeere oft als weibliches Sexualsymbol auf. Sie kann allerdings auch auf ein einfaches Leben deuten.
Psychoanalyse: Die Johannisbeere ist ein Symbol des Kitzlers oder seltener der Brustwarzen.

Johannisbrot Die süß schmeckende (aber schlecht riechende) Frucht des im Mittelmeerraum heimischen Johannisbrotbaums ist ein Symbol der Heilung durch die Natur. Angeblich soll der heilige Johannes diese Früchte gegessen haben; in Vorderasien hat man die Kerne auch als Maßeinheit beim Abwiegen von Gold und Edelsteinen benutzt.

Joker Die Spielkarte des Jokers drückt unsere vielfältigen Möglichkeiten aus und symbolisiert eine lockere und lustige Lebenseinstellung. Der Joker ist häufig eine Glückskarte: Wer den Joker zieht, hat besondere Vorteile im Spiel.

Jonglieren Beim Jonglieren muss man die Kontrolle unter schwierigen Bedingungen aufrechterhalten. Ein Vorgang, der leicht aussehen muss, aber einige Kunstfertigkeit erfordert.
Jongliert jemand mit Bällen, deutet dies oft auf seine Energiezentren hin. Das heißt, er sollte auf verschiedenen Ebenen seines Leben eine spielerische Beweglichkeit zeigen, um seine Ziele und Triebe in Einklang zu bringen. Andererseits kann dieses Symbol eine Entscheidungsangst und Unentschlossenheit symbolisieren.

Jubel Jubel bedeutet Anerkennung und Hochgefühl: „Jubel, Trubel, Heiterkeit". Die Engel jubeln dem Herren zu, Fans den Stars – andererseits inszenieren besonders Diktatoren gerne Massenveranstaltungen, bei denen ihnen zugejubelt werden muss.

Jubiläum Ein Jubiläum möchte uns an ein bestimmtes vergangenes Ereignis erinnern, das immer noch aktuell ist. Für die weitere Deutung ist es wichtig, um welches Jubiläum es sich handelt.

Juckreiz Der Juckreiz ist nicht so gravierend wie der Schmerz, aber kann doch sehr lästig sein. Auf der symbolischen Ebene ist das Jucken der Haut ein Zeichen für Probleme mit der Abgrenzung oder der eigenen Attraktivität. Häufig auch sexuell zu deuten.

Judas Judas war der Jünger, der Jesus gegen Geld verraten hat (Matth 26,14). Deshalb symbolisiert Judas immer den Verräter. Gnostischen Einstellungen folgend ist jedoch Judas derjenige, der Jesus zur Vollendung seiner Aufgabe trieb.

Jude Der Jude symbolisiert den Außenseiter der Gesellschaft. Er wird mit Geldgeschäften und Intellektualität verbunden. Auf der einen Seite sehen sich die Juden als das auserwählte ↗Volk, auf der anderen Seite werden und wurden sie dämonisiert. Symbolisch wird der Jude mit Leid, Verfolgung und Ausrottung assoziiert.
Friedrich II. erließ eine Verordnung, dass Juden erst dann heiraten konnten, wenn

sie von der königlichen Porzellanmanufaktur ein Service gekauft hatten, dessen Preis nach dem Vermögen des Käufers bestimmt wurde. Dieses Porzellan nannte man im Volksmund Judenporzellan. Diese Verordnung wurde 1787 aufgehoben.
Literatur: Wegen jüdischer Themen wurde während des Nationalsozialismus Werke der deutschen Kultur wie Lessings „Nathan der Weise", Droste-Hülshoffs „Die Judenbuche" (1842) und Hebbels „Judith" (1841) nicht mehr gelesen und weitgehend aus den Büchereien entfernt.
Der zeitgenössische israelische Autor Yoram Kaniuk beschreibt in seinem Roman „Der letzte Jude" die Juden als ein „elendes und erhabenes Volk, das mit Gott und den Menschen gestritten hat".
Film: In propagandistischer Weise wurde in dem Film „Jud Süß" (1940) von Veit Harlan der Jude als verachtungswürdig gezeichnet.

Jüngling Der Jüngling symbolisiert einerseits die strahlende männliche Kraft und andererseits das unreife Männliche, das noch der Entwicklung bedarf.

Jugend Jugend bedeutet Möglichkeit. Ferner symbolisiert die Jugend Rebellion, Spontaneität und Naivität. Sie ist auch ein Hinweis auf Lernen und Entwicklung. Alles, was als jung auftritt, das muss noch entwickelt werden. Es ist der Ausdruck fehlender Reife und eines großen Potenzials.
Das Jugendliche und das Jungsein werden heute als unbedingt begehrenswert dargestellt, ewige Jugend wurde zum Ideal.

Jugendherberge Die Jugendherberge steht für Unterwegssein fernab von Eltern und Alltag. In der Rückschau wird die Jugendherberge oft idealisiert; tatsächlich ist die Jugendherberge nicht gerade ein komfortables Hotel.

Juli Der Juli symbolisiert den ↗Sommer und damit Ferien, Wärme und Freude.
Julius Caesar gab dem Juli seinen Namen bei der römischen Kalenderreform. Ursprünglich hieß dieser Monat Quintilis, denn er war der fünfte Monat im alten Kalender. Das passte jedoch nicht mehr, denn nach dem neuen Kalender war der Juli der siebte Monat. Die Bedeutung des Juli ist deswegen eng mit der Zahl ↗Sieben verbunden.

Jung ↗Jugend

Junge Der Junge ist einer, dem die Welt offen steht. Man muss etwas neu beginnen. Der Junge verweist wie der ↗Jüngling oft auf schwach ausgeprägte Männlichkeit. Dieses Symbol ist häufig mit der Altersproblematik beim Mann verbunden.
Psychoanalyse: Der Junge verweist für S. Freud meist auf das männliche Genital, oft im Zusammenhang mit Onanierfantasien.
Islam: Nach dem Koran symbolisiert der Junge einen Menschen, dessen Vermögen anschwillt.

Jungfrau Traditionell wird die Jungfrau mit Reinheit verknüpft – eine Symbolik, die von sexualfeindlichen Tendenzen geprägt ist. Das Bild der Jungfrau ist oft von patriarchalischen Vorstellungen geprägt, gerade dann, wenn bei Männern eine Jungfrau als besonders attraktiv gilt. Das Lob der Jungfräulichkeit entspringt der Angst des Mannes vor dem weiblichen Trieb. Bei einigen Völkern wie beispielsweise bei den Tibetern, Eskimos und Lap-

pen wurde eine Frau erst dann begehrenswert, wenn sie entjungfert worden war.
Eine ältere Jungfrau ist häufig die langweilige und unattraktive Frau, die keiner will – dabei kann eine Jungfrau auch für die Frau stehen, die keinen will und sich derart der gesellschaftlichen und somit patriarchalischen Norm verweigert.
Die Symbolik der Jungfrauengeburt findet sich in vielen Mythologien. Einer der ältesten Belege stammt aus dem sumerischen Gilgamesch-Epos (etwa drittes Jahrtausend v. Chr.). Gilgamesch, der sagenhafte Sohn des Herrschers von Uruk, wurde von einer Jungfrau geboren und bot ein Modell für die christliche Symbolik. Er besiegte auch den Tod und wurde unsterblich, überquerte das Wasser und besuchte das Paradies.
Das Sternzeichen der Jungfrau wird von Astrologen der ↗Erde zugeordnet. Es symbolisiert das genaue oder – psychoanalytisch gesehen – das analfixierte Prinzip, die Einstellung des „Erbsenzählers".
Literatur: Shakespeare sieht in „Ende gut, alles gut" keinen Grund, die Jungfräulichkeit zu bewahren. Er sieht die Entjungferung als Gewinn an, ohne den kein Mensch geboren wird.

Junggeselle Der Junggeselle ist heute oft zu einer komischen Figur geworden, belächelt als einer, der keine Frau abbekommen hat; manchmal auch bemitleidet als einer, der alleine leben muss. Der Junggeselle kann wie die ↗Jungfrau aber auch derjenige sein, der sich den gesellschaftlichen Normen widersetzt und seinen eigenen Weg geht. Wenn man die Ungebundenheit oder die Freiheit dessen, der sich an keine Frau binden will, betont, dann spricht man heute allerdings meistens vom ↗Single.

Jungvogel Jungvogel bedeutet Hilflosigkeit. Auf ihn wird oft unser mütterliches oder väterliches Gefühl projiziert.

Juni Der Juni ist der Monat des Wachstums und der Fruchtbarkeit.
Der Juni wurde nach der römischen Göttin Juno, der Gattin Jupiters, benannt. Sie wurde als die Himmelskönigin verehrt und der Juni als himmlischer Monat angesehen.

Jupiter Der Jupiter personifiziert in Traum und Fantasie wie in der Astrologie Ausweitung, Macht und die Verbindung zwischen dem Irdischen und dem Göttlichen. Er ist ein Symbol der Kommunikation.
Analytische Psychologie: Jupiter drückt nach C. G. Jung den Archetyp des Tricksters – also des Narren – aus.

Jurist Der Jurist verkörpert sowohl den gesellschaftlich herrschenden Gerechtigkeitssinn als auch unser Gewissen. Er mag auch für Falschheit, Raffinesse und Betrug stehen. Jurist ist häufig ein Angstsymbol.

Juwel Die Juwelen verweisen wie ↗Edelsteine und ↗Schmuck allgemein auf unsere Pracht, Schönheit und Eitelkeit. Sie stehen für die Verführung durch den Schein des Glitzernden, den äußeren Schein und den Schein des Geldes. Umgekehrt sind sie häufig ein Hinweis darauf, dass der Schatz im Inneren liegt.
Als Juwel bezeichnet man ferner auch eine geliebte Person oder eine besonders gute Hausangestellte: Immer geht es um das Seltene und Wertvolle.

Juwelier Der Juwelier ist der Händler mit ↗Juwelen. Ein angesehener Beruf, dem doch auch immer etwas Zwielichtiges anhaftet. Beliebt in zahlreichen Kriminalfilmen und -romanen, da er im Besitz wertvoller Dinge ist. Psychologisch gesehen ist er diejenige Kraft, die den schönen Schein unterstützt oder uns den Schatz im Inneren zeigt.

K

Kabbala Die jüdische Kabbala mit ihren mystischen (Geheim-)Lehren symbolisiert die geheimnisvolle innere und äußere Ordnung, die es zu entschlüsseln gilt.

Kabel Ein Kabel bedeutet stets eine Verbindung, die Möglichkeit zu einem Austausch, zum Beispiel von (psychischen) Energien.

Kabine ↗Kajüte

Kachel Kacheln und Fliesen, besonders weiße, symbolisieren Reinlichkeit und Kälte. Sie können ferner auf eine harte und glatte Oberfläche verweisen.

Kachelofen Der Kachelofen bedeutet Gemütlichkeit. Er ist ein Ausdruck der Sehnsucht nach Wärme und Häuslichkeit. Bisweilen mag er auch auf Biederkeit verweisen. Ähnlich auch ↗Herd und ↗Ofen.

Kadaver Kadaver hängen immer mit Tod und ↗Ekel zusammen, ähnlich wie ↗Aas. Der Kadaver symbolisiert psychologisch gesehen oft etwas, das sträflich vernachlässigt oder abgespalten ist. Er kann jedoch auch auf emotionale Belastungen verweisen, die aufzulösen sind – oder auf alles Hinderliche, das aufgegeben werden sollte.

Käfer Die Symbolik des Käfers ist zwiespältig. Einerseits lösen Käfer wie viele ↗Insekten Angst und Ekel aus. Andererseits werden Käfer auch für niedlich gehalten, wie zum Beispiel besonders der ↗Marienkäfer, der ja ein volkstümliches Glückssymbol ist. Ähnlich auch der Ausdruck „süßer Käfer“ für ein hübsches Mädchen.
Einzelheiten bei ↗Maikäfer, ↗Marienkäfer, ↗Mistkäfer; siehe auch ↗Insekt.
Antike: Der Skarabäus oder Mistkäfer galt in Ägypten zunächst als das Symbol der Wiedergeburt, später wurde er zu einem der am häufigsten benutzten Glückssymbole.
Literatur: In F. Kafkas bekannter Erzählung „Die Verwandlung“ wacht die Hauptfigur Gregor Samsa eines Morgens auf und ist in einen großen Käfer verwandelt worden, worauf er von seiner Familie ausgestoßen und letztlich umgebracht wird.

Käfig Der Käfig ist ein Symbol der Enge und Freiheitsberaubung. Die Einschränkung wird beim Symbol Käfig als stark empfunden, ähnlich wie bei ↗Belagerung, ↗Bernstein, ↗Falle, ↗Fahrstuhl. Allerdings kann das Symbol Käfig wie die ↗Mauer auch eine positive Bedeutung besitzen. Diese Bedeutung tritt besonders dann auf, wenn der Käfig von außen gesehen wird. Der Käfig kann ferner als eine Einfriedung gesehen werden: Durch Schutz und Zähmung (der wilden Triebe) bietet er den ersehnten Frieden.

Kälte Die Kälte ist psychologisch gesehen ein Symbol des Unpersönlichen und der emotionalen Neutralität: „Keep cool“ – es

kann durchaus positiv sein, wenn einen etwas kalt lässt.
Mit Kälte, besonders wenn es um Eis geht, verbinden wir auch ein Erstarren, ein Ende des Lebendigen und des Wachstums: So wird jemand „kaltgestellt" oder gar „kaltgemacht".
Dass Kälte inspirierend sein kann, wird von vielen Künstlern und Intellektuellen betont. In einem kalten Raum kann man klarer denken. Ludwig van Beethoven nutzte den inspirierenden Einfluss der Kälte, indem er sich vor dem Komponieren eiskaltes Wasser über den Kopf goss.
Siehe auch ↗Eis und ↗Schnee.

Kämmen ↗Kamm

Kämpfen ↗Kampf

Känguru Känguru bedeutet ↗Australien, Fernweh, Ursprung.
Die Beuteltiere, zu denen das Känguru gehört, sind ein lebendes Fossil, denn sie stammen direkt von der ältesten Form der Säugetiere ab. Älteste Funde von versteinerten Känguru-Knochen sind 25 Mio. Jahre alt. Mit dem Känguru wird so etwas Altes beschworen, das an unsere Wurzeln zurückreicht. Ferner symbolisieren sie Schnelligkeit, da sie äußerst schnelle ↗Tiere sind, die bis zu 60 km in der Stunde zurücklegen können. In diesen Zusammenhang gehören auch die „großen Sprünge", die wir mit dem Känguru verbinden.
Kängurus werden vom Menschen getötet, da das Fleisch ihres Schwanzes als Delikatesse gilt und da sie in Farmland einbrechen. Das Känguru-Fleisch ist heutzutage so beliebt, da es kein Cholesterin enthält und so als gesundes Fleisch betrachtet wird.
Literatur: In Henry Millers „Wendekreis des Krebses" wird das Känguru sexualisiert, indem Miller in witziger Weise beschreibt, dass das Känguru zwei Penisse besitzt – einen für die Arbeitstage und einen für die Feiertage.

Käse Der Käse, den man wie den ↗Quark leicht selbst herstellen konnte, galt früher als ein eher wertloses Lebensmittel. Dies wird heute noch deutlich in Redewendungen wie „So ein Käse!" oder „Das ist alles Käse".
Heute gilt Käse als ein eher gesundes Lebensmittel, man sagt, dass er den ↗Magen abschließt, weshalb er am Ende eines mehrgängigen Menüs gereicht wird.
Die blasse Hautfarbe von Kranken wird als käsig beschrieben.
In selteneren Fällen kann Käse auch auf die Schweiz oder auf Holland verweisen.

Kaffee Kaffee symbolisiert Geselligkeit, geistige Anregung und Lebensgenuss. Der Kaffee steht häufig für ein Bedürfnis nach (geistiger) Wachheit und höherer Konzentrationsfähigkeit. Er regt die Gehirnaktivität an, stärkt das Kurzzeitgedächtnis und ist deswegen eine beliebte Droge in allen Büros. Da der Kaffee ↗schwarz ist, ist er dem Geheimnis und dem Undurchdringlichen verbunden. Er kann auch auf Suchtverhalten verweisen.
Der Kaffee als heißes Getränk wurde im Jemen erfunden. Er kam in den Norden Arabiens und nach Europa im 16. Jahrhundert, wo er zu einem Modegetränk wurde.
Der Kaffee wurde als Getränk des Teufels denunziert, was man an seiner ↗schwarzen Farbe festmachte. Als jedoch Papst Klemens im 17. Jahrhundert an diesem Teufelsgetränk nippte, soll er so begeistert gewesen sein, dass er den Kaffee symbolisch taufte, so dass er fortan als christliches Getränk betrachtet wurde.

Auch den Moslems war der Kaffee zunächst ein Dorn im Auge, da er die Gläubigen von der Moschee fern halte. Diese Haltung wurde im 17. Jahrhundert aufgegeben, da der Kaffeegenuss nicht mehr zu verbieten war.
Im 18. Jahrhundert wurde der Kaffee zum Symbol der Freidenker, die sich in den Kaffeehäusern trafen und diskutierten.
Literatur: Dass Kaffee Luxus symbolisiert, zeigte sich an der Haltung des russischen Dichters Leo N. Tolstoj, der das einfache Leben lobte. Er lehnte den Kaffeegenuss als dekadenten Luxus ab und trank nur Getreidekaffee.
Tolstojs Ansichten über den Kaffee waren außergewöhnlich in der literarischen Szene. Hier sah man ausnahmslos den Kaffee seit dem 18. Jahrhundert als inspirierendes Getränk an. Voltaire soll während des Schreibens 50 Tassen Kaffee täglich getrunken haben, Balzac (der an Kaffeevergiftung starb, da er täglich 50 und mehr Tassen Kaffee trank) und Talleyrand stimulierten sich mit ihm. Letzterer charakterisierte den Kaffee als „schwarz wie der Teufel, heiß wie die Hölle, rein wie ein Engel, süß wie die Liebe". Damit hat er wie kein anderer die widersprüchliche Symbolik des Kaffees erfasst.
Karen Blixen beschreibt in ihrem autobiografischen Roman „Jenseits von Afrika" (1937), wie sie eine Kaffeeplantage in Kenia führte.
Musik: Johann Sebastian Bach griff mit seiner Kaffee-Kantate in den Streit um die Sicht des Kaffees ein, in der er sich über diejenigen lustig machte, die den Kaffeegenuss verbieten wollten.

Kaffeehaus ↗Café

Kaffeekanne ↗Kanne

Kaffeemühle Die Kaffeemühle weist, besonders wenn es sich um eine Handmühle handelt, auf angenehm altmodische Geselligkeit. Das Mahlen als Vorgang, der die Bohnen zermalmt, hat aber auch eine aggressive Komponente.

Kaffeesatz Aus dem Kaffeesatz pflegten ältere Damen unseres Kulturbereichs die Zukunft zu lesen; das Lesen aus dem Kaffeesatz steht deshalb für alle Formen einer unseriösen Zukunftsdeutung.

Kaffeetasse Wie ↗Kaffee und ↗Kaffeemühle deutet auch die Kaffeetasse auf Geselligkeit – oder auf eine Sehnsucht nach Geselligkeit.

Kaftan Ein Kaftan symbolisiert in Europa Sehnsucht nach mehr Exotik oder deren Ablehnung. Allgemeinere Aspekte bei ↗Kleidung.

Kahlkopf ↗Glatze

Kahn Der Kahn ist heute ein Symbol der Romantik und häufig auch für Freizeit und Ferien; anders als beim ↗Boot fehlt der sportliche Aspekt; seitdem er nicht mehr beruflichen Zwecken dient, hat der Kahn immer etwas von Geruhsamkeit an sich.
Der Kahn gilt seit der altägyptischen Symbolik als ein Symbol des Übergangs in einen anderen Zustand. Es ändert sich etwas, oft geht es auch um den Übergang ins Totenreich.

Kai Kai bedeutet Erdung und Sicherheit (wie ↗Anker und ↗Boje).
Kai heißt auch, zu Hause zu sein oder nach Hause zu kommen (wie auch ↗Hafen, ↗Elternhaus und ↗Familie). Seine Symbolik ist ferner der von ↗Bahnhof und ↗Bahnsteig verwandt.

Kaiman ↗Alligator

Kaiser Kaiser und Kaiserin symbolisieren wie ↗König und Königin Autorität, heute oft altertümliche oder veraltete Autorität. Im Traum verkörpern Kaiser und Kaiserin oft übermächtige Eltern. Man sehnt sich nach der Autorität, die man nicht hat oder die man zwar besitzt, ohne sie auszuleben.
Analytische Psychologie: Kaiser und Kaiserin stellen das eigene innere Weibliche (↗Anima) oder Männliche (↗Animus) dar. Als diese archetypischen Figuren sind sie nicht nur Autoritätspersonen, sondern auch das Bild des oder der Geliebten – als das ideale, oft überhöhte Männliche beziehungsweise Weibliche.

Kajüte Kajüte bedeutet für „Landratten" Gemütlichkeit und Seefahrerromantik; tatsächlich sind Kajüten oft eng und einem normalen Zimmer nicht gerade vorzuziehen.
Eine Kajüte symbolisiert im übertragenen Sinne auch einen Rückzugsraum bei emotionalen Konflikten. Ferner steht sie oft für eine Sehnsucht nach Abenteuer.

Kakadu ↗Papagei

Kakao Kakao ist süß, verführerisch; die Symbolik gleicht heute weitgehend der von ↗Schokolade. Als Getränk wird er heute meist Kindern gereicht, die für den Kaffee noch zu jung sind. Deshalb gilt er auch als harmloses Kindergetränk. Das war nicht immer so: Früher wurden der Kakao oder die heiße Trinkschokolade als inspirierendes, anregendes Getränk gepriesen. Der französische Feinschmecker Brillant-Savarin schrieb in seinem Buch „Physiologie des Geschmacks" (1825), dass die Schokolade besonders für Intellektuelle und Reisende gesund ist. Kakao wird ferner als Mittel gegen Liebeskummer, Durchfall und zur Beruhigung des Magens empfohlen und galt als Mittel der Weisheit, nicht nur bei den Azteken auch als potenzsteigernd. Für die Maya war der Kakaobaum der ↗Baum an sich, ein heiliger Baum, dessen Früchte die Gabe der Götter darstellten. In ihren Beschreibungen des Kakaos symbolisierte dieser Fruchtbarkeit und Leben. So wurden bei ihren Ritualen Schokolade und Kakaobohnen gereicht. Vor etwa tausend Jahren sahen die Tolteken den Kakao gar nicht mehr so positiv. In ihrer Mythologie ist es die Trinkschokolade, die Quetzalcoatl den Wahnsinn brachte.
Nach der Eroberung Mittelamerikas durch die Spanier wurde der Kakao schnell zu einem Symbol des Reichtums, der Kakaobaum wurde als eine Pflanze gesehen, bei der das Geld an den Ästen wächst.

Kakerlake ↗Küchenschabe

Kaktus Der Kaktus mit seinen Stacheln ist ein verbreitetes Symbol der Abwehr und der Schroffheit. Obwohl Kakteen in zahlreichen Arten überall auf Fensterbänken stehen, hat er doch immer noch etwas von Exotik an sich – die Pflanze der Wüste.
Dieses Symbol kommt oft in Situationen vor, in denen man sich verletzt fühlt. Es drückt ein Bedürfnis nach Abgrenzung und Distanz aus. Dieses Abgrenzungsbedürfnis ist häufig ein Ausdruck von Sensibilität, einer Verletzung.

Kalb Das Kalb verkörpert jugendliche Unerfahrenheit, Kindlichkeit und Naivität, nicht nur in Kinderbüchern häufig verkitscht zum „süßen Kälbchen".
Daneben steht das Kalb mit seinem Ungestüm und Freiheitsdrang auch für jugendliche Kraft, weshalb ein Geländewagen „Maverick" genannt wurde.

Ein Mastkalb wurde früher nur zu besonderen Anlässen geschlachtet, Kalbfleisch galt und gilt als Delikatesse – auch wenn Tierschützer dabei nur den Kopf schütteln können.
Christentum: Das „Goldene Kalb", das die Israeliten am Berg Sinai verehrten (Ex 32), ist zum Symbol für alle falschen Götter geworden, siehe auch ↗Stier.

Kalender Der Kalender ist ein Symbol für das Verfließen der Zeit, für Vergänglichkeit, Alter und Tod. Er sagt: Nutze das Leben!
Der Kalender ist andererseits ein bekanntes Stress-Symbol, da in ihm Termine vermerkt werden. Der Kalender erinnert also an die Verpflichtungen und die Last der Verantwortung. Letztlich also geht es bei diesem Symbol immer darum, sein persönliches Leben fruchtbarer zu machen und es zu genießen.

Kalk Kalk ist ein stabilisierendes Bindemittel, das auf Festigkeit oder Starrsinn hindeutet. Dass man mit Kalk Wände und Mauern weiß gestrichen hat, ist heute unüblich geworden. Heute denkt man bei Kalk eher an das „Verkalken" der Arterien, besonders an die Verschlechterung der Gehirnfunktion im Alter.

Kalt ↗Kälte

Kamel Das Kamel ist ein Symbol für Geduld und Ruhe, andererseits auch für Dummheit. Es weist auf die Fähigkeit, „Durststrecken" zu überwinden. Außerdem schwingt für uns in diesem Symbol stets die Bedeutung ↗Abenteuer mit. Eine Sehnsucht nach exotischen Ländern und den Lagerfeuern der Karawansereien löst das Kamel aus, das 1300 v. Chr. in Arabien domestiziert wurde, und zwar zuerst wegen seiner Milch und erst später als Reit- und Lasttier. Mohammed empfiehlt, das Kamel als „Schiff der Wüste" zu benutzen. Hier ist es ein mütterliches Symbol, da es für die Wüstenbewohner alles bereitstellt, was diese zum Überleben benötigen – von der Milch bis zum Leder.
Das Kamel der Camel-Werbung gibt sich sehr menschlich und zieht den romantisierenden Blick des Betrachters, der von der Exotik angezogen wird, sogleich auf sich.
Antike: Das Kamel verkörperte oft einen schwierigen, hochmütigen Charakter. Besonders im Vorderen Orient galten Kamele als Zeichen des Reichtums. Aristoteles übrigens bezeichnete Kamelfleisch als das schmackhafteste Fleisch, das er je gegessen habe.
Mittelalter: Das Kamel galt seit Augustinus als Symbol für Demut und Geduld, was manchmal umschlägt in ein Symbol für Trägheit.
Literatur: Das Kamel verkörpert des Lebens Angst und Not in Friedrich Rückerts bekanntem Gedicht „Fabel" („Es ging ein Mann im Syrerland").

Kamera Die Kamera ist das unverzichtbare Accessoire des Touristen, aber auch des Reporters. Immer soll etwas festgehalten werden, wird etwas (scheinbar) objektiv dokumentiert, und zwar mit technischen Mitteln.
Psychologisch gesehen entspricht der Film in der Kamera der inneren Leinwand des Menschen. Es ist die bildnerische Kraft der Seele angesprochen, auf der die äußeren Sinneseindrücke ihre Wirkung hinterlassen. Siehe auch ↗Foto.

Kamerad Das Symbol ist ähnlich wie ↗Freund zu deuten, nur schwingt hier meist eine militärische und somit tendenziell aggressive Bedeutung mit.

Kamille Die Kamille ist eine Pflanze, der von alters her vielerlei Heilwirkungen zugeschrieben werden. Sie steht so für Heilung in jeder Hinsicht.

Kamin Der offene Kamin bedeutet (gezähmtes) Feuer und gutbürgerliche Gemütlichkeit. Als Hochburgen der Kaminkultur gelten England und Frankreich. Der Kamin verweist dort auf ein geordnetes Familienleben und häusliche Behaglichkeit (siehe auch ↗Feuer).
Mit dem Feuer des Kamins sind Wärme und Luxus angesprochen. Ein kalter Kamin weist auf Gefühlskälte und Entfremdungen hin. Im psychologischen Sinn spricht der Kamin ein gebremstes Triebleben an, allerdings wird der Ort vor dem Kamin erotisiert, da hier in zahlreichen Fantasien die Verführung inszeniert wird. Bis zum Jugendstil wurde der offene Kamin als Altar der Wohnlichkeit angesehen. Er wurde oftmals pompös gerahmt, bevorzugt mit Marmor. Die Moderne verbannte jedoch den Kamin aus dem Wohnraum, da er auch heiztechnisch nicht mehr notwendig war. Von nun an galt er als rückständig. Er wurde als schwarzes Loch in der Wand belächelt. In der heutigen Zeit gilt der Kamin wieder als schick und als Ausdruck gehobener Wohnkultur.
Der (Fabrik-)Schornstein symbolisierte mit seinem ↗Rauch im 19. Jahrhundert die Segnungen des Fortschritts, heute die ↗Umweltverschmutzung. Er verweist also auf der einen Seite auf die Verschmutzung der Luft, d. h. im übertragenen Sinne auf eine Trübung des intellektuellen Überblicks; auf der anderen Seite leitet er aber auch giftige Gase aus dem Haus ab und kann damit für eine Reinigung des Geistes stehen.
In seltenen Fällen ist hier auch die Verbindung zum ↗Schornsteinfeger zu beachten, der ein bekanntes Glückssymbol ist.
Psychoanalyse: Nach S. Freud ist der offene Kamin ein weibliches Sexualsymbol, der Schornstein ein männliches Sexualsymbol.

Kaminfeger ↗Schornsteinfeger

Kamm Der Kamm symbolisiert die Sorge um die Schönheit der Haare, also unsere Eitelkeit. Er steht aber auch in Beziehung zu Ordnung, da man mit dem Kamm die Haare alle gleichförmig legt.
Daneben gibt es den Aspekt des „Durchkämmens“: Man untersucht etwas sehr genau. Weiteres bei ↗Haar.
Nach dem chinesischen Traumbuch „Meng-Shu“ aus der Tang-Zeit (618–906) deutet der Kamm auf Kummer, der sich auflöst. Ob das auch für einen westlichen Träumer zutrifft, wage ich zu bezweifeln.
Literatur: Die Lorelei in H. Heines Gedicht „Ich weiß nicht, was soll es bedeuten“ kämmt ihr Haar mit einem goldenen Kamm, womit sie den vorbeifahrenden Schiffern so den Kopf verdreht, dass sie auf einen Felsen auflaufen und untergehen.

Kammer Die Kammer ist meistens ein Symbol der Ärmlichkeit (siehe ↗Dachkammer), sonst wie ↗Zimmer.

Kammerdiener ↗Diener

Kampf Der Kampf symbolisiert den problematischen Umgang mit Aggressionen. Dahinter steht fast immer der Wunsch, seine Aggressionen wirkungsvoller und auch konstruktiver ausdrücken zu können. Der Kampf ist ein Bild widerstreitender Gefühle, Gedanken und Handlungen.
Häufig wird mit dem Kampf auch die Ehre angesprochen.

Kampfflugzeug ↗Düsenjäger

Kanada Kanada symbolisiert wie ↗Alaska Natur und Weite, Männlichkeit und Freiheit. Kanada ist Abenteuer, und einer der großen Abenteurer, welcher der Hudson Bay ihren Namen gab, war Henry Hudson, der 1610 die Hudson Bay befuhr, bei einer Meuterei dort ausgesetzt wurde und starb.

Kanal Ein Kanal ist eine künstliche Wasserstraße, die in der Regel zwei Meere oder zwei Flüsse verbindet.
Es gibt also bei diesem Symbol einerseits den Aspekt der Künstlichkeit, der Regulierung. Im übertragenen Sinne kann das bedeuten, dass jemandem das Leben reguliert und künstlich vorkommt: Man „hat den Kanal voll" (die Redensart bezieht sich allerdings eigentlich darauf, dass man zu viel gegessen oder getrunken hat).
Auf der anderen Seite verweist der Kanal auch auf die Entwässerung, wodurch das Land nutzbar gemacht wird. Wenn man davon ausgeht, dass das Wasser psychologisch gesehen für Gefühle steht, dann geht es um eine psychische Reinigung, um die „seelische Ökologie" des Einzelnen. Wichtig ist dann der Zustand des Wassers: Klares Wasser ist positiv, bedeutet Gesundheit und Kraft. Trübes Wasser ist negativ, bedeutet Krankheit und Depression (wie auch bei ↗Himmel (bewölkt), ↗Abgrund und ↗Asche).
Musik: Einer der berühmten Kanäle ist der Suez-Kanal, der den Seeweg von Europa nach Ostafrika und Asien erheblich verkürzt. Zur Erinnerung an die Eröffnung des Suez-Kanals 1869 wurde Giuseppe Verdi beauftragt, eine Oper zu schreiben. Er komponierte dafür „Aida".

Kanapee ↗Couch
Literatur: In F. Kafkas Erzählung „Die Verwandlung" ist das Kanapee der Zufluchtsort des zum Käfer verwandelten Gregor Samsa, und zwar liebt er es, unter dem Kanapee zu liegen.

Kanarienvogel Der gelbe Kanarienvogel symbolisiert ein fröhliches, behagliches Zuhause. Er steht allerdings auch für das Eingesperrtsein (↗Käfig).
Wie bei jedem ↗Vogel wird beim Kanarienvogel die Freiheit und der Geist (Intellekt) angesprochen.

Kandelaber Kandelaber, also mehrarmiger Kerzenständer, deuten stets auf (eine Sehnsucht nach) Luxus. Sie verweisen auf ein großes romantisches Bedürfnis und auf ein Schwärmen für „die gute, alte Zeit".
Literatur: In Max Frischs Theaterstück „Biedermann und die Brandstifter" wollen die Brandstifter, dass beim großen Abendessen Kandelaber auf dem Tisch stehen, denn die Kandelaber verkörpern für sie Reichtum und Wohlleben.

Kandiszucker ↗Zucker

Kaninchen Das Kaninchen ist ein bekanntes Fruchtbarkeitssymbol („sich vermehren wie die Kaninchen"). Es wird häufig mit dem ↗Hasen verwechselt, gleicht diesem deshalb auch in seiner Symbolik.
Literatur: Bekannt geworden ist das Kaninchen in „Alice im Wunderland" von Lewis Carroll.

Kanister Wie bei jedem ↗Gefäß ist es wichtig, was sich in dem Kanister befindet, außerdem dessen Farbe.

Kanne Für den psychoanalytisch geschulten Interpreten ist die Kanne ein Symbol der Jungfräulichkeit. Das Ausschütten der

Flüssigkeit aus der Kanne verweist auf Hingabe, siehe ↗Gefäß.

Kannibale Der Kannibale steht für Wildheit, er symbolisiert den Verlust jeglicher Zivilisation, da er eines der tiefsten Tabus bricht.
Psychologisch gesehen symbolisiert er eine sehr „einnehmende" Person, von der jemand sich überrollt fühlt. Er drückt andererseits auch den Wunsch aus, mit anderen eine innige Beziehung einzugehen. Oder jemand fühlt sich von irgendetwas – meist von einer Beziehung – aufgefressen.

Kanone Die Kanone ist ein Symbol der Wucht und der massigen Energie. Sie bedeutet Aggression und Zerstörung, ist heute aber eine veraltete ↗Waffe, die mehr an alte Zeiten gemahnt als an Krieg.
1428 benutzte der vierte Earl von Salisbury als erster Europäer Kanonen in einer Schlacht. Er war zugleich auch der erste Europäer, der durch eine Kanonenkugel in einer Schlacht umkam.
Meist kann dieses Symbol auf die persönliche Triebkraft, die Stärke und das Durchsetzungsvermögen bezogen werden. Entweder setzt man sich zu stark durch, oder man sollte sich mehr durchsetzen.

Kanonenboot Ein Kanonenboot deutet auf das Gefühl, emotional unter Druck gesetzt zu werden. Es bedeutet Gefahr und Bedrohung.

Kanonenkugel Eine Kanonenkugel im Traum verdeutlicht unser aggressives Potenzial.
Literatur: Von dem Freiherrn von Münchhausen, dem so genannten Lügenbaron, wird erzählt, er sei auf einer Kanonenkugel geritten. So kann man die Kraft der Aggression in produktiver Weise nutzen.

Kantate ↗Gesang

Kantine Immer ist das Symbol Kantine mit Arbeit verbunden. Zur Deutung des Symbols muss geklärt werden, in was für einer Firma sich die Kantine befindet. Ansonsten besitzt die Kantine die gleiche Bedeutung wie ↗Restaurant.

Kanu Das Kanu verweist wie jedes Schiff auf das Fortkommen im emotionalen Bereich, die Symbolik ähnelt also der von ↗Boot oder ↗Schiff; beim Kanu kommt aber erstens der sportliche Aspekt hinzu, zweitens gilt es als das Boot der ↗Indianer.

Kanüle ↗Spritze

Kanzel Die Kanzel in der Kirche ist der Ort der Predigt. Von ihr spricht der Priester mit seiner Autorität von einem erhöhten Standpunkt aus. Es ist also bei der Deutung stets das Verhältnis zur Autorität zu beachten, nicht umsonst spricht man von „abkanzeln".
Mit Autorität hat auch die Flugzeugkanzel zu tun. Sie kann als Bild für eine Führungs- und Leitstelle angesehen werden. Psychologisch gesehen kann es darum gehen, dass man sich selbst steuern und auf ein Ziel hin ausrichten muss.

Kapelle Die Kapelle ist der Ort der Ruhe und Besinnung. Anders als die ↗Kirche ist die Kapelle oft der romantische Ort, nachdem man sich sehnt.
Psychoanalyse: Die Kapelle ist nach S. Freud wie die Kirche ein Symbol der Frau.

Kapitän Der Kapitän ist die Leitfigur, die den richtigen (emotionalen) Kurs kennt. Sie weiß, wo es langgeht. Der Kapitän ist eine Respektsperson und ein Vatersym-

bol. Er besitzt die absolute Befehlsgewalt auf einem Boot. In keinem anderen Bereich unserer Gesellschaft hat eine Person derart große Machtbefugnisse über andere.
Er personifiziert auch Wohlstand, Würde und Welterfahrung – auch im Sinne der Kenntnis der eigenen Seelenkräfte.
Der Kapitän kann auch der Abenteurer sein, besonders der ↗Pirat. Nur auf Piratenschiffen wurde der Kapitän meistens gewählt und konnte auch abgewählt werden

Kapitulation Kapitulation ist Aufgabe, Unterwerfung. Es geht um Herrschen und Beherrschtwerden. Psychologisch gesehen ist die Grenze zwischen Selbstaufgabe und Hingabe schwer zu ziehen.

Kaplan ↗Priester

Kappe Die Kappe ist eine eher legere Kopfbedeckung, nicht so steif wie ein ↗Hut. Sie kann stellvertretend für den Kopf stehen: Man nimmt „etwas auf seine Kappe". Beim Symbol Kappe klingt außerdem das „Verkappte" an. Es wird etwas angesprochen, das aus dem Hinterhalt, eben versteckt, wirkt. Der Anklang an das Verb „kappen" verweist auf die Beendigung einer Situation.
Literatur: In den Sagen und Märchen spielt die Tarnkappe eine große Rolle, jene magische Kopfbedeckung, die einen unsichtbar werden lässt. Die Tarnkappe verweist entweder darauf, dass man sich zu sehr in den Vordergrund stellt oder dass man mehr auf sich aufmerksam machen und aus sich herausgehen sollte.

Kapuze Die Kapuze zeigt an, dass man sich verbergen und sich schützen möchte. Kapuzen können auch unheimlich wirken, wie die weißen Kapuzen des Ku-Klux-Klan oder die rote Kapuze des mittelalterlichen Henkers.
Analytische Psychologie: Für C. G. Jung symbolisiert die Kapuze die obere, himmlische Welt. Dazu passt, dass die Kapuze in manchen Traditionen als unsichtbar machende Tarnkappe verwendet wurde oder als das Bekleidungsstück der Götter, Dämonen und Zauberer galt.

Kapuzinerkresse Die bunten großen Blüten der Kapuzinerkresse symbolisieren Frohsinn. Sie gelten als gesund und werden in Italien häufig als essbare Dekoration für Salate verwendet.
Kapuzinerkresse bedeutete in der ↗Blumensprache des Biedermeier: Ich werde leiden, wenn die Hoffnung, dich zu sehen, mich nicht mehr erfreut.

Karabiner ↗Gewehr

Karawane Symbol einer abenteuerlichen Reise, besonders im Orient. Was ist das Ziel der Karawane? Welche Lasten werden befördert?

Kardinal Der Kardinal ist wie der ↗Bischof ein Autoritätssymbol; da er höher in der kirchlichen Hierarchie steht, konzentriert sich auf ihn öfter die Kirchenkritik. Ein Kardinal verkörpert oft die eher im Verborgenen wirkende, verlogene Macht.
Literatur: Henry Morton Robinson schrieb den Roman „Der Kardinal" über einen Aufsteiger in der kirchlichen Hierarchie und dessen innere Konflikte. Der Kardinal verkörperte die Konflikte, die beim Einlassen auf eine autoritäre Institution entstehen.

Karneval Der Karneval ist die Zeit, in der man ein anderer sein kann und darf, in der alles erlaubt ist. Er steht für Fröhlichkeit und Unbeschwertheit, andererseits aber auch für Frohsinn auf Bestellung.

Die ältesten Belege für den Karneval stammen aus Mesopotamien. Einer babylonischen Inschrift aus dem dritten Jahrtausend vor unserer Zeitrechnung zufolge wurde der Karneval nach Neujahr als symbolisches Hochzeitsfest des Priesterkönigs Gudea gefeiert. Der rheinische Karneval geht allerdings auf die römischen Saturnalien zurück, die seit der römischen Besetzung des Rheinlands dort gefeiert wurden. Die ersten Karnevalsumzüge in der nachrömischen Zeit treten 1133 in Aachen und 1341 in Köln auf.

Im christlichen Mittelalter wird versucht, den Karneval mit der Fastenzeit zu verbinden. Er wurde besonders ausgelassen in der letzten Nacht vor der Fastenzeit gefeiert, wovon der Name Fastnacht kündigt.

Fantasien vom Karneval deuten entweder auf die Notwendigkeit des Ablegens von Verstellungen und ↗Masken hin (von der Persona zum wahren Selbst), oder sie zeigen, dass man mehr aus sich herausgehen und sich freuen sollte. Wenn man den Karneval ablehnt, verweist dies häufig auf die Ablehnung der eigenen wilden und ausgelassenen Seiten. Ferner ist mit dem Karneval auch immer der ↗Narr verbunden: Das absurde und das weise Prinzip treffen sich in dieser Figur, welche die Freiheit verbildlicht. Auf der anderen Seite ist der Narr auch derjenige, der – im Sinne des bürgerlichen Lebens – seine Alltäglichkeiten nicht geregelt bekommt.

Karnickel ↗Kaninchen

Karotte ↗Möhre

Karpfen ↗Fisch

Karren Der Karren ist auf der einen Seite ein Symbol für Schwierigkeiten und Lasten („den Karren aus dem Dreck ziehen"), auf der anderen Seite ein Bild der Beweglichkeit. Da Karren aus einer Zeit stammen, als noch Pferde oder Esel als Zugtiere verwendet worden sind, sind sie heute auf vielen Bildern zu einem nostalgischen Requisit geworden.

Neben dem Zustand des Karrens ist auch auf den Zustand des Weges zu achten.

Karten Spielkarten stehen für Freizeit und Spiel; häufig aber geht es um Glücksspiel, um den Gewinn oder den Verlust von Geld. Ein anderer Aspekt ist das Kartenlegen. In diesem Kontext steht die Zukunft und der Versuch, etwas über sie herauszufinden, im Vordergrund.

Eintritts- und Visitenkarten öffnen bestimmte Bereiche, die man sonst nicht betreten kann. Bei der Eintrittskarte steht dieser Bereich im Vordergrund. Wozu man Eintritt erhält, stellt psychologisch gesehen dar, wohin man in seinem Leben schauen sollte.

Bei der Visitenkarte steht der Träger dieser Karte im Vordergrund. Eine Visitenkarte zeigt, dass man reputabel und erfolgreich ist – oder es sein möchte. Es ist wichtig zu beachten, was auf der Visitenkarte steht und eventuell auch deren Farbe.

Anders ist die Symbolik von ↗Landkarte und ↗Postkarte.

Literatur: Jostein Gaarder stellte in seinem Roman „Das Kartengeheimnis" (1990) die Karten in den Mittelpunkt seiner Reise. Die Romankapitel sind nach den Farben der Karten aufgebaut.

Kartenspiel Kartenspiele stehen entweder mit dem Kindlichen im Zusammenhang oder mit Zeitvertreib und Geselligkeit. Manchmal geht es auch um Glücksspiel, besonders wenn es um Geld geht, haftet dem Kartenspiel leicht etwas Verruchtes an.

Kartoffel Die Bedeutungen, die der Kartoffel im Laufe der Geschichte zugesprochen wurden, variieren stark: Wie alle Nachtschattengewächse wurde die Kartoffel in Europa zunächst dämonisiert. Sie galt als Hexenspeise, da Hexen dem Volksglauben nach Nachtschattengewächse zu ihren Hexenflügen nutzten. Katholiken weigerten sich, Kartoffeln zu essen, da sie in der Bibel keine Erwähnung finden und deswegen eine „gottlose Speise" darstellten. Später wurde die Kartoffel hoch gepriesen als Speise für das ↗Volk, aber auch von Gourmets, die meinten, dass die Kartoffel ein Gericht abrunden würde. Ohne die Kartoffel wäre die industrielle Revolution unmöglich gewesen, da sie die Nahrung für die Arbeiter lieferte.
Die Kartoffel war besonders im 19. Jahrhundert das Essen der Armen und ist so mit Angst vor dem sozialen Abstieg verbunden. Noch heute ist sie ein preiswertes Nahrungsmittel, Kartoffeln zu essen, ist nicht gerade prestigeträchtig. Zudem gilt das Essen von Kartoffeln als typisch deutsch.
Gleichzeitig verweist das Symbol Kartoffel auf unsere Erdung, da die Frucht der Kartoffel unter der Erde liegt. Als Wurzelgemüse wird bei der Kartoffel die Frage nach der Verwurzelung angesprochen.
Analytische Psychologie: Als Knolle ist die Kartoffel von eigentümlich androgyner Gestalt: Sie kann sowohl phallische Formen aufweisen als auch die typisch weiblichen runden Formen zeigen. Als Grundnahrungsmittel ist die Kartoffel dem weiblich Nährenden und den Kräften der Mutter Natur verwandt.
Literatur: Der romantische Dichter Lord Byron spricht der Kartoffel aphrodisierende Wirkungen zu, die er allerdings ablehnt.
Kunst: Vincent van Gogh versucht in seinem Bild „Die Kartoffelesser" die düstere Stimmung der Armut mit verschiedenen dunkelgrauen Tönen zu beschwören.

Karton Dickere Papiere bis 600 g/m^2 werden als Karton bezeichnet. Zugleich bezeichnet man die Verpackung aus diesen festeren Papieren als Karton. Im Karton befindet sich symbolisch gesehen oft eine Überraschung oder ein Geheimnis. Ein Karton weckt Neugier. Er versteckt und schützt zugleich seinen Inhalt.
Vom Berliner Sprachgebrauch ausgehend wird der Karton als ein Bild für den ↗Kopf gesehen. Daher stammt die Redewendung „bei jemandem rappelts im Karton" (jemand ist nicht recht bei verstand).

Karussell Das Karussell steht für kindliche Freude und Ausgelassenheit. Es belebt Erinnerungen an die Kinderzeit. Man dreht sich immer im ↗Kreis.
Literatur: Berühmt ist Rainer Maria Rilkes Gedicht über das Karussell, in dem das Karussell die stetige Wiederkehr des Gleichen symbolisiert.

Karzinom ↗Krebs

Kaserne Eine Kaserne ist eine Unterkunft für das Militär. Es ist also die Symbolik des Militärischen zu beachten. Ein abgeschirmter Bereich, in dem die Regeln der Männergesellschaft gelten („Kasernenhofton"). Manchmal gleicht die Symbolik der Kaserne der des ↗Gefängnisses.

Kasino Das Spielkasino ist der Ort des Glücksspiels. Es symbolisiert Risikobereitschaft und warnt davor, sein Geld oder seine Energien leichtfertig zu verspielen. In Europa steht dieses weniger als in den

USA im Geruch des Verbotenen; hier ist das Kasino eher ein gehobener gesellschaftlicher Treffpunkt, zu dem nur Zutritt erhält, wer sich an bestimmte Kleidungsregeln hält. Siehe auch ↗Spielbank und ↗Spielhalle.
Literatur: Fjodor Dostojewskij – selbst ein Spieler – ließ sich für seinen Roman „Der Spieler" von dem Kasino in Baden-Baden inspirieren.

Kasper Die Symbolik gleicht der von ↗Narr, nur dass der Kasper eher eine Figur für Kinder geworden ist; er gehört mehr dem Bereich des Albernen an als der Narr („herumkaspern"). Ursprünglich – so heißt es – war der Kasper allerdings der König.

Kasse Die Kasse ist ein Erfolgs- oder Misserfolgssymbol, je nachdem, wie viel ↗Geld sich in ihr befindet.
Das Symbol der Kasse deutet oft auf entfremdete Umweltbeziehungen, die auf das Geld reduziert sind. Man will mehr haben statt sein, was auf Geldgier verweist. Auf der anderen Seite liegt in der Kasse das geordnete, gehütete und gesparte Geld.

Kassettenrekorder Wie alle Musikinstrumente oder Wiedergabegeräte von ↗Musik verweist der Kassettenrekorder auf eine Sehnsucht nach Harmonie. Dazu kommt, dass der Kassettenrekorder eine billige, heute schon altertümliche Technologie darstellt.
Es ist für eine genauere Deutung wichtig, welche Kassetten gespielt werden.

Kastanie Symbol für Herbst, Nahrung und Fruchtbarkeit. Die Kastanien sind ein beliebtes Spielzeug bei Kindern.
Wie jeder ↗Baum symbolisiert die Kastanie psychologisch gesehen die Verbindung von Intellekt und Erdung.

Kasten Die Deutung des Kastens ist von seiner Farbe, seiner Form und seinem Inhalt weitgehend abhängig. Er kann auch für ein Geheimnis oder gar für den ↗Sarg stehen.
Psychoanalyse: Der menschliche Körper, bei S. Freud der weibliche Körper.

Kastration Kastration bedeutet Verlust von Männlichkeit und Tatkraft (↗Penis). Fantasien von der eigenen Kastration werden meist von Minderwertigkeits- oder seltener auch Schuldgefühlen hervorgerufen, denn der Psychologe erblickt in der Kastration ein Zeichen des unterdrückten Triebs. In einigen Fällen verweist die Kastration auf eine tief gehende Ablehnung der (männlichen) Sexualität.
Zu Freuds und C. G. Jungs Zeiten waren Kastrationsträume noch relativ häufig. Heute treten sie dagegen vergleichsweise selten auf, da sich unsere Einstellung zur Sexualität geändert hat. Die Frau sieht sich heute weitgehend nicht mehr als kastrierter Mann, aggressive Männlichkeit wird bei Mann und Frau als wichtiger Aspekt akzeptiert und braucht nicht mit Kastration bestraft zu werden. Die Kastration als Symbol muss heutzutage fast ausnahmslos auf die Arbeit und Tatkraft bezogen werden.

Katakombe ↗Gewölbe

Katalog Ein Katalog macht eine Bestandsaufnahme, meist von Waren. Er kann für geordnete Präsentation oder auch für den Wunsch nach Konsum stehen.

Katarakt ↗Stromschnelle

Katastrophe Katastrophen bedeuten Zerstörung und Leid, ursprünglich bedeutet „Katastrophe" (altgriechisch) „Wendung",

und zwar eine plötzliche und unverhoffte Wendung ins Negative. In der heutigen Zeit werden Katastrophen oft zum Medienereignis stilisiert.
Einzelheiten unter ↗Naturkatastrophen.
Literatur: Katastrophenszenarien sind besonders in der Science-Fiction-Literatur beliebt. H. G. Wells bearbeitet dieses Thema meisterlich in „In den Tagen des Kometen", der Physiker Fred Hoyle in „Die schwarze Wolke" und John Christopher in „Death of Grass". Oft werden die Katastrophen nicht durch ein unabwendbares Ereignis wie einen Kometeneinschlag herbeigeführt, sondern durch die Dummheit der Menschheit – wie in dem Roman „The Day of Triffids" von John Wyndham.

Kater Der Kater besitzt weitgehend die gleiche Bedeutung wie die ↗Katze. Allerdings schwingt bei diesem Symbol stets auch ↗Aggressivität mit. Natürlich ist der Kater mit dem Männlichen verbunden.
Literatur: Der stets stoppelige Kater Karlo tritt als Gegenspieler von Micky Maus und ihren Freunden auf. Er ist ein Allround-Verbrecher, der von dümmlichen Gehilfen unterstützt wird. Fritz the Cat hingegen verkörpert als Kater männliche Geilheit. Es gibt erstaunlich viele, mehr oder weniger asoziale Comic-Kater: Kater Karlo, Fritz the Cat, Fat Freddys Cat und Felix. Die meisten dieser Kater verkörpern die anarchistischen Regungen in unserer Gesellschaft.

Kathedrale In der Deutung ist die Kathedrale ähnlich wie die ↗Kirche zu sehen, eine große, imposante Kirche. Sie ist ein Ort der Ruhe. Sie verweist oft auf die Notwendigkeit der Innenschau und der Erhebung zum Göttlichen. Kathedralen wie der Kölner Dom sind heute allerdings zu Anziehungspunkten für Touristen geworden.

Katze Katze bedeutet Weiblichkeit und Unabhängigkeit.
Die Katze symbolisiert unsere Gefühlsseite, andererseits auch die Willensseite. Einerseits ist sie ein Symbol der Falschheit und Hinterhältigkeit – immer auf eine Frau bezogen, da die Katze archetypisch mit dem Weiblichen verbunden ist –, auf der anderen Seite ist sie ein Symbol der Selbstständigkeit, der Lust, des Eigensinns und des Willens. Sie ist ein Symbol des weiblichen Geschlechtsorgans („pussy" im Englischen) und der „Unzucht", aber auch ein Zeichen für körperliche Geschmeidigkeit, Orgasmusfähigkeit und Unabhängigkeit.
Die Verbindung zwischen Katze, Weiblichkeit, Sinnlichkeit und Verführung nutzte 1868 die englische Firma Cadbury, die ihre Schokoladenverpackungen mit einem Bild versah, auf dem ein Mädchen mit einer Katze schmust. Für dieses Bild stand Jessica Cadbury Modell, die Tochter des Firmenchefs.
Antike: Die Ägypter verehrten die Katze als Göttin, die die Menschen beschützt.
Mittelalter: Die Katze, besonders die schwarze, ist das typische Hexentier. Die Katze muss jedoch mindestens sieben Jahre alt sein, um sich zur Hexenbegleiterin zu qualifizieren. Schwarze Katzen galten unter anderem als die Reittiere der Hexen. Wegen des dämonischen Charakters der Katzen ließ man in manchen Gegenden Kinder nicht mit Katzen alleine. Hexen können nämlich auch sich selbst in Katzen verwandeln.
Kunst: Dass die Katze mit dem Dämonischen verbunden wurde, zeigt sich ein einem Bild von Lorenzo Lotto (1527): Hier flieht eine schwarze Katze entsetzt, als der Maria der Verkündigungsengel erscheint.
Philosophie: In „Jenseits von Gut und Böse" sieht Friedrich Nietzsche die Frau als

eine gefährliche Katze von raubtierhaft listiger Geschmeidigkeit an, die ihre Krallen unter dem Handschuh versteckt.

Katzenfell Ein Katzenfell drückt unsere Sehnsucht nach Wärme und Erotik aus.

Kauen Kauen ist ein Aggressionssymbol, da es die Nahrung zerkleinert. Es verweist oft darauf, wie man sich durchbeißt.

Kaufen Kaufen bedeutet Austausch. Wenn jemand im Traum etwas kauft oder verkauft, ist damit immer ein Austausch emotionaler Energien gemeint (↗Geld). Wichtig ist die Symbolik der Ware.

Kauffrau ↗Kaufmann

Kaufhaus Kaufhaus bedeutet Fülle und Möglichkeiten: Der „Tempel des Konsums“. Weitere Aspekte bei ↗Warenhaus.

Kaufmann Der Kaufmann oder die Kauffrau stehen für Handel und den Austausch zwischen den Menschen. Ein Kaufmann ist derjenige, der die Warenströme lenkt und aus der Differenz zwischen Einkauf und Verkauf seinen Profit zu schlagen weiß.
Analytische Psychologie: Für die analytischen Psychologie verweist dieses Symbol immer auf die männliche Seite in Frau und Mann. Es wird entweder von einem aktiven Selbstwertgefühl hervorgebracht oder verweist auf die Notwendigkeit eines solchen Gefühls.
Der Besitz des Kaufmanns verweist auf die Talente des Träumers; ebenso die Waren, mit denen er handelt. Der Warenumsatz selbst kann auf die Emotionen des Träumers bezogen werden.
Literatur: Thomas Mann schildert in seinem ersten, autobiografisch gefärbten Roman „Die Buddenbrooks“ (1901) den Untergang einer Kaufmannsfamilie, in der besonders die männlichen Familienmitglieder von Generation zu Generation zunehmend sensibler werden.

Kaugummi Mit Kaugummi wurde in Europa ursprünglich stets Amerika assoziiert, die (angebliche) amerikanische Lässigkeit. Psychologisch gesehen zeigt das Kaugummi, dass man etwas zum Beißen hat und somit seine Aggressionen ausdrücken kann. Ferner symbolisiert das Kaugummi auch das Klebrige und all das, was man nicht mehr loswird.
Literatur: Der amerikanische Autor John Steinbeck schuf eine Erzählung über ein Kaugummi, das verrückt wird.

Kaulquappe Die Kaulquappe steht für ein Anfangsstadium. In bildlichen Darstellungen der Zeugung werden die männlichen Samen oft wie Kaulquappen gezeichnet.

Kaviar Kaviar ist ein bekanntes Luxussymbol.
Literatur: Auch in Johannes Mario Simmels Bestseller „Es muss nicht immer Kaviar sein“ ist der Kaviar das Luxusgut, auf das man jedoch freiwillig verzichten kann.

Kegeln Kegeln gilt als eine zwar gesellige, aber doch kleinbürgerliche Freizeitbeschäftigung: mehr mit dem Trinken von Alkohol im Freundeskreis als mit ernsthaftem Sport verbunden. Es geht um Erholung und Freude mit anderen, um Kraft und vor allem Geschicklichkeit. Letztendlich kann man beim Kegeln versteckte Aggressionen aufspüren, wenn mit der schweren Kugel die Kegel umgestoßen werden.
Psychoanalyse: Oftmals schwingen in diesem Symbol sexuelle Ängste oder auch

Hoffnungen mit: Der phallische Kegel wird von der weiblichen Kugel attackiert.

Kehle Die Kehle ist bekanntes Kommunikationssymbol: Man „singt aus voller Kehle".

Kehren ↗Reinigen

Keil Keil bedeutet Trennung.
Der Keil tritt häufig auf, wenn man eine Trennung befürchtet oder herbeiführen möchte.

Keiler ↗Eber

Keim Der Keim einer Pflanze symbolisiert einen Anfangszustand oder die Essenz.
Den ersten Krankheitskeim sah bereits 1683 der holländische Wissenschaftler Antoni van Leeuwenhoek durch das von ihm erfundene ↗Mikroskop. Aber erst 1859 konnte Louis Pasteur zeigen, dass Krankheitskeime in der Luft frei herumfliegen und uns überall umgeben.
Diese Keime können in uns eindringen und gelten deshalb als sehr gefährlich, da sie unseren Widerstand unterwandern. Der Mensch wird angreifbar von unsichtbaren Kräften, was einen Horror auslöst. Keime wie Viren (↗Virus) oder Bakterien werden stets dämonisiert, in Werbung und Komik als ↗Teufel dargestellt, obwohl die meisten Keime in friedlicher Koexistenz mit unserem Körper leben.
So werden die Keime von der Medizin geradezu kriegerisch bekämpft und mit ↗Pillen beschossen. Man versucht, bestimmte Keime vollständig auszurotten. Der Keim wird dabei zu einer Metapher des Unsichtbaren und Ansteckenden. Man kann sich anstecken und eine Erkältung bekommen, oder ein Lachen kann ansteckend sein – immer ist es etwas Unsichtbares, das Gewalt über einen gewinnt.

Keks Kekse sind ↗Süßigkeiten. Sie stehen im übertragenen Sinne oft für geistige und seelische Nahrung. Es kann auch der Anklang an „Scherzkeks" angesprochen sein.

Kelch Das als Kelch bezeichnete Gefäß ist immer etwas Außergewöhnliches, kein lapidarer Becher oder ein Trinkglas.
Oft geht es hier um das Leiden und den Tod (vgl. den Schierlingsbecher im klassischen Altertum) oder um die Suche nach einem höheren Ziel (vgl. die Gralslegende und deren Deutung durch Emma Jung in ihrem Buch „Die Gralslegende aus tiefenpsychologischer Sicht"). Der Kelch fasst die Flüssigkeit, die unserem Gefühl und unseren Bedürfnissen entspricht. Er gibt diesen Bedürfnissen und Gefühlen eine (meist geistige) Form. Im übertragenen Sinne geht es beim Kelch also um die Seelenbildung und um die Kultivierung unserer Gefühle. Genau das war schon im Hochmittelalter die Aufgabe der Gralssuche.
Christentum: Der Kelch spielt bekanntlich eine zentrale Rolle beim christlichen ↗Abendmahl als das Gefäß, in dem der zu Blut verwandelte Wein gereicht wird. In zwei weniger bekannten frühchristlichen Texten wird geschildert, dass Maria und Joseph nach jüdischem Brauch (nach Num 6, 11–28) aus einem Kelch einen „Wahrheitstrank" trinken mussten, um zu beweisen, dass Maria nicht von Joseph schwanger geworden ist. Da beide aber das „bittere, Fluch bringende Wasser" in dem Kelch ohne Schaden trinken konnten, hatten sie nicht gelogen.

Kelle ↗Suppenkelle

Keller Die im Keller gelegenen Räume des ↗Hauses verbildlichen das Dunkle; sie sind oft ein Ort der Gefahr, auch des Eingesperrtseins. Psychologisch gesehen symbolisiert der Keller das Unbewusste, den Bauch und damit die Gefühle.
Analytische Psychologie: Hier ist der Keller der unheimliche Ort, an dem man nach C. G. Jung sein Bewusstsein verliert oder es wieder neu entdeckt: das Unbewusste, Dunkle, Undurchschaubare und Verdrängte.

Kellerasseln ↗Asseln

Kellergewölbe ↗Gewölbe

Kellermeister Der Kellermeister ist häufig eine Autoritätsperson, welche die Macht und die Herrschaft über den ↗Wein und damit auch den Rausch besitzt.

Kellner Der Kellner verkörpert Dienen, Freundlichkeit und Hilfe (↗Diener).

Kentern Kentern ist ein Unglück auf dem Wasser, das auf Unfähigkeit oder die Macht der Naturkräfte verweist: ein plötzlicher Umschlag, eine Umkehrung der Verhältnisse.
Hinter einem Kentern verbirgt sich oft die Angst, mächtigen eigenen Gefühlen nichts entgegensetzen zu können.

Kerker Kerker bedeutet Freiheitsverlust, Bestrafung und Niedergang.
Für die genauere Deutung ist es wichtig zu betrachten, warum die betreffende Person in den Kerker kam. Der Kerker tritt im klassischen Hindernistraum auf – wie auch ↗Häftling, ↗Verlies und ↗Käfig. Er ist ein Symbol, das oft mit depressiven Verstimmungen zusammenhängt.

Kerkermeister ↗Gefängniswärter

Kern Der Kern symbolisiert die Essenz einer Angelegenheit oder deren Ursache.

Kernkraftwerk ↗Atomkraftwerk

Kerze Kerze bedeutet Licht, sie ist ein bekanntes Symbol des Lebens (Lebenslicht), besonders die brennende Kerze. Sie kann auch auf besondere Feierlichkeiten hindeuten. Immer wird mit dem Bild der Kerze angesprochen, dass ↗Licht in die ↗Finsternis gebracht wird (was im Mittelpunkt vieler Schöpfungsberichte steht).
Die Kerze mit ihrem ausgesprochen warmen Licht spricht heute oft die Sehnsucht nach einer romantischen oder gemütlichen Atmosphäre an. Mit der Kerze wird die Gefühlswärme beschworen. Seitdem elektrisches Licht der Normalfall ist, zeigt eine Kerze auch einen Notfall an, eine Situation, in der es um das reine Überleben geht. Die Kerze kann auch als phallisches Symbol auftreten.
Wenn sie nicht weiß ist, dann ist auch die Farbe der Kerze wichtig, die beispielsweise in den Ritualen der Hexen (Wicca-Orden) eine Rolle spielt.
Die Kerze wird ausgeblasen: Ähnlich wie das Abschneiden des Lebensfadens deutet das Ausblasen einer Kerze auf den Tod hin. Wobei mit dem Tod zugleich auf das neue Leben verwiesen wird, denn die Kerze kann jederzeit wieder angesteckt werden. Ferner wird hier auf eine Überbetonung des Intellekts (Luft) verwiesen, die das Leben ersticken lässt. Die Kerze verweist auf Klarheit verbunden mit menschlicher Wärme, auf Konzentration und Entspannung.
Psychoanalyse: Bei S. Freud und allen seinen Nachfolgern wird die Kerze als ein Penissymbol angesehen, was man übrigens

schon in der Antike so sah. Die gebrochene Kerze ist nach S. Freud ein verbreitetes Symbol der Impotenz.
Christentum: Wie schon in vielen antiken (Mysterien-)Kulten hat die Kerze schon sehr früh im Christentum eine symbolische Bedeutung als Zeichen des (göttlichen) Lichts, des Glaubens und der Erleuchtung. Diese Bedeutung hatten die Kerzen auch schon in der Zeit, als sie in Gottesdiensten einfach nur nützliche Lichtquellen waren.

Kerzenleuchter ↗Leuchter

Kessel Der Kessel ist ein uraltes Symbol der Häuslichkeit: Es wird gekocht und das Leben erneuert. Im Kessel findet wie im alchemistischen Gefäß die Umwandlung der Materie statt. Er kann deswegen mit der Gebärmutter verglichen werden. Der Kessel ist fast immer ein Hinweis auf kreative Gestaltungskräfte. Im Kessel werden im übertragenen Sinn die Lebenskräfte umgeformt und zu etwas Neuem gestaltet.
Analytische Psychologie: Der Kessel ist der Schmelztiegel, in dem die emotionalen Kräfte mit der Macht des Seelenfeuers zu einer individuellen Persönlichkeit verschmolzen werden.
Literatur: In dem altwalisischen „Mabinogion" spielt der Kessel, in dem die toten Krieger wieder lebendig gemacht werden, eine wichtige Rolle. Der Kessel ist das Belebende, er beinhaltet das Lebenselixier. Dies wird in den Asterix-Comics wieder aufgenommen: Obelix ist so stark, da er als Kind in den Kessel mit dem Zaubertrank gefallen ist, von dem die Gallier ihre übermenschlichen Kräfte haben.

Kette Die Kette bedeutet stets eine feste Bindung im positiven oder negativen Sinne. Das Ablegen oder gar Brechen der Ketten war immer auch ein Symbol für eine politische Befreiung. Andere Aspekte bei ↗Schmuck.
Antike: Symbol der Bindung und Unfreiheit schon bei Artemidor.

Kettensäge ↗Säge

Keule Die Keule ist eine brutale und aggressive ↗Waffe; die primitive Waffe der ↗Riesen, deren phallische Form auf undifferenzierte Triebenergie hinweist.

Kiebitz Wie jeder ↗Vogel ist der Kiebitz ein Symbol der Verbindung von Himmel (Luft, Intellekt) und Erde (Erdung).
Islam: Im Islam ist er ein Symbol für Allah, da sein Federschopf dem arabischen Schriftzug für Allah ähnelt. Darauf spielt zum Beispiel Attar in seinem heiligen Buch der Sufis „Vogelgespräche" an.

Kiefer Der Kiefer symbolisiert Energie und Durchsetzungsvermögen. Er kann auf aggressive Energien verweisen.
Der Nadelbaum Kiefer verkörpert Askese. Die Kiefer ist zäh und steht als immergrüner ↗Nadelbaum auch für Beständigkeit, siehe ferner ↗Baum.
Heute symbolisiert die Kiefer häufig das industriell schnell erzeugte, billige Holz. Sie kann aber dennoch immer noch für Naturverbundenheit stehen.

Kiel Der Kiel beim Schiff ist ein Symbol der Stabilität, da er den Schiffen ihre Stabilität verleiht. Da der Kiel sich im Wasser befindet, verweist er speziell auf unsere emotionale Stabilität.
Der Federkiel ist ein altes Schreibgerät und symbolisiert somit Kommunikation, oder er erinnert uns daran, etwas aufzuschreiben und es zu dokumentieren.
Der Federkiel war das Symbol der Dichter.

Kieselsteine Kieselsteine symbolisieren Beständigkeit, häufig auch eine große Menge von wertlosem Material.
Für die weitere Deutung ist die Größe der Kieselsteine wichtig und deren Farbe.
Literatur: In Tiecks Kunstmärchen „Die Elfen" behauptet die Hauptfigur, sie habe im Wald einen Sack voller Edelsteine gefunden, tatsächlich handelt es sich aber um Kieselsteine.

Kind Das Kind ist meist ein positives Symbol, das neue Möglichkeiten anzeigt. Oft steht das Kind für das unbekümmerte, natürliche Wesen, dem noch etwas Paradiesisches anhaftet („Kinder und Narren sprechen die Wahrheit"). Es kann aber auch ein Hinweis auf Unreife und fehlende Vollendung sein: Dann verdeutlicht es Wesensteile, die erwachsen werden wollen.
Psychoanalyse: Das Kind kann nach S. Freud entweder die eigene Person darstellen (Regression) oder das eigene Genital („mein Kleiner": mein Penis). Sicherlich trifft es noch heute zu, dass immer auch regressive Tendenzen mitschwingen, wenn ein Erwachsener vom Kind träumt. Allerdings sollte man bei dieser Ansicht Freuds nicht aus den Augen verlieren, dass die „Rückeroberung der eigenen Kindlichkeit" auch ein positiver Prozess sein kann, der uns im Alter wieder lebendig und auch erotisch werden lässt. Das Symbol des Kindes hängt immer mit Lebenskraft und so auch mit der Sexualität zusammen.
Christentum: Im Neuen Testament werden die Kinder an einer bekannten Stelle besonders hervorgehoben als diejenigen, die dem Reich Gottes besonders nahe sind: „Wenn ihr nicht werdet wie die Kinder …" (Matth 18.3 u. Luk 18.17).

Kindergarten Der Kindergarten verweist entweder auf Unreife, oder er ist als Aufforderung zu sehen, nicht so steif zu sein. Kindergarten bedeutet auch ↗Spiel und Unverbindlichkeit. Er steht oft für das Belanglose.
Wichtig für die Deutung ist, was dort im Kindergarten geschieht.

Kinderrad ↗Fahrrad

Kinderwagen Symbol für Mutterschaft oder die junge Familie. Hinter dem Kinderwagen verbirgt sich oft ein Kinderwunsch oder die Angst davor, ein Kind zu zeugen beziehungsweise schwanger zu werden.

Kindheit Die Kindheit ist häufig die romantisierte Zeit. Sie ist die unbelastete Zeit, in der keine Verantwortung zu übernehmen ist, in der man aber auch nicht frei ist, sondern von den Eltern abhängt.

Kindstaufe ↗Taufe

Kinn Das Kinn drückt unseren Willen und unsere Durchsetzungskraft aus.

Kino Das Kino steht für Unterhaltung, Entspannung und Freizeit. Es kann falsche Gefühle symbolisieren, denn Kino ist Scheinwelt. In ihm braucht man auf keinen Reiz wirklich zu reagieren. Man lässt sich auf ein Abbild ein, aber nicht auf das wahre Leben. Kino ist das indirekte Leben und ↗Kunst. Es symbolisiert aber auch Erholung und drückt die passive Haltung des Beobachters aus.
Philosophie: Nach dem zeitgenössischen französischen Philosophen Paul Virilio ist Kino die Umkehr des Zeitlaufs. Fritz Lang erfand gleichzeitig mit Georges Méliès die Trickaufnahme, die den Eindruck der rückwärts laufenden Zeit im Film vermit-

telt. Aber auch jenseits des Tricks ist Kino die Zeitmaschine, indem es uns in die Vergangenheit entführt, uns Bilder zeigt, die in der Vergangenheit produziert wurden und als Jetzt erlebt werden.

Kirche Anders als die eher intime ↗Kapelle oder die imposante ↗Kathedrale ist eine Kirche ein normales Gotteshaus. Zur Deutung kommt es entscheidend darauf an, wie die Stellung zu Religion überhaupt und zu der Religion, für die die betreffende Kirche steht, im Besonderen ist. So kann eine Kirche für Besinnung, Frieden, Frömmigkeit genauso stehen wie für Bigotterie, falsche Autorität, Rückschrittlichkeit.
Die Kirche war auch lange Zeit einer der größten Grundbesitzer und Arbeitgeber. Viele Menschen verdankten ihr ihr Einkommen, was der Kirche eine große Macht gab. Die Kirche setzte das Ende des Handelstages durch das Läuten ihrer ↗Glocken fest und oft wurden unter dem Kreuz oder vor der Kirche die Gewichte geeicht.
Bis heute gilt eine Kirche auch als ein Zufluchtsort. Einem Kapitalverbrecher wurden in jeder Kirche vierzig Tage Kirchenasyl gewährt. Wenn er in dieser Zeit ein Geständnis ablegte, musste er schwören, nach Ablauf dieser Zeit ins Exil zu gehen.
Psychoanalyse: Die Kirche symbolisiert nach S. Freud die Frau.

Kirchenglocken ↗Glocken

Kirchenmusik Bei der Kirchenmusik hängt die Deutung weitgehend davon ab, ob die Musik fröhlich oder traurig ist. Wie bei jeder Musik weist dieses Symbol auf Harmonie, siehe aber auch allgemein zu ↗Kirche und zu ↗Chor.

Kirchturm Der Kirchturm steht oft für ein Zentrum und somit für etwas Zentrales, auf das aufmerksam gemacht werden soll.

Kirmes ↗Jahrmarkt

Kirschbaum Wie jeder ↗Baum verkörpert der Kirschbaum die Verbindung zwischen oben (Intellekt) und unten (Bauch, Gefühl); siehe auch ↗Kirsche.

Kirschblüte Die Kirschblüte symbolisiert zarte Gefühle und kann eine geliebte Frau symbolisieren.
In der ↗Blumensprache sagen Kirschblüten: Ich errötete, als ich dich sah, als Zeichen meiner Neigung zu dir.

Kirsche Die Kirsche steht für unser Gefühl. Sie symbolisiert die Lippen und ist ein Zeichen der Liebe (wie auch ↗Herz und ↗Rot).
Psychoanalyse: Die Kirsche ist ein Symbol der Lust, das auf den Kitzler verweist (vgl. im Amerikanischen „to pick a cherry" – eine Kirsche pflücken – als Ausdruck der Entjungferung).
Kunst: Auf einem Bild von Tizian („Die Madonna mit den Kirschen") hält Maria Kirschen in der Hand. Das hängt wohl damit zusammen, dass die Kirsche wie der Apfel als die verbotene Frucht des Paradieses galt: Maria als die „zweite Eva" hält die Sünde in der Hand, wird sie aber überwinden.

Kissen Das Kissen deutet auf Ruhe, Entspannung und Häuslichkeit. Es kann auch auf Bequemlichkeit und Biederkeit verweisen – besonders als Sofakissen (↗Couch und ↗Polster).

Kiste Kisten stellen sperrige und meist schwere Güter dar, wichtiger als die Kiste

als solche ist aber in der Regel ihr Inhalt, der meist nicht leicht zugänglich ist. Man braucht oft ↗Werkzeuge, um an die sicher verpackten Lasten zu gelangen. Psychologisch gesehen weist dies auf tiefer Verdrängtes hin. Modern ist die „Beziehungskiste" – diese steht für Lust und Last einer Liebesaffäre.
Orthodoxe Juden lassen sich noch heute in einer einfachen Holzkiste beerdigen, um zu zeigen, dass vor Gott alle Menschen gleich sind. Eine schmucklose Holzkiste kann sich jeder leisten und macht alle gleich, während ↗Särge soziale Unterschiede dokumentieren.
Psychoanalyse: Die Kiste ist nach S. Freud wie fast jedes ↗Gefäß der weibliche Körper, in der späteren Psychoanalyse allgemein der menschliche Körper.

Kitt Kitt symbolisiert einen Zusammenhalt – oftmals gegen die Außenwelt.

Kitz Ein (Reh-)Kitz verkörpert oft die Geliebte oder zarte Triebe. Das junge Reh verbildlicht das Schutzlose und das Niedliche.
Literatur: In Nabokovs Meisterwerk „Lolita" wird die Haut der Geliebten als „Haut eines jungen Rehs" erotisch beschrieben.

Klage ↗Anklage

Klapperschlange Die sehr giftige Klapperschlange ist häufig ein Gefahrensymbol. Sie gilt auch abwertende Bezeichnung für eine Frau, siehe ↗Schlange.

Klarinette Die Klarinette ist heute vorwiegend in der klassischen Musik gebräuchlich; sie gilt als etwas verstaubtes, weiches Instrument, da sie heute auch im Jazz keine wichtige Rolle mehr spielt. Wie jedes ↗Blasinstrument kann die Klarinette auch einen sexuellen Aspekt haben.

Klassenzimmer Ein Klassenzimmer tritt oft auf, um uns an unsere Schulzeit zu erinnern. Meistens werden wir darauf hingewiesen, dass wir etwas lernen müssen.
Literatur: 1933 veröffentlichte Erich Kästner seinen Jugendroman „Das fliegende Klassenzimmer". In diesem Roman geht es neben dem Kampf zwischen Gymnasiasten und Realschülern um das soziale Lernen. Die Schüler bringen nämlich ihren verehrten Lehrer wieder mit seinem Jugendfreund, einem verbitterten Arzt, zusammen.
Film: Kästners Roman wurde zweimal verfilmt. Kurt Hoffmann drehte 1954 einen Film, der sich eng an die Vorlage hielt. 1973 versuchte Werner Jacobs, diesen Erfolgsroman abermals zu verfilmen, indem er ihn modernisierte.

Klatschen In die Hände zu klatschen, ist ein geläufiger Ausdruck von Zustimmung und Freude.
Das Klatschen im Sinne von Tratschen ist ein sozial unerwünschtes Verhalten, das häufig Frauen unterstellt wird. Klatschen und Tratschen deuten oft die Angst an, dass über jemanden hinterrücks geklatscht wird – falls man nicht selbst derjenige ist, der klatscht und tratscht.
Für eine weitere Deutung ist der Inhalt des Klatsches von Bedeutung.

Klaue Die Klaue verdeutlicht das Tierische, meist die Angst vor dem Tierischen. Der wilde, aggressive Zugriff auf die Welt wird angesprochen.
Außerdem klingt hier noch das Wort „klauen" an – mit der Klaue klaut man sich etwas. Man nimmt sich gierig, was man

haben möchte. Das kann eine gesunde Haltung sein, wenn man zu schüchtern ist. Es kann andererseits auch darauf aufmerksam machen, dass man seine Gier kontrollieren statt ausleben sollte.
Mit der Klaue wird auch die Maul-und-Klauen-Seuche (MKS) assoziiert, die auf die Gefahren einer industrialisierten und naturfernen Landwirtschaft verweist.
Mit Klaue wird auch eine schwer leserliche Handschrift bezeichnet. Es wird mit diesem Symbol stets auf Kommunikationsschwierigkeiten verwiesen. Die Ursache dieser Kommunikationsschwierigkeiten ist häufig eine zu große Egozentrik.

Klavier Klavier bedeutet Kultur, ↗Musik und Harmonie. Ein Klavier steht für unsere Gefühlsskala, für intensive Gefühle, für Kultivierung und Harmonisierung. Es deutet auf Verinnerlichung, Harmonie und geistige Lebendigkeit.
Das Klavier ist eine italienische Erfindung, der heutige Name „Piano" ist eine Abkürzung seines vollen italienischen Namens „pianoforte". Damit ist die Spannung zwischen weich und laut angesprochen.
Psychoanalyse: Das Klavier symbolisiert nach S. Freud besonders durch den Rhythmus den Sexualverkehr. Es bezeichnet – wie alle Musikinstrumente nach der Psychoanalyse – den Leib der Frau, wobei sowohl der materielle Körper als auch ihr Emotionalkörper gemeint ist.

Kleben Kleben bedeutet verbinden. Beim Kleben ist allerdings die Verbindung häufig nicht mehr ohne Schwierigkeiten lösbar. Weiteres bei ↗Kleister und ↗Leim.
Das Kleben symbolisiert oft eine feste und oft auch unlösbare Verbindung. Häufig wird hiermit auf ein Festklammern verwiesen – entweder in Bezug auf einen Partner oder die Eltern.

Klecks ↗Flecken

Klee Vierblättriger Klee ist ein weit verbreitetes Glückssymbol. Dreiblättriger Klee verweist auf das Normale und Gewöhnliche. Klee bedeutet im weiteren Sinne Naturverbundenheit. Früher kannte jeder den Klee als wertvolle Futterpflanze; von hier erklärt sich die Redensart „über den grünen Klee loben" – noch höher stellen als den grünen Klee. Dem heutigen Gärtner allerdings gilt Klee als Unkraut.
Psychoanalyse: Nach S. Freud ist der Klee ein Symbol des Männlichen wegen der drei Blätter (siehe dazu genauer ↗Drei).
Christentum: Der Klee ist eine alte Zauberpflanze der keltischen Druiden; diese Tradition ließ sich gut auf das Christentum übertragen, indem man aus dem Klee wegen der drei Blätter einfach ein Symbol der Dreifaltigkeit machte.

Kleid ↗Kleidung

Kleiderbügel Kleiderbügel verweisen auf das Aufhängen der ↗Kleidung und im psychologischen Sinne auf das Ablegen von Rollen.

Kleiderschrank Der Kleiderschrank symbolisiert den Besitz. Damit ist auch das Repertoire angesprochen, unterschiedliche Rollen zu spielen.
Film: Besonders in schlechten Filmen dient der Kleiderschrank als Versteck, was wohl auf die klamaukigen barocken Verwechselungskomödien zurückgeht, wo ebenfalls der Kleiderschrank als Versteck diente.

Kleidung Kleidung bedeutet mehr Selbstdarstellung als Schutz vor den Einflüssen der Witterung. Die Kleidung ist ein Bild des Besitzes. Sie symbolisiert die Rolle seines Trägers. Man sagt: „Kleider machen Leute." Die Art der Kleider entspricht der gesellschaftlichen Stellung, die man einnimmt oder einnehmen möchte. Kleider sind ein Ausdruck der Rolle, die man im Leben spielt oder spielen möchte.

Korrekte Kleidung strahlt etwas Offizielles, Unpersönliches aus. Sie bedeutet Distanz. Alfred Hitchcock trug stets komplett von den Schuhen bis zum Hut die gleiche offizielle Kleidung. Als weltberühmter Regisseur benötigte er die Distanz, die dann zu seinem Markenzeichen wurde.

Unkorrekte Kleidung mag zum einen auf Lässigkeit und Unkonventionalität hindeuten, zum anderen auf fehlende Achtsamkeit. Einstein trug meistens Cordhose und ausgebeulten Pullover, weil er – wie er sagte – über anderes nachzudenken habe als über seine Kleidung.

Wird eine Person neu eingekleidet, weist dies auf einen neuen Abschnitt in ihrem Leben hin. Nach der erfolgreichen Meuterei auf der Bounty kleideten sich als Erstes die Meuterer neu ein, um zu symbolisieren, dass nun ein neues Leben beginnt.

Einzelheiten siehe bei dem jeweiligen Kleidungsstück.

Psychoanalyse: Nach S. Freud Verweis auf die Nacktheit, die sich unter dem Kleid versteckt.

Analytische Psychologie: Die Kleidung verweist stets auf die „Persona", auf unser Image, das wir der Außenwelt präsentieren wollen.

Christentum: Vor dem Sündenfall war der Leib des Menschen unschuldig und unvergänglich, Kleidung brauchen Adam und Eva erst, als sie aus dem Paradies vertrieben werden (Gen 3.21).

Literatur: Gottfried Keller schrieb die Novelle „Kleider machen Leute", ein romantisches Märchen von einem Schweizer Schneidergesellen, mit dem er diese Redewendung im ganzen deutschen Sprachbereich populär machte.

Kunst: Auffallend ist das Kleid in Gustav Klimts berühmtem Gemälde „Der Kuss". Klimts Geliebte Emilie Flöge hat dieses Kleid in ihrem Modeatelier in Wien produziert und somit Klimt die Vorlage für sein Bild geliefert.

Film: Kellers Novelle wurde 1940 von Helmut Käutner mit Heinz Rühmann verfilmt und war ein großer Erfolg.

Klein Ist etwas klein, ist es meist nicht so wichtig – oder man sollte auch das Kleine beachten. Der Zusammenhang, in dem das Symbol auftritt, gibt über die zutreffende Deutung Auskunft.

Literatur: In Lewis Carrolls „Alice im Wunderland" wird Alice durch den Zaubertrank ganz klein und tritt so in eine andere Welt ein, was sie zunächst sehr erschreckt.

Kleinodien ↗Juwel

Kleister Man will etwas verbinden, das zusammengehört und das auseinander gefallen ist. Es wird etwas ausgebessert. Hier klingt die Frage der „Haftung" (in jedem Sinne) an. Mit Kleister verdeckt man auch „Macken". Siehe auch ↗Leim und ↗Kleben.

Klempner Die Deutung gleicht der von ↗Handwerker. Beim Klempner geht es zudem um die Wasserleitung, also um die Kanalisierung des Gefühls (↗Wasser). Ferner sind sexuelle Anklänge nicht zu übersehen, wenn der Klempner ein ↗Rohr verlegt.

Im Traum tritt der Klempner meist dann auf, wenn ein Desaster geschehen ist.

Klette Die Klette ist das klassische Symbol der Anhänglichkeit. Es steht für die Sym-

biose zwischen Partnern oder zwischen Eltern und Kindern. Meist tritt die Klette in eher negativ gefärbter Bedeutung auf, da man sie nur schlecht entfernen kann.
Als Klettverschluss verweist sie auf Bequemlichkeit und auf das Praktische.

Klettern Jemand will hoch hinaus, aber der Weg ist gefährlich und schwierig – im Gegensatz zum Hinaufsteigen, wo man ebenfalls hoch hinaus will, aber der Weg meist keine Schwierigkeiten und Gefahren aufweist, siehe auch ↗Bergbesteigung.

Kletterpflanze Die Kletterpflanze ist ein Hinweis darauf, dass man auf natürliche Weise hoch hinaus kommen kann. Allerdings sind Kletterpflanzen gefährlich für die Bausubstanz und für die übrige Vegetation. Sie können auch für Erwürgen und Tod stehen und eine unheimliche Atmosphäre erzeugen.
Literatur: Erbsen oder Bohnen wachsen im Märchen bis in den Himmel, man kann auf ihnen zu himmlischen Welten hinaufsteigen.

Klettverschluss ↗Klette

Klinge Die Klinge tritt auf, wenn es um wichtige Entscheidungen geht. Sie steht für die Unterscheidungsfähigkeit, sie kann die Materie aufteilen. Allerdings schwingt beim Symbol der Klinge auch oft das Risiko mit: „Etwas steht auf des Messers Schneide" (↗Messer; ↗Schwert; ↗Dolch). Man kann mit der Klinge etwas schneiden, aber man kann auch von ihr geschnitten werden – immer bedeutet sie Aggression.
Psychoanalyse: Symbolisiert ganzheitlich den eigenen Geschlechtstrieb, sowohl als Aggression als auch als das Zusammenklingen.

Klingel Die Klingel möchte stets unsere Aufmerksamkeit erregen. Sie ist im Traum wie im Wachleben ein Signal für uns, dass nun unsere Aufmerksamkeit auf etwas anderes ausgerichtet werden muss. Die Klingel unterbricht eine Situation, was erleichternd oder gefürchtet sein kann.

Klinke Eine (Tür-)Klinke zeigt uns einen Zugang – oft zu neuen Räumen. Klinke bedeutet auch häufig Hemmung. Es wird der Moment der Entscheidung angesprochen, in welchem man sich überlegt, ob man die Klinke herunterdrücken soll oder nicht.
Film: In vielen Horror- und Kriminalfilmen wird die Spannung ins Unendliche gesteigert, indem eine Klinke gezeigt wird, die langsam von der anderen Seite bewegt wird.

Klinik ↗Krankenhaus

Klippe Die Klippe hat ähnlich wie der ↗Gipfel eine Doppelbedeutung. Einerseits ist es ein erhöhter Standort, von dem aus man einen weiten Überblick (über das Meer) hat, was sich auf eine hervorgehobene (gesellschaftliche) Stellung ebenso beziehen kann wie auf einen überlegenen Bewusstseinsstand. Andererseits aber gibt es den Aspekt der Gefahr, der drohenden Tiefe. An der Klippe wird der Todestrieb aktiviert, da es einen Sog nach unten gibt, die Versuchung, sich fallen zu lassen. So wird der Narr im Tarot als am Rand einer Klippe stehend dargestellt. Er kann entweder jeden Moment herabstürzen, oder er gewinnt den Überblick: Genau das ist das Gefühl der Klippe.

Klistier Ein Klistier verweist nicht nur nach S. Freud auf den analen Bereich, in dem bei diesem Symbol meistens eine Störung vorliegt. Das Klistier ist nur bei analfixierter Tendenz wie zwanghafter Sauberkeit beliebt.

Klobrille Klobrille bedeutet, man macht viel durch. Sie steht auch für den Blick in den Abgrund.

Klonen Die Produktion genetisch identischer Nachkommen durch ungeschlechtliche Fortpflanzung symbolisiert die Aufgabe des Individuellen. Sie drückt die Angst aus, der Mensch überschätze sich, wenn er in die Baupläne des Lebens eingreift. Klonen ist sowohl ein Symbol der Überheblichkeit der Wissenschaft als auch eins des wissenschaftlichen Fortschritts (siehe auch ↗Dolly).
Das Klonen von Menschen, wie es Severine Antiori plant, ist für viele ein Ausdruck menschlicher Überheblichkeit und Anmaßung.
Film und Literatur: Was sich früher im Symbol des Doppelgängers in Literatur und Film zeigte, ist heute mit dem Klonen fast zur Wirklichkeit geworden.
In Aldous Huxleys Roman „Schöne neue Welt" wird das so genannte Bokanowskyverfahren entwickelt, um jedes Mal sechsundneunzig identische Menschen zu erzeugen, die eben so viele identische Maschinen bedienen.

Klopfen Das Klopfen (an eine Tür) ist ein Symbol neuer Möglichkeiten und neuer Chancen.
Klopfen bedeutet häufig Erwartung – es kann eine positive oder eine negative sein. Es kann auch Überraschung bedeuten oder Störung.

Klosett Das Klosett ist der Ort der Ausscheidung und damit einer Reinigung. Es ist ein tabuisierter Ort, weswegen man ihn eigentlich nur umschreiben darf. Das Klosett ist auch „das stille Örtchen", und die Kennzeichnung mit dem Herzchen scheint den zweifelhaften Ort bannen zu wollen (Weiteres bei ↗Toilette und ↗Kot).

Kloß Kloß bedeutet dick und rund. Der Begriff wird mancherorts statt ↗Knödel verwendet.
Ein Kloß macht uns oft darauf aufmerksam, was wir alles zur Zeit verinnerlichen – und das ist meistens viel.

Kloster Das Kloster ist einerseits ein Ort der Stille, Sammlung und Geborgenheit (ähnlich wie ↗Kapelle, ↗Kathedrale und ↗Kirche), andererseits ein Symbol der Weltflucht und Lebensangst. Das Kloster stellt sowohl ein Symbol des Friedens in aufregenden Zeiten dar als auch die Angst vor dem wirklichen Leben. Es kann sich beim Kloster auch um einen Hinweis auf Askese und Disziplin handeln, die entweder zu üben sind oder im übertriebenen Maße gelebt werden.
Das Kloster ist seit den Zeiten Karls des Großen mit dem Intellekt und der Bildung verbunden. Der heilige Benedikt legte per Satzung fest, dass in den Klöstern gelesen werden müsse, und noch heute gelten Klöster als Orte der Bildung.
Klöster und Abteien sind heute oft ein touristischer und romantischer Ort. Ihr Bild mag deshalb heute auch Ausspannen oder einen Ausflug – kurzum: eine Auszeit – bedeuten.

Klosterfrau ↗Nonne

Klotz Bei der Deutung dieses Symbols kommt es auf die Form und Funktion des Klotzes an. Häufig schwingen die Bedeutungen Hindernis und Hemmung mit (je-

mand ist einem „ein Klotz am Bein“), denn früher hat man Gefangenen und Tieren ein grobes Stück Holz ans Bein gebunden, damit sie nicht weglaufen konnten.
Als Hauklotz drückt er zwar das Funktionale, andererseits zugleich auch das Leiden aus.
Psychoanalyse: Masochistische oder sadistische Tendenzen drücken sich beim Hauklotz aus.

Klub Ein Klub verkörpert stets eine Gruppenzugehörigkeit. Der Klub kann eine geschlossene Gesellschaft symbolisieren, eher eine Gruppe von einflussreichen Menschen. Dem Klub hängt im Gegensatz zum biederen ↗Verein das Flair von Macht an. Die Ironisierung dieser Exklusivität brachte Sir Winston Churchill mit seinem Ausspruch: „Ich möchte keinem Klub angehören, der ein Mitglied wie mich aufnimmt.“
Als klassisches Land der Klubs gilt England, obwohl auch dort die Glanzzeit exklusiver Klubs vergangen ist. Zur Wende zum 20. Jahrhundert waren Klubs oft Junggesellenwohnungen für Wohlhabende. Heute sind weltweit Klubs auch oft mit Sexualität und besonders mit ungewöhnlichen Sexualpraktiken verbunden.
Für die weitere Deutung ist von Belang, um welchen Klub es sich handelt und was dessen Ziele sind.

Klug Klug bedeutet lebenstüchtig. Klug zu sein, ist unserer Gesellschaft erwünscht. Es bedeutet Erfolg und Ansehen. Man kann es sicht nicht leisten, als dumm dazustehen.

Knabe ↗Junge

Knacken Das Geräusch des Knackens entsteht, wenn etwas bricht. Es weist auf Spannung hin. Knacken bedeutet oft Gefahr.

Knäuel Ein Knäuel steht für etwas Unentwirrbares, also für eine schwer durchschaubare Verwicklung.
Die romantisierende Sicht verbindende die strickende Oma mit dem (Woll-) Knäuel. Es wird zum Requisit „der guten alten Zeit“. In diesem Sinne bedeutet Knäuel auch Geduld.

Knall Das kräftige, laute Geräusch eines Knalls ist meist eng mit einer Art von Explosion verbunden. Der Knall ist immer aggressiv und störend. Auf der symbolischen Ebene deutet der Knall wie das ↗Knacken oft auf eine Gefahr – allerdings ist beim Knall die Gefahr größer. Ferner steht der Knall oft für die Entlastung eines Drucks.
Der Urknall (Big Bang) steht am Beginn unseres Universums. Der Begriff „Big Bang“ wurde von dem englischen Astrophysiker Fred Hoyle eingeführt, um eine Theorie zu charakterisieren, die er ablehnte. Hoyle ging von einem Universum gleichmäßigen Zustandes aus, in dem (wegen der gleichartigen Verhältnisse aller Orte) Explosionen unmöglich sind. Neuere Entdeckungen laufen jedoch darauf hinaus, dass unser Universum zu Beginn sehr ungleichmäßige Zustände aufwies und geben so der Big-Bang-Theorie Recht.

Knappheit ↗Mangel

Knebel Knebel bedeutet Einengung und Unfreiheit (ähnlich wie bei ↗Käfig und ↗Gefängnis).
Hier wird die Bewegungsfreiheit und Äußerungsmöglichkeit massiv eingeschränkt. Jede Unterdrückung kann als Knebel gesehen werden.

Knecht Das Symbol Knecht personifiziert das demütige Dienen; dabei bezieht sich der Begriff Knecht einerseits mehr auf den ländlichen Bereich, andererseits wird hier die untergebene Stellung viel mehr betont als beim ↗Diener.
Literatur: In B. Brechts finnischem Stück „Herr Puntila und sein Knecht Matti" zeigt sich, dass das Herr-und-Knecht-Problem auch durch beträchtliche Mengen Alkohol nicht aufgelöst wird. Mit dem Knecht ist symbolisch stets auch wie bei Brecht und Hegel die politische und soziale Ebene angesprochen.
Philosophie: In Hegels Philosophie ist das Herr-und-Knecht-Problem zentral.

Knecht Ruprecht ↗Weihnachtsmann

Kneifen Kneifen verweist auf einen Widerstand. Meistens handelt es sich hierbei um einen kindlichen, aber auch spielerischen Umgang mit Aggressionen. Das Kneifen ist auf einer prickelnden Ebene zwischen Erotik und Aggression angesiedelt.

Kneipe Die Deutung dieses Symbols hängt von der Einstellung des Betrachters Kneipen gegenüber ab. Bedeutsam ist die Stimmung in der Kneipe, was in ihr geschieht und wen man dort trifft. Meistens ist die Kneipe ein Ort der Erholung und des sozialen Kontakts ähnlich wie das ↗Restaurant und das ↗Gasthaus. Die Kneipe – speziell die Hafenkneipe – kann auch ein anrüchiger Ort sein, wohingegen der Eckkneipe eher was Biederes innewohnt.

Knie Das Knie hängt mit Beweglichkeit oder Starrheit zusammen, im übertragenen Sinne mit geistiger Beweglichkeit. Es geht bei diesem Sinnbild um (Un-)Beugsamkeit, um Stolz oder Demut: Wer „in die Knie geht", muss nachgeben. Im englischsprachigen Kulturbereich spielt das Knie eine herausragende Rolle: Es ist noch heute der „wobbely knee contest" eine verbreitete Volksbelustigung auf Dorffesten, Partys und in Diskos. Die Frauen prüfen die Knie der Männer, und dann wird meistens der Mann mit dem strammsten Knie unter allgemeinem Jubel ausgezeichnet. Dieser nicht nur hier anzutreffenden Erotisierung des Knies steht die klassische Bestrafungstechnik der Irish Republican Army (IRA) gegenüber, die im Brechen von Knie und Kniescheibe des Delinquenten besteht.

Kniebeuge Ähnlich wie der ↗Liegestütz ist die Kniebeuge sowohl Ausdruck einer sportlichen Anstrengung als auch zugleich eine Ironisierung dieser Anstrengung, die als sinnlos betrachtet werden kann. Die Kniebeuge kann als Symbol der Sportlichkeit, aber auch als ein Symbol des Stumpfsinns sportlicher Betätigung angesehen werden. Häufig taucht sie auch in satirischer Absicht auf, um ungelenke oder veraltete Gymnastik zu karikieren.

Kniefall Kniefall bedeutet Unterwerfung oder Anbetung, er ist eine Geste der Demut angesichts von Macht.

Knien Knien symbolisiert eine Haltung der Demut oder Anbetung, vor allem in einer Kirche. Wer sich „in etwas hineinkniet", der widmet sich einer Sache besonders intensiv. Das Knien war in früheren Zeiten auch mit der Anbetung der Geliebten eng verbunden, was heute noch in kitschigen Darstellungen üblich ist.

Knoblauch Knoblauch ist eigentlich nur ein Küchengewürz, das gut für die innere Reinigung und gegen Beschwerden der Luftröhre sein soll. Wegen seines Geru-

ches erscheint der Knoblauch aber häufig, wenn es um Abwehr und Distanz von anderen Menschen geht.
Literatur: Spätestens seit Bram Stokers „Dracula" und dessen vielen Verfilmungen weiß man, dass Knoblauch Vampire vertreibt, wie es Dr. van Helsing in den Niederlanden erforscht hat, der zum skurrilen Gegenspieler Draculas wurde.

Knochen Knochen symbolisieren in erster Linie den Tod. Die todbringenden Seeräuber segelten unter der schwarzen Flagge mit den gekreuzten Knochen. Das war im Barock schon ein verbreitetes Emblem für die Vergänglichkeit. Es zierte unter einem Stundenglas häufig den Spruch „memento mori" (gedenke des Sterbens). Knochen wurden auch als magisch angesehen und in den magischen Künsten benutzt.
Nur wenn es um Nahrung für Tiere, zum Beispiel Hunde geht, dann gewinnen die Knochen eine positive Dimension.
Daneben stehen sie oft für das Innerste des Menschen, sein Grundgerüst. So sagen wir beispielsweise: Man „blamiert sich bis auf die Knochen" oder „das fährt mir in die Knochen".

Knochenbruch Der Knochenbruch deutet auf Überschätzung und ferner darauf, dass zu viele Kräfte einwirken. Eine Überlastung ist aufgetreten.
Zur Abwehr eines Missgeschicks wünscht man sich „Hals- und Beinbruch" - somit kann in seltenen Fällen der Knochenbruch auch ein Glückssymbol sein.

Knochenmark Das Knochenmark symbolisiert häufig die Essenz.

Knöchel Der Knöchel steht für unsere Beweglichkeit im Alltagsleben. Er verweist stets auf unsere Erdung. Die Knöchel der Geliebten wurden besonders im viktorianischen Zeitalter erotisiert.

Knödel Knödel verweisen auf „Hausmannskost" und somit auf ein Bedürfnis nach Häuslichkeit oder deren Ablehnung. Der Knödel wird mit dick und rund assoziiert. Sie sind eine altmodisch und ungesund geltende Speise.

Knopf Knöpfe halten etwas zusammen, schließen etwas, das sonst offen stände. Sie sind ein Symbol des Verschlossenen, ja Geheimen und nicht selten erotisch besetzt. So gelten landläufig geknöpfte Jeans als erotischer als Jeans mit ↗Reißverschluss. Der Knopf kann auch der Geldersatz des Armen sein, der diesen in den Klingelbeutel wirft.
Literatur: In seinem Kultroman „Pan Aroma" bezeichnet Tom Robbins Knöpfe als pedantisch und umständlich. Für ihn hat eine Reihe von Knöpfen etwas Viktorianisches.

Knospe Die Knospe verweist auf Aufbruch, ein frühes Stadium einer Entwicklung. Oft wird sie mit Frische, mit Schönheit und Unschuld assoziiert. Das Symbol Knospe ist häufig erotisch besetzt, wie die Rede von den „aufknospenden Brüsten" zeigt.

Knoten Knoten bedeuten Verwicklung, unlösbare Probleme und Verstrickung. Sie stehen oft auch für innerliche emotionale Verknotungen. Entsprechend deutet das Lösen eines Knotens auf ein Ende der Verwicklung, auf Freiheit.
Antike: Alexander der Große zerschlug mit seinem Schwert den aus Kirschbaumrinde geknüpften Gordischen Knoten, mit dem die Deichsel eines Wagens im Haupt-

tempel zu Gordion (Kleinasien) festgeknotet war. Der Legende nach sollte der die Welt beherrschen, der diesen Knoten zu lösen vermochte.
Philosophie: Arthur Schopenhauer benutzte den Ausdruck „Weltknoten", um das Körper-Geist-Problem zu beschreiben. Dieser Weltknoten ist wie der Gordische Knoten nicht einfach zu lösen, da es ungewiss bleibt, wie Körper und Geist miteinander kommunizieren.

Knüppel Knüppel sind ein bekanntes Aggressionssymbol. Sie verweisen stets auf Schwierigkeiten und Hindernisse.

Kobold Kobolde sind lustig. Sie ärgern die Menschen gerne. Der Kobold ist der Trickster und ↗Narr und verkörpert somit unsere unkonventionelle und zugleich weise Seite.

Koch Der Koch ist der häusliche Mann, der ↗Chef der ↗Küche. Er ist eine Autoritätsfigur. Koch hängt stets mit Kultur zusammen.
Film: In Peter Greenaways Film „Der Koch, der Dieb, seine Frau und ihr Liebhaber" (1989), ein Film von stilisierter physischer Direktheit, bereitet der Koch den getöteten Liebhaber appetitlich und zugleich grauenhaft zu.

Kochen Kochen ist ein Gar- und somit im übertragenen Sinne ein Reifmachen. Kochen steht für Wandlung und psychische Entwicklung (genauso wie ↗Küche). Andere Aspekte bei ↗Hausarbeit.
Das Symbol Kochen kann auch auf innerliches Kochen im Sinne eines Aggressionsstaus verweisen.

Kochgegenstände Alle Kochgegenstände sind Hilfsmittel der Verwandlung und speziell der Umwandlung des Rohen in das Gekochte. Kochgegenstände sind Hilfsmittel, die Kultur schaffen.

Kochherd ↗Herd

Kochkurs Der Kochkurs verweist auf die Aufmerksamkeit, die wir auf unsere Ernährung richten sollten (↗Essen).

Kochlöffel Ein Kochlöffel weist auf das ↗Kochen und speziell auf die gute Mischung der Ingredienzien. In früheren Zeiten galt der Kochlöffel als Emblem der Hausfrau.

Kochtopf ↗Topf

Köchin Die Köchin ist die nährende und gute Frau. Sie ist die Gegenmutter, die nicht erziehen und strafen muss. Die Frau, die einem zugeneigt ist und die den Jungen oder auch das Mädchen verwöhnt, aber nicht erzieht. Zum anderen zeigt sich in diesem Symbol die innere weibliche Kraft der Umwandlung (↗Kochen).

Köder Das Symbol Köder bedeutet Anlocken und Fangen. Köder ist Betrug, und er warnt vor einer Gefahr.

König König und Königin sind ein archetypisches Vater- und Muttersymbol (Landesvater und Landesmutter); der Psychologe erblickt darin nicht selten eine Vater- oder Mutterabhängigkeit.
Psychoanalyse: Der König und die Königin verbildlichen nach Alexander Mitscherlich den Großen Vater beziehungsweise die Große Mutter.
Antike: In der römischen Symbolik werden die Könige („reges") als Beispiel für alle Menschen einer höheren gesellschaftlichen Stellung angesehen. Waren noch

Symbol- und Traumforscher wie Artemidor von Daldis (in „Oneirokrita“ I,2) der Ansicht, dass die Könige besondere Träume und symbolische Einsichten direkt von den Göttern geschenkt bekämen, sahen in späteren Phasen des Römischen Reiches Dichter und Philosophen wie Lukrez und andere Anhänger der Lehre Epikurs keinen Unterschied zwischen den Träumen der Könige und denen des einfachen Volkes.
Literatur: Im Märchen geht das Ich meistens vom königlichen Ursprung aus, von dem es getrennt wird, um seine Abenteuer in der Welt zu bestehen. Der König oder königlicher Ursprung bedeuten in diesem Zusammenhang Vollständigkeit und Ganzheit.

Köpfen Das Köpfen spricht den Verlust des ↗Kopfes an, es ist eine Strafe und ein Akt der Aggression. Geköpft zu werden, galt in früherer Zeit als eine recht harmlose Art der Todesstrafe, in der Französischen Revolution wurde es durch die Erfindung der ↗Guillotine sozusagen industrialisiert.

Körper Bis zur Anwendung moderner medizinischer Technologien war der Körper ein Geheimnis. Man sah weitgehend nur die Außenseite. Durch ↗Röntgen-Strahlen und Mikroskope hat man Einblick in die Strukturen des lebendigen Körpers bekommen, die diesem das Geheimnis nahmen. Die vormals verborgene Innenseite des Körpers wurde zum offenen Buch. Von der narzisstischen Körperdarstellung der Griechen bis zur Freikörperkultur der heutigen Zeit wird jedoch weiterhin die äußere Erscheinung des Körpers als natürliches Maß aller Dinge angesehen und dabei erotisiert und in der Pornografie und Werbung sexualisiert. Der nackte Körper ist ein Magnet für den begehrenden Blick.
In allen Sprachen finden wir viele Metaphern aus dem Bereich des Körpers: von der „Achillesferse“ bis dahin, dass einem „eine Laus über die Leber gelaufen ist“ oder einem „die Galle überläuft“, werden anschauliche Körpermetaphern gewählt, um emotionale Zustände zu beschreiben.
Der Körper besteht weltweit nach spiritueller Auffassung nicht nur aus dem materiellen Körper des Menschen, sondern auch aus immateriellen Schwingungskörpern, welche die Ausstrahlung oder Aura eines Menschen bilden. In der Anthroposophie spricht man ähnlich wie in der Theosophie vom Astral- und Emotionalkörper, auf die sich das spirituelle Interesse richtet. Hier entgleitet der Körper ins unfassbar Unkörperliche und nähert sich den Auffassungen der modernen Physik an, die jeden Körper als ein Energiephänomen beschreibt.
Den eigenen Körper im Spiegel zu sehen, symbolisiert einen Hang zum Narzissmus – eine eitle Selbstverliebtheit, wie sie im bekannten griechischen Mythos des Jünglings Narcissos anschaulich geschildert wird.
In der Abtreibungsdiskussion des späten zwanzigsten Jahrhunderts kam der Slogan auf „Mein Bauch gehört mir“. Frauen meldeten damit an, dass sie einzig und allein über ihren Körper bestimmen wollen. Das ist eine Absage an die lang gepflegte Praxis, dass gesellschaftliche Institutionen speziell über den Körper der Frau bestimmen. Heute wird diese Fremdbestimmung eher indirekt durch die Normen der Medien ausgeübt, die wie zum Beispiel in Frauenzeitschriften das Bild des angemessenen Körpers prägen.
Eine positive Einstellung zum Körper drückt sich seit dem Beginn des zwanzigs-

ten Jahrhunderts in einer Vielzahl von Körpertherapien aus, die weitgehend auf die Ansätze des S. Freud-Schülers Wilhelm Reich und Georg Groddeck zurückgehen.
Literatur: Satprem, der Vertraute Sri Aurobindos, schrieb einen Roman mit dem Titel „Der Körper der Erde“.
Kunst: Die Faszination am Einblick in den Körper zeigte die Ausstellung „Körperwelten“, die das Innere des menschlichen Körpers darstellte. Prof. Gunther von Hagens Ausstellung sahen seit 1996 knapp unter zehn Millionen Besucher, sie ist die erfolgreichste Sonderausstellung, die es je gegeben hat. Im Jahr 2002 ging G. von Hagens in der Entmystifizierung des Körpers noch einen Schritt weiter, indem er in London – trotz enormer Proteste – öffentlich für Nichtmediziner eine Leiche sezierte. Damit wurde das mittelalterliche Verbot der christlichen Kirche, den Körper zu öffnen, radikal überwunden.

Körperhaltung Jegliche Körperhaltung ist als Ausdruck eines bestimmten Gefühls zu werten.

Körperpflege Körperpflege bedeutet Kultur. Körperpflege hängt mit dem Image und mit dem zusammen, was jemand sich wert ist.
Für den Psychologen ist die Körperpflege immer auch als eine Seelenpflege anzusehen. Dann geht es um das Innenleben, zum Beispiel die Kultivierung des Gefühls.

Koffer Der Koffer ist eines der verbreitetsten Symbole für das Reisen, aber auch für Belastung (↗Gepäck). Im übertragenen Sinne geht es oft um die Lebensreise. Dann verbildlicht der Koffer Lasten und Probleme, die man mit sich herumschleppt, aber auch das Reservoir an Fähigkeiten und Talenten. Es kommt darauf an, wie schwer der Koffer wiegt: Schwere Koffer symbolisieren meist ungelöste Aufgaben, ungenutzte Talente und ähnliche Belastungen. Leichte Koffer hingegen Talente und Fähigkeiten, die angewandt werden möchten.
In einigen Fällen ist das Material des Koffers symbolisch zu deuten: Es macht einen Unterschied, ob man mit einem Leder- oder mit einem Metallkoffer reist. Der Metallkoffer drückt mehr Schutz, aber auch größere Starrheit aus. Ein Lederkoffer ist weicher und der menschlichen Haut ähnlicher. Er ist ein Zeichen von Eleganz und Anpassungsfähigkeit.
Traumkoffer sind meistens überdimensional und hinderlich auf der Reise, oder sie beinhalten Überraschungen für den Träumer. In der Fantasie lässt man einen hinderlichen Koffer am besten irgendwo stehen und setzt seine Reise ohne Gepäck fort.
Psychoanalyse: Nach S. Freud der weibliche Körper wie fast jedes ↗Gefäß.
Märchen: Der einzige mir bekannte Koffer aus dem Land der Fantasie, der die Reise erleichtert, ist der fliegende Koffer aus Hans Christian Andersens gleichnamigem Märchen. Aber leider verbrannte dieser Koffer im türkischen Wald, und seitdem scheint er nur noch als Hindernis aufzutauchen oder bestenfalls als Statussymbol. Wandlungen kommen durch solche Koffer nicht mehr zustande.

Kognak ↗Cognac

Kohl Kohl bedeutet eine einfache, aber gesunde Nahrung – für Körper, Geist und Seele. „Das macht den Kohl nicht fett“, sagt man, denn der Kohl galt als ein billiges Nahrungsmittel; fettes Essen war Sache reicher Leute.

Ferner ist der Kohl ein Symbol der Naturverbundenheit. Kohl kann auch Unsinn bedeuten. Allgemeines bei ↗Gemüse. Einzelheiten siehe bei Blumenkohl ↗Blumenkohl, ↗Brokkoli, ↗Rotkohl, ↗Wirsing.

Kohle Kohle hat zwei Aspekte, je nachdem, ob sie brennt oder nicht. Die glühende Kohle steht für Feuer und Wärme; Letztere kann manchmal auch unangenehm sein, wenn man „auf glühenden Kohlen sitzt“. Nicht brennende Kohle ist schwarz und schmutzig. Früher war sie der wichtigste Energieträger, der Besitz von Kohle ungeheuer wichtig, ein Kohlenbergwerk eine Goldgrube („Kohlenbaron“). Von hier erklärt sich wohl auch die Verwendung des Begriffs Kohle für Geld.
Für den Psychologen ist Kohle die Energie, die aus dem Unbewussten kommt, das immer als ↗schwarz empfunden wird. Als Brennstoff verweist sie auf die Leidenschaften.
Da die Kohle ein Produkt von Torf ist, der über Millionen von Jahren (seit der Karbonzeit) durch auf ihm abgelagerte Sedimente zusammengepresst wurde, steht sie für Zusammenpressen und im psychologischen Sinne für Unterdrückung.
Psychoanalyse: Bei S. Freud ist die Kohle ein Symbol der Trieb- beziehungsweise Lebensenergie (Libidosymbol).
Analytische Psychologie: Für C. G. Jung ist sie ein alchemistisches Symbol der Wandlung, da die Kohle sich im Prozess des Verbrennens in Wärme und Asche verwandelt.
Literatur: Joseph Conrads letzter Roman „Victory“ (1914 beendet) beginnt mit einem Abschnitt über Kohle, um seinen Helden Axel Heyst einzuführen. Kohle wird den Diamanten gleichgesetzt, wird als Reichtum gesehen, den man jedoch nicht mit sich herumtragen kann.

Kohlenbergwerk ↗Zeche

Kohlrabe ↗Rabe

Kohlrabi Kohlrabi verweist auf eine gesunde Lebensführung und auf Naturnähe.

Koitus ↗Beischlaf

Kojote Der Kojote ist der Präriewolf, der nach indianischer Auffassung die Ursache alles Bösen ist.
Analytische Psychologie: Die eigene dunkle tierische Seite ist mit dem Kojoten häufig angesprochen. Er symbolisiert den Schatten, und das nicht nur nach C. G. Jung.

Kokon Der Kokon steht für Rückzug und Isolation, die beide wichtig für eine Wandlung sind.

Kokosnuss Die Kokosnuss ist eine nahrhafte exotische Frucht, die bei uns immer mit Südsee assoziiert wird. Manchmal spielt wie bei jeder ↗Nuss auch die harte Schale eine Rolle.

Kolben Kolben bedeutet Antrieb. Man braucht keineswegs Psychoanalytiker zu sein, um im Kolben ein Sexualsymbol zu sehen. Ferner symbolisiert er jede Übertragung von Kraft.

Kolik Kolik bedeutet Schmerz. Sie verweist auf einen krankhaften Zustand, auch auf ungesunde innere Spannungen.

Kollage Eine Kollage besteht aus einzelnen Elementen. Im übertragenen Sinne kann es darum gehen, dass das Leben aus einzelnen Erfahrungen und Erinnerungen zusammengesetzt ist (siehe auch ↗Fotokollage).

Kollege Mit der Kollegin und dem Kollege hat man meist den Arbeitsplatz gemein. Der Kollege ist einer, der jemandem nahe steht. Man teilt mit ihm viel (Arbeits-)Zeit; deshalb steht der Aspekt der Gemeinsamkeit im Vordergrund.

Kollekte Die Kollekte spricht zum einen unsere Einstellung zum Geben an. Zum anderen geht es zugleich um unsere Einstellung zum Nehmen und unsere Gier.

Kollision ↗Zusammenstoß

Komet Der Komet ist ein Symbol eines besonderen Ereignisses. Dieses Symbol besitzt immer einen deutlichen Hinweischarakter. Der Komet kann auf einen Aufstieg verweisen – und zugleich davor warnen, nicht abzustürzen.
Kometen sind besonders auffällig durch ihren Schweif, der aus dem verdampfenden Eis ihres Kerns besteht, wenn sie in die Nähe der Sonne gelangen. Durch ihre Bewegung über dem Horizont werden sie als „Wandersterne“ oder „Himmelswanderer“ bezeichnet und verkörpern Ruhelosigkeit. Das Auftauchen eines Kometen galt im europäischen Aberglauben stets als (meist) böses Vorzeichen. Kometen wurden deswegen in früheren Zeiten auch „Besensterne“ genannt, da sie als der Besen Gottes betrachtet wurden, mit dem er die Menschheit züchtigt. Aus Kriegen, Hungersnöten und Seuchen bestanden die Züchtigungen.
Einer der bekanntesten Kometen ist der Halleysche Komet, der bereits im Jahr 240 vor Christus beobachtet wurde. Er ist benannt nach dem englischen Astronom Edmond Halley, der ihn 1705 studierte und dabei erkannte, dass dieser angeblich unheilsstiftende Komet alle 75 bis 76 Jahre wieder sichtbar wird. Halley trug sehr zur Entmystifizierung des Halleyschen Kometen bei, der allerdings noch heute in gewissen Kreisen als Unheilsbringer betrachtet wird.
Christentum: Der Stern von Bethlehem, der die Geburt Jesu anzeigte (Matth 2.2), war wahrscheinlich auch ein Komet. Die Weisen aus dem Morgenlade kamen, weil in magischen und astrologischen Kreisen Kometen als Zeichen der Geburt eines Helden angesehen wurden. Außerdem sagten sie große Veränderungen voraus.

Komfort Komfort bedeutet Bequemlichkeit, oft auch Reichtum, etwas, wovon der Mensch in seinem Alltagsleben allzu oft nur träumt.

Komiker ↗Clown

Kommando Kommando bedeutet herrschen oder beherrscht werden. Der Psychologe fragt beim Traumsymbol Kommando, wer in der Psyche das Kommando führt.

Kommune Dieses Symbol lässt entweder auf eine anti-bürgerliche Protesthaltung schließen oder – wenn die Kommune abgelehnt wird – auf Angst vor (sexuellen) Experimenten und Chaos.
Berühmt wurden die über die Welt verbreiteten Künstlerkolonien, in denen unterschiedliche Künstler kommuneartig zusammen lebten. Einen Höhepunkt erlebte diese äußerst kreative und einflussreiche Bewegung am Anfang des 20. Jahrhunderts. Zu dieser Zeit gab es fast vierzig bekannte Künstlerkommunen, zu denen die Mathildenhöhe bei Darmstadt und Worpswede in Deutschland zählten, St. Ives in England, Pont-Aven und Barbizon in Frankreich. Eine wesentliche Rolle spielten die Kommunen in der Studentenbewegung um

1968. Berühmt und vielfach nachgeahmt wurden die Kommunen 1 und 2, beide in Berlin, die unter anderem Kinder antibürgerlich und sexuell frei erziehen wollten.

Kommunikation Kommunikation bedeutet Nähe und Informationsaustausch. Kommunikation heißt auch, mit anderen zu teilen, sie ist Ausdruck von Beziehung, ein Hin- und Herströmen von Energien.

Kommunikationstechnik Dieses Symbol verweist auf eine Erleichterung (oder Störung) der Kommunikation, die allerdings unpersönlich ist.

Kommunion ↗Abendmahl

Kommunismus Der Kommunismus ist eine egalitäre Gesellschaftstheorie, die im 19. Jahrhundert unter dem Eindruck des Elends der Arbeitermassen entstand. Er symbolisiert die Kritik am bürgerlichen Ego-Kult und der „Gier der Kapitalisten" genauso wie Gleichmacherei. Ab 1917 wurde er in ↗Russland umzusetzen versucht, und unter Stalin wurde er zu einer totalitären Parteidiktatur, weswegen er auch Terror, gewaltsame Unterdrückung bedeutet. Aber er symbolisiert auch das Soziale, immer mit einem Hang zum Autoritären.
Ein Kommunist personifiziert heute häufig überholte Haltungen und Einstellungen und eine geistige Erstarrung. Bis in die 1970er Jahre hinein symbolisierte der Kommunist das Eintreten für eine sozial ausgerichtete Gesellschaft. Er wurde allerdings auch als verwirrter Idealist angesehen – obwohl er sich selbst als Materialist versteht.
Literatur: Der englische Autor und Historiker Lionel Kochah („Lenin in London") stellt dar, wie die bolschewistische Partei 1903 in der Tottenham Court Road in London gegründet wurde, in jener Gegend, in der die Freimaurer, die Theosophische Gesellschaft und The Order of the Golden Dawn ansässig waren.

Kompass Der Kompass ist eines der häufigsten Symbole für zielgerichtetes Denken und Handeln. Oftmals stellt sich mit dem Kompass die Aufgabe der Neuorientierung. Siehe auch ↗Himmelsrichtung.

Komplott Ein Komplott ist meistens ein Symbol der Angst. Es ist ein Versuch, die bestehende Situation zu verändern.

Komponist Der Komponist besitzt die gleiche Bedeutung wie der ↗Dichter – nur mit mehr Betonung auf dem Gefühl. Er verkörpert den kreativen und teilweise auch den exzentrischen Menschen (wie beispielsweise Richard Wagner).

Kompost Kompost bedeutet Verwertung. Er verweist auf eine ökologische Einstellung und auf Naturnähe. Ferner wird die Wandlung des Abfalls in das Gold des Gartens angesprochen.
Er kann auch darauf aufmerksam machen, dass man aus „Seelenmüll" noch etwas Konstruktives machen kann.

Konditor Der Konditor weist eine ähnliche Symbolik wie das Sinnbild ↗Bäcker auf. Allerdings ist hier die Verfeinerung und das Raffinement besonders betont. Der Konditor kann auch die süße Verführung symbolisieren (↗Süßigkeit).

Konditorei Die Konditorei ist der Ort der Entspannung und des Genusses (↗Süßigkeit).
Die Konditorei wird unmodern: Sie lässt Kaffeekränzchen assoziieren, gilt als Treffpunkt älterer Damen.

Kondom Kondom bedeutet Sicherheit und Angst. Es bewirkt Distanz; heute ist mit ihm die Angst vor Aids assoziiert.

Konfekt Konfekt steht für Vergnügen und Gewinn. Es gilt als eine gehobene, teure Süßigkeit, passend zu älteren Damen.

Konfetti Konfetti bedeutet Spaß, Ausgelassenheit. Ursprünglich verweist Konfetti auf Fruchtbarkeit, denn hinter dem Werfen von Konfetti verbirgt sich ein archaischer Regen- und Fruchtbarkeitszauber.

Konfirmation Die Konfirmation, mit der ein protestantischer Jugendlicher sich bewusst für den Glauben entscheidet, ist bei uns ein letzter Rest eines ↗Initiations-Rituals im Übergang zum Erwachsenwerden. Früher kam mit ihr gleichzeitig das Ende der Schulpflicht und damit der Beginn der Eigenverantwortung.
Die Konfirmation erinnert an die Jugend und die Fähigkeiten, die jemand damals besaß. Sie kann auch die Einstellung zu Gruppen symbolisieren.
Häufig tritt die Konfirmation als Symbol einer konventionellen Einstellung und einer gehemmten Atmosphäre auf.

Konfitüre ↗Marmelade

Konkubine ↗Geliebte

Konkurs ↗Bankrott

Konserven Die Konserve ist das Konservierte und Eingemachte. Konserven gelten als billige und minderwertige Nahrungsmittel. Psychologisch gesehen ist das Eingemachte das tief oder lang Verdrängte, auch die Energiereserven.

Konto Bei der Deutung des Symbols Konto ist der Kontostand wesentlich: Ein positiver Kontostand verweist psychologisch gesehen auf ein hohes Energieniveau. Ein niedriger Kontostand auf einen Energiemangel.

Kontrabass Wie jedes ↗Musikinstrument ist der Kontrabass ein Symbol der Harmonie. Dabei wird der Kontrabass ähnlich wie das ↗Cello wegen seiner Form oft mit einem weiblichen Körper verglichen. Der Bassist gilt im Orchester als Einzelgänger, jemand, der immer im Hintergrund steht.

Kontrakt ↗Vertrag

Kontrollverlust Kontrollverlust bedeutet Befreiung und Angst zugleich. Er lässt Chaos und Unglück assoziieren, andererseits auch Ekstase und Glück.
Kontrollverlust tritt oft im Traum auf. Typisch sind Traumsituationen, in denen jemand beispielsweise ein ↗Auto fährt und sich einer scharfen ↗Kurve nähert, jedoch nicht abbremsen kann. Er findet die ↗Bremsen nicht oder die Bremsen funktionieren nicht – kurzum, er kann nicht langsamer werden, oftmals beschleunigt er noch. Er hat die Kontrolle über den Prozess, in dem er sich gerade befindet, verloren. In diesem Fall muss er nicht nur im Traum, sondern auch in seinem Leben wieder die Kontrolle erlangen.

Konzert Das Konzert ist ein Ausdruck der Sehnsucht nach Harmonie, denn beim Konzert wird aus vielen Stimmen ein harmonisches Ganzes erzeugt.
Oft geht es um die Sehnsucht nach einem reicheren, harmonischeren und erfüllteren Leben.
Literatur: Henry Miller bezeichnete Konzerte in seinem Roman „Der Wendekreis

des Krebses“ (1934) als „höfliche Form selbst auferlegter Tortur“.

Kopf Der Kopf symbolisiert Bewusstsein, Verstand und Vernunft, das, was dem fehlt, der „den Kopf verliert“. Entweder wird die Intellektualität unterdrückt oder einseitig auf Kosten der Emotionalität oder Körperlichkeit ausgelebt.
Psychoanalyse: Nach S. Freud ist der Kopf ein Symbol der Männlichkeit.
Analytische Psychologie: Bei C. G. Jung ist er ein archetypisches Symbol des Selbst.

Kopfbedeckung Jede Kopfbedeckung deutet auf die Persönlichkeit ihres Trägers. Bei besonderen Kopfbedeckungen ist auf deren spezielle Symbolik zu achten. Einzelheiten siehe jeweils dort.

Kopfhörer Ein Kopfhörer drückt Isolation aus. Er vermittelt allerdings zugleich ein intensives Hörerlebnis. Bei diesem Symbol hängt die Deutung zudem weitgehend von dem ab, was jemand mit dem Kopfhörer hört.

Kopfkissen Das Kopfkissen ist ein Symbol der Ruhe und Entspannung: ↗Kissen und ↗Kopf.

Kopfsalat ↗Salat

Kopfschmerzen Kopfschmerzen symbolisieren häufig falsches Denken: Man „zerbricht sich den Kopf“, so dass er schmerzt.

Kopftuch Ein Kopftuch steht für Schlichtheit und Natürlichkeit. Es ist ein Symbol islamischer oder auch älterer Frauen.
Für die genauere Deutung ist das Material und die Farbe des Kopftuchs zu betrachten.

Kopfüber Kopfüber springt oder fällt man. Es ist ein Symbol des Loslassens und der Hingabe. Kopfüber bedeutet Mut, Kühnheit und eine schnelle Entscheidung.

Kopie Wer kopiert, ist nicht originell. Diese Symbolik stellt die Frage nach der Individualität. Der Kopierapparat ist zum Symbol der einfachen Vervielfältigung geworden.
Philosophie: Walter Benjamin zeigte in seiner Schrift „Das Kunstwerk im Zeitalter der technischen Reproduzierbarkeit“ auf, dass durch die technische Möglichkeit des Kopierens die Kunst ihre Aura der Einmaligkeit und Unmittelbarkeit verloren hat.

Koralle Die Koralle ist ein Symbol für die Schönheit des Meeres und des Lebens. Da die Koralle ein Wasser-Wesen ist, wird hier auf das Gefühl verwiesen. Die Koralle als Schmuckstück (↗Schmuck) kann auf Eitelkeit verweisen, auch auf einen Hang zur Exotik.
In verschiedenen Kulturen glaubt man, die rote Koralle könne die Lebenskraft stärken; sie wird auch bei allen Krankheiten, die irgendwie mit dem Blut zu tun haben, eingesetzt. Die Astrologie ordnet die rote Koralle dem Krebs und der Waage zu.

Korb Der Korb ist ein natürliches Hilfsmittel, mit dem man etwas trägt. Wichtig ist sein Inhalt. Der Korb wird symbolisch mit der Erde verbunden.
Jemandem „einen Korb geben“ heißt, sich auf keine Beziehung einzulassen. Die Redensart geht auf mittelalterliche, heute längst vergessene Bräuche zurück.
Das Bild des Korbs hängt oft mit Erdung zusammen, damit, wie jemand mit dem alltäglichen Leben zurechtkommt.

Psychoanalyse: Das weibliche Geschlechtsorgan im Männertraum, siehe auch ↗Gefäß.

Korbmacher Der Korbmacher ist heute ein Ausdruck der romantischen Sehnsucht nach einem einfacheren Leben. Er verkörpert Geschicklichkeit.

Korken Korken bedeutet Verschluss. Meistens ist der Korken ein Symbol der Geselligkeit und der Freude.
Psychoanalyse: Entkorken bedeutet meist Beischlaf oder zumindest Ejakulation.

Korkenzieher Der Korkenzieher ist wie der ↗Korken ein Symbol der Geselligkeit und der Freude. Da die Flasche mit ihm geöffnet wird, stellt sich die Frage nach der Offenheit.
Psychoanalyse: Der Korkenzieher steht meist für den Penis.

Korn Das Korn bedeutet Nahrung – und zwar nicht nur körperliche, sondern besonders auch geistige und seelische Nahrung. Korn bedeutet Fülle und Freude. Weitere Aspekte und Verweise bei ↗Getreide.

Korn (Branntwein) ↗Alkohol

Kornähre ↗Ähre

Kornblume Die Kornblume verkörpert Natürlichkeit. Wegen ihrer blauen Farbe kann sie auch auf unsere Emotionen deuten.

Kornfeld Fruchtbarkeit der Natur, Erfolg. Ein reifes Kornfeld verweist immer auch auf die Zeit der Ernte und des Sommers.

Korpulenz Korpulenz zeigt fehlende Disziplin an. Sie mag auch auf unsere Fähigkeit verweisen, einen Raum auszufüllen. Meistens wird Korpulenz jedoch negativ betrachtet.
Psychoanalyse: In Freuds Familie galt Korpulenz als Symbol des Ekels.

Korridor ↗Flur

Korsett Symbol der Einengung – besonders bei Frauen. Das Korsett kann andererseits auch ↗Struktur und Schönheit beziehungsweise Eitelkeit bedeuten. Häufig wurde das Korsett erotisiert.

Kosmetik Die Kosmetik weist auf die Verbesserung des eigenen Bildes und auf Eitelkeit hin.
Im Traum ist die Kosmetik oft ein Hinweis auf zu viel oder zu wenig Seelenpflege.

Kosmische Erscheinungen Kosmische Erscheinungen wie Nordlichter, Feuer, das vom Himmel regnet, ↗Kometen etc. weisen psychologisch gesehen meistens auf einen Verlust der Erdung hin. Je fremdartiger diese Erscheinungen, desto größer ist der Verlust der Erdung.
Analytische Psychologie: Nach C. G. Jung wird der Träumer durch solche Träume auf seine kollektive Rolle vorbereitet.
Antike: Wenn im Altertum Menschen solche Träume hatten, zeigten sie diese in Athen dem Areopag und in Rom dem Senat an. Man ging davon aus, dass solche Träume einen wichtigen Hinweis für die gesamte Gesellschaft bieten würden.

Kosmos ↗Universum

Kostbarkeit ↗Juwel

Kostüm Die Kostümierung weist auf andere, oft ungelebte Seiten in der kostümierten Person. Außerdem sind mit diesem Symbol Spaß und Lust angesprochen, siehe auch ↗Verkleidung.

Kot Kot symbolisiert das eigene Produkt, das aus dem tiefsten Inneren kommt. Er spricht Loslassen und die Verwandlung in Gold an – das heißt die Nutzung des Schattens zur eigenen Fortentwicklung. Dem Kot wurde schon immer eine wachstumsfördernde Kraft zugesprochen.
Der Kot kann allerdings auch als ein Symbol des Ekels und somit als ein Schattensymbol auftreten.
Psychoanalyse: Der Kot deutet auf Probleme in der analen Phase hin, die noch heute wirken.
Philosophie: Arthur Schopenhauer schreibt in seinem Manuskriptbuch: „Fremde, gelesene Gedanken sind geschissene Scheiße."

Krabbe ↗Krebs

Krach Krach bedeutet Störung.

Krächzen Krächzen bedeutet Dissonanz und Kommunikationsstörung.
Mit dem Krächzen wird häufig der Böse charakterisiert, siehe auch ↗Krähe und ↗Rabe.

Krähe Die Krähe symbolisiert Unglück oder Tod wegen ihrer ↗schwarzen Farbe. Sie kann auch eine aggressive Frau verkörpern oder auf eine übermächtige Mutter verweisen. Krähen werden mit der Klugheit verbunden, denn bei einem ähnlichen Körpergewicht wie ↗Ratten besitzen sie ein fünfmal so großes und somit leistungsfähigeres Gehirn.

Krähen Das Krähen zeigt den kommenden Tag an. es hat symbolisch oft die Funktion eines Weckers.
Christentum: Petrus verleugnet Jesus – wie dieser vorausgesagt hatte – in dem Moment, als der ↗Hahn zum dritten Mal kräht (Matth 26.34;74–75).

Kräutertee ↗Tee

Kraft Kraft bedeutet Gesundheit, Glück und ein positives Lebensgefühl. Kraft kann in selteneren Fällen auch Angst machen. Jedes Zeichen von Kraft symbolisiert Glück und Gesundheit oder macht auf Schwächen aufmerksam. Wichtig ist zu beachten, auf welcher Ebene sich diese Kraft ausdrückt: auf der des Willens, des Herzens, der Seele, des Geistes, des Körpers oder der gesamten Persönlichkeit.

Kraftwagen ↗Auto

Kragen Symbol der Ordnung, des gepflegten Auftretens und des Aufstiegs – andererseits auch der Einengung.
Der Kragen ist ferner der Angriffspunkt, wovon die Redewendung „jemanden an den Kragen gehen" zeugt.

Krake Die Krake bedeutet Festhalten und Gefahr. Meistens wird das Klammern der Krakenarme als angstbesetzt gesehen. Es verbindet sich mit ihnen die Vorstellung, unter Wasser gezogen zu werden und zu ertrinken. Im übertragenen Sinne werden mit der Krake auch Klammertendenzen des Partners in einer Beziehung ausgedrückt.
Die Krake kann als ein Symbol von etwas angesehen werden, das einen beherrscht. Sie versucht speziell im Alptraum, den Träumer mit aller Kraft hinabzuziehen und zu zerstören. Dieses verbreitete Symbol tritt häufig im Zusammenhang mit ↗Ertrinken auf.

Kralle Die Kralle zeigt das Bedürfnis oder die Ängste zu klammern an. Krallen sind verletzende Waffen, und sie verweisen auf Aggression und Angriff. Weiteres bei ↗Klaue.

Krampf Krämpfe als Symbol verweisen auf eine fehlende Lockerheit im alltäglichen Leben.

Kran Der Kran ist ein Symbol aus der Welt des Bauens. Er ist ein Zeichen für Kraft und Stärke durch Technik.
Er kann psychologisch gesehen auch anzeigen, dass man sich an etwas erinnern soll oder etwas wiederfinden kann. Er hebt Altes ins Bewusstsein.

Kranich Der Kranich steht für Zufriedenheit, Weisheit und Ausgeglichenheit. Allgemeines bei ↗Vogel.
Literatur: In F. Schillers Gedicht „Die Kraniche des Ibikus" verraten die Kraniche den Mörder.

Krank Krank bedeutet hilflos, schwach und oft auch arm. Manchmal wird krank auch im Sinne von minderwertig oder gestört verwendet. Psychologisch gesehen ist das Kranke immer das, was zu fördern ist und worauf man seine Aufmerksamkeit richten sollte. Verweise bei ↗Krankheit.

Krankenbahre ↗Bahre

Krankenhaus Das Krankenhaus ist der Ort, an dem man Ruhe und Heilung finden sollte. Allerdings hat sich die Einstellung Krankenhäusern gegenüber in der letzten Zeit gerade dahin geändert, dass man der Heilung dort misstraut, was sich auch in der symbolischen Bedeutung niederschlägt. Es lässt sich beobachten, dass das Symbol Krankenhaus heutzutage eher auf den Ort verweist, an dem man krank wird oder gar stirbt.
Oft drückt sich im Symbol des Krankenhauses auch eine Hilfsbedürftigkeit in seelischer Not aus. In selteneren Fällen ist es auch ein Zeichen, dass man sich nicht helfen lassen möchte oder sich selbst nicht helfen kann.
Analytische Psychologie: Nach C. G. Jung der Ort, an dem man gepflegt wird. Das Krankenhaus wird als ein Muttersymbol gesehen.

Krankenpfleger Der Krankenpfleger personifiziert die hilfreichen Kräfte. Er ist der Mann, der im Grunde eine Mutterrolle übernimmt.

Krankenschwester Symbol der Weiblichkeit und der Mütterlichkeit. Wie der Krankenpfleger verkörpert auch die Krankenschwester Mitgefühl. In einzelnen Fällen kann das ins Negative umschlagen: Dann verkörpert die Krankenschwester eine Person, die Hilfe aufdrängt, Hilflosigkeit spüren lässt oder ausnutzt.
Film: In dem Film „Einer flog über das Kuckucksnest" von Milos Forman (1975) verkörpert die Krankenschwester das autoritäre Prinzip und Machtausnutzung.

Krankenwagen Ein Krankenwagen bedeutet Hilfe – und zwar speziell: Hilfe durch Mobilität. Er wird oft eingesetzt, um spektakuläre Szenen der Rettung in letzter Minute zu zeigen; insofern ist er ein modernes Vehikel des Abenteuers.
Während des Ersten Weltkriegs sollen Somerset Maugham, Ernest Hemingway und andere Literaten und Künstler Krankenwagen oder Sanitätsfahrzeuge gefahren haben.

Krankheit Psychologisch gesehen stellt die Krankheit ein verbreitetes Wandlungssymbol dar. Rudolf Steiner ging davon aus, dass speziell Kinderkrankheiten wichtige Entwicklungsschritte sind. Jede Krankheit erzählt eine Geschichte, die Krankengeschichte. Mit dieser Geschichte organisiert der Kranke seine Erfahrung und teilt sie dem Arzt mit. Krankheit ist stets als eine Geschichte zu sehen, mit der sich der Kranke sein Leiden erträglich zu machen sucht. Die gängigsten Krankheitsgeschichten berichten von dem Einmarsch der Bakterien oder Viren in den Körper, von der Strafe der Götter oder von einer Besessenheit.

Die Krankheit wird oft als ungebührlicher Widerstand oder eine Weigerung angesehen, sich sozial einzuordnen. Das wird auch auf die inneren Vorgänge des Kranken übertragen, indem bei der Heilung versucht wird, das asoziale Organ zu finden, das nicht mitspielen will.

Für eine erste symbolische Annäherung an die einzelnen Krankheiten möchte ich auf das Buch: „Die Krankheit als Weg" von Dethlefsen u. Dahlke verweisen, von dem aus man gut weiterdenken kann.

In Afrika wird bis in die Gegenwart die Krankheit auf das Wirken eines krankheitstragenden Geistes zurückgeführt. Krankheit wird als Besessenheit durch diesen Geist angesehen. Im Grunde entspricht diese Auffassung vom unsichtbaren Krankheitsgeist der westlichen Theorie von den ↗Krankheitskeimen.

Einzelheiten bei ↗Aids, ↗Ansteckung, ↗Antibiotika, ↗Arznei, ↗Arzt, ↗Blässe, ↗Chirurg, ↗Darm, ↗Depression, ↗Erkältung, ↗Fieber, ↗Geschlechtskrankheiten, ↗Husten, ↗Impfung, ↗Infektion, ↗Keim, ↗Kolik, ↗Krebs, ↗Lähmung, ↗Lazarett, ↗Leber, ↗Magen, ↗Pest, ↗Placebo, ↗Pocken, ↗Quarantäne, ↗Sanatorium, ↗Schnupfen, ↗Tablette, ↗Tuberkulose, ↗Virus, ↗Windpocken.

Asien: In der hinduistischen Kultur wird heute noch die Betrachtung der Träume zur Diagnose von Krankheiten benutzt.

Kranz Als Sieger- und Totenkranz drückt er die Reife und Vollendung einer Aufgabe aus.

Auf der anderen Seite verweist der Kranz auf gesellschaftliche Anerkennung, auf Ruhm und Erfolg (Lorbeerkranz). Er drückt Ansehen und Bewunderung aus.

Darüber hinaus verweist er allerdings auch auf den ewigen Kreislauf des Lebens. Wie bei aller Symbolik, die mit der Beerdigung und dem Tod zusammenhängt, geht es hier um den nie versiegenden Strom des Vergehens und Werdens. Gerade in Krankheitssituationen tritt dieses Kranzsymbol häufig als Hinweis darauf auf, dass man loslassen und so der Heilung eine Chance geben sollte. Zugleich zeigt sich hierin auch die häufig verdrängte Angst vorm Tod. Der Kranz stellt nicht nur nach S. Freud ein weibliches Sexualsymbol dar.

Antike: Im Altertum war der Kranz ein beliebter Schmuck bei Feiern und Gelagen, wurde aber auch als Preis den Siegern überreicht. Daneben trifft man häufig auf den Brautkranz.

Mittelalter: Der Kranz spielt im Mittelalter eine große Rolle bei der Brautwerbung und Heirat. Ein Mann reicht der verehrten Frau einen Kranz, nimmt sie diesen an, so ist das ein Zeichen der Zuneigung – wenn nicht gar ein Eheversprechen. Nur die jungfräuliche Braut durfte dann bei der Hochzeit den grünen Kranz auf dem Kopf tragen, ein Brauch, auf den noch Goethe im „Faust" anspielt.

Literatur: „Dem Mimen flicht die Nachwelt keine Kränze" heißt es in Schillers „Wallensteins Lager".

Krater Der Krater ist ein bekanntes Symbol für eine (frühere) Verletzung. Er kann auch einen vergangenen aggressiven Ausbruch anzeigen (↗Vulkan). Ein Krater lässt ferner Gefahr assoziieren.

Kratzen Kratzen zerstört eine glatte Oberfläche und deutet eine Entlarvung oder eine speziell weibliche Aggression an.

Kraut Kraut bedeutet Lebenskraft.
Kraut ist das, was leicht aus der Kontrolle gerät. Es ist die Fülle der Natur.
Als Heilkraut ist es ein Symbol dessen, das uns (zur Erlangung der Ganzheit) hilft.
Analytische Psychologie: Mit dem Kraut ist nach C. G. Jung immer die Heilung mitgedacht, es ist das alchemistische Elixier, das Allheilmittel.
Antike: Das Wunderkraut spielt schon im Gilgamesch-Epos eine große Rolle, als Gilgamesch in Todesangst fällt. Das Kraut wirkt in diesem Fall psychotherapeutisch.

Krawatte Die Krawatte betont die Männlichkeit. Sie ist entweder ein Hinweis auf zu viel oder zu wenig Eitelkeit. Der Knoten am Hals verweist auf Selbstbeherrschung, andererseits auch auf Einengung. Die Krawatte wird bei offiziellen Anlässen getragen und deutet auf Distanz.
Psychoanalyse: Die Krawatte ist oft ein phallisches Symbol – vgl. den Brauch im Rheinland, am Weiberfastnacht die Krawatten der Männer abzuschneiden.

Krebs Die Krankheit Krebs ist mit (oft irrationaler bis hysterischer) Krankheitsangst verbunden. Der Krebs ist häufig das Symbol eines inneren Konflikts, der einen zerstört. Der Krebs ist das, was einen auffrisst.
Man nahm noch im vorigen Jahrhundert fälschlich an, dass der Krebs speziell die einsamen und verbitterten Menschen befällt, die ihre Emotionen unterdrücken.
Beim Krustentier Krebs kommt es bei der Deutung hauptsächlich auf die Situation an, in der man auf den Krebs trifft. In der Natur symbolisiert der Krebs etwas Unangenehmes, dem man lieber aus dem Weg geht. Auf dem Teller als Speise verweist er auf Erholung und besonders auf Luxus.
Wichtig ist die Symbolik des Krebsgangs: Er geht nicht direkt und gerade auf sein Ziel zu, sondern nähert sich ihm seitlich.
In der Astrologie ist er ein Symbol des Gefühlslebens, der Mütterlichkeit und des Hortens. Der Magier und Astrologe Aleister Crowley sieht das Sternzeichen Krebs als ein Symbol für ↗Wolken, ↗Regen und ↗Flüsse an.

Kredit Ein Kredit symbolisiert die Möglichkeiten, die jemandem zur Verfügung stehen. Allerdings zeigt er auch, dass bestimmte Energien nur geliehen sind.

Kreditkarte Eine Kreditkarte symbolisiert die Möglichkeiten, die zur Verfügung stehen (↗Geld). Das Vorweisen von Kreditkarten, vor allem von bestimmten Karten bestimmter Banken, ist auch ein Statussymbol.

Kreide Die Kreide verweist meistens auf die Schule und das Lernen. Sie lässt allerdings auch an das Anschreiben und somit die Schulden erinnern, worauf der Ausdruck „in der Kreide stehen“ verweist.

Kreis Zu diesem Symbolfeld gehören auch wegen ihrer Form die Ziffer Null, der Buchstabe O und das Symbol des ↗Rings und die ↗Kugel. Der Kreis ist ein Ganzheitssymbol, denn er stellt die einfachste geometrische Form dar. Rundes und Kreis bedeuten immer Vollkommenheit und Abrundung. Der Kreis ist auch häufig ein Symbol der Zugehörigkeit und der Abläufe in der Natur.

Der Kreis bezeichnet den abgeschlossenen und geschützten ↗Raum, weswegen der Magier sich bei seinen Operationen durch den Kreis schützt. Er ist die eigene Welt, die Vollkommenheit und die schützende Ordnung. Oft tritt das Kreissymbol in der Stadt bei Plätzen, ↗Brunnen und runden ↗Fenstern auf oder als ↗Rad.

Der Kreis wird jedoch nicht nur positiv gesehen. Der einflussreiche Mystiker William Blake malte beispielsweise 1816 ein Aquarell „Milton und der Geist Platons", in dem Platon im Kreis sitzend sich am Zirkel festhält und die schöne Frau außerhalb seiner Welt nicht wahrnimmt. In dem fantastischen Werk von Blake symbolisiert der Kreis die perfekte und tödliche Vernunft, die von der Schönheit des Lebens getrennt ist. Mit dem Kreis kann so der ewige Kreislauf des Immer-Gleichen gemeint sein, die tägliche Routine und die ewigen (neurotischen) Wiederholungen. S. Freud charakterisierte die Neurose zurecht als Zwang zur Wiederholung einer bestimmten Handlung oder Einstellung. Dieses „Sich-im-Kreise-Drehen" kann mit dem Kreis angedeutet sein, mit dem Hinweis darauf, dass dieser Teufelskreis um des eigenen Glückes Willen durchbrochen werden muss.

Analytische Psychologie: Nach C. G. Jung Archetyp des Mandalas (vgl. Zirkelgleichnis des heiligen Augustinus: „Gott ist ein Kreis, dessen Zentrum überall, dessen Peripherie nirgends ist"), der darauf hinweist, dass man sich auf dem Initiationsweg zu sich selbst befindet. Das Runde ist für Jung eine primäre Vision. Es stellt das älteste Symbol der Menschheit dar, das man zumeist als Sonnenrad deuten kann. Ignatius von Loyola erzählt in seiner Autobiografie, dass er des öfteren Visionen von einem goldenen Kreis und einer goldenen Kugel gehabt hat. Das erfüllte ihn mit einem köstlichen Gefühl. Auch Martin Buber spricht in seinen „Ekstatischen Konfessionen" über das Symbol des Runden beziehungsweise des Kreises. Ähnliche Vorstellungen finden sich auch bei Hildegard von Bingen und anderen Mystikern.

C. G. Jung war der Ansicht, dass linksläufige Kreisbewegungen auf das Unbewusste hindeuten, rechtsläufige Kreisbewegungen dagegen auf das Bewusste. Kreisbewegungen kommen im heutigen Traum meist im Kreisverkehr oder im Strudel vor, wo sie jedoch häufig nicht auf das Selbst verweisen.

Ferner wird in der analytische Psychologie der Kreis als die grundsätzliche Form des weiblichen Archetyps betrachtet.

Asien: In der buddhistischen Meditation heißt es: Sei rund und rund. Der Kreis stellt im Buddhismus das Symbol der Ganzheit dar. Alle Erscheinungsweisen des Kreises werden in Tibet als Mandala und als Symbol des Selbst betrachtet. Sie drücken die klaren und reinen Energien aus, welche die Buddha-Natur ausmachen.

Antike: Im alten Griechenland symbolisiert der Kreis ohne Anfang und Ende die Ewigkeit (wie der ↗Ring).

Mittelalter: In der Alchemie wurde der Stein der Weisen („lapis philosophorum") als rund gedacht. Der Kreis diente immer dem Abwehrzauber. Was sich im Kreis abspielt, hat besondere Bedeutung. Geister und Dämonen bewegen sich immer in gerader Linie fort, deswegen bietet der Kreis und alles Runde Schutz. Es heißt auch, dass der Teufel in den Ecken sitzt und sich nicht in runden Räumen aufhalten kann.

In der klassischen Freimaurerei werden Kreis und ↗Zirkel mit der Vernunft verbunden, die als ein Ziel der Lebensreise angesehen wird. Nach dem pythagoreischen Weltbild der Freimaurer ist Gott der Baumeister, der nach den geometrischen Grundformen Kreis, Quadrat und Dreieck die Welt konstruiert hat.
Literatur: Der italienische Mönch Francesco Colonna schrieb am Ende des 15. Jahrhunderts den Liebesroman „Hypnerotomachia Poliphili", in dem das Liebespaar nach einigen Abenteuern Kythera, die kreisrunde Insel der Venus erreicht. Diese Insel ist nicht nur selbst von vollkommener Kreisgestalt, sondern auf ihr gibt es auch kreisrunde Gärten, die konzentrische Ringe bilden. Diese Vorstellung wurde von vielen Garten- und Landschaftsarchitekten des 16. Jahrhunderts aufgegriffen und in ihren Plänen umgesetzt.
Philosophie: Pythagoras hielt den Kreis für die vollkommenste aller Formen. Er machte auch darauf aufmerksam, dass der Kreis von allen Kurven am leichtesten zu zeichnen ist.

Kreisel Der Kreisel verweist auf die Kindertage und auf den ↗Tanz. Er drückt Beweglichkeit, Lust und Geschicklichkeit aus. Wenn man die eigene Mitte gefunden hat, zeigt der Kreisel, kann man sich frei bewegen. Siehe auch ↗Kreis.

Krematorium Das Krematorium bedeutet Abschied, Trauer und Auflösung. Wie alle Todessymbole kann das Krematorium darauf aufmerksam machen, dass eine Verhaltensweise oder Eigenschaft absterben und aufgelöst werden muss. In seltenen Fällen wird davor gewarnt, dass eine wichtige Eigenschaft oder Fähigkeit in der Auflösung begriffen ist.

Kreuz Das Kreuz ist einerseits ein komplexes Richtungs- und Ordnungssymbol, das Stabilität und Hoffnung ausdrückt. Bei den Kelten und Ägyptern bezeichnete es die vier ↗Himmelsrichtungen und Tod und Wiedergeburt. Andererseits wurde dieses Symbol später zum Symbol des Christentums und zum Symbol der Leiden von Jesus.
Rotes Kreuz: Das rote Kreuz symbolisiert Hilfe in Not. Es stellt die farbliche Umkehrung der Schweizer Fahne dar. Das internationale Komitee des Roten Kreuzes ist nämlich nicht nur eine private Schweizer Organisation, sondern besteht auch nur aus Schweizer Bürgern.
Analytische Psychologie: Nach C. G. Jung symbolisiert das Kreuz die vier Funktionen Denken, Fühlen, Empfinden und Intuition. Es ist andererseits auch das Symbol der (seelischen) Qualen.
Antike: Der hebräische Buchstabe Tau hatte ursprünglich die Form eines Kreuzes. Es wurde von den Ägyptern Himmelsschlüssel genannt und zum Henkelkreuz umgewandelt als Zeichen der Unsterblichkeit.
Bei Artemidor ist das Kreuz ein günstiges Zeichen für den, der eine Seefahrt unternehmen will, da das Schiff aus Holz besteht und der Mast auch ein Kreuz bildet. Für nicht-seefahrende Menschen gilt das Kreuz allerdings als ein Unglückszeichen.
Literatur: Im „Don Quijote" des spanischen Dichters Miguel de Cervantes heißt es: „Hinter dem Kreuz versteckt sich der Teufel".

Kreuz (anatomisch) ↗Rücken

Kreuzigung Die Kreuzigung war eine im Altertum nicht seltene, besonders grausame Art, die Todesstrafe zu vollziehen. Die

Kreuzigung verweist auf Leiden und Entehrung.
Christentum: Für Christen symbolisiert die Kreuzigung Leiden und Erlösung zugleich.

Kreuzotter ↗Schlange

Kreuzspinne Die Kreuzspinne ist ein bekanntes Ekelsymbol, Weiteres bei ↗Spinne.

Kreuzung Kreuzung bedeutet Entscheidung und Möglichkeiten. Mit der Kreuzung wird auch die Verbindung von Alternativen angesprochen. Wie sehen die verschiedenen Wege aus und wo führen sie hin?
Mittelalter: Im Mittelalter galt die Kreuzung als der gruselige Ort, denn dort pflegte man die Galgen aufzustellen. Man war der Ansicht, dass an Kreuzungen böse Geister wohnen. Fast bei allen Völkern wird der Kreuzweg als unheimlicher Ort betrachtet. Dem Hexenglauben nach treffen sich dort an Walpurgis (30.4.), Johanni (24.6.), Allerheiligen (1.11.) und zur Wintersonnenwende (21.12.) die Geister. Am Kreuzweg schlossen nächtens die schwarzen Hexen ihren Pakt mit dem Teufel. Um Kreuzwege unbeschadet überqueren zu können, sollten Kreidekreuze helfen, die auf die Innenseite des Hutes gemalt wurden

Kreuzzug Der Kreuzzug war ursprünglich ein Versuch der Christen, die Oberherrschaft im nahen Osten zu erringen. Da der Islam des Mittelalters dem Christentum dieser Zeit überlegen war, liefen viele Ritter zu islamischen Herrscherinnen und Herrschern über, wovon unter anderem der „Parzival“ von Wolfram von Eschenbach berichtet. Heute wird das Wort Kreuzzug meist im übertragenen Sinn gebraucht und ist eine beliebte Wendung in der Propaganda. Wenn „Kreuzzug“ gesagt wird, ist meist – wie damals – Fanatismus im Spiel.

Kriechen Das Kriechen verweist auf ein unterwürfiges Verhalten, auf eine Niederlage. Außerdem spricht es an, dass man nur langsam voran kommt.

Kriechtier Alle Kriechtiere verkörpern psychologisch gesehen die Erdung. Sie können auch eine kriecherische Haltung ansprechen.

Krieg Krieg steht im Zusammenhang mit Tod und ↗Unheil. Zu der Kriegssymbolik gehören zum Beispiel ↗Kanone, ↗Soldat, ↗Panzer und vor allem die verschiedenen ↗Waffen. Symbole dieses Bedeutungsfelds hängen mit Aggression und gewaltsamer Durchsetzung zusammen. Krieg symbolisiert einen Ausnahmezustand, in dem das „normale“ Leben außer Kraft gesetzt ist. Die meisten Menschen werden durch den Krieg verwirrt und verlieren ihren Kopf oder reagieren mechanisch.
Allerdings wurde der Krieg – besonders von Kriegern – auch als eine Leidenschaft angesehen, die mit der Liebe zu einer Frau gleichgesetzt wurde. Der Krieg wurde außerdem als eine Kunst betrachtet. Die Kunstfertigkeit lag nicht nur in der Kriegsführung, sondern auch darin, das Ausmaß des Kriegs zu beschränken. Der Krieg, so Clausewitz, träumt von seiner absoluten Gewalt. Als 1939 Albert Einstein eine schriftliche Umfrage veranstaltete, wie man Kriege verhindern kann, antwortete S. Freud äußerst skeptisch. Er war der Ansicht, im Menschen ist die kriegerische Auseinandersetzung angelegt. Allerdings räumte er auch ein, dass es eine tief verbor-

gene „Allergie gegen den Krieg“ gäbe, die es zu wecken gilt. Immerhin lässt sich selbst noch der heutige Mensch von den Uniformen und der Waffentechnologie in kindlicher Weise faszinieren, aber die Vernichtungswut des Kriegs und seine Grausamkeit lehnt er weitgehend ab.
Im übertragenen Sinne ist der Krieg ein Symbol der Auseinandersetzung mit verschiedenen Seiten der eigenen Persönlichkeit. Dieses Symbol tritt oft bei innerer Zerrissenheit auf oder bei realer Kriegsangst. Hier gilt es genau die Kriegssituation zu beachten und zu fragen, was nötig ist, um zu einem Waffenstillstand und zum Frieden zu gelangen.
Antike: Ares war der Kriegsgott der Griechen, der als mutig, gewalttätig und grob, aber listenreich beschrieben wurde. Es fällt auf, dass er als nicht besonders intelligent galt.
Literatur: Die Auseinandersetzung mit dem Krieg ist zentral in Leo N. Tolstojs Roman „Krieg und Frieden“. Kampferfahrungen im Kaukasus und während des Krim-Kriegs regten den großen russischen Autor zu diesem Roman an, der Sergej Prokofjew zu einer Oper inspirierte und der später viele Male verfilmt wurde. Tolstoj interessierte die Realität des Krieges für die Soldaten und die Bevölkerung. Er war unbeugsamer Pazifist, mit dessen Ansichten sich Gandhi, Lenin und Richard Nixon auseinander setzten. Lenin und Tolstoj stritten sich über die ethische Berechtigung einer Revolution und des Einsatzes von Gewalt. Auf der anderen Seite zog sich der überarbeitete Lenin immer wieder zurück, um sich beim wiederholten Lesen von „Krieg und Frieden“ zu erholen. Er liebte speziell die dort geschilderte Wolfsjagd, deren Lektüre ihm Ernst und Stärke verlieh, wie er selbst sagte.
Ernest Hemingway pries den Krieg als literarischen Gegenstand, da er die Handlung beschleunigt und ein Maximum an Material bietet.
Film: Steven Spielberg schuf in seinem Film „Der Soldat James Ryan“ (1998) ein Antikriegsepos, für das er fünf Oskars bekam. Der Krieg spielt am D-Day, dem 6.6.1944, als in der Normandie die Alliierten verlustreich landeten. Die Besonderheit dieses Films liegt darin, dass es nicht um Gut und Böse geht, sondern die Sinnlosigkeit des Kriegs dargestellt wird.

Kriegsschiff Kriegsschiffe wirken immer bedrohlich, angsteinflößend, aggressiv. Deshalb hat das Kriegsschiff im Gegensatz zu den anderen ↗Schiffen eine männliche Komponente. Mitglieder der Kriegsmarine genossen früher in Deutschland, heute noch in manchen Kreisen besonders Amerikas und Englands ein hohes gesellschaftliches Ansehen.

Kriminalbeamter ↗Polizist

Kriminalroman Der Kriminalroman lebt von einem Geheimnis, einem Rätsel sozusagen, das der Leser erst am Schluss des Romans lüften kann. Die Lösung sollte ihn überraschen, das macht die Spannung dieser Gattung aus. Ein Kriminalroman ist immer ein Verwirrspiel und es werden dem Leser seine Beschränkungen, seine Vorurteile und seine fehlende Kombinationsgabe vorgeführt. In diesem Sinn ist der Kriminalroman eine aufklärerische Gattung. Der Held ist oft der Detektiv, der auf seine Erfahrungen zurückgreift wie auf ein Informationsnetz. Diese Romangattung lebt vom Spaß an der Kombination von Fakten und der Ordnung der Intuition.

Krippe Eine Krippe ist eigentlich nur ein Trog für Viehfutter. Das Symbol taucht heute fast nur auf im Zusammenhang mit Weihnachten: Die Krippe von Bethlehem ist die Krippe schlechthin. Sie symbolisiert die Geburt von Jesus in Armut und ländlicher Umgebung.

Kristall Kristall bedeutet Beständigkeit. Er verweist auf die Wichtigkeit einer klaren Linie und Ordnung. Kristalle treten fast immer als Symbole für Harmonie und Klarheit auf (ähnliche Bedeutung wie ↗Glas, ↗Diamant, ↗Mandala und ↗Stern). Weiteres siehe bei ↗Bergkristall.
Kristalle können andererseits auch auf Verhärtungen verweisen. Im psychologischen Bereich verweist der Kristall auf eine differenzierte und bewusste oder auf eine erstarrte Persönlichkeit.

Krönung Bei der Krönung handelt es sich um einen Machtzuwachs und eine Ehrung. Krönung heißt, das Höchste erreicht zu haben. Ein Wunsch hat sich erfüllt. Als Zeremonie aus der Zeit der Monarchien wirkt eine Krönung heute sehr altertümlich – und doch (oder deshalb?) wird jede Krönungszeremonie von Millionen von Fernsehzuschauern begeistert beobachtet.

Kröte Die Kröte gilt seit der Antike als hässliche und äußerst giftige Kreatur, interessanterweise bei den Ägyptern und dem Frühchristentum auch als Symbol der Auferstehung und der Verwandlung. Seit Ende des Mittelalters tritt sie als Hexensymbol auf. Sie symbolisiert eine hässliche – meist alte – Frau. Die Kröte gilt als Symbol der furchtbaren Mutter und negativen Anima. Dem Volksglauben nach erzeugt schon der Hauch einer Kröte Geschwüre. Eine Kröte zu sehen, gilt als schlechtes Vorzeichen und symbolisiert drohendes Unheil. In Süddeutschland bezeichnete man die Gebärmutter als eine Kröte, die nach der Geburt im Mutterleib die Schmerzen verursache. Siehe auch ↗Frosch.
Kunst: Im Mittelalter gibt es eine Tradition, in der die Kröte einer der sieben Todsünden zugeordnet wird, nämlich dem Geiz. So hat Giorgio Vasari den Geiz in der Kuppel des Florentiner Domes als Kröte dargestellt.

Krokodil Krokodil bedeutet die Gefahr, verschlungen zu werden. Es kann sowohl als Ekel- und Angstsymbol auftreten wie auch als ein Symbol der wilden Schönheit (ähnlich wie ↗Drache und ↗Dinosaurier). Aus letzterem Grund war das Krokodilleder so beliebt. Heute allerdings wird es aus ökologischen Gründen nur noch selten verarbeitet. Besonders das hell gefärbte Krokodil ist ein uraltes Weisheitssymbol, weitere Aspekte bei ↗Alligator.
Christentum: Im ganzen Orient verbildlicht das Krokodil Gefräßigkeit und Heuchelei. In der Bibel tritt es unter dem Namen Leviathan als ein Ungeheuer auf, das zum Ursprungschaos gehört (Hiob 40.25 u. 41.26)

Krone Die Krone ist ein Ausdruck von Anerkennung und Macht. Sie steht für Ansehen und Einfluss, Würde und Autorität. Sie ist rund und aus kostbarem Material, das deutet auf eine hohe Bewusstseinsebene hin, die in der Yoga-Philosophie durch das Kronen-Chakra (Sahasrara) ausgedrückt wird (↗König, ↗Kopf).
Psychologisch gesehen spricht die Krone die Sonnenseite des Lebens an.
Mittelalter: Die Krone aus Stroh bildet seit dem Mittelalter ein verbreitetes Bild der Vergänglichkeit, das noch heute in der Symbolik fortlebt. Diese Krone aus Stroh

deutet auch auf die ↗Ernte hin, das heißt, dass die bisherigen Erfahrungen nun genutzt werden können.

Kronleuchter Der Kronleuchter ist häufig ein Symbol des alten Luxus. Als ↗Leuchter steht er zugleich für das Bewusstsein.

Kropf Der Kropf verweist auf Eitelkeit, da wir wahrscheinlich den Kropf als äußerst hässlich empfinden. Ferner mag er andeuten, dass wir unseren Hals nicht voll genug bekommen, also gierig sind.

Krücke Die Krücke ist ein Symbol der Lebensangst und Hemmung. Häufig wird sie mit dem Alter verbunden: Sie stellt ein unabdingbares Accessoire der Hexe, aber auch anderer Außenseiter dar. Siehe auch ↗Hinken.
Die Krücke kann auch ein Symbol der Aggression sein.

Krümel Krümel deuten häufig wie im Märchen auf eine ärmliche Situation.

Krüppel Der Krüppel personifiziert eine seelische oder geistige Behinderung. Er ist oft der Ausgestoßene. In diesem Symbol wird ein wichtiger Teil des (kollektiven) Schattens ausgedrückt: Dann geht es um die eigene Schwäche und Hilfsbedürftigkeit.
Der Krüppel wird oft als ein armer ↗Bettler dargestellt.
Literatur: Die Mutter des deutschen Literaturwissenschaftlers Walter Jens (geb. 1923) soll oft zu ihrem Sohn gesagt haben: „Du bist ein Krüppel und deshalb musst du ein Geistesriese werden". Jens ist als starker Asthmatiker ein Geistesriese geworden.

Krug Ein voller Krug bedeutet Fülle. Ein zerbrochener Krug weist auf Verlust der Ganzheit hin. Der Krug gilt auch als Symbol des seelischen Fassungsvermögens, wie es sich in Freude und Trauer ausdrückt. Er hält Flüssigkeiten und deutet damit auf das Gefühl. Er gibt dem Gefühl eine Form. Es geht bei diesem Symbol also um die Gestaltung der Gefühle.
Wichtig ist, womit der Krug gefüllt ist, woraus er gemacht ist, und welche Farbe er besitzt.
Psychoanalyse: Weibliches Sexualsymbol (siehe ↗Gefäß), Erotik.
Literatur: Als „Corpus Delicti" gilt der zerbrochene Krug nach der gleichnamigen Komödie von Heinrich von Kleist.

Krumm Das Krumme ist häufig das Böse, das Gerade das Gute. Alles, was krumm und nicht gerade ist, möchte damit die Geradlinigkeit ansprechen. Es warnt vor „krummen Wegen".

Kruste Die Krusten des Brots und anderer Lebensmittel stehen für Genuss, andererseits auch für eine Abkapselung. Die Kruste ist das Harte, das den weichen Kern umgibt (siehe ↗Schale).

Krustentier Krustentiere wie der ↗Hummer, der ↗Krebs oder die ↗Auster verweisen auf Luxus und Kultur. Oder sie bedeuten Abkapselung oder defensives Verhalten.
Psychoanalyse: Im Sinn Wilhelm Reichs verweisen Krustentiere auf den Charakterpanzer des Menschen.

Kruzifix ↗Kreuz

Krypta ↗Gewölbe

Kubus Der Kubus gilt seit Platon als ein Symbol der Erdung. Seine Farbe und seine Funktion sind bedeutsam.

Kuchen Kuchen bedeutet wie alle Süßigkeiten süße Verführung.
Der Kuchen steht für eine Belohnung. Er ist die Nahrung als Liebeszuwendung, die man bekommt oder gibt. Er symbolisiert auch seelische und geistige Bedürfnisse, Entspannung und die Sehnsucht nach Freunden oder einer Familie.
Der Kuchen ist andererseits auch das, was zu teilen ist. Es kommt auf die Größe des Stücks an. Außerdem versüßt der Kuchen das Leben.
Es ist bedeutsam, in welcher Situation der Kuchen angeboten und gegessen wird.

Kuckuck Dieser ↗Vogel ist ein Symbol der Unehrlichkeit und des Leichtsinns, da er seine Eier oft von anderen Vögeln ausbrüten lässt. Dem Volksglauben entsprechend hat der Kuckuck eine Beziehung zum ↗Geld: Wenn man Geld in der Tasche hat, wenn er zum ersten Mal im Jahr ruft, wird man das ganze Jahr über reich sein. Hat man allerdings kein Geld dabei, wird einen die Armut heimsuchen. Dann kommt der Gerichtsvollzieher und klebt den Kuckuck auf die gepfändeten Gegenstände.

Kübel Der Kübel ist mit dem Abfall verbunden. Er steht für Ordnung und Sauberkeit, da der Abfall in ihm verschwindet. Ein schmutziger Kübel verweist allerdings auf Unordnung und fehlende Hygiene.
Da sich im Kübel im Traum oft Unrat befindet, ist er ein beliebtes Schattensymbol, das dasjenige symbolisiert, was jemand nicht betrachten will.

Küche In früheren Zeiten war die Küche das Reich der ↗Hausfrau. Symbolisch steht sie oft Pars pro Toto für das ganze ↗Haus. Die Teufelsküche, in die man sprichwörtlich kommen kann, ist die Hölle, denn der Teufel macht ja nach alter Vorstellung dort Feuer, um die Sünder zu quälen.
Die Küche ist ferner der Ort der Umwandlung. Das Rohe wird zum Gekochten und Genießbaren, es entsteht Kultur.

Küchengeräte Küchengeräte bedeuten Arbeitserleichterung im privaten Bereich. Sie symbolisieren Häuslichkeit, sind aber auch Hilfsmittel zur Wandlung (siehe ↗Kochen).

Küchenkräuter ↗Gewürze

Küchenschabe Die Küchenschabe tritt meistens als Symbol der Unreinheit und als Ekelsymbol auf. Sie ist häufig ein Schattensymbol.

Küchentisch Der Küchentisch ist der Treffpunkt der Familie. Er symbolisiert Hausarbeit und private Kommunikation; siehe aber auch ↗Tisch.

Kühl Das Kühle ist das Distanzierte, das Gefühlsarme; der ↗Norden, aber auch das Erfrischende.

Kühlschrank Der Kühlschrank hält den Zersetzungsprozess auf. Er konserviert. Was er konserviert, wird durch seinen Inhalt bestimmt. Ferner kann der Kühlschrank auch auf Gefühlskälte verweisen. Er symbolisiert dann die Unterdrückung von Triebkräften, Verdrängung, Kälte und Distanz.
Der volle Kühlschrank tritt häufig als Symbol des Konsums auf, der leere als Symbol des Mangels.

Küken Küken sind ein verbreitetes Symbol für junge und unerfahrene Mädchen (engl. umgangssprachlich: „spring chicken"). Daneben werden sie von Kinderbüchern und Werbung wie fast alle Jungtiere als besonders „süße“ Kuscheltiere dargestellt.

Kündigung Eine Kündigung spricht an, dass etwas beendet beziehungsweise abgeschlossen wird. Sie markiert einen Einschnitt und eine Veränderung.

Künstler Künstler sind ein bekanntes Symbol des freien und kreativen Lebens. Sie ziehen romantisierende Projektionen an. Wie sie würde man auch gern leben, sie sind Ideale. Ferner wird der Künstler meist als arm betrachtet.
Literatur: In den erotischen Geschichten von Anaïs Nin, die sie für einen anonymen Sammler der pornografischen Literatur schrieb und die später unter dem Titel „Das Delta der Venus“ ein Bestseller wurden, spielen die Künstler eine hervorragende Rolle. Sie verkörpern die sexuelle Freizügigkeit der Boheme.
In seinem auf die deutschen Verhältnisse zielenden Roman „Doktor Faustus“ (1947) betrachtet Thomas Mann die Rolle des Künstlers kritisch. Er sei der Bruder des Verbrechers und des Verrückten, schreibt er. Bereits in seinem Debütroman „Die Buddenbrooks“ versetzt die künstlerische Ausrichtung von Hanno der vormals reichen Kaufmannsfamilie den Todesstoß.

Künstliche Menschen Künstliche Menschen sind traditionell, aber auch in der Science-Fiction-Welt fast ausnahmslos böse Kreaturen. Sie stellen die ideale Projektionsfläche für den Schatten dar. In dieser Bedeutung tritt der künstliche Mensch auch in den Diskussionen um moderne Gentechnologie auf.
Künstliche Menschen wie der Amok laufende ↗Golem oder ↗Frankenstein treten manchmal im Alptraum auf, wo sie den eigenen Schatten verdeutlichen. Außerhalb des Alptraums verkörpern sie Künstlichkeit. Sie sprechen an, dass man sich nicht echt verhält.
Literatur: Bekannte künstliche Menschen der Weltliteratur sind der Homunculus aus Goethes „Faust II“, der zerstört wird, um ihn selbst und die Welt von ihm zu befreien und Mary Shelleys Frankenstein, der ebenso zum ↗Monster wird wie Gustav Meyrinks Golem, denn beide wenden sich gegen ihre Erzeuger.
Das „Helferlein“, das sich der Erfinder Daniel Düsentrieb geschaffen hat, sorgt zwar auch öfter für Verwirrung, ist aber doch ein recht harmloses Exemplar seiner Gattung.

Kürbis Symbol der Fruchtbarkeit und der Gebärmutter. Als Kürbisse werden auch die vollen Brüste der Frau bezeichnet. Der Kürbis steht grundsätzlich für die Fülle.
Aus Kürbissen werden auch ↗Masken geschnitzt, welche die bösen Geister in der Nacht des 1. November abhalten sollen. Der Kürbis besitzt eine Schutzfunktion, deswegen wird er in ländlichen Gegenden auch vors Haus gestellt.
Kunst: In Albrecht Dürers Bild „Hieronymus im Gehäus“ symbolisiert der Kürbis die Schnelligkeit von Wachstum und Verfall, also die Vergänglichkeit.

Kürschner Ein Kürschner, der Pelzmäntel schneidert, weist auf ↗Fell, ↗Haut und ↗Pelz. Der Kürschner ist in Zeiten ökologischen Bewusstseins der böse Mann, der an der Ausbeutung der Tierwelt verdient.

Küste Küste ist Sicherheit, aber kann in der Seefahrt oder bei einer Flut auch gerade Gefahr bedeuten. Küstengewässer sind schwierig zu befahren.

Psychologisch gesehen heißt Küste Erdung, das feste Land ist erreicht oder doch in Sicht. Die Küste ist ferner die Nahtstelle von Land und Wasser und somit ein Hinweis auf die Verbindung des Körpers mit der Seele.

Kugel Die Kugel ist ein archetypisches Symbol der Vollständigkeit und Ganzheit. Sie drückt die Dynamik der Psyche und des Lebens aus, welche die Gegensätze harmonisch vereinigt. Sie ist wie der ↗Kreis ein bekanntes Symbol der Seele.
Die gläserne Kugel (oder Hohlkugel) gilt wie die Seifenblase seit dem Mittelalter als Symbol der Vergänglichkeit. Die massive Glaskugel, die von Medien benutzt wird, ist als Symbol der Allwissenheit zu sehen – oder deren Vorspiegelung.
Nach klassischer Auffassung symbolisiert die Kugel die Verbindung von Erde und Wasser, die unsere Erdkugel prägt.
Körper, die mindestens die Größe von Planeten besitzen, können keine unregelmäßige Formen aufweisen. Die Gravitation lässt sie stets zu runden Körpern werden. Die Kugel symbolisiert so die ideale Form, die von großen Gravitationskräften geschaffen wird.
Anders ist die Gewehrkugel zu deuten (↗Gewehr, ↗Schießen).
Psychoanalyse: Die Kugel wird als Penissymbol betrachtet, da sie zum Beispiel als Billardkugel ins Loch rollt. Die Gewehrkugel, die in einen Körper eindringt, wird ebenfalls als Beleg dieser Deutung angeführt.
Analytische Psychologie: Symbol der allrunden kosmischen Seele. Man befindet sich auf seinem Individuationsweg und kann viele Dimensionen überblicken.
Philosophie: Platon geht im „Timaios“ davon aus, dass das Universum wie ein Tier sei „von Gott in Gestalt einer Kugel erschaffen, welche in ihrer Perfektion die erfreulichste Gestalt habe und unter allen Formen ihrer selbst ganz gleich sei“, eine Auffassung, die bis in die frühe Neuzeit hinein vorherrschend blieb.

Kugelschreiber Wie jedes Schreibinstrument macht uns der Kugelschreiber darauf aufmerksam, dass wir uns mitteilen sollen. Der Kugelschreiber ist ein billiges Schreibgerät, das sich eher für Notizen als für Briefe eignet.

Kuh Die Kuh ist ein klassisches Muttersymbol. Sie wird als dumm bezeichnet und als gefräßig. Als Spenderin der ↗Milch spielte und spielt sie eine große Rolle in unserer Ernährung. Früher war der Besitz einer Kuh schon ein gewisses Statussymbol – besser als nur eine ↗Ziege.
Asien: Die Erde selbst wird bei den Indern als Kuh gedacht. Wer von der Kuh träumt, der besitzt den Segen der Erdmutter.
Antike: In vielen Kulten des Mittelmeerraumes gilt die Kuh als Symbol der Liebe und der Fruchtbarkeit. Bei den Ägyptern ist der Himmel die Kuh (Hathor). Wer von der Kuh träumt, den schützt der Himmel. Im alten Testament deutet Joseph den Traum des Pharao von den sieben mageren und sieben fetten Kühen als sieben magere und sieben fruchtbare Jahre (Gen 41).
Film: In „Plane Crazy“, einem der berühmtesten Disney-Filme der 1920er Jahre, trat zum ersten Mal die Kuh Klarabella auf. Ihr Euter war so enorm, dass er die Zensoren herausforderte, die forderten, ihn verhüllt zu tragen. Seitdem tritt Klarabella in Badeanzügen und Kleidern auf und trägt stets eine Kuhglocke um den Hals. Klarabella ist sowohl aggressiver Single als auch romantische Liebhaberin sentimentaler Lieder. In späterer Zeit mutierte Klarabella zur feministischen Kuh.

Kuhstall ↗Stall, ↗Kuh

Kulisse Kulisse bedeutet Hintergrund. Die Kulisse schafft Stimmung. Sie ist aber auch das Unechte. Die Kulisse ist ferner eine Festlegung, indem sie die Assoziationen des Betrachters leitet.

Kult Kulthandlungen und Kulte sollen die Weltsicht einer Gruppe verdeutlichen. Mit ihnen wird die Jugend und werden die Neuen in jene Gruppe aufgenommen und es wird ein Zusammengehörigkeitsgefühl geschaffen, das leicht aus dem Kult eine ↗Geheimgesellschaft werden lässt.
Die Teilnehmer an Kulthandlungen sind davon überzeugt, dass die Handlung eine wünschenswerte Ordnung der Dinge und Situationen zustande bringt. Einige Ethnologen sehen kultische Handlungen als eine Art Spiel an.

Kulturbeutel Ist Ihnen schon aufgefallen, dass häufig der Kulturbeutel einer der schwersten Gegenstände im Koffer oder der Reisetasche darstellt? Die Kultur ist erschreckend belastend. Der Kulturbeutel verweist auf die ↗Körperpflege.

Kummer Kummer bedeutet Leid. Oft handelt es sich um ein Leiden wegen eines Verlustes.

Kunst Kunst bedeutet Kultur. Sie spricht die Kreativität an und die Bildung. Ferner bedeutet Kunst die Fähigkeit sich auszudrücken.
Kunst kann auch auf das Künstliche verweisen, dann geht es um den Gegensatz von Kunst und Leben oder von Ideal und Realität.
Antike: Es wurden die sieben freien Künste unterschieden. Zu ihnen gehörten die Philosophie, die der Grammatik gleichgesetzt wurde, die Rhetorik, die Dialektik, Arithmetik, euklidische Geometrie, Astronomie und Musik.
Literatur: Der Romanautor William Gaddis ist der Ansicht, dass jedes Kunstwerk der Ausdruck einer unausweichlichen Notwendigkeit ist. Kunst verweist also auf die Notwendigkeit des Selbstausdrucks.
Kunst: Der Maler Giorgio Vasari (1511–1574) war der erste Kunsthistoriker. Er betätigte sich selbst als Maler und Bildhauer, prägte den Begriff Manierismus und verfasste viele Künstlerbiografien.
Pablo Picasso meinte, dass alle Kunst eine Fiktion sei, die uns der Realität näher bringt. Von vielen Künstlern wurde die Kunst als eine Sublimierung des Dämonischen betrachtet.
Philosophie: Wir haben die Kunst, damit wir nicht an der Wahrheit zugrunde gehen, schrieb Friedrich Nietzsche.

Kunstgalerie Die Kunstgalerie ist der Ort, an dem Kreativität vermarktet wird. Hier geht es also um Geschäfte, aber auch um Selbstdarstellung. Denn der Besuch einer Kunstgalerie, mehr noch der Kauf eines Kunstwerkes in einer Galerie, weist einen Menschen als Insider aus, als jemand, der sich der gehobenen Gruppe der kulturell Interessierten zugehörig fühlen darf.

Kunstseide ↗Seide

Kunststoff ↗Plastik

Kunstwerk Generell sollen Kunstwerke, besonders wenn sie jemand zur Dekoration seiner Wohnung verwendet, einen bestimmten Lebensstil repräsentieren. Für die genauere Deutung ist neben dem Mo-

tiv immer auch der Stil von Bedeutung; Weiteres bei ↗Gemälde und ↗Skulptur.
Für die Deutung ist immer die Aussage oder der ↗Titel des Kunstwerks wesentlich. Aber auch der Stil und die Entstehungszeit können von Belang sein.

Kupfer Kupfer symbolisiert vor allem den Erfolg, andererseits auch die Gefühlswärme und Lebensfreude.
Kupfer ist ein nicht sehr wertvolles (Kupfermünzen!) ↗Metall, das sich gut mit anderen Metallen verbindet. Es rostet auch nicht, setzt aber Grünspan an. Kupfer symbolisiert so die Offenheit für eine Verbindung, aber es bleibt sich zugleich selbst treu.

Kupferstich Der Kupferstich ist eine altertümliche Drucktechnik. Er verweist auf die Vervielfältigung, im übertragenen Sinne darauf, dass jemand vielfältiger wird oder werden sollte.

Kuppel Die Kuppel ist ein Sinnbild des Himmels und damit des Geistes. Sie symbolisiert Schutz und Herrschaft.

Kur Kur bedeutet Erholung. Sie kann auch ein Symbol für gepflegte Langweile oder für Heilung sein.
Literatur: H. Hesse hat seine tragikomischen Erlebnisse während einer Kur 1923 in seinem Buch „Kurgast" beschrieben.

Kurbel Mit einer Kurbel wird etwas in Schwung gebracht, eben „angekurbelt".

Kurier ↗Post

Kurve Eine Kurve bedeutet eine Richtungsänderung, auch auf dem Lebensweg; mit einer Kurve ist oft eine Gefahr verbunden.

Kurzsichtigkeit Kurzsichtigkeit bedeutet die Beschäftigung mit dem Naheliegenden, sie macht manchmal darauf aufmerksam, dass der Weitblick fehlt.

Kuscheltier ↗Teddybär

Kuss Kuss bedeutet Vereinigung, Verbindung und Glück. Der Kuss steht für innige Nähe und geistige Kommunikation. Man will mit dem Geküssten näheren Kontakt aufnehmen, vielleicht auch einen Streit beilegen. Selten ist der Kuss Symbol des Verrats (wie der Judas-Kuss).
Küssen ist auch Aktivität und Bewegung, denn immerhin werden beim Küssen 34 Muskeln aktiviert. Anthropologen führen den Zungenkuss auf die Brustentwöhnung zurück. Die Mutter kaut die Nahrung vor und schiebt sie ihrem Kind mit der Zunge in den Mund. So bedeutet geküsst zu werden, dass man geliebt und umsorgt wird.
Psychoanalyse: S. Freud sieht orale Befriedigungen wie zum Beispiel das Küssen als eine Regression an, die auf einen Mangel in dieser Phase zurückgeht. S. Freud verdrängt bei dieser Sicht die Freude, die mit dem Küssen verbunden ist. Der Verhaltensforscher Desmond Morris führt Freuds negative Sicht der Oralität darauf zurück, dass S. Freud im Alter seinen Mund ständig schmerzhaft wahrnahm, da S. Freud an Gaumenkrebs litt.

Kutsche Altes Persönlichkeits- und Statussymbol. Die Kutsche verbildlicht unsere Beweglichkeit – auf altertümliche Art. Die Art der Kutsche ist von Bedeutung.

Kutscher Der Kutscher weiß den Weg und hat die Macht über die Fortbewegung. Ein altertümliches Symbol, das heute eher in nostalgischen Zusammenhängen auftaucht, denn der Kutscher ist längst durch den ↗Chauffeur ersetzt; seine Symbolik gleicht im Übrigen der des ↗Kapitäns.

Kutte Das Gewand der Mönche wird im Traum und (drittklassiger) Literatur oft erotisiert. Es soll jedoch Keuschheit und den Verlust der Eitelkeit ausdrücken.

Kutteln Die Innereien weisen stets auf das Innere und Verborgene. Die Kutteln treten auch oft als Symbol des Ekels und somit als Schattensymbol auf. Sie symbolisieren dann etwas, von dem wir uns ängstlich abwenden.

Kuvert ↗Umschlag

L

Labor Ein Labor assoziieren wir meist mit Chemie – mit allen Bedeutungen, die wir der ↗Chemie beilegen. Die Welt der Labore ist die Welt der weiß gekleideten Forscher und ihrer Apparaturen.
Psychologisch gesehen wird im Laboratorium das Leben ausprobiert. Es wird experimentiert. In diesem Sinne stellt das Labor ein positives Symbol der Gefühlsverarbeitung und jeder seelischen Arbeit dar (vgl. auch die „Alchemie des Herzens"). Das Labor ist der Ort der (inneren) Wandlung.

Labyrinth Das Labyrinth gehört zu den Urbildern der Menschheit und die ältesten Labyrinthe – wie das kretische Labyrinth und das von Tintagel in Cornwall – sind wahrscheinlich über fünftausend Jahre alt. Ein derart altes Symbol hinterlässt Spuren in unserem kollektiven Unbewussten.
Labyrinthabbildungen finden sich an Stätten der Großen Göttin. Das Labyrinth gilt als Symbol des weiblichen Geschlechts: Man wird aus ihm geboren und geht wieder in dieses ein. Damit ist der Lebensweg des Menschen bezeichnet. Das Labyrinth erinnert in seiner symmetrischen Form an ein ↗Mandala (siehe auch ↗Spirale). Es stellt die Aufgabe, den Weg ins Zentrum hinein und wieder hinaus zu finden und symbolisiert somit die Schwierigkeiten des Lebensweges. Das Labyrinth stellt das Leben als scheinbaren Irrweg dar, der immer wieder zur Umkehr auffordert, um ins Ziel zu gelangen. Seine Reise umkreist die Gebiete von Leben und Tod. Das ewige Stirb und Werde klingt in diesem Bild an.
In der modernen Welt wird die Großstadt häufig unter dem Bild des Labyrinths gesehen, es ist der Asphalt-Dschungel, in dem sich der moderne Mensch leicht verloren und gefangen fühlt. Außerdem schwingt hier das Gefühl mit, dass das ganze Leben so komplex geworden ist, dass man schwerlich seinen Weg finden kann.
Analytische Psychologie: Das Labyrinth ist eines der grundlegendsten Symbole des Individuationsprozesses. Träumt man von labyrinthartigen Straßen oder Wegen, stehen die Chancen gut, bald eine wichtige, positive Veränderung im Leben zu erleben.
Das Labyrinth symbolisiert den Leib der Erdmutter und die kosmische Ordnung, die jeder auch in sich selbst herstellen muss. Das ist die Heldentat eines jeden Menschen auf seinem Lebensweg. Der Lebensweg ist der Labyrinthgang, der uns in vielen Verschlingungen endlich dem Ziel entgegenführt, wo wir unsere Aufgabe erfüllen müssen. Hier finden wir unsere Schattenseiten, mit denen wir uns auseinander setzen müssen. Jeder Labyrinth-

Traum fordert auf, gegen das eigene innere Ungeheuer zu kämpfen.
Auf der anderen Seite verweist das Bild des Labyrinths auf einen Mutterkomplex: Man kommt nicht von dem Weiblichen los, man verirrt sich in ihm, das heißt, das Männliche verliert hier seine Identität, indem es – wie Erich Neumann es ausdrückte – in das Weibliche zurückgeschlungen wird. Das Eindringen ins Labyrinth steht sowohl für die Regression als auch für sexuelle Triebhaftigkeit. In dieser Triebhaftigkeit wird das Männliche erlöst. Auf der anderen Seite kann es sich auch im Trieb verirren.
Das Symbol des Labyrinths geht auf die Beobachtung der Sonnen- oder Mondbahn zurück. In der Mitte des Labyrinths wohnt der Tod (der Tiefstand von Sonne und Mond). Nachdem man ihn getroffen hat, geht es wieder aus dem Labyrinth hinaus wie in der Sage von Theseus und Ariadne.
Antike: Mythologisch gesehen ist das Bild des Labyrinths an den griechischen Helden Theseus und seine Geliebte Ariadne gebunden. Um das Jungfrauen verschlingende Ungeheuer im Labyrinth von Kreta zu töten, schenkt Ariadne ihrem geliebten Theseus den viel zitierten roten Faden, mit dem er nach der Tötung des Ungeheuers wieder aus dem Labyrinth hinausfindet.
Christentum: Im Mittelalter wurden am Eingang der Kirchen – zum Beispiel bei der Kathedrale von Chartres – manchmal Labyrinthe auf dem Boden abgebildet, die Jerusalemsweg genannt wurden. Betend dieses Labyrinth abzuschreiten, ersetzte eine Pilgerfahrt nach ↗Jerusalem.
Literatur: Nietzsche erkannte, dass das Leben immer nur ein Irren ist. Sein Bild dafür war das Labyrinth, in dem der Mensch orientierungslos kreist. So empfand Nietzsche sein Leben und hoffte zeitlebens auf eine Ariadne – eine Anima-Figur – , die ihn aus diesem Labyrinth befreit.

Lachen Lachen ist spontaner Ausdruck der Freude, der Entspannung nach einer angespannten Situation. Es kann sich allerdings auch um ein Verlachen handeln, bis hin zum höhnischen Lachen. Lachen ist oft komplementär zu deuten: Man ist in einer schwierigen Situation, in der einem eigentlich gar nicht zum Lachen zu Mute ist. Siehe auch ↗Lächeln.
Literatur: Der deutsche Dichter Christian Morgenstern sieht das Lachen als Pforte zum Guten an. Erich Kästner verbindet das Lachen mit heißen Sommertagen, mit Freiheit und Glück.

Lachs Wie alle ↗Fische kann der Lachs ein Phallussymbol sein. Das Besondere des Lachses ist, dass er vor seiner Laichzeit gegen den Strom zu seinen alten Laichplätzen schwimmt und dabei versucht Hindernisse wie Wasserfälle zu überwinden. Er verkörpert Ausdauer, Willen und Zielgerichtetheit.
Lachs gilt als schmackhaft und deutet auf sinnliche Lüste.

Lack Lack bedeutet Verschönerung, Oberfläche und Schein („Der Lack ist ab“ oder „gelackmeiert“). Zur Deutung ist die ↗Farbe wichtig, ferner auch, was den Lack trägt beziehungsweise was gestrichen wird.

Laden ↗Geschäft

Lächeln Im Gegensatz zum ↗Lachen ist das Lächeln das Sublime, das Hintergründigere und auch oft das, was eher anmacht. Lächeln drückt ferner ruhige Zufriedenheit aus und entsteht aus einer überlegenen Haltung, zum Beispiel aus der Haltung des Wissenden. Hier anzusie-

deln ist auch das Lächeln Buddhas, aus dem weise Distanz und Selbstvollendung spricht.
Allerdings kommt es auf den Charakter des Lächelns an, wie es zu deuten ist: Das schadenfrohe, das süffisante, das spöttische und überhebliche Lächeln sind letztlich stets ein Ausdruck einer Unsicherheit des Lächelnden.
In Japan gehört Lächeln zur gesellschaftlichen Konvention.

Lähmung Lähmung bedeutet Hilflosigkeit, im übertragenen Sinne auch Lähmung des geistigen oder seelischen Bereichs. Sie mag ein Ruhebedürfnis ausdrücken, siehe auch ↗Krankheit, ↗Krüppel.
Antike: Medusa besaß wie die beiden anderen Gorgonen den versteinernden Blick. Wer ihre schreckliche Gestalt anschaute, der erstarrte sogleich, wie auch im Traum der Träumer oft angesichts des Schrecklichen erstarrt. Der Bezwinger der Medusa, der griechische Held Perseus, lehrt uns jedoch, wie man sich angesichts des Schrecklichen verhalten kann. Man muss es sich ansehen, aber nur indirekt durch den ↗Spiegel. Das heißt, man muss es reflektierend betrachten.

Längengrad Der Längengrad ist ein Symbol der Orientierung. Die Längengradbestimmung war das größte Problem der Seefahrt bis zur Einführung von präzisen Uhren. Zur Zeit von Ptolemäus war die Festlegung des Null-Längengrads beliebig. Wo immer der Reisende herkam, er nahm meistens seine Heimatstadt als Grundlage der Längengrade an, erst im 19. Jahrhundert einigte man sich auf die Sternwarte zu Greenwich bei London als Durchgang des nullten Längengrads.
Bis ins 18. Jahrhundert hinein war es ein äußerst schwieriges Unterfangen, den Längengrad zu bestimmen, und keiner konnte eine befriedigende Lösung für dieses Problem bieten. „Den Längengrad finden“ wurde zu einem Synonym für ein aussichtsloses Unterfangen. In „Gullivers Reisen“ wird die Lösung des Längengradproblems auf ein anderes Leben verlegt. Der englische Maler William Hogarth stellt in seiner Serie „Leben eines Wüstlings“ (1735) einen Längengradverrückten dar, eben einen Menschen, der über die Lösung des Längengradproblems wahnsinnig geworden ist. Da heute mit GPS navigiert wird, hat der Längengrad sein Geheimnis verloren.
Literatur: Dem speziellen Thema der Längengradbestimmung vor Funk und Schiffselektronik haben sich einige Autoren zugewandt, was vom Boom der Literatur über die Seefahrt seit Ende der 1990er Jahre gefördert wird. In dem Roman „Die Insel vom vorigen Tag“ beschäftigt sich Umberto Eco ausgiebig mit der Längengradbestimmung zu Zeiten der Sanduhren.

Lärm Lärm bedeutet Störung. Lärm ist etwas Unangenehmes, Ablenkendes, das unweigerlich auf sich aufmerksam macht. Deshalb kann der Lärm auch gewollt sein: als Mittel, um Aufmerksamkeit zu erregen, oder als Drohgebärde.
Literatur: William Shakespeare greift mit dem Titel seines Stücks „Viel Lärm um nichts“ eine sprichwörtliche Erfahrung auf – dass häufig Lärm nur Drama ist.
Bis in die zwanziger Jahre des zwanzigsten Jahrhunderts wurde zum Beispiel der Lärm der Großstädte von vielen Dichtern als inspirierend angesehen. Robert Louis Stevenson, Charlotte Brontë und D. H. Lawrence sahen im Lärm das „tosende Herz jeden Abenteuers“ (D. H. Lawrence). Diese Einstellung änderte sich jedoch, als

man um 1929 begann, den Lärm in Dezibel zu messen. Damit wurde der Lärm ein unpersönliches, störendes Etwas; so beschrieb ihn zum Beispiel Virginia Woolf. Mit dieser Wandlung änderte sich auch die Metaphorik, mit der der Lärm beschrieben wurde. Es waren nun nicht mehr die Bilder des Wassers, die den Lärm erfassten, sondern die Maschinenmetaphorik löste diese ab. Der amerikanische Autor Nathaniel Hawthorne (1804–1864) sah allerdings bereits im 19. Jahrhundert den Lärm als Ausdruck von Unaufmerksamkeit und Dummheit an.

Lager ↗Bett

Lager Das Lagerhaus ist (in Kriminalfilmen) oft ein unheimlicher, menschenleerer Ort. Es hat etwas Unlebendiges, Totes, öfter auch Verstaubtes. Psychologisch gesehen ruhen hier Kraftreserven, Potenziale und ungenutzte Fähigkeiten („Etwas auf Lager haben"). Achten Sie auf den Symbolgehalt der Waren in diesem Lager.

Lagerfeuer Symbol der Sehnsucht nach Romantik und Gruppenzugehörigkeit, siehe ferner ↗Feuer.

Lahm Ein Lahmer kann sich nur langsam fortbewegen, er kommt mit dem üblichen Fortschreiten nicht mit. In Kunst und Literatur gehört der Lahme häufig zu den Außenseitern und wird oft mit dem Bösen assoziiert. Wenn einer lahm ist, verweist das im übertragenen Sinne oft auf eine gestörte Erdung. Weiteres bei ↗Lähmung.

Laken Das Laken hängt eng mit dem ↗Bett zusammen und verweist oft auf sexuelle Vorgänge. Die Farbe ist zu beachten, bei einem weißen Laken zum Beispiel ist die Symbolik von ↗weiß und ↗Wäsche mit einzubeziehen.

Lama Der geistliche Würdenträger im tibetischen Buddhismus ist ein Symbol der Vergeistigung, der Archetyp des Weisen. Das Tier Lama wird wie viele in Europa nicht heimische ↗Tiere mit Exotik assoziiert, früher übliche Attraktion in Zoo und Zirkus. Bekanntlich spuckt das Lama: Es hält damit andere Lebewesen auf Distanz.

Lamm Lamm bedeutet Reinheit, Unschuld, Geduld und Sanftheit (wie auch ↗Schaf). Das Lamm ist geduldig, es wehrt sich nicht, sondern lässt sich „wie ein Lamm zur Schlachtbank führen". Insofern ist das Lamm ein klassisches Opfersymbol. Ferner wird das „süße Lämmchen" wie viele Jungtiere verkitscht und zum Kuscheltier degradiert – und trotzdem gerne gegessen.
Christentum: Wie in der gesamten Antike, so ist auch im alten Israel das Lamm ein übliches Opfertier gewesen. Schon der Prophet Jesaja (Jes 53.7) spricht von einem leidenden „Gottesknecht", der wie ein Lamm zur Schlachtbank geführt werden wird. Diese Aussage wurde dann auf Jesus bezogen und taucht mehrmals abgewandelt im Neuen Testament auf, so dass sich das „Lamm Gottes" zu einem der zentralen Symbole für Christus entwickelt hat. Seltsamerweise ist im Christentum das Lamm aber zugleich Symbol der Gläubigen, was auf die Rede von Jesus als dem „guten Hirten" zurückgeht, der zu Petrus sagte: „Weide meine Lämmer" (Joh 21.15–17).

Lampe Die Symbolik der Lampe ist eng mit der des ↗Lichtes verbunden. Für den Psychologen verweist das Symbol Lampe auf Einsichten und Erkenntnisse durch das Licht des Bewusstseins. Gibt die Lampe ein helles Licht, so deutet das auf eine hohe Bewusstseinsklarheit, gibt dagegen die Lampe ein schwaches Licht ab, kann man dies im Sinne eines fehlenden Bewusstseins deuten. Wichtig ist zu beachten, was durch die Lampe beleuchtet wird. Ähnlich auch ↗Leuchter.

Christentum: Das Feld, in dem sich die Symbolik der (Öl-)Lampe im Christentum bewegt, sei durch ein Zitat von Hilarius von Poitiers (um 350 n. Chr.) umrissen: „Die Lampen sind das strahlende Licht der Seelen, das durch das Taufsakrament aufgeleuchtet ist. Das Öl bedeutet die Frucht der guten Werke. Die Lampenschalen sind die menschlichen Leiber, in deren Innerem der Schatz eines guten Gewissens zu bergen ist". Eine wichtige Rolle spielen die Lampen auch in dem Gleichnis von den klugen und den törichten Jungfrauen (Matth 25.1–13).

Mittelalter: Die Lampe des sagenhaften ägyptischen Magiers Hermes Trismegistos symbolisierte Wissen und Vernunft.

Land Land bedeutet Sicherheit („Land sehen"), Erdung, Grundlage und oft auch Besitz.

Landarbeiter Landarbeiter heißt Armut und schwere Arbeit. Der Landarbeiter verkörpert unsere Erdung. Er kann auch der Ausdruck der Angst vor einem sozialen Abstieg sein.

Landgut Ein Landgut, zumal eines mit einem Herrenhaus oder Schloss, ist auch heute noch Symbol des Reichtums, der Zugehörigkeit zur gesellschaftlichen Oberschicht. Für den Landarbeiter ist es ein Arbeitsplatz – davon ausgehend wird das Landgut im gesellschaftskritischen Umfeld oft zu einem Symbol für Rückständigkeit und Ausbeutung von Arbeitern.

Landkarte Psychologisch gesehen geht es beim Symbol Landkarte (wie bei ↗Kreuzung) um die Orientierung im Leben. Der Landkarte entspricht der Lebensplan. Sie zeigt nicht nur die Ziele, sondern auch den Weg zu ihnen. Für die genaue Deutung ist es wesentlich, was die Landkarte zeigt. Lässt sich mit dem entsprechenden Ort oder der entsprechenden Gegend assoziativ nichts verbinden, dann deuten Post- und Landkarten meist auf eine Sehnsucht zu reisen und Ferien zu machen. Siehe auch ↗Atlas.

Psychoanalyse: Nach S. Freud stellt die Landkarte den menschlichen Körper dar.

Landschaft Wenn von Landschaft die Rede ist, dann ist meist die schöne oder gar idyllische Landschaft gemeint, in der die Natur im Vordergrund steht, seltener eine Industrielandschaft oder Stadtlandschaft.

Psychoanalyse: Wie die ↗Landkarte gilt die Landschaft nicht nur nach S. Freud als Darstellung des menschlichen Körpers.

Landstreicher Oft Symbol der Freiheit, des Bruchs mit starren Konventionen und der Sehnsucht auszusteigen. Der Landstreicher ist der Außenseiter der Gesellschaft, der sowohl romantisiert als auch gehasst wird. Er verkörpert auch die Angst vor einem sozialen Abstieg.

Landtier Landtiere verkörpern unsere ursprüngliche Erdung, und wie alle ↗Tiere verweisen sie auf unsere triebhaft-tierischen Anteile.

Landwirt ↗Bauer

Landzunge Die Landzunge ist das, was sich ins Meer vorwagt. Sie bedeutet Gefährdung, aber auch meistens eine natürli-

che Landschaft. Landzungen ziehen Touristen an.
Für den Psychologen ist die Landzunge ein sicherer, geerdeter Bereich, der in das Meer der Gefühle hinausragt.

Langsam Langsamkeit verweist meist auf Geduld, und sie kritisiert oftmals ein Leben im Stress, siehe auch ↗Geschwindigkeit. Bei der Verlangsamung wird man darauf verwiesen, genauer hinzusehen und sich Zeit für das Nachdenken zu nehmen. Sie macht uns darauf aufmerksam, dass wir heute oft so schnell handeln, dass wir mit unserem Bewusstsein und unserem Denken gar nicht nachkommen. Wenn der französische Philosoph Jacques Derrida (geb. 1930) unser Zeitalter als eines der Beschleunigung bezeichnet, dann wohnt der Langsamkeit eine deutliche Kulturkritik inne.
Literatur: Für den französischen Romancier Jean Echenoz ist die Langsamkeit „der Haushofmeister des Todes, der so tut, als wüsste er nicht von der Kürze des Daseins“ (in „Die großen Blondinen“, 2002).

Lanze Die Lanze ist eine der ältesten ↗Waffen und bedeutet als solche zunächst einmal Kampf und Aggression.
Allerdings ist mit der Lanze meist der sportliche Wettkampf eines Turniers gemeint, obwohl Lanzen auch im Krieg eine Rolle spielten. Die Lanze verweist auf Ritterlichkeit und Stil.
Für „jemanden eine Lanze brechen“ bedeutet, zu dieser Person zu stehen.
Die Lanze kann auf sexuelle Spannungen hinweisen oder auf eine religiöse Thematik (Gralsmythos) deuten. In dieser Sichtweise ist die Lanze, die den Fischerkönig Amfortas im Genitalbereich verletzte, ein Symbol körperlichen und seelischen Leidens. Die Aufgabe des Helden (Parzival) besteht darin, angesichts dieses Leidens und der Lanze die Mitleidsfrage zu stellen. Wird dieses Mitleid nicht geübt, müssen der König und sein ganzer Hof weiterleiden. Somit ist die Lanze durch den Gralsmythos eng mit der geforderten Haltung des Mitleidens und des Mitgefühls verbunden.
Psychoanalyse: Nach S. Freud ist die Lanze wie jede längliche Waffe ein Phallussymbol.
Christentum: Im Christentum gibt es eine erstaunliche Vielfalt an Bedeutungen des Symbols Lanze. Häufig verkörpern Lanzen den Sonnenstrahl oder den Strahl der göttlichen Gerechtigkeit oder Macht; in diesem Sinne sind Lanzen dann die Kräfte, mit denen die Laster bekämpft und überwunden werden. Nicht zu vergessen ist auch die Lanze, mit der ein römischer Soldat geprüft hat, ob der am Kreuz hängende Jesus auch wirklich tot ist.

Lapislazuli Symbol der Ausgeglichenheit und der Seelenkräfte wegen seiner ↗blauen Farbe. In verschiedenen Kulturen gilt er als ein göttlicher Stein, als Bote des Himmels, in anderen als Freundschaftsstein. Er soll beruhigend, krampflösend und fiebersenkend wirken. Die Astrologie ordnet ihn dem Schützen und der Jungfrau zu.

Laptop ↗Notebook

Lasso Das Lasso ist ein Symbol der Gewalt oder zumindest männlicher Stärke, meist im Zusammenhang mit dem „Wilden Westen“ auftretend. Es steht für Freiheitsverlust und Bindung.
Es ist bedeutsam, was mit dem Lasso gefangen wird und wer fängt.

Last Eine Last kann für jede Belastung stehen. Sie bedeutet Mühe und Arbeit.

Laster ↗Lastwagen

Laster (Unmoral) Laster bedeutet Befreiung oder Abhängigkeit.
Es wird geliebt oder verurteilt und oftmals auch beides zugleich. Das Laster drückt oft einen Wunsch aus, Begrenzungen zu überwinden und die unterdrückende Moral abzulegen.
Christentum: Für jedes der sieben Laster Hochmut, Neid, Völlerei, Geiz, Trägheit, Zorn, Wollust (oft auch sieben Todsünden genannt) gab es eigene festgelegte Bild-Symbole; zum Beispiel verkörpert ein Mann, der schläft, während die Kühe davonlaufen, das Laster der Trägheit.

Lastwagen Der Lastwagen ist das große und zugleich auch das praktische ↗Auto. Es verweist einerseits auf den Transport von Gütern und damit auf die Arbeitswelt und die Welt der überfüllten Straßen. Andererseits werden besonders große Lastwagen und deren Fahrer romantisiert als „Helden der Landstrasse".
Wichtig ist die Symbolik der Güter, die transportiert werden.

Laterne ↗Lampe
Asien: Für jeden Patienten, der während ihrer Behandlung starb, hängten chinesische Ärzte eine Laterne vor ihrem Haus auf. Die Laterne galt als Todessymbol und Ärzte mit von Laternen beleuchteten Häusern wurden gemieden.

Laub Wichtig ist der Zustand der Blätter (welche Jahreszeit?): Grünes Laub heißt Freude, Vergnügen und Wachstum. Totes Laub bedeutet Enttäuschung und Misserfolg, aber eventuell auch Reife und Einsichten, Herbst-Laub steht für Vergänglichkeit. Siehe auch ↗Blatt.
Antike: Laub symbolisiert Freude.

Laubbaum Der Laubbaum gibt die verschiedenen Lebensphasen durch seine wechselnde Belaubung wieder. Im ↗Frühjahr und ↗Sommer steht er für die gesunde Lebenskraft. Im ↗Herbst und ↗Winter für den Rückzug der Energien. Allgemeines bei ↗Baum, Einzelheiten bei dem jeweiligen Baum.

Lauch Die Lauchstange ist wegen ihrer Form und Schärfe ein bekanntes Sexualsymbol. Sie kann wie viele ↗Gemüse auch ein gesundes Leben symbolisieren. Für die Iren symbolisiert der Lauch ihre Heimat.

Laufen Die Symbolik ähnelt der von ↗Rennen. Laufen kann auch auf sportliche Bewegung verweisen und so als Symbol der Fitness auftauchen.

Laus Die Laus ist einerseits ein Symbol der Kleinheit oder Bedeutungslosigkeit, andererseits aber auch etwas Lästiges, Ärgerliches („jemandem eine Laus in den Pelz setzen"). Hinzu kommt der Aspekt mangelhafter Reinlichkeit: „Verlaust" zu sein, ist für den anständigen Bürger eine entsetzliche Vorstellung; die Laus ist eben auch ein verbreitetes Ekel- und somit auch ein Schattensymbol. In der Nazizeit wurden die Juden mit Läusen verglichen.
Asien: Nach dem chinesischen Traumbuch „Meng-Shu", aus der Tang-Zeit (618–906), deuten Läuse auf ↗Kummer hin.
Mittelalter: Im Mittelalter hielt man die Leber für den Sitz der Gefühle. Von hier erklärt sich die Redewendung „Mir ist eine Laus über die Leber gelaufen", die ursprünglich sagen sollte, dass jemanden etwas ganz Kleines, Unbedeutendes verärgert hat.

Lava Lava steht immer im Zusammenhang mit einem ↗Vulkan und kann Tod und ↗Katastrophe bedeuten. Psychologisch gesehen ist die Lava ein wichtiges Symbol der inneren psychischen Energien und weist auf unbeherrschte Entladungen und große innere Spannungen.

Lavendel Der Lavendel steht für Wohlgeruch, Sommer und Süden. Lilafarbige Lavendelfelder sind charakteristisch für südfranzösische Landschaften. Lavendel ist das bevorzugte ↗Parfüm eher älterer Damen.
Literatur: Petra Gabriel veröffentlichte 2001 ihren Roman „Die Zeit des Lavendels“, der im 16. Jahrhundert in der Schweiz spielt. In diesem Roman ist der Lavendel geradezu eine magische Pflanze mit hohen Heilqualitäten.

Lawine Die Lawine besitzt oft eine ähnliche Bedeutung wie ↗Welle und ↗Ozean. Es geht darum, dass etwas in Bewegung gesetzt wird oder sich selbst in Bewegung setzt, das eine unaufhaltsame Eigendynamik entwickelt. Der Psychologe erkennt hier ein Symbol für Spannungsentladung oder für Ohnmachtsgefühle angesichts einer Gefühlslawine: Die Lawine deutet an, wie man von seinen Gefühlen mitgerissen wird und Gefahr läuft, in ihnen zu versinken.

Lazarett Die Symbolik gleicht der von ↗Krankenhaus, die Betonung liegt hier aber auf der Kriegssituation. Lazarett verweist sowohl auf eine Verwundung wie auch auf die Heilung.
Literatur: Der Lyriker Georg Trakl hat seine Erfahrungen in Lazaretten am Anfang des Ersten Weltkriegs in mehreren eindrucksvollen Gedichten niedergelegt, zum Beispiel in dem bekannten „Grodek“.

Leben Leben bedeutet stetige Veränderung. Alle Symbole, die mit dem Leben verbunden sind, sprechen unsere Lebensenergie an. Meistens drücken sie eine optimistische Stimmung aus und sprechen Entwicklungen an.
Literatur: Der amerikanische Dichter und Philosoph Ralph Waldo Emerson war der Ansicht, dass das Leben eines Menschen aus seinen Gedanken besteht, die er sich tagsüber macht. Henry Miller ironisiert in „Der Wendekreis des Krebses“ diese Ansicht, indem er meint, nach Emerson würde sein ärmliches Leben in Paris nur aus Essen bestehen, denn daran würde er stets denken.

Lebensbaum Der Lebensbaum verkörpert das Wachstum des Menschen. Er symbolisiert die Verbindung von Mensch und Erde. Siehe auch ↗Baum.
Literatur: Rainer Maria Rilke schrieb: „O, der ich wachsen will, ich seh hinaus, und in mir wächst der Baum“.

Lebensmittel Wie das Wort schon sagt, sind die Lebensmittel die Mittel, die man zu seinem Leben benötigt, das können auch seelische Kräfte und Energien sein. Es ist bedeutsam, um welche Lebensmittel es sich handelt, Einzelheiten siehe bitte jeweils dort.

Lebensmittelvorrat Lebensmittelvorräte symbolisieren die Angst, zu kurz zu kommen. Sie drücken Kriegsängste, Schwierigkeiten und Verarmungsängste aus (wie bei ↗Besitz, ↗Ersparnis und ↗Münze). Man traut nicht dem, was man hat oder sichert es zu sehr ab. Alle ↗Vorräte stehen aber auch für einen sinnvollen Überfluss: Man hat weitere Lebensquellen und -energien zur Verfügung. Lebensmittelvorräte bedeuten auch immer substanziellen Reichtum und Überlebenswillen.

Leber Meistens ist die Leber ein Symbol der Unruhe und Reizbarkeit (jemand „ist eine Laus über die Leber gelaufen"). Sie ist aber auch ein Symbol der Lebenskraft, der eigenen Leistung und besonders der Entgiftung. Sie verweist auf eine innerliche Reinigung.
Probleme mit der Leber sind häufig mit Alkoholismus assoziiert. In Frankreich machte man die Leber für fast alle ↗Krankheiten verantwortlich.

Leberfleck Der Leberfleck ist ein Merkmal, an dem Eltern ihre Kinder und Geliebte ihre Partner erkennen, er kann so für Identität stehen. Leberflecken wuden häufig auch erotisiert. Es gibt allerdings auch entstellende Leberflecken, die meistens Außenseiter charakterisieren.
Für die weitere Deutung ist es wesentlich, an welcher Stelle sich der Leberfleck befindet.

Leck Leck bedeutet Wasser- und somit Gefühlseinbruch, ein Aufbrechen der emotionalen Distanz. Ein Leck führt zum Untergang, falls nicht geeignete Gegenmaßnahmen getroffen werden.

Leder Leder symbolisiert Zähigkeit („zäh wie Leder"). Es steht auch für aggressive Tendenzen und besitzt eine fetischistische Bedeutung für Sadomasochisten. Leder ist andererseits auch weich und glatt wie die ↗Haut; in vielen Zusammenhängen steht der Begriff Leder entsprechend direkt für die menschliche Haut und ist somit ein Symbol der Zärtlichkeit.

Lederhose Eine Hose aus ↗Leder ist in der heutigen Mode bei Mann und Frau stets eine besonders erotische Hose – und das nicht nur bei Lederfetischisten. Lederkleidung drückt generell Distanz, Aggressivität und Sinnlichkeit aus, andererseits auch die Suche nach Unverletzlichkeit und Distanz.
Davon ausgenommen sind die Lederhosen, die in Bayern üblich sind.

Lederjacke Besonders die schwarze Lederjacke symbolisiert Stärke, Distanz und Aggressivität.
Die schwarze Lederjacke galt für lange Zeit als Zeichen des Selbstbewusstseins und des Protestes gegen die biedere Gesellschaft.

Lehm Symbol der Erdung, Heilung und des mütterlichen Urgrunds.
Christentum: Lehm ist der Stoff, aus dem der Mensch gemacht wurde (Gen 2.7).

Lehrer Personen mit Lehrberufen sprechen Bildung oder Wissen an. Sind Schullehrer gemeint, dann sind immer eigene Erinnerungen an Jugend und ↗Schule zu berücksichtigen, die eigenen Erfahrungen mit dem Lernen. Schullehrer werden landläufig als autoritär und besserwisserisch charakterisiert. Sie sind archetypische Autoritäts- und Über-Ich-Figuren, die oft unser schlechtes Gewissen verkörpern.
Davon zu trennen ist der Lehrer als innerer Führer oder innere Führerin. Solche Lehrer symbolisieren eine hilfreiche seelische Funktion, die oft mit einer Sinnsuche zusammenhängt. Innere Führer weihen den Menschen ins Leben ein und bringen ihm eine bestimmte Reife und Selbstorganisation bei. Man kann beim Lehrertraum insofern oft von einem Initiationstraum sprechen.
Psychoanalyse: Der Lehrer ist ein klassisches Symbol des Über-Ichs.

Lehrling Der Lehrling verkörpert Lernen, Jugend und Unerfahrenheit. Lehrling be-

deutet auch häufig Armut und Unterdrückung.
Für die weitere Deutung ist es wesentlich, welche Profession der Lehrling erlernt.

Leib Der Leib, so sagt man, ist Tempel der Seele. Er verweist auf das Leibliche und damit auf die Triebe und biologischen Notwendigkeiten des Menschen.
Die Bedeutung des Leibs hängt stark von seiner Gestalt ab. Ein dünner Leib ist nicht nur heute in der westlichen Welt beliebt. Er drückte schon immer Disziplin und Herrschaft aus. Ein dicker Leib gilt in unserer Gesellschaft als unschön. Er wird als Ergebnis der Disziplinlosigkeit gewertet. Im Orient allerdings gilt er als Ausdruck des Reichtums und der Schönheit. Weiteres bei ↗Körper.

Leiche Leichen sind verdrängte Anteile. Sie symbolisieren abgestorbene Persönlichkeits- oder Gefühlsanteile, was auch der Volksmund weiß (jemand hat „noch eine Leiche im Keller"). Auf der anderen Seite kann dieses Symbol auch darauf deuten, dass man etwas beenden und loslassen sollte, siehe ↗Beerdigung, ↗Mord, ↗Tod.
Literatur: „Die Anatomie setzt eine Leiche voraus", stellte Gabriele D'Annunzio fest und zeigte auf, dass die exakte Wissenschaft vom Menschen auf dem Tod aufbaut.

Leichenwagen Leichenwagen bedeutet Vergänglichkeit. Er erinnert an den Tod. Der Leichenwagen drückt im Grunde das Gleiche wie ↗Beerdigung und ↗Kranz aus, wenn hier auch besonders die Beweglichkeit betont wird. Trotz des Todes bewegt sich der Tote fort, aber die Bewegung wird ihm von außen aufgezwungen. Psychologisch gesehen mag das entweder darauf verweisen, dass man (für kurze Zeit) seinen Willen aufgeben sollte oder dass man gerade einen starken Willen entwickeln sollte, der die eigene Bewegungsrichtung bestimmt.

Leiden Leiden wird oft durch die Angst vor dem Leiden und der Krankheit hervorgebracht.
Wenn man genau hinsieht, so findet man dann, wenn vom Leiden die Rede ist, oft auch einen konkreten Hinweis, wie man das Leiden beenden kann.

Leidenschaft Die Leidenschaft ist das, was Leiden schafft. Es sind große Gefühle angesprochen, die riskant sind. Die Leidenschaft ist der Stoff, aus dem Romane, Bühnenstücke und Filme gemacht werden. Leidenschaft besitzt oft einen sexuellen Unterton, sie kommt oft in Wunschträumen vor.

Leim Leim bedeutet ähnlich wie ↗Kleben und ↗Kleister Verbinden und Festhalten. Im übertragenen Sinn wird der Leim mit dem Betrug in Zusammenhang gebracht. Man „geht jemandem auf den Leim" sagt man, wenn jemand auf eine Betrügerei hereinfällt. Die positive Bedeutung einer Verbindung wird seltener mit dem Bild des Leims ausgedrückt.

Leine Leine bedeutet Festmachen – allerdings auch Lösen. Weiteres bei ↗Band.
Psychoanalyse: Nach S. Freud ist die Leine ein Symbol des männlichen Gliedes.

Leinen Eigentlich ein eher rauer, bäurischer Stoff, der für Küchentücher benutzt wurde. Kleidung aus Leinen steht heute für Naturverbundenheit und oft auch für eine gewisse Exzentrizität. Leinen ist sportliche Eleganz.

Es kommt bei der Deutung darauf an, um welchen Gegenstand aus Leinen es sich handelt, außerdem ist die ↗Farbe des Leinens ist wichtig.

Leinwand Die Leinwand ist die Projektionsfläche für ein Bild, möglicherweise ein Sinnbild der inneren Leinwand, das heißt der Seele, die ein ↗Spiegel der inneren und äußeren Verhältnisse darstellt. Sie gibt ein subjektives Bild der Welt wieder. Leinwand ist auch mit ↗Kunst verbunden.

Leistung Leistung bedeutet Bemühen und ↗Arbeit. Leistung ist Befriedigung und Anerkennung.

Leiter Leiter bedeutet Auf- oder Absteigen. Wie beim ↗Fahrstuhl spielt es bei der Leiter eine wichtige Rolle, ob man sich auf ihr aufwärts oder abwärts bewegt (↗Aufstieg und ↗Abstieg). Das Leiterspiel, eine alte Form des Brettspiels für Kinder, gibt diese Bewegung des Lebens wie das Rad der Fortuna wieder. Beim Leiterspiel wird der Spielende von seinem Würfel geleitet, der für die Kraft des Schicksals steht, und er kann auf den Leitern auf- und absteigen, je nachdem, wo der Würfel ihn auskommen lässt. Dieses Auf und Ab auf der Lebensreise kam schon in dem berühmten Traum von der Jakobsleiter vor. Das erste Buch Moses (Gen 28.11–14) berichtet von einem Traum Jakobs, in dem er eine Leiter sah, auf der die Engel auf- und abstiegen.
Leitern und ↗Treppen besitzen die gleiche Bedeutung, nur dass bei der Treppe der Auf- oder Abstieg bequemer ist.
Die Anzahl der Sprossen kann zahlensymbolisch bedeutsam sein.
Viele Menschen träumen von Leitern. Leitern betritt der Träumer, um sich auf eine andere Ebene zu begeben. Aufwärts strebt er dem Bewusstsein (Ordnung, Vernunft) zu, abwärts dem Unbewussten (Kreativität, Gefühl). Dabei sollte der Abstieg keineswegs negativ gedeutet werden.
Analytische Psychologie: C. G. Jung betrachtet das Symbol der Leiter ausführlich in seiner Schrift „Symbole des Individuationsprozesses". Er sieht im Hinaufgehen einer Treppe oder Leiter den Vorgang der Sublimation. Man flieht vor den Kräften des Unbewussten in die Welt des Geistes. Entsprechend sehe ich beim Abstieg die Gefahr, von übermächtigen Gefühlen beherrscht zu werden.
Psychoanalyse: Leitern hinauf- oder hinabzusteigen symbolisiert nach S. Freud wegen des rhythmischen Prozesses den Geschlechtsverkehr.
Kunst: Der oben erwähnte Traum Jakobs von der Himmelsleiter findet sich in zahllosen Kirchen bildlich dargestellt. Beispiele finden sich überall in Europa, nicht zuletzt in einem Gemälde Raffaels (1516), das sich im Vatikan befindet, auch Ribera und Murillo haben sich des Themas angenommen.

Leitung Mit der Leitung, egal ob elektrischer Strom oder Wasser hindurchgeleitet werden, wird die Energie angesprochen. Bei der elektrischen Leitung handelt es sich um ein allgemeines Energiesymbol (↗Elektrizität, ↗Hochspannungsleitung). Mit der Wasserleitung werden die Emotionen angesprochen (↗Wasser). Nachrichtenleitungen regeln die Kommunikation. Leitung im Sinne von Führung bedeutet Aufstieg oder Einsamkeit, siehe ↗Führer.

Lemming Die Lemminge sind rätselhafte Tiere, die wegen ihrer drei- bis fünfjährigen Zyklen viele Spekulationen auf sich zogen. Die Tiere weisen drei bis fünf Jahre lang eine niedrige Population auf, um sich dann plötzlich explosionsartig zu vermehren. Aus diesem Grunde stehen sie für enorme Fruchtbarkeit. Da bei großer Population die Berglemminge auf Wanderschaft gehen, wurde dies von der Bevölkerung derart gedeutet, dass es Kriege anzeigt. Noch in der Mitte des 16. Jahrhunderts ging man ernsthaft davon aus, dass die Lemminge in Schauern vom Himmel fallen. Im 19. Jahrhundert behauptete der berühmte Zoologe Duppa Crotch, dass Lemminge stets westwärts ziehen. Sie seien auf der Suche nach Atlantis, ihrer verschwundenen Heimat. Der verbreitetste Mythos über die Lemminge betrifft deren kollektiven Selbstmord. Man nimmt an, dass die Lemminge auf ihrem Zug sich in Pulks über Klippen zu Tode stürzen würden. Das geht auf den Disney-Film „White Wilderness" zurück, in dem die Filmemacher mit Tricks den Selbstmord der Lemminge inszenierten.

Lenkrad ↗Steuerrad

Leopard Leopard bedeutet Lebenskraft, Eleganz und Triebenergie. Der Leopard kann eine gefährliche Frau symbolisieren. Seine Gefährlichkeit drückt sich auch in dem Panzernamen „Leopard" aus. Siehe auch ↗wilde Tiere.
Antike: Der Leopard ist ein altes Symbol des Stolzes, des Krieges und der Jagd. In einer Vision des biblischen Propheten Daniel (Dan 7.6) verkörpert der Leopard entsprechend das kriegerische und aggressive Perserreich.

Lerche Die Lerche symbolisiert einen guten Überblick, da man emporgestiegen ist. Ferner verkörpert sie wie jeder ↗Singvogel Fröhlichkeit.

Lernen Lernen bedeutet Erwerb von Kenntnissen und Fertigkeiten. Es erzeugt Verhaltensänderungen und basiert auf Erfahrungen. Lernen heißt, sich zu entwickeln. Es ist Veränderung und spricht den klugen Einsatz von Erfahrungen an, wird oft als Zwang, als Belastung empfunden.
Lernen ist zum höchsten Gut in unserer Gesellschaft geworden, die von jedem erwartet, dass sie oder er ständig lernt. Dieses ständige Lernen ist allerdings auch eine Notwendigkeit in einer sich schnell verändernden Gesellschaft. Siehe auch ↗Lehrer, ↗Schule, ↗Universität.

Lesbierin Lesbierin bedeutet die Liebe des eigenen Geschlechts.
Sie kann entweder für Emanzipation und Selbstbewusstsein stehen, oder für Isolation und Männerhass (↗Homosexualität):
Analytische Psychologie: Symbol der Anima.

Lesen Lesen kann Rückzug oder Bewusstseinserweiterung bedeuten. Lesen verweist stets auf Kultur und meistens auf Bildung. Es ist ein kumulativer Vorgang: Je mehr man liest, desto mehr versteht man und möchte man lesen. Lesen macht süchtig.
Lesen bedeutet Freiheit. Das zeigt deutlich ein Gesetz aus Nord-Carolina, das bis zur Mitte des 19. Jahrhunderts galt, dass nämlich Schwarze und alle Sklaven nicht lesen und auch nicht das Lesen erlernen dürfen. Für Schwarze galt das Lesen als Freiheit und heimlich brachten sich afroamerikanischen Sklaven das Lesen bei. Lesen kann aber auch Unterdrückung bedeuten: Schon Karl dem Großen war es klar, dass man ein großes Reich nur regieren kann, wenn die Untertanen lesen und schreiben können. Deswegen förderte er im großen Maße die Schulen, die stets von Klöstern betrieben wurden. Denn wer nicht lesen kann, kann nicht so leicht manipuliert und organisiert werden.

Oft hat lesen etwas mit Rückzug zu tun: Wer liest, kann sich in die Bücherwelt vergraben, ins Reich der Theorie oder Fantasie und dadurch den Kontakt zur realen Welt verlieren.
Literatur: 1996 veröffentlichte Alberto Manguel das vielbeachtete Buch „Eine Geschichte des Lesens". „Lesen ist wie atmen", sagt der Autor. Es ist ein „Schlüssel zum Verständnis der Welt". Schon 1833 meinte der amerikanische Essayist Charles Lamb, er müsse immer lesen, denn „die Bücher denken für mich".
Wohin Don Quijote, den Liebhaber der Ritterromane, das Lesen brachte, ist allseits bekannt. Miguel de Cervantes lässt unseren Ritter von der traurigen Gestalt jedoch vom Lesen genesen. Er entsagt den Büchern. Im Gegensatz dazu sieht der englische Erfolgsautor Somerset Maugham das Lesen als eine Lebensnotwendigkeit an, die unverzichtbar ist.
Philosophie: Sokrates war der Meinung, dass Lesen einen vom Denken abhalten würde. Der deutsche Autor Hans Magnus Enzensberger ging sogar so weit, den Analphabetismus zu preisen und die mündliche Überlieferung.

Lesung Bei einer Lesung oder Autorenlesung lesen Autoren oder Autorinnen aus ihren Werken vor, meist vor einem eher intellektuellen Publikum. Dies verbindet Autorenlesungen mit ↗Kunstgalerien. Das 19. Jahrhundert war die Glanzzeit der Lesungen und Charles Dickens der Autor, der am höchsten in der Gunst des Publikums stand; wahrscheinlich, weil er ein schauspielerisches Talent hatte und auch etliche Male als Schauspieler auftrat.
Bei ihren Lesungen gaben viele Autoren wie Lord Alfred Tennyson (der gefragteste Dichter in den Londoner Salons seiner Zeit) ihren Texten den letzten Schliff. Tennyson befragte nach der Lesung das Publikum, wie ihm der Text gefallen habe. Tennyson las derart, dass er dramatisch die Gefühle verstärkte, die er von seinen Hörern erwartete. Charles Dickens studierte seine Lesungen bis in die kleinste Geste acht bis zehn Wochen lang ein.

Leuchter Leuchter bedeutet Erhellung und Bewusstmachung. Er ist im Gegensatz zur Laterne oder der ↗Lampe eine gehobene Lichtquelle.
Der Leuchter symbolisiert letztendlich immer das Licht Gottes und somit das Licht der grenzenlosen Bewusstheit. Leuchter schaffen häufig bei festlichen Anlässen eine warme Atmosphäre. Der siebenarmige Leuchter, ein Kultgegenstand der Juden, symbolisiert die sieben Stämme Israels. Er geht letztlich auf den Lichtbaum der Babylonier zurück, bei dem die Zahl ↗Sieben auf die sieben Planeten verweisen sollte. Der siebenarmige Leuchter ist zeitweise geradezu zu einem Symbol für die Welt des Judentums geworden.
Christentum: Leuchter mit ↗Kerzen auf dem Altar sind heute ein selbstverständliches Requisit christlicher Gottesdienste; tatsächlich setzten sie sich aber erst um 1100 n. Chr. allgemein durch.

Leuchtturm Ein Leuchtturm weist auf eine hilfreiche Orientierung in schwierigen Situationen. Wenn die Lebensreise mit dem ↗Schiff zurückgelegt wird, ist er eine wichtige Station wie der ↗Hafen oder auch die ↗Boje.
Ferner ist der Leuchtturm ein bekanntes Phallussymbol.

Libelle Tritt eine Libelle auf, wird die Leichtigkeit angesprochen. Libellen besitzen etwas Feenhaftes. Sie verweisen auf Naturnähe und Naturschönheit.

Licht Das Licht ist ein bekanntes Symbol für das Bewusstsein, für Intellekt und Verstand, Klarheit, Hoffnung und Freude. Es ist ein Sinnbild für die Lebensmitte und den Seelenfunken. Das Licht bildet oft ein „Gegen-Symbol" zur psychischen Dunkelheit wie Depression, Zweifel und Krankheit. Allerdings darf nicht vergessen werden, dass Licht und ↗Finsternis sowohl einen Gegensatz als auch eine Ergänzung darstellen. Nach vielen Schöpfungsmythen geht das Licht aus der Finsternis hervor. Es ist das Sekundäre, das Abgeleitete, so wie das Bewusstsein aus dem Unbewussten entstand.

Unsere Umgangssprache bedient sich häufig der Lichtmetaphorik. Es „lichtet sich etwas", das Licht kann hineindringen – und sei es eine Lichtung im Wald oder der lichte Moment eines Verwirrten, der einen Lichtblick darstellt. Die sich lichtenden Reihen weisen auf eine Fluktuation, das lichte Ende eines Geschehens deutet auf dessen unklaren Ausgang. Im „Licht der Öffentlichkeit" zu stehen ist ein Ausdruck für die Beachtung, die unsere Mitmenschen uns schenken. Sein „Licht unter den Scheffel zu stellen", bedeutet tiefzustapeln. Uns kann „ein Licht aufgehen", wenn wir eine Lösung gefunden haben, und wir können das „Licht am Ende eines Tunnels" sehen.

Wenn jemand ins Licht eingeht, ist sein irdisches Leben beendet. Obwohl der Tod ein trauriges Ereignis für die Hinterbliebenen ist, scheint der Übergang von diesem Leben in ein anderes als ein lichtvolles Ereignis gesehen zu werden. Die Vorstellung vom Licht, in das der Sterbende eintritt und welches ihn liebevoll und tröstend umfängt, ist weit verbreitet. Das Jenseits wird als das „ewige Licht" bezeichnet und seine Boten als Lichtwesen.

Wo in Traum, Kunst und Literatur ein ungewöhnlich klares Licht und große Farbintensitäten vorherrschen, wird meistens auf höhere Bewusstseinsbereiche verwiesen. In ihnen spricht das (Höhere) Selbst zu uns. Gedämpftes Licht und Grautöne charakterisieren oft das persönliche Unbewusste. In ihnen zeigt sich die Dynamik der individuellen Gefühle.

Negative Bedeutung besitzen blendendes, grelles Licht oder verlöschendes Licht („das Lebenslicht verlöscht"). In der heutigen Zeit stellt die Umweltbelastung durch Licht (light pollution) ein großes Problem besonders in Städten dar.

Christentum u. Islam: Fast alle Religionen sehen Gott als Licht. So sagt zum Beispiel der bekannte Lichtvers des Koran: „Gott ist Licht". Anlehnend an die persischen und griechischen Lichtmysterienkulte ist in der Bibel Gottes erste große Tat, dass er das Licht in die Finsternis eindringen ließ (Gen 1.3–5). Licht ist Erkenntnis und Bewusstsein, es verkörpert überall im Christentum den Gottesaspekt, der die Schöpfung ordnet. Entsprechend betete der heilige Columban von Irland: „Gott, ich bitte, dass du meine Lampe bist, die die Finsternis erhellt". Dieses Gebet stammt aus der ersten Sammlung privater Gebete, die Columban zu Beginn des siebten Jahrhunderts veröffentlichte und die in ihrer Symbolik äußerst einflussreich war.

Psychoanalyse: Mit dem Licht, das in die Finsternis eindringt, ist letztlich Freuds Ausspruch „wo Es war, muss Ich werden" gemeint. Das Bewusstsein muss das Dunkel des Unbewussten erhellen.

Esoterik: Nicht nur die Kahuna-Magie betont, dass die Energiezentren des Körpers (Chakren) mittels Licht und Farbe stimuliert werden können. Lichtschwingungen wirken auf die elektromagnetischen Schwingungen des Körpers. Dadurch lösen sich Blockaden auf und die Energie kann wieder frei fließen. Sufis wie der einflussreiche Shamsoddin Lahiji (15. Jahrhundert) sahen in ihren Träumen nicht nur ein klares Licht, sondern auch Regenbögen und andere farbige Lichterscheinungen. Eine Spezialität des Sufismus ist das schwarze Licht, in dem sich das Mysterium allen Seins ausdrückt. Es ist die schöpferische Seele des Universums. Chassidische Kommentare deuteten das Licht im Traum als nicht so günstig wie die Finsternis. Die weibliche Welt der kreativen Dunkelheit wurde der männlich rationalen Welt des Lichts vorgezogen.

Lichtmaschine Die Lichtmaschine ist dasjenige, was das ↗Licht – also das Bewusstsein – erzeugt.

Liebe Liebe bedeutet Bindung. Man sehnt sich nach Liebe. Liebe ist Ausdruck der Sehnsucht, sowohl lieben zu können als auch geliebt zu werden. Sie ist Verbindung und kann sowohl Einschränkung als auch Freiheit bedeuten. Die Liebe kann als grenzenlose Sucht auftreten, sie kann eine Segnung, eine Gnade oder ein Fluch sein. Liebe ist Zuneigung, Leidenschaft, Abhängigkeit, Rausch und Glück sowie Unglück. Liebe ist bisweilen verhängnisvoll, und nicht selten werden Liebe und Tod miteinander assoziiert. Liebe ist ein Narkotikum. Die Liebe ist seit dem Altertum mit dem Bild Amors verbunden. Wenn Amor einen Sterblichen befällt – wie Paul Valéry es in „Cahiers" ausdrückt –, reagiert dieser verrückt. Ihm werden seine Sinne und speziell sein Verstand geraubt. Liebe wird deswegen oft mit Verrücktheit oder gar mit einer kurz anhaltenden Psychose in Verbindung gebracht. Allerdings wird auch das Beste aus dem von Amor Befallenen hervorgebracht. Die Liebe ist wie der Tod die Kraft, der sich jeder beugen muss.

Psychoanalyse: S. Freud postulierte die Polarität von Liebe und Tod.

Literatur: Die Liebe war schon immer das Thema der Weltliteratur. Es gibt fast keinen erfolgreichen Autor, der sich nicht diesem Thema zumindest in einem seiner Werke zugewandt hat. Der zeitgenössische britische Erfolgsautor Ian McEwan beispielsweise beschreibt in seinem Roman „Liebeswahn", wie ein Gestörter davon besessen ist, eine völlig fremde Person zu lieben. Hier zeigt sich, dass Liebe in dem Sinn blind macht, dass sie nicht wählerisch ist.

Jean Echenoz vergleicht die Liebe in seinem Roman „Die großen Blondinen" (2002) mit dem Schnee in Paris: „Ganz hübsch, wenn er unerwartet kommt, aber er hält sich nicht. Und dann wird es schlimm. Entweder gibt's Matsch oder Glatteis, bald hast du mehr Frust als Lust". Liebe, stellt Esther Vilar in ihrem Roman „Rositas Haut" (2000) fest, ist eine der wenigen Süchte, die sich von der Unerreichbarkeit ihrer Droge nähren, denn solange man mit dem Objekt seiner Begierde zusammen ist, liebt man es selten. Und etwas weiter liest man dort: „Das einzig Verlässliche an der Liebe ist die Liebe. Wenn die Zeit reif ist, verliebt man sich in jeden".

Philosophie: Schon im alten Volksglauben des Mittelmeergebiets wurden Eros und seine Vorläufer als die mächtigsten Götter angesehen, die sowohl die höhere als auch die sinnliche Liebe brachten, der sich keiner widersetzen konnte – auch nicht die anderen Götter. Zur klassischen Zeit sahen die Griechen und Römer Eros beziehungsweise Amor als großen Schöpfergott, der alles hervorbringt. Er wurde als schönster aller Götter angesehen, aber auch als Bösewicht, der mit List und Grausamkeit Menschen und Götter mit der Liebe be-

zwingt. Platon nannte Amor einen Sohn der Armut, da er ständig bettelt, erhabene Gefühle und derbe Begierden hervorrufen zu dürfen. Die meist auf Epikur zurückgehenden, materialistisch ausgerichteten Dichter und Philosophen wie Lukrez sahen in der Liebe und der Verliebtheit ein Zeichen eines bedauerlichen Mangels von Selbstkontrolle. Die Liebe ist ihnen ein unwirklich-wirklicher Zustand, der in seinen negativen Auswirkungen nur durch eine geeignete Objektwahl abzuschwächen ist. Außerdem, so Lukrez, macht die Liebe süchtig, da man nie genug von dem geliebten Wesen bekommt, mit dem man verschmelzen möchte.
Der große arabische Philosoph, Rechtsgelehrte und Mystiker Muhammed Ibn al-Arabi lehrte um 1200 n. Chr., dass sich Allah in allen Formen der Liebe zeigt. Auch er unterschied wie die Griechen drei Arten der Liebe: die Liebe zu Gott und die Liebe Gottes, die geistige Liebe und die körperliche Liebe.

Liebespaar Liebespaar bedeutet Harmonie und Einheit, gelungene Partnerschaft.
Analytische Psychologie: Ein sehr verbreiteter Archetyp des Selbst ist das Liebespaar. Die Verbindung von Frau und Mann symbolisiert die lebendige Ganzheit, die das Selbst prägt.

Liebhaber Der Liebhaber ist – falls nicht einfach ein Sammler von bestimmten Gegenständen gemeint ist – jemand, der zu einer anderen Person eine sexuelle Beziehung hat, und zwar eine Beziehung, der traditionell etwas Anrüchiges und Verbotenes anhaftet. Oft steht der Liebhaber oder die ↗Geliebte im Gegensatz zum Ehepartner.
Literatur: Was wäre die große Literatur ohne den Liebhaber? Bei D. H. Lawrence tritt er ständig auf, was biografisch bedingt ist. Lawrence war mit der deutschen Frieda von Richthofen verheiratet, die eine Vertreterin der freien Liebe war und dies auch lebte. Wie bei Tolstojs „Anna Karenina“ erschwert sich die Situation zwischen Liebhaber und Geliebter, da beide nicht heiraten können. Das war schon so bei Romeo und Julia und den beiden Königskindern, von denen das Lied zu berichten weiß, dass das tiefe Wasser sie trennt.

Lied Symbol des Frohsinns, des Gemeinschaftsgefühls und der Lebensfreude, siehe auch ↗Chor und ↗Singen. Der Volksmund meint, dass böse Menschen keine Lieder singen. Natürlich ist auch der Liedertext wichtig.

Liegen Symbol der Entspannung, andererseits auch der Hilflosigkeit. Bei Liegen schwingt oft auch die Bedeutung von „erliegen“ mit.

Liegestütz Ähnlich wie die ↗Kniebeuge ist der Liegestütz der Ausdruck einer sportlichen Anstrengung. Er ist auch der Ausdruck des Absurden, da er eine eher stumpfsinnige Anstrengung ist, die zu nichts führt. Er kann als ein Symbol der Kraft, aber auch als eines der Dummheit auftreten, Letzteres häufig in militärkritischen Filmen oder Persiflagen des bloßen Drills.

Lift Lift bedeutet schneller Auf- oder Abstieg. Er steht für die bequeme Überbrückung von Höhenunterschieden, bequemer als bei der ↗Leiter oder der ↗Treppe. Fährt der Lift schnell nach unten, so dass es unangenehm ist, so geht es psychologisch gesehen um die Angst, sich fallen zu lassen (wie bei ↗Abhang, ↗Abgrund,

↗Falltür und ↗Absturz, siehe auch ↗Fallen), bleibt der Lift stecken, mögen Minderwertigkeitsgefühl oder starke Hemmungen eine Rolle spielen.
Weitere Aspekte bei ↗Fahrstuhl, auch bei ↗Gondel.

Likör Der Likör ist wie jedes Getränk, das ↗Alkohol enthält, ein Symbol der Entspannung oder der Sorgen. Wegen seines Geschmacks gilt er als weiches, ja weibliches Getränk und kann auch eine süße Verführung sein.
Literatur: Von Wilhelm Busch stammt die viel zitierte Zeile: „Wer Sorgen hat, hat auch Likör."

Lila Lila oder Violett ist die ↗Farbe, die gerade noch für das menschliche Auge sichtbar ist. Deswegen verweist sie auf Transzendenz, eben auf die Grenze zum Unsichtbaren. In Lila mischen sich ↗Rot, das den Körper symbolisiert, und ↗Blau, das auf die Seele verweist. Es ist also der beseelte Körper. Lila wird heute meist als weibliche Farbe empfunden.
Lila steht für Streben nach Erkenntnis und Transzendenz. Es ist ein Symbol der konservativen Geistlichkeit – denn die adeligen Kardinäle trugen das ganze Mittelalter hindurch immer Lila – als auch der modernen Emanzipation, denn Lila ist (oder war) die Modefarbe emanzipierter Frauen.
Weitere Aspekte bei ↗Violett.

Lilie Die weiße Lilie ist ein viel genutztes Symbol der strahlenden Reinheit, Unschuld und Natürlichkeit, aber auch eines der Macht (Frankreich). Die Lilie kann allerdings auch als männliches Sexualsymbol auftreten.
In der ↗Blumensprache spricht die weiße Lilie die Unschuld derjenigen an, der man sie schenkt.
Christentum: Die Lilie spricht die Keuschheit und Reinheit Marias an. Deshalb trägt auf zahlreichen mittelalterlichen Bildern der Erzengel Gabriel, der Maria verkündigt, dass sie schwanger ist, eine Lilie in der Hand.
Die Lilien auf dem Felde sind für Jesus deshalb ein Vorbild (Matth 6.28), weil sie sich nicht durch Arbeit abrackern, sondern ganz auf Gott vertrauen.

Liliputaner ↗Zwerg

Lilith Der rabbinischen Legende folgend ist Lilith die erste, rebellische Frau Adams. Sie ist die Frau, die sich nicht dem Mann unterwirft. Deswegen wurde sie des Paradieses verwiesen und musste fürderhin im Exil leben. Spätestens seit dem 14. Jahrhundert wird Lilith zur Identifikationsfigur für selbstbewusste Frauen. Lilith wird zur Frau, die nicht mit ihrem Mann zufrieden ist und ihn verlässt. Sie wird zum Bild der unabhängigen Frau. Sie symbolisiert aber auch die böse Mutter, die ihre Kinder tötet, die hart und grausam ist – die klassische Schattenfigur der verschlingenden Mutter.
Die italienische Astrologin Lianella Livaldi Laun bezeichnet Lilith als den schwarzen ↗Mond. Dieser angenommene Punkt gibt schwer zugängliche Schattenaspekte wieder.

Linde Symbol der Heilung, des Ruhens und des Zusammentreffens. Die Linde markiert meistens einen Kraftort, an dem man Energie tanken kann. Die Linde ist zusammen mit der ↗Eiche ein ↗Baum, der viele romantische Fantasien anzieht.
In den Zeiten der Pest wurden Linden gepflanzt, um das Ausbreiten der Pest zu verhindern. Wie bei der Linde von Linn (im Schweizer Jura) wurden die Pesttoten in eine Grube geworfen mit ihren Habseligkeiten. Auf diese Grube pflanzte man eine

Linde, von der in späteren Jahrhunderten behauptet wurde, dass in ihrem Stamm ↗Schlangen hausen, die dort riesige Schätze bewachen.

Literatur: Walter von der Vogelweide: „Unter der Linde, bei der Heiden": In diesem bekannten Minnelied ist die Linde der Ort des sexuellen Genusses.

Lindwurm ↗Drache

Linie Die Linie besitzt nur eine Länge, aber keine andere Dimension. Sie symbolisiert damit eine Energie, die konsequent und ohne Abschweifen auf ein Ziel ausgerichtet ist. Diese Energie wird oft als männliche Energie bezeichnet. Siehe auch ↗Geometrie.

Link In der Welt des ↗Internets bedeutet ein Link eine Verbindung, einen Verweis auf eine andere Seite im weltweiten Netz. Die Links symbolisieren, dass letztlich alles mit allem verbunden ist. Außerdem stehen sie für Beweglichkeit, da man mit ihnen „surfen", das heißt von Internet-Seite zu Internet-Seite springen kann.

Die Idee, jede Information mit jeder beliebigen anderen verbinden zu können, stammt von dem englischen Physiker Timothy Berners-Lee, dessen Eltern schon von 1948–1951 am Bau des ersten Rechners maßgeblich beteiligt waren. Berners-Lee schaffte den Hypertext, mit dem Informationen zu einem unendlichen Netz von Verweisen miteinander verknüpft werden.

Links Die linke Seite gilt als die Herzseite, der Gefühlsbereich, der weibliche Aspekt (Letzteres schon bei den alten Ägyptern). Nicht nur im Straßenverkehr ist die linke Seite die schwächere, die ↗rechte Seite die bevorzugte; zur „linken Hand angetraut" war die Nebenfrau, die weniger Rechte hatte; wen man „links liegen lässt", den beachtet man nicht.

Links kann seit dem 19. Jahrhundert auch eine politische Dimension haben.

Psychoanalyse: Nach Steckel das Unrechte, nach S. Freud das Perverse.

Mittelalter: Im Volksglauben nahm man an, dass die Hexen ihre Magie mit der linken Hand betreiben würden. Deswegen nennt man schwarze Magie auch linkshändige Magie. Im Hexenkult werden magische Plätze stets linksläufig, also entgegen dem Uhrzeigersinn und somit entsprechend der Himmelsmechanik umkreist.

Linsen Die kleinen braunen Linsen gelten als ausgesprochen einfache Kost.

Christentum: Für ein selbstgekochtes Linsengericht verkaufte Esau dem Jakob sein Erstgeburtsrecht (Gen 25.29–34). Das Linsengericht soll hier zeigen, zu welch kleinem Preis Esau bereit war, sein Privileg wegzugeben; wenig später zeigt sich, welche Speise die Familie wirklich schätzt, nämlich Hammelfleisch.

Lippen Symbol erotischer Wünsche, aber auch der Kommunikation, denn man kann „an jemandes Lippen hängen" oder „eine große Lippe riskieren".

Lippen werden – auch wegen der Farbe ↗Rot – spontan mit Sinnlichkeit verbunden. In diesem Sinne werden sie auch gern in der Werbung eingesetzt.

Literatur Literatur steht oft für Bildung (↗Buch und ↗Lesen). Die Literatur ist ein Weg, sich selbst in seinen Gedanken, Gefühlen und Hoffnungen zu erkennen. Sie kann Trost spenden, aufrütteln, aber auch einlullen. Die Hinwendung zur Literatur kann Asyl oder Flucht sein.

Für die genauere Deutung kommt es darauf an, um welche Literatur es sich handelt.
Literatur: Der Autor Fernando Pessoa sieht die Literatur als die vornehmste Art an, das Leben zu ignorieren.

LKW ↗Lastwagen

Loch Ein Loch kann mehrere Bedeutungen haben: Zum einen kann es auf eine schadhafte Stelle verweisen, etwas, das löchrig ist oder nicht mehr brauchbar ist. Daneben kann ein Loch einen dunklen Ort bezeichnen, eine Höhle oder ein Gefängnis, was zum Beispiel in der Redensart „jemanden ins Loch stecken" anklingt. Das tiefe Loch andererseits, in das man fallen kann, ist ein metaphorischer Ort, mit dem ein Zustand des Verlustes, der Trauer oder auch der Angst gemeint ist.
Natürlich symbolisiert das Loch ferner auch die weibliche Sexualität, bis hin zu recht derben Ausdrucksweisen. Bei den mystischen Fruchtbarkeitsfeiern zu Ehren der Großen Mutter wurde phallisch geformtes Brot in ein Erdloch geworfen. In Rom wurde Geld in den Lacus Curtius – ebenfalls ein Erdloch – geworfen, als ein Symbol der Befruchtung.
Psychoanalyse: Nach S. Freud, aber auch nach C. G. Jung sexuelle Symbolik.

Locke Die Locke bedeutet Verlockung und Jugend. Locken werden meist als schön empfunden. Sprichwörtlich ist der blond gelockte Jüngling, der den schönen Menschen verkörpert. Krause Haare wurden allerdings auch dämonisiert und man sagte, dass Menschen mit krausen Haaren etwas Teuflisches hätten.

Löffel Der Löffel ist das am wenigsten aggressive Symbol des ↗Bestecks. Bei ihm ist an die volkstümliche Redewendung „den Löffel abgeben" für den Tod zu denken. Ferner erinnert er uns an die ↗Kindheit, als wir nur mit dem Löffel zu essen pflegten. Bisweilen bestehen auch Anklänge an den Suppenkasper (eine Kindergeschichte aus „Der Struwwelpeter"). Man muss „seine Suppe auslöffeln", das heißt die Konsequenzen dessen tragen, was man sich eingebrockt hat.
Es ist erstaunlich, wie viele volkstümliche Redewendungen und Vorstellungen sich um den Löffel ranken. Das liegt sicherlich daran, dass er auch menschheitsgeschichtlich die urtümlichste Form des Bestecks darstellt.

Lösegeld Lösegeld verweist auf Erpressung. Psychologisch gesehen drückt das Lösegeld den emotionalen Aufwand aus, der notwendig ist, um sich von etwas zu befreien.

Löwe Der Löwe gilt in zahlreichen Mythen als der König der ↗Tiere. Er wurde deswegen oft als Wappentier verwendet: Wappentier Venedigs, der britische Löwe, der Löwe von Juda (Gen 49.9). Er ist ein Sinnbild für Geist, Mut, Wachsamkeit und Macht. Als Wandlungssymbol tritt er in der Alchemie auf, denn er vereinigt die Essenz des Männlichen und des Weiblichen. In Rosenkreuzer-Geschichten muss der Eingeweihte den Löwen bändigen können. Er ist das Feuer der Libido und somit der Lebensenergie. Bändigt man ihn nicht, wird man vom Trieb verschlungen und der Löwe frisst einen.
Obwohl der Löwe schon im alten Ägypten als ein Symbol der ↗Sonne gilt (dazu passt auch, dass das Sternzeichen des Löwen in die Zeit der größten Sommerhitze fällt), ist er in der Natur ein nachtaktives ↗Tier, das nachts bis zum Sonnenaufgang jagt. Dabei sind die weiblichen Tiere bes-

sere Jäger als die eher trägen männlichen Tiere, die sich allerdings nach erfolgreicher Jagd die besten Stücke holen. So kann der Löwe auch für den männlichen Pascha-Typ stehen.
Löwe und ↗Einhorn zieren das britische Wappen und treten noch heute allerorten in Großbritannien auf. Dieses Bildmotiv ist chaldäischen Ursprungs und steht für Macht.
Christentum: Da Jesus vom Stamme Juda abstammt (s.o.), lag es nahe, ihn auch als Löwen zu bezeichnen, was allerdings nur an einer recht dunklen Bibelstelle geschieht (Apk 5.5). Insgesamt wird in der christlichen Tradition der Löwe eher als negatives, teuflisches Tier dargestellt, was damit zusammenhängen mag, dass er als das Tier, das von den Griechen dem Bacchus und verschiedenen Göttinnen des Liebeslebens zugeordnet wurde, von vorneherein suspekt war. So wird (ausgehend auch von 1 Petrus 5.8, wo der Teufel als brüllender Löwe bezeichnet wird) in der mittelalterlichen Kunst der Löwe öfter zusammen mit dem ↗Drachen als Repräsentant teuflischer Kräfte dargestellt.
Mittelalter: Im „Physiologus" konnte man lesen, der Löwe verwische mit dem Schwanz seine ↗Spur, deshalb könne er nicht gefunden und gefangen werden. Der Löwe soll nach dieser Überlieferung mit offenen Augen schlafen, und wenn die Löwin ein Junges gebiert, ist es tot, bis der Löwe am dritten Tag ihm ins Gesicht bläst, was man als Bild für die Auferstehung von Christus am dritten Tag nahm.
Literatur: In Schillers „Die Verschwörung des Fiesko zu Genua" bezeichnet der Löwe die Kriegsmacht. In der europäischen Fabelliteratur ist der Löwe oft gutmütig, da er sich seiner Macht bewusst ist. In einer Fabel Äsops wagt sich der Fuchs in die sprichwörtlich gewordene „Höhle des Löwen".

Logik Von der Logik ist der männliche Weg der Weltbetrachtung geprägt. Die Logik ist die Quintessenz des Ursache-Wirkung-Denkens. Sie symbolisiert häufig eine kalte, distanzierte Sicht der Welt.
Philosophie: Hegels Idealismus ging davon aus, dass die Logik nicht im Gehirn entsteht, sondern das Gehirn nur eine der vielen Realisationsmöglichkeiten der Logik darstellt (das erinnert an Platons Ideenlehre). Die Logik als allgemeine Gesetzmäßigkeit der Natur ist nach Leibniz die Grundlage dafür, dass wir das Universum verstehen können. Sie dient der Verständlichkeit.

Lohn Der Lohn symbolisiert das Ergebnis unserer ↗Arbeit. Er ist das, was einem zusteht und wovon man sich ernährt. Immer, wenn es um ↗Geld geht, können im übertragenen Sinne (psychische) Energien gemeint sein.

Lokal ↗Restaurant, ↗Kneipe

Lokomotive Die Lokomotive, besonders die Dampflokomotive, ist ein Energiesymbol. Die Lokomotive zieht, d. h. sie verkörpert die Energie, die die anderen vorwärts zieht.
Psychologisch gesehen mag das auf die Triebe weisen, die uns antreiben. Weitere Aspekte bei ↗Eisenbahn und ↗Zug.

Lokomotivführer ↗Zugführer

Lorbeer Der Lorbeer ist seit alters wegen seiner immergrünen Blätter und seines Geruchs ein Symbol für Jugend und unvergängliche Kraft. Als Lorbeerkranz symbolisierte er schon im Altertum Sieg und An-

erkennung für Leistungen. So wurden Lorbeeren einfach zum Synonym für Ruhm. Man soll sich nicht „auf seinen Lorbeeren ausruhen“, also nicht nach einem Sieg faul und bequem werden.
Die ↗Blumensprache sagt mit dem Lorbeerblatt, dass nicht der stolze Siegerkranz, sondern der Kranz der Tugend derjenigen zusteht, der man das Blatt überreicht.
Antike: Der Lorbeer war die heilige Pflanze Apolls, galt als inspirierend bei allen intellektuellen Tätigkeiten. Bei Festen und magischen Riten symbolisierten Lorbeerzweige die Gegenwart Apolls. So entwickelte sich der Lorbeerkranz zum bekannten Zeichen für Sieg und Ruhm, in der Renaissance auch zum Ehrenkranz für den Dichter.

Los ↗Lotterie und ↗Tombola

Lot Was „im Lot“ ist, das ist in Ordnung, so gerade, wie der Plan es vorsieht. In der Schifffahrt ist das Lot mit der Tiefe verbunden. Mit ihm lotet man aus, wie tief ein Gewässer ist: Eine Vorsichtsmaßnahme, um nicht auf Grund zu laufen, oder eine Probe, ob man endlich ↗Anker werfen kann.

Lotos Der Lotos ist wie die ↗Rose ein Symbol der Befreiung und hohen Entwicklung. Besonders wird bei dieser Symbolik hervorgehoben, dass der Lotos Erde und Wasser – als Symbole des Lebens – miteinander verbindet.
Islam: Der blaue Lotos ist ein Symbol der Wiedergeburt.
Asien: In der ostasiatischen und speziell buddhistischen Symbolik wird betont, dass der Lotos aus dem Sumpf heraus zu solch schöner Blüte erwächst. Befreite pflegen auf dem Lotos zu sitzen.

Lotse Der Lotse ist ein ↗Führer, der in einer schwierigen Situation den Weg weiß. Er verkörpert die Verantwortung des Wissenden und seine Verpflichtung zu helfen. Wenn „der Lotse von Bord geht“, dann muss man sich selbst (auf dem Lebensweg) helfen.

Lotterie Die Lotterie ist ein Glücksspiel, ein Gewinn der reine, unwahrscheinliche Zufall. Ein Lotteriegewinn ist deshalb ein geläufiges Symbol für unverhofftes Glück, auch für das Spiel mit Glück und Risiko.
Wenn auch der Lotteriegewinn als Glück gesehen wird, so zeigt die Statistik, dass Gewinner des ersten Preises einer Lotterie häufig einige Jahre nach dem Gewinn ärmer sind, als sie es je zuvor waren. Der Lottogewinn kann so auch das symbolisieren, was jemandem zwischen den Händen zerrinnt.
Der Wunschtraum vom Lotteriegewinn zeigt auch eine regressive Haltung, da man wie ein ↗Kind auf Gewinn ohne Arbeit hofft.

Luchs Luchs bedeutet Aufpassen. Der Luchs ist ferner ein Symbol gefährlicher Eleganz wie alle Raubkatzen (↗Leopard, ↗Löwe, ↗Panther, ↗Tiger).
Mittelalter: Bei den Germanen gehörte der Luchs wie auch der ↗Fuchs zum Gott Loki. Da Loki zusammen mit der Unterweltgöttin Hel die Mächte des Bösen verkörperte, lag es für das Christentum nahe, den Luchs zu einem Symboltier des Teufels zu machen.

Lüge Symbol des Falschen, oft Ausdruck eines schlechten Gewissens. Wer eine Lüge entdeckt (auch seine eigene), der besitzt die Fähigkeit zur (Selbst-)Erkenntnis.

Luft Symbol des Geistes und der Wachheit. Die Luft deutet auf Einsichten, Ideen, Vorstellungskräfte und schöpferisches Denken wie auch auf Gedankenfülle. Luft ist Leichtigkeit. Mit ihr ist aber auch eine Warnung verbunden: Sei kein „Luftikus" (wie Hans Guck-in-die-Luft aus „Der Struwwelpeter"). Die Luft stellt auch ein Symbol der persönlichen Zukunftsaussichten, Ansichten und Vorstellungen dar.
Die Luft ist das ↗Element, das die Verbindung zwischen allem, was es auf der Erde gibt, schafft. Sie verweist häufig auf intellektuelle Energien. Hier ist das Abstrakte, die Theorie und die Wissenschaft zu Hause, andererseits auch die Geschwindigkeit und besonders die ↗Kommunikation.
Die Luft tritt im Traum wie im Leben in vielen Erscheinungsweisen auf. Die beiden extremen Pole bilden die Windstille mit flimmernder Luft und der gewaltig zerstörerische ↗Sturm. Damit ist die Spannweite des Intellekts angesprochen: Er kann starr oder überwältigend wirken.
Dicke, stickige, rauchige und verbrauchte Luft haben negative Bedeutung. Frische, Morgen- oder Frühlingsluft bedeuten Jugend und beschwingte Gefühle.
Analytische Psychologie: Dieses flüchtige, durchsichtige Element entspricht nach C. G. Jung der Funktion des Denkens. Es geht hier um Unabhängigkeit und oft auch um Distanziertheit.
Antike: Der Urgott Amun-Re ist der Verborgene, der in der Luft wirkt. Der Lufthauch zeigt seine Anwesenheit an.
Christentum: Im Neuen Testament werden Wind und Geist mit dem gleichen griechischen Wort „pneuma" (zum Beispiel Joh 3.8) bezeichnet.

Luftballon Symbol der Freude, Kindheit und Leichtigkeit.

Luftblase Luftblasen stehen wie die ↗Seifenblasen meist für Illusionen. Es gibt aber auch die Luftblasen, die aus dem Wasser von einem Taucher aufsteigen und ein Lebenszeichen sind.

Luftschiff ↗Zeppelin

Luftschloss ↗Schloss

Lufttiere ↗Vogel und ↗Insekt

Lumpen Lumpen symbolisieren Verarmung (wie ↗Almosen, ↗Armut und ↗Bettler). Sie drücken andererseits auch die romantische Lust an Schlampigkeit und dem Brechen mit allen Konventionen aus. Lumpen sind ein Protest gegen Leistung und Selbstdarstellung.

Lunge Die Lunge verweist immer auf ↗Luft und den Raum zum Leben (↗Käfig), auch wenn es sich um die „grüne Lunge" handelt, eine Parkzone am Rande eine Großstadt. Die Lunge kann auch ein Symbol der Stärke sein, die man aus geistigen Energien, klaren Gedanken und persönlicher Urteilskraft gewonnen hat.

Lupe Die Lupe bedeutet Vergrößerung. Aus etwas Kleinem wird etwas Großes gemacht. Im übertragenen Sinn heißt das, dass eine Lappalie aufgebauscht wird. Die Lupe kann auch darauf verweisen, dass man Fehler in unangemessener Weise sucht. Der positive Pol der Bedeutung Lupe liegt darin, dass sie eine Hilfe darstellt, um etwas genauer zu erkennen. Ähnlich ↗Fernglas.

Lust Lust ist oft das Thema von Traum und Fantasie in Zeiten eines Triebstaus. Das Symbol der Lust drückt immer eine Sehnsucht aus. Es wird in Literatur und

Film häufig entweder idealisiert, oft aber führt die Lust auch zum Untergang. Bei ihr schwingt meistens die Bedeutung Gefahr mit.

Lustschloss ↗Schloss

Luxus Luxus bedeutet Überfluss, er gibt das Gefühl, privilegiert zu sein. Speziell in Zeiten des Mangels werden Bilder vom Luxus beschworen. Luxus drückt auch ein Qualitätsbewusstsein aus. Er ist der Motor für Innovationen. Die Luxusprodukte von heute prägen die Standards von morgen. Luxus ist Perfektion, Design und Funktionalität.
Der kritische Sozialist Paul Lafargue hielt für einen großen Luxus das Recht auf Faulheit. Heute gilt Zeit zu haben als ein großer, allerdings nicht unbedingt erstrebenswerter Luxus.
Christentum: Die „Luxuria“, also die Sucht nach Luxus, gilt seit Gregor dem Großen als eine der sieben Todsünden.
Literatur: Hans Magnus Enzensberger bezeichnet den Luxus als den ewigen „Widersacher der Gleichheit“.

M

Macht Macht bedeutet etwas machen zu können. Das Spiel mit der Macht ist immer auch ein Spiel mit dem Feuer. Dieses Symbol verweist oftmals auf feurige Lebensenergien. Es geht hier um die Kräfte, die zur Verfügung stehen, und darum, wie man diese Kräfte nutzt. Macht ist Gestaltungskraft, und nach Nietzsche ein Grundtrieb des Menschen.
Macht bedeutet ferner Verantwortung und Selbstbestimmung. Aber Machtspiele können auch pubertär sein. Das Problem mit der Macht ist, dass Machtspiele anstrengend sind und die Macht häufig etwas Statisches, Unbewegliches ist.
Die Macht wird auch häufig überschätzt und ist nur etwas Vorgestelltes. So wundert sich in der Mitte des 17. Jahrhunderts der englische Chronist Samuel Pepys, dass der König dem Regen keinen Einhalt gebieten kann.
Philosophie: Aus Schopenhauers Macht des Willens – wobei der Wille bei ihm der Lebensenergie entspricht (durch den Willen kommt Bewegung ins Leben) – wird Nietzsches Willen zur Macht, der in dieser Formulierung wahrscheinlich nicht von Nietzsche selbst stammt, sondern eine der vielen Fälschungen seiner Schwester darstellt. Nietzsche verkündete den Willen zur Macht als das höchste Gesetz allen Seins. Seinen Übermenschen erdachte er sich als Inbegriff des Machtwillens. Aber auch in der zeitgenössischen Bestsellerliteratur wird immer wieder das Thema Macht aufgegriffen wie zum Beispiel in Joanne K. Rowlings Harry-Potter-Romanen.
Im Gegensatz zu Nietzsche ist der zeitgenössische australische Romancier Richard Flannagan der Ansicht, dass das Streben nach Macht der traurigste Ausdruck eines Mangels an Liebe und der Unfähigkeit zu lieben sei.

Made Die Made ist ein bekanntes Symbol von Gier und Faulheit („wie eine Made im Speck“). Maden sind auch Ekelsymbole.

Madonna Madonna bedeutet eigentlich „meine Herrin“, gemeint ist Maria, die Mutter von Jesus, die zugleich Jungfräulichkeit und Mütterlichkeit symbolisiert. Sie ist die große Frau und symbolisiert

vielfach die Hoffnung auf Hilfe, auf Erlösung von Leiden, Schuld und Schmerzen. Sie ist auch ein Symbol selbstständiger und unabhängiger Weiblichkeit. Die Madonna kann allerdings auch auf die Sexualverdrängung, ein schlechtes Gewissen wegen sexueller Bedürfnisse und eine negative Einstellung zur eigenen Weiblichkeit verweisen.
Der Pop-Star Madonna gilt als das Symbol der selbstständigen Frau, die sich selbst managt. Louise Veronica Ciccone – wie sie eigentlich heißt – verkörpert den Erfolg. Bei ihr steht die Gemachtheit ihrer Erscheinung im Vordergrund, sie ist ein flexibles Produkt des Showbusiness, deren Chancen sie virtuos für sich nutzt.

Mädchen Mädchen verkörpern die noch nicht ganz entwickelte Seite des Weiblichen. Dabei können die Frische der ↗Jugend, Unschuld, aber auch eine gewisse Verführungskraft eine Rolle spielen. Mädchen werden oft idealisierend erotisiert wie in den Weichzeichner-Fotografien David Hamiltons.
Häufig ist bei Männern und Frauen die eigene weibliche Seite oder auch die Seele in diesem Bild symbolisiert.
Analytische Psychologie: Im Gegensatz zu C. G. Jung bin ich der Ansicht, dass weibliche Wesen auch in Frauenträumen die ↗Anima, das heißt die weibliche Seite anzeigen. Jung nahm an, dass dies nur im Männertraum der Fall sei.
Literatur: Die verführerische Seite des Mädchens wird deutlich in Nabokovs Roman „Lolita" geschildert.

Märchen Märchen sind ein kollektiver Traum. Sie können wie Träume und Fantasien mit märchenhaftem Charakter die positive Anderswelt unserer Wünsche und Ideale widerspiegeln. Allerdings können Märchen auch auf eine lebensfremde Einstellung deuten.
Umgangssprachlich steht ein Märchen auch für jede unwahre oder unglaubliche Geschichte: „Erzähl doch keine Märchen!"
Märchen bedeutet auch immer Vergangenheitsbewältigung. Der romantische Geist der Brüder Grimm war rückwärtsgewandt, deswegen beginnen sie ihre Kinder- und Hausmärchen mit dem stereotypen „Es war einmal". In Märchen wird „die gute, alte Zeit" beschworen, in der das Wünschen noch geholfen hat und die Gerechtigkeit stets siegte.
Träume märchenhaften Charakters sind fast immer archetypische Träume, die neben der individuellen Mitteilung auch eine überpersönliche Dimension besitzen. Beispielsweise wird selbst in modernen Kunstmärchen wie Andersens „Das hässliche Entlein" eine universale oder archetypische menschliche Situation geschildert.
Literatur: Neben den Kinder- und Hausmärchen der Gebrüder Grimm, die mündliche Überlieferungen dokumentieren, entstand in der Romantik die Gattung des Kunstmärchens (Tieck, Goethe). Besonders hervorzuheben ist die dichterische Leistung von Hans Christian Andersen, der mit seinen Märchen äußerst erfolgreich war und mit ihnen den Prosastil der Dänen grundsätzlich beeinflusste. Von 1835 bis zu seinem Tod veröffentlichte er fast jährlich zu Weihnachten einen Märchenband, der reißenden Absatz fand – er schrieb über 150 Märchen. Charles Dickens gratulierte Andersen zu seiner Märchenproduktion. H. C. Andersen gilt als erster dänischer Nationaldichter, der in seinen Märchen die Orte seiner Kindheit beschreibt. Bei ihm ist es nicht der exotische Ort, der seit den Märchen aus Tau-

sendundeiner Nacht immer wieder beschworen wurde, sondern wie die Brüder Grimm führt er den Menschen an seinen eigenen Ursprung in seiner eigenen Kultur zurück. Die Sehnsucht nach einer guten, alten Zeit zeigt sich noch heute im Andersen-Kult in Dänemark. Sein Geburtshaus und die gesamte Straße wurden im Stil des 19. Jahrhunderts liebevoll renoviert und heute ist es „in" und besonders kostspielig in diesem Viertel von Odense zu wohnen. Andersen liegt auf demselben Friedhof begraben wie der große dänische Philosoph Sören Kierkegaard, der Andersens Märchen als zu sentimental kritisierte.

Märchengestalten Märchengestalten sind oft Wunsch- oder Angstbilder. Märchengestalten personifizieren die inneren Kräfte im Menschen, die Elemente seiner Psyche.

März Mit dem Monat März wird das Thema Fruchtbarkeit angesprochen, der Aufbruch in den Frühling.
Antike: Der März wurde von den Römern nach Mars, dem Kriegsgott benannt, denn im März begannen in der Regel die Feldzüge. Mars war jedoch nicht nur der Kriegsgott, sondern auch der Schutzpatron der Bauern. Sie riefen ihn an, wenn die Felder für die Aussaat im März bereitet wurden.

Magen Der Magen ist das Innere, das Nahrung verarbeitet. Im übertragenen Sinne kann damit auch ein psychischer Prozess angesprochen sein, die Aufnahme und Verarbeitung von allem, was jemandem begegnet. Ein Magenleiden verweist dann umgekehrt darauf, dass dieser Verarbeitungsprozess gestört ist.

Magie Magie ist die bewusst eingesetzte Fähigkeit eines Menschen, die Umwelt durch die Kraft des Geistes zu beeinflussen. Magie bedeutet willensgesteuerte Einwirkung auf die Welt. Magische Fähigkeiten zu besitzen, ist ein uralter Traum – meist ein Traum derer, denen es an realer Macht fehlt. Der Magier ist deshalb ein in Traum, Film und Literatur verbreitetes Machtsymbol; selten aber ist der Magier eine positive Gestalt. Der Ursprung der Magie wird in Riten zur Fruchtbarmachung der Frauen und der Felder vermutet. Nach Ken Wilber beherrschte das magische Denken die längste Periode der Menschheitsgeschichte, und zwar von ihren Anfängen bis etwa 10.000 v. Chr. Danach wurde das magische Denken zum mystischen Denken weiterentwickelt. Der Glaube an die Naturelemente wurde vom Götterglauben abgelöst.
Literatur: In Joanne K. Rowlings Harry-Potter-Romanen stehen die Magiere im Mittelpunkt. Magiere waren schon immer ein beliebtes Thema in der Weltliteratur, dessen sich unter anderen so unterschiedliche Autoren wie Thomas Mann, Somerset Maugham, Isaac B. Singer und Goethe annahmen. Klaus Mann nannte seinen Vater Thomas in der Familie und in seinen Tagebüchern den „Magier".
Philosophie: Die Umsetzung des Willens in körperliche Bewegungen wurde von Karl Jaspers „die einzige Stelle in der Welt" genannt, „wo das Magische wirklich ist". Das heißt, dass sich hier ein Geistiges in ein Physisches umsetzt.

Magnet Symbol starker Anziehungskraft und persönlicher Erfolge. Der Magnet ist bisweilen auch ein Symbol der eigenen Mitte, der Liebe und der Geliebten. Neben der Anziehung kann der Magnet auch die Abstoßung symbolisieren, denn wenn man zwei Magneten an ihren gleichen Polen zusammenführt, stoßen sie sich ab.

Magnetkarte Eine Magnetkarte steht für den Zugang zu abgeschirmten Bereichen; psychologisch gesehen für den Zugang zum Unbewussten oder auch zum Überbewussten. Sie kann auch ein Zeichen der Identität sein.

Mahlzeit ↗Essen

Mai Symbol der Jugend, des Wachstums und der Erotik. Der Mai ist eine produktive Zeit und steht für günstige Aussichten.
Antike: Der Mai bekam seinen Namen von der römischen Göttin Maia, der Tochter des Atlas und der Mutter des Jupiter.
Literatur: In Schillers Gedicht „Resignation" heißt es: „Des Lebens Mai blüht einmal und nie wieder".

Maiglöckchen Wegen seiner weißen Farbe stellt diese ↗Blume ein Symbol des unschuldigen Gefühls dar. Maiglöckchen als ↗Parfüm weist auf die Ausstrahlung der entsprechenden Person.
Christentum: Als Attribut von Maria und Christus deutet es auf das Heil der Welt. Es taucht deswegen auf zahlreichen Krippenbildern auf, aber auch auf Bildern vom Ende der Welt oder vom Jüngsten Gericht: Hier blüht es auf der Seite, auf der die Geretteten stehen.

Maikäfer Der Maikäfer hängt symbolisch einerseits mit dem ↗Mai zusammen, andererseits ist er ein Ekelsymbol wie die meisten ↗Käfer und ↗Insekten.
Literatur: In Wilhelm Buschs Geschichten von Max und Moritz sind die Maikäfer störende, eklige Tiere. In dem Bilderbuch „Peterchens Mondfahrt" ist der Maikäfer das Symbol der Sehnsucht und der Hervorbringung des Verborgenen.

Mainzelmännchen Mainzelmännchen personifizieren das Lustige und Ulkige im Leben. Sie stehen für den Witz und die Lebensfreude, für Entspannung und Kitsch (↗Gartenzwerg), andererseits auch für Infantilismus. Die Mainzelmännchen sind das Symbol des zweiten deutschen Fernsehprogramms, das aus Mainz ausgestrahlt wird und die ↗Zwerge seit 1963 als Logo benutzt.

Mais Der Mais verkörpert wegen seiner (sonnen-)gelben Farbe gesunde und energiereiche Nahrung, auch Viehfutter. Maiskolben sind bekannte Phallussymbole.
Mais ist die heilige Pflanze besonders der Indianer Mittel- und Südamerikas. Der älteste Mais, den Archäologen fanden, stammt aus der Zeit um 5000 v. Chr. Er wurde von Indianern kultiviert. 1492 bekam Christoph Kolumbus von einem Häuptling der karibischen Inseln einige Maiskolben als Gastgeschenk. Er hielt es für eine wertlose Pflanze, die er nur deswegen nach Europa brachte, da sie als Kuriosität galt. Hundert Jahre später wurde Mais überall in Nordamerika und Europa angebaut. Die Pilgerväter hätten nicht überleben können, wenn nicht 1621 ein Indianer ihnen gezeigt hätte, wie sie Mais anbauen können. Als heilige Pflanze der Hopi symbolisiert der Maiskolben, der für die ganze Pflanze steht, ein langes, aber auch ein hartes Leben. Durch ihn wird der Geist beschworen, der den Kindern einen Namen gibt und die Gesellschaft erneuert. Seit den 1930er Jahren hat der Mais selbst im traditionellen Indianerland seine positive Bedeutung verloren. „Corny" oder „corn-fed" waren jetzt Schimpfworte, die unkultivierte Menschen und etwas Schäbiges bezeichneten.

Malachit Als ↗grüner und relativ weicher Schmuckstein symbolisiert der Malachit die ausgeglichene Verbindung von Licht (Gelb) und Finsternis (Blau). Der Name Malachit geht auf den griechischen Ausdruck „malakos“ für weich zurück. In der Astrologie ordnet man ihm den Sternzeichen Skorpion und Stier zu.

Malen ↗Malerei

Maler Maler und Malerin personifizieren die Kreativität und den Schönheitssinn. Sie drücken eine Sehnsucht aus nach künstlerischem Ausdruck oder nach der Lebensweise der Bohemiens.

Malerei Malerei bedeutet künstlerischer Ausdruck und subjektive Sicht der Welt. Sie ist der Ausdruck einer bestimmten Weltsicht. Siehe auch ↗Künstler, ↗Kunst.
Bei allen Kunstwerken ist wichtig, was dargestellt wird.
Literatur: Seit frühester Zeit waren illuminierte Handschriften wichtig, die besonders im Mittelalter sehr beliebt waren. Am Rand der Texte wurden oft farbenprächtige Bilder gemalt, genauso wie die Großbuchstaben zu Beginn eines Abschnitts fantasievoll ausgemalt wurden. Eines der ersten Bücher mit farbenprächtiger Buchmalerei ist das Buch „Arthang“ von Mani (216–276 n. Chr.), dem Stifter der dualistischen Religion des Manichäismus. Dieses Buch wurde im orientalischen Bereich zum Symbol vollendeter Malkunst.

Mandala Mandala bedeutet Rad oder Kreis und symbolisiert so stets eine dynamische Einheit.
Das Mandala gehört zu den ältesten Symbolen der Menschheit, wenn es nicht gar das älteste Symbol ist. Das einfachste Mandala ist der ↗Kreis, der sich im Laufe der Kultur- und Symbolentwicklung differenzierte und seine kunstvollste Ausprägung im tibetischen Buddhismus fand. Dort werden unter anderem kunstvolle Sandmandalas hergestellt, die nach ihrer Vollendung durch Blasen zerstört werden. Man drückt durch diese Handlung aus, dass das Mandala nur ein Bild ist. Es ist wichtig, sich mit diesem archetypischen Bild zu beschäftigen, aber es ist genauso wichtig, dieses Bild wieder loszulassen. Das Mandala ist nur ein Abbild des Selbst, keinesfalls das Selbst selbst.
Mandalas können in den verschiedensten Formen auftreten: als Stadt, als Weg, als Kreise in jeder Erscheinungsform, als Brunnen, als Gebäude, als Spinne im Netz.
Mir scheint, dass es dann, wenn es um eine wesentliche psychologische Wandlung hin zum Positiven geht, häufig das Bild des Mandalas auftaucht. Diese Bilder zeigen an, dass man sich auf dem Weg zu sich selbst befindet. Bei Menschen, die sich in einer Psychotherapie befinden, tritt diese Symbolik häufig in Träumen auf.
Analytische Psychologie: 1944 hat sich C. G. Jung anhand einer Traumreihe von etwa dreißig unterschiedlichen Mandalas ausführlich mit dieser Symbolik beschäftigt. Für ihn stellen Mandala, Kreis und ↗Quaternitätssymbolik die grundlegenden Archetypen des Selbst dar. Diese Archetypen wirken nur dann durch ihre Bilder, wenn der Träumende die Chance eines wichtigen Fortschritts bekommt.
Jung sah das Mandala als „eine Art Kernatom“ aller Symbole an. Es ist ein inneres Bild („imago mentalis“), welches durch die Dynamik der Psyche langsam aufgebaut wird, wenn eine Störung des seelischen Gleichgewichts behoben werden soll. Das Mandala bildet so die ordnenden und heilenden Kräfte des Selbst ab, die sich in Träumen und Visionen der Menschen kurz vor der Befreiung zeigen.

Asien: Im Vajrayana-Buddhismus spielt das Mandala eine zentrale Rolle. Es wird als der Uterus der Welt gesehen, aus dem alles hervorgeht. Das Uterus-Mandala wird von 414 Buddhas bewohnt, die Aspekte des Wissens oder des Geistes verkörpern.
Nach tantrischer Auffassung besteht das Ziel unseres Lebens in der Durchdringung von männlich (Shiva, Yang) und weiblich (Shakti, Yin). Wie bei allen Symbolen des Selbst wird mit dem Mandala die Überwindung der Gegensätze angesprochen. In der Malerei Ost-Asiens wird das Männliche durch das aufwärts gerichtete ↗Dreieck symbolisiert und das Weibliche durch das abwärts gerichtete Dreieck. Das Ziel des Lebens wird also durch den Sechsstern oder das „Siegel Salomos" wiedergegeben. Diese Figur (selbst ein Mandala) finden wir häufig im Zentrum tantrisch geprägter Mandalas. Im Kern des Selbst, will sie uns sagen, gibt es – wie im kollektiven Unbewussten – keine Gegensätze.

Mandarine Wie die meisten Früchte wird die Mandarine als weibliches Sexualsymbol gedeutet. Wenn sie viele Kerne hat, dann wird hiermit auf die Fruchtbarkeit verwiesen. Ansonsten häufig wie ↗Orange.
Literatur: Mandarine ist die etwa zehnjährige Erbin eines sagenhaften Seeräuberschatzes. Mandarine zeichnet sich durch großen Mut und Optimismus aus. Ferner ist sie eine begnadete Bauchrednerin, die im 17. Jahrhundert lebt. Sie tritt zuerst in französischen Comics von F. Corteggiani ab 1984 auf. In Deutschland hatte sie ihr Debüt in der Comic-Zeitschrift „Comicplus". Hier stellt die Mandarine ein Symbol der Exotik dar.

Mandel Die Mandel ist wegen ihrer Form häufig ein erotisches Symbol. Sie kann andererseits auch unseren Wesenskern verdeutlichen.

Mandelbaum Der Mandelbaum bedeutet Schönheit. Der Sage nach soll es eine unsichtbare Stadt Luz geben, deren Eingang von einem Mandelbaum markiert wird. Der Mandelbaum bezeichnet also den besonderen Ort und speziell den gepflegten, also kultivierten Ort. Für die Israeliten ist der Mandelbaum ein Symbol des neuen Lebens (Jer 1.11–12).

Mangel Mangel bedeutet, weniger zu haben, als man benötigt; jemand ist zu kurz gekommen oder fühlt sich unbefriedigt. Mangel schafft Leiden.

Mann In früheren Zeiten wurde der Mann als die Krone der Schöpfung und als der ↗Frau überlegen angesehen. So steht der Mann oft für Macht. Man spricht ihm Autorität und somit Herrschaft zu, siehe auch ↗Vater.
Zu Beginn des 17. Jahrhunderts schreibt die französische Adelige Marie le Jars de Cournay, dass dem Kater nichts mehr gleiche als die Katze und somit dem Mann auch nichts mehr gleiche als die Frau. Daraus folgert sie: Wenn der Mann mehr ist als die Frau, dann ist die Frau auch mehr als der Mann.
Ein unbekannter Mann bedeutet oft die eigene unbekannte Seite, also den Schatten.
Analytische Psychologie: Jeder Mann verweist auf den Animus, unsere männliche Seite. Diese Seite in uns ist von unserem Vaterbild geprägt.
Literatur: In ihren Tagebüchern sieht Anaïs Nin eine wesentliche Eigenschaft des Mannes darin, dass er im Denken und Fühlen das Persönliche mit dem Unpersönlichen vertauscht und dass er sich damit selbst betrügt. Das Ich des

Mannes versteckt sich hinter dem Allgemeinen.
Philosophie: Es fällt auf, dass in der Neuauflage der „Encyclopèdie" von Diderot und d'Alembert aus dem Jahr 2001 zwar das Stichwort Frau seitenlang abgehandelt wird, das Stichwort Mann jedoch nicht zu finden ist.

Manöver Dieses Symbol schwankt zwischen Kriegsspiel, Drohung mit Krieg und Vorbereitung auf einen Krieg. Häufig geht es um taktische Überlegungen. Dabei schwingt stets eine aggressive Bedeutung mit.

Mansarde Die Mansarde, das ausgebaute Dachzimmer mit schrägen Wänden, ist ein verbreitetes Symbol für bescheidene Wohnverhältnisse, andererseits auch für Überblick und Aufstieg. Die Mansarde ist das „Oberstübchen".

Mantel Mantel bedeutet Schutz, Abwehr und Abschirmung. Der Mantel verhüllt und kann damit auf ein Geheimnis hindeuten („bemänteln"). Des Weiteren besitzt er eine Schutzfunktion gegen die ↗Kälte, die oft als Gefühlskälte zu sehen ist, oder gegen den ↗Regen, der das über einen hereinbrechende Gefühl symbolisiert. Die Art des Mantels zeigt die Art des Schutzes. In der Esoterik spielt der Mantel des Magiers eine wichtige Rolle. Er sollte aus Wolle bestehen und ist nach Eliphas Lévi sein Fortbewegungsmittel, mit dem er zum Sabbat reist. Allerdings reist der Magier nicht wirklich, wie die meisten Magiere behaupten, sondern der Sabbat kommt zu dem in seinem Mantel abgesonderten Magier.
Der Mantel des Apollonios verkörpert die vollkommene Selbstzucht des Magiers.
Psychoanalyse: Der Mantel wie der Überzieher ist nach S. Freud ein Symbol für das Kondom oder ein Symbol des Genitals.
Christentum: Die Legende erzählt vom heiligen Martin von Tours, er habe die Hälfte seines Mantels einem Bettler geschenkt. Eine ähnliche Tat wird übrigens auch von Franz von Assisi berichtet.

Marder Der Marder ist ein kleines ↗Raubtier, das die aggressiv männliche Lebenskraft verdeutlicht, die sich nimmt, was sie braucht. Der Marder verkörpert eine aggressive Egozentrik.

Margerite Diese Blume wird in der klassischen Symbolik oft mit den Tränen verbunden.
Christentum: Symbol der Leiden Christi, da man sagte, wo ein vergossener Blutstropfen hinfalle, da wachse eine Margerite (oder ↗Anemone).

Maria ↗Jungfrau, ↗Madonna

Marienkäfer Der Marienkäfer ist ein verbreitetes Glückssymbol. Er zeigt, dass das Glück im Kleinen zu finden ist. Allgemeines bei ↗Käfer.

Marionette Marionette bedeutet Abhängigkeit. Sie gibt das Gefühl wieder, von außen gesteuert zu sein.
Durch die ↗Drähte der Marionette kann auch das Nervensystem verbildlicht werden.
Literatur: Interessant ist die Rolle, die H. v. Kleist 1810 in seinem Aufsatz „Über das Marionettentheater" der Marionette zubilligt: Kleist behauptet, durch allzu viel Vernunft seien „Anmut" und „Grazie" gefährdet; die Marionette hingegen werde durch keinerlei Reflexion von der reinen Hingabe abgelenkt.

Marionetten-Spieler Oft wird der Marionetten-Spieler im Symbol nicht direkt gesehen, aber er ist als „Drahtzieher" anwesend und symbolisiert so die Kraft, die hinter den ↗Kulissen wirkt. Er ist ein häufiges Symbol, wenn man sich abhängig fühlt oder wenn man machtbesessen ist.

Markt Der Markt spricht die sozialen Beziehungen und die Kommunikation an. In diesem Bild wird gezeigt, wie man sich zur Außenwelt verhält, welche Vernetzungen und Abhängigkeiten zu ihr bestehen. Ferner steht der Markt für Öffentlichkeit, Handel, Kontakt, Hektik und Nervosität - speziell dann, wenn der Markt belebt ist. Ein leerer Markt weist auf Einsamkeit und Isolation.

Marmelade Marmelade ist Lebensgenuss, ein Symbol des süßen Lebens. Oder sie verweist auf „das Eingemachte" als dasjenige, das man verdrängt hat.

Marmor Symbol der Beständigkeit, des Luxus, andererseits auch der Härte (auf Stein beißen). Mit dem Marmor werden unser Schönheitssinn, andererseits auch unsere Gefühlsarmut bis hin zur Frigidität angesprochen. Marmor kann für seelenlosen Reichtum stehen.
Musik: In den 60er Jahren sang der deutsche Schlagersänger Drafi Deutscher: „Marmor, Stein und Eisen bricht, aber unsere Liebe nicht".

Marone ↗Kastanie

Mars Der Mars und sein Zeichen bedeuten Männlichkeit. Im Mars werden Leidenschaft, Kraft und Aggression verehrt. Als Gott des Krieges ist er ein Zerstörer, aber auch ein großer Liebhaber. In der neuzeitlichen Magie wird Mars als ein zerstörter Engel angesehen.
Mars verkörpert auch das Mannesalter, in der Astrologie das männliche und aggressive Prinzip.

Marsch Im Gegensatz zum Spaziergang oder gar der Haltung des ↗Flaneurs fehlt dem Marsch die spielerische Leichtigkeit. Der Marsch drückt meist das eroberungsfreudige Voranstreben aus, verbunden in der Regel mit einer militärischen Haltung. Beim Parademarsch stellt die Männlichkeit sich narzisstisch dar.

Marter ↗Folter

Martinsgans ↗Gans

Maschine Von der Renaissance bis ins 20. Jahrhundert hinein wurde die Maschine als Metapher des kosmischen Geistes gesehen. Das mechanistische Weltbild ging davon aus, dass Gott der Mechaniker des Maschinen-Universums ist.
Als um 1800 Maschinen und Fabriken überall aus dem Boden sprossen, blieb nichts mehr wie zuvor. Die Maschine wurde das Zentralsymbol für den technischen Fortschritt und wurde meist positiv gesehen. Der amerikanische Schriftsteller und Philosoph Ralph Waldo Emerson aber unkte: Bald wird es eine Maschine geben, die Literatur schreibt. Ihm erschien wie vielen die Maschine als Symbol fehlender Beseelung der Arbeit, ja als Symbol für Stumpfsinn. Seitdem ist die Maschine der eiserne Meister des Menschen, der sich in unser Leben eingenistet hat und fast schon zum Mitbewohner aus Plastik und Metall geworden ist.
Wenn sich jemand selbst als Maschine erlebt ↗Roboter.
Psychoanalyse: Alle Maschinen und Apparate sind nach S. Freud Symbole für Genitalien wegen ihrer gleichmäßigen Arbeitsbewegung.
Literatur: Karl Kraus stellte fest, dass der Mensch zugunsten des maschinellen Fortschritts verdumme. Aber, so setzte er iro-

nisch hinzu, er könne dieser Verdummung glücklicherweise mit dem Auto entfliehen. Auch Goethe beklage in „Wilhelm Meisters Wanderjahre" das „überhand nehmende Maschinenwesen", das alles verändern würde.

Maschinenpistole Symbol der Aggressivität und Angst, mehr noch als das ↗Gewehr. Es kommt bei der Deutung weitgehend auf die Situation an, in der die Maschinenpistole gesehen oder benutzt wird (↗Erschießen, ↗Schießen).

Maske Eine Maske besitzt nur einen Ausdruck, der in ihr erstarrt ist. Sie tritt an die Stelle der komplexeren inneren Identität. Die Maske symbolisiert stets das, was man der Außenwelt zeigen möchte oder in Wirklichkeit auch darstellen könnte, sich aber oft nicht darzustellen traut. Die Maske ist auch ein Symbol eines schwachen Selbstwertgefühls oder eines Minderwertigkeitsgefühls. Sie verhüllt die Wahrheit, kann aber auch unsere wahre Identität zeigen. Mit der Maske tritt man inkognito auf und kann sich deswegen mehr zu trauen – bis hin zum Verbrechen. Wenn eine Maske sichtbar wird, ist dies oft ein Zeichen für die Fähigkeit oder die Aufgabe, hinter die ↗Kulissen (auch die eigenen) zu schauen. Die Maske symbolisiert andererseits Spaß, Lust und erotische Abenteuer. Als Bildzeichen steht sie für das Theater, in manchen Gegenden auch für karnevalistische Veranstaltungen.
Analytische Psychologie: Nach C. G. Jung stellt die Maske ein klassisches Persona-Symbol dar. Die Persona ist das Bild, das man seiner Umwelt von sich präsentieren möchte – also ein geschöntes Bild.
Literatur: Berühmt wurde der Ausspruch von Guy de Maupassant in seinem Brief an ein russisches Mädchen: „Ich gehe maskiert unter Maskierten". So drückte der Autor die Einsicht aus, dass alle Menschen von ihrer Persona besessen werden.
Peter Høeg behauptet in „Von der Liebe", dass man die Wahrheit über einen Menschen aus seiner Maske erfahre. Der Mensch verrät sich durch seine Maske.

Masochismus Der Masochismus drückt die Lust daran aus, gequält zu werden. Damit ist nicht nur der körperliche, sondern auch der psychische Bereich des Schmerzes angesprochen. Der Masochist ist in seiner Lustbefriedigung von dem Sadisten abhängig. Es besteht eine lustvolle Opfer-Täter-Abhängigkeit, bei der die Machtfrage leicht von einem zum anderen wechseln kann.
Wie der Begriff ↗Sadismus wird auch der Ausdruck Masochismus umgangssprachlich für eine Tendenz im Menschen gebraucht, sich häufig in selbstquälerische Situationen zu begeben. Siehe auch ↗Fessel, ↗Folter, ↗Grausamkeit und allgemein ↗Sexualität.
Psychoanalyse: S. Freud bemerkte als Erster die untrennbare Verbindung zwischen masochistischen und sadistischen Tendenzen in einem Menschen.

Massage Symbol für ein genussvolles, erotisches und entspannendes Erlebnis.
Der Masseur verkörpert den Menschen, der unserem Körper gut tut. Er steht für die Kräfte der Entspannung und wohltuenden Körperkontakt.

Masse Masse steht auch symbolisch stets im Gegensatz zur Individualität. Masse bedeutet Auflösung der Individualität, Gleichförmigkeit. Nicht nur Tierherden, sondern auch Menschen-Massen reagieren keineswegs vernünftig, sondern irrational. Massen folgen einem Herden-

instinkt und ihre Dynamik wird weitgehend emotional gesteuert. Deshalb wohnt der Masse oft etwas Bedrohliches inne, sie dient dem Ausdruck der Angst vor sozialen Kontakten.
Philosophie: José Ortega y Gasset veröffentlichte 1930 „Der Aufstand der Massen". Dieser Aufsatz wird als eine der wichtigsten kulturphilosophischen Analysen der dreißiger Jahre betrachtet. Ortega y Gasset geht von der aristokratischen Natur der menschlichen Gesellschaft aus, die von dem Aufstand der Massen im 20. Jahrhundert beendet wird. Die Massen, die nun herrschen, sehen nicht über ihre eigenen Bedürfnisse hinaus und können leicht einen aggressiven Kurs einschlagen, wie man am Faschismus sieht.
Etwa zur gleichen Zeit beschäftigten auch D. H. Lawrence die Massen. Für ihn kommunizieren die einzelnen in der Masse miteinander über den Herdeninstinkt, den Lawrence als eine Art Telepathie ansieht. Der deutsche Philosoph Theodor W. Adorno schrieb ironisch über die geläufige Einstellung zur Masse, dass man alle kennt, wenn man einen kennt, da die Masse doch gleich ist.

Masseur ↗Massage

Mast Für die Deutung ist die Funktion des Mastes wichtig: Ein Segelmast steht beispielsweise für die Nutzung der Naturkräfte und die eigene Beweglichkeit. Bei einem ↗Fahnenmast ist die Symbolik der Fahne wichtig.
Psychoanalyse: Der Mast ist immer ein Phallussymbol.

Materie Materie bedeutet Ding-Welt.
Materie wird entweder in ihrem Wert überschätzt wie im Materialismus oder ihr Wert wird verleugnet wie im Idealismus. Der spätantike Philosoph Plotin, der großen Einfluss auf alle möglichen esoterischen und mystischen Denkschulen hatte, sah die Materie, das „Nicht-sein-Sollende", als niedrigste Erscheinung der Weltseele („anima mundi") und Wurzel allen Übels an. In der Praxis des Alltagslebens sind wir alle Materialisten – selbst wenn wir wie Karl Marx die Macht der Materie über uns in Frage stellen.

Matratze Symbol der Erotik und Sexualität wie ↗Bett. Die Matratze ist der Ort der Geburt und des Todes.

Matrose Der Matrose personifiziert männliche Gefühlsenergien. Wie der ↗Seemann steht er für Abenteuer, kann andererseits auch Unreife beim Mann anzeigen. Der Matrose ist ferner der Abenteurer und unabhängige, aber auch bindungsscheue Mann. Häufig werden mit dem Bild des Matrosen homoerotische Assoziationen verbunden. Besonders der schöne Matrose wurde in Literatur und Film zu einem Topos für den attraktiven, freiheitsliebenden Single, der mit dem ↗Meer und seiner Mannschaft verheiratet ist. Er wird als „the distant object of desire", eben als der unerreichbar Begehrte angesehen.
Literatur: Herman Melville, der selbst als Matrose hauptsächlich die Südsee befuhr, gestaltete im 19. Jahrhundert das Bild des verführerisch schönen Matrosen in seinem Roman „Billy Budd", der den englischen Komponisten Benjamin Britten zu einer Oper anregte. Jean Genet, der zeitlebens mit dem Anarchismus flirtete, gestaltete das Bild des sexuell verführerischen Matrosen in „Querelle". Auch der deutsche Autor Hans Henny Jahnn nahm sich dieses Themas an.
Film: In seinem letzten Film bearbeitete Rainer Werner Fassbinder Jean Genets

„Querelle"; der 1982 uraufgeführte Film trug den Titel „Querelle. Ein Pakt mit dem Teufel". Er setzt sich mit Sexualität und Gewalt auseinander und kann als Lobeshymne auf die Homosexualität angesehen werden.

Matte Im symbolischen Sinn wird mit der Matte meistens ein Schlafplatz bezeichnet. Die Matte ist der Ort, auf den man sich zurückzieht. Sie ist der intime Ort. Auch lange Haare werden kritisierend als Matte bezeichnet, wobei hier das Filzige und Verwobene angesprochen wird. Im Sport spielt ebenfalls die Matte eine Rolle. Sie schützt vor Verletzungen und mindert die Wirkung von Stürzen.

Mauer Zum einen ist mit der Mauer ein Hindernis und eine (emotionale) Abgrenzung angesprochen, zum anderen hängt diese Symbolik mit Schutz und Sicherheit zusammen.
Asien: Die chinesische Mauer ist als Symbol von Stärke und Schutz zu verstehen, aber auch von menschlicher Kulturleistung und Isolation. Die chinesische Mauer ist das größte Bauwerk der Erde, das einzige Bauwerk, das man aus dem All erkennt. Sie steht für eine große Kulturleistung.
Mittelalter: In St. Odilienberg (Mittelvogesen) befindet sich die rätselhafte „Heidenmauer", die wahrscheinlich rituellen Zwecken diente, über die man aber nichts Näheres weiß, außer dass sie wahrscheinlich aus dem Neolithikum stammt. Hier haben sich noch lange alte Bräuche wie der Tanz der Jungfrauen gehalten, von dem ein Liebeszauber ausgehen soll (was noch bis weit ins 19. Jh. angenommen wurde). Diese geheimnisvolle Mauer inspiriert zu solchen Ritualen, da sie eine Grenze zwischen zwei Welten – innen und außen – darstellt.

Maul Das Maul bedeutet Verschlingen und ihm wohnt etwas Aggressives inne. Natürlich ist mit dem Maul das Tierische verbunden. Wenn der menschliche ↗Mund als Maul bezeichnet wird, ist das beleidigend – wie zum Beispiel in dem Ausdruck „halt's Maul!"

Maulkorb Der Maulkorb bedeutet Domestizierung und die Macht des menschlichen Willens über das Tierische. Im übertragenen Sinn symbolisiert der Maulkorb jede Einschränkung des sprachlichen Ausdrucks. Auf der anderen Seite hilft der Maulkorb auch davor, gebissen zu werden. Er ist ein Schutz vor Verletzungen.

Maulwurf Der Maulwurf ist ein Symbol des Subversiven, des zerstörerischen Wühlens unter der Oberfläche, auch der psychischen Oberfläche. Das Unterwandern politischer Institutionen bezeichnet man als Maulwurfstätigkeit.
Englische Jakobiner verehrten den Maulwurf, den sie als den edlen Herren im schwarzen Samt bezeichneten. Das geht auf den Sturz von Wilhelm III. zurück, dessen Pferd an einem Maulwurfshügel strauchelte und den König abwarf. Der König überlebte diesen Sturz nicht.

Maurer Maurer verkörpern das Aufbauen, das Konstruktive. Weiteres bei ↗Handwerker.

Maus Symbol der Macht und Ohnmacht des Unscheinbaren. Wobei sowohl das Unbedeutende als auch das Unscheinbare im Sinn des Wesentlichen gemeint sein kann.
Nach Brehm ist die Maus der treuste Begleiter des Menschen, der liebenswürdig, neugierig, listig, geschickt und äußerst fruchtbar ist. Mäuse sind oft „Todeszei-

chen“, wobei Tod oft Absterben von etwas bedeutet. Mäuse und ↗Ratten nämlich galten als die großen Feinde des Menschen. Noch im späten Mittelalter führten Mäuseplagen zu Hungersnöten und Ratten übertrugen neben anderen Krankheiten die ↗Pest. Sie sind Meister in der Anpassung und im Überleben, wozu auch ihre hohe Vermehrungsrate beiträgt. Deswegen gelten diese auch als Sexualsymbole und verkörpern den „surviver“, eben denjenigen, der durch Anpassung überlebt.

Graue und schwarze Mäuse deuten auf ein Unheil. Sie sind ein Symbol nagender Gedanken und der Gewissensbisse. Wenn eine Mäuseplage über das Land kommt, ist dies ein schlechtes Omen (dunkle Kräfte sind aktiv). Die graue Farbe der Maus ist eine Geisterfarbe. Die graue Maus bezeichnet auch sprichwörtlich das Unauffällige. Weiße Mäuse sind Kinderseelen und die Seelen der Frommen, andererseits auch Fieberdämonen.

Daneben gelten sie auch als kluge und listige Tiere – die bekannteste Maus dieser Art ist wohl Walt Disneys „Micky Maus“. Die positive Bedeutung dieses Symbols wird darin deutlich, dass oft Eltern ihre Kinder als „kleine Mäuschen“ bezeichnen und auch der Sprache der Verliebten ist dieser Kosename nicht fremd. Kinder identifizieren sich auch oft selbst mit den kleinen Mäusen.

Die Computer-Maus ist ein Hilfsmittel, um sich bequem auf dem Computerbildschirm zu bewegen. Sie symbolisiert Geschicklichkeit und Mobilität. Die Maus wird teilweise stellvertretend für den Computer genannt, wenn man zum Beispiel sagt „ran an die Maus“.

Psychoanalyse: Nach Freuds Beobachtungen tritt die Maus auch als Penissymbol auf.

Analytische Psychologie: Die graue und schwarze Maus kann auch im Traum als Symbol des Schattens auftreten, da ↗Grau und ↗Schwarz Schattenfarben sind. Ferner ist für C. G. Jung die Maus ein Seelentier, das Bild einer schwer zu fassenden Realität, die eine Beziehung zur Sexualität, zur Fruchtbarkeit und zum Teufel beziehungsweise den Hexen aufweist.

Islam: Nach Mohammed stellt die Maus „das kleine Sünderlein“ dar – damit ist die Ehebrecherin gemeint.

Mittelalter: Den Hexen sagte man nach, Mäuse herbeizaubern zu können. Mäuseplagen wurden als Hexenwerk angesehen. Da das aber ein schwieriger Zauber ist, haben viele Hexenmäuse keine Schwänze. Die Maus und speziell die Maus ohne Schwanz verkörpert das Dämonische.

Literatur: In Goethes „Faust“ kommen die Mäuse als Geister vor, die das Pentagramm annagen, das den Teufel bannt („Faust“, Studierzimmer I). Dem Hexenmädchen auf dem Blocksberg springt beim Tanz mit Faust eine rote Maus aus dem Mund. Goethe nutzt hier die sexuelle Bedeutung der Maus.

In Friedrich Rückerts Gedicht „Fabel“ sind die Mäuse die Sorgen des Lebens, die Tag und Nacht am Menschen nagen.

Walt Disneys Micky Maus ist wohl die bekannteste Comic-Figur. Heutzutage hat das Thema „Maus“ der Comic-Künstler Art Spiegelman wieder aufgenommen, der für „Mouse“ den Pulitzer Preis verliehen bekam. In diesem Comic wird jedoch nicht wie bei Micky Maus eine heile Welt, sondern die Situation eines jüdischen Vaters während des Holocaust geschildert.

Mausefalle Wie jede ↗Falle ist die Mausefalle eine Vorrichtung, mit der ein Tier gefangen oder gar getötet wird. Als Mausefalle werden landläufig auch Orte des

Amüsements bezeichnet (vgl. den alten Schlager: „Pigalle, Pigalle, so heißt die große Mausefalle …").
Literatur: In Franz Kafkas Kurzparabel „Kleine Fabel" will die Maus, als sie am Ende ihres (Lebens-)Weges die Falle stehen sieht, dieser entgehen. Aber eben weil sie die Laufrichtung ändert, läuft sie der Katze in die Arme.

Medien Alle Medien sprechen die Kommunikationsfähigkeit an und die Bereitschaft, sich zu informieren. Medien bedeuten ferner das Indirekte, das, dem nicht vollständig zu trauen ist. Siehe ↗Fernsehen, ↗Film, ↗Foto, ↗Kino, ↗Radio, ↗Zeitung.

Medientechnologie Im Gegensatz zum Symbol „Medien" scheint das Symbol „Medientechnologie" eher auf eine Kommunikationsunfähigkeit zu verweisen. Durch die Betonung des technischen Aspektes ist eher die Entfremdung der Kommunikation angesprochen.

Medikament In den Träumen kranker Menschen wird oft das heilende Medikament gezeigt. Medikamente im Traum stehen grundsätzlich für wichtige Hilfsmittel auf dem Lebensweg, siehe ↗Arznei und ↗Tablette.

Meditation Die Meditation bedeutet innere Sammlung, Ruhe und Einheit mit dem Kosmos. Sie ist eine Form der ↗Andacht und teilweise dem ↗Gebet vergleichbar.

Meer Das Meer ist ein beliebtes Symbol des Gefühls, der Urkraft, der Gewalt, der Nahrung und des Uranfangs. Das Meer steht für Sehnsucht nach Freiheit und Unabhängigkeit.
Das Meer ist ferner ein Bild des Unbekannten und Ungeheuerlichen. Es wirkte speziell in früheren Zeiten Furcht einflößend.
Wenn der Träumer zu ↗Wasser reist, macht ihm sein Unbewusstes mit plakativer Symbolik darauf aufmerksam, dass er sich in einer Phase befindet, in der sich seine Gefühle ändern.
Odysseus und Sindbad sind die klassischen Reisenden, die das Meer mit Schiffen befahren. Sie müssen ihre Gefühle erleben. Deswegen trifft Odysseus auffallend viele weibliche Wesen. Der Weg über das Wasser ist ein Weg durch unsere Gefühle. Beim Meer spielt häufig das andere ↗Ufer eine wichtige Rolle. Das jenseitige Ufer ist beim Meer nur zu ahnen; es ist die andere Welt. Gemeint ist die Gegenwelt zu der Welt, in der sich der Träumer befindet. Lebt er im Geist, ist das andere das Gefühl und die Intuition. Lebt er mehr aus seinem Gefühl oder seiner Intuition heraus, ist das andere der ordnende Geist. Das andere Ufer stellt die Seite von uns dar, die uns zur Ganzheit fehlt. Um dorthin zu gelangen, müssen wir durch die Meereswelt unserer Gefühle reisen und aufpassen, nicht zu stranden.
↗Schwimmen wir, ist ein engerer Kontakt mit unserer Gefühlswelt gefordert – wir befinden uns im Wasser des Gefühls. Im ↗Boot geben wir uns nicht vollständig dem Wasser hin, von dem uns die Planken trennen. Gibt sich der Träumende zu sehr dem Wasser hin, ertrinkt er. Die ↗Wellen des Unbewussten schlagen über ihm zusammen, um ihn mitzureißen ins Land seliger Unbewusstheit, in dem die betörend schönen ↗Nixen, Undinen und Sirenen wohnen. Er kehrt zum Ursprung – zum Urmeer des Weiblichen – zurück.
Analytische Psychologie: Das Meer stellt ein archetypisches Bild unseres Unbe-

wussten, unseres Gefühls und unseres Ursprungs dar. Es ist Symbol des kollektiven Unbewussten, das nach Erich Neumann die Rückschlingung ins Unbewusste verdeutlicht.
Psychoanalyse: Eine dunkle Farbe des Meeres zeigt eine unbewältigte Mutterbindung an.
Islam: Im Islam zeigt das Meer die unstillbare Sehnsucht nach Gott. Im Meer löst sich die einzelne Seele auf, um mit Gott eins zu werden. Sie liefert sich ihm aus gleich dem Seefahrer, der sich den Elementen ausliefert.
Literatur: Die Schiffsreise des Odysseus von einem Ende des Mittelmeers zum anderen wurde als solch eine heldenhafte Tat angesehen, dass Homer ihr ein ganzes Epos widmete. In jenen Zeiten galt nämlich das Meer als nicht schiffbar, außer an den Küsten. Es wurde einem Ungeheuer gleich empfunden.
Literatur: Bekannt sind die sieben Fahrten von Sindbad dem Seefahrer aus „1001 Nacht" und Daniel Defoes „Robinson Crusoe". Wie Robinson Crusoe erliegt Sindbad der Sucht, die Meere zu befahren, um durch Handel seinen Reichtum zu vermehren und um neue Länder und Völker kennen zu lernen. Auf seinen sieben Reisen wird er dabei mit den gruseligsten Situationen konfrontiert, die er alle – wie sein Vorgänger Odysseus – mit listiger Klugheit besteht. Robinson und Sindbad sind wie fast alle Befahrer des Meeres (in der Literatur) auf sich selbst gestellt. Auf „Robinson Crusoe" folgte eine ganze Literaturgattung: die Robinsonade.
Seit einiger Zeit sind wieder Romane beliebt, die das „hungrige Meer" beschreiben. Dazu gehört zum Beispiel „Schiffsmeldungen" (1992) von Edna Annie Proulx. Vorläufer dieser Welle waren „Das Meer, das Meer" (1978) von Jean Iris Murdoch und „Waterland" von Graham Swift. In all diesen Romanen wird die Stärke des Meeres gegenüber dem relativ hilflosen Menschen beschrieben.

Meerjungfrau ↗Nixe

Meerschweinchen Das Meerschweinchen – hier zu Lande meist als lebendes Kuscheltier für Kinder angesehen – symbolisiert unsere Gefühle, die Verbindung zur Natur und zum Tierischen. Das Meerschweinchen bezeichnet ferner das Anfangsstadium der Entwicklung der emotionalen Funktion.
Meerschweinchen deuten häufig auf Kindlichkeit hin.

Mehl Mehl symbolisiert traditionell Vermögen und Versorgung, da aus dem Mehl die wichtigsten Nahrungsmittel hergestellt wurden. Heute eher negativ gesehen: Speisen, in denen viel Mehl ist, gelten als veraltet und ungesund; das weiße, fein gemahlene Mehl – früher der Stolz eines jeden Bauern, Müllers und Bäckers – führt bei Gesundheitsaposteln nur zu einem Naserümpfen.
Psychoanalyse: Symbol des Samenergusses

Meister Der Meister verkörpert die Perfektion in einem bestimmten Gebiet. Er steht für Meisterschaft und Souveränität, siehe ↗Chef.

Melancholie Die hehre Kunst der Kopfhängerei, wie der englische Bibliothekar Burton sie nannte, war besonders in der Romantik hoch angesehen. Man sprach auch vom Weltschmerz, für den besonders die Deutschen berühmt waren. Einzelheiten bei ↗Depression.

Melken Melken steht für die Nutzung der Natur, es kann aber auch im übertragenen Sinn Ausbeutung bedeuten. Wenn jemand „gemolken wird", dann wird versucht von ihm zu bekommen, was möglich ist.
Bei der positiven Bedeutung von Melken wird die Mütterlichkeit und das Nähren angesprochen (↗Milch). In diesem Zusammenhang symbolisiert es häufig die romantische Sehnsucht nach Naturnähe.

Melone Die Melone stellt wie die meisten ↗Früchte ein erotisches Symbol dar. Sie wird nicht nur von der Psychoanalyse als Bild der ausgeprägten Weiblichkeit gesehen.
Der gleichnamige ↗Hut charakterisiert den klassischen oder konservativen Geschäftsmann englischer Prägung. Er drückt eine gewisse Steifheit aus.
Literatur: In der pornografischen Literatur werden die Brüste der Frauen oft mit den reifen Melonen verglichen.

Melusine ↗Nixe

Menge ↗Masse

Menhir Der Menhir ist ein stehender ↗Stein aus der Frühzeit der Menschheitsgeschichte. Er symbolisiert oft die rätselhafte Vergangenheit. Damals wie heute gilt er als Phallussymbol (im Gegensatz zu den weiblichen Lochsteinen aus der gleichen Zeit).
Steinsetzungen werden in der mehr spirituell ausgerichteten Literatur als eine Akupunktur der Erde bezeichnet. Es wird davon ausgegangen, dass der Menhir Kräfte aus dem Inneren der Erde an die Oberfläche bringt. Sie sind so ein Erdungssymbol.

Menschenfresser: Das Fleisch von Menschen zu essen, ist in unserer Kultur durch ein sehr starkes Tabu verboten. Menschenfresserei gilt als besonders inhuman, als Gipfel der Unmenschlichkeit oder des Verfalls aller Sitten. Trotz (oder wegen?) des Tabus spielt die Menschenfresserei in Märchen und Kunst eine gar nicht so kleine Rolle.
Interessant ist auch die Redensart „Ich hab dich zum Fressen gern" oder ich „habe einen Narren an dir gefressen".
In Diderots „Encyclopèdie" finden wir bei dem Stichwort Menschenfresser den Hinweis auf die Eucharistie (↗Abendmahl), worin sich in versteckter Weise die freidenkerischen Ansichten dieses Aufklärers zeigen.
Literatur: In Homers „Odyssee" ist es der Zyklop Polyphem, der der Menschenfresserei huldigt. Auch in den bekannten Märchen „Hänsel und Gretel", „Rotkäppchen" und „Däumling" spielt das Essen von Menschen eine Rolle. Generell werden öfter ↗Hexen, ↗Werwölfe und ↗Vampire der Menschenfresserei bezichtigt. Eine gewisse Lust am Kannibalismus (und am Tabubruch) wird in Goethes „Faust" deutlich, wenn die betrunkenen Saufkumpane singen „Uns ist ganz kannibalisch wohl, / Als wie fünfhundert Säuen!" Martin Walser sagte einmal, dass der Heide seinen getöteten Feind verspeist, wohingegen der Christ ihn bekehrt und damit seine Seele isst.
Film: In Jean-Luc Godards Film „Weekend" gibt es eine Episode, wo Waldbewohner, die sich von der Zivilisation abgekehrt haben, Menschenfleisch am Feuer rösten und essen.

Menstruation Die Menstruation ist immer ein Weiblichkeitssymbol: Entweder lehnt man die Weiblichkeit ab oder freut sich an ihr. Ferner muss man sich hier der Symbolik des Blutens zuwenden, die immer auf eine Verletzungsangst, aber auch

auf eine Annäherung an die Geheimnisse des Lebens deutet. „Blut ist ein ganz besonderer Saft“ (Faust I) und steht für die Lebensenergie und die wilden Leidenschaften. Das weibliche Bluten erinnert an diese Lebensenergie und die Leidenschaften, die Leben erzeugen können.
Je nach Einstellung des Betrachters kann die Menstruation als Unreinheit gesehen werden – wie zum Beispiel im jüdisch-christlichen Bereich – oder als Zustand positiver Offenheit – wie beispielsweise im ostasiatischen Tantrismus.
Die Menstruation wurde in patriarchalen Gesellschaften meist als bedrohlich angesehen, wovon die vielen Menstruationstabus ein Zeugnis ablegen. Kurz vor und während der Menstruation tritt das Tierische der Frau zu Tage, die reine Natur spricht durch sie, war die Ansicht.
In weiblichen Gesellschaften trafen sich die menstruierenden Frauen außerhalb der Männergesellschaft in der Menstruationshütte, die kein Mann auch nur sehen durfte. Hier konnten sie ihre Weiblichkeit und Abhängigkeit von den Rhythmen des Kosmos genießen.
Mittelalter: Der einflussreiche Kirchenlehrer Isidor von Sevilla vertrat den Standpunkt, der Kontakt mit einer menstruierenden Frau würde jedes Wachstum von Tieren und Pflanzen hemmen und könnte sie sterben lassen. Ferner sollen Menstruierende die männliche Potenz angreifen und Nahrungsmittel verderben lassen.
Literatur: Sylvia Plath sieht in ihren Cambridger Tagebüchern die Menstruation als Fluch an. Auch Dorothy Parker teilte diese Einstellung.

Merkur Merkur – selbst eigentlich nur ein Halbgott – ist in der griechischen Götterwelt der Götterbote. Als Hermes oder Merkur bringt er die Träume und er hält seine Hand schützend über die Kaufleute und Taschendiebe.

Messe Die Messe, auf der etwas ausgestellt wird, ist ein Symbol für Kommunikation und Kontakt. Messe bedeutet auch Handel, und somit spricht sie unser Handeln an.
Falls die Messe in der Kirche gemeint ist ↗Gottesdienst, ↗Kirche.

Messer Das Messer ist ein beliebtes Symbol für Aggressionen („Ins offene Messer laufen“ oder „bis aufs Messer bekämpfen“) und zum anderen für den analysierenden, „messerscharfen“ Geist.
Dabei ist es wichtig, um welche Art des Messers es sich handelt, denn bei Tisch kann es sich auch um einen eher harmlosen Teil des ↗Bestecks handeln: Der Umgang mit Messer und Gabel gehört eher in die Welt der Kultur als der Aggression. Aber besonders wenn betont wird, dass das Messer spitz und scharf ist, geht es immer um Aggression (↗Dolch und ↗Waffen).
„Auf des Messers Schneide“ ist der Ausdruck für ein Risiko oder eine Entscheidungssituation.
Psychoanalyse: Jedes Messer ist nach S. Freud ein Penissymbol. Heute tritt es allerdings selten in dieser Bedeutung auf.
Literatur: In Anaïs Nin Geschichtensammlung „Das Delta der Venus“ allerdings tritt das Messer ganz im Sinne Freuds als Symbol aggressiver Männlichkeit und als Bild für den Penis auf.

Messing Wie viele ↗Metalle bedeutet auch das Messing oft Wohlstand, besonders wenn es im Haus auftritt. Messing kann allerdings auch das Wertlose sein, da es farblich an ↗Gold erinnert, aber keines ist. Messing kann symbolisch als Stellvertreter des Golds auftreten, wobei stets die Minderwertigkeit mitschwingt.

Met ↗Bier

Metallarbeiter Der Metallarbeiter verkörpert technische Fähigkeiten. Er ist der Mann, der mit der Härte umgehen kann. Er kann auch der einfache Mann sein.

Metalle Metall bedeutet Erfolg, Wohlstand, Reichtum, Beständigkeit und Härte. Bekannt ist der „eiserne Wille", die „bleierne Angst", und das „Quicklebendige" (Quecksilber). Einzelheiten bei dem jeweiligen Metall.
In der Magie werden ↗sieben Metalle genutzt, hauptsächlich zur Amuletthserstellung. Als die magischen Metalle gelten: Gold, Silber, Eisen, Kupfer, Quecksilber, Zinn und Blei. Der alchemistische Zweig der Magie beschäftigt sich ausschließlich mit der Umwandlung der Metalle, ein Bild, das nach C. G. Jung den menschlichen Individuationsweg wiedergibt.

Metapher Die Metapher ist ein Vergleich, bei dem das „Wie" ausgelassen wird. Die Art der benutzten Metaphern gibt eine persönliche und zugleich kulturell geprägte Weltsicht wieder. Sie enthüllt die Sichtweise und den Standpunkt der Person, die sie gebraucht. Gängige Metaphern geben den Menschen eine Art und Weise vor, die Welt und sich selbst zu betrachten.
Viele geläufige Metaphern entstammen dem Bereich unseres ↗Körpers. Von den Formen und Gefühlen unseres Körpers lernen wir die Welt zu betrachten und zu benennen. Wir sprechen zum Beispiel vom Kopf einer Organisation, dem Arm des Staates, dem Fuß des Berges, der rechten Hand des Chefs und dem Auge des Gesetzes.
Psychoanalyse: S. Freud war der Meinung, dass letztendlich unsere Körpererfahrung die Grundlage aller Metaphern und Symbole liefert.

Meteor Symbol für einen Gedankenblitz, für Ideen und einen Aufstieg (der „meteorhafte Aufstieg").
Meteore sind Sternschnuppen, deren Leuchtspuren am nächtlichen Himmel zu sehen sind, wenn kleine Teilchen aus dem All in der Atmosphäre verglühen. Bis zum Ende des 18. Jahrhunderts tat man Meteore entweder als Sinnestäuschungen ab oder man sah sie als Vorboten für schreckliche Ereignisse. Erst in neuerer Zeit wurden sie als Glücksboten gesehen, die einen Wunsch wahr werden lassen.
Literatur: Alexander von Humboldt berichtet von seinen Reisen in Süd-Amerika, dass die Indianer dort Kometen als „Urin der Sterne" bezeichnen.

Metzger Der Metzger schlachtet das Vieh: Das verweist auf Tod, Blut und Aggression. Er gilt oft als ein roher, brutaler Mann. Der Metzger ist allerdings auch derjenige, der eine Einsicht in den Körper besitzt.
Bei der Deutung dieses Symbols kommt es darauf an, welche Einstellung der Träumende zum ↗Fleisch besitzt. Für Vegetarier werden eher die negativen Bedeutungen dieses Symbols aktiviert als für diejenigen, die als Feinschmecker Fleisch lieben.
Der Fleischer ist auch derjenige, der mit den „fleischlichen Lüsten" umgehen kann: der Spezialist für fleischliche Lust.
Psychoanalyse: Der Metzger symbolisiert häufig die Veredelung des Triebs.

Metzgerei Die Metzgerei hat einen Doppelaspekt: Zum einen ist sie ein Geschäft, in dem Fleisch den Kunden angeboten und verkauft wird. Das kann auf die Lust am ↗Essen verweisen oder auf die weiteren Aspekte von ↗Fleisch. Daneben ist die traditionelle Metzgerei aber auch der Ort, an dem die Tiere geschlachtet und fachgerecht zerlegt werden. Dann spielen Blut und Tod die Hauptrolle wie beim ↗Schlachthaus.

Meuterei Eine Meuterei richtet sich stets gegen etwas. Sie symbolisiert widerständige Kräfte, die sich nichts gefallen lassen. Meutereien der Vergangenheit werden oft mit romantischen Vorstellungen belegt und dienen als Bühne für männliche Helden.
Literatur: In der Literatur sind die Meutereien auf See beliebt. Jack London veröffentlichte 1914 seinen vor Gewalt strotzenden Abenteuerroman „Die Meuterei auf der Elsinore". Die Meuterei steht in diesem Roman für die Entfesselung tierischer Gewalt im Menschen und für die Bewährungsprobe für den Helden.
Die bekannteste aller Meutereien ist die auf der Bounty. James N. Hall und Charles B. Nordhoff, die 1920 zusammen nach Tahiti zogen und Seeabenteuerromane der Südsee schrieben, veröffentlichten 1932 ihren Abenteuerroman „Die Meuterei auf der Bounty". Berühmt wurde der Roman durch seine Verfilmung. Der Roman ist ein Tatsachenroman, bei dem immer wieder das exotisch-erotische Bild der Südsee durchschimmert. Eigentlich sind es die unwiderstehlichen Südseefrauen, welche die Männer zur Meuterei verführt haben.
Film: Meutereien sind ein beliebtes Thema für Actionfilme. Die Verfilmung der Meuterei auf der Bounty frei nach dem Roman war ein Kinomagnet, der 1935 mit dem Oscar für den besten Film ausgezeichnet wurde. Der Roman wurde noch zweimal verfilmt. In allen Fassungen wird die Frage der Gerechtigkeit aufgeworfen, die jede Meuterei stellt.

Miete Miete bedeutet Kosten. Wichtig ist auch der Gegensatz von Miete und Eigentum, wobei die Miete meist abgewertet wird.

Mikrochip Ein Mikrochip besteht aus einer Anzahl von Schaltern (Transistoren), die auf einer kleinen Silikonplatte in riesigen Mengen angebracht sind. Sie ähneln dem menschlichen Intellekt, da sie Information speichern und logisch verarbeiten können. 1959 wurden sie entwickelt und fortwährend leistungsfähiger gemacht. Der Chip bedeutet Fortschritt, er steht manchmal stellvertretend für die gesamte Computertechnologie. Der Chip steht für Schnelligkeit und Effektivität, siehe auch ↗Computer.

Mikrofon Das Mikrofon verweist auf ↗Kommunikation. Wer ins Mikrofon spricht, hat etwas zu sagen, er will (meist öffentlich) kundtun, was ihn bewegt. Bei SängerInnen wird das Mikrofon in einer Bühnenshow oft als Phallussymbol benützt.

Mikroskop Beim Mikroskop geht es immer um die Betrachtung des Details, um die Vergrößerung des Kleinen, Unscheinbaren.
Das Mikroskop galt lange Zeit als ein Symbol für die Naturwissenschaften. In diesem Zusammenhang steht es für wissenschaftliche Exaktheit und für einen Einblick in eine andere Welt.

Mikrowelle War bis vor nicht allzu langer Zeit ein wichtiges Symbol für den modernen Haushalt und die moderne Hausfrau. Tatsächlich wird beim Kochen

mit der Mikrowelle der Vorgang des Kochens entsinnlicht, die Speisen werden wie von Zauberhand hinter einer Glasscheibe gar, ohne dass dem, der kocht, irgendetwas anderes zukommt als das bloße Beobachten.
Für ökologisch denkende Menschen ist die Mikrowelle wegen der Strahlen zu einem Symbol für eine gefährliche und gesundheitsschädliche Technik geworden.

Milch Die Milch stellt die ursprüngliche Nahrung des Menschen dar. Mit ihr wird das mütterliche Prinzip angesprochen. Die Milch symbolisiert letztendlich die Rückkehr zum Ursprung. Das Paradies ist das Land, in dem Milch und ↗Honig fließt. Es muss etwas durch Milch, durch Weiblichkeit genährt werden. Das Symbol Milch verweist auch oftmals auf Regressionstendenzen.
Wenn es nicht Kleinkinder sind, die Milch trinken, dann steht der Gesundheitsaspekt im Vordergrund: Milch gilt als besonders gesundes Getränk, sie wird von der Werbung als Getränk für Sportler angepriesen, tatsächlich aber oft als Getränk für Weichlinge abgewertet. Im übertragenen Sinne bedeutet das Trinken von Milch Vermehrung von Wissen und Erkenntnis („alma mater" – die nährende Mutter – ein Ausdruck für die Universität). Sauermilch symbolisiert Kummer und Sorgen. Weitere Milchprodukte: ↗Butter, ↗Käse, ↗Sahne.
Analytische Psychologie: Die dunkle Milch steht für die Abnabelung von der Mutter und für Emanzipation. Ferner wird die Milch als ein Wandlungssymbol betrachtet.
Psychoanalyse: Milch symbolisiert Sperma.
Mittelalter: Aus Rachsucht können Hexen und Zigeunerinnen den Fluss der Milch versiegen lassen, das zumindest war verbreitete Volksmeinung bis ins 19. Jahrhundert hinein. Noch schlimmer war es – wie bis ins 20. Jahrhundert hinein in Pommern geglaubt wurde – wenn die Hexen die Milch anderer Kühe in ihre eigenen Kühe umleiteten. Hexenverzauberte Milch symbolisierte Armut und Hunger.
Literatur: In Paul Celans berühmten Gedicht „Die Todesfuge" tritt als Symbol die schwarze Milch auf, die eine apokalyptische Stimmung verbreitet.

Milchschokolade ↗Schokolade

Militär Militär bedeutet ↗Krieg, ↗Kampf und Aggression – andererseits auch Schutz vor Angriffen. Zum Militär gehört Hierarchie und Unterordnung, in der Regel handelt es sich um eine Männergesellschaft (↗Soldat, ↗Offizier). Es kann wie ein ↗Gefängnis gesehen werden.
Eine Vorliebe für Symbole aus dem militärischen Bereich (siehe auch ↗Waffen) deuten oft auf eine gestörte Männlichkeit hin.

Militärdienst Der Militärdienst kann Selbstbestätigung, Autorität, unreife Männlichkeit oder Aggressionsstau bedeuten. Häufig ist mit diesem Symbol das Erwachsenwerden des Mannes angesprochen. Der Militärdienst stellt eine moderne Initiation dar.

Milz Die Milz symbolisiert unsere Abwehrkraft und als Blutspeicher trifft auch die Bedeutung des ↗Bluts auf sie zu. Für die meisten heutigen Menschen ist die Milz das Organ, das ihnen am fernsten steht.
Die Milz gilt in der europäischen und arabischen Symbolik als Sitz des Humors und des Lachens. Der legendäre antike Arzt

Galen ging allerdings davon aus, dass in der Milz Misstrauen und Bitterkeit wohne.

Milzbrand Der Milzbrand rückte seit Herbst 2001 in das Interesse der Öffentlichkeit, da terroristische Anschläge mit Milzbrandbakterien befürchtet wurden. Seitdem wird Milzbrand mit Terrorismus und Angst verbunden.
1876 fand Robert Koch den Milzbranderreger, wofür er unter anderem 1905 den Nobelpreis erhielt. In Zentraleuropa und Nordamerika war der Milzbrand fast ausgestorben. Der letzte bekannte Fall einer Milzbrandinfektion des Menschen stammte aus dem Jahr 1994. Bei Tieren kommt Milzbrand allerdings häufiger vor.

Mimose Die Mimose – eigentlich eine Hülsenfrucht – ist ein sprichwörtliches Symbol für Überempfindlichkeit und Hemmungen.

Miniatur Symbolisch verweisen kleine ↗Bilder auf kleine Ursachen, die der Betrachter fälschlich als wesentlich ansieht. Die Miniatur kann auch das Wertvolle symbolisieren. Es ist bedeutsam, was die Miniatur darstellt.

Minister Der Minister ist eigentlich ein Diener, ein Diener des Königs, des Präsidenten oder des Kanzlers. Tatsächlich steht heute aber in der Regel der Aspekt des Regierens und der Machtausübung im Vordergrund. Die Bewertung ist mit dem jeweiligen Verhältnis zu Macht und Ansehen verbunden.
Psychoanalyse: S. Freud träumte als junger Mann, ein Minister zu sein, was auf seinen Ehrgeiz verweist.

Minotauros ↗Fabeltier, ↗Werwolf

Mischfarbe Mischfarben verweisen auf differenzierte oder „gemischte" Gefühle. Mischfarben werden häufig mit dem Alter, Primärfarben mit der Jugend verbunden. Sie setzen sich in ihrer Bedeutung aus den Grundfarben ↗Rot, ↗Blau und ↗Gelb zusammen.

Missbildung Missbildungen verweisen psychologisch gesehen auf seelische Wunden, die zu Unsicherheiten und Ängsten führen. Man kann sich nicht voll entfalten und ist aus dem Gleichgewicht geraten. Man sehnt sich nach der konkreten Entfaltung der eigenen Bedürfnisse, die wieder Schönheit verleihen. Letztendlich zeigt dieses Symbol sowohl die Angst vor der Fehlentwicklung an, als es auch darauf aufmerksam macht, dass diese Angst unberechtigt ist, da die Seele unversehrbar ist.

Missbrauch Bei heiklen Themen wie dem sexuellen Missbrauch ist deutlich zwischen Symbol und Realität zu unterscheiden. Als Realität ist der Missbrauch eine aggressive Handlung im Geschlechterkampf. Als Symbol verweist Missbrauch stets auf Sexualabwehr oder auf jegliche Gewalt, siehe auch ↗Vergewaltigung.
Missbrauch ist auch die ungewöhnliche Nutzung. Man missbraucht beispielsweise das Messer, wenn man es als Schraubenzieher nutzt. Alles, was man nicht in seiner ursprünglichen Funktion benutzt, missbraucht man. In diesem Sinn kann der (nichtsexuelle) Missbrauch auch auf Kreativität und das Unkonventionelle verweisen, denn der nicht rechte Gebrauch führt zu einer neuartigen Form des Gebrauchs und ist der Anfang aller Erfindung.
Psychoanalyse: Die Psychoanalyse macht auf eine wichtige Taktik unserer Psyche aufmerksam: Wünschen wir uns etwas

sehr, passt es jedoch nicht in unser Wertesystem, dann produziert unsere Fantasie ein Gewaltbild. Missbrauch als Symbol ist also der Ausdruck der Sehnsucht nach Sexualität, die man sich selbst jedoch nicht zugesteht. Sieht man den sexuellen Akt unter dem Aspekt der Vergewaltigung, ist man selbst nicht für die Befriedigung seines Bedürfnisses verantwortlich und könnte es so in masochistischer Reaktionsform genießen. Im Traum trifft diese Ansicht auch noch heute oft zu.

Missernte Eine misslungene ↗Ernte verweist auf Misserfolge, auch auf Minderwertigkeitsgefühle. Jemand bekommt nicht den ↗Erfolg, den er sich erhofft.

Missgeschick Situationen, in denen jemandem etwas nicht gelingt oder in denen er in irgendeiner Weise versagt, bieten eine Chance, die Erwartungen genauer anzuschauen. Die Art des Missgeschicks ist stets symbolisch zu deuten. Wenn man sich beispielsweise schneidet, dann mag das darauf verweisen, dass man sich öffnen sollte oder zu offen ist. Wenn man sich verbrennt, mag das auf ein zu großes ↗Risiko verweisen, das man gerade eingehen möchte. Generell können kleinere Unfälle darauf verweisen, dass man aufmerksamer durch sein Leben gehen sollte.

Misshandlung Die Misshandlung drückt aggressive Gefühle aus – meist sich selbst gegenüber.
Wenn allerdings eine reale Misshandlung erlebt wurden, dann handelt es sich hierbei um die Aufarbeitung dieses Erlebnisses. Allerdings konnte die wissenschaftliche Psychologie zeigen, dass misshandelte Personen selten spezifische Symbolik aufweisen.

Mist Der Mist, der als Dünger auf die Felder gebracht werden kann, symbolisiert einerseits Fruchtbarkeit und Potenzial, andererseits auch etwas Ungenügendes („Mist gebaut"). Er kann als Ekelsymbol auftreten oder als Nährboden, zum Beispiel für eigene Gedanken: „Das ist auf meinem Mist gewachsen".

Mistel Die Mistel ist das Sonnensymbol der Druiden und ein magisches Symbol des Bewusstseins. Nach englischer Sitte darf man unter dem Mistelzweig jeden küssen. Der Mistelzweig steht für die heilende Kraft der Liebe.

Mistkäfer In unserem westlichen Kulturbereich kann er als Ekel- und Schattensymbol auftreten (↗Mist), im ägyptischen Kulturbereich dagegen wird er als ein Symbol des Lebens verehrt, auch des Lebens nach dem Tode. Der Mistkäfer ist dort und in der ganzen Antike ein Zeichen für die schöpferische Kraft. Seine Abbildungen sind heute allerdings weitgehend zum Souvenir verkommen.

Mittag Der Mittag symbolisiert ein klares Bewusstsein (↗Licht) und volle Kraftentfaltung. Er ist ein Bild der Lebensmitte. Der Mittag ist auch ein Zeichen der Ruhe und des Tiefstands der Energie.
Asien: In der arabischen Symbolik gilt der Mittag als die ↗Geisterstunde. Er symbolisiert die Zeit, in der uns störende Gefühle und Gedanken heimsuchen.

Mitte Sie zeigt an, was ist. Die (eigene) Mitte wird gesucht, der ruhende Pol im Leben. Die Mitte ist ein Symbol für das (eigene) Ideal und den Ausgleich der inneren Kräfte.
Literatur: „Die Mitte bringt es offenbar, was am Ende ist und anfangs war",

schreibt Goethe im „Westöstlichen Diwan".
Philosophie: In Epikurs Philosophie des Glücks wird wie im Buddhismus der mittlere Weg gelobt, da nur er langfristig Lust und Glück verspricht.

Mittelfinger Der Mittelfinger ist der längste ↗Finger. Er wird benutzt, um die berüchtigte „fuck you"-Geste zu machen, wobei der gestreckte Mittelfinger den Penis symbolisiert. Diese Geste ist über zweitausend Jahre alt und war schon im römischen Reich beliebt.

Mitternacht Die Mitternacht ist die dunkelste Zeit des Tages und die Geisterstunde, sie steht in offenkundigem Gegensatz zum ↗Mittag.
Literatur: Das Bild der Mitternacht wird in der Gruselliteratur häufig beschworen. Die ↗Geister, die diese Zeit lieben, symbolisieren unsere negativen Gedanken und Gefühle.

Mittwoch ↗Wochentage

Mixer Der Mixer stellt den Zauberstab der Hausfrau dar, wie es die Werbung hervorhebt. Dabei ist der sexuelle Anklang nicht zu übersehen. Aber er verbindet auch das, was sich sonst nur schwer verbindet. Ferner verändert er die Konsistenz der Speise, womit im übertragenen Sinne angedeutet wird, dass eine Qualitätsveränderung des Bewusstseins vorliegt.

Mode Die Mode ist ein Symbol des persönlichen Stils oder der Eitelkeit (wie bei ↗Schmuck und ↗Maske), auch der Vergänglichkeit. Manchmal auch mit negativem Beigeschmack wie in „Modepuppe".
Analytische Psychologie: Klassische Persona-Symbolik.

Model Erscheint ein (Foto-)Modell im Traum, verweist es auf unsere Auseinandersetzung mit gesellschaftlichen Normen, Anpassung und Eitelkeit. Oft versucht man aus Minderwertigkeitskomplexen heraus ein Schönheitsideal zu erfüllen.
Ein Model bietet sich als Projektionsfläche für die Attraktivität an.

Modell Hier ist es wesentlich, was das Modell abbildet. Diese Symbolik zeigt häufig, dass wir etwas nicht so wichtig nehmen oder mehr studieren sollten.

Modem Das Modem regelt die ↗Kommunikation zwischen unterschiedlichen ↗Computern über das Telefonnetz. Es ist also ein Kommunikationssymbol und steht für unsere Verbindung mit der Außenwelt. Das Modem ist das Tor zur Welt, da ich mit ihm über das ↗Internet weltweit Kontakte knüpfen kann.

Möbel Möbel symbolisieren den Stil, den sozialen Stand und die Gefühle ihres Besitzers. Möbel sind häufig sperrig und etwas, das die Weite des Raums zerstört.
Natürlich ist für eine genaue Deutung die Art der Einrichtung und der Zustand der Möbel wichtig: Sind es massige und alte dunkle Möbel oder eher moderne luftige Kreationen? Sind die Möbel hochpoliert oder abgestoßen und verschrammt?
Siehe auch ↗Bett, ↗Couch, ↗Küchenmöbel, ↗Schlafzimmer, ↗Schreibtisch, ↗Sessel, ↗Stuhl, ↗Tisch und ↗Wohnzimmer.
Analytische Psychologie: Die Möbel symbolisieren das geistige Leben und oft auch die Verbindung mit den Ahnen. Besonders bei ↗Antiquitäten ist der Zeitbezug zu beachten. Was verbindet man mit der Zeit, aus der diese Antiquitäten stammen? Es

gibt eine Auffassung in der Symbolik, die besonders in der Schweiz vertreten wird, dass im Traum dem Träumer oder der Träumerin Aufgaben gezeigt werden, die sie von ihren Ahnen übernommen haben. Welche Vorfahren lebten in der Zeit, aus der diese Antiquitäten stammen? Wie haben sie gelebt und welche Beziehung besteht zum eigenen Leben?

Möhre Die Möhre symbolisiert gesunde Ernährung. Sie enthält speziell zwei Substanzgruppen, die Krebs verhindern sollen: Carotinoide und Polyphenole. Diese Stoffe verlieren auch bei Erhitzung nicht ihre Wirkung.
Die Möhre ist auch ein bekanntes Phallussymbol.

Mönch Mönche verkörpern Disziplin, Selbstbeherrschung und Selbstbesinnung (↗Askese). Offensichtlich weist dieses Symbol auch auf eine asketische Haltung und damit unter Umständen auf eine problematische Einstellung zur Sexualität hin.

Mörtel Der Mörtel symbolisiert Zusammenhalt und Festigung.

Möse ↗Vagina, ↗Sexualität

Möwe Die Möwe ist auch dem Symbol ↗Taube verwandt: Sie drückt Freiheit und Unabhängigkeit aus, dabei liegt bei der Möwe immer ein wichtiger Akzent auf dem ↗Meer.
Literatur: Vergleiche zum Symbol der Möwe Richard Bachs Bestseller „Die Möwe Jonathan". Die Möwe wird durch dieses Buch für viele zum Symbol der spirituellen Entwicklung. Seit 1970 hat dieses Buch esoterische Kreise der westlichen Welt stark beeinflusst. Die Möwe Jonathan überschreitet ihre ↗Grenzen, um zum Höheren zu gelangen und verkörpert so den erfolgreich Suchenden auf dem spirituellen Weg. Wichtig ist, dass die Möwe Jonathan wie die Bhodisattvas in der buddhistischen Tradition die vollkommene persönliche Befreiung aufgibt, um anderen Möwen zu helfen. Sie ist somit auch ein Symbol des Mitgefühls und der Überwindung des Ego.

Mohammed ↗Prophet

Mohn Keine Pflanze hat derart der Menschheit geholfen und zugleich auch geschadet wie der Mohn. Aus dem Saft der Samenkapseln des Mohns wird ↗Opium gewonnen, das weiter zu Morphium und ↗Heroin verarbeitet wird. Der Mohn besiegt den Schmerz und schafft eine tödliche Abhängigkeit. Er ist dem Reich der Träume eng verbunden, weswegen der deutsche Chemiker F. Sertürner – der 1815 erstmalig aus Opium das Alkaloid $C_{17}N_{19}NO_3$ isolierte – dieses nach Morpheus, dem griechischen Gott der Träume Morphium nannte.
Aber nicht jeder Mohn eignet sich zur Opiumgewinnung. Der uns bekannte rote Mohn erzeugt keinen Rausch – genauso wie der kalifornische Mohn, der das Staatssymbol von Kalifornien ist. Der Mohn des Mohnkuchens wird meistens in der Türkei für den Export und die Ölgewinnung angebaut. Dabei gelten die dunkelblauen Samen als die schmackhaftesten.
Literatur: Die Produkte des Mohns inspirierten zahlreiche Schriftsteller, zum Beispiel Novalis („Hymnen an die Nacht"), Johannes R. Becher und Klaus Mann.

Molkerei Molkerei und ↗Melken werden häufig in dem Sinn von Ausbeutung benutzt. Molkerei weist auch auf die männliche Ausnutzung des mütterlichen Prinzips. Allgemeines bei ↗Milch.

Monat Die Symbolik der Monate folgt der der Jahreszeiten: Die Monate des ↗Winters symbolisieren Kühle, Distanz oder auch Gemütlichkeit, die des ↗Frühlings stehen für Lust, Neuanfang und Lebenskraft. Die ↗Sommermonate geben Hitze und Leidenschaft wieder, die ↗Herbstmonate sprechen depressive Stimmungen an. Einzelheiten bei den verschiedenen Monaten.

Mond Mond bedeutet seit uralten Zeiten Weiblichkeit, Mutter und Frau, aber auch Veränderung, Wankelmut und Launenhaftigkeit. Weil er selbst kein Licht gibt, sondern nur von der Sonne beschienen wird, wurde er auch zum Symbol der Abhängigkeit.

Der Mond symbolisiert das Leben der Frau – wie die ↗Sonne das Leben des Mannes symbolisiert. Frauen wurden wegen ihrer Monatsblutungen als Sklavinnen des Mondes bezeichnet. Im Patriarchat wurde das negativ betrachtet, in weiblichen Kulturen sah man darin eine Übereinstimmung mit den Rhythmen des Kosmos.

Der Mond kann auch mit dem Tod und dem Bösen verbunden sein. Das zeigt sich deutlich in Kuba, wo man es vermeidet, im Mondlicht mit unbedecktem Kopf herumzugehen. Das bringt angeblich Unglück oder gar den Tod.

Der Mond zog viele Projektionen an. Man sprach vom „Mann im Mond", denn früher dachte man, dass der Mond mit Meeren überzogen sei, die man später als Krater erkannte. Die Rückseite des Mondes galt als besonderes Geheimnis. Sie wurde zum ersten Mal von der sowjetischen Raumsonde Lunik III 1959 fotografiert.

Der Mond verkörpert in der Astrologie die Bewegungen unserer Gefühlswelt. Er wird auch hier zusammen mit dem Planeten ↗Venus als das urweibliche Prinzip betrachtet.

Psychoanalyse: Nach S. Freud ist der Mond ein Symbol des Hinterteils (besonders bei Frauen).

Analytische Psychologie: Nach C. G. Jung ist der Mond „der Ort der abgeschiedenen Seelen". Er saugt die Seelen auf. In dieser Auffassung folgt Jung seinem Zeitgenossen Gurdjieff, der behauptet, dass der Mond die Seelen der Toten aufsaugt, damit diese ihn befruchten (vgl. dazu ausführlich: Vollmar, Klausbernd: Das Enneagramm. Goldmann, München 1993 und Gurdjieff, G. I.: Beelzebubs Erzählungen für seinen Enkel. Sphinx Vlg., Basel 1991, Bd. I, Kap.9).

Mond kann für Jung Symbol der Geisteskrankheit sein (englisch „lunatics" oder französisch „lunatique"). Ein Geisteskranker lebt in einer „geistigen Mondlandschaft", ihm ist ein Teil des menschlichen Wesens verloren gegangen – nämlich der lebendige. Man muss dabei bedenken, dass der Mond einen toten Körper in unserem Sonnensystem darstellt: Auf ihm gibt es keinerlei Bewegung. Bei Jung symbolisiert der Mond deswegen auch die Schattenseite beziehungsweise das Unbewusste und beim Mann dessen Weiblichkeit.

Antike: Die Mondgöttin der Griechen war Hekate, die als Königin der Stryges (der Hexen) betrachtet wurde.

Die Römer gaben der Mondgöttin Luna den Beinamen Trivia, weil sie in drei Erscheinungsformen auftritt – als Voll-, Neu- und Halbmond. Dabei wurde der abnehmende und Neumond als die dunkle, hexische Seite der Frau betrachtet. Auch in späteren Zeiten wurde die Zeit des abneh-

menden und speziell des Neumonds als günstige Zeit für jegliche Art der Magie betrachtet.
Christentum: Maria ist oft mit der Mondsichel dargestellt worden. Darin spiegelt sich zum einen die antike Tradition der weiblichen Mondgöttinnen, zum anderen taucht in der Apokalypse des Johannes (Apk 12.1) das mit der Sonne bekleidete Weib auf, das den Mond unter seinen Füssen hat: Hier verkörpert der Mond offensichtlich das überwundene Böse. Dazu passt auch, dass man eine missgestaltete Kuh als „Mondkalb" bezeichnete, denn hier hatte doch wohl der Teufel seine Finger im Spiel gehabt.
Literatur: Die Reise zum Mond hat schon immer die Literaten inspiriert. Der erste war Lukian von Samosata, der im zweiten Jahrhundert v. Chr. eine Reise zum Mond beschreibt, die witzig bis satirisch ist. Im vorletzten Jahrhundert nahm Jules Verne in seinen prophetischen Romanen auch das Thema der Reise zum Mond auf, und so rückte der Mond immer näher; so war es nur noch eine Frage der Zeit, bis er 1969 betreten wurde. Erstaunlicherweise identifizierten sich die meisten Menschen – auch gerade diejenigen, welche die Raumfahrttechnik nicht verstanden – mit dem Flug zum Mond und sahen ihn als ein Verdienst der gesamten Menschheit an.
Mit der Symbolik des Monds befasste sich Thomas Mann in seinen Betrachtungen zu Arthur Schopenhauer und seiner Philosophie. Thomas Mann sieht den Mond als Symbol allen Mittlertums an. In seiner Doppeldeutigkeit vermittelt er zwischen weiblich und männlich, zwischen geistig und stofflich und zwischen zeugend und empfangend.

Mondsichel ↗Halbmond

Monster Das Monster ist das Untier (↗Fabeltier) oder der Unmensch. Monster werden häufig künstlich geschaffen – speziell die menschlichen Monster wie ↗Frankenstein, der ↗Golem oder der Homunculus (↗künstliche Menschen). Die künstliche Erschaffung des Menschen, bei der oft ein Monster entsteht, das sich gegen seinen Schöpfer richtet, hat eine lange Tradition. Der griech. Mythos berichtet, dass Hephaistos auf Kreta den Riesen Talus aus Bronze geschaffen hat. Hier liegt wohl der Anfang zum Monsterhaften, denn es ist den Monstern zu eigen, dass sie aus Anorganischem geboren werden. Der aus Ton menschenschaffende Gott, dem es der golemschaffende Rabbi nachtut, schaffen nicht gleich Monster, sondern Menschen, denen allerdings stets etwas Monströses innewohnt.
Der Begriff „Monster" wird häufig metaphorisch für das Schreckliche gebraucht, so sprechen wir vom Krieg als einem Monster und die frühen Sozialisten bezeichneten den Kapitalismus als ein menschenverachtendes Monster. Hinter allem, was als Monster bezeichnet wird, steht noch wie bei Frankenstein ein kriminelles Gehirn, gepaart mit kalter Logik. Deswegen werden auch ↗Diktatoren als Monster bezeichnet.
Psychologisch gesehen geht es bei Fantasien von Monstern in der Regel um das Tierische im Menschen, das überwältigend stark scheint, das heißt, man fürchtet sich vor der Stärke der eigenen Triebe.
Psychoanalyse: Monster symbolisieren die übermächtigen Eltern. Sie sind Ausdruck verdrängter Aggressionen.
Analytische Psychologie: Monster wie Frankenstein, Golem und ähnliche Symbole oder tierische Monster zeigen an, dass der Schatten übermächtig geworden ist.
Film: Das Monster ist derart beliebt in der Filmbranche, dass die Kategorie der Mons-

terfilme entstand. Einer der einflussreichen klassischen Horrorfilme dieser Art ist „The Mad Monster" (Das verrückte Monster, 1941), in dem der Diener Pedro in einen Werwolf verwandelt wird. Dr. Cameron, der zur Gattung der verrückten Wissenschaftler gehört, möchte einen Werwolf aufbauen. Aber wie in allen solchen Filmen wird die menschliche Überheblichkeit bestraft, und durch einen Blitzschlag sterben Cameron und Werwolf Pedro.

Montag ↗Wochentage

Moor Die Symbolik gleicht der von ↗Sumpf. Daneben steht das Moor für Triebwünsche, die man nicht offen zulässt, die einen deswegen hinabziehen. Die positive Seite dieses Symbols finden wir im Märchen „Der Eisenhans", wo im Sumpf das eigene wilde Wesen zu finden ist, an dem der Mann genesen kann. Häufig assoziieren Frauen zum Symbol Moor auch sexuelle Aktivität und Erregung.
Analytische Psychologie: Todesangst oder Lebensangst, man kommt nicht weiter, wird festgehalten und ins Unbewusste zurückgezogen. Oft drückt sich in diesem Symbol die Angst vor dem Weiblichen aus.

Moos Das Moos ist wie alle ↗Pflanzen ein Symbol des Vegetativen im Menschen, seiner Ruhe und Ausgeglichenheit. Das Moos ist auch ein häufiges Symbol für das Geld („ohne Moos nichts los"). Daneben ist das Bemooste auch das Alte, Abgestorbene, das, was „Moos angesetzt" hat.
Moos wirkt erotisch und lädt zum Verweilen ein. Das Moos wird romantisiert. Es gehört zu Märchenlandschaften im Wald.
Psychoanalyse: Nach S. Freud Symbol für die Schamhaare. Es ist ein erotisches Symbol wegen des Anklangs Moos – ↗Möse und wegen seines Aussehens.

Moped Ein Moped symbolisiert zum einen Jugend, zum anderen Armut, da es das günstigste motorisierte Fortbewegungsmittel darstellt, es ist weniger modisch als der ↗Motorroller. Das Moped als das kleine ↗Motorrad ist auch das Motorrad für den kleinen Mann.

Moral Moral bedeutet Wertung. Es ist die Bewertung der anderen, der Gesellschaft gemeint, die oft, wenn die Moral angesprochen wird, im Gegensatz zu den eigenen Bedürfnissen steht. Moral wird häufig mit Strafe assoziiert. Wenn Moral angesprochen wird, wird es oft entweder peinlich oder langweilig.

Morast Der Morast symbolisiert ähnlich wie das ↗Moor gefährliche (emotionale) Situationen.

Mord Der Mord, die heimliche, geplante Tötung, ist eine extreme Form der ↗Aggression. Die Symbolik gleicht der von ↗Erschießen, siehe auch ↗Beerdigung und ↗Leiche.
Analytische Psychologie: Das Symbol des Mörders verweist auf die mörderische Seite des verdrängten Schattens. Wenn jemand im Traum der Mörder ist, dann ist das als eine Warnung zu sehen, dass etwas in die tiefsten Schichten des Unbewussten verdrängt ist, aus dem es in verwandelter Gestalt jederzeit wieder auftauchen kann. Der Mörder symbolisiert den Schatten im Sinne Jungs. Zu dem Bedrohlichen ist immer der Kontakt aufzunehmen.
Psychoanalyse: In manchen Situationen möchte man einfach andere Menschen umbringen. Wenn man sich das zugesteht, wird es wahrscheinlich nie geschehen.
Literatur: Der Roman „Bonnie and Clyde" (1967) von Burt Hirschfeld, der von Ar-

thur Penn erfolgreich verfilmt wurde, wird in den ersten Auflagen mit folgendem Satz auf dem Umschlag angeboten: „Ihre Liebe genügte ihnen fast, aber es war der Mord, der den delikaten Unterschied machte“. Der Mord wird hier erotisiert.

Morgen Der Morgen bedeutet Neuanfang, Kraft und Jugend. Man unternimmt etwas morgen, aber nicht heute: Man wartet ab oder ist einfach nur faul, was ohne weiteres berechtigt und heilsam sein kann.

Morgenröte Die Morgenröte bezeichnet den positiven Anfang von etwas (↗Dämmerung).
Das Schiff mit dem Namen „Aurora“ (Morgenröte) gab den Startschuss zur russischen Oktoberrevolution von 1917.

Morphium ↗Mohn

Morrison Jim Morrison (1943–1971), der Sänger der „Doors“, war das Jugendidol und Sexsymbol der sechziger und siebziger Jahre des 20. Jahrhunderts. Er war Amerikas Antwort auf Mick Jagger und er wurde durch seine erotische Ausstrahlung, seine Selbstdarstellung und seine Musik mit skandalösen Texten über Sex und Tod schon zu seiner Lebzeit zur Legende. Sein Grab auf dem Pariser Friedhof Père-Lachaise wurde zum Wallfahrtsort.

Morsen Morsen ist ein altertümliches Kommunikationssymbol. Es ist oft dem Geheimnis verbunden, weil das Morsealphabet nicht von jedem verstanden wird.

Mosaik Das Mosaik zeigt uns, wie sich ein Gesamtbild aus einzelnen Teilen zusammensetzt. Es sagt, dass für ein Gesamtbild viele Aspekte genutzt werden sollten. Mosaiken besitzen stets etwas Elegantes und Klassisches. Sie verweisen auf alte Kultur.
Für eine genauere Deutung ist zu beachten, was das Mosaik darstellt.

Moschee Bei diesem Symbol handelt es sich meistens um eine Reiseerinnerung und somit um die Sehnsucht nach Urlaub und Exotik.
Bei Menschen islamischen Glaubens im Ausland ist die Moschee ein Symbol ihrer kulturellen Identität oder auch ihres Heimwehs.

Moskito ↗Mücke

Mostrich ↗Senf

Motor Motor bedeutet Energie, Kraft und Bewegung. Der Motor symbolisiert stets das, was antreibt. Damit wird auf Motive, besonders auf Ehrgeiz verwiesen.

Motorboot ↗Boot, ↗Schiff

Motorrad Im Gegensatz zum ↗Auto ist der Fahrer auf dem Motorrad in einem direkteren Kontakt mit seiner Umgebung. Das Motorradfahren ist gefährlich und abenteuerlich. So ist der „Feuerstuhl“ ein Energie-, sehr oft auch ein Potenzsymbol und steht für Wildheit und Triebhaftigkeit. Das Motorrad symbolisiert außerdem ein individuelles Vorwärtskommen, die Freiheit der Landstraße.

Motorradhelm Der Motorradhelm bedeutet Schutz. Er kann auch als Möglichkeit gesehen werden, seine Identität zu verbergen (↗Maske).

Motorroller Der Motorroller ist wie das Symbol ↗Motorrad zu deuten – die angesprochenen Energien sind allerdings schwächer ausgebildet. Der gute alte Vespa-Roller war das Gegenstück zum wilden, harten Motorrad: eher weich, weiblich, schwach. Er stand und steht aber für eine praktische Einstellung und für Spaß.

Motorsäge ↗Säge

Motte Die Motte symbolisiert zersetzende Gefühle und Gedanken. Speziell als Kleidermotte verkörpert sie die zerstörerischen Kräfte in uns, die unserer Außendarstellung schaden. Die Motte deutet andererseits auch auf das Bewusstsein und die Weisheit (vgl. zum Beispiel C. Castaneda), denn sie ist das ↗Tier, das dem ↗Licht zufliegt. Ferner steht sie für Zudringlichkeit, und sie kann auch eine sexuelle Bedeutung besitzen.
Literatur: In der persischen und arabischen Literatur des Hochmittelalters symbolisiert die Motte stets die wahre Liebe, da sie in der geliebten Flamme verglüht. Dieser Gedanke wurde erstmalig von dem persischen Dichter Attar benutzt und von Goethe wieder aufgenommen.

Mücke Mücke bedeutet Irritation und Nervosität. Im Gegensatz zur Biene wird sie weniger als gefährlich denn als lästig eingeschätzt. Sie verkörpert das Kleine, Unbedeutende, weshalb man „aus einer Mücke einen Elefanten“ macht, wenn man etwas aufbauscht. Weiteres bei ↗Bienenstich, ↗Stachel und ↗Stechen.
Christentum: Wie die ↗Fliege ist auch die Mücke ein Symboltier des Teufels. So können übergroße Stechmücken in der christlichen Kunst des Mittelalters Dämonen symbolisieren.
Literatur: Esther Vilars erotischer Roman „Rositas Haut“ (2000) ist aus der Perspektive einer Mücke geschrieben.

Mühle Die Mühle symbolisiert Arbeit und Plackerei, andererseits auch eine gute Versorgung und Erfolg. Häufig als angenehmer Ort am Bach romantisiert und idealisiert.
Analytische Psychologie: Fruchtbarkeits- und Wandlungssymbol.
Psychoanalyse: Symbol des Mutterleibs.

Müll ↗Abfall

Mülleimer Verdrängungs- und Reinigungssymbol wie ↗Abfall und ↗Toilette. Der Mülleimer kann auch ein Ekelsymbol sein oder darauf verweisen, dass etwas wegzuwerfen ist. Er steht für Entsorgung.

Müller Einen Müller trifft man heutzutage eher im Traum als im Alltagsleben. Er verkörpert unsere Grundlagen, die uns nähren. Er kann auch als eine Verkörperung der Fähigkeit zur Analyse betrachtet werden.
Literatur: In „Max und Moritz“ von Wilhelm Busch ist der Müller der Böse, das strafende Über-Ich.

Münzen Münzen verweisen auf ↗Geld. Sie hängen immer mit der Energie ihres Besitzers und seinen Talenten zusammen (man beachte den Zusammenhang von „Taler“ und „Talent“). In der Orakelkunde werden alle Münzen wie im Tarot als Symbol der Erdung und des Wohlstands angesehen, sie gelten als günstiges Omen, speziell wenn es sich um Kupfer-Münzen (Venussymbol) handelt.
Oft werden mit der Münze auch Verarmungsängste angesprochen (wie bei ↗Besitz und ↗Ersparnis).

Münzen haben zwei Seiten. Auf der einen Seite finden wir zum Beispiel ein geistiges, auf der anderen Seite ein weltliches Symbol. Das erinnert daran, dass spiritueller und weltlicher Erfolg in den Ausgleich zu bringen sind.
Analytische Psychologie: Symbol des Selbst.

Müsli Symbol für Gesundheit, Kraft und neue Energien. Man möchte oder sollte sich gesunder ernähren. Das Müsli ist auch ein Sinnbild der neuen Nahrung und anderer und gesünderer Wege im Alltag.
Auf der anderen Seite verweist das Müsli auch auf die Mischung unterschiedlicher Bestandteile. Psychologisch gesehen wird hier die Mischung verschiedener Charaktereigenschaften oder Persönlichkeitselemente angesprochen.

Müßiggang Walter Benjamin und Friedrich Nietzsche preisen den Müßiggang des ↗Flaneurs als Widerstand gegen das zeitgeistige Vorwärtsstürmen, bei dem man weder rechts noch links etwas wahrnimmt. Diese Tunnelsicht erzeugt Scheuklappendenken. So entgeht einem das Flüchtige, Träume lösen sich auf, Fantasien verduften. Je schneller das Leben, desto langsamer der Traum und die Fantasien, die leidenschaftlich das Übersehene sammeln, um uns damit die Augen für das scheinbar Belanglose zu öffnen (↗Muße).
Philosophie: Der britische Philosoph und Mathematiker Bertrand Russell schreibt in „Lob des Müßiggangs“, dass der Müßiggänger sich durch Befehl oder Ratschläge, die er gibt, von der schlecht bezahlten und Zeit raubenden, mühseligen Arbeit befreit. Das setzt allerdings die Kunst voraus, mit Wort und Schrift manipulieren zu können und Werbung und Propaganda zu beherrschen.

Mütze Eine Kopfbedeckung wie die Mütze verweist stets auf den ↗Kopf und damit auf den Intellekt. Allgemeines bei ↗Hut, Verweise auf verschiedene Mützen bei ↗Kopfbedeckung.
Mützen drücken auch Zugehörigkeiten aus, wie beispielsweise die Jakobinermützen in der französischen Revolution. Diese rote Mütze geht auf die beutelartige phrygische Mütze zurück und wurde zu dem Symbol der französischen Revolution von 1789. Seit dem siebzehnten Jahrhundert wurden solche Mützen auch in ländlichen Gegenden Deutschlands als Schlafmützen getragen. Im Vormärz wurde sie zu dem Symbol des deutschen Michels, der in der Karikatur stets mit dieser Schlafmütze dargestellt wurde. Diese Mütze gehörte zum Bild des deutschen Biedermanns, der als schwerfälliger und einfältiger Bauernbursche gezeichnet wurde.
Eine besonders in Frankreich beliebte Mütze ist das Barett, aus dem sich die Baskenmütze entwickelte. Es verweist spätestens seit Richard Wagner (1813–1883) auf die Künstler und Exzentriker.
Ein Mütze kann auch als eine vage Maßeinheit angesehen werden. Man spricht zum Beispiel in Norddeutschland von einer „Mütze Wind“ für eine leichte Brise. Eine „Mütze Schlaf“ bezeichnet einen kurzen Schlaf, das so genannte Nickerchen.

Mumie Mumien symbolisieren Tod und ein langes Leben. Man sehnt sich nach Unsterblichkeit. Ferner verbildlicht die Mumie einen uralten Ballast, etwas schon lange Abgestorbenes, das aber immer noch wirken und faszinieren kann.

Mund Der Mund des Menschen küsst, isst und redet, er ist einer der aktivsten Körperteile. Er kommuniziert ständig Gefühle und Stimmungen. Den Mund verziehen, Lächeln und Grinsen sind deutliche und wichtige Zeichen der nonverbalen Kommunikation. In diesem Zusammenhang also symbolisiert der Mund die menschliche Kommunikation. Außerdem kann der Mund die Erotik ausdrücken, besonders wenn die ↗Lippen betont sind.
Nicht zu vergessen ist auch der Aspekt, dass der Mund die Körperöffnung ist, durch die wir Nahrung aufnehmen. Als solcher kann er auch auf Gier oder auf eine Fixierung in der oralen Phase verweisen.
Psychoanalyse: Nach S. Freud (aber auch nach C. G. Jung) symbolisiert der Mund die Schamlippen der Frau. Der Mund mit Zähnen („Vagina dentata“) soll ein Bild männlicher Kastrationsangst sein.

Mundart Mundart bedeutet Verwurzelung in der heimatlichen Region und Individualität. Im deutschen Sprachraum ist die Wertung der jeweiligen Mundarten recht unterschiedlich: Während zum Beispiel im Kölner Raum die Mundart eher als unfein gilt, gehört sie in Bayern durchaus zum guten Ton.

Mundharmonika Die Mundharmonika ist ein Symbol kindlicher Freude und Harmonie, andererseits als ↗Blasinstrument auch ein Sexualsymbol.

Muschel Die Muschel ist nicht nur nach S. Freud ein weibliches Sexualsymbol. Die geschlossene Muschel steht entsprechend für Jungfräulichkeit oder Frigidität. Daneben evoziert die Muschel aber auch Strand, Wasser und Meer.
Christentum: Die Muschel mit der Perle darin ist ein Symbol für die Jungfrau Maria, weil Maria Jesus in sich getragen hat wie die Muschel die Perle. Später wird die Muschel zum Symbol der Pilger, die sich auf dem Weg nach Santiago de Compostela befinden: „Wir reisen über Länder und Meere zum Heiligen Grab des Apostels“ soll diese Muschel bedeuten.

Museum Im Museum werden Kulturgüter der Vergangenheit aufbewahrt, und somit symbolisiert es unsere kulturellen Wurzeln. Insofern bedeutet Museum in der Regel Vergangenheit, und zwar die tote, verstaubte Vergangenheit.
Das Museum verweist ferner auf die Sammellust und die Ordnung und Kategorisierung der Kultur.
Nur wenn im Museum Gegenwartskunst ausgestellt wird, geht es um eine neue Sicht auf die Welt und eine Veränderung der gewohnten Wahrnehmung.

Musik Musik symbolisiert meist Gefühle. Sie ist der Ausdruck von Emotionen und deren harmonischer Gestaltung. Sie drückt die Ordnung im Bereich der Gefühle aus.
Wichtig ist, auf die Art der Gefühle zu achten, die durch die Musik evoziert werden.
Antike: Nach Pythagoras drückt sich die Harmonie des Kosmos in musikalischen Schwingungen aus. Diese Idee beeinflusste viele Menschen, zum Beispiel Johannes Kepler, der die Planeten singen hörte.
Literatur: Die Literatur hat sich viel mit der Musik beschäftigt. Hermann Hesses „Glasperlenspiel“ und Thomas Manns „Doktor Faustus“ beschäftigen sich ausführlich mit der Musik, die als Symbol der Sensibilität und Geistigkeit angesehen wird. Ganz anders sah Alexander von Humboldt die Musik, die er „als soziale Kalamität“ bezeichnete.

Musiker Der Musiker ist der Held des Gefühls und der Stimmungen. Man verbindet mit ihm Sensibilität und Harmonie.
Musiker waren angeblich auf Piratenschiffen so beliebt, dass Musiker entführt und auf Piratenschiffen häufig kleinere Orchester gegründet wurden.

Musikinstrument Alle Musikinstrumente symbolisieren Harmonie und Gefühle. Ferner sprechen sie häufig die Geschicklichkeit an – besonders wenn jemand das Instrument selbst spielt. Einzelheiten unter ↗Blasinstrument, ↗Rhythmusinstrument, ↗Saiteninstrument, ↗Schlaginstrument, ↗Streichinstrument, ↗Tasteninstrument; ferner ↗Harmonie, ↗Rhythmus, ↗Töne.

Muße Die Muße oder der ↗Müßiggang erinnern daran, dass man innehalten soll und dass Pausen oft produktiv sind. Die Muße kann allerdings auch anzeigen, dass die Phase der Trägheit beendet werden sollte.
Literatur: Von Oscar Wilde stammt der Ausspruch: „Muße, nicht Arbeit ist das Ziel des Menschen".

Mutationen Mutation bedeutet eigentlich Anpassung. Meistens wird jedoch der negative Aspekt der Anpassung mit diesem Bild betont. Deswegen wohnt ihm etwas Bedrohliches inne. Das wird im meist drittklassigen Film und Schauerroman ausgenutzt. Die Mutanten entwickeln ungeheurer Kräfte, mit denen sie sich gegen die Menschen richten. Die Ursache der Mutationen wird meistens in diesem Genre in einer nuklearen Katastrophe gesehen.
Literatur: Kein Schauerroman ist Arno Schmidts „Die Gelehrtenrepublik". Er spielt in den USA nach einem Atomkrieg: Ein Reporter erhält die Erlaubnis, in eine streng abgeschottete Zone reisen zu dürfen, in der er auf verschiedene mutierte Wesen trifft.

Mutter Die Mutter symbolisiert das (Ur-) Weibliche, Lebensspendende, Ernährende, Verschlingende und Schützende, wie auch das Frucht- und Furchtbare. Sie ist die ↗Hexe, die ↗weise Alte, die den richtigen Rat gibt. Dahinter steht dann eine Sehnsucht nach einer seelisch-menschlichen Stütze, die man meist in der Partnerschaft nicht findet. Das Symbol der Mutter spricht auch häufig die Aufgabe der Selbsterziehung an. Man sollte sich selbst eine gute Mutter sein und damit die eigene Natur fruchtbar machen.
Seit je symbolisiert die Mutter ferner die ↗Erde oder die Erdgöttin.
Analytische Psychologie: Archetypisches Symbol nach C. G. Jung, welches „das Geheime, Verborgene, das Finstere, den Abgrund, die belebte Unterwelt, das Verführende und das Vergiftende, das Unentrinnbare" ausdrückt.
Psychoanalyse: Zusammenhang mit regressiver Mutterbindung.
Literatur: Im Märchen „Aschenputtel" ist die Mutter die Helferin, deren Kraft noch über ihren Tod hinaus wirkt.

Mutter (Schraubenmutter) ↗Schraube

Muttermal ↗Leberfleck

Mythologie Mythologische Symbole sah C. G. Jung stets als archetypische Symbole an. Sie sprechen Grundlegendes und Überpersönliches an.
Die archetypischen und somit überpersönlichen Kräfte und Einflüsse, auf die die Gestalten aus der Mythologie verweisen, sollten dann jedoch auf die jeweilige persönliche Psyche bezogen werden.

N

Nabe Nabe bedeutet Mittelpunkt. Als mittlerer Teil des Rads symbolisiert die Nabe den ruhenden Pol in einer Umgebung, in der sich alles bewegt.

Nabel Nabel bedeutet Zentrierung oder Egozentrik. Der Nabel symbolisiert die Mitte der Person oder des Körpers. Der Mittelpunkt der Erde, der „Nabel der Welt", war für die Griechen der Omphalos-Stein in Delphi. Besonders bei Männern drückt sich mit diesem Symbol oft eine starke Mutterbindung aus.
Asien: Die Meditation auf den eigenen Nabel gilt im Buddhismus als Innenschau, bei der der Meditierende von seinem zentralen Punkt den Kosmos betrachtet. Im Hinduismus ist das Nabel-Chakra der Ort der Durchsetzungskraft und der persönlichen Energie, in Japan Sitz des Hara, der Quelle der Lebensenergie.
Christentum: Die christliche Ikonografie hatte große Schwierigkeiten mit dem Nabel Adams. Wenn Adam von Gott geschaffen war, hatte er keinen Nabel. Als Mensch besaß er jedoch einen Nabel, und er wurde auch meistens mit einem Nabel dargestellt.
Islam: Der Islam fand eine Lösung des Nabelproblems des ersten Menschen. Adam besaß ursprünglich keinen Nabel, aber der ↗Teufel spuckte verachtend Adam auf den Bauch, worauf Adam sich dieses Stück seines Bauchs rausriss.
Kunst: In der Fotografie und Malerei zeigt sich eine starke Tendenz vom runden zum ovalen Nabel. Damit wird die Parallele (auch in der unpornografischen Kunst) vom Nabel zum weiblichen Geschlecht angedeutet. Diese Parallele wurde als derart stark empfunden, dass in den USA lange Zeit in der Fotografie der Nabel retuschiert werden musste und im Film gar nicht zu sehen war. Heutzutage gelten Darstellungen, bei denen die Zunge des Mannes den Nabel der Frau leckt, als nicht anstößig, obwohl hier eine klassische Symbolik der Stellvertretung vorherrscht (Zunge = Penis, Nabel = Vagina).

Nabelschau Die Nabelschau ist das sprichwörtliche Symbol der Egozentrik, andererseits auch einer hinderlichen Mutterbindung.

Nabelschnur Die Nabelschnur ist das Sinnbild einer symbiotischen Beziehung, die aufgeben werden muss. Man muss sich abnabeln.

Nachbar Der Nachbar oder die Nachbarin drücken oft ein Bedürfnis nach Nähe aus. Es stellt sich die grundsätzliche Frage, ob ich mich mit ihm verstehe oder nicht.
Literatur: In F. Kafkas Erzählung „Der Nachbar" wird dieser vom Erzähler als Bedrohung empfunden, obwohl oder gerade weil er so gut wie gar nichts von ihm weiß, und er auch überhaupt keine Kommunikation zu seinem Nachbarn aufbauen kann.

Nachen ↗Boot

Nachricht PinkRoccade, eine Firma für Informationstechnologie, wirbt mit dem Spruch „Information ist alles" und bringt damit unsere heutige Einstellung der Information gegenüber auf den Punkt. Immer geht es um etwas (angeblich) Wichtiges, Wissenswertes, eine Mitteilung, ohne die jemand etwas verpasst. Die Nachricht hängt stets eng mit der ↗Kommunikationssituation zusammen.

Für die weitere Deutung ist der Inhalt der Nachricht zu beachten.

Nacht Die Nacht ist das Unbewusste und Unbekannte – eben die Anderswelt –, oft auch das Beängstigende (wie bei ↗Finsternis und ↗Abend). Sie ist das Unheimliche, das wir nicht durchschauen.
In Arabien und Afrika allerdings hat die Nacht eine geradezu gegenteilige Bedeutung. Sie ist dort die Zeit, in der man reist und in der man etwas unternimmt, da die Hitze des Tages dem Menschen und seinen Unternehmungen feindlich ist. Auch für die Seeleute war in früheren Zeiten die Nacht die vorzügliche Reisezeit, da man mit Hilfe des Nordsterns oder des Kreuzes des Südens leicht navigieren konnte.
Literatur: Die Literatur der Romantik liebte die Nacht, die wie der Abend in vielen ihrer Werke herrscht. Die Nacht gilt grundsätzlich für die Romantiker als Zeit der Träume, in denen sich die Natur im Unbewussten spiegelt. Diese Einstellung geht weitgehend auf Gotthilf Heinrich Schubert zurück, der 1814 in seinem Buch „Die Symbolik des Traums" Schelling, Novalis und andere Romantiker beeinflusste. So beginnt der romantische Roman par excellence, der „Heinrich von Ofterdingen" von Novalis in der Nacht mit dem berühmten Traum von der blauen Blume der Romantik, ein Traum, der zugleich in die Zukunft weist.
„Ich habe die Nacht so sehr geliebt, ihre Stille, ihre schattenlosen Silhouetten, ihre Blicke, denen man tagsüber nicht begegnet" – in dem Roman „Solange du da bist" von Marc Levy gibt es in der Stadt eine Tagexistenz und eine Nachtexistenz, die sich einander nie begegnen.

Nachtfalter Der Nachfalter symbolisiert die Kräfte im Menschen, die vom Licht angezogen werden. Er steht sowohl für bedingungslose Liebe, für Hingabe bis zum Tod, als auch für Bewusstseinskräfte allgemein.

Nachthemd Das Nachthemd kann je nach Machart Erotik oder eine Abwehr jeder Erotik ausdrücken. Neben der Erotik verweist das Nachthemd auch auf den Schlaf. Wer am Tag im Nachthemd herum läuft, gilt als schlampig. Wer nächtens im Nachthemd erscheint, signalisiert, dass er schlafen möchte.
Häufig wird das Tragen eines Nachthemds mit Biederkeit und der Abwehr von Sexualität verbunden. Es gilt als ein Ausdruck von Freiheit, kein Nachthemd zu tragen.
Symbolisch sind Farbe, Machart und das Material des Nachthemds von Bedeutung.
Film: In frühen amerikanischen und vielen italienischen Filmen wurde die Erotik dadurch erzeugt, dass man die Schauspielerin in Nachthemd oder Unterwäsche sah, so konnte man nämlich die Zensur umgehen.

Nachtigall Die Nachtigall drückt unsere Sehnsucht nach Glück in der Liebe und nach Harmonie aus.
Christentum: Die Nachtigall findet sich recht häufig auf spätmittelalterlichen Bildern von Maria und symbolisiert dort die Sehnsucht nach dem Himmel.
Literatur: In der englischen Lyrik wird der „Liebesgesang" der Nachtigall von Chaucer bis Shakespeare und von Spenser bis John Keats gelobt. Es waren nicht erst die Romantiker, bei denen die Nachtigall zum Symbol der Liebe, andererseits auch zu dem des kreativen Impulses des Dichters wurde.

Nacken Dass jemandem „die Angst im Nacken sitzt", ist sprichwörtlich. Verspannungen im Nacken werden seit Wilhelm Reich auf verdrängte Ängste zurückgeführt. Weiteres bei ↗Hals.

Nackt(heit) Nackt bedeutet offen, ehrlich und erotisch. Nacktheit kann auf den Stolz auf den eigenen Körper und auf Natürlichkeit wie auch auf exhibitionistische Tendenzen verweisen. Die Ablehnung der Nacktheit ist oft ein Ausdruck von Körperfeindlichkeit.
Nacktheit steht häufig in einem Zusammenhang mit Wahrheit, Ehrlichkeit und Offenheit – bis hin zur Unverschämtheit. Andererseits ist immer auch zu beachten, dass der Mensch ohne die Hülle der Kleidung auch schutzlos ist, ausgeliefert. Erzwungene Nacktheit gilt auch als Bloßstellung, als Entehrung.
Analytische Psychologie: Symbol des Selbst.
Kunst: Die Körperfeindlichkeit der christlichen Kirche machte auch nicht vor den Gemälden Michelangelos halt. Papst Paul IV. ließ die nackten Figuren in Michelangelos Gemälde „Das jüngste Gericht" von dem Maler Daniele da Volterra so übermalen, dass sie bekleidet waren.
Film: Marilyn Monroe wurde nach Nacktaufnahmen für einen Kalender von einem Reporter gefragt, ob sie denn wirklich nichts anhatte. „Oh doch", antwortete sie, „das Radio".

Nadel Die spitze Nadel ist ein Symbol für einen seelischen und körperlichen Schmerz. Sie ist bisweilen ein Bild für das Bewusstsein, das die Erkenntnis auf die Spitze treiben kann. Einzelne Teile zusammenzunähen, kann als Bewusstseinsarbeit angesehen werden.
Im Volksaberglauben galt es lange als problematisch, wenn man jemandem etwas Spitzes wie eine Anstecknadel schenkte: „Eine Nadel sticht die Freundschaft tot", sagte man warnend.
Psychoanalyse: Die Nadel ist nicht nur nach der Psychoanalyse ein klassisches Phallussymbol (vgl. Dornröschen), wobei zu beachten ist, dass die Nadel auch zugleich das weibliche Nadelöhr aufweist.
Literatur: Auf das weibliche Nadelöhr spielt Balzac an, wenn er schreibt: „Man kann keinen Faden einfädeln, wenn die Nadel nicht stillhält."

Nähen Es wird etwas miteinander verbunden. Bedeutsam ist, was genäht wird, siehe auch ↗Nadel.

Nähmaschine Die Nähmaschine ist das Hilfsmittel, um etwas zu verbinden. Für die Deutung kommt es weitgehend darauf an, was zusammengenäht wird.
Da in der Regel Frauen an Nähmaschinen arbeiten, ist sie auch zum Symbol für (schlecht bezahlte) Frauenarbeit geworden, weniger zum Symbol für ein kreatives Arbeiten im Bereich der Mode.

Nagel Der Nagel besitzt eine ähnlich Bedeutung wie die ↗Nadel. Er symbolisiert einen Treffer in jeder Hinsicht („den Nagel auf den Kopf treffen") und tritt als Aggressionssymbol auf, auch im Bereich der Sexualität, wo „nageln" umgangssprachlich für einen eher rohen Geschlechtsakt steht.
Wichtig beim Nagel ist, dass er etwas befestigt, und zwar so, dass es „niet- und nagelfest" ist. Was man „an den Nagel hängt", ist andererseits aber auch das, was man aufgibt.
Christentum: Die drei oder vier Nägel, mit denen Jesus ans Kreuz geschlagen worden ist, tauchen vielfach als Symbole des Leidens auf.

Nagelfeile Es soll etwas geglättet oder verbessert werden. Die Nagelfeile ist oft ein Symbol der Eitelkeit.
Psychoanalyse: Männliches Genital nach S. Freud.

Nagetiere Nagetiere wie ↗Hamster, ↗Mäuse, ↗Marder und ↗Ratten symbolisieren nur in seltenen Fällen Häuslichkeit und Fruchtbarkeit (wie alle Kleintiere), eher Aggressivität, ein langsames aber gründliches Zerstörungswerk. So verweisen sie, psychologisch gesehen, oft auf nagende Sorgen.

Nahrungsmittel ↗Lebensmittel

Name Name bedeutet Identität. Wer den Namen einer Person weiß, der hat – wie im Märchen Rumpelstilzchen – Macht über sie. In zahlreichen Mythen spielt die Vorstellung eine Rolle, dass der Name einer Person schon etwas über sein Schicksal aussagen kann.
Häufig werden in der Literatur sprechende Namen verwendet: Der „Herr Stolz" ist dann sicherlich auch ein stolzer Herr.
Islam: In der islamischen Symbolik geht man davon aus, dass Heilige ihren Namen dadurch bekommen, dass die Mutter vor deren Geburt im Traum den entsprechenden Namen mitgeteilt bekommt.
Literatur: Karen Blixen beschreibt am Ende ihres Romans „Jenseits von Afrika", wie umgesiedelte Massai die alten geografischen Namen auf das neue Land übertrugen, um damit Sicherheit zu erzeugen.

Narbe Narben verkörpern Schicksalsschläge und Verletzungen, die nicht mehr aktuell sind.
Psychoanalyse: Die Narbe zeigt eine narzisstische Kränkung, die zwar abgeheilt, aber noch sichtbar ist.

Narkose Eine Narkose weist wie die ↗Betäubung auf Beruhigung oder Unbewusstheit. Nicht selten wird auch Lebensangst und Abwehr gegen das Lebendige und Bewusste angesprochen.

Narr Der Narr, besonders der Hofnarr, gilt als Gegensatz und Ergänzung des Königs.
Der Narr hält sich für alle Möglichkeiten offen, was ihn dem Spießbürger suspekt macht. Er ist das Gegenteil vom „normalen Menschen", da er keine Sicherheit benötigt. Der Narr ist nicht verheiratet, er hat keine Versicherungen abgeschlossen. Er versinkt nicht in dem moralischen Sumpf der Bilderwelten, die sagen: „Das musst du tun – das darfst du nicht tun!"
Das Verhalten des Narren kann Angst machen. Denn meistens erlebt der Mensch den Urgrund seiner Psyche, aus dem der Narr lebt, als fremd, bedrohlich und chaotisch. Fremdes, Bedrohliches und Chaotisches wird stets abgewehrt und dämonisiert. Für Menschen, die es sich bequem machen wollen, ist der Narr die falsche Adresse. Er spricht die Freigeister an. Anderen Menschen ist er ein Gaukler, mit dem der Rechtschaffene nichts zu tun hat. Es verwirrt, dass der Narr immer wieder ein anderer sein kann. Er stellt insofern auch ein Symbol der Wandlung dar.
Er ist frei und atemberaubend ungebunden. Da ist nichts mehr, was es zu verlieren gäbe. Deswegen besitzt der Narr als Kennzeichen die ↗Null im Tarot.
Analytische Psychologie: Der Narr kann die größten Gegensätze in sich vereinigen und miteinander versöhnen. Er ist der unkonventionelle, verrückt Weise und zugleich das Bild für das Streben des Menschen nach einer höheren Bewusstseinsstufe. Nach C. G. Jung spiegelt der Narr

eine elementare Bewusstseinsstufe wider. Er ist unter- wie übermenschlich, unvernünftig, exzentrisch, unbewusst und zugleich bewusst. Er ist unterwegs und deswegen hochgradig anpassungsfähig und offen.
Mittelalter: Er gilt im Mittelalter als die Personifizierung der Sünde, er wird bisweilen sogar dem Teufel gleichgesetzt, zum Beispiel in Sebastian Brants einflussreichem Buch „Das Narrenschiff", in dessen zweiter Edition von 1495 die Idee zu finden ist, dass der Teufel die Fastnacht und die Narren erdacht habe. Der Narr gilt als Symbol der Fleischlichkeit, als liebestoller und geiler Mensch, zu dessen Persönlichkeitsbild die willenlose Ergebenheit an den Sexualtrieb gehört. In Hildesheim nahm der fastnächtliche Phalluskult im Jahre 1543 eine besondere Wendung, indem dort die Narren unter Spott und Gelächter der Massen in einer Monstranz die Vorhaut Christi durch die Stadt trugen.
Literatur: Wegen seiner Absonderlichkeit war der Narr eine privilegierte Person. Als Hofnarr beriet er den König, so dass Shakespeare den Narren kurzerhand als das andere Ich des Königs darstellte. Der Narr zeigt die Weisheit, zu der sich der König erst hinentwickeln muss.
Für den Narren ist ferner der Ausspruch des englischen Universal-Genies William Blake bezeichnend: „Wenn der Mensch in seiner Torheit verharrte, würde er weise werden." In der Literatur wird der Narr oft auch negativ dargestellt. In John Banvilles historischem Roman „Doktor Kopernikus" tritt beispielsweise der Narr des Königs Sigismund von Polen auf. Er wird als böswillig, verkrüppelt und mit einem starren Grinsen im Gesicht vorgestellt. Im 17. Jahrhundert war der Narr noch der Inbegriff des Zotenreißers auf dem Theater. Später wurde er zur Klamaukfigur, die sich dann ins harmlose Kasperle der Puppenbühne verwandelte.

Narwal Der Narwal ist für alle Eskimos ein mystisches Tier, nicht nur wegen seines einhornartigen Horns, sondern auch wegen seiner Haut. Die Narwalhaut wird auf dem einzigen Instrument der Eskimos über Narwalknochen gespannt und bildet so den „quilat", die magische Trommel der Schamanen. Zum Rhythmus dieser Trommel reist der Schamane in andere Welten, um die Geister zu besuchen.

Narzisse Zumeist verbildlicht die Narzisse unsere narzisstischen Tendenzen. Wie jede ↗Blume verweist sie auf das Gefühl. Die Blumensprache des Biedermeier verglich die Blüte der gelben Narzisse mit einer kokett schwärmerischen Frau, die demütig ihren Kopf neigt.
Die Narzisse ist das Nationalsymbol der Iren (und nicht der ↗Lauch, wie häufig angenommen wird).
Antike: Zugang zur Unterwelt (Demeter-Kore-Mythos).
Christentum: Mariensymbol.

Nase Männer besitzen im Schnitt eine größere Nase als Frauen. Deswegen werden große Nasen bei Frauen als unweiblich und unerotisch betrachtet. Bei Männern ist eine größere oder eine charakteristische Nase eher akzeptiert, da sie angeblich Macht und Potenz symbolisiert. Napoleon Bonaparte hielt Männer mit großen Nasen für durchsetzungsstark und potent. Die immer wieder angesprochene phallische Symbolik der Nase kommt dadurch zustande, dass Nase und Penis die beiden einzigen Körperteile sind, die auf der Mittellinie des Körpers liegen und von dieser abstehen. Bei sexuellen Delikten wurde

folglich früher die Nase stellvertretend für den Penis abgeschnitten.
Außer der sexuellen besaß die Nase auch stets eine spirituelle Bedeutung: Sie galt als Tor der Seele. Deswegen befürchtete man, beim Niesen einen Teil seiner Seele verlieren zu können. Man verstopfte häufig auch Schwerkranken die Nase, damit deren Seele ihren Körper nicht verlassen konnte. Die Eskimos verstopften noch bis vor kurzem bei Beerdigungen ihre Nasen mit Fell, damit ihre Seele nicht dem Toten folgt.
In der Physiognomie symbolisiert die Nase die persönliche Macht ihres Trägers. Als wie wichtig die Nase angesehen wurde, zeigt sich daran, dass sich die Noseologie bildete, eine spezielle Richtung der Physiognomie, die sich nur mit der Bedeutung der Form der Nase beschäftigte. Als sich beispielsweise Charles Darwin bei Robert Fitz-Roy, dem Kapitän der „Beagle", um die Mitreise bewarb, wäre er fast wegen der Form seiner Nase abgelehnt worden, da Fitz-Roy ein Anhänger des Physiognomisten Lavater war und aufgrund von Darwins Nasenform bezweifelte, dass dieser genügend Entschlossenheit für das Durchstehen der bevorstehenden Forschungsreise besitze. In diesen Zusammenhang gehört auch die Redewendung „die Nase hoch tragen".
Die Nase ist auch verantwortlich für den „richtigen Riecher", d. h. man bekommt etwas mit, das andere nicht mitbekommen. In diesem Ausdruck wird die Nase mit der Intuition verbunden – häufig in geschäftlichen Angelegenheiten: Man „verdient sich eine goldene Nase".
Andererseits kann man auch „die Nase voll haben" von etwas, eine Redewendung, die offensichtlich mit dem Schnupfen zu tun hat.
Antike: In Rom bedeutete zu allen Zeiten eine große Nase eine große Potenz.
Literatur: Edgar Allen Poe meinte, ein bedeutender Mann mit kleiner Nase sei ein Widerspruch in sich.

Nasenbluten Träume und Fantasien vom Nasenbluten bringen viele Psychologen wegen des phallischen Charakters der ↗Nase in Zusammenhang mit Potenzverlust. Es ist ein Symbol verletzter Geschlechtlichkeit. Bei Frauen ist oft ein Partnerverlust symbolisiert oder es handelt sich um ein Menstruationssymbol.

Nashorn Das Nashorn ist fast immer ein Symbol der männlich aggressiven Triebkraft. Wichtig ist, ob es im ↗Zoo oder in der Natur ist. Im Zoo ist diese Triebkraft eingeengt und eingesperrt, in der Natur kann sie sich voll entfalten.

Nass Das Nasse ist im Gegensatz zum ↗Feuchten nicht so sehr der Fruchtbarkeit, sondern dem Gefühl verbunden. Beim Nassen ist mehr ↗Wasser im Spiel als beim Feuchten. So wird symbolisch bei jedem nassen Gegenstand dessen emotionale Qualität betont.

Natter Die Natter stellt wie jede ↗Schlange ein bekanntes Symbol der Falschheit dar, hier noch dadurch verstärkt, dass die Natter eine giftige Schlange ist.

Natur Natur bedeutet Ursprung. Sie kann alles Natürliche symbolisieren und steht häufig im Gegensatz zur Technik oder zur Kultur. Im ↗Garten treffen sich allerdings Natur und Kultur.
In einer hoch technisierten und der Natur entfremdeten Welt wird die Natur idealisiert, ja in den Rang eines Gottes erhoben.
Psychoanalyse: Die Natur kann den weiblichen Körper symbolisieren.

Literatur: Friedrich Schiller schrieb, dass die Natur ein unendlich geteilter Gott ist.
Philosophie: Martin Heidegger sah die philosophische Arbeit als eine Verbindung mit der Natur an, von welcher der Philosoph lernt.

Naturgesetze Naturgesetze bedeuten zwingende Notwendigkeiten. Sie zeigen die ↗Struktur auf, nach der unsere Welt funktioniert. Gottes Wirken wurde oft in den „ehernen Naturgesetzen" gesehen. Die Sicht und Formulierung der Naturgesetze wandelt sich in der Kulturgeschichte.
Philosophie: Der idealistische Philosoph Immanuel Kant machte als Erster darauf aufmerksam, dass Naturgesetze in Wirklichkeit Denkgesetze sind.

Naturkatastrophen Naturkatastrophen bedeuten Unglück und Leid. Sie zeigen, dass der Mensch der Natur gegenüber klein und machtlos ist. Einzelheiten bei ↗Flut, ↗Sturm, ↗Überschwemmung.
Bei allen Naturkatastrophen ist psychologisch gesehen auch nach der inneren Natur zu fragen. Die ↗Katastrophen stellen dann Wachstumssymbole dar, die Veränderungen im Leben markieren.

Naturphänomene Naturphänomene geben meistens unsere Stimmungen oder unseren Bewusstseinsstand wieder. Ferner verweisen sie uns auf unseren natürlichen Zustand.

Naturwissenschaften Die Naturwissenschaften stehen meist für Erdung, Gediegenheit, Objektivität und Fortschritt. Sie können allerdings auch als Fortschrittskritik auftreten.

Nautische Berufe Alle Berufe, die mit der Seefahrt verbunden sind, verweisen auf den Umgang mit dem Gefühl. In ihnen wird häufig ein Freiheitsbedürfnis oder ein Hang zum Abenteuer gesehen, siehe ↗Kapitän, ↗Matrose, ↗Pirat, ↗Seemann.

Navigation Die Navigation ist ein Sinnbild für die Orientierung, die Orientierungsleistung des Geistes. Navigation bedeutet einen Weg zu finden, auch den Lebensweg.

Nebel Nebel besteht aus Wassertropfen und Staub. Das Feuchte und Trockene verbinden sich zu einem schwer durchsichtigen Gemisch. Ähnlich, aber nicht so intensiv ist der ↗Dunst.
Nebel ist ein Symbol der fehlenden Orientierung und Zielgerichtetheit. Wer „benebelt" ist, der muss etwas genauer klären und bewusster machen. Der Nebel ist ein Ausdruck von Unsicherheit und Täuschung. Aus dem Nebel entsteht andererseits auch das Kreative, er schafft neue Formen, das können auch seltsame Spukgestalten sein.
Selten symbolisiert der stille Nebel, der alles sanft einhüllt, auch Geborgenheit.
Aus Spiralnebel ist alles in unserem Kosmos entstanden. Der amerikanische Astrophysiker Edwin Powell Hubble beschreibt in „The Realm of Nebulae", wie wir mit unseren großen Teleskopen die entferntesten Nebel entdecken, aber dass wir dabei im Grunde nur noch Schatten messen, die im weitesten Sinn des Wortes nebulös sind.
Für Astrologen ist der Nebel ein Symbol der neptunischen Energie. Astrologisch wird die Sucht dem Neptun zugeordnet, der nicht nur als Herrscher des Meeres, sondern auch des Nebels angesehen wird.
Psychoanalyse: Der Dunstkreis der Eltern wird mit dem Nebel angesprochen.

Neger ↗Farbiger

Neid Neid auf Besitz, Talente, Eigenschaften und Beziehungen ist ein Symbol innerer Spannungen und Schamgefühle.

Nelke Im Blumenstrauß eine eher traditionelle ↗Blume. Bedeutsam ist die Farbe der Nelke. In der ↗Blumensprache der Gründerzeit zum Beispiel sagt die rote Nelke: Du kannst mir nicht widerstehen, wenn du meine aufrechte Liebe zu dir erkennst.
Christentum: Die kleinen Früchte der Nelke ähneln von der Form her ↗Nägeln, so dass die Nelke in der christlichen Kunst zum Symbol der Kreuzigung Jesu werden konnte.

Neptun Neptun ist der Herrscher der Meere. Er war es, der Odysseus unbarmherzig verfolgte, weil der seinen Verwandten, Polyphem, geblendet hatte.
Astrologisch gesehen drückt das Prinzip des Neptun die Inspiration, das Reich der Träume und die Nächstenliebe aus. Allerdings steht er auch für die Vernebelung und damit den (alkoholischen) Rausch.

Nessel Nessel wird die ↗Brennnessel genannt, dann aber auch das billige Tuch, das früher daraus hergestellt worden ist. Die Brennnessel gilt als unangenehmes Unkraut („sich in die Nesseln setzen"), obwohl es sich um eine in der Naturmedizin und auch zur Zubereitung von Speisen vielfach geschätzte Pflanze handelt.

Nest Nest bedeutet Wärme. Das Nest ist ein Symbol für Mutterschaft, Schutz, Sehnsucht nach Geborgenheit, Familie und Heim. Das Nest stellt letztendlich eine Projektionsfläche für alle positiven Lebensgefühle dar.
Philosophie: Der zeitgenössische, psychologisch ausgerichtete amerikanische Philosoph Ken Wilber benutzt den Begriff des Nestes, um Verschachtelungen in unserer Welt zu verdeutlichen. Er wählte diesen Begriff, da Nester meistens schichtweise entstehen und ein Geflecht darstellen, das eine Lebensgrundlage bietet. Wenn Wilber vom „großen Nest" spricht, meint er den verschachtelten Aufbau unserer Welt.

Netz Bei Netzen geht es um das Fangen oder das Erfassen von etwas. Das Netz ist ein Symbol des Verlustes der Unabhängigkeit und der Verführung. In diesem Zusammenhang spricht das Netz manchmal auch das Bedrohliche der Sexualität an.
Es verweist andererseits auch auf eine systematische Vernetzung von Gefühlen und Bedürfnissen, Gedanken und Einsichten, auf eine sinnvolle Verbindung mit anderen.
Im Sinne von ↗Internet ist hier die Vernetzung auf der Ebene der Kommunikation angesprochen.
Christentum: Da einige der ersten Anhänger Jesu Fischer waren, spielt das Netz eine große Rolle, zum Beispiel beim Gleichnis von den Menschenfischern (Matth 13.47–49) und den wunderbaren Fischzügen der Apostel (Luk 5.1–11).

Neubau Neubau bedeutet Neuanfang, siehe ↗Bau.

Neujahr Das Neujahr ist ein Symbol für einen Neuanfang und Frohsinn.

Neun Die Neun ist ein männliches Symbol wie alle ungeraden Zahlen schon seit dem klassischen Altertum. Eine Ausnahme bildet allerdings das christliche Mittelalter, in dem die Neun als Zahl der Jungfrau Maria verehrt wurde. Neun ist

dreimal ↗drei; mit der Zahl Neun ist eine Vollendungsstufe erreicht, das drückt das Neuneck (das Enneagramm) aus. In allen indogermanischen Sprachen hängt das Zahlwort „Neun" mit „neu" zusammen.
In der Magie werden neun göttliche Reflexe unterschieden und der Gedanke des Magiers teilt sich in neun Strahlen auf. Zugleich symbolisiert die Neun aber auch den Aberglauben.

Nichts Nichts bedeutet Leere und Potenzial. Das Nichts mag als ein Vakuum, eine Abwesenheit von Materie angesehen werden, die durchaus Ängste auslösen kann, es ist jedoch konkret nicht vorstellbar. Negative Sachverhalte, so der schwedische Philosoph und Autor Lars Gustafsson, lassen sich nicht abbilden. Isaac Newton allerdings sah selbst das Vakuum von einer nur feineren Art der Materie durchsetzt. Die Quantenphysik knüpft mit Schrödingers Wellengleichung an diese Idee an und sieht das Nichts als wellenartig granuliert an. Und selbst wenn es ein Nichts gäbe, würde es eine unverstehbare Singularität darstellen. So können wir also das Nichts als Hirngespinst ansehen, welches jedoch den menschlichen Geist zu großen Leistungen herausfordert.

Niederschlag Niederschlag bedeutet in trockenen Gebieten Segen; für uns aber meist ein schlechtes Wetter. Er hat oft etwas mit „Niedergeschlagenheit" zu tun, siehe auch ↗Hagel und ↗Regen, andererseits den meist positiver empfundenen ↗Schnee.

Niere Die Niere als Entgiftungsorgan steht oft im Zusammenhang mit inneren Verarbeitungs- und Entgiftungsprozessen. Sie regelt durch ein Gegenstromprinzip, bei dem zwei Flüssigkeiten aneinander vorbeigeführt werden, das Gleichgewicht von Säuren und Basen. Wenn das Gleichgewicht nicht stimmt, dann, so sagt man, „geht dies mir an die Nieren".
Im weiteren Sinn steht sauer für männlich und basisch für weiblich. Dieses Gegenstromprinzip entspricht einer Partnerschaft. Nierenprobleme verweisen oft auf Partnerschaftsprobleme. Sie hängen mit der Unfähigkeit einen Ausgleich zu schaffen zusammen.
Mittelalter: Im Mittelalter galt die Niere wie andere innere Organe auch als Sitz der Lebenskraft, besonders auch als Sitz des Geschlechtstriebes. Es konnte deshalb vorkommen, dass man ertappten Ehebrechern die Niere herausschnitt.

Niesen Da das Niesen seit der Antike zu den Orgasmusformen gerechnet wird, ist hier nicht nur nach S. Freud der sexuelle Anklang nicht zu leugnen. Des Weiteren kann das Niesen jegliche körperliche Entladung ausdrücken. Niesen heißt auch, dass man die ↗Nase voll hat.

Nikolaus ↗Weihnachtsmann

Nikotin Das Nikotin, ein giftiges Alkaloid der Tabakpflanze, tritt häufig als Ekelsymbol und in der Bedeutung von ↗Gift auf. Der Name Nikotin – ursprünglich Nicotin – stammt von Jean Nicot de Villemain (1530–1600), dem französischen Gesandten, der 1560 den Tabak von Amerika nach Frankreich brachte. Weitere Aspekte bei ↗Rauchen, ↗Tabak, ↗Zigarren, ↗Zigaretten.

Nilpferd Das Nilpferd symbolisiert plumpe Kräfte, auch Trieb- und Seelenkräfte, die der Differenzierung und Gestaltung bedürfen. Es verdeutlicht eine Begegnung mit den massigen und verschlingenden

Kräften des Unbewussten und besonders des Trieb- und Gefühlslebens (zum Nilpferd als Wassertier ↗Flusspferd).

Analytische Psychologie: Im Traum ist das Nilpferd oft das Ungeheuer, das Böse, das verschlingen möchte. Es ist also ein klassisches Schattensymbol. Flusspferde symbolisieren auch die verschlingende Mutter oder Frau. Letztendlich stehen sie für das verschlingende Unbewusste und deuten auf unsere Angst vor dem Tierischen.

Antike u. Christentum: Im alten Ägypten war das Nilpferd Symbol der Macht und des Kriegsgottes, ähnlich auch noch in der Bibel (Hiob 40.15–24), wo ein dem Nilpferd sehr ähnliches Riesentier namens Behemoth, das ein Schwert in der Hand hält, als das Tier bezeichnet wird, das Gott als Erstes geschaffen hat. Aus diesem Grund wird in der christlichen Kunst das Nilpferd öfter auf Bildern der Schöpfung dargestellt.

Nische Symbol der Heimlichkeiten oder Chancen. Die Nische ist auch ein Symbol des Freiraums, den man sucht oder bereits gefunden hat, oder einer Rückzugsmöglichkeit.

Nixe Die Nixe, ein im Wasser lebendes attraktives Mischwesen aus Mensch und Tier, das keine Seele haben soll, zieht gleich der Sirene Männer in die Tiefe, um sich eine menschliche Seele zu verschaffen. Im Märchen geraten Kinder, die in den ↗Brunnen ↗fallen, in die Gewalt der Nixen. Nixen machen die Menschen durch ihren Gesang willenlos, so dass sie ihnen verfallen. Die Nixen werden zu den Lichtgeistern gezählt. Es gibt in Sagen und Märchen auch männliche Nixen, sie sind meist grausam, hässlich, alt und Kobolden vergleichbar.

Die Nixe stellt auch das Bild der tief gesunkenen Frau dar. Unten, im Bereich des Geschlechts, liegt ihre Schuld. Wenn auch in der frühen Frauenbewegung versucht wurde, solche Assoziationen durch Texte wie „Die Scham ist vorbei" (A. Meulenbelt) zu durchbrechen, beherrschen dennoch solche Bilder den tiefsten Seelengrund, der ideologisch nicht so leicht zu beeinflussen ist.

1842 erwarb der berühmte amerikanische Schausteller P. T. Barnum – der als Amerikas größtes Showtalent des 19. Jahrhunderts gilt – den Kadaver einer Nixe, der in Japan aus Affe und Fisch zusammengesetzt worden war. Die Leute strömten in ungeheuerlichen Mengen, um diese Nixe zu sehen. Zeitungen berichteten darüber und Barnum wurde weltberühmt mit seiner Nixe. Daran sieht man, welche Anziehungskraft das Bild der Nixe bis heute besitzt.

Antike: Ein Urbild der Nixe stellt die Echidna dar. Ihr Oberkörper ist der einer schönen Jungfrau, ihr Unterkörper ist der einer ↗Schlange. Der Urriese Typhon zeugt mit der Echidna Ungeheuer wie die Hydra und die ↗Schimäre (Chimaera). Diese Urahnin der Nixe wird als Wesen angesehen, welches das Ungeheuerliche in die Welt bringt.

Analytische Psychologie: Ein weiblicher Identifikationswunsch wie auch Sehnsüchte und Ängste des Mannes zeigen sich in diesem Bild (vgl. das Märchen von der kleinen ↗Seejungfrau von H. C. Andersen). Die Nixe verlockt, ihr in ein Reich zu folgen, unter dessen „spiegelnder Oberfläche unauslotbare Tiefen verborgen liegen", so C. G. Jung, der im Reich der Wasserfrauen das kollektive Unbewusste symbolisiert sieht. Die Nixe ist nach ihm das Symbol des Lebens und des inneren Reifens, sie ist eine Grenzgängerin. Man träumt von ihr, wenn der Jüngling zum Mann und das Mädchen zur Frau wird. Die Nixe hat keine Seele und trachtet deswegen nach der Seele des Menschen.

Nach C. G. Jung ist die Nixe die instinktive Stufe, die Vorstufe eines zauberischen weiblichen Wesens, der ↗Anima.
Literatur: Die erste Beschreibung der Nixe findet sich bei Paracelsus in seinem „Liber de nymphis, sylvis, pygmaeis et salamandris“ von 1589. Nach Grimms „Deutscher Mythologie“ ist sie ein zauberisches Wasserwesen, das mit Waldfrauen, Elfen, Wasser- und Brunnenholden, Frau Holle, Meerweibchen und Seejungfrauen viel gemein hat. Besonders die Märchenliteratur ist der Ort der Nixe, die sich stets hin- und hergerissen fühlt zwischen der Welt der Menschen und der tierischen Fischwelt. Immer trägt sie ein Geheimnis, das zu lüften ihr und den Menschen Unglück bringt.

Nonne In der Nonne kann sich eine Sehnsucht nach einem spirituellen Leben ausdrücken, Keuschheit und Reinheit. Daneben steht sie aber auch für Abkehr von der Welt und Weltfremdheit (↗Askese).
Psychoanalyse: Symbol enger Elternbindung.

Norden Diese ↗Himmelsrichtung symbolisiert das Kühle, Klare und die Distanz. Der Norden liegt in der Regel oben auf der Karte, das heißt, er gehört in den Bereich des Geistigen.
Seit der Romantik und speziell in der völkisch ausgerichteten esoterischen Szene Österreichs und Deutschlands spielt der Norden eine hervorragende Rolle. Im Norden liegt Hyperborea, das gelobte Land und auch Thule. Dort ist das Paradies der Arier. In der Thule-Gesellschaft, die derartigen Ideen anhing, waren wesentliche Mitglieder der NSDAP aktiv. Die arischen Bewohner des Nordens wurden hier aufgerufen, sich gegen die Untermenschen des Südens zur Wehr zu setzen.
Literatur: Aus dem Norden kommt die geistige Inspiration. Davon war Charles Dickens überzeugt, der stets nach Norden blickend geschrieben haben soll.
Fridtjof Nansen vergleicht in „In Nacht und Eis“ (1897) den Norden mit dem Tor zum Unbekannten.

Nornen ↗Parzen

Not Not bedeutet Mangel und Leiden oder dass man sich vor solchen harten Zeiten fürchtet. Häufig im Zusammenhang mit innerer Not.

Notbremse Notbremse bedeutet ein abruptes Stoppen der Bewegung, sie hängt eng mit Alarm und Gefahr zusammen; siehe ↗Bremsen.

Notebook Der mobile ↗Computer, mit dem man sich jeden Raum – ob U-Bahn oder Airport-Lobby, ob Zugabteil oder Hotelzimmer – aneignen und ihn in sein Büro verwandeln kann, ist ein Zeichen eines modernen Lifestyles, das der Besitzer meist stolz der Öffentlichkeit präsentiert.

Noten Die Noten, mit denen ↗Musik notiert wird, drücken meist eine Sehnsucht nach Harmonie und Gleichklang aus – besonders in Beziehungen. Die Noten in der ↗Schule hingegen stellen eine Bewertung dar; hier besteht ein enger Zusammenhang mit Leistung, Erfolg und Selbstbewusstsein (↗Zeugnis).

Notiz Eine Notiz ist eine Gedächtnisstütze, die Dokumentation des Gemachten oder zu Machenden und des Gedachten. Es geht um das genaue Wahrnehmen und das Behalten. Bedeutsam ist, was notiert wird.

Notzucht ↗Vergewaltigung

Nougat Diese ↗Süßigkeit gilt als feiner als normale ↗Schokolade und kann sowohl als Lust- als auch als Ekelsymbol auftreten, da relativ viele Menschen nicht gerne Nougat essen.

November Im alten römischen Kalender, vor der Kalenderreform durch Caesar, war der November der neunte Monat, weswegen er noch heute die Zahlen Neun und Elf zugleich symbolisiert. Im angelsächsischen Bereich wurde er der Blutmonat genannt, da im November die ↗Tiere getötet wurden, die man im Winter nicht füttern konnte.

Null Die Null symbolisiert Nichtigkeit und Belanglosigkeit, selten auch Tod, Stille und Vollendung. Eine Null ist auch ein Mensch, der wenig leistet, ein Versager. Null bedeutet Aufhebung und Negation. Die Null löst alles auf und macht es sich zu eigen, denn die Multiplikation mit Null ergibt stets Null. Die Null – phänotypisch der weiblichen Öffnung verbunden – ist die einzige Zahl, welche die männliche Logik der Zahlen und der gesamten Mathematik durchbricht, wenn sie als Nenner auftritt.
Die Babylonier erfanden die Null, die Griechen verboten ihren Gebrauch. Noch Lukrez argumentierte in „De rerum natura" gegen den Gebrauch der Null mit dem Argument, dass nichts aus nichts entstehen könne. Die Hindus verehrten in der Null ein göttliches Konzept, und die christliche Kirche benutzte die Null im Kampf gegen die Häretiker.
Analytische Psychologie: Wie auch ↗Kreis und ↗Mandala symbolisiert die Null nach C. G. Jung das Selbst als Angelpunkt des Menschen.
Klassisch griechische Symbolik: Die Griechen führten unser heutiges Zeichen für die Null – eben 0 – ein, das dem kleinen „o" entspricht. Der erste Buchstabe des griechischen Wortes „ouden" (das Nichts bedeutet) ist ein „o". Wenn auch die Griechen die Null verbannen wollten, so benutzten sie doch diese Zahl bei astronomischen Berechnungen. Sie führten diese Berechnungen nach dem babylonischen Zahlensystem mit Hilfe der Null durch und wandelten dann das Ergebnis wieder in die griechische Schreibweise um.
Aristoteles argumentierte gegen den Gebrauch der Null, dass diese Ziffer nicht notwendig sei, denn sowohl das Nichts als auch die Unendlichkeit seien nur ein Konzept, das nichts mit der Realität zu tun habe.
Literatur: Verführerisch klingt in der Null die weiblichste Öffnung an. In Réages sadomasochistischem Klassiker „Die Geschichte der O" ist die O auf ihrem Weg zur Hingabe im klösterlichen Chateau der Lüste eine Null: Sie wird annihiliert und erfüllt so das sadomasochistische Ideal.
Charles Seife vertritt in seinem Buch „Zero – The Biography of a Dangerous Idea" (London 2000) die These, dass letztendlich hinter jeder Revolution die subversive Kraft der Null stand.
Philosophie: Die Null war ursprünglich ein Konzept der östlichen Philosophie. Sie drückt das Nichts und die Unendlichkeit Gottes aus und wurde ursprünglich als mystisches Konzept angesehen. Die europäische Philosophie hatte Schwierigkeiten dieses Konzept zu akzeptieren, das sie als gefährlich ansah, da mit der Null das Nichts anerkannt wurde. Noch der englische Philosoph und Mathematiker Alfred North Whitehead bemerkte: „Im alltäglichen Leben braucht keiner die Null. Es geht niemand in die Stadt, um

null Fische zu kaufen“. Die Null führte zum Konzept des gestaltlosen Anfangs und des Chaos.

Nuss Die Nuss ist ein Ganzheitssymbol. Sie symbolisiert wegen ihrer spezifischen Form auch den ↗Kopf und besonders das Gehirn und somit das Denken. Sie verweist ferner auf Härte und Schwierigkeit (ein „harte Nuss“ knacken). Sie spielt auf die harte Schale an, unter der ein weicher Kern liegt; siehe auch ↗Walnuss.
Psychoanalyse: Männliches Sexualsymbol, Symbol des Hodens.
Christentum: Augustinus schreibt, die Hülle der Nuss bedeute das Fleisch, die Schale die Knochen, der Kern aber die Seele.

Nussbaum Er steht für Stärke, und wegen der nahrhaften ↗Nüsse für Fruchtbarkeit, Reichtum und Fülle. Wie jeder ↗Baum verkörpert auch der Nussbaum die Verbindung von Himmel und Erde.
Nussbaum-Holz ist ein Holz, das gern wegen seiner schönen Maserung für die Möbelherstellung benutzt wird.

Nussschale Die Nussschale symbolisiert über das bei ↗Nuss Gesagte hinaus auch das Kleine und Unscheinbare.

Nutzpflanzen / Nutztiere Nutzpflanzen und Nutztiere sprechen die Einstellung zur Ausnutzung der Natur an – der eigenen und der äußeren Natur. Diese Ausnutzung kann positiv oder negativ geschehen. Bei Nutztieren wird stärker die Frage nach der Domestizierung und Anpassung gestellt.

Nymphe Nymphen sind niedere Gottheiten, die in Quellen, Meeren, Bergen und Bäumen hausen. Sie gelten als gutmütig und seit dem klassischen Altertum als Symbol der unvergänglichen Lebenskraft und der Macht der Verführung, der Verführung des Mannes durch ein junges Mädchen. Jungsche Psychologen erkennen hier eine Anima-Verzauberung.
Literatur: Eine der gekonntesten Schilderungen der Kraft der Nymphe finden wir in dem 1955 erschienenen Roman „Lolita“ von Vladimir Nabokov. In diesem Roman prägt Nabokov in Anlehnung an den französischen Dichter Pierre de Ronsard (1524–1585) das Wort „Nymphchen“ für eine unwiderstehlich verführerische Kindfrau, die Männer mittleren Alters in den Wahnsinn treiben könne. Die Nymphe ist bei Nabokov wie die „dark lady“ in Shakespeares Sonetten das junge Weibliche, das bei den Männern eine Besessenheit erzeugt, und das zeigt, dass wir es nie besitzen können, schon allein deswegen, weil die Zeit es uns entreißt.

O

Oase Dieses Symbol kann auf eine Reiseerinnerung zurückgehen und allgemein Exotik und Fernweh verdeutlichen. Die Oase in der trockenen, lebensfeindlichen Wüste ist ein durchweg positiver Ort. Sie kann ein erotisches Symbol sein oder auch die Erholung nach den Mühen des Alltags ausdrücken.
Die Oase kann in seltenen Fällen auch ein Symbol des Streits sein, denn der Besitz von Oasen war häufig der Anlass für lokale Kriege.
Analytische Psychologie: Nach C. G. Jung besitzt die Oase Grundwasser, was als Kontakt mit dem Unbewussten gesehen

wird. Es kommt die Erlösung durch die Kräfte des Unbewussten.

Obelisk Der ägyptische Obelisk ist ein bekanntes Penis- und Machtsymbol. Obelisken erinnern häufig an Siege.

Oben Oben ist in unserer Gesellschaft häufig das Mächtige, das Erstrebenswerte und Gute. Von oben hat man einen Überblick und steht über den Dingen.

Ober ↗Kellner

Obergeschoss ↗Dachboden, ↗Haus

Oberst ↗General

Oboe Die Oboe kann wie jedes ↗Blasinstrument als Sexualsymbol gedeutet werden. Wichtiger ist jedoch die ↗Musik, die auf ihr gespielt wird, wer spielt und wer zuhört.

Observatorium Dieses Symbol tritt auf, wenn es anliegt, die (subtilen) Kräfte, die einen bewegen, genauer zu beobachten.

Obst Zunächst symbolisiert das Obst ganz allgemein die Früchte des Lebens. Speziell werden in diesem Bild jedoch die erotisch-sexuellen Bedürfnisse angesprochen. Es kann auch als Hinweis angesehen werden, dass man sich gesund ernähren sollte, denn der Körper braucht Obst und Vitamine.
Die reife Frucht weist auf sexuelle Ausgeglichenheit und Lebensfreude, die faule Frucht auf Minderwertigkeitsgefühle. Einzelheiten bei den verschiedenen Früchten.
Christentum: Jede Frucht der Bäume wird als ein Geschenk des Himmels und der Erde angesehen und ist der produktive Ausdruck des Bündnisses zwischen Mensch und Gott.

Obstbaum Bei der Deutung des Obstbaums ist zu beachten, ob dieser Früchte trägt oder nicht. Trägt er Früchte, wird Fruchtbarkeit angesprochen – vom Zeugen der Kinder bis hin zur Kreativität.
Einzelheiten bei ↗Apfelbaum, ↗Birnbaum, ↗Kirschbaum, auch ↗Mandelbaum. Allgemeines bei ↗Baum.

Obstkuchen ↗Obst

Ochse Symbol für Kraft, Starrsinn und Schwerfälligkeit. Im Gegensatz zum ↗Stier aber gilt er als friedlich, ja gütig. Andererseits verkörpert er auch Dummheit, wenn man wie „ein Ochs vorm Berg steht".
Antike: War bei vielen Völkern und auch bei den Griechen ein beliebtes Opfertier, verkörperte die Macht der Arbeit, unbesiegbare Stärke.

Öffentliche Verkehrsmittel Symbol der begrenzten, andererseits kollektiven Bewegungsmöglichkeit. Öffentliche Verkehrsmittel wie ↗Bus, ↗Eisenbahn und ↗Straßenbahn verweisen auf eine ökologisch sinnvolle Art der Bewegung, auf Volksnähe und meist auch auf Unbequemlichkeit.

Öffentlichkeit Öffentlichkeit steht im Gegensatz zur Privatsphäre. Sie ist die Aufhebung der Isolation und das Ende der Geheimnisse. Träume und Fantasien von Öffentlichkeit gehen meist darauf zurück, dass jemand selbst an die Öffentlichkeit treten und seine introvertierte Seite – zumindest bisweilen – einmal ablegen möchte.

Ökologie ↗Umweltverschmutzung

Öl Öl ist ein Brennstoff und Energielieferant (wie ↗Kohle) und verweist psychologisch gesehen auf das, was Energie gibt und antreibt. Das Symbol Öl ist heutzuta-

ge auch sehr mit den Assoziationen zur ↗Umweltverschmutzung verbunden: Ich erinnere nur an die so genannte Ölpest. Neben der Bedeutung, dass hier etwas verschmutzt und zerstört wird, ist das Öl auch ein Schmierstoff, ein Gleitmittel, mit dem etwas „wie geölt läuft". In diesen Zusammenhang gehört auch der Ölwechsel beim Auto, wobei das saubere Öl die Bewegung erleichtern soll, genauso wie man vom Ölen der Stimme spricht, wobei das Öl die Stimmbänder schmieren soll.
Der Besitz von Öl(quellen) steht seit einiger Zeit auch für Reichtum.
In seltenen Fällen kann das schwarze Öl auch auf den Tod, das Leblose hindeuten, da es ein fossiler Brennstoff ist, der aus abgestorbenen Lebewesen des Meeres besteht.
Speiseöl bedeutet Nahrung. Es verweist auf Kalorien und das Braten und somit auf die Hitze.
Christentum: Das Öl wird in vielen Kulturen bei religiösen Zeremonien verwendet, so auch im Christentum, zum Beispiel bei der Taufe, der Firmung und der „letzten Ölung" der Sterbenden. Das Öl stand auch deshalb in einem guten Ruf, weil es aus den Früchten des ↗Olivenbaums gewonnen wurde, der auf dürrem Boden wächst. Dies bezogen schon die Juden auf den Geist Gottes, weshalb alle Priester mit Öl gesalbt wurden.

Ölbaum ↗Olivenbaum

Ölpest ↗Öl

Ölsardine ↗Sardine

Ölwechsel ↗Öl

Ofen Der Ofen symbolisiert (Gefühls-) wärme. Ein kalter Ofen steht jedoch für Gefühlskälte oder überhaupt für das Ende von etwas („der Ofen ist aus"). Der Ofen bezieht sich oft auf eine Beziehungssituation, eben auf die Wärme in der Beziehung, siehe auch ↗Herd.
Psychoanalyse: Der Ofen ist nach S. Freud als der Körper der Frau zu deuten, worauf auch die Redensart „in Nachbars Ofen backen" für eine sexuelle Beziehung zur Nachbarin hindeutet.

Offenbarungseid Der Offenbarungseid bedeutet (geschäftliches) Scheitern. Er verweist in der Regel darauf, dass jemand nicht mehr weiter weiß und dass er sich eben offenbaren sollte.

Offizier Der Offizier ist bei Männern und Frauen ein Symbol der Autorität und Männlichkeit. Die Wertung ist sehr zeitabhängig: Bis in die Mitte des vorigen Jahrhunderts galt der Offizier als Vorbild, als sehr attraktiv für Frauen in seiner ↗Uniform.

Ohnmacht Die Ohnmacht ist ein Zustand, in dem man keine Macht hat und auch nicht verantwortlich ist für das, was geschieht. Nicht zuletzt deshalb fielen vornehme Damen früher gerne in Ohnmacht, wenn etwas Peinliches geschah. Ohnmacht steht also für Bewusstseinsverlust.

Ohr Das Ohr ist ein äußerst individueller Körperteil. Menschen unterscheiden sich durch die Form ihrer Ohren. Deswegen schneiden bisweilen Entführer das Ohr ihrer Opfer ab und schicken es denjenigen zu, von denen sie Lösegeld erpressen wollen. Zu Beginn der 1970er Jahre erregte dies Aufsehen in Italien, als bei der Getty-Entführung das abgeschnittene Ohr Gettys dessen Familie zugeschickt wurde. Symbolisch steht das Ohr für die weibli-

chen Genitalien. Im Orient ist das Ohr ein Symbol der (Ehe-)Frau und es gibt beispielsweise in Südosteuropa den umgangssprachlichen Ausdruck „das Ohr zwischen den Beinen“ für die Vulva.
In der Mythologie wurden Kana, der Sohn des hinduistischen Sonnengottes, durch das Ohr geboren, und einigen Überlieferungen nach wurde auch Buddha durch das Ohr geboren.
Allerdings symbolisiert das Ohr auch die Weisheit, da der Mensch mit seinen Ohren die Stimme der Götter hört. Deswegen werden Kinder am Ohr gezogen, da dadurch das Hören auf die höhere Weisheit stimuliert wird.
Psychoanalyse: Durchbohrung des Ohrläppchens bedeutet Defloration nach den meisten tiefenpsychologischen Schulen. Das Ohr wird in allen tiefenpsychologischen Schulen als weibliches Sexualorgan gedeutet.
Antike: Für Plinius zum Beispiel war das Ohr der Sitz des Gedächtnisses. Deswegen war es auch ein verbreiteter Brauch, das Ohrläppchen eines Gesprächspartners anzuzupfen, wenn man seine Aufmerksamkeit gewinnen wollte.
Literatur: In der Literatur sagt man, dass der beste Erzähler der ist, der unsere Ohren zu ↗Augen werden lässt.

Ohrentropfen Ohrentropfen verweisen darauf, dass wir besser hinhören oder gehorchen sollen, siehe auch ↗Tropfen.

Ohrfeige Eine Ohrfeige bedeutet Nachlässigkeit, Strafe und Aggression. Bedeutsam ist, wofür bestraft wird.

Ohrläppchen Ohrläppchen werden in der westlichen Symboldeutung als erogene Zonen angesehen, die auf unsere Sinnlichkeit verweisen, siehe ↗Ohr.
Asien: Dem Buddhismus zufolge sollen lange Ohrläppchen ein Erleuchtungszeichen sein.

Ohrring Der Ohrring ist wie jeder ↗Schmuck ein Symbol der Eitelkeit.
Seemänner pflegten den Aberglauben, dass ein Ohrring sie vor dem Ertrinken schützt. Auch weil der ↗Teufel und andere böse Geister durch das ↗Ohr in den Körper eintreten, werden Ohrringe als Schutz getragen.
In Zeiten des Mittelalters trugen nur Seefahrer und Zimmerleute Ohrringe, da diese angeblich das Sehen verbessern und beide Berufe auf eine genaue Sicht angewiesen waren. Heute werden bestimmte Ohrringe auch als Erkennungszeichen bestimmter Bevölkerungsgruppen getragen – wie zum Beispiel Homosexuelle und Drogenkonsumenten, die geheilt sind.

Oktober Der Oktober war der achte Monat des Kalenders vor der Kalenderreform durch Caesar. So symbolisiert er sowohl die Zahl ↗Acht als auch die Zahl ↗Zehn. Im anglo-sächsischen Kalender wurde er der gelbe Monat genannt, da sich in ihm die Blätter verfärben.

Oliven(baum) Oliven stehen für Mittelmeerküche, sie symbolisieren ferner erotische Abenteuer und sind wie viele ↗Früchte ein Sexualsymbol.
Die Olive bedeutet traditionell auch Reichtum. Der Olivenbaum ist ein altes Symbol für geistige Stärke, Reichtum und Frieden. Häufig ist der Olivenbaum mit einem großen Alter und einer bizarren Form assoziiert.

Olivenzweig Der Olivenzweig ist ein allgemein bekanntes Friedenssymbol. Das geht darauf zurück, dass in der Bibel steht, am Ende der Sintflut sei die ↗Taube mit einem Olivenzweig im Schnabel zu Noah zurückgekehrt.

Omnibus ↗Bus

Onkel Der Onkel personifiziert „die anderen Leute" und deren Autorität. Zunehmend wird in der heutigen Zeit der Onkel zum bösen Mann, der Minderjährige verführt.

Opal Der Opal zeigt, dass das Leben in vielen Farben schillert. Er stellt Dogmatik und starre Ansichten in Frage. Da er viele Farben in sich vereinigt, stand er im Osten in hohem Ansehen: Er vereint eben auch die Vorzüge aller Steine in sich und spricht so auch alle Chakren an. Als ↗Schmuck weist er auf Eitelkeit hin (↗Edelstein). Astrologen weisen den hellen Opal den Tierkreiszeichen Krebs und Fische zu.

Oper Das Symbol Oper hängt oft zusammen mit Eitelkeit, Pathos und zu viel Selbstdarstellung. Die Gefahr der Überdramatisierung ist angesprochen („quatsch keine Oper!"), aber auch Freude und Lebenslust werden hier ausgedrückt.
Oper ist auch Anerkennung, da sie ein gesellschaftliches Ereignis darstellt, und zwar ein Ereignis für höhere Gesellschaftsschichten.
Die Oper wurde 1582 in Florenz entwickelt, als die Italiener versuchten, das griechische Drama neu zu gestalten. Sie ist noch heute eng mit der Bedeutung Drama und der Darstellung großer Gefühle verbunden.

Operation Operation bedeutet Entfernung des Störenden. Ein Operation weist auch auf psychische Störungen oder deren Beseitigung hin, sie spricht einen wichtigen Wandlungsprozess an. Wichtig ist die Art der Operation. Sie zeigt, was gestört oder wiederhergestellt worden ist.

Opfer Opfer bedeutet Passivität. Da etwas geschieht, das man nicht gewollt hat, ist das Symbol Opfer stets mit Angst verbunden. Man sieht sich nicht mehr in Kontrolle der Situation, und dieser Kontrollverlust macht Angst oder reizt den Masochisten. Opfer kann jedoch auch darauf verweisen, dass etwas geopfert wird, um etwas zu erreichen. Aus dieser Haltung wird in vielen Religionen den Göttern geopfert. Verbreitet waren auch die Bauopfer, bei denen ein Tier oder Mensch unter den Fundamenten eines Bauwerks vergraben wurde, damit das darauf Gebaute Bestand hat.
Das Bild des Opfers beschwört auch stets jenes des ↗Täters, somit schwingen in diesem Symbol verdrängte Aggressionen mit.
Antike: In der Sage von Perseus und Andromeda soll Andromeda einem Meerungeheuer geopfert werden. Sie wird vom Helden Perseus befreit. Bis zum Mittelalter wurde aus dieser Geschichte das Jungfrauenopfer, das einem die Stadt bedrohenden Drachen gegeben werden musste. Auch hier kommt dann der Held in Form des Drachentöters und bringt Befreiung. Die Christen deuteten dann diesen Mythos als allgemeinen Kampf gegen das Böse, wobei das Böse oft durch Symbole konkurrierender Religionen dargestellt wurde.
Literatur: In Theodor Storms „Der Schimmelreiter" soll ein Hund in dem neuen Deich vergraben werden, damit dieser nicht mehr bricht.

Opium Opium ist wie ↗Mohn und ↗Heroin heute symbolisch fast ganz auf Sucht und Rauch festgelegt.
Opium führte zu dem nach ihm benannten Krieg von 1840–1842, als die Chine-

sen die britischen Opiumvorräte in Kanton zerstörten. China verlor diesen Krieg, den Mao Tse Tung als eine „Volksrevolution gegen den Imperialismus" bezeichnete.
Heute wird das meiste Opium für medizinische Zwecke in Indien angebaut.
Asien: Das Opium ist ein Symbol der Göttin Kali. Deswegen betreten noch heute Hindufrauen barfüßig und mit Räucherstäbchen die Opiumfelder Rajasthans.
Antike: Schon zur Bronzezeit (um 1500 v. Ch.) wurde aus Zypern Opium nach Ägypten importiert. Bald darauf begann auch in Ägypten der Mohnanbau zur Opiumgewinnung. Seitdem finden wir die Kapsel des träumeschenkenden Mohns auf griechischen Münzen, auf Schmuck und Töpferwaren. Beim magische Trunk der Helena, von dem in der Odyssee berichtet wird, dass er alle Schmerzen vergessen lässt, war das wichtigste Ingredientium das Opium.
Alle großen Ärzte des klassischen Altertums wie Hippokrates, Galen und Dioskorides preisen die schmerzstillende und beruhigende Wirkung des Opiums.
Mittelalter: Um 1530 begann Paracelsus Mohn mit Alkohol zu mischen. Damit war Laudanum geboren, das bis ins 19. Jahrhundert hinein als Wundermittel gegen alle Krankheiten gelobt wurde. Aber es wurde auch zunehmend als Rauschdroge beliebter.
Literatur: Klassisch für den Opium-Rausch ist die Struktur der Schachtelgeschichte, wie wir sie aus „Tausendundeine Nacht" kennen.
Der romantische englische Poet und Philosoph Samuel Taylor Coleridge schrieb sein berühmtestes Gedicht „Kubla Khan" im Opium-Rausch, in dem er gestört wurde, so dass dieses Meisterwerk der lyrischen Kunst unvollendet blieb.
Im 19. Jahrhundert beschreibt der Dichter Thomas De Quincey, wie er im Rausch Musik riechen konnte. In seinem Aufsehen erregenden Werk „The Confessions of an English Opium Eater" beschreibt er allerdings auch seine zunehmende Abhängigkeit vom Laudanum und seine Verelendung. Er spricht von Gefühlen wie „Jahrtausende im Steinsarg" zu liegen und von den „krebsartigen Küssen der Krokodile".
In den Literatenkreisen der Romantiker besonders in England war der Opiumgenuss verbreitet. Außer Coleridge produzierten auch John Keats und Percy Shelley hohe Literatur im Opiumrausch.

Optiker Hier geht es um klare Sicht und Objektivität, um eine Verbesserung der persönlichen Sehgewohnheiten und Sehfähigkeit. Daneben war der Optiker in früherer Zeit neben dem ↗Apotheker stets auch einer der „besseren Herren" im Ort.

Oralverkehr ↗Fellatio, ↗Cunnilungus

Orange (Frucht) ↗Apfelsine

Orange (Farbe) Orange bedeutet froh, lustig, warm und energievoll. Es gibt konstruktive und enthusiastische Energien. Orange ist eine strahlende, lebhafte ↗Farbe, die wegen ihrer großen Energie meist nur sparsam verwendet wird. Es ist eine extravertierte Farbe, die auffällt und deswegen als Sicherheitsfarbe benutzt wird, zum Beispiel bei Autos. Es ist die Farbe, die am meisten aktiviert. Deswegen ist es die Heilfarbe bei depressiven Verstimmungen. Orange wirkt auch appetitsteigernd.
Orange steht für Mut und Opferbereitschaft, Fruchtbarkeit, Hoffnung und Spiritualität.

Es ist die Nationalfarbe der Niederländer, die Farbe des Königshauses der Oranier: Oranje heißt orange.
Orange verleiht Selbstsicherheit: Peter Green, der Gründer der Band „Fleetwood Mac", hat nach einem psychotischen Zusammenbruch seine Fingernägel orange lackiert, um die Menschen zu erschrecken.
Asien: Hautfarbe der Götter und Farbe der Mönchsgewänder. Außerdem ist es die Symbolfarbe Krishnas.

Orangensaft ↗Apfelsine und ↗Saft

Orchester Das Orchester kann oft auf die Sehnsucht nach Harmonie in der Beziehung oder der Arbeitsgruppe bezogen werden, es symbolisiert eben den Gleichklang, die Vereinigung von vielen Stimmen in sich. Für die genauere Deutung ist die ↗Musik wesentlich, die von diesem Orchester gespielt wird.

Orchideen Orchideen stellen ein Symbol für etwas Seltenes und für den Luxus dar. Die „Orchideen-Fächer" an der Universität sind abgelegene Studiengebiete.
Antike: Die Orchideen bekamen ihren Namen von dem altgriechischen Wort für Hoden. Man nahm an, dass diese Pflanzen stark aphrodisierende Wirkungen besäßen.

Orden Der Orden, den man verliehen bekommt, ist ein Symbol für Erfolg, Ehrgeiz, aber auch Äußerlichkeit.
Dahinter verbirgt sich oft ein Bedürfnis nach Lob, Anerkennung und Auszeichnung vor den anderen. Ähnlich wie ein ↗Abzeichen ist der Orden ein Symbol der Zugehörigkeit zu einer bestimmten Gruppe (fast immer von Männern) und die Auszeichnung für eine bestimmte Leistung.
Früher war die Verleihung eines Ordens auch das äußere Zeichen dafür, dass man in einen Orden aufgenommen worden ist. Solche Orden wie die Ritterorden oder die Ordensgemeinschaften der Kirchen verweisen auf Gemeinschaft, falls der religiöse Aspekt im Vordergrund steht auch auf ↗Askese; siehe auch ↗Mönch und ↗Nonne.

Organe Die inneren Organe des Menschen wie ↗Darm, ↗Herz, ↗Leber, ↗Lungen und ↗Nieren verdeutlichen die verborgenen Kräfte, welche die Lebensprozesse aufrechterhalten.
In der westlichen Kultur werden die Organe des Menschen wie Individuen mit eigenem Leben betrachtet. Im Reliquienkult werden heilige Herzen verehrt und Albert Einsteins Gehirn wurde konserviert. So überleben die Organe ihren Besitzer. In Zeiten der Organtransplantation wechseln sie auch ihren Besitzer und können so ihren Spender überleben.
Die Vorstellung der Organe als eigenständige Einheiten, die auf bestimmte Funktionen spezialisiert sind, hat sich längst vom Körper entfernt und ist auf gesellschaftliche Bereiche übertragen worden. So sprechen wir zum Beispiel von den Staatsorganen und von Zeitungen als Organen einer bestimmte Gruppe.
Organ bedeutet ferner natürlich, und deswegen wird in einer zunehmend unnatürlichen Welt das Organische immer mehr beschworen.

Orgasmus Orgasmus bedeutet lustvolle Entlastung, siehe ↗Gipfel.

Orgel Symbol der Läuterung, Sammlung, Andacht und Gefühlstiefe.
Wie bei allen Symbolen der ↗Musik wird auch bei der Orgel unser Gefühl und unser

Harmoniebedürfnis angesprochen. Weiteres bei ↗Tasteninstrument.

Orgie Die sexuelle Orgie bedeutet eine intime Verbindung mit vielen und damit in unserer Kultur einen Bruch mit den Konventionen. Sie ist also eine Befreiung, ein Tabubruch.
Antike: Ursprünglich waren die Orgien Feste zu Ehren des Bacchus, allerdings wurden die Feste zu Ehren der Musen und jene des Kybele-Kults ebenfalls als Orgien bezeichnet. Das gründet darin, dass die Orgie ursprünglich ein Opferfest war. Sie breitete sich allerdings schnell als nächtliches Gelage mit Beischlaf aus und wurde derart beliebt, dass der römische Senat sich gezwungen sah, sie im Jahr 564 n. Chr. zu verbieten. Die Orgien wurden abgeschafft, die Lust am Laster blieb bestehen.

Orient Der Orient symbolisiert für den westlichen Menschen Geheimnis und Erotik. Er ist ein Symbol des Faszinierenden, andererseits auch des Unverständlichen. Er verkörpert manchmal auch das Ungeordnete, Chaotische, wenn jemand zum Beispiel sagt: „Hier geht es zu wie in einem orientalischen Basar".
Literatur: Durch die Geschichtensammlung „Tausendundeine Nacht" wurde im Westen die Verbindung zwischen Orient und Erotik weitgehend geprägt.

Orkan ↗Hurrikan und ↗Sturm

Ornament ↗Verzierung

Oroboros Der Oroboros ist die ↗Schlange, die sich selbst in den Schwanz beißt. Er stellt ein Symbol des Urzustands dar, in dem es weder Anfang noch Ende gibt (↗Kreis) und steht für Einheit oder Ganzheit. Moderne Formen dieses Symbols findet man in den Welten der Werbebilder und des Designs. Der Oroboros tritt uns auf Platten-Covern, in der Schmuckgestaltung und im Programmentwurf für Gurdjieffs Institut zur harmonischen Entwicklung des Menschen entgegen. In diesen Fällen symbolisiert er den ewigen Kreislauf von Werden und Vergehen.
Analytische Psychologie: Der Oroboros symbolisiert nach C. G. Jung den Zustand vor der Bewusstwerdung. Er ist ein von den Alchemisten und Jung sehr eingehend betrachtetes Symbol der Vollendung und letztendlich der Gestaltungskräfte des Höheren Selbst (wie der ↗Kreis und die ↗Null). Der Oroboros begattet sich selbst, tötet sich dann, um darauf wieder neu zu entstehen (↗Phönix). Der Schwanzfresser ist ein sexuelles Symbol, da er sich selbst befruchtet. Er ist der ↗Drache, der sich selbst mit dem phallischen Schwanz schwängert.
Antike: In Ägypten symbolisierte der Oroboros die Grenze zwischen der geordneten Welt und der Welt des Chaos. Er trennt das Licht von der Finsternis.

Osten Vom Osten, so sagt man, kommt das Bewusstsein und die Erleuchtung („ex oriente lux"). Das Morgenland gilt seit dem Mittelalter als allgemeine Projektionsfläche für die Weisheit und das Bewusstsein, dort geht die ↗Sonne auf, dort kommen die drei Weisen her.
Für den Mitteleuropäer sind die Länder im Osten aber auch die eher rückständigen Länder, auf die man tendenziell herabblickt, auch die Länder der Kälte.

Osterei Das Osterei (↗Ostern) stellt wie jedes ↗Ei ein Fruchtbarkeitssymbol dar. Dabei ist seine Farbe und Bemalung wichtig.

Osterhase Der Osterhase ist ein Symbol des Frühlingserwachens und der Fruchtbarkeit, er verkörpert die lebendige erotische Kraft des Frühlings.
Bis zu Beginn des 19. Jahrhunderts war der Osterhase in Deutschland weitgehend unbekannt. Als Symbol des Osterfestes und der Frühlingszeit gewann er eine schnelle Verbreitung besonders seit dem Ende des 19. Jahrhunderts durch die beliebten Osterhasenbücher, dann auch durch die Süßwaren- und Spielzeugindustrie. Heute ist das alte Frühlingssymbol weitgehend verniedlicht und verkitscht.

Ostern Symbol der Freude und der Ferien (siehe auch ↗Frühling). Ostern hängt mit der Freude über die Auferstehung zusammen und ist so auf tiefer Ebene den Vegetationsmythen verbunden. Dieses Symbol zeigt, dass man sich nach den dunklen Zeiten wieder freuen kann, dass man nach außen gehen und sich wieder zeigen kann.
In der heutigen Welt ist Ostern für manchen auch mit den Ostermärschen, einer Demonstration gegen den ↗Krieg verbunden. Ostern bedeutet Frieden.
Christentum: Als Fest der Auferstehung Jesu eines der drei wichtigsten religiösen Feste des Christentums.
Literatur: Der Osterspaziergang, den Faust nach seiner „Auferstehung“ (weil er sich in der Osternacht dann doch nicht selbst getötet hat) in Goethes „Faust I“ unternimmt, zeigt anschaulich, wie die Menschen sich Ostern wieder zeigen. Sie gehen nach außen in die Natur und feiern.

Oval Das Oval gleicht dem ↗Kreis, es ist sozusagen auf dem Weg zur Vollendung, siehe ↗Ellipse.

Ozean Die Symbolik gleicht der von ↗Meer, wobei beim Ozean mehr der Aspekt der Ausdehnung, der Grenzenlosigkeit im Vordergrund steht.
Antike: Den Griechen galt der Oceanos als die Verkörperung des Unbekannten. Er wurde als ein Strom angesehen, der die Erde umgab, und von den düsteren Ufern des Hades begrenzt wurde. Verbreitet war auch die Vorstellung, dass der Oceanos eine Grenze besitzt. Wer sich dieser Grenze nähert, fällt ins Nichts, denn dort ist das Ende der Erde.
Literatur: In „Kangaroo“ vergleicht D. H. Lawrence die Ehe mit der Schifffahrt auf einem Ozean. Das gesamte neunte Kapitel des Romans ist dieser Idee gewidmet.

P

Paar Paar bedeutet Zusammengehörigkeit und oftmals auch Ergänzung. Der Ausdruck Paar betont die Verbindung und meist auch Gleichheit. Im menschlichen Beziehungsleben verkörpert es das, was sich alle wünschen, nämlich ein glückliches Paar zu sein. Das Paar wird allerdings oft nicht ohne Skepsis betrachtet, es stellt für viele eine problematische Beziehungsform dar.
In älteren Betrachtungen der Symbolbedeutung wird das Paar stets mit der Zahl ↗Zwei verbunden und somit unter dem Aspekt des Zweifels betrachtet.

Päckchen Wie das ↗Paket Symbol der Mühen, Sorgen und Lasten, die man zu tragen hat. Das Päckchen kann andererseits auch ein Geschenk bedeuten. Das Auspacken eines Päckchens hängt psychologisch gesehen oft mit Selbsterkenntnis zusammen.

Pagode Eine Pagode ist ein Symbol des Fernwehs, der Sehnsucht oder der Erinnerung an süd- oder ostasiatische Länder. Dass es sich dabei um kunstvoll gearbeitete Reliquienschreine handelt, dürfte für den Europäer nur selten eine Rolle spielen.

Paket Pakete und Päckchen sind sprichwörtlich für seelische Belastungen. So sagt der Volksmund, dass jeder sein Päckchen zu tragen habe und drückt damit aus, dass keine Lebensreise ohne Belastungen abläuft. Wenn diese Belastungen einen an der Wandlung hindern, sollte man schnellstens sein Paket auspacken und sich mit dessen Inhalt beschäftigen.
Der Glückliche findet in seinem Paket eine erfreuliche Überraschung. Er ist beschenkt worden. Aber solche Pakete trägt man nicht mit sich herum. Man packt sie aus und stößt so oft auf verdrängte oder unbekannte Gefühle und Belastungen, die man in sich trägt.
Psychoanalyse: Die Psychoanalyse sieht das Paket ähnlich wie die ↗Kiste oder überhaupt jedes ↗Gefäß als Symbol des weiblichen Körpers.

Palast Palast bedeutet ähnlich wie das ↗Schloss Reichtum und Herrschaft. Er ist ein verbreitetes Symbol für das Selbst wie auch für den Körper. Der Palast kann andererseits auch auf Größenwahn oder ein großes Freiheitsbedürfnis verweisen.

Palisade Die Palisade stellt ein Hindernis dar, sie bedeutet Schutz und Abgrenzung – auch im psychologischen Sinne.

Palme Die Palme ist ein bekanntes Friedens- und Penissymbol. Sie steht für große Lebenskraft und gilt ferner als Sinnbild der moralischen Tugend.
Palmen symbolisieren den Traum vom Süden, speziell den von der Südsee, auf die ein natürliches und leichtes Leben projiziert wird. Deswegen sind Palmen auch in der Werbung sehr beliebt, wo sie Urlaubsstimmung und Entspannung verbildlichen sollen.
Allerdings warnt die Palme auch vor einer Flucht in die Welt der Fantasien.
Antike u. Christentum: Überall im Mittelmeerraum galt die Palme als Zeichen für Sieg, Aufstieg und Wiedergeburt. Deswegen spielt sie auch beim Einzug Jesu nach Jerusalem ein Rolle (Joh 12.13). In der christlichen Kunst finden sich Palmen oder Palmzweige häufig im Zusammenhang mit Märtyrern – auch hier geht es um Sieg und Auferstehung.

Panik ↗Alptraum und ↗Angst

Panne Panne bedeutet Hindernis, ↗Pech, ↗Peinlichkeiten, zum Beispiel Hindernisse auf dem Lebensweg.

Panther Der schwarze Leopard ist ein Symbol der Eleganz und Leidenschaften. Der Panther verkörpert häufig auch eine attraktive, erotische Person – meistens eine Frau.
Die „Grauen Panther“ nennt sich eine aktive Organisation von Senioren, die mit diesem Namen auf ihre Aktivität und Attraktivität hinweisen wollen.
Antike u. Christentum: Der Panther spielte eine Rolle im Dionysos-Kult, der von den Christen später wegen seiner Lustbetontheit verurteilt wurde. Wohl deswegen wird der Panther in der christlichen Kunst und Literatur gemieden. Bezeichnend ist, dass Kaiser Konstantin auf einer Münze mit einem sich duckenden Panther zu sei-

nen Füßen dargestellt wird – als Zeichen für die überwundenen heidnischen Kulte. Andererseits findet sich im „Physiologus" die Behauptung, ein Panther schlafe nach dem Fressen drei Tage in einer Höhle und verströme dann beim Erwachen einen besonders angenehmen Duft. Dies bezog man auf Jesus, der drei Tage im Grab gelegen hat, weshalb der Panther dann doch als Verkörperung des fruchtbaren Lebens und der Auferstehung seinen Platz in verschiedenen romanischen Kirchen fand.
Comic: Aus dem Comic ist der rosarote Panther bekannt, der das Leben der Menschen mit erfrischender Naivität betrachtet. Diese Comic-Figur trat zuerst im Vorspann der Kriminalkomödie „The Pink Panther" (1964) auf, in fünf weiteren Kinofilmen war er zu sehen und in vielen Zeichentrickfilmen. Die Figur wurde von dem Animationsfilmer Fritz Freleng erdacht, der auch Schweinchen Dick erfand.

Pantoffel Die Pantoffeln symbolisieren die Häuslichkeit in ihrer sich wandelnden Bedeutung. Sie stehen für Trägheit, Machtlosigkeit und Unsicherheit („unter dem Pantoffel stehen"). Das hängt damit zusammen, dass die Pantoffeln ursprünglich typisch weibliche Kleidungsstücke waren, die von Frauen – dargestellt auf verschiedenen holländischen Bildern – auch als Waffe eingesetzt worden sind. Ein Mann, der sich gegen die Pantoffeln seiner Frau nicht wehren konnte, war eben nur ein verächtlicher „Pantoffelheld".
Psychoanalyse: Nach S. Freud verkörpert der Pantoffel das weibliche Genital (↗Schuh), da man in ihn hineinschlüpft.

Panzer Der Panzer verweist auf Panzerungen, wie Wilhelm Reich die körperlichen und psychischen Verhärtungen des Menschen bezeichnete. Der Panzer ist auch ein klassisches Symbol der fehlenden Sensibilität: Jemand, der „wie ein Panzer" ist, überrollt alles rücksichtslos. Er ist ein Symbol der Härte und des Schutzes der seelischen Eigenart, der starken Abwehr, ganz gleich, ob es sich um den Panzer einer Schildkröte oder das gleichnamige Kriegsgerät handelt.

Papagei Der Papagei gilt als ein exzentrischer, ja „schräger" Vogel, immer verbunden auch mit einem Schuss Exotik. Das Besondere an Papageien ist, dass manche Papageien einzelne Wörter oder gar kurze Sätze sprechen können. Da sie aber den Sinn der Laute nicht verstehen können, dient der Papagei vielfach als Bild für jemanden, der sinnlos daher plappert.

Papier Papier hängt mit ↗Buch und ↗Zeitungen zusammen, ein billiges, dünnes Material, dem nicht viel Aufmerksamkeit geschenkt wird. Meist steht im Vordergrund, ob auf dem Papier etwas geschrieben steht: Ein weißes unbeschriebenes Blatt symbolisiert manchmal die Unschuld und das „leere Bewusstsein" – sowohl im positiven Sinne als kreative Leere, als auch im negativen Sinne als niedriges Bewusstsein. Das beschriebene Papier hat die gleiche Bedeutung wie ein Buch, wobei der Text zu beachten ist.
Psychoanalyse: Nach S. Freud ist Papier ein Symbol für die Weiblichkeit.

Pappel Besonders als Zitterpappel symbolisiert dieser ↗Baum Angst, Nervosität und Beklemmung. Die Pappel tritt auch als Symbol des Schmerzes und der Totenklage auf. Das Holz der raschwüchsigen Pappel ist weich und zur Weiterverarbeitung kaum zu verwenden – hierhin gehört wahrscheinlich auch die Redensart „das kostet nur einen Pappenstiel".

Paprika Paprika war ursprünglich eine Zierpflanze, die aus Südamerika nach Europa importiert wurde. Erst im 20. Jahrhundert verbreitete er sich als beliebtes ↗Gemüse. Paprika wird in Mitteleuropa als typisch für die Küche der Balkan-Länder empfunden. Er gilt als gesund, da seine Antioxidantien das ↗Risiko von Krebs und Herz-Kreislauf-Erkrankungen mindern.

Papst Der Papst ist als der ↗Bischof von Rom der Führer der römisch-katholischen Kirche und somit eine Autoritätsperson. Petrus war der erste Papst, der Begründer und Schützer der Institution Kirche. Die Deutung ist sehr von der jeweiligen Stellung zur katholischen Kirche abhängig; so galt der Papst vielen Reformatoren nicht als Stellvertreter Christi auf Erden, sondern als oberster Widersacher, als Antichrist.

Papsthut (Tiara) Der Papsthut verdeutlicht die geistige Ausstrahlung des Papstes. Er stellt symbolisch gesehen die Verlängerung seiner Aura dar.

Parade Bei der Parade werden (Streit-)Kräfte und Potenziale in einem wohlgeordneten Zug der Öffentlichkeit präsentiert. Das hängt mit (Selbst-)Darstellung zusammen, mit Anerkennung und Ruhm. Jemandem „in die Parade fahren" ist ein Ausdruck aus dem Bereich des Fechtens, er bedeutet, dass man die Abwehr von jemandem durchbrochen hat, ihm einen Strich durch die Rechnung gemacht hat.

Paradies Symbol der Gelassenheit, der Sehnsucht nach Ruhe und (Seelen-)Frieden. Das Paradies steht für die Freuden des Lebens und das unbeschwerte Erlebnis der eigenen Fruchtbarkeit und Leichtigkeit.
Der Mensch war stets davon beseelt, das Paradies auf Erden zu schaffen. Als 1378 in Granada die Alhambra gebaut wurde, wollte man mit dieser Anlage das Paradies schaffen, was auch von vielen Besuchern als gelungen betrachtet wurde. Die Medici wollten Florenz in ein Paradies unter anderem der Künste verwandeln, Ludwig XIV. versuchte es mit Versailles, und besonders ehrgeizig gingen die englischen Landschaftsarchitekten Capability Brown und William Kent vor. Sie prägten das Wort „co-creation", was meint, dass der Mensch Gott nachhilft, dem es bei seiner Schöpfung nicht gelungen ist, paradiesische Zustände zu schaffen. Goethe greift in seinem alchemistischen Roman „Die Wahlverwandtschaften" Browns Einstellung an.
Christentum: Die christliche Paradieserzählung (Gen 2–3) handelt von einem wunderschönen, fruchtbaren und friedlichen Garten und vom Sündenfall, sie stellt eine Abwandlung von älteren Paradieserzählungen dar. Das Paradies wird dem Menschen entzogen als Strafe für die ↗Sünde. Das Paradies selbst wird als durchaus realer irdischer Ort beschrieben, in dessen Mitte der ↗Baum des Lebens steht, der zwölf Ernten alljährlich bringt. In ihm entspringen die vier ↗Flüsse, aus denen alle anderen Flüsse hervorgehen. Auch im Mittelalter war noch auf vielen Weltkarten das Paradies eingezeichnet: Ein von einer hohen Mauer umgebener parkähnlicher Ort irgendwo ganz im Osten von Asien. Erst im neuen Testament kommt die Vorstellung auf, dass das Paradies der himmlische Ort der Verstorbenen ist.

Paraglider Der Paraglider verweist auf die Leichtigkeit und darauf, dass der Mensch ↗fliegen kann. Paragliding ist zugleich eine gefährliche Sportart und symbolisiert Mut.

Paragraf Paragrafen deuten stets auf das ↗Gesetz, dessen Abschnitte in Paragrafen eingeteilt sind. Es hängt nun vom Betrachter ab, ob er in diesem Symbol den mahnenden Zeigefinger des Vaters sieht oder die weise ordnende Macht der Justiz. Der Paragraf ist ein neuzeitliches Ordnungssymbol, das auf Anwälte und die Justiz hinweist. Die so genannte Paragrafentreue steht für ein kleinliches Verhalten, dem jegliche Flexibilität fehlt („Paragrafenreiter").

Parallele Parallel bedeutet vergleichbare Entwicklung, Parallelen berühren bzw. schneiden sich nie, es wird damit häufig entweder auf Einsamkeit und Kommunikationsschwierigkeiten verwiesen oder auf eine Seelenverwandtschaft (da man sich parallel entwickelt). Allgemeines bei ↗Geometrie.

Parasit Alle Parasiten verkörpern parasitäre Haltungen, die oft mit symbiotischen Beziehungen Hand in Hand gehen. Tritt dieses Symbol auf, ist häufig der Ausgleich von Geben und Nehmen gestört.

Parfüm Das Parfüm ist ein Symbol der Anziehungskraft für die „feineren Schwingungen" und die subtile Ausstrahlung. Parfüm ist ein Wunsch und eine Illusion: Man will durch einen ↗Duft gut dastehen, eine positive Ausstrahlung besitzen, geliebt und anerkannt werden.
Eau de Cologne wurde ursprünglich als Parfüm entwickelt, um sich in Köln gegen die ↗Pest zu schützen. Man sprach Parfüm krankheitsabwehrende Kräfte zu, worauf die heutige Aromatherapie wieder zurückgreift.
Parfüm kam zur Zeit der Kreuzzüge im 13. Jahrhundert nach Europa. Es wurde von den Kreuzrittern mitgebracht und erfreute sich schnell großer Beliebtheit. Später wandten sich Mönche der einbringenden Parfümherstellung zu. In der arabischen Welt entwickelte der arabische Arzt Avicenna das Verfahren, mit Hilfe der Alkohol-Destillation den Duft einer Blume zu extrahieren.
Parfüm besteht weitgehend aus den sexuellen Lockmitteln der Pflanzen oder wie Moschus und Zibet der ↗Tiere. Der Duft wird aus den Geschlechtsdrüsen der Pflanzen und Tiere gewonnen und erinnert uns an die regenerativen Kräfte der Natur. Er erregt unsere Sinne und ist eine Botschaft der Lust. Obwohl Mönche Parfüm herstellten, stand die Kirche sinnenbetörenden Parfüms ablehnend gegenüber, denn es stellt eine Einladung zu sexueller Lust dar. Allerdings waren Räucherwerk und Öle davon ausgenommen.
Die sexuelle Ausrichtung von Parfüms zeigt sich auch an deren Namen wie „Obsession", „Tabu", „Intim" „L'Heure Bleue".
Asien: Der Weg zu Shiva wird unter anderem durch den Geruch geöffnet. Deswegen erfreut sich im Hinduismus das Parfüm eines hohen Ansehens.
Literatur: Die Macht des Parfüms wird in Patrick Süßkinds Roman „Das Parfüm" überdeutlich dargestellt. Ferner handelt der Kultroman von Tom Robbins „Pan Aroma" von der verführerischen Kraft der Düfte.

Paris Paris, die Metropole des zentralistischen Staates ↗Frankreich, steht für Lebensfreude, Verfeinerung und die Freuden des Lasters. Ferner verkörpert Paris Mode und Kultur.

Park Als gebändigte Natur weist der Park auf die verdrängte oder ausgegrenzte Wildheit hin. Gleichzeitig tritt er aber auch auf als ein Symbol der Kultur, der Schönheit und des Gepflegten. Die Verbindung von Natur und Geist bildet sich im Park ab.

Parken ↗Auto, ↗Parkplatz

Parkett Parkett bedeutet Luxus und Leichtsinn. Das glatte Parkett, auf dem man ausrutschen kann, warnt vor Überheblichkeit. Es ist auch ein Symbol der Erdung.

Parkplatz Parkplatz bedeutet Innehalten, Ruhe. Er steht oft in Zusammenhang mit dem Wunsch nach Ruhe. Es kann aber auch darum gehen, dass man sich abgestellt, verlassen fühlt.

Parlament Das Parlament ist eines der wichtigsten Organe der modernen Demokratie. Da dort Reden gehalten werden, kann es auch als „Quatschbude" diskriminiert werden.
Im Parlament geht es um Zustimmung zu ↗Gesetzen, um den Austausch von Argumenten und damit um soziale Kompetenzen.

Partner Der Partner verkörpert meistens unser Suchbild und somit unsere Ergänzung. Er steht für eine liebevolle Verbindung und Aufhebung der Einsamkeit (↗Freund).

Parzen Die Parzen, die antiken Schicksalsgöttinnen, sind ebenso wie die nordischen Nornen ein Symbol der dunklen Schicksalsmächte, denen man sich ausgeliefert fühlt.

Pass Der Pass steht für die Person und Identität seines Trägers. Er mag die Reiselust ansprechen und hängt oft mit einem Abschiednehmen von alten Gewohnheiten zusammen. Bisweilen zeigt er ein Minderwertigkeitsgefühl, denn man muss seine Identität legitimieren.
Mit dem Pass hält man sich alle Optionen offen: Man kann hierhin und dorthin, ohne Pass muss man bleiben, ist man festgelegt. Er steht also für Freiheit. Das zeigt sich auch in der ursprünglichen Bedeutung des Passes, der als eine Lizenz gegeben wurde, um das Land verlassen zu dürfen.
Das Vergessen des Passes ist ein beliebtes Motiv in Traum und Literatur. Ohne Pass verliert man die Freiheit zu reisen und sich frei zu bewegen. Gerade bei im Ausland lebenden Personen bedeutet der Pass die Verbindung zum Ursprung und zur kulturellen Identität.
Literatur: Den Pass als Symbol der Identität spricht B. Brecht in seinen „Flüchtlingsgesprächen" an. In den Briefen von Thomas Mann an seinem Sohn Klaus geht es zeitgleich mit Brecht auch um die Wichtigkeit des Passes: Der Entzug oder Verlust des Passes ist ein Verlust der Erdung, man bekommt seine kulturelle Identität entzogen.

Passwort ↗Pass

Pastete Pasteten sind traditionell ein Symbol für Genuss und Luxus.

Pastor ↗Priester

Patient Der Patient ist der Leidende, jemand, bei dem eine Störung vorliegt, der Rat und Hilfe benötigt und dem geholfen wird; Weiteres bei ↗Arzt und ↗Krankheit.

Pauke Die Pauke deutet auf Überheblichkeit, übertriebene Selbstdarstellung („auf die Pauke hauen“) und Kontaktfreude. Man möchte gehört werden oder verschafft sich in aufdringlicher Weise Gehör.

Pause Die Pause kann wie die ↗Rast auch auf ein Fortschreiten auf dem Lebensweg bezogen werden; es kommt zu einem vorübergehenden Stillstand. Dieses Symbol hängt oft mit Stress-Situationen zusammen.

Pavian Der Pavian ist ein bekanntes Symbol für häufige sexuelle Aktivitäten, Allgemeines bei ↗Affe.

Pech Pech im Sinne von Unglück kommt von dem klebrigen (Teer-)Pech, mit dessen Hilfe man früher Vögel gefangen hat („Pechvogel“). Pech steht also für ein Festhängen, dafür, dass man sich nicht trennen kann. Auf der anderen Seite kann es aber auch bedeuten, dass man sich gut binden und auf jemanden einlassen kann.
Wegen seiner schwarzen Farbe steht Pech oft in Verbindung mit dem Bösen oder der Hölle. Dieses Motiv taucht in Märchen auf (die „Pechmarie“ in „Frau Holle“) und auch in der Bibel, wo Gott Pech (oder Feuer) und Schwefel auf die verdorbene Stadt Gomorra regnen lässt (Gen 19.24).

Peinlichkeiten Peinlichkeiten verweisen stets auf die Norm und deren Durchbrechung. Wer etwas Peinliches tut, gibt sich eine Blöße und ist nicht derart perfekt, wie er es sich wünscht, andererseits durchbricht er mit Peinlichkeiten einschränkende Konventionen. Dieses Symbol mag auch auf lange gepflegte Verhaltensweisen oder Ansichten deuten.

Peitsche Symbol der Unterwerfung, der Verfügungsgewalt und Aggression. Ursprünglich ist das Auspeitschen von Personen als prophylaktisches Zaubermittel benutzt worden, damit keine bösen Geister in den Menschen eintreten konnten. Auspeitschungen wurden benutzt, um Krankheiten abzuwenden. Grundsätzlich galten sie als Reinigungsritual, wie noch heute bei einigen Völkern des Regenwalds.
Die Peitsche taucht öfter im Zusammenhang mit ↗Sadismus oder ↗Masochismus auf.
Philosophie: Von Nietzsche wird oft der Satz „Gehst du zum Weibe, vergiss die Peitsche nicht“ zitiert.

Pelikan Der Pelikan ist ein bekanntes Symbol der Mutterliebe, da er der Mythologie zufolge mit dem eigenen ↗Blut seine Jungen nährt. Als ↗Vogel verbindet er Himmel und Erde.
Der Pelikan ist ferner das Logo der Firma Pelikan, die Schreibgeräte herstellt.

Pelz Der Pelz symbolisiert stets die Eigenschaft des Tieres, von dem er stammt. Er ist ein Symbol der Erotik und der Zärtlichkeit. Er symbolisiert häufig die ↗Haut („rück mir nicht so auf den Pelz“), siehe auch ↗Fell
Psychoanalyse: Nach S. Freud Schamhaare.
Analytische Psychologie: Nach C. G. Jung das ↗Tier in uns.

Pelzmantel Der Pelzmantel symbolisiert Wohlstand und Luxus (wie ↗Austern, ↗Champagner und ↗Aristokrat). Er steht für Selbstbewusstsein, Eitelkeit und Geltungsbedürfnis. Wichtig ist, um welche Art von ↗Pelz es sich handelt. Manchmal spielt auch eine Rolle, dass der Pelz aus Tierfellen gemacht wird; hier ergibt sich ein Zusammenhang mit dem Animali-

schen. Die eigentliche Funktion des Pelzmantels, nämlich Kälte abzuhalten, tritt gegenüber den erwähnten Aspekten meist in den Hintergrund.
Heutzutage mag der Pelzmantel für Grausamkeit gegen ↗Tiere stehen.

Pendel Ein Pendel symbolisiert das Auf und Ab, besonders des Lebens. Das Pendel hat seinen Fixpunkt im „Oben", das heißt im Himmel, und bildet somit auch ein Symbol des Glaubens und der ewigen Gesetze.
Literatur: Die Symbolik des Pendels wird zu Beginn von Umberto Ecos Roman „Das foucaultsche Pendel" angesprochen.

Penis Symbol der männlichen Macht, der Kreativität und Aktivität. Der Penis verkörpert Schöpferkraft. Er kann allerdings auch für die Begrenzungen des männlichen Willens stehen, meistens ist er jedoch ein Bild des Lebens und der Kraft.
Kunst: Auguste Renoir soll gesagt haben, dass er seine Bilder mit dem Penis gemalt habe, um auszudrücken, dass er mit sinnlicher Männlichkeit malt.
Cynthia Plaster Caster hatte sich in den späten sechziger Jahren des 20. Jahrhunderts vorgenommen, Abgüsse der erigierten Penisse von Superstars der Rockszene anzufertigen. Diese Penissammlung mit Exemplaren von Jimi Hendrix, Led Zeppelin, Kiss und vielen anderen lagert zur Zeit in einem Tresor der Künstlerin. Die Gruppe Kiss machte einen Song über Cynthia Plasters Sammlung.
Literatur: In einem seiner ersten Gedichte „Virgin Youth" beschreibt D. H. Lawrence seinen Penis in Anlehnung an Nietzsche als den männlichen Übermenschen.

Pension Wenn die Rente gemeint ist, so wird auf das Alter verwiesen, auf (die Sehnsucht nach) Ruhe und Sicherheit. Wenn die Ferien-Pension gemeint ist: ↗Gasthaus und ↗Hotel.

Pentagramm Der Fünfstern symbolisiert die Harmonie, da alle seine Linien im goldenen Schnitt geschnitten werden. Leonardo da Vinci stellte den Menschen im Kreis als Pentagramm dar. Ferner hängt das Pentagramm als Venussymbol (wegen der Zahl ↗fünf) mit der Schönheit zusammen. Es ist seit langer Zeit als Abzeichen geheimer Gesellschaften in Verwendung.
Antike: Das Pentagramm tauchte schon bei den Pythagoräern auf, die es als Zeichen für physische und psychische Gesundheit verwendeten. Der Pythagoräer Hippasos erkannte, dass die Schenkel des Fünfecks im Inneren des Pentagramms ein neues Fünfeck bilden, in das sich wieder ein Pentagramm einschreiben lässt, und dass dieser Vorgang unendlich weiter zu führen ist. Damit erkannte Hippasos Fraktale – unendlich wiederkehrende Muster.
Noch im Mittelalter wurde das Pentagramm zu diversen Zauberzwecken verwendet, es schützte angeblich auch gegen Hexen.
Literatur: Auf mittelalterliche Tradition geht die Verwendung des Pentagramms in Goethes „Faust" zurück.

Periode ↗Menstruation

Perle Die Perle ist ein allgemeines Symbol für die Frau und Geliebte. Als „Perle" wird auch die Dienstbotin, die „gute Seele" des Hauses bezeichnet.
Die Perle steht für etwas Kostbares und Vollkommenes, und wenn man „Perlen vor die Säue wirft", wie es in der Bibel heißt (Matth 7.6), dann missachtet man jene Besonderheit.

Als Perlenkette symbolisiert sie eher die Bindung oder soziale Stellung. Reißt die Perlenkette, bedeutet das Kummer und Sorgen wegen eines Verlustes.
Astrologisch wird die Perle den Sternzeichen Krebs und Fische zugeordnet.
Analytische Psychologie: Die Perle stellt nach C. G. Jung ein Seelensymbol dar, das die Vollständigkeit der seelischen Erfahrung abbildet wie die Schönheit der Perle in einer Auster. Die einzelne Perle tritt wie alle Symbole des Selbst nur selten auf und zwar vorzüglich dann, wenn sich eine positive Wandlung ankündigt.
Literatur: Die Perle auf dem Misthaufen, die dort am falschen Ort gar nicht so begehrt ist, ist ein beliebtes Thema in der europäischen Fabelliteratur. Unter anderem Phädrus, Martin Luther, Burkhard Waldis, La Fontaine und Hagedorn nahmen sich dieses Themas an.

Personen Personen verkörpern Kräfte und etwas Lebendiges, das auf uns wirkt.
Wörtlich heißt „Person" durchtönend. Die Person ist also auch ein Symbol der Essenz, die einen durchdringt und in der man schwingt.
Bei allen Personen ist damit zu rechnen, dass sie auf Persönlichkeitsanteile der eigenen Person bezogen werden können.

Perspektive Die Perspektive ist die Grundlage und der Standpunkt, von dem aus man die Welt betrachtet. Es hängt von der Perspektive ab, was man sieht.
Kunst: Erst mit der Renaissance kommt die Perspektive in der Abbildung auf. Die aufkommende Vernunft verlangt nach einer Perspektive. Es fällt auf, dass die Natur um so realistischer abgebildet wurde, je weiter man sich von ihr entfernte. Die flämische Malerei des 15. Jahrhunderts besitzt ihren unverwechselbaren Charakter wegen der Behandlung der Perspektive. Die flämischen Maler brachten bisweilen in einem Bild bis zu zwanzig unterschiedliche Perspektiven unter. Sie hatten nicht den eindimensionalen Kamerablick, den wir heute gewöhnt sind, sondern sie konnten jedes Detail unter einer eigenen Perspektive darstellen, ohne dass damit das Gesamtbild auseinander fiel (so zum Beispiel Jan van Eyck). Multiperspektivisch beginnen danach erst wieder die modernen Maler zu malen, die Kubisten und Surrealisten. Bei allen multiperspektivischen Bildern entsteht eine Traumatmosphäre.

Perücke Das künstliche ↗Haar ist ein Symbol der Persönlichkeitsveränderung. Man will seine ↗Glatze (Blöße) verstecken und verdecken. Man gibt sich nicht natürlich, sondern künstlich. Häufig ist die Perücke als ein Hinweis auf ein eitles und narzisstisches Verhalten zu sehen. So betrauert der frühe englische Dandy Samuel Pepys 1663, dass sich bei seinem Auftreten mit einer Perücke kaum einer umdreht.
Die Perücke kann allerdings auch Macht und Einfluss oder eine höhere gesellschaftliche Stellung symbolisieren. Perücken sind Bestandteil einer Verkleidung, die entweder zu einem Amt gehört oder eher karnevalistisch zu sehen ist. Immer jedoch schlüpft man mit ihr in eine andere Rolle.

Pest Die Pest ist nicht nur eine seuchenartige Krankheit (↗Seuche), sondern auch eine Metapher für alles Übel. Die Pest symbolisiert alles Schlimme, das man „fürchtet wie die Pest", und ist ein mächtiges Schattensymbol.
Sie wurde im Oktober 1347 in Messina/Sizilien nach Europa gebracht. Auf den

Schiffen der Genueser, auf denen Kriegsgefangene vom Schwarzen Meer arbeiteten, war die Pest ausgebrochen. Von Sizilien sprang sie schnell auf ganz Europa über, das sie in den drei Jahrhunderten ihrer Herrschaft entvölkern sollte. 1348 hatte die Pest schon Avignon erreicht und eine der letzten großen Pestepidemien fand 1665 in London statt, danach starb diese Krankheit fast aus.
Literatur: Der historisch bewanderte englische Autor Peter Ackroyd macht darauf aufmerksam, dass die Pest keineswegs nur negativ zu sehen ist. Für die Überlebenden bot die Seuche eine riesige Chance zum Wohlstand. Der Marktwert der Arbeitskraft stieg und die Konkurrenz wurde weitgehend ausgeschaltet. Außerdem erbten recht- und unrechtmäßig viele große Besitztümer.
Eine der detailliertesten Beschreibungen einer Pestepidemie schrieb Daniel Defoe über die Londoner Pestjahre 1664 und 1665 in seinem „Tagebuch aus dem Jahr der Pest". Defoe zeigt sich erstaunt über das Aufblühen des Aberglaubens in den Zeiten der Pest.

Petersilie Petersilie stärkt die Kraft des ↗Herzens und symbolisiert Frische und auch Erfolg (wegen der grünen Farbe). Wie alle Würzkräuter (↗Gewürze) steht Petersilie für die Würze des Lebens.

Pfad Der Pfad ist der schmale, oft unbequeme ↗Weg, auf dem man sich nur aus eigener Kraft fortbewegen kann. Er ist der individuelle Weg, der wenig begangen wird. Man kommt zwar langsam voran, aber dafür ist der schmale Pfad oft der richtige Weg. Manchmal geht es auch darum „ausgetretene Pfade" zu verlassen, hin zum eigenen, individuellen Weg.

Pfändung Ein Pfändung symbolisiert die Angst, versagt zu haben. Sie steht für sozialen Abstieg und wirtschaftlichen Misserfolg, siehe auch ↗Gerichtsvollzieher.

Pfahl Wenn ein ↗Pfeiler oder Pfosten gemeint ist, dann steht meist die Stabilität im Vordergrund, die ein Pfahl gibt. Nicht zu übersehen ist aber auch, dass der Pfahl wegen seiner Form ein Phallus-Symbol ist; das Einschlagen eines (männlichen) Pfahls in die (weibliche) Erde symbolisiert so die männliche, eindringende Kraft.
Mittelalter: Im germanischen Mythos findet sich öfter das Motiv, dass jemand eine Quelle schafft, indem er einen Pfahl in den Boden schlägt, so zum Beispiel bei Wotan und Baldur, auch von und Karl dem Großen wird dergleichen erzählt.
Christentum: Der „Pfahl im Fleisch", der ein peinigendes körperliches oder seelisches Leiden bezeichnet, geht auf eine Aussage des Paulus zurück (2 Kor 12.7). Diesen Pfahl bezeichnet Paulus als den Engel Satans, der ihn davor bewahrt, allzu überheblich zu werden.

Pfanne Die Pfanne ist ein Symbol der Häuslichkeit, wie alle Symbole, die mit ↗Essen und ↗Küche zu tun haben. Außerdem kommt die Pfanne auch als Wandlungssymbol vor, denn in ihr wird das Rohe in das Gebratene und somit Genießbare verwandelt. Die Pfanne ist demnach auch ein Symbol für Kultur.
Psychoanalyse: Nach S. Freud ist sie – wie alles, was man auf den Herd setzen kann – ein Sexualsymbol.

Pfarrer ↗Priester

Pfau Der Pfau ist ein bekanntes Symbol der Eitelkeit, des Narzissmus und des

Hochmuts. Er verdeutlicht zugleich die Schönheit der Seele und die Mannigfaltigkeit der eigenen Persönlichkeit.
Ferner verkörpert der Pfau unseren Trieb und die Unsterblichkeit.
Analytische Psychologie: Der Pfau wird wie in der Alchemie als Symbol angesehen, das auf Änderungen im Leben verweist. Er stellt nach C. G. Jung ein archetypisches Wiedergeburtssymbol dar (wie der ↗Phönix).
Antike u. Christentum: Der Radschweif des Pfaus galt den Griechen als Sonnensymbol, auch in der frühen christlichen Kunst spielte ein Pfau öfter auf das Sonnenrad oder den Sternenhimmel an. Ein anderer Aspekt geht auf Plinius zurück, der behauptete, der Pfau verliere im Winter seine Federn, die dann erst im Frühling neu wüchsen. Darin sah man ein Symbol der Wiederauferstehung.
Literatur: In seiner frühen Schrift „The White Peacock" ist für D. H. Lawrence der Pfau ein Symbol der schönen Natur. Er drückt das Animalische aus.

Pfeffer Pfeffer bezieht sich auf alle „scharfen Sachen", und zwar durchaus immer auch mit sexuellem Anklang. So sagte man in verschiedenen Gegenden Deutschlands: „Der Pfeffer hilft dem Mann aufs Ross und der Frau ins Grab". Wenn man einen dahin wünscht, „wo der Pfeffer wächst", bedeutet das weit fort, und zwar nach Indien, was nach früherer Auffassung am Ende der Welt lag.
Pfeffer ist auch das Wertvolle, eine „gepfefferte Rechnung" sagt man noch heute. Mit dem Einfuhr von Pfeffer wurden große Geschäfte gemacht, weswegen reiche Hamburger Kaufleute noch heute umgangssprachlich „Pfeffersäcke" genannt werden.

Pfeife Die Pfeife zeigt wie die ↗Zigarette oft Schwierigkeiten und Unsicherheit an oder tritt als ein Symbol der Entspannung, der Erholung und des Genusses auf. Früher war der Pfeifenraucher eher ein armer Mann, heute gilt das Rauchen einer Pfeife für außergewöhnlich, auch etwas altmodisch.
Die Pfeife, nach der man tanzen muss, ist ursprünglich eine Flöte. Diese Redensart geht auf eine Fabel Äsops zurück, in der ein Fischer vergeblich versucht, Fische mit seiner Flöte zu fangen.

Pfeifen Wer pfeift, möchte auf sich aufmerksam machen. Wie ↗Schrei drückt das Pfeifen einen urtümlichen Ausbruch der Seelenkräfte anschaulich aus.
Pfeifen kann auch ein Symbol der Unbeschwertheit sein. Für Mädchen gehörte sich das Pfeifen nicht, was ein alter Reim drastisch ausdrückt: „Mädchen, die pfeifen, und Hühnern, die krähn, soll man beizeiten die Hälse rumdrehn".

Pfeil Symbol der Zielgerichtetheit und der Konzentration auf ein Ziel. Außerdem ist der Pfeil ein bekanntes männliches Sexual- und Aggressionssymbol.
Amors Pfeil ist bekanntlich ein Symbol der Verliebtheit.
Antike: In der Antike symbolisiert der Pfeil oft den Sonnenstrahl, auch dient er als phallisches Fruchtbarkeitssymbol.

Pfeiler Symbol der Stütze und Unterstützung wie der ↗Pfahl. Für die genaue Deutung kommt es darauf an, symbolisch zu betrachten, was der Pfeiler stützt.
Psychoanalyse: Nach S. Freud wie auch der Pfahl ein Penissymbol.

Pfennig Der Pfennig symbolisiert den kleinen Betrag, der sich zu großen Beträgen addiert. So heißt es: „Wer den Pfennig

nicht ehrt, ist des Talers nicht wert." Der Pfennig ist ein Glückssymbol, was daher stammt, dass der kleine Betrag der Beginn zur Anhäufung großer Beträge darstellt. Siehe auch ↗Geld.
Seit der Einführung des ↗Euro und somit des ↗Cents gehört der Pfennig der Vergangenheit an, bald werden ihm nostalgische Gefühle entgegengebracht werden.

Pferd Symbol der Lebenskraft, Energie, Motorik und Ehre. Das Pferd kann Schnelligkeit, Kraft, Potenz und Triebkraft bedeuten. Es verbildlicht Beweglichkeit und Dynamik. Zugleich war und ist teilweise noch bis heute das Pferd ein Statussymbol. Ein edles und schönes Pferd ist Ausdruck der Würde und des Reichtums.
Der S. Freud-Schüler und Apologet der freien Liebe Otto Gross nannte seine Geliebte Frieda von Richthofen „mein türkisches Pferd", womit er ihre erstaunliche sexuelle Freiheit ansprach.
Psychoanalyse: Bei S. Freud symbolisiert das Pferd den Lebens- und Todestrieb (Eros und Thanatos).
Antike: Überall taucht das Pferd als Sonnensymbol auf oder als das Tier, das den Sonnenwagen zieht. Auch der feurige Wagen, der in der Bibel den Elias in den Himmel bringt, wird von feurigen Pferden gezogen (2 Kön 2.11–2). Als Sonnentier symbolisiert es dann auch öfter die Majestät.
Mittelalter: Hexen sollen sich gern in Pferde verwandelt haben, die dann der Teufel ritt. Das nahm man von Nord- bis Südeuropa hin an. In Hexenprozessen war von dieser Untat immer wieder die Rede.
Christentum: Pferde sind Todesboten, Symbole der Wollust oder des Hochmutes, was schon Augustinus betont. Diese Ansicht rührt daher, dass das Christentum die keltische Religion mit ihrer Pferdegöttin Epona als starke ideologische Konkurrenz diskriminierte. (vgl. dazu genauer Klausbernd Vollmar, Das Geheimnis der Farbe Weiss. Fischer Media, Bern 1999). Trotzdem taucht das Pferd dann auf vielen Heiligenbildern auf, zum Beispiel als Begleiter des heiligen Martin, des Drachentöters Georg und des heiligen Hubertus, des Schutzpatrons der Jäger.

Pfirsich Oft ein erotisches Symbol, da seine Oberfläche an weiche Haut erinnert. Der Pfirsich verkörpert eine romantische Beziehung. Er kann auch als ein Symbol der Fruchtbarkeit auftreten. Allgemeines bei ↗Obst.
Psychoanalyse: Nach S. Freud Symbol der weiblichen Brust.

Pflanze Pflanzen sind im Gegensatz zum ↗Tier nicht zum freien Ortswechsel in der Lage. Sie beherrschen ihren Standort und drücken somit eine Ortsverbundenheit und Verwurzelung aus. Sie sind allerdings auch durch Unbeweglichkeit gefährdet, da sie nicht vor Feinden fliehen können.
Bei dem Symbol der Pflanze schwingt auch stets eine sexuelle Bedeutung mit, da speziell die Blütenpflanzen ihre Sexualorgane auffällig zur Schau stellen.
Psychologisch gesehen ist die Pflanze oft Teil des eigenen Selbst. Sie stellt ein Symbol des Wachstums und der Natürlichkeit dar. Allerdings verdeutlicht sie auch das Langsame. Dieses Symbol verweist häufig auf das Bedürfnis etwas zu pflanzen und somit auf die eigenen Talente und Fähigkeiten.
Häufig spricht die Pflanze auch die Heilkraft der Natur an. Die Wirkstoffe der Pflanze heilen unseren Körper, ihr Duft und ihre Schönheit heilen unsere Seele.
Neben Alexander von Humboldt war Jo-

seph Banks (1743–1820) ein großer Pflanzensammler. Banks hatte an der ersten Forschungsreise von James Cook teilgenommen und über siebentausend Pflanzen für die königlichen Gärten in Richmond heimgebracht. Er wurde ein Jahr nach seiner Rückkehr der Direktor der Pflanzensammlung von Kew Gardens.
Antike: Der Assyrerkönig Samherib (705–681 v. Chr.) soll einen Garten angelegt haben, der jede damals bekannte Pflanze enthielt. Diese Idee nahm nicht ganz einhundert Jahre später Nebukadnezar wieder auf.
Literatur: Alle Pflanzen „sind unfrei, für immer eingesperrt im Käfig des steinigen Bodens", schreibt E. W. Heine in „Nur wer träumt, ist frei".

Pflaster Das Pflaster hilft dem natürlichen Heilungsprozess, indem es Verletzungen vor unliebsamen Störungen abschirmt. Etwas zu pflastern heißt, die Verletzung in Ruhe heilen zu lassen und jeden Kontakt abzuwehren. Aber jedes Pflaster muss wieder abgenommen werden, da es ab einem bestimmten Punkt den Heilungsprozess behindert. Man kann seine Verletzungen nicht ewig verstecken, denn dann leidet man erst recht unter ihnen. Irgendwann muss man sie offen legen. Wenn die Zeit die Wunde hat abheilen lassen, muss das Pflaster entfernt werden. Die Verletzung kann jetzt angeschaut werden.

Pflaume Die Pflaume wird in allen Schulen der Symbolik als weibliches Geschlechtsorgan betrachtet, weitere Aspekte bei ↗Obst.
Islam: Im islamischen Orient ist die Pflaume ein Glückssymbol mit stark erotischer Tendenz, das auf häusliches Glück verweist.

Pflug Symbol der Umwälzung und der Auflockerung. Der Pflug steht ferner für (Land-) Arbeit ganz allgemein, für Tatkraft, Kreativität und Überlebenswillen
Psychoanalyse: Pflügen bedeutet nach S. Freud Geschlechtsverkehr (siehe auch ↗Furche).
Mittelalter: Das Pflügen gehörte wie das ↗Säen zu den spätmittelalterlichen sexuellen Schaubräuchen der ↗Narren. Ähnlich erklärt sich auch der Brauch, dass ledige Mädchen an Fastnacht einen Pflug durchs Dorf zogen.

Pforte Die Pforte ist wie das ↗Tor und die ↗Tür ein bekanntes Symbol für den Übergang zu etwas Neuem. Hinter der Pforte beginnt häufig die Anderswelt.

Pfosten ↗Pfahl

Pfütze Symbol für schmutziges ↗Wasser und Gefühl.
Die Pfütze besitzt oft eine ähnliche Bedeutung wie das sprichwörtliche „Fettnäpfchen", sie verweist auf ↗Peinlichkeiten. Tritt man in eine Pfütze, bedeutet das Unaufmerksamkeit.

Phallus ↗Penis

Phönix Dieser mythische Vogel – eine Mischung aus Adler und Kranich – symbolisiert Auferstehung, Wiedergeburt und Verwandlung. Als ↗Vogel verbindet er Himmel und Erde.
Antike und Mittelalter: Nach dem „Physiologus" und verschiedenen anderen Überlieferungen gibt es in Indien den Phönix, der schöner als der ↗Pfau ist, der nach 500 Jahren bei Neumond nach Heliopolis in Ägypten fliegt, sich dem Priester dort zeigt und sich dann auf dem Altar selbst verbrennt. Es bleibt ein Wurm zurück, dem wieder Flügel

wachsen und aus dem der Phönix wieder neu entsteht. Der Phönix symbolisiert wegen seiner strahlenden Schönheit die Sonne, die ja auch jeden Morgen neu entsteht und allgemein die Ewigkeit.
Literatur: Die ersten Taschenbuchausgaben (bei Penguin) von D. H. Lawrence „Lady Chatterley's Lover" kamen mit der Umschlagillustration eines Phönix heraus, der sich aus dem Feuer erhebt. Diese Zeichnung stammt vom Autor selbst und soll ausdrücken, dass sich dieses Werk trotz Unterdrückung und Zensur zur Weltliteratur emporschwingt – was es auch tat.

Photographie ↗Fotografie

Physik Die Physik spricht die Klarheit und unsere Einstellung zum Gesetz von Ursache und Wirkung an.

Piano ↗Klavier, ↗Tasteninstrument

Picknick Ein ↗Essen im Freien verweist fast immer auf Natürlichkeit, aber auch auf Intimität, denn außerhalb des Hauses gelten auch andere Regeln.

Piercing Piercing drückt ähnlich wie ↗Tätowierung Mut, Erotik und Verwegenheit aus.
Für die genauere Deutung ist der Ort des Piercings wichtig. Gerade sexuelles Piercing unterstreicht die Attraktivität und soll Blicke und somit Energie auf das gepiercte Organ ziehen. Eichel-Piercing soll den Orgasmus intensivieren, weil es die Nervenenden der Eichel stimuliert.

Pilger(reise) Ein Pilger verkörpert Selbstverwirklichung und (spirituelle) Suche. Der Pilger stellt den Menschen auf seinem Lebensweg dar, eine Pilgerreise bedeutet entsprechend Individuationsweg und Entwicklung. Im Islam gehört die Pilgerreise nach Mekka zu den Pflichten des Gläubigen, im Christentum spielten im Mittelalter Pilgerreisen zu Wallfahrtsstätten aller Art eine sehr wichtige Rolle, die heute weitgehend verblasst ist – heute pilgert man zu Konzerten oder sonstigen „Events".
Analytische Psychologie: Nach C. G. Jung ist der Pilger der Archetyp des alten ↗Weisen, der im Traum auf wichtige Abschnitte der Individuation (Selbstvervollkommnung) verweist.
Literatur: Paulo Coelho stellt in seinem Roman „Auf dem Jakobsweg" die Pilgerreise als Weg der Veränderung eines Individuums dar.

Pille Pillen stehen für Krankheit (↗Tablette), andererseits auch für Sucht und Suche oder die bittere Wahrheit, die jemand schlucken muss wie eine „bittere Pille".
Die Pille kann auch auf die Anti-Baby-Pille verweisen und damit die Einstellung zu Kindern und zur Sexualität thematisieren. Ferner stellt die Anti-Baby-Pille den weiblichen Zyklus wie eine Uhr ein. Er ist nicht mehr von den natürlichen Zyklen abhängig und stellt sich auch nicht mehr auf die Zyklen anderer Frauen der Umgebung ein. Die feministische Kritik an der Pille meint, dass sie die ↗Menstruation für den Mann bezähmt und sie seiner Logik unterwirft.

Pilot Der Pilot ist der Held der Lüfte, zugleich auch eine Autoritätsperson.
Literatur: Der französische Schriftsteller Antoine de Saint-Exupéry war Pilot. Das ↗Fliegen spielt in seinen Romanen die Rolle der Befreiung.

Pilze Aus den Tiefen wächst etwas heran, das giftig oder nährend sein kann. Der Pilz als Droge deutet auf rauschhafte, eksta-

tisch religiöse oder sexuelle Erlebnisse. Ferner wird der Pilz wie ↗Zwerge und Gnome als ein Symbol der verborgenen Kräfte der Erde gedeutet.
Giftpilze sind gefürchtet. Der negative Charakter dieses Symbols drückt sich auch im Atompilz aus. Auf das schnelle Wachstum der Pilze spielen verschiedene Redensarten an, zum Beispiel „wie Pilze aus dem Boden schießen".
Da Pilze eine sehr einfache Pflanzenform darstellen, sprechen sie auch die Einfachheit an.
Die Beatles wurden in ihrer Zeit als Pilzköpfe bezeichnet.
Psychoanalyse: Der Pilz ist nach S. Freud der Penis.

Pinguin Der Pinguin steht oft für den Menschen, da er ein gewisses menschliches Aussehen zeigt. Kellner und Nonnen werden bisweilen ironisierend als Pinguine bezeichnet.
Einer der großen Gegenspieler des Microsoft-Imperiums ist Linux, dessen Maskottchen der Pinguin ist.
Literatur: Einer der größten englischen Taschenbuchverlage heißt Penguin, sein Logo ist natürlich ein Pinguin.

Pink ↗Rosa

Pinsel Mit dem Pinsel wird etwas gleichmäßig verteilt oder aufgetragen. Der Pinsel ist ein bekanntes Symbol für den Maler, sowohl für den Künstler, als auch für den Handwerker.
Daneben dient er wegen seiner Form, aber auch wegen des Gleichklangs von „Pinsel" und „Penis" als Phallus-Symbol.
Als „eingebildeter Pinsel" wird oft ein eingebildeter Mensch bezeichnet. Ferner symbolisiert der Pinsel das Weiche und Zarte, so auch der ↗Rasierpinsel.
Psychoanalyse: Sexualsymbol (vgl. den Bestseller von Bo Coolsaet „Der Pinsel der Liebe" – ein Buch über den Penis).

Pirat Der Pirat ist der Freibeuter. Er symbolisiert die Sehnsucht nach Freiheit und Unabhängigkeit und steht für das Ausleben der Männlichkeit bei Mann und Frau. Er bietet den Gegensatz und die Ergänzung zu ↗Admiral.
Als die ersten Seeräuber gelten die Phönizier, aber wahrscheinlich ist die Piraterie so alt wie die ↗Seefahrt. Besonders in der frühen Geschichte der Piraterie gab es einige Frauen, die sich als Freibeuterinnen hervortaten. Die berühmteste unter ihnen war Anne Providence, die im frühen achtzehnten Jahrhundert speziell die Karibik unsicher machte. Ihr Gegenspieler war der größte aller Piraten, Kapitän Blackbeard, „der Teuflische" genannt, der das Schiff von Anne Providence versenkte, wobei die Piratin umkam. Der Schriftsteller und Journalist Daniel Defoe beschreibt in seiner „Allgemeinen Geschichte der Piraterie" (1724) das wahrscheinlich lesbische Piratenpärchen Anne Read und Anne Bonny, die mit dem berüchtigten Piraten Pierre der Schwule ebenfalls im frühen achtzehnten Jahrhundert – der Blütezeit der Piraterie – äußerst erfolgreich in der Karibik und vor der amerikanischen Ostküste operierten und viele englische Schiffe aufbrachten. 1720 wurde das Trio von den Engländern besiegt und zum Tode durch den Strang verurteilt. Beide Frauen entkamen jedoch dem Vollzug der Strafe, da sie vorgaben schwanger zu sein, was ein befreundeter Arzt bestätigte.
Der berühmteste deutsche Pirat ist Klaus (Claas) Störtebecker, der Anführer der Vitalienbrüder, der 1401 in Hamburg enthauptet wurde. Klaus Störtebecker und Gödecke Michels waren die Gegenspieler

der Hanse. Später wurde Störtebecker zu einem Volkshelden, der in vielen Liedern und Geschichten als edler Rächer der Willkür des Adels und Establishments (Hamburger Pfeffersäcke) auftrat. Er ist damit dem englischen Volkshelden Robin Hood vergleichbar.

Piraten arbeiteten auch für die Regierungen. Der bekannteste dieser „offiziellen" Piraten ist Sir Francis Drake (1540–1596), der im Dienst der englischen Krone Seeräuberei betrieb.

Die großen Piraten und Piratinnen symbolisierten stets auch die sexuellen Abenteurer, und dienten als Projektionsfläche sowohl homoerotischer beziehungsweise lesbischer Fantasien oder ungewöhnlichster sexueller Ausschweifungen. Piraterie bedeutete auch immer eine Absage an die bestehenden Gesellschaftsverhältnisse. Von vielen Piraten wird behauptet, dass sie aus besitzenden oder adeligen Familien kamen und aus Protest und Freiheitswillen zu Piraten wurden.

Literatur: Nicht nur Defoe, sondern gerade auch die populäre Abenteuerliteratur nahm sich gerne speziell der Piratinnen, immer als schön, rothaarig, grünäugig und sexuell ausschweifend beschrieben, aber auch der Piraten an. Unter anderen bearbeiteten dieses Thema Jules Verne, Harold Robbins und Daphne du Maurier.

Film: Das Leben von Anne Bonny wurde in Hollywood unter dem Titel „Anne of the Indies" 1951 von Jacques Tourneur verfilmt. In Deutschland war der Film unter dem Titel „Die Piratenkönigin" zu sehen. Dieser Film nimmt sich ausgiebig des Themas der Geschlechterrollen und deren Veränderung an. In neuerer Zeit gab es eine Fülle von Piratenfilmen. Das Leben von Anne Read wurde unter dem Titel „Piratenkapitän Mary" 1961 von Umberto Lenzi verfilmt. Von der Blütezeit der Piraterie in der Karibik handelt der Film „Piraten im karibischen Meer" (1942) von Cecil B. DeMille. All diese Filme bestehen aus einer Mischung von Grausamkeit, Romantik und sexuellen Anspielungen.

Pistole Die Pistole ist ein bekanntes männliches Sexual- und Aggressionssymbol, das immer mit Macht und Durchsetzungsvermögen verbunden ist. Die Wichtigkeit der Selbstbehauptung wird in diesem Symbol betont. Die Pistole zeigt, dass man auf den Punkt kommt, wenn man sein Ziel trifft beziehungsweise ein Ziel besitzt. Ferner deutet dieses Symbol an, dass man etwas beenden oder etwas Neues beginnen sollte. Allgemeines bei ↗Waffen und ↗Schießen.

Pizza Die Pizza gehört zu den modernen Nahrungsmitteln. Sie gilt neben den Spagetti als wichtigstes Symbol der italienischen Küche, das sie angeblich in Neapel erfunden wurde. Die uns heute geläufige Form der Pizza aber stammt aus den USA und verbreitete sich schnell in der ganzen Welt. Die Pizza gehört zum ↗Fast Food.

Placebo Ein Placebo ist eine (Schein-) Arznei, der der eigentliche Wirkstoff fehlt. Die Wirkung geht auf die Einbildung des Kranken zurück. So symbolisiert ein Placebo die Macht des menschlichen Geistes.

Der Gegensatz zum Placebo-Effekt ist der Nocebo-Effekt. Nocebo (lat.) bedeutet „ich verletze". Beim Nocebo-Effekt schädigt man sich selbst oder andere. Bekannt sind die Voodoo-Praktiken, bei denen einem Menschen Krankheit oder Tod angehext werden. Der Ethnologe Claude Lévi-Strauss beschreibt, wie durch Behexen das

Opfer isoliert, krankgemacht und letztendlich getötet wird.
Film: Der Nocebo-Effekt und besonders Voodoo-Praktiken sind beliebt in Schauerfilmen Hollywoods, in denen Voodoo-Priester Nadeln in Wachspuppen stecken und die Atmosphäre höchst schauerlich ausgestaltet wird.

Plage ↗Leiden

Planet Der Planet ist das Ferne und somit ein Symbol der anderen Welt. Aus diesem Grund sagt man auch von einem ungewöhnlichen Menschen, dass er von einem anderen Planeten komme.
Zur astrologischen Bedeutung der einzelnen Planeten: ↗Jupiter, ↗Mars, ↗Merkur, ↗Mond, ↗Neptun, ↗Saturn, ↗Uranus, ↗Venus.

Plastik Plastik symbolisiert das Unnatürliche, das Formbare und das Beständige.

Plastik ↗Skulptur

Plattenspieler Ein schon nostalgisches Symbol der Lebensfreude und des Gefühls. Wichtig ist die ↗Musik, die mit ihm abgespielt wird.
Literatur: Thomas Edison sandte Tolstoj einen seiner ersten Phonographen, den der russische Dichter als Diktiergerät benutzen konnte. Auf diese Weise bekamen wir ein lebendiges Dokument von Tolstojs Stimme, der in russisch, deutsch, englisch und französisch diktierte.

Platz Mit einem Platz wird oft die eigene Mitte angesprochen, besonders bei runden oder quadratischen Plätzen. Er zeigt, dass einem etwas bewusst wird, auch der Ort, an den man hingehört – im Sinn von „ich habe meinen Platz gefunden".
Der Platz symbolisiert ferner die ↗Öffentlichkeit.
Wichtig für die Deutung ist das Geschehen auf dem Platz.

Pleite ↗Bankrott

Pluto Pluto ist der Gott der Unterwelt, der auch als der Hüter unermesslicher Schätze gesehen wird.
In der Astrologie wird mit dem Planeten Pluto die Schattenseite des Menschen bezeichnet. Er symbolisiert die Kraft der Verwandlung.

Pocken Pocken sind ein Symbol der Angst, der Krankheit und der Ansteckung. Sie stehen manchmal ganz allgemein für störende innere Kräfte.
Mit Pockennarben wird in Literatur und Film oft der Böse oder der Arme gekennzeichnet.

Pokal Ein Pokal ist meistens ein Preis, der auf Anerkennung für eine bestimmte Leistung verweist. Ist er kein Preis, dann symbolisiert er einen besonderen Anlass. Weitere Aspekte bei ↗Gral und ↗Kelch.

Polargebiete Das Bild der Polargebiete war immer schon kollektiv wie individuell von der Sehnsucht geprägt, der Zivilisation und seinen Mitmenschen zu entkommen. Das drückt sich nicht zuletzt auch in der Kälte aus, in die man sich zurückzieht, und durch die man unnahbar wird. Das innere Polargebiet ist unsere Menschenfeindlichkeit.
In Traum und Kunst wird mit Bildern der Polarregionen unser Hang zum Abenteuer, andererseits auch zur Reinheit ange-

sprochen, siehe ↗Antarktis, ↗Arktis und ↗Eis.

Politesse Die Politesse ist ein Schattensymbol. Sie verkörpert die strafende ↗Mutter, ein erotischer Aspekt fehlt meist völlig. Als Handlanger der Autoritäten ist sie sehr unbeliebt, ähnlich wie der Zöllner und oft auch der ↗Polizist.

Politik Politik bedeutet Macht. Politik symbolisiert häufig etwas Undurchschaubares bis hin zu unsauberen Geschäften. Sie kann allerdings auch an das Gemeinwohl erinnern. Politik ist heutzutage meistens ein Schauspiel mit möglichst großer Medienwirksamkeit, eine theatralische Handlung. Bezeichnenderweise benötigt man keinerlei Ausbildung, um Politiker zu werden.

Polizei ↗Polizist

Polizist Der Polizist in seiner ↗Uniform bedeutet Recht und Ordnung. Ein Polizist ist eine Vaterfigur, eine Autoritäts- und Respektsperson – also ein Symbol des Über-Ichs. Die Symbolik gleicht meist der von ↗Vater, hinzukommt allerdings der Aspekt, dass der Polizist die Staatsmacht verkörpert. Es spielt also auch das jeweilige Verhältnis zum Staat und zu staatlicher Autorität eine Rolle.
Psychoanalyse: Über-Ich-Symbol.

Polster Polster drücken wie ↗Couch und ↗Kissen ein Ruhebedürfnis aus. Sie verweisen auch auf unsere Eigenschaft, es uns bequem zu machen und unangenehme Dinge „abzupolstern“.
Bedeutsam sind Farbe und Material des Polsters.
Psychoanalyse: Nach S. Freud ist das Polster ein Symbol der Frau.

Pommes Frites Pommes Frites symbolisieren den Geist des ↗“Fast Food“. Sie sollen 1853 erfunden worden sein von dem New Yorker Koch George Crum, einem südamerikanischen Indianer. Ein Gast beschwerte sich bei Crum wegen der zu dicken ↗Kartoffeln, worauf Crum diese in kleinere Stücke schnitt und ihm frittiert wieder vorsetzte.

Popel (Nasenpopel): ↗Schleim

Pornografie Pornografie bedeutet Lust an der ↗Sexualität und speziell am Exhibitionismus und Voyeurismus.
Pornografie kann Inspiration und Anregung in der Sexualität bedeuten, aber auch sexuelle Ausbeutung und Unterdrückung.
Antike: Pornografie hat es immer und überall gegeben. Einen der ersten pornografischen Romane schrieb Achilleus Tatios am Ende des 2. Jahrhunderts. Er nannte ihn „Die Erzählung von Leukippe und Kleitophon“. Dieser Roman weist eine Verbindung von kunstvoll sinnlich beschriebenen Verführungsszenen und Naturbeschreibungen auf.

Porträt Ein Porträt ist ein Abbild (↗Bild). Es zeigt an, wie die dargestellte Person gesehen wird oder wirkt.
Hier kommt es darauf an, wer auf dem Porträt dargestellt ist und wie diese Person dargestellt wird. Jedes Porträt verweist auf die Persönlichkeit oder Anteile der Persönlichkeit.
Kunst: Unter dem Einfluss der Niederländer ging die Florentinische Bildniskunst nach 1470 zum Porträt über. Zuerst war es die Dreiviertelansicht, dann schaute die dargestellte Person direkt aus dem Bild heraus.

Porzellan Symbol für Ehe, Häuslichkeit, Kultur und Lebensstil (wie ↗Bügeleisen, ↗Blumentopf, ↗Kochen u. a.). Beim Porzellan schwingt auch meistens die Bedeutung Zerbrechlichkeit mit.
Porzellan wurde vor etwa 400 Jahren von China nach Europa gebracht und 1708 durch einen speziellen Kaolin-Ton in Dresden von Ehrenfried Walther von Tschirnhaus und Johann Friedrich Böttger verfeinert. Diese Erfindung führte zur Gründung der berühmten Porzellanmanufaktur in Meißen. Tschirnhaus und Böttger suchten als Alchemisten Gold zu machen und erfanden eine europäische Art der Porzellanherstellung.
Porzellan ist ein Symbol des Luxus, da es sehr teuer war. Die Art des Porzellans verweist auf den Stil derjenigen, die es benutzen oder besitzen.

Posaune Die Posaune ist ein Signalinstrument, vor allem im Krieg gebräuchlich gewesen, auch um Gefahr zu verkündigen oder um besondere Ereignisse zu verlautbaren. Sie verweist damit auf das Auftreten und speziell auf Durchsetzungsvermögen und symbolisiert das Laute und Unüberhörbare.
Christentum: Bekannt sind die „Posaunen von Jericho“, die so laut waren, dass ihr Ton die Mauern der Stadt zum Einsturz brachte; daneben sind sieben Posaunen eines der Zeichen, die den Beginn des Weltendes ankündigen (Apk 8.2 und 11.15). Wenn in der christlichen Kunst eine Posaune auftaucht, so bedeutet sie häufig: „Gott redet“.

Post(amt) Post bedeutet Kommunikation. Die Post symbolisiert die Übermittlung wichtiger Informationen. In früheren Zeiten waren die Post und die Postkutsche, die die Post brachte, auch eine Verbindung zur Welt. Die Post, speziell als Briefpost, symbolisiert heute eher das Langsame und einen altertümlichen Weg, Nachrichten zu übermitteln.

Postbote Der Postbote ist der Übermittler von Informationen. Er personifiziert unsere Kommunikation. Er ist der Mann, der Verbindungen schafft. Man könnte ihn als eine moderne Form des griechischen Halbgottes Hermes ansehen (↗Bote).

Postkarte Post- und Landkarten verweisen oft auf den Ort oder das Gebiet, das sie abbilden beziehungsweise wiedergeben. Lässt sich mit dem entsprechenden Ort oder der entsprechenden Gegend nichts assoziativ verbinden, dann deuten Post- und Landkarten meist auf eine Sehnsucht zu reisen und Ferien zu machen. Überhaupt stehen Postkarten in der Regel in Verbindung mit kurzen Urlaubsgrüßen und Glückwünschen.

Pranke Die Pranke bezeichnet ähnlich wie die ↗Klaue das Ungeschlachte, Große und Starke, das meistens auf das Zupacken zu beziehen ist. Wird der Ausdruck Pranke beim Menschen angewandt, wird hiermit oft einer bezeichnet, der mit seinen Händen arbeitet und anpacken kann. Bei Tieren ist die Pranke ein Symbol der oft tödlichen Gefahr.

Preis Der Preis ist stets Ausdruck einer Bewertung und stellt die Frage, was etwas wert ist. Im Volksmund ist der Preis mit dem Fleiß verbunden, der Ausspruch „ohne Fleiß kein Preis“ macht deutlich, dass man sich anstrengen muss, um einen bestimmten Preis fordern oder auch bezahlen zu können. In unserer Gesellschaft ist der Preis stets der Ausdruck einer Leistung. Siehe allgemein auch ↗Geld.

Priester Ein Priester ist der Vermittler zwischen ↗Gott oder den Geistern und den Menschen. Er führt berufsmäßig Aufgaben in religiösen Kulten aus.
Der Priester oder Pfarrer ist eine beliebte ↗Vaterfigur und ein Seelenführer. Wie bei vielen religiösen Symbolen ist die Deutung stark von der Stellung zu der betreffenden Religion abhängig. So spielt der Priester in vielen religionskritischen Werken die Rolle eines Mannes, der von Doppelmoral geprägt ist.
Literatur: Arno Schmidt sieht die Macht des Priesters auf den „2000 Jahre alten Kalauer von der Erbsünde" gegründet, und in blinder Gefolgschaft, die er als „kuhselig" charakterisiert (in „Leviathan").
Philosophie: Der aufklärerische Enzyklopädist Paul Henri von Holbach schreibt: „Frei von Sorgen und ihrer Herrschaft sicher, erforschten diese Priester also, um die Langeweile ihrer Einsamkeit zu vertreiben, die Natur – Mysterien, die dem gewöhnlichen Menschen unbekannt waren".

Primel Symbol der Überempfindlichkeit. Wie alle ↗Blumen weist sie auf unsere Naturnähe und auf unsere feinen Gefühle hin.

Primzahlen Primzahlen durchbrechen die Ordnung auf dem Zahlenstrahl, auf dem sie arhythmisch verteilt sind. Sie bleiben sich treu. Sie lassen sich nicht teilen. Primzahl bedeutet Individualität. Die Anzahl der Primzahlen ist unendlich.
Literatur: Dem britischen Schriftsteller Arthur Koestler retteten die Primzahlen das Leben. Er beschreibt, wie er im spanischen Bürgerkrieg als Spion zu Tode verurteilt wurde. In seiner Zelle konzentrierte er sich auf Euklids Beweis für die Unendlichkeit der Primzahlen. Dabei kam er zu der Überzeugung, wie unerheblich doch sein Leben angesichts der Unendlichkeit der Primzahlen sei. Guten Muts, so berichtet er, konnte er seine Situation erkennen, der Verzweiflung entgehen und so lange ausharren, bis er letztendlich begnadigt wurde.

Printmedien Printmedien symbolisieren eine Wahrheit – auch wenn diese Wahrheit tendenziös dargestellt sein kann (↗Medien).

Prinz(essin) Prinz und Prinzessin personifizieren die idealisierte und überhöhte Persönlichkeit. Sie bezeichnen die besonderen Menschen, die nicht gewöhnlich sind.
Literatur: Der Prinz verkörpert eine Person, der man nie die Wahrheit gesagt hat. Er verstrickt sich wie schöne Frauen leicht in Schmeicheleien. So sah im 17. Jahrhundert der englische Dichter John Gay (Autor u. a. der Bettleroper, die Brecht inspirierte) den Prinzen, was viele seiner Zeitgenossen übernahmen.
Bekannt geworden ist der Roman „Der Tod des Märchenprinzen" von Svende Merian, in dem mit der Idealisierung des Partners abgerechnet wird.

Prisma Das Prisma zeigt wie ↗Kristall und Regenbogen an, dass eine Situation viele Facetten besitzt. Es ist ein Symbol der Einheit und der Bündelung des Zerstreuten.
Das Prisma zeigt durch seine Lichtbrechung die Vielheit in der Einheit.
Literatur: Goethe begann seine Studien zur Farbenlehre, nachdem er ein Prisma geschenkt bekommen und die Lichtbrechung studiert hatte.

Privatflugzeug Privatflugzeug bedeutet Reichtum, es drückt Luxus und gelungenen Aufstieg aus. Wie das ↗Flugzeug allgemein kann es sich auch auf Freiheit, Unabhängigkeit und Geschwindigkeit beziehen.

Professor Der Professor ist ein Symbol der Vergeistigung und des Aufstiegs, der typische (allzu) intellektuelle Mensch. Er ist einer, der etwas öffentlich bekennt, verteidigt und lehrt (ähnlich wie ↗Priester).
Literatur: Heinrich Mann beschrieb in seinem Roman „Professor Unrat" einen Gymnasialprofessor, der einer Sängerin verfällt und damit seinen Abstieg einleitet. Der Professor ist hier ein Bild dafür, wie unter der Oberfläche ein gefährliches Chaos herrscht.
Film: Unter dem Titel „Der blaue Engel" wurde Heinrich Manns Roman zweimal verfilmt. 1930 drehte Josef von Sternberg einen Film, der sich nah an der literarischen Vorlage hielt und Marlene Dietrich zum Weltruhm verhalf. 1959 wurde Heinrich Manns Roman abermals, aber diesmal in den USA verfilmt, wobei unter der Bearbeitung von Carl Zuckmayer dieser Film das Tiefgründige des Romans und ersten Films weitgehend ignorierte.

Profit ↗Gewinn

Prophet Der Prophet sagt etwas voraus. Er begründet oder unterstützt eine Religion, die er oft wortgewaltig verkündigt. Der Volksmund kennt allerdings auch die falschen Propheten.
Islam: Wer vom Propheten – also von Mohammed – träumt, der befindet sich im Zustand größter Seligkeit. Mohammed sagte: „Wer mich im Traum sieht, der sieht mich wirklich, denn der Teufel kann meine Gestalt nicht annehmen". Was der Prophet im Traum der Träumerin beziehungsweise dem Träumer sagt, das gilt nur individuell für diese Person und ist nicht zu verallgemeinern. Der Träumer oder die Träumerin sollten diese private Inspiration durch den Propheten nicht anderen Menschen mitteilen.

Prostitution ↗Dirne

Protest Protest bedeutet Widerspruch und Befreiung. Er ist ein Symbol der Selbstbehauptung und Abgrenzung. Der Protest hängt häufig mit einer (notwendigen) Emanzipation zusammen. Beim Protest schwingt stets die Bedeutung Aggression mit.

Provider Der Provider ist derjenige, der etwas bereitstellt (von engl. „to provide" – etwas bereitstellen). Er ist der Anbieter von Online-Diensten, der seine Nutzer rund um die Uhr mit dem ↗Internet verbindet. Der Provider ist ein Symbol des digitalen Zeitalters und der schnellen Kommunikation.

Prozess Prozess bedeutet Klärung und Findung von Gerechtigkeit. Der Prozess kann auch eine Bedrohung und ein Angstsymbol sein; Weiteres bei ↗Anklage und ↗Gericht.

Prozession Eine Prozession ist sozusagen eine religiöse ↗Parade. In dieser tritt die Individualität zurück hinter eine gemeinsame öffentliche Demonstration des Glaubens. Besonders in südlichen Ländern sind die traditionellen Prozessionen heute oft zu Touristen-Attraktionen geworden.

Prüfung Die Prüfung ist ein Symbol der Unterscheidung, der Selbst-Prüfung und Entwicklung. Mit der Prüfung kann allgemein jeder Reifungsweg und jede Aufgabe angesprochen sein.

Prüfungssituationen sind fast immer angstbesetzt. Sie zeigen oft an, dass jemand ein geringes Selbstwertgefühl aufweist, da sie Ausdruck der Angst sind, sich nicht zu bewähren. Ferner spielen Druck und Überforderung in der Regel eine Rolle (↗Versagen).

Psychoanalyse: Bei S. Freud und Adler wird das Symbol der Prüfung durch eine unauslöschliche Erinnerung an die Strafe für Kinderstreiche erzeugt. In der heutigen Psychoanalyse sieht man in der Prüfung eher den Lebenskampf.

Christentum: Im christlich-moralischen Bereich ist oft von der Prüfung die Rede, wenn der entsprechende Mensch oder auch ein ganzes ↗Volk durch schwierige Zeiten geht. Der Begriff „Prüfung" heißt in diesem Fall „schweres Schicksal".

Psyche Die Psyche beinhaltet den gesamten weiten Bereich unseres Bewusstseins und unseres Unbewussten. Bis zur Mitte des 19. Jahrhunderts stand die Psyche der unteilbaren ↗Seele nahe. Sprach Schopenhauer noch vom Willen und der Wahrnehmung als Bewusstes und Unbewusstes, so unterschied bereits S. Freud zu Beginn des 20. Jahrhunderts zwischen dem Es, dem Ich und dem Über-Ich, was im Grunde einem Gesellschaftsmodell entspricht: Das primitive, proletarische Es wird von dem lebenspraktischen, ziemlich bourgeoisen Ich im Zaum gehalten, und das Über-Ich entspricht der Legislative und dem Staat mit seinen Normen gebenden Organen. Die Psyche ist so vom Individuum zum Politikum geworden und zum Abbild unserer Gesellschaft.

Psychiater Der Psychiater verkörpert die Kräfte im Menschen, welche die psychische Stabilität herstellen und aufrechterhalten. Er kann ferner für Anpassung und Macht stehen.
Der Psychiater wird häufig als eine negative Person empfunden, die selbst mit ihren psychischen Problemen nicht angemessen umgehen kann.

Psychiatrie Ähnlich wie der ↗Psychiater bedeutet die Psychiatrie Anpassung und Ausübung von Macht. Die Psychiatrie symbolisiert häufig eine gefängnisartige Situation, in der man sich gefangen fühlt. Sie verweist ferner darauf, dass man von der Norm abweicht, und drückt so eine Angst aus, nicht mehr in der Gesellschaft zu funktionieren.

Psychologe Der Psychologe verkörpert denjenigen, der in den Innenwelten anderer Menschen nach etwas sucht. Er wird häufig selbst als etwas gestört betrachtet. Der Psychologe ist auch der Anpasser und eine Art moderner ↗Polizist.

Pubertät Pubertät bedeutet die Entdeckung der genitalen Sexualität. Sie steht für sexuelle Reife, andererseits zugleich auch für Unerfahrenheit nicht nur im sexuellen Bereich. Die Pubertät verweist auf einen konfliktreichen Abschnitt im Leben, auf den Anfangspunkt mancher Störungen, unter denen die Betroffenen noch jahrelang leiden.

Publikum Publikum bedeutet ↗Öffentlichkeit. Das Publikum deutet oft die Angst an, etwas öffentlich zu präsentieren und dabei zu versagen. Es kann jedoch auch auf (normale) exhibitionistische Tendenzen verweisen, besonders dann, wenn das Zuschauen als erregend empfunden wird. Identifiziert man sich dagegen mit dem Publikum, wird eine (ebenfalls normale) voyeuristische Tendenz angesprochen.

Dort, wo das Publikum auftritt, wird stets etwas präsentiert. Für die genauere Deutung ist es wichtig, was präsentiert wird.

Pudding Pudding bedeutet wie alle Süßspeisen die süße Verführung. Er kann auf Schwäche deuten, so spricht man umgangssprachlich von dem „Pudding in den Füßen“ oder in den Knien.

Pudel Der Pudel, besonders wenn er getrimmt ist, verkörpert Naturferne und ein modisches Auftreten oder eine radikale Domestizierung der Triebe. Er steht für die Ausbeutung der Natur durch den Menschen. Er kann allerdings auch der gute Freund des Menschen sein.
Literatur: In Goethes „Faust“ tritt der Teufel (Mephisto) als Pudel auf. Damit greift Goethe auf eine ältere Tradition zurück, die den Pudel als Spuk- oder Geistertier bezeichnet.
Philosophie: Schopenhauer war der Philosoph mit dem Pudel. So stellte ihn Wilhelm Busch dar. Sein Pudel – so behaupten Zeitgenossen – war Schopenhauer wichtiger als die Menschen.

Pudelmütze Die Pudelmütze gilt als Kopfbedeckung des ↗Seemanns. Sie wird als sportliche Kleidung angesehen, heute jedoch als altmodisch. Allgemeines bei ↗Mütze.

Puder Puder kann ähnlich wie ↗Maske Verstellung oder ein Minderwertigkeitsgefühl symbolisieren. Puder versteckt die als unschön empfundene Realität. Jemand möchte etwas darstellen, das er nicht ist.
Andererseits deutet Puder auf Vervollkommnung und „den letzten Schliff“. Es steht dann für Schönheit und Pflege.
Psychoanalyse: Für S. Freud war Puder ein Sexualsymbol, da in Österreich „pudern“ koitieren bedeutet.
Analytische Psychologie: Puder ist Symbol der Persona.

Pullover Der Pullover wärmt und drückt damit möglicherweise ein Bedürfnis nach emotionaler Wärme aus. Er gehört zur legeren Kleidung und kann als ↗Protest gegen Formalismus und Konventionalität gesehen werden.
A. Einstein, der meistens Pullover und Kordhose trug, wurde in einem Interview gefragt, warum er sich so kleide. Einsteins Antwort war, dass er Wichtigeres zu tun habe, als sich über seine Kleidung Gedanken zu machen.
Für die genauere Deutung ist das Material und die ↗Farbe des Pullovers wichtig.

Pulver Symbol für das Feine, Unscheinbare und Kleine. Allerdings kann Pulver auch ein Explosivstoff sein und so auf Aggression, Zerstörung und Ausweitung deuten.
In der Drogenszene ist Pulver ein Symbol für Kokain.
Psychoanalyse: Sperma.

Puma Symbol der Aggression, verbunden mit Eleganz. Der Puma kann auch als männliches Sexualsymbol auftreten, weswegen speziell in Südamerika Fußballschuhe der Firma Puma sehr beliebt sind. Allgemeines und Verweise bei ↗wilde Tiere.

Pumpe Die Pumpe als Wasserpumpe deutet meistens auf die Vergangenheit und häufig auch auf ärmliche Verhältnisse. Sie kann auch ein Sexualsymbol sein, mit Fruchtbarkeit und fließendem Gefühl zusammenhängen, ähnlich wie die ↗Quelle.

Als Wortassoziation verweist die Pumpe darauf, dass man sich etwas borgen möchte oder sollte.

Punkt Ein Punkt ist ein Gedankenkonstrukt. Er besitzt zwar einen Ort, aber weder eine Dimension, noch Teile oder eine Ausdehnung.
Der Punkt symbolisiert häufig das ↗Ziel, was der Ausdruck „auf den Punkt kommen" dokumentiert.

Puppe Die Puppe gilt als das typische Spielzeug der kleinen Mädchen. Insofern steht sie in einem Zusammenhang mit Kindlichkeit, auch mit Unselbstständigkeit.
Andererseits ist eine Puppe leblos, Symbol der Gefühllosigkeit und Empfindungslosigkeit.
Wichtig ist, den Zusammenhang dieses Symbols zu betrachten, das kann zeigen, ob es hier um kindliche Gefühle geht oder ob ein Abschied von der Kindlichkeit angedeutet wird.
Im Mittelalter diente die Puppe zur Abwehr böser Geister oder als Träger bestimmter Zauberwirkungen, was heute noch im Maskottchen nachwirkt. Bis ins 18. Jahrhundert hinein war die Puppe Hoffnungsträger und ↗Talisman. Erst im Laufe des 18. Jahrhunderts verlor sie ihre magische Kraft und wurde zum Spielzeug. Im Voodoo-Kult besitzt noch heute die Puppe magische Kräfte. Sie dient als Stellvertreter für den Menschen, den man verzaubern möchte.
Literatur: Der Homunculus in Goethes „Faust", ein ↗künstlicher Mensch ohne Seele, ist eine Puppe. Allerdings zerschellt das Glas mit dem Homunculus. Er ergießt sich in die Wellen des Meeres, um aus den Wassern des Unbewussten als lebendiger Mensch wieder aufzuerstehen.
Honoré de Balzac arbeitete mit Puppenköpfen und teilweise mit Puppen, die er sich nach seinen Romanfiguren schnitzen ließ. Um in seinen Romanen voller Personen den Überblick zu behalten, stellte er diese Puppen an seinem Schreibtisch auf und arrangierte sie gemäß des Handlungsablaufs.

Purpur Purpur symbolisiert Herrschaft und Luxus. Purpur ist die Farbe der Hoheit.
Purpur war eine Farbe, die aus den Purpurschnecken des Mittelmeeres hergestellt wurde. Diese Herstellung war aufwändig und kostspielig, so dass sich nur die Herrschenden Kleidung in Purpur leisten konnten. Mit der Einnahme von Byzanz ging das gehütete Originalrezept für die Purpurherstellung verloren. Der eher violette Farbton des Purpur wurde nun mit der neuen Rezeptur zum roten Purpur. Dieser Farbton ist die heutige Druckerfarbe Magenta, die als reines Rot in der Drucktechnik benutzt wird.
Kunst: Purpur ist die Farbe der Schmerzen und Symbol der Buße in den Malschulen von Siena und Florenz. Es tritt auch als Farbe der Gewänder der Jungfrau Maria auf.
Literatur: In Goethes Farbenlehre stellt Purpur die Steigerung aller Farben dar und es steht deswegen an der höchsten Stelle des Farbenkreises.

Puter ↗Truthahn

Putz ↗Verputz

Putzen Putzen bedeutet Reinigung. Es verweist traditionell auf die Tätigkeit der Hausfrau. Es wird als minderwertige Tätigkeit angesehen und kann die Angst vor einem sozialen Abstieg ausdrücken.

Puzzle Ein Puzzle spricht die Geduld und die Kombinationsfähigkeit an. Es verweist auf den Überblick und die Fähigkeit, etwas im großen Zusammenhang zu sehen.
Manchmal geht es darum, einzelne Lebensabschnitte oder unterschiedliche Gefühle und Einstellungen zu einer Einheit zusammenzufügen.

Pyramiden Pyramide bedeutet die Verbindung von Himmel und Erde. Die Pyramiden sind die ältesten Bauwerke Ägyptens, eventuell gehören sie sogar zu den ältesten Bauwerken der Menschheit. Sie sind ein Herrschaftssymbol und sprechen den Glauben an höhere Mächte an. Heute stehen sie oft für das Uralte, Geheimnisvolle und Rätselhafte.
Analytische Psychologie: Die Pyramiden waren durch ihre polierte Oberfläche ein ungeheurer ↗Spiegel und eine Lichtquelle. Von ihrem Grundriss her stellten sie ein körperliches ↗Mandala dar. Deswegen sieht die analytische Psychologie hier den Hinweis, dass man sein eigenes ↗Licht – seine Stärke und Fähigkeit – kennen sollte. Die Pyramide symbolisiert denjenigen, der sein eigenes Feuer und Licht erhöht, das heißt, der sich über das Persönliche hinaus entwickelt. Ferner stellt bei C. G. Jung die Pyramide einen Archetyp des Geistes dar. Außerdem symbolisieren nach Jung die Pyramiden als Grabstätten der Könige, die als Götter verehrt werden, den Auferstehungsgedanken.
Antike: Die Pyramiden Ägyptens mit ihrer genauen geographischen Ausrichtung und ihren ausgeklügelten Maßverhältnissen symbolisieren Wissen, Kultur und häufig auch Magie. Über ihr Alter, teilweise auch über ihre Funktion streiten sich die Gelehrten. Angesichts des Unbekannten boten sich die Pyramiden für viele Spekulationen an. Sie sollten zum Beispiel mit einem Fluch versehen sein, der Grabräuber den Tod brächte. Als am 1922 das Grab des Tut-ench-Amun unter der Leitung des englischen Archäologen Howard Carter geöffnet wurde, sollen angeblich alle beteiligten Wissenschaftler bei dieser Öffnung kurz darauf gestorben sein. Obwohl das unversehrte Grab des Tut-ench-Amun im Tal der Könige lag, wurde dieser Vorfall auch gleich auf die Pyramiden übertragen.
Außer in Ägypten treten Grabpyramiden u. a. auch in China auf, wo der Auferstehungsgedanke durch die Wahl des Ortes – nämlich zwischen Berg und Tal – symbolisch zum Ausdruck kommt. Heute sind Pyramiden in der Werbung beliebt, weil sie etwas Exotisches haben und unser Fernweh ansprechen. Ferner erscheint eine Pyramide auf der Dollarnote, was Esoteriker zur Vermutung anregte, dass dies ein versteckter Hinweis auf die Macht der Geheimgesellschaften (wie die ↗Freimaurer) sei.
Islam: In Arabien ging man davon aus, dass die Pyramiden vor der Sintflut gebaut wurden und Magie und uraltes Wissen verkörpern. Seit dem 19. Jahrhundert schlossen sich viele Esoteriker dieser Ansicht an.
Film: Der so genannte Fluch der Pyramiden regte einige Filmemacher zu Horrorfilmen an. Der bekannteste dieser Filme ist „Der Fluch des Tut-ench-Amun“ (1987) des Regisseurs Philip Leacock. Sehr aufwändig wurde dieses Thema dann 1960 in Italien von Fernando Cerchio unter dem Titel „Der Fluch des Pharao“ verfilmt.

Q

Quadrat Das Quadrat ist ein Ganzheitssymbol. Es ist ein Symbol der Erdung und der seelischen Ausgewogenheit. Der Erdungsaspekt des Quadrats wird besonders bei Platon betont, der das Quadrat als Ursymbol der Erde auffasst, und zwar wegen der in seinen rechten Winkeln ausgedrückten Statik.
Das Quadrat kann allerdings auch für Begrenzung und Beschränkung stehen. Es ist das Abstrakte, welches das Leben beschneidet.
Psychoanalyse: Einige Schulen vermuten, dass das Quadratische anzeigt, dass man sich das weiblich Runde nicht gönnt, siehe auch ↗Rechteck.
Literatur: In der arabischen Literatur ging man seit frühesten Zeiten davon aus, dass Quadrate und Quadratzahlen ein gutes Omen für Verliebte darstellen. Deswegen schenkte König Salomo seiner Geliebten, der Königin von Saba, ein Schmuckkästchen mit 529 Perlen. Das ist 23 zum Quadrat, und 23 Jahre war zu dieser Zeit die Königin von Saba alt (arabische Legende).

Qualle Die Qualle ist das Ungeformte und Anpassungsfähige. Sie kann als ein Symbol des Ekels auftreten. Die Qualle symbolisiert ferner unangenehme Gefühle, schwammige, ungreifbare Zustände.

Qualm ↗Rauch

Quarantäne Das Symbol Quarantäne bezieht sich auf Isolation und ↗Krankheit. Es ist ein Symbol der Angst und des Wartens. Somit ist auch die Geduld angesprochen.

Quark Der Quark symbolisiert ähnlich wie der ↗Käse etwas Unwichtiges und Unerhebliches („Kümmere Dich nicht um jeden Quark!"). Er steht auch für gesunde Nahrung und Naturnähe.

Quaternität ↗Vier

Quecksilber Symbol der Schnelligkeit, der Nervosität und des ↗Gifts. Quecksilber steht für Flüchtigkeit und Unfassbarkeit. Quecksilber wurde genutzt, um ↗Gold und ↗Silber miteinander zu verbinden.
In der heutigen Zeit wird Quecksilber häufig mit der Umweltverschmutzung assoziiert.
Antike: Quecksilber wird mit Merkur beziehungsweise Hermes verbunden. Der Gott war schnell und wurde auch teilweise als Gestaltwandler gesehen.

Quelle Die Quelle ist ein verbreitetes Fruchtbarkeitssymbol. Die Quelle bringt Kraft und Leben und verweist als Symbol des ↗Wassers zugleich auf das Gefühl. Wer zu einer Quelle kommt, der findet wieder den Weg zu seiner eigenen Kraft. Sie symbolisiert im Märchen Reinheit und Jungfräulichkeit (der eigenen seelischen Energien). Sie ist ferner ein beliebtes Bild der Hingabefähigkeit und positiver psychischer Energien. Als ein Ausdruck von Frische tritt sie in Werbebildern für Seife auf. Von einer Quelle bekommen wir Informationen. Sie verweist auf Tiefgründiges und altes Wissen.
Antike: Bei den Griechen sind Quellen weibliche Gottheiten, die mit Fruchtbarkeit und Ehe zusammenhängen.
Christentum: Im irdischen Paradies werden die vier Flüsse von einer Quelle gespeist: Symbol des ewigen, nie versiegenden Lebensstromes (Gen 2.10).

Quitte Die apfelähnliche Quitte ist ein uraltes Fruchtbarkeitssymbol. Heute ist die Frucht selten geworden; sie symbolisiert „die gute alte Zeit“ und Naturnähe.
Islam: In der islamischen Symbolik bedeutet die Quitte, dass die Träumerin oder der Träumer eine erfolgreiche Reise hinter sich bringen werden. Das kommt daher, weil im Arabischen Quitte „safargal“ heißt. Dabei bedeutet der Wortstamm „safar“ die Reise, und „galla“ heißt, Erfolg zu haben.

R

Rabbiner Rabbiner sind geistliche Gelehrte der Juden, die früher zugleich Lehrer, Weise und Richter waren. Noch heute gilt der Rabbi oder Rabbiner als ein kluger, wenn nicht gar weiser Mensch.

Rabe Der Rabe ist ein ↗Vogel, der einen schlechten Ruf hat; das mag an seiner schwarzen Farbe liegen und daran, dass er sich von Aas ernährt. So gilt er als Unglücksbote („Unglücksrabe“). Eine schlechte Mutter wird auch „Rabenmutter“ genannt; das hängt damit zusammen, dass Raben ihre Jungen sehr früh aus dem Nest werfen. Zugleich ist er jedoch als schwarzer Vogel ein Symbol der Kreativität und der Magie (↗Schwarz).
Mittelalter: Bei den Germanen ist der Rabe der Seelen- und Totenvogel. Odins Raben Hugin und Munin verkörpern Gedächtnis und Wissen. Sie fliegen in die Welt hinaus, um Odin zu informieren. Im christlichen Mittelalter wird der Rabe meist als Galgen- und Höllentier angesehen, obwohl er sich in der Bibel eigentlich recht schlau verhält: während der Sintflut fliegt er nämlich so lange hin und her, bis die Flut vorüber ist (Gen 8.7). Außerdem ist der Rabe der Vogel, der Elias etwas zu essen bringt (1 Kön 17.6).
Islam: Im ganzen Osten hatte der Rabe als Totenvogel einen schlechten Ruf; im Islam symbolisiert er einen Frevler, was sicherlich damit zusammenhängt, dass er ein Aasfresser ist.

Rache Die Rache ist ein bekanntes Aggressionssymbol. Rache ist stets die Reaktion auf ein Unrecht. Für die Deutung ist es wesentlich, um welches Unrecht es sich handelt. Rache bedeutet, selbstverantwortlich zu handeln. Man nimmt die Wahrung seines Rechts und die Bestrafung für die Brechung dieses Rechts selbst in die Hand.
Bei dem Symbol Rache schwingt stets etwas Altertümliches mit, Rache ist archaisch.
Militärische Aktionen werden heutzutage oft als Vergeltung gerechtfertigt, das ist nur eine Umschreibung des Wortes Rache.
Antike: Die Erinnyen oder Furien sind die Rachegöttinnen der Unterwelt, die bei der Kastration von Uranos entstanden. Sie schützen die gesellschaftliche Ordnung und strafen erbarmungslos alles Unrecht. Die Erinnyen treten wie viele weibliche Göttinnen in der Dreizahl auf. Alektro ist die nie Ablassende, Megaira die Neiderin und Tisiphone die den Mord Rächende. Die Erinnyen werden Furcht erregend dargestellt, mit Schlangenhaar und Geißeln.
Literatur: In Schillers Ballade „Die Kraniche des Ibykus“ wird das Wirken der Rachegöttinnen beschrieben.

Rachen Der Rachen ist ein Symbol der Unersättlichkeit. So heißt es umgangssprachlich: Jemand „bekommt den Ra-

chen nicht voll“. Meist spricht der Rachen unsere Angst an, verschlungen zu werden – oder selbst gierig zu verschlingen.
Analytische Psychologie: Nach dem Jung-Schüler Erich Neumann kann der Rachen auf die Angst des Mannes deuten, vom Weiblichen verschlungen zu werden. Letztendlich steht der Rachen für das Unbewusste, welches das Bewusste bedroht.

Rad Das Rad symbolisiert die Bewegung. Es verdeutlicht die Wiederkehr des Gleichen (↗Kreis), besonders als Rad der Fortuna. Im Tarot macht die Karte „Das Rad der Fortuna“ darauf aufmerksam, dass es im Leben stets auf und ab geht.
Seit der Industrialisierung spricht man vom Räderwerk, das den Menschen beherrscht und ihm ein Gefühl gibt, nur ein kleines Rad im Mechanismus der Welt zu sein. Das Rad ist ein Bild, das oft das Gefühl wiedergibt, unterzugehen. Davon zeugt unter anderem der Ausdruck „unter die Räder geraten“.
Analytische Psychologie: C. G. Jung und seine Nachfolger führen jedes Rad letztendlich auf das Sonnenrad - eines der ursprünglichsten ↗Mandalas - zurück.

Radiergummi Das Radiergummi will etwas ungeschehen machen. Man will etwas loswerden, Tatsachen verdrängen und vergessen. Es ist ein Symbol für fehlerhaftes und unsicheres Handeln.

Radieschen Beim Symbol Radieschen ist die Farbsymbolik von Bedeutung, da es außen ↗rot und innen ↗weiß ist. Wie alle scharf schmeckenden Speisen symbolisiert es unter anderem die Aggression.
Radieschen tritt auch als Kosename für eine attraktive, sexuell erweckte Frau auf.

Radio Symbol der Kommunikation und Information. Das Radio steht für die Illusion, nicht allein zu sein. Man kann sozusagen auf Knopfdruck Stimmen zu sich nach Hause einladen.
Philosophie: Theodor W. Adorno ging davon aus, dass wir Radio hören, um uns über unsere Einsamkeit hinwegzutäuschen.

Radioaktivität Radioaktivität bedeutet eine unsichtbare, tödliche Gefahr.
Sie ist das Strahlende der modernen Zeiten, das leicht zum Zerstörerischen wird. Sie verweist den Menschen darauf, dass er nicht alles beherrschen kann, siehe auch ↗Atomkraftwerk und ↗Fallout.

Radiologie ↗Röntgen-Strahlen

Rätsel Rätsel verweisen auf das Unergründliche und zugleich auf unseren Geist, der das Rätsel zu lösen vermag. Häufig treten Rätselfragen als ↗Prüfungen auf. Kann der Held sie nicht beantworten, ist er des Todes. ↗Prinzessinnen stellen Bewerbern um ihre Hand Rätselfragen, berühmt für ihre Rätsel ist auch die ↗Sphinx. Rätsel sind häufig dem Weiblichen verbunden, da sie wie die Frau ein Geheimnis darstellen, das den männlichen Geist herausfordert.

Räuber Der Räuber tritt grundsätzlich in zweierlei Bedeutungen auf: Einmal ist er der romantische Räuber à la Robin Hood oder Schinderhannes (↗Pirat), der die Freiheit verkörpert, zum anderen ist er der hinterlistige und gefährliche Räuber, der den Schatten verkörpert, der uns unsere Energien raubt.
Räuber ziehen viele romantische Projektionen an. Sie stehen für das ungebundene Leben jenseits aller Konventionen. Sie

sind die Männer, die sich nehmen, was sie brauchen.
Es ist wichtig, darauf zu achten, was der Räuber konkret raubt. Das symbolisiert die Eigenschaft, die im Schattenbereich liegt. Siehe auch ↗Dieb, ↗Einbruch und ↗Raub.
Psychoanalyse: Der Räuber verweist nach S. Freud auf Angst vor Sexualität.
Literatur: Zu den bekannten Räubern der Literatur gehören Ali Baba und seine vierzig Räuber aus „Tausendundeine Nacht". In diesem Geschichtenzyklus bekommen die Räuber die gerechte Strafe.

Rahmen Der Rahmen steht für Eitelkeit oder eine konventionelle Haltung. Aus dem Rahmen zu fallen, bedeutet etwas Unerwartetes und Unkonventionelles zu tun.
Der Rahmen hält etwas zusammen. Er schafft eine Einheit, damit aber auch etwas Begrenzendes. Der Rahmen trennt das ↗Bild von der Wirklichkeit. Innerhalb des Rahmens findet die Projektion statt, außerhalb des Rahmens herrscht die Realität.
Literatur: In der Literatur kommt häufig eine Rahmengeschichte vor, wie zum Beispiel in „Tausendundeine Nacht" oder Ken Follets „Die Säulen der Erde". Die Rahmengeschichte bietet die Klammer, welche die Haupterzählung zusammenhält und häufig auch Spannung erzeugt.
Kunst: Der naive Maler Henri Rousseau motivierte als Kunstlehrer seine jungen Schüler dadurch, dass er ungelenke Anfängerbilder in edlen goldenen Rahmen aufhängte. Gute Bilder bekamen einen einfachen Rahmen und die ausgereiften gar keinen.

Rakete Die Rakete kann eine ↗Waffe sein. Zudem ist sie Symbol der Kühnheit und Schnelligkeit, der Flucht aus dem Leben und der Alltagswelt.
Die Rakete ist auch ein bekanntes Sexualsymbol, das zugleich auf die Gefahr oder Lust verweist, die Erdung zu verlieren.
Raketen symbolisieren die Eroberung neuer Welten und unendlicher Weiten.
Während des Zweiten Weltkriegs galt Theodore von Kármán als der wesentliche Pionier Amerikas im Bereich Raketenbau, der erst dann vorwärts getrieben wurde, als die Deutschen ihre V1- und V2-Raketen gen England schickten. Von Kármán arbeitete eng mit John Parsons zusammen, der nicht nur enge Verbindungen zu dem Magier Aleister Crowley besaß, sondern auch zu Science-Fiction-Schriftstellern seiner Zeit, wie zum Beispiel Ron Hubbard, dem späteren Gründer der Church of Scientology. Auch die deutsche Fraktion der Raketenbauer beschäftigte sich ausführlich mit Science-Fiction, besonders der 1927 in Breslau gegründete Verein für Raumschifffahrt, der von Max Valier initiiert wurde.
Literatur: Jules Vernes „Von der Erde zum Mond" (1865) und Kurd Lasswitz', (1848–1910) „Auf zwei Planeten" wurden von den frühen Raketenbauern als die anregendsten Bücher angesehen.

Rampenlicht Rampenlicht bedeutet Öffentlichkeit. Es verweist auf exhibitionistische Tendenzen oder ein starkes Selbstbewusstsein. Im Rampenlicht ist auch die Gefahr der Öffentlichkeit und des Ruhms angesprochen, denn es blendet den auf der Bühne Stehenden. Rampenlicht kann zur Verblendung führen.
Literatur: In „Die Dreigroschenoper" von B. Brecht werden die als Privilegierte betrachtet, die im Licht stehen, da man nur diese sieht.

Rand Ein Rand verweist stets auf die Grenze zwischen zwei Welten. Er ist eine Begrenzung, die dazu herausfordert, über ihn hinaus zu sehen. Der Rand kann auch der gefährliche Bereich sein, hinter dem der ↗Abgrund lauert.
Antike: Die Griechen hatten eine Vorstellung vom Rand der Welt. Dieser lag im Meer; näherte sich der Seefahrer diesem Rand, wurde er unweigerlich in die unsagbaren Tiefen des Nichts gesogen. Nur Helden wagten es, bis zum Rand der Welt zu fahren.

Rang ↗Militärische Ränge

Rasen (Wiese) Der Rasen als gepflegte ↗Wiese deutet auf Kultur und häufig auch auf Reichtum.
Der Unterschied zwischen einem europäischen und einem orientalischen ↗Garten liegt im Rasen. Europäische Gärten werden durch den Rasen gegliedert, wohingegen orientalische Gärten durch Wasserläufe und Brunnen aufgeteilt werden, da im trockenen Klima des Orients kein Rasen gedeiht.
Allzu pedantische Rasenpflege gilt (bei uns) als spießig.
Wie das sprießende ↗Gras kann der Rasen Symbol der Hoffnung und des Wohlergehens sein, ein Symbol für die Kräfte der Natur.

Rasen (Geschwindigkeit) Das Rasen mit einem Auto ist ein bekanntes Stresssymbol. Mit ihm ist das Gefühl verbunden, dass man zu spät ist und keine Zeit hat. Rasen ist gefährlich und anstrengend, taucht gerne als Angst auslösend in Horrorfilmen und Alpträumen auf: Das rasende Auto, das außer Kontrolle gerät.
Für Nationen, die noch keine lange Tradition des Autofahrens besitzen, bedeutet Rasen Freiheit. Man kann es auch als Potenzproblem und Unverantwortlichkeit der Umwelt gegenüber sehen.

Rasierapparat Der Rasierapparat ist ein Symbol der Männlichkeit und der Kultur, weitere Aspekte des Rasierens bei ↗Bart.

Rasiermesser Symbol des analytischen Denkens und der Männlichkeit. Das Rasiermesser kann auch als Aggressionssymbol auftreten, es zeigt, dass man etwas glätten will. „Scharf wie ein Rasiermesser" ist ein Ausdruck für Geilheit.
Analytische Psychologie: Symbol der Persona.
Film: In dem surrealistischen Filmmeisterwerk „Der andalusische Hund" (1928) von Luis Buñuel wird gleich zu Beginn der Zuschauer geschockt, indem ein Rasiermesser durch das Auge einer jungen Frau schneidet.

Rasierpinsel Der Rasierpinsel ist ein bekanntes Männlichkeitssymbol (↗Pinsel). Er kann Zärtlichkeit und die Sehnsucht nach Berührung bedeuten.

Rast Rast bedeutet ähnlich wie ↗Pause Innehalten. Rast heißt Entspannung und Ausruhen, Abbau von Stress und Erholung.

Rat ↗Ratschlag

Rathaus Das Rathaus ist weniger das Haus, in dem man sich Rat holen kann, als ein Symbol für Amt und Würde. Es verweist auf Verwaltung und Organisation. Häufig wird es mit Politik und Parteien verbunden. Es ist ein Machtsymbol, wie auch ein Symbol des Missbrauchs der Macht.

Ratschlag Suche nach Orientierung und Unterstützung von außen. Ein Ratschlag weist auf Freundschaft und Hilfe.

Ratte Die Ratte, mehr noch als die ↗Maus, ist vor allem ein Symbol des Ekels. Sie verkörpert andererseits auch Überlebensfähigkeit und Intelligenz.
Eine Ratte bezeichnet oft einen gefährlich durchtriebenen Menschen. Sie ist ein Überträger von Krankheiten und wird als Feind der Menschheit angesehen, auch als Zeichen von Verwahrlosung und Elend.
Psychologisch gesehen kann die Ratte mit nagenden Zweifeln und Gedanken zusammenhängen.
Psychoanalyse: Symbol zudringlicher und übergreifender Mütterlichkeit.

Raub Raub bedeutet Gier, gepaart mit Gewalt. Der ↗Räuber nimmt durch Gewalt oder Gewaltandrohung dem ↗Opfer etwas weg. Der Raub ist ein Delikt, das schwer bestraft wird, wobei jedoch die Räuber häufig romantisiert werden.
Es kann einem vieles geraubt werden: Die Ehre, Geld und Gut, die Jungfernschaft oder eine angenehme Stimmung oder Ruhe beispielsweise. Dass etwas geraubt werden kann, weist möglicherweise auch auf eine Schwäche des Beraubten hin. Siehe auch ↗Dieb und ↗Einbruch.
Literatur: In F. Dostojewskijs Roman „Schuld und Sühne" begeht der Student Raskolnikow einen Raubmord an einer Pfandleiherin. Der Berliner Philosoph Peter Bieri nimmt diese Tat zum Ausgangspunkt, um über den freien Willen nachzudenken. Er fragt, wie weit Raskolnikows Wille als frei anzusehen ist, als er beschließt, den Raubmord zu begehen. Die Frage weitet er ins Allgemeine aus: Sind wir je frei, wenn wir einen Raub oder einen Mord begehen?

Raubtier Das Raubtier verkörpert das Tierische, an dem man sich erfreuen kann oder das jemanden bedrängt, öfter sexuelle Emotionen. Raubtiere erzeugen Angst und lassen Tod assoziieren. Weiteres bei ↗Raubvogel und ↗Wilde Tiere.

Raubvogel Der Raubvogel symbolisiert ähnlich wie alle ↗Raubtiere unsere animalischen Triebenergien.
Ferner sind Raubvögel für ihre gute Sehkraft bekannt. Das Abrichten eines Raubvogels – speziell des Falken – gilt als Willensschulung des Menschen.
Verweise auf einzelne Raubvögel bei ↗Vogel.
Literatur: Als Raubvogel erlebt der kranke Inspektor seine Erinnerungen an den Tod in dem Roman „Doktor Freuds Geheimnis" von Carol de Chellis Hill (1993). Erinnerungen an Schreckliches werden oft an Raubvögel geknüpft.

Rauch Rauch ist das Ergebnis einer unvollständigen Verbrennung oder Verwandlung, denn in ihm mischen sich Gase mit un- und halbverbrannten Partikeln. Noch im 19. Jahrhundert war der Rauch, der aus einem Fabrikschornstein quoll, Zeichen für Fortschritt und Wachstum. Heute wird der Rauch mehr und mehr mit der Umweltverschmutzung in Verbindung gebracht.
Rauch wurde in früheren Zeiten zur Kommunikation benutzt. Mit Rauchzeichen tauschte man über größere Entfernungen Informationen aus. Beim Beschwören des Regens spielte der Rauch eine wesentliche Rolle, da er den Regenwolken gleicht. Durch Rauch kommunizierte der Mensch mit den Wolken.
Rauch ist auch aggressiv, er kann den Tod bringen. Er verstellt die Sicht und weist somit auf eine Bewusstseinsschwäche. Ver-

fliegt der Rauch, bedeutet das meistens eine Entspannung. Der Rauch einer ↗Zigarette oder ↗Zigarre kann Entspannung oder Schädigung der Gesundheit bedeuten.
Psychoanalyse: Rauchwolken können für einen Samenerguss stehen.
Analytische Psychologie: Symbol der Wandlung.

Rauchen Rauchen von ↗Tabak bedeutet heute Gesundheitsgefährdung. Noch in der Generation unserer Eltern galt es als anrüchig. Es war das Zeichen sich emanzipierender Frauen, in der Öffentlichkeit zu rauchen. Die rauchige Stimme galt als anziehend, verrucht und verführerisch. Die große Verführerin gleich nach der Wende zum 20. Jahrhundert war Frieda von Richthofen. Ihre verrauchte Stimme hat all ihre Liebhaber fasziniert. Sie war eine Zeit lang als junges Mädchen Kettenraucherin.

Raum Der Raum ist ein bestimmter Bereich, oft ein Bereich, in dem etwas stattfindet. Er ist Möglichkeit und etwas, das man gestalten kann oder bereits gestaltet hat. Der eigene Raum ist der Bereich, den man selbst geprägt hat. Letztlich ist der Raum die Ordnung und die Beziehung der materiellen Dinge untereinander. Beim Raum stellen sich stets die Fragen, womit er gefüllt ist und was sich in ihm abspielt.
Literatur: Mit dem Problem des Raums hat sich speziell die Science-Fiction-Literatur beschäftigt (↗Weltraum). Werke wie J. Vernes „Von der Erde zum Mond" (1865), R. Heinleins „Starman Jones" und H. G. Wells „First Men on the Moon" nehmen sich der physikalischen Probleme des großen Raums an.
Kunst: Der niederländische Maler M. C. Escher (1898–1972) schaffte seine bekannten illusionären Zeichnungen dadurch, dass er die dritte Raumdimension nicht in der Bildebene darstellte.

Raumkapsel Die Raumkapsel symbolisiert ähnlich wie das ↗Raumschiff den Überblick und den Kontakt mit anderen Welten. Auf der anderen Seite steht die Raumkapsel für Isolation.
Die Reisen in der Raumkapsel haben die Seereisen der klassischen Helden ersetzt. Der moderne Held reist ins Universum und weitet so Grenzen seiner Erfahrung aus. Mit den Reisen in den fernen Räumen unseres ↗Universums wird oft die Reise in die Innenwelten beschrieben.
Die Raumkapsel erinnert auch an den Uterus, an den geschützten Raum.

Raumschiff Mit dem Raumschiff kann der Mensch seiner Begrenzung entfliehen und in die unendlichen Räume des ↗Universums entkommen. Das Raumschiff ist ein beliebtes Symbol für den Kontakt mit höheren Weisheitsebenen. Von oben sieht man seine Welt im Überblick.
Ferner bildet das Raumschiff auch eine Metapher für unsere heutige Welt, denn es drückt die Isolation in einer hoch technisierten Umwelt aus.
Literatur u. Film: In der Science-Fiction-Literatur und den entsprechenden Filmen wimmelt es von Raumschiffen, in denen intergalaktische Reisen unternommen werden. Das Raumschiff symbolisiert die eigene Welt. Es gibt das Bild einer „Mini-Gesellschaft" wieder.
Philosophie: G. I. Gurdjieffs philosophischer Roman „Beelzebubs Erzählungen für seinen Enkel" findet in einem Raumschiff statt. Das Raumschiff gibt die Möglichkeit, die Verhältnisse auf der Erde im Überblick zu erklären und sie zugleich aus der Distanz zu betrachten.

Raunächte Die zwölf Nächte zwischen dem ersten Weihnachtstag und dem 6. Januar werden als Raunächte bezeichnet. In diesen Nächten sollen Haus und Hof gereinigt und ausgeräuchert werden, auf dass böse Dämonen, die vorzüglich in dieser Zeit aktiv sind, fliehen. Die Raunächte sind nämlich die Zeit des dämonischen wilden Heeres, das durch die Lüfte fliegt und den Menschen Unheil bringt. Als besonders gefährlich gilt die erste und die letzte Raunacht, in der man sich am besten mit Weihwasser schützt, so zumindest empfiehlt es ein alter Volksbrauch in den Alpen. Speziell scheinen in dieser Zeit Frauen und Kinder gefährdet zu sein, die nach Anbruch der ↗Dunkelheit nicht mehr ins Freie gehen sollten. In einigen Gegenden bestand für die Zeit der Raunächte ein striktes Arbeitsverbot und so wurden die Raunächte zur Freizeit und Zeit der Muße. Wenn man in dieser Zeit ↗Erbsen und ↗Bohnen isst, dann wird man im neuen Jahr wohlhabend werden.
Diese zwölf Nächte werden auch noch heute als Losnächte genutzt, an denen man das Orakel für den entsprechenden Monat des neuen Jahres befragt.

Raupe Raupen sind gierig, fett und ekelhaft wie auch der ↗Wurm. Zum anderen wird aus der Raupe der ↗Schmetterling. Die Raupe steht somit am Anfang einer Verwandlungsreihe. Dieses Symbol verweist fast immer auf einen Wandlungsprozess und auf Veränderungen.

Rausch Der Rausch hängt mit Illusionen zusammen. Er symbolisiert seliges Vergessen oder unseliges Verhängnis. Das Gegenteil des Rausches ist das klare Bewusstsein oder zu große Starrheit und Lustfeindlichkeit.
Literatur: Allerdings tritt der Rausch auch als Verkörperung der Muse auf. Ernest Hemingway schrieb wie so mancher seiner Kollegen oft im Rausch. Er überarbeitete seine Manuskripte allerdings auch häufiger als andere Autoren.

Reaktor Der (Atom-)Reaktor ist ein Symbol der Angst. Er verkörpert die Gefahr, dass der Mensch über seine Grenzen hinausgeht und die Erde zerstört, siehe auch ↗Radioaktivität.

Realität Die Realität wird häufig als hart, einschränkend und bedrängend gesehen. Das Bild der Realität stellt das Gegenbild zum Idealen und zum Projizierten dar.
Jeder Traum nimmt Bezug auf die Realität des Träumers. Er setzt Bilder aus der Alltagsrealität der Träumerin und des Träumers zu einem neuen Gesamtbild zusammen. Das nannte S. Freud den Tagesrest. Meistens ist die Abbildung der Realität im Traum verändert und diese Veränderungen dienen als Schlüssel zu seiner Deutung. Auf der anderen Seite weisen Träume, die weitgehend die Realität des Träumenden abbilden, oft darauf hin, dass die Realität zu akzeptieren ist. Sie kann zwar verändert werden, sie ist aber auch die Summe der Dinge, die man akzeptieren muss.
Literatur: Romantisieren heißt, der Realität ein geheimnisvolles Aussehen zu geben, stellte der romantische Dichter Novalis fest.

Rebell Symbol des (inneren) Widerstands. Der Rebell verkörpert Freiheit, Tat und Selbstbewusstsein. Er ist der Veränderer der Gesellschaft und der Feind der Konventionen. Typische Rebellen sind der ↗Pirat und der ↗Räuber, aber auch der ↗Narr.

Reben Die Reben werden seit den Anfängen der Symbolik als Glückssymbol angesehen.
Reben bedeuten zwar ↗Reichtum, Fülle und ↗Rausch, aber sie machen auch Arbeit und verlangen Pflege.
Reben sind Ranken, die sich festhalten und anklammern. Sie müssen gebunden werden und verweisen so auf Bindung und Freiheit.

Rebhuhn Das Rebhuhn ist ein Symbol der Naturnähe, es gilt als das edlere ↗Huhn, vor allem als Speise. Wenn es gejagt wird, ist die Symbolik und Problematik der ↗Jagd zu beachten.

Rechen Der Rechen ist ein Symbol des natürlichen und einfachen Land-Lebens. In den 1960er und 1970er Jahren stellten sich Mitglieder von Landkommunen und andere Aussteiger gern mit dem Rechen in der Hand dar. Damit sollte ein unentfremdetes Leben angedeutet werden.

Rechner ↗Computer

Rechnung Bei der Rechnung ist unbedingt auf die Zahlensymbolik zu achten. Jede Rechnung spricht auch das Verhältnis zu Geben und Nehmen und zum ↗Geld an.
Literatur: In seinem mathematischen Roman „Beremis, der Zahlenkünstler" schreibt der Autor Malba Tahan, dass man allen Rechnungen sieben Mal misstrauen muss. Das ist eine Anlehnung an das arabische Sprichwort „Rechnungen muss man sieben Mal, Mathematikern tausend Mal misstrauen."

Rechteck Das Rechteckige wird stets als männlich betrachtet, siehe ↗Quadrat. Das Rechteckige weist im Traum oft daraufhin, dass man „richtig eckig" sein sollte. Das heißt, dass man anecken darf.

Rechts Rechts ist seit alten Zeiten die vornehmere Seite, so ist zum Beispiel die Kajüte des Kapitäns auf Schiffen traditionell auf der rechten Seite. Es symbolisiert die männliche Seite und die Aktivität. Politisch steht es für eine konservative Einstellung, da die Anhänger konservativer Parteien im Parlament auf der rechten Seite saßen und heute noch sitzen.
Rechts kann auch im Sinn von rechtens auftreten, wie beispielsweise in dem Ausdruck „rechtgläubig". Das Rechte ist in unserer Kultur im Gegensatz zum ↗Linken oft das Gute, was jedoch nicht auf den Rechtsradikalismus zutrifft.
Psychoanalyse: Nach Steckel das Rechte (im Gegensatz zu ↗links: das Unrechte). Bei S. Freud die „normale" (im Gegensatz zur linken oder „verkehrten", das heißt perversen) Sexualität. Für S. Freud weist rechts auf den Vater, das Zukünftige und die männliche Tatkraft.

Rechtsanwalt Der Rechtsanwalt verkörpert die Suche nach dem Recht, dem „Richtigen" im Leben. Er ist der, der sich für die Forderung anderer einsetzt.
Heutzutage symbolisieren Rechtsanwältin und Rechtsanwalt oft die Verdrehung des Rechts, Raffinesse und Macht. Sie gelten als Personen, denen man nicht trauen kann.
Psychoanalyse: Über-Ich-Symbol.
Literatur: Die Romane des amerikanischen Bestsellerautors John Grisham spielen stets im Anwaltsmilieu, da Grisham selbst Anwalt war. In diesen Romanen treten jedoch wie in „Das Testament" (1999) sowohl der böse als auch der gute Anwalt auf.

Rede(n) Reden verweist auf ein Mitteilungsbedürfnis und auch auf das Zuhören und somit auf Kommunikationsfähigkeit. Reden bedeutet häufig überzeugen. Eine Rede ist stets etwas Offizielles. Eine Rede zu halten, ist häufig mit Angst verbunden (↗Vortrag).
Reden ehren oft eine Person und sie können als langweilig empfunden werden.
Wichtig ist der Inhalt der Rede. Hier finden Gefühle oder Bedürfnisse ihren geistigen Ausdruck. Seeleninhalte werden bewusst, werden ausgedrückt und den Mitmenschen mitgeteilt.
Die Herkunft der Redensart „Reden ist Silber, Schweigen ist Gold" ist ungeklärt. Deutlich wird hier aber der negative Aspekt des Redens: das Zerreden.
Literatur: Der bedeutende persische Dichter Ayyuki beginnt den Hauptteil seines Liebesromans „Warqa und Gulschah" (um 1025) mit folgenden Worten: „Wertvoller als aller Reichtum und Besitz ist die schöne Rede, wertvoller als eine gefüllte Schatztruhe." Er preist die Rede als etwas, das den Himmel hernieder bringt und die Berge ebnet. Die Rede öffnet den Weg ins Paradies.
In seinem Aufsatz „Über die allmähliche Entstehung der Gedanken beim Reden" beschreibt Heinrich von Kleist, wie das Reden notwendig ist, um bestimmte Gedanken zu bekommen.

Redwood Redwood war der Ort, an dem die Amerikaner während des Vietnam-Kriegs Napalm herstellten. Er wurde zu einem Symbol der Hölle. In dem berühmten Song „Heart of Gold" wird Hollywood als Ort des Himmels, Redwood als Ort der Hölle dargestellt.

Regal Symbol der Aufbewahrung und der Ordnung ähnlich wie der ↗Schrank.

Regel Bei diesem Symbol geht es um die Spannung zwischen Monotonie, Konvention und Individualität. Regeln werden als Einschränkung empfunden. Sie können andererseits auch sinnvoll sein, siehe auch ↗Gesetz.

Regen Der Regen ist ein Fruchtbarkeitssymbol und drückt im übertragenen Sinn die Sehnsucht nach geistiger Befruchtung aus. Regen ist Segen. Er symbolisiert auch eine eher niedergeschlagene oder trübe Stimmung (↗Niederschlag, ↗Wolke) oder Sehnsucht nach tiefer Entspannung. Im Volksglauben überall auf der Welt dachte man, Regen und Dürre würden durch Hexen erzeugt. Sie verweisen dann auf dämonische Mächte.
Literatur: Nach Plutarch fällt der Regen hauptsächlich nach großen Schlachten. Von dieser Beobachtung angeregt, versuchten Wissenschaftler in den USA am Ende des 19. Jahrhunderts Regen durch das Abfeuern von Kanonen zu erzeugen – was allerdings nicht gelang.
Für den Münchner Komiker Karl Valentin ist Regen nicht einfach Wasser, das vom Himmel fällt. Er spricht ironischerweise über den schwierigen Charakter des Regens und macht damit die menschlichen Abgründe klar.

Regenbogen Der Regenbogen ist ein beliebtes Ganzheitssymbol. Das ↗Feuer der ↗Sonne und das ↗Wasser des ↗Regens kommen hier zusammen. Die Gegensätze wie Gefühl und Wille werden verbunden. Heute ist der Regenbogen ein oft gebrauchtes Symbol für Kreativität und Fantasie.
Analytische Psychologie: Nach C. G. Jung ist der Regenbogen eine ↗Brücke, die ins Jenseits führt. Er kann auch als ↗Kreis auftreten. Er enthält alle Farben, das heißt alle Qualitäten.

Asien: In China wurde der Regenbogen seit jeher als Verbindung der dunklen weiblichen mit den hellen männlichen Farben betrachtet. Er symbolisiert die ideale Verbindung von Yin und Yang.
Antike: Bei den Germanen wie bei den Griechen ist der Regenbogen die Verbindung zwischen Menschen- und Götterwelt. Die griechische Göttin des Regenbogens, Iris, ist zugleich eine Götterbotin.
Christentum: Nach dem Talmud und der Kabbala darf man den Regenbogen nicht anschauen, weil er zu Gott hinführt. Anders im Christentum: Hier ist er ein Symbol für den Bund zwischen Gott und den Menschen. Nach der ↗Sintflut verspricht Gott, es werde keine neue Flut mehr geben. Das Zeichen für dieses Versprechen ist der Regenbogen (Gen 9.11–17).

Regenschirm Regenschirm bedeutet Schutz. Er verweist auf schlechtes Wetter und somit auf eine getrübte Stimmung. Psychologisch gesehen hält der Regenschirm bestimmte Erfahrungen ab, verhindert direkten Naturkontakt oder einen Kontakt mit dem Wasser des Gefühls.
Literatur: Bei H. Hoffmanns Geschichte vom fliegenden Robert (aus „Der Struwwelpeter") ist der Schirm ein Symbol des Abhebens. Überhaupt taucht in manchen Kinderbüchern der Regenschirm als Hilfsmittel zum Fliegen auf.

Regenwald ↗Urwald

Regenwurm Nicht nur nach S. Freud ist jeder ↗Wurm ein Symbol des männlichen Geschlechtsorgans. Der Regenwurm stellt auch ein bekanntes Symbol des Ekels dar, was häufig mit der Ablehnung der Sexualität zusammenhängt. Auf der anderen Seite verweist der Regenwurm auf die Fruchtbarkeit der Erde.

Reggae Reggae ist die Musik, die mit der Befreiung der Schwarzen verbunden ist; wenn sie nicht ganz zum Mode-Phänomen verkommen ist, dann bedeutet sie Widerstand. Bob Marley und Peter Tosh ging es unter anderem darum, mit ihrer Musik die Schwarzen wieder mit ihren afrikanischen Wurzeln zu verbinden. Ferner ist Reggae mit dem Genuss von Marihuana verbunden und mit der Rasta-Bewegung.

Regie Regie weist stets auf die Planung (des Lebens). Regie ist die Macht, Abläufe zu bestimmen. Der Regisseur ist die Person, die die Kontrolle hat. Dieses Symbol kann auf die Kontrollinstanz im Inneren verweisen, mit deren Hilfe man sein Leben planen und führen kann.

Regierung Das Symbol Regierung besitzt die gleiche Bedeutung wie ↗Regie, es geht aber mehr um Autorität. Die Regierung ist entweder etwas Zweifelhaftes oder etwas Notwendiges, je nach Einstellung des Träumers.

Reh Das Reh ist ein bekanntes Symbol für die Frau beziehungsweise ein junges Mädchen. Es drückt Zartheit, Sanftmut und Verletzlichkeit aus, ganz im Gegensatz zu den meisten ↗wilden Tieren.
Film: Durch das Comic-Reh Bambi wurde das Reh völlig verniedlicht und verkitscht.

Reichtum Reichtum bedeutet Macht und Ansehen. Er verweist oft auf Gier, andererseits auch auf Macht und viele Energien. Reichtum und ↗Geld hängen im Traum immer mit psychischen Energien und Möglichkeiten zusammen. Der Reichtum drückt dann eine Sehnsucht nach einem vollen und lebendigen (Seelen-)Leben aus.

Literatur: Der amerikanische Millionär Jean Paul Getty schrieb ein Buch mit dem Titel „How To Be Rich". In der Geschichte von Zain El Aznam aus „Tausendundeine Nacht" wird der Reichtum als das beschrieben, das oft mit Blut bezahlt wird.

Reifen ↗Autoreifen

Reihe Mit dem Bild der Reihe wird stets die Frage nach der Ordnung gestellt, auch der inneren Ordnung („etwas auf die Reihe bekommen"). Die Reihe drückt Ordnung und Eintönigkeit aus, wer „aus der Reihe tanzt", geht eigene Wege. Es ist bedeutsam, was aufgereiht wird oder in einer Reihe steht.

Reiher Der Reiher ist ein ↗Vogel, der häufig die Gier verkörpert. In vielen Gegenden Europas ist der Reiher zum Symbol des Umweltschutzes und des klaren Wassers geworden, das dieser Vogel für sein Überleben benötigt. Im 19. Jahrhundert jedoch galt in England und Frankreich Reiherfleisch als Delikatesse.
Bis ins 18. Jahrhundert wurde der Reiher wegen seines seltsamen, heiseren Rufs mit dem Übernatürlichen verbunden.
Christentum: Bei Plinius konnte man lesen, dass der Reiher Tränen vergießen kann; deswegen und wegen seiner grauen Federn wurde er als Bild der Buße betrachtet. Manchmal spielte auch der Aspekt eine Rolle, dass der Reiher auch ↗Schlangen frisst – er vertilgt also das Böse.
Literatur: Der englische Dichter Oliver Goldsmith beschreibt, wie im 18. Jahrhundert der Ruf des Reihers ein ganzes Dorf verwirrt.

Reinigen Reinigen bedeutet, Störendes zu entfernen. Das Reinigen wird häufig als niedere Aufgabe angesehen, es gehörte traditionell in den Aufgabenbereich der Frau. Psychologisch gesehen geht es beim Symbolfeld Reinigung oft darum, dass man sich von einem schlechten Gewissen reinigen möchte, wie in der Bibel Pilatus nach der Verurteilung von Jesus seine Hände gewaschen hat (Matth 27.24). Es geht um die Auflösung von Schuld.

Reinkarnation Obwohl die Lehre von der Wiedergeburt auch im Westen immer mal wieder auftaucht, gilt sie als typisch östlich. Sie bedeutet Überwindung der Sterblichkeit, das Gefühl, dass man etwas Ewiges verkörpert. Auf der anderen Seite zeigt Reinkarnation die Angst vor dem persönlichen Tod an.
Antike: In Anlehnung an das materialistische Weltverständnis Epikurs lehnt Lukrez die Idee der Wiedergeburt ab. Das zeigt sich deutlich an der Interpretation des Traums des Ennius: Der Traum, in dem sich Ennius als römische Reinkarnation von Homer sieht, war der berühmteste Traum der römischen Klassik, auf den immer wieder Bezug genommen wird. Er wurde sprichwörtlich für die pythagoreische Wiedergeburtslehre. Lukrez sieht diesen Traum ganz modern als Einwirkung der Bilder aus der Vergangenheit, die im Gedächtnis des Träumers haften.

Reis Der Reis stellt ein bekanntes Fruchtbarkeitssymbol dar, weswegen man in angelsächsischen Ländern über das Brautpaar Reis wirft. Reis bedeutet Ernährung und lässt an Asien denken. Er gilt bei manchen als die Nahrung, die leicht macht und das Geistige anregt.

Reise Reise bedeutet Bewegung. Das Gefühl unterwegs zu sein wird angesprochen. Diesem Gefühl erlag eine ganze Genera-

tion, die ihr Sprachrohr in Jack Kerouac fand, der 1957 sein Buch „On the Road" veröffentlichte. Der Reisende ist der Mensch, der unterwegs ist. Der Reisende erweitert seinen Horizont, er bildet sich und wird weltgewandt. Reisen bedeutet, etwas Neues zu erleben.
Im engeren Sinn unterscheidet man den Touristen und den Reisenden. Der Tourist sucht Spaß und Unterhaltung. Der Reisende möchte eine neue Welt erleben, auch auf die Gefahr hin, dass es eher anstrengend als spaßig ist.
Nachdem jeder Winkel der Welt vom Tourismus entdeckt wurde, hat das Reisen eine neue Qualität bekommen. Auf den Molukken sieht es ähnlich aus wie in einer Hamburger Einkaufspassage, die vormals exotischen Winkel liegen heute am großen Gemeinplatz. Die Unterschiede wurden nivelliert, was das Reisen fragwürdig macht und ihm seine Abenteuerlichkeit nimmt.
Psychologisch gesehen symbolisiert jede Reise den Lebensweg und spricht die Erneuerungstendenzen der Psyche an. Man ist unterwegs, das heißt auf der Suche. Wer reist, der befindet sich in einer Wandlung oder sollte sich wandeln. Er muss seine Perspektive ändern, die meistens – wenn dieses Symbol auftritt – erstarrt ist. Bei der Reise ist stets wichtig zu betrachten, von wo man losreist und wo man hinreist. Auch wenn das Reisen gefährlich, anstrengend und unbequem ist, besitzt diese archetypische Situation des Unterwegsseins fast ausnahmslos eine positive Bedeutung. Es soll durch diese Symbolik eine Bewusstseinswandlung bewusst gemacht und somit unterstützt werden. Ist die Reise voller Abenteuer und gefährlich, deutet das auch auf Ängste vor einer Wandlung hin.
Psychoanalyse: Bei S. Freud wird die Abreise als das häufigste Todessymbol angesehen. Dabei ist zu bedenken, dass S. Freud sehr ungern reiste.
Analytische Psychologie: Die Reise ist der Individuationsweg. Die Stationen der Reise entsprechen wichtigen Individuationserfahrungen.
Literatur: Der englische Arzt Sir John Mandeville beschreibt in einem der ersten modernen Reiseromane mit dem Titel „Die Reisen des Ritters John Mandeville. durch das Gelobte Land, Indien und China" (um 1355), dass das Ziel einer jeden Reise letztendlich das Paradies ist. Allerdings bedauert er, das Paradies nicht bereist zu haben.
Der schottische Autor Robert Louis Stevenson betonte, dass er keineswegs so viel reise, um irgendwo anzukommen. Für ihn gehe es allein um die Bewegung. Er reise um des Reisens willen.
Der klassische Reisende ist Phileas Fogg, der in achtzig Tagen um die Welt reiste, um dann wieder in seinen englischen Klub zurückzukehren. Jules Verne beschreibt diese erste moderne Reise, da sie von der Hetze geprägt ist, in seinem viel gelesenen und verfilmten Werk „Die Reise um die Erde in 80 Tagen" (1872). Während der französische Schriftsteller Jules Verne vom Reisen fasziniert ist, sah der englische Schriftsteller Daniel Defoe das Reisen äußerst kritisch. Sein Held Robinson Crusoe betont immer wieder, wie töricht er war, nicht zu Hause geblieben zu sein. Eine ähnliche Einstellung findet sich auch im „Don Quijote" des spanischen Autors Miguel de Cervantes. Das Gegenstück dazu ist Sindbad der Seefahrer aus „Tausendundeine Nacht", der süchtig nach dem Reisen ist.
Einer der berühmtesten Reisenden war Alexander von Humboldt, der im 19. Jahrhundert wegen seiner Reiselust weltweit verehrt wurde. Nach ihm sind mehr Orte auf der Welt benannt als nach jeder ande-

ren Person. Allerdings sah Humboldt trotz seiner ausgedehnten Reisen höchsten zwei dieser Orte. Seine Reisen in Amerika von 1799–1804 wurden als „die zweite Entdeckung Amerikas“ bezeichnet. Der Philologe Wilhelm von Humboldt sah in den Reisen seines Bruders den Versuch, alles aufzunehmen und miteinander zu verbinden.

In seinem Roman „Victory“ bringt Josef Conrad auf dem Punkt, was ein Reisender ist: Ein Reisender kommt an, fährt ab und wiederholt das Gleiche woanders.

Johann Gottfried Seume (1763–1810) war der große Reisende unter den Literaten. Er schrieb den Klassiker der Reiseliteratur „Spaziergang nach Syrakus im Jahre 1802“. In seine Fußstapfen trat später Bruce Chatwin, dessen Reiseromane wie „In Patagonien“ zu den modernen Klassikern gezählt werden.

Reiseziel Das Reiseziel gibt an, wohin der (Lebens-)Weg gehen sollte. Es symbolisiert das – meistens langfristige – Ziel des Lebens.

Reißverschluss Der Reißverschluss hängt mit ↗Nacktheit und ↗Kleidung zusammen. Oft ist mit diesem Symbol die Verzahnung von ↗rechts und ↗links angesprochen. Der Reißverschluss tritt im Traum wie in der Werbung häufig als erotisches Symbol auf.

Literatur: „Reißverschlüsse erinnern mich an Krokodile, Hummer und aztekische Schlangen. (…) Einerseits ist ein Reißverschluss primitiv und reptilisch, andererseits ist er mechanisch und raffiniert. Beim Reißverschluss begegnen sich industrielle Revolution und Kobra-Kult“, schreibt Tom Robbins. Im weiteren Verlauf seines Romans „Pan Aroma“ vergleicht er den Reißverschluss mit den Zähnen eines Gebisses.

Reiten Das Reiten steht für Kraft und Bewegung. Reiten heißt Beherrschung der Natur und zugleich Naturnähe. Es wird häufig als exklusiver Sport angesehen. Reiten drückt Macht aus, da man sich auf dem Rücken des Pferdes über die Menge erhebt. Häufig ist es auch Symbol einer beherrschten und gezügelten Erotik. Weitere Aspekte bei ↗Ritter.

Psychoanalyse: Nach S. Freud ist das Reiten ein Symbol für den Geschlechtsverkehr – besonders bei der Frau. Es kann andererseits auch eine regressive Bindung an Vater oder Mutter andeuten.

Christentum: Die vier apokalyptischen Reiter (nach Apk 6.1–8) haben zahlreiche christliche Künstler zu Bildern des Weltendes inspiriert. Sie verkörpern die Strafen, die Gott am Ende der Welt über die Menschen schicken wird.

Literatur: Die Sexualisierung der Reiter und Reiterinnen wird besonders deutlich in Jilly Coopers erfolgreichem Roman „Riders“ (1985), einer Liebesgeschichte im Milieu einer Reiter-Show.

Reklame Reklame verweist häufig auf zu viel Eigenlob und Eigenreklame, andererseits auch auf Kreativität und Fantasie. Wichtig ist, wofür geworben wird und was in der Reklame hervorgehoben wird.

Nachdem sich die Reklame vom Schild über das Plakat entwickelte hatte, kam am Ende des 19. Jahrhunderts die erste Leuchtreklame auf. Wohl als erste Leuchtreklame erschien 1890 am Trafalgar Square in London der Schriftzug „Vinolia Seife“. Diese wurde bald durch die bewegliche Leuchtreklame übertrumpft. Am Picadilly Circus floss der Portwein aus der Flasche in ein Glas, was die Menschen fasziniert innehalten ließ.

Literatur: Nachdem die Plakate die Schilder abgelöst hatten, traten gegen 1830 die

ersten wandelnden Reklametafeln auf, die Charles Dickens beschreibt und für die er den noch heute gebräuchlichen Begriff „Sandwich“ prägte.
Aldous Huxley beschrieb in „Schöne neue Welt“ die Stadt der Zukunft als einen von der Reklame geprägten Ort.
Kunst: Der britische Zeichner George Scharf bildete oft diese „Sandwich-Men“ ab.

Religiöse Bauwerke Alle religiösen Bauwerke wie ↗Kapellen, ↗Kirchen, ↗Kathedralen, ↗Klöster und ↗Tempel bezeichnen einen Ort der Kraft, an dem besondere Erfahrungen gemacht werden können. Auf der tiefenpsychologischen Ebene werden sie als ein Bild für unseren Körper angesehen.

Religion Religion und Spiritualität stehen für eine antimaterialistische Einstellung. Sie verweisen auf höhere Gesetze und auf ein Bewusstsein, das über das des Alltagsbewusstseins hinausgeht. Es wird eine „höhere Wahrheit“ angesprochen. Religion und Spiritualität können auch Hinweise auf fehlende Erdung oder gar Spinnereien sein. Nach Marx ist die Religion das Opium des Volkes, also ein Rausch erzeugendes Beruhigungsmittel. Der Ethnologe und Religionshistoriker K. T. Preuss charakterisiert die Geistesverfassung der frühen Menschen, die zur Gründung der Religion führte, als „urdumm“.

Rennen Rennen bedeutet Geschwindigkeit, Hetze und oft auch ↗Verfolgung. Es geht darum, schnell an sein Ziel zu gelangen. Das bezieht sich sowohl auf äußere als auch auf innere Ziele wie Vervollkommnung und Überwindung von negativen Haltungen. Das Rennen hängt ferner mit Durchhalten zusammen (siehe Marathon-Lauf), und der Kunst, nicht außer Atem zu kommen. Dieses Symbol erscheint häufig in Stress-Situationen. Auf der anderen Seite ist das Rennen ein Symbol der Ekstase.

Rennrad ↗Fahrrad

Rennwagen ↗Sportwagen

Rente ↗Pension

Rentier Beim Rentier wird in unserer Kultur der Norden assoziiert und Weihnachten, da ein Rentier den Schlitten vom ↗Weihnachtsmann zieht.
Der „Weser-Kurier“ am 16.12.2001 über die Herkunft des Phänomens des fliegenden Santa Claus und seiner Rentiere: Angeblich hat der schottische Wissenschaftler Ian Edwards herausgefunden, dass diese Legende heidnischen Ursprungs ist und auf einen Ritus des samischen Volksstammes im „langen Schatten der Polarnacht“ zurückzuführen sei. „Man verfütterte ‚magische Pilze‘, die Halluzinationen auslösten, an das Lieblings-Rentier und trank anschließend den Urin des angeheiterten Vierbeiners. Damit wurde die Droge noch einmal für den menschlichen Genuss aufbereitet, behauptet Edwards: Mensch und Rentier waren danach wirklich überzeugt, sie flögen durch die Luft und schauten hinunter auf die Erde. (…) In den letzten Jahren sei die Praxis jedoch etwas aus der Mode gekommen“. Zeugnisse dieses Rituals sollen in einem Museum in Lappland zu finden sein.

Reporter ↗Journalist

Reptilien Dieses Symbol ist wie bei ↗Schlange und ↗Krokodil oft mit Angst und Ekel verbunden. Es symbolisiert häu-

fig die Schattenseite unserer Triebwelt. Reptilien sind die ↗Tiere, die dem Menschen fern stehen und mit denen eine Kommunikation sehr schwierig ist.
Psychoanalyse: Nach S. Freud sind Reptilien ein männliches Sexualsymbol.

Reserve Die Reserve ist ein Symbol eines Kräftereservoirs. Es werden mit der Reserve Fähigkeiten und das psychologische Potenzial angesprochen.
Reserve bedeutet häufig, dass etwas zurückgehalten wird. Sie verweist auf das Haushalten mit (seelischen) Kräften und Energien.

Reservereifen Der Reservereifen ist das, was man benötigt, wenn die Bewegung ins Stocken gerät. Er ist das „fünfte ↗Rad am Wagen" – eigentlich überflüssig, aber doch notwendig.

Restaurant Das Restaurant bedeutet Erholung und Entspannung, Genuss und Nahrung. Es ist ähnlich wie das ↗Gasthaus oder die ↗Kneipe ein Symbol der Kontaktfreude und Offenheit, der Kommunikation oder der Oberflächlichkeit. Das Restaurant deutet auf Abwechslung und Sozialkontakt. Das ↗Essen und die Gemütlichkeit finden im Restaurant in aller Öffentlichkeit statt, und so verweist dieses Symbol auf eine Öffnung nach außen hin. Bedeutsam ist, mit wem jemand das Restaurant besucht, was er dort isst und trinkt und worüber man sich unterhält.

Restaurator Der Restaurator ist als ↗Handwerker die geschickte Person, die künstlerische Fähigkeiten besitzt. Er ist rückwärts gewandt, pflegt das Alte und verkörpert den konservativen Menschen, der das Vergangene in die Gegenwart retten will.

Retorte Die Retorte lässt Wissenschaft assoziieren, speziell die Chemie. Sie steht für das Künstliche und Gefährliche. Hierbei geht es wie im ↗Laboratorium überhaupt um etwas Unnatürliches – bis hin zur Schaffung von ↗künstlichen Menschen. Zum anderen ist die Retorte das Gefäß des Geistes beziehungsweise der Ort, an dem Verbindungen hergestellt werden.
In der Alchemie entspricht die Retorte dem Uterus (vgl. dazu auch U. Eco: „Das foucaultsche Pendel").

Rettich Der Rettich wird häufig als Symbol des Zanks und Streits wegen seiner Schärfe gedeutet. Wegen dieser Schärfe gilt er als ein aufregendes ↗Gemüse. Seiner Form nach kann er als phallisches Symbol auftreten.
Psychoanalyse: Der Rettich symbolisiert die männliche Sexualität.

Rettungsboot Das Rettungsboot kann jede Art der Rettung symbolisieren – auch aus den ozeanischen Gefühlen oder aus den Stürmen des Lebens. Ferner symbolisiert das Rettungsboot, dass alle in einem Boot sitzen, also voneinander abhängig sind.
Berühmt wurde die „James Caird", das Rettungsboot der „Endurance", mit deren Fahrt Sir Ernest Shackleton seine Männer bei seiner letzten Antarktis-Expedition rettete. Diese Fahrt wurde im Jahr 2000 von Arved Fuchs wiederholt. Sie gilt als eine der größten seemännischen Leistungen in der Geschichte der Seefahrt.

Reue Reue bedeutet, dass der Verstand zu spät kommt. Reue hängt immer mit Bewertungen zusammen. Sie verweist auf Normen, aber auch auf die innere Stimme beziehungsweise das Gewissen.

Revolution Dieses Symbol spricht an, dass sich etwas radikal ändern muss. Diese Änderung ist immer mit Gewalt verbunden, wie die historisch großen Revolutionen wie zum Beispiel die Französische Revolution und die russische Oktoberrevolution von 1917 zeigten. Revolution heißt Veränderung in der Machtstruktur und Ausmerzen des Alten.

Revolver Der Revolver stellt wahrscheinlich eines der bekanntesten Sexualsymbole dar. Er symbolisiert wie die ↗Pistole die aggressive Seite der männlichen Sexualität. Er kann allerdings auch als Symbol des Schutzes auftreten.
Er lässt häufig den Wilden Westen assoziieren und erinnert an Kriminalfilme.

Rezept Ein Rezept gibt den Weg an, wie eine Besserung eines unbefriedigenden Zustands zu erreichen ist. Rezepte können allerdings auch vereinfachte oder oberflächliche Lösungen symbolisieren.
Ein Kochrezept deutet oft auf Pläne hin. Es schreibt ein systematisches Vorgehen vor; oft jedoch spricht man vom Kochrezept, wenn es gerade keine Patentlösung gibt.

Rhythmus Rhythmus bedeutet Leben und Bewegung. Deswegen prägte der Dirigent Hans von Bülow das Wort: „Am Anfang war der Rhythmus". Der Rhythmus ist Ausdruck der (zeitlichen) Organisation. Er kann auch auf die Wiederkehr des Gleichen verweisen und somit im Sinne Freuds auf die Neurose, die eine Wiederholung darstellt, die uns unglücklich macht. Psychologisch gesehen ist mit dem Rhythmus das (emotionale) Auf und Ab des Menschen angesprochen.
Rhythmus wird auch häufig mit Takt verbunden, wobei dieser wiederum taktvolles Verhalten anspricht.
Psychoanalyse: Die klassische Psychoanalyse deutet den Rhythmus als Geschlechtsverkehr.
Literatur: Für Thomas Mann liegt die Anziehungskraft der Dichtung hauptsächlich in ihrem Rhythmus.

Rhythmusinstrument Rhythmusinstrumenten wie ↗Pauke, ↗Trommel und ↗Schlagzeug sagt man nach, dass sie eine erotische Situation erzeugen, da sie zur Bewegung und zum Tanz herausfordern.

Richter Der Richter steht im Zusammenhang mit dem ↗Gericht und der Gerechtigkeit. Er verkörpert Autorität und ist als der strafende, aber auch gerechte Mann ein klassisches Über-Ich-Symbol.

Riechen Riechen ist eine sinnliche Wahrnehmung, die oft im übertragenen Sinne auftritt. Das heißt, man bekommt etwas intuitiv mit. Riechen hängt eng mit Erotik zusammen. Positiv empfundener Geruch von anderen Menschen zeigt, dass diese beide Menschen genetisch gut zusammen passen („sie können sich gut riechen").

Ried Symbol des Schutzes und der Naturnähe. In der Natur drückt es Naturnähe und Erholung am Wasser aus, auf dem Dach symbolisiert es Gemütlichkeit und Romantik.
Antike: Im Totenbuch der Ägypter ist es das Ziel des Gestorbenen aus der Dunkelheit der Zwischenwelt herauszutreten, um in die Ried-Felder des ewigen Friedens zu gelangen. Ried bedeutet hier Erlösung, Frieden und Ruhe.

Riese Das Riesige ist bedeutsam, andererseits auch häufig erschreckend. Der Riese als der Übermensch oder ein besonders mächtiger oder kräftiger Mensch ist ein

archetypisches Symbol des übermächtigen Vaters, der später in anderen Männern gesehen wird.
Riesen treten meist in der Mehrzahl auf, da sie keine Individualität besitzen. Sie stehen im Gegensatz zu den Göttern, mit denen sie in beständigem Kampf liegen. Sie kennen nur sinnliche Genüsse und sind gierig.
Analytische Psychologie: Nach C. G. Jung stellt der Riese in Kinderträumen das Sinnbild des Erwachsenseins dar: „So sind die Riesen ein Symbol von Daseinsbedingungen (einschließlich der persönlichen Natur, die sich zum Beispiel in Körperlichkeit und bestimmten Eigenarten ausdrückt), die gegenüber einem noch jungen Bewusstsein kolossal groß erscheinen."
Christentum: Kaum bekannt ist, dass auch in der Bibel Riesen auftauchen: Bald nach der Vertreibung von Adam und Eva aus dem Paradies kommen Gottessöhne, die mit Menschenfrauen das Geschlecht der Riesen zeugen (Gen 6).
Literatur: Der Wohnort der Riesen sind die Sagen und Märchen. In Michael Endes Buch „Jim Knopf" sagt es der Herr Turtur: Traumriesen sind Scheinriesen. Was im Traum als riesig erscheint, ist im Leben oft zu klein.

Rind ↗Kuh

Rinde Die Rinde – als Baum- oder Brotrinde – ist ein bekanntes Schutzsymbol. Ferner symbolisiert die Rinde eine verfestigte Abgrenzung nach außen. Sie ist das Harte und das Äußerliche.

Ring Ähnlich wie der ↗Kreis bedeutet der Ring Anfang ohne Ende. Er ist ein verbreitetes Symbol der Bindungsbereitschaft und der Verbundenheit. Er ist ein außerdem ein Ganzheitssymbol, das wie jeder ↗Schmuck auch auf Eitelkeit verweisen kann. Ferner kann der Ring die Zugehörigkeit zu einer bestimmten Gruppe oder Schicht anzeigen. S. Freud verlieh zum Beispiel seinen engen Verbündeten in der Psychoanalytischen Gesellschaft einen bestimmten Ring und knüpfte damit an eine alte Tradition an: In der Antike war das Tragen von Ringen und später von bestimmten Ringen nur bestimmten Personenkreisen erlaubt, zum Beispiel den römischen Senatoren.
Ringe spielen auch eine wichtige Rolle im Aberglauben: Sie sollen dämonische Kräfte abhalten, speziell wenn sie mit gewissen Zeichen versehen sind. Und wenn man sich den Ehering einer anderen Person über den Finger zieht, so gilt das als unheilvolles Zeichen.
Analytische Psychologie: Der Ring ist das archetypische Symbol der Weiblichkeit.
Literatur u. Musik: Mit dem Ring wird auch Richard Wagners Opern-Zyklus „Ring der Nibelungen" (vollendet 1860) bezeichnet, in dem Wagner die germanische Mythologie dramatisch auf der Bühne darstellt.
Eine zentrale Bedeutung spielt der Ring in J. R. R. Tolkiens Roman „Der Herr der Ringe" (1954/55), der ab 2001 auch verfilmt wurde. Der Besitz des Rings wird in dieser Romantrilogie mit Macht und Fluch verbunden.

Ringfinger Der Ringfinger wurde seit alten Zeiten „digitus medicus" genannt und bedeutete Heilung. Es wurde angenommen, dass von ihm ein Nerv direkt zum Herzen verläuft. Da dieser ↗Finger nur schwer unabhängig bewegt werden kann, steckt man auf ihn den Ehering, um zu zeigen, dass nun die Zeit der Freiheit vorbei ist. In der Chiromantie bedeutet dieser Finger die Sonne.

Ringkampf Der Ringkampf symbolisiert Aggression oder sportliches Messen. Mit etwas zu ringen bedeutet auch das Bemühen um eine Lösung. Häufig ist ein inneres Ringen gemeint, der Kampf zwischen inneren Stimmen.
Literatur: Die zeitgenössische deutsche Autorin Thea Dorn bekam für ihren Opernkrimi „Ringkampf" im Jahr 2000 den deutschen Krimipreis verliehen. Dieser Roman hat den Brand der Frankfurter Oper am Vorabend der Premiere von Wagners „Ring der Nibelungen" zum Inhalt. Der ↗Ring dient dazu, den bürgerlichen Kulturbetrieb zu ironisieren. In diesem Kriminalroman wird ferner in genialer Weise Mythologie auf Tagesgeschehen bezogen.

Rippe Die Rippen und speziell eine Rippe lassen uns an den islamischen und christlichen Mythos von der Erschaffung der Frau denken (vgl. Gen 2.22). Im übertragenen Sinn ist damit ausgedrückt, dass der Mann etwas opfern muss, um sich der Weiblichkeit verbinden zu können. Dieses freiwillige Opfer ist bewusstseinsbildend. Andere Aspekte bei ↗Knochen.

Risiko Risiko bedeutet Leben.
Die amerikanische Ethnologin Margaret Mead geht davon aus, dass eine der Haupteigenschaften des Lebens das Risiko ist. Das Risiko ist eine Realität, die Sicherheit eine Illusion. Das Risiko wird häufig mit ↗Abenteuer verbunden und es fasziniert die Menschen genau so, wie es ihnen Angst macht.

Riss Der Riss deutet immer auf eine Trennung hin. Er kann auch auf eine Verletzung deuten und der Beginn einer Katastrophe sein. Wichtig ist, zu betrachten, was reißt.

Ritter Der Ritter verkörpert sowohl Abenteuerlust als auch Männlichkeit und Kampf, auch Mündigkeit und Aufrichtigkeit („ritterlich"). Die Rüstung des Ritters kann im psychologischen Sinne darauf deuten, dass jemand gepanzert ist, das heißt, er zieht sich emotional von der Außenwelt zurück und macht sich unerreichbar (was sowohl sinnvoll als auch problematisch sein kann).
Der Ritter ist ferner die Verkörperung einer edlen Einstellung. Er symbolisiert jedoch auch eine untergegangene Kultur und Lebensart und steht damit für eine konservative und überholte Einstellung.

Ritual Ein Ritual verweist auf eingefahrene Verhaltensweisen. Allerdings können Rituale sinnvoll sein und das Leben mit einem tieferen Sinn beleben. Dieses Symbol kann sowohl auf etwas Erstarrtes als auch auf etwas sehr Lebendiges und Sinnvolles im alltäglichen Leben hindeuten.

Rivale Der Rivale verweist auf ↗Kampf und Aggression.

Robbe Robben werden meist als positiv erlebt. Wegen ihrer Felle wurden ihre Bestände am Ende des 19. Jahrhunderts besonders am Rand der Arktis und Antarktis stark dezimiert, bis der Robbenfang eingeschränkt und dann verboten wurde.
Literatur: In der Inuit-Literatur und besonders im Werk des tschuktschenischen Schriftstellers Juri Rytcheu spielt der Robbenfang eine hervorragende Rolle. Männer müssen sich beim Robbenfang bewähren.

Roboter Dem Roboter fehlt wie einem ↗Computer oder einem ↗Automaten der lebendige Geist, er steht für eine ersti-

ckende (Arbeits-)Routine. Auf der anderen Seite nimmt einem der Roboter die anliegenden Arbeiten ab. Er symbolisiert Entlastung.
Der Roboter ist dem ↗künstlichen Menschen verwandt. Häufig ruft er jedoch die Angst hervor, dass die Technik den Menschen beherrschen wird.
Literatur: Das Wort „Roboter" wurde erstmalig 1920 von dem tschechischen Schriftsteller Karel Capek (1890–1938) in seinem Schauspiel „R.U.R." benutzt. Robot bedeutet auf Tschechisch „Fronarbeit". Die Roboter sind zwar Fronarbeiter, doch sie entwickeln schnell ein eigenes Seelenleben, zetteln Aufstände an und rotten schließlich die Menschheit aus. Der Roboter ist somit der abgespaltene Schatten des Menschen.
Film: Fritz Lang drehte 1925 seinen Epoche machenden Film „Metropolis", in dem weibliche Roboter einen gefährlichen Aufstand anzetteln. Dieser Film wurde später als Sozialkritik an der Weimarer Republik gedeutet, in der sich der Maschinenmensch des Faschismus schon abzeichnete.
Des Problems des Maschinenmenschen und damit auch der künstlichen Intelligenz nimmt sich Steven Spielbergs Film „AI" (2001) an. Nach einer Klimakatastrophe entstanden in der Welt zwei Kulturen und zwar die der Mechas – der mechanischen Menschen – und die der Orgas – der organischen Menschen. Die Grenze zwischen Mechas und Orgas verwischt sich immer mehr und wie in vielen Science-Fiction-Utopien überleben die Roboter.

Rock Der Rock hängt wie die ↗Hose stets mit dem Geschlecht zusammen. Der Rock symbolisiert bekanntlich Weiblichkeit. Bei der Symbolik ist auf die Rocklänge zu achten, wobei man allgemein sagen kann: Desto kürzer der Rock, desto größer die sexuellen Anklänge. Anthropologen behaupten, dass die Höhe oder Tiefe des Rocksaums stark von der wirtschaftlichen Situation einer Gesellschaft abhängig ist. Ein hoher Rocksaum, der die Freiheit der Frauen symbolisiert, ist typisch für eine wirtschaftliche Aufwärtsbewegung. Ein niedriger Rocksaum, der mehr die konventionelle Frauenrolle betont, charakterisiert eine Zeit wirtschaftlichen Rückgangs.
Bei der Deutung sind ↗Farbe und Material des Rocks wichtig.

Rockmusik(er) Symbol der Lebendigkeit, Erotik und Bewegung. Rockmusiker personifizieren meistens unsere wilde, erotische und narzisstische Seite. Rockmusiker bieten sich als ideale Projektionsobjekte an, Geschäft und Star-Kult werden angesprochen.

Röntgen-Strahlen Röntgen-Strahlen gewähren Einblick ins Verborgene. Als Wilhem Conrad Röntgen 1895 sein Werk „Eine neue Art von Strahlen" veröffentlichte, konnte das menschliche Auge zum ersten Mal einen Einblick in das Innere eines lebendigen Körpers gewinnen, ohne diesen zu öffnen. Der Körper wurde durchsichtig, man durchblickte den Menschen. Für das radiologische Auge ist der Mensch hohl.

Roggen Der Roggen steht wie die anderen Arten des ↗Getreides meistens für eine gesunde Ernährung oder für Fruchtbarkeit. Als Mehl ist er oft Ausdruck einer Sehnsucht nach Häuslichkeit und Gemütlichkeit.
Dass der Roggen im Gegensatz zu den anderen Getreidearten eine recht anspruchs-

lose Pflanze ist, dürfte heute kaum mehr eine Rolle spielen.

Rohr Das Rohr ist ein bekanntes Sexualsymbol. Wichtig für die Deutung sind die Funktion des Rohrs, seine Länge und sein Durchmesser. Ein verstopftes Rohr kann sich im übertragenen Sinne auf Probleme mit dem freien Gefühlsausdruck beziehen.

Rohrstock Der Rohrstock ist ein altes Symbol für Bestrafung, vor allem auch in der Schule. Er verweist auf die Problematik von Macht und Unterwerfung, von Dienen und Herrschen.

Rohstoffe Symbole aus diesem Bereich verweisen auf Grundlagen, auf Fähigkeiten, die genutzt und ausgebaut werden können.

Rollstuhl Der Rollstuhl symbolisiert einerseits Behinderung und Leiden, er ist zum dem Symbol für Behinderte schlechthin geworden.
Psychologisch gesehen gibt ein Traum oder eine Fantasie von einem Rollstuhl aber auch einen Hinweis darauf, dass jemand wieder laufen lernen und sich wieder von der Stelle bewegen sollte – trotz aller Schwierigkeiten. Der Rollstuhl spricht also stets die geistige und psychische Beweglichkeit an.

Roman Der Roman gibt ein Abbild des Lebens, oft eine Darstellung des Entwicklungsweges eines Individuums. Sein Titel und der Inhalt sind für die Deutung wichtig. Das Symbol Roman kann auch vor Abgehobenheit warnen und somit auf die Erdung hinweisen oder auf Weitschweifigkeit („Erzähl doch keinen Roman!").
Literatur: Thomas Mann meinte, dass nach dem Zweiten Weltkrieg nur das als Roman angesehen wurde, was gar kein Roman mehr sei.

Rosa Rosa ist eine weibliche Farbe, es steht für Romantik, Zärtlichkeit und alle sanften Gefühle. Bisweilen symbolisiert es Unschuld und Kindlichkeit. Rosa lässt leicht Kitsch assoziieren.
Rosa ist auch die Farbe der Illusion, worauf die rosarote Brille verweist.
Rosa war die Lieblingsfarbe der Madame Pompadour – besonders die Kombination Rosa mit Hellblau. Die Liebe für Pastellfarben war typisch für die Zeit des Rokoko, da für das Volk knallbunte, ungebrochene Farben erschwinglich wurden. In unserer Gesellschaft ist Rosa häufig die Lieblingsfarbe alter Damen.
Ferner bedeutet Rosa Homosexualität: Homosexuelle mussten im KZ den rosa Winkel tragen.
Literatur: Der rosarote Panther ist wirklich rosa und er kann auch sprechen. Er ist ein gewitzter, kreativer und cooler Comic-Held.

Rose Venussymbol, Symbol der Liebe und Zuneigung. Der Gegensatz von Blüte und Stacheln ist bei der Rose wichtig. Die Rose spielt in der Symbolik des Westens die gleiche Rolle wie der ↗Lotos im Osten. Wie es den tausendblättrigen Lotos als Symbol der höchsten Bewusstseinsebene gibt, so symbolisiert die tausendblättrige rote Rose höchstes Bewusstsein. Die Rose ist nicht nur im Traum häufig ein Symbol des Selbst.
Im Orakelwesen zeigt die Rose den Tod an. Man sagt im ↗Volk, dass Bischöfe ein paar Tage vor ihrem Ableben eine weiße Rose auf ihrem Stuhl finden würden. Der Volksglaube von der Tod anzeigenden Ro-

se lebt noch in dem heutigen Brauch in England und Deutschland fort, Kranken keine Rosen mitzubringen. Vergrünt gar eine Rose – das heißt, weist sie ein grünes Blütenblatt auf –, zeigt das nach englischem Volksglauben den Tod eines Familienangehörigen an.

Nicht nur in England und Deutschland wird die Rose mit dem Tod verbunden: Schon in Rom wurden jährlich die Rosalia als Fest der Rosen und Toten gefeiert, bei dem man die Gräber der Toten mit Rosen umkränzte.

Die Rose hat etwas Mystisches und nicht nur Osho (Bhagwan) kennt die Meditation der mystischen Rose – auch die Christen beten den ↗Rosenkranz. Man meditiert besonders bei den Sufis mit einem Tropfen Rosenduft auf dem dritten Auge, da die Rose den Geist klärt und stärkt. Schon den Griechen galt ein Kranz aus Rosen gehirnstärkend und der römische Kaiser trug aus den gleichen Gründen die Rosenkrone. In Rom verkam der Gebrauch des Rosenkranzes dazu, dass man ihn dekadenterweise zu Festen trug, um den Wirkungen des übermäßigen Weingenusses etwas Einhalt zu gebieten.

Die Rose als Bild des klaren Geistes kannten auch die Alchemisten, denen sie mit ihren Erlösungsvorstellungen verbunden war. Schon in Dantes „Paradiso“ wird die kleine Schar der Erlösten als eine weiße Rose dargestellt, über welcher die Engel wie die Bienen kreisen. Grundsätzlich ist die weiße Rose ein Symbol für die Unschuld und Reinheit.

Die Rose wird als ein Symbol verborgener Weisheit besonders von dem Orden der Rosenkreuzer benutzt, deren Sinnbild die Rose im Kreuz darstellt.

Die ↗Farbe der Rose ist wichtig. In der Blumensprache des Biedermeier sagt die rote Rose: Ja! – sie symbolisiert treue Liebe. Die weiße Rose hingegen symbolisiert die ewig reine Liebe. Eine verwelkte Rose zeigt oft eine abgestorbene Beziehung an.

Analytische Psychologie: Nach C. G. Jung ist die Rose immer ein Symbol der Ganzheit, die Rose ist als ↗Mandala das Symbol der Weltordnung.

Asien: Als Buddha nach dem Sinn des Lebens gefragt wurde, hielt er eine Rose hoch und schwieg.

Antike: Die Griechen leiten das altgriechische Wort „rodor“ für Rose von dem Wort für „fließend“ ab, womit sie auf den Duftstrom der Rose aufmerksam machen wollen. Aber mit diesem Strom verströmt die Rose ihr Leben und die Rose verwelkt so schnell, dass sie auch als Symbol des Todes gilt. Plinius bedauert in seiner Naturgeschichte die Kurzlebigkeit der Rose. Zugleich verweist sie auf die jenseitige Welt, weswegen Rosengirlanden die Katakomben in Rom schmückten.

Dass der Weg zur Erlösung nur über die Liebe geht, ist wohl die wichtigste Lehre der Rose, die ursprünglich der Liebesgöttin Aphrodite geweiht war, deren Geliebter Adonis in dem Adonisröschen gesehen wird. Dass diese Liebe aber auch von Fleisch und Blut ist, gewährt Dionysos, der ebenfalls die Rose als seine Blume beansprucht.

Die Rose zeigt seit alters her an, dass man über das, was in ihrer Gegenwart geschieht, schweigen sollte. Wenn im Altertum eine Rose über den Tisch gehängt wurde, „sub-rosa“ gespeist wurde – wie man es damals nannte – gebot dies absolute Verschwiegenheit über die Tischgespräche. Die frühen Christen übernahmen diese Symbolik und bei ihnen zeigte die Rose Verschwiegenheit gegenüber den Heiden an. Die Rose als Symbol der Verschwiegenheit lebte noch bis ins 18. Jahr-

hundert fort, wo man zum Beispiel über Beichtstühle Holzrosen schnitzte und in dem Stuck der Decken der Gerichtssäle die Rose findet.
Die langlebige fünfblättrige Heckenrose mit eingezeichnetem ↗Pentagramm galt bei den Griechen als ein Ebenbild des Kreislaufs des Kosmos, der nach Aristoteles von den fünf Elementen (Feuer, Wasser, Erde, Luft und Äther) bestimmt wird.
Christentum: Die Rose gilt wie der Lotos als die vollendetste Blume. Dadurch wurde die Rose schnell zum Christus-Symbol, wie man es in dem Weihnachtslied „Es ist ein Ros' entsprungen" noch findet. Maria wird ebenfalls als Rose in der Rosenhecke dargestellt, sie ist jedoch die Rose ohne Dornen, denn in christlicher Symbolik bezeichnen die Dornen der Rose die Sünden, von denen Maria frei ist. Allgemein gebührte im christlichen Mittelalter die Rose nur den Jungfrauen.
Mittelalter: Es gibt immer wieder Kunde von Rosenstöcken, die nie verblühen, von Rosenzweigen in der Vase, die seit siebzig Jahren wieder und wieder weiß erblühen; die Speisen für die Armen verwandelten sich in den Körben von Roswitha von Gandersheim und der heiligen Elisabeth von Ungarn in rote Rosen.
Für den an der Magie Interessierten sei noch auf das Pentagramm der Rose aufmerksam gemacht: Wenn man die Mitte eines jeden Kelchblattes einer Rose mit der des übernächsten Blattes verbindet, ergibt sich das Pentagramm, der Druidenfuß, jene alte Bann- und Zauberfigur, mit der schon Faust Mephisto zwingen wollte.

Rosengarten Der Rosengarten stellt ein Abbild des ↗Paradieses auf Erden dar, einen Ort mystischer Veränderung. Er verweist auf große Schönheit, andererseits auch auf die Dornen und somit auf Arbeit. Der Rosengarten ist oft ein Ort der Wunder und auch der Verführung.

Rosenkohl ↗Kohl

Rosenkranz Der Rosenkranz ist ein Hilfsmittel der geistigen Konzentration und des ↗Gebets, das in verschiedenen Religionen auftaucht. Die Gebete, so sagt man, sind wie ↗Rosen an einer Kette aufgereiht.
Literatur: Die Dichter Persiens und Indiens beschwören besonders im 18. Jahrhundert immer wieder das Bild des islamischen Rosenkranzes mit seinen 99 Perlen als ein Symbol für den Lebensweg. Der deutsche Orientalist und Dichter Friedrich Rückert greift in seinen späten Gedichten dieses Bild öfter auf und setzt den Rosenkranz mit seinem Leben gleich, das sich mit jeder fallenden ↗Perle verkürzt.

Rosenstrauch Der Rosenstrauch symbolisiert wie die ↗Rose die Liebe, aber weniger den Tod, da sich Strauchrosen länger halten. Er verkörpert die Schönheit und die Kraft der Natur.

Rosine Meist verweisen die Rosinen auf das Besondere und auf das besonders Gute, so erklärt sich die Redensart „sich die Rosinen aus dem Kuchen picken".

Rost Symbol der Vergänglichkeit und Zeichen der Zeit. Der Rost verweist stets auf das Alter und einen „unfitten" Zustand. Rost ist aber auch schön, und seine ↗Strukturen und ↗Farben werden in der Kunst bisweilen nachgeahmt.

Rot Rot ist eine positive ↗Farbe für Lebensenergie (Feuer) und Aktivität. Rot steht für Liebe und Leidenschaft. Es symbolisiert aber auch Aggression, Zorn und

Rache. Rot ist der Krieg und rot ist auch Mars, der Gott, der ihn beherrscht. Deswegen trägt die Kriegerkaste in Indien Rot.

Rot ist der Anfang. Die Farbe, nach der alle Kinder als Erstes greifen. Aus roter Erde wurde der Mensch geschaffen. Adam kommt von „damu" – babylonisch für Blut. In ursprünglichen Kulturen werden Tote und Götterfiguren lebendig, indem sie rot angemalt werden. Dem liegt die Analogiemagie zugrunde: Rot als Farbe des Blutes kann auch so genannte tote Materie beleben.

Rot bedeutet Menstruation und Fruchtbarkeit, deswegen ist in Indien das Hochzeitskleid rot. Rot ist dort auch die Farbe der göttlichen Mutter. Rot wird in fast allen Kulturen als weibliche Farbe betrachtet.

Rot tritt oft als ein Gefahrensignal auf. Es wird bevorzugt unter allen Farben für Verbots-, Anweisungs- und Gefahrenhinweise ausgesucht. Da Rot in der Landschaft nie flächenhaft, sondern nur punktuell auftritt, setzt sich ein rotes Zeichen gut von seiner Umgebung ab.

Analytische Psychologie: Nach alchemistischer Überlieferung ist Rot die Farbe des Geistes, des Goldes und der Sonne. In der Alchemie folgt dem Weiß das Rot, der fertige Körper wird hier oft „rubinus" genannt, das heißt, Rot ist ein intensiverer Zustand als Weiß, es ist der intensivste, denn Rot ist die Farbe der Emotionalität, des ↗Blutes und des ↗Feuers. Himmels- sowie Höllenfeuer sind oft rot. Rot ist die Farbe der überwältigenden Gefühlswallungen. Deswegen sieht C. G. Jung die Farbe Rot als archetypisch für das Leben in all seinen Ausprägungen an.

Asien: Bei den Hindus stellt Rot neben der Lebensenergie die Ausdehnung dar. Der Eingang zu einem Hannuman-Tempel wird mit zinnoberrotem Pulver bestrichen, damit sein Segen sich ausdehne. Hindufrauen bestreichen als Zeichen des Ehestands ihren Scheitel rot, um ihre Fruchtbarkeit zu fördern.

Bei den Chinesen gilt Rot als Glücksfarbe.

Literatur: Der persische Dichter Nizami schreibt: Rot ist die Seele des Lebens, das Blut. Goethe hingegen lehnte Rot ab, das nach ihm nur auf Kinder und Naturmenschen eine Anziehung ausübt. „Gebildete Menschen haben eine Abneigung gegen diese Farbe", schreibt er in seiner Farbenlehre.

Ganz im Sinne des Mars tritt der „Rote Korsar", auch der „Rote Pirat" genannt, auf. Dieser Teufel der Karibik des 18. Jahrhunderts erlangte Berühmtheit durch kühne Fahrten und die Erbeutung spanischer Silberschätze. Diese Figur wurde von dem belgischen Comic-Zeichner Jean-Michel Charlier geschaffen und erschien in Deutschland erstmalig in den 1970er Jahren.

In einem zeitpolitisch gefärbten Comic traten 1994 erstmalig die „roten Strolche" auf, die nach dem Vorbild deutscher Politiker für die Satirezeitschrift „Titanic" von Achim Gräser, Heribert Lenz, Christian Schmidt und Hans Zippert gezeichnet wurden.

Kunst: Der Bauhaus-Lehrer und Maler Wassily Kandinsky betont, dass im Rot die Bewegung in sich ruht. Die zentrifugale Bewegung des Gelb und die zentripetale des Blau haben sich hier in einer inneren Bewegung ausgeglichen. Auch vom Temperaturempfinden her liegt Rot zwischen dem kalten Blau und dem warmen Gelb. Die Bezeichnung „lau" für die Temperaturempfindung bei Rot stammt von Kandinsky.

Rote Beete Rote Beete bedeuten wie viele ↗Gemüse zunächst einmal Gesundheit.

Dazu kommt aber die rote Farbe: Sie erinnern an ↗Blut und gelten als das intensivste aller Gemüse. Im der weitgehend vegetarisch ausgerichteten Küche der Hindus werden Rote Beete nicht gegessen, da sie zu sehr an Blut erinnern.
Literatur: Tom Robbins Kultroman „Pan Aroma" beginnt mit einem Kapitel über Rote Beete, die sich als Motiv heidnischer Leidenschaften durch den gesamten Roman ziehen.

Rote Riesen Rote Riesen gehören zu den Riesensternen, die auch Giganten genannt werden. Sie besitzen einen großen Durchmesser und zeigen eine große Leuchtkraft. Nach Spektralklassen unterscheidet die Astronomie zwischen Weißen, Gelben und Roten Riesen. Alle diese Riesensterne befinden sich in einem späten Stadium der Sternentwicklung. Wie die ↗Schwarzen Löcher ziehen auch die Roten Riesen mannigfaltige Projektionen an, die meist destruktiven Charakter besitzen.

Rote Rübe ↗Möhre

Rotes Kreuz ↗Kreuz

Rotkehlchen Das Rotkehlchen symbolisiert wie viele Vögel Naturnähe (↗Vogel). Da Rotkehlchen in vielen ländlichen Gegenden Europas sehr zutraulich sind, gelten sie als Freunde des Menschen und besonders des Gärtners. Das Rotkehlchen ist der Wappenvogel der englischen Gärtner.
Literatur: Der berühmte Batman hat einen jungenhaften Begleiter mit den Namen Robin („Robin" – engl. für Rotkehlchen). Er wird von Batman als sein Helfer ausgebildet. Robin macht sich später als „Nighthawk" (Falke der Nacht) selbstständig.

Rotkohl Der Rotkohl verweist auf den Winter. Steht der Aspekt der Speise im Vordergrund, symbolisiert er einfache Kost, Häuslichkeit oder Gemütlichkeit. Geht es um die Pflanze, steht er für Naturverbundenheit und gesunde Ernährung, siehe auch ↗Kohl.

Routine Routine bedeutet fehlende Kreativität. Sie kann für Geistlosigkeit im Wahrnehmen, Denken oder Fühlen, andererseits auch für Bequemlichkeit stehen, bis hin zur Automatisierung oder Erstarrung.

Rubin Der Rubin symbolisiert wegen seiner roten Farbe Leidenschaft und Liebe. In einigen Fällen verweist er auf das ↗Blut oder die Liebe. Deshalb wird er zu Heilzwecken auch zur Stärkung des Blutkreislaufs oder allgemein bei Schwäche eingesetzt. Astrologen ordnen ihn den Sternzeichen Löwe, Widder und Skorpion zu.

Rucksack Der Rucksack steht für die Last, die man mit sich herumträgt, für schweres ↗Gepäck oder für Erholung beziehungsweise für die Bewegung in der Natur.
Die Reise mit dem Rucksack lässt Sehnsüchte von der Ungebundenheit der Jugend entstehen und erinnert nicht selten an das Lebensgefühl während der eigenen Reisen mit dem Rucksack.
Zu einem modischen Accessoire ist der Rucksack erst in den letzten Jahren geworden.
Literatur: Der erste Rucksackreisende durch Nordamerika war der Autor Henry Thoreau, der die Tagebücher dieser Reisen veröffentlichte, in denen viele zukunftsweisende Ideen für den Naturschutz zu finden sind.

Ruder Das Ruder, mit dem man ein Boot steuert, ist ähnlich wie das ↗Steuerrad ein Symbol der Entschlossenheit oder auch der Macht („am Ruder sein"). Mit ihm bestimmt man die Richtung und somit das Ziel. Wenn andererseits ein Prozess nicht mehr steuerbar ist, dann „läuft er aus dem Ruder".

Ruderboot Das Ruderboot steht für Spaß, Freizeit, Sport und Kraft. Das sportliche Rudern ist anstrengend und steht für eine schwere Arbeit, für ein heftiges Bemühen. Es symbolisiert auch die Bewegung aus eigener Kraft. Da es sich um eine Fortbewegung auf dem ↗Wasser handelt, ist der Gefühlsbereich angesprochen und wie mit ihm umgegangen wird; siehe auch ↗Boot und ↗Schiff.

Rübe Symbol der Naturverbundenheit und des einfachen Lebens. Als Feldfrucht, die oft auch als Viehfutter angebaut wird, steht sie nicht in einem besonders hohen Ansehen. Die Rübe bezeichnet bisweilen den Kopf des Menschen oder einen komischen bzw. dümmlichen Menschen. Sie kann auch als sexuelles Symbol auftreten. Bei der gelben oder roten Rübe ist die Symbolik der ↗Farbe zu beachten.

Rücken Rücken ist das, was man nicht sieht. Er ist der Hinterhalt oder auch die Vergangenheit und das, von dem man sich abgekehrt hat.
Andererseits steht der Rücken auch für das ↗Rückgrat: Wenn man jemandem beisteht, dann „stärkt man ihm den Rücken".
Auf dem Rücken zu liegen, ist häufig ein Zeichen der Ohnmacht. Jemand den Rücken zuzukehren, gilt als beleidigend, deswegen mussten sich Untergebene früher rückwärts entfernen.
Sieht man eine Person nur von hinten, dann drückt dies oft Opposition und Distanz aus. Das Symbol des Rückens hängt ferner mit den Schattenseiten und der Suche nach den eigenen verborgenen Kräften zusammen.
Analytische Psychologie: Am Rücken fängt nach C. G. Jung die Sphäre des Unbewussten an. Jede magische Wirkung wie boshafte Angriffe kommen von hinten, deswegen tragen alte Völker ↗Amulette auf dem Rücken.

Rückenwind Wer Rückenwind hat, der ist vom Glück begünstigt oder hat Vorteile: Symbol für günstige Umstände.

Rückgrat Das Rückgrat hängt stets mit Aufrichtigkeit und Geradlinigkeit zusammen.
Ein gerades Rückgrat ist ein landläufiges Symbol des Selbstbewusstseins. Ein krummes Rückgrat ist meistens ein Zeichen negativer Anpassung und großer Belastung.

Rüpel Der Rüpel ist unangepasst und aggressiv, er zeigt antisoziale Tendenzen, hat auch ein gewisses Durchsetzungsvermögen. Insgesamt aber viel negativer als der ↗Rebell.

Rüssel Der Rüssel des ↗Elefanten wird gemeinhin als männliches Sexualsymbol betrachtet. Er gilt auch als Symbol für die ↗Nase.
Der Rüssel musste beim Elefanten gebildet werden, da jener im Lauf der Evolution immer größer wurde und sein Maul sich deswegen immer weiter von der Nahrung auf dem Boden entfernte. Oberlippe und Nase wuchsen sich so zum Rüssel aus. Der Rüssel ist äußerst stark und trotzdem sehr beweglich, da er aus vierzigtausend Bündeln von Längs- und Ringmuskeln besteht, welche die Röhre in jede Richtung biegen

und verlängern und verkürzen können. Mit dem Rüssel kann der Elefant sowohl Bäume entwurzeln als auch eine Erdnuss vom Boden aufheben oder sich einen Dorn aus dem Fuß ziehen, mit dem Rüssel als Schnorchel durchschwimmt er breite Gewässer. Trotz all seiner Möglichkeiten und Entwicklungen blieb der Rüssel ein sensibles Riechorgan.
Dass der Rüssel als Sexualsymbol ange sehen wird, ist nicht nur auf seine Form zurückzuführen, sondern auch darauf, dass er das Organ der Elefanten ist, mit der sie soziale Kontakte austauschen.

Rüstung Die Rüstung des ↗Ritters ist ein klassisches Symbol der Abschottung und Abpanzerung (vgl. Wilhelm Reichs Charakterpanzer). Sie verkörpert eine Distanz, die sowohl problematisch als auch sinnvoll sein kann. Die Rüstung steht häufig für einen Schutz vor (seelischen) Verletzungen.

Ruhe Ruhe bedeutet Abschalten. Sie verweist auf Stress, andererseits auf die Gefahr, aus der Bewegung des Lebens herauszutreten und sich abzuschotten („Kirchhofsruhe").
Eine auffällige Ruhe verweist öfter auf Angst vor Isolation oder auf eine Sehnsucht, sich zurückzuziehen. Wird die Ruhe als negativ erlebt, dann kann dies auch andeuten, dass es darum geht, aktiver zu werden und aufzuhören „eine ruhige Kugel zu schieben".

Ruhm Die Symbolik gleicht der von ↗Erfolg und ↗Gewinn.

Ruine Ruinen verweisen wegen des Wortanklangs auf Ruin, auch auf psychische Zerstörung und Zerrissenheit. Etwas ist zu Ende und zerfällt. Ruinen sprechen stets etwas Vergangenes an, das überholt ist. Seit der Romantik gelten Ruinen nicht nur als schrecklich, sondern auch als ästhetisch.
Die Ruine kann auch ein Zeichen für einen seelischen Neubeginn sein (aus der Ruine entsteht etwas Neues).
Psychoanalyse: Symbol des verlassenen Elternhauses.

Rum Der Rum ist in unserer Vorstellung traditionell mit der Seefahrt verbunden. Er wurde in früheren Zeiten auf den Segelschiffen nicht nur reichlich getrunken, sondern auch als Medizin verwandt. Dem Volksmund zufolge soll Rum dumm machen.

Rundfunk Der Rundfunk spricht stets unseren Grad an Informiertheit an (↗Radio). Er ist eine distanzierte, indirekte Kommunikation – und deutet vielleicht auf eine Angst vor direkter Konfrontation. Bei der Deutung ist zu beachten, welches Programm gesendet wird.

Runzeln Runzeln deuten auf Erfahrung und Alter. Häufig werden Runzeln auch mit Weisheit verbunden, allerdings auch mit Hässlichkeit. Sie sind ein Attribut der ↗Hexen.

Ruß Ruß ist das Dreckige und Schmierige, das eine ↗Reinigung notwendig macht. Er hängt meist eng mit dem ↗Rauch zusammen. Psychologisch gesehen symbolisiert er wegen seiner schwarzen Farbe meistens unseren Schatten.

Russland Russland symbolisiert einerseits Gemüt und Seele, andererseits Chaos und unendliche Weite. Für eine genauere Deutung ist es wesentlich, was in Bezug auf Russland angesprochen wird.

Rutschen Rutschen heißt nach unten zu gleiten, das kann auf jede Art von ↗Abstieg verweisen, aber auch darauf, dass man sich seinem Unbewussten annähert.
Das unkontrollierte Rutschen ist oft ein Symbol der Hingabe, das auch angstbesetzt sein kann (↗Ausrutschen und ↗Abgrund). Das kontrollierte Rutschen drückt häufig Lebensfreude aus. Jede Art des Rutschens kann auch für Haltlosigkeit stehen.

S

S Das S ist der Buchstabe des Lebens. Seine Form erinnert an das Yin-Yang-Zeichen der Taoisten, an die DNS-Helix und an die Spiralnebel im Kosmos. Der Buchstabe S wurde unter anderem von Kabbalisten als „schlangenförmiger Buchstabe der Weisheit" bezeichnet.
Das Deutsche kennt zwei S-Laute: das weiche und das harte S. Man kann sie als Symbole sehen für das Schöne im Leben und die Grausamkeiten des Lebens.
Dieser Buchstabe des Lebens besaß eine Macht, welche die Nationalsozialisten nutzten. Die SS wurde angeblich mit dem ungewöhnlichen Wort „Schutz-Staffel" benannt, damit man sie mit der doppelten germanischen S-Rune abkürzen konnte. Das S des Lebens wurde im Nationalsozialismus zum S des unbedingten Siegeswillen, zum S der Macht, was phänotypisch bereits die harte eckige Form der S-Rune ausdrückte. Ihre Gestalt steht dem sanften Schwung des gebräuchlichen S diametral entgegen.
Ein Verwandter des S ist das ß, das auch „das scharfe S" genannt wird. Das ß ist ein einzigartiger Buchstabe, den es nur im Deutschen gibt und der ein klassischer Buchstabe der alten Buchdrucker-Kunst war. ß gibt es nur in Kleinschreibung und in der Schweiz gar nicht. Dieser einzigartige Buchstabe ist vom Aussterben bedroht. Durch die neue deutsche Rechtschreibung ist sein Auftreten beschnitten worden.

Saal Als Versammlungsplatz symbolisiert der Saal den Ort, an dem man sich mitteilt und nach außen hin öffnet. Der Saal steht für Gemeinschaftsgefühl und für Kommunikation. Er kann andererseits auch den eigenen Kopf symbolisieren, mit seinem geistigen und persönlichen Fassungsvermögen.

Saat Die Saat, den Samen auf das fruchtbare Feld streuen: Ein Vorgang, der oft mit Sexualität assoziiert wird. Dann handelt es sich bei der Aussaat um ein Sexualsymbol. Allgemeiner gesehen geht es bei der Saat um Fruchtbarkeit und Wachstum. Wie im biblischen Gleichnis kommt es darauf an, auf welchen Boden die Saat fällt.
Die Saat kann wie das ↗Getreide auch auf eine romantische Sehnsucht nach dem einfachen Landleben hindeuten.
Kunst: Vincent van Goghs Bild „Der Sämann" drückt die Naturromantik dieses Symbols aus.

Sachlichkeit Sachlichkeit wird oft als Lieblosigkeit gedeutet und auf Gefühlsarmut, Kälte und Distanz bezogen.
Literatur: Thomas Mann trat der Ansicht entgegen, dass Sachlichkeit Lieblosigkeit sei. Er sieht sie als nicht schwülstige, klare Ausdrucksweise an.

Sack Symbol des Unbekannten und der Überraschungen, die das Leben bereit hält. Der Sack stellt so etwas wie die Wunder-

tüte dar. Oft verweist der Sack auf ein Geheimnis. Auf der anderen Seite deutet er auf ein Hindernis und eine Belastung hin. Säcke sind äußerst schwere Lasten, die man nur mit großer Mühe tragen kann.
Der Sack ist oft derart schwer, dass er gar nicht von der Stelle zu bewegen ist. Das verdeutlicht psychologisch gesehen eine innere Unbeweglichkeit, zu starke Belastung durch eine Bürde, die man trägt. Es ist wichtig, was in dem Sack verpackt ist.
Ferner symbolisiert der Sack den Hoden und die männliche Fruchtbarkeit.

Sackgasse Die Sackgasse symbolisiert meist eine ausweglose Situation oder einen Irrtum. Jemand weiß nicht mehr weiter, sieht keinen Ausweg.
Die Sackgasse kommt häufig als angstbesetzte Situation bei ↗Verfolgungen vor. Die positive Reaktion in diesem Fall ist die Umkehr, das Lernen aus alten Fehlern.

Sadismus Der Sadismus drückt die Lust am Schmerz anderer aus. Seit Marquis de Sade, der dem Sadismus seinen Namen gab, wird der Sadismus auf den sexuellen Bereich bezogen. Im Sadismus wird die Opfer-Täter-Beziehung erotisiert und die Verbindung zwischen beiden betont.
In den Romanen des Marquis de Sade, die Horkheimer und Adorno als Entmythologisierung aller abendländischen sexuellen Tabus ansehen, führt die materialistische Betrachtung des Körpers zu der Auffassung, dass der Tod die größte sexuelle Lust darstellt. Mit seinen ausführlichen Schilderungen sexueller Folter wendet sich de Sade gegen die romantische Auffassung der Sexualität, wie sie in Anlehnung an J.-J. Rousseau von seinen Zeitgenossen vertreten wurde.
Wenn auch der Begriff Sadismus im engeren Sinn eine krankhafte Eigenschaft bezeichnet, so wird er heute landläufig im nicht medizinischen Sinn gebraucht, um eine gewohnheitsmäßige Tendenz zur Aggression gegenüber anderen Menschen auszudrücken. Siehe ↗Grausamkeit.
Psychoanalyse: Im tiefenpsychologischen Sinn wird der Sadismus im Zusammenhang mit dem ↗Masochismus gesehen. S. Freud war der erste, der aufzeigte, dass sadistische und masochistische Tendenzen in der gleichen Person oft zugleich auftreten.
Literatur: In den Klassikern der sadomasochistischen Literatur wie zum Beispiel Pauline Réages „Die Geschichte der O“ wird der Sexualgenuss stets als Mischung von Lust und Schmerz beschrieben.

Säbel Der Säbel ist ein altes Macht- und Statussymbol. Es ist nicht zu übersehen, dass dem Säbel stets etwas Theatralisches anhaftet. Wichtig ist, ob der Säbel im Kampf als ↗Waffe benutzt, als Dekoration getragen wird oder an der Wand hängt.
Psychoanalyse: Männliches Sexualsymbol nach S. Freud, wie alle Waffen, die in den Körper eindringen.

Säen ↗Saat

Säge Die Säge zeigt, dass etwas Einschneidendes geschieht. Die Säge zerlegt das Grobe in die feineren Teile. Sie ist ein bekanntes Symbol der Unterscheidung (Analyse) und der geistigen Arbeit. Oft geht es bei diesem Symbol um den Willen, der zum Erfolg verhilft. Die Säge kann auch auf Stress hinweisen, deswegen sprechen wir von der „Nervensäge“. Siehe auch Werkzeug.
Psychoanalyse: Sägen als rhythmischer Vorgang kann auf die Sexualität weisen.

Säugetiere Über die allgemeine Symbolik von ↗Tiere hinaus verweisen Säugetiere manchmal auf die Tendenz, andere auszusaugen (↗Vampir), oder auf das Gefühl, von anderen ausgesaugt zu werden. Es sind die Tiere, zu denen auch der Mensch gehört, und somit kann auch das Tier als Bruder oder Schwester des Menschen angesprochen sein. Animalische Triebkräfte werden oft durch Säugetiere symbolisiert.

Säugling ↗Baby

Säule Symbol der Unterstützung und Hilfe wie der ↗Pfeiler. Es wird die Tragfähigkeit angesprochen und die Sicherheit. Säulen können Pomp und „alte Herrlichkeit" ausdrücken. Es ist zu beachten, was die Säule trägt und wo sie sich befindet.
In der Magie geht man davon aus, dass es vor Salomos Tor im Tempel zwei Säulen gebe, die Jakin und Bohas heißen. Diese beiden Säulen symbolisieren Vernunft und Gefühl, die eine Säule ist weiß, die andere schwarz.
Psychoanalyse: Nach S. Freud der Penis oder andererseits auch eine Elternfigur, die einen stützt.

Säure Die Säure ist wie die meisten Begriffe aus der ↗Chemie fast immer etwas Negatives: Sie ist das Scharfe, Ätzende, das etwas (im Inneren) zerfrisst. Säure kann auch mit „sauer sein" und schlechter Laune zusammenhängen

Safran Safran bedeutet immer noch Orient, obwohl siebzig Prozent der Safranernte heute aus Spanien kommt, aber auch der Safran aus Persien und Kaschmir ist beliebt.
Safran ist das Wertvolle. Er ist das teuerste Gewürz, das es gibt. Anbau wie Pflücken des Safran sind arbeitsintensiv. Sein Stempel ist knallrot und enthält das begehrte Safran. Die Stempel werden getrocknet und auf Schnüre aufgereiht verkauft. Sie verlieren beim Trocknen 4/5 ihres Gewichtes. Jede Feuchtigkeit würde den Stempel ruinieren. Einträglicher ist es, das feine gelbe Pulver, den Safran selbst zu verkaufen, der aus den getrockneten Stempeln gemahlen wird. Bei der Deutung des Safrans ist auch seine Farbe, das ↗Gelb, zu beachten.
Antike: Safran ist im Gebrauch seit Tausenden von Jahren, als ein Heilmittel gegen fast jede Krankheit, als Aphrodisiakum und als beliebtes Mittel gegen den Kater. Der Safran wird schon 7000 v. Chr. auf ägyptischen Bildern dargestellt. Homer, Plinius der Ältere und Vergil erwähnen Safran.

Saft Symbol der Nahrung, der Freude und der Gesundheit – Letzteres deswegen, weil alkoholfreie Säfte als gesunde Getränke gelten.
Saft hängt meistens mit Leben und Kraft („Saft und Kraft") zusammen. Saft heißt Stärke und Jugend und ist bisweilen ein Symbol der Attraktivität.

Sahne Sahne bedeutet üppige Nahrung und Genuss des Süßen. Sie ist ein Symbol des besonders Feinen und des Wertvollen, das man „absahnt". Die Sahne kann auch auf den negativen Aspekt kalorienreicher Nahrung hinweisen.

Saite Die Saite bei Musikinstrumenten symbolisiert sowohl Spannung als auch Harmonie. Bei der Saite kommt es auf die richtige Stimmung an und darauf, dass man die richtigen „Saiten anschlägt".

Saiteninstrument Wie bei allen Musikinstrumenten wird auch bei Saiteninstru-

menten wie ↗Cello, ↗Flügel, ↗Geige, ↗Gitarre, ↗Harfe, ↗Klavier, ↗Kontrabass und ↗Violine die Harmonie angesprochen. Allerdings wird bei den Saiteninstrumenten betont, dass zur Harmonie die rechte Spannung gehört. Bei zu großer oder zu geringer Spannung kommt es zu Misstönen.
Psychoanalyse: Viele Saiteninstrumente können als der Körper der Frau angesehen werden.

Salamander Der Salamander ist ein magisches ↗Tier. Er steht ähnlich wie die ↗Schlange für das Tierische, das dem Menschen fern steht, ihn aber dennoch fasziniert.
Antike u. Mittelalter: Man war in der Antike davon überzeugt, der Salamander könne im Feuer leben oder sich im Feuer verjüngen. Deshalb symbolisiert der Salamander bis ins Mittelalter das Feuer und gilt auch als der Feuergeist, dem seltsamerweise auch zugetraut wird, ein Feuer zu löschen.
Literatur: Im Werbecomic der deutschen Schuhfirma Salamander trat die Eidechse Lurchi auf. Der Schuhfabrikant Rudolf Moos ließ 1899 das Bild des Salamanders und den Namen patentieren. 1937 erschien das erste Salamander-Heft, in dem Lurchi menschenartig dargestellt wurde. Der Salamander wurde als schlau, entschlossen bis rabiat dargestellt. Alle Abenteuer überlebte er mit Bravour.

Salat Der Salat ist das meist gegessene grüne ↗Gemüse in Europa. Er steht für Frische in der Ernährung, man glaubt, er sei besonders vitaminreich und gesund, was er meist nicht ist.
Der Salat wird allerdings auch auf ein Durcheinander bezogen. So sagt man umgangssprachlich: „Da haben wir den Salat!". Auch in Wendungen wie „Kabelsalat", „Wellensalat" oder „Bandsalat" bezeichnet er das Ungeordnete, Gemischte.

Salbe Medizinische Salben bedeuten Linderung, zum Beispiel von Hautproblemen; im übertragenen Sinne auch von psychischen Verletzungen. Daneben werden Salben aller Art in sehr vielen Religionen ähnlich wie ↗Öl auch zu rituellen Zwecken eingesetzt: Der Gesalbte ist der erhöhte Mensch, auf den durch die Salbung irgendwelche Kräfte übergegangen sind.
Bei dem Symbol schwingt auch eine sinnlich-erotische Bedeutung mit wie bei ↗Creme und ↗Haut.

Salbei Salbei wird sowohl als ↗Gewürz in der Küche als auch zu Heilzwecken eingesetzt, vor allem bei Halsbeschwerden und Erkältungszuständen. In ihm drückt sich also die heilende Kraft der Natur aus. Er wird mit Sonne und häufig auch mit den Mittelmeergebieten assoziiert.

Salz Salz ist zunächst einmal das Würzmittel schlechthin, was salzlos ist, ist fade. Salz symbolisiert auch Schärfe („Salz in die Wunde streuen"). Der Aspekt, dass Salz sehr wertvoll war, ist heute völlig verblasst.
Christentum: „Ihr seid das Salz der Erde", sagt Jesus in der Bergpredigt (Matth 5.13) und meint damit, dass seine Anhänger wie das reinigende und konservierende Salz die Welt vor dem Verfall retten sollen.
Mittelalter: In der Alchemie spielte das Salz eine hervorragende Rolle. Das Salz ist hier das Feste, es symbolisiert den Körper und die Notwendigkeit. Es ist das, was dem Feuer widersteht. Es ist aber zugleich des Gefängnis des Flüchtigen, also des

Geistes. In der komplexen alchemistischen Metallsymbolik wird das Salz wiederum vom ↗Blei symbolisiert.

Samen Symbol der (psychischen) Energie, der Kreativität und Fruchtbarkeit in jeder Hinsicht – ähnlich wie die ↗Saat. Ein Samenkorn ist das Kleine, das groß wird. Es steht auch für die Essenz einer Angelegenheit oder Sache.

Samstag ↗Wochentage

Samt Der weiche, anschmiegsame Samt und die ↗Seide sind ein Symbol für Luxus und Sinnlichkeit. Wichtig ist die Symbolik seiner ↗Farbe und in welchem Zusammenhang der Samt auftritt.
Psychoanalyse: Nach S. Freud ist der Samt ein Symbol des Schamhaars (wie bei ↗Fell) und der Geschlechtlichkeit.

Sanatorium Das Sanatorium ist der Ort der Gesundung. Es symbolisiert ferner die Isolation von der übrigen Welt und somit die Gegenwelt und die eigene Welt des Rückzugs.
Der Begriff Sanatorium wird in Deutschland erst um 1900 gebräuchlich und bezeichnet zunächst speziell Anstalten zur Behandlung von Lungenkrankheiten wie Tuberkulose; er dient daneben auch als Umschreibung für eine psychiatrische Anstalt.
Literatur: In Thomas Manns Roman „Der Zauberberg“ ist das Sanatorium der Ort der intellektuellen Kommunikation. Das dort beschriebene Sanatorium war das Waldsanatorium Dr. Jessen in Davos, das 1957 ins Waldhotel Bellevue umgewandelt wurde. Thomas Mann hatte dieses Sanatorium 1912 kennen gelernt, als seine Frau dort wegen eines Lungenspitzenkatarrhs Heilung suchte.

Sand Sand ist durch Wind, Regen, Frost und Wasser zermahlenes Gestein. Er verweist auf die Zerlegung eines größeren Ganzen in seine feinen Bestandteile. Ferner verweist der Sand auf das Element ↗Erde und damit auf die Erdung, die im Sand allerdings gefährdet ist; denn wer „auf Sand baut“, der baut auf unsicherem Terrain. Im Sand kann man stecken bleiben und versinken.
Heute nicht mehr so bedeutsam ist der Aspekt, dass sandiger Boden unfruchtbarer Boden ist. Heute denkt man bei Sand eher an den Sand, durch welchen sich ein schöner Strand auszeichnet, also an Ferien und Ausspannen.
Sand symbolisiert außerdem Zeit und Vergänglichkeit (↗Sanduhr). Wenn man jemandem „Sand in die Augen streut“, so will man ihn täuschen, als „Sand im Getriebe“ ist der Sand das Störende. Der Sandmann allerdings streut den Menschen auch Sand in die Augen, freilich um sie in den erholsamen Schlaf zu geleiten.
Psychoanalyse: Vater- oder Muttersymbol.
Literatur: In den Geschichten von „Tausendundeine Nacht“ kommt der Sandzauber vor. Die Form des geworfenen Sands deutet auf die Zukunft, so beispielsweise in der Geschichte von Zain El Aznam.

Sandkasten Der Sandkasten verweist auf das kindliche Spiel und darauf, dass man dort die Realität simulieren kann; die Sandkasten-Spiele, die das Militär zu Planungszwecken spielt, sind allerdings sehr ernste Spiele.

Sanduhr Die Sanduhr ist ein Sinnbild der verrinnenden ↗Zeit, das im Barock sehr beliebt war: Die Sanduhr sagte damals sowohl „nutze den Tag“ als auch „denke an den Tod“. Heute finden wir die

Sanduhr auf dem Computerbildschirm wieder, dort bittet sie um Geduld, wenn der Rechner etwas Zeit braucht. Allgemeines bei ↗Uhr.

Sanitäter Sanitäter bedeutet ursprünglich Heilsbringer. Ein Sanitäter kann jede Kraft verkörpern, die Heilung bringt. Die Symbolik ähnelt der von ↗Krankenpfleger oder ↗Krankenschwester. Zu beachten ist aber, das der Begriff Sanitäter hauptsächlich im militärischen Bereich oder im Notall- und Rettungswesen benutzt wird.

Santa Claus ↗Weihnachtsmann

Sardine Die Sardine als ↗Fisch verkörpert die freie Beweglichkeit in ihrem Element, dem ↗Wasser, also dem Gefühl. Da sie im Schwarm auftritt, wird mit ihr stets Enge assoziiert – „sich fühlen wie die Öl-Sardinen" ist sprichwörtlich, weil wir die Sardinen meist nur eng gepresst in einer Ölsardinenbüchse kennen lernen. Oft wecken Sardinen die Sehnsucht nach dem Süden, rufen Ferienerinnerungen wach oder Gedanken an ein einfaches Leben.
Literatur: In John Steinbecks „Die Straße der Ölsardinen" (1945) sind die Konservenfabriken und somit auch die Sardinen mit Armut und Außenseitern verbunden.

Sarg Sarg bedeutet Tod. Er symbolisiert die Rückkehr in den Mutterschoß der Erde. Manchmal steht er auch für Enge und Eingesperrtsein. Ansonsten ist der Sarg ein Symbol der Passivität und Ruhe. Weiteres bei ↗Beerdigung und ↗Grab.
Psychoanalyse: Symbol des Elternhauses.
Asien: Im Fernen Osten wurden die Toten häufig in Särgen begraben, die ein ↗Schlangen- oder ↗Drachenmotiv aufwiesen. Damit sollte betont werden, dass die Toten ins Innere des mystischen Tiers zurückkehren und damit zugleich den Gang zu den Ahnen antreten.
Literatur: Im Märchen „Schneewittchen" kommt der gläserne Sarg vor, der die Abgeschlossenheit des normalen Holzsargs relativiert und aus dem Schneewittchen wieder aufersteht.

Sarkophag ↗Sarg

Satan ↗Teufel

Sattel Der Sattel ist ein verbreitetes Symbol für das Reiten und den Reitsport. Er bedeutet eine feste Stellung und Etabliertheit („fest im Sattel sitzen") und kann wie alle Symbole, die mit dem ↗Reiten in Verbindung gebracht werden, auch auf Sexualität verweisen.
Außerdem kann der Sattel als Symbol für den „Wilden Westen" stehen. Nicht umsonst nannte die Firma Diesel eine Jeans „Saddle".

Saturn Der Saturn wird bezeichnenderweise der „Hüter der Schwelle" genannt. Er ist derjenige, der die Möglichkeiten auf das Notwendige hinab schneidet, oft also ein störend empfundener Faktor. Saturn wird von den Astrologen psychosomatisch als Strukturgeber mit dem Knochenbau verbunden.

Satyr ↗Fabeltier, ↗Werwolf

Sauna Die Sauna verweist auf Reinigung (wie auch ↗Bad und ↗Dusche). Ursprünglich als typisch für nördliche Länder wie Finnland angesehen, symbolisiert sie heute auch bei uns einen Lebensstil, der von der Suche nach Entspannung und Gesundheit geprägt ist; daneben auch Offenheit und Erotik.

Sauer Das Saure ist in der Regel das, was dem Süßen entgegengesetzt. Wer „sauer" ist, der hat schlechte Laune, ist verärgert. Die Redensart „sauer macht lustig" ist nur zu verstehen, wenn man weiß, dass sie eigentlich sagen will, dass saure Speisen angeblich die Lust aufs Essen anregen. Sauer bedeutet auch Enge, da es eine zusammenziehende Wirkung aufweist, siehe auch ↗Säure.
Christentum: Der Gegensatz zwischen dem süßen und dem sauren Leben taucht schon in der Bibel auf, wo es heißt, dass die Ägypter den Israeliten „das Leben sauer machten" (Ex 1.14).

Sauerkraut In englischsprachigen Ländern ist das Sauerkraut ein Symbol für die Deutschen, die als „Krauts" bezeichnet werden. Es steht weiterhin für eine gesunde Ernährung; in der Schifffahrt war es ein beliebtes Mittel, um sich gegen Skorbut zu schützen.

Sauerteig Der Sauerteig, der das Brot gären lässt, symbolisiert ein Hilfsmittel, das Fülle und Zugewinn bringt.
Christentum: In der Bibel taucht der Sauerteig im positiven und im negativen Sinne auf: Jesus vergleicht einerseits das Himmelreich mit einem Sauerteig (Matth 13.33), warnt aber andererseits vor der Lehre der Pharisäer, die alles durchdringt und zersetzt wie ein Sauerteig (Matth 16.6).

Saxophon Das Saxophon ist ein in der klassischen Musik eher unbekanntes ↗Blasinstrument. Es symbolisiert speziell den Ausdruck tiefer Gefühle und Kreativität, da mit dem Saxophon oft improvisiert wird, und steht außerdem für Jazz und die meist schwarze Musik.

S-Bahn Die S-Bahn gehört zur Großstadt. Sie bedeutet kollektive Bewegung wie die ↗Straßenbahn.

Schabe Schaben sind Ekelsymbole, werden mit Unsauberkeit in Verbindung gebracht. Wie alles ↗Ungeziefer verkörpern sie psychologisch gesehen den Schatten und negative Gedanken und Einstellungen.

Schach Schach symbolisiert den Kampf der weißen (bejahenden) und der schwarzen (verneinenden) Kräfte, auch innerer Kräfte. Die Schachfigur ist das Objekt, das von irgendwelchen mächtigeren Kräften beliebig verschoben werden kann.
Schach ist das Spiel der Denker, und wird auch schon einmal mit dem Wahnsinn verbunden. Ferner ist Schach ein „Feldherrenspiel", das eine aggressive, taktische und berechnende Seite hat.
Literatur: In der „Schachnovelle" (1941) von Stefan Zweig wird die eigene, abgeschlossene Welt des Schachspielers geschildert, der geistig versucht, über die eigene Isolierung hinauszugehen, indem er zwei Perspektiven vereinigt: Spieler und Gegner.

Schacht Der enge, dunkle Schacht im Bergwerk führt tief in die Erde hinein. Schacht bedeutet generell Enge und Gefahr. Für den Psychologen kann der Schacht das Unbewusste symbolisieren, den Abstieg ins Reich der Mütter (Faust) und der Vergangenheit. Er verweist auf das eigene Dunkle, aus dem die Schätze gefördert werden.
Psychoanalyse: Vaginales Symbol nach S. Freud.

Schachtel Eine Schachtel birgt fast immer ein Geheimnis. Ferner wird der Begriff Schachtel auch in beleidigender Weise für eine Frau benutzt.
Wichtig für die Deutung ist, was sich in der Schachtel befindet, wie auch ihre Form und ↗Farbe.
Psychoanalyse: Für die Psychoanalyse ist die Schachtel so zu deuten wie ein ↗Gefäß.

Schädel Der Schädel symbolisiert die Vergänglichkeit des Körpers, weswegen wir ihn häufig auf Grabsteinen abgebildet finden. Er erinnert an den Tod und den Sinn des Lebens. Dieses Symbol verweist bisweilen auf das Gefühl der geistigen Leere. Auf der anderen Seite wird mit dem Schädel auch die ↗Struktur und die Essenz des Geistigen und letztendlich des Lebens angesprochen.
Der Schädel ist ferner ein Schutzsymbol für das ↗Gehirn und somit für die Individualität und Lebenskraft des Menschen. Die Phrenologen des 19. Jahrhunderts waren der Ansicht, dass die Gestalt des Schädels der Schlüssel zum Verständnis des Fühlens und Denkens eines Menschen ist. Daran anschließend wurde die Schädelform im Nationalsozialismus studiert, um charakterliche und rassistische Eigenschaften zu erkennen.
Literatur: In „Hamlet" („Sein oder nicht sein …") ist Yoricks Schädel ein Todessymbol.

Schädlinge ↗Ungeziefer

Schaf Symbol der Geduld oder der Dummheit. Das Schaf verkörpert Hingabe und Unschuld. Es tritt auch als Symbol des ↗Schlafs auf – wegen seiner angeblichen Unbewusstheit.
Die ↗Wolle der Schafe verweist auf Wärme, Schutz und Anlehnungsbedürfnis (Kuschelwolle). Siehe auch ↗Lamm und ↗Widder.
Wie viele Tiere wird das Schaf heute im Comic und in Bilderbüchern verkitscht zum niedlichen Schäfchen.
Literatur: Äsop schrieb die Fabel von den törichten Schafen. Seit dieser Zeit gilt in der Symbolik das Schaf als Bild der Dummheit. Das Christentum versuchte diese Symbolik ins Positive zu wenden: Christus ist der Hirt der ihm treu ergebenen Gemeinde.

Schaffner Kontroll- und Ordnungssymbol. Der Schaffner ist die Person, die ständig unterwegs ist.

Schakal Der Schakal symbolisiert fast immer, dass etwas absterben muss. Er ist ein klassisches Schattensymbol, das auf Falschheit und Hinterhältigkeit deutet.

Schal Wärme und Schutz, seltener als modisches Kleidungsstück Ausdruck einer bestimmten Individualität. Da der Schal um den ↗Hals geschlungen wird, kann er nicht nur wärmen, sondern auch würgen.

Schale (biologisch) Die Schale stellt ähnlich wie der ↗Panzer ein bekanntes Symbol des Äußeren dar: Die harte Schale, die einen weichen Kern schützt. Sich „in Schale werfen" heißt ja auch, dass man sich für eine bestimmte Gelegenheit besonders anzieht, also äußerlich fein macht. Sie verweist häufig auf Starrheit, Isolation und Verschlossenheit, wenn sie hart ist, auf Oberflächlichkeit, wenn sie weich ist.
Analytische Psychologie: Die Schale symbolisiert stets die Persona, also das Bild, dass wir der Öffentlichkeit von uns präsentieren.

Schale (Gefäß) Die Schale ist nicht nur tiefenpsychologisch gedeutet ein Symbol der Weiblichkeit (↗Gefäß), ähnlich wie das ↗Schiff und der liegende halbe Mond, denen die Schale ja auch äußerlich gleicht. Die Schale symbolisiert Offenheit und Hingabe, wenn sie gefüllt ist öfter auch Überfluss. Wichtig ist, was sich in der Schale befindet.
Asien: Für den chinesischen Zen-Meister Tokusan symbolisiert die Schale die Leere. Die Schale verdeutlicht in seiner Lehre, dass Form Leere ist.
Christentum: Die „Schalen des Zornes Gottes" stammen aus der Apokalypse des Johannes (Apk 15.7 u. 16.1): Vor dem Weltende werden Engel diese Schalen ausgießen und der Zorn Gottes wird sich über die schlechten Menschen ergießen. Auch hier symbolisieren die vollen Schalen letztlich Überfluss.

Schalter Ein Schalter, wie zum Beispiel ein Lichtschalter, gibt die Kontrolle und Herrschaft über den Energiefluss (↗Strom). Er verweist auf (Lebens-)Energien. Man hat es in der Hand, Dinge oder Stimmungen zu regulieren und umzuschalten.
Der Bank- oder Postschalter steht für Warten und Anstehen, also für Geduld.

Scham Die Scham hängt mit den Normen der jeweiligen Gesellschaft zusammen, mit dem Über-Ich. Vielfach hängt Scham mit ↗Nacktheit zusammen.
Das Schämen ist oft Ausdruck eines schlechten Gewissens, andererseits aber auch möglicherweise ein Hinweis darauf, dass es jemandem an der nötigen Schamlosigkeit fehlt. Meistens möchte diese Situation dazu ermuntern, schamloser zu werden.
Literatur: In der Frauenbewegung vor etwa dreißig Jahren war die Überwindung der Scham ein wesentliches Thema, das in dem Buch „Die Scham ist vorbei" (1978) von Anja Meulenbelt aufgegriffen wurde.

Schamane Ein Schamane symbolisiert den Kontakt zu der Welt der ↗Geister und jener der ↗Drogen. Er hat die Aufgabe, die Gesellschaft, in der er lebt, in spiritueller Weise zu begleiten.
Schamanen treten in Europa und Asien auf.
Philosophie: Rationalisten und Aufklärer sahen in den Schamanen Betrüger und Gaukler, die sich für Taschenspielertricks und Theater bezahlen lassen.

Schamhaar Das Schamhaar ist das versteckte ↗Haar. Es ist das besonders mächtige Haar, da es an der Quelle der sexuellen Macht wächst.
Das Rasieren des Schamhaars drückt allerdings im Gegensatz zum Abschneiden des Haupthaares eine sexuelle Macht und Ausstrahlung aus. In den meisten Kulturen wird es als ein Zeichen sexueller Reife – speziell bei der Frau – angesehen. Allerdings wird es in der europäischen Kultur auch bisweilen als Zeichen des Mädchenhaften gedeutet.
Kunst: Interessant ist die Darstellung der weiblichen Schamhaare in der bildenden Kunst. Modigliani und Picasso waren die ersten Maler, die weibliche Schamhaare malten. Zuvor wurden Frauen stets ohne Schamhaare dargestellt. Man erzählt, dass der Kunstkritiker und Maler John Ruskin in seiner Hochzeitsnacht derart schockiert war, dass seine junge Braut Schamhaare besaß, dass er impotent war.
Auch in der frühen Fotografie wurden, falls die Modelle Schamhaare trugen, diese retuschiert. Haare im Genitalbereich galten als männlich und völlig unweiblich und unerotisch.

Schatten Der Schatten ist das Dunkle, das man normalerweise überhaupt nicht bemerkt.

Wird der Schatten sichtbar, ist dies bereits ein wichtiger Erkenntnisfortschritt. Man beginnt bewusst die „dunkle“ Seite wahrzunehmen. Die dunklen Stellen können auch Schutz bieten, nicht nur vor der Mittagshitze; im Schatten kann man sich auch verstecken, er gleicht insofern dem ↗Zwielicht.

Wer „im Schatten steht“ oder gar „in den Schatten gestellt“ wird, der möchte mehr darstellen und angesehener sein. Wenn das Licht das Positive ist, dann muss man sich vor dem Schatten hüten: So wollte der einflussreiche Architekt Leon Battista Alberti im 15. Jahrhundert alles Dunkle und jeden Schatten aus seinen Werken verbannen, da der Schatten in der Architektur die Melancholie fördere.

Dem Schatten fehlt ferner die Leiblichkeit. So glaubten die Griechen, im Hades lebe man nur als ein Schatten weiter; und wem es sehr schlecht geht, der ist – so sagt man – „nur ein Schatten seiner selbst“

Analytische Psychologie: Besonders in der analytischen Psychologie nach C. G. Jung spielt der Schatten eine herausragende Rolle. Nach Jung bildet sich fast in jedem Traum unser Schatten ab.

Der Schatten ist stets die „inferiore“, das heißt, die unentwickelte und wenig differenzierte Eigenschaft. Er stellt eine mächtige Kraft dar. Ein Häuptling verliert beispielsweise sein Mana (seine charismatische Kraft), wenn man auf seinen Schatten tritt. In den südlichen Ländern Europas gilt der Mittag als Geisterstunde, da sich der Schatten dann ganz klein zurückzieht. Da lauert die Furcht, er könnte verschwinden, und damit würde nach C. G. Jung die Seele und die Beziehung zur Erde aufgelöst werden.

Der Schatten ist also diejenige Seite, die abgelehnt wird, da sie nicht in das Selbstbild passt. Jeder kühne Wunsch, den man sich nicht zugesteht, wird zur Bedrohung – er wird zum Schatten und erscheint in Fantasien.

Der Schatten tritt fast immer als Person auf, die das gleiche Geschlecht hat. Vor dieser Person fürchtet man sich, obwohl sie eigentlich Kontakt sucht. Sie stellt das Abgelehnte dar, das schon wegen der Vollständigkeit der Persönlichkeit aufgenommen werden möchte. Der Schatten zeigt also immer auf, was im Leben nicht gelebt wird. Unsere Psyche ist ständig um Vollständigkeit bemüht. Auch im Alltagsleben schaffen wir Schattenfiguren, nämlich jene Menschen, die wir stark ablehnen. Ein gutes Beispiel dafür stellt Sofia, die Frau des russischen Dichters Leo N. Tolstoj dar, die einige Bewunderer ihres Mannes als „die Dunklen“ bezeichnete. Damit bezeichnete sie Menschen ohne die entsprechenden Umgangsformen und politisch Radikale.

Literatur: Adalbert von Chamisso stellt 1814 in „Peter Schlemihls wundersame Geschichte“ die Leiden dessen dar, der ohne seinen Schatten leben muss.

Schatz Der Schatz ist Ziel der Sehnsucht zahlreicher Schatzsucher, die nicht nur zahlreiche Jugendbücher bevölkern. Die Aussicht auf einen plötzlichen großen ↗Gewinn verbindet die Schatzsuche mit der ↗Lotterie, wobei bei der Schatzsuche allerdings mehr Arbeit investiert werden muss.

Kostbar wie der Schatz ist auch eine geliebte Person, Schatz oder Schätzchen ist vielleicht der beliebteste Kosename überhaupt.

Psychologisch gesehen hängt der Schatz, der aus der Tiefe ans Tageslicht befördert

werden muss, mit Inhalten des Unbewussten zusammen. Diese Symbolik sagt, dass in den Tiefen des Unbewussten etwas Wertvolles ruht, das noch unbekannt ist. Der Schatz symbolisiert fast immer alte oder vergessene Fähigkeiten, die nun wieder aktiviert werden sollen. Er zeigt das Ziel der Suche an und stellt den Ausgangspunkt oder den Hintergrund persönlicher Bestrebungen dar.
Psychoanalyse: Nach S. Freud ist der Schatz immer ein Symbol der geliebten Person.
Literatur: Bekannt ist das Jugendbuch von Karl May „Der Schatz im Silbersee“, das eine Abenteuerstimmung mit dem Schatz verknüpft.

Schauer ↗Regen

Schaufel Die Schaufel verweist auf körperliche Arbeit, zum Beispiel am Bau. Psychologisch gesehen wird mit der Schaufel etwas Verdrängtes hervor geholt. Etwas wird freigeschaufelt, man sollte sich an etwas erinnern. Arbeit ist nötig.

Schaukel Symbol der Schwankungen, des Auf und Ab (des Lebens). Dieses Symbol birgt oftmals einen Hinweis auf Launen, die entweder zu sehr ausgelebt oder zu sehr zurückgehalten werden. Die Schaukel tritt auch als ein Symbol des Lebensrhythmus auf (vgl. zum Beispiel menschlicher Biorhythmus und Menstruation). Die Schaukel kann ferner auf Kindheitserinnerungen verweisen und ist häufig als ein sexuelles Symbol zu deuten – besonders wenn eine Frau auf der Schaukel sitzt.
Daneben symbolisiert die Schaukel Freude und Überwindung der Schwere (Schwerkraft).
Die Redensart „Eine Sache schaukeln“ erklärt sich daraus, dass man Kinder in ihrer Wiege geschaukelt hat; die Sache war geschaukelt, wenn das Kind einschlief.

Schaum Schaum ist etwas Flüchtiges, das leicht zerfällt – wie der schöne Schein. Der Schaum verweist als altes Venussymbol (Venus ist in der griechischen Mythologie die Schaumgeborene) auf Schönheit und Harmonie. Die Verbindung von ↗Wasser und ↗Luft als die Verschmelzung von Gefühl und Geist stellt ein altes Erlösungssymbol dar. In diesem Symbol können andererseits auch unrealistische Ideen und Pläne angesprochen werden. Ein „Schaumschläger“ ist einer, der übertreibt.
Schaum kann auch mit Reinigung assoziiert werden, da viele Wasch- und Reinigungsmittel mit Schaum arbeiten, und zu einem entspannenden Bad gehört ein Schaumbad.
Daneben gibt es den Schaumstoff, der etwas Weiches, Nachgiebiges hat und vielfach wie die ↗Matratze mit Ruhe und Bequemlichkeit zusammenhängt.

Schaumfestiger Der Schaumfestiger ist ein Symbol der weiblichen Attraktivität. Dahinter steht das Urbild, wie Venus aus dem Schaum geboren zu werden. Aber er drückt auch Verhärtungen aus und ist ein Persona-Symbol.

Schaumwein ↗Sekt

Schauspiel Das Schauspiel, das auf dem ↗Theater gezeigt wird, ist ein dramatisiertes Abbild des Lebens.
Es deutet auf Übertreibungen und auf eine künstliche, andererseits auch künstlerische Welt. Theater ist Exzentrizität, es verweist häufig auf das freie, aber unsichere Leben, in dem große Gefühle eine wichtige Rolle spielen.

Im Traum tritt das Schauspiel meistens als Lehrstück auf. Was jemand im Stück sieht, reflektiert oft einen bestimmten Lebensabschnitt. Wie in der griechischen Tragödie – nach Aristoteles – kann ein Schauspiel im Traum höhere Einsichten und Zusammenhänge vermitteln und die Gefühle durch die Katharsis reinigen.

Schauspieler Der Schauspieler ist einerseits derjenige, der sich verstellt. Andererseits ist er auch der, der bei seinem ↗Auftritt im Mittelpunkt der Bewunderung steht. Der Schauspieler oder die Schauspielerin sind die Menschen, die ihre Gefühle stellvertretend für andere ausleben.
Analytische Psychologie: Der Schauspieler ist ein klassisches Symbol der Persona.
Literatur: Ein großes schauspielerisches Talent besaß Charles Dickens, der seine ↗Lesungen schauspielerisch untermalte. Er trat auch öfter als Schauspieler auf. Seinen großen Erfolg auf der Bühne hatte er 1857 in dem Stück „The Frozen Deep". Dickens setzte sein Talent ein, um andere emotional zu packen und durch diese Emotionen seine Inhalte zu vermitteln.

Scheck Der Scheck ist ein Symbol der eigenen Möglichkeiten und des Umgangs mit den eigenen Energien (↗Geld). Beim Scheck hängt die Bedeutung weitgehend davon ab, ob er gedeckt ist oder nicht.

Scheckkarte ↗Kreditkarte

Scheibe Die runde Scheibe weist die gleiche Bedeutung wie alle ↗runden Symbole auf und lässt sich letztendlich auf Weiblichkeit und Sonne zurückführen.
Für lange Zeit galt die Scheibe als ein Symbol unserer Erde. Die Anhänger der „Flat Earth Theory" sehen noch heute die Erde als Scheibe.
Im Tarot werden die Scheiben wie die Münzen betrachtet und stehen für unsere Erdung.
Die Symbolik der Glasscheibe folgt aus der Symbolik von ↗Glas.

Scheide ↗Vagina

Scheidung „Scheiden tut weh", heißt es in mehreren alten deutschen Volksliedern. Scheidung bedeutet die Unterscheidung von mein und dein, was mit mehr Eigenständigkeit, aber auch Einsamkeit verbunden sein kann. Der Scheideweg ist der Weg, der eine Entscheidung fordert. Er kommt seit der antiken Parabel „Herkules am Scheideweg" im gesamten europäischen Raum immer wieder vor.

Scheinwerfer Wer im Scheinwerfer steht, auf den konzentriert sich die Aufmerksamkeit. Der Scheinwerfer beleuchtet nur einen Ausschnitt, den aber scharf. Er ist wie alles, was mit ↗Licht zu tun hat, ein Bewusstseinssymbol. Suchscheinwerfer lassen aber auch Gefängnis, Krieg und Notsituationen assoziieren.

Scheiße ↗Kot

Scheitel Scheitel bedeutet das, was ganz oben ist. So sprechen wir vom Scheitelpunkt des Erfolgs oder charakterisieren oben und unten beim Menschen, indem wir „vom Scheitel bis zur Sohle" sagen. Wenn auch der Scheitel der höchste Punkt des menschlichen Körpers ist, so kann es nach dem Erreichen des Scheitelpunkts nur noch bergab gehen. Der Scheitel ist auch der Wendepunkt.
Ferner ist der Scheitel ein Begriff aus der Welt der Frisuren. Hier verweist er auf die

menschliche Eitelkeit, auch auf Ordnung, Geradlinigkeit und eine gewisse Pedanterie.

Scheiterhaufen Scheiterhaufen bedeutet Vernichtung, Tod durch Verbrennen. Beim Scheiterhaufen denkt man häufig an die Inquisition und die Zeit der Hexenverfolgung.

Schenken ↗Geschenk

Scherbe Die Scherbe ist der Teil eines Zerbrochenen. Scherben verweisen im weiteren Sinn stets auf die Endlichkeit (der Dinge). Sie machen darauf aufmerksam, dass alles zerbrechen und sich so aus einem festen Zusammenhang lösen kann. Mit den Scherben ist oft die Trauer verbunden, dass etwas zu Ende ist. Es ist nicht mehr funktional. Bei dem Symbol Scherben schwingt immer ein Verlust mit. Dennoch behauptet der Volksglaube, dass Scherben Glück bringen. Das ist sicher als Trost gemeint, der einem über den Verlust hinweg helfen soll. Auf der anderen Seite sollen Scherben eines Spiegels fünf Jahre Unglück bringen, was wohl darauf zurückgeht, dass Spiegel in früheren Zeiten sehr wertvoll waren.
Scherben deuten auch immer eine physische oder psychische Verletzungsgefahr an.

Schere Schere bedeutet aus- oder abschneiden. Sie deutet auf Trennung hin, kann aber auch als nicht nur für Kinder gefährlicher Gegenstand gelten. Auch bei manchen Tieren wie dem Krebs sind die Scheren eine Art Waffe.
Ein weiterer Aspekt ist das Auseinanderlaufen der beiden Schneiden einer Schere. Sie kann somit anzeigen, dass sich zwei Sachverhalte oder Gruppen auseinander bewegen („die Schere zwischen den beiden öffnet sich"). In vielen Computerprogrammen bedeutet das Symbol der Schere, dass man mit dieser Funktion Texte oder Bilder ausschneiden kann.
Psychoanalyse: Die Schere ist wie die meisten stechenden Gegenstände ein Symbol männlicher Sexualität. Allerdings scheint mir die Schere eher ein Drohsymbol gegen die Männlichkeit darzustellen, da man mit ihr etwas abschneidet beziehungsweise kastriert (vgl. den Daumenlutscher im „Struwwelpeter").

Scherz Der Scherz steht für Heiterkeit und ist eine Quelle der Freude, er ist nicht so gezielt wie der ↗Witz. Scherzend nimmt man etwas leicht, geht eventuell auch in eine heilsame Distanz, da ein Scherz die Sichtweise ändern kann.
Psychoanalyse: Nach S. Freud drücken sich im Scherz und Witz Tendenzen unseres Unbewussten deutlich aus.

Scheune Besonders die volle Scheune ist ein bekanntes Symbol für Erfolg und Wohlstand. Die eigenen Fähigkeiten werden gut genutzt. Außerdem kann die Scheune auch der Ort der (jugendlichen) Sexualität sein.
Analytische Psychologie: Die Scheune ist nach C. G. Jung ein beliebter Aufenthaltsort der Dämonen und Geister, der aber auch gegen Regen und Kälte schützt.

Schieben Schieben bedeutet Mühe. Immer, wenn wir etwas schieben müssen, dann läuft es nicht von allein. So schieben wir ein startunwilliges Auto an oder müssen ein Projekt „anschieben", damit es in Gang kommt. Mit dem Schieben ist also stets die Überwindung eines Widerstands gemeint.
Schieben kommt auch in Begriffen wie „Schiebergeschäfte" vor. Es bezeichnet in

diesem Zusammenhang das Unkorrekte oder gar das Illegale. Der Schieber ist der Hehler und volkstümlich dient dieser Ausdruck dazu, einen Kleinkriminellen zu bezeichnen.

Schiedsrichter Schiedsrichter bedeutet Bewertung und Autorität, allerdings ist seine Autorität nicht so ausgeprägt wie die des ↗Richters, da es beim Schiedsrichter ja „nur" um Sport und Spiel geht. Beim Symbol des Schiedsrichters ist Fairness wichtig – gegenüber anderen und sich selbst, denn der Schiedsrichter kann auch eine innerpsychische Instanz sein, mit der jemand sich selbst und andere bewertet.

Schief In unserer von männlichen Werten geprägten Gesellschaft wird das Gerade das Gute und das Schiefe das Schlechte und Abweichende. Schief bedeutet häufig, dass etwas nicht stimmt oder nicht gut oder korrekt ist. Wir sprechen vom „schiefen Ausdruck", wenn sprachlich etwas nicht stimmt. Das Schiefe kann allerdings auch eine bewusste Abwehr oder Abweichung von der Norm sein.

Schiene Schienen symbolisieren wie das ↗Gleis das Gewohnte und Eingefahrene. Sie stehen für den festgelegten Weg, den man nicht verlassen kann, auch für das Sichere („wie auf Schienen"). In diesem Sinn stehen sie für Unfreiheit.
Außerdem verweisen Schienen auf Mobilität, die Welt der ↗Eisenbahn.

Schießen Beim Schießen ist zum einen das Anvisieren eines Zieles angesprochen. Zum anderen geht es um ↗Waffen, Aggressionen und den Jagdinstinkt.
Das Schießen kann allerdings auch das Witzige sein, worauf der umgangssprachliche Ausdruck „das ist zum Schießen" gründet.

Schiff Das Schiff ist stets weiblich, weswegen von der seefahrenden Nation der Engländer jedes Schiff als „she" bezeichnet wird. Das Schiff ist auch ein bekanntes Sinnbild der Sehnsucht nach der Weiblichkeit – und das speziell, wenn das Schiff weit weg ist.
Lautlich ist „Schiff" die Umkehrung von „Fisch" und spricht den Gegensatz und die Ergänzung zu ↗Fisch an, denn das Schiff fährt auf dem Wasser des Gefühls (Distanz) und der Fisch schwimmt im Wasser des Gefühls (keine Distanz). Meist ist das Schiff auch ein Ausdruck von Freiheit, Wagemut und Flucht – oft auch in dieser Mischung. Es mag auch, psychologisch betrachtet, eine Erweiterung des Horizonts ansprechen.
Schon sehr alt ist das Bild vom Lebensschiff, das sich auf dem Lebensweg fortbewegt, und auch das vom Staatsschiff. Siehe auch ↗Boot, ↗Kanu, ↗Kriegsschiff, ↗Ruderboot, ↗Segelboot.
Psychoanalyse: Das Schiff symbolisiert nach S. Freud die Frau. Deswegen tragen Schiffe meist weibliche Namen.
Christentum: In der christlichen Tradition symbolisiert das Schiff stets das Lebensschiff des Träumers. So betete der hochgebildete Einsiedler und spätere Bischof Basilius von Cäsarea (etwa 329–379): „Steuere mein Lebensschiff, oh Gott, zu deinem ruhigen Hafen, in dem ich sicher vor den Stürmen der Sünde und der Konflikte bin." Die Symbolik dieses Gebets prägte weitgehend die christliche Symbolik, die vom Symbol des Lebensschiffes reichlich Gebrauch machte.
Literatur: Die alte chassidische Symbolik macht darauf aufmerksam, dass es zwei Arten von Schiffen gibt: Es gibt das Schiff

mit Kapitän und Steuermann, das im Traum in einen ↗Sturm gerät. Es gibt aber auch das andere Schiff, das wie die Arche Noah oder Moses Körbchen ohne bewusstes Steuern dahintreibt. Damit wird ausgedrückt, dass der Mensch, der sein Leben steuern möchte, leicht in Probleme gerät, wohingegen derjenige, der sich von den höheren Kräften leiten lässt, problemlos sein Ziel erreicht. „Die Träume des Alten Testaments zeigen, dass ein Schiff, das sich leiten lässt, an ein gutes Ziel gelangt, während das Schiff, das steuern will, in einen Sturm gerät", erkennt Friedrich Weinreb. Er macht an dieser Stelle darauf aufmerksam, dass die Schiffsträume vergangener Generationen heute von Zugträumen abgelöst wurden. Mit dieser Änderung der Symbolik tritt eine Verschiebung in der Deutung auf: Der ↗Zug folgt einem exakten Plan, welcher der Schiffsreise weitgehend fremd war.

Die Schifffahrt spielt im modernen Bestsellerroman seit den 20. Jahren des vergangenen Jahrhunderts eine hervorragende Rolle. Dieser Trend wurde durch den Roman von E. Annie Proulx „Schiffsmeldungen" (1992) eingeleitet und findet seinen dramatischen Höhepunkt in Sebastian Jungers verfilmtem Roman „Der Sturm", der die Schiffskatastrophe des Fischtrawlers Andrea Gail in einem Jahrhundertsturm schildert. Diese Literatur hat eine lange Tradition, die sich von der Odyssee über Sindbad, den Seefahrer aus „Tausendundeine Nacht", über Daniel Defoes „Robinson Crusoe" und die elisabethanischen und viktorianischen Abenteuerromane bis in die Romane Herman Melvilles, Joseph Conrads und Hemingways „Der alte Mann und das Meer" zieht. In all dieser Literatur stellt die Schifffahrt ein Symbol für den männlichen Lebensweg dar, der von Abenteuern und Freiheitslust geprägt ist. Dieses Bild wird allerdings in B. Groults „Salz auf unserer Haut", in Jungers „Der Sturm" und in Linda Greenlaws Schilderungen ihrer Abenteuer als Schwertfischfänger-Kapitänin in „Das hungrige Meer" (1999) entromantisiert. Hier wird hauptsächlich die menschenfeindlichen Seite des Meeres geschildert, wie schon in der Odyssee.

Schiffbruch Der Schiffbruch wie der Dammbruch hängen häufig mit dem Gefühl des Scheiterns zusammen, obwohl dieses Symbol psychologisch gesehen auf eine positive Entwicklung deutet. Die Distanz zum ↗Wasser, das heißt zum Gefühl und zu den eigenen Bedürfnissen, wird aufgehoben.

Christentum: Das Bild vom Schiffbruch für ein Scheitern benutzt schon Paulus, der ja selbst auf seiner Fahrt nach Rom Schiffbruch erlitt. Er spricht von Menschen, die „am Glauben Schiffbruch erlitten haben" (1 Tim 1,19).

Literatur: In der Literatur spielt der Schiffbruch speziell bei den Robinsonaden eine wichtige Rolle, um den Schiffbrüchigen zu isolieren, so dass er eine neue Gesellschaft gründen kann.

Schiffsdeck Schiffsdeck bedeutet Sicherheit. Es kann auf Erholung verweisen, allerdings bei hoher See auch ein gefährlicher Ort sein. Im Traum symbolisiert das Schiffsdeck meist den Schutz vor gefährlichen Gefühlen.

Schild Der Schild, der früher eine wichtige Waffe war, ist ein Schutz und ein Hilfsmittel, hinter dem man sich frei bewegen und seinen Angriff organisieren kann. Der Schild drückte früher die Identität seines Trägers aus, da er mit den Farben oder Wappen seines Trägers bemalt war.

Von da ist es nicht weit zum Namens- oder Reklameschild, das für eine bestimmte Identität steht. Bei diesem Symbol hängt die Bedeutung weitgehend davon ab, was auf dem Schild geschrieben oder abgebildet ist.

Schildkröte Die Schildkröte ist ein Symbol der Ausdauer, Genügsamkeit und Schwerfälligkeit. Die Schildkröte zeigt oft an, dass sich etwas hinter dem Charakterpanzer (nach W. Reich) verbirgt. Der ↗Panzer kann sowohl als Einengung als auch als guter Schutz gedeutet werden – je nach dem Zusammenhang, in dem er auftritt.
Die Schildkröte symbolisiert uralte Weisheit und ein langsames Vorwärtsschreiten. Oft wird das Alter mit der Schildkröte verbunden, andererseits auch die Gefahr des Aussterbens.
Psychoanalyse: Muttersymbol.
Antike: Es mag seltsam klingen, aber in der Antike war die Schildkröte der Aphrodite geweiht, und zwar wegen ihrer reichen Nachkommenschaft. Wegen ihres „eingezogenen" Lebens besonders der Göttin der ehelichen Liebe. Daneben aber ist sie wegen ihrer langen Lebensdauer auch in der Antike ein Symbol für lange Lebensdauer, ja Unsterblichkeit.
Literatur: Das bekannte Märchen vom Hasen und vom Igel wird bei vielen Völkern als Märchen vom Hasen und der Schildkröte erzählt, so auch noch in einer Fabel von La Fontaine.

Schilf Entweder kommt man im Schilf nur schwer vorwärts (↗Sumpf) oder das Schilf verweist auf einen Schutz, denn man kann sich im Schilf verstecken und damit ein Dach decken. Das Schilf ist allerdings auch gefährlich, da es scharf ist und schneiden kann.
Schilf tritt im sumpfigen und somit tückischen Gebiet auf. Es ist ein Rückzugsort der Vögel.
Antike: In der Antike dachte man beim Schilfrohr an die Schreibfeder, auch an eine Rohrflöte. Zugleich war es ein Symbol des Wankelmutes.
Christentum: Nach Mattheus (27.29 f) gaben die römischen Soldaten Jesus als Zepter ein Schilfrohr in die Hand, um ihn zu verspotten.

Schimäre Eine Schimäre ist etwas Unwirkliches und Eingebildetes. Der Schimäre wird keine Wirklichkeit zugesprochen, sie wird als eine Spinnerei angesehen.
Mischwesen aus Mensch und ↗Tier werden als Schimären bezeichnet. Es gibt Patente darauf, solche Mischwesen herzustellen, die zur Produktion von Affen mit menschlichen Gehirnteilen führten. Das berühmteste Beispiel solch einer Schimäre ist die „Ohrmaus", eine Maus, der man ein menschliches Ohr auf den Rücken verpflanzte. Gegen die Patentierung von Schimären gibt es starke Proteste, da diese Wesen als Ungeheuerlichkeiten angesehen werden, und der Mensch hier Gefahr läuft, seine Grenzen zu überschreiten. Die postmoderne Medizin und Genetik sieht allerdings solche Schimären als Möglichkeiten an, menschliche Organe zur Verpflanzung zu produzieren. Aus dieser Sicht symbolisiert die Schimäre etwas Hilfreiches und ein dem Menschen dienendes Wesen.
Griechische Mythologie: Die Chimaera war ein Ungeheuer, das von Typhon, dem urzeitlichen Riesen, und Echidna, der schönen Jungfrau mit dem Schlangenunterleib, gezeugt wurde, um im Auftrag von König Jobates von Lycien ein anderes Ungeheuer zu bekämpfen. Homer beschreibt die Schimäre als ein Mischwesen mit Löwenkopf, Ziegenleib und Schlan-

genschwanz. In der griechischen Mythologie verkörpert die Chimaera das Ungeheuerliche.

Schimmel (Pferd) Der Schimmel ist ein positives Naturbild. Er verkörpert Kraft und Reinheit, andererseits auch ↗Sexualität.
Tiefenpsychologisch: Symbol der weiblichen Kraft.
Literatur: Die geisterhafte Erscheinung des Schimmelreiters wird in Theodor Storms gleichnamiger Novelle beschworen. Schimmel wurden als Geistertiere betrachtet, nachdem das Christentum die weißen Pferde der Göttin Epona dämonisiert hatte.

Schimpanse ↗Affe

Schinken Der Schinken symbolisiert Kraftnahrung, deftiges Essen und Bedürfnis nach Fleisch(lichem). Umgangssprachlich wird öfter das Wort Schinken auch für Schenkel oder Bein gebraucht; ein „alter Schinken" hingegen ist ein altes Buch.

Schirm ↗Regenschirm und ↗Fallschirm

Schlacht Die Schlacht ähnelt in ihrer Bedeutung dem ↗Kampf, sie ist die Zuspitzung des ↗Krieges.
Die „Eheschlacht" ist der Kampf zwischen Mann und Frau. Ein weiteres Gebiet, in dem die Metapher einer Schlacht gern gewählt wird, ist die Medizin. Es geht dort darum, die Schlacht gegen Krankheit, Alter und Tod zu gewinnen. Es wird mit Pillen geschossen und dicke Bomben werden eingesetzt. Diese militärische Sprache geht auf Paul Ehrlich zurück, der die Medizin wie den Weltkrieg zwischen Mensch und Krankheit sah.
Indische Mythologie: Die Baghavadgita schildert weitgehend eine Schlacht zwischen den positiven und negativen Kräften – wie sie in vielen Mythologien vorkommt. Es werden damit die zwei Seelen in unserer Brust angesprochen, die miteinander in Widerstreit liegen.

Schlachthaus Mehr noch als die ↗Metzgerei, bei der ja auch der Aspekt des Verkaufens von appetitlich dargebotenem Fleisch eine Rolle spielt, ist das Schlachthaus der Ort des blutigen Tötens; im übertragenen Sinne der Ort, an dem das Tierische, Triebhafte abgetötet wird. Zu beachten ist auch die Symbolik der ↗Tiere, die dort jeweils geschlachtet werden.

Schlägerei Aggressionsstau, auch Sehnsucht nach körperlicher Nähe.

Schlägerkappe Die Schlägerkappe gilt als proletarisch. Sie wird allerdings in alten Filmen, Karikaturen und Bildern auch benutzt, um eine zwielichtige bis kriminelle Person zu zeichnen. Allgemeines bei ↗Kopfbedeckung.

Schlaf Schlaf bedeutet Verringerung der Bewusstseinskraft. Der Schlaf symbolisiert, dass man etwas Wichtiges nicht mitbekommt. Er drückt eine fehlende Klarheit und Bewusstseinsschwäche aus (siehe Gurdjieffs Kampf gegen den Schlaf. Vgl. dazu genauer: Wilson, Colin: Gurdjieff – der Kampf gegen den Schlaf. Knaur, München 1986). Im psychologischen Sinne mag der Schlaf auch zeigen, dass jemand Problemen ausweicht. Daneben symbolisiert er auch die Ruhe und das Ruhebedürfnis.
Der britische Schriftsteller und Magier Aleister Crowley bezeichnet nicht ohne Ironie den Schlaf als verderbliche Ausschweifung.

Ferner ist der Schlaf eine Metapher für mangelnde Neugier und für Leblosigkeit.
Literatur: Dass Schlaf für Unbewusstheit, ja Leblosigkeit steht, zeigen auch die Märchen. Dornröschen und Schneewittchen fallen in den Schlaf wie ihre mythologische Schwester Brünhilde. Sie haben den Kontakt mit dem Leben verloren und müssen vom aktiven Prinzip, das durch den ↗Prinzen oder den ↗Helden symbolisiert wird, wieder geweckt werden.
Psychoanalyse: Der Schlaf, und speziell der Tiefschlaf, ist ein dem Tod ähnliches Ereignis. Nach der Psychoanalyse fallen in ihm Körper und Gedächtnis zusammen. S. Freud bezeichnete den Schlaf als einen geführten Gang durch einen Hohlweg, der wiederum an den Geburtskanal erinnert.
Christentum: „Den Seinen gibt's der Herr im Schlaf", sagt man, was auf eine Bibelstelle zurückgeht (Ps 127.2). Überhaupt wird in der Bibel mehrfach erwähnt, dass der Schlaf der „Schlaf des Gerechten" ist – wer schläft, sündigt nicht.
Literatur: Der zeitgenössische französische Autor Jean Echenoz beginnt das sechste Kapitel seines Romans „Die großen Blondinen" (2002) mit einer weitreichenden Metaphorik für den Schlaf. Er vergleicht ihn mit einem grauen Schal, mit Rauchschwaden, aber auch Sonaten. Für ihn ist er der Gleitflug eines großen Vogels, ein halb offenes Portal, aber auch Giftgas und Insekten.

Schlafzimmer Das Schlafzimmer verbildlicht die ↗Sexualität, den Tod und die ↗Geburt. Es ist der intimste ↗Raum, aber auch jener Raum, in dem man Entspannung findet.
Literatur: Berühmt ist das Dichter-Schlafzimmer von Marcel Proust am Boulevard Hausmann 102, in dem er sich dreizehn Jahre lang verschanzte.

Schlag(en) Schlagen symbolisiert häufig eine verzweifelte Berührung und den missglückten Versuch, Nähe zu erreichen. Es drückt andererseits auch Aggressionen, eine Direktheit und eine Einfachheit der Mittel aus. Es geht um Energieumsatz und Energieaustausch.

Schlager Der Schlager ist der Ausdruck der Pop-Kultur. Er spricht meistens jüngere Menschen an. Für die Älteren ist er der Ausdruck der Un-Kultur, für die Jüngeren dagegen kann er bis zum Kultstatus erhöht werden. Meistens drehen sich die Schlagertexte um Liebe, und so wird der Schlager zum kitschigen Ausdruck eines Liebesbedürfnisses oder eines Lebensgefühls.
Für die genaue Deutung ist es wesentlich, den Schlagertext symbolisch zu betrachten.

Schlaginstrument Schlaginstrumente symbolisieren ↗Rhythmus und „Drive". Sie können auch mit Aggressionen zusammenhängen. Schlaginstrumente wurden oft eingesetzt, um Menschen in eine Trance zu versetzen. Sie wurden später häufig negativ betrachtet, da sie „niedere Gefühle" erregen.

Schlamm Ähnlich wie das ↗Moor kann der Schlamm Angst vorm Versinken und vor Stagnation erzeugen. Schlamm kann als Ekel- oder Hindernissymbol auftreten. Als Mischung von ↗Wasser und ↗Erde macht das Symbol Schlamm auf die Verbindung von fließenden Gefühlen und fassbaren Bedürfnissen aufmerksam. Der „Schlamassel", in den man geraten kann, hat nichts mit dem Schlamm zu tun; das Wort stammt wahrscheinlich aus dem Jiddischen.

Schlange Schlangen tauchen unvermittelt aus dem Unbekannten auf. Sie erregen

Angst. Dem Menschen ist es schwer möglich, mit ihnen in eine sinnvolle Kommunikation zu treten. Schlangen sind geheimnisvoll und Angst erregend wie das Unbewusste. Die Schlange ist also in erster Linie ein Angstsymbol. Sie tritt andererseits auch oft als Sexualsymbol auf, kann jedoch wie der ↗Oroboros ein Vollkommenheits-, Wandlungs- und Wiedergeburtssymbol sein. Sie ist ein bekanntes Symbol des dunklen Weiblichen und der Falschheit („falsche Schlange"), andererseits auch der Weisheit und der List.

Der Symbolforscher Hans Egli („Das Schlangensymbol") fand verstreut über unseren Planeten über einhundert verschiedene Interpretationsmöglichkeiten des Schlangensymbols.

Psychoanalyse: Nach S. Freud ist die Schlange ein Penissymbol.

Analytische Psychologie: Die Schlange symbolisiert das Wasser des Lebens, denn sie kommt – gemäß alten Vorstellungen – aus dem Inneren der Erde wie eine Heilquelle. C. G. Jung spricht deswegen von der Heils- oder Soterschlange (vgl. den Äskulapstab, um den sich zwei Schlangen winden). Diese Schlangen krochen im Tempelheiligtum des Heilgottes Asklepios auf dem Boden des Schlafsaals. Sie sollten den Traum zur Heilung hervorrufen.

Ferner ist für Jung die Schlange ein Unsterblichkeitssymbol. Ihre Häutung lässt an die Wiedergeburt denken.

Asien: Die indische Kundalini (die Schlange der Lebensenergie) verbildlicht unsere positiven Lebensenergien.

Antike: Von ihrem Beginn an verehrte die griechische Kultur Schlangen, die immer weiblich gedacht und teilweise mit Brüsten dargestellt wurden – wie schon zuvor die babylonische Schlangengöttin Kadi, die mit weiblichem Kopf und ausgeprägten Brüsten verbildlicht wurde. Dieser weibliche Aspekt der Schlange zeigt sich auch darin, dass die Ägypter, Hebräer, Inder (im „Mahabharata") und Chinesen ihr ↗Volk auf eine Schlange zurückführen. Man kann deutlich sehen, dass die Schlange die Große Mutter symbolisiert. So verwundert es nicht, dass im Arabischen Eva und Schlange „hayyat" genannt werden. Hayyat ist zugleich das Menstruationsblut in der arabischen und der altpersischen Sprache.

Als Große Göttin wurde die Schlange später aus Konkurrenzgründen vom Christentum – nicht unbedingt erfolgreich – zu dämonisieren versucht. Diese Dämonisierung des Weiblichen wirkt noch heute nach, wenn in Zeiten von Beziehungsproblemen Männer von einer Schlange träumen. Da schwingt die Angst vor dem Verschlingen des Penis mit, die auf die Naturgeschichte des Plinius zurückgeht. In ihr wird die Vorstellung vertreten, dass das Schlangenmännchen seinen Kopf ins Maul des Schlangenweibchens steckt, um von ihm verschlungen zu werden.

Fast alle indoeuropäischen Mythen kennen die männliche Weltenschlange. In altnordischen Mythen tritt sie beispielsweise als die Midgard-Schlange auf, die sich selbst in den Schwanz beißt (Oroboros-Symbol).

Den phallischen Aspekt der Schlange finden wir auch bereits im babylonischen Gott Pazuzu ausgedrückt, der unter dem Beinamen „der mit dem Schlangenpenis" verehrt wird. Die Schlange wurde und wird mit dem Penis gleichgesetzt. So wohnte Zeus Persephone in Form einer Schlange bei und auch Alexander der Große soll durch eine Schlange gezeugt worden sein. Nach rabbinischer Ansicht war die Schlange der erste Geliebte Evas und der wahre Vater von Kain. So verdeutlicht die Schlange bis heute das männliche Zeu-

gungsglied, die männliche Potenz und Kreativität.
In Vergils „Aeneis" erscheint dem Äneas sein verstorbener Vater Anchises in Form einer bunt gescheckten Schlange.
Christentum: Meist symbolisiert die Schlange das Böse. Deswegen wird der Kopf der Schlange zertreten, beziehungsweise die Schlange vom Erzengel Michael, dem Drachentöter, aufgespießt.
Das Gift der Schlange ist die ↗Sünde. Die Schlange selbst symbolisiert den verführerischen Aspekt des Teufels. Allerdings verkörpert die Schlange nach anderen christlichen Traditionen das menschliche Bewusstsein, da sie die Erkenntnis in die Welt bringt.
Nach frühchristlicher Vorstellung schützt die Schlange beim Angriff einzig ihren Kopf (Physiologus).
Die Schlange symbolisiert bei den Gnostikern (spätantike religiös-philosophische Bewegung, welche die Erlösung von der Materie anstrebte) den „deus absconditus", die dunkle, tiefe, unbegreifliche Seite Gottes. Eva und die Schlange wurden in vielen gnostischen Schriften verehrt, da sie das Licht der Erkenntnis brachten und sich um den Menschen bemühten, um ihn von dem tyrannischen Gott zu befreien.
Literatur: Egli geht davon aus, dass das beliebte Grundmotiv von „Die Schöne und das Biest", das bereits in „Amor und Psyche" – einem der einflussreichsten Märchen der Antike – auftaucht, die Verheiratung eines jungen Mädchens mit einer Schlange bzw. einem Drachen sei.

Schlange stehen Wenn jemand in einer Menschenschlange steht, dann ist immer die Geduld angesprochen. Ferner weist diese Situation darauf hin, dass man einer unter vielen ist. Damit wird das Gefühl relativiert, ein Besonderer zu sein.

Schleier Schleier bedeutet Geheimnis. Man versteckt etwas oder stellt etwas falsch dar. Der Schleier der Frau tritt als Symbol der Bescheidenheit und Tugendhaftigkeit, manchmal auch der Jungfräulichkeit auf. Das Zerreißen des Schleiers symbolisiert die ↗Defloration. Ferner steht der Schleier für Schutz im Sinn einer notwendigen (seelischen) Abgrenzung. Er verdeutlicht die Wahrung und Betonung der (seelischen) Immunität. Siehe auch ↗Brautschleier und ↗Trauerschleier.
Der Schleier lässt uns heute oft an muslimische Frauen denken.

Schleifstein Hier geht es um das Schärfen oder das Glätten. Der Schleifstein macht ↗Messer scharf und steht somit auch für den Intellekt und die Unterscheidungsfähigkeit. Beim Glätten ist meist die Abwiegelung einer Auseinandersetzung gemeint.

Schleim Der Schleim ist ein bekanntes Symbol des Ekels. Meist drückt sich im Schleim der Ekel vor dem (eigenen) Körper aus. Wir sprechen allerdings auch vom Urschleim, aus dem alles hervorgegangen ist.
Asien: Im Buddhismus bedeutet der Schleim Gier.

Schlendern ↗Flaneur

Schleppe Die Schleppe symbolisiert, was jemandem nachhängt – oft die mitgeschleppte Vergangenheit. Man kann auch Menschen mitschleppen, wie die Redewendung „jemanden ins Schlepptau nehmen" zeigt.
Die Schleppe kann andererseits auch Würde, Pracht und Andacht verdeutlichen. Sie ist häufig mit dem Bild der ↗Braut verbunden. Bisweilen ist auch der Anklang „schleppend" zu beachten, mit

dem die Frage nach der Geduld gestellt wird.

Schleudern Schleudern bedeutet Unsicherheit. Wenn jemand „ins Schleudern kommt", dann hat er die Kontrolle über seine Situation verloren. Er ist von der direkten Verfolgung seines Ziels abgewichen. Das Schleudern ist gefährlich, da man so leicht einen Unfall verursachen kann.
Das Schleudern von Steinen und anderen Wurfgeschossen bedeutet Aggression. So ist die Schleuder eine gefährliche ↗Waffe, mit der Tiere und auch Menschen getötet werden können.

Schleudersitz Der Schleudersitz ist sowohl der unsichere Sitz als auch der rettende Sitz. Wenn wir davon sprechen, dass einer auf dem Schleudersitz sitzt, dann bedeutet dies, dass er einen unsicheren Posten inne hat. Bei Flugzeugen jedoch kann man sich mit einem Schleudersitz vor einem wahrscheinlich tödlichen Unfall retten.

Schleuse Die Schleuse steht für einen Engpass, durch den man etwas oder jemanden „hindurchschleusen" muss. Mit der Schleuse wird der Wasserstand den Bedürfnissen des Verkehrs angepasst, somit stellt sich die Frage nach der Regulierung der Gefühle und deren Anpassung an die Bedürfnisse des alltäglichen Lebens.
Das ↗Schiff in der Schleuse kann den Geschlechtsverkehr verbildlichen.

Schlinge Mit der Schlinge wird etwas gefangen. Wenn sie zugezogen wird, kann sie den Tod bedeuten.
Bedeutsam ist, was in der Schlinge steckt. Es symbolisiert jenen Anteil, der uns gefangen hält, beziehungsweise den wir festhalten. Wenn der Kopf in der Schlinge steckt, dann droht der Tod am ↗Galgen.

Schlips ↗Krawatte

Schlitten Der Schlitten ist in unseren Breiten heutzutage fast nur noch als Sportgerät für Kinder im ↗Schnee bekannt. Schlittenfahrten im Winter mit einem Pferdeschlitten gelten als besonders romantisch, wenn sie auch früher meist nur eine ungeliebte Notwendigkeit waren.
Beim Schlittenfahren geht es um eine angenehme Erfahrung wie teilweise auch bei Fantasien vom ↗Fliegen, besonders dann, wenn es sich um eine schnelle Schlittenfahrt handelt.
Der Schlitten kann andererseits auch ein Ausdruck von Aggressionen sein. Darauf weist der volkstümliche Ausdruck „mit jemandem Schlitten fahren".
Literatur: In seinem literarischen Reisebericht „In Nacht und Eis" (1897) beschreibt Fridtjof Nansen, wie der Schlitten die Voraussetzung bot, in die damals noch unbekannten Gebiete der Polarregionen vorzustoßen. Es war der Schlitten, der den Menschen half, die Geheimnisse des ewigen Eises zu lüften. Vor Nansen waren bereits die Wikinger der alten Sagas und des „Kongespeil" mit Schlitten ins Landesinnere Grönlands vorgedrungen. Im 17. und 18. Jahrhundert waren es russische Expeditionen, die Nord-Sibirien und die Beringstraße mit Hilfe von Schlitten erforschten, in den Romanen des tschuktschenischen Dichters Juri Rytcheu (geb. 1930) ist der Schlitten das einzige Fortbewegungsmittel, um größere Distanzen zu überwinden.

Schlittschuhlaufen Man begibt sich auf das ↗Eis. Das Schlittschuhlaufen zeigt Vertrauen in die eigene Geschicklichkeit und den eigenen Körper und die Eleganz der Bewegungen. Es drückt die Sehnsucht nach einem mühelosen Dahingleiten aus. Schlittschuhlaufen kann als Symbol der Erotik angesehen werden, besonders wenn Frauen in kurzen Röckchen schlittschuhlaufen.

Schloss Das Schloss ist ein prächtiger Adelssitz, weniger eine militärische Anlage wie die ↗Burg. Es ist ein archetypisches Muttersymbol. Es drückt Sicherheit oder Gefangenschaft (beziehungsweise Befangenheit) aus. Ferner lässt dieses Symbol gesellschaftlichen Aufstieg und Luxus vermuten.
Das Luftschloss ist ein Symbol der Illusion. Das Spukschloss drückt Störungen im Sicherheitsbedürfnis aus.
Das Schloss, mit dem man etwas zuschließt (↗Schlüssel), nach verschiedenen Psychoanalytikern ein Symbol des weiblichen Geschlechts (wie auch in „Tausendundeine Nacht" in „Sesam öffne dich").

Schlosser Der Schlosser symbolisiert häufig denjenigen, der Verschlossenes öffnet. Er verkörpert sowohl die Macht zu öffnen als auch die Offenheit. Der ↗Handwerker ist ferner der praktische Mann, der handelt.
Analytische Psychologie: Nach C. G. Jung ein archetypisches Symbol des schwarzen Mannes wie auch der ↗Schmied.

Schlucht Die Schlucht tritt häufig als ein Symbol des Schattens und der Gefahr auf. Sie verdeutlicht das Unbewusste.
Durch den phonetischen Anklang an „schluchzen" ist die Schlucht oft der Trauer und dem Leid verbunden.
Psychoanalyse: Die Schlucht ist ein Symbol des weiblichen Geschlechts.

Schlüssel Schlüssel bedeutet Zugang und Verantwortung. Die Schlüsselgewalt symbolisiert das Verfügungsrecht und die Autonomie.
Der Schlüssel symbolisiert die richtige Einstellung und Antwort („den Schlüssel zu einer Sache finden").
Psychologisch betrachtet heißt abschließen sich verschließen, es spricht oft die Angst vor Beziehungen an und die Furcht, sich auf andere einzulassen.
Der Schlüssel galt lange Zeit als ein Hinweis darauf, dass dort Prostituierte arbeiteten. In vielen Städten markierten sie ihre Stundenhotels und Bordelle mit einem großen Schlüssel als Aushängeschild. Teilweise trugen sie auch einen Schlüssel an einer Kette um den Hals.
Psychoanalyse: Die Symbolik Schlüssel und Schloss weist für S. Freud auf Sexualität (vgl. Uhlands Lied vom „Grafen Eberstein"): Der Schlüssel ist der Penis, das Schloss die Scheide, schließen bedeutet Geschlechtsverkehr.
Christentum: Petrus wird oft mit einem Schlüssel dargestellt, da er das Recht hat, den Himmel aufzuschließen (nach Matth 16.9). Auch sonst bezeichnet der Schlüssel in der Bibel mehrmals die Vollmacht, die jemandem zusteht.

Schmerz Schmerz deutet auf eine Verletzung. Schmerzen hängen öfter mit Überempfindlichkeit zusammen oder verweisen auf die Notwendigkeit der Trauer – häufig wegen eines Verlustes. Allerdings ist die Erfahrung des Schmerzes auch notwendig, um sich weiterzuentwickeln.

Schmetterling Der Schmetterling ist ein Symbol für die Wandlung von der ↗Raupe zum Schmetterling oder für die beflügelnde Leichtigkeit. Der Schmetterling verkörpert auch häufig wechselnden Geschlechtsver-

kehr und deswegen werden bisweilen ↗Dirnen als Schmetterlinge bezeichnet. Die Geisha Madame Butterfly aus der gleichnamigen Oper von Giacomo Puccini verweist auf die sexuelle Konnotation des Schmetterlings. Wird jedoch die Hure als Schmetterling bezeichnet, handelt es sich stets um die menschliche, die positive Hure, die sich meistens unglücklich verliebt.
Der Schmetterling drückt auch Schönheit und Experimentierfreude aus.
Antike: In der Antike wurde der Schmetterling, der aus einer Puppe hervorgeht, weithin als Symbol für die unsterbliche Seele, die den sterblichen Körper zurücklässt, angesehen. Auch Hypnos, der Gott des Schlafes, wurde mit Schmetterlingsflügeln am Kopf abgebildet, weil der Schlaf ja der kleine Bruder des Todes ist.
Film: „Madame Butterfly" wurde 1954 von Carmine Gallone verfilmt und als die verliebte positive Geisha ins Bild gesetzt.

Schmied Die Deutung ähnelt allgemein der von ↗Handwerker. Der Schmied steht zudem oft für Härte, er ist zudem der Meister der Wandlung und Veränderung. Ferner ist der Schmied ein Symbol männlicher Kraft und des Willens. Dass jeder „seines Glückes Schmied" sei, sagten schon die frühen Römer.
Als schwarzer Mann kann der Schmied auch den ↗Schatten verkörpern.
Analytische Psychologie: Nach C. G. Jung ist der Schmied ein archetypisches Symbol des „schwarzen Mannes" wie auch der ↗Schlosser.

Schmiede Die Schmiede ist ein magischer Ort, weil hier das Element des Feuers herrscht. In ihr wird das harte ↗Eisen weich gemacht und in Form gebracht.
In der nordischen Mythologie ist die Schmiede der verzaubernde Ort, deswegen wurde man nicht zur Verantwortung gezogen für das, was man in der Schmiede sagte.

Schmieren Was „hingeschmiert" wird, das wird nicht korrekt ausgeführt. Das Schmieren ist oft eine Bezeichnung für das Schlampige. Mit Schmieren verbinden wir auch Unsauberkeit. In einer Gesellschaft des (analfixierten) Reinheitswahns ist das Schmierige der Makel, der sogleich entfernt werden muss. Graffitis werden häufig von älteren Leuten als Wandschmierereien bezeichnet, wie auch bisweilen viele Werke der modernen Kunst. Oft wird das als „Schmiererei" charakterisiert, das man nicht versteht und mit dem man sich nicht auseinander setzen möchte. So ist der abwertende Begriff „Schmiererei" nicht selten Ausdruck einer kleingeistigen Haltung.
In dem Ausdruck „ein schmieriger Typ" klingt die diskriminierende Funktion dieses Eigenschaftsworts deutlich an.
Literatur: Die Schmierenkomödie (beliebt im Volkstheater) ist ein Stück, in dem an durchsichtiger und oberflächlicher Dramatik nicht gespart wird.

Schminke Schminke ist ein Symbol der Eitelkeit und dessen, was man der Außenwelt von sich präsentieren möchte. Die Schminke verweist stets auf ein geschöntes Selbstbild. Sie ist die Oberfläche und Fassade.
Für die genauere Deutung ist die ↗Farbe der Schminke wesentlich.
Analytische Psychologie: Schminke ist ein klassisches Symbol der Persona.

Schmuck Schmuck bedeutet Zierde, Reichtum und Kultur. Schmuck verweist auf Schönheit bei Frauen, bei Männern traditionell auf Rang und Ehre. Er steht immer auch für die Eitelkeit des Trägers.

Schmuck hängt häufig mit dem Wunsch nach Anerkennung und Zuneigung zusammen. Er ist ein Ausdruck des Reichtums und kann als Persona-Symbol auftreten. Ferner spricht Schmuck unseren Wunsch nach Unsterblichkeit an, denn er überlebt normalerweise seinen Träger und wird vererbt. Schmuckstücke mit ↗Diamanten verweisen auf die Ewigkeit (siehe auch ↗Edelstein).
Schmuck wurde seit dem Beginn der Menschheitsgeschichte angefertigt und getragen. Eines der ältesten Schmuckstücke ist ein etwa 100 000 Jahre altes, aus einem Mammutzahn geschnittenes Amulett, das im heutigen Ungarn gefunden wurde. Seit etwa 30000 Jahren tragen die Menschen regelmäßig Schmuck. Sich zu schmücken scheint so zu den Urbedürfnissen zu gehören. Als Amulette und ↗Talismane dienten die frühen Schmuckstücke, die ihren Trägern einen Schutz verliehen und sie unangreifbar werden ließen. Schmuck besitzt auch noch heute eine magische Wirkung, indem er seinen Träger oder seine Trägerin anziehend oder mächtig macht.
Analytische Psychologie: Man hat den inneren Schatz (das Seelengold) gefunden.
Psychoanalyse: Nach S. Freud ist der Schmuck ein Symbol der geliebten Person.

Schmutz ↗Dreck

Schnabel Schnabel ist die Bezeichnung des Mundes bei den Vögeln. Dieses Symbol wird so stets mit dem Vogelhaften und Tierischen assoziiert. Man sagt: „Er redet, wie ihm der Schnabel gewachsen ist“ und drückt damit aus, dass die betreffende Person ihre Gefühle und Ansichten natürlich, also unverstellt zum Ausdruck bringt.
Dem Schnabel kann auch etwas Aggressives oder Bedrohliches innewohnen, denn mit dem Schnabel hackt der Vogel, wenn er sich wehrt.

Schnalle Die Schnalle möchte etwas zusammen halten, etwas verbinden. Sie steht auch für Zierde, Schönheit und Eitelkeit. Der Ausdruck Schnalle wird bisweilen umgangssprachlich stark abwertend für eine Frau gebraucht. Das geht darauf zurück, dass in der Jägersprache das Geschlechtsteil der Füchsin und Wölfin Schnalle genannt wird.

Schnaps Mit dem Schnaps ist der Rausch verbunden, der auf die Gefahr einer Trübung des Bewusstseins aufmerksam macht. Schnaps kann wie ↗Alkohol auch für Sucht und Enthemmung stehen.
Für die weitere Deutung ist die Art des Schnapses wichtig. Billiger Schnaps kann auch mit Angst vor dem sozialen Abstieg zusammenhängen.
Einzelheiten bei ↗Alkohol.

Schnarchen Schnarchen ist eine empfindliche nächtliche Störung. Wer schnarcht, wird landläufig als unattraktiv und störend angesehen. Dem Schnarchenden ist das Schnarchen meistens peinlich. Häufig hängt das Schnarchen mit der Rückenlage beim Schlafen zusammen oder mit zu viel Alkoholgenuss oder mit intensivem Rauchen vor dem Schlafen. Oft wird Schnarchen als unkultivierte Lieblosigkeit oder gar als Aggression gegen die Mitschläfer betrachtet.
Schnarchen dient auch einfach als Symbol für den tiefen Schlaf.

Schnauze Schnauze ist die Bezeichnung des Mundes der Tiere. Damit wird dieses Symbol stets mit dem Tierischen assoziiert und damit auch häufig mit dem Gierigen.

Im menschlichen Bereich wird dieser Begriff in aggressiven Situationen benutzt. Man sagt: „Ich hau dir eins in die Schnauze“ oder „halt die Schnauze!“

Schnecke Symbol des Rückzugs, der Überempfindlichkeit, der Hemmungen und der Kontaktarmut.
Oftmals tritt dieses Symbol auf, wenn eine Spannung zwischen scheu und energetisch ausgedrückt werden soll. Das Schneckenhaus ist ein bekanntes Symbol für Rückzugstendenzen. Es deutet auch auf Zerbrechlichkeit und Trägheit hin („sich in sein Schneckenhaus zurückziehen“).
Psychoanalyse: Sexualsymbol nach S. Freud.

Schnee Schnee bedeutet ↗Winter und (Gefühls-)kälte, andererseits auch Geborgenheit und Unberührtheit.
Die weiße Schneefläche symbolisiert wie das ↗weiße Blatt die Unschuld. Die üblichen Unterscheidungen und scharfen Konturen verlieren an Bedeutung, der Schnee macht alles weich und weiß. Somit verweist er auf eine Befreiung von der gewohnten Sichtweise und deutet eine Neuorientierung an.
Der Schnee wird poetisch oft mit dem Leintuch verglichen, das über den Toten ausgebreitet wird. Es ist bei dieser Symbolik jedoch zu beachten, dass im Winter die Natur nicht tot ist, sondern dass sie nur ruht. So gesehen verweist der Schnee auf eine notwendige Ruhephase.
Schnee bedeutet ferner Erstarrung, da das fließende ↗Wasser im Schnee erstarrt ist. Aber er lässt auch die Schönheit und Mannigfaltigkeit seiner Kristalle assoziieren.
Literatur: In Wolfram von Eschenbachs „Parzival“ wird Parzival tief gerührt, als er die drei Blutstropfen im Schnee sieht, die ihn an seine Liebesbegegnung erinnern. In diesem Fall symbolisiert der Schnee das männlich Distanzierte und das ↗Blut die Weiblichkeit.
Günter Grass bemerkt in seinem Roman „Die Blechtrommel“, dass beim Schneefall, wenn er nur dicht genug ist, alles erlaubt ist. Er ist ein Versteck und Schutz vor dem moralischen Auge der anderen.

Schneeglöckchen Die Schneeglöckchen sind ein verbreitetes Hoffnungssymbol. Sie symbolisieren Reinheit und Überwindung der Kälte. Sie sind ein Hoffnungssymbol.
Wegen ihrer weißen ↗Farbe können Schneeglöckchen auch die Unschuld verkörpern, im Christentum auch Maria.

Schneemann Symbol unbeschwerten kindlichen Spiels im Winter. Schneemänner blicken fast immer lustig drein. Doch der Schneemann ist auch der kalte, distanzierte Mann, der deswegen auch für Gefühlskälte stehen mag.

Schneesturm Wie die Schneewehe ist auch der Schneesturm ein Hindernissymbol. Man kann nichts sehen, das Bewusstsein ist getrübt, man bleibt stecken und kommt nicht weiter.

Schneider Der Schneider kann auch ein Symbol der Eitelkeit sein (wie ↗Schmuck). Im Märchen wie im Traum verkörpert der Schneider oft den unmännlichen Mann, der schwach und listig ist („Das tapfere Schneiderlein“). Das hängt damit zusammen, dass der Schneider für sein Handwerk keine besonderen Körperkräfte braucht und früher im Gegensatz zu den meisten anderen Männern drinnen arbeitete. Auf der anderen Seite ist er als Handwerker gerade derjenige, der durch seiner Hände Arbeit etwas bewirkt.

Analytische Psychologie: Der Schneider ist ein klassisches Persona-Symbol.
Literatur: In B. Brechts Gedicht „Der Schneider von Ulm“ ist der Schneider der kühne Mann, der zu fliegen und somit abzuheben droht.

Schneien ↗Schnee

Schnupfen Der Volksmund weiß es: Hat man Schnupfen, dann hat man die Nase voll und niest den anderen etwas vor. Das Verschnupftsein gilt als eine Verstimmung, als ein Zustand, in dem man mit seiner Umwelt nichts zu tun haben möchte.
Da der Schnupfen zu den Erkältungssymptomen gehört, schwingt bei diesem Symbol auch Kälte und Nässe mit. Hört man „Schnupfen“, stellt man sich sogleich das nasskalte Wetter des Herbstes vor.
Niesen kann jedoch auch eine positive Bedeutung besitzen. Der Volksmund kennt den Ausdruck „etwas beniesen“. Niesen ist die Zustimmung zu einer Sache, es zeigt, dass diese richtig ist.

Schnur ↗Band

Schnurrbart Potenzsymbol und Symbol der Männlichkeit wie jeder ↗Bart, doch der Schnurrbart ist ein ↗Bart, der in Mitteleuropa etwas Altertümliches hat. Je nach Form des Schnurrbarts kann er auf Exzentrizität deuten und auf eine bewusste – aber häufig auch affektierte – Abgrenzung von der Masse. Immer schwingt bei diesem Symbol die Bedeutung Eitelkeit mit. Der Schnurrbart ist der reduzierte ↗Bart, dessen Form äußerst modeabhängig ist. Beim Militär liebte man den gewachsten und bisweilen den schwarz gefärbten Bart, der als maskulin galt. Besonders englische Piloten liebten den kleinen, nur angedeuteten Schnurrbart. Salvador Dalí war berühmt für seinen langen, gezwirbelten Schnurrbart. In den siebziger Jahren des 20. Jahrhunderts trugen in San Franzisko die Homosexuellen einen Schnurrbart als Erkennungszeichen.

Schönheit In der Symbolik von Kunst und Traum stellt die Schönheit oft einen anderen Ausdruck für Wahrheit und Aufrichtigkeit dar. Sie ist zugleich ein Symbol der Eitelkeit, des großen Glücks und des Erfolges.
Heute entwickelt sich ein Schönheitswahn. Werbung und Film propagieren ein Schönheitsideal, das nicht auf natürlichem Wege zu erreichen ist. Der Ausdruck dieser Tendenz ist die Fitnessbewegung, die dahin führte, dass einige Menschen mehr Zeit im Fitness-Studio als mit ihrem Partner verbringen.
In der orientalischen Tradition gilt ein Traum von der Schönheit als höchster Glückstraum. Der Grund jeder Liebe ist Schönheit, und Schönheit ist Vollendung. Muhiyddin Ibn al-Arabi lehrt, dass die Schönheit stets eine Erscheinungsform Gottes ist. Gott erkennt sich in der Schönheit, und da er selbst schön ist, liebt er sich in der Schönheit selbst.
Kunst: Bis ins 20. Jahrhundert hinein galt es als das größte Kompliment, einer Dame zu sagen, sie habe ein Botticelli-Profil. Die Profilbildnisse Botticellis und seiner Florentinischen Malerkollegen dieser Zeit galten als der Ausdruck absoluter Schönheit.
Literatur: Thomas Mann bezeichnet in seinem Roman „Joseph und seine Brüder“ die Schönheit als ein weibliches Attribut, selbst wenn es bei Männern auftritt. Im Gegensatz dazu steht für ihn das männliche Attribut der Herrschaft.
Der australische Schriftsteller Richard Flannagan bezeichnet in seinem Roman „Goulds Buch der Fische“ (2002) die

Schönheit als eine „Rebellion des Lebens gegen das Leben“.
Philosophie: Der englische Astrophysiker Martin Rees geht in seinem Buch „Just Six Numbers“ (1999) davon aus, dass Schönheit in unserem Universum wie in der Kunst in der leichten Abweichung vom Regelmäßigen und Erwarteten liegt, aber niemals völlig zufällig und unvorhersehbar ist. Damit steht er in der Tradition der Strukturalisten der Prager Schule wie Jan Mukarovsky, der Kunst und Schönheit als die mittlere Abweichung vom Erwartungshorizont des Rezipienten definiert.

Schokolade Schokolade ist ein Symbol der Verführung („schwarz und süß“) und des Genusses. Deswegen wird sie wie andere ↗Süßigkeiten auch als Belohnung eingesetzt. Nach Debra Waterhouse („Why Women Need Chocolate“ 1995) ziehen fünfzig Prozent der Frauen den Schokoladengenuss dem sexuellen Genuss vor. Allerdings steht das im krassen Widerspruch zur Betrachtung der Schokolade als Aphrodisiakum. Casanova sah wie viele Frauen die Schokolade als „Elixier der Liebe“ an. Marquis de Sade soll auf seinen Orgien auf Anraten der Frauen Schokolade gereicht haben, und noch heute ist es üblich, seinen Liebsten Schokolade zu schenken. Die Schokolade wird häufig dem Kuss gleichgesetzt.
Die Schokolade verweist jedoch auch auf unsere Angst zu dick zu werden.
Nachdem dem spanischen Eroberer Hernán Cortés die Bedeutung des Kakao klar wurde und er diesen nach Spanien einführte, wurde dort 1580 die erste Schokoladenfabrik gegründet. Hernán Cortés führte Trinkschokolade am spanischen Hof als Aphrodisiakum ein.
Die Schokolade wurde zu einem Symbol des Luxus und der süßen Verführung. Sie verbreitete sich rasch in Europa, wurde zunächst als Medizin betrachtet und zu Beginn des 17. Jahrhunderts im Gebiet des heutigen Deutschlands in Apotheken als Mittel gegen Durchfall, Liebeskummer und zur Energiesteigerung verkauft. Als Genussmittel wurde die Schokolade erst betrachtet, nachdem durch van Houtens Kakaopresse die heutige Form der süßen, kalorienreduzierten Schokolade hergestellt werden konnte. Die Familie Cadbury war die erste, die mit Hilfe von van Houtens Erfindung Schokolade herstellte, allerdings war es die Firma Fry, die 1849 auf der Handelsmesse in Birmingham die erste Tafel Schokolade ausstellte.
Bitterschokolade symbolisiert den bitteren Geschmack, der allem Süßen innewohnt. Er ist der Haken der Lust. Milchschokolade wird oft mit der Kinderzeit verbunden. Sie besitzt den höchsten Anteil von ↗Zucker. Bei der weißen Schokolade wird häufig der Farbkontrast schwarz – weiß angesprochen: Man erwartet bei der Schokolade die Farbe ↗Schwarz, findet jedoch die Farbe ↗Weiß. Das Weiß symbolisiert die Aufhebung des schlechten Gewissens beim „schwarzen Genuss“.
Christentum: Von der Kirche wurde die Schokolade durchweg als positiv und keineswegs als Genussmittel angesehen. Das ist darauf zurückzuführen, dass die Schokoladenherstellung vor van Houtens Erfindung der Schokoladenpresse weitgehend in den Händen der Klöster lag. Sie war nicht nur sehr profitabel, sondern auch deswegen beliebt, da es erlaubt war, während der Fastenzeit Schokolade zu trinken. Es gab allerdings auch vereinzelte Stimmen – besonders in spanischen Klöstern –, welche die schwarze Schokolade als Werk des Teufels ansahen.
Film: In Lasse Hallströms Film „Schokolade“ (2000) steht Schokolade für einen

Lebensstil des Genusses und des Müßiggangs. Die Schokolade ist in diesem Film auch mit dem Traum vom freien Leben verbunden.

Schornstein ↗Kamin

Schornsteinfeger Der Schornsteinfeger ist ein allgemein bekanntes Glückssymbol. Außerdem symbolisiert er den Überblick, da er auf den Dächern arbeitet, und er verweist auf ↗Reinigung. Das Reinigen des Schornsteins (↗Kamin) kann auch eine sexuelle Bedeutung besitzen.
Als schwarzer Mann kann der Schornsteinfeger auch als eine Personifizierung des Schattens auftreten.
Literatur: Dass die von Freudianern behauptete sexuelle Bedeutung des Schornsteinfegens nicht nur eine Spinnerei ist, vermag folgendes alte Lied zeigen: „Des Morgens wenn ich früh aufsteh / und zum Schornsteinfegen geh, / Dann beschau ich erst vorher / meinen Besen hin und her ... / Guten Morgen, dicke Deern, / lass mich deine Röhre kehrn, / Denn mein Besen ist bereit / heut zu fegen eng und weit".

Schoß Der Schoß symbolisiert die Sicherheit, Geborgenheit wie bei der Mutter. Er ist der Ausdruck der Sehnsucht nach der Kinderzeit. Er mag in seltenen Fällen aber auch auf die Schrecken der Kindheit verweisen.
Schoß ist auch eine Umschreibung für das weibliche Geschlechtsorgan. Dieser indirekte Ausdruck wird oft von einer gehemmten Einstellung zum weiblichen Geschlecht geprägt.
Christentum: „Sicher wie in Abrahams Schoß", also wie im Paradies, geht auf Lukas 16.22 zurück, wo es von dem eben verstorbenen Lazarus heißt, er werde von den Engeln in Abrahams Schoß getragen.

Schrank Der Schrank ist der Ort der Kleidung oder der Haushaltsutensilien, je nachdem, ob es sich um einen ↗Küchen- oder ↗Kleiderschrank handelt. In beiden Fällen wird jedoch etwas dem Auge des Unbefugten entzogen, und werden Dinge dort verwahrt. Somit kann dieses Symbol sowohl in Richtung „Geheimnis" als auch in Richtung „Ordnung" gedeutet werden.
Psychoanalyse: Nach S. Freud ist der Schrank ein Symbol des Frauenleibs.

Schranke Schranke bedeutet Hindernis. Die Schranke ist ein Symbol einer Grenze – auch der Grenzen, die durch Norm und Sitte gesetzt werden – oder einer nötigen Selbstbeschränkung. Sie steht häufig für Einschränkungen und den Spielraum, den man hat.

Schraube Die Schraube ist ein Symbol aus dem Bereich der Technik. Hier wird die Verbindung betont – von Dingen, Situationen oder Menschen, bis hin zum Geschlechtsverkehr, denn im Englischen ist „to screw" ein vulgärer Ausdruck für Geschlechtsverkehr. Oder es handelt sich um den Ausdruck zunehmenden Drucks, den man verspürt, zum Beispiel auch bei der „Steuerschraube". Bei der Schraube können die Verbindungen und somit der Druck langsam, aber kräftig gesteigert, aber auch wieder gelöst werden.
In der Wendung „Schreckschraube" bezeichnet die Schraube eine fürchterliche Frau.

Schreck Schreck bedeutet spontane, tiefe Berührtheit, Angst und häufig auch Erstarrung.

Schrei Der Schrei deutet auf Verzweiflung, andererseits auch auf ein Erwachen als Gegenbild zum ↗Schlaf. Der Schrei ist ein Einschnitt, eine dramatische Unterbrechung einer Situation. Der „letzte Schrei" bezieht sich auf die Mode; das hängt wohl damit zusammen, dass die Welt der Mode und der Werbung, die dafür gemacht wird, so „schreiend" ist.
Kunst: Berühmt ist Edvard Munchs Bild „Der Schrei", von dem mehrere eindringliche Versionen existieren.

Schreiben Schreiben bedeutet Festlegung und Fixierung. Was man niederschreibt, das hat besondere Wichtigkeit und Wirkung, man behält es besser. Es ist mit dem Schreiben eine Verbindlichkeit verbunden. Zum Schreiben gehört Denken, Planen und Organisieren. Früher war der Schreiber grundsätzlich ein Intellektueller; wenn heute auch (fast) jeder schreiben kann, so ist etwas davon geblieben.

Schreibgerät ↗Bleistift, ↗Federkiel, ↗Füllfederhalter, ↗Kugelschreiber

Schreibmaschine Die Schreibmaschine weist heute schon auf eine altertümliche und eventuell auch umständliche Art der Kommunikation hin. Sie kann allerdings auch als Dekor des Intellektuellen auftreten.
Ferner mag sie darauf aufmerksam machen, dass man zu mechanisch schreibt und somit auch zu mechanisch denkt.
Literatur: Einige Schriftsteller wie Hermann Hesse liebten ihre Schreibmaschine, mit der sie täglich arbeiteten. Allerdings fragte Kurt Tucholsky in der Vossischen Zeitung: „Darf man tippen?" Das Schreiben auf der Schreibmaschine kennzeichnet den Abschied vom magischen Schreibgerät, von der Feder bis zum Lieblingsfüller.

Schreibtisch Der Schreibtisch ist der Ort der Kreativität. Wichtig ist, ob der Schreibtisch aufgeräumt oder chaotisch ist, und welche Arbeit auf ihm liegt.
Das Material des Schreibtischs kann von Bedeutung sein. Schwere, große Schreibtische gelten als Symbol für Macht (in einer Firma oder der Politik).

Schreiner Wie alle ↗Handwerker verkörpert der Schreiner (manuelle) Geschicklichkeit. Er symbolisiert Produktivität und Kreativität. Da der Schreiner hobelt, bohrt (↗Bohrmaschine) und das weiche ↗Holz bearbeitet, tritt er auch als Sexualsymbol auf.

Schrift Schrift fixiert etwas, sie legt etwas fest oder dokumentiert es. Schrift bedeutet auch Macht, denn erst durch die Schrift konnten große Reiche organisiert und regiert werden.
Die Schrift hilft, sich der Vergangenheit und speziell auch seiner Vergangenheit bewusst zu werden.
Besonders in Kulturen, in denen es viele Analphabeten gibt, wird die Schrift geradezu demütig verehrt. Am meisten allerdings verehrt die gelehrte Kultur der Juden die Schrift, indem sich die Gläubigen in Ehrfurcht vor der Thora verneigen.
Literatur: Heinrich Heine berichtet, dass beim Brand des zweiten Tempels der Juden alles Wertvolle im Stich gelassen wurde, bis auf die Bibel. Diese nahmen die Juden mit in ihr Exil, und die (heilige) Schrift wurde ihr „portatives Vaterland".

Schriftsteller Der Schriftsteller erscheint meist als ein individualistischer Intellektueller, häufig mit exzentrischen Neigungen. Er ist der Gebildete und zugleich ein Sonderling. Er kann erfolgreich und ver-

mögend werden, aber wahrscheinlich bleibt er arm und unbekannt. Oft umweht ihn das Flair des Genies, aber leider oft das tragische Flair des unverstandenen Genies. Der Schriftsteller stellt uns die Gefahr der Existenz vor, die einzig auf geistigen Kräften beruht. Zum anderen ist der Schriftsteller auch der politische Mahner (wie etwa Thomas Mann während des Nationalsozialismus) und bisweilen ein Moralist.
Literatur: Der Literaturkritiker Marcel Reich-Ranicki bezeichnet in „Mein Leben" (2000) die Schriftsteller als „schwierige Menschen mit ausgeprägten individualistischen, häufig anarchistischen Neigungen".
Thomas Mann meinte, „ein Schriftsteller ist ein Mensch, dem das Schreiben schwerer fällt als allen anderen Leuten".

Schrott Schrott ist das Unbrauchbare, ↗Abfall. Dieser Ausdruck wird auch für die Bezeichnung schlechter Leistungen benutzt.

Schrumpfen Schrumpfen bedeutet Verminderung, manchmal auch das Gefühl der Minderwertigkeit.
Außerdem sagt das Schrumpfen häufig, dass etwas zu wichtig genommen wird. Das Schrumpfen mag ein Hinweis sein, dass man kleiner werden sollte, wie ein Kind oder ein ↗Zwerg.
Literatur: In Lewis Carrolls „Alice im Wunderland" deutet das Schrumpfen auf den Einstieg in eine andere Realität hin.

Schublade Schublade im ↗Schrank oder ↗Schreibtisch bedeutet Ordnung, Geheimnis und Besitz.
Die Schublade steht häufig für eine Einordnung und Kategorisierung und somit für eine Starrheit des Denkens. Was man „schon in der Schublade liegen" hat, das ist noch nicht öffentlich, aber fertig und abrufbereit.

Schüler Der Schüler, der noch in die ↗Schule geht, ist der junge, lernende Mensch. Der Schüler personifiziert Wachstum und Potenzial – wenn auch die Erinnerungen an die Schulzeit meist nicht besonders positiv sind.

Schürze Die Schürze ist ein Symbol der Weiblichkeit, wie der Ausdruck „Schürzenjäger" zeigt. Ferner symbolisiert die Schürze Schutz und Häuslichkeit. Sie ist auch der Ort der Verwandlung, deswegen verwandeln sich in der Schürze der heiligen Elisabeth die Speisen für die Armen in ↗Rosen. Die Schürze ist der Ort, wo ein Mädchen oder eine Frau etwas versteckt, denn das mütterliche Geheimnis liegt im ↗Schoß versteckt.
Analytische Psychologie: Nach C. G. Jung besitzt die Schürze oft eine geschlechtliche Bedeutung. Der Verlust der Schürze symbolisiert den Verlust der Jungfräulichkeit.

Schüssel Die Schüssel ist ein verbreitetes weibliches Symbol durch ihre Rundheit. Hier kommt es darauf an, womit die Schüssel gefüllt ist. Das ist möglicherweise ein Hinweis auf die Aufnahmefähigkeit.

Schütze In der Mythologie wird der Schütze oft als der wilde Reiter dargestellt, als der er uns noch heute im Cowboy-Film begegnet. In seiner weiblichen Form entspricht er der Amazone der Antike. Menschliche Begeisterung und Zielgerichtetheit wird in diesem Symbol mit dem triebhaften, „animalischen" Feuer verbunden. Der Schütze sehnt sich nach einem Ziel und somit ist die Wehmut und das Fernweh mit diesem Symbol genauso ver-

bunden, wie das aggressive Töten und der Versuch ein Ziel zu treffen.
Der Schütze des Schützenvereins verkörpert oft eine reaktionäre Haltung.
Der Begriff „Schütze" lässt „schützen" anklingen und kann somit auch auf den Schutz verweisen.
Der Schütze ist ein Sternzeichen, das Reisen jeder Art und Überblick symbolisiert. In der klassischen Astrologie wird er als wässriges ↗Feuer angesehen. Damit ist die nutzbare Funktion des Feuers angesprochen.

Schützengraben Schützengräben spielten nicht nur im Ersten Weltkrieg eine große Rolle im Stellungskrieg. Sie sind nicht nur die Gräben für die Schützen, sondern auch Gräben, die Schutz vor dem feindlichen Feuer bieten sollen.

Schuh Schuhe trägt man, um sich vor Staub und Unrat zu schützen; sie sind aber auch ein der Mode unterworfenes Kleidungsstück. Die Schuhe sollen oft etwas demonstrieren: Sportschuhe trägt der Sportliche, ↗Stöckelschuhe das Freudenmädchen, die Lack- oder Schnallenschuhe der Eitle, ↗Stiefel der Soldat oder Cowboy. Es ist symbolisch auch bedeutsam, ob die Schuhe dreckig oder sauber sind.
Psychologisch gesehen sind die Schuhe ein Symbol für die Erdung und den Standort. Wie der ↗Fuß, besitzt auch der weibliche Schuh eine sexuelle Bedeutung, und das nicht nur bei Schuhfetischisten oder Männern, die davon träumen, aus dem Schuh der Geliebten Champagner zu trinken. Grundsätzlich gilt in der Symbolik vieler Völker: Je kleiner der Schuh der Frau, desto erotischer ist er.
Literatur: Im Märchen „Aschenputtel", dessen Quellen bis auf chinesische Volkserzählungen zurückreichen, ist die einzige Qualität, welche die Braut des Prinzen aufzuweisen hat, dass sie in kleine Schuhe passt. Dass es sich in einigen Variationen der Aschenputtel-Geschichte um Glasschuhe statt um Fellschuhe handelt, geht auf einen Übersetzungsfehler zurück, bei dem „vair" mit „verre" verwechselt wurde (die ersten Übersetzungen dieser Geschichte aus dem Chinesischen stammten von Franzosen).

Schuhanzieher Der Schuhanzieher ist ein Hilfsmittel, selten tritt er auch als ein Instrument der Bestrafung auf.
Psychoanalyse: Nach S. Freud ist das Schuhanziehen ein sexueller Akt (↗Fuß).

Schulaufgaben Schulaufgaben sind die Aufgaben, die die ↗Schule stellt. Dies wird oft auf alle möglichen Aufgaben übertragen, die das Leben dem Menschen stellt. Meist werden die Aufgaben angesprochen, die jemand nicht gemacht hat, denn Schulaufgaben werden in der Regel als Belastungen gesehen.

Schulbank Die Schulbank ist ausgestorben, heute stehen in den ↗Schulen Tische und Stühle. Traditionell verkörpert sie den Ort des (harten) Lernens („die Schulbank drücken").

Schuld Die Schuld und die damit zusammenhängenden Schuldgefühle sind Ausdruck eines schlechten Gewissens und somit einer Tendenz, sich selbst zu bestrafen. Schuldgefühle werden oft für ökonomische und politische Zwecke ausgenutzt. Schuld ist, was man dem Leben schuldig ist.

Schulden Schulden können materielle Belastungen, Altlasten und Hypotheken sein; das muss nicht finanziell sein, sondern gemeint sein kann alles, was man jemandem schuldig ist. Es können im Hintergrund auch Schuldgefühle stehen.

Schule Mit der Schule wird das Lernen angesprochen (wie bei ↗Schulaufgaben und ↗Prüfung).
Wie die Schule gedeutet wird, hängt weitgehend von der Einstellung des Deutenden der Schule gegenüber ab, siehe ↗Hörsaal, ↗Lehrer(in), ↗Schüler, ↗Universität.

Schulter Schulter bedeutet Schutz. Es ist die starke Schulter, an der man sich (einem Klischee zufolge) ausweint oder an die man sich anlehnt. Diese Schulter ist männlich gedacht. Sie ist der Ruhepol für das Weib. Beliebt ist auch der Schulterschluss, bei dem eine Gruppe eine Einheit demonstriert (meistens, weil diese in der Realität fehlt). Wenn die Schultern zusammenrücken, kann man die Last leichter ↗tragen. Allerdings beschwört dieses Bild auch Erinnerungen an marschierende Truppen herauf.
Breite Schultern gelten als Männlichkeitsmerkmal, so dass die Mode mit Polstern öfter nachhalf. Breite Schultern bedeuten Stärke. Die Stärke beim Mann zieht dem konventionellen Rollenverhalten gemäß die Schwäche der Frau an, die den Schutz dieser starken Schultern sucht. Somit werden diese Schultern als attraktiv angesehen und erotisiert.
Die Schulter ist auch der Ort, an dem man für besondere militärische Leistungen dekoriert wird. Man kann den Rang an den Schulterstücken ablesen. Die Schulterstücke betonen damit die Wichtigkeit der Schulter: Es ist die männliche Kraft, die hier geehrt wird. Auch dort, wo der männliche Held mit den Elementen kämpft – zu Wasser (in der Seefahrt) und zur Luft (in der Luftfahrt) – wird seine Position an den Schulterstücken ausgewiesen. Die Männlichkeit wird betont, die stark genug ist, Mühsal ertragen zu können.
Film: In populären Fernsehserien, die im kalifornischen Surfer-Milieu spielen, ist der breitschultrige Surfer stets der Held.
Militärische Degradierungen werden in Kriegsfilmen meist dramatisch als Abreißen der Schulterstücke in Szene gesetzt.

Schuppen In einem Schuppen wird etwas gelagert. Er ist meist ein verkommenes Gebäude, wie in vielen Kriminalfilmen, die in Gegenden mit Hafenschuppen spielen. Dem Bild des Schuppens wohnt etwas Ungemütliches inne. Es kann ein Ausdruck von Armut, von Ausgestoßensein und von Kriminalität sein.
Für die genauere Bedeutung dieses Symbols muss betrachtet werden, was in diesem Schuppen gelagert wird und wo sich dieser Schuppen befindet.
Literatur u. Film: Im Krimi sind Schuppen häufig Orte des Verbrechens. Besonders Bilder von Gegenden, die von Schuppen geprägt sind, werden eingesetzt, um dem Zuschauer zu signalisieren, dass jetzt eine Gefahr naht. Häufig werden in Schuppen Menschen umgebracht, vergewaltigt und niedergeschlagen. Zumindest wird jedoch im Schuppen Diebesgut versteckt.

Schuss ↗Schießen

Schusswaffe ↗Gewehr, ↗Maschinenpistole, ↗Pistole und allgemein bei ↗Waffe.

Schuster Der Schuster hat mit ↗Schuhen zu tun, also mit der Erdung. Als ↗Handwerker ist er der praktische Mann, der handelt und zupackt. Schuster war früher ein Schimpfwort, der gute Schuster wurde

Schuhmacher genannt; von daher erklärt sich der Ausdruck „etwas zusammenschustern".

Schutt Schutt lässt ↗Baustelle und ↗Ruine assoziieren, Orte der Veränderung und Entwicklung.
Der Schutt kann der Seelenschutt sein und damit andeuten, dass Aufräumarbeiten anliegen.
Unter dem Schutt liegt oft ein Schatz oder zumindest eine Überraschung verborgen.

Schutz Jede Art des Schutzes verweist auf Ängste und Schutzbedürfnis.

Schutzbrille ↗Brille

Schutzengel ↗Engel

Schutzhaut Die Schutzhaut stellt jegliche Abwehr von Verletzungen dar. Sie spricht psychologisch gesehen Rückzugstendenzen und Abwehr an, siehe ↗Haut.

Schwadron Heute veralteter militärischer Begriff. Ausdruck der Sehnsucht nach einer Männergesellschaft. Ferner symbolisiert die Schwadron Abenteuerlust und ↗Aggressivität.

Schwalbe Die Schwalbe ist ein bekanntes Symbol für häusliches Glück und den ↗Frühling. Sie zeigt das Ende des ↗Winters an. Ferner symbolisiert sie große Geschwindigkeit und Beweglichkeit.
In vielen Gegenden Europas werden Schwalben als ein Glückssymbol angesehen.
Antike: Dass eine Schwalbe noch keinen Sommer macht, kommt schon in einer Fabel des Äsop vor. Auf manchen griechischen Vasen ist die Ankunft der ersten Schwalbe als freudiges Ereignis dargestellt.
Christentum: Nach dem „Physiologus" zeugt sie nur einmal in ihrem Leben und besitzt große Kräuterkenntnisse. Außerdem diente sie als Christussymbol, weil man annahm, eine Schwalbe könne mit dem Saft des Schöllkrautes ihren Jungen das Augenlicht geben, wie auch Christus die Menschen zum Licht führt.

Schwamm Symbol des Auspressens und Aufsaugens. Er ist das Weiche, andererseits auch das Ungestaltete, worauf der Ausdruck „schwammig" verweist.
Der Schwamm zeigt an, dass etwas vergessen wurde oder vergessen werden soll, deswegen sagen wir umgangssprachlich: „Schwamm drüber" – die Kreide an der Tafel wird mit dem Schwamm abgewischt.
Der Schwamm kann auch ein Symbol der Reinigung und der Erotik (als Badeschwamm) sein.

Schwan Schwäne sind ein Symbol für den Familiensinn. Sie paaren sich nur einmal im Leben und ziehen ihre Brut gemeinsam auf. Ferner stehen sie für geistige Interessen und Idealismus (vgl. Lohengrin, der Schwanenritter). Sie gelten auch als ein Symbol der Schönheit, des Stolzes, der Souveränität, der Grazie und der Extravaganz.
Der schwarze Schwan ist ein Unglücks- oder Todesbote.
Der Schwan ist auch der Geheimnisvolle, dem man auf der Spur ist, deswegen sagt man: „mir schwant etwas".
Antike: Bei den Kelten und fast allen alten europäischen Völkern galt der Schwan wegen seiner Farbe als Symbol des Lichtes, auch als Bote aus einer anderen Welt, und durfte deswegen nicht gegessen werden.
Mittelalter: Der Schwan verkörpert in der alchemistischen Symbolik wegen seiner Farbe die Weißung (albedo). Wenn er sich

erhebt, dann hat das Leben den Tod besiegt.
Kunst: Der englische Dichter, Maler und Kupferstecher William Blake sieht in seinem illuminierten Text „Jerusalem" (1804–1820) den weißen Schwan als ein Bild der schöpferischen Energien in der Welt an. Er stellt den Schwan weiblich mit Brüsten dar.

Schwangerschaft Schwangerschaft kann auf alle möglichen Bereiche übertragen werden: Immer geht es um das Hervorbringen eines kreativen Produkts, wobei der Akt der ↗Geburt noch nicht vollzogen ist. Schwangerschaft kann auch Lebensgefahr bedeuten oder Erfüllung der weiblichen Rolle.
In vielen Urvölkern wurde die Schwangerschaft nicht nur als Folge des biologischen Zeugungsvorgangs gesehen, sondern auch als das Finden eines Geistkindes, dass in den Leib der Mutter eindringen möchte. Natürlich können Träume und Fantasien von Schwangerschaften auch mit einer verdrängten Angst vor Schwangerschaft oder die Sehnsucht danach, schwanger zu werden, zusammenhängen.
Literatur: Schwangerschaft ist biochemisch betrachtet „ein Schlachtfeld mit Toten auf beiden Seiten", schrieb der englische Pathologe und Autor W. E. Fothergill (1899).

Schwanz Der Schwanz ist meist ein sexuelles Symbol, was mit seiner Form und mit der umgangssprachlichen Verwendung des Wortes Schwanz für ↗Penis zusammenhängt.
Der Schwanz ist auch das, was hinten ist; so kann man davon sprechen, dass jemand „das Pferd beim Schwanz aufzäumt", wenn man meint, dass er die falsche Reihenfolge gewählt hat. Wenn man andererseits vom (langen) Rattenschwanz spricht, dann will man sagen, dass etwas langwierige Konsequenzen haben wird.
Viele Tiere besitzen einen Schwanz, um sich besser halten zu können, um die Balance zu halten oder um Fliegen zu verscheuchen. Der Schwanz ist bei ihnen also ein praktisches Instrument zur Lebensbewältigung. Wer den „Schwanz einzieht", der wird kleinlaut und mutlos. Hier passt die Beobachtung des Verhaltens von Hunden gut zum sexuellen Hintergrund.
Asien: Der japanische Aikido-Meister Shioda Gozo prägte den Koan vom Schwanz des Stieres, in dem der Schwanz das illusionäre Ego bedeutet.

Schwarm ↗Vogelschwarm

Schwarz Schwarz ist die Farbe des Todes. Deswegen nennt W. Kandinsky Schwarz das ewige Schweigen, die Zukunft ohne Hoffnung. Trauerkleidung ist schwarz, tote Zähne und verfaultes Fleisch ebenso.
Schwarz symbolisiert einen seelischen Stillstand oder das Unbekannte und Unbewusste. Schwarz ist aber auch die Farbe der Magie, Kraft und Fruchtbarkeit. (Vgl. hierzu ausführlich: Vollmar, Klausbernd: Das Geheimnis der Farbe Schwarz. Fischer Media, Bern 1999). Schwarz ist Möglichkeit, denn aus dem Schwarzen geht alles hervor: Pflanzen und Kinder werden aus der Dunkelheit geboren. Deswegen war Schwarz die heilige Farbe der Weiblichkeit, bis sie in patriarchalischer Zeit dämonisiert wurde. Das Schwarze galt als das Schöne, das Erotische und Lebendige.
Schwarz ist die Farbe der Individualität und Abgrenzung. Es ist die Farbe des Exklusiven, die Lieblingsfarbe der Designer. Schwarz ist die Farbe der bürgerlichen Selbstdarstellung und gilt als schick. Den-

noch symbolisiert es auch den Anarchismus. Heute gibt es eine schwarze Szene, in der SM-Anhänger, Punks und Gruftis sich vereinigen, die alle romantisierenden Todessehnsüchten nachhängen.
Astrophysiker sprechen heute von schwarzer Materie, die den größten Materieanteil in unserem Kosmos ausmacht. Diese Materie, die keine Wellen aussendet, ist der Kitt, der unser Universum durch seine Gravitation zusammenhält. Es wird vermutet, dass schwarze Materie von Neutrinos (die nicht normalen Atomen ähneln) gebildet wird.
Antike: Mnevis, der von den Ägyptern in Heliopolis verehrte schwarze Stier, galt als Verkörperung des Sonnengottes Re. Erstaunlich ist, dass Schwarz hier Licht und Sonne bedeutet.
Asien: Buddhistische Thankas mit schwarzem Hintergrund gehören zu den mystisch-esoterischen Meditationsbildern. Sie sind für den fortgeschrittenen Meditierenden gemacht. Im Buddhismus symbolisiert Schwarz die Farbe des Hasses, der durch die Weisheit in „die Vollkommenheit der letzten Wirklichkeit“ verwandelt wird. Schwarz symbolisiert das Bevorstehen des Absoluten, die Schwelle der Erfahrbarkeit und den Tod. Es geht bei der Meditation auf schwarze Thankas um die radikale Überwindung alles Bösen.
Der tibetische Gott Yamantaka, der Überwinder des Todes, wird schwarz dargestellt. Er repräsentiert die höchste Weisheit und den Triumph über das Leiden. Er haftet nicht mehr an. Er gilt als machtvoller Beschützer. Auch die Beschützer Mahakala und Pälden Lamo (die weibliche Schutzgottheit Lhasas und des Dalai Lama) werden meist schwarz dargestellt. Schwarz symbolisiert im Buddhismus stets die letzte Realität, also die Leerheit.
Christentum: Wenn auch in der christlichen Symbolik grundsätzlich Schwarz mit dem Teuflischen verbunden wird, sind es doch gerade die schwarzen Madonnen, die wundertätig sind.
Literatur: Der Literatur-Nobelpreisträger Rudyard Kipling schrieb nur mit schwarzer Tinte, da er meinte, dass Schwarz eine inspirierende Farbe sei. Nach Henri Michaux dagegen brachte der Buchdruck das Schwarze und somit das Übel in die Neuzeit.
Kunst: Beim Tod seines Malerkollegen und Freundes Sir David Wilkie am 1.6.1841 umfing den englischen Maler William Turner eine tiefe Trauer. Er malte daraufhin eines seiner berühmtesten Bilder „Frieden, Bestattung zur See“, in dem er viel Schwarz verwandte. Der Künstler sagte selbst zu diesem Bild, dass er am liebsten ein Schwarz benutzt hätte, dass noch schwärzer als das tiefste Schwarz ist. Für Turner bedeutete Schwarz Tod und Trauer.
Art Spiegelman zeichnete nach den Anschlägen vom 11. September für die Zeitschrift „New Yorker“ ein Titelbild, das tiefschwarz war. Er sagte selbst, dass dies den Blackout zeige, der alles verschluckt.
Film: Im Film redet man vom Genre des „Film Noir“. Ein klassischer Vertreter dieser Gattung ist Joel Coens Film „The Man who wasn't there“ (2001), in dessen Mittelpunkt die Darstellung der Leere steht.

Schwarzer ↗Farbiger

Schwarzes Loch Schwarze Löcher, die seit ihrer Entdeckung die Fantasie und Projektionen der Menschheit anzogen, sind massereiche Regionen im Weltall. Die Masse ist derart dicht, dass ungeheuerliche Gravitationskräfte entstehen, die alles, sogar auch ↗Licht, verschlucken. Schwarze

Löcher symbolisierten stets die Gefahr der Auslöschung. Allerdings gab es auch unrealistische Fantasien, dass man durch schwarze Löcher in eine andere Zeit und völlig andere Räume reisen könne.
Man sagt umgangssprachlich, dass man in ein schwarzes Loch fällt, wenn man nicht mehr weiter weiß und von dunklen Stimmungen bedrängt wird.

Schwarz-Weiß Schwarz-Weiß-Kontraste weisen stets auf Gegensätze hin. Licht und Finsternis, Gut und Böse, Männlich und Weiblich stehen sich gegenüber wie im Schachspiel. Weiß und Schwarz entsprechen perfekt dem digitalen Code. Alles wird in Weiß und Schwarz, 0 und 1 dargestellt.
Die Kombination Schwarz-Weiß spricht indirekt Differenzierungen an und verweist auf die Nuancen, sozusagen die Grautöne. Dieser Kontrast gilt in der Mode als zeitlos elegant.
1296 standen sich in Florenz zwei Gruppen gegenüber: Die Weißen, die der Schicht der Kaufleute angehörten, und die Schwarzen, die konservativ waren und die alte Macht des Adels vertraten. Dante Alighieri war einer der wichtigsten Anhänger der Weißen. Durch eine List verhalf Papst Bonifatius den Schwarzen zum Sieg. Noch heute gilt Schwarz als die Farbe der Konservativen.
Die Lieblingsfarben von Heinrich II. von Frankreich (16. Jahrhundert) waren Schwarz und Weiß. Er hatte sie von seiner Mätresse Diane de Poitiers übernommen. Sie kleidete sich nur in diesen Farben.
Schwarz und Weiß treten beide als Trauerfarbe auf, in China ist beispielsweise die Farbe der Trauer weiß, in unserer Kultur ist sie dagegen schwarz.
Islam: Wenn die Derwische zum Tanz antreten, werfen sie ihre schwarze Kutte ab, um in weißen Gewändern zu tanzen. Das symbolisiert das Ablegen der materiellen Gebundenheit und das Aufgehen in den geistigen Körper.
Literatur: Der österreichische Schriftsteller Thomas Bernhard ließ in seinem Hamburger Haus die Wände weiß streichen und Fenster und Türen mit einem tiefschwarzen Streifen umranden.

Schweben Schweben bedeutet entweder Leichtigkeit, mit der bestimmte Ziele erreicht werden, oder notwendiger Überblick. Es kann allerdings auch eine Warnung sein, seine Erdung nicht zu verlieren. Schweben ist auch das Unentschiedene oder der Ausgleich. Man hält etwas in der Schwebe, da man sich nicht entscheiden kann oder auch nicht will.

Schweigen Schweigen wurde in früheren Zeiten als Tugend, ↗Reden als Frevel angesehen („Reden ist Silber, Schweigen ist Gold"). Schweigen hängt meistens mit einem Geheimnis und häufig auch mit Macht zusammen. Es kann auch ein Ausdruck für Unbeholfenheit sein.
Literatur: „Der Rest ist Schweigen" – das sind die letzten Worte Hamlets in dem gleichnamigen Drama von Shakespeare.
Nach den amerikanischen Schriftstellern Nathaniel Hawthorne und Washington Irving ist das Schweigen als Vorbote der Ewigkeit zu sehen. Mit ihm seien religiöse Gefühle verbunden.
Charles Dickens dagegen verbindet das Schweigen mit der ländlichen Kultur des Friedens und der Idylle. Dem widerspricht sein Landsmann Matthew Arnold (1822–1888), der das Schweigen als Austilgung jeder menschlichen Energie ansieht – für ihn ist es eine Quelle körperlicher und seelischer Qualen.

Schwein Das Schwein wird in Mitteleuropa sehr geschätzt: Als fruchtbares Tier, das nicht besonders anspruchsvoll ist, alles frisst und billiges Fleisch liefert. Gerade die Fruchtbarkeit und die Tatsache, dass das Schwein ein Allesfresser ist, wird ihm aber auch zum Verhängnis, wenn es um die Symbolik geht. Dann verkörpert es eine geile Fruchtbarkeit, die aber wie die Sexualität überhaupt oft negativ gewertet wird. Es symbolisiert dann die „niederen" Triebe, die als „schweinisch" oder „säuisch" bezeichnet werden, oder überhaupt das Niedere („Perlen nicht vor die Säue werfen" - nach Matth 7.6), die Faulheit und das Wühlen im ↗Dreck.

Das Schwein zeigt psychologisch gesehen, dass die sexuelle Seite befreit werden will. Es kann andererseits auch eine Ablehnung des Sexuell-Leiblichen bedeuten.

Das Schwein ist ferner ein verbreitetes Glückssymbol („der hat Schwein"). Das hängt wahrscheinlich damit zusammen, dass in der traditionellen bäuerlichen Umgebung das Schwein ein Bild des Wohlstands war, das man auch auf Jahrmärkten gewinnen konnte.

Psychoanalyse: Das Schwein ist ein sexuelles Symbol wie im 10. Gesang der „Odyssee": Circe verwandelt die Männer in Schweine, das heißt, sie befreit deren tierische Seite, um sie an sich zu binden.

Christentum: Im Judentum (und später auch im Islam) galt das Schwein als Symbol der Unreinheit und der Unkeuschheit, diese Tradition bleibt im Christentum erhalten. Dass in der christlichen Symbolik das Schwein oft den Teufel symbolisiert, geht auf eine Stelle der Bibel zurück, an der Jesus die bösen Geister in eine Rotte von Schweinen verbannt (Matth 8.28–32).

Allerdings soll der heilige Antonius mit einem Schwein zusammengelebt haben, so dass der Orden der Antoniter das Schwein zum Attribut seines Begründers ernannte.

Literatur: Es gibt zwei berühmte Comic-Schweine: Schweinchen Dick und Schweinchen Schlau.

Schweinchen Dick ist freundlich und rosig und begegnet dem Leser von Comic-Heften und Taschenbüchern. Als Fernsehcartoon wurde es von 1972–1978 gesendet (ZDF), und ab Mitte der 1980er bis in die 1990er Jahre erlebte es ein Comeback.

Schweinchen Schlau gehört zur Familie der Drei Kleinen Schweinchen, die im Haus im Wald leben. Schweinchen Schlau ist kreativ und tritt oft als Retter in Notsituationen auf. Schweinchen Schlau hatte seine Premiere in Walt Disneys Zeichentrickfilmen der dreißiger Jahre.

Philosophie: F. Nietzsche hat den bekannten Ausspruch des Paulus „Den Reinen ist alles rein" (Titus 1.15) umgedeutet: „Den Reinen ist alles rein – so spricht das Volk. Ich aber sage euch: Den Schweinen wird alles Schwein!"

Schweiß Schweiß ist ein bekanntes Symbol für Mühe und Arbeit, andererseits auch für Erfolg. Ferner symbolisiert der Schweiß die Persönlichkeit des Schwitzenden. Er steht für dessen Ausscheidungen, die entweder mit ↗Ekel betrachtet werden oder unsere Individualität ausmachen.

Literatur: In Schillers Gedicht „Das Lied von der Glocke" heißt es: „Von der Stirne heiß / Rinnen muss der Schweiß / Soll das Werk den Meister loben". Der Schweiß steht für die Bemühung, die die Voraussetzung für den Erfolg darstellt.

Schwelle Schwelle bedeutet der Übergang zu etwas Neuem (↗Stufe). Sie symbolisiert die Trennung oder die Verbindung zweier oder mehrerer Welten wie Tür und Tor.

Schwert Schwert bedeutet Entscheidung, Herrschaft und Richten. Psychologisch gesehen, spricht das Schwert oft unser Urteilsvermögen oder auch unsere Einsatzfreude an.
Das Schwert drückt männliche Aggressionen und einen starken Willen aus. Es erinnert an alte Zeiten, speziell an das Mittelalter und die mit dem Schwert kämpfenden Ritter. Siehe auch ↗Bajonett, ↗Degen ↗Dolch, ↗Säbel.
Christentum: Der in der Friedensbewegung geläufige Spruch „Schwerter zu Pflugscharen" geht auf eine Bibelstelle zurück (Jes 2.4), wo es heißt, „Da werden sie ihre Schwerter zu Pflugscharen und ihre Spieße zu Sicheln machen".

Schwester Die Schwester ist das „Alter Ego" der Frau. Sie drückt die Solidarität unter Frauen aus. Sie verkörpert oft Hilfsbedürftigkeit und Unselbstständigkeit.
Psychoanalyse: Nach Steckel und S. Freud sind Schwestern ein Symbol der Brüste.

Schwimmen Schwimmen ist ein Symbol der Entspannung und der Gefühlswelt. Schwimmen heißt Überwindung der Schwere und somit der Trägheit. Es lässt „getragen werden" assoziieren. Schwimmen hängt oft mit emotionaler Befreiung zusammen („sich frei schwimmen"). Andererseits hat derjenige, welcher schwimmt, den festen Boden unter den Füßen verloren; so kann man auch gedanklich „ins Schwimmen geraten".
Schwimmen kann auch Bild für den Umgang mit der Fülle sein, so sagen wir „im Geld schwimmen".
Der Mensch ist das einzige Lebewesen, welches das Schwimmen erlernen muss.
Schwimmen zu lernen wurde in der Klassik als derart wichtig für die Erziehung eines Menschen angesehen, dass man von einem schlecht erzogenen Mann sagte, dass er weder schwimmen noch lesen können. Schwimmen war für die Bildung der damaligen Zeit ebenso wichtig wie das Lesen.
Psychoanalyse: Nach S. Freud verweist das Schwimmen auf Urin und das Leben des Ungeborenen. Es kann auch ein Symbol der Pollution (Samenerguss) sein.
Literatur: Ernst Jandl beschreibt in „Nasses Gedicht", wie ihm das Schwimmen immer geschadet hat.
John von Düffel empfindet in seinem Roman „Vom Wasser" (2001) das Schwimmen als die Erfahrung großer Einsamkeit. Schwimmen, so schreibt er, ist das Aufgehen im Pulsschlag des Wassers. Kurz vor dem Ende dieses Romans spielt das Schwimmen eine wichtige Rolle: Der Erzähler – ein trainierter Schwimmer – wird vor dem Ertrinken gerettet, ganz im Gegensatz zu Hermann Hesses „Glasperlenspiel", in dem der Magister Ludi am Schluss im kalten Bergsee ertrinkt.

Schwitzen Schwitzen verweist wie ↗Schweiß auf Arbeit, Mühe oder Angst.

Schwören ↗Eid

Schwul ↗Homosexualität

Schwung Schwung bedeutet Lebensenergie und Gesundheit. Er bedeutet Aktivität, positive Lebenseinstellung und wird häufig mit der Jugend verbunden.
Mit Schwung bringt man etwas in Gang. Er ist die Energie, mit der man sein Leben lenkt. Wer Schwung hat, ist dynamisch und wird in unserer Gesellschaft dafür gelobt. Schwungvoll zu sein, ist ein Ausdruck von Lebensfreude und von Energie.

Philosophie: Der Schwung ist der „elan vital", der zentral für die Philosophie Henri Bergsons ist, und die Lebenskraft bezeichnet, die neue Systeme bildet.

Schwur ↗Eid

Sechs Sechs ist die Verdopplung der ↗Drei, der Zahl der ↗Zeit. Damit ist der Blick zurück und der voraus gemeint. Außerdem ist sechs die Summe der ersten drei Zahlen, sie stellt somit einen gewissen Abschluss dar. Die Sechs ist meistens ein Symbol der Sexualität. Die geistige (abstrakte) Form des Sexus wird ausdrückt, was auf dessen Kultivierung verweist.
Sie steht für den sechszackigen ↗Stern (gebildet aus zwei Dreiecken), der als Siegel Salomos oder Judenstern bekannt ist und die harmonische Verbindung der vier Elemente symbolisiert.
Ferner ist Sechs die Teufelszahl, weswegen in der Apokalypse das Böse mit der Zahl 666 charakterisiert ist. Dreimal die Sechs ist ein Zeichen der schwarzen Magie. Der Magier Aleister Crowley nannte sich das ↗Tier 666, auch das eine Anspielung auf die Apokalypse (Apk 13.18).
Nicht zu vergessen ist auch, dass beim Würfel die Sechs die größte Zahl ist; hier ist sie eine Glückszahl.
Christentum: Die Basken sind das einzige christliche ↗Volk, das den sechszackigen Stern auf Grabmälern abbildet. Die Toten gehen wieder ins Reich der Elemente zurück.
Literatur: Der Sechs wohnt stets die Tendenz zur geistigen Einheit inne, schrieb Goethe in seinen Reflexionen zur Urpflanze, die sich über sechs Stadien entwickelt.

See Charles Darwin nahm an, dass der Ursprung des Lebens auf der Erde in einem „warmen kleinen See" zu finden sei. Heutige Biologen und Astrophysiker sehen das als romantisches Konzept und vermuten den Ursprung allen Lebens in Extremsituationen wie einem Vulkanausbruch.
Der See ist ein Symbol des Gefühls und der Romantik. Besonders der kleine Waldsee zieht die romantischen Projektionen an. Feen und Elfen lieben speziell Waldseen, an denen sie bisweilen ihr Unwesen treiben. Ferner steht der See für Tiefe und Unergründlichkeit und somit für die Seele. Er kann auch – wie im Mythos von Narziss – als ein ↗Spiegel angesehen werden.
Der (kalte, dunkle) See kann bisweilen auch für den Tod stehen. Der bayerische König Ludwig II. hat sich zum Beispiel in einem See ertränkt.
Zur Deutung ist es wichtig, die Beschaffenheit des Wassers zu betrachten.
Asien: Im „I Ging" bezeichnet der See die fröhliche und heitere jüngste Tochter.
Antike: Der See ist der Spiegel, in dem Narziss schauend sich in sich selbst verliebt. Dieses Mythologem führte S. Freud zu seinem Begriff des Narzissmus in der Psychoanalyse.
Literatur: Schöne und zugleich philosophische Schilderungen eines Sees finden sich in Henry Thoreaus Buch „Walden" (1854). Kein anderer Dichter hat derart präzise die Bedeutung des Sees dargestellt. Für ihn bedeutet der See ewiges Leben, Bild des Menschen, der wie er sich zwischen Himmel und Erde befindet (ähnliche Idee auch bei Nietzsche). Der See gleicht unserem Auge, das die Tiefen unserer eigenen Natur auslotet. Der See zeigt die tiefere Ordnung des Menschen, er ist Spiegel und Geist.
In Hermann Hesses „Glasperlenspiel" ist der kalte See das Todessymbol. Man geht

durch das Ertrinken in ihm wieder in den Schoß der Mutter ein.

See ↗Meer, auch ↗Ozean

Seefahrt Odysseus, Sindbad und Robinson, die großen Seefahrer der Literatur, sind ein treffendes Bild des männlichen Archetyps: Zielgerichtet, vernünftig und funktional denkend und mutig. Die ↗Meere zu befahren, bietet ein faszinierendes Bild für die Gefahren in den unwegsamen Ländern der Gefühle. Alle Symbole aus dem Bereich der Seefahrt (zum Beispiel ↗Schiff, ↗Matrose, ↗Kapitän, ↗Hafen) können den Umgang mit den Gefühlen thematisieren.

Heute reist der Held eher mit dem ↗Auto. Er ist zum Landfahrer geworden. Nicht mehr die Tiefen und Untiefen der Meere locken ihn, sondern die Beherrschung der Maschine. Gurdjieff hätte hierin den Maschinenmenschen gesehen, der zu geerdet der Illusion verfällt, selbst zu handeln. Beim den Seefahrern waren es die Götter, die ihre Situation beherrschten. Doch Helden emanzipieren sich und suchen mutig selbst die Befreiung durch ihr Handeln.

Zu den erfolgreichsten Seefahrern der Geschichte gehören die Polynesier, welche die rund zehntausend Inseln des Pazifiks erforschten und besiedelten (Beginn der Besiedlung vor rund 60 000 Jahren). Man hat diese Entdeckungsreisen als die wahrscheinlich „älteste absichtliche Reise in der Geschichte der Menschheit" bezeichnet.

Literatur: Die älteste Seefahrergeschichte ist die von Jasons Fahrt mit den Argonauten, um das goldene Fließ in Kolchis zu stehlen. Die Erzählung ist etwa dreitausend Jahre alt und Homer schreibt von ihr, dass sie in aller Munde sei. Im dritten Jahrhundert v. Chr. wurde diese mündliche Überlieferung von Apollonios Rhodios, dem Chefbibliothekar der Bibliothek von Alexandria unter dem Titel „Argonautica" niedergeschrieben und verdichtet. Mit Jason wird der erste heldische Seefahrer und Abenteurer gezeichnet, dem später Odysseus und Sindbad folgen. Wie Odysseus wird Jason zu seiner Fahrt durch die Umstände gezwungen, sie ist schicksalhaft, anders als bei dem jüngeren Sindbad, den der Gewinn lockt.

Worum es tiefenpsychologisch bei der Seefahrt geht, drückt präzise der amerikanische Dichter Henry Thoreau aus. Er empfiehlt seinen Lesern wie Kolumbus „zu den privaten, inneren Kontinenten" zu reisen, um diese zu entdecken und zu ergründen.

Seehund Seehunde sind Seelentiere. Ihr ursprünglich deutscher Name war „Seelhunde". „Seel" war ihr nordischer Name, wovon das heute noch im Englischen gebräuchliche „seal" abstammt. Seehunde wurden um 1400 von hanseatischen Kaufleuten nach Deutschland gebracht. Für das Volk wurde aus dem Seelhund dann der Seehund.

Seejungfrau Die Seejungfrau wurde durch das gleichnamige Märchen von Hans Christian Andersen weltberühmt. Sie ist zugleich das Wahrzeichen Kopenhagens, wo am Hafen zum Gedenken Andersens eine kleine und viel fotografierte Skulptur der Seejungfrau steht.

Die Seejungfrau verkörpert die Spannung von Menschlichem und Tierischem. Als Wasserwesen drückt sie das Gefühl und das Geheimnis aus, zu diesem Aspekt ↗Nixe.

Literatur: Eine besondere Art der Seejungfrau ist die Galionsfigur. Günter Grass widmet in seinem Roman „Die Blechtrommel" der wenig jungfräulichen grünen Niobe ein umfängliches Kapitel. Wie alle

Seejungfrauen wird auch diese Galionsfigur als grüne Frau bezeichnet; das ist das furchtbare Weibliche, das Unglück bringt. Das Wasserweib stört die männliche Gesellschaft und regt sie auf.

Seele Im heutigen Sprachgebrauch bedeutet „Seele" häufig einen Hinweis auf unsere Gefühle und innere Regungen. Wenn einer als „Seelchen" bezeichnet wird, charakterisiert man ihn als gefühlvollen, übersensiblen Menschen. Das geht auf Platon zurück, der die Seele als das „triebhaft Begehrliche" ansah.

Der Begriff Seele wird heute oft ähnlich wie der Begriff ↗Psyche benutzt. In früheren Zeiten wurde er eher in der Bedeutung von Gottheit verwandt, denn die Vorstellung einer Seele ist eng mit einer Gottheit verbunden, welche die Seele im menschlichen Körper repräsentiert.

Die Seele ist das körperlose Abbild ihres Trägers. Sie überlebt ihn und gilt als unsterbliche Essenz des Menschen. Die Seele vermag nach landläufiger Auffassung den Körper hinter sich zu lassen, um Reisen zu anderen Orten zu unternehmen. Man stellt sich die Seele stets als unsichtbar vor, wenn es auch bei den frühen Theosophen Vorstellungen davon gibt, dass die Seele mit einem sichtbaren Silberfaden bei Astralreisen mit ihrem Besitzer verbunden ist. In unserem Kulturbereich wird die Seele oft mit dem Hauch oder dem Atem verglichen.

Da die Seele als eine unzerstörbare und unsterbliche Essenz angesehen wird, wurde behauptet, dass nicht der ↗Körper die Seele, sondern die Seele den Körper besitzt. Anhänger der Wiedergeburtsthese postulieren, dass die Seele sich einen Körper sucht, den sie prägt (Panpsychismus). Bis etwa zum 15. Jahrhundert wurde die Seele als unteilbare Essenz des Menschen betrachtet – eine Ansicht, die sich bis heute besonders in spirituellen Kreisen gehalten hat. Jüdische Kabbalisten begannen die Einheit der Seele aufzuteilen in „nefesch" – die Alltagsseele –, „ruach" – den Charakter –, „neshma" – die Intelligenz – und „yechida" – die Einheit. Im 18. Jahrhundert öffnete man den Körper, um die Seele zu finden – freilich vergeblich. Aber immerhin hielt man noch „an den Operationen der Seele" fest. Im 19. Jahrhundert wird die Seele krank und gegen Ende des Jahrhunderts treten die ersten Seelenärzte auf. Aber während S. Freud sich als Seelenarzt redlich bemühte, löschten zwei Weltkriege die Seele aus. Nach so langer Geschichte ist sie nun verschwunden und selbst die Genforschung interessiert sich nicht für sie. Nur in der esoterischen Bewegung des ausgehenden zwanzigsten Jahrhunderts wird die Seele ständig bemüht – freilich ohne zu bestimmen, was denn mit diesem Begriff gemeint ist. Die Seele verkommt hier zu einem Begriff, der alles und somit nichts bedeutet und wird weitgehend zu einer Leerformel.

Analytische Psychologie: Nach C. G. Jung ist die Seele des Menschen seine Fähigkeit, immer wieder eine Harmonie in sich herzustellen. Die Seele gleicht Animus (die männliche Erscheinungsform unserer Essenz) und Anima (die weibliche Erscheinungsform unserer Essenz) in uns aus. Die moderne Psychologie knüpft an den Seelenbegriff die Vorstellung von der Identität und Individualität einer Person.

Literatur: In der Literatur wird die Seele meistens als der Träger psychischer Vorgänge angesehen. So schrieb der berühmte Freud-Biograf Irving Stone einen Roman über S. Freud mit dem Titel „Der Seele dunkle Pfade". Auch Graham Greene benutzte in dieser Weise den Begriff „Seele“ im Titel seines Romans „Zwiespalt der Seele“ und selbst der postmoderne amerikanische Romancier Douglas Adams fühlte sich vom Begriff der Seele angezogen, so dass er einen seiner ironischen Romane „Der lange dunkle Fünfuhrtee der Seele“ nannte.

Philosophie: Der römische Philosoph Lukrez, der weitgehend auf die materialistische Lehre Epikurs zurückgreift, sieht die Seele als ein Konglomerat von Atomen an, das dem Zerfall und dem Tod wie der Körper ausgesetzt ist. Doch bis ins 16. Jahrhundert wurde die Seele weitgehend als unsterblich angesehen. Das sollte sich mit dem italienischen Philosophen Pietro Pomponazzi ändern, der in seinem Werk „De immortalitate animae“ (1516) davon ausging, dass in der Materie alles Sein und somit auch die Seele begründet liegt. Der Mensch tritt nach seinem Tod wieder in den Kreislauf der Materie ein. Für lange Zeit sollte Pomponazzi mit dieser Ansicht allein dastehen. Im 19. Jahrhundert nimmt der Pragmatiker Gustav Theodor Fechner einen Sitz der Seele im Gehirn und im Nervensystem an; er sieht im weiteren Sinn den Sitz der Seele im Körper und damit in der ganzen Welt, und spricht von einer „Allbeseelung der Welt“, die der „amima mundi“ (Weltseele) entspricht. Damit wendet er sich gegen eine monadologische Sicht der Seele, die seit Descartes vorherrschte, indem die Philosophen die Seele als ein abgeschlossenes, relativ starres Zentrum von Impulsen ansahen. Für Fechner stellt die Seele ein dynamisches Feld von Bewegungen dar. Damit gründete Fechner eine moderne Sicht der Seele, die William James philosophisch untermauerte.

Seemann Der Seemann personifiziert die männliche Sexualität, Unruhe und Fernweh, andererseits auch Abenteuerlust und unreife Männlichkeit. Er ist der Abenteurer, der sich nicht bindet, im Grunde ein Bild für den Single; ähnlich auch der ↗Matrose.

Der Seemann kann mit den Gefühlen umgehen. Er weiß im Meer der Gefühle seinen Kurs zu halten.

Seeräuber ↗Pirat

Seerose Die Seerose verweist auf unsere Gefühlswelt. Sie ist ein Symbol der Vollkommenheit. Sie bildet die Verbindung von Unbewusstem und Bewusstem ab, da ihre Wurzeln im Schlamm unter dem ↗Wasser gründen und ihre Blüte auf der Wasseroberfläche schwimmt.

Segel ↗Segelboot

Segelboot ↗Seefahrt

Segelflugzeug Segelflugzeug bedeutet Ausnutzung der natürlichen Möglichkeiten.

Es ist die Art des ↗Fliegens, die dem Flug eines ↗Vogels am nächsten kommt. Das Segelflugzeug ist psychologisch betrachtet ein Sinnbild für die Kraft des Intellekts. Wie beim ↗Segelboot wird hier angesprochen, dass man sich gleiten – also fallen – lässt. Ferner steht das Segelflugzeug als Sportgerät für Freiheit und Mut.

Segeln Segeln verweist auf ein Vorwärtskommen mit natürlichen Hilfsmitteln. Das Segel dient dem Vortrieb, der Antriebsenergie („mit vollen Segeln fahren“ – „den Wind aus dem Segel nehmen“). Man nutzt seine natürlichen Fähigkeiten aus, um im Gebiet der Gefühle sich sicher zu bewegen.

Segeln bedeutet ferner Exklusivität, vor allem in der Welt der großen Hochseeyachten. Es zieht viele romantische Projektionen von Müßiggang und Reichtum an. Vielfach wird Segeln auch als ein sanftes Dahingleiten auf dem Wasser begriffen und deswegen mit Entspannung und Ruhe assoziiert; als Sport auch mit Freizeit und Spaß.

Segen Segen bedeutet Unterstützung für eine Bemühung. Ursprünglich symbolisierte der Segen das Wohlwollen Gottes, das auf einem menschlichen Werk oder dem Menschen selbst ruht. Zunächst wurde dieses Wohlwollen als immateriell gedacht. Mit zunehmendem Pragmatismus jedoch wurde der Segen zu etwas Handfestem: Es ist der Regen, der Segen bringt, und seit dem 16. Jahrhundert ist es der Geldsegen, der nach J. Calvin das Wohlwollen Gottes zeigt. „Sich regen, bringt Segen", verkündete man seit der Reformation und machte somit Gottes Segen von den Bemühungen des Menschen abhängig. Der Segen wird somit vom Geschenk Gottes zu Gottes Lohn für den menschlichen Fleiß.
Heutzutage ist der Segen eher ein Geschenk, eine Form des Glücks, das man bei Unternehmungen hat. Allerdings schwingt auch heute noch mit, dass man sich für den Segen bewähren muss. Wo man sich nicht bewährt, wo man Schlechtes tut, darauf ruht kein Segen. Das Gesegnete ist immer das Positive.

Sehen ↗Erkennen

Sehhilfe ↗Brille

Sehne Die Sehne bedeutet Spannung, oft auch innere Spannung.

Seide Seide bedeutet Sinnlichkeit, Herrschaft, Wohlergehen und Luxus, ähnlich wie ↗Satin und ↗Samt. Die Seide entspricht symbolisch der Haut. Sie kühlt und wärmt zugleich.
Bedeutsam ist die ↗Farbe der Seide und in welcher Form sie auftritt.

Seife Seife ist ein verbreitetes Reinigungssymbol (wie auch ↗Bad, ↗Dusche und ↗Sauna). Sie kann auch als Schmiermittel auftreten. Seife löst das Fett auf, das den Schmutz an die Haut bindet. Sie kann deswegen für Lösung und Auflösung stehen. Die Redensart „jemanden einseifen", (d. h. betrügen) hat wahrscheinlich nichts mit Seife zu tun, sondern mit einem ähnlich klingenden jiddischen Wort.
Wichtig ist die ↗Farbe und Form der Seife.

Seifenblase Die Seifenblase ist ein viel benutztes Symbol der Illusion. Sie kann andererseits auch an die Freuden der Kindheit erinnern oder an die Vergänglichkeit.
Literatur: In Schillers „Die Räuber" heißt es: „Wo sind deine hochfliegenden Pläne? Sind's Seifenblasen gewesen, die beim Hauch eines Weibes zerplatzen?"

Seil Das Seil symbolisiert häufig die sichernde Hilfe, die einem gereicht wird. Das Seil kann ferner auf eine Bindung verweisen. Allerdings werden Delinquenten auch mit einem Seil aufgehängt. Dieses Seil wurde „die Halskrause des Henkers" genannt.
Eine wichtige Rolle spielen Seile in der Schifffahrt (↗Schiff, ↗Seefahrt), wo sie zu jeder Art des Festmachens benutzt werden.
Beim Bondage (der erotischen Fesselung) dient das Seil dazu, den anderen zur erotischen Hingabe zu zwingen. Es schafft eine ausweglose Situation von Opfer und Täter. Er erzwingt Hingabe.

Literatur u. Film: In Abenteuerbüchern und -filmen hilft ein Seil häufig beim Abstieg von Türmen oder hohen Gebäuden. Es tritt dann als ein Hilfsmittel bei der Flucht auf – oder es soll die Flucht als Fessel verhindern (sehr beliebt bei Karl May).
Bruce Chatwin beschreibt in „In Patagonien" eine alte Seemannsvorstellung. Weht der Wind günstig bei der Rückreise, dann sagen die Seeleute, dass die Geliebten mit Seilen das Schiff in den Hafen ziehen. In der Flaute allerdings oder beim ungünstigen Wind vergnügen die Geliebten sich gerade mit einem anderen Liebhaber. Das Seil symbolisiert also die (sexuellen) Anziehungskräfte zwischen Mann und Frau.
Philosophie: Nietzsche beschreibt den Menschen als ein Seil, das zwischen Tier und Übermensch gespannt ist.

Seilbahn ↗Gondel

Seiltanz Der Seiltanz ist sprichwörtlich für eine Haltung, mit der man es vielen recht machen will oder mit der man (meist durch Taktieren) Risiken umgehen möchte. Oft wird auch vom Seiltanz geredet, wenn sich einer in seinen Entscheidungen und Taten hin- und herwindet. Immer geht es darum, die Katastrophe, den ↗Absturz zu vermeiden.
Der Seiltanz symbolisiert auch Mut und Geschicklichkeit, einen geschickten Umgang mit dem Risiko, und ↗Show, denn er ist eine klassische Zirkusattraktion.
Philosophie: Friedrich Nietzsche benutzt in „Also sprach Zarathustra" das Bild des (abstürzenden) Seiltänzers, um die Situation des modernen Menschen zu beschreiben. Zarathustra tröstet den abgestürzten und sterbenden Seiltänzer, dass es keinen Gott gäbe, was große Freiheit bedeute.

Seitensprung Der so genannte Seitensprung, das Abweichen von der rechten Linie, ist ein Symbol der Freiheit. Bisweilen birgt er auch Gefahren. Er drückt die Macht der Triebe aus, die von keinen Konventionen einzugrenzen sind.

Sekt Der Sekt ist ähnlich wie der ↗Champagner ein Symbol für Luxus und Erotik (wegen des Prickelns). Er drückt häufig eine Sehnsucht nach Geselligkeit, Entspannung und Luxus aus.

Sekte Als Sekte wird im allgemeinen Sprachgebrauch die Glaubensgemeinschaft bezeichnet, die zu dem herrschenden Glauben in Konkurrenz steht. Das zeigt sich deutlich an der Sektenverfolgung der evangelischen Kirche, die selbst wieder aus Sicht der katholischen Kirche als Sekte betrachtet werden kann.
Sekten bringen entweder kulturelle Erneuerungen oder sind der Ausdruck religiöser Verblendung.

Selbstgespräch Selbstgespräch bedeutet Selbstbezogenheit und Narzissmus. Es deutet oft ein Gefühl der Einsamkeit an.

Selbstmord Der Selbstmord kann als Freiheitstat und Zeichen von Mut angesehen werden. Andererseits wird er als Flucht und ↗Sünde von Moralisten verurteilt. Er ist meistens eine Verzweiflungstat. In der Kultur der Eskimos gilt der Selbstmord als Möglichkeit, direkt ins Paradies zu gelangen. Die Inuit (Eskimos) haben mit Abstand die größte Selbstmordrate der Welt.
Literatur: Nur Gott kann einen Selbstmord begehen, denn Menschen sterben von selbst, meint Jean Paul. Ein Roman, der viele Selbstmorde bewirkte, war Goethes „Die Leiden des jungen Werthers".

Viele ahmten den dort geschilderten Selbstmord nach, so dass noch heute die Psychologen vom „Werther-Effekt" reden, wenn Selbstmorde nachgeahmt werden – was häufig der Fall ist.
Philosophie: Einer der Philosophen des Selbstmords war der Existentialist Albert Camus, der mit Selbstmord aus dem Leben schied, nicht ohne über diese Möglichkeit ausgiebig reflektiert zu haben.

Selbstmord-Attentäter Selbstmord-Attentäter verkörpern für viele westliche Menschen (besonders seit dem Terroranschlag auf das ↗World Trade Center in New York am 11.09.2001) menschliche Teufel oder Todesautomaten.
Der wohl älteste Selbstmord-Attentäter ist der Imam Hussein, ein schiitischer Heiliger, der sich 680 n. Chr. in der Schlacht gegen Ungläubige opferte. Im 12. Jahrhundert waren es die Assassinen (von denen das engl. Wort „assassination" für „Attentat" stammt), die Würdenträger anderer Glaubensrichtungen und speziell Kreuzritter umbrachten und sich von den Bewachern ihrer Opfer töten ließen. Die japanischen Kamikaze-Flieger, die oftmals als Selbstmord-Attentäter angesehen wurden, gehören im engeren Sinn nicht zu dieser Gruppe, da sie zu ihren Einsätzen gezwungen worden sind.

Sellerie Die Knolle des Selleries wird als weibliches, die Stangen des Selleries werden als männliches Sexualsymbol gedeutet. Sellerie wird seit der Römerzeit als Aphrodisiakum betrachtet. Er kann andererseits auch auf gesunde Ernährung verweisen, da sein Genuss den Blutdruck senkt, da er die Blutgefäße erweitert.

Seminar Seminar bedeutet Fortbildung. Es ist bei diesem Symbol bedeutsam, was dort gelehrt wird. Immer wird darauf hingewiesen, dass etwas gelernt werden muss, zum Beispiel, um auf dem Lebensweg voran zu kommen. Bedeutsam ist das Thema des Seminars.

Semmel ↗Brötchen

Senf Symbol der Schärfe, der Würze und des Intellekts. Der Senf weist ferner auf Ironie oder gar Zynismus hin, gilt aber nicht eben als wertvoll: Wer „seinen Senf dazugibt", der macht eine ungefragte oder unpassende Äußerung.

Senkrechtstarter Der Senkrechtstarter, ein Begriff aus der Welt der militärischen Düsenjäger, ist ein geläufiges Symbol des sozialen und ökonomischen Aufstiegs, für eine Blitzkarriere.

Sense Die Sense ist ein altes, heute veraltetes bäuerliches Gerät. Deswegen steht sie heute häufig als Symbol für die gute alte Zeit auf dem Lande.
Als die Sense noch ein alltägliches Arbeitsgerät war, stand sie symbolisch für das Abschneiden, vor allem das Abschneiden des Lebensfadens und damit für den Tod. Der „Sensenmann" war eine überall anzutreffende Vorstellung. So symbolisiert auch in der Astrologie die Sense den ↗Saturn, der als Gevatter Tod mit ihr das beschneidet, das zu hoch gewachsen oder reif ist.
Literatur: In einem bekannten Volkslied heißt es: „Es ist ein Schnitter, heißt der Tod / Hat Gewalt vom Großen Gott".

Send ↗Jahrmarkt

September Der September war vor der römischen Kalenderreform durch Julius Caesar der siebte Monat, woher sein Namen stammt. Deswegen kann der September auch die ↗Sieben und die ↗Neun symbolisieren.

Sessel Der Sessel steht für Freizeit, Muße und Gemütlichkeit. Er ist ein Ausdruck eines Ruhebedürfnisses. Allgemeines bei ↗Möbel.
Die ↗Farbe und das Material des Sessels sind von Bedeutung.

Setzkasten Der Setzkasten ist ein klassisches Ordnungssymbol. Es symbolisiert häufig, dass man die einzelnen Ereignisse und Elemente seines Lebens im Zusammenhang sehen soll. Da er heute eine ↗Antiquität ist, wird mit diesem Symbol die Vergangenheit angesprochen.

Seuche Seuchen wie die ↗Pest oder andere ↗Epidemien bedeuten Ansteckung und Gefahr.
Die Seuche wurde oft als Metapher für all das benutzt, das man dämonisieren wollte. Man sprach von der roten oder kommunistischen Seuche, von der gelben Seuche, die Juden wurde als Seuche bezeichnet und auch wie alle Außenseiter für den Ausbruch von Seuchen verantwortlich gemacht. Die ersten großen Massaker an den Juden in der Mitte des 14. Jahrhunderts wurden damit begründet, dass die Juden einen bösen Geist trügen, der Seuchen ausbrechen ließe.
Psychologisch gesehen sind Seuchen ein Symbol seelischer Störungen oder zumindest großer Verunsicherung. Die Seuche tritt deswegen meistens im Angsttraum auf und symbolisiert dort einen gefährlichen Angriff aus dem Unbewussten – eben einen Angriff von Mächten, die man nicht sehen und nur schwer kontrollieren kann.

Sexualität Sexualität ist Vereinigung. Ob verteufelt, ob tabuisiert, ob vergöttert oder gefürchtet – Sexualität und Erotik spielen bei sehr vielen Symbolen eine Rolle. Der tatsächliche Geschlechtsverkehr (↗Beischlaf) tritt weniger häufig auf als all die Gefühle, die um die Sexualität herum gelagert sind.
Psychologisch gesehen geht es bei diesem Symbol darum, vollständiger zu werden. Man nimmt durch die Sexualität das andere in sich auf. Man verbindet sich mit dem, was man nicht ist. Es liegt auf der Hand, dass in Trennungs- und Beziehungskrisen, d. h. immer wenn man sich unvollständig fühlt, dieses Symbol gehäuft auftritt. Da die Sexualität die intensivste Kommunikation darstellt, zu welcher der Mensch fähig ist, kann diese Symbolik als Anregung zu einer tieferen Kommunikation mit anderen angesehen werden.
So drückt sie oft unerfüllte Wunschvorstellungen aus oder ist ein Symbol der Verbindung und der tiefen Kontaktaufnahme mit der gegengeschlechtlichen Seite, auch der eigenen gegengeschlechtlichen Anteile. Die männliche (Animus) und die weibliche (Anima) Seite verbinden sich. Sexualität weist oft auf die Geheimnisse des Lebens wie ↗Geburt und ↗Hochzeit hin oder auch auf ↗Liebe, ↗Tod und Teufel.
Siehe auch ↗Analverkehr, ↗Cunnilingus, ↗Fellatio, ↗Fessel, ↗Homosexualität, ↗Küssen, ↗Masochismus, ↗Oralverkehr, ↗Sadismus.
Psychoanalyse: Häufig wird S. Freud und der Psychoanalyse vorgeworfen, dass sie in allem ein sexuelles Symbol sehen würden. Das ist keineswegs der Fall, S. Freud, zusammen mit Max Weber, wehrte sich gegen die Nietzsche-Interpretation, dass Sex alles sei und die Befreiung der Sexualität alles löse. Nietzsche, von dem S. Freud den Begriff „Es“ übernahm, sah S. Freud als einseitig dionysisch an. Wenn auch vieles die Sexualität symbolisiert, so

spricht das keineswegs für ein Ausleben der Sexualität, sondern eher für Sublimation von Sex in Arbeit.
Literatur: Einer der Autoren der Weltliteratur, der sich mit der Sexualität eingehend auseinander gesetzt hat, ist D. H. Lawrence. Er bezeichnet die Sexualität als die zitternde Aufregung im Körper, das letzte Aufbäumen des Selbstbewusstseins und als das letzte Wort in einem Abschnitt, bevor ein neues Thema eingeführt wird. Außerdem bezeichnet Lawrence Sexualität als eine Art der Unterhaltung. Die Werke von Lawrence sind voll von Bestimmungen, was Sexualität ist und sein könnte.
Der britische Romanautor Lawrence Durell beschreibt die Sexualität als „das süße Chaos des Körpers“ (in „Justine“).
Der Kreis der Literaten um Henry Miller, Lawrence und Alexander Durrell und Anaïs Nin in Paris und später auf Korfu beschreibt ausführlich das Lebensgefühl der Boheme in den 1930er Jahren, das auf freier Sexualität aufbaute, die später von der Hippiebewegung jener sechziger und siebziger Jahre wieder aufgenommen wurde. Als eine Abrechnung mit diesem Lebensgefühl kann Michel Houellebecqs Bestseller-Roman „Elementarteilchen“ (1998) angesehen werden. Houellebecq vertritt hier die Ansicht, dass Sex, sobald man ihn von der Zeugung loslöst, nicht so sehr dem Lustprinzip folgt, sondern vielmehr dem Prinzip der narzisstischen Unterscheidung. Er führt zur eitlen Individualisierung.
Aus weiblicher Sicht wurde die Sexualität in den tiefenpsychologisch reflektierenden Tagebüchern von Anaïs Nin und in ihrer Geschichtensammlung „Das Delta der Venus“ oder auch von der 1942 geborenen amerikanischen Bestsellerautorin Erica Jong geschildert. Bei beiden amerikanischen Autorinnen wird der freie sexuelle Ausdruck mit der Befreiung der Frau verbunden.
Film: Wie in der Literatur ist auch im Film das häufigste Thema die Sexualität. Berühmt und schockierend waren die (für heutige Verhältnisse völlig harmlosen) Sexszenen zwischen Greta Garbo und John Gilbert, die alle aus dem Stehgreif aufgenommen wurden. Marilyn Monroe meinte vor Reportern: „Sex ist natürlich, und ich halte mich an die Natur“. Von Bette Davis, der Hollywood-Darstellerin schwieriger Frauentypen, gibt es einen ähnlichen Ausspruch.

Sexualorgane ↗Geschlechtsorgane

Sichel Mit der Sichel wird etwas abgeschnitten und somit beschnitten. Die Sichel ist als das traditionelle Erntewerkzeug schlechthin das Emblem der ↗Bauern, deswegen symbolisieren ↗Hammer und Sichel den kommunistischen Arbeiter- und Bauernstaat.
Die Sichel ist heute wie die ↗Sense ein Ausdruck der Sehnsucht nach Natürlichkeit und somit einer regressive Sehnsucht nach den alten Zeiten. Sie verweist manchmal auch auf die keltische Kultur der Druiden.
Antike: Mit der Sichel wird Uranos kastriert.

Sicherheit Sicherheit bedeutet Berechenbarkeit und somit Planung. Mit der Sicherheit ist stets zugleich ihr Gegenteil, die Unsicherheit, angesprochen. Die Sicherheit beherrscht das Denken vieler Zeitgenossen, da die Welt zunehmend als unsicher empfunden wird. Mit äußerlichen Sicherheiten, die von den ↗Versicherungen abgesichert werden, sucht man den Dämon der Unsicherheit (meist vergeblich) zu ban-

nen. Die einseitige Ausrichtung auf die Sicherheit verstellt den Blick dafür, dass zum Leben beide, die Sicherheit und die Unsicherheit gehören. „Life is taking risks" – Leben ist Risiko, sagt der Engländer.
Der Sicherheit wohnt häufig etwas Starres, Festhaltendes inne. Sie wurde seit dem Ende der sechziger Jahre des 20. Jahrhunderts zu einem Symbol kleinbürgerlicher Ängste.
Im politischen Bereich wird Sicherheit häufig mit militärischen Fragen verbunden. Mit Androhung von Waffengewalt will man der Unsicherheit Herr werden. Die so genannte Sicherheitspolitik gebärdet sich fast immer als autoritäre Einschüchterung. Die Sicherheit wird (wie so oft) intensiv beschworen, um den Blick von der Unsicherheit abzuziehen.

Sieb Das Sieb bedeutet Auswählen. Beim Sieben verliert man etwas und behält das, was zählt. Das Sieb sondert das Feine vom Groben – im übertragenen Sinn wird das Gute vom Schlechten geschieden. Es bezieht sich auch auf das, was nichts zu halten vermag, auf das Lückenhafte („ein Gedächtnis wie ein Sieb").
Mittelalter: Das Sieb galt als ein Attribut der Hexen, die es neben dem Besen für ihre Ritte durch die Luft gebrauchten, und der Schwarzmagier. Das hängt damit zusammen, dass es offenbar noch um 1600 das schon in der Antike bekannte „Sieborakel" gab, das ähnlich wie das bekannte „Tischerücken" funktioniert haben muss.

Sieben Die Sieben wurde stets als besondere und heilige Zahl angesehen. Sieben ist die Zahl, die Weibliches und Männliches verbindet. Denn bevor Leibnitz die Irrationalzahlen erforschte, stellte man zum Beispiel Pi als 22/7 dar. D. h., mit der rationalen (männlichen) Zahl Sieben kann man eine Irrationalzahl (weibliche Zahl) darstellen. Die Sieben ordnet die Welt der Musik und der Elemente in Oktaven (= 7 Tonschritte). Dass die Sieben eine Glückszahl ist, zeigt sich unter anderem im Spiel 77. Sieben ist auch in der Weise dem Glücksspiel verbunden, dass sich die Zahlen der gegenüberliegenden Seiten eines Würfels stets zu sieben addieren.
Man unterschied die sieben Künste und Wissenschaften und die sieben Lebensalter des Menschen. Mit der Sieben wird stets eine vollständige Gruppe bezeichnet, was mit dem Ausdruck „Sieben auf einem Streich" aus dem Märchen „Das tapfere Schneiderlein" ironisiert wird.
Zu den vielen Siebenergruppen gehören noch die sieben Farben bei der prismatischen Brechung des Lichts und die sieben Planeten, die man unbewaffneten Auges erkennen kann.
Analytische Psychologie: Die Sieben besitzt nach C. G. Jung immer Zeitcharakter (vgl. die sieben Mondtage).
Christentum: In der jüdischen Kultur ist die Zahl Sieben besonders hervorgehoben. Der siebenarmige Leuchter der Juden symbolisiert u. a. die sieben Stämme Israels. Außerdem feiert man alle sieben Jahre ein Jubeljahr. Das Christentum übernahm dies. In der Apokalypse des Johannes etwa tritt immer wieder die Zahl Sieben auf. Das Christentum kennt die sieben Tugenden und die sieben Todsünden. Der siebte Tag ist der Ruhe geweiht, da auch Gott an ihm ruhte (nach Gen 2.3). Ferner werden in der römisch-katholischen und der orthodoxen Kirche sieben Sakramente unterschieden.
Um seine Ablehnung des Christentums zu dokumentieren, nannte Aleister Crowley eins seiner magischen Bücher „Liber 777".

Sieg Sieg bedeutet Überlegenheit. Das Symbol Sieg hängt immer zusammen mit Durchsetzungsvermögen und Erfolg. Da die wichtigsten Kämpfe im eigenen Inneren ausgeführt werden, stellt dieses Symbol einen Hinweis auf eine bewusste Entwicklung dar.
In dem Sinne zeigt dieses Symbol das Ende oder die Überwindung einer Krise an.

Siegel Das Siegel spricht entweder das Siegel der Verschwiegenheit an oder man verschließt etwas (meist sich selbst). Siegel verweisen zugleich auf Identität und Wichtigkeit.
Christentum: Das „Buch mit sieben Siegeln", von dem man auch umgangssprachlich spricht, um etwas völlig Unzugängliches zu bezeichnen, geht auf die Apokalypse des Johannes zurück, in der ein Buch mit sieben Siegeln, das nur Gott zugänglich ist, beim Weltende eine große Rolle spielt (Apk 5–8).

Siegerkranz ↗Kranz

Signal Ein Signal bedeutet Hinweis und Hilfe, es geht um eine wichtige Mitteilung, deshalb spricht man auch von „Signalfarben".

Silber Silber wird als Symbol dem Gefühlsbereich zugeschrieben. Silber gilt seit der Frühzeit als ein Mond- und ein weibliches Symbol. Silber ist das Zweitrangige (nach dem ↗Gold), aber trotzdem wertvoll („etwas versilbern", d. h. zu Geld machen). Daneben spielt oft der Glanz des Silbers eine Rolle, zum Beispiel in poetischen Wendungen vom silbernen Glanz des Mondes oder eines Sees. In diesen Zusammenhang gehört auch der hoffnungsvolle Silberstreif, der am Horizont erscheint.
Mittelalter: Wenn man altes Silber zu einer Kugel einschmelzt, so dachte man, kann man damit Hexen erschießen. Es ist eines der wenigen Mittel gegen Hexen.

Singen Singen bedeutet Frohsinn und Freude, siehe ↗Lied. Nur in der Ganovensprache heißt „singen" etwas verraten.
Literatur: Der Orientalist und Dichter Friedrich Rückert betonte immer wieder in seinen Gedichten und Übersetzungen, dass die Welt singbar sei.

Single Single bedeutet Unabhängigkeit. Der Single ist ungebunden und widersteht dem gesellschaftlichen und evolutionären Drang, sich in Paaren zusammenzufinden. Singles sind Freiwild auf dem Beziehungsmarkt.
Der freiwillige und überzeugte Single symbolisiert die Kultivierung des Alleinseins und die Kunst, meist stilvoll mit sich selbst zu leben. Er steht für Erfolg und Freiheit. Der unfreiwillige Single, wie verwitwete Rentner und Verlassene, manchmal auch der ↗Junggeselle, symbolisieren die Unfähigkeit, eine Beziehung leben zu können, oder eine negative Vereinsamung, die zur Skurrilität führt und unglücklich macht.

Singvogel Singvögel betonen in besonderer Weise die Sehnsucht nach einem befreiten Gefühlsausdruck und nach Leichtigkeit. Sie verkörpern die Freiheit und den Genuss des Lebens. Allgemeines und Verweise auf einzelne Vogelarten bei ↗Vogel.

Sinn Wird der Sinn angesprochen, meint man meist den Sinn des Lebens.
Im weiteren Sinne wird der Sinn als Zweckmäßigkeit betrachtet. Die Frage nach dem Sinn ist häufig eine nach der Funktionalität.

Seit Darwins Evolutionstheorie tritt die Frage nach dem Sinn des Lebens in den Hintergrund. Sie wird beantwortet durch das Ziel der Evolution, nämlich das Überleben. Dennoch erschienen mit der postmodernen Esoterik wieder die Sinn-Monopolisten, deren Weltbild simpel, aber poliert ist, und die auf alles eine Antwort haben.
Philosophie: Friedrich Nietzsche sah als Quelle der Freiheit und Selbstverantwortung an, dass das Leben keinen Sinn hat. Ludwig Wittgenstein ging davon aus, dass, wenn man den Sinn des Lebens finden würde, dieser nicht kommunizierbar wäre.

Sinne Die Sinne verweisen auf die Sinnlichkeit und Wahrnehmung. Die Sinnesorgane dienen der ↗Kommunikation, die als nonverbale Kommunikation eine wesentliche Rolle im zwischenmenschlichen Verständnis spielt. Viele Wahrnehmungen unserer Sinne bleiben uns unbewusst. Den bewussten Anteil bewerten wir fälschlich als objektive Wahrnehmung. Die Sinne stehen dagegen stets für unsere subjektive Wahrnehmung und sprechen häufig unsere Bewertungen an.
Film: Die Gefahr, in der Welt der Sinne zu versinken, zeigte der Film des japanische Regisseurs Nagisa Oshima „Im Reich der Sinne“ (1976) auf. Die sinnliche Besessenheit endet mit dem Tod des Mannes. Dieser Film wurde 1977 von der deutschen Staatsanwaltschaft vorübergehend wegen Pornografieverdacht beschlagnahmt.

Sinnesorgane ↗Sinne

Sintflut Die Sintflut, von der die Bibel berichtet, hat Gott geschickt, um die Menschen zu bestrafen (Gen 6–7). Sie galt lange Zeit als entscheidender geschichtlicher Einschnitt ganz zu Anfang der Entwicklung der Menschheit. Davon leitet sich der Ausdruck „vorsintflutlich“ ab. Der bekannte Ausspruch der Madame Pompadour 1757 „Après nous le déluge“ („nach mir (eig.: uns) die Sintflut“) heißt, was nach mir geschieht, ist mir ganz gleichgültig.
Umgangssprachlich bezeichnet man heute mit Sintflut einfach nur starke Regenfälle, siehe auch ↗Flut.

Sirene Sirenen bedeuten Gefahr und ↗Alarm, sie weisen auf Krieg oder eine (Feuer-)Katastrophe hin. Häufig spielt der durchdringende Ton eine Rolle.

Sirup Sirup ist das Klebrige, an dem man leicht hängen bleibt, er ist meist süß (↗Süßigkeit).

Sitzen Sitzen symbolisiert Entspannung. Es kann allerdings auch für Trägheit und Untätigkeit stehen.
Sitzen zu bleiben bedeutet, ein Leistungsziel nicht zu erreichen. Im Sitzen sieht man einen Großteil der Welt von unten.

Sitzmöbel ↗Stuhl, ↗Sessel

Sitzplatz Der Sitzplatz in der Bahn, im Stadion oder im Theater ist der bessere, teurere Platz. Er ist ein Symbol des Ausruhens und der Gelöstheit.

Skarabäus ↗Käfer

Skat Skat ist ein Sinnbild der Geselligkeit und des Spiels. Wird oft mit Stammtisch und geselligen Männerrunden assoziiert.

Skateboard Skateboard bedeutet körperliche Geschicklichkeit und Jugend. Es gilt als amerikanisch und (deswegen) modern. Im weiteren Sinn ist das Skateboard ein

Ausdruck der Jugendlichen, sich über alles hinwegsetzen zu können und eine schnelle Leichtigkeit zu genießen.

Skelett ↗Knochen

Ski Der Ski ist ein Mittel zum Gleiten und im weiteren Sinn eins, um sich fallen zu lassen.
Das Skifahren vermittelt das Gefühl des „Flows", des Fließens, wie in einem kreativen Prozess. Es ist Naturnähe und drückt Urlaub und Entspannung aus. Allerdings werden auf heutigen Skipisten eher Bretterschlachten ausgefochten. Skifahren kann zur Zeit eher als ein Bild der Entfremdung von der Natur und Naturzerstörung angesehen werden. Es ist auch ein Bild der Eitelkeit.
Da sich Skifahren weitgehend im ↗Winter abspielt, wird mit diesem Bild auch die Bedeutung „kalt" im psychologischen Sinn von „distanziert" angesprochen. Siehe auch ↗Abfahrtslauf und ↗Schnee.

Skifahren Skifahren verweist sowohl auf Sportlichkeit als auch auf Mode. Es ist „in" und somit ein Symbol der Anpassung. Es verweist auf Leichtigkeit und darauf, sich fallen zu lassen.
Fährt man gut, geht alles glatt im Leben. Fällt man, deutet das auf ↗Hindernisse hin.

Skispringen Skispringen verdeutlicht Mut und Kühnheit. Es ist auch ein Ausdruck von Leichtigkeit, Eleganz und Überwindung der Trägheit.

Sklave Der Sklave ist ein verbreitetes Symbol der Abhängigkeit. Er verkörpert den Ausgebeuteten und denjenigen, der keine Macht über sich besitzt. Symbolisiert der Sklave eher die ökonomische Ausbeutung, so verkörpert die Sklavin eher die sexuelle Ausbeutung.
Der Sklave kann die Lust oder die Angst vor der Unterdrückung ausdrücken.
Philosophie: Friedrich Nietzsche wurde zu seiner Zeit dafür bekannt, dass er die christliche Moral als „Sklavenmoral" bezeichnete, und statt dessen die Freiheit des Menschen propagierte.

Skorpion Der Skorpion besitzt einen feingliedrigen Körper, der in einem giftigen Stachel endet, mit dem er plötzlich angreift, sich aber auch selbst den Tod geben kann. Die Spannung zwischen Leben als Leiden und Tod im Sinne von Befreiung schwingt auf allen Ebenen dieses Symbols mit.
Der Skorpion ist seit alters im gesamten Mittelmeerraum ein gefürchtetes Tier. Er dient deswegen überall als Zeichen lebensfeindlicher, dämonischer oder teuflischer Mächte, wegen seines (phallischen) Stachels schwingt häufig auch ein sexueller Aspekt mit.
Er tritt häufig als Symbol der Angst und des ↗Schattens auf. Mit dem Skorpion wird das ↗Gift angesprochen, das sowohl tötet als auch heilt.
Wenn auch der Skorpion landläufig als negativ betrachtet wird, so kann er auch ein mächtiges positives Sinnbild der Verwandlung der Lebenskraft darstellen. Er ist dem Symbol der ↗Raupe verwandt, die sich zum ↗Schmetterling wandelt. Träumt man vom Skorpion, ist dies fast immer ein Hinweis darauf, dass etwas Altes (an dem man häufig leidet), aufgelöst wird, auf dass etwas Neues entsteht.
Christentum: In der Bibel wird der Skorpion in einem Atemzug mit der ↗Schlange als Verkörperung des Teuflischen genannt (Luk 10.19). Deswegen ist er auch in der mittelalterlichen Kunst stets Sym-

bol des Teufels oder einer tödlichen Bedrohung.

Skulptur Skulptur bedeutet Form und Abbild. Sie ist das Künstliche und Unbelebte, das Erstarrte, andererseits ist sie auch das Schöne, das die Schöpferkraft des Menschen ausdrückt.
Für eine genauere Deutung ist zu betrachten, wen oder was die Skulptur darstellt.

Skunk ↗Stinktier

Slow Food Im Gegensatz zum ↗Fast Food symbolisiert das Slow Food Kultur und gesundes Essen.

Smaragd Der grüne Smaragd ist einer der härtesten Edelsteine. Er symbolisiert den Charakter oder die Seele als inneren Kern. Astrologen verbinden den Smaragd mit den Tierkreiszeichen Stier und Krebs. Siehe auch ↗Schmuck.
Antike u. Christentum: Der Smaragd galt in der Antike und im Mittelalter als ein besonders hochwertiger und heilkräftiger Edelstein, auch als Zeichen der Reinheit und damit der Keuschheit.

Smily ↗Emoticons

SMS SMS bedeutet Kommunikation der Jugend und Insider-Sprache. SMS ist eine Abkürzung für „Short message service“ (ursprünglich für Nachrichten bis zu 160 Zeichen) im Mobilfunknetz. Heute spielt der Austausch von SMS-Nachrichten speziell bei Jugendlichen eine wesentliche Rolle (da dieser Service preisgünstig oder kostenfrei ist). Durch die SMS-Nachrichten entsteht eine neue Sprache, die stark verkürzt ist und ihre speziellen Ausdrücke besitzt. Diese Sprache kann als ein wesentlicher Bestandteil der postmodernen Jugendkultur angesehen werden.
Von vielen Erwachsenen wird die Kommunikation per SMS als Kommunikationsverarmung und Sprachverfall kritisiert. Wenn auch diese Kommunikation nur indirekt geschieht und so Emotionen auch nur indirekt ausgedrückt werden können, kann man im SMS-Austausch auch den Ansatz einer zeitgemäßen Sprachveränderung oder eines kreativen Sprachgebrauchs sehen.

Socken Socken spenden Wärme, sie können als modisches Accessoire auftreten und somit ein Persona-Symbol sein. Wie der ↗Fuß und der ↗Schuh deutet die Socke auf Erdung. Socken mit Löchern zeigen somit eine Unsicherheit in der Erdung an, die sich unter anderem in einem unorganisierten Alltagsleben zeigt. Sie können auch auf Armut verweisen.

Sodomie In der Welt der Symbolik steht einesteils die Sodomie für die Verbindung mit dem ↗Tier und somit mit dem Tierischen im Menschen, auf der anderen Seite wird sie als Verbrechen angesehen, da sie der natürlichen Ordnung entgegensteht. Die Sodomie kann auch als Ausnutzung der Natur angesehen werden.
In früheren Zeiten wurde auch Homosexualität zwischen Männern als Sodomie bezeichnet, da es sich um „widernatürliche Unzucht“ handele.
Christentum: Die Stadt Sodom wurde von Gott wegen ihrer Lasterhaftigkeit zerstört (Gen 19), es wird dort aber nicht gesagt, welcher Art diese Laster waren.

Sofa ↗Couch

Sofakissen ↗Kissen

Sohn Der männliche Nachkomme verkörpert mehr als das ↗Kind allgemein oft Schöpferkraft und Hoffnungen, Zukunftsideen und alle neuen Projekte. Der Sohn ist auch häufig das andere Ich.
Analytische Psychologie: Der Sohn ist nach C. G. Jung der volle Ersatz des Vaters, er ist die Garantie der Unsterblichkeit des Vaters. Man sollte hier auch den Anklang von „Sohn“ und „Sonne“ betrachten.

Solarium Das Solarium bedeutet Hingabe, Entspannung und Wärme. Es wird mit diesem Symbol die künstliche Sonne angesprochen, und somit auf etwas Unnatürliches verwiesen. Das Solarium deutet oft auf die Gefahr des Hautkrebses hin, und somit auf die Gefahren, die mit der Eitelkeit verbunden sind.
Früher war das Solarium ein Symbol der Erotik – wegen der Nacktheit und weil dort die Haut gebräunt wird. Mit zunehmendem Gesundheitsbewusstsein gilt Bräune aber nicht mehr grundsätzlich als „in“; entsprechend wird wieder wie in vorigen Jahrhunderten die weiße Haut erotisiert und das Solarium gilt als Ort, den der Bewusste meidet.

Soldat Soldat bedeutet Kämpfen. Der Soldat ist ein verbreitetes Symbol männlicher Aggression, andererseits auch der Kameradschaft. Im Männertraum wird mit dem Soldaten oft die Sehnsucht nach der Verbindung mit anderen Männern ausgedrückt.

Sombrero Der Sombrero lässt Mexiko und insgesamt Mittel- und Südamerika assoziieren. Er ist der Schattenspender (von span. „sombra“ – der Schatten).

Sommer Sommer bedeutet in den hiesigen Breiten ↗Sonne und einfaches, heiteres Leben. Der Sommer ist ein Symbol der Energie, der Tatkraft und des Erfolgs. Er kann auch ein Symbol der Freizeit und der Ferien sein. Er steht für Wärme in jeder Hinsicht und für Glück und Laszivität.
Literatur: Der amerikanische Romancier Henry James befand, dass die beiden Worte Sommer und Nachmittag zu den schönsten der englischen Sprache gehören. Virginia Woolf behauptete, dass das Fundament ihres Lebens auf einer Sommererinnerung beruht, die sie halb wach nur in ihrem Kinderzimmer in St. Yves hatte. Für Klaus Mann ist Sommer der Geschmack der blauen Luft (in „Der Wendepunkt“).

Sonde Eine Sonde bedeutet die Aufforderung, etwas genau zu untersuchen und einer Sache oder Angelegenheit auf den Grund zu gehen. Sonde bedeutet häufig nicht nur in die Tiefe, sondern auch nach innen zu gehen.

Sonne Sonne bedeutet ↗Licht und Leben. Die Sonne ist das archetypische Symbol schöpferischer, positiver Energien. Allerdings kann die Sonne auch verbrennen und zerstören (durch Austrocknung). Die Sonne wird (im Gegensatz zum ↗Mond) traditionell dem Leben des Mannes zugeordnet, besonders dem des ↗Helden.
Antike: Spätestens seit den Stoikern wurde die Sonne als beseelter und intelligenter Himmelskörper betrachtet. Später breitete sich im ganzen römischen Reich der Mithras-Kult aus, in dessen Mittelpunkt die Verehrung der Sonne stand. Da dieser Kult eine der stärksten Konkurrenzreligionen zum Christentum war, wird hier die Sonnensymbolik nicht besonders betont – und wenn, dann wird darauf bestanden, dass Gott die Sonne geschaffen hat und ihren Lauf lenkt.

Sonnenblume Die Sonnenblume ist ein durchweg positives Symbol, das Naturnähe verdeutlicht. Sie steht für ↗Sommer, Freude und Gesundheit.

Sonnenbrille Eine Sonnenbrille hilft, sich nicht blenden zu lassen. Häufig drückt sie Anonymität aus oder Unsicherheit. Sie wird mit „Coolness“ assoziiert, besonders eine ↗Brille mit verspiegelten Gläsern.
Sonnenbrillen sind heute zum modischen Accessoire geworden. Sie wurden häufig mit Filmstars assoziiert. Das kommt daher, dass Stars die ersten Sonnenbrillen trugen, weniger, um geheimnisvoll auszusehen, sondern um ihre Augen vor dem hellen Bühnenlicht zu schützen.

Sonnenfinsternis Die Sonnenfinsternis gilt als Sinnbild der Verdunkelung des Bewusstseins. Zu allen Zeiten wurde sie als Gefahrensymbol bewertet. Oft sah man sie als ein Zeichen des Weltuntergangs oder anderer ↗Katastrophen.

Sonnenuntergang Der Sonnenuntergang verbildlicht den ewigen Zyklus des Lebens, der häufig in der Natursymbolik angesprochen wird. Wir gehen beim Untergang der Sonne von der einen in die andere Welt über, wie auch der alte Mensch von der aktiven in die ruhige Phase übergeht. Wichtig ist, das Positive an dieser neuen Phase zu entdecken. Nach dem Tagesbewusstsein treten wir in das Bewusstsein der Nacht, in dem der weise Traum zu uns spricht.
Die Zeit des Sonnenuntergangs wird oft als magische Zeit betrachtet, in welcher der Mensch für „feinere Schwingungen“ – also für seine intuitive Wahrnehmung – besonders offen ist.
Beim Sonnenuntergang erscheint die Sonne durch die Lichtbrechung der Atmosphäre ↗rot. Dieses rote Licht wurde besonders in früheren Zeiten als angstbesetzt erlebt, heute dient es fast schon als Klischee für eine romantische Stimmung, besonders der Sonnenuntergang am Meer.

Sonntag Der Sonntag ist in Ländern mit christlicher Tradition der besondere Tag, der heilige Tag, an dem man zu sich selbst kommt. Er ist ein Symbol der Ruhe. Er mag an Familientristesse und Langweile erinnern oder andererseits auch an Freude und selbstbestimmte Zeit.
Nicht zu vergessen ist auch der Zusammenhang mit der ↗Sonne: So gilt ein Sonntagskind als ein Glückskind.

Souvenir Ein Souvenir erinnert an eine Begebenheit aus der Vergangenheit, die noch heute wirksam ist. Mit ihm will man Erinnerungen festhalten und konservieren. Zum anderen ist Souvenir auch Tand.
Um was es sich konkret handelt, darüber gibt die Art des Souvenirs Auskunft.

Spalte Spalte bedeutet Einschnitt. Die Spalte symbolisiert häufig das weibliche Sexualorgan. Sie kann auch als ein Symbol auftreten für ein ↗Hindernis, das es zu überwinden gilt. Die Art der Spalte gibt einen Hinweis darauf, um was für ein Hindernis es sich handelt.
Spalte bedeutet ferner Spaltung und somit Dualität. In einigen Fällen spricht sie die Tiefe und das Verborgene an.

Sparen Sparen bedeutet zurückhalten. Sparen ist ein Ausdruck des Sicherheitsdenkens. Häufig spricht es Ängste an und ein fehlendes Vertrauen in die eigenen Kräfte, weitere Aspekte bei ↗Erspartes.

Spargel Der Spargel ist nicht nur nach S. Freud ein phallisches Symbol. Vergleiche dazu das bekannte Lied der Comedian Harmonists „Veronika, der Lenz ist da", in dem die Sexualsymbolik des Spargels witzig benutzt wird.
Spargel als Gericht bedeutet Genuss, er gehört traditionell zu den „feinen" Speisen.

Sparkasse ↗Bank, ↗Erspartes, ↗Sparen

Sparstrumpf ↗Strumpf

Spaten Beim Spaten wird mühevolle körperliche Arbeit und somit Mühe oder Stärke assoziiert. Er ist auch das Symbol des Gärtners. Psychologisch gesehen drückt er die Arbeit an der Erdung aus. Ferner kann der Spaten auch darauf aufmerksam machen, dass man mehr in die Tiefe gehen soll.

Spatz Sie sind ein Symbol der Frechheit und des Durchsetzungsvermögens der Kleinen. Sie gelten als unwichtig, belanglos („mit Kanonen auf Spatzen schießen"), zum Beispiel im Gegensatz zur ↗Nachtigall. Spatzen verkörpern auch Geheimnisse, die ausgeplaudert werden.
Ferner sind sie ein Kosename für Mädchen. Wie jeder ↗Vogel symbolisiert der Spatz die Leichtigkeit.
Literatur: Seit Erich Weinerts satirischer Lyrik wurde der Spatz bei sozialistischen Autoren als Bild beliebt für den klassenbewussten Arbeiter, dem „ein Proletenherz unterm Brustbein schlägt" (E. Weinert: „Sächsische Sperlings-Marseillaise").

Spaziergang Der Spaziergänger ist der Mensch, der sich erholt, der abschaltet, um dem Stress des Büros oder der Muffigkeit der Stube zu entkommen. Er lüftet sich aus, das heißt, er macht sich frei für neue Gedanken. Das ist der „produktive Spaziergänger", der sich bewusst erholt oder beim Spazierengehen über etwas nachdenkt. Der „unproduktive Spaziergänger" und somit sein Schatten ist der Müßiggänger.
Mit dem Spaziergang sind häufig – wie im bekannten Osterspaziergang aus Goethes „Faust" – romantische Vorstellungen verbunden, besonders wenn dieser Spaziergang im Frühjahr stattfindet.
Literatur: In der Liebesliteratur findet ein erstes Verlieben oder auch die Verführung meistens bei einem Spaziergang statt. Das finden wir bei D. H. Lawrence (ausgeprägt in „Sons and Lovers") wie auch bei seinem Zeitgenossen John Cowper Powys in dessen Roman „Wolf Solent" (1929). Dahinter steht letztlich die Idee, dass der Spaziergang ein Müßiggang ist, der wie jeder Müßiggang zur Untugend führt.

Spaziergänger ↗Flaneur und ↗Spaziergang

Spazierstock Der Spazierstock ist ein Symbol der Hilfe auf dem Lebensweg. Er steht nicht selten für einen Menschen, auf den man sich verlassen kann. Alte Leute werden häufig mit dem Spazierstock symbolisiert, allerdings auch Wanderer.
Psychoanalyse: Penissymbol.

Specht Der Specht ist ein verbreitetes sexuelles Symbol. Er ist scheu. In der umgangssprachlichen Wendung „Schluckspecht" wird er als gierig gesehen.
Christentum: Weil er beständig klopft, wird er als Symbol des ausdauernden Beters angesehen; andererseits auch als derjenige, der die teuflischen Würmer vertilgt.

Speck Mit Speck fängt man etwas oder jemanden. Deswegen sagt der Volksmund: „Mit Speck fängt man Mäuse". Wie ↗Schinken steht der Speck für das Fleischlich-Tierische. Er tritt auch als ein Symbol der Unreinheit (↗Schwein) auf.
Früher galt Speck als das Nahrhafte, heute steht meist die Furcht dick zu werden im Vordergrund. Er wird auch allgemein als Symbol der Körperfülle angesehen.

Speedboot Speedboot bedeutet Schnelligkeit und Gefahr. Speedbootrennen sind der Sport reicher Männer. Es stellt eine der umweltschädlichsten Fortbewegungsarten auf dem ↗Wasser dar.

Speer Der Speer drückt Aggression, Zielgerichtetheit und Erfolg aus. Die Speerspitze kann auch für Avantgarde stehen.
Psychoanalyse: Penissymbol nach S. Freud.

Speichel Der Speichel ist häufig ein Symbol des Ekels. Er kommt auch häufig in sexuellen Zusammenhängen vor. Fließender Speichel bedeutet Gier. Der „Speichellecker" ist jemand, der sich durch seine Schmeicheleien demütigt.

Speicher Speicher bedeutet bewahren. Der Speicher steht für Ressourcen und Potenzial.
Ein voller Speicher symbolisiert Reichtum, ein leerer Armut. Weitere Aspekte bei ↗Dachboden.

Speise ↗Essen, Verweise bei ↗Lebensmittel

Speiseeis ↗Eiscreme

Speisekarte Die Speisekarte symbolisiert das, was zur Verfügung steht; sie spricht das Problem des Auswählens an.
Ferner bedeutet die Speisekarte Kultur, besonders wenn sie anspruchsvoll gestaltet ist. Wichtig ist der symbolische Wert der aufgelisteten Speisen (↗Lebensmittel).

Sperling ↗Spatz

Sperma Sperma kann als ein Symbol der Schöpferkraft und Lust auftreten oder als ein Ekelsymbol.
Ferner drückt es männliche Schöpferkraft und somit männliche Identität aus.
Asien: Sperma ist die weiße Essenz des Männlichen, die nach der Befruchtung ins obere Chakra steigt und eine Spannung mit der roten weiblichen Essenz im unteren Chakra bildet. Beim Tod wird diese Spannung aufgehoben.

Spezialist Symbol der Entfremdung und des Intellekts, andererseits auch des gesellschaftlichen Ansehens. Dieses Symbol deutet auf Einseitigkeiten des Denkens und Fühlens. Der Spezialist ist häufig der „Fachidiot".
Philosophie: Nach der Entfremdungstheorie von Karl Marx verkörpert der Spezialist den entfremdeten Menschen.

Sphinx Sphinx bedeutet Geheimnis. Sie ist eine Tempelwächterin, die Hüterin der Schwelle. Die Sphinx ist ein klassisches Symbol des Rätselhaften (vgl. den Helden Ödipus, der das Rätsel der Sphinx löst). Sie steht häufig für eine faszinierende Frau. Von ihrem Erscheinungsbild her zeigt sie die Verbindung des Menschlichen mit dem Tierischen (wie der Zentaur).
Antike: Die berühmte ägyptische Sphinx, die aus einem Stein gehauen ist, symbolisiert die Göttin Harmachis. Ähnliche Darstellungen gibt es bei den Hethitern und den Griechen. Neben ihrer Rätselhaftigkeit verkörperte die Sphinx die Harmonie

der Welt und die Lebensenergien, man sagt, der Menschenkopf, die Löwentatzen, der Stiernacken und die Adlerflügel stünden für eine Synthese der vier Elemente. Im Mittelalter wurde die Sphinx als ↗Dämon gesehen, in der Renaissance wurde sie zum Symbol der alten Weisheit.

Spiegel Spiegel bedeutet Eitelkeit und (geistige) Reflexion. Er ist eine geläufige Allegorie der Selbstbetrachtung. Man schaut in den Spiegel, um sich seiner eigenen Identität zu versichern. Sieht man im Spiegel nicht sein echtes, sondern ein Scheinabbild, so verweist der Spiegel auf die Fantasiewelt und das Scheinleben. Im Spiegel sieht man eventuell auch sein wahres Wesen.
Der Spiegel gilt als Attribut der ↗Narren. Er deutet auf die Eitelkeit, die zur Wollust, also einer der sieben Hauptsünden gehört: Denn der Mensch wird vom Spiegel beherrscht, da der Spiegel ihm sagt, wie er auszusehen hat.
Ferner verweist der Spiegel auf Lust und spielt in manchen erotischen Erzählungen und Fantasien eine Rolle.
Analytische Psychologie: Bei C. G. Jung ist der Spiegel meist ein Zauberspiegel, ein wissender Spiegel („Schneewittchen"). Durch den Gebrauch des Spiegels wird man oft in eine mythische Situation versetzt oder man gerät in die Gefahr der psychischen Aufgeblasenheit (Inflation) und verliert seine Erdung.
Psychoanalyse: Der Spiegel vertritt ein Selbstobjekt, deshalb ist die Affinität zum Spiegel als primär narzisstisch zu deuten.
Literatur: Der Spiegel zeigt im Märchen verborgenes und künftiges Geschehen. Er ist der Seelenspiegel, durch den man in eine andere Welt treten kann.
In „Tausendundeine Nacht" zeigt der Spiegel an, ob ein Mädchen züchtig oder unkeusch ist. Bei einem unkeuschen Mädchen ist der Spiegel dunkel und von Staub bedeckt, bei einer reinen Jungfrau ist er klar und leuchtend.
In der orientalischen Literatur und speziell in der persischen Poesie bei Rumi und Saadi (beide um 1260 n. Chr.) ist der Spiegel ein beliebtes Bild, um das gereinigte Menschenherz zu beschreiben. Außerdem wird in dieser Poesie oft betont, dass der Spiegel das einzige Geschenk sei, dass man dem über alle Maßen schönen Geliebten machen kann.
Der Orientalist Friedrich Rückert (1788–1866), der viele dieser Gedichte ins Deutsche übertrug und in seinen Gedichten an sie anknüpfte, meinte, das Wort sei des Geistes Spiegel.
Kunst: Narren mit Spiegel sind häufig im 16. und 17. Jahrhundert dargestellt worden. Ein typisches Beispiel dafür ist das Bild „Narr mit Spiegel" von Hans Holbein dem Jüngeren.
Philosophie: Die Erfindung des gläsernen Spiegels prägte das Denken der mittelalterlichen Scholastiker stark. Viele Veröffentlichungen, auch Lexika, wurden als „Speculum" (Spiegel) bezeichnet. Alle Theorien wurden als Spekulationen (Spiegelungen) angesehen und die Ewigkeit und Unendlichkeit stellte man sich als Spiegelung der Spiegelung vor, eine Idee, die heute wieder in der zeitgenössischen Physik auftritt.
Schopenhauer meinte, man müsse dem unbewussten Willen den Spiegel vorhalten, damit er sein Gesicht erkenne („Die Welt als Wille und Vorstellung" 1859). Der Spiegel wird auch hier als Instrument der Bewusstwerdung angesehen.

Spiel Spiel bedeutet freies, zweckfreies Handeln. Es ist ein Heraustreten aus dem Leben von Notwendigkeit und Pflicht. Zugleich beschleunigt Spielen Lern- und Ar-

beitsprozesse und erzeugt eine kreative Atmosphäre.
Das Spiel drückt Lebendigkeit aus und das Auf und Ab des Lebens. Dieses Symbol verweist auf Kommunikation, auch auf Oberflächlichkeiten. Spiel ist auch häufig ein Ausdruck der Sehnsucht nach Kontakt und Leichtigkeit. Es verweist auf die Kinderwelt.
Jedes Spiel findet in dem sprichwörtlich gewordenen Spielraum statt, in dem klare, aber andere Gesetze als draußen herrschen. Beim Spiel muss man sich den Gesetzen unterordnen, die innerhalb des Spielraums herrschen. Spiel ist Ordnung und ↗Struktur.
Spiel ist die bevorzugte Art, in der unser Gehirn lernt. Oft verweist das Symbol Spiel auf das Lernen.
Philosophie: Platon sieht die Identität von Spiel und heiliger Handlung.

Spielautomaten ↗Spielhalle

Spielbank ↗Kasino

Spieler Das Glücksspiel tritt besonders in der Romanliteratur in seiner dämonischen Gestalt als Sucht auf. Der Spieler ist von der Gier nach leichtem Reichtum getrieben, die ihn ruiniert, wie in Fjodor M. Dostojewskijs Roman „Der Spieler" anschaulich geschildert wird. Dostojewskij verlor selbst in Baden-Baden ein Vermögen beim Spiel (1864/65). Auch Leo N. Tolstoj war als junger Mann von der Spielleidenschaft ergriffen. Er verspielte unter anderem sein Geburtshaus – ein geräumiges Landhaus mit 32 Zimmern. Mit dem Symbol Spieler ist häufig der Ruin verbunden.

Spielhalle Im Gegensatz zur Spielbank ist die Spielhalle der billige Ort des Spiels, wo an Automaten gespielt wird. Da nicht mit Menschen kommuniziert wird, hängt die Spielhalle oft auch mit Vereinsamung zusammen.
Bei diesem Symbol ist es bedeutsam, welche Spielautomaten man dort sieht und ob gewonnen oder ↗Geld verloren wird. Psychologisch gesehen spricht die Spielhalle häufig den Umgang mit Energien und Talenten an.

Spielkarten ↗As, ↗Joker, ↗Karten, ↗Skat

Spielzeug Symbol der Kindlichkeit und Unreife, andererseits auch der Kreativität. Spielzeug verweist oft auf Lernen – und zwar meistens auf eine spielerische, kreative Form des Lernens.
Für eine genaue Deutung ist es von Belang, um welches Spielzeug es sich handelt.

Spieß Der Spieß ist ähnlich wie der ↗Speer zugleich ein Sexual- und ein Aggressionssymbol.
Der Ausdruck „Spießrutenlaufen" für eine peinliche Situation in der Öffentlichkeit geht auf eine schon bei den Römern übliche militärische Strafe zurück, bei der der zu Bestrafende durch eine Gasse von Soldaten mit Spießen laufen musste – meist so lange, bis er den Tod fand.
Am verbreitetsten sind heute die kleinen Spieße, die in der Küche bei Braten und ähnlichen Gerichten verwendet werden.
Psychoanalyse: Symbol des männlichen Glieds und der aggressiven Seite der männlichen Sexualität.

Spindel Meist wird mit der Spindel die Spinnstube assoziiert, in der Geschichten erzählt wurden und alte Frauenweisheit weitergegeben wurde. Die Spindel und das Spinnen verweisen auch auf das „Spinnen", indem diese Frauengeschichten als Spinnereien abgetan wurden.

Allgemein handelt es sich bei der Spindel um ein Symbol des Verbindens und somit der Integration verschiedener Anteile. Hiermit können verschiedene Komponenten eines Problems gemeint sein oder die verschiedenen Seiten der Persönlichkeit des Menschen.
Die Spindel verweist auch auf Zielgerichtetheit, auf den ↗Faden einer Handlung oder eines Gedankens. Siehe auch ↗Webstuhl.
Literatur: Im deutschen Märchen „Dornröschen" tritt die Spindel als Sexualsymbol auf, sie verweist in diesem Fall auf die Entjungferung.

Spinne Spinne bedeutet oft Ekel, was für viele ↗Insekten gilt. Spinnen werden oftmals als typische Kreaturen der Finsternis erlebt, auf die alles Böse, Heimtückische und Unentrinnbare projiziert wird und die damit den tiefverdrängten Schatten ausdrücken. Es handelt sich um ein Symbol, das aus dem tiefsten Brunnen des unbewussten Denkens stammt.
Die Spinne mag auch darauf verweisen, dass Intrigen gesponnen werden. Manchmal taucht sie als Symbol eines unsympathischen asketischen oder künstlerischen Menschen auf.
Überhaupt kann die Spinne die tödliche (weibliche) List verkörpern. Sie wirft ihr schwer sichtbares ↗Netz aus, um ihr (männliches) Opfer zu fangen und auszusaugen.
Bei Frauen zeigt eine negative Einstellung zur Spinne oftmals die Ablehnung der eigenen Weiblichkeit an, möglicherweise handelt es sich auch um einen Hinweis auf Mutterkonflikte und Abhängigkeiten.
Psychoanalyse: Nach S. Freud verkörpert die Spinne die furchtbare Mutter oder die Angst vor dem Mutterinzest.
Mittelalter: Man hielt viele Spinnen für giftige Tiere, die Gift aus Pflanzen saugen – im Gegensatz zur Biene, die den Honig saugt. Da man dachte, sie könne dieses Gift und damit alle möglichen Krankheiten auf den Menschen übertragen, wurde sie als das teuflische Gegenbild zur nützlichen Biene angesehen.
Literatur: Den Volksglauben, dass eine Spinne Unheil bewirken kann, hat Jeremias Gotthelf in der bekannten Erzählung „Die schwarze Spinne" (1843) gestaltet.

Spinnen ↗Spindel

Spinnennetz ↗Spinnweben

Spinnstube ↗Spindel

Spinnweben Spinnweben sprechen stets etwas Altes an oder zumindest etwas lange nicht Benutztes. Wie die ↗Spinnen können die Spinnweben als Ekelsymbol auftreten. Dann symbolisieren sie Schmutz.
Die positive Seite dieses Symbols drückt sich in der Perfektion und Ordnung des Spinnennetzes aus. Wenn der Aspekt des ↗Netzes im Vordergrund steht, dann geht es um Verwicklung und Abhängigkeiten.

Spion Der Spion ist das Urbild des Schattens. Er verkörpert das Böse, das Unberechenbare und Hinterlistige. In seltenen Fällen tritt der Spion als ↗Held auf. Ein Spion personifiziert den Argwohn. Er kann auch auf unser schlechtes Gewissen aufmerksam machen. Häufig ist er der skrupellose Mensch. Weiteres bei ↗Agent und ↗Detektiv.
Psychoanalyse: Der Spion spricht den voyeuristisch-exhibitionistischen Komplex an.
Literatur: In dem erfolgreichen Roman von John le Carré „Der Spion, der aus der Kälte kam" (1963) verkörpert der englische Geheimdienstler in Ostberlin den in

undurchsichtigen Systemen zugrunde gehenden Menschen.
Film: 1965 verfilmte Martin Ritt John le Carrés Roman. Der Film wurde zu einem der Höhepunkte des Genres des Spionagefilms. Dass dieses Genre so beliebt wurde, ist unter anderem daraus zu erklären, dass Spione wie James Bond klassische Heldentypen verkörpern, die die moderne Überwachungsgesellschaft sowohl verkörpern als auch ironisieren. Der Spion drückt die Möglichkeit des einzelnen gegenüber mächtigen Kräften der Politik aus, die gottgleich wirken.

Spirale Sie ist ein uraltes Symbol, das sich auf das Symbol der ↗Schlange zurückführen lässt. Seit der Steinzeit schon hängt die Spirale immer wieder mit der Erneuerung des Lebens und mit ewiger Wiederkehr zusammen.
Die Spirale kann ähnlich wie das ↗Labyrinth für den Lebensweg stehen, auf dem wir uns indirekt dem Ziel nähern. Man kann sie allerdings auch andersherum deuten: Sie warnt davor, dass man sich von seinem Ziel entfernt oder sich verströmt.
Die Spirale beschreibt die Lösung eines Problems als ein Umkreisen der Problematik, wobei man dem Kern immer näher kommt. Sie betont, dass man nur mit vielen Blickpunkten sich einem Ziel annähert.
Die Spirale symbolisiert auch unser Gehirn mit seinen Windungen.
Analytische Psychologie: C. G. Jungs Begriff der „Circambulation“ kann als Spirale verdeutlicht werden: Durch die sich wechselnden Blickpunkte auf das Zentrum kommt man ihm immer näher. So funktioniert das Verstehen.

Spiralnebel ↗Nebel

Spital ↗Krankenhaus

Splitter Der Splitter ist ein Symbol der Kleinigkeiten, die einen aufregen. Ferner ist der Splitter das Unangenehme und Verletzende. Er zeigt, wie man mit Kleinigkeiten unangenehm verletzt werden kann. Splitter verweisen ferner auf die Zersplitterung, bei der sich ein Ganzes zerteilt oder auf Abspaltung, indem ein Kleines sich vom größeren Ganzen löst. Splitter entstehen oft durch Gewalteinwirkung. Etwas bricht und produziert Splitter.
Für eine genaue Deutung ist zu beachten, aus welchem Material der Splitter besteht, und – falls eine Verletzung vorliegt – wo er jemanden verletzt.
Christentum: Dass der Splitter für das Kleine steht, geht vielfach auf eine Bibelstelle zurück, in der es heißt: „Was siehst du den Splitter in deines Bruders Auge und übersiehst den Balken in deinem Auge?“ (Matth 7.3).

Spoiler Der Spoiler am ↗Auto bedeutet Sportlichkeit. Mit dem Spoiler soll Schnelligkeit symbolisiert werden. Er gilt heute als modisches, aber zugleich angeberisches Autozubehör.

Sporen Sporen dienen dazu, ein Pferd schneller laufen zu lassen. Die Sporen helfen so, schneller an sein Ziel zu gelangen. Wer so schnell ist, „verdient sich seine Sporen“, sagt der Volksmund.
Die Sporen symbolisieren auch die Macht des Menschen über die Natur. Mit den Sporen setzt der Mensch seinen Willen der Natur gegenüber durch.
In früheren Zeiten galten die Sporen als ein Abzeichen, das die Zugehörigkeit zu einer besser gestellten Gruppe anzeigte. Nur wer ein Pferd besaß, der trug Sporen – er war „gestiefelt und gespornt“.

Sport Sport bedeutet Wettbewerb, Ehrgeiz, Leistung und Körperlichkeit. Sport wird heute durchweg positiv mit Gesundheit, Fitness und Ruhm assoziiert. Allerdings verweist dieses Symbol auch darauf, sich sportlich im Sinn von fair zu verhalten und auch, ein guter Verlierer zu sein.
„Sport ist Mord", sagte Sir Winston Churchill und ironisiert damit die übertriebene Ernsthaftigkeit, mit der Sport oft betrieben wird.
Philosophie: Der spanische Kulturphilosoph Ortega y Gasset stellte fest, dass der Adel und die Masse ihr besonderes Faible für den Sport gemeinsam haben.

Sportkleidung ↗Kleidung

Sportrad ↗Fahrrad

Sportwagen Der Sportwagen ist ein Imagesymbol, das Aufstieg und Erfolg symbolisiert. Er ist ein Spielzeug, dessen Faszination im Rausch der Geschwindigkeit liegt.
Für die meisten Männer stellt der Sportwagen ein Sehnsuchts- und Potenzsymbol dar.

Sprache Sprache bedeutet Mitteilung, Kommunikation. Wichtig ist, ob diese Kommunikation gelingt oder ob man eine unterschiedliche Sprache spricht – auch wenn man die gleichen Wörter benutzt. Siehe auch ↗Fremdsprache.
Philosophie: Die Sprache ist keineswegs nur reagierend und passiv. Sie ist gleich einem Projektor, der Bilder auf eine Leinwand wirft, die wir dann sehen. Das heißt, mit der Sprache erschaffen wir uns unsere Welt. Deswegen meint auch der österreichische Philosoph Ludwig Wittgenstein, dass die Grenzen der persönlichen Sprache auch die Grenzen der persönlichen Welt darstellen. Wittgenstein gilt als einer der Vorläufer der Postmoderne, denn die postmoderne Philosophie ist häufig sprachphilosophisch ausgerichtet.

Spreizen Mit dem Spreizen ist eine Bewegung angesprochen, bei der zwei gleiche Teile von einander entfernt werden, wobei sie jedoch zugleich weiterhin eine feste Verbindung aufweisen. Somit ist das Spreizen ein (oft gewaltsames) Öffnen und als solches besitzt es sexuelle Anklänge.
Literatur: In der klassischen pornografischen Literatur wird das Spreizen der weiblichen Beine oft geradezu zelebriert. Auch bei Anaïs Nin in „Das Delta der Venus" wird in der Geschichte vom Basken und Bijou das gewaltsame Spreizen von Bijous Schenkeln geschickt zum Spannungsaufbau eingesetzt.

Sprengmeister Ein Sprengmeister verkörpert stets einen gewissenhaften Umgang mit Aggressionen. Er ist ein Mann, der besonnen mit gefährlichen Situationen umgehen kann. Allerdings sucht er die Gefahr, in der er auch leicht umkommen kann.
Film: In dem Film „Der englische Patient" (1996) ist der Sprengmeister der Held.

Sprengstoff ↗Dynamit

Sprengung Die Sprengung ist ein Symbol der gewaltsamen Öffnung, sie steht für Befreiung oder für destruktive Aggression. Für den Psychologen ergibt sich hier oft ein Zusammenhang zu einem Triebstau.

Springbrunnen Der Springbrunnen ist ein Ausdruck von Schönheit und Harmonie. Er ist ein beliebtes Sexualsymbol. Er kann auch auf emotionale Leichtigkeit und Kultur verweisen.

Springen ↗Sprung

Spritze Spritzen treten häufiger als Symbole als im Alltagsleben auf. Sie symbolisieren die Durchbrechung der Körpergrenze. Man dringt nicht ohne Gewalt in das Innere des Menschen ein. Das Symbol Spritze besagt, dass man sich dem Heilenden öffnen muss und dass man sich durch Öffnung heilen kann. Aber diese Öffnung wird mit Schmerzen verbunden sein.
Häufig dient die Spritze auch als Symbol für den Drogenabhängigen.
Psychoanalyse: S. Freud vermutete sexuelle Fantasien wie in dem berühmten Traum von Irmas Injektion. Bei der Spritze im Traum ist zunächst abzuklären, ob ein sexuelles Problem vorliegt. Zum Beispiel werden durch die Spritze oft Hingabeprobleme thematisiert.

Sprung Wenn es um das Springen geht, dann verweist der Sprung auf eine plötzliche Ortsveränderung und auch allgemein auf eine Veränderung jeder Art. Sprichwörtlich ist der große Sprung für große Veränderungen. Ein Sprung drückt Kraft und Mut aus, besonders wenn er im Zusammenhang mit bestimmten Sportarten vorkommt, zum Beispiel der Sprung mit einem ↗Fallschirm, der Sprung des Kunstspringers oder auch des Stabhochspringers.
Ein Sprung bedeutet aber auch, dass sich ein ↗Riss gebildet hat, dass also etwas defekt ist.

Spucke Spucke tritt wie der ↗Speichel als ein Symbol des Ekels oder der Sexualität auf. Sie klebt und steht für das Individuelle wie alle Körpersäfte.
Das Ausspucken kann eine Geste der Verachtung und der Beleidigung sein.

Spucken Heute bedeutet Spucken Verachtung oder, wenn man „sich in die Hände spuckt", dass man etwas tatkräftig angeht. Das Wegbleiben der Spucke drückt Erstaunen aus, weil dann der Mund trockener wird.
Antike u. Mittelalter: In früheren Zeiten galt Spucken als ein Opfer, das man den Göttern darbrachte. Dämonisiert wurde diese Geste erst durch das Christentum. Beim Spucken, so nahm man an, veräußerte man ein Teil seiner Seele und opferte diese den Göttern. Allerdings wenn ein Fremder sich dieser Spucke bemächtigte, konnte er Macht über einen gewinnen. Deswegen gab es „Spuckesammler", welche die Spucke hochgestellter Personen sammelten und an geheimen Orten vergruben. Auch wenn man sich in die Hände spuckte, galt dies ursprünglich als magische Geste, die das mit den Händen zu schaffende Werk segnen sollte.
Literatur: Recht bekannt geworden ist der ironische Song aus den 1970er Jahren: „Jetzt wird wieder in die Hände gespuckt, / wir steigern das Bruttosozialprodukt".

Spülen Reinigungssymbol. Mit dem Spülen wird der Bereich des Haushalts und damit derjenige der Häuslichkeit angesprochen. Man verwischt Spuren und ordnet wieder alles.
Im weiteren Sinn sind mit dem Spülen klärende Emotionen angesprochen.

Spülmaschine Die Spülmaschine ist ein Reinigungssymbol (weitgehend wie ↗Spülen). Hier wird jedoch die Reinigung delegiert.
Historisch gesehen spricht die Spülmaschine die männliche Einstellung zum Haushalt an, denn sie wurde zu der Zeit entwickelt, als sich Frauen zu emanzipie-

ren begannen und vom Mann ihren Anteil an der Hausarbeit einforderten.

Spuk ↗Gespenst

Spukschloss ↗Schloss

Spur Die Spur ist eine ↗Fährte, etwas, das jemand hinterlässt. Die Spur ist meist die Vergangenheit, sie symbolisiert Erfahrungen. Es kann aber auch um eine Spur gehen, die jemand gemacht hat und der man folgen soll. So kann man auf der richtigen oder falschen Spur sein. Für die genaue Deutung ist zu beachten, woher die Spur kommt, wohin sie führt und wer oder was diese Spur hinterlassen hat.
Literatur: Henry Thoreau sieht in seinem Tagebuch Spuren als das an, was der große Geist hinterlässt. In den von Adolf Hitler geliebten Indianer-Romanen Karl Mays wird die Spur stets im Zusammenhang von Flucht und Verfolgung wichtig.

Staat Der Staat und das in ihm herrschende Recht bilden die Grundlagen der bürgerlichen Gesellschaft. Der Staat sorgt für Ordnung, er wird als Autorität betrachtet, kritisiert und gefürchtet – andererseits erwartet man von ihm auch, dass er sich um die Belange des Einzelnen kümmert.
Symbole aus dem Bereich Staat und Recht symbolisieren psychologisch gesehen das Über-Ich. Sie stehen für Konformität und Gewissen. Staat und Recht als Institutionen der Ordnung und Anpassung verweisen häufig auf die Sozialisation in der ↗Familie, in welcher der ↗Vater oft Staat und Recht gegenüber den Kindern vertritt, was nach S. Freud die Voraussetzung zur Über-Ich-Bildung und des Ödipus-Komplexes darstellt.

Staatsanwalt Der Staatsanwalt ist ein klassisches Über-Ich-Symbol wie der ↗Richter. Er ist der strenge Mann, der Ankläger, der Mann ohne Mitgefühl. Bedeutsam ist die ↗Anklage des Staatsanwalts.

Stab Der Stab symbolisiert die Stütze, kann auch eine Waffe sein. Er ist ein bekanntes Phallus- und Machtsymbol (vgl. den Zauber-, Königs- und Heroldstab) und deutet oft auf die Suche nach persönlicher Freiheit hin.
Der Wanderstab hängt für den Psychologen nicht nur mit dem ↗Wandern allgemein zusammen, sondern kann als Stütze auf dem Individuationsweg interpretiert werden. Als Hirtenstab verweist dieses Symbol außer auf romantische Vorstellungen vom Landleben (↗Hirt) auf die Verantwortung für die Triebe, denn die zu hütenden ↗Tiere entsprechen der tierischen Seite des Menschen.
Der Stab galt lange Zeit als Sinnbild der Bader und Wundärzte, die ihn mit roten Tüchern umwickelten. Der Stab selbst symbolisierte das Holz, das der Patient während der Behandlung fest umklammern musste, um nicht zu zucken. Später entwickelte sich aus diesem Sinnbild der Bader die Friseurstange mit roten Streifen, die heute noch mancherorts einen Friseurladen anzeigt.
Mittelalter: Seit alters her wird mit dem Stab auch magische Macht verbunden (↗Zauberstab, Wünschelrute, ↗Äskulapstab). In diese Tradition passte auch der Stab, mit dem Moses Wasser aus einem Felsen schlägt (Ex 7.8–12); so tragen zahlreiche Heilige auf mittelalterlichen Bildern Stäbe in der Hand. Davon zu unterscheiden ist aber der Hirtenstab, der immer damit zusammenhängt, dass Jesus als der „gute Hirt“ bezeichnet wird.

Stachel Der „Stachel im Fleisch" symbolisiert ein Hindernis im Leben, das entfernt werden muss oder auch Verlangen und Begehren. Sonst weist das Symbol Stachel eine ähnliche Bedeutung wie das Symbol ↗Splitter auf. Siehe auch ↗Bienenstich.

Stacheldraht Abgrenzung oder Verletzung: Der Stacheldraht tritt häufig als Aggressionssymbol auf; er stellt eine gefährliche Behinderung dar, warnt vor Verletzungen und sagt: Vorsicht!
Beim Stacheldraht ist es für die Deutung wesentlich, was durch ihn abgegrenzt wird.

Stadion Das Stadion symbolisiert Öffentlichkeit, Volkstümlichkeit und teilweise auch Erregung. Mit ihm wird ähnlich wie mit der ↗Arena oder dem ↗Amphitheater meistens Sport und somit Schaukampf assoziiert. Bedeutsam ist, was dort geschieht.

Stadt Die Stadt ist seit dem Mittelalter ein bekanntes Muttersymbol, da sie Schutz und Einkommen gewährte und meist mit einer Mauer umgeben war (Uterus).
Besonders die Großstadt ist ein Symbol für Kontakt, Hektik, Entfremdung und Einsamkeit. Sie kann andererseits auch als ein Symbol der Kommunikation und der Kultur auftreten. Das Merkmal der städtischen Kultur, so könnte man sagen, ist die Verfeinerung.
Die großen Städte wie London, Paris und Berlin sind viktorianische Erfindungen. Sie boomten im späten neunzehnten Jahrhundert und waren in dieser Zeit Zentren der Macht und der Kultur. Allerdings wuchsen sie auf der Basis einer Technologie, die heute überholt ist und nun Schwierigkeiten speziell im Verkehr bietet.
Die ideale Stadt (siehe das „himmlische ↗Jerusalem") geistert noch heute durch manche Träume. Meistens ist es eine streng geometrische, wie ein ↗Mandala angeordnete Stadt, deren Bewohner fröhlich und glücklich wirken. Mit dieser Stadt ist das Selbst gemeint, das im Ideal die Kräfte des Bewussten und Unbewussten klar und übersichtlich ordnet. Kommt das Traum-Ich in diese Stadt oder – was häufig in so genannten Initiationsträumen vorkommt – sieht es sie von oben, fühlt es sich sogleich geborgen und zu Hause. Es scheint die Straßen zu kennen, in denen es oftmals Menschen trifft, die ihm eine wichtige Mitteilung übermitteln.
Ist die Stadt menschenleer, wird die Klarheit ihrer Geometrie besonders deutlich, andererseits wirkt eine menschleere Stadt immer auch bedrohlich.
Weiteres bei ↗Altstadt, ↗Großstadt, ↗Viertel, ↗Vorstadt.
Analytische Psychologie: Die Stadt symbolisiert das Vorankommen auf dem Individuationsweg oder die seelische Umwelt des Träumers.
Psychoanalyse: Die Stadt symbolisiert nach S. Freud die Frau.
Literatur: Leo N. Tolstoj betonte einseitig den negativen Aspekt der Stadt. Für ihn symbolisierte sie Armut, Schmutz und sittlichen Verfall. Er kam zu dieser Ansicht, als er in Moskau lebte. Seine Frau Sofia überredete ihn zu diesem Schritt, den er bitter bereute. Tolstoj war einer der ersten, der die Zerstörung der natürlichen Landschaft durch Städte öffentlich anprangerte. Wie Tolstoj, sieht auch der amerikanische Dichter Henry Thoreau die Stadt als unvereinbar mit dem Temperament des Menschen an. Für Thoreau symbolisierte die Stadt alles Schlechte.
Für Daniel Defoe war die Stadt wie eine Person. Er nahm damit die Idee des Got-

tesstaates auf und bezog ihn auf die Stadt: Das Haupt der Stadt ist Christus, die Bürger sind die Glieder. Außerdem wird selbst noch in der zeitgenössischen Literatur – wie bei Peter Ackroyd „London. Eine Biografie" (2002) – die Großstadt als ein Riese personifiziert.
Film: Charlie Chaplin war derjenige Regisseur und Filmschauspieler, der immer wieder betonte, dass er ein Stadtmensch sei. Er pflegte zu sagen: „Ich wurde in der Stadt geboren. Ich wohnte in den Städten. Die Städte liegen mir wie ich ihnen".

Stadtmauer Die Stadtmauer symbolisiert Sicherheit und Schutz (wie auch das Symbol ↗Damm). Sie ist ein Symbol der Geborgenheit und der positiven Weiblichkeit (wie die ↗Höhle).
Die Stadtmauer beschwört auch ein Bild des Mittelalters voller romantischer Projektionen, Erinnerung an Ferien, Ausflüge und Besichtigungen.
Analytische Psychologie: Die Stadtmauer betont nach C. G. Jung die mütterliche, beschützende Seite eines Menschen.

Stadtplan Stadtplan bedeutet Orientierung ähnlich wie auch ↗Atlas. Er betont das Erkennen von Zusammenhängen, dient dem Erkennen des Ziels und der eigenen Position. Er birgt das Wissen des Wegs. Der Stadtplan kann auch der Lebensplan sein, an dem man sich orientieren kann.

Stadtviertel ↗Viertel

Staffelei Die Staffelei ist ein Symbol der Kreativität wie alle Symbole aus dem Umkreis der Kunst. Sie ist das Symbol für den Maler und somit für das subjektive Abbild der Außenwelt.
Für die genauere Deutung ist das Bild auf der Staffelei wichtig.

Stahl Symbol der Härte („hart wie Krupp-Stahl"), der Entschlossenheit und des Willens.
Besonders polierter Stahl kann edel wirken. Die Kälte des Stahls und seine glatte Oberfläche sprechen Gefühlskälte und Distanz an, siehe auch ↗Eisen und ↗Metall.

Stahlarbeiter Der Stahlarbeiter verkörpert den harten oder „echten" Mann.

Stahlhelm Der Stahlhelm bedeutet Schutz. Er lässt ↗Krieg und ↗Soldaten assoziieren. „Stahlhelm" war auch ein Bund und eine Zeitschrift der deutschen Soldaten.

Stall Stall bedeutet Schutz. Im übertragenen Sinn ist er die Gesellschaftsgruppe, von der man kommt. Im Sinne der Zugehörigkeit drückt das Symbol Stall meistens eine elitäre Einstellung aus.
Da im Stall Tiere und nicht Menschen wohnen, hat er oft eine negative Bedeutung. Als Mensch im Stall wohnen zu müssen, ist eine Erniedrigung. Das spielt eine wichtige Rolle auch bei der Geburt von Jesus in einem Stall (Luk 2.7).

Stamm ↗Baumstamm

Stammbaum Der Stammbaum zeigt die Abstammung an, nämlich auf welches Elternpaar man zurückgeht. Er verweist auf die Wurzeln, also auf die Ursprünge eines Geschlechts. Besonders wichtig ist die eindeutige Abstammung beim Adel, der sich über seinen Stammbaum definiert.
Prächtige Stammbäume finden wir von adeligen Geschlechtern gezeichnet, bei den Bürgerlichen spielte die Abstammung nie eine derart wichtige Rolle.

Die fast in Vergessenheit geratene Stammbaumforschung wurde während des dritten Reichs wieder aktuell, als viele ihr arisches Blut mit einem Stammbaum beweisen mussten. Heute ist die Beschäftigung mit seinem Stammbaum ein weit verbreitetes Hobby, besonders bei Amerikanern, die damit ihre Geschichtslosigkeit kompensieren. Das führte speziell in England und Irland zu einem regelrechten Stammbaum-Tourismus.

Standbild ↗Statue

Standesamt Das Standesamt ist zwar auch für anderes zuständig, doch meist wird damit die ↗Hochzeit assoziiert. Es drückt oft eine Sehnsucht nach einer engeren Bindung aus oder die Angst vor ihr. Es zieht romantische Sehnsüchte an und symbolisiert einen Einschnitt im Leben. Es kann Niederlage oder Glück, Berechnung oder Naivität bedeuten.

Standuhr Im Gegensatz zur gewöhnlichen ↗Uhr schwingt beim Symbol Standuhr stets etwas Altertümliches mit. Die Standuhr macht das Verrinnen der ↗Zeit sicht- und hörbar.
Literatur: Zu Beginn des Romans „Tristram Shandy" beschreibt Lawrence Sterne, wie sein Vater am ersten Sonntagabend jeden Jahres die große Standuhr aufzog und als äußerst regelmäßiger Mensch zum Sklaven der Zeit wurde. Dieses Aufziehen der Uhr wird als unnatürliche Disziplin dargestellt.
Film: Das Ticken der Standuhr ist ein beliebter Spannungseffekt im klassischen Kriminalfilm.

Stange Die Symbolik gleicht der von ↗Stab und ↗Stock. Für eine genauere Deutung ist es wesentlich zu beachten, welche Funktion diese Stange besitzt und aus welchem Material sie besteht.
Asien: Der chinesische Zen-Meister Sekiso prägte den Koan von der Stange, bei dem die Stange das Ende der Illusion bedeutet.

Star Der (Film-)Star bedeutet Erfolg. Der Psychologe erkennt in Fantasien vom Star-Sein ein geschwächtes Ich. Man möchte im Mittelpunkt der Bewunderung und Anerkennung stehen – meistens in Situationen, in denen man mit Niederlagen fertig werden muss.
Psychoanalyse: Überkompensation (Reaktionsbildung) einer Persönlichkeitsschwäche.

Start Start bedeutet Anfang. Der Start ist der Beginn eines Wettkampfs, der oft mit dem Startschuss beginnt. Da es eine beliebte Metapher der Neuzeit ist, das Leben als einen Wettlauf zu sehen, empfinden wir uns häufig in den Startlöchern hockend, um auf ein Zeichen hin los zu hetzen.
Im weiteren Sinn symbolisiert der Start jeden Neubeginn oder den Anfang einer Unternehmung, zu der man ein „Starter kit" (Grundausrüstung) bekommt.

Startlöcher In den Startlöchern zu hocken, bedeutet bereit zu sein. Man ist bereit für den Wettkampf, man wird sich mit anderen messen. Auf der anderen Seite ist das auch ein Bild für Nervosität, denn der Nervöse verhält sich im Leben ständig, als ob er in den Startlöchern hocken würde und jederzeit losrennen müsse.

Startschuss ↗Start

Statue Statue bedeutet Vorbild; sind Menschen dargestellt, dann geht es um Anerkennung und Erhöhung (oder Überhöhung), bei Politikern auch um Macht.

Eine Statue kann auch eine Erstarrung symbolisieren. Immer verkörpert sie ein Ideal und ist in diesem Sinn unmenschlich.
Das Material der Statue drückt den Charakter des Dargestellten aus. Es ist entweder versteinert, hölzern, durchsichtig, hart oder weich. Seine Farbe charakterisiert das Dargestellte als natürlich, glänzend, dunkel oder hell.

Stau Der Stau bedeutet, dass eine zielgerichtete Bewegung zum Erliegen gekommen ist. Er ist zum Symbol des übertriebenen Individualverkehrs geworden und zum Grund eines Ärgernisses. Der Stau weist auf eine Überlastung hin und auf die Anfälligkeit unserer Verkehrssysteme.

Staub Der Staub ist ein geläufiges Symbol der Vergänglichkeit, denn alles zerfällt zu Staub. Er warnt vor Eitelkeit und davor, sich selbst zu wichtig zu nehmen.
Staub bedeutet Vernachlässigung. Er ist das, das alles bedeckt und vergessen lässt. Man kann ihn allerdings auch aufwirbeln und damit eine höchst unangenehme Atmosphäre schaffen.

Staubsauger Der Staubsauger ist ein Symbol der Sauberkeit und des ordentlichen Heims. Er kann auch für Biederkeit, Sterilität und Beschränktheit stehen.
Psychoanalyse: Das Symbol Staubsauger kann auf eine Analfixierung hindeuten.

Staudamm ↗Damm

Staunen Erstaunen bedeutet stets eine Abweichung von der Erwartung. Es verweist auf das Neue, aber auch auf Betroffenheit. Oft hat das Staunen einen kindlich-naiven Aspekt.

Stechen Stechen besitzt immer auch eine sexuelle Bedeutung, da in der Symbolwelt bei jedem Eindringen das Sexuelle mitschwingt. Ferner macht es uns auf unsere Aggressionen aufmerksam und spricht unsere Bereitschaft zur Öffnung an.
Im Sport bedeutet der Ausdruck „Stechen" gegeneinander um den Sieg antreten. Weiteres bei ↗Erstechen und ↗Stachel.

Stehen Stehen steht häufig für Selbstbewusstsein und Aufrichtigkeit. Oft spielt der Gegensatz zum ↗Fallen eine Rolle.

Stehlen Stehlen deutet auf Besitzgier und Unzufriedenheit. Es kann auch für Mut und Kühnheit stehen. Fast jeder Verlust kann als ↗Dieb betrachtet werden, siehe auch ↗Einbruch und ↗Raub.

Stein Stein bedeutet Festigkeit. Der Stein ist ein Symbol der Unbarmherzigkeit, der Härte und des Todes (vgl. auch „Herz aus Stein"). Er verweist auf unsere Verhärtungen und Erstarrungen, besonders als Stein in einem Körperorgan.
Der Stein ist ferner ein Symbol der Beständigkeit („steinalt") und des Körpers.
Für eine weitere Deutung sind die Art, Form und ↗Farbe des Steins wichtig, und wofür der Stein dient.
Der Stein in einer Frucht verweist auf die Essenz dieser Frucht und somit auf die Lebensessenz als das Unzerstörbare und zugleich Fruchtbare.
Antike: Seit frühesten Zeiten verehrten die Römer den „lapis niger" (den schwarzen Stein). Dieser schwarze Stein markierte das Ende der Via sacra auf dem Forum. Wie der schwarze Stein der Kaaba in Mekka wird auch dieser Stein als Meteorit gesehen, als ein Bote vom Himmel.
Dieser Meteorit wurde von den Griechen „betilo" genannt, was vermuten ließ, dass

das hebräische „bethel" auch auf diesen Stein zurückgeht. Bethel war der Name, den Jakob dem Stein gab, den er als Kopfkissen nutzte, als er den Traum von der Himmelsleiter hatte (Gen 28.18).
Mittelalter: Bei den Alchemisten hatte eine hervorragende Bedeutung der Stein der Weisen, der kurz „lapis" (lat. Stein) oder „Stein" genannt wurde. Er symbolisierte das Ziel des alchemistischen Prozesses, das Ziel jeglicher Verwandlung.
Literatur: William Blake nannte die Backsteine, aus denen die Häuser gebaut sind, „wohlgearbeitete Gemütsbewegungen". Der englische Dichter Thomas Hardy vernahm die Stimme der Steine in London, so wie der Magier und Poet Aleister Crowley einst die Stimme der Steine im ägyptischen Museum in Kairo vernahm.

Steinbock Steinbock bedeutet Askese und Arbeit. Das im hohen Gebirge lebende Tier mit seinen gewaltigen Hörnern kann auch das Scheue und Entrückte verkörpern. In der Astrologie ist das Tierkreiszeichen Steinbock das Zeichen der Wintersonnenwende, also ein hoffnungsvolles Symbol der erneuerten Herrschaft des Lichtes. In der klassischen Astrologie wird dem Steinbock die Formkraft zugesprochen. Er gibt ↗Struktur.
Es ist aber nicht zu vergessen, dass der Steinbock zur Gattung der ↗Ziegen gehört, und alle Böcke (↗Bock) öfter dem Dämonischen zugeordnet werden.

Steinbruch Wer etwas nur als Steinbruch benutzt, der schlachtet es aus, so wie jemand ein altes Gebäude als Materialsammlung benutzt. Der Steinbruch liefert Rohmaterial, er ist ein Ort härtester Arbeit, früher oft auch für Sträflinge.
Beim Symbol Steinbruch wird die Härte des ↗Steins gebrochen. Steinbruch heißt auch Verletzung der Erde durch menschliche Gier.

Steingut Geschirr aus Steingut gilt als rustikales ↗Geschirr, im Gegensatz zum edleren ↗Porzellan.
Steingut hängt mit Häuslichkeit und einer Sehnsucht nach dem einfachen Leben zusammen.

Steinsetzung ↗Menhir

Stelzen Stelzenlaufen ist in unserer Kultur ein verbreitetes Kinderspiel, bei zahlreichen afrikanischen Völkern ist es eine Kulthandlung. Die Person auf den Stelzen symbolisiert die übergroßen Geister, die eher Schutz geben, als gefürchtet werden. Stelzen erinnern also an die Kindheit, eine Zeit, in der man größer sein wollte. Sie verweisen auf einen unnatürlichen Gang („Wie auf Stelzen laufen").

Stempel Der Stempel, wie er in fast allen Büros dieser Welt üblich ist, ist Zeichen einer (bürokratischen) Macht, er gibt einem Vorgang das Flair des Offiziellen.
Ein Namens- oder Adressstempel drückt die Individualität einer Person aus; es kann aber auch darum gehen, dass der Stempel jemanden auf eine bestimmte Richtung festlegt, also „abstempelt".

Steppe Die Steppe ist ein Sinnbild der Kargheit, ↗Askese und eventuell sogar der Enttäuschung.
Auf der anderen Seite kann die Steppe auch Weite und Freiheit ausdrücken. Sie ist der Erfahrungsraum der ersten Menschen.
In Mitteleuropa denkt man bei Steppe meist an die weiten asiatischen Steppen.
Literatur: In Hermann Hesses „Steppenwolf" ist sie ein Symbol der Einsamkeit und Verlorenheit.

Sterben ↗Tod

Stern Stern bedeutet Hoffnung. Der Stern symbolisiert die Führung, Optimismus und das Ziel. Das Symbol des Sterns hängt fast immer mit dem Schicksal zusammen. Sternbewegungen wurden in allen Kulturen als Omen betrachtet; so sagt man bis heute, eine Sache „steht unter einem guten Stern“. Seinem Stern zu folgen heißt, klar zu sein und seine Bedürfnisse zu kennen, seinen inneren Sehnsüchten und Wünschen zu folgen, um sein Leben hell und strahlend werden zu lassen.
Das Wort „Stern“ ist ein uraltes Wort, das in allen germanischen Sprachen noch heute lebt. Es wurde früher im Griechischen, Lateinischen, Keltischen und Armenischen benutzt, um das am Himmel Ausgebreitete und das Verstreute zu bezeichnen. Die Sterne breiten sich am Himmel aus, wenn die ↗Sonne als Bewusstseinssymbol untergegangen ist. So sind die Sterne das ↗Licht in der ↗Finsternis.
Sterne symbolisieren eine Herausforderung an den menschlichen Geist, der ständig versucht, ihre Bewegung und Entstehung zu verstehen.
Der zeitgenössische amerikanische Astronom George Rieke sieht Sterne weniger romantisch: Sterne entstehen und verschwinden durch gewaltige ↗Explosionen.
In vielen Kulturen wurde die Sterne als Lebewesen des Himmels betrachtet, im Judentum und bis zum Ausgang des Mittelalters ging man davon aus, dass jeder Himmelskörper von einem Engel oder Geist regiert wird.
Im Traum des Renaissance-Gelehrten G. Cardano zeigt der herunterfallende Stern die Geburt an. Auch in der Apokalypse fällt ein Stern in den Brunnen, bei Gilgamesch fällt ebenfalls ein Stern auf die Erde. Der Stern weist oft auf die Geburt einer bedeutenden Persönlichkeit, am bekanntesten ist wohl der Stern von Bethlehem (Matth 2.1–12). Von daher stammt die Redensart „er wurde unter einem guten Stern geboren“.
Literatur: Alexander von Humboldt (1769–1859) berichtete von seinen Reisen auf dem Orinoco, dass dort lebende Indianer den Tau als „die Spucke der Sterne“ bezeichnen. Viele südamerikanische Indianer sehen die Sterne als erhöhte Lebewesen an, wie es auch in Europa üblich war. So wird zum Beispiel Ariadne als Stern an den Himmel versetzt, was stets als Auszeichnung angesehen wird.
Der britische Kultautor Stephen Fry bezeichnet die Menschen als „der Sterne Tennisbälle“ in seinem gleichnamigen Roman und drückt damit die Macht der Sterne und die Abhängigkeit der Menschen von ihnen aus.

Sternenschweif Ein Sternenschweif zeigt ein besonderes Ereignis an, das erwartet oder erhofft wird.
Zeitgenössische Astronomen vermuten, dass der Stern von Bethlehem eine rapide zerfallende Supernova war. Solch ein Ereignis wird im Schnitt alle 300 Jahre von der Erde aus sichtbar, siehe auch ↗Komet.

Sternzeichen ↗Astrologie und bei den einzelnen Zeichen: ↗Widder, ↗Stier, ↗Zwillinge, ↗Krebs, ↗Löwe, ↗Jungfrau, ↗Waage, ↗Skorpion, ↗Schütze, ↗Steinbock, ↗Wassermann, ↗Fische.

Stethoskop Das Stethoskop kann als Symbol des ↗Arztes angesehen werden. Mit ihm hört er die Geräusche des Körperinneren ab. Symbolisch gesehen erinnert es an die zweiköpfige Schlange des Heilgottes Asklepios (↗Äskulapstab).

Steuer Steuern bedeuten Abgabe. Mit ihnen ist der Ausgleich von Geben und Nehmen angesprochen.
Steuern werden oft mit staatlicher Unterdrückung, Ausbeutung und Knechtung verbunden. Die Steuern werfen immer die Frage nach der Gerechtigkeit auf. Der Steuereinzieher ist stets der Böse, die „Steuerschraube", die immer mehr angezogen wird, gleicht einem Folterinstrument oder der Presse, mit der der Saft aus den Trauben gepresst wird.
Literatur: Henry Thoreau stiftete die Leser von „Civil Obedience" an, wie er keine Steuern zu bezahlen. Er ging dafür ins Gefängnis (verschwieg jedoch, dass es nur für einen Tag war), was sein späterer Freund, der Dichter Ralph Waldo Emerson, zunächst als „schlechten Stil" bezeichnete, später aber als Beispiel für Thoreaus Integrität darstellte.

Steuermann Der Steuermann ist der Führer eines Schiffes, er ist derjenige, der weiß, wo es lang geht. Er ist eine Autoritätsperson wie der ↗Kapitän.
Literatur: Auch psychologisch sehr interessant ist F. Kafkas kurze Erzählung „Der Steuermann", in der es um Autorität und Erwartungen an Autorität geht.

Steuerrad Ob das Steuerrad beim Schiff oder das Lenkrad im Auto: Wer am Steuer steht, gibt die Richtung an, steht für Verantwortung und Autorität. Das Steuer drückt also Selbstbestimmung und Zielgerichtetheit aus.

Stich ↗Erstechen, ↗Nadel, ↗Stachel, ↗Stechen

Sticken Sticken bedeutet Verzieren und Verbinden. Sticken ist ein Symbol für eine ruhige, altertümliche Frauenarbeit. Häufig wird es mit Bildern der alten Damen verbunden.
Es ist symbolisch zu betrachten, was die Stickerei darstellt, und welche ↗Farben benutzt werden.

Stiefel Stiefel symbolisieren Erdung, Bewegung und Vorwärtskommen. Sie sind ein Symbol für etwas Neues oder Altes („das ist ein alter Stiefel"). Außerdem kann der Stiefel ein Sexualsymbol sein (die Hurenstiefelchen, aus denen man ↗Champagner trinkt). Davon zu unterscheiden ist der grobe Stiefel, den zum Beispiel der Soldat trägt; er gehört in die Welt des Krieges und der harten Männer. Weiteres ↗Schuhe.

Stiel Ein Stiel gehört zu einem Handwerkszeug wie zu einem Hammer oder einem Besen. Er ist das, was etwas hält. Somit symbolisiert der Stiel Sicherheit. Er kann außerdem wie der ↗Stab und die ↗Stange gedeutet werden.

Stier Der Stier ist eine Personifikation des Triebs und der Stärke. Er ist wie der ↗Tiger ein Zeichen der männlichen Stärke und Potenz, auch der Meisterung des Tierischen; er symbolisiert Kraft und männliche Schönheit, aber auch Gefahr, Beharrungsvermögen und Dickköpfigkeit. „Den Stier bei den Hörnern zu packen" und ihn zu unterwerfen, gilt als eine besonders schwierige Aufgabe.
In der Astrologie ist der Stier ein Erdzeichen, das von der ↗Venus beherrscht wird. Deswegen wird die Qualität „Stier" mit Schönheitssinn verbunden. Der Stier ist astrologisch die Personifikation des Genießers. Ihm werden in der klassischen Astrologie allerdings auch Eigenschaften wie Trägheit, Materialismus und Sturheit zugesprochen.
Antike: Der Stier war im Mittelmeergebiet eines der wesentlichen Symbole im Kult

der Großen Mutter, ein Fruchtbarkeitssymbol, das als negatives Bild auch in der Bibel auftaucht. Denn das „goldene Kalb“, dass die Israeliten in ihrer Verzweiflung anbeteten, ist nichts anderes, als das Idol eines solchen alten Fruchtbarkeitskultes (Ex 32).

Stierkampf Der Kampf gegen den ↗Stier erinnert zunächst an ↗Spanien. Er ist ein Symbol für die männliche Kultur und den männlichen Kampf mit dem Tierischen. In dieser Hinsicht kann er als Spielart des Drachenkampfs angesehen werden, bei dem Erzengel Michael und der heilige Georg die Helden waren. Wie diese beiden christlichen Kämpfer sind auch der Matador und der Torero Helden, die narzisstisch ihre männliche Aggression und ihre Überlegenheit zur Schau stellen.
Für die Tierschützer ist der Stierkampf ein Verbrechen gegen die Stiere, das von einer überheblichen Haltung des Menschen der Natur gegenüber zeugt.
Die Attraktion des Stierkampfs liegt darin begründet, dass Gleiches miteinander kämpft. Das männliche Potenzsymbol tritt sowohl als Stier, als auch als der Stierkämpfer auf. Der Stierkampf als Messen der Potenz entzündet deswegen die Frauenherzen.
Nach Karl Braun („Der Tod des Stiers“, 1997) und jenen, die das Ritual des Stierkampfes genauer untersuchten, ist der Stier eines der wesentlichen Symbole der Großen Mutter, zumindest im Mittelmeergebiet. Insofern symbolisiert der Stierkampf auf einer älteren Ebene auch den Kampf des Männlichen gegen das Urweibliche.
Literatur: Ernest Hemingway überhöhte in seinen Erzählungen den Stierkampf und neigte dazu, den Stierkämpfer zu heroisieren. Hemingway war vom Stierkampf fasziniert.

Stigmatisierung ↗Hand

Stille Stille bedeutet oft innere Einkehr. Die Stille gilt als höchster Wert spirituell eingestellter Menschen. In der Stille kommt man zu sich. Sie wird als Gegenbegriff zu der als laut empfundenen äußeren Realität angesehen. Die ↗Klöster werden als Orte der Stille bezeichnet.
Die Stille ist das, wonach sich der gestresste Zeitgenosse sehnt, etwas, das leicht und doch so schwer zu bekommen ist. Die Stille wird mit der ↗Meditation verbunden und ist somit Ausstieg aus der turbulenten Welt ständiger Ereignisse.
Die Stille kann auch eine dörfliche oder kleinstädtische Atmosphäre charakterisieren und bekommt hiermit die Bedeutung von Langweile.
Literatur: In seinem autobiografischen Roman „Stille Tage in Clichy“ beschreibt Henry Miller die lasziven Tage der Boheme im Frankreich der 1930er Jahre. „Still“ wird hier im Sinn von „lasziv“ und Provinz gebraucht.
Film: 1969 wurde dieser Roman erfolgreich von dem dänischen Regisseur Jens Jörgen Thorsen verfilmt, 1989 zum zweiten Mal von Claude Chabrol.

Stimme Die Stimme charakterisiert ihren Besitzer. Speziell der Tonfall sollte für die Deutung berücksichtigt werden.

Stimmgabel Die Stimmgabel bedeutet Harmonie und Musik. Sie steht für die Einschwingung auf eine gleiche Stimmung und somit für die Synchronisierung einer Gruppe. Im übertragenen Sinn verweist die Stimmgabel auf den „guten Ton“.

Stinken ↗Gestank

Stinktier Ein Stinktier ist ein Schattensymbol. Es verweist auf Unreinheit und auf Erzeugung von Distanz, siehe auch ↗Gestank.

Stirn Die Stirn verweist oft auf intellektuelle Fähigkeiten, deswegen sprechen wir auch von der „Denkerstirn". Sie kann auch das Durchsetzungsvermögen ansprechen, denn man sagt „jemandem die Stirn bieten".
Literatur: „Es steht ihm an der Stirn geschrieben, / Dass er nicht mag eine Seele lieben", sagt Gretchen über Mephisto in Goethes „Faust". Dass sich die Gesinnung von jemandem schon an der Stirn ablesen lässt, geht vielleicht auf das Zeichen zurück, dass Kain von Gott bekam, nachdem er seinen Bruder Abel ermordet hatte (Gen 4.15).

Stock Der Stock wird oft mit „steif" zusammen genannt und verweist so auf jede Steifheit. Er stellt wie ↗Stab und ↗Stange auch ein Penissymbol dar. Daneben ist beim Stock noch der Aspekt zu beachten, dass er oft zur Züchtigung eingesetzt wurde. Wer „am Stock geht", der ist alt und hilfsbedürftig, hat so wenig Energie, dass er eine Stütze braucht. Auch der Spazierstock wird, obwohl er nichts ist als eine Hilfe (auf dem Lebensweg), oft mit Alter und Gebrechlichkeit in Zusammenhang gebracht.

Stockwerk Die verschiedenen Stockwerke in einem ↗Haus kann man als die unterschiedlichen Bewusstseinsschichten sehen. Man kann die Stockwerke auch auf den physischen Körper beziehen.

Stöckelschuh Die hohen Absätze der Stöckelschuhe sind ein Symbol der Eleganz und der weibliche Erotik.
Hohe Absätze werden von Feministinnen als ein Hindernis gedeutet, das Männer den Frauen in den Weg legen, damit diese nicht so schnell von ihnen weglaufen können.

Stoff Kleiderstoff symbolisiert häufig die ↗Haut. Ganz allgemein geht es darum, dass man etwas verbergen oder sich vorteilhaft darstellen will. Einzelheiten bei ↗Baumwolle, ↗Gewebe, ↗Leinen, ↗Nessel, ↗Samt, ↗Seide und ↗Wolle. Zu achten ist auch auf die Farbsymbolik.
Psychoanalyse: Symbolisiert nach S. Freud den weiblichen Körper.

Stollen Ein Stollen, wie wir ihn zum Beispiel im ↗Bergwerk finden, symbolisiert das Unbewusste, aus dem die inneren Schätze gefördert werden müssen. Mit diesem Symbol wird auch die Ausbeutung der Erde angesprochen.
Der Stollen kann auch ein Versteck oder ein Fluchtweg sein.
Psychoanalyse: Vaginales Symbol nach S. Freud.

Stolpern Stolpern zeigt, dass etwas nicht in Ordnung ist. Es ist ein Symbol eines meist kleinen Hindernisses oder Fehlers – oder ganz im Gegenteil: Es wird eine neue Ordnung gefunden, indem man aus seinem gewohnten Rhythmus herausfällt. Stolpern kann auf einen Verlust der Erdung deuten.

Stolz Stolz wird oft in Verbindung mit Dummheit gebracht, er kann auch Hochmut und Distanz symbolisieren. Auf das Vollbringen einer Leistung stolz zu sein, bedeutet Erleichterung und Freude.

Stopfen Der Stopfen im Waschbecken dichtet etwas ab. Er ist das Abschließende und Versiegelnde.

Das Stopfen von Strümpfen erinnert uns an „die gute, alte Zeit“. Meist steigen Bilder von der Großmutter auf, die Socken stopft. In der Wegwerfgesellschaft ist das Stopfen zur Folklore verkommen. Es trägt den anrüchigen Schein der Armut. Beim Stopfen schwingt stets mit, dass etwas ein Loch hat, das es zerschlissen ist. Mit dem Stopfen wird Altes restauriert.

Storch Nach dem alten Volksglauben bringt der Storch die Kinder. Der Storch symbolisiert deswegen bis heute einen Kinderwunsch, zum Beispiel auf Glückwunschkarten zur Hochzeit. Da er in Paarstrukturen lebt, verkörpert er die Ehe und ist ein Symbol des häuslichen Glücks.
Christentum: Der Storch soll nach dem Volksglauben (auch im „Physiologus“) nie sein Nest verlassen. Da man aber wusste, dass er als Zugvogel jährlich wiederkehrt, galt er als Symbol der Beständigkeit, auch der Auferstehung. Und weil er die teuflischen ↗Schlangen frisst, wurde er insgesamt als ein positives Tier angesehen.

Stoßzahn Die Stoßzähne des ↗Elefanten sind ein Symbol der Aggression. Sie können wie das ↗Horn als männliches Sexualsymbol auftreten.

Strafe Die Strafe ist Ausdruck eines schlechten Gewissens. Sie drückt auch Aggressionen aus, die durch die Art der Strafe näher beschrieben werden können. Es ist wichtig, wofür jemand bestraft wird.
Vom Mittelalter bis in die Neuzeit hinein wurden viele Strafen öffentlich vollzogen und als eine Art besonderer Festlichkeit zelebriert, die das Gemeinschaftsgefühl festigen sollten.
Weiteres bei ↗Gefängnis, ↗Gericht, ↗Häftling und ↗Urteil.
Psychoanalyse: Die Strafe im Traum verweist auf ein rigides Über-Ich.

Sträfling Sträfling bedeutet Einengung und Verlust der Individualität. Der Sträfling ist der (fast) rechtlose Mensch, der aus der Gesellschaft Ausgestoßene, siehe ↗Gefängnis und ↗Kerker.

Strahlen Strahlen – speziell als Sonnenstrahlen – werden fast immer positiv gedeutet. In der Malerei des Barock waren es die Sonnenstrahlen, die, fein gemalt, Gottes Einfluss auf die Erde symbolisierten. Die Strahlen als Lichtphänomen beleben die Erde und die Natur. Sie sind Lebensenergie. Wenn Menschen strahlen, sind sie guter Laune, ihnen geht es gut. Die strahlenden Augen der Geliebten werden in vielen Gedichten beschworen. Die strahlenden Kindergesichter gelten als Ausdruck ungebrochener Freude. Strahlen bedeutet grundsätzlich, dass etwas Positives an die Umwelt abgegeben wird. Da das Strahlen ans Licht gebunden wird, ist es beim Menschen das „sonnenhafte Auge“ (Goethe), das strahlt. Es sendet das innere Licht der Seele aus.
Neben den Lichtstrahlen tritt auch im Reich der Symbole die Wärmestrahlung auf. Sie wird ebenfalls weitgehend positiv gedeutet. Sie beschwört Bilder von Menschen, die im Schutz der Feuerstelle Wärme suchend zusammenrücken. An die thermische Strahlung einer nuklearen Reaktion wird hier weniger gedacht.
Den Schatten der Strahlen stellt die radioaktive Strahlung dar. Im Gegensatz zum Licht der Sonne ist sie die tödliche Strahlung, und als solche symbolisiert sie eine schwer wahrzunehmende Gefahr.
Heutzutage werden allerdings auch die Sonnenstrahlen oft skeptisch betrachtet, da in Zeiten der Löcher in der Ozon-

schicht eine Angst vor der Hautkrebs erzeugenden Strahlung vorherrscht.

Strand Der Strand ist die Grenze zwischen Erde (Land) und Wasser, Bewusstem und Unbewusstem.
Meist drückt der Strand die Sehnsucht nach dem ↗Meer, nach Urlaub und Ausspannen aus.

Strang Der Strang, von dem sich das Verb „strangulieren" ableitet, hängt eng mit dem Tod zusammen. Der Strang verweist auf den Tod durch Erhängen, der als eine typisch männliche Todesart angesehen wird, siehe ↗Henker und ↗Galgen.
Der Strang ist aber auch eng verwandt mit dem ↗Strick, so kann man z. B. „an einem Strang ziehen".
Literatur: In Samuel Becketts (1906–1989) bekanntestem Theaterstück „Warten auf Godot" (1953) – einem der wichtigsten Stücke des absurden Theaters – kann sich der Held am Schluss nicht selbst mit dem Strang erhängen, da dieser reißt.

Straße Im Gegensatz zum ↗Weg oder ↗Pfad stellt die Straße einen Massenverkehrsweg dar. Die Straße ist der Ort, an dem man andere Menschen trifft. Sie entspricht der gewöhnlichen Art sich fortzubewegen und ist der bequeme Weg mit all seinen Vor- und Nachteilen. Auf ihr kommt man schnell voran.
Die Straße ist auch ein gefährlicher Ort. Dieses Symbol spricht die Warnung aus, nicht unbewusst mit dem Strom dahinzufließen und vor lauter Hetze nicht mehr zu sich selbst zu kommen.
Wichtig ist der Zustand der Straße und eventuell die Richtung, in die die Reise geht.
Kreuzungen symbolisieren Entscheidungen, Wegweiser sind Richtungshilfen.
Analytische Psychologie: Nach C. G. Jung die kollektive Bewusstseinswelt.

Straßenbahn Die Straßenbahn ist wie ↗Zug und ↗Bus ein Symbol der kollektiven Fortbewegung. Sie fährt auf festgelegten ↗Gleisen. Wie bei allen ↗Verkehrsmitteln sollte man bei der Straßenbahn darauf achten, wo sie losfährt und wohin sie fährt.

Strauch Sträucher symbolisieren häufig ein Versteck oder ein Hindernis, siehe auch ↗Busch und ↗Hecke.

Strauß Oft wird bei diesem Vogel angesprochen, dass man seinen Kopf in den Sand steckt und sich nicht um seine Umwelt oder seine Situation kümmert. Außerdem verweist der Strauß darauf, dass einem die Leichtigkeit fehlt.
Der Blumenstrauß andererseits ist ein Sinnbild der Freundschaft oder der Liebe.
Antike: Man dachte, der Strauss brüte seine Eier nicht aus wie die anderen Vögel, sondern er brauche diese nur unentwegt anzuschauen oder er lasse sie von der Sonne ausbrüten. Das konnte positiv gedeutet werden, da er einen besonderen Bezug zur göttlichen Sonne hat, oder negativ, da er die Eier einfach im Stich lässt.

Streicheln Streicheln ist ein Symbol der Sinnlichkeit und des Mitgefühls.

Streichholz Streichhölzer symbolisieren ↗Feuer und somit Licht und Wärme. Ferner stehen sie für das Entfachen der Leidenschaften (↗Flamme).

Streichinstrument Streichinstrumente wie ↗Cello, ↗Geige, ↗Kontrabass und ↗Violine versinnbildlichen Romantik und Harmonie, häufig auch mit einem erotischen Anklang. Sie können allerdings auch für Kitsch stehen, je nach der Musik, die auf ihnen gespielt wird.

Streit Streit ist oft ein Symbol für innere Konflikte und Widersprüche: „Zwei Seelen wohnen, ach! in meiner Brust, / Die eine will sich von der andern trennen", heißt es im „Faust". Er ist ein Ausdruck von Aggressionen wie ↗Kampf und ↗Krieg.

Stress Stress ist zur Mode geworden. Jeder hat ihn, keiner liebt ihn, und ihn nicht zu haben ist „out". Stress ist eines der Symbole der modernen Zeit.
Film: In Charlie Chaplins Film „Moderne Zeiten" wird die Moderne durch den Stress gekennzeichnet, der mit der Automatisierung verbunden ist.

Strich Ein Strich steht für das Dünne, für das, was nur eine Längenausdehnung besitzt. Deswegen bezeichnet der Volksmund einen dünnen Menschen als „Strich in der Landschaft". Der Strich bedeutet ferner, etwas zu beenden. Wenn man Zahlenketten addieren möchte, macht man einen Strich, um anzuzeigen, bis zu welcher Zahl addiert wird. „Einen Strich unter etwas ziehen" heißt, etwas zu beenden. Aber es gibt auch den Bindestrich, der eng Verbundenes als zusammengehörig kennzeichnet.
Der schräge Strich hat oft die Bedeutung, dass etwas durchgestrichen wird. Von daher kommt der Begriff „einen Strich durch die Rechnung machen", wenn etwas vereitelt wird.
Der tiefenpsychologischen Symboldeutung folgend, versinnbildlicht der Strich das Männliche und Zielgerichtete im Gegensatz zum weiblichen ↗Kreis.

Strick Der Strick ist viel mehr als das ↗Seil ein Symbol der Verzweiflung, am Strick hängt man sich auf, und am Galgenstrick kommt man auch um (↗Galgen). Auch die Fallstricke sind etwas Negatives, da man sich in ihnen „verstricken" kann (↗Netz).
Christentum: Der Strick taucht öfter als Attribut des Teufels auf, da dieser die Menschen mit einem Strick einfängt oder an sich fesselt.

Stroh Das Stroh ist ein Symbol mühseliger Arbeit oder der Schwierigkeiten (es piekst). Es erinnert an das Bett und Lager, das früher aus frischem Stroh oder Strohmatratzen bestand.
Stroh verweist auf die Inhaltsleere, weil das Stroh das Wertlose, das Korn das Wertvolle ist: Deswegen sagt man, dass einer „Stroh im Kopf" hat. Außerdem verbrennt Stroh leicht – das „Strohfeuer" ist entsprechend ein Bild für eine schnell verfliegende Begeisterung.
Wenn Kinder – wie Jesus in der Krippe – auf Stroh gelegt wurden, galt das im 16. und 17. Jahrhundert als Garant, dass sich ihre Seele beim Tod leicht vom Körper lösen werde. In der flämischen Malerei dieser Zeit war es deswegen beliebt, die Kinder auf Stroh liegend darzustellen (was verständlich ist, da in dieser Zeit die Kindersterblichkeit dort 50 % betrug).
Antike: Das „Strohfeuer" als Bild für eine rasch verfliegende Begeisterung kennt schon der römische Dichter Ovid: „Unsere (Liebes-)Flamme wird von Stroh und kurz sein", schreibt er.

Strohhalm Der Strohhalm ist die kleine Hoffnung, an die man sich klammert.
Er erinnert an Freizeit und Vergnügen. Er kann in seltenen Fällen für Saugen im Sinn von Aussaugen stehen.

Strohhut Der Strohhut verweist auf warmes Wetter, Sonne und häufig auch auf ↗Urlaub. Er gilt als Freizeitkleidung und lässt Exzentrizität oder zumindest Individualität anklingen. Allgemeines und Verweise bei ↗Kopfbedeckung.

Strom Mit dem elektrischen Strom (↗Elektrizität) ist psychologisch gesehen Energie gemeint („er steht unter Strom"). Strom kann für produktive oder destruktive Spannung stehen.
Für die konkrete Deutung ist es wesentlich, was durch den Strom betrieben wird.
Strom nennt man auch einen großen ↗Fluss. Im Vordergrund steht hier häufig die Gewalt des Strömens. Es gilt als besonders schwierig, „gegen den Strom zu schwimmen", also seine eigene Position gegen alle Widerstände zu verteidigen – ein Bild, das schon in der Antike (Ovid) und in der Bibel (Sir 4.31) verwendet wird.

Stromleitung ↗Leitung

Stromschnelle Die Stromschnelle ist ein Symbol des fallenden ↗Wassers (↗Wasserfall) und somit des Gefühls. Sie bildet ein Hindernis für das gleichmäßige Fließen.

Strudel Der Strudel warnt vor einem Versinken – meist in die Gefühlswelt und in das Unbewusste. Er drückt die Ängste vor allen hinabziehenden Kräften aus. Gegen dieses Versinken kann man sich nur schwer wehren, deswegen tritt der Strudel häufig im Alptraum auf.
Analytische Psychologie: Erich Neumann spricht von der Angst vor der Rückschlingung in das Unbewusste. Diese Angst wird durch den Strudel verbildlicht.

Struktur Struktur bedeutet Ordnung und Sinn. Der menschliche Geist sucht stets nach Strukturen, um sich in der Welt zurecht zu finden und sich selbst zu verstehen. Struktur besiegt das Angst erregende ↗Chaos. Strukturen symbolisieren das menschliche Bedürfnis, etwas zu verstehen und damit auch sich selbst und die Umwelt kontrollieren zu können. Strukturen zu erkennen, heißt Bedeutungen zu finden.

Strumpf Der Strumpf gleicht in seiner Symbolik der ↗Socke. Er kann auch eine erotische oder sexuelle Bedeutung besitzen – besonders das An- oder Ausziehen der Strümpfe.
Als Sparstrumpf symbolisiert er Besitz, Möglichkeiten und Talente.
Die ↗Farbe und das Material des Strumpfes sind wichtig.

Studium Studium bedeutet ernsthafte Auseinandersetzung mit einem Wissensgebiet (↗Universität, ↗Vorlesung, ↗Wissenschaft).
Es bedeutet Wissen, aber spricht auch die Mühe an, sich dieses Wissen anzueignen. Studium wird mit Klugheit oder aber auch mit Weltfremdheit verbunden. Die Studienzeit kann auch für eine lustige Zeit mit vielen Freiheiten stehen oder auch für Armut. Immer ist das Studium mit dem Prestige verbunden, das ein abgeschlossenes Studium mit sich bringt.

Stufe Es kommt etwas Neues. Die Stufe zeigt immer eine Entwicklung an. Sie ist ein Symbol einer ↗Schwelle, die überwunden werden muss oder kann. Psychologisch gesehen ist diese Entwicklung positiv und führt ins Bewusstsein, wenn die Stufe nach oben führt. Sie führt ins Unbewusste, wenn die Stufe nach unten führt.

Stuhl Stuhl bedeutet Ruhe, er ist allerdings nicht so bequem wie der ↗Sessel oder gar die ↗Couch. Man lässt sich nieder. Nur wer „zwischen allen Stühlen sitzt“, weil er sich nicht entscheiden kann, hat eine sehr ungünstige Position. Für eine weitere Deutung sollten der Stil und das Material des Stuhls betrachtet werden.

Stuhlgang ↗Kot

Stumm Stumm zu sein ist ein Kommunikationshindernis. Es kann einen Protest gegen das viele Sprechen oder eine Anklage ausdrücken. Man kann auch vor Schreck verstummen.
Wer stumm ist, der hat vielleicht nichts zu sagen, es kann aber auch sein, dass er tot ist. Darauf spielt die Redensart „jemanden stumm machen“ als Umschreibung für töten an.

Stundenplan Ein Stundenplan verdeutlicht effizientes Arbeiten, Ordnung und Disziplin. Häufig wird in diesem Symbol eine Art starres Denken und Arbeiten im Sinne des Schubladendenkens angesprochen („Betriebsblindheit“). Der Stundenplan tritt auch als Zwang auf, dem man nicht nachkommen kann, und wird meist mit der Schule assoziiert. Auf der anderen Seite stellt er eine wichtige Planungshilfe dar.

Sturm Fast immer steht der Sturm für einen Aufruhr der Gefühle (↗Wind). Er tritt oft als Hindernis auf, speziell auf ↗See. Er kann ein Symbol des Aufbruchs oder einer Befreiung sein – besonders in den oder durch den geistigen Bereich.
Für eine genauere Deutung sollte man die Auswirkungen des Sturms symbolisch betrachten. Besonders Tornados, Orkane und ↗Hurrikans symbolisieren Tod, ↗Chaos und ↗Zerstörung. Meteorologen bezeichnen sie als unzerstörbare Tötungsmaschinen. Dem Volksglauben nach reisen ↗Hexen am liebsten im Sturm. Besonders Gewitterstürme waren deswegen gefürchtet.
Antike: Der Ursprung der Sturmwinde lässt sich auf den Riesen Typhon zurückführen, den ungeheuerlichen Sturmwind der Urzeit. Typhon ist äußerst frucht- und furchtbar, indem er viele Ungeheuer wie die ↗Schimäre (Chimaera) zeugt.
Literatur: Vergleiche zur Beschreibung des Sturms den Bestseller des zeitgenössischen amerikanischen Autors Sebastian Junger „Der Sturm“.
In dem englischen Klassiker „Die Sturmhöhe“ (1847) von Emily Brontë symbolisiert der Sturm dämonische Leidenschaften. Der Sturm war und ist äußerst beliebt in der Literatur, um stürmischen Gefühlen ein eindrückliches Szenario zu geben. In William Shakespeares „Der Sturm“ wird die zarte und intellektuelle Art des Prospero und seiner Tochter Miranda der animalischen vulgären Welt entgegengesetzt. Der Sturm, mit dem dieses Schauspiel beginnt, geht auf eine reale Begebenheit zurück. 1609 strandete ein Schiff mit Siedlern, das die englische Kolonie Virginia ansteuerte, auf einem Korallenriff und wurde dabei so verkeilt, dass sich die gesamte Besatzung retten konnte. Diese ungewöhnliche Geschichte erregte Aufsehen in England und regte Shakespeare zu diesem Stück an. Der deutsche Autor Jakob Ayrer schrieb ein Stück mit dem Titel „Die schöne Sidea“, das erstaunliche Parallelen zu Shakespeares „Der Sturm“ aufweist.

Sturmflut ↗Flut, ↗Naturkatastrophe

Suche Suchen bedeutet stets, dass man etwas nicht zur Hand hat, was man benötig. Suche ist ein Symptom des Mangels, der Sehnsucht. Sie kann aber auf Unaufmerksamkeit und Nervosität verweisen.

Wenn jemand im Traum oder einer Fantasie etwas in der Außenwelt sucht, dann geht der Psychologe davon aus, dass ihm damit gezeigt wird, was er in seinem Inneren suchen sollte. Das, was gesucht wird, symbolisiert das, was in der Innenwelt gefunden werden möchte.

Suchmaschinen Wenn man im ↗Internet etwas sucht, benötigt man wegen der Fülle der Informationen Suchmaschinen. Suchmaschinen finden spezielle Informationen. Sie symbolisieren Ordnung und Überblick.
Bei den Metasuchmaschinen, die wiederum die Suchmaschinen absuchen, ist die Bedeutung der Symbolik gesteigert. Es wird auf noch mehr Ordnung, andererseits auch zugleich auf größere Komplexität verwiesen. Es kann auch die Bedeutung „Genauigkeit“ angesprochen sein.

Süden Der Süden verweist stets auf Wärme. Er bezeichnet unsere Emotionalität. Im Süden liegen auch die Länder der Sehnsucht, auf die man Urlaubsstimmung und Müßiggang projiziert. Nur in der Sprache der Börsianer steht der Süden für Verluste: Wenn die Börse „nach Süden geht“, dann fallen die Kurse.

Südhalbkugel Die Südhalbkugel war für Betrachter der nördlichen Halbkugel stets eine Projektionsfläche für das Exotische und Ungewöhnliche. Es kursierten bis zu Cooks Fahrten die erstaunlichsten Meinungen über sie, die von der Verleugnung ihrer Existenz reichten bis hin zu absurden Aussagen, dass dort die Menschen auf den Armen gingen, den Kopf nach unten. Damit ist eine wichtige Bedeutung der Südhalbkugel angesprochen: Auf ihr ist alles anders, dort steht das Leben kopf, was im Bild des Antipodenmenschen mündete. Erst Kapitän Cook brachte Licht in diese geografische Gegend. Damit änderte sich schlagartig das Bild der Südhalbkugel. Aufgrund von Cooks Berichten und Erzählungen anderer Seefahrer wurde nun das Bild der Südhalbkugel von den willigen Frauen und Mädchen Tahitis geprägt, die zum beliebten Gesprächsthema der Londoner Gesellschaft wurden. Der Kopf stehende andere Teil der Erde wurde zum exotisch-erotischen Ort des Interesses.
Die Südhalbkugel besteht weitgehend aus Wasser, weswegen sie stets Seefahrergeschichten vom Kap Horn und dem Kap der guten Hoffnung assoziieren lässt. Ferner wird mit der Südhalbkugel Armut verbunden, was bis auf Australien auch zutrifft.
Die Strände und Atolle der Südhalbkugel gelten heute als Ikonen der Tourismusindustrie. Palmenstrände laden in eine Märchenwelt ein, in der man seinen Alltag gern vergisst.

Sünde Sünde bedeutet Übertretung eines (religiösen) Gesetzes. Sie verweist auf den strafenden Gott. Die Sünde ist ein Tabubruch und somit indirekt ein Symbol der Freiheit. Wer von der Sünde träumt, den plagt sein Gewissen. Er leidet unter seinen eigenen Bewertungen oder er sehnt sich danach, zu sündigen. Wobei sündigen auch oft mit großer Lust assoziiert wird: „Diese Frau ist eine Sünde wert“, sagt man entsprechend.
Literatur: Goethe schreibt zutreffend: „Wir erschrecken über unsere eigenen Sünden, wenn wir sie bei anderen erblicken“.

Süßigkeit Das Süße ist ein Genussversprechen. Was als süß erscheint, das verweist stets auf eine Verführung und auf Glück. Das Süße ist oft auch das Schöne und dasjenige, das unsere Sinne erfreut.
Die Vorliebe für Süßes ist genetisch beim Menschen und auch bei einigen Tieren wie

Hasen und Orang-Utans verankert. Süßigkeiten dienen der Stimmungsaufhellung. Letztlich symbolisieren Süßigkeiten all das, was uns das Leben angenehm gestaltet, sie stehen für Sinnesfreude. Sie sprechen oft auch den sexuellen Genuss an oder zumindest unsere Liebessehnsucht.
Das Süße ist auch das Kitschige und Unreflektierte.
Einzelheiten bei: ↗Dattel, ↗Eiscreme, ↗Feige, ↗Gebäck, ↗Honig, ↗Keks, ↗Kuchen, ↗Marmelade, ↗Nougat, ↗Pudding, ↗Rosine, ↗Sahne, ↗Schokolade, ↗Sirup, ↗Torte, ↗Waffel, ↗Zucker.

Suizid ↗Selbstmord

Sumpf Im Sumpf kommt man wie im ↗Moor gar nicht oder nur sehr schwer weiter. Auf jeden Fall ist der Weg durch den Sumpf gefährlich. Im Sumpf wohnen die ↗Geister, welche störende Gefühle verkörpern. Er ist das Gebiet, in dem man den festen Boden unter den Füßen, die Sicherheit des eigenen Standortes verliert.
Dieses häufige Symbol verweist oft auf Gefühle und deren Verwicklungen. Wie alle Symbole, die mit dem ↗Wasser verbunden sind, spricht es speziell unbewusste Emotionen an. Man hat Angst, von seinen Gefühlen festgehalten und verschlungen zu werden und so die Kontrolle zu verlieren. Ferner wird mit dieser Symbolik die Erdung angesprochen, die hier sehr problematisch ist.
Analytische Psychologie: Ausdruck der Angst vor der „Rückschlingung ins Weibliche" (Erich Neumann), das heißt, dass der männliche Anteil im Mann und der Frau (↗Animus) befürchtet, durch den Sog der Gefühle und des Unbewussten seine erkämpfte Bewusstheit zu verlieren. Hiermit ist die Sehnsucht nach und zugleich die Angst vor dem Gefühlschaos angesprochen.

Superman Gestalten aus Comics, Science-Fiction und Western sind moderne Symbole des ↗Helden. Sie drücken fast immer unreife Männlichkeit, Größenwahn und Allmachtsvorstellungen in Situationen der Ohnmacht aus. Sie geben einen Hinweis auf antiquierte Ideale und unerfüllte Lebensziele. Tritt Superman im Traum auf, dann ist dies oft ein Zeichen von Regression. Identifiziert sich jemand mit Superman, dann ist ein starkes Minderwertigkeitsgefühl zu vermuten.

Supermarkt Der Supermarkt ist das Paradies der Konsumgesellschaft, ein Symbol der Gier und des Konsums. Er kann andererseits auch die Qual der Wahl ausdrücken. In einigen Fällen symbolisiert er fehlende persönliche Kommunikation.

Suppe Die Suppe ist ein Symbol der Kraft und Nahrung. Sie stärkt und belebt und wärmt innerlich.
Was man sich eingebrockt hat, muss, soll und darf man auslöffeln. Hierin liegt ein Hinweis auf konsequentes Handeln verborgen. Was man sich „eingebrockt" hat, ist etwas, das in die Suppe (den eigenen Gefühlsbereich) durch eigene Handlungen hineingegeben wurde.
Die Suppe, besonders der Eintopf, kann auch für einfache Nahrung stehen.
Literatur: Unsterblich scheint der „Suppenkaspar" aus dem Kinderbuch „Struwwelpeter (1845) zu sein, der als warnendes Beispiel für alle Kinder gedacht war.

Suppenkelle Die Suppenkelle drückt eine Sehnsucht nach Häuslichkeit und Familie aus. Das Austeilen und somit das Weitergeben der Nahrung ist mit ihr angesprochen.

Suppentopf Der Suppentopf ist ein Symbol des Verschmelzens und des Zusammenfügens. Da er an den Hexenkessel erinnert, steht er bisweilen auch für Magie.

Surfen Windsurfen ist wie das Wellenreiten ein Symbol der Jugendkultur und lässt „easy California" assoziieren.
Surfen oder Surfing heißt, sich vom Gefühl (↗Wasser) tragen zu lassen und auf die vorhandenen Rhythmen einzugehen. Hierbei benutzt man die Kraft der Wellen oder des ↗Winds, also sein Gefühl oder seine Klugheit, um vorwärts zu kommen. Außerdem hängt Surfen mit der Überwindung von Angst zusammen. Manchmal tritt die Angstvorstellung auf, als Surfer von einer großen Welle verschlungen zu werden. Hier geht es darum, den Überblick zu verlieren und kopflos zu werden. Surfen ist ferner ein sexuelles und Potenz-Symbol („Surfers do it standing up").
Im ↗Internet surfen heißt, sich zu informieren oder sich im Wust der Information zu verlieren.

Synagoge Synagoge bedeutet in erster Linie Versammlungshaus und erst in zweiter Linie Gotteshaus.
Während des Faschismus wurden Synagogen als Symbol jüdischer Kultur zerstört.
Literatur: Marcel Reich-Ranicki vergleicht in „Mein Leben" die Synagoge mit einem Klub – der vorrangig Juden aufnahm.

Synthesizer Wie alle Musikinstrumente symbolisiert der Synthesizer Harmonie und Gefälligkeit. Bei ihm schwingt auch der Anklang an „synthetisieren" mit – im Sinn von analysieren und trennen. Das bedeutet, dass man ein Harmoniebedürfnis hinterfragen sollte.
Zur Deutung ist es wesentlich, was auf ihm gespielt wird und wer spielt.

System ↗Struktur

T

Tablett Ein Tablett ist eine Hilfe, um etwas zu tragen. Auf dem Tablett bekommt man etwas präsentiert. Besonders das sprichwörtliche silberne Tablett hat etwas Vornehmes, zeugt von einer gehobenen Kultur. Für eine genauere Deutung ist zu beachten, was sich auf dem Tablett befindet.

Tablette Beim Symbol der Tablette kommt es darauf an, wofür oder wogegen diese Tablette hilft.
Mit dem Symbol der Tablette kann auch angedeutet werden, dass jemand auf Hilfe von außen wartet und ohne Anstrengung gesunden will. Dieses Symbol warnt vor dieser Haltung, die selten zum Ziel führt. Mit Tablette schwingt stets die Bedeutung „Nebenwirkung" – also unerwünschte Wirkung – mit. Siehe auch ↗Arznei und ↗Pille.

Tabak Tabak wird häufig mit Männlichkeit verbunden. Er ist ein Symbol für Genuss, Geselligkeit und in einigen Fällen auch für Verruchtheit oder für eine unkonventionelle Haltung. Er kann für Muße stehen, andererseits auch für eine Sucht, die gesundheitliche Folgen hat. Siehe auch ↗Nikotin, ↗Pfeife, ↗Rauchen, ↗Zigarette, ↗Zigarre.

Tabu Das Wort „Tabu" stammt aus dem Indonesischen und bedeutet, dass etwas heilig beziehungsweise unantastbar ist. Im weiteren Sinne ist ein „Tabu" ein Verbot,

dem sich alle beugen müssen. Diese Tabus, die zum Beispiel bestimmte (meist sexuelle) Handlungen verbieten, wurden aufgestellt, um das soziale Zusammenleben zu regeln und zu erleichtern.
Heutzutage ist ein Tabu meistens ein Thema, das nicht angesprochen werden sollte. Es ist das Verbotene und somit auch das, das herausfordert, gebrochen zu werden.

Tänzer Tänzer und Tänzerin personifizieren wie Shiva und seine Gemahlin Parvati den kosmischen ↗Tanz und somit die fruchtbare Ordnung des Kosmos. Sie sind ein Symbol der Erotik, der Lebensfreude und der Beweglichkeit.

Täter Jeder Täter verkörpert entweder eine aktive Ausrichtung oder er stellt das Gegenbild vor, spricht Passivität an, siehe ↗Opfer.

Tätowierung Tätowierungen drücken Mut, Verwegenheit und Erotik aus. Bei diesem Symbol schwingt der Ausdruck „seine Haut zu Markte tragen" mit. Tätowierungen stehen für exzentrische wie sinnliche Selbstdarstellung. Früher galt ein Tätowierung nicht nur als verwegen, sondern auch als verrucht, üblich nur bei Seeleuten und Gefängnisinsassen.
Wichtig ist, auf welcher Stelle sich die Tätowierung befindet und was sie darstellt.
Literatur: In dem Kultroman von William Gaddis „Die Fälschung der Welt" wird die Tätowierung treffend „als Maßnahme der Selbstvergewisserung" bezeichnet. Die Tätowierung gibt das Gefühl zu wissen, wer man ist, und verleiht Individualität.

Täuschung Die Täuschung ist ein Symbol der Unbewusstheit. Der Getäuschte ist der unbewusste Mensch, der den Illusionen der Wirklichkeit verfällt; der Täuschende ist der Böse, der Verführer und letztlich der Schatten.

Tafel Die Wandtafel, die man von seiner Schulzeit her kennt, bedeutet (altertümliches) Lernen.
Auf der Tafel werden wichtige Informationen niedergeschrieben. Die Tafel – und speziell was auf ihr steht – kann an etwas Verdrängtes oder Vergessenes erinnern und auf die Ängste der Schulzeit verweisen. Es geht hier oft um Wissen und alltägliche Prüfungssituationen.
Die Tafel, an der man isst, ist mehr als der ↗Tisch Symbol für ein gemeinsames Mahl in einem eher gehobenen Ambiente. Sie steht für Zusammenhalt und für ein Zugehörigkeitsgefühl und verweist oft auf gehobene Kultur.
Mittelalter: Bei der Tafelrunde der Artus-Sage ist der runde Tisch wichtig. Mit ihm wird die Gleichordnung der Ritter ausgedrückt. Bei der üblichen rechteckigen Tafel drückt die Sitzordnung notwendigerweise soziale Hierarchien aus.

Tag Tag wird meist im Gegensatz zu ↗Nacht gebraucht, „verschieden wie Tag und Nacht" sagt man, um die Gegensätzlichkeit herauszuheben. Der Tag ist die Zeit der Helligkeit, deswegen kann man eine Sache „bei Tage besehen" genauer, von einer anderen Seite sehen.
Jeder Tag stellt eine neue Herausforderung dar, die anzunehmen ist. Ein Tag ist häufig durch die Handlungen charakterisiert, die an ihm geschehen.
Besonders der Anfang des Tages deutet auf Zuversicht und viele Möglichkeiten. Der ganze Tag liegt noch vor einem, man wird immer bewusster. Das Ende des Tages bedeutet Ruhe und eine innere Einkehr. Ein neuer Tag bedeutet Möglichkeiten, ein vergangener Tag die Geschichte.

Tagebuch Ein Tagebuch symbolisiert stets private Gedanken, die man der Öffentlichkeit vorenthält. Es verweist auf Geheimnisse. Tagebücher ziehen romantische Projektionen an.
Literatur: Wie so mancher Autor führte der russische Dichter Leo N. Tolstoj von seiner Schulzeit bis zu seinem Tod regelmäßig ein Tagebuch.

Tageszeiten Die Tageszeiten sind wie folgt zu deuten: Der Morgen symbolisiert den Anfang. Der Mittag verweist auf unsere größte Kraft und unser Bewusstsein. Der Abend steht für Ruhe, die Nacht für eine Ausrichtung nach innen.

Taille Die Taille ist meist ein erotisches Symbol. Wer abnehmen möchte, träumt häufig von einer schlanken Taille. Zeitweise galt eine extrem schlanke Taille bei Frauen als Schönheitsideal (↗Gürtel, ↗Bauch).

Takt ↗Rhythmus

Tal Das Tal symbolisiert häufig einen Tiefpunkt („das tiefe Tal der Tränen"), eine Krise oder einen Wendepunkt („die Talsohle ist durchschritten").
Wer sich in ein Tal begibt, geht entweder den Dingen auf den Grund oder er steigt in sein Unbewusstes hinab.
Auf die Art des Tals, speziell seine Form und Bewachsung, ist zu achten. Als schattiges, tiefes Tal ist es ein eher dunkler Ort und symbolisiert manchmal die dunklen Bereiche des Unbewussten. Ein schluchtartiges Tal (↗Schlucht) kann Ängste auslösen. Nur das liebliche, grüne Tal ist ein Symbol für Naturschönheit und heitere Gelassenheit.

Talisman Talisman bedeutet Schutz. Der Talisman ist wie das ↗Amulett der magische Beschützer seines Trägers. Der Ausdruck „Talisman" stammt aus dem Arabischen und bedeutet „magischer Schutz". In früheren Zeiten trug man die Amulette auf dem Rücken, da Angriffe von hinten – also vom Unbewussten – abgewehrt werden sollten. Es ist darauf zu achten, was auf dem Talisman abgebildet ist oder geschrieben steht. Die Hand schützt beispielsweise vor dem bösen Blick, das Henkelkreuz macht unsterblich und zu fürchtende Dämonen sind meistens Schutzgeister.

Talsohle ↗Tal

Tandem Bei der Bedeutung dieses Symbols sind zwei Aspekte zu betrachten: Dass man mit eigener Kraft (relativ schnell) vorankommt (wie beim ↗Fahrrad) und dass für das Vorankommen das Zusammenspiel zweier Menschen notwendig ist. Das Tandem zeigt, dass man gemeinsam stark ist und die Gemeinsamkeit hilft, schnell voran zu kommen. Häufig symbolisiert das Tandem eine Beziehungs- oder Teamsituation, bei der der eine auf den anderen angewiesen ist, einer dem anderen hilft.

Tango Der Tango gilt als der erotische Tanz schlechthin. Es handelt sich um einen recht stark festgelegten ↗Tanz, bei dem viel körperliche Nähe entsteht und bei dem sich die Frau nahezu völlig führen lassen muss.
Der Tango stammt aus Argentinien – man sagt, dass er von Männern erfunden wurde, als es in den Bordellen von Buenos Aires zu wenig willige Frauen gab – und wird meist mit Südamerika oder Argentinien assoziiert. Oft wird der Tango aber auch mit einer gewissen Traurigkeit verbunden und mit einem zwielichtigen Milieu.

Tank Der Tank symbolisiert Energiereserven, Fähigkeiten und Potenziale. Er ist für den Antrieb nötig, doch sein Inhaltsstoff ist in der Regel gefährlich und explosiv. Darauf baute vor einiger Zeit die Firma Esso ihre Werbung auf: „Mit Esso hast du den Tiger im Tank".

Tankstelle Die Tankstelle ist der Ort, an dem man Energie tankt. Man legt eine Pause ein. Die Tankstelle tritt auch als ein Ort der Kommunikation auf.

Tanne Wie jeder ↗Baum verkörpert die Tanne die Verbindung von Himmel und Erde, von Bewusstem und Unbewusstem. Als immergrüner Baum verkörpert sie Beständigkeit. Sie ist recht genügsam und das Holz ist zu vielen Zwecken brauchbar, wenn auch nicht besonders wertvoll. Möbel aus Tannenholz waren die Möbel des armen Mannes. Tannenwälder sind meist dichte, dunkle Wälder, eigentlich nicht besonders einladend.
Als ↗Weihnachtsbaum steht die Tanne für die Wiedergeburt des Lichts.
Literatur: Der Dominikaner Ulrich Boner aus Bern verband um 1340 in seiner einflussreichen Fabelsammlung, die 100 aus dem Lateinischen übersetzte Fabeln enthält, die Tanne mit dem Hochmut. Boner inspirierte mit seiner Zuordnung nicht nur seine Zeitgenossen, sondern auch Lessing verehrte ihn und übernahm teilweise seine Symbolsprache. Auch bei A. Schopenhauer ist die Tanne der überlegene Baum, da er immergrün ist. In seiner Fabel „Der Apfelbaum und die Tanne" ist der blühende Apfelbaum das Bild des Hochmuts, doch die Tanne ist sich ihrer Überlegenheit sicher.

Tante Der Begriff Tante wird oft leicht ironisch gebraucht („komische Tante"). Wie jede Frau symbolisiert sie Weiblichkeit – also die Anima. Sie ist nicht so nahe wie die ↗Mutter und vielleicht gerade deswegen oft die weibliche Person, zu der man sich hingezogen fühlt. Dieser positive Aspekt taucht auch in der Bezeichnung „Tante-Emma-Laden" für einen kleinen, gemütlichen Laden auf.

Tanz Beim Tanzen geht es überall auf der Welt darum, das normale Leben mit seinen normalen Bewegungen hinter sich zu lassen. Das kann im religiös-rituellen Tanz auch auf eine Befreiung aus dem begrenzten irdischen Leben hindeuten.
Tanzen hat oft etwas mit Leichtfüßigkeit und auch mit Erotik zu tun, Letzteres nicht nur dann, wenn es um den Tanz mit einem Partner geht. Denn eben weil der Tanz nicht alltägliche Körperbewegungen beinhaltet, wurde schon immer geargwöhnt, es könne sich um „unzüchtige" Bewegungen handeln; der Schritt vom Tanz zur Ekstase ist klein.
Mit dem Körper Freude und Leid auszudrücken, liegt Frauen in unserer Kultur näher als Männern. Der Tanz zeigt, dass das Leben rhythmisch ist, besonders das weibliche.
Psychoanalyse: Für S. Freud ist der Tanz wie alle rhythmischen Körperbewegungen Ausdruck des Geschlechtsverkehrs.
Analytische Psychologie: Bei C. G. Jung stellt die Tänzerin einen Ausdruck des Kore-Archetypen (der Archetyp des Mädchens) dar.
Christentum: Das Christentum hatte seine Probleme mit dem Tanzen, wenn man auch in der Bibel lesen kann, dass König David vor der Bundeslade getanzt hat (2 Sam 6.14). Eher verwies man auf den berüchtigten Tanz der Salome (Matth 14.6) und Johannes Chrysostomus fasste all diese Bedenken in dem Satz zusammen: „Wer tanzt, ist der Teufel". Nur die Engel im

Himmel durften unbeschwert tanzen, aber die haben ja auch keinen Körper.
Literatur: Theodor Storm schrieb 1854 in seinem Gedicht „Für meine Söhne“: „Wenn der Pöbel aller Sorte / Tanzet um die goldnen Kälber, / Halte fest; du hast vom Leben / Doch am Ende nur dich selber“.

Tapete Die Tapete ist eine Wandverkleidung, die ursprünglich aus Häuten, später aus gewebten Stoffen und heute aus Papier besteht. Sie drückt den Charakter eines Zimmers und damit auch denjenigen seines Bewohners aus. In diesem Sinn kann die Tapete als ein Persona-Symbol angesehen werden, da sie etwas vorgibt und bestimmen möchte, wie andere einen sehen. Tapete bedeutet Schein und Äußerlichkeit. Sie überdeckt etwas und nicht selten ist in Film und Literatur etwas hinter der Tapete versteckt.

Tarantel Der Volksmund bezeichnet letztlich jede große ↗Spinne als Tarantel, obwohl es sich dabei eigentlich nur um große Wolfsspinnen handelt, die in Südeuropa vorkommen. Diese Spinnen sind klassische Schattensymbole. Sie drücken die Angst aus, sich in seiner Triebnatur zu verfangen und von ihr in den Untergang getrieben zu werden. Eine Tarantel kann auch eine „giftige“ Frau sein.
Mittelalter: Man glaubte, die Tarantel bewirke mit ihrem Biss bei Menschen heftige Zuckungen, so dass der Gebissene wie ein Irrer umhertanze.

Tarnkappe ↗Kappe

Tarzan Tarzan ist der ↗Supermann, er kommt dem Übermenschen nah. Zugleich verkörpert er Natürlichkeit.
Literatur: Tarzan ist eine Comic-Variation von dem beliebten Mythos eines in der Wildnis aufwachsenden Menschen, des edlen Wilden. Er ist der Mensch, der sich gegen seine Triebe durchsetzen muss, die im Comic durch die anderen Tiere wie den ↗Löwen und den ↗Gorilla dargestellt werden. Tarzan als Mensch wird in imperialistischer Weise der Herr des ↗Dschungels, der wie die übrige Welt von Freunden und Feinden belebt wird. Er ist der Bewahrer der natürlichen Ordnung und kämpft gegen Übergriffe auf diese natürliche Ordnung durch den Menschen. Diese Figur entstammt dem 1914 veröffentlichten Abenteuerroman „Tarzan of the Apes“ von Edgar Rice Burroughs. Burne Hogarth war der Zeichner dieses frühen und einflussreichen Autorencomics. Tarzan-Comic-Strips erschienen ab 1929, Tarzan-Filme schon seit 1918.

Tasche In der Tasche ist meistens das, was einem wichtig ist. Oft ist die Tasche der Ort, an dem man das Geld aufbewahrt („tief in die Tasche greifen“). Die Tasche schützt Wichtiges und hält es zusammen; siehe ↗Gepäck und ↗Handtasche.
Psychoanalyse: Symbol des weiblichen Genitals nach S. Freud, siehe auch ↗Gefäß.
Analytische Psychologie: Die Schürzentasche ist nach C. G. Jung die „Tasche“, die das Mädchen oder die Frau am eigenen Leib trägt, beim Mann oder Jungen symbolisiert sie die Hosentasche, die Region, aus der die (sexuellen) Wünsche stammen.

Taschenlampe Die Taschenlampe spendet ↗Licht in der Dunkelheit und ist somit ein Symbol des Lichtblicks und der Hoffnung. Sie lässt im Dunkeln etwas sehen und verweist auf Erkenntnis. Mit Hilfe der Taschenlampe werden oft Geheimnisse gelüftet (siehe ↗Lampe).

Taschentuch Das Taschentuch hängt eigentlich mit dem Schnupfen zusammen. Doch auch wenn man weinen muss, benötigt man ein Taschentuch, das somit auch für Trauer steht. Mit dem Taschentuch ist man für alle Situationen gewappnet. Es hat oft die Bedeutung von etwas Kuscheligem, an dem man sich festhält. Für eine weitere Deutung sind Farbe und Material des Taschentuchs zu beachten.

Tasse Die Tasse enthält meistens eine heiße Flüssigkeit wie ↗Kaffee oder ↗Tee. Hier finden wir nicht nur ganz allgemein den Durst, sondern auch die Leidenschaft – das heiße Gefühl – angesprochen. Meist tritt die Tasse in einem kommunikativen Zusammenhang auf. Sie ist ein klassisches Accessoire für Frühstück und Pause.
Die Tasse entspricht den ↗Kelchen im Tarot, die im Englischen auch „cups", also Tasse genannt werden.
Psychoanalyse: Nach der Psychoanalyse ist die Tasse ein Symbol der weiblichen Sexualität.

Tastatur Treten Tasten auf, ist es wichtig für die Deutung, ob es sich um die Tastatur eines ↗Computers, einer ↗Schreibmaschine oder um die Tasten eines ↗Klaviers handelt. Bei den Tasten, mit denen man schreibt, wird auf den Intellekt und die Kommunikation verwiesen. Bei den Tasten der ↗Tasteninstrumente werden Gefühl und Harmonie angesprochen.

Tasten Tasten bedeutet Unsicherheit und Vorsicht. Was man ertastet, sieht man nicht. Tasten kann eine erotische Bedeutung besitzen, besonders wenn ↗Haut ertastet wird.

Tasteninstrument Wie alle ↗Musikinstrumente sprechen die Tasteninstrumente unsere Fähigkeit an, eine harmonische Stimmung zu schaffen. Außerdem symbolisieren sie unsere manuellen Fähigkeiten. Einzelheiten bei ↗Flügel, ↗Klavier, ↗Orgel und ↗Synthesizer.

Tat Der Mensch ist der Sohn seiner Taten. Mit der Tat greift er in die Umwelt ein und formt die Welt nach seinem Willen.
Literatur: In Goethes „Faust" überlegt Faust, ob es nicht besser sei, „Am Anfang war die Tat" statt „Am Anfang war das Wort" zu übersetzen.

Tau Der Tautropfen symbolisiert den frühen Morgen, den Beginn des Tages und die Verzauberung der Welt, also stets eine positive, hoffnungsvolle und teilweise magische Stimmung. Der Tau wird auch mit der Frische assoziiert: „Taufrisch" kann ein Morgen sein, aber auch ein Mensch kann sich taufrisch fühlen. „Nicht mehr ganz taufrisch" ist die alte Jungfer.
Zum dem Tau, das man auf Schiffen findet, siehe ↗Seil.

Taube Taube bedeutet Frieden. Sie ist das ↗Tier, das ohne Falschheit ist. Besonders die weiße Taube ist ein verbreitetes Friedenssymbol und ein Bild schöpferischer Gedanken.
Zur letzten Jahrtausendwende ließ man 2000 weiße Tauben in Bethlehem in den Himmel fliegen, um damit ein friedliches drittes Jahrtausend zu beschwören. Der Gegensatz zur friedfertigen Taube ist der aggressive ↗Falke, ein Bild, das auch Eingang in die politische Sprache gefunden hat.
Die Taube symbolisiert auch öfter die Frau und Geliebte. Wie alle Vögel stellt sie ein Sinnbild sowohl der sexuellen als auch der geistigen Höhenflüge dar.
Dass die Taube als lebensbedrohende Macht erlebt werden kann, drückt nicht

zuletzt Alfred Hitchcocks Film „Die Vögel“ aus. Die Taube kann als der Geist oder als der Dämon erlebt werden, den man nicht mehr los wird (vgl. Patrick Süßkinds Roman „Die Taube“). So gesehen stellt sie ein Zeichen des Schreckens und Ekels dar, weswegen Georg Kreisler in seinem bekannten Lied auch die Tauben im Park vergiften möchte. In den heutigen Städten treten die Tauben als ↗Ratten der Lüfte auf.

Antike: Die Taube versinnbildlicht die Weisheit (Sophia). Sie ist der Vogel Aphrodites, Astartes und Junos, und steht hier für den sublimierten Eros.

Christentum: Nach jüdischer Überlieferung ist die Taube der Bote Gottes. Im Christentum symbolisiert die weiße Taube den heiligen Geist, der erst weiblich (wie die griechische Sophia) dargestellt wurde. Nach frühchristlicher Auffassung ist sie das Gegenbild zur ↗Schlange. Überall sind Tauben ein positives Symbol: Am Ende der Sintflut (Gen 8.10.12), bei der Taufe Jesu (Matth 3.16) oder auch in der Legende vom heiligen Polykarp, dem im Augenblick seines Todes eine Taube aus dem Mund geflogen sein soll.

Literatur: Der heutige Zeitgeist liebt besonders das Bild der Friedenstaube, in dessen Tradition auch die selige Möwe Jonathan (vgl. den gleichnamigen Bestseller des amerikanischen Autors Richard Bach) steht.

Taubheit Man will (Unangenehmes) nicht hören und zeigt zu viel oder zu wenig Gehorsam. Man nimmt seine Umgebung nicht genau wahr. Taubheit bedeutet ferner, unsensibel – ein Sinn fehlt – und unaufmerksam zu sein. Taubheit kann eine Reaktion auf Überbelastung sein.

Tauchen Ein Wassersport, der Mut erfordert, weil der Taucher sich in das Element begibt, das mangels Sauerstoff, und in größeren Tiefen auch mangels Licht, für den Menschen völlig ungeeignet ist. Psychologisch gesehen kann es darum gehen, dass jemand, der die Tiefen seines Seelenlebens erforscht, etwas nicht wahrnehmen will, weil er „wegtaucht“. Auch wer flüchtet, taucht weg oder ab. Tauchen verweist oft auf eine Regression in den vorgeburtlichen Zustand und auf eine Vorbereitung zur Wiedergeburt (das heißt: für einen Neuanfang).

Die Erlebnisse des Tauchers mögen ekstatisch oder angstbesetzt sein, oft hängen sie mit einer Befreiung zusammen. Immerhin bewegt man sich unter Wasser leichter als über Wasser.

Tauchen kann auch bedeuten, dass man sich dem Gefühl hingibt und dass das Gefühl einen beherrscht, statt dass man seine Gefühle beherrscht. Besonders wenn das Tauchen zu Alpträumen führt, wird hiermit die gefährliche Rückschlingung ins Unbewusste angesprochen, die Erich Neumann als eine der großen Ängste des Mannes bezeichnet.

Tauchsieder Ein Tauchsieder – ein heute durch den Wasserkocher fast völlig verdrängtes Gerät – symbolisiert Hitze und Leidenschaft. Es verweist auf eine Übergangssituation wie zum Beispiel eine Reise.

Taufe Die Taufe zeigt das Bedürfnis an, in eine Gemeinschaft aufgenommen zu werden. Dieser Initiationsritus taucht in vielen Religionen auf, zum Beispiel auch bei den Kelten, aber auch säkularisiert, wenn etwa Schiffe mit einer Flasche Sekt getauft werden.

Taxi Taxi bedeutet Bequemlichkeit und Luxus. Wenn jemand im Taxi gefahren wird, bestimmt er das Ziel, aber braucht sich um die Einzelheiten nicht zu küm-

mern. In Traum und Fantasie kann das Taxi also darauf hinweisen, dass man bisweilen einen kundigen Führer braucht, um nicht zu lange suchen zu müssen. Ein Taxi nicht zu bekommen, heißt nicht mitgenommen zu werden oder nicht von der Stelle zu kommen.
Bei allen Fahrten mit dem ↗Auto ist zu beachten, dass es sich um eine Fahrt auf dem (Lebens-)Weg handeln kann.

Team ↗Gruppe

Technik Technik bedeutet „nicht natürlich". Technik ist Hilfe und Fortschritt. Alles Technische spricht einerseits technische Fähigkeiten an, zum anderen deutet es auf eine entfremdete Haltung (der Umwelt) gegenüber hin.
Philosophie: Max Horkheimer sieht die Technik als Brutalität gegenüber der Natur an, die auf den unbeschreiblichen Vermehrungsdrang des Menschen zurückzuführen ist.

Techniker Der Techniker ist die ideale Person der westlichen Gesellschaft, er ist der, der das zuvor nicht Machbare technisch realisiert, der also eine rationale Lösung findet. Er kann andererseits auch der sein, der keinen Sinn für künstlerische Kreativität zeigt.

Teddybär Der Teddybär ist ein Symbol der Neuzeit. Weltweit soll es über 200 Mio. Arctophile (wie sich Teddy-Liebhaber nennen) geben, die meisten davon sind Frauen. Seit Mitte der 1980er Jahre wurde der Teddy zu einem der beliebtesten Sammlerobjekte in der westlichen Welt. Wie wichtig einigen Menschen der Teddy ist, zeigt sich beispielsweise an einem Steiff-Teddy aus dem Jahr 1904, der für fast 300.000.– DM bei Christies versteigert wurde. Auch in der amerikanischen „Liste der schönsten Dinge des Lebens" finden wir den Teddybären, der inzwischen weltweit verbreitet ist.
Der Teddy symbolisiert Kommunikation, und zwar besonders dann, wenn kein Mensch einem das Ohr zu leihen scheint. Es ist eine nicht wertende Kommunikation, die ermutigt und Zuspruch gibt. Teddy ist ein Sympathieträger, der für positive Empfindungen steht. Deswegen verteilt die amerikanische Wohlfahrtsorganisation „Good Bears of the World" Teddys an missbrauchte und verlassene Kinder. Der Teddy dient also positiver emotionaler Konditionierung. Von daher ist es verständlich, dass während des Zweiten Weltkriegs Frauen in Deutschland aus Stoffresten Teddys nähten, die an die Front geschickt wurden. Notarztwagen führen häufig Teddys mit, denn der Teddy tröstet. Der Teddy wird auch häufig als der bessere Mensch gesehen. Auf ihn werden alle positiven Emotionen projiziert, die Opfer bei Menschen vermissen. S. Freud sieht das als einen Abwehrmechanismus an, der verdrängte Bedürfnisse bewusst macht. Auf Teddy wird das verloren gegangene Urvertrauen projiziert. So ist es verständlich, dass Teddy ein Symbol ist, das zunehmend mehr vermenschlicht wird. In seiner Geschichte entwickelten sich seine Proportionen vom eher Tierischen zum Kindchen-Schema, das nach Konrad Lorenz den Brutpflegeinstinkt wachruft. Teddys werden zu Babys.
Teddy ist nie der ↗Held. Der Teddy ist eines der wenigen Symbole, die in der Neuzeit geprägt wurden und überdauerten.
Literatur: Die Schriftstellerin Virginia Woolf verreiste meistens mit ihrem Teddy. Teddys Karriere in der Literatur wurde durch Alexander Milnes „Pu der Bär" (1926) begründet. Der Erfolg dieses Buchs war sensa-

tionell. Hier finden wir als typisch Teddyhaftes die Dialoge zwischen Schwachsinn und Tiefsinn. Milnes Teddy Pu wurde als philosophisch, romantisch, dumm und erleuchtet, beschränkt und mitfühlend angesehen. Eine der wenigen Erstauflagen von „Pu der Bär" steht in der Vitrine des New Yorker Verlages Dutton mit der Beschriftung „der Bär mit sehr wenig Gehirn".
Film: Der Filmstar James Dean, der schnelle Autos liebte, kam in seinem Porsche um. Neben ihm fand man seinen Teddy.

Tee Symbol der Anregung und Kultur. Der Tee drückt oft die Sehnsucht nach einer gemütlichen Stimmung aus. Häufig wird der Tee mit englischer Kultur verbunden (obwohl in England mehr ↗Kaffee als Tee getrunken wird). 1733 warfen nordamerikanische Siedler als Protest gegen die Einführung der Teesteuer Teeladungen der Engländer ins Meer (Bostoner Tea Party). Das war der Beginn des Unabhängigkeitskriegs gegen die Engländer.
In Japan gilt die Teezeremonie als hohe Kunst der Meditation, aber auch bei uns wird der Tee eher mit Ruhe assoziiert: „Abwarten und Tee trinken".
Der Kräutertee gehört in den Bereich der Gesundheit; wer Kräutertee trinkt, gar in der Öffentlichkeit, wird schnell als Gesundheitsapostel abgestempelt.
Literatur: Dass das Teetrinken mit einer gehobenen Kultur verbunden wird, zeigt auch H. Heines ironisches Gedicht: „Sie aßen und tranken am Teetisch / Und sprachen von Liebe viel, / Die Herren, die waren ästhetisch, / Die Frauen von zartem Gefühl".

Teer Der Teer ist klebrig und eklig wie das ↗Pech. Er steht für alles Dunkle (↗Schwarz). Teer dichtet und kann so in einigen Fällen auch auf Abgrenzung verweisen. In den meisten Fällen ist jedoch die Farbe Schwarz der Schlüssel zur Deutung.

Teich Stehende Gewässer wie ein Teich symbolisieren oft romantische Gefühle und Naturharmonie. Der Dorfteich oder der Schlossteich gehörten zum deutschen Paradies alter Tage. Dazu muss die Oberfläche ruhig sein, das deutet auch auf ein ausgeglichenes Gefühlsleben. Trübe Wasser sind oft ein Bild (sexueller) Konflikte.

Teig Der Teig symbolisiert den Anfang eines Umwandlungsprozesses, der durch das ↗Backen ausgelöst wird. Teig ist der Stoff, aus dem etwas gemacht wird.

Teil Teile spielen dann eine Rolle, wenn etwas auseinander fällt. Teile verweisen stets auf den Verlust der Ganzheit und somit auf einen größeren Zusammenhang.
Es ist ein bekanntes Thema vieler Mythologien, dass ein Mensch zerstückelt und wieder zusammengesetzt wird. Einer der ältesten Belege für dieses archetypische Bild bilden Isis und Osiris in der ägyptischen Mythologie. Wie im Traum wird auch in diesem Mythos die Dialektik zwischen Ganzheit und Zerfall angesprochen. Darin drückt sich unter anderem die Unsicherheit des Menschen aus, seine Ganzheit im Kulturprozess bewahren zu können.

Teilen Teilen bedeutet, etwas abzugeben. Teilen verweist auf einen sozialen Akt und meistens auch auf Gerechtigkeit. Wer teilt, ist derjenige, der die Macht besitzt, weswegen es auch im Mittelalter „herrsche und teile" hieß. Teilen bedeutet dann, etwas von seiner Macht abzugeben, um sie so mehr auszubauen.
Teilen bedeutet ferner, eine Einheit zu zerstören, etwas zu zerstückeln (womit sich

die Gesetze zur Erbteilung beschäftigten). In diesem Sinn ist Teilen etwas Negatives, da es Einheiten zerstört und die Macht vermindert.

Teilung Die Teilung ist ein Symbol der Abtrennung, der Entfremdung und des Verlustes. Je nach Kontext kann dieses Symbol auch auf soziale Fähigkeiten verweisen. Es beinhaltet oftmals einen Hinweis auf die Individualität, da die Individualität das Unteilbare darstellt.

Telefon Das Telefon verweist auf soziale Verbindungen und Kommunikation. Es ist ein modernes Sinnbild für den indirekten Kontakt.
Interessanterweise wurde das Telefon von Alexander Graham Bell erfunden, der sich wie sein Vater für das Lernen von tauben Menschen interessierte. Er versuchte, die Kommunikationsschwierigkeiten von tauben Menschen zu überwinden.
Wichtig ist bei diesem Symbol, ob man eine Verbindung bekommt oder nicht. Das Telefon kann einen Hinweis auf Kontaktschwierigkeiten darstellen, wenn man keinen Anschluss bekommt, auf die Kommunikation mit der anderen Seite in einem selbst. Wird die Störung behoben, kann sich die Kommunikation zur Umwelt verbessern.
Literatur: In Esther Vilars erotischem Roman „Rositas Haut“ (2000) liegt der Mann im Bett stets auf der Seite, an der sich das Telefon befindet. Die seltsame Gleichzeitigkeit von Nähe und Distanz, die das Telefonieren auszeichnet, wird sehr klar in dem Roman „Vox“ (1992) von Nicholson Baker, der aus einem einzigen Telefongespräch über Sex besteht.

Telegramm Das Telegramm symbolisiert etwas Eiliges und Dringliches. Da ein Telegramm nach der Anzahl der Wörter berechnet wird, sind Telegramme in der Regel möglichst kurz und präzise („Telegrammstil“). Heute haben Telegramme schon etwas Veraltetes, sie werden abgelöst durch die SMS und die ↗E-Mail.

Teleskop Teleskop bedeutet Nähe oder Ferne. Mit der Erfindung des Teleskops im Jahr 1608 erweiterte sich der Blick der Menschheit. Das Ferne rückte in die Nähe. Das Teleskop wird oft mit Faszination betrachtet, da es uns einen Blick in ferne Räume öffnet, die nah erscheinen.
Literatur: Der amerikanische Schriftsteller Ambrose Bierce vergleicht das Verhältnis vom Teleskop zum Auge mit dem vom Telefon zum Ohr. Beide, so führt er in seinem „Wörterbuch des Teufels“ (1906) aus, plagen uns mit einer Fülle unnötiger Details.

Teller Der Teller steht immer für Essen (↗Geschirr). Die Bedeutung des Tellers ist dadurch bestimmt, was er trägt, wie er verziert ist und aus welchem Material er besteht.

Tempel Der Tempel (↗religiöse Bauwerke) bezeichnet immer ein nichtchristliches Gotteshaus. Er symbolisiert meistens ein Heiligtum, wobei die Bandbreite sehr weit ist: Vom Tempel des eigenen Körpers bis zum Kunsttempel ist immer ein Zentrum gemeint, das man in hohen Ehren hält. Der Tempel steht für Vollkommenheit, auch für die Mitte des eigenen Wesens und das Vorankommen auf dem Individuationsweg.
Der Tempel kann ferner ein Muttersymbol sein, dann handelt es sich meist um eine Überhöhung der Mutter.

Temperatur Die Temperatur drückt Stimmungen und Gefühle aus. Wie die Tempe-

raturen die Wärme eines Gegenstands angeben, so drücken sie auch die Beziehungsqualität zwischen Menschen aus. Wenn es heiß ist, herrschen die Leidenschaften, Verwicklungen und der Streit. Ist es kalt, dominiert das Objektive, Distanz wird ausgedrückt.
Film: Billy Wilders Film „Manche mögen's heiß" (1959) benutzt die Temperaturangabe, um gefährliche Situationen zu bezeichnen.

Tempo ↗Geschwindigkeit

Tennis Tennis galt einmal als ein exklusiver Sport, ist aber etwas aus der Mode gekommen. Der Tennisspieler verweist vielfach auf die Sehnsucht nach sportlicher Betätigung und Entspannung. Dabei kann der Schlagabtausch etwas Aggressives haben, aber auch etwas Elegantes, Spielerisches.

Teppich Teppiche waren ursprünglich reicheren Leuten vorbehalten, weshalb sie oft Reichtum und Luxus bedeuten, vor allem der Orientteppich steht nach wie vor für gehobene Wohnkultur, auch wenn er heute nicht mehr so schrecklich teuer ist. Der Teppich symbolisiert häufig, dass etwas verdeckt wird. Darum sagt der Volksmund auch, dass etwas „unter den Teppich gekehrt" wird. Der Teppich ist auch ein Symbol der Erdung, denn man sollte stets „auf dem Teppich bleiben".
Es ist wichtig, auf den symbolischen Gehalt der ↗Farbe und des Materials des Teppichs zu achten. Gerade weiche, wollige Teppiche stehen für gediegenen Luxus und Behaglichkeit.
Teppichklopfen bedeutet Aktivität. Das Teppichklopfen ist ein Reinigungssymbol mit stark aggressiver oder zumindest energetischer Komponente.
Literatur: In der orientalischen Poesie – besonders bei den mittelalterlichen Dichtern Persiens und Arabiens – symbolisiert der Teppich das Werk des Schöpfergottes, der seine Schöpfung gewebt hat. Der Schweinfurter Orientalist und Dichter F. Rückert nahm dieses Thema in seinen orientalisch anmutenden Gedichten wieder auf.

Termine Termine bedeuten Zwang und ↗Stress. Viele Termine lassen einen allerdings auch wichtig erscheinen. Wenige Termine hat in dieser Gesellschaft nur der Verlierer.

Termiten Die Termiten ↗Ameisen sind ein Symbol des zersetzenden Einflusses negativer Einstellungen. Sie machen zum Beispiel auf die destruktive Kraft von Sorgen und des negativen Denkens aufmerksam.

Terrasse Die Terrasse ist ein Symbol der Erholung und der Freizeit. Eine schöne Terrasse kann auch der Ausdruck eines Wunsches nach Luxus und sozialem Aufstieg sein. Wer eine Terrasse betritt, begibt sich in die Außenwelt, wenn es sich um einen öffentlichen Bereich handelt, dann will er sich zeigen, der Öffentlichkeit präsentieren – und dabei auch die Öffentlichkeit beobachten können.

Terrine Die Terrine drückt oft eine Sehnsucht nach Häuslichkeit und Familie aus. In der Terrine wird die ↗Suppe gereicht, die man auslöffeln muss. Sie verweist also auf die Konsequenzen unserer Handlungen und unseres Denkens.

Terror Terror bedeutet Angst und Unterdrückung. Terror ist die Kommunikationsform derjenigen, die sich extrem unter-

drückt fühlen. Terror vermittelt die Botschaft der Verzweiflung.
Die Art des Terrors hat sich in der Neuzeit geändert: Die Politterroristen bis ins 20. Jahrhundert hinein versuchten stets, Symbolfiguren ihrer Unterdrücker zu treffen. Den heutigen Gruppen ist es oft gleichgültig, wen sie treffen. Sie wollen hauptsächlich viele Menschen treffen.
Terror im Traum symbolisiert einen Aufruhr der Gefühle. Die Terrorisierung geschieht durch den Streit der einzelnen Ichs im Träumer. Es sind bestimmte negative Einstellungen, Zwangsgedanken und Ängste, die einen terrorisieren.

Terrorist Für die eine Seite ist der Terrorist der Held, der romantisiert wird, für die andere Seite ist er ein fehlgeleiteter teuflischer Fanatiker. Der in Irland lehrende Gewaltforscher Maxwell Taylor sieht den Terroristen als einen Berufstätigen wie jeden anderen an: Er tut seinen Job, hat damit sein finanzielles Auskommen und auch ein nicht unerhebliches Sozialprestige. Das Auffälligste an Terroristen ist ihre Unauffälligkeit, weswegen sie derart gefährlich werden können.

Testament Man will seine Lebensverhältnisse ordnen und einen Überblick über das gelebte Leben geben. Das Testament symbolisiert ferner Todesangst – oder Hoffnung auf leichten Reichtum durch eine ↗Erbschaft. Die Auseinandersetzung mit dem Erbe kann oftmals im Sinn der eigenen Vergangenheitsbewältigung gesehen werden. Hier begegnet man seinen Talenten und Fähigkeiten. Ein Bild der Sinnsuche ist das Testament und Ausdruck des Wunsches nach Fruchtbarkeit und Erfüllung – besonders nachdem man einen Lebensabschnitt abgeschlossen hat.

Teufel Der Teufel ist der Böse schlechthin, der ewige Widersacher. Er ist ein verbreitetes Symbol der kalten Vernunft und des unpersönlichen Intellekts und auch der wilden Natur. Er symbolisiert andererseits auch Kreativität und Widerstand. Jede Kultur hat ihr eigenes Bild des Teufels, welches das Böse verkörpert. Der Teufel ist meist ein Zeichen dafür, dass der Schatten und das Natürliche besser integriert werden müssen, oder er ist der Verweis auf eine einseitig intellektuelle Haltung wie beim Mephisto in Goethes „Faust". Er tritt ferner als ein Symbol des kreativen und inspirierenden Geistes auf.
Der schwarze Teufel ist ↗Finsternis und Tod. Der rote Teufel ist der Lichtbringer und der Leidenschaftliche, der dem Wilden nahe steht. Der grüne Teufel ist das Naturwesen, das als Schlange, Pudel, Katze und Ziege erscheint. Er symbolisiert die Tiernatur des Menschen und dessen Erdverbundenheit.
Die gestürzten Götter werden im neuen System zu Teufeln und so verkörpert der Teufel auch die Vergangenheit.
Analytische Psychologie: Der Satan ist das archetypische Symbol der Finsternis, das heißt des Schattens. Er vereinigt all das auf sich, wofür wir bei uns selbst blind sind. Der Teufel und die ↗Engel stellen die beiden Seiten Gottes oder des Höheren Selbst dar.
Christentum: Der Teufel ist als Satan im Hebräischen das Bild der „bösen Lust". Im Neuen Testament ist der Teufel der Gegenspieler und der Versucher, das heißt der Inbegriff der Abwesenheit Gottes unter den Menschen. Nach dem Kirchenvater Irenäus (um 180 n. Chr.) ist er ein aus Hochmut gefallener Engel, der als Luzifer („der Lichtbringer") eigentlich ein Lichtwesen war. In Dantes „Divina Comedia" ist Luzifer mit seinen drei Köpfen im

untersten Erdenschlund das Gegenbild zur heiligen Dreieinigkeit. Viele Götter der von den Christen unterdrückten Völker werden in der christlichen Tradition als Teufel gezeichnet. So symbolisiert er ohne weiteres auch das Natürliche, Ursprüngliche und den Lichtfunken (vgl. auch das Grimm'sche Märchen „Der Teufel mit den drei goldenen Haaren").
Literatur: „Der vollkommene Typus männlicher Schönheit ist Satan", so schreibt Charles Baudelaire über die Doppelbödigkeit männlicher Kultur.

Theater Das Theater ist ein Ort der bürgerlichen, gehobenen Kultur. Was dort dargestellt wird, erscheint vielfach als übertrieben, als Effekthascherei, Ausdruck von Eitelkeit und Anerkennungssucht. Den Aspekt der Übertreibung betont die Redensart „Mach doch nicht so ein Theater", den Aspekt der Täuschung die Redensart „der spielt ja nur Theater". Siehe auch ↗Schauspieler und ↗Schauspiel.
Literatur: Nicht nur in der deutschen Klassik wurde oft betont, dass das Theater eine moralische Anstalt sei, die der Bildung der Zuschauer zu dienen habe. Auch Bert Brecht war noch dieser Ansicht. Thomas Mann sah im Theater den „Ursprung geistiger Sinnlichkeit und sinnlicher Geistigkeit".
Tatsächlich aber standen bis zum 18. Jahrhundert viele Theater außerhalb der Stadtmauern, damit sich die als unmoralisch geltenden Schauspieler dem Zugriff der Behörden entziehen konnten. Immerhin gab es noch Ende des 18. Jahrhunderts regelmäßig Krawalle im Theater, wovon zum Beispiel der deutsche Schriftsteller und Schauspieler Karl Philipp Moritz berichtet. Fürst Hermann von Pückler-Muskau, der von Charles Dickens in seinen „Pickwick Papers" als Graf Smorltork karikiert wurde, drückte 1827 sein Erstaunen über die Rohheit und Brutalität des Theaterpublikums aus.

Theke Theke bedeutet Kommunikation, als Ladentheke auch Geschäft. Die Theke in einer ↗Kneipe oder ↗Bar ist das Wunschbild der Einsamen. Sie kann allerdings auch auf Oberflächlichkeit und auf die Gefahr eines Bewusstseinsverlustes verweisen, da an der Theke meistens alkoholische Getränke konsumiert werden. Da man an der Theke selten allein ist, sind die anderen Personen an der Theke zu beachten. Ferner gibt die Atmosphäre und der Stil der Gaststätte weitere Hinweise zur Deutung.

Therapeut Der Therapeut und die Therapeutin werden oft als verrückt angesehen – zumindest werden sie in Literatur, Film, Comic und Volksmund als nicht normal bezeichnet. Sie haben sich ihren Klienten angeglichen.
Der Therapeut und die Therapeutin können auch eine hilfreiche Person verkörpern, allerdings auch ein Helfersyndrom.
Literatur: Dass die (Chef-)Therapeutin die eigentliche Verrückte ist, ist die überraschende Schlusswendung in F. Dürrenmatts Theater-Klassiker „Die Physiker".

Thermometer Das Thermometer ist oft ein Stimmungsbarometer. Kälte bedeutet Gefühlskälte und Wärme steht für emotionale Wärme.

Thron Der Thron drückt Herrschaft aus. Wenn der Thron wackelt, dann ist diese Herrschaft gefährdet. Dass sich jemand auf einen Thron setzt, ist immer auch ein Zeichen von Selbsterhöhung und Selbstüberschätzung. Er kann auch darauf hinweisen, dass man sich mehr beherrschen sollte. Für die weitere Deutung sind Form,

↗Farbe und Material des Throns zu beachten.

Tiara ↗Papsthut

Tiefe Auf dem Entwicklungsweg muss man durch die Tiefe hindurch. Die Tiefe ist ein gängiges Symbol der Auseinandersetzung mit dem Unbewussten.
Der tiefste Punkt der Erdoberfläche ist das Tote Meer. Tiefe und Tod sind oft miteinander verbunden. Der Glaube der Seeleute warnt davor, nie zu lange in die Tiefe des ↗Wassers zu schauen, da man davon entweder verrückt wird oder sich in den Tod stürzt.
Tief wird auch mit der Zeit in Verbindung gebracht. Die Tiefe der Zeit ist die Vergangenheit.

Tiefgarage Die Tiefgarage symbolisiert meistens einen unfreundlichen, bisweilen auch gefährlichen Ort, an dem die Bewegung zum Stillstand gekommen ist. Auf Bildern ist die Tiefgarage meist völlig menschenleer, verlassen und deswegen ein idealer Schauplatz für allerlei dunkle Geschäfte. Psychologisch gesehen ist sie der Ort des Unbewussten, ähnlich wie der ↗Keller.

Tiere Tiere dienen seit Urzeiten als Metaphern, um die Mysterien der Welt zu erklären.
Das Tier ist der Bruder oder die Schwester des Menschen. Es ist heutzutage weitgehend auf den Menschen angewiesen. Es ist ihm ausgeliefert und wird von ihm ausgebeutet.
Eine der besonderen Eigenschaften der Tiere ist ihre Beweglichkeit. Im Gegensatz zur ↗Pflanze sind sie zu einem freien Ortswechsel in der Lage. So können sie günstige Lebensräume aufsuchen, vor Feinden fliehen und einen Partner suchen. Das Tier verkörpert so auch stets Beweglichkeit.
Das Tier ist das Symbol des Tierischen und Triebhaften des Menschen. Wenn ein Mensch einen anderen beleidigen will, bezeichnet er ihn als ein Tier, als Sau, Kuh, Hund oder Wurm. Das Symbol des Tiers steht in enger Verbindung mit dem Weiblichen, von dem in der patriarchalischen Gesellschaft behauptet wurde, dass es dem Tierischen nur wenig entwachsen sei. Aus diesem Grund werden in Volkssagen, in der Literatur und im Film oftmals Frauen in Tiere verwandelt, wobei die Verwandlung in ↗Katzen, ↗Leoparden und ↗Panther sehr beliebt ist. Die Verwandlung des Menschen in ein Tier ist ein Ausdruck des Rückwärtsgehens in der Evolution, der Regression. Man sehnt sich nach einem Urzustand, der aber wie das ↗Paradies unwiederbringbar verloren ging.
Die Grenze zwischen Tier und Mensch wird auch in den Fabelwesen wie den ↗Werwölfen, ↗Satyren und ↗Zentauren aufgelöst. Das zeigt auch, dass auf menschlicher und tierischer Ebene oft ähnliches geschieht in der Kulturentwicklung, worauf der Heidelberger Psychoanalytiker Herbert Stein in seinem Buch „S. Freud spirituell" hinweist.
In der Frühzeit der Menschheitsgeschichte waren die Tiere dem Menschen auf unserer Erde überlegen. Sie konnten dort besser überleben. So verwundert es nicht, dass die frühen Gottheiten mit Tierköpfen dargestellt wurden oder selbst als Tiere angesehen wurden. Schakal, Ibis, ↗Elefant, ↗Löwe und ↗Adler wurden als göttlich angesehen und hoch verehrt. Indem man das Tier anbetete, hoffte man, die entsprechenden Eigenschaften auch selbst zu bekommen.
Einzelheiten und Verweise auf einzelne Tierarten bei ↗Fabeltier, ↗Haustier, ↗In-

sekt, ↗Kriechtier, ↗Krustentier, ↗Landtier, ↗Nagetier, ↗Nutztier, ↗Raubtier, ↗Säugetier, ↗Vogel, ↗Wassertier.
Psychoanalyse: Nach S. Freud werden Kinder und Geschwister als kleine Tiere symbolisiert, wilde Tiere dagegen bedeuten nach S. Freud sinnlich erregte oder auch erregende Menschen, böse Triebe oder Leidenschaften.
Analytische Psychologie: Schon nach S. Freud stehen Tiere meist für Triebe oder Instinkte. Hier wird das Animalische angesprochen als der bewusstseinsferne Instinkt (Anima) oder als instinktfernes Bewusstsein (Animus) im Menschen. Das Tierische stellt ferner ein Bild des Verdrängten oder auch teilweise des Schattens dar, das sich der Integration anbietet.
Mittelalter: Von Hexen behauptete man, dass sie sich selbst in schwarze Katzen oder Hasen verwandeln können. Sie schaften häufig einen tierischen ↗Doppelgänger, um schwarze Magie zu betreiben. Das war der Vorwurf in vielen Hexenprozessen des 16. und 17. Jahrhunderts.
Literatur: In seinem Aufsatz „Wie man über die Tiere spricht" (1987) schreibt Umberto Eco, dass die Tiere heute menschlich gesehen werden. Sie werden verniedlicht und respektabel gemacht, damit es einen Grund gibt, sie überleben zu lassen.
Film: Die klassische Verwandlung der Frau in eine Katze wird in dem Film „Cat Girl" (1957) mit viel Eifersuchtsdrama ausgeschmückt. Die Mittelklassefrau Nora wird zur Raubkatze Leonora, die am Schluss ihren Mann und ihre Freundin tötet, als diese sich unter Bäumen lieben.
Philosophie: Platon meinte, dass in jedem Menschen ein wildes und gesetzloses Tier lebt, das sich im Traum meldet.

Tiergarten ↗Zoo

Tiger Tiger bedeutet ähnlich wie der ↗Leopard elegante Kraft. Er gilt wie der ↗Löwe als Symbol der Lebenskraft und Leidenschaft. Der Tiger symbolisiert im Gegensatz zum Löwen jedoch eher die weibliche Kraft. Der Tiger besitzt große Kräfte und die Hauptstärke seines Angriffs liegt in der Überraschung. Er ist auch ein Symbol für Gefahr, das ↗Raubtier schlechthin.
Der Tiger drückt eine Sehnsucht nach kraftvoller Liebe aus und gleichzeitig auch die Angst vor einer solchen Erfahrung.
Analytische Psychologie: Nach C. G. Jung ist er ein Symbol der weiblichen Triebwelt wie ↗Katzen, ↗Bären und ↗Schlangen.
Asien: Im Shinto gilt der Tiger als heiliges, Menschen fressendes Raubtier, eine nichts schonende Personifikation des Grauens und der Angst. Guru Rinpoche (um 800) soll auf einem Tiger von Tibet nach Bhutan geflogen sein, um den Buddhismus dorthin zu bringen.

Tinte Die Tinte ist ein Hilfsmittel zur schriftlichen Kommunikation. Mit Tinte und Füller zu schreiben gilt heute als antiquiert oder vornehm; man tut es, wenn man dem Geschriebenen besondere Bedeutung beilegen will, zum Beispiel bei der Unterzeichnung eines Vertrages. Tinte ist eine meist dunkle, schmutzig aussehende Flüssigkeit, worauf die Redensart „in der Tinte sitzen" anspielt. Bedeutsam ist die ↗Farbe der Tinte und was mit ihr geschrieben wird. Siehe auch ↗Schreibgeräte.

Tintenfisch Der Tintenfisch ist meist ein Schattensymbol, das eine Gefahr anzeigt. Man hat Angst, von den Armen des Tintenfisches gefangen und in die Tiefe gezogen zu werden. Damit ist psychologisch die Angst vor der übermächtigen Gefühlswelt angesprochen. Außerdem wird dieser Bewusstseinsverlust noch dadurch ver-

stärkt, dass der Tintenfisch eine dunkle Flüssigkeit absondert.
Als ↗Gericht mag der südliche Tintenfisch in Mittel- und Nordeuropa Freizeit und Urlaubsstimmung symbolisieren.

Tisch Der Tisch ist etwas, an dem man arbeitet (↗Schreibtisch), isst oder auf dem etwas präsentiert wird. Was auf dem Tisch liegt, ist wichtig, was unter den Tisch fallen gelassen oder „vom Tisch gewischt" ist, ist das Falsche, das nicht präsentabel erscheint. Am Tisch kommt man zusammen, deswegen symbolisiert er häufig Geselligkeit und Kommunikation. Der Tisch zieht auch erotische Fantasien an, was die Kunst und Pornographie oft ausnutzt, zum Beispiel in dem Klischee vom Sex auf dem ↗Küchentisch. Wie bei allen ↗Möbeln sind Funktion und Material bedeutsam, auch ob es ein leerer Tisch ist („reinen Tisch machen") oder ob sich Gegenstände darauf befinden.
Psychoanalyse: Nach S. Freud stellt der Tisch wie im Talmud ein Symbol für den Körper der Frau dar – eine Auffassung, die auch öfter in der Kunst ausgedrückt wurde.

Tischler ↗Schreiner

Titanic Die Titanic gehört zu den modernen Mythen. Sie ist ein Symbol des Größenwahns und eines morbiden Luxus. Sie zeigt, dass die Natur in Form des ↗Eisbergs stärker als die Kultur ist – was auch in dem Schiffbruchsbild von Caspar David Friedrich ausgedrückt wird.
Film: Nur da die Titanic ein derart starkes Symbol des menschlichen Größenwahns ist, konnte der gleichnamige Film zu einem der erfolgreichsten Hollywood-Filme (1997 von James Cameron) werden. Erstaunlich ist, dass der erste Film über den Untergang der Titanic 1912, also schon wenige Monate nach der Havarie des Luxusdampfers in die Kinos kam.

Titel Der akademische Titel einer Person verweist auf Bildung und ↗Wissen. Er ist eine Autorität.
Es ist zu betrachten, in welchem Gebiet dieser Titel erworben wurde.
Eine Person mit einem Adelstitel verkörpert eine Autoritätsperson oder eine mächtige Person. Sie stammt von einer herrschenden Familie ab. Oftmals drückt sich mit dem Titel auch „ein Hang zum Höheren" aus – eben ein Aufstiegswille oder ein Minderwertigkeitsgefühl.
Adel ist auf der anderen Seite die überholte Klasse, Adel bedeutet deswegen heute auch oft vergangene Herrlichkeit.
Bei einem Buchtitel oder dem Titel eines Theater- oder Musikstücks ist die Aussage dieses Titels symbolisch zu deuten. Ferner wird auf die Aussage und den Stil des so bezeichneten Kunstwerks Bezug genommen.

Tochter Die Tochter verkörpert das kreative Weibliche, das noch viele Möglichkeiten zu entwickeln hat. Für eine Frau ist die Tochter die Verkörperung ihrer zukünftigen Chancen und Möglichkeiten.

Tod Der Tod ist etwas, was jenseits unserer Vorstellung liegt, obwohl sich viele Bilder um ihn ranken. Er ist eine Grenze, die man nicht zu überschreiten weiß. Dabei steht oft der Aspekt der Endgültigkeit im Vordergrund: Der Tod ist das Ende schlechthin. Die Todessymbolik weist auf die schmerzliche Einsicht hin, dass wir im Leben unausweichlich etwas Unwiederbringliches verlieren werden. Dabei ist oft weniger der physische Tod gemeint, sondern eine Liebe, Erfolg, Gesundheit oder

Glück. Wenn sich etwas überlebt hat, dann wird das Ende davon als Tod angesehen.
Der Tod kann sich auch auf den Wunsch etwas loszuwerden beziehen, nämlich eine Eigenschaft, ein Verhalten oder eine Situation. Er steht auch für den notwendigen Abschluss einer bestimmten Phase und den Übergang zu einer neuen.
In Bildern vom Tod drückt sich häufig eine Sehnsucht nach Ruhe, Frieden und Harmonie aus.
Beim mexikanischen Totenfest „El Dia des los Muertos" werden Skelette überall aufgestellt und man feiert zu Ehren der Toten mit Picknicks auf Gräbern. Tod ist hier ins Leben integriert und verliert dabei seine beängstigende Wirkung.
Siehe auch ↗Beerdigung, ↗Grab, ↗Leiche.
Psychoanalyse: Das Sterben im Traum drückt der Psychoanalyse folgend den Wunsch aus, sich an jemandem zu rächen – nämlich an demjenigen, der stirbt.
Analytische Psychologie: Der Tod stellt nach C. G. Jung ein Bild der Ablösung aus der Verschmelzung mit den Gestorbenen dar. Das Symbol Tod tritt verständlicherweise gehäuft dann auf, wenn eine geliebte Person gestorben ist. Man scheint mit dem Denken an den Tod den Schmerz über den Tod geliebter Menschen aufzuarbeiten. Ferner deutet die Todessymbolik auf Wandlung und Neuanfang.
Asien: Ähnlich wie das Ägyptische Totenbuch kann auch das Totenbuch der Tibeter (Bardo Tödol) als Orientierung für die menschliche Seele nach dem Tod angesehen werden. Hier sind es die verschiedenen Lichter, die der Tote kennen muss, um vorwärts zu kommen und nicht mehr reinkarniert zu werden.
Antike: Das ägyptische Totenbuch (Papyrus Am, Enhai und Gerusher) sieht den Menschen als ewigen Wanderer an, der zwischen seinem Erdenleben, dem Zwischenbereich und der Anderswelt hin und her reist. Für diese Seelenreise stellt es eine Karte dar. Besonders in der Zwischenwelt, der ersten Station nach dem Tod, kann sich der Gestorbene nur schwer ohne diese Karte zurechtfinden. Diese Zwischenwelt (Dwat) ähnelt der katholischen Vorstellung vom Fegefeuer. In dem Papyrus Am wird der Tod als ein Ergebnis von Ignoranz angesehen.
Der römische Philosoph Epikur lehrte, dass der Tod kein Übel sei, da er kein Ereignis des Lebens ist.
Literatur: Kapitän James Weddell veröffentlichte 1822/3 seine Logbücher der Fahrten mit der Zweimastbrigg Jane und dem Schoner Beaufoy unter dem Titel „Reise in das südliche Eismeer". Dieses Buch landete auf dem Schreibtisch des Journalisten Edgar Allen Poe, der wie sein Vorbild S. T. Coleridge Reisen in den fernen Süden als Reisen in den Tod und in die Auflösung ansah, eine Ansicht, mit der Poe Baudelaire inspirierte.
Philosophie: Der französische Philosoph Jacques Derrida meint, dass der Tod dem Einzelnen nicht gehöre, er sei ein Phänomen, dass das Kollektiv der anderen betreffe.
Der zeitgenössische französische Philosoph Jean Baudrillard veröffentlichte 1976 eine Abhandlung über den Tod mit dem Titel „Der Tod tanzt aus der Reihe". Seine zentrale These ist, dass sich Macht an der Schranke zum Tod einnistet und mit Trennungen zu tun hat. Die grundlegende Trennung ist die von Leben und Tod. Nach Baudrillard träumen wir alle davon, den Tod zu erhalten oder zu geben.
Für Michel Foucault ist der Tod ein Widerspruch. Er ist Freiheit und Schicksal in der Welt und gegen die Welt. Er verneint und bejaht zugleich.

Töne Töne sind eine Kommunikationsform jenseits der artikulierten Sprache. Sie drücken Gefühle aus.

Töpfer Der Töpfer formt den Stoff des Lebens. Töpfern heißt Erdung und Schöpferkraft. Es gehört zu den ältesten Gewerben der Menschheit. So drückt es eine Rückkehr zu dem Ursprünglichen und Einfachen aus. Das Symbol Töpfer ist oft ein Ausdruck romantischer Sehnsucht nach der vorgeblich einfachen Tätigkeit.
Christentum: Gott ist der große Töpfer, da er den Menschen aus Lehm formte (Gen 2.7). In jüdischen Legenden schaffen Rabbis auf die gleiche Weise den ↗Golem (einen künstlichen Menschen) aus Ton.

Toilette Die Toilette ist der Ort, an dem eine Entleerung oder Reinigung stattfindet. Sie ist der intime Ort.
Die Toilette wird seit Urzeiten als düsterer, unheimlicher Ort angesehen. Alle mit den Naturfunktionen verbundenen Orte ziehen Dämonisierungen an. Sie ist der Ort der verbotenen Sexualität (Selbstbefriedigung und Homosexualität), ein Ort, der voller Gefahren und unheimlichen Tuns steckt. Es ist die Stätte, wo die Geister und der Teufel ihr Unwesen treiben, weswegen die Toilette früher nie im Haus zu finden war. Sie ist ein Tabu-Ort, ein verschwiegener und verbotener Ort, ein Ort der Anfänge der Sexualität, um den die pubertären Fantasien kreisen.
In diesem Symbol drückt sich auch die Endlichkeitserfahrung aus: Zum einen wird die Vergänglichkeit angesprochen und darauf verwiesen, das alles Materielle vergeht und wertlos wird, zum anderen schwingt in dieser Endlichkeit auch die Bedeutung von Vollbringung und Vollendung mit. Hier ist die alchemistische Vorstellung gemeint, dass man aus ↗Kot das Seelengold gewinnen kann. Im Grunde ist die Toilette der Ort der Umwandlungsprodukte.
Analytische Psychologie: Der Ort höchster Kreativität nach C. G. Jung.
Mittelalter: In der Thorsteinsage warnt König Olaf seine Gäste, nachts allein die Toilette aufzusuchen, da sie sonst in ein gefährliches Abenteuer mit dem ↗Teufel verwickelt würden. In der Sigurdsage gilt die Toilette ebenfalls als Ort der ↗Geister.

Tollwut Die Tollwut – eigentlich eine gefährliche Tierkrankheit – symbolisiert in anschaulicher Weise die Gefährlichkeit der Wut. Sie zeigt, dass die Wut den Wütenden schadet, ihn tötet. Die Wut wird als eine Verrücktheit betrachtet, was die Vorsilbe „toll“ verdeutlicht.

Tomate Obwohl sie häufig die Bedeutung „Fruchtbarkeit“ besitzt, kann die Tomate als Nachtschattengewächs zugleich etwas Unheimliches haben. So wurden Tomaten zu Beginn in Europa nur als Zierpflanzen genutzt, da sie als giftig galten.
Die Tomate stammt ursprünglich aus den Anden, wo sie von den Indianern als „tumatl“ kultiviert wurde. Heute wird sie zwar auch in Mitteleuropa angebaut, gilt aber trotzdem als Zeichen südländischer Küche, auch als ein gesundes Gemüse.
Nach R. Steiner ist sie ein Ausdruck der Erotik und Leidenschaft, was sicher auch mit der Farbe ↗Rot zusammenhängt; immerhin war früher für die Tomate auch der Ausdruck „Liebesapfel“ im Umlauf.

Tombola ↗Lotterie

Ton Ton ist ein formbares Erdmaterial, in gebrannter Form wasserundurchlässig. In einigen Weltentstehungsmythen wurde der Mensch von einer Gottheit aus Ton geschaffen. Ton ist somit der Grundstoff des Lebens. Er ist das Formbare. Als Material für Töpfe u. ä. ist er billig und einfach zu verarbeiten.

Tonbandgerät Das Tonbandgerät wird sich bald nur noch im Museum finden. Hier geht es um das Aufnehmen und Dokumentieren von Tönen und Sprache. Wird von dem Tonband ↗Musik abgespielt, dann ist die Stimmung der Musik ausschlaggebend für die Deutung.

Tonne Die Tonne als abgeschlossener ↗Raum bedeutet Isolation und Sicherheit. Oft kommt es ähnlich wie beim ↗Fass darauf an, dass die Tonne dick und rund ist, zum Beispiel wenn man Menschen als Tonne bezeichnet. Es kann auch die Assoziation ↗"Mülltonne" eine Rolle spielen.
Antike: Der griechische Philosoph Diogenes drückte dadurch, dass er in einer Tonne wohnte, seine Abkehr von der Welt der Bedürfnisse aus.

Topas In früheren Zeiten – noch bis ins 19. Jahrhundert hinein – wurden alle gelblichen und besonders alle goldgelben Steine „Topas" genannt. Heute werden Fluor-Aluminiumsilikat-Verbindungen Topas genannt, und neben den gelblichen Topasen kommen auch blaue vor. In der klassischen Symbolik werden schöne oder magische Augen häufig mit dem Topas verbunden. Dem Topas wurden zu allen Zeiten Wunderkräfte zugesprochen. Er soll die Meereswogen beschwichtigen, die Leidenschaften beruhigen, Wahnsinn heilen und die Sensibilität fördern.
In der Astrologie wird der (Gold-)Topas den Sternzeichen Löwe und Zwilling zugeordnet.

Topf Töpfe sind wie das Symbol ↗Herd dem Feuer verwandt. In ihnen findet die Verwandlung des Rohen in das Gekochte statt. Sie sind nötig, um die Speise genießbar zu machen. Als Symbol verweisen sie auf Verwandlung, auf den Kulturprozess und die Ernährung und damit auf die Verinnerlichung.
Psychoanalyse: ↗Gefäß

Tor Das Tor ist wie die ↗Tür und die ↗Schwelle ein Symbol des Übergangs. Tor und Tür zeigen den Eingang in eine andere Welt an, den Eingang zu anderen Räumen – und versperren diesen Eingang gleichzeitig. In der Mythologie vieler Völker muss man durch ein Tor hindurch, um ins Paradies oder den Himmel zu gelangen. Das Fußballtor ist eine säkularisierte Variante des Himmelstores: Ein Symbol des Ziels und der ehrgeizigen Auseinandersetzung, des Kampfes um ein Eindringen in einen bewachten Raum.
Vor dem Tor findet oft das Öffentliche statt, hinter dem Tor das Private.
Eine besondere Bedeutung in der deutschen Geschichte besaß das Brandenburger Tor in Berlin. Es galt während der Zeit der Mauer als ein Symbol der Trennung. Die Bedeutung von Tor wurde in ihr Gegenteil gewendet, da es sich beim Brandenburger Tor um ein geschlossenes Tor handelte. Seit der Öffnung der Mauer wird das Brandenburger Tor als Symbol der Wiedervereinigung gesehen.
Psychoanalyse: Dieses Symbol besitzt nach S. Freud beim Neurotiker eine sexuelle Bedeutung (Scheide). Tiefenpsychologische Betrachtungen des Fußballs sehen den Schuss ins Tor als ein sexuelles Symbol an.
Literatur: In F. Kafkas bekannter Erzählung „Vor dem Gesetz" spielen der Türhüter und das Tor, das doch immer offen war, die Hauptrolle.

Torbogen ↗Bogen

Tornado ↗Sturm, ↗Naturkatastrophe

Torpedo Torpedo bedeutet Angriff. Schon wegen seiner Form ein Symbol der aggressiven männlichen Sexualität.

Torte Die Torte ist wie der ↗Kuchen eine süße Verführung. Sie steht für Freizeit, Feiern und Erholung oder für ein Hadern mit der eigenen Figur. Bedeutsam ist, um welche Torte es sich handelt. Noch wichtiger ist jedoch der soziale Kontext, in dem diese Torte gegessen wird.

Totenkranz ↗Kranz

Totenschädel ↗Schädel

Toter Tote sind Menschen, die nichts mehr bewirken und nichts mehr mitbekommen. Sie sind nicht-existent. Das Land der Toten ist das Unbewusste, wo der ↗Schatten herrscht. Der oder die Tote symbolisiert psychologisch gesehen meistens eine Eigenschaft, die absterben muss, siehe auch ↗Leiche und ↗Tod.
Analytische Psychologie: Ein Toter ist nach C. G. Jung im Traum in erster Linie der Repräsentant unbewusster Vorgänge.

Tourismus Der Tourismus tötet, was er liebt. Damit ist die destruktive Seite des Tourismus angesprochen. Seine positive Seite liegt darin, dass Tourismus mit ↗Ferien und ↗Reisen verbunden wird. Tourismus kann auch auf Massenbetrieb verweisen.

Träne Tränen sind ein bekanntes Symbol für Trauer. Wenn die Tränen fließen, dann reinigt man sich von inneren Anspannungen. Wem man „keine Träne nachweint“, den lässt man gerne wegziehen.
Tränen werden mit ↗Perlen gleichgesetzt. Sie können auch für Freude und Rührung stehen.
Die Tränen sind biologisch gesehen ein Schmiermittel und zugleich ein antibakterielles Mittel, da ihr Lysozym (ein Enzym) das Auge vor Infektionen schützt.
Literatur: „Wie eine Träne im Ozean“ nannte Manès Sperber seine ab 1949 erschienene Roman-Trilogie. Hier symbolisiert die Träne das verschwindend Kleine, ähnlich wie der Tropfen.

Tragen Man trägt eine Last und somit verbindet sich „tragen“ leicht mit Belastung. Es ist das Leid, das man wie die Verantwortung trägt. „Jeder hat sein Päckchen zu tragen“, sagt der Volksmund und spricht damit die Alltagsbelastungen an, denen wir alle ausgesetzt sind.
Klingt in der Welt der Symbole das Tragen an, werden die Mühen des Alltagslebens angesprochen. Es stellt sich die Frage, ob man diese weiterhin ertragen möchte.
Was einen trägt, ist allerdings auch das Positive, die Essenz, die Schwierigkeiten überstehen und das Ziel erreichen lässt.
Literatur: In der Märchenliteratur wie beispielsweise in den Geschichten von Tausendundeine Nacht ist der Träger stets der Arme, der aber häufig Glück hat. Sindbad, der Lastenträger, ist das Alter Ego von Sindbad, dem Seefahrer. Der Lastenträger ist erfolglos, aber demütig, und so beschenkt ihn sein Gegenbild reich. Eine andere beliebte literarische Figur ist der Wasserträger, der in moderner Form in Brechts „Der gute Mensch von Sezuan“ auftritt. Er vertritt die Stimme der Armen.

Tram ↗Straßenbahn

Trampolin Trampolin kann auch Leichtigkeit und Freude an der Bewegung ausdrücken. Es hebt die drückende Schwerkraft ein wenig auf. Vielleicht steht es auch für das Spiel mit dem Auf und Ab des Lebens.

Transplantation Die Transplantation ist ein Ausdruck aus der Ersatzteil-Medizin. Der Mensch zerfällt in Teile, die durch neue ersetzt werden, die nicht mehr seine sind. Er nimmt etwas Fremdes auf. Durch die Transplantation wird der Mensch zur Kollage von Eigenem und Fremdem.
Auf der anderen Seite werden unterschiedliche Menschen, die Lebenden und die Toten durch eine Transplantation miteinander verbunden. Somit bedeutet letztendlich eine Transplantation Unsterblichkeit, denn das gespendete Organ überlebt seinen Spender, der meistens gestorben ist.

Transsexuelle(r) Die Umwandlung in das andere Geschlecht zeigt stets das Bedürfnis an, seine andere Seite zu leben – oder sie wird zu einseitig gelebt. Der Transsexuelle verkörpert denjenigen, der seine Identität drastisch ändert. Er geht ans andere Ufer und entscheidet sich dafür, in der Anderswelt zu leben.

Transvestit Der Transvestit ist in unserer Gesellschaft ein Exzentriker und Außenseiter. Ein Transvestit verkörpert den Menschen, der dem Sog zur andersgeschlechtlichen Seite in sich nachkommt. Er ist der Wanderer zwischen den Geschlechtern und ein Symbol der Sehnsucht nach der Aufhebung der Polarität.

Traube Traube bedeutet Fülle. Die Traube ist ein Symbol der Natürlichkeit, der Fruchtbarkeit des Lebens und der Natur. Sie verweist auf dionysische Freuden, weil aus ihr der ↗Wein gewonnen wird.
Literatur: Die Redensart von den Trauben, die zu sauer sind, geht auf die bekannte Fabel vom Fuchs und den Trauben zurück, die schon bei Äsop auftaucht: Der Fuchs begehrt die Trauben, da er sie aber nicht erreichen kann, erklärt er sie für allzu sauer.

Trauer Trauer ist, was Glück nicht ist. Die Trauer bezieht sich oft auf einen Verlust. Letztendlich geht es bei diesem Symbol um den Verlust der Liebe oder auch um den Verlust (einer Eigenschaft) seiner selbst.
Trauer ist eine notwendige Reaktion, um Abschied zu nehmen. Sie reinigt den Menschen von der Verhaftung am Alten.

Trauerschleier Man drückt die Trauer nicht öffentlich aus, sondern verinnerlicht oder versteckt sie. Man zieht sich in sich selbst zurück. Von jedem ↗Schleier geht etwas Geheimnisvolles aus.

Trauerweide Die Trauerweide stellt oft ein Symbol der Romantik und der Idylle dar; sie ist auch ein Symbol der stilvollen Trauer.
Die Trauerweide gehört zum „locus amoenus", dem idealtypischen lieblichen Ort am Flussufer. Sie ist ein Ausdruck der in der Natur empfundenen Melancholie, „der Kunst der edlen Kopfhängerei".

Traum Traum bedeutet Illusion und tiefer Sinn zugleich.
Der Traum ist ein Feind der Vernunft (A. Adler). Er ist die Anderswelt, die in einem selbst liegt. Er ist sowohl die chaotische Welt als auch jene einer höheren Ordnung, die gefühlsbestimmt ist.
Der Traum symbolisiert ein Geheimnis, was im Traum-Totem vieler australischer Stämme zu sehen ist. Auch S. Freud und

C. G. Jung waren der Meinung, dass ein Traum nie vollständig verstehbar ist. Die Aborigines benutzen das Wort „Ya-yari“, um Traum, Lebenskraft und sexuelle Potenz auszudrücken.
Die Opposition von Traum und Wirklichkeit ist eine Konstruktion von S. Freud, der in seinem Denken von dieser Polarität ausging. Allerdings ist dieser Standpunkt keineswegs der einzig mögliche und produktive. Friedrich Nietzsche plädierte wie schon vor ihm Ralph Waldo Emerson und später Charles Sanders Peirce, Gustav Theodor Fechner und William James dafür, die Grenze zwischen Traum und Alltagswelt als fließend zu betrachten. Beide, Traum und Alltagswelt, sind gleichermaßen real und nicht hierarchisch aufgebaut, wie S. Freud es postulierte. Der Traum ist nur ein anderer Ort der Betrachtung der Realität als das alltägliche Wachbewusstsein. In dieser Sicht wird der Traum nicht als Dokument betrachtet, das uns unsere Vergangenheit verdeutlicht und das im Dienst des Verständnisses unseres heutigen Verhaltens steht, sondern der Traum stellt eine eigene Welt dar, die das Mögliche und Neue ins Bild setzt.
Psychoanalyse: S. Freud schrieb von 1897 bis 1899 an der „Traumdeutung“. Der Traum bedeutete für ihn eine Ausarbeitung assoziativer Verknüpfungen, die unser Unbewusstes automatisch vornimmt. Ferner stellt für S. Freud der Traum die Erfüllung eines verborgenen Wunsches dar. Durch den Traum unterscheidet sich nach S. Freud der Mensch von Tier, was allerdings so nicht korrekt ist, da Säugetiere und Vögel auch träumen.
Nach Alfred Adler ist der Traum von einem Allmachtsgefühl geprägt. Er verabsolutiert den Lebensstil des Träumers.
Literatur: R. Flannagan, ein zeitgenössischer australischer Schriftsteller, bezeichnet den Traum als einen Schwindel, wenn auch in seinem Roman „Goulds Buch der Fische“ viel Erzähltes eine klassische Traumstruktur besitzt. Aber der Autor warnt den Leser: „Ein Traum ist eine gefährliche Sache, wenn man zu sehr daran glaubt.“
Film: In Steven Spielbergs hochsymbolischem Film „AI“ (2001) über die Entwicklung künstlicher Intelligenz spielt der Traum eine wichtige Rolle. Erst wenn der Maschinenmensch träumen kann, wird er kreativ und damit menschlich. David, die Hauptperson dieses Films, erreicht am Schluss des Films dieses Stadium. Er träumt von seiner toten Mutter. Damit folgt Spielberg im Gegensatz zu S. Freud der Ansicht Michel Foucaults und der modernen französischen Philosophie, die davon ausgeht, dass der Traum ein Bild von dem produziert, was man nicht hat.
Philosophie: Michel Foucault definiert den Traum als einen Akt des Hinweisens und nicht des Bedeutens. Nach ihm ist Traum die Erfahrung ursprünglicher Freiheit.

Traurigkeit ↗Trauer

Trauung ↗Ehe und ↗Heirat

Trauzeuge Man sehnt sich danach, eine Bindung öffentlich zu machen und zu ihr verpflichtend vor Zeugen zu stehen.

Treibhaus Das Treibhaus dient zwar dazu, Blumen oder Gemüse zu züchten, doch es drückt die Entfremdung von der Natur aus. Hier herrschen ideale Wachstumsbedingungen, doch der Vorgang wird unnatürlich schnell oder zur unpassenden Zeit durchgeführt. Treibhausgemüse gilt als unnatürlich und ungesund.

Weil im Treibhaus eine besondere, warme oder schwüle Atmosphäre herrscht, dient es öfter auch als Schauplatz für kriminelle oder erotische Szenen.

Treibjagd Treibjagd bedeutet Hetze und Druck. Die Todesgefahr, die mit der Treibjagd verbunden ist, wird eindringlich angesprochen. Die Treibjagd entspricht dem Lebensgefühl besonders vieler Großstadtbewohner.
Heute gilt manchem Tierschützer die Treibjagd als Symbol veralteter, barbarischer Jagdsitten.

Treibsand Der Treibsand symbolisiert ein gefährliches Versinken. Er drückt tückische Gefahren aus, versandende Erkenntnisse und ungefestigte Emotionen, siehe auch ↗Wüste.
Film: In dem Film „Lawrence von Arabien" von Richard Harris (1962) gibt es gegen Schluss eine Szene, in der der junge Mitstreiter des Helden im Treibsand versinkt. Der Versinkende ist unrettbar verloren, mit ihm gehen Hoffnungen unter.

Treppe Die Treppe verbindet unterschiedliche Ebenen, und zwar nicht kontinuierlich, sondern mit einzelnen ↗Stufen.
Treppen verweisen oft auf den Auf- oder Abstieg. Dieser Auf- und Abstieg ist meistens auf soziale Anerkennung oder auf das Bewusstsein zu beziehen. Siehe auch ↗Leiter.
Psychoanalyse: S. Freud sah das Treppensteigen als Symbol geschlechtlicher Vereinigung an.
Asien: Die Treppenabsätze entsprechen in der hinduistischen Symbolik den einzelnen Energiezentren des menschlichen Körpers (Chakren).

Tresen ↗Theke

Tresor Tresor bedeutet Sicherheit. Er soll den Besitz sichern, ihn aufzubrechen ist Thema zahlloser Kriminalgeschichten. Der Psychologe erkennt hinter diesem Symbol, dass jemand zu sehr verschlossen ist und zu viel Angst hat. Das kommt dadurch zustande, dass man das, was man hat – materiellen Besitz, Beziehungen, Eigenschaften – festzuhalten sucht und sich so gegenüber Veränderungen abschließt.

Trester Als Obstabfall weist der Trester auf eine ungesunde Ernährung hin. Als alkoholisches Getränk spricht er einen Bewusstseinsverlust an.

Treue Treue bedeutet Berechenbarkeit und somit Sicherheit. Sie kann als Zwang oder Freiheit empfunden werden und tritt häufig als Forderung auf. Sie gilt als Ideal der bürgerlichen Ehe und der christlichen Moral.
Treue heißt Zugehörigkeit. Sie ist eine Tugend, die in vergangenen Jahrhunderten besonders hoch geschätzt wurde. Die Wichtigkeit der Treue leitet sich wahrscheinlich aus der Lehnstreue ab, bei der im Mittelalter der Lehnsherr und auch seine Vasallen sich gegenseitig treu verbunden waren.
Literatur: Die gesamte Weltliteratur durchzieht das Thema der Treue, allerdings meistens der gebrochenen Treue in der Partnerschaft. Im 19. Jahrhundert war es Gustave Flauberts „Madame Bovary", welche die Gemüter erregte. Beispielhafte Treue in der Partnerschaft wird in Homers „Odyssee" – die Treue der Penelope – und in der Neuzeit in Henrik Ibsens „Peer Gynt" (1867) – die Treue Solveigs – geschildert. Das Aufgeben der Treue unter dem Aspekt der Freiheit steht unter anderem in den Romanen von Erica Jong im Vordergrund.

Trichter Mit einem Trichter wird etwas eingefüllt. Der Traum der Pädagogen zeigte sich im Bild des „Nürnberger Trichters", mit dem Wissen in den Kopf des Menschen abgefüllt wird. Von dieser Vorstellung stammt der Begriff „jemandem etwas eintrichtern" ab. Im Reich der Symbolik bedeutet der Trichter also stets eine bequeme Form des Aufnehmens oder des Verabreichens.
Psychoanalyse: Da der Trichter in eine ↗Flasche gesteckt und durch ihn etwas eingefüllt wird, kann er als Sexualsymbol gedeutet werden. Er drückt den verdrängten Wunsch nach Befruchtung oder Zeugung aus.

Trick Ein Trick bedeutet Raffinesse oder Illusion.

Trickster Trickster bedeutet ↗Narr. Er ist der listige und schlaue Mensch, derjenige, der die Wahrheit sagt. Die eigentliche Heimat des Tricksters ist die Welt der Mythen und Märchen. Als einen der großen Trickster kann man den listenreichen Odysseus ansehen.
Analytische Psychologie: C. G. Jung äußerte sich ausführlich in seinem Werk über den Archetypen des Tricksters, der vom Geist Merkurs geprägt ist.

Trinken ↗Alkohol, ↗Durst, ↗Getränk, ↗Wasser

Trinkgefäß Alle Trinkgefäße wie ↗Becher, ↗Glas, ↗Kelch und ↗Tasse drücken ein Mittel zur Verinnerlichung aus. Sie geben den formlosen Flüssigkeiten eine Form. Das heißt aus psychologischer Sicht, dass dem Gefühl eine Form verliehen wird. Trinkgefäße erinnern ferner an Feste, bis hin zum Gelage.

Tritt Der Tritt drückt oft eine Angst vor einem sozialen Abstieg aus – speziell wenn man selbst getreten wird. Er ist ein Symbol hoher ↗Aggressivität; getreten zu werden ist auch ein Akt der Demütigung.

Trockenheit Da die Trockenheit der Mangel an ↗Wasser ist, weist sie auf Unfruchtbarkeit und fehlende Gefühle hin. Mit der Unfruchtbarkeit kann auch eine fehlende Produktivität gemeint sein.
Ferner kann die Trockenheit fehlenden oder einen auf den Punkt gebrachten Humor ansprechen.
Das Trockene ist aber auch der sichere Bereich, wo keine Gefahr droht – im Gegensatz zu den für den Menschen tendenziell immer gefährlichen Gewässern.

Trödel Trödel bedeutet Wertloses. Die Betrachtung des Trödels ist oft mit Nostalgie verbunden. Man erinnert sich früherer Zeiten, und es wird die Vergänglichkeit der Dinge deutlich.

Trödeln Trödeln spricht den Umgang mit der Zeit an. Es ist oft eine (kindliche) Protesthandlung gegen die Hetze. Trödeln ist ein erholsamer Luxus.

Trommel Trommeln bedeutet ↗Rhythmus, Bewegung, Aufruhr der Gefühle. Trommeln sprechen stets Urkräfte und das Archaische an. Ferner ist das Trommeln ein Warn- oder Nachrichtensignal („zusammentrommeln", „Werbetrommel"), in früheren Zeiten gehörten Trommeln zum Krieg.
Im euroasiatischen und teilweise auch im südamerikanischen Schamanismus spielt das Trommeln eine wesentliche Rolle, um in Trance zu fallen und somit mit den Geistern in Kontakt zu treten. Hier wird das Trommeln positiv betrachtet.

Trompete Mit der Trompete ist die Assoziation „laut“ verbunden. Jemand möchte auf sich aufmerksam machen und versucht Energien zu wecken (↗Posaune). Daneben ist die Trompete eines der bevorzugten Instrumente der Jazzmusik. Allgemeines bei ↗Blasinstrument.

Tropfen Wie bei der ↗Pille und Tablette kommt es bei den (Heil-)Tropfen darauf an, gegen welche Symptome sie helfen. Diese Symptome sind symbolisch zu betrachten. Der Wassertropfen ist zunächst einmal ein häufiges Bild für etwas Kleines, etwas Winziges. Doch man kann damit viel erreichen: „Steter Tropfen höhlt den Stein“, sagt man schon seit der Antike (Ovid, ähnlich auch in der Bibel: Hiob 14,19), um damit auszudrücken, dass regelmäßig etwas zu tun ist, um Erfolg zu haben – sonst ist es nur „ein Tropfen auf dem heißen Stein“. Der Tropfen als kleinste sichtbare Einheit des Wassers steht für das Gefühl, das – stetig gezeigt – jede Erstarrung mit der Zeit überwindet.
Literatur: Bertolt Brecht verwendet das Bild vom Tropfen in seiner „Ballade vom Tropfen auf den heißen Stein“.

Trost Trost bedeutet Mitgefühl. Der Trost ist ein Pflaster auf eine ↗Wunde. Er wirkt unterstützend und aufbauend. Die Herkunft der Redensart „nicht recht bei Troste sein“ für nicht recht bei Sinnen sein ist ungeklärt.

Trüb Trüb vereinigt in sich ↗Dunkelheit und ↗Dunst. Es bedeutet, dass sich etwas der Klarheit entzieht, schwer durchschaubar ist. Häufig ist von trüben Wassern die Rede, womit unklare oder zwielichtige Verhältnisse gemeint sind. Trüb kann auch auf eine niedergeschlagene Stimmung deuten, die aufgehellt werden sollte.

Trugbild ↗Fata Morgana

Truhe In der Truhe wird etwas aufbewahrt und zugleich vor den Augen der Besucher versteckt wie im ↗Schrank; Truhen gelten als altertümliche Einrichtungsgegenstände, vor allem die Truhe, die früher die Aussteuer der unverheirateten Töchter enthielt.

Truthahn Der Truthahn oder Puter ist besonders im angloamerikanischen Bereich ein beliebtes Fruchtbarkeitssymbol. Er verweist auf ↗Weihnachten und das Ernte-Dank-Fest, auf Geselligkeit und die Familie. Als plumper Vogel, dessen Flugfähigkeit stark eingeschränkt ist, verweist der Truthahn auf Trägheit und fehlende Leichtigkeit.

Tube Die Deutung einer Tube ist davon abhängig, was sich in der Tube befindet und ob diese Tube voll oder leer ist. Wird aus einer Tube etwas herausgedrückt, dann kann dies auch ein sexuelles Symbol sein.

Tuberkulose Die Tuberkulose war die Krankheit, die der Weltsicht der Romantiker entsprach, die oft sehr jung von ihr hingerafft wurden. Sie schuf bleiche und feine Opfer und man nahm an, dass sie ein Symptom der Übersensibilität ist. Sie wurde zur der Modeerkrankung in Künstlerkreisen der Romantiker.
1882 entdeckte Robert Koch den Tuberkel-Bazillus und somit wurde die Tuberkulose mit einen materiellen Inhalt versehen. Die Tuberkulose wurde wie viele Krankheitsbegriffe auch metaphorisch benutzt. Adolf Hitler sagte von den Juden, dass sie „die moralische Tuberkulose unter den Nationen verbreiten“ würden.

Tuch Ein Tuch bedeutet Schutz und Verhüllung. Die Symbolik der ↗Farbe des Tuchs und seines Materials ist hierbei zu beachten. Schöne Tuche können für Eitelkeit stehen, schäbige Tuche für Armut und sozialem Abstieg (Gegensatz: „gut betucht"). Dunkle und speziell schwarze Tuche mögen Trauer oder depressive Stimmungen ausdrücken, helle Tuche dagegen Freude.

Tür Türen bedeuten Möglichkeiten und oft eine neue Situation. Türen zeigen wie ↗Fenster auch oft Ausblicke auf Neues und ungewohnte Perspektiven an. Die Tür symbolisiert besonders dann einen Ausblick auf Neues, wenn diese Tür in einen unbekannten ↗Raum führt. Geschlossene oder verschlossene Türen stellen häufig eine Warnung dar, in manchen Fällen mögen sie auf Neugierde verweisen. Ich erinnere nur an die typische Märchensituation, in der es einen verschlossenen Raum gibt, in den der Held nicht hineinsehen darf. Natürlich tut er es meist nach einigen inneren Kämpfen, was ihm jedoch immer Unglück bringt (so beispielsweise im Märchen „König Blaubart").
Die Tür, die offen steht, ist ein Symbol für Offenheit und Gastfreundschaft.
Psychoanalyse: Die Tür ist nach S. Freud ein Symbol des weiblichen Geschlechtsorgans.
Analytische Psychologie: C. G. Jung stimmt S. Freud zu, sieht jedoch die Tür auch als ein Symbol des Übergangs in eine andere Phase an.
Literatur: Es ist der berühmteste Knall in der Theatergeschichte: Eine Tür wird zugeschlagen. So endet Henrik Ibsens „Nora oder Ein Puppenheim". Nora schlägt die Tür hinter sich zu. Sie emanzipiert sich, was 1878 ein Skandal war, heute aber keiner mehr ist, weswegen in neueren Inszenierungen das Zuschlagen der Tür weitgehend ausgespart wird.

Türkis Der Türkis ist der schöne Stein aus dem Orient. Türkis heißt der Stein der Türken, was auf einem Missverständnis beruht: Der blaugrüne Stein stammt nicht aus der Türkei, wurde aber auf Handelsrouten nach Europa gebracht, die über die Türkei führten. Ferner wurde dieser Stein auch „Callais" genannt, was auf das Griechische zurückgeht und „der schöne Stein" bedeutet. Für die Indianer des Südens der Vereinigten Staaten und Mexikos gilt der Türkis als der heilige Stein. Er wurde bei vielen Völkern als Schutz- und Heilstein eingesetzt und wird von der Astrologie den Sternzeichen Fische und Wassermann zugeordnet.

Türklinke ↗Klinke

Tüte Eine Tüte bedeutet stets ein Geheimnis oder eine Überraschung (besonders die ↗Wundertüte). Man sieht den Inhalt der Tüte nicht (außer bei modernen, durchsichtigen Plastiktüten) und ist gespannt auf ihren Inhalt. Da vielfach Süßigkeiten in Tüten verpackt werden, ist die Tüte speziell bei Kindern beliebt.
Im übertragenen Sinn wird der Ausdruck „Tüte" auch für das Drehen eines Joints gebraucht. Man spricht davon, „eine Tüte zu bauen", wenn man einen Joint dreht. Hier zeigt sich sowohl Wunschtraum als auch die Tendenz zur (ironischen) Übertreibung der Kiffer-Kultur.
Tüte wird auch abwertend in Ausdrücken wie „Knalltüte" oder „blöde Tüte" benutzt, um Menschen zu sagen, dass sie unfähig sind.

TÜV TÜV (Technischer Überwachungs-Verein) bedeutet Überprüfung der Sicher-

heit. Umgangssprachlich kann der Ausdruck „TÜV" für jede Überprüfung stehen, wie zum Beispiel für eine Gesundheitskontrolle. Da es die Aufgabe des TÜV ist, Mängel festzustellen, zerstört er das Bild des Perfekten und ruft damit Ärgernis hervor – wie jede Desillusionierung Ärgernis erzeugt.
Obwohl der TÜV viele andere Aufgaben hat, wird er in der Symbolik meistens auf das ↗Auto und damit letztlich auf das persönliche Vorankommen bezogen.

Tulpe Die Tulpe ist eine ↗Blume, die häufig mit Holland assoziiert wird. Sie ist eine relativ preiswerte Schnittblume, im Garten blüht sie im Frühjahr. In der arabischen Literatur und Alltagsrede gilt die Tulpe als Symbol eines schönen Menschen, besonders wenn er als „tulpenwangig" beschrieben wird. Ähnlich wie bei der ↗Rose kann bei der Tulpe auch eine sexuelle Bedeutung mitschwingen.

Tumult ↗Aufruhr

Tunnel Ein Tunnel führt unter der ↗Erde hindurch. Er ist wie der ↗Schacht ein Zugang zur Tiefe. Er kann wegen seiner Enge oder wegen der dort herrschenden Dunkelheit Ängste auslösen – der Tunnel ist stets der unheimliche Ort.
In den Tunnel hinein zu fahren, heißt neben der offensichtlichen sexuellen Bedeutung, dass das alte Ich stirbt. Es geht in den Mutterschoß zurück. Hinaus aus dem Tunnel zu fahren, symbolisiert die Geburt, das Entstehen des Neuen oder Hoffnung („Licht am Ende des Tunnels"). Bei der Durchquerung des Tunnels erreicht man die andere Seite, das Neuland und somit das neue Leben mit all seinen Möglichkeiten.
Psychoanalyse: Der Tunnel deutet nach S. Freud auf Geschlechtsverkehr (besonders wenn ein ↗Zug oder Züge in den Tunnel ein- oder ausfahren).

Turban Der Turban ist ein Ausdruck der Exotik und des Geheimnisvollen. Oftmals wird ein Turbanträger als weise oder ehrwürdig angesehen. Der Turban erinnert an die Geschichten aus 1001 Nacht. Er lässt eine lasziv erotische Märchenwelt assoziieren. Das kann als Erholung und Entspannung oder als Flucht genutzt werden. Bedeutsam ist die ↗Farbe des Turbans.

Turm Der Turm ist ein häufiges Penissymbol. Er verschafft andererseits auch Überblick (Wachturm). Er ist ein verbreitetes Macht-Symbol, auch der Turmbau zu Babel (Gen 11.1–9) war ein Symbol der Macht Babylons, des Hochmuts der Menschen, die mit Hilfe der Technik den Himmel erreichen wollten.
Im Turm eingeschlossen zu sein, verweist auf sexuelle Hemmungen besonders bei Frauen (Rapunzel) beziehungsweise auf Hemmungen im Ausleben einer entwickelten Sexualität.
Literatur: Merlin, so erzählt die Sage, wird nach seiner Verführung von Viviane in einen Turm eingeschlossen. Die schönsten Feen fliegen an seinem Fenster vorbei, können ihn aber nicht besuchen. Das ist allein Viviane vorbehalten, die ihn dreimal täglich zur Befriedigung der Lust besucht.

Turmzimmer Im Turmzimmer ist man der Welt entrückt, deswegen sprechen wir vom Elfenbeinturm der Intellektuellen. Das Turmzimmer spricht eine introvertierte, menschenscheue Haltung an. Man ist ungestört in seiner eigenen Welt und besitzt den Überblick.

Turnen Turnen bedeutet Beweglichkeit. Es drückt entweder eine Freude am Körper aus oder eine Vergewaltigung des Körpers.

Turnhalle Die Turnhalle ist meistens ein ungemütlicher Ort. Sie verweist auf ↗Sport und den Zustand des Körpers. Für viele Menschen ist die Turnhalle der Ort der Folter oder der Fitness – die Bewertung hängt meist davon ab, wie man den Sportunterricht in der Schule empfand.
In Namibia hatten die Buren eine Regierung eingesetzt, die sich Demokratische Turnhallenallianz – kurz DTA – nannte. Sie nannte sich so, da die Regierungspartei in einer Turnhalle gegründet worden war. In Schwarzafrika, aber teilweise auch in der übrigen Welt, wurde damit die Turnhalle zu einem Unterdrückungssymbol, da diese Partei die Apartheid unterstützte.

Tusche Tusche ist ein feines (flüssiges) Malpigment, das für Zeichnungen und für Kunstschrift verwendet wird. So symbolisiert die Tusche stets das Ästhetische, das Vollendete und Feine.
Als Wimperntusche steht die Tusche für Eitelkeit und Weiblichkeit.
Asien: Mit der hohen Stellung der Kalligrafie in Japan und China wurde die Herstellung schwarzer Tusche zum Kult. Die Rezepte wurden geheim gehalten und hinter jeder Tusche versteckte sich ein eifersüchtig gewahrtes Geheimnis.

U

U-Bahn ↗Untergrundbahn

U-Boot Das U-Boot ist ein Symbol kriegerischer Aggressivität; da es seine Gegner aus dem Verborgenen angreift, hat es auch etwas Hinterlistiges. Es kann die aggressive Seite der männlichen Sexualität ansprechen. Das Unterseeboot ist häufig der Ausdruck eines Gefühls, fürchterlich beengt zu sein und keine Luft zu bekommen.
Wer davon fantasiert, mit einem Unterseeboot abzutauchen, der möchte sich verstecken und die Welt von der Gefühlsseite (↗Wasser) her sehen. Das Unterseeboot ist dann entweder ein Hinweis auf Regression und ein schwaches Ich oder auf ozeanische Gefühle, mit denen man umgehen kann. Man bleibt trotz großer Gefühle „manövrierfähig“.
Film: Der 1981 veröffentlichte Kriegsfilm „Das Boot“ schildert mit raffinierten Effekten die Spannungen in einer U-Boot-Besatzung. Der Film lief in Deutschland als Fernsehfilm und in den Kinos mit großem Erfolg.

Überfahren werden Überfahren zu werden kann auf Minderwertigkeitsgefühle oder eine Übervorteilung deuten. Auf jeden Fall ist es ein Ausdruck von Ängsten, sich nicht behaupten zu können (↗Unfall).
Psychoanalyse: Nach S. Freud ist es ein Bild sexuellen Verkehrs (besonders bei Männern), wenn Probleme vorliegen, sich sexuell aktiv auszuleben.

Überfall Der Überfall ist ähnlich wie das ↗Überfahren zu deuten – nur ist das Bild aggressiver und es handelt sich hier meist um die Angst vor Besitzverlust. Beim Überfall steht bei Frauen oft die Angst vor einer Vergewaltigung im Vordergrund. Wichtig sind immer die Gestalten, die den Überfall ausführen. Psychologisch gesehen symbolisieren sie Eigenschaften, die blockieren, Lebensfreude abwürgen und den kreativen Ausdruck boykottieren.

Überfluss Der Überfluss symbolisiert das Übermaß, den Luxus. Er kann aber auch ein Hinweis darauf sein, dass man gut im Fluss ist und alles das anzieht, was man braucht (vgl. das deutsche Volkslied „Wenn alle Brünnlein fließen").
Psychoanalyse: Potenzprotzerei.

Überschwemmung Eine Überschwemmung bedeutet Verlust und Gefahr. Eine ↗Naturkatastrophe, die zeigt, dass man von äußeren Kräften abhängig ist, die mit Gewalt wirken. Man wird von Gefühlen, Emotionen und Affekten überflutet und fühlt sich im Triebhaften und Unbewussten gefangen. Dies kann ein Anzeichen für eine beginnende Psychose sein.

Ufer Das Erreichen des anderen oder neuen Ufers ist häufig ein Symbol neuer Einsichten, an das „rettende Ufer" gelangt man, wenn man eine Gefahr glücklich überstanden hat, denn das Ufer ist im Gegensatz zum unsicheren Wasser das Sichere, Feste. Das Ufer ist eine Begrenzung, wer „uferlos" redet, der findet kein Ende. Das Ufer ist ein Bild für den Verstand (im Gegensatz zu ↗Wasser: das Gefühl), der das Gefühl leitet und somit einschränkt. Es ist bisweilen auch ein Sinnbild der äußerlichen Realität, während das ↗Wasser die emotionale Wirklichkeit verbildlicht.
Literatur: „Zu neuen Ufern lockt ein neuer Tag", sagt Faust in Goethes gleichnamigem Drama, als er dabei ist, sich mit Gift selbst umzubringen.

UFO Ein unbekanntes Flugobjekt deutet stets auf einen Kontaktversuch aus einer anderen Welt hin. Es ist ein Symbol für Mut, Veränderung und Abenteuer, die von manchen als Spinnereien abgetan werden. Psychologisch betrachtet mag das Auftreten eines unbekannten Flugobjektes auf eine gefährliche oder notwendige Grenzüberschreitung verweisen.
Analytische Psychologie: UFOs werden als Exterritorialisierung (Veräußerlichung) von inneren Gefühlen betrachtet. C. G. Jung selbst und seine Sekretärin Aniela Jaffé vertraten diese Meinung in den vierziger und fünfziger Jahren des 20. Jahrhunderts.

Uhr Die Uhr weist auf die verrinnende Zeit und auf die Vergänglichkeit. Sie ist ein Stress-Symbol und Ausdruck eines reglementierten Lebens. Die Uhr zeigt, dass die Zeit beschränkt ist und den Menschen unter Druck setzt.
Ab dem 13. Jahrhundert wurden Uhren an Kirchen und hohen Gebäuden angebracht. Das gesamte Mittelalter hindurch bestimmte der Schlag der Kirchenuhr die Zeit, die stets die Gebetszeit war. Ganz im Gegensatz zu heute sollte man innehalten, wenn man sich der Zeit bewusst wurde, man wurde zur Andacht aufgerufen. Da nun viele Gebiete nach unterschiedlichen Uhrzeiten lebten, kam im 17. und 18. Jahrhundert die Forderung nach einer universellen, weltweiten Uhrzeit auf. Die Uhrzeit war zu einem von Naturvorgängen losgelösten Abstraktum geworden. So fasst Isaac Newton die Zeit auch als mathematische Einheit auf, die absolut ist, und René Descartes sah die Welt als eine riesige Uhr an: Damit war das mechanistische Weltbild geboren.
In einigen Ländern trugen die gehobeneren Huren goldene Uhren an einer kurzen Halskette, die als Symbol ihres Gewerbes galten.
Die stehen gebliebene Uhr gilt als Todessymbol. Es ist hier ein deutlicher Hinweis auf eine notwendige Ruhephase nicht zu übersehen. Weiteres bei ↗Armbanduhr, ↗Digitaluhr, ↗Sanduhr, ↗Standuhr, ↗Zeiger, ↗Zeit.

Psychoanalyse: Die Uhr weist nach S. Freud wegen ihrer periodischen Abläufe auf die Menstruation. Das Ticken der Uhr soll nach S. Freud dem Klopfen der Klitoris bei sexueller Erregung entsprechen. Heute könnte man diese Deutung auch auf den rhythmischen Impuls der Quarz-Uhr beziehen.
Literatur: „Mach deine Rechnung mit dem Himmel, Vogt! Fort musst du, deine Uhr ist abgelaufen“, sagt Wilhelm Tell in Schillers Drama. Ganz anders die Symbolik der Uhr in Lawrence Sternes „Tristram Shandy“ (1760): Hier symbolisiert die aufzuziehende Uhr den Geschlechtsverkehr.

Uhrzeigersinn Bewegungen im Uhrzeigersinn deuten oft auf eine männliche Sicht. Bewegungen gegen den Uhrzeigersinn entsprechend auf eine weibliche Sicht oder auf die Vergangenheit.
Mittelalter: Hexen, so glaubte man, umkreisen rituell Orte der Kraft gegen den Uhrzeigersinn, also im Sinn der Himmelsmechanik.

Uhu Wie die ↗Eule stellt der Uhu ein Symbol der Weisheit dar. Sein Ruf gilt als schauerlich.
Er gehört zu den klassischen Bildern einer schauerlichen, alptraumartigen Situation und gilt als Bote des Unheils und des Todes.

Umarmung Die Umarmung ist ein Ausdruck der Sehnsucht nach Nähe. Mit ihr ist andererseits auch die Angst vor Enge und Distanzlosigkeit angesprochen. Sie kann Bindungsschwierigkeiten oder ein Festklammern bedeuten. Wichtig ist, wen man umarmt oder wer einen umarmt.
Psychoanalyse: Nach S. Freud Sehnsucht nach sexueller Vereinigung.

Umhang Der Umhang wärmt und er versteckt etwas. In der Legende vom heiligen Martin wird mit dem Umhang die menschliche Wärme geteilt. Die ↗Farbe des Umhangs ist wesentlich; schwarze Umhänge tragen in der Literatur und im Film oft die Bösewichter.

Umschlag Ein Umschlag steht für eine Nachricht oder Information, siehe ↗Brief und ↗Post.

Umweg Der Umweg ist der indirekte Weg oder der längere Weg. Damit ist er nicht unbedingt der schlechtere Weg. Manchmal sind Umwege nötig, um bestimmte Situationen zu erleben. Der Umweg bietet häufig Überraschungen und öffnet den Blick für Neues. Wer was erleben will, wählt den Umweg; siehe auch ↗Irrtum und ↗Irrfahrt.
Asien: „Willst Du Dich beeilen, mache einen Umweg“, sagt man in China, denn einseitige Zielfixierung lässt Chancen und Neues übersehen.

Umweltverschmutzung Umweltverschmutzung bedeutet stets eine selbstverschuldete Verunreinigung. Sie ist ein Symbol der Trennung des Menschen von der Natur und selbstzerstörerischer Tendenzen.
Tatsächlich aber brauchen wir die Landschaft nicht nur als Anbau- und Nutzfläche, sondern als Seelennahrung.
Einzelheiten bei ↗Abwässer, ↗Auto, ↗Autobahn, ↗Elektrizität, ↗Fahrrad, ↗Individualverkehr, ↗Kamin, ↗Licht, ↗Öl, ↗Quecksilber, ↗Rasen, ↗Rauch.
Literatur: Alexander von Humboldt (1769–1859) war der erste Autor, der den Begriff „Ökologie“ verwendete (in „Die Geographie der Pflanzen mit einem physikalischen Porträt der äquatorialen Land-

schaften"). Seine Auffassung von Pflanzenökologie hat wahrscheinlich Charles Darwin angeregt, über Umweltanpassung nachzudenken.

Umzug Der Umzug symbolisiert eine Veränderung. Der räumlichen Veränderung entspricht häufig eine Veränderung der Einstellung und des Denkens. Zugleich ist der Umzug eine Chance, Altes hinter sich zu lassen und zu entsorgen. Insofern stellt ein Umzug auch immer einen Neuanfang dar.

Unbekannt Das Unbekannte ist das, das es zu ergründen gilt. Es ist der zu lüftende Schleier, das zu lösende Geheimnis. Im psychologischen Sinn spricht alles Unbekannte unser Unbewusstes an.
Der Unbekannte verkörpert stets all das, was unbekannt und somit unbewusst ist. Er ist geheimnisvoll und kann auch eine Bedrohung darstellen.
Psychoanalyse: Der oder die Unbekannte ist im Sinne Freuds das Es. Es möchte bewusst - also bekannt - gemacht werden. Das entspricht Dornröschen, die durch den Kuss geweckt werden will. Der Begriff des Unbewussten, der unsere unbekannten Inhalte der Psyche kennzeichnet, wurde 1869 von Eduard von Hartmann in seinem Bestseller „Philosophie des Unbewussten" populär gemacht. Hartmann folgte in der Prägung des Begriffs „Unbewusstes" weitgehend Arthur Schopenhauers Philosophie. S. Freud übernahm diesen Begriff (unzitiert) dreißig Jahre später. Ähnlich ging S. Freud auch mit dem Begriff „Es" um, der ebenfalls das Unbekannte und somit das Unbewusste kennzeichnet. Er übernahm diesen Begriff aus Georg Groddecks „Buch vom Es", das er ebenfalls unzitiert ließ.

Unbekanntes Flugobjekt ↗UFO

Unfall Mit Unfällen sind viele Ängste verbunden. Immer ist ein Unfall das Ereignis, das plötzlich, unerwartet über einen Menschen hereinbricht, manchmal selbstverschuldet, oft aber auch als ein rätselhaftes Verhängnis.

Ungeduld Ungeduld bedeutet, dass man nicht warten möchte. Man möchte alles sofort bekommen und haben. Insofern deutet sie auf Gier.

Ungeheuer Ungeheuer verkörpern das Ungeheuerliche, das heißt das Unerwartete und Bedrohliche.
Sie bedrohen den Menschen. Häufig drücken sie die Bedrohung aus, die man angesichts einer neuartigen Situation empfindet oder die man in Konfrontation mit einer großen Macht erlebt.
Alle Ungeheuer können die erschreckende Macht des Unbewussten verkörpern, die sich in den Schatten zeigt.
Literatur: In der Science-Fiction-Literatur wimmelt es von Ungeheuern, die meist Lebewesen von anderen Sternen sind. Alles, was nicht der Erde entstammt, ist ungeheuerlich.

Ungehorsam Ungehorsam ist oftmals ein Freiheitssymbol, andererseits auch ein Symbol der Verantwortungslosigkeit, siehe ↗Gehorsam und ↗Rebell.

Ungeziefer Ungeziefer ist ein Ekelsymbol. Es verweist auf fehlende Reinheit. Es kann alles Irritierende und Störende symbolisieren – und besonders die Faktoren, die man nicht so leicht ausschalten kann, siehe ↗Asseln, ↗Floh, ↗Laus, ↗Made, ↗Schaben und ↗Zecke.
Psychoanalyse: Ungeziefer aller Art symbolisiert nach S. Freud oftmals Kinder oder Geschwister.

Christentum: Der Legende nach soll der heilige Pirmin, der 730 ein Kloster auf der Insel Reichenau im Bodensee gründete, alles Ungeziefer von dieser Insel verbannt haben. Das wird in christlichen Kreisen auf die Ausrottung des Heidentums bezogen.

Unglück Ein Unglück bedeutet fehlende Perfektion. Ein Unglück ist stets ein Fehler, etwas, das vermieden werden sollte und vor dem man Angst hat. Es ist das gefürchtete Gegenteil vom Glück. In der heutigen Medienwelt werden Unglücke ebenso dramatisch wie drastisch in Szene gesetzt, um den Betrachter zu berühren. Die Rezeption eines Unglücks fordert den Rezipienten heraus aufzuatmen, da ihm dieses Unglück nicht geschah. Das Unglück geschieht immer den anderen – so hofft man.
Der dualistischen Weltsicht entsprechend gehören ↗Glück und Unglück zusammen. Das eine kann nicht ohne das andere bestehen.
Ein klassisches Unglück war der Untergang der ↗Titanic, das noch heute Medienaufmerksamkeit bekommt.

Uniform Eine Uniform steht für Autorität. Sie symbolisiert Selbstbestätigung, Ehrgeiz und Machtstreben, andererseits auch ein fehlendes Selbstbewusstsein oder eine schwache Ich-Differenzierung. Sie weist oft hin auf eine fehlende oder zu starre (innere) Ordnung. Die äußere Ordnung ersetzt die innere.
Früher galten Uniformen als erotisch, vielleicht drückte sich hier bei Frauen eine Sehnsucht nach einem starken Mann aus. Die Uniform verweist auch auf eine fehlende Individualität, auf Wiederholungen und alles Konventionelle. Siehe auch ↗Soldat, ↗Offizier.

Psychoanalyse: Nach S. Freud ist das Symbol Uniform als Verweis auf die Nacktheit zu sehen, die sie verdeckt.

Universität Die Universität ist Symbol der (männlich geprägten) intellektuellen Bildung und Wissenschaft. Sie kann auch ein Muttersymbol sein („alma mater"). Traditionell hängt die Universität mit gesellschaftlichem Aufstieg und mit einer Bildungselite zusammen.

Universum Das Universum ist das ungeheuer Weite, das Allumfassende. Es verweist manchmal auf die unendlichen Möglichkeiten des Geistes („Universum der Wissenschaft"). Es symbolisiert den Kontakt mit einer Ebene unendlicher Weite, die oft als göttlich empfunden wird.
Was in den Weiten des Kosmos erlebt wird, spiegelt nicht nur die Welt der Materie wider, sondern auch die Weiten der eigenen Psyche, die ebenfalls einen unbegrenzten Raum darstellen.
Das Universum war lange Zeit hindurch das Unbekannte, das man zu ergründen suchte und auf dass man seine Psyche projizierte. Von den Steinkreisen wie Stonehenge über das Fernrohr bis hin zu modernen ↗Teleskopen versuchte der Mensch stets, dem Universum sein Geheimnis zu entlocken. Das Universum ist da, um unseren Horizont zu erweitern, wie es der Dichter Robert Browning ausdrückte.
Das Universum ist auch das Gedächtnis unserer Welt, da wir aus ihm Signale empfangen, die bis zur Entstehung unseres Universums zurückreichen.
Antike: Für die Griechen und Römer war Universum der geordnete Raum – eine Vorstellung, die noch bei Alexander von Humboldt zu finden ist. Der Gegensatz zum Universum war das ↗Chaos. Das

antike Modell des Universums findet man zum Beispiel bei Aristoteles, der 56 konzentrische Kugelschalen annahm, an die Sonne, Mond und Sterne gehängt sind. Claudius Ptolemäus verfeinerte dieses Modell und beherrschte mit seiner Lehre die Sicht des Universums bis ins 17. Jahrhundert hinein.

Literatur: Das Universum – so drückte es der Dichter Robert Browning aus – ist da, um unseren Horizont zu erweitern. In die Diskussion, ob das Universum einen Kältetod stirbt oder in Feuer aufgeht, griffen auch die Lyriker Robert Frost und T. S. Eliot ein. Robert Frost vertrat in einem seiner Gedichte die Meinung, dass das Universum den Feuertod sterben würde, Eliot dagegen nahm ebenso in einem Gedicht an, dass das Universum sich ewig ausdehnen und den Kältetod sterben würde, wovon auch Physiker heutzutage meist ausgehen.

Ein Großteil der Science-Fiction-Literatur beschäftigt sich mit dem Abenteurertum der Zukunft, nämlich mit ↗Reisen durch unser Universum. Auch hier treten wieder ↗Helden auf, freilich nicht mehr als ↗Seefahrer, sondern als Kommandeure von Raumschiffen.

Dass das Universum auch auf der Erde zu studieren ist, zeigte Alexander von Humboldt, der in seinem Werk „Kosmos" das physische Universum der Erde zu beschreiben begann. Die Bände dieses ehrgeizigen Projektes wurden zu Bestsellern, was zeigt, dass viele Menschen am diesseitigen Universum und seinem Verständnis interessiert waren.

Film: Filme über Reisen durch unser Universum befriedigen die Sehnsucht, in neue Räume vorzudringen. Das macht den Erfolg von Serien wie „Raumschiff Enterprise" aus, die zum Kult anregen, der von den „Treckies" (den Fans von Star Treck) gepflegt wird. Der einflussreichste dieser Filme war Stanley Kubricks „2001: Space Odyssee", der 1968 den Oscar für Spezialeffekte bekam und der 2001 wieder als digitalisierte Version in den Kinos gezeigt wurde. Dieser Film über die Entwicklung der Menschheit zeigt deutlich, wie das Universum den Menschen zu technischen Höchstleistungen anregt. Universum ist in unserem Bewusstsein stets mit Hightech verbunden. Herausragend bei diesem Film sind die kulturphilosophischen Überlegungen.

Philosophie: G. I. Gurdjieffs philosophischer Roman „Beelzebubs Erzählungen für seinen Enkel" findet in einem Raumschiff statt, das die Möglichkeit gibt, die Verhältnisse auf der Erde im Überblick und zugleich aus der Distanz zu betrachten. Das Universum diente häufig in der Kunst als Ort, der zu einer ironisch distanzierten Betrachtung der Erde herausfordert.

Im amerikanischen Pragmatismus – ausgehend von William James und später von John Wheeler – wurde die Idee des Universums durch die Idee des Multiversums ersetzt. Man sieht nicht mehr ein in sich geschlossenes Universum, sondern viele Weltenkreise oder Paralleluniversen, die sich ständig berühren und überschneiden. Unsere Welt wird als Kontinuum vieler Universen gesehen.

Der britische Astronom Sir James Jeans (1877–1946) hielt Vorlesungen darüber, dass unser Universum eher als ein großer Gedanke zu fassen sei als mit dem Bild einer komplexen Maschine.

Unke ↗Kröte

Unkraut Das Unkraut ist das Kraut am falschen Platz. Es symbolisiert ungeordnete und unbekannte Elemente, die sich störend oder hilfreich auswirken. So sag-

te zum Beispiel Cosimo de Medici: „Neid ist ein Unkraut, das nicht gewässert werden darf". Unkraut ist meistens ein Symbol für störende Gefühle beziehungsweise Energien am falschen Platz. Die Redensart „Unkraut vergeht nicht", die zeigt, wie durchsetzungsfähig schlechte oder nichtsnutzige Menschen angeblich sind, ist schon seit dem Mittelalter gebräuchlich.
Christentum: In der Bibel wird das falsche Kraut dem richtigen Weizen entgegengestellt. Im Gleichnis vom Unkraut unter dem Weizen rät der Gutsbesitzer den Knechten, das Unkraut zwischen dem Weizen bis zur Ernte einfach wachsen zu lassen (Matth 13.24–30). Das ist nun allerdings kein guter Tipp für alle Landwirte, sondern soll bedeuten, dass die schlechten Menschen erst am Ende, beim Gericht bestraft werden.

Unordnung ↗Chaos

Unrat Unrat symbolisiert alles Negative wie zum Beispiel negative Gedanken und störende Gefühle. Mit diesem Symbol ist häufig ein Bedürfnis nach Reinigung verbunden (↗Dreck). Der Unrat zeigt das an, was entsorgt werden soll.
Psychoanalyse: Unrat und jeglicher Schmutz im Traum legt eine Analfixierung des Träumers oder der Träumerin nahe.

Unschuld Bei der Unschuld geht es eigentlich um Fragen von Schuld und Recht. Unschuld verweist hier stets auf juristische oder moralische Wertungen.
Meist wird der Begriff aber im Zusammenhang mit Naivität und Mangel an sexuellen Erfahrungen gebraucht.
Hinter Unschuld verbirgt sich oft eine Sehnsucht nach Naivität, nach der Zeit, in der man noch unschuldig war.
Film: 1933 und 1957 wird je ein Spielfilm „Unschuld vom Lande" genannt. In beiden Filmen geht es um das einfache, naive und unerfahrene Mädchen vom Dorf, das nicht weiß, wie es sich in der Stadt verhalten soll.

Unsterblichkeit Der Glaube an die Unsterblichkeit ist ein Ausdruck der Angst vor dem Tod. Die Unsterblichkeit ist eine Idee, die bisweilen mit der Realität verwechselt wird. Sie hängt oft mit einer Sucht zusammen, sich wichtig zu nehmen. Woody Allen bringt den Diskurs über die Unsterblichkeit wieder in die Realität zurück, wenn er sagt, dass er weder durch seine Arbeit, noch in den Herzen seiner Landsleute weiterleben möchte, sondern in seinem Apartment.

Unten Unten bedeutet meistens minderwertig oder unterlegen. Was unten ist, das ist allerdings auch die Grundlage, von der man ausgeht. Unten lauert häufig Gefahr, die manche Menschen bisweilen magisch anzieht.
Was unten ist, gehört oft dem Unbewussten und somit der Triebwelt an.

Untergang Der Untergang eines Schiffes ist eine Katastrophe. „Schiffbruch erleiden" kann im weitesten Sinne auf jedes Scheitern bezogen werden, auch der Ausdruck einer tief liegenden Versagensangst sein.
Psychologisch gesehen geht es darum, dass man im Meer der Gefühle oder Instinkte versinkt, von ihnen überwältigt wird. Der Untergang bietet stets die Chance zu einem Neuanfang und zu einer neuartigen Lösung. Er weist darauf hin, dass etwas abgeschlossen werden muss – auch wenn es noch so schmerzhaft ist.

Untergeschoss Das Untergeschoss spricht häufig ärmliche Verhältnisse an. Es ist die billige Wohnlage und häufig eine, in der es an ↗Licht mangelt.
Das Untergeschoss symbolisiert ferner die Grundlagen, das stabile, gut geerdete Fundament.

Untergrund Der Untergrund ist eines der häufigsten Symbole für das Unbewusste. Man ergründet sein Unbewusstes und das vormals Unbekannte und wird mit ihm vertraut.
Man möchte sich verstecken und nicht gesehen werden. Aus dem Untergrund heraus zu agieren, ist meist ein illegales Agieren (↗Unterwelt).

Untergrundbahn Das Typische bei der U-Bahn besteht darin, dass der Reisende unter der ↗Erde reist. Er bewegt sich auf vorgeschriebenen Bahnen in der Unterwelt, im Reich des Unbewussten. In der Unterwelt hilft es, mit anderen auf einer festgelegten Strecke zu reisen, da man sich alleine dort verirren würde. Siehe aber auch ↗Unterirdisch.
Die U-Bahn ist ferner ein kostengünstiges und schnelles Verkehrsmittel, das in Großstädten zu finden ist. Mit der U-Bahn bewegt man sich effektiv auf sein Ziel zu. Eine der ersten Untergrundbahnen war die von London. Sie wurde 1933 konzipiert, und ihr Plan zeigt noch heute, dass die einzelnen Linien und Stationen nach ästhetischen, weniger nach geografischen Gesichtspunkten angeordnet sind.
Ansonsten ist das Symbol der U-Bahn ähnlich wie das der ↗Straßenbahn zu werten.

Unterhaltung Unterhaltung bedeutet Gedankenaustausch. In der Unterhaltung kommt man sich näher, und so drückt sie häufig ein Bedürfnis nach Nähe und Austausch aus. Zu bedenken ist immer, ob nicht bei einer Unterhaltung verschiedene Ich-Anteile miteinander sprechen.

Unterhose Unterhosen symbolisieren, wie ihr Träger sich erotisch einstuft (↗Unterwäsche und ↗Dessous). Sie sind ein Persona-Symbol und können Eitelkeit, Minderwertigkeitsgefühle oder ein Desinteresse an der eigenen erotischen Wirkung ausdrücken. Eine klassisch weiße Doppelripp-Unterhose zum Beispiel charakterisiert den Qualitätsbewussten, der auf Haltbarkeit schaut und es schlicht und einfach liebt, Boxershorts sollen ein Ausdruck von Lässigkeit sein etc.

Unterleib Der Unterleib ist meistens ein Sexualsymbol oder ein Symbol für spontane Gefühle und Intuition. Weniger der Unterleib als der ↗Bauch symbolisiert die Mitte, also das Zentrum des Menschen.

Unterirdisch Der unterirdische Bereich ist der bedrohliche Bereich, in dem man sich leicht eingeschlossen fühlt. Das Unterirdische ist häufig angstbesetzt, da man dort nicht frei atmen kann (↗Höhle, ↗Keller, ↗Schacht).
Das Unterirdische ist auch das nicht mehr Irdische. Es geht hier um das, das unter der Erdung zu finden ist. Es ist die Grundlage der Erdung.

Unterricht Der Unterricht symbolisiert Bildung. Von Bedeutung ist, was dort gelehrt wird.
Dieses häufige Symbol verweist entweder auf die Schulzeit oder es gibt Hinweise, was jemand noch lernen muss, um sein Leben erfolgreicher zu bestehen. Wie im Detail der Unterricht zu deuten ist, hängt

auch von der jeweiligen Einstellung zur ↗Schule und zum ↗Lernen ab.

Unterschrift Unterschrift bedeutet Besiegelung. Sie verweist auf Identität. Die Unterschrift zeigt stets eine Verbindlichkeit und Verpflichtung an. Wozu man sich verpflichten sollte, zeigt das Dokument, das unterschrieben wurde.
Wer sich in der Grafologie auskennt, kann auch die Form der Unterschrift entsprechend deuten.

Unterseeboot ↗U-Boot

Unterwäsche Die Bedeutung der Unterwäsche hängt mit der Einstellung zur Sexualität zusammen. Erotische Unterwäsche (↗Dessous), die häufig als Symbol auftritt, zeigt an, dass man seinen sexuellen Ausdruck kultivieren sollte. Schlampige oder schmutzige Unterwäsche deutet auf Ablehnung der Sexualität hin. In Bezug auf die Unterwäsche ist die Farbsymbolik äußerst wichtig. So verweist weiße Unterwäsche oft auf auf Reinheit und Jungfräulichkeit, wohingegen rote und schwarze Unterwäsche die Verführung und Lust an der Erotik symbolisiert.

Unterwelt Die Unterwelt ist zum einen das mythologische Symbol des Unbewussten. Die dunklen oder schattengleich-wesenlosen Götter der Tiefe wohnen hier und verbildlichen unerkannte, mächtige Triebe und Regungen.
Aus der Unterwelt heraus wirkt zum anderen stets das Verborgene. Deswegen ist die Unterwelt auch die Welt des Verbrechens; so ist die Unterwelt, eine Gruppe von sozial Geächteten, auch ein Schattensymbol (↗Dieb, ↗Einbruch, ↗Gangster, ↗Räuber). Von ihr fühlt man sich bedroht oder gar hinabgezogen.
Psychoanalyse: S. Freud ging davon aus, dass jegliche Symbolik letztlich anatomisch begründet sei. So verweist die Unterwelt auf die untere Körperhälfte, auf den Ort der Triebe.
Antike: Orpheus war einer der wenigen Helden, der die Unterwelt betreten und wieder zurück kommen durfte. Nach klassischer Vorstellung ist Unterwelt das neblige Reich der Schatten, das durch den Fluss Acheron vom Reich der Lebenden abgegrenzt ist.

Unwetter Jedes Unwetter wie ein ↗Gewitter, ein ↗Hurrikan oder überhaupt ein ↗Sturm ist eine Bedrohung. Psychologisch gesehen handelt es sich um den Ausdruck einer emotionalen Verwirrung. Es sind die Gefühle, die außer Kontrolle geraten sind.
Mittelalter: Da die Hexen als Sündenböcke für alles herhalten mussten, sah man Unwetter als Teufels- oder Hexenwerk an. Die Wetterhexen waren am Werk, um rechtschaffenden Menschen zu schaden.

Uranus In der griechischen Mythologie kastriert Kronos seinen Vater Uranos. Der Sohn emanzipiert sich von seinem Vater.
Mit dem Planeten Uranus werden in der Astrologie Eigenschaften wie eine unkonventionelle Einstellung und Freiheitswillen verbunden. Der Uranus unterstützt eine Neuorientierung.

Urin Urin ist eine magische Flüssigkeit wie alle Körpersäfte. Sein Auftreten weist auf die Sexualität, aber auch auf Reinigung. Dass der Urin auch eine Schutzfunktion haben kann, betont unter anderem der Wolfsforscher David Mech, der die alte Jägerweisheit berichtet, dass menschlicher Urin Wölfe fernhält.

Die Urintherapie baut auf der reinigenden Wirkung des Urins auf. Diese ist schon seit langem bekannt. Im mittelalterlichen Spanien säuberte man sich beispielsweise seine Zähne mit Urin.
Psychoanalyse: Urin und ↗Kot sind die ersten eigenen Produkte des Menschen, auf welches das Kind während der analen Phase stolz ist.

Urknall ↗Knall

Urkunde Eine Urkunde enthält eine wichtige Information. Sie legt häufig Besitzverhältnisse fest.
Für die Deutung ist es wesentlich, was die Urkunde bekundet (↗Dokument, Vertrag).

Urlaub ↗Ferien

Urne Die Urne symbolisiert ↗Tod und Vergänglichkeit. Sie macht darauf aufmerksam, dass nichts Bestand hat und alles vergeht. Die Urne war neben der ↗Sanduhr das barocke Emblem, um „Memento mori" (Gedenke des Todes) auszudrücken.
Die Urne verweist ferner auf einen Wandlungsprozess: Vom lebendigen Körper zur toten Asche. Siehe ↗Beerdigung.
Anders die Wahlurne, die es in der heute üblichen Form erst seit dem 19. Jahrhundert gibt. Sie ist ein Symbol für Demokratie. Psychologisch gesehen geht es darum, zu wählen, wie man sein Leben gestaltet. Allerdings kann die Wahlurne auch auf die Illusion einer Wahl verweisen.

Uroboros ↗Oroboros

Urteil Es geht beim Urteil um die Meinung einer Autorität in einer wichtigen Angelegenheit und um ↗Gerechtigkeit. In der älteren Symbolik sagte man, hier spreche das Gewissen.
Siehe zu diesem Bereich ↗Anklage und ↗Strafe, ↗Gericht, ↗Rechtsanwalt, ↗Richter und ↗Staatsanwalt.
Christentum: Das „salomonische Urteil" ist eine weise Entscheidung. Die Redensart geht auf eine Streitschlichtung durch König Salomo zurück (1 Kön 3.16–28).

Urwald Der Urwald ist der wilde Wald, das Undurchschaubare und deswegen auch das Bedrohliche. Heute gilt er als einer der letzten Plätze, an dem die Natur sich noch fast im Naturzustand befindet. Heutzutage erinnert dieses Symbol auch an die Abholzung des Regenwalds und spricht damit an, dass wir unsere eigenen natürlichen Grundlagen zerstören. Siehe auch ↗Dschungel.
Der Urwald ist psychologisch betrachtet als schwer zugänglicher ↗Wald der Ort des Unbewussten und der Triebe. Er ist ein Symbol starker Lebenskraft, andererseits auch der Gefahr, den Trieben zu erliegen. Die Erfahrung des Urwalds kann auch mit Angst verbunden sein. Man fürchtet sich vor seinem inneren Chaos und undurchschaubaren Gefühlen.

Utopie Utopie – vom Griechischen abgeleitet – bedeutet „nirgendwo". Eine Utopie verweist stets auf eine neue Art und Weise, wie man das Leben organisieren sollte. Mit einer Utopie wird meist Kritik an den herrschenden Verhältnissen geübt. Diese Kritik mag berechtigt oder aber abgehoben – also undurchführbar – sein.
Literatur: Utopien sind Idealschilderungen eines sozialen und politischen Zustands, die häufig in Form von Träumen geschildert wurden. Sie werden oftmals als Traumvision des eingeschlafenen Dichters geschildert wie zum Beispiel in dem überaus einflussreichen Rosenroman (französische Minne-

erotik des 13. Jahrhunderts). Wir finden diesen literarischen Kunstgriff von Shakespeare bis hin zu Gerhart Hauptmanns „Schluck und Jau". Des Weiteren wird die Utopie häufig an eine ↗Insel gebunden, auf der, isoliert von der restlichen Welt, die bessere Gesellschaft aufgebaut wird. Samuel Taylor Coleridge, Katherine Mansfield und D. H. Lawrence träumten von einem utopischen Inselstaat, der viele Züge der späteren Hippiekultur aufwies.

Eine frühe Utopie war die von Thomas Morus, für deren Veröffentlichung er von Heinrich VIII. hingerichtet wurde. Morus vertritt in dieser Schrift den Humanismus, der von Erasmus von Rotterdam inspiriert wurde.

Philosophie: Die erste Utopie der europäischen Literatur ist Platons „Republik", die im dritten Jahrhundert v. Chr. geschrieben wurde.

V

V Nach der Ethnologin M. Gimbutas (Die Sprache der Göttin, 1996) symbolisiert die V-Form stets die Augen, die Brüste und die Vulva der Frau – ursprünglich der großen Göttin. Die V-Form ist mit der Feuchtigkeit des Körpers verbunden.

Das V-Zeichen, das an die gespreizten Beine erinnert, kann als Symbol der Sexualität auftreten.

Der britische Propagandist Colonel Britton versuchte die Engländer zum Widerstand gegen das faschistische Deutschland unter dem Symbol des V-Zeichens zu einigen. Am 31.7.1941 hielt er im BBC eine einflussreiche Rede über das V-Zeichen als Symbol des Sieges über die Deutschen. Winston Churchill bezeichnete dieses V-Zeichen „als ein Symbol des unbrechbaren Willens der Menschen in den von den Deutschen besetzten Gebieten".

Dieses berühmte V-Zeichen wird noch heute mit Zeigefinger und abgespreiztem Mittelfinger beschrieben und symbolisiert den Sieg (V für „victory"). Es ist eine beliebte Geste bei Politikern, um ihren (vorgeblichen) Sieg zu demonstrieren.

Vagina Vagina bedeutet weibliche Schöpferkraft und Identität. Sie kann auch auf Fruchtbarkeit verweisen oder einfach auf Sex. Siehe ↗Geschlechtsorgane und ↗Sexualität.

Literatur: Henry Miller, dessen Romane sich ausgiebig mit der Sexualität auseinander setzen, beschreibt in „Der Wendekreis des Krebses" (Ersterscheinung 1934 in Paris, erst 1961 konnte dieser Roman in den USA veröffentlicht werden, da die Zensur ihn als Pornografie wertete) das weibliche Geschlechtsorgan als einen flammenden Rosenbusch und als magischen Schatz der Frau, der ihr von Gott gegeben wurde. Er beobachtet zugleich, dass die Scheide ein von der Frau getrenntes Leben haben kann.

Philosophie: Die belgische Psychoanalytikerin Luce Irigaray habilitierte 1974 mit einer Schrift, deren Idee später in Deutsch unter dem Titel „Das Geschlecht, das nicht eins ist" zusammengefasst wurde. Hier wird eine Philosophie der Scheide und Weiblichkeit entwickelt. Die Schamlippen werden als die Lippen gesehen, die sich beständig selbst küssen und damit der Frau ihre Identität geben.

Vamp Bei Männer ist dieses Symbol oft ein Zeichen der Sehnsucht nach raffinierterer Sexualität – speziell, wenn die Sexualität in der Partnerschaft als fad empfunden wird. Für Frauen stellt der Vamp häufig ein Wunschbild dar, das zu leben man sich nicht traut. Der Vamp wird häufig auch als berechnende und kalte Frau angesehen.

Analytische Psychologie: Der Vamp ist ein klassisches Bild für die Anima. Nach Erich Neumann verkörpert er die verschlingende und somit furchtbare Mutter.

Vampir Der Vampir, der den Menschen das Blut aussaugt, kann auf jede Situation bezogen werden, die jemandem Energie raubt. Er fühlt sich ausgesaugt, was auf Ausbeutung verweist. Oft werden solche Bilder von depressionsartigen Verstimmungen hervorgerufen. Der Vampir ist der personifizierte ↗Schatten, der verdrängt wird und deswegen Kräfte raubt. Er wurde auch als Bild des ausbeuterischen Kapitalismus in seiner frühindustriellen Phase angesehen.

Das Symbol hat auch deutliche erotische Untertöne. Der Vampir ist die aussaugende Kraft, der im Schatten liegende ↗Animus der Frau, weswegen sich Vampire mit Vorliebe auf Frauen stürzen, nicht nur der bekannte Graf Dracula übte eine starke Wirkung aus.

Tiefenpsychologie: Es handelt sich beim Vampir um den Wunsch nach Hingabe. Da die Wünschende aber vor dieser Hingabe Angst hat, erfindet der innere Zensor den Vampir, der das arme Opfer gegen seinen Willen nimmt. Das ist eine verbreitete List des Unbewussten, dass es sich Wünsche erfüllt, indem es sich vorstellt, dass es den Wunsch aufgezwungen bekommt und nicht für dessen Erfüllung verantwortlich ist.

Literatur: Ein Vampir ist ein Mensch, der „untot" ist, wie es in dem ersten Vampir-Roman „Dracula" (1897) von Bram Stoker heißt. Er symbolisiert einen Menschen, der nicht mehr lebt, aber auch noch nicht vollständig gestorben ist. Dieses faszinierende Zwischenwesen, der Star vieler Filme und Romane, ist böse. Er wurde nach Stoker vom Teufel selbst unterrichtet. Es heißt dann weiter über die Vampire, dass sie das Böse seien, dass in allem Guten tief verwurzelt ist. Mit dieser Aussage nimmt Stoker zweifelsohne Jungs spätere Theorie vom Schatten vorweg. Der Vampir ist also der Schatten, der in uns allen lebt und befreit werden muss.

Vase Eine Vase ist das Symbol des schönen Heims. Sie ist ein Symbol des Äußerlichen und Unnatürlichen.

Zur detaillierten Deutung ist die Form und die ↗Farbe der Vase wichtig und die ↗Blumen, die in ihr stehen.

Psychoanalyse: Nach S. Freud ist die Vase wie jedes ↗Gefäß ein Symbol der Weiblichkeit.

Vater Die archetypische Vaterfigur steht für Sicherheitsstreben, Ordnung, Autorität, Durchsetzungsvermögen und Bewusstsein. Bei einer Vaterproblematik kommt es häufig vor, dass der Vater gottgleich die Welt lenkt und bestimmt; generell stellt man sich in patriarchalen Gesellschaften Gott als männliche Vaterfigur vor.

Der Vater ist auch der Zeugende, der Urheber, so spricht man zum Beispiel davon, dass jemand der „geistige Vater" von etwas ist.

Etwas veraltet ist, dass man Vater allgemein für einen alten Mann gebraucht („Turnvater Jahn", „Väterchen Frost").

Analytische Psychologie: Nach C. G. Jung ist der Vater das Zeugende und Gestaltende, das sinngebende geistige Prinzip und derjenige, der ins Leben führt.

Vaterland Vaterland bedeutet ↗Heimat und Ursprung. Das Vaterland symbolisiert den Bereich, in dem jemand sich auskennt und dem er sich zugehörig fühlt – oder auch gerade nicht. Es steht für den kulturellen Hintergrund und bisweilen ganz allgemein für die persönlichen Wurzeln.

Veilchen Das Veilchen symbolisiert Bescheidenheit, eine reine Frau oder ein Mädchen. Auf der anderen Seite ist mit dem Veilchen die Farbe ↗Violett (Lila) verbunden, die auf Emanzipation verweist. Das Veilchen kann so auf eine emanzipierte Frau als Grenzgängerin deuten.
Wie alle ↗Blumen verkörpert gerade das Veilchen auch zarte Gefühle. Ein Alpenveilchen in Topf sagt in der ↗Blumensprache des Biedermeier: Ich achte dich mit reinen Trieben.
Christentum: Veilchen blühen zum Lob Marias und sprechen ihre Demut an. Sie wurden jedoch auch negativ betrachtet, da ihr Duft die Sinne zu sehr anregt.
Literatur: Ein früher beliebter Poesiealbum-Spruch zeigt deutlich, wie das Veilchen als Sinnbild der Bescheidenheit dient: „Sei wie das Veilchen im Moose, / sittsam, bescheiden, rein; / nicht wie die stolze Rose, / die immer bewundert will sein“.

Venedig Die Lagunenstadt gilt weithin als Sinnbild der Schönheit, einer vornehmen, immer auch leicht morbiden Stadt. Sie zieht viele romantische Projektionen an; in ihr spielen zahllose Romane und Filme, wobei dort in der Regel Liebesabenteuer stattfinden oder dunkle Verbrechen. Auch der dortige Karneval gilt als extravagant und ausschweifend.
Literatur: „Tod in Venedig“ von Thomas Mann ist nur ein Beispiel für eine Erzählung, in der das Morbide und die Liebe sich in Venedig treffen.

Venus Die Göttin Venus verkörpert die reife Frau und ihre Schönheit. In der Astrologie steht der Planet Venus für die Schönheit und den Sinn für das Schöne und damit zusammen mit dem ↗Mond für das Urweibliche.
Analytische Psychologie: Venus ist eine klassische Anima-Gestalt.
Antike: Die griechische Mythologie geht davon aus, dass Kronos seinen Vater entmannte und dessen Genital ins Meer warf. Dieser ungezielte Akt der Befruchtung ließ Venus entstehen.
Literatur: Im Mittelalter kursierte die Sage, es gäbe einen Venusberg, in dem entweder Venus selbst oder auch ihre Dienerinnen lebten, mit denen Männer, die den Berg fänden, die schönsten erotischen Abenteuer erleben könnten. Grimmelshausen hat in seinem „Simplicissismus“ dieses Motiv aufgenommen; bei ihm ist der Venusberg zwar ein ganz einfaches Haus in Paris, doch dort warten gleich drei liebeswillige Frauen auf den Helden.
Kunst: Botticelli setzte den Mythos von der Entstehung der Venus aus dem Schaum des Meeres in seinem berühmten Gemälde „Die Geburt der Venus“ um.

Veranda Die Veranda – im Unterschied zur ↗Terrasse ein eher laubenartiger, oft verglaster Anbau an ein Haus – ist zum einen ein vorgelagerter Freizeitraum, ein Ort der Entspannung und der Helligkeit. Auf der Veranda ist man vom Haus etwas entfernt und von den dortigen Vorgängen tendenziell ausgeschlossen. Auf der anderen Seite kann man von der Veranda aus die Welt betrachten, und somit ist in diesem Symbol auch Öffnung und Überblick angedeutet, ähnlich wie beim ↗Balkon.

Verband Der Wundverband bedeutet Hilfe zur Heilung. Er weist auf eine Verletzung. Dabei kann es sich um eine emotionale oder körperliche Verletzung handeln. Ein Verband im Sinne von Institution verlangt die Fähigkeit zur Zusammenarbeit und zum Koordinieren vielfacher Interessen.
Ein Verband drückt auch einen Herdentrieb aus (ähnlich wie bei ↗Uniform). Verbände stehen ferner für die Durchsetzung von Interessen, für Bürokratie und allgemein für Macht. Die unterschiedlichen Interessen sind auch auf unterschiedliche Seiten beziehungsweise Ichs in einer Person zu beziehen

Verbannung Verbannung bedeutet wie das ↗Exil Ausgestoßensein, Fremdsein. Die Verbannung gilt als eine harte Strafe, die einem alles Gewohnte entzieht.
Antike: Die Bürger Roms wurden oft bei Bestrafungen vor die Alternative Tod oder Verbannung gestellt. Die meisten zogen den Tod der Verbannung vor. Ovid zum Beispiel beweint in der Verbannung an der Donau, nicht den Tod gewählt zu haben.

Verbrecher Verbrecher personifizieren das Schlechte, Falsche – und sind dabei doch oft wieder faszinierend. „Die Männer sind alle Verbrecher …“, singt Marlene Dietrich und macht damit diese Doppelnatur deutlich. Verbrecher sprechen ungebändigte Triebe und Egoismus an (man nimmt sich, was man bekommen kann). Sie stehen andererseits auch für Durchsetzungskraft und unkonventionelle Methoden. Weiteres bei ↗Unterwelt.
Vergehen und im stärkeren Maße Verbrechen symbolisieren manchmal den Wunsch nach Freiheit. Häufig stehen hinter solchen Vorstellungen romantische Vorstellungen des Aussteigens aus der als langweilig empfundenen Alltagswelt oder eine sinnlose Rebellion.
Zwischen 1920 und 1930 bekamen Verbrecher wie „Narbengesicht“ Al Capone, Jack Diamond (genannt „Beine“) und Hymie Weiss (genannt „Klein Hymie“) Kultstatus. Sie alle gehörten dem Umkreis der sizilianischen Mafia an. Bei Gerichtsterminen von Capone, Diamond und Weiss jubelte ihnen die Menge zu. Capone, der mächtigste und berühmteste der amerikanischen Mafiosi, konnte in seinem kurzen Leben ein Vermögen von 60 Millionen Dollar anhäufen, die weitgehend aus illegalem Spirituosenverkauf stammten. Weltberühmt wurde ferner das auf Bankraub spezialisierte Paar Bonnie Parker und Clyde Barrow, deren Legende 1967 von Arthur Penn verfilmt wurde. Bonnie Parker verkörperte den Typ einer exzentrischen Blonden, die schwarze Zigarren rauchte, romantische Gedichte schrieb und gesellschaftliche Konventionen missachtete.

Verbrennen Verbrennen ist ein gebräuchliches Symbol der Leidenschaft. Es steht auch für Zerstörung und Umwandlung. Mit dem Verbrennen wird auch stets eine Gefahr angesprochen – zum Beispiel sich „die Finger zu verbrennen“, oder man spricht auch davon, sich „den Mund zu verbrennen“. Wichtig für die Deutung ist das, was verbrennt. Siehe auch ↗Flamme und ↗Feuer.
Zu Beginn der Menschheitsgeschichte war das Verbrennen meist an ein Opfer gebunden. Man konnte die Stimmung der Götter durch das Brandopfer manipulieren und die Götter reagierten, indem sie auf den Rauch Einfluss nahmen.

Verdienst Der Verdienst ist ein Symbol der Energie (↗Geld), die jemandem zufließt. Er ist etwas, das dem, der gearbeitet

hat, zusteht und das er vom Leben berechtigterweise verlangt.
Ein geringer oder fehlender Verdienst führt zur Unzufriedenheit, es fehlt die Belohnung für den Erfolg.
Verdienst bedeutet auch Anerkennung, Ehrung, weil man sich „verdient um etwas gemacht hat“.

Verein Verein bedeutet gemeinsames Interesse und Zugehörigkeit. Er kann auch die so genannte „Vereinsmeierei“ ansprechen und das Biedere solch eines Zusammenschlusses darstellen (anders der ↗Klub). Für eine genauere Deutung ist die Art und das Ziel des Vereins symbolisch zu betrachten.

Vereinbarung Eine Vereinbarung ist ein Symbol der Übereinkunft oder Harmonie. Mit einer Vereinbarung wird häufig die Frage nach Bindung und Verpflichtung angesprochen.
Mit dieser Harmonie kann ein innerer Zustand des Ausgleichs gemeint sein, des produktiven Ausgleichs zwischen unterschiedlichen oder gegensätzlichen Kräften.

Verfolgung Für den Verfolger ist die Verfolgung ein zielgerichteter Vorgang. Er möchte sein Ziel mit aller Kraft erreichen. Für den Verfolgten liegt das Ziel im Entkommen. Verfolgungen spielen eine große Rolle in Träumen, aber auch in Filmen. Die Verfolgung stellt eine archetypische Situation dar, die ohne Ausnahme darauf hinweist, dass das, was einen verfolgt, beachtet werden möchte. Es ist das, vor dem jemand gerne die Augen verschießen möchte.
Nicht selten ist der Verfolger der Schatten, der integriert werden muss, um ausgeglichen leben zu können. Der Verfolger möchte unbedingt wahrgenommen werden. Es sind oft abgelehnte Anteile von jemandem, die er kennen lernen sollte.
Psychoanalyse: Nach S. Freud ist es der Trieb, der jemanden verfolgt. Man könnte aber auch im Gegensatz zu S. Freud deuten, dass bei einem solchen Traum der Träumende seinen Ansprüchen und Idealen hinterherläuft.
Analytische Psychologie: Ein Verfolgungstraum besagt für C. G. Jung, dass etwas zu mir kommen möchte. Was man abspaltet und verdrängt, das will sich mit einem vereinigen. Hierbei soll man keinen Widerstand leisten, sondern das verfolgende Element zu sich einladen.

Verführung Man kann von vielem und zu vielem verführt werden: beispielsweise zu Macht, zu Erotik und Sexualität, zu allen Suchtmitteln und auch zur Erkenntnis und zur Askese. Bei der Verführung wird stets der Wille geschwächt und unbewusste Regungen verstärkt. Der Verführung zu erliegen, ist oft eine Lust.
Christentum: Nach christlicher Symbolik steht am Anfang der Menschheit die Verführung: Die Schlange verführt Eva und Eva verführt gleich darauf Adam. Die beiden ersten Menschen werden verführt, was den Verlust des Paradieses bedingt.
Literatur: Goethe hat in seinem von Schubert vertonten Gedicht „Der Fischer“ die Verführung treffend beschrieben: „Halb zog sie ihn / Halb sank er hin“.

Vergänglichkeit Vergänglichkeitssymbole beherrschten speziell das Leben und die Kunst des Barock. Besonders beliebt war die Sanduhr mit der Unterschrift „Memento mori“ (denk an den Tod).
Literatur: Von William Shakespeare bis hin zu Theodor Storm haben sich Dichter immer wieder mit dem Thema der Ver-

gänglichkeit auseinander gesetzt. Immer wird die Trauer darüber gestaltet, dass heute zwar noch alles schön ist, aber morgen alles vergehen muss, wie Storm es ausdrückte.

Vergangenheit Die Vergangenheit ist jener Zeitraum, der nicht mehr änderbar ist. Das mag man nostalgisch betrauern, doch das Vergangene ist die Grundlage der Gegenwart und Zukunft. Meistens wird mit dem Symbol Vergangenheit die Konsequenz aus früherem Verhalten angesprochen.
Wer sich nicht seiner Vergangenheit erinnert, der wird sie stets wiederholen. Ohne ein geschichtliches Verständnis gibt es keinen Fortschritt, sondern nur die Wiederholung des Gleichen.
Psychoanalyse: Nach S. Freud geht letztlich jeder Traum auf die frühkindliche Vergangenheit zurück.

Vergewaltigung Der Vergewaltiger ist der dem Trieb ausgelieferte Mensch, der das Weibliche bedroht oder verletzt. Vergewaltigung ist die aggressive Reaktion im Krieg der Geschlechter. Vergewaltigt zu werden bedeutet ausgeliefert zu sein.
Bei diesem Symbol liegt die Beziehung zum anderen Geschlecht tief verdrängt im Schatten.
Der Psychologe vermutet hinter Fantasien von einer Vergewaltigung oft einen Ausdruck des Wunsches nach Hingabe. Da der oder die Wünschende aber vor dieser Hingabe Angst hat, erfindet der innere Zensor die Vergewaltigung. Das arme Opfer wird gegen seinen Willen genommen. Das ist eine verbreitete List des Unbewussten, dass es sich Wünsche erfüllt, indem es sich vorstellt, dass es den Wunsch aufgezwungen bekommt und nicht für dessen Erfüllung verantwortlich ist.

Vergrößerungsglas ↗Lupe

Verhaftung Eine Verhaftung drückt die Einschränkung der Bewegungsmöglichkeit aus (↗Festnahme). Sie stellt die Frage nach der Schuld.
Verhaftung kann auch auf Anhaftung verweisen und somit auf enge Bindungen aufmerksam machen.

Verhandlung Jede Verhandlung spricht geschicktes und diplomatisches Verhalten an. Es geht um die Frage, wie der Wille eingesetzt und ausgedrückt wird.

Verirren Wenn man sich verirrt, verliert man die Orientierung. Das Bewusstsein hat versagt, und man verliert die Kontrolle. In solchen Situationen gilt es, sich der Intuition hinzugeben. Es ist nämlich erstaunlich, dass die großen Entdeckungen im Leben wie im Traum stets dann gemacht werden, wenn man seinen Weg verliert. Kolumbus entdeckte Amerika, indem er sich auf dem Weg nach Indien verirrte, und so kann man Neues entdecken, wenn man von dem eingefahrenen Weg abkommt. Siehe auch ↗Labyrinth.

Verkäufer Verkäufer und Verkäuferin sind geschickte Kommunikatoren. Das kann allerdings auch bedeuten, dass sie einem etwas aufschwatzen. Der Beruf hat kein besonders hohes Sozialprestige.
Der Verkäufer ist für den Psychologen ein Symbol des Energieaustausches. Die ↗Waren, die er anbietet, entsprechen Talenten und Fähigkeiten. Wer „nichts zu verkaufen“ hat, der hat eben keine solchen Vorzüge. Ferner weisen Verkäufer und Verkäuferin darauf hin, dass man nach außen gehen soll, da man etwas anzubieten hat. Sie richten die Aufmerksamkeit auch auf das Verhältnis von Geben und Nehmen.

Verkehr Der Verkehr, die permanente Mobilität, ist ein Zeichen der Moderne. Verkehr bedeutet Getriebe, Unruhe, Stress und Umweltverschmutzung, aber auch Freiheit und Beweglichkeit.
Wenig Verkehr oder kein Verkehr weist häufig auf Einsamkeit.

Verkehrsmittel ↗Auto, ↗Boot, ↗Bus, ↗Eisenbahn, ↗Fahrrad, ↗Fahrzeug, ↗Floß, ↗Flugzeug, ↗Hubschrauber, ↗Lastwagen, ↗Motorrad, ↗Roller, ↗Schiff, ↗Segelboot, ↗Straßenbahn, ↗U-Boot, ↗Untergrundbahn, ↗Zeppelin, ↗Zug

Verkehrswege Verkehrswege sind oft auf den Lebensweg zu beziehen. Sie zeigen, wie und in welchem Bereich man am besten voranschreitet. Verkehrswege bilden ein Netz von Verbindungen und zeigen bisweilen die Möglichkeit auf, auf unterschiedlichen Wegen ein Ziel zu erreichen.
Bei den Wasserstraßen sind die Gefühle angesprochen, bei den Luftwegen der Überblick und das Bewusstsein, und bei allen Landwegen geht es um die Erdung.

Verkehrszeichen Verkehrszeichen sind Anweisungen für das öffentliche Verhalten. Sie wollen, dass man bestimmte Regeln einhält. Wichtig bei der Deutung ist, was das Verkehrszeichen anzeigt.

Verkleidung Die Verkleidung ist nach C. G. Jung ein klassisches Persona-Symbol, das heißt, man möchte etwas Bestimmtes im Leben darstellen, das man aber nicht ist. Verkleidung ist ferner dem Spaß und dem Spiel verbunden. In ihr drückt sich auch eine gewisse Kindlichkeit aus.
Bedeutsam ist die Art der Verkleidung, die ausgewählt wurde (↗Kostüm).

Verkleinerung ↗Zwerg

Verknappung ↗Mangel

Verlag Der Verlag ist der Ort, an dem Bücher gemacht werden. Er ist ein Wirtschaftsunternehmen und arbeitet nach ökonomischen Erwägungen, repräsentiert andererseits auch einen gewissen intellektuellen Anspruch. Schon immer stand der Verlag im Spannungsfeld zwischen Kultur und Profit, zwischen Geist und Meinungsmache.

Verlegenheit Verlegenheit ist eine häufige Reaktion darauf, dass man bei etwas ertappt wurde. Man wird bei etwas erwischt, das unschicklich ist. Sie ist ein Ausdruck innerer Unsicherheit, verwandt mit der ↗Scham.

Verletzung ↗Wunde

Verlobung Die Verlobung als traditionelle Vorstufe der ↗Heirat ist ein Symbol einer zumindest vorübergehenden Verbindung (von männlicher und weiblicher Seite). Sie deutet auf die erfolgreiche Integration einer fremden Seite.
Der Verlobung wohnt etwas Konservatives und Konventionelles inne. Sie drückt einen eigenartigen Zwischenbereich zwischen Verpflichtung und Bindung aus. Der Verlobung wohnt im Gegensatz zur Heirat etwas Unentschiedenes inne. Sie ist ein Ausdruck der Vorläufigkeit und Unsicherheit. Das Symbol Verlobung kann so eine gewisse Skepsis gegenüber einer bestehenden Beziehung oder den eigenen Wünschen nach Bindung ausdrücken.

Verlust Verlust bedeutet Minderung. Der Verlust deutet ferner auf das Gegenteil von Lust. Jeder Verlust spricht die Frage der Wertigkeit an.

Philosophie: Arthur Schopenhauer preist den Verlust, da dieser uns über den Wert der Dinge belehrt.

Vermögen Vermögen ist Macht und Einfluss, aber auch Belastung. Es symbolisiert ähnlich wie ↗Reichtum auch die Eigenschaften und Fähigkeiten, die man besitzt.

Verpackung Verpackung ist Schutz, andererseits auch Geheimnis. Die Verpackung ruft danach, geöffnet zu werden, und gibt meistens einen Hinweis auf die Qualität des Verpackten. Das Auspacken des Verpackten wird als sinnlicher Genuss mit prickelnder Spannung empfunden.
Bei der Verpackung ist für die Deutung wesentlich, was verpackt ist. Die Verpackung kann auf das Styling und somit auf die Persona nach C. G. Jung verweisen. Es ist wichtig, wie man etwas verpackt – sei es nun eine Ware oder man selbst. Man kann auch etwas in Worte verpacken.
Es kommt auf das Verpackungsmaterial und dessen ↗Farbe an. Die höchste Kunstfertigkeit der Verpackung wurde zum Ende des 18. Jahrhunderts in Frankreich erreicht, als man Bonbonnieren mit künstlerischen Bildern und Edelsteinen verzierte. Heute spielt besonders in englischsprachigen Ländern die Verpackung eines ↗Geschenks eine wesentliche Rolle. Sie drückt die Beziehung zwischen Schenkendem und Beschenktem symbolisch aus.

Verputz Verputz bedeutet, etwas zu überdecken. Der Verputz schafft den schönen Schein. Er symbolisiert das Äußerliche, das, was man der Öffentlichkeit zeigt. Im psychologischen Sinn stellt Verputz ein Persona-Symbol dar.

Verrat Verrat gilt als ein schändliches Vergehen. Er ist ein Bruch der ↗Treue. Mit dem Verrat schlägt man sich auf die andere Seite, meistens auf die Seite der Feinde. Der Verräter ist stets der Außenseiter, der sich gegen eine Gruppe wendet.
Christentum: Für Christen ist der klassische Verräter Judas (Matth 26.14–16), von dem manche Gnostiker behaupten, er habe durch seinen Verrat erst den Heilsauftrag Jesu ermöglicht.

Verrottet Etwas, das verrottet ist, ist unbrauchbar geworden. Oftmals ist es das Vergessene.
Wenn das, was vorher schön und gesund war, zerfällt, kann das den Zustand einer fortschreitenden Sucht oder einer anderen Erkrankung charakterisieren. Meistens wird jedoch mit diesem Symbol angezeigt, dass man sich auf dem falschen Weg befindet.

Verrücktheit Verrücktheit bedeutet Abweichung von der Vernunft. Eine Verrücktheit spricht an, dass etwas vom Gewohnten abweicht, es wird weggerückt. Verrücktheiten ändern Gewohnheiten und automatisierte Sichtweisen, in diesem Sinn wirken sie befreiend. Wie jede Abweichung vom Gewohnten können sie allerdings auch Ängste hervorrufen. Verrücktheiten werden häufig von der Gesellschaft sanktioniert (↗Narr).

Versagen Versagen bedeutet, eine geforderte Leistung nicht zu erbringen. Wer versagt, der hat in unserer Gesellschaft schlechte Karten. Er ist der Verlierer. Da dies so ist, lebt in jedem von uns eine Angst vor dem Versagen.
Das Versagen ist meistens an die Situation einer ↗Prüfung gebunden. Man steht typischerweise in der Prüfung und hat den

Prüfungsstoff vergessen oder ist völlig unvorbereitet. Diese Situation spiegelt die Angst wider, angesichts der Leistungsanforderung zu versagen.

Verseuchung Gebiete, die verseucht sind, sind gefährlich zu betreten. Eine Verseuchung zeigt eine große Gefahr der Ansteckung an. Eine Seuche ist eine unsichtbare Gefahr. Wenn sie sichtbar wird, ist es für ihre Bekämpfung meistens zu spät. Siehe auch ↗Seuche.
Literatur: Giovanni Boccaccios „Decamerone" weist eine Rahmengeschichte auf. In dieser fliehen Kinder der Adeligen vor einer Seuche (der ↗Pest) auf ein Landgut und erzählen sich zur Ablenkung erotische Geschichten.

Versicherung Die Versicherung ist ein bekanntes Sicherheitssymbol, das auf Angst vor ↗Risiko verweist. Die Versicherung nährt die Illusion, etwas sicher machen zu können.
Versicherung wird auch häufig mit Betrug verbunden. Nicht so sehr, dass man die Versicherung betrügt, sondern dass man von der Versicherung betrogen wird, die stets weniger zahlt, als man erwartet.

Verspätung Eine Verspätung ist ein Ausdruck der Angst, etwas nicht mitzubekommen oder zu kurz zu kommen. Sie kann auch ein Ausdruck von zu großer Hetze und innerer Anspannung sein.

Verstand Verstand bedeutet klare Kombinationsfähigkeit und oft auch Vernunft.
Der Verstand wird in der Symbolik oft als kalt und distanziert im Gegensatz zum Gefühl angesehen. Wir leben in einer Gesellschaft, wo der Verstand hoch gelobt und unverständig zu sein nur den Kindern erlaubt wird.
Philosophie: Das Zeitalter, das den Verstand als höchstes Gut betrachtete, war die Aufklärung, die von Frankreich aus sich über Mitteleuropa verbreitete. Im deutschen Kulturbereich war als erster Philosoph Schopenhauer dem Verstand gegenüber äußerst skeptisch eingestellt. Er inspirierte mit dieser Haltung F. Nietzsche.

Versteck Ein Versteck spricht das Bedürfnis und die Lust an, zu suchen und gefunden zu werden.
Psychologisch gesehen ist das Versteck ein Symbol des Unbewussten. Es geht um Verdrängung und die Flucht aus einer Problemsituation.

Verstorbene(r) Ein Verstorbener verkörpert die Vergangenheit, siehe ↗Toter.

Versuchung Eine Versuchung ist ähnlich wie die ↗Verführung etwas, dem man erliegen oder widerstehen sollte. Hinter ihr stehen in der Regel geheime Sehnsüchte.
Christentum: Im Christentum sieht man die Versuchung als eine Herausforderung an, welche die Kraft des Glaubens testet. Jesus wurde vom Teufel versucht (Matth 4.1–11) und im Leben der meisten Heiligen spielt die Versuchung eine große Rolle.
Literatur: Günter Grass widmet in seinem Roman „Die Blechtrommel" (1959) der Versuchung ein Kapitel, in dem er den Spaß an der Versuchung beschreibt.

Verteidigung Verteidigung setzt einen Angriff voraus. Der Verteidiger fühlt sich angegriffen und schützt sich. Verteidigung ist Bewahrung der eigenen Sphäre und deutet auf Selbstvertrauen.

Vertrag Ein Vertrag weist stets auf die (kluge) Lösung eines Konflikts. Er drückt Bindungen und Verpflichtungen aus.

Wichtig für die Deutung ist der Vertragsgegenstand. Siehe auch ↗Dokument und ↗Urkunde.

Verwandlung Verwandlung bedeutet Überwindung der Starrheit. Verwandlungsszenen weisen auf die Hoffnung hin, dass sich eine Situation ändert. Sie können allerdings auch ein Ausdruck von geistiger Beweglichkeit und Kreativität sein. Die Verwandlung macht daraufhin aufmerksam, dass sich ständig alles ändern kann.
Literatur: Bekannt ist F. Kafkas Erzählung „Die Verwandlung", in der der Held eines Morgens aufwacht und merkt, dass er sich in einen Käfer verwandelt hat. Hier hat sich die Situation zum Negativen hin verwandelt, aber trotzdem ist die Verwandlung die Lösung eines Problems.

Verwandte Verwandte sind all das, was uns nahe steht, eben das, was uns verwandt und somit wesensgleich ist. Siehe unter ↗Familie, ↗Geschwister, ↗Kind, ↗Sohn, ↗Tochter, ↗Mutter, ↗Vater, ↗Großeltern, ↗Onkel, ↗Tante und ↗Cousin(e).
Psychoanalyse: Verwandte verkörpern die Sexualorgane nach S. Freud und Steckel.

Verzierung Verzierungen verweisen auf Künstlichkeit und „Charakter-Schnörkel". Fällt eine Verzierung besonders ins Augen, sollte sie hinsichtlich ihrer Motive, ihrer ↗Farben und ihres Stil gedeutet werden. Ferner ist es bedeutsam, an welchem Gegenstand die Verzierungen auftreten.

Veto Veto bedeutet, nein zu sagen. Das Veto-Recht ist ein Ausdruck der Macht. Mit ihm kann man Unternehmungen vereiteln. Veto bedeutet immer auch Widerstand.

Vetter ↗Cousin(e)

Vier Die Vier ist ein Ganzheitssymbol. Sie schafft Ordnung im ↗Chaos und in der Fülle der Erscheinungen. Sie ist ein Symbol des Ganz- und Eins-Werdens im Gegensatz zur ↗Multiplizität.
Wegen der vier ↗Elemente und ↗Himmelsrichtungen wird die Vier stets als ein Symbol der Materie, der Erde und der Erdung angesehen.
Die Vier ist ein archetypisches Symbol der Wandlung und Vollständigkeit: Bei den Indianern gilt die Vier als heilige Zahl, als Zahl alles Schönen, deswegen muss eine Anrufung bei ihnen viermal gesprochen werden. In der Alchemie erfolgt der Prozess der Umwandlung in vier Etappen. Alles Menschliche entsteht aus dem Viergeteilten, so teilt sich der Paradiesstrom in der Bibel in vier Ströme auf (Gen 2.10–11). Die Vier zeigt nach C. G. Jung immer das Werden des inneren Menschen an. Sie symbolisiert Vollständigkeit und Totalität: die vier Temperamente, bei Schopenhauer die vierfache Wurzel des Grundes, im Christentum die vier Richtungen des ↗Kreuzes und die vier Evangelisten.
Analytische Psychologie: Die Vierteilung oder Quaternität stellt nach C. G. Jung eines der häufigsten Symbole der Wandlung dar (vgl. dazu genauer C. G. Jung, GW 13, § 358 ff.). Jungs Gedanken zur Zahlensymbolik betonen die Vier, da sie auf der Lehre von der Vierteilung des Menschen (Tetrasomie) beruhen. Diese geht zurück auf die Vorstellung der vier Elemente von Empedokles (5. Jahrhundert v. Chr.) und die gleichzeitig entstandene Lehre des Hippokrates von den vier Temperamenten. Jung selbst unterschied die vier Funktionen des Menschen, die eine zentrale Rolle in seiner Psychologie spielen.

Literatur: In vielen arabischen Werken wie auch in dem Roman „Beremis, der Zahlenkünstler“ von Malba Tahan wird darauf aufmerksam gemacht, dass man mit vier Vieren alle Zahlen von 0 bis 100 darstellen kann. Deswegen wird die Vier auch die Königin der Zahlen genannt.

Viereck Das Viereck verweist wie alles Eckige auf den männlichen Archetyp, siehe ↗Quadrat.

Viertel Stadtviertel verkörpern im Gegensatz zur ↗Stadt als Ganzes etwas Charakteristisches und Individuelles. Sie bieten in der Großstadt ein Stück Geborgenheit und Heimat.

Villa Die Villa – das Schloss des Bürgerlichen – verweist (wie ↗Vorteil) meist auf den Habens-Modus nach E. Fromm, da man die Villa als Symbol des Reichtums und Ansehens besitzen möchte.

Violett Violett symbolisiert Ausgeglichenheit und Vollkommenheit. Es ist ein Symbol der Suche nach dem Transzendenten, denn Violett ist die Farbe am Rande des Unsichtbaren, des Ultravioletts. Violett steht für die höchste und feinste Schwingung des Spektrums wie Inspiration und Geistigkeit. Violett wirkt beruhigend (es baut beim Sehvorgang wenig Sehpurpur ab). Es ist eine lichtabhängige Farbe, die unter verschiedener Beleuchtung sehr unterschiedlich wirken kann. Selten ist Violett auch die Farbe der Leidenschaft. ↗Rot als Farbe des Körpers und ↗Blau als die der Seele verbinden sich zur Beseelung des Körpers.
Im Rheinland galt Violett als Trauerfarbe (bis ins 19. Jahrhundert hinein). Es ist die wichtigste Farbe im Liebeszauber. Als Hexenfarbe (Grenzüberschreitung) wurde Violett zur Farbe der Feministinnen.
Analytische Psychologie: C. G. Jung sah im Violett „die geeinte Zwienatur“ von Blau und Rot. Er charakterisiert Violett als Symbol des Geistkörpers, eben der Verbindung Blau (Geist) und Rot (Körper).
Antike: Violett ist eine der Farben Jupiters, des höchsten römischen Gottes.
Christentum: In Byzanz war Violett die Farbe der Macht, in der römisch-katholischen Kirche die Farbe hoher Geistlichkeit. Es gilt als Stellvertreter für Schwarz – dem Symbol der Demut und Buße – in der katholischen Kirche. Violett symbolisiert ferner das Fasten und die priesterliche Macht. Es ist die Symbolfarbe von Maria Magdalena.

Violine Violine bedeutet Romantik. Die Violine symbolisiert den Körper der Frau. Wenn jedoch eine Saite reißt, dann bedeutet das Dissonanz, Spannungen und Streit. Ferner spricht sie unsere romantischen Sehnsüchte an.

Virus Ein Virus bedeutet Ansteckung und Krankheit.
Es gibt Viren, die Menschen und Tiere befallen, und welche, die Computer erheblich stören können. Computerviren verhalten sich wie die ursprünglichen Viren: Sie vermehren sich, indem sie unbemerkt von einem Computer zum anderen übertragen werden. Der Virus ist also eine Gefahr, die unsichtbar ist und aus dem Verborgenen kommt.
1949 entwickelte der ungarische Computerwissenschaftler John von Neumann als erster die Idee von sich selbst reproduzierenden „Automata“. Aber es sollte noch bis 1980 dauern, dass man beweisen konnte, dass bestimmte Programme sich wie Viren verhalten können. Der erste

Computervirus wurde 1982 entwickelt und heute schätzen Spezialisten die Anzahl der Viren, die sich in Umlauf befinden, auf über 50.000. Um sich vor Viren zu schützen, kann man seinen Computer „impfen" und zwar mit einem Anti-Viren-Programm, dass vor neuen Viren schützt und den Computer von alten Viren säubert. In der heutigen Welt wird bei Virus auch gleich „säubern" assoziiert.

Visitenkarte Die Visitenkarte ist oft ein Symbol des Aufstiegs und ein Symbol der gewünschten Identität. Mit der Visitenkarte präsentiert man sich nach außen hin. Es ist bedeutsam, was auf der Visitenkarte geschrieben steht.

Vitamine Vitamine stehen für die gesunde Ernährung und Lebenskraft. Für die genauere Deutung sollten man sich informieren, für was das entsprechende Vitamin zuständig ist.

Vogel Vogel bedeutet Freiheit.
Jeder Vogel symbolisiert geistige Inhalte. Man möchte den Überblick haben und erleichtert werden. Der Vogel besitzt immer auch eine erotische Bedeutung (vögeln). Er kann andererseits auch vor Abgehobenheit warnen („einen Vogel haben" oder „er ist ein schräger Vogel", und vergleiche auch den Mythos von Ikaros). Ferner verkörpert jeder Vogel Leichtigkeit, Frohsinn, Beweglichkeit und die Verbindung zwischen Himmel und Erde, den Göttern und den Menschen.
Da Vögel sehr beweglich sind und weit reisen, sprechen sie die Unabhängigkeit und den Mut an.
Domestizierte Vögel verweisen auf den Verlust der Freiheit, speziell wenn sie in Käfigen oder Volieren gehalten werden.
Es gibt ↗sieben magische Vögel, die dem Magier als Hilfsmittel dienen. Das sind der Schwan, die Eule, der Geier, die Taube, der Storch, der Adler und der Wiedehopf, der von den islamischen Magieren besonders hoch geschätzt wird, da seine Kopffedern ihrer Form wegen den Namen Allahs bilden. Besonders wenn ein Kontakt zur göttlichen Welt gesucht wird, nutzt man die Vögel. Der Kontakt zur wissenschaftlichen Welt geschieht über die ↗Fische.
Literatur und Film: In Melvilles „Moby Dick" (1851) und auch in dem Film „Der weiße Hai" kreisen die Vögel über der Unglücksstelle. Sie symbolisieren den Triumph der Natur.
Der brasilianische Autor Humberto de Campos verglich einen fliegenden Vogel mit einem Buch mit zwei aufgeschlagenen Seiten. Die Vögel symbolisieren nach ihm die „zärtliche Bibliothek Gottes".

Vogelbeere ↗Eberesche

Vogelfrau Als Fabelwesen (↗Fabeltier) ist die Vogelfrau ein Symbol der geilen, himmlischen und zugleich tierischen Seite, die bedroht und betört. Sie ist allerdings auch ein Symbol der weisen Frauen und der Seele (↗Anima). Ferner tritt sie als ein Todessymbol auf wie die Sirenen bei Homer.

Vogelschwarm Der Vogelschwarm gibt in seiner Bewegung die Intelligenz der Natur wieder, die anders als die individuelle Intelligenz des Menschen funktioniert. Es geht hier um den Gruppenwillen – oft im Gegensatz zum Willen des Individuums. So verkörpert der Vogelschwarm die Überwindung des Individuellen zugunsten der Gruppe.
Im altwalisischen Epos „Mabinogion" wird die Göttin Rhiannon in Form eines

Vogelschwarms dargestellt, da sie die weibliche Weisheit der Natur symbolisiert. Allerdings kann der Vogelschwarm wie der Insektenstaat auch als Gefahrensymbol auftreten.
Da die Zugvögel sich im Herbst zu Schwärmen zusammentun, verweist der Vogelschwarm in unseren Breiten auch auf den Herbst.
Christentum: Nach christlichen Legenden tritt der Vogelschwarm auch als ein Symbol des Schutzes auf. So soll der Jesuitenpater José de Anchieta bei Sonnenschein immer von einem Vogelschwarm begleitet worden sein, der ihm als eine Art Sonnenschirm Schatten spendete.
Film: In Alfred Hitchcocks berühmtem Film „Die Vögel" (1963) sind die Vögel das Bedrohliche, bis hin zum Mordenden.

Vokale ↗Buchstaben

Volk Was Völker symbolisieren, hängt von ihrem nationalen Charakter ab. Das Volk steht für eine kulturelle Einheit und Zugehörigkeit. Es spricht die Erdung an. Im Namen des Volkes werden oft unselige Dinge und Situationen heraufbeschworen. Ich erinnere nur an den berüchtigten Spruch: „Ein Volk, ein Reich, ein Führer".
Literatur: In seinem Roman „Doktor Faustus" (1947) lässt Thomas Mann Serenus Zeitblom sagen: „Für den Freund der Aufhellung behalten Wort und Begriff des „Volkes" selbst immer etwas Archaisch-Apprehensives, und er weiß, dass man die Menge nur als „Volk" anzureden braucht, wenn man sie zum Rückständig-Bösen verleiten will."
Philosophie: Friedrich Nietzsche meinte, man solle die Völker weder lieben noch hassen. Mit diesem Ausspruch warnt er vor einem Nationalismus, der leicht in einen Chauvinismus münden kann, wie es beispielsweise im Dritten Reich der Fall war.

Volksfest ↗Jahrmarkt

Voll Was voll ist, dem kann nichts mehr hinzugefügt werden. Es ist in diesem Sinn abgeschlossen, perfekt. Die Fülle wird in jeder Mangelgesellschaft als positiv betrachtet. Sie ist Ausdruck eines Sicherheitsbedürfnisses, wie auch die Gier. Die einzige Ausnahme ist „das Vollsein", wenn man zu viel Alkohol genossen hat. Hier steht zwar auch die Gier im Vordergrund, aber wichtiger scheint hier das Abschalten oder Vergessen der Alltagswelt.

Volldampf Volldampf bedeutet so schnell wie möglich. Ursprünglich stammt dieser Begriff aus der Schifffahrt. „Volldampf voraus" heißt, mit aller Maschinenkraft voraus zu fahren. Umgangssprachlich wird allerdings „Volldampf" längst nicht mehr im nautischen Sinn gebraucht, sondern meist für Vollgas beim Kraftwagen.
Im psychologischen Sinn weist Volldampf darauf hin, dass eine Drucksituation herrscht.

Voodoo ↗Placebo

Vorgesetzte(r) ↗Chef

Vorhang Es wird etwas verborgen. Der Vorhang symbolisiert Täuschung und Isolation, andererseits auch berechtigte Distanz. Er besitzt eine ähnliche Bedeutung wie ↗Gardine und ↗Nebel.
Für die genaue Deutung ist besonders die ↗Farbe des Vorhangs wichtig.

Vorlesung Die Vorlesung gehört zur ↗Universität und in die Welt der intellektuellen Bildung. Eine Vorlesung ist eine recht einseitige (und heute eigentlich völlig überholte) Veranstaltung. Der Schwerpunkt liegt auf der ↗Rede, dem ↗Vortrag von Wissensstoff.

Vormund Vormund bedeutet, für einen anderen zu reden und somit für ihn Verantwortung zu übernehmen. Der Vormund ist der Fähige und gesellschaftlich Anerkannte. Er ist eine ↗Vater- und Autoritätsperson. Ein Vormund tritt auf den Plan, wenn eine andere Person nicht mündig ist, d. h. ein Vormund setzt Unmündigkeit voraus. Insofern stellt dieses Symbol die Frage nach der Mündigkeit.

Vorne Vorn ist stets das Offene und Offensichtliche, andererseits auch der Schein (der allerdings nach Hegel dem Wesen wesenhaft ist). Vorne zu sein bedeutet, Erfolg zu haben oder Avantgarde zu sein.

Vorrat Vorräte symbolisieren stets entweder Ängste, zu kurz zu kommen, oder Potenziale und Fähigkeiten. Vorräte lassen stets „Mangel" assoziieren und Angst vor der Zukunft. Dahinter steht ein Streben nach Sicherheit.

Vorschuss Vorschuss bedeutet Vergütung für eine noch zu erbringende Leistung.
Der Vorschuss kann in jeder Energieform erfolgen, als Vertrauensvorschuss, in Form von Geld oder Emotionen. Der Vorschuss wird als eine Einwilligung und Verpflichtung gesehen, die betreffende Leistung zu erbringen. So kann der Vorschuss auch eine Bindung sein. Er ist zugleich eine Sicherheit, dass die Leistung erbracht und dass sie auch bezahlt wird.

Vorstadt In der Vorstadt ist man meist von dem pulsierenden und interessanten Leben der Metropole ausgeschlossen. Man ist nicht ganz drinnen und nicht ganz draußen. Es gibt traditionell Vorstädte für die eher wohlhabenden Bürger und solche für die sozial Schwachen oder Deklassierten. Die Vorstadt kann auch ein Bezugspunkt sein wie das ↗Viertel; Allgemeines: ↗Stadt.

Vorteil Man will im Vorteil sein oder einen Vorteil haben: Immer geht es um eine im Vergleich zu anderen bessere Lage, um eine Machtposition.

Vortrag Wie bei aller öffentlichen Tätigkeit ist hier die Selbstdarstellung – in diesem Fall über den Intellekt – angesprochen (wie auch bei ↗Theater und ↗Ausstellung). Ist man der Redner oder die Rednerin, möchte man sich gern mitteilen. Die Aufgabe besteht darin, vielen Interessen zu dienen und einen eigenen Standpunkt der Welt gegenüber zu finden und zu beziehen. Man möchte die anstehenden Probleme lösen. Vom Redner aus gesehen liegt es an, Gefühl und Verstand, Gemüt und Bewusstsein zu verbinden.
Bei diesem Symbol sind auch immer Aspekte des Selbstverständnisses und der Verständigung angesprochen. Und nicht zuletzt kann im Vortrag die innere Stimme sprechen.

Voyeur ↗Beobachter, ↗Zuschauer

Vulkan Der Vulkan symbolisiert die aggressive Energie, aber auch die Gefahr, die davon ausgehen kann.
Psychologisch gesehen explodieren hier Triebe oder aufgestaute Aggressionen. Es geht beim Symbol Vulkan um eine „Feuerprobe". Das Innerste kehrt sich nach außen. So drücken sich Verschmelzungsfantasien in Beziehungen aus. Es kann andererseits auch ein Hinweis sein auf die

Verschmelzung verschiedener eigener Anteile im Sinne der Persönlichkeitsbildung. Hier wird das Harte - also die Verhärtungen - wieder zum Fließen gebracht.
Selbst noch im 21. Jahrhundert symbolisieren die Vulkane Todesgefahr. Immerhin forderte der Ausbruch des Mount Pelée (Martinique) im Mai 1902 30.000 Menschenleben. 1991 brach der Mount Pinatubo (Philippinen) aus und tötete dabei fast 1000 Menschen.
Antike: Der Vulkan wurde nach dem römischen Schmiedegott Vulcanus benannt, der als der männliche Beherrscher des ↗Feuers galt.

W

Waage Die Waage steht für Bewertung, Abwägen, Gleichgewicht, Ausgeglichenheit und Ordnung.
Waage bedeutet Vergleich. Symbolisch gesehen, ist es das Ziel der Waage, einen Ausgleich herzustellen.
Früher war die Waage das klassische Attribut der Justitia, der Göttin der Gerechtigkeit, heute ist sie zu einem Symbol für den Kampf um die überflüssigen Pfunde verkommen.
In der ägyptischen Mythologie wird nach dem Tod das Herz als Sitz der Seele gewogen, und es kommt darauf an, dass es leicht ist, was ausdrückt, dass es alle Belastungen des irdischen Lebens losgelassen hat. In der Mythologie der Christen wird auch die Seele nach dem Tod gewogen. Hier kommt es aber darauf an, dass sie schwer ist, was ausdrückt, dass positive Werke und ein gewisser Tiefsinn erreicht wurden.
Astrologisch gesehen wird mit der Qualität der Waage das Ideal des ausgeglichenen Menschen angesprochen. Allerdings wird auch auf die Gefahr Überanpassung hingewiesen. Als von der ↗Venus betontes Zeichen wird die Waage auch mit dem Schönheitssinn verbunden.

Wabe Die Wabe der ↗Bienen ist ein Symbol der Sehnsucht nach einem Leben in Liebe. Sie steht ferner für Natürlichkeit und die Gestaltungskraft und Klugheit der Natur.
Die Wabe ist ein abgeschlossener ↗Raum, sie symbolisiert Nahrung (↗Honig) und Sicherheit.

Wachmann Der Wachmann ist der wache Mann. Er verkörpert die Fähigkeit der Aufmerksamkeit. Ferner personifiziert er den schützenden ↗Vater.
Das Symbol „Wachmann" kann allerdings auch für die Angst vor ↗Raub und Überfall oder einem sozialen Abstieg stehen. In seltenen Fällen verweist der Wachmann auf tief verdrängte Aggressionen, siehe ↗Aufseher und auch ↗Polizist.

Wacholder Der Wacholder spricht Kargheit und Askese an, sein Holz spielt in manchen Hexenriten eine Rolle. Aus seinen Beeren wird ein hochprozentiger Schnaps gebrannt.
Kunst: In Leonardo da Vincis berühmtem Gemälde der schönen Ginevra de Benci - Tochter einer wohlhabenden Florentiner Familie - wird die schöne Frau vor einem Wacholderbusch gemalt, der eine florale Allusion auf ihren Namen darstellt. Der Wacholder „ginepro" (italienisch) gilt als Namenspflanze der Ginevra.

Wachs Das Wachs symbolisiert Anpassungsfähigkeit, Unbeständigkeit und Formbarkeit. Da daraus ↗Kerzen herge-

stellt werden, steht es auch im Zusammenhang mit Verführung und harmonischer Gestaltung.
Literatur: In Schillers „Jungfrau von Orleans“ heißt es: „Oh, sie kann mit mir schalten, wie sie will, mein Herz ist weiches Wachs in ihrer Hand“.

Wächter Der Wächter personifiziert Abwehr und Disziplin. Er steht für Aufmerksamkeit und Einsicht. Er spricht die Wachsamkeit im Sinn der Aufmerksamkeit an. Für eine genauere Deutung ist zu betrachten, was der Wächter bewacht.

Wärme Wärme bedeutet Herzlichkeit und Zuneigung. Sie steht meistens in einem Zusammenhang mit Innigkeit und zarten Gefühlen. Wärme zieht unsere Gefühle an und bedeutet Nähe und liebende Zuwendung. Anders als die ↗Hitze wird Wärme fast immer positiv gesehen. Nimmt die Wärme ab, verweist das auf abkühlende Gefühle, auf Zumutung und Beengung.

Wärter Der Wärter personifiziert die Kräfte, die einengen und uns unsere Freiheit rauben. Er verkörpert die Wachsamkeit. Der Wärter ist eine Autoritätsperson, von der eine oft unterdrückende Macht ausgeht.
Der Wärter kann aber auch (zum Beispiel im Zoo) jemand sein, der etwas oder Tiere wartet, der also etwas pflegt oder sich darum kümmert.
Ähnlich ↗Aufseher, ↗Polizist, ↗Wachmann und ↗Wächter.
Psychoanalyse: Im Sinn der Psychoanalyse ist der Wärter ein Über-Ich-Symbol. Letztendlich kann er auf den ↗Vater zurückgeführt werden.

Wäsche (Bett-)Wäsche wie das ↗Laken ist ein Symbol der Häuslichkeit und auch der Weise, wie man sich selbst gern präsentieren möchte. Bei Wäsche schwingt immer die Bedeutung Reinlichkeit mit.
Weiße Wäsche gilt als Symbol der Unschuld, Langeweile und Reinlichkeit. Modische Wäsche zeigt ein positives, andererseits unindividuelles Selbstbild. Erotische Wäsche macht auf ein positives Körpergefühl aufmerksam. Dreckige Wäsche verweist auf Verschmutzungen, auch durch negative Gedanken und Gefühle, und zerrissene Wäsche deutet auf Verwahrlosung oder zumindest auf fehlende Pflege hin.
Andere Aspekte bei ↗Unterwäsche.
Psychoanalyse: Weiße Wäsche ist nach S. Freud ein Symbol des Weiblichen.
Analytische Psychologie: Die Wäsche ist das Symbol der Persona, jenes Bildes, das wir der Außenwelt von uns präsentieren.

Waffe Waffen bedeuten ↗Krieg, wobei mit dem Krieg auch ganz allgemein Widersprüche gemeint sein können, bis hin zum Kampf der Geschlechter, oder ein Kampf im Inneren des Menschen.
Waffen können Schutz symbolisieren, männliche Stärke, aber auch eine Bedrohung.
Einzelheiten bei: ↗Atombombe, ↗Axt, ↗Bajonett, ↗Bogen, ↗Bombe, ↗Degen, ↗Dolch, ↗Doppelaxt, ↗Geschütz, ↗Gewehr, ↗Granate, ↗Kanone, ↗Keule, ↗Lanze, ↗Maschinenpistole, ↗Messer, ↗Panzer, ↗Pistole, ↗Rakete, ↗Säbel, ↗Schild, ↗Schleuder und ↗Schwert.
Psychoanalyse: S. Freud und die meisten Tiefenpsychologen sehen die Waffen als ein Symbol männlicher Sexualität, da sie in den Körper eindringen. Diese Deutung entspricht dem Symbol der Waffen auch noch heute, obwohl moderne Waffen oft gar keinen Körper mehr übrig lassen. Die Vernichtung des Körpers kann als Erweite-

rung der Freudschen Deutung angesehen werden, die sich hier zu einer interessanten Spannung zwischen Körperzeugung (Sexualität) und Körpervernichtung (moderne Waffen) ausweitet.

Waffel Sie ist die süße Verführung und zugleich ein Symbol der Häuslichkeit und des Genusses. Eine Waffel zu essen, kann ein äußerst sinnlicher Genuss sein, der geradezu süchtig macht.
Literatur: In der pornografischen Literatur werden die Schamlippen der Frauen bisweilen mit Waffeln verglichen: lappig, heiß und süß.

Wagen Wagen bedeutet Bewegung. Er steht meist im Zusammenhang mit einer Veränderung oder einem Übergang und ist ein häufig auftretendes Symbol der Ortsveränderung. Damit kann im übertragenen Sinn die Lebensreise gemeint sein. Jemand „wagt" einen eigenen Kurs zu steuern und etwas selbst in Erfahrung zu bringen. Wagen deutet in diesem Sinne auf das Wagnis der Veränderung.
Der Wagen kann als ein Image-Symbol auftreten (wie das ↗Auto) oder als ein Symbol dafür, wie man Belastungen vermindert, denn er ist ein Hilfsmittel zum Transport von ↗Lasten.
Die siebente Tarotkarte ist „Der Wagen". Auch sie spricht die Thematik des eigenen Lebenswegs an. Dargestellt wird ein Mensch in einem offenen Wagen, der von zwei ↗Tieren gezogen wird. Die Tiere schauen in verschiedene Richtungen, visieren also andere Lebenswege an. Meist zeigen die Zugtiere unterschiedliche Farben, um ihre jeweils andere Ausrichtung zu verdeutlichen. Dem Wagenlenker kommt die Aufgabe zu, den Wagen so zu lenken, dass sowohl das rechte als auch das linke ↗Tier befriedigt sind und der Wagen zugleich ausbalanciert auf seinem Weg bleibt.
Analytische Psychologie: Den Wagen sieht C. G. Jung als ein von Menschenhand geschaffenes Fortbewegungsmittel, dessen Räder auf das Sonnenrad zurückgehen. Sie symbolisieren ↗Mandalas.
Christentum: Der feurige Wagen ist in vielen Kulturen der Wagen, der vom Himmel auf die Erde kommt. So fährt auch Elias in einem feurigen Wagen in den Himmel auf (2 Kön 2.1–14).

Wagenlenker Der Wagenlenker ist ein verbreitetes Symbol für die Kraft des Bewusstseins, die den Weg des Menschen bestimmen sollte. Er verkörpert den Willen und die Macht des Überblicks. Andere Aspekte bei ↗Chauffeur.
Asien: Im Hinduismus ist das Gleichnis von Pferd, Wagen und Wagenlenker beliebt, um den Weg des Menschen zu beschreiben. Das Pferd verkörpert die Triebe, der Wagen das Hilfsmittel zur Entwicklung und der Wagenlenker den Willen des Menschen, der die Richtung angibt.

Waggon Als Waggon bezeichnen wir heute einen Eisenbahnwagen (↗Eisenbahn). Er symbolisiert als Fortbewegungsmittel ein Hilfsmittel auf dem ↗Weg, womit oft ein Lebensweg gemeint ist oder allgemein der Weg zu einem Ziel. Da der Waggon für viele Reisende gebaut ist, verweist er auf den kollektiven Aspekt bei dem Erreichen eines Ziels.
Beim Güterwaggon bestimmt die Symbolik der transportierten Güter dessen Bedeutung.
Literatur u. Film: In vielen Filmen und Romanen, die zur Zeit der Naziherrschaft in Deutschland spielen, tritt als berührende Szene die Deportation der Juden in Güterwaggons auf. Ansonsten spielt der Güter-

waggon sowohl in der beliebten Szene des Ausraubens eines Zuges eine wesentliche Rolle als auch in der Literatur der so genannten Hobos in den USA, die wie Jack Kerouac (zum Beispiel in „On the Road" 1957) auf Eisenbahnwaggons aufsprangen, um als blinde Passagiere durch die USA zu reisen.

Wahl Eine Wahl weist stets auf Möglichkeiten hin und regt an, diese Möglichkeiten und Chancen wahrzunehmen. „Wer die Wahl hat, hat die Qual", sagt der Volksmund und macht damit deutlich, dass die Freiheit des Entscheiden-Könnens auch als eine Last empfunden werden kann. Die Wahl spricht auch die Bewertungen und Einstellungen an, die eine Wahl bestimmen. Wählen zu können ist eines der wesentlichen Kennzeichen der Demokratie.

Wahlurne ↗Urne

Wahnsinn Der Wahnsinn symbolisiert zu emotionales, sinnloses Handeln und fordert mehr Klarheit und Einsicht. Er verweist auf das Realitätsbewusstsein im alltäglichen Leben und ist oft ein Hinweis darauf, dass man seiner Vernunft und seinen fünf Sinnen zu wenig traut.
Wahnsinn heißt auch ein Versinken in die eigenen Welten und Isolation.
Bisweilen wird der Wahnsinn als Protesthaltung oder Freiheit von allen Konventionen idealisiert – allerdings drückt er durch seinen zwanghaften Charakter gerade die Unfreiheit aus.
Was als Wahnsinn bezeichnet wird, ist eine Frage der gesellschaftlichen Bewertung, siehe auch ↗Narr und ↗Verrücktheit.
Philosophie: Der schwedische Naturphilosoph Emanuel Swedenborg soll den Wahnsinnigen gespielt haben, um dadurch Verzeihen für sein ↗Wissen zu finden.

Wahrheit Die Wahrheit soll etwas Unumstößliches sein, ist aber allzu oft nur eine subjektive Meinung über die Wirklichkeit. Die Wahrheit ist ein Konstrukt, das geschaffen wird, um etwas zu beurteilen und einzuordnen. Wer Wahrheiten verkündet, beansprucht Autorität.
Literatur: Bert Brecht hatte während seines dänischen Exils in seinem Haus in Svendborg ein Schild aufgehängt mit der Aufschrift: „Die Wahrheit ist konkret".

Wahrnehmung Wahrnehmung hängt eng mit Bewusstsein zusammen. Wir nehmen gemäß Konzepten wahr, die in unserem Bewusstsein gespeichert sind. Die Wahrnehmung macht stets darauf aufmerksam, unter welchen Voraussetzungen wir die Welt betrachten und dass wir stets einem Konzept gemäß sehen.
Philosophie: Der noch heute aktuelle schottische Philosoph David Hume betont am Ende des 18. Jahrhunderts in seinem Werk, dass unsere Wahrnehmung stets subjektiv ist und dass unsere Realität ein Produkt dieser subjektiven Wahrnehmung ist. Wird also die Wahrnehmung thematisiert, soll damit häufig auf die Relativierung dessen verwiesen werden, was als Realität bezeichnet wird.

Wahrsagerei Die Wahrsagekunst ist ein Ausdruck der Unsicherheit des Menschen. Er kann die Zukunft nicht auf sich zukommen lassen, sondern möchte zuvor wissen, was er zu erwarten hat. Wahrsagekunst wird einerseits als geschickte Betrügerei angesehen, andererseits wertet man sie als hohe geistige Fähigkeit.

Waise Waise bedeutet, allein auf der Welt zu sein. Seit dem Mittelalter spricht man von den „Armen und Waisen". Die Waisen gehören zu den Armen, da ihnen keine Eltern helfen. Früher kamen sie ins Waisenhaus oder es wurden ihnen Stiefeltern vorgesetzt, welche die Hilflosigkeit der Waisen rückhaltlos ausnutzen konnten.
Die oder der Waise verkörpert oft im weitesten Sinn eine Unvollständigkeit und eine aus ihr hervorgehende Unsicherheit. In einigen Fällen kann Waise auch Freiheit von den Einschränkungen und Bindungen der Familie bedeuten.
Literatur: Einer der berühmtesten Waisen der Literatur der heutigen Zeit ist Harry Potter, der Held von Rowlings Romanen. Harry Potter ist einer, der sich selbst durchschlägt, der aber auch zum Beispiel von Dumbledore väterlich unterstützt wird. Waisen finden in der Literatur häufig nach vielen Entbehrungen die elterliche Unterstützung, die sie sich sehnlichst wünschen.
In der sozialkritischen Romanliteratur Englands wird häufig das Waisenhaus als Hölle beschrieben. Der Held bricht aus und macht seine Karriere oder scheitert. T. C. Boyle verarbeitet eine solche Episode, die Charles Dickens nachempfunden ist, in seinem Bestseller „Wassermusik".
Im Jugendbuchbereich sind berühmte Waisen das Paar Tom Sawyer und Huckleberry Finn, die Mark Twain in zwei seiner Romane äußerst populär machte. Auch diese beiden Helden schlagen sich so charmant schutzlos durchs Leben, dass sie einigen Schutz anziehen (ganz wie deren „Enkel" Harry Potter).

Wal Der Wal symbolisiert Größe. Der Wal ist ein Symbol des Tierischen, das in der Welt ausstirbt. Dieses Symbol ist häufig ein Ausdruck der Sehnsucht nach Naturverbundenheit. Deswegen konnte der Wal zum Zeichen von Umweltschutzorganisationen werden.
Nachdem die Basken vor ihrer Küste die Wale weitgehend ausgerottet hatten, begannen sie im 16. Jahrhundert an der Küste vor Labrador zu fischen. Um die Mitte des 16. Jahrhunderts wurden erbarmungslos die Wale gejagt, da das „flüssige Gold", wie das Walöl genannt wurde, in Europa und später in Amerika sehr gefragt war. Als Schmier- und Lampenöl, Grundstoff für die Seifen- und Drogenherstellung, war es unersetzlich. So wurde mit dem Walfang viel verdient und dabei die Wale mehr und mehr ausgerottet, so dass es zu Beginn des zwanzigsten Jahrhunderts fast keine Wale mehr in den Meeren der Nordhalbkugel gab. Das letzte Gebiet des groß angelegten Walfangs war die ↗Antarktis. Vom Dezember bis März war dort die Walfangsaison.
Der Wal als Säugetier ist ein Warmblüter, der mit Fettpolstern gegen die Kälte isoliert ist. Er symbolisiert so die Wärme, die selbst in einer kalten Umgebung aufrechterhalten werden kann.
Christentum: Bekannt ist die Geschichte von Jona(s), der vom Wal verschlungen wurde und im Bauch des Wales eine Weile weiterlebt, bis er dann wieder ausgespuckt wird (Buch Jona).
Literatur: Ein Klassiker des Walfangs ist der allegorische Abenteuerroman von Herman Melville „Moby Dick" (1851), der realistisch den Walfang beschreibt, in dem Melville selbst tätig gewesen war. Melvilles Buch wurde von John Huston 1956 verfilmt, wobei er eine spezielle Technik anwandte, um die raue Stimmung des Romans optisch wiederzugeben (er kopierte eine Schwarz-Weiß-Kopie des Films über dessen Farb-Kopie). Die Filmbearbeitung

von Melvilles Roman stammt von dem Schriftsteller Ray Bradbury, der für seine anspruchsvolle Science-Fiction-Literatur bekannt wurde. In diesem Roman verkörpert der Wal die unbesiegbare Kraft der Natur.
Außer von Melville wird der Walfang und dessen Risiken anschaulich von dem britischen Bestsellerautoren (Ralph) Hammond Innes (1913–1998) in „The White South" (1949) beschrieben. Die Handlung dieses Romans spielt im Weddel-Meer mehr oder weniger an jenen Orten, an denen Sir Ernest Shackletons Schiff „Endurance" vom Packeis zerdrückt wurde. Die Handlung von „The White South" gibt realistisch die letzten Tage des industriellen Walfangs in der Antarktis wieder und weist viele Parallelen zur Shackleton-Expedition auf.

Wald Der Wald ist der heilige Ort, andererseits auch der Ort des Abenteuers. Der Wald ist das häufigste Symbol für das Unbewusste. Deswegen spielt im Märchen der Wald eine derart wichtige Rolle. Für den römischen Dichter Vergil war der Wald von „eingeborenen Nymphen und Faunen" bewohnt. Bis zur Aufklärung war man von dieser Meinung überzeugt. Mit der Aufklärung jedoch wurde der Wald entmythologisiert und zunehmend als materielle Ressource gesehen. Das führte dazu, dass heutige Wälder Monokulturen sind, die Holz liefern.
Der Wald ist trotz aller Nutzung auch noch heute die Anders- und Unterwelt. Der symbolische Wald ist ein gefährlicher Ort, an dem die ↗wilden Tiere leben. Der Mensch stößt in ihm auf seine Triebe. Im Unbewussten wie im Wald gibt es keine Wege. Man ist auf seine ↗Orientierung angewiesen oder man verläuft sich, um Opfer der Räuber und wilden Tiere zu werden. Wo man verbotene Waldwege geht oder vom Weg abkommt, da können einen die Triebkräfte und die Instinkte weg- und mitreißen. Der Wald ist der schauerliche Ort der Gefahr, wo sich das Geheimnisvolle abspielt, der Übergangsort – zum Beispiel in Dantes „Divina Comedia" gibt es den Wald vor der Pforte des Inferno und denjenigen am Ende des Purgatorio vor dem Paradiso. Auf der anderen Seite zeigt dieses Symbol, dass man einen Kontakt mit seinem Unbewussten sucht (siehe auch ↗Verstecken, ↗Chaos).
Der durch seinen Widerstand gegen die Abholzung tropischer Wälder berühmte thailändische Mönch Pho Prachak, der 20 Jahre in den Wäldern Thailands lebte, meinte: „Der Wald besänftigt dein Herz. Du wirst eins mit ihm und so verschwinden Zorn und Gier."
Psychoanalyse: S. Freud benutzte die Metapher des dunklen Walds, um unseren Körper während der Tiefschlafphase zu beschreiben. Er betont, dass man während des Tiefschlafs nichts sieht – genauso wie in einem stockdunklen Wald des Nachts.
Literatur: Für Erich Kästner ist der Wald der Ort, an dem man seine Seele baumeln lassen kann. In der nordamerikanischen Literatur sieht Robert P. Harrison („Wälder", 1992) den Wald als Ort der Zivilisation und Ort, wo man sich verzaubern, aber auch erschrecken lässt.
Film: Der Schweizer Regisseur Friedrich Kappeler drehte 1989 den Film „Wald", der aus Assoziationsketten zum Thema Wald besteht. In diesem Film wird der Wald als stiller Platz gelobt, an dem der Mensch träumend sich erholt.

Waldsterben Das Symbol Waldsterben steht für die moderne Umweltzerstörung (↗Umweltverschmutzung). Das Waldsterben macht uns auf die Spannung von Na-

tur und Kultur aufmerksam. Es zeigt den Preis einer kulturellen Entwicklung, die von materieller Gier geprägt ist.
Psychologisch gesehen ist es oftmals ein Hinweis darauf, dass die Beziehung zur Lebensgrundlage - nämlich zum Unbewussten - gestört ist. Die rationale Sicht der Welt hat überhand genommen.

Walkman Der Walkman steht für Isolation, Rückzug und Kommunikationsschwierigkeiten.
Von Bedeutung ist die Musik, die im Walkman gehört wird.

Wall ↗Mauer

Wallfahrt Wallfahrt bedeutet Sinnsuche. Dabei ist bedeutsam, was einer auf der Wallfahrt erlebt und wohin die Wallfahrt geht. Die anderen Teilnehmer der Wallfahrt können als Personifizierung der Eigenschaften des Träumenden gedeutet werden.
Christentum: Im Mittelalter gab es einen regelrechten Wallfahrtstourismus, der in den vier wichtigsten Wallfahrtsorten (Jerusalem, Rom, Santiago de Compostela und Köln) zu einem entscheidenden Wirtschaftsfaktor wurde. Bei den Christen wird die Wallfahrt zur Erreichung des Seelenheils unternommen. Oft ist sie mit einer Bitte verbunden, die am Wallfahrtsort vorgetragen wird.
Islam: Die Wallfahrt nach Mekka und Medina ist ein Muss für jeden Gläubigen. Mit dieser Wallfahrt erweitert er seinen Horizont und verbindet sich mit anderen Gläubigen.
Literatur: Die unterschiedlichen Eigenschaften der suchenden Menschen werden anschaulich in Geoffrey Chaucers „Canterbury Tales" (1387) beschrieben, die Geschichten einer Wallfahrt erzählen.

Walnuss Die Walnuss verdeutlicht unsere Intelligenz, da ihr Kern der Form unseres Gehirns ähnelt (siehe ↗Nuss). Sie gilt als Geistesnahrung. Sie kann andererseits auch auf eine Abkapselung und Isolierung hinweisen. Damit wird psychologisch ein starkes Abwehrsystem angesprochen.
Die Walnuss ist ferner das Nahrhafte und die gesunde Nahrung, die sich noch im Naturzustand befindet.

Walzer Der Walzer ist ein Symbol der Lebensfreude und Liebe. Dieser ↗Tanz drückt Leichtigkeit aus und die ständige Veränderung der Perspektive.
Der Walzer lässt große Feste und gesellschaftliche Ereignisse assoziieren. Er ist mit Wien und Johann Strauß verbunden und den Zeiten der Donau-Monarchie.
Film: 1933 dreht der deutsche Regisseur Ludwig Berger den Film „Walzerkrieg", der sich mit der Person von Johann Strauß auseinander setzt. In diesem Film schafft die Walzermusik eine übertrieben pathetische Stimmung.

Wand Ein Wand bedeutet Schutz oder ein Hindernis (wie ↗Mauer). Sie ist das Harte und Undurchdringliche, sie symbolisiert Trennung und im weiteren Sinn Unverständnis („mit dem Kopf durch die Wand").
Für die Deutung ist es wesentlich, was sich hinter oder vor der Wand befindet.
Literatur: Die Österreicherin Marlen Haushofer (1920–1970) beschrieb in dem fast handlungsfreien Roman „Die Wand" ein Leben ohne Hoffnung. Die Wand symbolisiert die innere Immigration und die Unmöglichkeit von Nähe.

Wanderer Man bewegt sich friedlich aus eigener Kraft fort und kommt langsam,

aber stetig voran. Man verlässt sich auf seine eigenen Kräfte. Wandern ist Anstrengung und Erholung zugleich. Es verweist häufig auf Naturnähe.
Analytische Psychologie: Der Wanderer ist der Mensch auf seinem Individuationsweg.
Film: In der Klamauk-Komödie „Das Wandern ist Herrn Müllers Lust" (1973) betont der österreichische Regisseur Franz Antel die gesundheitsfördernde Seite des Wanderns.
Literatur: Wie viele Autoren der Frühromantik sah sich der englische Poet und Philosoph Samuel Taylor Coleridge als ein ewiger Wanderer, den es nie lange zu Hause hielt. Er war von jener Krankheit befallen, die Charles Baudelaire als „Horror vor der eigenen Heimat" bezeichnete. Das ewige Wandern drückt in all diesen Fällen eine Sehnsucht nach geistiger Beweglichkeit aus.

Wanderstab ↗Stab

Wanderung Die Wanderung stellt oft ein Bild des Lebenswegs dar. Sie ist wie eine Pilgerreise, auf der man lernt und sich dabei seinem Ziel annähert. Auf der anderen Seite distanziert man sich beim Wandern von seinem Ausgangspunkt. Man entfernt sich von etwas, zu dem man aber meistens wieder zurückkehrt. So zeigt die Wanderung, dass eine gewisse Distanz zur Erkenntnis notwendig ist.
Die Wanderung symbolisiert ferner Naturnähe und eine gesundheitsfördernde Art der Bewegung.

Wandtafel Die Wandtafel erinnert uns an unsere Schulzeit (↗Tafel und ↗Schule). Auf ihr wird das Wichtige aufgeschrieben, das zu behalten ist. Sie symbolisiert das Lernen.
Allerdings kann die Wandtafel auch eine Prüfungssituation und Angst andeuten, da man in der Schule an die Tafel gerufen wird, um sein ↗Wissen zu präsentieren. Es ist wichtig für die Deutung, was auf der Wandtafel geschrieben steht.

Wange Die Wange empfängt sowohl den Freundschaftskuss als auch den Schlag (die Ohrfeige).
Rote Wangen zeigen Gesundheit an, weiße Wangen Krankheit und Tod.
Die Wangen gelten symbolisch als der weichste Körperteil. Sie zeigen deutlich die Emotionen an. Das Erröten beginnt stets bei den Wangen. Rote Wangen sind auch ein Zeichen der Unschuld. Ein Mädchen, das bei sexuellen Themen errötet, zeigt damit seine Unschuld. Außerdem bedeuten rote Wangen Gesundheit und Lebensfreude. Deswegen schminken sich Frauen die Wangen rot.
Die Ohrfeige auf die Wange war ursprünglich die klassische Aufforderung zum ↗Duell oder die Antwort einer Dame auf unziemliche Anträge.
Aggression und Furcht machen sich durch weiße Wangen bemerkbar.
Christentum: In der christlichen Symbolik wird die Wange mit der Selbstüberwindung verbunden. Wenn man einen Schlag auf die eine Wange bekommt, soll man die andere hinhalten.
Literatur: Mark Twain bezeichnet den Menschen als das einzige Tier, das erröten kann.

Wanze Wanzen deuten auf Armut und fehlende Sauberkeit. Sie können äußerst unangenehm juckende Hautschwellungen verursachen. Sie treten meistens in dreckigen oder zumindest ungepflegten Verhältnissen auf. Der Europäer assoziiert sie häufig mit unterentwickelten Ländern.

„Wanze" wird auch als Schimpfwort für einen Kleinverbrecher benutzt, den der Boss bei aufmüpfigem Verhalten wie eine Wanze zerdrückt.
Eine Wanze ist ferner eine Abhörvorrichtung. Das erklärt sich aus der Gestaltgleichheit früherer Abhöranlagen und der Wanzen.

WAP WAP (Wireless Application Protocol) bedeutet Kommunikation total. Durch diese Technik kann man mit seinem ↗Handy surfen. WAP steht für das Kommunikationszeitalter und für Mobilität. Es symbolisiert andererseits auch oft eine undurchschaubare Kommunikation.

Wappen Ein Wappen – ursprünglich dem Adel vorbehalten – symbolisiert Aufstieg, Ehrgeiz, Eitelkeit und Machtwillen (Nietzsches Wille zur Macht). Es drückt die Identität seines Trägers aus und charakterisiert ihn als einen Herrschenden. Mit dem Wappen ist heute häufig eine reaktionäre Einstellung verbunden.
Für die genaue Deutung ist es wichtig, was auf dem Wappen dargestellt ist sowie dessen ↗Farben.

Warenhaus Das Warenhaus ist das klassische Symbol des Konsums oder der Gier, andererseits auch der selbstständigen Lebensgestaltung und der Versorgung. Das Warenhaus kann auch auf Entfremdung verweisen, da es der Ort ist, an dem alles zur Ware wird. Ähnlich auch ↗Kaufhaus.

Warm ↗Wärme

Warnung ↗Alarm

Warzen Warzen machen unattraktiv und stellen so ein Symbol der Distanz dar.
Sie sind ein bekanntes Hexensymbol (↗Hexe). In der Warze zeigt sich ein unschönes Inneres im Außen. Sie drücken negative Gefühle und Gedanken aus.

Waschbecken Das Waschbecken stellt wie das ↗Waschen ein Symbol der Sauberkeit und Reinheit dar.
Für die genauere Deutung ist es wesentlich, ob das Waschbecken sauber oder verschmutzt ist. Ein sauberes Waschbecken verweist auf Reinlichkeit, Ordnung und Unschuld, ein verschmutztes Waschbecken weist auf Vernachlässigung.

Waschen Waschen bedeutet Pflege. Waschen ist ein Symbol der Reinigung (wie auch ↗Wanne, ↗Dusche, ↗Bad und ↗Sauna). Solche Reinigungssymbole treten oft auf, wenn jemand ein schlechtes Gewissen hat oder etwas bereinigt werden muss.
In der Alchemie folgt auf die Schwärzung die Waschung, auf das Chaos folgt die Reinigung (von Schuldgefühlen). Besonders das Händewaschen ist ein Zeichen der Unschuld – zum Beispiel bei Pilatus und Lady Macbeth.
Psychoanalyse: Häufig auftretende Waschträume lassen eine anale Störung vermuten.
Mittelalter: Das Waschen galt als eine unschickliche Pflege des Körpers. Das ist unter anderem auch ein Grund dafür, warum sich Seuchen in dieser Zeit so explosionsartig immer wieder ausbreiteten.

Waschküche Die Waschküche besitzt eine ähnliche Bedeutung wie ↗Waschbecken und ↗Waschen. Allerdings ist sie nach klassischer Auffassung der ↗Raum der Frau. Es geht um die Reinlichkeit, womit manchmal auch Treue oder Unschuld angesprochen wird. Außerdem zeigt sich in der Waschküche auch die Tüchtigkeit, denn Waschen war harte, ungeliebte Arbeit.

Heute verweist die Waschküche nur noch auf vergangene Zeiten, da in jeder Wohnung eine Waschmaschine steht.

Waschmaschine Die Waschmaschine ist ein bekanntes und verbreitetes Reinigungssymbol. Sie verweist auf Häuslichkeit und auf die oft bedrückenden Pflichten des Haushalts.

Waschsalon Der Waschsalon verweist außer auf die Reinigung auch auf die Kommunikation. Er ist ein Ort, an dem man sich trifft und unterhält. Bisweilen schwingt beim Symbol Waschsalon auch die Bedeutung „Armut" mit.
Film: 1985 lief der avantgardistische Film „Der Waschsalon" von Robert Altman an. Das Beladen der Waschmaschine wird in diesem Film als Ausdruck der Psyche der beiden beteiligten Frauen gesehen.

Wasser Wasser wird in allen Kulturkreisen als ursprüngliche, erhaltende und lebensspendende Kraft betrachtet. Die reinigende und heilende Kraft des Wassers hat viele rituelle Praktiken und Anwendungen hervorgebracht, von denen in unserem Kulturbereich die des Pfarrers Kneipp am bekanntesten ist. Wasser ist schon allein deswegen so wichtig, da unser Körper zu etwa 60 % aus Wasser besteht und die Erde zu etwa 71 % von Wasser bedeckt ist.
Wasser verbindet die Dinge in der Welt miteinander und ist somit auch ein Symbol der Kommunikation. Es hat mit Reinigung und Verwandlung zu tun und verkörpert die Kraft des Weichen und Nachgiebigen. Die Klarheit des Wassers symbolisiert genauso wie seine Bewegung Gefühlszustände. Ist es gestaut, trüb und stehend, sollte man die weiteren Symbole auf Hinweise für eventuelle Gefühlsblockaden untersuchen. Hohe Wellen und Wildwasser verweisen auf starke, oft gespannte oder gegensätzliche Gefühle.
Das Wasser deutet auf das Auf und Ab der Gefühlswelt und symbolisiert die Bewegung der Begierden und Launen. Da dieses Element sich in ständiger Bewegung befindet, wird es auch auf die Fantasie bezogen, deren Bilder sich stets wandeln.
Alchemistisch ist das Wasser dem Gefühl verbunden. Es ist die wilde Natur der Seele, die es zu meistern gilt. Das Wasser ist das Reich, in das die Seelen der Toten eingehen. Sie reisen zur Wasserfrau. Das ist der Ort der Verdrängung, ein Element der Entrückung, der Verwandlung und des Geheimnisses. Wasser hat unbekannte Tiefen, kann wegreißen und überfluten und ist deswegen beängstigend. Es ist das Symbol der Wandelbarkeit. Hinab ins Wasser meint hinab ins Ur-Wissen. Wer wie Narziss ins Wasser schaut, geht zu sich selbst.
Beim Symbol Wasser ist speziell darauf zu achten, welcher Kontakt mit ihm zustande kommt. Wasser kann Träger der erneuernden Lebensenergie sein (Jungbrunnen). Daran knüpft die Tradition der ↗Taufe an. Die Sternzeichen ↗Krebs, ↗Skorpion und ↗Fische werden dem Element Wasser zugeordnet.
Psychoanalyse: Ein Wassertraum stellt für S. Freud oft die Erinnerung an das Leben im Mutterleib dar. Aus dem Wasser herauszukommen, ist bei S. Freud ein Bild der Geburt. Wasser ist nach ihm immer der Geburt verbunden.
Analytische Psychologie: Das Wasser entspricht der Funktion des Fühlens nach C. G. Jung.
Asien: Der chinesischen Naturanschauung zufolge ist Wasser Symbol der weiblichen Urkraft Yin. Für die Taoisten ist das Wasser die Essenz des Lebens. Sein Lauf ist Vorbild für ein Leben im Einklang mit der

Natur (Lebensstrom). Außerdem ist die Traumkraft Dui dem See verbunden.

Christentum: Nach Genesis 1.2 war das Wasser zuerst da, und der Geist Gottes schwebte über ihm. Das Weihwasser in der katholischen Kirche und das Taufwasser zeigen die heilende Kraft des Wassers. Aber Wasser kann auch eine zerstörerische Macht haben, zum Beispiel bei der ↗Sintflut.

Islam: Das Wasser ist das Sinnbild des Lebens und der Verheißung des Paradieses, deswegen finden sich in den Höfen der Moscheen Wasserbecken.

Philosophie: Platon zitiert Sokrates, der meint, alle Orte der Erde seien durch Wasseradern und Kanäle miteinander verbunden. Diese Wasseradern und Kanäle beinhalten Unmengen von Wasser, mit dem sie alle Gewässer der Erde speisen.

Literatur: Der zeitgenössische deutsche Autor John von Düffel veröffentlichte im Jahr 2001 seinen Roman „Vom Wasser“, in dem das Wasser das Thema ist, das die Geschichte einer deutschen Papierfabrikantenfamilie zusammenhält. Hier wird über die Erbarmungslosigkeit des Wassers geredet, das zum Herrn über Leben, Reichtum und Tod wird, und besonders wird die sinnliche Erfahrung des Wassers - sein Geruch, seine Farben und seine Geräusche - anschaulich dargestellt. Das Wasser ist in diesem Roman das ewig Bleibende, die Menschen dagegen kommen und gehen.

Film: 1980 veröffentlichte der russische Regisseur Baba Annanow seinen viel beachteten Film „Wasser des Lebens“. In diesem Film steht der Brunnenbau in einem turkmenischen Dorf im Vordergrund. Das durch den Brunnen gewonnene Wasser ist die Lebensgrundlage der Menschen dort.

1987 kam ein Film des gleichen Titels von dem Regisseur Ivan Balada heraus, der das gleichnamige Märchen der Gebrüder Grimm verfilmte. In ihm findet der jüngste Sohn das Wasser, womit er seine Welt erlöst.

Wasserfall Ein Wasserfall erzeugt oft die Sehnsucht, sich fallen zu lassen und los zu lassen. Er kann auch wie die Stromschnelle eine Gefahr darstellen.

Für den zu Wasser Reisenden stellt der Wasserfall eine Unterbrechung der ↗Reise dar.

Da sich beim Wasserfall ↗Wasser und ↗Luft mischen, wird mit diesem Symbol aus psychologischer Sicht die Verbindung von Intellekt und Gefühl angesprochen.

Und nicht zuletzt stellt der Wasserfall ein großartiges Naturschauspiel dar, das einem die Kräfte der Natur deutlich zeigt.

Literatur: Viele Literaten wie der englische Romantiker Percy Shelley (1792–1822) und der Amerikaner James Russell Lowell (1819–1891) nutzen das Symbol des Wasserfalls, um den ständigen Lärm der Großstädte zu charakterisieren.

Wasserfarbe Wasserfarbe bedeutet Fluss oder fließender Übergang. Mit der Wasserfarbe wie mit den Aquarellfarben kommt die Farbe in Bewegung. Sie bleibt durchsichtig und verstellt nicht den Blick auf den Hintergrund. So symbolisiert sie das Zarte und Feine, das Ätherische und durchscheinend Klare. Sie kann bisweilen Kindliches andeuten, da Kinder gern mit Wasserfarben malen.

Wasserhahn Wasserhahn bedeutet Reinigung (↗Badewanne, ↗Dusche, ↗Waschbecken). Psychologisch gesehen verweist der Wasserhahn auf das Fließen des Gefühls (↗Wasser), das mit dem Wasserhahn auch abgesperrt werden kann. Manchmal muss zwischen dem kalten und dem warmen

Wasserhahn unterschieden werden. Kaltes Wasser bedeutet Gefühlskälte, warmes Wasser dagegen Gefühlswärme.
Psychoanalyse: Der Wasserhahn ist nicht nur nach S. Freud ein Symbol des männlichen Gliedes.

Wassermann Das gerade angebrochene Zeitalter wird als „Wassermann-Zeitalter" (Age of Aquarius) bezeichnet, dessen Ankunft euphorisch mit dem Musical „Hair" gefeiert wurde.
Astrologisch gesehen wird die Qualität des Wassermanns mit Extravaganz und einer elitären Haltung verbunden. Der Wassermann verkörpert den Trotzkopf und den experimentierfreudigen Menschen. Er tritt bisweilen als Weltverbesserer auf.

Wasserstraße ↗Fluss, ↗Kanal, ↗Verkehrswege

Wasserstrudel ↗Strudel

Wassertier ↗Biber, ↗Fisch, ↗Krokodil, ↗Nilpferd, ↗Tier, ↗Wasservogel

Wasservogel In diesem Symbol wird im besonderen Maße die Verbindung von Intellekt und Gefühl angesprochen. Die Schwere des ↗Wassers und die Leichtigkeit der ↗Luft werden in diesem Symbol verbunden. Verweise auf einzelne Wasservögel bei ↗Vogel.

Wasserweg ↗Fluss, ↗Kanal, ↗Verkehrswege

Wasserwesen ↗Nixe

Wasserzeichen Etwa seit dem 13. Jahrhundert wurden Wasserzeichen in Pergament und später in Papier eingelassen. Sie waren zunächst ein Kommunikationsmittel, mit dem sich die Papierhersteller untereinander verständigten, die meistens Freidenker waren. Ursprünglich bestanden die Wasserzeichen aus relativ feststehenden Symbolen. Eine Hand, die auf den Mond oder eine Perle verwies, wurden benutzt, um zu sagen, dass der Hersteller an die weibliche Weisheit glaubt, die sich auf diesem Papier niederschlagen wird.

WC ↗Toilette

Webstuhl Der Webstuhl ist ein uraltes Symbol für die Zeit und das Schicksal (Nornen). Es wird der Lebensfaden versponnen (↗Spindel). Der Webstuhl steht ferner für die Sehnsucht nach dem einfachen Leben. Er ist auch ein häufiges Bild der Bewusstseinsarbeit, da er die Integration symbolisiert.

Wechseljahre Wechseljahre markieren den Übergang von der fruchtbaren zur unfruchtbaren Zeit. Die ↗Mitte des Lebens und deren Überschreiten wird angesprochen. Im weiteren Sinne sprechen sie Veränderungen an, die notwendigerweise geschehen.

Wecker Der Wecker bedeutet Aufwachen. Symbolisch verweist der Wecker stets auf einen Anstoß, eine höhere Bewusstseinsstufe einzunehmen. Da dies nicht gerade bequem ist, wird er auch als Störenfried angesehen. Er wird sowohl verflucht als auch gelobt. Siehe auch ↗Alarm, ↗Sirene und ↗Uhr.

Weg Der Weg ist wie der ↗Pfad oder die ↗Straße häufig ein Symbol des Lebenswegs. Allerdings drückt der Weg ein individuelleres Fortschreiten als die Straße aus. Auf ihm geht man meistens, was in der

Sprache der Symbole bedeutet, dass man auf seine eigene Kraft vertrauend in seinem eigenen Rhythmus fortschreitet.
Psychologisch betrachtet ist der Weg stets der Individuationsweg. Dieser ist vom Geist der Evolution als Experiment für das maximale Überleben der Spezies Mensch ausgelegt. Der frühe amerikanische Computerexperte Larry Roberts suchte in einem Wegnetz stets nach dem optimalen Weg. Diese Marotte brachte ihn Mitte der 1960er Jahre zu der Idee des Computernetzes. Bei einem Wegenetz gibt es wie beim Computernetz keine Zentrale, auf die alles zuläuft, man hat stets viele Möglichkeiten, an sein Ziel zu gelangen. Ist eine Verbindung gestört, wählt man eine andere. Über diese Wege wird eine Fracht – die Information – transportiert, die aber aufgeteilt wird auf viele Träger, von denen jeder seinen eigenen Weg zum Ziel gehen kann. Am Ziel werden die einzelnen Informationsteile wieder zusammengefügt. Diese Überlegungen führten zum ↗Internet, an dem zunächst die Militärs interessiert waren, da ein unhierarchisches Netz mit unendlichen Wegmöglichkeiten fast nicht zerstört werden kann.
Christentum: Schon antike Gnostiker sprachen vom „Weg des Lichts", um eine Methode zur Erlösung zu beschreiben. In der christlichen Symbolik ist es der schmale und steinige Weg, der ins Himmelreich führt. Der breite und bequeme Weg, der von den Massen beschritten wird, führt nicht zur Erlösung, sondern eher in die ↗Hölle.

Wegkreuzung An der Kreuzung mehrerer ↗Wege muss oder kann man sich entscheiden. Es ist wichtig zu betrachten, wo die Wege herkommen und hinführen.
Die Wegkreuzung wurde meistens dämonisiert, was die Schwierigkeit ausdrückt, sich zu entscheiden. Geistererscheinungen finden vorzüglich an Wegkreuzungen statt, hier stand der Galgen und hier trafen sich die Hexen. Die Wegkreuzung ist der Ort, an dem man leicht verzaubert werden kann.

Wegweiser Der Wegweiser zeigt, wo es langgeht (im Leben). Er stellte eine Hilfe dar, ein Ziel zu erreichen und symbolisiert somit Zielgerichtetheit.
Für die weitere Deutung ist es wichtig, was auf dem Wegweiser geschrieben steht.

Weide Die Baumart Weide ist ein Symbol der Biegsamkeit und Anschmiegsamkeit, andererseits auch eines der Trauer (↗Trauerweide).
Die Weide, auf der das Vieh etwas zu fressen findet, ist ein Symbol der Ruhe und (Seelen-)Nahrung. Sie kann auch Weite und Freiheit symbolisieren. Sie zieht wie die ↗Wiese romantische Projektionen von der Naturharmonie an. Schon in der Antike wird die Weide gerne als Sinnbild für das lebendige, frische Grün benutzt.

Weiher Der Weiher ist der romantisierte kleine ↗See.

Weihnachten Weihnachten bedeutet: Das ↗Licht kommt aus der ↗Finsternis. Es wird heller, das heißt, das Bewusstsein erstarkt. Weihnachten ist auch oft ein Symbol der Sehnsucht nach Familie und Gemütlichkeit – oder Ausdruck der Ablehnung dieses Familienfestes.
Heutzutage wird Weihnachten mehr mit Konsum verbunden als mit dem zugrunde liegenden christlichen Fest.

Weihnachtsbaum Der Weihnachtsbaum steht als immergrüner ↗Baum für die Sonnenwende im Winter. Er erinnert an das ↗Grün des ↗Sommers und zeigt den Neubeginn des Vegetationszyklus an. Als immergrüner Baum erinnert er ferner an die Unsterblichkeit. Die ↗Lichter am Weihnachtsbaum stellen ↗Sonne, ↗Mond und die ↗Sterne dar, weswegen die Anthroposophen ihre Weihnachtsbäume mit den Planetensymbolen schmücken.

Antike: Der germanische Bereich kannte die Wotan geweihte Fichte, die zur Wintersonnenwende verehrt wurde. In Griechenland war es die Pinie, die Kybele geweiht war und mit Gold und Silber behängt wurde. Unter dieser Pinie wurden die Opfergaben für Attis und Kybele ausgebreitet. Anschließend wurde der Baum verbrannt.

Weihnachtsmann Das zeitgenössische Bild des Weihnachtsmanns ist ein Werbegag von Coca Cola. Es wurde um die Jahrhundertwende entworfen für ein Werbeplakat zur Weihnachtszeit. Auf ihm trat der joviale „Father Christmas" erstmalig mit rotem Mantel, weißem Bart, frischen Bäckchen und freundlichem Gesicht auf. Dieser Weihnachtsmann hat so den Nerv unseres konsumverliebten Jahrhunderts getroffen, dass er zu einem archetypischen Bild geworden ist.

Zuvor brachte das Christkind die ↗Geschenke. Es war keineswegs ein kleiner Jesus, sondern eine weibliche ↗Fee. Deutsche Einwanderer in die USA brachten den Nikolaus mit – ursprünglich ein Bischof und Märtyrer der frühen Christen, später u. a. Patron der Seefahrer. Nikolaus mutierte zu Santa Claus. Traditionell trug der einen grauen oder braunen Mantel. Ihm war ein verhärmter Ausdruck zu eigen – das Gegenbild zum strahlenden Weihnachtsmann.

Vielschichtiger ist Knecht Ruprecht, der schattengleiche Gefährte von Nikolaus, in dem Bilder eines Wüterichs und dunklen Gottes überlebt haben. Dieser Gott galt als Anführer des wilden Heers in den zwölf ↗Raunächten (25.12.–6.1.).

Der Weihnachtsmann bildet zusammen mit dem Knecht Ruprecht die Doppelnatur des Mannes und allgemein des Menschen als Heiligen und als wilden Menschen ab. Er entspricht so dem Bild des Zentaur oder der Idee Nietzsches, dass der Mensch zwischen den Polen Übermensch und Tier lebt. Der Weihnachtsmann stellt auch ein Symbol des mächtigen Vaters dar.

Weihrauch Der Weihrauch drückt stets eine besondere Situation aus, er ist speziell beim Gottesdienst beliebt. Weihrauch ist sehr wertvoll, da er nur in kleinen Mengen von dem strauchartigen Baum Boswellia an verletzten Stellen ausgeschieden wird. Im Südosten der arabischen Halbinsel – speziell in Oman – erzeugt dieser Baum den besten Weihrauch, wie sein Harz genannt wird, da eine tropische Sonne ihn ständig bescheint und ein karger kalkiger Boden vorherrscht. Man kann den Weihrauch als Speicher des Sonnenlichts ansehen.

Vom Weihrauch lebte um 500 v. Chr. weitgehend die Ostküste Arabiens, da er von dort nach Griechenland, später nach Rom gebracht wurde. Der Geschichtsschreiber Herodot meinte, dass ganz Griechenland nach Weihrauch dufte. Kaiser Nero ließ auf der Beerdigung seiner Geliebten die gesamte Jahresproduktion Arabiens an Weihrauch verbrennen. Damit symbolisierte er seinen ungeheuerlichen Reichtum. Historiker schätzen die jährliche Exportmenge an Weihrauch um die Zeitenwende auf etwa 3000 Tonnen, die fast ausnahmslos auf den Altären der Griechen, Römer und Ägypter verbrannt wurden. Weihrauch half den Gestank früher Städte zu übertönen, er wurde als Heilmit-

tel gebraucht und diente als Grundlage der Parfümherstellung.
Christentum: In der Antike wurde Weihrauch bei allen möglichen Gelegenheiten verbrannt, das Christentum erst schränkte die Verwendung auf Gottesdienste ein. Der aufsteigende Rauch soll das aufsteigende Gebet symbolisieren.

Wein Wein, Weinstock und Weinberg sind ein Symbol des Rausches und andererseits auch der harten Arbeit. Der Wein steht für Lebenssaft und Sinnenfreude. Der Weinstock ist der Vater des Rausches.
Nach mittelalterlicher Vorstellung träumt der Weise unter dem Weinstock, wo die Musen ihn beglücken. Der Weinstock kann auf die Abstammung verweisen, weswegen Stammbäume als Weinstöcke gemalt wurden.
Psychoanalyse: Symbol der Frau nach S. Freud in Anlehnung an das „Hohe Lied" Salomos.
Christentum: Christlichen Legenden folgend soll der Wein von Noah gleich nach der Sintflut kultiviert worden sein. Im Buch der Richter (9.13) sagt der Weinstock von sich selbst, dass sein „Most Götter und Menschen erfreut". Da Palästina seit alters ein Weinland ist, spielt der Wein in der Bibel eine große Rolle. Dass Noah sich betrinkt (Gen 9.21) wird zwar kritisiert, aber Jesus predigt bei der Hochzeit von Kanaa den Gästen nicht etwa, sie sollten Wasser trinken, sondern verwandelt dieses per Wunder in Wein.
Islam: Die alten Ägypter ließen ihre Häuser gern mit Wein bewachsen. Als der Prophet Mohammed später den Weingenuss verbat, wanderte diese Sitte nach Westen.

Weinen Weinen drückt Schmerzen und Befreiung von Schmerzen aus. Es ist ein Symbol der Reinigung. Der Mensch ist das einzige Lebewesen, das weint. Freud oder Leid kann die Ursache des Weinen sein. Immer ist es mit großen Gefühlen verbunden. Siehe auch ↗Träne.
Psychoanalyse: Weinen bedeutet nach S. Freud ejakulieren. Mit dieser Deutung ist S. Freud den ältesten Traditionen der Symbolik verbunden.

Weinlaub Weinlaub symbolisiert den Rausch und die Heiterkeit. Auch in der ↗Blumensprache spricht besonders das verfärbte Weinlaub die Heiterkeit an, an der sich der erfreut, der das Laub überreicht.

Weinrebe ↗Rebe

Weise Der weise Mann wie auch die weise Frau sind oft ein Führer. Sie führen durch das Leben und leiten dabei aufgrund von Einsichten von einer höheren Warte aus als der des normalen Tagesbewusstseins. Die Weisen sind gottähnlich – besonders gleichen sie jenem Gott der christlichen Volkstradition, der uns als alter weiser Mann auf allen unseren Wegen behütet.
Mit dem Weisen kann auch die eigene innere Stimme gemeint sein.
Analytische Psychologie: Der Archetyp des weisen Alten als Lebensführer wird ausführlich von C. G. Jung in seiner Biografie „Gedanken, Träume und Erinnerungen von C. G. Jung" beschrieben. C. G. Jung spricht in diesem Zusammenhang vom „Höheren Selbst", das sich stets im Traum als weise Instanz zeigte.
Literatur: Am Schluss des Dramas lässt Goethe den alten Faust sagen: „Das ist der Weisheit letzter Schluss: / Nur der verdient sich Freiheit wie das Leben, / Der täglich sie erobern muss!"

Weiß Weiß bedeutet Reinigung und Unschuld, Reiz und Offenheit. Es ist ein Symbol der Unberührtheit (Jungfräulichkeit) und Ahnungslosigkeit. Man möchte mit einer „weißen Weste", also unbefleckt, durchs Leben gehen. Weiß deutet immer auf Reinheit hin.
Auf der anderen Seite kann Weiß einen Ausdruck der Angst darstellen (der weiße ↗Wal in „Moby Dick" und „Der weiße Hai"). Hier ist das blendende Weiß angesprochen. Gespenster stellt man sich wie die Wahnvorstellung der weißen Mäuse („Delirium tremens") immer weiß vor.
Weiß ist auch eines der grundlegenden ↗Animus-Symbole. Es verweist auf den männlichen Geist, aber zugleich auf die männliche Aggression (blendendes und gleißendes Weiß). Weiß verbindet sich nicht nur lautlich mit Weisheit. Der Archetyp des ↗weisen Mannes ist meistens weiß gekleidet (zum Beispiel Gurus, aber auch die Ärzte).
Die Vereinigung von ↗Rot und Weiß ist diejenige der Gegensätze, ein Symbol der mystischen Hochzeit („coniunctio") und der tantrischen Sexualität (weißer Samen und rotes Menstruationsblut). Hier treffen sich Unschuld und Körperlichkeit, Himmel und Hölle. Rot und Weiß sind die Farben der Alchemie und der Wappen Englands und der Schweiz.
Vgl. zu den unterschiedlichen Bedeutungsebenen von Weiß genauer: Vollmar, Klausbernd: Das Geheimnis der Farbe Weiß. Unschuld und Verführung. Fischer Media, Bern 1999.
Psychoanalyse: Weiße Wäsche verweist nach S. Freud auf das Weibliche.
Antike: Im frühen Rom war es Vorschrift, dass Bewerber um ein öffentliches Amt eine weiße Toga tragen mussten. Das lateinische Wort für weiß „candidus" gab diesen Bewerbern ihren Namen: Kandidat.
Kunst: Weiß wurde von Aubrey Beardsley im Jugendstil und später von Louis Meyer geliebt. Letzterer eröffnete seine Schwarz-Weiss-Galerie 1897. Es war der Ausdruck der Viktorianer – ihre Obsession – alles weiß und rein zu machen, aber auch Ausdruck ihres distanzierten kalten Intellekts.

Weißdorn Der Weißdorn ist ein Symbol der undurchdringlichen Grenze und damit der Abgrenzung und Einigelung. Wenn der Weißdorn blüht, ist er weitgehend wie die Farbe ↗Weiß zu deuten.
Mittelalter: Der Weißdorn ist Merlins Busch, hinter dem ihn Viviane – die ↗Fee – verzauberte. Er gilt als zauberischer Busch, weswegen aus seinem Holz Zauberstäbe geschnitten wurden. In Glastonbury, in Südengland, steht der den Christen heilige Weißdorn, den Joseph von Arimathia hierher gebracht haben soll und der zweimal im Jahr blüht.

Weiße Schokolade ↗Schokolade

Weiße Zwerge Weiße Zwerge werden ↗Sterne genannt, die nur die Größe der Erde, aber die Masse der Sonne besitzen. Da sie derart klein sind, sind sie lichtschwach, obwohl ihre Oberflächentemperatur äußerst hoch ist. 1931 wurde die Struktur der Weißen Zwerge von dem amerikanischen Astrophysiker Subrahmanyan Chandrasekhar erforscht. Daraus ergab sich, dass die weißen Zwerge den Endpunkt in der Sternenentwicklung darstellen. Der bekannteste Weiße Zwerg ist der Siriusbegleiter Sirius B.
Weiße Zwerge werden zum Beispiel in der Science-Fiction-Literatur als etwas Mystisches und Uraltes betrachtet. Hauptsächlich wird auf sie ↗Alter projiziert und zugleich mit dem Alter, dass sie auch ein verlorenes Wissen tragen. Fast

alle unverstellbar alten Gegenstände wie beispielsweise Fossilien und Steinkreise ziehen die Projektion Weisheit oder Wissen an.

Weißkohl ↗Kohl

Weizen Weizen ist ein Symbol des Wertvollen, deswegen spricht man davon, dass man „die Spreu vom Weizen trennt". Weizen bedeutet Wohlstand und Nahrung, siehe auch ↗Getreide.

Welle Wellen bedeuten Schwingung. Sie sind ein Bild für Gefühlserregungen (↗Wasser), für Zärtlichkeit und Sexualität. Wellen besitzen eine große Macht und Kraft, die jedem ↗Seefahrer gefährlich werden kann.
Hohe Wellen symbolisieren bedrohliche Gefühle, kleine Wellen dagegen angenehme Gefühle.

Wellenreiten ↗Surfen

Welt Die Welt ist die schöne Frau, die uns hervorgebracht hat. So sah es das Mittelalter, das die Welt als Frau der Gegensätze darstellte, vorn verführerisch schön und hinten fressen sich die ↗Maden durch ihren Körper.
Welt bedeutet Ursprung und alles, was wir erfahren können. Welt ist ein großer, in sich geschlossener Bereich.
Literatur: In Jostein Gaarders Roman „Sophies Welt" ist die Welt die Welt der philosophischen Ideen.
Oscar Wilde behauptete, dass das Zuhause des Schriftstellers die gesamte Welt sei.
Philosophie: Schopenhauer sah die Träume als den Zugang zur wahren Natur des Weltengrunds an. Sie zeigen eine mythisch-mystische Weltenordnung, die hinter dem menschlichen Leben steht.

Weltenschlange In vielen Kulturen legt die Weltenschlange (siehe auch ↗Oroboros) ein ↗Ei, aus dem sich der Kosmos entwickelt. Das verweist auf den vorbewussten Bereich und die Notwendigkeit ordnender Kräfte.
Asien: In Indien ruht Vishnu nach der Schöpfung auf der Weltenschlange und wacht als ordnendes Prinzip über die Erhaltung des Kosmos.
Die Kundalini – die Schlange der Lebensenergie – kann man auch zu den großen Weltenschlangen rechnen, da sie die Essenz des Lebens und somit auch dessen Anfang symbolisiert.
Mittelalter: Zu den großen Weltenschlangen gehört die germanische Midgard-Schlange, die an den Wurzeln der Weltenesche Yggdrasil lebt und bei der Götterdämmerung eine zentrale Rolle als Gegenkraft zu den Göttern spielt.

Weltraum Der Weltraum ist ähnlich wie das ↗Universum ein Symbol der Weite und Freiheit. Der Weltraum kann ein Fluchtsymbol sein und eines der Distanz.
Der Weltraum verbildlicht die unendliche Zahl der Möglichkeiten. Er entspricht unserem Gehirn.

Weltuntergang ↗Apokalypse

Wendeltreppe Eine Wendeltreppe bedeutet wie jede ↗Treppe Auf- oder Abstieg. Das Besondere bei der Wendeltreppe ist ihre spiralförmige Form. Bei dem Auf- oder Abstieg dreht man sich um sich selbst und sieht zugleich die Umwelt aus vielen unterschiedlichen Perspektiven. Das bedeutet, dass man beim Auf- oder Abstieg permanent seinen Blickpunkt verändert. Es ist mit diesem Bild die Aufforderung verbunden, sich ein Problem aus unterschiedlichen Blickwinkeln anzuschauen.

Die Wendeltreppe ist die Treppe der Wandlung.
Geht es aufwärts, wird die Bewusstseinsbildung angesprochen. Geht es abwärts, wendet man sich dem Unbewussten zu.

Werkstatt Die Werkstatt ist der Ort jeglicher Arbeit, wobei psychologisch gesehen auf die Arbeit an sich selbst verwiesen wird. Die Werkstatt symbolisiert Kreativität und Produktion. Sie ist ein Rückzugsort und meist eine reine Männerwelt.

Werkzeug Werkzeug bedeutet Arbeit. Das Werkzeug ist ein Symbol eines jeglichen Arbeits- und Hilfsmittels. Werkzeuge können all das bedeuten, was den Menschen weiter bringt.
Die Bedeutung des Werkzeugs ist weitgehend davon abhängig, für welche Arbeiten es benutzt wird. ↗Bohrer und Schraubenzieher (↗Schraube) sind zum Beispiel eher phallisch zu deuten, der ↗Hobel und Schleifmaschinen verweisen auf einen Ausgleich und die glatte Oberfläche, die sie schaffen. Einzelheiten bei ↗Axt, ↗Hammer, ↗Hobel, ↗Säge, ↗Schere, ↗Sense, ↗Sichel, ↗Spaten, ↗Zange.
Psychoanalyse: Nach S. Freud gelten alle Werkzeuge als Symbol des männlichen Gliedes.

Wertpapiere ↗Aktie

Werwolf Im Werwolf ist ein ↗Fabeltier, bei dem die Grenze zwischen Mensch und Tier verwischt wird – ähnlich wie bei den Satyren (Ziege und Mensch), dem Minotauros (Stier und Mensch) und den Zentauren (Pferd und Mensch). Viele Mythologien berichten von Menschen, die sich besonders unter Einfluss des Vollmonds in reißende Wölfe verwandeln, bei Tag jedoch „normale“ Menschen sind. Der Biss eines Werwolfs lässt sein Opfer ähnlich dem Vampirbiss auch zum Werwolf werden. Nach magischer Überlieferung können Werwölfe niemals an Ort und Stelle erlegt werden. Nach der Jagd auf einen Werwolf befindet sich die verdächtige Person zu Hause in ihrer menschlichen Gestalt, allerdings von den Verletzungen der Jagd gezeichnet.
Psychologisch gesehen verkörpert der Werwolf verschlingende Gefühle und speziell die Angst.
Legendär wurde der deutsche Werwolf Peter Stubbe, der sich angeblich selbst mit Hilfe des Teufels in einen Werwolf verwandeln konnte und Frauen, Kinder und Vieh tötete. Er gab zu, ein Werwolf zu sein, und wurde 1590 öffentlich hingerichtet. Das 16. Jahrhundert war die Blütezeit der Werwölfe. In dieser Zeit wurden etwa 30.000 Werwolf-Fälle in Europas Gerichten bearbeitet.
Analytische Psychologie: Die Vorstellung des Werwolfs tritt in vielen unterschiedlichen Gesellschaften auf, zum Beispiel als „Varulf“ in Norwegen, als „Volkolak“ in Russland, als „Brukolakas“ in Griechenland und als „Loup-garou“ in Frankreich. Damit rückt das Symbol des Werwolfs in die Nähe der Archetypen.
Film: Der Werwolf war der Star des frühen Horrorfilms. Der einflussreichste dieser Filme war „Der Wolfsmann“ (1941), in dem ein junger Mann von Amerika nach Wales zurückkehrt. Als er einem von einem Werwolf angegriffen Mädchen helfen möchte, wird er selbst gebissen und wird zum Werwolf. Er muss nun töten, bis er von seinem Vater mit einem silbernen Stock erschlagen wird.

Wespe Eine Wespe verkörpert Aggressivität und Egozentrik. In der Welt der Symbole wird die Wespe weitgehend von der

↗Biene verdrängt. Die Wespe ist die aggressivere Version der Biene. Ein Wespenstich wird seit den Anfängen der Symbolik als Sexualsymbol angesehen.

Westen Westlich liegt allen Mythologien zufolge das Nebelreich. Im Westen geht die Sonne unter, unser Bewusstsein verdunkelt sich.
Der Westen wird häufig mit dem legendären Wilden Westen Amerikas verbunden.
Literatur: In der gesamten Welt – außer in den USA – wurde das Bild des Wilden Westens von Karl May geprägt. Trotz vieler geografischer und völkerkundlicher Fehler prägten besonders Karl Mays Winnetou-Bücher unser Bild vom Leben am Rande der Wildnis Amerikas.

Western Der Western ist die Literatur des nordamerikanischen Kontinents. Er prägt den ↗Helden, der auf der einen Seite naturverbunden ist, auf der anderen Seite seinen eigenen Gesetzen folgt und diese mit der ↗Pistole durchzusetzen weiß. Der Westernheld ist der Pionier, der Neuland einnimmt.
Heute hat sich der Western in zwei Richtungen entwickelt: Der klassische Western mit literarischen Ansprüchen und der Groschenroman als billiges Massenprodukt gewalttätiger Abenteuer in oft unrealistisch überzeichnetem Milieu. Der Western ist heute weltweit eines der beliebtesten Medien, das allerdings in der Postmoderne häufig ironisiert wird, indem der Western als homosexuell beschrieben wird.
Literatur: Mit James Coopers Lederstrumpf-Romanen kam der Western nach Europa. Goethe, Victor Hugo, Adalbert Stifter, D. H. Lawrence und Joseph Conrad bewunderten diese Romane, die zu einem der größten Bucherfolge der amerikanischen Literatur wurden. Cooper schuf unter anderem mit „Lederstrumpf“ und „Der letzte Mohikaner“ eine große Saga der amerikanischen Wildnis und ihrer Naturschönheit. In diesen Romanen steht stets der Konflikt zwischen der vorrückenden Kultur und der zurückweichenden ↗Wildnis im Mittelpunkt. Die Spannung wurde durch die stereotype Struktur Gefangenschaft, Flucht und Verfolgung aufgebaut, die noch heute in den entsprechenden Romanen und Filmen eine wichtige Rolle spielt.

Wette Eine Wette ist Ausdruck des Spiels und der Spannung. Dass Wetten derart spannend ist, liegt daran, dass es meistens ein Alles-oder-nichts-Spiel ist. Man kann einiges gewinnen, aber auch leicht verlieren. Somit drückt jede Wette sowohl Risikobereitschaft als auch Gier aus.
Heute ist das Wetten auch eine populäre Massenunterhaltung, wovon Fernsehserien wie „Wetten, dass“ zeugen.
Literatur: Wegen einer Wette reist der Held in Jules Vernes bekanntem Roman „Die Reise um die Erde in 80 Tagen“ (1872) in achtzig Tagen um die Welt. Es ist nicht selten, dass große Leistungen durch eine Wette zustande kommen.
Film: „Die Reise um die Erde in 80 Tagen“ wurde auch mehrmals verfilmt. Gerade die Verfilmung spielt mit der Spannung, ob der Held seine Wette gewinnt oder nicht, was erst in den letzten Minuten klar wird.

Wetter Das Wetter gibt Stimmungen und Gefühle wieder. Häufig steht hier das Äußere – das Wetter – für das Innere. Psychisches wird durch Physisches ausgedrückt. Das Wetter gilt als das Wandelbare und Undurchschaubare. Es lässt sich nicht als Zustand beschreiben, da es ein komplexes,

dynamisches System ist, das nur einem Prinzip zu folgen scheint: dem Chaos.
Die frühesten Versuche einer Wetterprognose stammen von den Chinesen. Allerdings bleibt bis zur Aufklärung das Wetter ein Phänomen, das von den undurchschaubaren Launen der Götter abhängt. Erst mit dem Aufkommen der wissenschaftlichen Methodik im Laufe des 17. Jahrhunderts beginnt man Wetterdaten zu sammeln und versucht Gesetzmäßigkeiten und Rhythmen aufzuspüren. Das führte dann zu dem hundertjährigen Kalender und anderen Wettervorhersagen, deren Exaktheit nicht überzeugte. Aber all diese Bemühungen zeigen unter anderem, dass der Mensch große Schwierigkeiten hat, etwas nicht zu durchschauen und verstehen zu können. Die Geschichte der Wettervorhersagen ist eine der Abwehr des Chaos.

Wetterfahne Die Wetterfahne ist ein klassisches Symbol für Launen. Sie macht das Wetterwendische im Charakter des Menschen deutlich. Durch die Wetterfahne weiß man sogleich, von wo der Wind weht, man kennt sich aus (↗Himmelsrichtungen).

Wetterleuchten Das Wetterleuchten gibt oftmals einen Gedankenblitz wieder. Es kann allerdings auch gespenstisch wirken und Angst erregend sein. In früheren Zeiten sah man im Wetterleuchten ein schlechtes Zeichen: von Ferne droht Unglück.

Wettkampf Ein Wettkampf symbolisiert den Leistungsdruck. Oft ziehen Wettkämpfe dramatische Projektionen an. Die Spannung zwischen Siegen und Verlieren wird angesprochen.
Wettkämpfe sind auch Volksunterhaltung, schon seit dem Beginn unserer Kultur.

Wettrennen Das Wettrennen ist ein Bild unserer Leistungsgesellschaft. Das Symbol Wettrennen bezieht sich fast immer auf die Karriere. Es zählt bei ihm hauptsächlich, ob man der Gewinner oder der Verlierer ist. Die verschiedenen Teilnehmer eines Wettrennens können als Konkurrenten in der Alltagswelt oder als verschiedene Seiten einer Persönlichkeit gesehen werden; siehe auch ↗Verfolgung.

Whisky Der Whisky tritt oft als ein Symbol des Verruchten auf. Whisky wird mit der Welt harter Männer verbunden. Allerdings gehört der Whisky auch in die kultivierte Atmosphäre eines englischen ↗Klubs.
Ferner wird Whisky als „aqua vita", das Wasser des Lebens angesehen, als Lebenselixier und Medizin. Siehe auch ↗Alkohol.

Wichtel ↗Zwerg

Wicke Die Wicke ist schon bei den Ägyptern das Symbol eines zarten jungen Mädchens. In der christlichen Kunst wird sie zum Mariensymbol. Allgemeines bei ↗Blume.

Widder Der Widder verkörpert die schöpferische Naturkraft des Menschen, andererseits auch seine Unbeherrschtheit und seinen platten Machtwillen. Der Widder ist der Mensch, der mit dem Kopf durch die ↗Wand will, er ist der Dickschädel. Auch für den Astrologen ist der Widder Ausdruck des „Ich bin". Die Astrologie beschreibt den Widder als feuriges ↗Feuer, also als die gewalttätige Erscheinungsform des Feuers.
Antike und Christentum: Der Widder ist in vielen Kulturen ein Symbol der Stärke und der Fruchtbarkeit, zum Beispiel als Attribut des indischen Gottes Indra, des ägyp-

tischen Gottes Ammon und des Hermes, auch Apollon wird als Widdergott verehrt. Es mag deswegen verwundern, dass der Widder im Christentum nicht wie der ↗Ziegenbock zum Symbol des Teuflischen geworden ist. Der Widder gilt als Symbol für den geopferten Christus und steht deswegen auf manchen Bildern vom Jüngsten Gericht auf der Seite der Guten, dort wo die ↗Schafe stehen, und nicht auf der Seite der Ziegenböcke.

Widerspiegelung Jede Widerspiegelung macht darauf aufmerksam, dass vieles in unserer ↗Wahrnehmung auf Projektionen beruht. Wir sehen im Grunde immer nur uns selbst (↗Spiegel).
Im weiteren Sinn spricht die Widerspiegelung das Gesetz von Ursache und Wirkung an: Die Wirkung ist eine Widerspiegelung der Ursache oder psychologisch ausdrückt: Unser Verhalten bestimmt, wie andere sich uns gegenüber verhalten.
Philosophie: Im Marxismus wird die Kunst als die Widerspiegelung gesellschaftlicher Verhältnisse angesehen. Nach Lenin wird durch diese Widerspiegelung eine realistische Einstellung in der Kunst erreicht (marxistische Widerspiegelungstheorie der Kunst).

Wiedergeburt ↗Reinkarnation

Wiege Wenn hier nicht allgemein die Babyzeit (↗Baby) symbolisiert wird, dann zeigt dieses Symbol einen Anfang oder neue Ideen an. Die Wiege kann auch den mütterlichen Schoß und somit eine Tendenz zur Regression symbolisieren. Das Wiegen ist ein Symbol, das auf regressive Sehnsüchte aufmerksam machen kann: Man möchte wieder von der Mutter wiegend beruhigt werden. Es ist ein Symbol der Wonne und der Sicherheit
Die Wiege erinnert auch an „die gute, alte Zeit" und symbolisiert, dass jeder Neuanfang in einer historischen Kontinuität steht.

Wiese Wiesen sind in der Werbung beliebt, um Natürlichkeit auszudrücken. Die Wiese ist der Ausdruck einer Naturverbundenheit und der Sehnsucht nach dem einfachen Leben. Besonders eine große Wiese weist auf Wachstum und Freude. Die ↗Blumen der Wiese können oft als Ausdruck von Gefühlen gedeutet werden. Wichtig ist der Zustand der Wiese und was auf ihr geschieht.
Literatur: In der hochmittelalterlichen Literatur wie zum Beispiel bei Walter von der Vogelweide ist die Wiese der Ort, an dem man sich zum Liebemachen trifft.

Wiesel Das kleine, flinke Tier verkörpert Schnelligkeit („herumwieseln").

Wild ↗Wilde Tiere

Wilder Der Wilde ist meist Ausdruck einer Romantisierung des einfachen Lebens, die in der Kunst zum Ideal des „edlen Wilden" führte. Wildheit spricht unsere spontane und unkonventionelle Seite an. Wenn das Wilde nicht romantisiert wird, dann wird es meistens dämonisiert. Da wird der Wilde zur Schattenfigur, die man fürchtet und die man nicht sehen möchte.
Literatur: In James F. Coopers Kolonialkriegsroman „Der letzte Mohikaner" wie auch in Karl Mays „Winnetou" wurde noch in der Neuzeit das Bild des edlen Wilden gezeichnet, der die kultivierten Menschen in seinen Handlungen und Ansichten beschämt. Der edle Wilde stellt in der Literatur stets eine Kritik an den kultivierten Menschen dar.

Film: James F. Coopers Roman, der die Zeit der Kämpfe zwischen Franzosen und Engländern und der Indianerstämme untereinander schildert, wurde häufig verfilmt. Von 1920 stammt die erste Verfilmung von Joe Stöckel. Berühmter wurde die Verfilmung von 1965 von Harald Reindl, in der das Bild des edlen Wilden in spannender Weise zelebriert wird. 1992 wurde der Roman abermals von Michael Mann verfilmt und verkam zu einem flachen Bild des Wilden, dem jegliche psychologische Differenziertheit fehlt. Dennoch bekam dieser Film den Oscar für die besten Darsteller.

Wilde Tiere Wilde Tiere verdeutlichen ähnlich wie ↗Bestien die triebhafte Seite, die wir ablehnen und nur im anderen erfahren. Sie stellen ein klassisches Schattensymbol dar. Alles, was aggressiv angreift, kann mit wilden Tieren symbolisiert sein.
Den Gegensatz zum wilden Tier stellt das gezähmte Tier dar, das der Vorstellung der Aufklärung von der sittsamen und lernenden Natur entspricht.
Kunst: Das wilde Tier galt bis ins 18. Jahrhundert hinein als Symbol herrschaftlicher Tugenden und als Zeichen des höfischen Glanzes. Rubens hat in seinen Gemälden diese Auffassung des wilden Tieres prachtvoll in Szene gesetzt.
Literatur: In der zeitgenössischen Literatur werden negative Gedanken und zwanghafte Handlungen oft mit wilden Tieren verglichen. In dem Bestseller „Doktor Freuds Geheimnis“ von Carol de Chellis Hill (1993) beispielsweise werden hysterische Anfälle als „verirrte wilde Tiere“ bezeichnet.

Wildnis Wildnis bedeutet Natur pur. Der ↗Garten ist die geordnete Natur, die Wildnis dagegen ist ↗Chaos und wird oft als feindlich empfunden.
Die Wildnis ist der Ort, an dem man sich bewähren muss. Sie ist Herausforderung und der Gegensatz zur Kultur. In der Wildnis zieht sich der Menschenscheue zurück oder derjenige, der an der Menschheit verzweifelt. Allein in der Wildnis findet man sich oder Gott. Darauf beruhten viele Initiationsriten.
Die Wildnis als Bild ist meist der Ausdruck einer romantischen Idee von Natürlichkeit und absoluter Freiheit. So schreibt Roderick Nash („Wilderness in the American Mind“, 1967): „Wildnis übte vor allem auf jene eine starke Anziehungskraft aus, die angesichts der Taten und Werke der Menschheit Langeweile oder gar Ekel empfinden.“
In der Wildnis wachsen die wilden Gefühle und die ungezähmten Triebe, durch die man sich hindurcharbeiten muss – das heißt, man sollte sie verarbeiten und integrieren. Die Wildnis kann außer dem Dschungel auch die ↗Wüste bezeichnen, als das Verwüstete, das heißt der unfruchtbare oder brachliegende Bereich.
Literatur: Für Henry Thoreau bedeutet die Wildnis den reinen Ort, der für die Welt unbedingt erhalten werden muss. Es ist der Ort, an dem der Naturgeist lebt.

Wildschwein Das Wildschwein ist ein verbreitetes Symbol männlicher Sexualität. Es verkörpert die Angriffskraft und wird wie das ↗Schwein überhaupt oft dämonisiert. Es ist das gefährliche und hinterhältige Schwein. Ein Wildschweinzahn als ↗Amulett bringt seinem Träger Potenz und Durchsetzungsvermögen. Es macht ihn zu einem gefährlichen Gegner, der vor nichts zurückschreckt. So machen sich auch manche Menschen einen „Wildsau“-Auf-

kleber auf das Auto, um ihren Fahrstil zu verdeutlichen.
Klassisch ist das Bild des auf den Baum geflohenen ↗Jägers, der vor dem Wildschwein zittert, das unten am Baum wütet.
Christentum: Das Wildschwein ist in der mittelalterlichen Kunst ein Symbol des Dämonischen, was jedem einleuchtet, der weiß, wie Wildschweine Äcker und Felder verwüsten können.

Wille Wille bedeutet Zielgerichtetheit und Macht. Der Wille wird häufig als ein Charakterausdruck angesehen und kann je nach seinem Ziel als positiv oder negativ bewertet werden.
Mit dem Willen wird stets die Frage aufgeworfen, ob wir tun, was wir wollen, oder ob wir wollen, was wir tun. Die wissenschaftliche Psychologie neigt der Ansicht zu, dass wir meistens zuerst etwas tun, das dem Täter jedoch im Nachhinein als gewollt erscheint.
Philosophie: Arthur Schopenhauer sah die Grundlage seines Willens zum Leben letztendlich im Akt der Kopulation. So könnte man den erigierten Penis als organisches Bild des Willens ansehen.

Wimpel Ein Wimpel drückt mehr als die ↗Fahne Leichtigkeit, Beweglichkeit und etwas Spielerisches aus.

Wimpern Die Wimpern als Schutz der ↗Augen sprechen die ↗Wahrnehmung an. Sie können aber auch auf ↗Eitelkeit und ↗Schönheit verweisen.
Die Wimpern sind wesentlich in der nonverbalen Kommunikation. Mit ihnen werden Informationen ausgetauscht. Sprichwörtlich ist das weibliche „Klimpern der Wimpern" als Geste des Flirts. Wer hingegen „mit keiner Wimper zuckt", der lässt sich seine Gefühle nicht anmerken.

Wind Der Wind kann eine Idee oder ein neues Verständnis ausdrücken, wenn ein „frischer Wind" weht, dann kommt etwas Neues. Mit dem Wind ändert sich die Atmosphäre. Er bringt Klärung (↗Luft, ↗Atem), kann aber auch für das Leichte, Nichtige stehen. Rückenwind ist hilfreich, Gegenwind ein Hindernis. Siehe auch ↗Hurrikan und ↗Sturm.
Francis Beaufort, von dem die heutige Skala der Windstärken stammt, beobachtete Wellen, Gischt und Segelverhalten für die britische Admiralität. Er konnte diese Beobachtungen derart systematisieren, dass 1838 die Beaufort-Skala als verbindliches Maß für Windgeschwindigkeiten in England eingeführt wurde. Als Beaufort 1829 zum Hydrografen der Marine ernannt wurde, gab er Robert Fitz-Roy, dem Kapitän der „Beagle", den Auftrag, Windbeobachtungen vorzunehmen, an denen auch Charles Darwin bei seiner Fahrt auf diesem Schiff teilnahm.
Literatur: Henry Thoreau, der unter anderem Inspektor für Schneestürme in Nordost-Amerika war, sieht den Wind als „Kampf der beiden Ewigkeiten Vergangenheit und Zukunft". Circe – die älteste literarische ↗Hexe aus Homers „Odyssee" – sandte ihrem Geliebten Odysseus einen günstigen Wind. Seitdem spricht man vielerorts den Hexen die Gewalt über den Wind zu.
Philosophie: Seneca schreibt treffend: „Wer den Hafen nicht kennt, für den ist kein Wind günstig."

Windeln Windeln sind ein regressives Symbol, sie weisen auf Kindheit und Kindlichkeit. Oft sind Windeln auch ein Symbol, das die realistische Seite der Elternschaft anzeigt.
„In den Windeln liegen" bedeutet ferner, nicht selbstständig und nicht verantwort-

lich zu sein. Es kann auch Hilflosigkeit und Ausgeliefertsein anzeigen.

Windhose ↗Wind

Windhund Der Windhund verkörpert häufig einen Menschen, der nicht vertrauenswürdig ist. Ferner steht er für Geschwindigkeit und Eleganz.
Der Windhund tritt oft als Symbol der Persona auf, er gehört zu einem exklusiven Styling hinzu. Der englische Landadel ließ sich gern mit seinen Windhunden sehen.

Windlicht Ein Windlicht ist Ausdruck der Gemütlichkeit, der Sicherheit und Geborgenheit. Allerdings ist das Windlicht stets gefährdet, ausgeblasen zu werden. Es zieht auch die Motten an, die so vom „seligen Verglühen in der Flamme" (Attar) gerettet werden.

Windmühle Die Windmühle ist ein Accessoire der romantischen Landschaft, vor allem in Holland und Griechenland. Sie erinnert an „die gute, alte Zeit". Heute sind Windmühlen zu Touristenattraktionen geworden.
Die Windmühle symbolisiert die Nutzung der Geisteskraft und verbildlicht die intellektuelle beziehungsweise geistige Arbeit („etwas ventilieren").
Bisweilen kann die Windmühle auch das Herumwirbeln ansprechen, das sowohl positiv als auch negativ sein kann.
Literatur: Der berühmte Kampf gegen Windmühlen symbolisiert den Kampf mit der Einbildung in Miguel de Cervantes Roman „Don Quijote". In diesem einflussreichen Roman hält der Held die Flügel der Windmühle für die Arme eines bösartigen Riesens.

Windpocken Windpocken erinnern an die Kinderzeit und zwar an eine schwierige Situation in der Kindheit. Alle Kinderkrankheiten verweisen auf die Schwierigkeiten einer Anfangsphase. Sie sind die Probleme zu Beginn einer Entwicklung. Allgemeines und Verweise bei ↗Krankheit.

Windsurfen ↗Surfen

Winter Im Winter ruht die Natur. So verweist der Winter auf eine notwendige Ruhephase besonders in Zeiten der Hetze. Ferner verweist dieses Symbol wie das ↗Eis auf Gefühlskälte und Distanz.
Der Winter ist die Zeit des Rückzugs und die des gemütlichen Heims. Er symbolisiert das Alter und depressive Verstimmungen. Es können allerdings auch die Freuden des Winters angesprochen sein, die hauptsächlich durch den Wintersport angesprochen werden.
Der Winter ist häufig in der Kunst ein Symbol für den Tod.

Winzer Der Winzer verkörpert Lebenslust trotz harter Arbeit. Er ist der lebensfrohe Mensch und der Genießer (↗Wein). Ähnlich wie der ↗Bauer zieht auch der Winzer romantische Projektionen an.

Wirbelsäule Die Wirbelsäule steht für die Stütze, die man in sich findet, um alles wieder ins Lot zu bringen. Sie symbolisiert Aufrichtigkeit und Zivilcourage. Die Wirbelsäule verweist auf Beweglichkeit und die innere Mitte.

Wirbelsturm ↗Hurrikan

Wirbeltiere ↗Tiere

Wirbelwind ↗Hurrikan

Wirklichkeit Wirklichkeit bedeutet das, was wirkt. Die Wirklichkeit ist das verkümmerte Mögliche. Allerdings bietet die Wirklichkeit auch Möglichkeiten. Sie ist das, was zwingt und dem sich der Mensch beugen muss. Allerdings gibt es viele unterschiedliche Meinungen über die Wirklichkeit.

Wirsing Der Wirsing ist wie die meisten ↗Gemüse ein Symbol der Weiblichkeit, siehe auch ↗Kohl. Er mag auch auf ein gesundes und naturnahes Leben verweisen. Als Wirsing werden bisweilen auch unerfahrene, junge Menschen bezeichnet.

Wirt Der Wirt steht für Gastlichkeit. Er öffnet sein Haus für andere. Im Märchen allerdings ist der Wirt nicht selten eine zweifelhafte Person, der für gefährliche Überraschungen sorgt.
Der Wirt spricht die Einstellung zum Dienen und zum Fremden an, siehe ↗Gasthaus.

Wirtschaft ↗Kneipe

Wirtschaftsspezialist Mit dem Bild des Wirtschaftsspezialisten wird der Habens-Modus nach dem deutschen Psychoanalytiker Erich Fromm angesprochen. Das Vorurteil verbindet mit dem Wirtschaftsspezialisten den „trockenen“ unerotischen Mann. Allerdings ist er auch ein Mann mit Durchblick und ein mächtiger Mann.
Psychologisch gesehen sagt das Bild des Wirtschaftsspezialisten, dass man zum Spezialisten für seine eigene Wirtschaft werden sollte.

Wirtshaus ↗Gasthaus und ↗Restaurant

Wissen Wissen bedeutet Kenntnis und Freiheit. Wissen verweist auf Kontrolle. Mit Wissen meinen wir die Umwelt zu verstehen und somit kontrollieren zu können. Wissen ist Macht und eines der begehrtesten Güter in unserer Gesellschaft.
Alles Wissen schreitet fort von der Anschauung zum Unanschaulichen. Wissen schafft Abstraktion und somit auch Entfremdung von der Natur. Wissen ist ein Gegenpol zur Weisheit (↗Weise).
Literatur: Der deutsche Schriftsteller Ernst Jünger meint, dass in der heutigen Zeit Wissen zur Wissenschaft verflacht wird.
Philosophie: Das Werk von Friedrich Nietzsche setzt sich stark mit dem auseinander, was Wissen ist, er kritisiert dabei die Wissenschaft, die oft kein Wissen schafft.

Wissenschaft Wissenschaft ist all das, was Wissen schafft. Die Wissenschaft steht für die Sicherheit im Intellekt oder im geistigen Bereich. Sie drückt eine Sehnsucht aus nach objektiven Werten und nach Erkenntnissen und Einsichten. Wissenschaft bedeutet oft „gediegen“. Die Wissenschaft ist eine Autorität. Sie ist geradezu gottgleich in unserer Gesellschaft.

Wissenschaftler Der Wissenschaftler verkörpert entweder den Wissenden oder den Verrückten (↗Frankenstein). Heutzutage nimmt die Gläubigkeit gegenüber den Wissenschaftlern ab, und man tritt ihnen seit der Romantik eher skeptisch bis ablehnend gegenüber.
Literatur: Der verrückte Wissenschaftler wie Dr. Frankenstein (1818 von Mary Shelley), Dr. Jekyll (1886 von R. L. Stephenson) und Dr. Moreau (von H. G. Wells) gehört zur modernen Literatur, die der Skepsis in einer herzlosen Wissenschaft Ausdruck verleiht. Die schwierige moralische Situation, in der sich heute ein

Wissenschaftler befindet, thematisiert u. a. das Drama „Die Physiker“ (1962) von Friedrich Dürrenmatt.

Witwe(r) Die Witwe ist die Frau, der etwas Wichtiges genommen wurde. Eine Witwe personifiziert oft die Einsamkeit, aber auch die resolute Frau.
Der Witwer ist der unvollständige Mann, auch er personifiziert oft Einsamkeit, Verbitterung, auch Hilflosigkeit.

Witz Ein Witz hilft stets das zu verbinden, was zuvor unverbunden war. Er besitzt die Funktion, zu unterhalten, zu verblüffen, aufzumuntern oder eine Weisheit zu vermitteln. Der Witz ist die vulgäre Form der Weisheit. Er symbolisiert Kreativität und einen wachen Geist.
Der Witz macht darauf aufmerksam, dass etwas nicht so ernst zu nehmen ist. Er hebt ein Problem auf eine andere Ebene, somit ist der Witz Metakommunikation.
Psychoanalyse: 1905 veröffentlichte S. Freud das Buch „Der Witz und seine Beziehung zum Unbewussten“, in dem er ähnliche Mechanismen des Unbewussten im Traum wie im Witz wirken sieht. Es ist auffallend, dass die von S. Freud untersuchten Träume viele Witze enthalten, was schon S. Freuds Freund Wilhelm Fließ bemerkte. Witz bedeutet für S. Freud Äußerung des Unbewussten.

Wochentage Wochentag wird oft gleichbedeutend benutzt wie Werktag und bedeutet dann Arbeitstag.
Die Wochentage weisen ferner folgende Symbolik auf: Der Montag, der Tag des ↗Mondes, steht für Neubeginn, oft für einen schwierigen Anfang. Der Dienstag kann etwas mit ↗Dienen zu tun haben, obwohl er eigentlich nach dem nordgermanischen Kriegsgott Tyr benannt wurde; er ist der Tag des ↗Mars. Der Mittwoch verkörpert spritzige Energie des Merkur. In den germanischen Sprachen wurde er nach Wotan, dem höchsten aller germanischen Götter benannt. Der Donnerstag ist der Tag des ↗Donners, der Tag des germanischen Donnergottes Thor und des Göttervaters Jupiter. Der Freitag steht für Freiheit, das Wochenende und Aufatmen; er ist der Tag der Freyja: Nach der Gattin Odins wurde dieser Tag benannt, damit die Frauen nicht eifersüchtig werden, da die anderen Tage nach männlichen Gottheiten benannt wurden – das sagt die Legende. Samstag und Sonntag sind heute meist die Tage des Wochenendes, also der Freizeit. Eigentlich ist Samstag der Tag des ↗Saturn, der Sonntag der Tag der ↗Sonne, nach christlicher Tradition der Tag, an dem Gott ruhte.

Wodka Der Wodka symbolisiert Reinheit und Russland. Er kann auf die Gefahr des Alkoholismus hinweisen, siehe ↗alkoholische Getränke.

Wölfin ↗Wolf

Wohnhaus ↗Haus

Wohnmobil ↗Auto, ↗Camping und ↗Wohnwagen

Wohnung Wohnung bedeutet Selbstständigkeit und Schutzraum. Psychologisch gesehen ist die Wohnung ein Symbol des eigenen Lebensbereichs und des eigenen Inneren. Sie ist ein Ausdruck der Sehnsucht nach einer Beziehung, die Sicherheit und Geborgenheit gibt. Die Wohnung ist das ↗Nest, in dem die Liebe sich entfaltet – oder stirbt – und in dem eine Familie wachsen kann.

Bei Jugendlichen ist die eigene Wohnung ein Symbol der Unabhängigkeit und der Emanzipation von den Eltern.
Eine neue Wohnung (↗Umzug) entspricht einem neuen Lebensbereich.
Psychoanalyse: Nach S. Freud stellt die Wohnung ein äußerst positives Symbol für den Geschlechtsverkehr dar, wobei die einzelnen Zimmer verschiedene Frauen darstellen. Man richtet es sich in den einzelnen Räumen (der Scheide) gemütlich und angenehm ein.

Wohnwagen Ein Wohnwagen spricht die Beweglichkeit an. Wie ↗Camping kann er entweder Freiheit und Ungebundenheit symbolisieren, oder eher spießige Vorstellungen von gemütlichen Ferien im Kreise Gleichgesinnter. Man nimmt sein ↗Haus mit auf Reisen, wechselt also den Ort und bleibt doch ein Stück weit bei sich selbst stehen.

Wohnzimmer Das Wohnzimmer symbolisiert Entspannung – allerdings im Gegensatz zum ↗Schlafzimmer eine gesellschaftliche, sozusagen öffentliche Entspannung. Es geht hier um die Kommunikation im Freundeskreis oder um das Treffen der Familienmitglieder. Früher blieb das Wohnzimmer als das „gute Zimmer" oft verschlossen und wurde nur zu besonderen Anlässen genutzt. Heute wird das Wohnzimmer zunehmend zu einem Symbol der (gespielten) Familienidylle und der heilen (Familien-)Welt. Der Stil des Wohnzimmers charakterisiert seine Bewohner.
Wohnzimmermöbel: ↗Möbel, ↗Wohnzimmer

Wolf Wolf und Mensch verhalten sich zueinander wie Natur und Kultur, wie unbewusst Triebhaftes und bewusste Kultur. Der Wolf drückt die animalischen und aggressiven Tendenzen aus. Mit dem Wolf erinnern wir uns an die Ursprünge unserer Kultur, da der Mensch nicht nur einiges Verhalten vom Wolf gelernt hat, sondern sich auch als erste Bekleidung den Wolfspelz überwarf. Diese Erinnerungen treten im Wolfsmotiv der Märchen und Volkserzählungen wieder an die Oberfläche.
Der Wolf bietet sich als Metapher für Kriegstreiber, Ausbeuter und gierige, gefährliche Menschen allgemein an („der Mensch ist dem Menschen ein Wolf"). Mit ihm wird auch häufig ein Einzelgänger bezeichnet.
1988 berichteten im „Journal of Psychological Medicine" führende Psychiater des McLean Krankenhauses in Boston von Fällen der Lycanthropie. Als Lycanthropie versteht man Verwandlungen von Menschen in ein Tier. Das bedeutet, dass der betreffende Mensch sich nicht nur wie ein derartiges Tier fühlt, sondern sich auch entsprechend verhält. Bei diesen Verwandlungen ist die Verwandlung in einen Wolf besonders beliebt. Was wiederum zeigt, dass das Wölfische dem Menschen immanent ist und in seinem Unbewussten eine wichtige Rolle spielt (↗Werwolf).
Bekannt ist Wendung vom „Wolf im Schafspelz" (nach Matth 7.15). Damit wird die hinter der Sanftheit versteckte Aggression angesprochen. Denn der Wolf gilt gemeinhin bei Männern als Bild des Problems sexueller Beherrschung und rücksichtloser Aggressivität. Der Wolf ist ein listig bösartiges Raubtier, gilt als habgierig und hungrig. So verbildlicht er das Verlangen, meist das sexuelle Verlangen, den Schatten der männlichen Sexualität.
Dass der Wolf nicht nur böse ist, zeigen Naturbeobachtungen von Wölfen, die dieses Tier als spielerisch und taktisch klugen Jäger beschreiben.

Wölfe besitzen eine ausgeprägte hierarchische Sozialstruktur, deren Oberhaupt ein Alpha-Männchen ist, und in der die Muttertiere eine hohe Stellung einnehmen. Aber auch die unteren Tiere in der Hierarchie zeigen starke Durchsetzungskraft.
Die Wölfin symbolisiert die nährende Kraft der wilden Natur (vgl. Romulus und Remus, die von der Wölfin genährt wurden). Im Grunde schwingt dies auch im Märchen vom Rotkäppchen mit, in dem der Wolf nicht nur die Großmutter frisst, sondern sie auch ist. Er ist die große Mutter als Symbol der wilden Natur. Bruno Bettelheim allerdings sieht das Wolfsmotiv im Rotkäppchen als Symbol für den pubertären Kampf des Mädchens, das sich zwischen Lust- und Realitätsprinzip hin- und hergerissen fühlt.
Psychoanalyse: Sehr berühmt wurde der Wolfsmann, den S. Freud von 1910 bis 1914 behandelte. Dieser Patient litt als kleines Kind an einer übermäßigen Angst vor Wölfen, weswegen ihn S. Freud diesen Namen gab. Der frühste erinnerte Angsttraum des Wolfsmanns handelt von sechs oder sieben ↗weißen Wölfen, die im Nussbaum vor seinem Fenster sitzen und von denen er befürchtet, gefressen zu werden. S. Freud macht hier auf den Anklang zu den beiden Märchen „Rotkäppchen" und „Der Wolf und die sieben Geißlein" aufmerksam. Außerdem sieht er im Wolf den Vaterersatz. Der Knabe hatte den Coitus a tergo (Beischlaf von hinten) der Eltern beobachtet und so nach S. Freud den verdrängten Wunsch nach väterlicher Sexualbefriedigung in die Wolfsangst verwandelt.
Analytische Psychologie: Nach C. G. Jung ist der Wolf die wildere Ausgabe des ↗Löwen und des wilden ↗Hundes.
Christentum: Der Wolf kann im Christentum nicht gut wegkommen, da er sich auf die Lämmer – die die Gläubigen symbolisieren – stürzt. Mit ihm werden auch oft falsche Propheten und Ketzer verglichen – im Gegensatz zu Christus, dem „guten Hirten".
Literatur: Das Gleichnis von Wolf und Lamm gehört zum Standard einer jeden Fabelsammlung seit der griechisch-römischen Zeit. Immer betont das Lamm, dass der Wolf kein Recht habe, es zu fressen, worauf der Wolf betont, das Lamm habe kein Recht, sich als Fressen zu verweigern. Luther, Hans Sachs, La Fontaine, Lessing und Hagedorn nahmen dieses Bild, um vor den Mächtigen zu warnen.
Vor dem Film „Der mit dem Wolf tanzt" wurde der Wolf in der Kunst durch Farley Mowats Roman „Never Cry Wolf" (1963) (und dessen Verfilmung) populär gemacht. Nach den Zeiten der Furcht vor dem Wolf wurde er in der Moderne oft romantisiert.
Im Bild des Steppenwolfes aus Hermann Hesses gleichnamigem Roman wird der Wolf zum Sinnbild des einsam Suchenden und Leidenden. Hier steht nicht mehr das Bösartige des Wolfes im Vordergrund, sondern die einsame Suche nach dem Sinn des Lebens. Der Wolf wird zum Bild des heroisierten Einzelgängers.
Die Comic-Figur Ede Wolf trat zuerst in einem Zeichentrickfilm von Walt Disney 1933 auf. Er bedroht die Drei Kleinen Schweinchen. Sein hervorstechendes Charakteristikum ist die zwangsneurotische Fixierung auf das Fangen der Drei Kleinen Schweinchen. In der deutschen Comiczeitschrift Micky Maus erschien der böse Ede Wolf seit 1951.

Wolke Wolken sind oft ein Symbol der Stimmungen. Zarte, weiße Wölkchen und Schönwetterwolken symbolisieren eine vergnügliche und verträumte Zeit. Die „dunklen Wolken am Horizont" deu-

ten auf kommende Schwierigkeiten, auf Krankheit oder Trübsal und Sorgen.
Sie warnen ferner davor, abzuheben und das Leben unrealistisch zu sehen, im „Wolkenkuckucksheim" zu leben. Zugleich charakterisiert die Wolke einen leicht euphorisierten Zustand, wenn man „wie auf Wolken schwebt" - und natürlich kann man dann auch „aus allen Wolken fallen", wenn man ernüchtert wird.
„Von der Wolke herab" heißt eingebildet und überheblich zu sein. Die Götter, deren volkstümlicher Wohnsitz die Wolken sind, sprechen mit Autorität von den Wolken herab.
Wolken sind Gestaltwandler.
Als in London zu Beginn des 19. Jahrhunderts der Apotheker Luke Howard über die Wolken spricht, bricht ein Tumult aus. Seine Zuhörer sahen es als revolutionär an, dass Howard diesen wabernden Wassergebilden erstmals eindeutige Namen gab. Seine Terminologie mit den lateinischen Bezeichnungen Zirrus, Stratus, Kumulus und Nimbus hat noch bis heute Bestand. Zuvor waren Wolken gemäß ihrer Gestalt als Löwe, Giraffe oder Monster bezeichnet worden, die zu Bären, Fischen oder Ähnlichem mutierten. Howard dagegen ging methodisch vor und führte reduktionistisch alle Wolkengestalten auf vier Grundstrukturen zurück, die auf unterschiedlichen physikalischen Prozessen beruhen.

Wolkenbruch Ein Wolkenbruch ist ein Fruchtbarkeitssymbol und ein Symbol für jegliche Entladung. Er kann als Reinigungssymbol auftreten, da er die Atmosphäre klärt.
In der chinesischen Bilderwelt ist dann, wenn ↗Regen aus den Wolken fällt, der Höhepunkt des Liebesspiels erreicht. Er symbolisiert vollkommene Befriedigung.

Wolkenkratzer Der Wolkenkratzer symbolisiert den Überblick, andererseits auch die Unwirtlichkeit der ↗Großstädte. Mehr noch als das ↗Hochhaus ist er die moderne Variante des ↗Turms zu Babel und der ↗Kirchen, indem er die Macht in der ↗Stadt demonstriert. Wolkenkratzer bilden die Skyline und damit auch die Individualität einer Stadt.
Der Wolkenkratzer wird auch oft als Stadt in einer Stadt gesehen. Er drückt Anonymität aus.
Film: Wolkenkratzer bilden hervorragende ↗Kulissen für Katastrophenfilme. Einstürzende und brennende Wolkenkratzer sorgen für imposante Bilder des Grauens, die beim Einsturz des ↗World Trade Centers Wirklichkeit wurden.

Wolle Symbol des Zärtlichen und Weichen. Die Wolle verweist auf Natürlichkeit und Wärme (↗Schaf)

Wolpadinger Im weitesten Sinne gehört der Wolpadinger zu den ↗Fabeltieren. Er ist ein in der Natur nicht existierendes Tier, das im Bereich der Fantasie zu Hause ist wie zum Beispiel das Ringelnatzsche Nasobehm. Wolpadinger sollen verblüffen und sie verstehen sich als ↗Witz.
Ein berühmter Wolpadinger war die ↗Nixe, die der Schausteller Barnum in den USA ausstellte und die ihn zur Nummer eins im Schaustellergewerbe machte. Diese Nixe war in Japan aus einem ↗Fisch und einem ↗Affen kunstvoll zusammengenäht worden.

World Trade Center (WTC) Das World Trade Center in New York galt mit seinen beiden Türmen als das Symbol des kapitalistischen Amerikas - so wurde es zumindest von islamischen Fundamentalisten angesehen. Deswegen bot es sich für ein Attentat am 11.9.01 an, bei dem beide Türme durch eine Flugzeugkarambolage in Brand gesetzt wurden und zusammenstürzten. Dieses Attentat ist ein Symbol für die destruktive Macht des islamischen Fundamentalismus und für die Verletzlichkeit der USA. Tiefenpsychologisch könnte man hier die Struktur der Kastration des Vaters erleben, wie sie aus dem vorolympischen Griechenland überliefert ist. Der Vater soll entmachtet werden.

Diese Symbolik der beiden Türme des World Trade Centers ist jedoch neu. Nach ihrem Baubeginn 1966 galten sie als ästhetisch fragwürdiger Zweckbau. Der Detroiter Architekt Minoru Yamasaki hatte den Auftrag ausgeführt, auf minimaler Grundfläche eine maximale Bürofläche zu schaffen. Allerdings wurden die Doppeltürme nach Fertigstellung schnell zu einem Symbol des kapitalistischen Selbstbewusstseins, das oftmals kopiert wurde. Die beiden „Soll und Haben" genannten Türme der Deutschen Bank in Frankfurt, die 1984 fertig gestellt wurden und die Türme des Rathauses in Tokio (1991 fertig gestellt) kopieren das WTC.

In New York konnte man kurz nach dem Anschlag Ansteckknöpfe kaufen, auf denen die beiden Türme des WTC abgebildet waren und darüber der Text „I miss you" („Ich vermisse euch") stand.

Analytische Psychologie: Im Sinne Jungs wird mit den fallenden Türmen der Zerfall der väterlichen Potenz angesprochen. Der in den Himmel reichende Phallus der beiden Türme drückt die kollektive Potenzfantasie aus. Potenzprotzerei, die weit über den sexuellen Bereich hinaus verweist, wird hier durch Architektur verdeutlicht. Es fällt auf, dass in den ständig wiederholten Bildern der fallenden Zwillingstürme der Animus vorherrscht, während das Bild des Bösen sich geheimnisvoll weiblich gibt – „weibliche List" assoziiert der Animus hier. Das Vorherrschen des Animus in den Bildern um das World Trade Center mag eine Kompensation der verletzten Männlichkeit sein.

Literatur: Der zeitgenössische amerikanische Dramatiker und Schnellschreiber Israel Horowitz (geb. 1939) brachte den Anschlag auf das World Trade Center im Dezember 2001 auf die Bühne.

World Wide Web Das WWW als wichtigste Kommunikationsstruktur des ↗Internet stammt in der heutigen Form mit ↗Links von dem englischen Physiker Timothy Berners-Lee. Erst sollte es „The Information Mine" genannt werden. Aber Berners-Lee fand es zu narzisstisch, diesem Computernetz seinem Vornamen TIM zu geben. Er schlug World Wide Web, kurz WWW, vor. Alle damaligen Computerexperten waren sich sicher, dass das WWW sich nie durchsetzen würde. Es wurden sogar die Gelder für dieses Projekt gekürzt.

Wort Wort bedeutet Bezeichnung Worte bewirken etwas, deswegen heißt es in der Bibel „Am Anfang war das Wort" (Joh 1.1). Worte wirken, sie hinterlassen eine Spur. Andererseits wird mit einem Wort etwas abstrahiert und somit intellektualisiert. Die Welt der Wörter ist somit auch eine leere Welt, wenn nicht gar die Welt des Geredes.

Wörter können auch einen symbolischen Sinn aufweisen, der das Wort transzendiert. Sie dienen der Gedankenfixierung und können umgekehrt auch Gedanken hervorbringen, wie Heinrich von Kleist beobachtete.

Worte sind auch Symbole des Wandels, denn je nach Zeit und Ort verändern sie

sich. Sie unterliegen Moden und Abnutzungen.
Film: In einer Filmszene aus einem Film mit Cathérine Deneuve: Ein Ehepaar tritt auf, der Mann redet unentwegt. Die Frau sagt: „Du bist nur Worte, und welche Frau möchte schon Worte in ihrem Leib".

Wrack Wrack bedeutet Scheitern. Ein Wrack symbolisiert den Untergang, nicht nur eines Schiffes, sondern auch eines Menschen, der völlig „abgewrackt" sein kann. Mit Wracks verbindet sich oftmals die Schatzsuche, die meist riskant oder sehr aufwändig ist. Im psychologischen Sinn sind hiermit die Geheimnisse der Gefühlswelt gemeint, der Welt des Wassers.

Wünschelrute Die Wünschelrute bedeutet Erdung und seelische Feinfühligkeit. Sie symbolisiert Sensibilität und ist ein Symbol für die Kommunikation mit übersinnlichen Kräften. Indirekt deutet sie auf die Energien der Erde hin und die Möglichkeit der Kommunikation mit diesen Energien.
Ferner ist die Wünschelrute das Instrument, das einen zum Ziel seiner Wünsche bringt.
In Kreisen, die der Esoterik skeptisch gegenüberstehen, gilt die Wünschelrute als ein Symbol irrationaler und abergläubischer Haltungen, die längst überholt sind. Im Afrika-Feldzug Rommels (Zweiter Weltkrieg) gab es ein Wünschelruten-Regiment, in dem Rutengänger die Aufgabe hatten, Wasser zu finden.

Würfel Der Würfel drückt Harmonie und Ordnung aus. Er weist nach Platon auf die ↗Erde hin, nach C. G. Jung ist er als platonischer Körper oder Gleichflächner ein Symbol des Höheren Selbst.

Würfelspiel Würfelspiele deuten auf Zufall und Risiko. Der Würfel ist der Entscheidung eng verbunden, so sagte Caesar beim Überschreiten des Rubicons sein berühmtes „die Würfel sind gefallen".
Der Würfler ist stets der schlechte und der gierige Mensch. „Gott würfelt nicht", meinte A. Einstein, sein Konzept ist zielgerichtet und zufallsabhängig.
Literatur: 1971 veröffentlichte Luke Rhinehart den Roman „Der Würfler", der schnell in den USA zum Kultroman wurde. In diesem Roman bestimmt der Würfel alle Entscheidungen des Psychoanalytikers und Helden dieses Buchs. Allerdings hat es verheerende Folgen, den Würfel entscheiden zu lassen.

Wüste Wüste bedeutet Mangel an Wasser und Leben. Die Wüste stellt ein altbekanntes Bild für die Psyche dar, die wüst und leer daliegt. Führt der Weg in die Wüste, gibt es nichts Schöpferisches mehr. Die Wüste ist das unfruchtbare Land. Sie symbolisiert emotionale Verflachung und Sinnlosigkeit.
Auf der anderen Seite besitzt die Wüste eine lange Tradition, Ort der Einkehr und der Versuchungen zu sein. Die großen Stifter der Weltreligionen zogen sich für längere Zeit in die Wüste zurück, um ihre Visionen zu bekommen. Die „Wüstenväter" genannten Einsiedler suchten die Einsamkeit und Stille der Wüste, um zu sich und damit zu Gott zu kommen. Die Wüste ist zwar der chaotische Ort des Anfangs, aber aus diesem Chaos kann eine neue Ordnung entstehen.
Die Wüste kann ein Symbol der Grenzerfahrungen sein und der Selbsterfahrung. Der Polarforscher und Nobelpreisträger Fridtjof Nansen sagte einmal, dass menschenleere Gebiete oft mit dem Wunsch aufgesucht wurden, als Einsiedler in Frie-

den leben zu können, fernab vom Lärm und den Versuchungen der zivilisierten Welt.
„Die Wüste ist die Landschaft der Offenbarung“, schreibt Paul Shepard in „Man in the Landscape: A Historic View of the Esthetics of Nature“ (1967), sie ist dem Menschen fremd und feindlich, ästhetisch abstrakt. Licht- und Raumeindrücke lassen die Wüste zum Symbol der Weite werden.
Wüsten bedecken etwa ein Drittel unserer Erdoberfläche. Sie ändern sich ständig und gelten als Wiege der Kultur. Der Mensch befand sich seit den Anfängen seiner Geschichte stets im Kampf mit den Wüsten. Die größte Wüste ist die Sahara. Dieses Wort stammt aus dem Arabischen und bedeutet „Wüste“. Die trockenste Wüste ist die Pampa der Atacama, in der seit Menschen Gedenken kein Regen gefallen ist.
Literatur: In T. S. Eliots „The Waste Land“ ist die Wüste der Ort der seelischen Vereinsamung und des Schreckens, der Versuchung und der Gespenster.

Wunde Die Wunde ist ein verbreitetes Symbol für eine schmerzliche Erfahrung. Sie kann Tapferkeit bedeuten und Männlichkeit. Die Wunde ist allerdings auch die schwache Stelle.
Wunde bedeutet auch Offenheit. Sie verweist darauf, dass man sich verletzlicher zeigen sollte.
Bedeutsam ist, wo jemand verwundet wurde. Diese Stelle ist symbolisch zu deuten.

Wunder Wunder verweisen auf das Unerklärliche. Sie gehen auf das Einwirken einer höheren Macht zurück. Wunder wünscht man sich in ausweglosen Situationen, sie sind die letzte Rettung. Im Märchen ist das Wunder manchmal auch das, was dazu führt, dass die eingefahrenen Bahnen verlassen werden.

Wundertüte Die Wundertüte steht für eine Überraschung und somit für das, was das Leben bereit hält. Sie erinnert an Kindheit und die kleinen Aufregungen und Freuden damals.

Wundpflaster ↗Pflaster

Wurm Der Wurm ist eine niedrige Stufe des animalischen Lebens. Er symbolisiert entweder Gewissensbisse oder Ärger, häufig mit sexuellem Unterton. „Es wurmt einen“, sagt man, wenn einen etwas ärgert. Der Wurm verkörpert auch Hilflosigkeit und Schwäche. Er wird verachtet und zertreten. Er ist ein Ekel- und ein Sexualsymbol wie die ↗Schlange, die oft als Wurm bezeichnet wird. „Da ist der Wurm drin“, sagt man und denkt dabei an den wurmstichigen Apfel. Sprichwörtlich ist der Ohrwurm, der musikalisch Wurm, der einem ins Ohr kriecht und nicht mehr loslässt.
Analytische Psychologie: Die Würmer symbolisieren nach C. G. Jung die ersten unreflektierten Bewegungen der Seele und Inhalte, die noch farblos und unverbunden sind, ohne Gefühl und Vernunft, einzig blinder Lebensinstinkt.
Literatur: Der Wurm verkörpert in der Fabelliteratur von Abraham a Sancta Clara unser schlechtes Gewissen. Abraham a Sancta Claras Fabeln und Predigten wurden in der Barockzeit hoch geschätzt und vielfach kopiert.

Wurst Die Wurst steht für Fleischlichkeit und Sinnenfreude, sie stellt auch ein bekanntes Penissymbol dar. Der Ausdruck „Alles ist Wurst“ in der Bedeutung „es ist alles einerlei“ stammt von den ↗Narren, die oft phallische Würste mit sich führten.

Würstchen zu essen, vor allem an einer Würstchenbude, gilt erstens als ungesund, zweitens als volkstümliches Essen, wenn nicht gar als ein Mangel an Esskultur.
Wenn die Wurst gekringelt ist, besitzt sie ähnliche Bedeutung wie der ↗Kreis.
Literatur: Die Wurst in der Hand des Narren ist so typisch, dass sie zu Ausdrücken wie „Hanswurst" führte. Das sind Ausdrücke, die aus Sebastian Brants „Das Narrenschiff" bekannt wurden und die Luther übernahm, als er 1541 die Streitschrift „Wider Hanswurst" verfasste. Das „Wurstige" war den Moralisten immer ein Dorn im Auge.

Wurzel Eine Wurzel verkörpert Erdung und Verwurzelung. Sie verweist auf die Vorfahren, die Ahnen (siehe auch ↗Stammbaum), aber auch auf die Ahnungen. Sie tritt als ein Symbol mangelnder Lösung von den Eltern und kulturellen Hintergründen auf.
Das Wurzelholz ist hart, und so spricht die Wurzel die Stabilität an, die man durch die Verwurzelung bekommt.
Als unter der ↗Erde Liegendes deutet die Wurzel auf ein Geheimnis und auf Magie. Deswegen spricht man den menschenähnlichen Wurzeln der Alraune und dem Ginseng magische Wirkungen zu. Ginseng heißt übersetzt „Wurzelmännchen".

Wut Wut bedeutet ↗Aggression.
Asien: Im Buddhismus gilt sie als ein Geistesgift. Ihr freien Lauf zu lassen kann Verdienste (positives Karma) aus vielen Leben löschen.

WWW ↗World Wide Web

X

X-Beine Die so genannten X-Beine sprechen sowohl die Erdung als auch die Eitelkeit an.
Das X weist im weiteren Sinn auf eine Überschneidung hin, auf ein Treffen zweier Linien. Da dies mit den ↗Beinen verbunden wird, deutet es darauf hin, dass sich in Bezug auf die Erdung zwei Linien kreuzen, damit ist symbolisch die von oben nach unten und die von unten nach oben gemeint.

X-Form ↗Kreuz, ↗Kreuzung

Xylophon Wie jedes ↗Musikinstrument spricht das Xylophon unsere Fähigkeit an, Harmonie zu schaffen.

Y

Y Das Y symbolisiert die Vereinigung des Männlichen mit dem Weiblichen. Es ist ein Symbol der ↗Wünschelrute, die uns etwas Verborgenes finden lässt. Es verbildlicht die magische Weltsicht, nach der sich Eins zu Zwei teilt und Zwei zu Eins wird.

Yacht Eine Yacht verweist auf den Wunsch nach Erfolg, Aufstieg und Luxus. Sie ist zum Symbol des Reichtums geworden und tritt auch als dieses zur Genüge in der Werbung auf. Yacht bedeutet Müßiggang, Ferien und eine Playboy-Atmosphäre.
Die Yacht symbolisiert oft auch verwöhnte, kostspielige Frauen oder ein starkes Bedürfnis nach Weiblichkeit – deswegen tra-

gen Yachten ursprünglich stets weibliche Namen. Die Yacht ist die Frau, die man besitzt und auf der man über die ↗Wasser der Gefühle fährt.

Yoga Yoga bedeutet Körperbeherrschung und Meditation. Mit dem Symbol Yoga wird stets auf eine „höhere" geistige Ebene verwiesen. Yoga kann Disziplin ansprechen und eine ausgeglichene, gesunde Lebensführung. Mit Yoga wird Beweglichkeit in allen Gebieten verbunden und Klarheit.

Yogi Dieses Symbol spricht den Wunderglauben des Westlers an. Es ist ein Ausdruck der Hoffnung, sich über Naturgesetze hinwegsetzen zu können. Die Person des Yogis entstammt häufig unserem – teils naiven – Wunderglauben.
Der Yogi ist auch ein regressives Symbol. Er verkörpert den Vater, nach dessen Weisheit und Perfektion wir uns sehnen. Der Yogi lebt stellvertretend für uns das, was wir nicht erreichen.

Z

Zärtlichkeit Zärtlichkeit bedeutet Nähe. Zärtlichkeiten können erwünscht oder aufdringlich sein. Erwünschte Zärtlichkeiten sprechen Sehnsüchte nach Nähe und Intimität an. Aufdringliche Zärtlichkeiten weisen auf Abwehr.

Zahl Zahlen sind Ordnungsfaktoren. Sie beschreiben auf einer abstrakten Ebene die Welt.
Sie sprechen stets objektive Messbarkeit und somit Bewertungen an. In der Zahlenwelt ist ein Ergebnis richtig oder falsch, es gibt keine Zwischentöne. Zahlen machen auf die Realität im Gegensatz zum subjektiven Fühlen aufmerksam.
Den geraden Zahlen werden weibliche Eigenschaften zugesprochen, was damit übereinstimmt, dass Frauen zwei X-Chromosomen besitzen. Die ungeraden Zahlen werden als männlich betrachtet, da das Männliche von der ungeraden Chromosomenzahl 1 X und 1 Y geprägt wird.
Literatur: In der Szene „Hexenküche" erwähnt Goethe im „Faust" das Hexeneinmaleins. Hier kommt den Zahlen von eins bis zehn eine magische Bedeutung zu. Damit spricht Goethe die ursprüngliche Funktion der Zahlen an, nämlich wie Zauberformeln zu sein, mit denen man die Welt beherrscht.
Einen Roman über die Zahlen schrieb der Brasilianer Malba Tahan, der nach seinem Tod 1974 unter dem Titel „Beremis, der Zahlenkünstler" erschien. In diesem Roman wird gezeigt, welch praktischen Nutzen der Umgang mit den Zahlen bringt.

Zahlung Eine Zahlung kann bedrängend sein, wenn man sie leisten muss, oder Freude bereiten, wenn man sie bekommt. Oft kann man davon ausgehen, dass Zahlungen wie ↗Geld überhaupt psychische beziehungsweise seelische Energien ausdrücken.

Zahm Als zahm werden ungefährliche Menschen und Tiere beschrieben. Das Zahme ist der Ausdruck des Sieges der Kultur über die Natur. Das Wilde wurde überwunden, damit wird die Welt ungefährlich, andererseits auch langweilig gemacht. Letztlich ist das Zahme das Produkt der Macht des männlichen Geistes über die wilden Gefühle. Was zahm ist, das ist domestiziert, das spricht psychologisch eine Unterdrückung der Triebe an.

Literatur: In Shakespeares Komödie „Der Widerspenstigen Zähmung“ (1593) wird die wilde Katharina von einem Veronesen geheiratet, der sie zur demütigen Hausfrau macht. Seit Shakespeare wird von der Zähmung der Frau in der Ehe gesprochen.

Zahn Die Zähne symbolisieren psychologisch betrachtet Vitalität, möglicherweise auch das Raubtierhafte und Reißerische. Sie können ein Hinweis auf Bissigkeit sein und sprechen damit die Durchsetzungskraft an („man beißt sich durch“).
Zähne symbolisieren Gesundheit und Alter. Gute Zähne sind ein Zeichen der Jugend, schlechte Zähne lassen einen schlechten Gesundheitszustand oder Armut assoziieren.
Im Märchen sind die Zähne wie Saatkörner, vergleichbar dem Drachenblut. Ferner symbolisieren die Zähne den oralen Charakter. Sie sind möglicherweise ein Hinweis auf einen Fress- oder Beißzwang oder dessen Hemmung. Und nicht zuletzt stehen die Zähne wie der ↗Mund für das Bedürfnis, sich etwas einzuverleiben.
Zähne können bisweilen auch auf die Verzahnung, also auf eine enge Verbindung deuten. Diese Bedeutung finden wir noch in Ausdrücken wie „Zahnrad“.
Psychoanalyse: Nach S. Freud und C. G. Jung sind Zähne ein häufiges Penissymbol. Zahnreizträume – Träume, in denen die Zähne schmerzen – sieht S. Freud als Onanieträume an.
Antike: Die griechische Mythologie sah die Zähne als Bild der Kinder an. Das kommt daher, dass es während der Schwangerschaft oft zu einem rapiden Verfall der Zähne der Mutter kommt („jedes Kind kostet einen Zahn“).
Homer sagt, dass hinter den Zähnen die Worte leben: Zähne können negative Worte abhalten oder durchlassen.
Literatur: In „Tausendundeine Nacht“ werden „die Zähne der Zufriedenheit“ im Mund des Herrschers der Geister erwähnt (Geschichte von Zaim El Aznam).

Zahnarzt Zahnärzte werden oft als Sadisten bezeichnet. Sie sind Menschen, die man ungern sieht.
Zahnärzte oder Zahnärztinnen symbolisieren psychologisch gesehen eine „bohrende Angelegenheit“. Sie können auch Angst vor Krankheit und Schmerzen ausdrücken. Ferner verkörpern Zahnärzte heute wirtschaftlichen Erfolg und Ansehen.
Wie andere ↗Ärzte sind auch die Zahnärzte Götter in Weiß. Die autoritäre Seite dieses Symbols zeigt sich unter anderem darin, dass man während der Behandlung nicht sprechen kann. Die Bühne gehört allein dem Zahnarzt.

Zahnausfall Zahnausfall bedeutet Alter, Verringerung der Durchsetzungskraft.
Der Zahnausfall beschreibt eine Schwäche. Psychologisch gesehen macht er darauf aufmerksam, dass man sich abhanden kommt. Mit dem Verlust des Zahns sinkt die Attraktivität und die Aggressivität („zahnloser Greis“).
Psychoanalyse: Der Verlust eines Zahns (oder mehrerer Zähne) ist ein schon von S. Freud speziell beachtetes Symbol. Für S. Freud und C. G. Jung symbolisiert der Zahn den Penis.

Zahnschmerzen Zahnschmerzen irritieren stark. Man ist ihnen ausgeliefert. Sie werden als ↗Folter angesehen.
Psychologisch gesehen verweisen Zahnschmerzen auf eine Minderung der Durchsetzungskraft.

Zahnspange Speziell bei Jugendlichen sind heutzutage Zahnspangen derart häufig, dass man von der Zahnspangengeneration sprechen kann. Zahnspangen symbolisieren Eitelkeit. Psychologisch gesehen sprechen sie eine notwendige Korrektur des Durchsetzungsvermögens an.

Zahnziehen Mit dem Ziehen des Zahns kommt einem der Biss abhanden. Man wird in seiner Durchsetzungskraft geschwächt.
Man kann etwas nicht erreichen, wie der Ausdruck „man muss sich diesen Zahn ziehen lassen" besagt. Der Zahn ist in diesem Sinn eine Idee oder Vorstellung, die nicht durchführbar ist.

Zange Zangen waren beliebte Folterinstrumente („in die Zange nehmen"), sie sind allerdings auch ein verbreitetes Werkzeug, bis hin zu den Zangen des Zahnarztes oder des Chirurgen. Mit der Zange zieht man etwas, man wird etwas Altes oder Unfunktionales los. Man biegt mit ihr auch etwas, was auf Flexibilität verweist. Mit der Beißzange kann man etwas beenden.
Dieses Symbol ist auch oft ein Hinweis darauf, dass man etwas entschiedener anpacken sollte oder etwas zu sehr erzwingen möchte. Es verweist häufig auf eine komplizierte Situation. Neue Lösungen werden verlangt.

Zank ↗Aggression, ↗Streit

Zapfen Der Zapfen ist ein bekanntes Penissymbol. Er hält Teile zusammen und symbolisiert eine feste Verbindung.
Da Zapfen an ↗Tannen auftreten, ist der Zapfen eine beliebte Weihnachtsdekoration, die als Teil auf den ↗Weihnachtsbaum als Ganzes verweist.

Zauber Der Zauberer war vormals – und ist es teilweise noch heute – ein Bild übernatürlicher Kräfte, die sich jeder wünscht. Dieses Symbol wirkt verführerisch in Situationen, in denen man sich minderwertig fühlt. Der Zauberer spricht den Zauber des Individuums an, also dessen Ausstrahlung. Zauberer und Zauberin drücken die Einheit und die Eindeutigkeit aus. Diese Einheit und Eindeutigkeit macht den Zauber des Individuums aus.
Der Zauberer verzaubert, er ist der charmante Mensch, der Verführer, der andere sogleich für sich einnehmen kann. Es stellt sich erst später heraus, ob alles nur ein „fauler Zauber" ist. Damit ist die überzeugende Vorspiegelung falscher Tatsachen gemeint.
Literatur: Thomas Mann wurde von seinen Kindern „der Zauberer" genannt. Klaus Mann beschreibt dies in seinen Tagebüchern.
In der Fantasy-Literatur wie in Tolkiens „Der Herr der Ringe" (1954/55) sind die Zauberer oft die guten oder bösen Helden. Das finden wir auch in Gurdjieffs unvollendetem Ballett „Der Tanz der Magiere".
In Hermann Hesses Gedicht „Stufen" heißt es: „Und jedem Anfang / wohnt ein Zauber inne, / der uns beschützt / und der uns hilft zu leben".

Zauberstab Der Zauberstab gilt wie jeder ↗Stab als ein phallisches Symbol männlicher Macht, das allerdings heute in der Werbung zur mechanischen Küchenhilfe verkommt. Der Zauberstab ist dann „Mother's little helper".
Literatur: Zauberstäbe spielen in der Fantasieliteratur als Wunscherfüller bis hin zu Rowlings Harry-Potter-Romanen eine wesentliche Rolle.

Zaun Zaun kann Eingesperrtsein oder Ausgesperrtsein bedeuten, je nachdem

von welcher Seite man den Zaun sieht, siehe ↗Wand.
Der Zaun symbolisiert eine Abgrenzung und das Gefühl der Sicherheit oder der Enge. Hinter dem Zaun beginnt die andere Welt, weswegen es wichtig ist, über den Zaun zu gucken.
Für die genaue Deutung sind oft die ↗Farbe und das Material des Zauns von Belang.

Zebra Das Zebra steht für Eleganz. Seine hervorstechendste Eigenschaft sind seine Streifen, nach denen die Zebrastreifen benannt wurden. Im Tierischen vereinigen sich die Gegensätze. Die Streifen des Zebras verweisen auf einen Schutz durch Täuschung. Da Zebras in Herden auftreten und ihre Streifen vorn breiter als hinten sind, entsteht das Bild, besonders bei der Flucht vor Raubtieren, dass ihr Vorderteil näher als ihr Hinterteil ist. Das führt dazu, dass die Raubtiere die Entfernung einer fliehenden Herde von Zebras nicht richtig einschätzen können.
Das Zebra verkörpert ferner die von menschlichen Übergriffen bedrohte Natur, besonders in Afrika.

Zeche Die Zeche ist wie das ↗Bergwerk ein Symbol harter und gefährlicher Arbeit, von Schmutz und Armut. Psychologisch gesehen symbolisiert sie den positiven Umgang mit dem Schatten: Es wird das Dunkle aus dem tiefen Inneren zu Tage gefördert. Sie ist somit ein Symbol der Traumdeutung und der Therapie.

Zecke Eine Zecke bedeutet, dass etwas Schädliches in einen eindringt und Blut saugt. Sie ist ein Angst- und Ekelsymbol, löst häufig Krankheitsängste aus. Sie verkörpert negative Gedanken und Gefühle, die man nur schwer aufgeben kann.
Die Zecke kann bisweilen auch Offenheit bedeuten, da sie die Körpergrenzen durchbohrt.

Zeh Zehen verweisen auf eine behutsame Vorgehensweise („auf Zehenspitzen gehen"). Sie können aber auch ein möglicher Hinweis auf fehlende Standfestigkeit und fehlende Ganzheit sein (vgl. u. a. das Grimm'sche Märchen „Aschenputtel"), überhaupt stehen die Zehen oft im Zusammenhang mit Schmerz und Aufmerksamkeit („einem auf die Zehen treten", „etwas im kleinen Zeh spüren").
Gepflegte Zehen weisen ferner auf eine erotische Kultur, wie der ↗Fuß überhaupt. Bei lackierten Zehen ist die ↗Farbe von Belang. Sich auf die Zehen zu stellen, symbolisiert Anstrengung und Mühe.

Zehn Die Zehn steht für einen Neuanfang, nachdem man ein Ziel erreicht hat. Zehn steht auch für die Dualität von 1 und 0, von Einheit und dem Nichts.
Die Zahl verweist ferner auf ↗Zehen und ↗Finger. Bis Zehn kann der zählen, der sich an seinem Körper orientiert. Nur bis Zehn zählen zu können, gilt als Zeichen von Beschränktheit.

Zeichentrickfilm Obwohl es viele Zeichentrickfilme für Erwachsene gibt, gilt der Zeichentrick als Domäne der Kinder. Er drückt tendenziell Humor und Leichtigkeit aus. Im Zeichentrickfilm wird der Abbildcharakter des Dargestellten besonders betont. Er steht der ↗Karikatur in seinen Übertreibungen und Stilisierungen nahe, die zeigen, dass eine allgemeine Tendenz im Menschen angesprochen wird.

Zeichnen Zeichnen bedeutet Erfassen der Welt. Zeichnen ist ein Symbol des genauen Hinsehens und der aktiven Lebensgestaltung. Es kann auch der Ausdruck der

Sehnsucht nach einem künstlerischen Ausdruck sein.

Zeichnung Eine Zeichnung ist ein Bild von der Welt, dass eine bestimmte, persönliche Sichtweise ausdrückt.
Die Zeichnung kann auch der Ausdruck eines individuellen Stils sein, der den ↗Künstler charakterisiert. Möglich ist auch ein Zusammenhang mit „gezeichnet sein“: Besonders wenn jemand selbst Thema der Zeichnung ist, wird damit häufig eine Perspektive dargestellt, die er vernachlässigt oder übersieht.

Zeigefinger Der Zeigefinger symbolisiert eine Mahnung oder einen wichtigen Hinweis – der phallisch erhobene Zeigefinger. Er kann als Penissymbol auftreten. Sprichwörtlich ist der Zeigefinger der Moral verbunden („der erhobene Zeigefinger“).

Zeit Zeit bedeutet Zwang. Zeit ist unbarmherzig und absolut, zumindest die Zeiteinteilung, die wir heute kennen. Sie gibt es erst seit der Mitte des siebzehnten Jahrhunderts. Besonders wichtig wurde sie durch die Industrialisierung, da sichergestellt werden musste, dass bestimmte Personen zu bestimmten Zeiten an einem bestimmten Platz sind.
Für den Zeitgenossen wird die Zeit weitgehend als ein Antreiber und gnadenloser Organisator des Lebens angesehen. Zeit ist das, was man nicht hat. Hat man sie nicht, darf man sich wichtig fühlen. Der Druck der Zeit macht uns adrenalinsüchtig, was diesen Druck noch erhöht.
Psychologisch gesehen ist der Umgang mit der Zeit ein Hinweis auf den Entwicklungsstand der Persönlichkeit. Die Lebensorganisation, der Lebensstil und der Lebensplan werden angesprochen und damit auch die inneren und äußeren Zwänge, unter denen man leidet.
Mit der Zeit ist das barocke „Carpe diem“ (nutze den Tag) verbunden. Es ist ein Hinweis darauf, sein Leben bewusster zu leben und seine Möglichkeiten auszuschöpfen.
Welche Zeit herrscht, ist symbolisch immer bedeutungsvoll, sei es nun ↗Mittag oder ↗Nacht, ↗Sommer oder ↗Winter. Auch das Jahrhundert spielt eine Rolle, denn es drückt einen bestimmten Zeitgeist aus.
Der Anthropologe Edward T. Hall (*1914) unterscheidet zwei unterschiedliche Arten der Zeit: die monochrone und die polychrone Zeit. Unter der monochronen Zeit, die wir wie einen zu füllenden Behälter betrachten, leiden wir. Das ist die fliehende Zeit, die Uhrzeit – „tempus fugit“ (die fliehende Zeit). Die polychrone Zeit ist die private Zeit, in der das Leben im Fluss ist und dem spontanen Ausdruck subjektiver Gefühle Raum gibt. Diese Zeit steht der ursprünglichen Zeit noch relativ nahe, in der natürliche Abläufe die Zeit bestimmten. Die heutige weitgehend monochrone Zeit ist notwendig, um die Bewegungen in einer Massengesellschaft zu ordnen.
Die Sehnsucht der Menschen richtet sich nach der Zeitlosigkeit oder der Ewigkeit. Die Zeitlosigkeit herrschte im ↗Paradies, so dass mittelalterliche Theologen zweifelten, ob es dort eine Abfolge von Wachsen, Blühen, Reifen und Absterben gegeben hat.
Albert Einstein beschreibt in seiner Relativitätstheorie die Zeit als relativ. Sie ist nicht grundsätzlich überall gleich, sondern verändert sich. Der zeitgenössische Physiker Julian Barbour geht von einem zeitlosen Universum aus. Für ihn gibt es keine Zeit. Sie ist eine Illusion. Das Universum besteht für ihn ohne Zeit, allerdings mit ei-

ner riesigen Zahl an parallel bestehenden „Gegenwartszuständen“. Dass Zeit nicht nur absolut, sondern auch relativ ist, zeigt unser subjektives Zeitgefühl.

Antike: Die Griechen unterschieden „chronos“ und „kairos“. Chronos - von Goethe in seinem von Schubert vertonten Gedicht als rasch fortschreitend dargestellt - ist die unerbittliche, die fliehende und drängende Zeit. Kairos dagegen ist die Zeit der Naturzyklen und Emotionen. Hier beginnt die Unterscheidung von objektiver und subjektiver Zeit. Die Zeit ist aus der kosmischen Einheit gefallen.

Christentum: Das Fortschreiten der Zeit und damit der Zeitdruck findet seinen Ursprung in der christlichen Auffassung von der Weiterentwicklung des Schöpfungsplans. Von der „creatio ex nihilo“, der Schöpfung aus dem Nichts, bis zur Wiederkehr Christi muss jede Sekunde daran gearbeitet werden, sich und die Welt zu bessern. So wurde von den Puritanern die Zeitverschwendung als Kardinalsünde angesehen, denn stets muss der Mensch für Gottes Ehren arbeiten. Diese christliche Zeitauffassung ließ auch an Kirchtürmen die ersten Uhren anbringen, damit jeder wusste, „was die Zeit geschlagen hatte“.

Literatur: Der englische Schriftsteller Aldous Huxley begann kurz vor seinem Tod 1963 einen Roman mit dem Titel „When Time Comes to a Stop“ (Wenn die Zeit stehen bleibt). Dort wollte er seine Einsichten über Meditation und Bewusstseinserweiterung verdichten.

Marcel Proust war „Auf der Suche nach der verlorenen Zeit“ und fand den inneren Monolog. Als Zeitgenosse Freuds hat auch er sich der verlorenen Zeit angenommen, um bei lasziv melancholischen Traumwelten zu enden. Der Roman ist über weite Episoden ein Traum. Die Assoziationen regieren das Pseudogeschehen, in dem Vergangenes und Gegenwärtiges sich untrennbar mischen. Ein Klang, ein Bild weckt Erinnerungen und öffnet Türen zu anderen Welten, die wiederum zu verborgenen Welten längst vergessener Träume führen. Die Zeit hinter den Erinnerungen wird aufgesucht. Dieser Epoche machende Roman wurde von Raúl Ruiz - dem ehemaligen Kulturberater Salvador Allendes - angemessen langsam verfilmt, ohne pathetisch zu werden.

In H. G. Wells Klassiker der Science-Fiction-Literatur „Die Zeitmaschine“ wird die Möglichkeit der Zeitreise beschrieben, was viele SF-Autoren nach ihm, wie B. W. Aldiss, D. Duncan und W. Moore, übernahmen. Bei dieser Literatur stellt sich die Frage, ob die Vergangenheit änderbar ist.

Kunst: Die Vergänglichkeit der Zeit versucht der zeitgenössische schottische Künstler Andy Goldsworthy mit seinen Arbeiten zu dokumentieren. Seine Kunstwerke verändern sich mit der Zeit, da das Wachstum von Pflanzen und Bäumen, Verwitterung und andere Störungen erwünscht sind. So ändern sich die häufig in der Natur installierten Kunstwerke ständig und zeigen, dass der Zeitfaktor unberechenbar ist.

Philosophie: Heraklit (etwa 500 v. Chr.) sieht die Zeit als Maß des Werdens an. Wer sich mit der Zeit beschäftigt, der beschäftigt sich mit seinem Lebenssinn. Auch Seneca sah eine bewusste Beschäftigung mit der Zeit als notwendig an, um zur inneren Reifung zu gelangen. Für Kant, den idealistischen Philosophen des 18. Jahrhunderts, galt die Zeit als „eine subjektive Bedingung unserer (menschlichen) Anschauung“. Und Paul Virilio sieht als zeitgenössischer Philosoph die moderne Zeit unter dem Blickpunkt der Beschleunigung, die Ausdruck des Todestriebs ist.

Zeitung Die Zeitung hängt eng mit Neuigkeiten, auch Sensationen zusammen. In der Zeitung findet man das, was in der Welt geschieht. Allerdings traut man heute den Zeitungsnachrichten immer weniger. Es ist deutlich, dass es sich um eine subjektive Sichtweise handelt.
Literatur: Die erste Zeitung war zwar der „Daily Courant", der 1702 in London erschien. Aber die erste moderne Zeitung war „The Review", die der Autor Daniel Defoe 1704 in London herausgab.

Zelle Die Zelle ist ein Symbol der Unfreiheit (↗Gefängnis). Man fühlt sich eingeschlossen, beengt und in seinen Möglichkeiten beschnitten. In einer Zelle eingesperrt zu sein, ist meistens eine ↗Strafe. Bedeutsam ist, wofür diese Strafe verhängt wurde. Allerdings kann die Zelle neben der Isolation auch den Ursprung ansprechen.

Zelt Zelt bedeutet Unabhängigkeit und Abenteuer. Das Zelt ist ein Symbol der Abenteuerlust, es steht auch für etwas Vorübergehendes und Provisorisches. Es ist ein Schutzsymbol, das mit dem Nomadentum verbunden ist und oft romantisiert wird.
Die postmoderne Architektur drückt den vorübergehenden Charakter ihrer Bauwerke oft durch Zeltdächer aus, die dazu noch die Atmosphäre einer Offenheit erzeugen.
Psychologisch betrachtet spricht das Zelt oft einen Ausbruch aus den Alltagsroutinen an. Es macht auf die heilenden Kräfte der Natur aufmerksam, auf Reiselust und Naturnähe, ähnlich wie ↗Camping(platz).

Zement Zement ist wie ↗Beton Symbol der Verhärtungen und der Starrheit. Der Zement ist das Unbewegliche und schwer Veränderbare, eben das Einzementierte. Zement gilt als schwer und als ein Bild der Unnatur.
Literatur: Der zeitgenössische britische Erfolgsautor Ian McEwan beschreibt in seinem Buch „Der Zementgarten", wie Kinder ihre Mutter in einem Keller einzementieren, um in eigener Regie in der Familie zu leben. Aus der Sicht der Kinder bietet der Zement Freiheit, aus der Sicht der Mutter Tod und Hilflosigkeit.

Zentaur ↗Fabeltier, ↗Werwolf

Zentrum Zentrum bedeutet Mitte. Das Zentrum ist der Ort, an dem sich das Leben abspielt. Im psychologischen Sinn wird auf das eigene Persönlichkeitszentrum verwiesen.

Zeppelin Der Zeppelin ist ein bekanntes Penissymbol. Er wird auch oft mit einer ↗Zigarre verglichen.
1895 erwarb Graf Zeppelin das Patent für den Bau von Luftschiffen, eine Idee, die auf H. Giffard zurückgeht, der nicht ganz fünfzig Jahre zuvor am Antrieb seines geplanten Luftschiffes scheiterte. Seit der Brandkatastrophe von 1937 bei der Landung in Lakehurst gilt der Zeppelin als gefährliches Fahrzeug, der Personenverkehr wurde eingestellt, und Zeppeline gehörten schnell der Vergangenheit an. Sie wurden dann nach dem Zweiten Weltkrieg fast völlig von den ↗Flugzeugen verdrängt. Der Zeppelin wurde während seiner Zeit als Bild des technischen Fortschritts und der nationalen Überlegenheit Deutschlands gesehen. Mit der Brandkatastrophe des Zeppelins wurde dieser Glaube an Fortschritt durch Technik ähnlich erschüttert wie beim Untergang der ↗Titanic.

Zerfall Der Zerfall ist stets der Anfang vom Ende. Mit ihm löst sich etwas auf, das in der Vergangenheit Bestand hatte. Es ist charakteristisch für Krisensituationen, dass beispielsweise Gebäude, Gegenstände oder Pflanzen zerfallen. Zu beachten ist immer der Symbolwert dessen, was zerfällt.

Zerreißen Wenn etwas zerreißt, dann hat eine Verbindung oder Beziehung nicht gehalten. Mit dem Zerreißen wird eine Belastung angesprochen, die über die Grenze des Möglichen geht. Die sprichwörtliche Zerreißprobe zeigt, wie Menschen unter extremen Belastungen sich verhalten.
Das Zerreißen war in früheren Zeiten eine Geste der Trauer. In den Geschichten von 1001-Nacht, aber auch in der europäischen Welt zerrissen die Trauernden ihre Kleider.

Zerstörung Zerstörung bedeutet Aggression. Mit der Zerstörung wird etwas willentlich aufgelöst oder beendet. Letztlich weist die Zerstörung auf den Tod.

Zerstückelung In den Mythologien vieler Völker kommt die Zerstückelung eines Menschen oder Gottes vor, der wieder – meist von der weiblichen Kraft – zusammengesetzt wird. Für unseren Kulturbereich ist der Mythos von Isis prägend, die den durch Seth zerstückelten Osiris, ihren Gatten, wieder zusammensetzt und damit zum Leben erweckt.
Das Zerstückelungsgefühl herrscht häufig in einer Krise vor, in der man sich hin- und hergerissen fühlt, so wie Osiris in frühen Auffassungen von wilden Tieren zerrissen worden ist. Gefühl und Intellekt oder auch die Gefühle fallen auseinander.
Zerstückelung bedeutet psychologisch gesehen, dass die Ganzheit der Persönlichkeit auseinander fällt und verschiedene Ichs sich bekämpfen. Sie bietet aber auch eine große Chance, denn die Zerstückelung gibt die Möglichkeit, das Zerstückelte wieder neu zusammenzusetzen. Der für eine Krise typische Zweifel – der Zerfall in zwei Ansichten – bietet beispielsweise die Möglichkeit, wieder zu einer neuen Einheit zu finden. Wenn aus einem vieles wird, dann ist damit die neue Einheit angesprochen, die zu suchen man aufgefordert ist.
Philosophie: Karl Marx beschrieb die Entfremdung als Charakteristikum der modernen Warengesellschaft, als eine Zerstückelung des Ganzen in viele spezialisierte Arbeitsbereiche.

Zeuge Ein Zeuge tritt meistens im Zusammenhang mit Verbrechen auf. Von ihm hängt die Verurteilung des Angeklagten ab. Der Zeuge ist so eine mächtige Person, die allerdings gefährlich lebt. Als Zeuge hat man an etwas Anteil, ist produktiv und fühlt sich eventuell selbst als Urheber, denn der Zeuge lässt das Zeugen anklingen.
Film: Besonders im Kriminalfilm spielt der Zeuge oft eine wichtige Rolle. 1968 drehte Peter Basco die Politsatire „Der Zeuge", bei der die Macht des Zeugen und dessen Aufrichtigkeit betont wird.

Zeugnis Zeugnis bedeutet Bewertung. Das Zeugnis gibt an, wie gut die betreffende Person ist, und es bestimmt dessen weitere Karriere. Da es also um Lob, Tadel und Kritik geht, werden Erfolg und Versagen angesprochen – meist ist das Zeugnis angstbesetzt, siehe auch ↗Lehrer, ↗Lernen, ↗Noten und ↗Schule.

Zeugung Zeugung bedeutet Anfang und Urheberschaft. Die Zeugung ist ein männlicher Akt der Kreativität und der Weitergabe.

Das Symbol der Zeugung verweist als ein Beginn nicht nur auf die Zukunft, sondern auch zurück in die Vergangenheit. Die Zeugung spricht den Ursprung an, die Essenz, und weist so zurück auf die Anfänge, was sehr deutlich an den Zeugungskatalogen des Alten Testaments wird. Im Judentum war es stets von großer Bedeutung, wer wen gezeugt hat, so wie in herrschenden Familien noch heute die Abstammung wichtig ist.

Ziege Früher war der Besitz einer Ziege ein Zeichen für Armut, denn die genügsame Ziege kann sich von dem ernähren, was Kuh und Schaf übrig lassen.
Seit je verkörpert die Ziege die wilden Triebe und die Sexualkraft mit ihren Freuden und ihren Nöten. In der Ziege wird Pan verehrt und somit das Reich der Natur und der Triebe.
Die männliche Ziege ist ein Symbol der Geilheit, siehe ↗Bock. Die weibliche Ziege ist ein geläufiges Bild einer zänkischen Frau, aber auch für Genügsamkeit und Anpassungsfähigkeit.
Im 16. Jahrhundert sah man die männliche Ziege als eine Art Schutzgeist an, der Haus und Hof vor der Pest schützt. Als „Sündenbock" ist sie ein Symbol eines Außenseiters, dem die Schuld zugeschoben wird.

Ziegenbock ↗Ziege, ↗Bock

Ziel Das Ziel deutet wie die ↗Zielscheibe auf ein zielgerichtetes Verhalten hin oder auf den notwendigen Abstand (Distanz). Das Ziel spricht die Zukunft an, es drückt einen hohen Wert aus. Das Ziel erreicht zu haben, ist ↗Erfolg.
Eigene Ziele sollten realisierbar sein und nichts enthalten, was man nicht möchte.
Philosophie: Nietzsche beschreibt treffend die Trauer, die von dem Erreichen eines Ziels ausgeht. Sie entspricht der Melancholie alles Fertigen.

Zielscheibe Die Zielscheibe verdeutlicht Zielgerichtetheit und Durchsetzungsvermögen.
Die Zielscheibe ist ferner eine geläufige Metapher für Menschen, die angegriffen werden – so sagt man zum Beispiel: „Er macht sich zur Zielscheibe des Spotts".

Zierpflanze Eine Zierpflanze ist eine natürliche Zierde. Sie verweist allerdings auch auf die Pflege, die man solch einer ↗Pflanze zukommen lassen muss.

Ziffer ↗Zahl

Zigarette Noch zu Beginn des 20. Jahrhunderts war die Zigarette – besonders wenn sie von Frauen geraucht wurde – ein Symbol des Unkonventionellen und des Verruchten. Huren und Schlampen wurden mit der Zigarette im Mund dargestellt. In der Mitte des 20. Jahrhunderts gehörte es für einen richtigen Mann einfach dazu, Zigaretten zu rauchen. Heute wird das ↗Rauchen wieder mehr und mehr geächtet. Die Zigarette ist ein Symbol der Ruhepause, andererseits oft auch ein Bild geistiger Aktivität, bei dem auch Abhängigkeit und Sucht mitschwingt. Nicht zu vergessen ist auch, dass besonders für Jugendliche das Rauchen von Zigaretten auch als Zeichen des Erwachsenseins gilt.
Psychoanalyse: Penissymbol nach S. Freud.

Zigarre Die Zigarre ist ein Vater- und Penissymbol. Sie symbolisiert sozialen Aufstieg und Autorität. Eine Zigarre spricht unsere oralen Bedürfnisse an, sie verweist auf Genuss und Männlichkeit, siehe auch ↗Rauchen und ↗Nikotin.

Literatur: Oscar Wilde schrieb: „Eine Zigarre ist der vollendete Typus eines vollkommenen Genusses".

Zigeuner Der Zigeuner ist ein Symbol des Wilden und der Abenteuerlust. Er bietet das Gegenbild zum Sesshaften. Zugleich stellt der Zigeuner eines der ältesten Bilder des Sündenbocks und Außenseiters in unserer Kultur dar. Der Begriff „Zigeuner" diskriminiert die Sinti und Roma und stempelt sie zu „Menschen zweiter Ordnung".
Dem Zigeuner sagt der Volksmund nach, dass er betrügt und stiehlt. Er ist der Schatten des Bürgers. Auf der anderen Seite wird der Zigeuner aber auch romantisiert. Der Legende nach sollen 1427 zwölf Büßer nach Rom gezogen sein. Sie waren Christen aus Unterägypten, die vertrieben worden waren. Sie beichteten dem Papst, der ihnen eine siebenjährige Wanderschaft als Buße auferlegte. Während dieser Zeit durften sie in keinem Bett schlafen. Aus diesen Büßern mit ihrem Gefolge von 120 Personen entstand das fahrende Volk der Zigeuner.
Philosophie: Diderot schreibt über die Zigeuner: „Ihr Talent besteht darin, zu singen, zu tanzen und zu stehlen". Damit fasst er alle Vorurteile den Zigeunern gegenüber knapp zusammen.

Zimmer Das Zimmer steht für seine Bewohner. Es drückt deren Stil und deren Charakter aus. Es ist der abgeschlossene ↗Raum, der Schutzraum, und häufig das Private im Gegensatz zum Öffentlichen. Es steht im Gegensatz zur Natur. Im Zimmer spielt sich die Kultur ab.
Es ist bedeutsam, um welches Zimmer es sich handelt, wie dieses Zimmer eingerichtet ist und wer sich in ihm befindet. Einzelheiten bei ↗Badezimmer, ↗Dachkammer, ↗Kammer, ↗Schlafzimmer, ↗Turmzimmer, ↗Wohnung, ↗Wohnzimmer.
Traum: Das Zimmer symbolisiert den Raum unserer Gefühle oder allgemein den Raum im Inneren des Träumers – letztendlich seinen Horizont.
Psychoanalyse: Ein Zimmer im Traum verweist nach S. Freud auf die Frau (Frauenzimmer).

Zimmermann Als Handwerker ist der Zimmermann die geschickte und praktisch ausgerichtete Person, die etwas aufbauen kann. Es weiß, mit dem ↗Holz umzugehen, einem natürlichen Baustoff.
Der Zimmer-Mann ist in der Welt der Symbole auch der Mann der ↗Zimmer. Er ist psychologisch betrachtet der Herrscher über seine innere Welt.
Andererseits kann der Zimmermann der Herumreisende sein, der meistens romantisiert wird.
Der Zimmermann ist auch der ↗Architekt und Baumeister des Dachstuhls, also des Bewusstseins, des Intellekts – sozusagen des „Oberstübchens". Er ist einer, der sich sein eigenes Wissen und Bewusstsein selbst entwirft.

Zink Wie alles ↗Metall deutet auch Zink eine kühle Distanz an. In seltenen Fällen tritt Zink als ein Schutzsymbol auf, da eine Verzinkung vor Rost schützt. Es hält den Alterungsprozess auf.
Es ist von Bedeutung, welcher Gegenstand verzinkt ist.

Zinn Wie alles ↗Metall deutet Zinn auf eine kühle Distanz hin. Andererseits ist Zinn giftig und dunkel. Zinngeschirr lässt Bilder aus alten Zeiten aufsteigen.

Zinnsoldat Ein Zinnsoldat ist die Verharmlosung des ↗Soldaten. Er verweist auf ver-

drängte Aggressionen. Ferner spricht er als Spielzeug die Kindheit vergangener Tage an.
Literatur: Hans Christian Andersen widmete dem standhaften Zinnsoldaten ein Märchen, in dem es um die Liebe statt um den Krieg geht.

Zinsen Zinsen sind der Lohn, der nicht für eigene Arbeit, sondern für den Besitz gezahlt wird. Zinsen sprechen meistens die Einstellung zum ↗Geld und zum Habens-Modus nach Erich Fromm an. Zinsen sind ein Zugewinn, ein Energiezuwachs, der umso größer ist, je mehr Energie man bereits besitzt.

Zirkel Der Zirkel, mit dem man einen ↗Kreis zeichnen kann, ist ein Zeichen der Vollendung wie das ↗Mandala. Der Zirkel lässt das Abgezirkelte, also das genau Begrenzte, assoziieren. Er bezeichnet auch eine geschlossene Gruppe gleichen Interesses. Der magische Zirkel gibt Sicherheit und grenzt die eigene Welt von der der ↗Geister ab.
Zirkel kann auch Wiederholung bedeuten: Man dreht sich im Kreis und kommt nicht weiter.

Zirkus Zirkus bedeutet Unterhaltung. Bei dieser Unterhaltung werden grundlegende Gefühle angesprochen: Spannung, Lachen und Erotik. Dem Zirkus ist das Wilde immanent, andererseits zähmt er es und macht es gesellschaftsfähig.
Gefühle, Triebe und der Körper werden anders als alltäglich – jedoch kontrolliert – eingesetzt. Man kann im Zirkus die Domestizierung der Triebe sehen, was sich deutlich in der Dressur ausdrückt.
Man sollte „nicht so einen Zirkus veranstalten". Der Zirkus ist das traditionelle Gegenbild zum Alltag und zur Normalität wie auch das Symbol ↗Zigeuner.
Antike: Ursprünglich bedeutete Zirkus Kreis, denn in kreisförmigen Arenen wurden in Rom Wagenrennen und Gladiatorenkämpfe als Volksunterhaltung abgehalten. In dieser Zeit war der Zirkus ein Symbol blutrünstiger Unterhaltung.
Film: 1968 drehte Alexander Kluge seinen viel beachteten Film „Artisten in der Zirkuskuppel: ratlos". In diesem Film geht es um einen Reformzirkus, in dem das Leistungsprinzip abgebaut werden soll. Der Zirkus ist in diesem Film der Ort, der zugleich außerhalb und innerhalb der gesellschaftlichen Zwänge steht.

Zirkusäffchen Dieses meist putzig angezogene Äffchen symbolisiert wie das Äffchen auf dem Leierkasten die Leichtigkeit des Spiels und die Faszination der Exotik. Andererseits verkörpert das Zirkusäffchen auch die Vermenschlichung der Natur und des Tierischen. Er spricht die Ausbeutung der Natur durch den Menschen an.

Zitat Zitat bedeutet Beschwörung eines gemeinsamen Bildungshintergrunds.
Ein Zitat ist der Ausdruck davon, dass man sich in seinem Gedankengang von einer Autorität bekräftigt und unterstützt fühlt. Die eigene Autorität soll durch das Zitat gestützt werden. Das Zitat symbolisiert eine Gemeinsamkeit im Denken. Zitate können allerdings auch der Ausdruck von Prahlerei sein, indem der Zitierende sich damit brüstet, was er alles kennt.
Letztendlich verweisen Zitate stets auf eine Unsicherheit, dass die eigenen Gedanken nicht genug überzeugen. Zugleich steht hinter dem Zitat die kulturpessimistische Auffassung, dass alles bereits gedacht und Neues nicht mehr zu erwarten ist.

Der klassischen Auffassung entsprechend ist gute Kunst das perfekte Zitat der Natur. Nimmt man den um 1760 sehr einflussreichen Gelehrten Johann Joachim Winckelmann beim Wort, dürfte man eigentlich nichts außer den griechischen Klassikern, allen voran Homer zitieren.
In der Postmoderne nimmt das Zitieren ab. Der verbindende Bildungshintergrund ist zerfallen, Klassiker lassen nichts mehr anklingen. Alles versteht sich als Original.

Zitrone Die Zitrone wird immer mit „sauer" in Verbindung gebracht: Also mit schlechter Stimmung, aber auch damit, dass das Sauere im Gegensatz zum Süßen das nicht Begehrenswerte ist. Deshalb kann man auch jemandem als Negativ-Preis eine goldene Zitrone o. ä. überreichen.
Selten steht die Zitrone wie die ↗Orange für das Land der Südfrüchte, den sonnigen Süden. Siehe auch ↗Obst.
Psychoanalyse: Sexualsymbol, besonders für die weiblichen Brüste.
Literatur: Das Land, wo die Zitronen blühen ist in Goethes Bildungsroman „Wilhelm Meister" das Land der Sehnsucht – auch der erotischen Sehnsüchte.

Zöllner Der Zöllner ist die einnehmende Hand des Staates. Er ist eine Autorität. Andererseits ist er der unbeliebte und ungeliebte Mann. Er wird als der Böse betrachtet.

Zoll Der Zoll tritt dann auf, wenn ein fremdes Land oder Neuland betreten wird. Er ist die Konsequenz der Grenzüberschreitung. Es kommt darauf an, was man an Fähigkeiten und Voraussetzungen mitbringt.

Zoo Im Zoo werden Tiere ausgestellt. Hieraus ergibt sich einmal der Gegensatz zur Freiheit, da die Tiere in einem künstlichen Raum gefangen gehalten werden. Zum anderen spielt der Gegensatz zur Natur und zum wilden Leben eine Rolle: Das Zootier ist das halb domestizierte Tier, ein Objekt für die Neugier der Menschen.
Psychologisch gesehen mag es hier um die eigene tierische Seite gehen, die jedoch sehr eingeschränkt wird. Die Animalität im Sinn von ↗Animus und ↗Anima (die weibliche und die männliche Seite des Menschen) ist in ihrem Ausdruck unfrei und unnatürlich. So steht der zoologische Garten für persönliche Einschränkung und Unfreiheit. Zu beachten ist, welche ↗Tiere im Zoo gezeigt werden.
Die Mode der Tiergärten stammt ursprünglich aus der altpersischen Kultur, wo diese frühen Zoos „Paradies" genannt wurden. Diese frühen Zoos zeigten entweder unterschiedliche Tierarten oder wurden als Jagdparks genutzt.

Zopf Nicht erst seit Friedrich dem Großen ist der Zopf sprichwörtlich für das Alte und für tote Tradition. Er ist das Bild des Endes einer Epoche oder Idee.
Auf der anderen Seite ist der Zopf ein Bild der Zähmung der Natur. Er steht für Schönheit.
In früheren Zeiten unterschieden die Zöpfe das Mädchen von der Frau. Zöpfe waren ein Bild kindlicher Unberührtheit. In dieser Symbolik treten sie noch heute in der Pornografie auf.

Zuchthaus Zuchthaus bedeutet Zucht und Ordnung, abschreckender als das ↗Gefängnis.

Zucker Zucker ist süß. Zucker ist Genuss und Befriedigung, andererseits ist er ungesund und kalorienreich. Der weiße Zucker ist zum Symbol der ungesunden, prozes-

sierten Nahrungsmittel geworden. In der Symbolik besitzt der Zucker dennoch weitgehend eine positive Bedeutung.
Kunst: Erstaunlicherweise ist Zucker auch mit Kunst verbunden. Die berühmte Tate-Gallery in London und St. Ives (Cornwall) geht auf eine Stiftung des britischen Fabrikanten Sir Henry Tate (1819–1899) zurück, der den Zuckerwürfel erfunden hat.

Zügel Zügel symbolisieren die Fähigkeit, den Lebensweg eigenständig zu gestalten. Wer die Zügel in der Hand hat, der hat die Macht. Er gibt die Richtung an. Werden andererseits die Zügel angelegt, ist dies als Behinderung zu sehen.
Es kann mit diesem Symbol auch der Hinweis verbunden sein, dass man sich zügeln sollte.

Zünder Ein Zünder verweist stets auf Aggressionen. Er ist die Ursache für eine ↗Explosion. Psychologisch gesehen ist er der Auslöser, der eine Situation eskalieren lässt.

Zündholz ↗Streichholz

Zufall Zufall ist das, was keinem Gesetz folgt. Er ist das Geheimnisvolle und nicht berechenbare, andererseits auch das Gefährliche. Der Zufall entzieht sich der männlichen Logik und ist ein Kind des weiblichen ↗Chaos.

Zug Zug bedeutet Kontaktfreude, Kommunikation und Reise. Bei dem Zug verläuft wie bei der ↗Straßenbahn die Reise auf fest gefügten Gleisen, aber mit dem Zug kommt man schneller und weiter voran. Der Zug ist an einen Fahrplan gebunden, der dem Reisenden aufgezwungen wird.
Der Zug war einmal Symbol technischen Fortschritts und moderner Mobilität, gilt heute jedoch eher als rückständig, falls er nicht als Bild des umweltbewussten Reisens auftritt (↗Eisenbahn).
Beim Güterzug ist die Bedeutung der Güter wesentlich. Eine häufige Situation ist, dass jemand seinen Zug versäumt, also „nicht zum Zuge kommt“. Auf der anderen Seite spiegelt der Zug eine bequeme Einstellung wider: Man möchte sicher und schnell mit möglichst vielen anderen vorankommen.
Psychoanalyse: Für S. Freud besaß der Zug eine negative Bedeutung, was sich daraus erklärt, dass S. Freud von einer Eisenbahn-Phobie geplagt wurde.

Zugbrücke Im Gegensatz zur normalen ↗Brücke stellt eine Zugbrücke eine Verbindung dar, die auch wieder unterbrochen werden kann, entweder – wie bei Burgen – als Schutz oder – wie bei Wasserstraßen – um größeren Schiffen die Durchfahrt zu ermöglichen. Das Besondere bei der Zugbrücke ist also Beweglichkeit und Schutz. Heute werden Zugbrücken kaum noch gebaut, sie haben etwas Altertümliches, erinnern auch an Holland, das Land der Wasserstraßen.
Die Zugbrücke symbolisiert oft auch die Verbindung zwischen Bewusstem und Unbewusstem, die geöffnet und geschlossen werden kann.

Zugführer Bis vor etwa 50 Jahren galt der Beruf des Zugführers als Traumberuf für viele Jungen. Der Zugführer stand für Beherrschung der Technik und ihm haftete auch das Bild des Abenteurers an. Im Spiel mit der elektrischen Eisenbahn hat diese Sehnsucht noch überlebt.
Der Zugführer kann auch als der Seelenführer angesehen werden, der weiß, wo die Reise hingeht (↗Eisenbahn, ↗Lokomotive, ↗Wagenlenker).

Literatur: Auf der Popularität des Zugführers bei Kindern bauen auch Michael Endes Kinderbücher von Jim Knopf, dem Lokomotivführer auf.

Zugvogel Zugvögel bedeuten über das bei ↗Vogel gesagte hinaus Ruhelosigkeit, auch Heimatlosigkeit. Oft werden sie auch mit dem Frühling oder dem Herbst in Verbindung gebracht, da sie dann ihre Heimat wechseln (↗Vogelschwarm).
Als Zugvögel werden häufig herumziehende Menschen bezeichnet – sowohl die Wanderarbeiter als auch jene Rentner, die winters im Süden und sommers zu Hause leben.
Literatur: Viele amerikanische Autoren wie John Steinbeck, Jack Kerouac und Jon Krakauer beschreiben in ihren Romanen das Leben der amerikanischen Wanderarbeiter in den Weizengebieten des mittleren Westens der USA.

Zukunft Zukunft bedeutet Möglichkeit und Fortschritt. In der Zukunft liegt entweder das gelobte Land oder der Weltuntergang. Die Zukunft ist das, was unweigerlich kommt und dennoch liegt sie stets vor einem.

Zunge Die Zunge ist ein bekanntes Symbol für Sprache und Kommunikation. Wer „sich die Zunge abbeißt", der sagt nichts, und wer „mit gespaltener Zunge redet", der legt sich nicht auf eine Meinung fest.
Daneben steht die Zunge für den Geschmack; der Feinschmecker, der „eine feine Zunge hat", lässt sich etwas „auf der Zunge zergehen".
Nicht zu übersehen ist außerdem, dass die Zunge oft im Zusammenhang mit Erotik steht. Sie kann auch als ein phallisches Symbol betrachtet werden.
Mit dem Herausstrecken der Zunge neckt man sich. Diese uralte Spottgeste besitzt einen kindlichen, spielerischen Anstrich. Mit dem Herausstrecken der Zunge demonstriert man andererseits, wie Einstein auf dem berühmten Foto, dass man nichts von Konventionen und Persönlichkeitskult hält.
Asien: Die Zunge verweist auf das Kehlchakra (Svadisthana) und somit auf die Kommunikation mit anderen und der eigenen inneren Stimme.

Zusammenstoß Bei einem Zusammenstoß geht es um zwei gegensätzliche Tendenzen, die nicht versöhnt werden können. Der Zusammenstoß kann einen Streit symbolisieren. Immer spricht er etwas Dramatisches an. Andererseits kann er auch befreiende Qualitäten besitzen.
Bei einem Zusammenstoß vereinigen sich auch mehrere Einheiten, er ist die aggressive Form der Verschmelzung.

Zuschauer Der Zuschauer bleibt passiv und lässt andere handeln. Oft drückt sich in diesem Symbol eine Suche nach der eigenen Welt und dem realistischen Selbstbild aus, möglicherweise auch die Aufforderung, das Geschehen eben nicht passiv nur über sich ergehen zu lassen, sondern aktiv einzugreifen; siehe ↗Beobachter und ↗Voyeur.

Zwang Zwang bedeutet Unterdrückung. Der Zwang stellt die Frage nach der Stärke und der Widerstandskraft. Er ist ein Symbol, das auch auf innere Zwänge bezogen werden kann.

Zwei Die Zwei symbolisiert Gegensätze und Widersprüche, die unterschieden und ausgeglichen werden wollen („zwei Seelen wohnen, ach, in meiner Brust", sagt Faust).

Sie ist aus der Einheit gefallen und wird dämonisiert in zwielichtigen Gestalten und Geschäften.
Psychologisch gesehen ist positiv bei diesem Symbol, dass die vorhandenen Ambivalenzen – Doppeldeutigkeiten und Doppelwertigkeiten – erkannt werden. Die Zwei besitzt einen Anklang an „Zweifel".
Die Zwei ist auch im Paar anwesend, es sind die zwei Seiten, die zusammengehören.
Symbole, die in der Verdoppelung auftreten, werden damit in ihrer Bedeutung verstärkt.
Analytische Psychologie: Nach C. G. Jung hat das doppelte Auftreten eines Symbols die Bedeutung von unbewusst, da zwei Gleiche nicht unterschieden werden können. Die Boten der Unterwelt treten deswegen meist zu zweit auf.

Zweifel Der Zweifel besitzt ein positives und ein negatives Gesicht. Der konstruktive Zweifel, der Verbesserungsmöglichkeiten ahnt, bringt Fortschritt und ist das produktive Prinzip im Leben. Der negative Zweifel dagegen verneint aus Prinzip und hemmt die Handlungsfähigkeit. Er ist das destruktive Prinzip im Leben.
Zweifel tritt bei Entscheidungen auf und ist der Ausdruck, durch Hinterfragen zur Differenzierung vorzustoßen. Die Abwesenheit des Zweifels führt zur Dogmatik, denn Zweifel ist eine unvoreingenommene Prüfung, die nichts als gegeben annimmt.
Philosophie: Ludwig Wittgenstein macht darauf aufmerksam, dass der Zweifel Gewissheit voraussetzt. Wer nämlich alles bezweifeln würde, der müsse auch den Zweifel bezweifeln.

Zweig Der Zweig ist häufig ein Symbol des Wachsens und Gedeihens. Der Zweig führt immer auf einen Stamm (↗Baumstamm) zurück und drückt so die Abstammung aus oder die eigenen Grundlagen; deswegen soll man den ↗Ast, auf dem man sitzt, nicht absägen. Er weist die Fähigkeit auf, sich zu verzweigen, das heißt, er weitet sein Umfeld aus (↗Y-Form).
Da der Zweig in den ihn umgebenen Raum hineinwächst und ihn so ergreift, spricht er ein psychologisches Wachstum an oder fordert auf, sich aus einem einengenden Umfeld zu befreien, dem man eigentlich schon entwachsen ist.
Der Zweig, an dem man sich festhält, ist auch ein Rettungssymbol.
Literatur: In seinem Log-Buch der ersten großen Reise mit der „Endeavour" beschreibt James Cook in seinen Eintragungen zwischen April 1769 und Anfang Juni des gleichen Jahres immer wieder, wie die Eingeborenen (von Französisch-Polynesien) ihm Zweige bringen, die Frieden und Freundschaft bedeuten. Diese Symbolik scheint weit verbreitet zu sein. Wir finden sie unter anderem auch im Christentum, in dem die Taube mit dem Zweig im Schnabel ein bekanntes Versöhnungszeichen ist (nach Gen 8.11).
Psychoanalyse: Ein Zweig mit ↗Blüten ist nach S. Freud ein deutliches Sexualsymbol.

Zweikampf ↗Duell

Zwerg Der Zwerg ist ein Märchenwesen, das entweder als Helfer oder Widersacher des Menschen auftritt. Er symbolisiert Erdverbundenheit, andererseits auch List. Zwerge oder zwergenhafte Wesen treten in allen Völkern auf und sind somit als eine archetypische Vorstellung anzusehen. Der Zwerg ist oft der Schwache, so ersetzen Schneewittchen sieben Zwerge einen Mann.

Die Zwerge arbeiten traditionell unter Tage und sie wohnen im ↗Wald. Sie kennen sich mit den Mineralen aus und besitzen oder hüten große Schätze, wie Alberich, der Hüter des Nibelungenschatzes. Sie sind also Erd- und Naturwesen, die an eine Zeit enger Verbindung von Mensch und Natur erinnern. Als ↗Gartenzwerg führen sie die Naturgeister an, die Pflanzen gedeihen lassen, sind allerdings zum Sinnbild für Biederkeit geworden.
Der Zwerg kann auch ein Symbol des ↗Schattens sein, indem er das Unscheinbare und Unsichtbare personifiziert. Empfindet man sich als kindlich und klein – besonders gegenüber der Größe der Welt und des Kosmos – mag das ebenfalls durch den Zwerg verdeutlicht werden.
Zwerge oder Liliputaner (in Anlehnung an „Gullivers Reisen“) werden immer wieder geboren, und man sagt ihnen besondere Kräfte nach. Der älteste bekannte Zwerg wurde vor über 11500 Jahren in einem kalabrischen Höhlengrab bestattet. Nach seiner Position in dem Gräberfeld scheint er eine besondere Bedeutung für seine Gemeinschaft gehabt zu haben. Die Römer ergötzten sich an schwertkämpfenden Zwergen und sahen im Zwerg hauptsächlich das Hinterhältige und Gemeine. In späteren Zeiten wandelte sich jedoch die Bedeutung des Zwergs zum Positiven hin. Zar Peter der Große feierte die Geburt seines Sohnes mit zwei Riesentorten. Aus der einen sprang ein nackter männlicher, aus der anderen ein nackter weiblicher Zwerg heraus, die Glück bringen sollten. Wie Peter der Große hielten sich viele Herrscher Zwerge als Glücksbringer und zur Unterhaltung. Königin Viktoria von England zeigte beispielsweise kindliches Vergnügen bei den schauspielerischen Privatvorstellungen, die ihr der Zwerg Charles Stratton gab.

Literatur: Berühmt wurden die Zwerge durch das Märchen „Schneewittchen“, in dem die Prinzessin mit den sieben Zwergen zusammenlebt.
Die Situation der Verkleinerung wird brillant und unterhaltsam in dem Roman „Alice im Wunderland“ des englischen Mathematikers Lewis Carroll gestaltet. Die Verkleinerung bietet hier den Zugang zu einer anderen Welt.

Zwetschge ↗Pflaume

Zwieback Der Zwieback ist ein Symbol der Kargheit, vor allem der Schiffszwieback, der früher bei langen Seereisen das Brot ersetzte. Da der leicht süße Zwieback heute als Kindernahrung beliebt ist, kann er auch auf die Kindheit verweisen.

Zwiebel Die Zwiebel steht für Lebenskraft und Gesundheit, andererseits auch für (falsche) Tränen. Sie ist das scharfe Gewürz des Lebens. Da sie angeblich sieben Häute besitzt, verkörpert sie auch eine gewisse Unsensibilität.
Das englische Wort „onion“ (für Zwiebel) geht auf das lateinische „unio“ zurück und bedeutet große Perle. Das zeigt, dass lange Zeit die Zwiebel als wertvolles ↗Gemüse angesehen wurde.
Hexen sollen die Zwiebeln, für die sie bis nach Italien fliegen, sehr lieben.

Zwielicht Das Zwielicht ist der Übergang von hell zu dunkel. Es ist das ↗Licht, bei dem der „Durchblick“ erschwert wird. Es ist die Zeit des Zaubers.
Zum Zwielicht gehören die zwielichtigen Gestalten, in ihm zeigt sich der ↗Schatten. Es spricht an, dass alles zwei Seiten besitzt. Die klassische Magie lehnt es ab, einen Raum mit zwei Lichtern zu beleuchten, denn das lockt Geister und Zweifel an,

denen der Adept meistens nicht gewachsen ist.
Literatur: Günter Grass sieht in seinem Roman „Die Blechtrommel" (1959) das Zwielicht und Halbdunkel als die Beleuchtung an, welche die Außergewöhnlichen lieben.

Zwilling Der Zwilling verweist auf „die bessere Hälfte", „das andere Ich" (Alter Ego). Zwillinge verkörpern eine enge Verbindung. Andererseits können sie Aufhebung der Individualität bedeuten. Die enge Bindung kann als Anpassungszwang und Schicksal, aber auch als Glück angesehen werden.

Zwinger Der Zwinger ist wie der ↗Käfig und das ↗Gefängnis zu deuten. Allerdings wird beim Zwinger besonders der ↗Zwang betont und dass es um die Triebe geht, denn im Zwinger werden die wilden Tiere gehalten. Der Zwinger ist andererseits auch der Schutz vor dem Wilden.

Zwirn Der Zwirn verweist auf eine Verbindung, die halten soll. Zwirn ist das Symbol der ↗Schneider. Er ist auch das Gedrehte, eng Verbundene, das, was hält. Der rote Zwirn ist der rote ↗Faden der Ariadne, mit dem sie Theseus eine Orientierungshilfe im ↗Labyrinth gibt.

Zwist ↗Streit

Zwölf Die Zwölf ist wie die ↗Drei die Zahl unseres Zeitmaßes (Stunden, Monate, Tierkreiszeichen), die auf Vollendung, Ende oder einen Neubeginn verweist. Die Zwölf ist wie die ↗Sieben (drei plus vier) die Zahl der Vollendung, als das Produkt von ↗drei und ↗vier eine Idealzahl.
Zwölf bildet die Grundlage des Duodezimalsystems, worauf alte Mengenangaben beruhten, die bis heute noch in England gebräuchlich sind. Bei uns hat sich Zwölf nur noch beim Kauf von Eiern erhalten (ein Dutzend).
„Es ist 5 vor 12" heißt, dass es höchste Zeit ist.
Christentum: Die Zwölf ist eine der bedeutendsten Zahlen in der ganzen Bibel: Zwölf Stämme hat Israel, zwölf kleine Propheten gibt es und zwölf Apostel. Durch die ganze Apokalypse des Johannes zieht sich die Zwölf als Leitmotiv, von den 12 Toren des himmlischen Jerusalem (Apk 21.12) bis zu den zwölf mal zwölftausend, also 144 000 Auserwählten.

Zylinder Der Zylinderhut wurde zur ↗Hochzeit und ↗Beerdigung getragen oder zu allen feierlichen und offiziellen Anlässen. Er drückt Steifheit, andererseits auch Eleganz aus. Siehe auch ↗Hut.
Der Zylinder im ↗Motor wird meistens mit dem ↗Auto, dem Hubraum eines Motors und dessen Stärke in Verbindung gebracht. Viele Zylinder bedeutet große Macht und Stärke, es ist ein Ausdruck von Potenz.
Psychoanalyse: Der Zylinderhut spiegelt den Traum der Männern nach einer größeren Potenz. Bei Frauen bedeutet der Zylinder oft, dass sie „unter die Haube" kommen wollen.
Da sich im Motor der Kolben rhythmisch auf und ab bewegt, deutet er auf den Geschlechtsverkehr hin, wobei der Zylinder im engeren Sinn als Bild der Vagina gedeutet wird.

Zypresse Zypressen stehen für Schlankheit und Anmut. Speziell im Orient ist die Zypresse das Bild für eine schöne Frau. Dichter loben den Zypressenwuchs einer

Frau, die so als stolz und aufrecht beschrieben wird.

Bei uns drücken Zypressen oft eine Sehnsucht nach dem Süden und nach Wärme aus. Sie sind andererseits beliebte Friedhofsbäume, denn als immergrüne Bäume weisen sie auf Beständigkeit und die Kontinuität des Lebens. Die Zypresse wendet den Zerfall ab. Im alten Rom verschloss man Nahrungsmittel in Zypressenkästen, um sie vor Insekten und Würmern zu schützen.

Obwohl der Name „Zypresse" von Zypern abgeleitet ist, kam sie ursprünglich aus Persien und dem Libanon. Als Baum der Naturgöttin machte sie Karriere im gesamten Mittelmeerbereich. Von den Phöniziern und Römern wurde sie wegen ihres festen Holzes gelobt. Die Zypresse liefert das haltbarste Holz, war die damalige Meinung.

Der schöne Duft des Zypressenholzes wurde ausgenutzt, um üble Gerüche bei der Verbrennung auf dem Scheiterhaufen zu übertönen. Scheiterhaufen wurden mit Zypressenholz gespickt.

Antike: Nach Plinius war die Zypresse der Göttin der Unterwelt geweiht und wurde als Todeszeichen benutzt, indem sie vor das Haus eines Gestorbenen gestellt wurde. In der Antike ging man davon aus, dass Zypressenholz vor Zauber und bösen Geistern schütze. Wegen seiner starken Abwehrkräfte wurde es auch als Heilmittel verwendet.

Christentum: Dem heiligen Antonius zufolge soll die immergrüne Zypresse den Gläubigen daran erinnern, seine Hoffnung niemals aufzugeben. Alle immergrünen Pflanzen verweisen im Christentum auf die Ewigkeit.

Die Arche Noah soll aus Zypressenholz gebaut worden sein. Auch der Sarg der heiligen Jungfrau und Märtyrerin Cäcilia soll aus Zypressenholz gewesen sein.

Literatur

Bücher

Aeppli, Ernst: Der Traum und seine Deutung. Mit 500 Traumsymbolen. München (Knaur) 1981

Attwater, Donald: The Penguin Dictionary of Saints. Harmondsworth (Penguin) 1965

Bächtold-Stäubli, Hanns: Handwörterbuch des deutschen Aberglaubens (in 10 Bänden). Berlin (de Gruyter) 1987

Ball, Pamela: 10000 Träume – Traumsymbole und ihre Deutung von A – Z. München (Mosaik) 1996

Bandini, Ditte u. Giovanni: Kleines Lexikon des Hexenwesens. München (dtv) 1999

Bandini, Ditte u. Giovanni: Who's Who im Himmel. Die Götterwelt von A – Z. München (dtv) 2000

Barthes, Roland / Mauzi, Robert / Seguin, J.-P.: L'Univers de l'Encyclopèdie. Images d'une civilisation. Paris 1964

Bauer, Wolfgang / Dümotz, Irmtraud / Golowin, Sergius / Röttgen, Herbert: Bildlexikon der Symbole. München (Trikont) 1980

Baur, Eva Gesine: Göttinnen des Jahrhunderts (Lexikon). Berlin (Ullstein) 1999

Becker, Udo: Lexikon der Symbole. Freiburg, Basel, Wien (Herder) 1998

Becker-Huberti, Manfred: Lexikon der Bräuche und Feste. Freiburg, Basel, Wien (Herder) 2000

Beckett, Wendy: Die Geschichte der Malerei. 8 Jahrhunderte in 455 Meisterwerken. Köln (DuMont) 1995

Bellinger, Gerhard J.: Knaurs Lexikon der Mythologie. Mit über 3000 Stichwörtern zu den Mythen aller Völker. München (Droemer Knaur) 1989

Biedermann, Hans: Handlexikon der magischen Künste von der Spätantike bis zum 19. Jahrhundert. Graz (Akademische Druck- und Verlagsanstalt) 1973

Biedermann, Hans: Knaurs Lexikon der Symbole. München (Droemer Knaur) 1989

Bogun, Werner / Straet, Norbert: Traumdeutung und Traumsymbole. Niedernhausen (Bassermann) 1998

Bonin, Werner F.: Lexikon der Parapsychologie und ihrer Grenzgebiete. Bern, München (Scherz) 1976

Botheroyd, Sylvia und Paul F.: Lexikon der keltischen Mythologie. München (Diederichs) 1992

Brugger, Walter (Hg.): Philosophisches Wörterbuch. Freiburg, Basel, Wien (Herder) 1978

Chatwyn, Tom: A Dictionary of Symbols. Aukland (Paladin Publ.) 1982

Chevalier, Jean / Gheerbrant, Alain: Dictionnaire des Symboles. Mythes, Reves, Coutumes, Gestes, Formes, Figures, Couleurs, Nombres. Paris (Seghers)1962

Cooper, J. C.: An Illustrated Encyclopaedia of Traditional Symbols. London (Thames & Hudson) 1978

Drews, Gerald: Traumsymbole von A bis Z. Rastatt (Moewig) 1990

Drury, Nevill: Lexikon esoterischen Wissens. München (Knaur) 1988

Duve, Karen / Völker, Thies: Lexikon berühmter Tiere. 1200 Tiere aus Geschichte, Film, Märchen, Literatur und Mythologie. Frankfurt/M. (Eichborn) 1997
Eliade, Mircea: Ewige Bilder und Sinnbilder. Über die magisch-religiöse Symbolik. Frankfurt (Insel) 1986
Fink, Georg: Traumdeutung. Die Bildersprache unserer Traumwelt entschlüsseln. Niedernhausen (Falken) 1990
Forstner, Dorothea: Die Welt der Symbole. Innsbruck, Wien, München (Tyrolia) 1961
Golowin, Sergius: Das Traumdeutungsbuch des fahrenden Volkes. Freiburg (Bauer) 1984
Hamlyn, R.: Egyptian Mythology. London 1965
Haussig, Hans-Wilhelm (Hg.): Wörterbuch der Mythologie. Stuttgart (Klett) 1973
Heinz-Mohr, Gerd: Lexikon der Symbole. Bilder und Zeichen der christlichen Kunst. München (Diederichs) 1988
Hellwig, Gerhard: Lexikon der Maße und Gewichte. Gütersloh (Bertelsmann) 1979
Hervè, Florence / Nödinger, Ingeborg: Lexikon der Rebellinnen. Von A bis Z. München (Econ) 1999
Hetmann, Frederik: Das Indianerlexikon. Die Welt der ersten Amerikaner von A – Z. Krummwisch (Königsfurt) 2001
Hoffmeister, Johannes: Wörterbuch der philosophischen Begriffe. Hamburg (Felix Meiner) 1955
Hughes, Thomas Patrick: Lexikon des Islam. Wiesbaden (Fourier) 1995
Jung, Carl Gustav: Psychologie und Alchemie. In: Gesammelte Werke Bd. 12. Olten, Freiburg (Walter) 1980
Kagelmann, Jürgen: Who's Who im Comic. München (dtv) 1997
Keller, Hildegard L.: Reclams Lexikon der Heiligen und biblischen Gestalten. Legende und Darstellung in der bildenden Kunst. Stuttgart (Reclam) 1968
Kluge, Friedrich: Etymologisches Wörterbuch der deutschen Sprache. Berlin (de Gruyter) 1967
Law, Jonathan et al. (Hg.): Cassell Companion to Cinema. London (Casell) 1995
Law, Jonathan et al. (Hg.): Cassell Companion to Theatre. Poole, Dorset (Cassell) 1997
Lexikon des internationalen Films. Das komplette Angebot im Kino und Fernsehen seit 1945. (10 Bde. und Erg.-Bde.) Reinbek (Rowohlt) 1987 ff
Lipffert, Klementine: Symbol-Fibel. Eine Hilfe zum Betrachten und Deuten mittelalterlicher Bildwerke. Kassel (Johannes Stauda) 1955
Loschek, Ingrid: Reclams Mode- und Kostümlexikon. Ditzingen (Reclam) 1997
Lurker, Manfred: Lexikon der Götter und Dämonen. Name, Funktion, Symbole, Attribute. Stuttgart (Kröner) 1984
Lurker, Manfred: Wörterbuch der Symbolik. Stuttgart (Kröner) 1985
Matthews, John u. Caitlin: Lexikon der keltischen Mythologie. Weyarn (Seehamer) 1997
Miers, Horst E.: Lexikon des Geheimwissens. Freiburg (Bauer) 1970
Miller, Gustavus Hindman: The Dictionary of Dreams. 10000 Dreams interpreted. New York (Prentice Hall) 1984

Monaghan, Patricia: Lexikon der Göttinnen. Ein Standardwerk der Mythologie. München (O.W. Barth) 1997
Neumann, Erich: Die große Mutter. Eine Phänomenologie der weiblichen Grundlagen des Unbewussten. Olten, Freiburg (Walter) 1974
Pape, Martin: Wörterbuch der Kommunikation. Neuwied, Berlin (Luchterhand) 1997
Parker, Julia und Derek: Träume offenbaren dein Schicksal. Zürich (Schweizer Verlagshaus) 1987
Pott, Eckart: Das große Ravensburger Tierlexikon von A-Z. Ravensburg (Maier) 1993
Riedel, Ingrid: Farben in Religion, Geschichte, Kunst und Psychotherapie. Stuttgart (Kreuz) 1983
Roberts, Marc: Das neue Lexikon der Esoterik. München (Goldmann) 1995
Röhrich, Lutz: Lexikon der sprichwörtlichen Redensarten. 5 Bde. Freiburg (Herder) 1991
Rosenberg, Alfons: Einführung in das Symbolverständnis. Ursymbole und ihre Wandlung. Freiburg (Herder) 1984
Sahihi, Arman: Das neue Lexikon der Astrologie. 1400 Begriffe der Kosmologie, Astronomie, Astrophysik und Astrologie. Genf, München (Ariston) 1991
Saint-Laurent, Cecil: Drunter. Eine Kultur- und Fantasiegeschichte der weiblichen Dessous. Wien (Brandstätter) 1988
Salentiny, Fernand: DuMonts Enzyklopädie der Seefahrer und Entdecker. Von Amundsen bis Zeppelin. Köln (DuMont) 2002
Schenda, Rudolf: Who's Who der Tiere. Märchen, Mythen und Geschichten. München (dtv) 1999
Schumacher, Stephan / Woerner, Gert (Hg.): Lexikon der östlichen Weisheitslehren. Bern (O. W. Barth) 1986
Schröder, Nicolaus: 50 Klassiker. Film. Die wichtigsten Werke der Filmgeschichte. Hildesheim (Gerstenberg) 2000
Spitzing, Günter: Lexikon der byzantinisch-christlichen Symbole. München (Diederichs) 1989
Sucher, C. Bernd (Hg.): Theaterlexikon. München (dtv) 1999
Sykes, Egerton: Everyman's Dictionary of Non-Classical Mythology. London (Dent) 1961
Völker, Thies: Lexikon berühmter Schiffe. Spektakuläre Abenteuer von der Arche Noah bis zur Titanic. Frankfurt/M. (Eichborn) 2002
Vollmar, Klausbernd: Handbuch der Traumsymbole. Krummwisch (Königsfurt) 1995
Vollmar, Klausbernd: Ratgeber Traum. Vom kreativen Träumen. Die häufigsten Traumsymbole nach Themengebieten erklärt. Krummwisch (Königsfurt) 1995
Vollmar, Klausbernd: Helfende Träume (mit Symbollexikon) . Amsterdam (Iris) 2002
Vollmar, Klausbernd: Träume als Wegzeichen auf der Reise des Lebens (mit ausführlichen Symbolerläuterungen). Amsterdam (Iris Bücher) 2002
Vollmar, Klausbernd und Lenz, Konrad: Traumdeutung – mit über 700 Traumsymbolen. München (Gräfe und Unzer) 2003

Walden, Peter: Die hohe Schule der Traumdeutung. Männerträume, Frauenträume und was sie bedeuten. Genf, München (Ariston) 1983
Walker, Barbara G.: Das geheime Wissen der Frauen. Ein Lexikon. München (dtv) 1999
Werner, Helmut: Lexikon der Numerologie und Zahlenmystik. München (Knaur) 1995
Znamierowski, Alfred: Flaggen-Enzyklopädie. Nationalflaggen – Banner – Standarten. Bielefeld (Delius Klasing) 2001

Lexika auf CD-ROM

Alle wesentlichen Konversationslexika gibt es auch auf CD-ROM. Sie sind hier nicht aufgeführt. Symbollexika und Spezialnachschlagewerke auf CD-ROM sind noch recht selten. Es folgt eine Liste der Werke, die ich nützlich fand:

Bertelsmann Lexikon der Tiere (Koch-Media) 1997
Deutsche Literatur von Lessing bis Kafka. Basisbibliothek. (Digitale Bibliothek, Bd. 1) Berlin (Directmedia) 2000
Killy, Walter: Literaturlexikon. (Digitale Bibliothek, Bd. 9) Berlin (Directmedia) 2000
Knaurs Lexikon der Symbole. (Digitale Bibliothek, Bd. 16) Berlin (Directmedia) 2000
Lexikon der Antike. (Digitale Bibliothek, Bd. 18) Berlin (Directmedia) 2000
Lexikon der Kunst. (Digitale Bibliothek, Bd. 43) Berlin (Directmedia) 2001
Lexikon des Buddhismus. Grundzüge – Tradition – Praxis. (Digitale Bibliothek, Bd. 48) Berlin (Directmedia) 2002
Lexikon des internationalen Films. Das komplette Angebot im Kino und Fernsehen seit 1945 Bonn (Systema – Katholisches Institut für Medieninformation) 2000
Lexikon des Islam. Geschichte – Ideen – Gestalten. (Digitale Bibliothek, Bd. 47) Berlin (Directmedia) 2002
Philosophie von Platon bis Nietzsche. (Digitale Bibliothek Bd. 2) Berlin (Directmedia) 2000
Religion in Geschichte und Gegenwart. (Digitale Bibliothek, Bd. 12) Berlin (Directmedia) 2000
Röhrich, Lutz: Das große Lexikon der sprichwörtlichen Redensarten. (Digitale Bibliothek, Bd. 38) Berlin (Directmedia) 2000
Traumonline: Traumsoftware mit Symboldatenbank Freiburg/München (Traumonline/Integral) 2003
Wilpert, Gero von: Lexikon der Weltliteratur. (Digitale Bibliothek, Bd. 13) Berlin (Directmedia) 2000
Wörterbuch der Mythologie. (Digitale Bibliothek, Bd. 17) Berlin (Directmedia) 2000

Symbollexika im Internet

Es gibt zwar einige Online-Lexika, doch die Qualität ist - wie im Internet üblich - sehr schwankend. Die meisten der hier aufgeführten Websites betreffen die Traumsymbolik. Allerdings beziehen sich die dort aufgeführten Deutungen nicht nur auf den Traumzusammenhang. Einige dieser Datenbanken sind sehr esoterisch ausgerichtet:

www.amanita.de
www.deutung.com
www.paranormal.de/traum
www.traumfernschule.ch
www.traumonline.de
www.volkers-kaleidoskop.de